科学出版社“十四五”普通高等教育本科规划教材
科学出版社普通高等教育药学类系列教材

药　理　学

第2版

主　编　沈祥春　陈晓红
副主编　李小强　张晓京　李佳川　李　飞　郑雅鑫
编　者（以姓氏笔画为序）

于春雷（川北医学院）
王红娟（郑州大学）
伍怡颖（成都医学院）
李　飞（湖北医药学院）
李佳川（西南民族大学民族医药研究院）
吴卫华（湖南医药学院）
何　波（昆明医科大学）
沈祥春（贵州医科大学）
张晓京（长治医学院）
陈　妍（贵州医科大学）
陈毅飞（桂林医学院）
侯　征（西北工业大学）
崔红霞（齐齐哈尔医学院）
鲁艳柳（遵义医科大学）
王　妍（云南中医药大学）
付凌云（贵州医科大学）
刘　娟（重庆医科大学）
李小强（空军军医大学）
李艳蓉（长治医学院）
岑彦艳（陆军军医大学）
余　黎（南京中医药大学）
张　梅（石河子大学）
张媛媛（四川大学）
陈晓红（陆军军医大学）
郑雅鑫（成都医学院）
秦三海（湖北理工学院）
梁　冰（贵州医科大学）

科学出版社

北　京

内 容 简 介

本书参考《中华人民共和国药典》（2020年版）、《药理学》教材、国家执业医师和执业药师考试大纲，按照四个面向“面向人民生命健康”的要求，围绕新时代医药卫生人才培养的目标，在上一版的基础上，按照适合中国人生命基因传承和身体素质特点的“中国药”，结合学科发展前沿，修订各章节的内容，进一步对整体内容进行了更精准的篇章划分。

为适应教学改革需要，从符合本科专业培养目标的实际需要出发，各章增加能力要求版块，明确理论教学体系和实践教学体系目标；为培养能力突出人才，注重理论联系实际，部分章节增设知识拓展、案例解析、中药介绍版块，实现课程体系和教材体系的建设创新。本书为纸数融合教材，即纸质教材有机融合教学配套PPT、教学案例库、电子实践练习库等。

本书主要供全国高等院校药学类及其他相关本科专业使用，也可作为政府部门、企事业单位等相关人员自学的参考书。

图书在版编目（CIP）数据

药理学 / 沈祥春，陈晓红主编. -- 2版. -- 北京：科学出版社，2025. 1. --（科学出版社“十四五”普通高等教育本科规划教材）（科学出版社普通高等教育药学类系列教材）. -- ISBN 978-7-03-079963-0

Ⅰ. R96

中国国家版本馆CIP数据核字第2024UG7650号

责任编辑：李 植/责任校对：宁辉彩
责任印制：张 伟/封面设计：陈 敬

科学出版社 出版
北京东黄城根北街16号
邮政编码：100717
http://www.sciencep.com

三河市春园印刷有限公司印刷
科学出版社发行 各地新华书店经销

*

2017年2月第 一 版 开本：787×1092 1/16
2025年1月第 二 版 印张：32
2025年1月第九次印刷 字数：877 000

定价：128.00元

（如有印装质量问题，我社负责调换）

前　　言

随着我国医疗卫生事业的不断改革，传统“化学-药学”培养模式下的药学人才已不能满足社会发展的需要，掌握生物医学、药物应用知识的药学服务型人才成为社会的紧缺人才。药理学教学过程中如何适应药学人才培养领域的要求，成为当前亟待解决的重要问题。

为紧密结合国家医疗卫生改革和发展的需求，适应高等医药院校应用型、复合型、服务型、技能型人才培养的要求，以培养具有独立创新精神和实践能力药学人才为目的，科学出版社“十四五”普通高等教育本科规划教材《药理学》的编写以药学人才培养所需知识与技能为导向，秉承以经典药物与药理作用为主题，追踪药学、基础与临床科研的前沿，突出教材编写的“三基”（基本知识、基本理论、基本技能）与“五性”（思想性、科学性、先进性、启发性、适应性）的原则。

本教材充分吸纳国内外医药院校药理学教材的优点，共分为九篇 52 章，在篇章设置上细化了作用于胆碱能系统药物和作用于肾上腺素能系统药物的内容；每章增加能力要求，以新的特点进行教学能力要求，充分体现我国高等医药教育发展的新风貌；在部分章节中，设定知识拓展和案例解析板块，在各章节末，设定本章小结板块对重点内容进行提要性总结；根据我国目前医药卫生事业的发展，结合各章的特点，设定中药介绍内容，原则上介绍与本章节内容密切相关的 1 味中药或 1 个经典方剂，简要描述其临床主治病症；编写过程中参考《中华人民共和国药典》（2020 年版）、国家执业医师与国家执业药师考试大纲，扩大教材的适应人群。

本教材由来自我国 21 所高等医药院校的 27 位编委编写，编者为高等医药院校长期从事教学工作的一线教师，拥有丰富的教学经验，对药学相关专业的《药理学》教育教学有着较为全面深刻的认识。在教材编写过程中，编者精诚合作、开诚布公、严肃认真，力求编写一本适应我国药学教育特点的教材，为我国高等医药学教育改革与教材建设贡献力量。但是由于对内容的认知不同，本教材存在不足之处，真诚希望广大师生和读者在使用本教材过程中提出宝贵意见，予以斧正，以使本教材更能适应我国医药卫生事业发展的要求，适应教学的规律与特点，更好地服务于培养应用型、复合型、技能型人才培养的要求。

编　者

2024 年 9 月

目　　录

第一篇　药理学总论

第二篇　外周神经系统药理学

第三篇 中枢神经系统药理学

第四篇 心血管系统药理学

第五篇 内脏系统药理学

第六篇 内分泌与代谢系统药理学

第七篇 病原微生物药理学

第八篇 抗肿瘤与免疫药理学

第九篇 特殊条件药理学

第一篇　药理学总论

第一章　绪　　论

能力要求

1. 掌握药物、药理学、药物效应动力学、药物代谢动力学的基本概念。
2. 熟悉药理学的研究内容及学科任务。
3. 了解药理学发展简史、新药研究与开发的相关内容。

药理学是一门与医学和药学相关的综合性学科，涉及药学、基础医学和临床医学的相关内容，其发展与科学技术的进步密切相关。现代药理学分支众多，主要为新药开发和临床用药提供支持与指导。药理学以基础医学中的生理学、生物化学、病理学、病理生理学、微生物学、免疫学和分子生物学等为基础，可为防治疾病、合理用药提供理论知识和科学思维方法。

第一节　药理学的性质与任务

药物（drug）是指可以改变或查明机体的生理功能及病理状态，用以预防、治疗、诊断疾病及某些特殊用途（如计划生育、消毒防腐等）的物质。我国现行药物主要分为化学药物、中药、生物制品三类。药物和毒物之间并无严格界限，毒物是指在较小剂量即对机体产生毒害作用、损害人体健康的物质。药物在一定的剂量范围内使用是安全的，而大剂量使用或非正确使用也会对机体产生毒害作用，甚至危及生命。

药理学（pharmacology）是一门研究药物与机体（含病原体）相互作用及其作用规律的学科。药物与机体的相互作用（interaction），包括两大方面的内容：药物对机体的作用，即药物效应动力学（pharmacodynamics），简称药效学，包括药物的作用（action）、作用机制（action mechanism）、临床应用（clinical application）及不良反应（adverse reaction）等；机体对药物的作用，指药物在机体的作用下所发生的变化及其规律，即药物代谢动力学（pharmacokinetics），简称药动学，包括药物在体内的吸收（absorption）、分布（distribution）、代谢（metabolism）和排泄（excretion）等过程及其规律。

药理学为防治疾病、合理用药提供基本理论、基础知识和科学思维方法，是联系药学与医学、基础医学与临床医学、化学与生命科学之间的桥梁学科。其学科任务是随时代发展而变化的，可归纳为三点：①最基本的任务是阐明药物与机体之间的相互作用及规律，为临床合理用药、减少不良反应提供理论依据；②研究开发新药，发现药物新用途；③为探索机体的生理、生化及病理过程提供实验资料和研究方法，揭示新的生命现象，促进生命科学的进步。

随着现代科学技术的发展，药理学亦与时俱进，每年都会有许多新药进入临床研究阶段并最终上市，其中部分药物上市后可能因不良反应而撤回或使用受限，因此只有掌握每类药物的基本作用和特点，运用科学思维方法将知识融会贯通，才能适应临床用药的不断变化。

第二节　药理学的发展简史

人类自诞生之日起，在长期生产、生活实践中，认识到某些天然物品可以减轻病痛，并在与疾病的斗争中，逐渐积累了丰富的医药学经验，如麻黄平喘、车前利水、柳皮退热、大黄导泻等。我国的《神农本草经》、古希腊医生狄奥斯库莱底斯编著的《古代药物学》和古罗马医生盖林编著的《药物学》等，为药物发展做出了巨大贡献。唐代《新修本草》是我国第一部政府颁发的药典，比欧洲《纽伦堡药典》早 883 年。明代中医药学巨著《本草纲目》，共收载一千余种药物，上万条方剂，在国际上有多种文字译本流传，是世界上最重要的药物学文献之一。

药理学的诞生与科学技术的发展密切相关，生理学、化学、免疫学等基础学科的迅猛发展为现代药理学奠定了基础。意大利生物学家丰塔纳（Fontana）在对千余种药物进行动物实验测试其毒性后，认为天然药物具有活性成分，正是其活性成分选择性作用于机体部位而引起机体的反应；1804 年，德国化学家 Sertürner 首先从罂粟中分离提纯出吗啡，并用犬进行试验证明其具有镇痛作用；1826 年法国药师佩尔蒂斯（Pelletier）和卡文图（Caventou）从金鸡纳树皮中分离得到有效成分奎宁；1833 年米恩（Mein）从颠茄及洋金花中提取到阿托品；随后，依米丁、士的宁、可卡因等也相继提纯成功。世界上第一位药理学教授布赫海姆（Buchheim，1820—1879），在德国建立了第一个药理学实验室，撰写出了第一本药理学教科书，标志着药理学作为一门独立学科诞生。其学生施米德贝格（Schmiedeberg，1838—1921）继续发展了实验药理学，开始研究药物的作用部位，被称为器官药理学。1878 年，英国人兰利（Langley，1852—1925）根据研究发现阿托品与毛果芸香碱对猫唾液分泌的拮抗作用，提出了受体的概念，为受体学说的建立奠定了基础。

进入 20 世纪，药物学与药理学发展有了长足的进步。1909 年，德国微生物学家埃尔利希（Ehrlich）从近千种有机砷化合物中筛选出新砷凡钠明治疗梅毒，开创了用化学药物治疗传染病的新纪元。1928 年英国弗莱明（Fleming）发现青霉素；1935 年，德国的多马克（Domagk）发现磺胺类药物可以治疗感染；1940 年，英国的弗洛里（Florey）在 Fleming 研究的基础上，从青霉菌培养液中分离出青霉素，从此进入以抗生素为代表的化学治疗药物时代。1946 年以后，随化学合成药物的兴起，现代化学药物迎来黄金时代，药物与药理学在许多领域飞速发展，涌现出激素类药、镇痛药、抗精神失常药、抗高血压药、抗组胺药、抗生素、抗癌药等，这些药物被临床运用和发展至今。

1982 年，重组胰岛素投放市场，标志着世界第一个基因工程药物的诞生。迄今为止，已有包括重组细胞因子，如人干扰素（human interferon）、人白细胞介素（human interleukin）、集落刺激因子（colony stimulating factor）、促红细胞生成素（erythropoietin，EPO）等在内的近百种基因工程药物上市，广泛应用于相关疾病的治疗。此外，基于分子生物学的基因重组技术，目前还处于研究阶段的基因药物包括 DNA 药物和反义药物。它们的开发与应用是医学和药学领域的一大突破性进展，必将对疾病治疗模式及制药业产生深远影响。

我国现代药理学发展始于 20 世纪初，1924～1926 年，协和医院陈克恢博士从中药麻黄中提取出麻黄碱，证实了麻黄碱的拟肾上腺素作用，首次为传统中医药学提供现代医学的确切证据。随之各医学院校相继开设了药理学课程，1926 年创立了包括药理学会的中国生理学会。1949 年后，药理学逐步得到发展，专业队伍逐渐扩大，研究成果日益增多。1962 年张昌绍和邹岗发现吗啡的作用部位在大脑第三脑室周围灰质。1963 年周廷冲阐明梭曼膦酰化乙酰胆碱酯酶（acetylcholinesterase，AChE）的老化机制是梭曼膦酰化酶的脱烷基反应，为解毒药设计指明了方向。1965 年中国科学家合成了牛胰岛素。我国于 1969 年开始抗疟疾药研究，于 1972 年成功分离得到青蒿素。2011 年 9 月屠呦呦因研制新型抗疟疾药——青蒿素和双氢青蒿素，获得拉斯克临床医学研究奖，2015 年屠呦呦发现的青蒿素在疟疾治疗中的贡献被再次肯定，屠呦呦与爱尔兰的坎贝尔（Campbell）和日本的大村智（Satoshi Ōmura），共同获得 2015 年诺贝尔生理学或医学奖。屠呦呦获得诺贝尔生理学或医学奖，是中医药对人类健康事业作出巨大贡献的体现，也是中国科技繁荣进步的体现。

第三节 药理学的研究内容与方法

药理学，主要进行药物新靶标的发现与确证研究，包括治疗药物、候选药物和生物活性物质的作用机制和（或）耐药机制研究，药动学研究，药物毒理学与临床药理学研究等。

现代药理学重点研究领域如下。①药物新靶标和疾病发生特异性、敏感性分子标志物的发现与确证、药物/生物活性物质新作用特点的发现及其机制阐明，克服耐药的策略，基于系统生物学、表观遗传学和生物信息学的新靶标、新药及组合用药新策略等的深入研究；②对复杂疾病（包括罕见病及儿童疾病等）和新发突发传染病等的网络调控及其药物干预机制、新治疗方案等的基础研究，以及彰显药理学特征的新模型、新方法和新技术研究；③以创建新方法和新模型为导向，并与药物靶标、药效、毒性、临床合理用药相融合的药动学研究；④靶组织/器官/细胞内药物分子与靶标分子结合动力学研究；⑤人体肠道微生态对药物吸收、代谢、疗效及药物间相互作用的系统性研究；⑥药物与内源活性分子代谢处置的交互调控机制，以及生物技术药物体内过程的基础研究。临床药理研究侧重于药物与人体相互作用规律、个体化用药的探索，关注临床用药面临的问题和特殊人群（如儿童、孕妇、高危人群等）的合理用药研究，突出特色。药物毒理研究注重分子机制、药物毒性的干预策略、代谢物毒性机制、药物安全性评价新模型和新方法及系统毒理学的探索研究。

药理学是一门理论科学，也是一门实践科学。作为实践科学，早期主要利用生物化学、生理学、免疫学、微生物学、病理学等基础医学的理论和方法进行药物研究。随着学科的相互渗透，生物物理学、遗传学、分子生物学、化学生物学、组学、生物信息学、数学和计算机应用等学科的研究方法也越来越多地应用于药理学研究。实验方法的建立和发展对药理学的发展及理论体系的建立起了关键性的作用，根据药物研究对象的不同，药理学研究方法可分为基础药理学方法和临床药理学方法。

一、基础药理学方法

基础药理学方法是以动物为实验对象，研究药物与动物相互作用的规律，主要分为实验药理学方法和实验治疗学方法。

1. 实验药理学方法 以健康正常动物为实验对象，分整体和离体两种实验类型。

（1）整体实验可用健康清醒或健康麻醉的动物进行药效学或药动学研究，观察药物对某些系统或器官的影响。

（2）离体实验以正常动物的组织、器官、细胞、亚细胞或受体分子为实验对象，在体外进行药效学研究，分析药物作用、作用部位、作用机制及药动学过程。

2. 实验治疗学方法 先用实验病理学的方法，将正常动物造成类似于人体疾病的病理模型，然后进行药效学或药动学研究，如用四氧嘧啶复制糖尿病模型大鼠观察药物的降糖作用；用自发性高血压大鼠观察药物的降压作用及机制。实验治疗也可用体外细胞模型的方法进行。

3. 常用的基础药理学方法 基础药理学研究可在整体、器官、组织、细胞、亚细胞和分子水平进行。下面介绍几种常用的方法。

（1）整体与离体器官功能检测法：研究药物或生物活性物质在不同剂量下对整体动物或离体器官的某一特定作用，并绘制剂量反应曲线。剂量反应曲线是药理学的重要研究方法。

（2）形态学方法：形态学方法包括各种光镜、电镜技术及激光共聚焦扫描显微镜技术、组织化学和放射自显影等。

（3）行为学方法：对于作用于神经系统的药物，常根据其对动物行为及反射的影响（如镇痛、催眠、解痉、麻醉、抗惊厥等）来研究药物的作用。

（4）电生理学方法：神经或肌肉细胞膜电位的改变可以用电子仪器精确地记录，常用的电生理学方法包括心电、脑电、诱发电位、微电极记录、电压钳及膜片钳技术等。

（5）生物化学方法：生物检定的方法只能检测生物学活性，不能检测活性物质本身、前体及代谢产物的含量，生物化学则不受此限制。该类方法涉及许多专门技术，如荧光分光光度法、气相色谱与质谱联用法、高效液相色谱法、放射免疫分析法及放射配体结合法等。

（6）分子生物学方法：分子生物学的理论和研究手段推动了药理学的进展。常用的研究方法有 DNA 克隆技术、DNA 聚合酶链式反应、蛋白质表达及转基因技术、流式细胞技术等先进技术。

此外，还有细胞及亚细胞结构与功能检测法、蛋白质与细胞因子功能检测法、免疫学方法及化学分析方法等。

二、临床药理学方法

临床药理学方法以人体为研究对象，实验对象为健康志愿者或患者，研究药物与人体相互作用及作用规律，阐明药物的临床疗效、不良反应，也包括药物相互作用及新药的临床评价等，这对指导合理用药具有重要的意义。通常是在系统实验药理学和实验治疗学取得充分资料后再到人体内进行实验，也可采用正常人或患者的血液、尿液、骨髓等样本，以及外科手术切除的人体组织或器官进行药理研究。

第四节　药理学在新药研究与开发中的作用

按照我国《药品管理法实施条例》和《药品注册管理办法》的规定，新药指未在中国境内外上市销售的药品，对已上市药品改变剂型、改变给药途径、增加新适应证的，药品注册按照新药申请的程序申报。

新药的研究与开发是一项科技含量高、投入大、周期长、风险大、收益高的系统工程。新药研究开发过程一般要经历创新和开发两大阶段。在创新阶段，首先要确定人工合成或分离提纯产物的有效成分，并在病理模型上进行筛选，从而发现有开发价值的化合物，即先导化合物。该阶段的工作要点是找到先导化合物并论证其成药性。

在开发阶段，主要包括临床前研究（preclinical study）、临床研究（clinical study）和上市后药物调研（post-marketing surveillance）等内容。临床前研究主要由药物化学研究和药理学研究两部分内容组成。前者包括药物制备工艺、理化性质及质量控制标准等，后者以模型生物或实验动物为研究对象，进行药效学、药动学和毒理学研究。新药的临床研究一般分为四期。Ⅰ期临床试验是在 20～30 例健康成年志愿者身上进行人体药动学和安全性试验；Ⅱ期临床试验观察病例不少于 100 例，采用随机双盲对照试验，对新药的有效性及安全性作出初步评价，并推荐临床用量；Ⅲ期临床试验是扩大的多中心临床试验，观察病例数不少于 300 例，对新药的有效性和安全性进行进一步验证；Ⅳ期临床试验也称售后调研，是新药开发的最后一个阶段，是在新药上市后在社会人群中继续进行的药品安全性和有效性评价，是在广泛长期使用的条件下考察疗效和不良反应。目前研发领域又提出 0 期临床试验的概念，0 期临床试验是一种先于传统的Ⅰ期临床试验的研究，旨在评价受试药物的药效学和药动学特征。特点是小剂量、短周期、少量受试者、不以药物疗效评价为目的，对作用于靶点指标和（或）生物标志物的抗肿瘤候选药物的药效学及药动学进行评价。不过我国目前还没有出台针对 0 期临床试验的指导原则。

新药开发研究是一个逐步选择与淘汰的过程。虽然各药的开发过程不同，但药理研究却都是必不可少的关键步骤。不断发现和提供安全、高效、适应疾病谱及质量可控的新药，对于保护人民健康，发展国民经济具有重要意义。

知识拓展

什么是假药?

（1）有下列情形之一的，为假药：①药品所含成分与国家药品标准规定的成分不符合的；②以非药品冒充药品或者以他种药品冒充此种药品的。

（2）有下列情形之一的药品，按假药论处：①国务院药品监督管理部门规定禁止使用的；②依照《药品管理法》必须批准而未经批准生产、进口，或者依照《药品管理法》必须检验而未经检验即销售的；③变质的；④被污染的；⑤使用依照《药品管理法》必须取得批准文号而未取得批准文号的原料药生产的；⑥所标明的适应证或者功能主治超出规定范围的。

药理学与中药药理学的区别

药理学与中药药理学的区别：药理学侧重于一些典型化学药（西药）的药动学、药理作用（机制）、临床应用和不良反应，包括药动学和药效学，前者是机体对药物的吸收、分布、代谢和排泄过程，后者是药物对机体的作用及其作用机制或规律；中药药理学是指在中医药理论指导下，运用现代科学技术与方法，研究中药与机体相互作用和作用规律的科学，对于中药作用原理的阐释、临床疗效提高和创新药物的发现具有重要意义。中药药理学重点在于阐释中药的来源、功效、应用及现代药理研究进展，尤其是单味中药里面的有效部位或有效成分的药理作用及其机制，中药不同于单纯化学合成药物或天然药物，它必须结合中医药基础理论的指导，是建立在中医药基础理论上的一门学科。

网络药理学

网络药理学（network pharmacology）：是人工智能和大数据时代药物系统性研究的新兴、交叉、前沿学科，强调从系统层次和生物网络的整体角度出发，解析药物及治疗对象之间的分子关联规律，被广泛应用于药物和中药活性化合物发现、整体作用机制阐释、药物组合和方剂配伍规律解析等方面，为中药复杂体系研究提供了新思路，为临床合理用药、新药研发等提供了新的科技支撑。

第五节 本书的学习建议

药理学是临床医学、基础医学、药学和护理学等专业学生专业课程的重要组成部分，也是从事医药学相关工作者的必备知识之一。通过本书的学习，同学们应掌握药理学的基本概念、基本理论和基本内容；掌握药物的分类和各类代表药的药理作用、作用机制、临床应用、主要不良反应及其防治；熟悉各类常用药物的药理作用特点、主要临床应用；了解各类相关药物的作用特点和各类药物的主要进展。

药理学是一门综合性的学科，其基本理论与生理学、微生物学、生物化学、病理学等医学基础学科及药学相关专业学科如药剂学、药物分析学、药物化学等密切相关。同学们在学习过程中，要注意加强基础医学学科和生命学科的基础理论知识的学习，以便加深对药物作用及其机制的理解；同时要跟进药学相关学科的了解，拓宽对药物理化性质方面的见识。

药理学内容丰富，药物品种多，甚至一类药物多达数十种，因此，应注意掌握代表性药物，在全面掌握代表性药物的基础上，去分析和思悟同类药物或相关药物的特点。理论不仅源于实践，还可以在实践中进一步消化和升华。因此，同学们在学习本书的过程中，应珍惜每一次实验课的学习，并尽量多争取一些相关领域，如医院药剂科、高校或者药企药理研究室等的实习机会。新药不断涌现，人类疾病谱在不断发生改变，机体（包括病原体）与药物之间相互作用规律处于动态变化之中，人类对疾病或药物的认识处于一个逐渐深化的过程。面对千变万化的客观世界，同学们要注意知识更新，不断吸取新进展、新概念，应用选择性高、疗效好、副作用少的药物，更好地防病治病，为人民健康服务。

本章小结

药理学是一门研究药物与机体（含病原体）相互作用及其作用规律的学科。药物与机体的相互作用：药物对机体的作用，即药物效应动力学，简称药效学；机体对药物的作用，即药物代谢动力学，简称药动学。

现代药理学主要进行药物新靶标的发现与确证研究，包括治疗药物、候选药物和生物活性物质的作用机制和（或）耐药机制研究，药动学研究，药物毒理学与临床药理学研究等。

新药指未在中国境内外上市销售的药品，对已上市药品改变剂型、改变给药途径、增加新适应证的，药品注册按照新药申请的程序申报。新药研究开发过程可以粗略地分为非临床研究和临床研究两大部分。若细分可划为四个阶段：药物发现、临床前研究、临床研究和上市后药物监测。

（沈祥春）

第二章 药 动 学

能力要求

1. 掌握时-量曲线、药动学重要参数的概念、意义，以及一级动力学、零级动力学的特点，并能够熟练应用。

2. 熟悉药物 pK_a 和药物所在环境 pH 之间的关系亨德森-哈塞尔巴尔赫［(Henderson-Hasselbalch 公式)］的含义，并进行计算。

3. 了解药物跨生物膜转运方式、规律、临床意义。

药动学是研究药物的体内过程及体内药物浓度随时间变化规律的一门学科。药物的体内过程包括药物的吸收、分布、代谢和排泄，简称为 ADME。

应用药动学的基本原理和方法，研究药物在体内发生变化的基本规律，可帮助临床工作者科学地制订给药方案，提高临床治疗效果，控制不良反应的发生。药物在体内的药动学特性也为药效学和毒理学研究提供重要的参考，是新药研究、开发、先导化合物设计、筛选及新药申报必须提交的重要资料。

第一节 药物分子的跨膜转运

药物在体内的 ADME 过程均需要通过各种生物膜，即跨膜转运（trans-membrane transport）。药物跨膜转运有多种方式，最主要的方式是被动转运（passive transport）、载体转运（carrier mediated transport）和膜转运（membrane transport）。

一、被动转运

被动转运，指药物借助细胞膜两侧存在的药物浓度梯度或电位差，以电化学势能差为驱动力，由生物膜浓度高的一侧向浓度低侧转运。其特点：①无竞争抑制；②不消耗能量；③不需要载体；④无饱和现象，无部位特异性。当膜两侧浓度达到稳定时，转运即保持动态平衡。被动转运是药物转运的主要形式，包括滤过（filtration）和简单扩散（simple diffusion）两种情况。

（一）滤过

滤过又称水溶扩散（aqueous diffusion），是指极性或非极性药物（分子质量小于 100Da）借助流体静压或渗透压穿过生物膜的水性通道而被转运。体内大多数细胞的水性通道很小，直径仅 4～8Å（$1Å=10^{-10}m$），只允许分子质量小于 100Da 的物质通过，如锂离子（Li^+）、尿素、乙醇等穿过结膜、肠道、泌尿系统等上皮细胞膜的水性通道即通过这种方式转运。一般毛细血管内皮细胞间的孔隙直径在 60～120Å，允许分子质量 20 000～30 000Da 的物质通过，故绝大多数药物均可经毛细血管内皮细胞间的孔隙滤过。

（二）简单扩散

简单扩散又称脂溶性扩散（lipid diffusion），即脂溶性药物溶于膜的脂质层、顺浓度差而通过生物膜的转运方式，这是药物转运最常见、最重要的形式，绝大多数药物按此种方式通过生物膜。由于生物膜的中央为脂质双分子疏水层，故脂溶性强的药物容易跨膜转运。简单扩散的速度主要取决于药物的油水分配系数（lipid/aqueous partition coefficient）和膜两侧药物浓度差。油水分配系数（脂溶性）和浓度差越大，扩散就越快。因为药物必须先溶于体液才能抵达细胞膜，因此水溶性太低也不利于药物通过细胞膜，药物在具备脂溶性时仍须具有一定的水溶性才能迅速通过细胞膜，而水溶性强的药物不容易跨膜转运。

通过简单扩散转运的药物，其转运过程符合一级动力学，转运速度可用菲克（Fick）定律来描述：

$$\text{通透量（单位时间内通过的分子数）} = (C_2 - C_1) \times \frac{\text{面积} \times \text{通透系数}}{\text{厚度}}$$

式中，通透系数与药物脂溶性相关。可以看出，以简单扩散跨膜转运的药物，其转运速度除与膜两侧药物浓度差（C_2-C_1）、膜通透系数有关外，膜面积、膜厚度也是重要的影响因素，如药物通过膜表面积大的小肠膜脂质层的速度比通过膜表面积小的胃快得多。

简单扩散也受药物解离度影响。大多数药物属于弱酸性或弱碱性有机化合物，在体液中可部分解离。解离型药物极性大，脂溶性小，难以扩散；非解离型药物极性小，脂溶性大，容易扩散。药物在水溶液中的解离程度取决于药物的解离常数（K_a）和所在溶液的 pH。

解离常数（K_a）的负对数值为 pK_a。它表示药物的解离度，是指药物解离 50% 时所在溶液的 pH。各药都有其固定的 pK_a，pK_a 可由 Henderson-Hasselbalch 公式计算而得：

弱酸性药物

$$HA \rightleftharpoons H^+ + A^-$$

$$K_a = \frac{[H^+][A^-]}{[HA]}$$

$$pK_a = pH - \lg\frac{[A^-]}{[HA]}$$

$$pH - pK_a = \lg\frac{[A^-]}{[HA]}$$

$$\therefore 10^{pH-pK_a} = \frac{[A^-]}{[HA]} \text{即} \frac{[\text{离子型}]}{[\text{非离子型}]}$$

$$\text{当}[HA] = [A^-]\text{时}, pH = pK_a$$

弱碱性药物

$$BH^+ \rightleftharpoons H^+ + B$$

$$K_a = \frac{[H^+][B]}{[BH^+]}$$

$$pK_a = pH - \lg\frac{[B]}{[BH^+]}$$

$$pK_a - pH = \lg\frac{[BH^+]}{[B]}$$

$$\therefore 10^{pK_a-pH} = \frac{[BH^+]}{[B]} \text{即} \frac{[\text{离子型}]}{[\text{非离子型}]}$$

$$\text{当}[B] = [BH^+]\text{时}, pH = pK_a$$

上述公式中，弱酸性药物，HA 为分子型药物。弱碱性药物，B 为分了型药。

各药 pK_a 有其固定的值（表 2-1）。药物的 pK_a 与药物本身属于弱酸性或弱碱性无关，弱酸性药物的 pK_a 可大于 7.0，弱碱性药物的 pK_a 可小于 7.0。改变溶液 pH 可以明显地影响弱酸性或弱碱性药物的解离度，进而影响其跨膜转运（图 2-1）。当 pK_a 与 pH 的差值以数学值增减时，药物的离子型与非离子型浓度比值以指数值相应变化，从而使药物在体内转运受到显著影响。通常，pK_a 为 3.0～7.5 的弱酸性药物及 pK_a 为 7.0～11.0 的弱碱性药物的转运受 pH 影响的一般规律：弱酸性药物在酸性体液中解离少，容易透过细胞膜；在碱性体液中解离多，难以透过细胞膜。反之，弱碱性药物在碱性体液中解离少，容易透过细胞膜；在酸性体液中解离多，难以透过细胞膜。非离子型药物易透过生物膜，而离子型药物就被限制在膜的一侧，这种现象称为离子障（ion trapping）。

表 2-1 常见药物的 pK_a

弱酸性药物	pK_a	弱碱性药物	pK_a
青霉素 V	2.7	卡那霉素	7.2
布洛芬	4.4	吗啡	7.9
阿司匹林	3.5	甲苯磺丁脲	5.3
双氯芬酸	4.1	可卡因	8.4
磺胺噻唑	7.1	麻黄碱	9.4
苯巴比妥	7.4	丙咪嗪	9.5
苯妥英	8.3	阿托品	9.7
对乙酰氨基酚	9.9		
咖啡因	14		

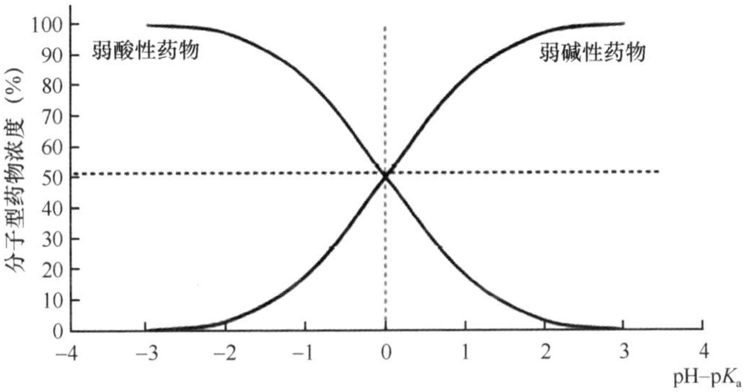

图 2-1 体液 pH 对弱酸或弱碱性药物解离度的影响

二、载体转运

载体转运是指药物与生物膜上相应的载体结合，通过载体转运到膜的另一侧的过程，包括主动转运与易化扩散。

载体蛋白是位于生物膜上的多次跨膜蛋白分子，每种载体蛋白与特定的药物分子结合，通过一系列构象的改变介导药物分子跨膜转运，具有高度的特异性、饱和性。

药物载体分为两类。一类是将药物由细胞外转运至细胞内，如有机阴离子转运多肽（organic anion-transporting polypeptide，OATP）、有机阳离子转运体（organic cation transporter，OCT）、寡肽转运体（oligopeptide transporter，PEPT）等；另一类是主要将药物由细胞内转运至细胞外，如P-糖蛋白（P-glycoprotein）、乳腺癌耐药蛋白（breast cancer resistance protein）、多药耐药蛋白（multidrug resistance protein）等，后者与降低靶位浓度，产生耐药有关。

（一）易化扩散

易化扩散（facilitated diffusion）特点是顺浓度差、不消耗能量，如葡萄糖进入红细胞，胆碱进入胆碱能神经末梢、甲氨蝶呤进入白细胞。易化扩散可加快药物的转运速度，其扩散速度比简单扩散要快。在小肠上皮细胞、脂肪细胞、血脑屏障血液侧的细胞膜中，单糖类、氨基酸、季铵盐类药物的转运属于易化扩散。

（二）主动转运

主动转运（active transport）指药物分子能逆浓度梯度或逆电化学梯度进行的载体转运方式。主动转运的特点：①逆浓度梯度（逆化学梯度）运输；②需要能量，能量可直接来源于 ATP 的水解，或间接来源于其他离子如 Na^+ 的电化学梯度；③需要载体；④具有选择性和特异性；⑤具有饱和性；⑥具有竞争性。膜一侧的药物转运完毕后转运即终止。这种转运对体内代谢物质和神经递质的转运，以及通过干扰这些物质而产生药理作用的药物有重要意义。细胞内 Na^+ 向细胞外转运，葡萄糖自肾小管重吸收，弱酸与弱碱性药物自肾小管的分泌及药物肝细胞转运等都是主动转运过程。

三、膜 转 运

通过膜的运动而转运大分子物质，称为膜转运，包括胞饮和胞吐。

1. 胞饮（pinocytosis） 又称吞饮或入胞，指大分子物质通过膜的内陷形成小泡而进入细胞。某些液态蛋白质或大分子物质通过这种方式转运，如脑垂体后叶粉剂可从鼻黏膜给药以胞饮方式吸收。

2. 胞吐（exocytosis） 又称胞裂外排或出胞，大分子物质通过胞吐从胞内转运到胞外，如腺体分泌及递质的释放。

第二节 药物的体内过程

药物进入机体到药物从机体消除的全过程称为药物的体内过程，包括吸收、分布、生物转化及排泄（图 2-2）。

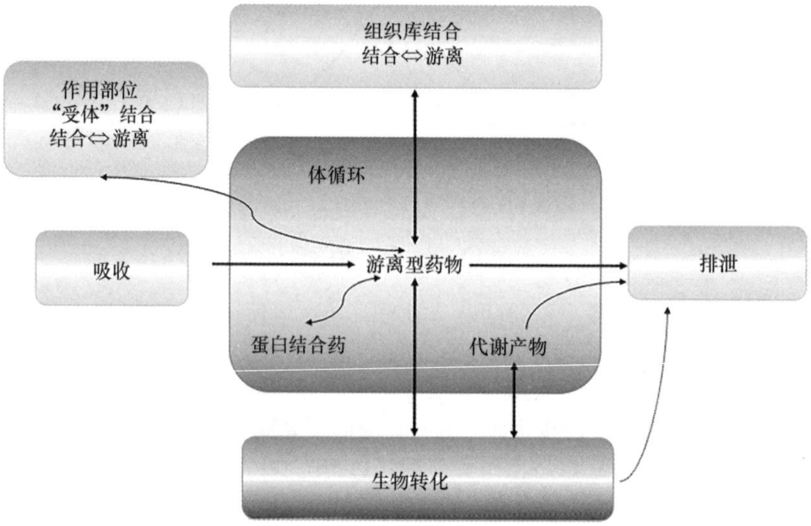

图 2-2 药物体内过程示意图

一、吸 收

药物的吸收（absorption）是药物自用药部位进入血液循环的过程。除静脉注射和静脉滴注给药直接进入血液循环之外，其他血管外给药途径都存在药物跨血管壁进入血液的吸收过程。吸收速率和程度受药物的理化性质、剂型、吸收部位的血流量、给药途径等因素影响。不同给药途径吸收快慢顺序依次为气雾吸入＞舌下给药＞直肠给药＞肌内注射＞皮下注射＞口服＞皮肤给药。不同给药途径具有不同的吸收过程和特点。

（一）口服给药

口服（per os，po）是最常用而安全的给药途径。液体药物易于吸收，片剂、胶囊剂在胃肠道必须先崩解（disintegration）、溶解（dissolution）后才可能被吸收。大多数药物在胃肠道内以简单扩散方式被吸收。

药物溶解后通过简单扩散可从口腔黏膜吸收。口腔黏膜面积虽小，但血管丰富，故吸收迅速。唾液和咀嚼可以促进药物吸收。舌下含片、滴丸、口腔速崩片、口腔速溶片、口腔分散片、口腔速释片、口腔膜剂等都易于从口腔吸收。口腔吸收的优点是吸收迅速，作用快，药物吸收完全，无首过效应。舌下给药特别适合经胃肠吸收时易被破坏或首过效应明显的药物，如硝酸甘油首过效应可达 90% 以上，舌下给药时药物由血流丰富的颊黏膜吸收，直接进入全身循环。但因舌下吸收面积小，吸收量有限，故舌下给药不能成为常规的给药途径。

胃液的 pH 通常在 3 以下，弱酸性药物在此环境中多不解离，容易吸收，如水杨酸、丙磺舒等，而弱碱性药物在此环境中大部分解离而难以吸收，如茶碱、地西泮、麻黄碱等。

人小肠长约 280cm，直径 4cm，具有丰富的绒毛，其吸收面积远超过胃。此外，小肠还具有蠕动快、丰富的血管及淋巴管等有利于药物吸收的特点，因此，小肠是口服给药的重要吸收部位。除简单扩散外，小肠吸收尚有主动转运过程，如维生素 B_1、维生素 B_2、维生素 B_6，以及与内源性物质结构相似的药物如氟尿嘧啶、甲基多巴等均为主动吸收。

药物吸收后通过门静脉进入肝脏。有些药物首次通过胃肠道和肝脏时可被酶代谢失活，使进入体循环的药量减少，这种现象称首过效应（first pass effect），也称首过消除（first pass elimination）或首关代谢（first pass metabolism）。胃肠道外途径给药时，在到达作用部位或靶器官前，可在肺内排泄或代谢一部分药物，这也是一种首过效应。首过效应多的药物，生物利用度低，如硝酸甘油，首过效应达 90% 以上。改变给药途径（如舌下、直肠给药）可不同程度克服首过效应。

药物可从直肠吸收。直肠黏膜面积虽小，但血液供应充足，药物吸收很快，如硫喷妥钠可由直肠给药进行基础麻醉。直肠给药（rectum administration）的优点在于防止药物对上消化道的刺激性。如果药物从直肠中、下段吸收，随毛细血管血液流入下痔静脉和中痔静脉，然后进入下腔静脉，其间不经过肝脏。而若以栓剂塞入上段直肠，则药物吸收后经上痔静脉进入门静脉系统，可能出现首过效应。因此，直肠给药的剂量约 50% 可以绕过肝脏。

多数药物口服虽然方便有效，但口服不适用于吸收较慢、吸收不完全、在胃肠被破坏、对胃刺激性大及首过效应多的药物，也不适用于昏迷及婴儿等不能口服的患者。

（二）吸入给药

某些脂溶性、挥发性的药物通过喷雾或气雾给药方式由呼吸道黏膜或肺泡上皮细胞吸收。肺泡表面积大、血流丰富，与血液只隔肺泡上皮及毛细血管内皮，因此只要具有一定溶解度的气态药物即能经肺迅速吸收。

粒径在 10μm 左右的微粒大多滞留在支气管黏膜而发挥局部抗菌、消炎、止喘、祛痰作用，粒径为 2～10μm 的微粒可达细支气管，粒径小于 2μm 的微粒可进入肺泡，粒径小于 0.5μm 的微粒可随呼气被排出。异丙肾上腺素可制成粒径为 10μm 的微粒气雾剂治疗支气管哮喘。较大雾粒的喷雾剂（spray）只能用于鼻咽部的局部治疗，如抗菌、消炎、通鼻塞等。

（三）注射给药

静脉注射没有吸收过程，可使药物迅速而准确地进入体循环，发挥作用快而强。肌内注射（intramuscular injection，im）及皮下注射（subcutaneous injection，sc）时，药物先沿结缔组织扩散，再经毛细血管和淋巴内皮细胞进入血液循环。其吸收速度取决于药物的水溶性及局部血液循环，水溶液吸收迅速，油剂、混悬剂或植入片可在局部滞留，吸收慢，故作用持久。局部热敷或按摩可加速吸收，血管收缩药则可延长药物的局部作用。动脉注射（intra-arterial injection，ia）可将药物输送至该动脉分布部位发挥局部疗效以减少全身反应。

（四）局部给药

局部给药的目的是在皮肤、眼、鼻、咽喉和阴道等部位产生局部作用，偶尔也可产生吸收作用。药物较难穿过完整的皮肤，脂溶性较大的药物可以通过皮肤的角质层，但亲水性较高的药物则因皮脂腺的分泌物覆盖皮肤而被阻止进入。利用促皮吸收剂如氮酮、二甲基亚砜、月桂酸等制成贴皮剂或软膏，经皮给药后都可产生局部或全身作用，如硝苯地平、雌二醇、芬太尼等。

二、分　　布

分布（distribution）是指药物吸收后从体循环到达机体各个部位和组织的过程。通常药物在体内的分布速度很快，可迅速在血液和各组织之间达到动态平衡。药物在体内的分布主要受组织器官的血流量、药物与组织的亲和力、与血浆蛋白结合力等因素影响。此外，药物的分子量、化学结构、脂溶性、药物的 pK_a、极性、微粒制剂的粒径、局部的 pH 及一些体内屏障等也影响药物在体内分布。

（一）血浆蛋白结合率

血浆蛋白结合率（plasma protein binding rate）指药物在血浆内与血浆蛋白结合的比率。多数药物在血浆中可不同程度地与血浆蛋白结合，与血浆蛋白结合的药物称为结合型药物（bound drug），未结合的药物称为游离型药物（free drug），结合和游离是一个动态平衡过程。只有游离型药物才具有药理活性。

血浆中与药物结合的蛋白质：①白蛋白，占血浆总蛋白的一半，是最重要的结合蛋白，有三个结合位点，主要结合弱酸性药物；② α_1-酸性糖蛋白，主要与碱性药物结合，它与药物可能仅有一个结合位点；③脂蛋白（lipoprotein），结合脂溶性强的药物，如脂溶性维生素类。

血浆中的蛋白质含量相对稳定，与药物的结合部位和结合容量有限，随着药量增加，结合部位达到饱和后，增加药量就可使血中游离型药物浓度剧增，导致药效增强或产生毒性反应。联合用药时，若两种药物出现与血浆蛋白竞争结合现象，尽管两药剂量为正常治疗量，但其中一种药物游离型浓度升高，向组织分布增加，出现药效增强或毒性反应。如某药结合率达 99%，当被另一药置换而下降 1% 时，则理论上游离型药物浓度将增加 100%，可能导致中毒。一般药物在被置换过程中，增加的游离型药物会被加速消除，血浆中游离型药物浓度难以持续增高。血浆蛋白过少（如肝硬化）或变质（如尿毒症）时，因药物血浆蛋白结合率下降，也容易因游离型药物增多而中毒。

药物在血浆蛋白结合部位上的相互作用并非都有临床意义。一般认为，对于血浆蛋白结合率高、分布容积小、消除速度慢或治疗指数低的药物，血浆蛋白结合率的变化有临床意义，此时应注意对剂量进行调整。

（二）组织细胞结合

由于人体各个组织器官的血流量不均一。分布早期，药物较快、较多地分布到血流丰富及与药物亲和力高的组织，然后向血流量小及与药物亲和力较低的组织转移，这种现象称为再分布（redistribution），如静脉麻醉药硫喷妥钠先向血流量相对大的脑组织分布，迅速产生麻醉效应，然后向脂肪组织转移，麻醉效应又迅速消失。

药物与组织细胞结合是由于药物与某些组织细胞成分具有特殊的亲和力，使这些组织中的药物浓度高于血浆游离药物浓度，使药物的分布具有一定的选择性，如碘集中分布在甲状腺组织中。多数情况下，药物和组织的结合是药物在体内的一种储存方式，如硫喷妥钠再分布到脂肪组织。有的药物与组织可发生不可逆结合而引起毒性反应，如四环素与钙形成络合物储于骨骼及牙齿中，导致小儿生长抑制与牙齿变黄或畸形。

（三）pH 的影响

药物的 pK_a 及体液 pH 影响药物分布。生理情况下，细胞内液 pH 约为 7.0，细胞外液 pH 约 7.4。由于弱酸性药物在较碱性的细胞外液中解离增多，因而在细胞外液中浓度高于细胞内液，升高血液 pH 可使弱酸性药物由细胞内向细胞外转运，降低血液 pH 则使弱酸性药物向细胞内转移。图 2-3 为弱酸性药物及弱碱性药物在细胞内外解离度差别。

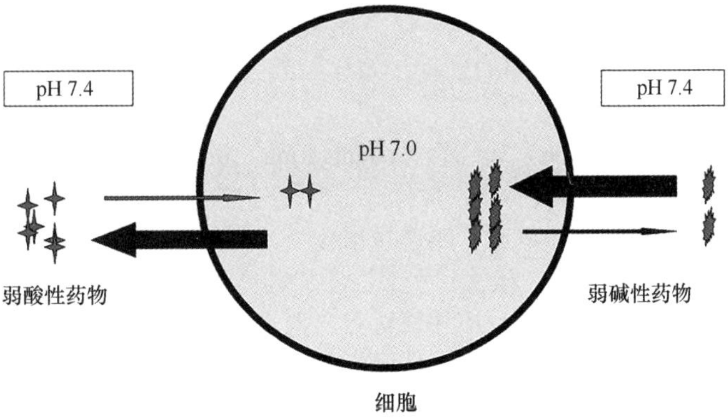

图 2-3 弱酸性药物及弱碱性药物在细胞内外解离度

（四）特殊屏障

1. 血脑屏障（blood-brain barrier） 指脑组织内紧密相连的毛细血管内皮细胞与内皮细胞外包裹的星形胶质细胞形成的血浆与脑脊液之间的屏障。此屏障能阻碍许多大分子、水溶性或解离型药物通过，只有脂溶性高的药物才能以简单扩散的方式通过血脑屏障。急性高血压或静脉注射高渗溶液可以降低血脑屏障的功能，炎症也可改变其通透性。例如，脑膜炎发生时，血脑屏障对青霉素的通透性增高，使青霉素在脑脊液中达到有效治疗浓度。

此外，血脑屏障的脑毛细血管内皮细胞可高表达外排性转运体 P-糖蛋白、碱性肽转运体、单羧酸类转运体等，这些转运体对阻止高亲脂性药物（如环孢素、长春新碱、多柔比星等）、外源性有机酸及天然乳酸进入血脑屏障发挥重要作用。

2. 胎盘屏障（placental barrier） 是胎盘绒毛与子宫血窦间的屏障，由数层生物膜组成。其通透性与一般毛细血管无显著差别，故胎盘对药物的转运并无屏障作用，只是到达胎盘的母体血流量少，进入胎儿循环较慢而已。几乎所有药物都能穿透胎盘屏障进入胚胎循环，因此孕妇用药应特别谨慎。

3. 血-眼屏障（blood-eye barrier） 是血液与视网膜、血液与房水、血液与玻璃体屏障的总称，血-眼屏障仅容许脂溶性药物及分子量小于 100 的水溶性药物通过，故大多数吸收入血的药物在房水、晶状体和玻璃体等组织的浓度远低于血液。为在眼中达到有效浓度，作用于眼的药物多采用局部滴眼、结膜下注射、球后注射或结膜囊给药方式给药。

三、生物转化

药物在体内发生化学结构的改变称为生物转化（biotransformation）或代谢（metabolism）。体内能使药物发生代谢的器官主要是肝脏，其次是小肠、肾、肺及脑组织等。

（一）药物代谢的意义

药物经过转化后其药理活性发生改变。大多数药物失去活性（减弱或消失），称为灭活（inactivation）。代谢后药物的脂溶性降低，水溶性提高，有利排泄。但少数药物经过转化后可以被活化（activation）而出现药理活性，如可的松（cortisone）须在肝脏转化为氢化可的松而生效，需经活化才产生药理效应的药物称为前药（pro-drug）。有些药物等外源性化合物（xenobiotics）经生物转化后可形成具有高度化学反应性的毒性代谢物，如抗结核药物异烟肼的代谢物乙酰异烟肼对肝脏有较强的毒性。

（二）药物转化时相

药物代谢通常涉及Ⅰ相（phase Ⅰ）和Ⅱ相（phase Ⅱ）反应。

1. Ⅰ相反应（phase Ⅰ reaction）包括氧化、还原、水解反应，是机体向原型药物分子加入或从原型药物分子去除某个极性基团的过程，如加入或去除—OH、—COOH、—NH_2、—SH 或—CH_3 等生成极性增高的代谢产物。

2. Ⅱ相反应（phase Ⅱ reaction）即结合（conjugation）反应，Ⅰ相反应形成的代谢产物可与体内葡萄糖醛酸、乙酰基、甘氨酸、硫酸等内源性物质在相应基团转移酶的催化下进行结合反应，生成易溶于水且极性高的代谢物，以利于迅速排出体外。例如，二磷酸尿嘧啶是葡萄糖醛酸的供体，两者结合后脂溶性进一步降低，极性和水溶性增加，更易从肾排泄。

多数药物的代谢是从Ⅰ相到Ⅱ相反应序贯进行，但也有例外。例如，异烟肼代谢时，是先由其结构中的酰肼部分经Ⅱ相反应（乙酰化）生成氮位乙酰基结合物（*N*-乙酰异烟肼）后再进行Ⅰ相反应（水解），生成肝毒性代谢产物乙酰肼和乙酸。有的药物只需经过Ⅰ相或Ⅱ相反应。

（三）药物代谢酶

药物代谢大多数通过酶促反应，催化药物代谢的酶统称为药物代谢酶（drug metabolizing enzyme），简称药酶。肝脏中药物代谢酶种类多而含量丰富，因此是药物代谢的主要器官。此外，胃肠道、肾、肺、皮肤、脑、肾上腺、睾丸、卵巢等也能不同程度地代谢某些药物。

药物代谢酶分为如下两类。

1. 专一性酶 如胆碱酯酶、单胺氧化酶（MAO）等，分别只能转化乙酰胆碱（acetylcholine，ACh）和单胺类等一些特定的物质。

2. 非专一性酶 主要分布在肝细胞的微粒体、线粒体和细胞质中，故简称肝药酶。肝药酶主要包括有细胞色素 P450 酶系（cytochrome P450，P450，CYP）、含黄素单加氧酶系（fiavin-containing monooxygenase，FMO）、环氧化物水解酶系（epoxide hydrolase，EH）和结合酶系（conjugating enzyme，CE）

（1）CYP：CYP 因与一氧化碳结合后其吸收光谱主峰在 450nm 处，故又称 P450。CYP 为一类亚铁血红素-硫醇盐蛋白（heme-thiolate protein）体酶超家族，参与内源性物质和包括药物、环境化合物在内的外源性物质的代谢。其结构与血红蛋白相似，有以 Fe^{3+} 为中心的血红素。现已明确，CYP 是一个基因超家族（superfamily），根据这些基因所编码蛋白质的相似程度，可将其划分为不同的基因家族（family）和亚家族（subfamily）。一般认为，同一家族的氨基酸序列应有 40% 以上是一致的，而同一亚家族内蛋白质的氨基酸序列应有 55% 以上是一致的。CYP 超家族的命名是以 CYP 开头，后面的阿拉伯数字表示基因家族，如 CYP2；其后大写英文字母表示亚家族，如 CYP2D；最后的阿拉伯数字表示 CYP 酶个体，如 CYP2D6。

CYP 是一种混合功能氧化酶系统（mixed-function oxidase system），能促进数百种药物的代谢。生物机体中已发现约 1000 种 CYP，在人类中已发现 CYP 共 18 个家族、42 个亚家族、64 个酶。在人类肝脏中与药物代谢密切相关的 CYP 主要是 CYP1A1、1A2、1B1、2A6、2B6、2C8、2C9、2C19、2D6、2E1、3A4 和 3A5，共 12 种，它们占肝脏中 CYP 总含量的 75% 以上。多种类型的 CYP 具有重叠的催化药物特异性，每一个 CYP 均具有广谱催化药物代谢的能力。了解每一个 CYP 所催化的药物，对临床合理用药及阐明在生物转化环节发生的药物相互作用很有意义。

（2）FMO：FMO 是参与Ⅰ相药物氧化反应的另一个药酶超家族，与 CYP 共同存在于肝脏微粒体且含量很高，主要参与水溶性药物代谢物的反应。该酶系包括 6 个超家族，其中 FMO3 含量最丰富，主要代谢烟碱、西咪替丁、雷尼替丁、氯氮平、伊托必利等。FMO 在药物代谢中处于次要地位，产生的代谢物基本无活性。FMO 不被诱导或抑制，未见基于 FMO 的药物相互作用。

（3）EH：EH 分为两类，一类是存在于细胞质中的可溶性环氧化物水解酶（sEH），另一类是存在于细胞内质网膜上的微粒体环氧化物水解酶（mEH）。该酶系的作用是将某些药物经

CYP 代谢后生成的环氧化物进一步水解变成无毒或毒性很弱的代谢物。例如，抗癫痫药卡马西平（carbamazepine）是前体药，经 CYP 代谢后生成有药理活性的卡马西平-10，11-环氧化物，再经 mEH 代谢成无活性的产物。若同服抗癫痫药丙戊酸（valproic acid）抑制 mEH，将使卡马西平-10，11-环氧化物血浆浓度增加，疗效增强，同时不良反应也增加。

（4）CE：在Ⅱ相药物结合反应中有许多 CE 参与，如葡萄糖醛酸转移酶、硫酸转移酶、乙酰转移酶、甲基转移酶、谷胱甘肽-*S*-转移酶等。除了葡萄糖醛酸转移酶位于微粒体外，其余的酶都位于细胞质中，以便快捷地将代谢物随尿液和胆汁排出。该酶系反应速度通常快于参与Ⅰ相反应的酶系，故可迅速地终止代谢物的毒性。

（四）药物代谢酶的特性

1. 专一性低，不同的 CYP 能催化同一底物，而同一底物可被不同的 CYP 所代谢，药物间有竞争性；

2. 变异性大，易受多种因素影响，如遗传、年龄、性别、营养状况、疾病状态等都可导致 CYP 活性发生变化。

3. 活性易受药物的诱导或抑制。

（1）药酶诱导剂（enzyme inducer）：凡能提高 CYP 活性或者增加药酶生成的药物，称为药酶诱导剂。当合用药物时，药酶诱导剂可使药物的效应较单用时减弱。目前已发现 200 多种化学结构不同的药酶诱导剂，长期应用不仅可以加速自身转化，产生耐受性，还可以降低其他依赖于药酶转化药物的药效。常见的药酶诱导剂有苯巴比妥、保泰松、苯妥英钠、利福平等，为维持药效，可适当增加被增强转化药物的剂量。

（2）药酶抑制药（enzyme inhibitor）：凡能抑制药酶活性或者减少药酶含量的药物，称为药酶抑制药，如西咪替丁抑制 CYP 活性，从而抑制地西泮、华法林等药物的转化。常见的药酶抑制药有西咪替丁、别嘌醇、酮康唑、乙醇、异烟肼等。为防止药物中毒，应适当减少被抑制转化药物的剂量。

人肝脏 CYP 代谢的药物及其诱导剂、抑制药见表 2-2。

表 2-2　人肝脏 CYP 代谢的药物及其诱导剂、抑制药

CYP	底物	诱导剂	抑制药
1A2	对乙酰氨基酚，安替比林，咖啡因，氯丙咪嗪，非那西汀，他克林，他莫昔芬，茶碱，华法利	吸烟，木炭烤制食品，十字花科蔬菜，奥美拉唑	呋喃酰碱、氟伏沙明
2A6	香豆素、烟草亚硝胺、尼古丁（可替宁和 2′-羟基尼古丁）	利福平、苯巴比妥	薄荷呋喃、甲氧盐碱
2B6	青蒿素、安非他酮、环磷酰胺、依非韦伦、异环磷酰胺、氯胺酮、美沙酮、奈韦拉平、丙泊酚、司来吉兰、舍曲林、替氯匹定	苯巴比妥、环磷酰胺	噻氯匹定，氯吡格雷
2C8	紫杉醇，全反式维 A 酸	利福平，巴比妥酸盐	甲氧苄啶
2C9	塞来昔布、氟比洛芬、己巴比妥、布洛芬、氯沙坦、苯妥英、甲苯丁酰胺、三甲二酮、磺胺萘唑、斯华法林、替瑞纳芬	巴比妥酸盐，利福平	苯甲酸，磺胺苯唑
2C18	甲苯丁酰胺，苯妥英	苯巴比妥	
2C19	地西泮、*S*-联苯妥英、萘普生、奥美拉唑、普萘洛尔	巴比妥酸盐，利福平	N_3-苄基硝基二醇、N_3-苄基苯巴比妥、氟康唑
2D6	布呋洛尔、布萘洛尔、氯丙咪嗪、氯氮平、可待因、异喹、右美沙芬、安卡尼、氟卡奈、氟西汀、氟哌啶醇、氢可酮、4-甲氧基-安非他明、美托洛尔、美西汀、羟考酮、帕罗西汀、苯甲双胍、普罗帕酮、丙氧苯、利培酮、司巴汀、他莫昔芬、噻唑嗪、噻莫洛尔、三环抗抑郁药	尚不清楚	奎尼丁，帕罗西汀
2E1	对乙酰氨基酚、氯唑噁酮、恩氟烷、氟烷	乙醇，异烟肼	4-甲基吡唑，双硫仑

续表

CYP	底物	诱导剂	抑制药
3A4	对乙酰氨基酚、阿芬太尼、胺碘酮、阿司咪唑、西沙必利、可卡因、氢化可的松、环孢素、氨苯砜、地西泮、二氢麦角胺、二氢吡啶、地尔硫䓬、红霉素、炔雌醇、孕酮、茚地那韦、利多卡因、洛伐他汀、大环内酯、美沙酮、咪康唑、咪达唑仑、米非司酮、硝苯地平、紫杉醇、奎尼丁、西罗莫司、利托那韦、沙奎那韦、螺内酯、磺胺甲噁唑、舒芬太尼、他克莫司、他莫昔芬、特非那定、睾酮、四氢大麻酚、三唑仑、曲霉素、维拉帕米	巴比妥酸盐，卡马西平，糖皮质激素，吡格列酮，苯妥英，利福平	克拉霉素、地尔硫䓬、红霉素、氟康唑、葡萄柚汁（呋喃香豆素）、伊曲康唑、酮康唑、利托那韦、曲霉素

（五）药物代谢影响因素

药物代谢影响因素主要包括肝药酶活性、遗传因素、肝血流量及生理病理因素等。

肝药酶活性变异大，当合并使用具有酶诱导或酶抑制作用的药物或食物，或肝功能不良减少酶的合成时，都会致药物代谢速率改变。

遗传因素对代谢影响很大，最重要的表现是遗传决定的氧化反应及结合反应的遗传多态性（polymorphisms）。种族、种群间出现酶活性差异，导致代谢速率不同，故将人群分为弱（慢）代谢者（poor，slow metabolizer）和强（快）代谢者（extensive，rapid metabolizer）。遗传因素所致代谢差异将改变药物的疗效或毒性。不同种族和不同个体间由于遗传因素的影响，对同一药物的代谢存在极为显著的差异。例如，人群对异烟肼的*N*-乙酰化存在快慢两种表型，慢乙酰化者肝*N*-乙酰转移酶含量明显减少。药物代谢酶的遗传多态性提示临床用药要因人而异。

肝血流量是决定肝脏药物清除率的重要因素，如苯巴比妥增加肝血流量，而普萘洛尔和吲哚美辛能降低肝血流量，从而引起有临床意义的药物相互作用。

除上述因素外，用药者的年龄、营养、重要脏器的功能状态、疾病等因素也对药物代谢产生影响，详见第四章。

四、排　泄

药物排泄（drug excretion）是指药物原型及其代谢产物从排泄器官排出的过程。它与生物转化统称为药物消除（drug elimination）。肾脏是最主要的消除器官，非挥发性药物主要由肾脏随尿排出；气体及挥发性药物则主要由肺随呼气排出；某些药物还可从胆汁、乳腺、汗腺、唾液腺及泪腺、头发、皮肤等排出体外。

（一）肾脏排泄

药物及代谢物经肾脏排泄时有三种方式：肾小球滤过（glomerular filtration）、肾小管分泌（renal tubule secretion）和肾小管重吸收（renal tubule reabsorption）。

1. 肾小球滤过 肾小球毛细血管通透性较大，血流丰富、滤过压较高，经肾小球滤过后，尿中主要含游离型原型药物和代谢物，其浓度与血浆中浓度相等。滤过速度受药物分子大小、血浆内药物浓度及肾小球滤过率的影响。

2. 肾小管重吸收 游离型药物能通过肾小球过滤进入肾小管。随着原尿水分的回收，药物浓度上升。当超过血浆浓度时，由于肾小管上皮为类脂质屏障，那些极性低、脂溶性大的药物被重吸收回血浆，故排泄较少也较慢。反之那些经过生物转化的、极性高的水溶性代谢物很少被重吸收，故排泄快。改变尿液pH可以明显改变弱酸性或弱碱性药物的解离度而影响药物排泄，如碱化尿液可使弱酸性药物离子型增多加速其排泄；而酸化尿液可使弱碱性药物离子型增多，排泄加快。例如，酸性药物苯巴比妥、水杨酸中毒时，碱化尿液使药物解离度增大，重吸收减少，排泄增加。

3. 肾小管分泌 近曲小管近端细胞能将药物自血浆主动分泌入肾小管内。肾小管分泌具有主动转运的特点，如可逆浓度梯度转运、需载体参与、消耗能量、有饱和现象和竞争性抑制现象等。

肾小管细胞有特异性转运载体，分泌葡萄糖、氨基酸等；还有非特异性转运载体，分别分泌有机阴离子（酸性药物离子）和有机阳离子（碱性药物离子），同类药物间可能有竞争性抑制。例如，丙磺舒为弱酸性药，通过酸性药物转运机制经肾小管分泌，因而可竞争性地抑制经同一机制排泄的其他酸性药，如青霉素。重症感染时，两者合用，使青霉素排泄减慢，药效延长并增强。

药物经肾排泄受肾功能状态影响。肾功能低下时，药物自肾排泄变慢，易蓄积中毒，故宜相应减少药物的剂量或延长给药间隔时间。此时尤其应注意强心苷等排泄较慢的药物。

（二）消化道排泄

经肠道排泄的药物主要来源于口服后肠道中未吸收的部分、随胆汁排泄到肠道的部分和肠黏膜分泌排入肠道的部分。

药物经肝脏转化形成极性较强的水溶性代谢物，分泌入胆汁中，自胆汁排入十二指肠，然后从粪便排出。但有的药物分泌到胆汁，随后排泄到小肠中被水解，游离型药物可经肠黏膜上皮细胞吸收，经肝门静脉重新进入体循环，这种在小肠、肝、胆汁间的循环称为肝肠循环（hepato-enteral circulation）。洋地黄毒苷、地高辛、地西泮等药物因肝肠循环使血药浓度维持时间延长。洋地黄毒苷中毒后，口服考来烯胺可在肠内与洋地黄毒苷形成络合物．中断后者的肝肠循环，加快其从粪便排出而解毒。

（三）其他排泄途径

乳汁 pH 略低于血浆，碱性药物可以自乳汁排泄，进入婴儿体内产生药理作用。挥发性药物、气态麻醉药主要从肺排泄，故检测呼出气中的乙醇量可帮助诊断酒后驾车。

第三节 房室模型

房室模型是分析药物体内过程动态规律的数学模型。它将机体视为一个系统，系统内部按动力学特点分为若干房室，凡摄取或消除药物速率相似的组织器官均可划为同一室。房室模型仅是进行药动学分析的一种抽象概念，并不一定代表某一特定解剖部位。药物既可进入该房室，又可从该房室流出，故称为开放性房室系统，通常有两种开放性模型，即开放性一室模型（one-compartment open model）和开放性二室模型（two-compartment open model）。

一、开放性一室模型

给药后，体内药物瞬时在各部位达到平衡，即血液浓度和全身各组织器官部位浓度迅速达到平衡，可看成开放性一室模型（图 2-4）。

图 2-4 静脉注射给药一室模型示意图

二、开放性二室模型

多数情况下，药物在不同组织中的分布速率存在差异。在一些血流丰富的组织如肝、肾等分布快，药物在这些部位的浓度可以和血液中的浓度迅速达到平衡，而在另一些血流量少的组织如脂肪、皮肤和静止状态下的肌肉等，药物不能立即与血液中药物达到平衡。前者称为中央室（central compartment），后者归并称为周边室（peripheral compartment）。符合二室模型特点的药物首先进入中央室，迅速达到平衡后，再逐渐分布到周边室。

一次快速静脉注射后，二室模型药物的血药浓度-时间曲线（简称药-时曲线）呈双指数衰减（图 2-5）。曲线的初始段血药浓度迅速下降，称分布相或 α 相，它主要反映药物自中央室向周边室的分布过程。一旦分布平衡后，血浆药物浓度缓慢下降，曲线进入较慢衰落的 β 相或消除相，它主要反映药物从中央室的消除过程。

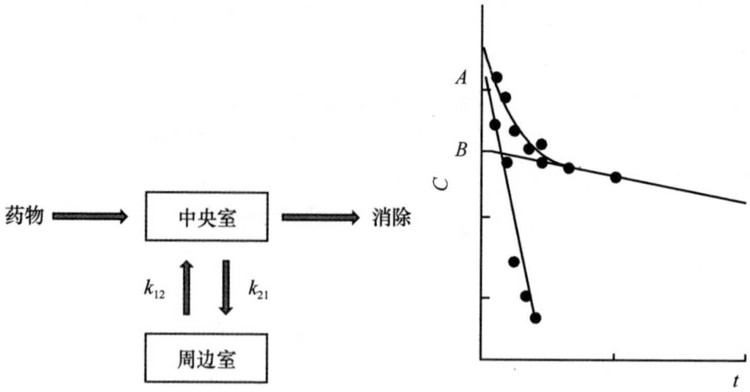

图 2-5　静脉注射给药二室模型示意图

反映其动力学过程的数学公式为

$$C_t = Ae^{-\alpha t} + Be^{-\beta t}$$

式中，C_t 为 t 时的血浆药物浓度，α 为分布相的速率常数，β 为消除相的速率常数，分别反映体内药物分布和消除的速度。B 为药-时曲线中消除相段外延至纵坐标（浓度）的截距。将实验中实际测得的血浆药物浓度值减去消除相段上各相应时间点的数值，再将其差值在同一药-时曲线图上作图得一直线，将此直线外延至纵坐标的截距即为 A（图 2-5）。B 和 β、A 和 α 均用最小二乘法（即回归方程）计算得到。

第四节　药物消除动力学

按药物转运速度与药量或浓度之间的关系，药物在体内的消除速率过程可分为一级动力学（first-order kinetics）、零级动力学（zero-order kinetics）和米氏动力学（Michaelis-Menten kinetics）。

一、一级动力学

一级动力学是单位时间内消除的体内药量与血浆药物浓度成正比，机体按恒定比例消除体内药物。

一级动力学药-时曲线在常规坐标图上为指数衰减曲线，若将药物浓度改为对数则为一直线，见图 2-6。故一级动力学过程也称线性动力学（linear kinetics）过程。大多数药物在体内按一级动力学消除，其本质是药物用量未超过机体最大消除能力。血药浓度高，单位时间内消除的药量多，当血药浓度下降后，药物消除量也按比例下降。

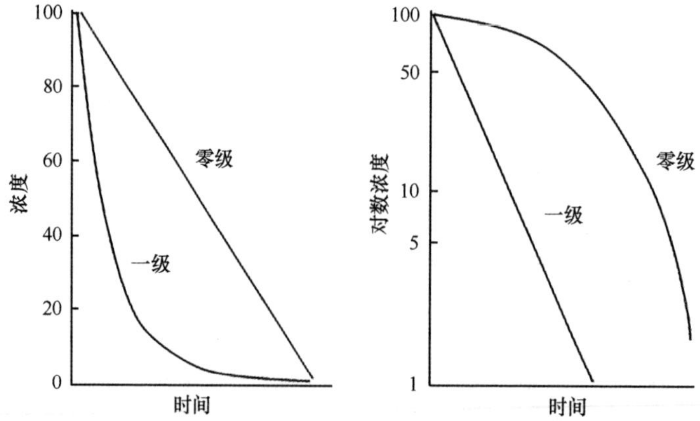

图 2-6　一级动力学、零级动力学药-时曲线示意图

一级动力学消除的方程式为

$$\frac{dC}{dt} = -k_e C$$

式中，C 为血药浓度，t 为时间，$\mathrm{d}C/\mathrm{d}t$ 为消除速率，k_e 为消除速率常数，负号表示血药浓度随时间而降低。将上式积分、移项得

$$C_t = C_0 \mathrm{e}^{-k_e t}$$

换算成常用对数：

$$\lg C_t = \lg C_0 - \frac{k_e}{2.303} t$$

式中，C_0 为初始血药浓度，C_t 为 t 时的血药浓度。

二、零级动力学

零级动力学指单位时间内药物按恒定的量消除，其清除速率与体内药物浓度无关。其公式为

$$\frac{\mathrm{d}C}{\mathrm{d}t} = -k_0 C^0 = -k_0$$

式中，k_0 为零级消除速率常数（为了和一级动力学中消除速率常数区别，用 k_0 代 k_e），经积分得

$$C_t = C_0 - k_0 t$$

零级动力学药-时曲线在常规坐标图上为直线，表明体内药物消除速度与初始浓度无关。其药-时曲线在半对数坐标纸上呈曲线，故又称为非线性动力学（non-linear kinetics），见图 2-6。其实质为药物用量超过机体最大消除能力时，机体按最大能力清除药物，即恒量消除。

三、米氏动力学

少部分药物（苯妥英钠、水杨酸、乙醇等）小剂量时以一级动力学消除，而达到一定剂量后，因消除能力饱和，单位时间内消除的药物量不再改变，按零级动力学消除。因此描述这类药物的消除速率通常以米氏（Michaelis-Menten）方程式表示（图 2-7）：

$$\frac{\mathrm{d}C}{\mathrm{d}t} = -\frac{V_{\max} \cdot C}{K_m + C}$$

式中，$V_{\max}$ 为最大速率，K_m 为米氏常数，是最大速率一半时的药物浓度，C 为药物浓度。当体内转运能力远远高于药物浓度时（即 $K_m \gg C$），C 可以忽略不计，得

$$\frac{\mathrm{d}C}{\mathrm{d}t} = -\frac{V_{\max}}{K_m} C$$

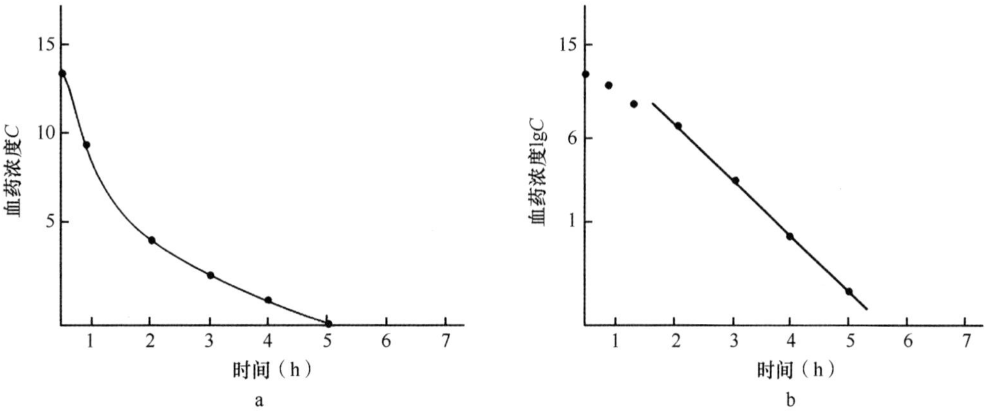

图 2-7　米氏速率过程

a. 纵坐标为算数刻度；b. 纵坐标为对数刻度

此式为一级速率消除。反之，当体内药量远远高于机体清除能力时（即 $C \gg K_m$），K_m 可以忽略不计，得

$$\frac{dC}{dt} = -V_{max}$$

此时为零级速率消除。

第五节 药物的时-量关系

一、时-量关系

时-量关系（time-concentration relationship）是指血浆药物浓度随时间的推移而发生变化的规律，是药动学研究的中心问题。通常以血浆药物浓度作为纵坐标，以时间为横坐标作图，即药-时曲线，也称时-量曲线（time-concentration curve）。

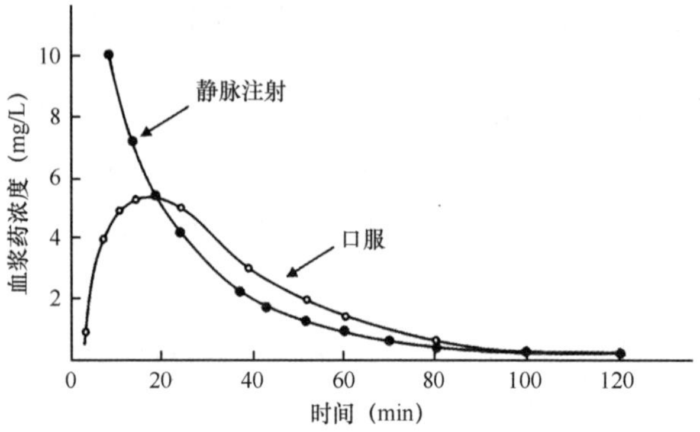

图 2-8 单次口服或静脉注射药物后药-时曲线图

图 2-8 为单次静脉或口服给药后的药-时曲线。静脉给药的药-时曲线表现为快速下降的分布相和缓慢下降的消除相（包括代谢和排泄）；口服给药的药-时曲线升段主要是吸收过程，曲线降段主要是消除过程。实际上药物在体内的吸收、分布、代谢及排泄过程同时进行，只是在某个阶段，某个过程占主要地位。

口服时药-时曲线上峰浓度（peak concentration，C_{max}）是指用药后所能达到的最高浓度，达峰时间（time to peak，T_{max}）是指给药至峰浓度的时间。血药浓度超过最小有效浓度而低于最小中毒浓度的时间称为有效期（effective peroid）。药-时曲线下所覆盖的面积称曲线下面积（area under the curve，AUC）。AUC 反映进入体循环药物的相对量。AUC 可通过积分求得，最简便的计算是用梯形面积法。从给药开始到给药 t 时的面积用 $AUC_{0\rightarrow t}$ 表示；从给药开始到 $t=\infty$ 时间的面积用 $AUC_{0\rightarrow\infty}$ 表示。

二、多次给药的稳态血药浓度

临床治疗常需多次给药，以维持有效血药浓度。恒比消除或恒量消除的药物，连续恒速或分次恒量给药时，当给药速度大于消除速度时，血药浓度会逐渐增高，体内药物蓄积；当给药速度等于消除速度时，血药浓度维持在一个相对稳定的水平，称稳态血药浓度（steady state concentration，C_{ss}），其波动的峰值为稳态峰浓度（$C_{ss\text{-}max}$），谷值为稳态谷浓度（$C_{ss\text{-}min}$），两者之间相对距离为波动幅度。

达到 C_{ss} 的时间仅决定于半衰期，与剂量、给药间隔及给药途径无关。按一级动力学消除的药物，以恒定时间间隔（半衰期）给相同剂量的药物，经 4～5 个半衰期可分别达到稳态浓度的 94% 和 97%（图 2-9）。

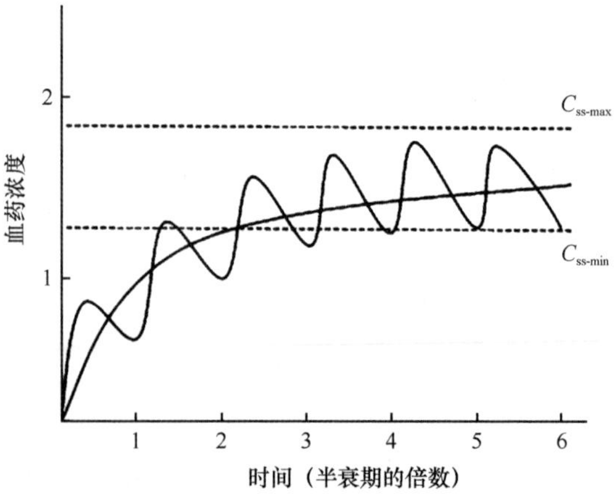

图 2-9 多次间隔给药的药-时曲线

但剂量与给药间隔能影响 C_{ss} 水平。剂量大，C_{ss} 高；剂量小，C_{ss} 低。给药次数增加能提高 C_{ss}，并使其波动减小，但不能加快到达 C_{ss} 的时间；增加给药剂量能提高 C_{ss}，但也不能加快到达 C_{ss} 的时间。

需要迅速达到 C_{ss} 的患者可采用负荷剂量（loading dose）给药法。负荷剂量指首次剂量加大，然后再给予维持剂量，使 C_{ss} 提前产生。口服药物每隔一个半衰期给药一次，负荷剂量采用首剂加倍，可在第一个半衰期到达 C_{ss}（图 2-10）。

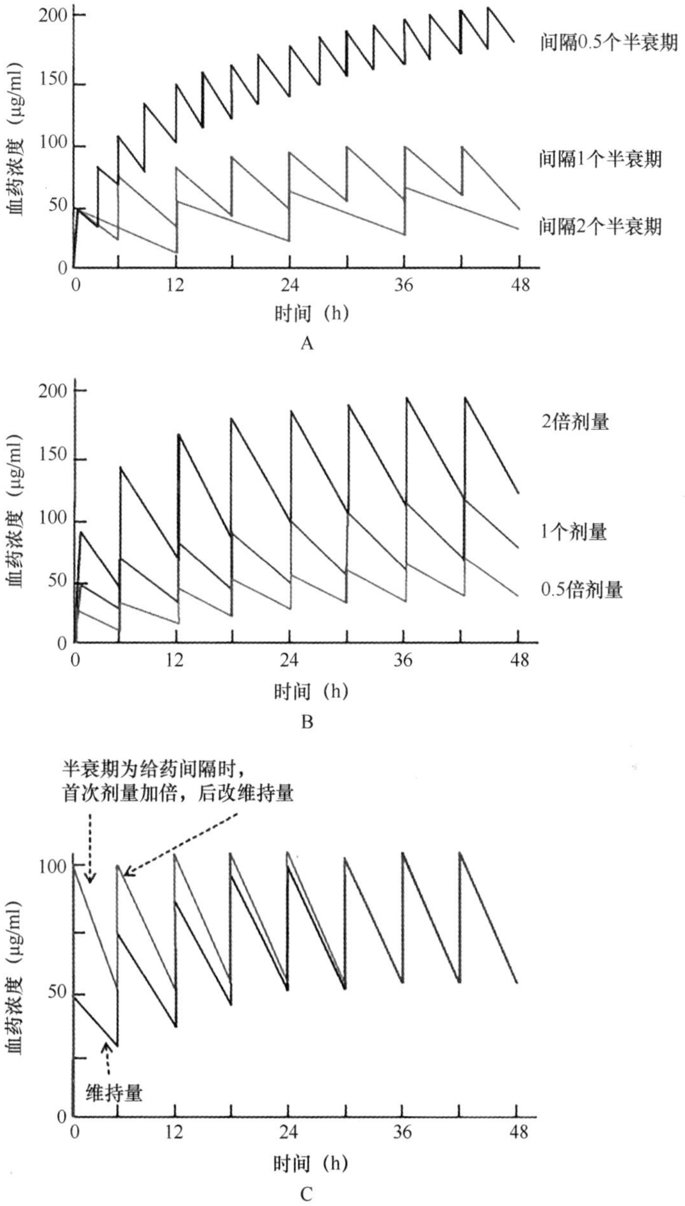

图 2-10 三种不同给药方案对 C_{ss} 和达到稳态时间的影响

A. 缩短给药间隔时间，剂量不变，达到稳态浓度时间不变；B. 增加给药剂量，给药间隔不变，只改变体内药物总量和提高稳态浓度水平，不能使稳态浓度提前达到；C. 首次加倍，每隔 1 个半衰期给药 1 次，可以迅速达到稳态

第六节　药动学的主要参数

一、消除半衰期

绝大多数药物的消除属一级动力学，因此其半衰期有固定的数值，不因血药浓度而改变。按一级动力学消除时：

$$\lg C_t = \lg C_0 - \frac{k_e}{2.303}t$$

经变换为 $t = \lg\frac{C_0}{C_t}\times\frac{2.303}{k_e}$

t为半衰期时，$C_t = \frac{C_0}{2}$，故：

$$t_{1/2} = \lg 2\times\frac{2.303}{k_e} = 0.301\times\frac{2.303}{k_e} = \frac{0.693}{k_e}$$

由上式可见，按一级动力学消除的药物，半衰期是一个常数，不受药物初始浓度高低和给药剂量的影响，仅取决于 k_e 值的大小。

按零级动力学消除时：

$$C_t = C_0 - k_e t$$

t为半衰期时，$C_t = \frac{C_0}{2}$，故：

$$t_{1/2} = 0.5\times\frac{C_0}{k_e}$$

由上式可见，按零级动力学消除的药物，半衰期不是一个常数，而是一个变量，随血浆药物浓度的变化而改变，与血浆药物初始浓度成正比，即给药剂量越大，半衰期越长。

半衰期的意义：①确定给药的间隔时间。半衰期短，则给药间隔时间短；半衰期长，则给药间隔时间长。②预测达到 C_{ss} 的时间。通常恒速静脉滴注或分次恒量给药，经 4～5 个半衰期基本达到 C_{ss}。③预测药物基本消除的时间。按一级动力学消除的药物，给药后经过一个半衰期后，体内尚存体内总量的50%；经过2个半衰期后，尚存总量的25%；经过5个半衰期后，尚存总量约3%，可以认为体内药物已基本被消除。通常停药时间达到 5 个半衰期，药量消除 95% 以上，即达基本消除。

二、生物利用度

生物利用度（bioavailability）是指药物被机体吸收进入体循环的相对量和速率，用 F 表示。生物利用度是通过比较药物在体内的量来计算。其公式为

$$F = \frac{D}{A}\times 100\%$$

式中，D 代表进入体循环的药物量，A 代表用药量。

生物利用度可分为绝对生物利用度和相对生物利用度。药物在体内的量可用 AUC 表示。因静脉注射时的生物利用度应为 100%，因此如以血管外给药（如口服）的 AUC 和静脉注射的 AUC 进行比较，则可得该药的绝对生物利用度：

$$F = \frac{\text{AUC}_{\text{血管外给药}}}{\text{AUC}_{\text{静脉给药}}} \times 100\%$$

相对生物利用度是指血管外给药途径的某一种药物制剂的 AUC 与相同药物、相同给药途径的标准制剂的 AUC 相比而得的值：

$$F = \frac{\text{AUC}_{\text{受试制剂}}}{\text{AUC}_{\text{标准制剂}}} \times 100\ \%$$

相对生物利用度常用于不同剂型、不同药厂生产的相同剂型、同一药厂生产的同一品种的不同批号药品等与标准品相比的吸收率。

生物等效性（bioequivalence）指两个药学等同的药品，若它们所含的有效成分具有相同的生物利用度，则称为生物等效。理论上，同一种药品，相同剂量应产生等同效应，但由于存在吸收量和速度的差异，结果在效应上不等。有时，不同药厂生产的同一制剂或同一药厂生产的同一制剂的不同批号，其生物利用度可有较大差别。

影响生物利用度的因素较多，包括药物颗粒的大小、晶型、填充剂的紧密度、赋型剂、生产工艺、生理、食物等，因此，生物利用度是评价药物制剂质量及药物安全性、有效性的重要指标。

三、表观分布容积

表观分布容积（apparent volume of distribution，V_d）是指药物吸收达到平衡或稳态时，按血药浓度计算，体内药物总量理论上应占有的体液容积。其计算公式为

$$V_d = \frac{D}{C}$$

式中，D 为体内药物总量，C 为血药浓度。由于药物在体内的分布并不均匀，因此 V_d 不是一个生理的容积空间，只是假定当药物在体内按血浆药物浓度均匀分布时所需容积。表观分布容积值大小反映药物在体内分布情况。

表观分布容积的意义如下。①推测药物的分布范围：表观分布容积在 5L 左右，表示药物大部分分布于血浆；表观分布容积为 10～20L，表示药物分布于全身体液；表观分布容积为 40L，表示药物分布全身组织器官。②推测药物排泄速度：表观分布容积越小，排泄越快；表观分布容积越大，排泄越慢。

四、清 除 率

清除率（clearance，CL）是指单位时间内清除某药的血浆容积量，是体内肝脏、肾脏和其他所有消除器官清除药物的总和。单位为 L/h 或 mL/min，其公式为

$$\text{CL} = k_e \cdot V_d$$

上式表明，清除率与消除速率常数 k_e 及表观分布容积成正比。清除率反映机体消除药物能力的大小。肝、肾功能不全的患者，应适当调整剂量或延长给药间隔时间，以免过量蓄积中毒。

知识拓展

药动学-药效学（PK-PD）模型：是把药动学与药效学所描述的时间、药物浓度、药物效应三者有机地结合在一起进行研究。这种结合能够更准确和全面地预测与描述一定的剂量及给药方案下，药物的效应随时间变化的规律。该模型研究内容涵盖了药物的体内代谢过程、药物与酶的对应关系和相互作用、药物不良反应、耐受性与致敏性研究、立体异构体药物比较等众多方面。在药物研究中应用该模型，不仅为解释药物的代谢机制、作用机制或耐受机制等提供了信息，也为临床剂量调整、优化治疗方案、防治剂量相关性不良反应提供了依据。

本章小结

药动学定量描述药物进入体内的吸收、分布、代谢和排泄过程中血药浓度随时间动态变化的规律，阐明机体对药物的作用。

绝大多数药物以简单扩散方式通过生物膜。简单扩散受药物的解离度、极性和脂溶性等影响。脂溶性强的药物容易跨膜转运。

CYP 是一种最重要催化药物代谢的肝药酶。CYP 专一性低，变异性大、活性易受药物的诱导或抑制。

零级、一级动力学指单位时间内药物按恒量或恒比消除。

时-量关系是指血浆药物浓度随时间的推移而发生变化的规律。

消除半衰期是血浆药物浓度下降一半所需要的时间，是药物在体内消除快慢的重要参数。生物利用度是指药物被机体吸收进入体循环的相对量和速率。表观分布容积是指药物吸收达到平衡或稳态时，体内药物总量按血药浓度推算，理论上应占有的体液容积。清除率是指单位时间内清除某药的血浆容积。

（陈晓红）

第三章 药效学

能力要求

1. 能够熟练掌握药物的作用、量反应与质反应等基本概念及内涵。
2. 能够理解效能、效价强度、ED_{50}、LD_{50}、治疗指数等概念的临床意义。
3. 能够了解药物与受体相互作用学说、受体类型和性质等相关内容。

药效学主要研究药物对机体的作用和机制、药物剂量与效应及其规律的科学。其内容包括药物与靶位的作用，结构与功能的变化，药物作用的过程和机制。药效学是临床合理用药、提高疗效、降低不良反应的依据，是新药研究的重要环节。药效学既是药物产生作用的理论基础，也是临床合理用药的依据。

第一节 药物的基本作用

一、药物作用与效应

药物作用（drug action）是药物与机体的初始反应，是动因。药理效应（pharmacological effect）是指药物的作用引起组织、器官结构与功能的改变，是药物作用的结果。例如，去甲肾上腺素与血管平滑肌细胞的 α 受体结合，属于去甲肾上腺素的药物作用，而去甲肾上腺素引起的血管收缩、血压上升，为其药理效应。由于二者意义相近，习惯上并不严格区别。但当二者同时出现时，应有先后排序。

1. 兴奋和抑制 药理效应通过机体的固有功能而体现，不会产生超越机体固有功能的作用。在药物作用下，机体生理功能提高称为兴奋（excitation），如咖啡因兴奋中枢神经，肾上腺素引起心肌收缩力加强、心率加快、血压升高等；相反，机体生理功能降低称为抑制（inhibition），如阿司匹林用于解热、吗啡用于中枢镇痛等。在分析药物所产生的效应时，既要注意药物对靶器官或靶部位的直接作用，还要考虑机体的反射性或生理调节性的影响，便于全面认识药物的作用。例如，去甲肾上腺素可直接收缩血管，使血压升高，同时也可以反射性地引起心率减慢。

2. 局部作用和全身作用 药物作用根据其作用的部位可分为如下两种：①局部作用（local action），是药物在给药部位产生的作用，如口服硫酸镁在肠道引起的导泻作用，局麻药在注射于神经末梢或神经干周围，阻滞神经冲动传导而产生局麻作用；②全身作用（general action），是药物吸收后，经血液循环到达作用部位产生的作用，也称系统作用，如注射硫酸镁产生的抗惊厥和降压作用。

3. 特异性和选择性 ①药物的特异性（specificity）是指药物作用的专一性。例如，肾上腺素可激动 α 和 β 受体，其特异性较低，而去氧肾上腺素可激动 α 受体，其特异性较高。②药物的选择性（selectivity）是指组织、器官对药物反应的专一性。药物仅作用于某个组织或器官，其选择性高；若作用于多个组织、器官或系统，其选择性低。例如，ACh 兴奋 M 和 N 受体，对全身许多系统均有作用，选择性很低；而新斯的明主要对骨骼肌和胃肠平滑肌兴奋作用强，选择性相对较高。药物选择性高，临床应用针对性强，副作用少；药物选择性低，作用广泛，副作用多。

药物的选择性与药物的体内分布和药物的靶位分布有关。例如，碘在体内集中分布于甲状腺，因而对甲状腺的选择性高；氯喹具有在疟原虫入侵红细胞内浓集的特点，有利于杀灭细胞内的疟原虫。选择性也与药物的靶位分布有关，如 β_1 受体主要分布于心脏，作用于 β_1 受体的药物多巴酚丁胺主要兴奋心脏，选择性高；而 M 受体分布于副交感神经支配的所有脏器和少数交感神经支配的效应器，阻断 M 受体的药物阿托品对腺体、眼、平滑肌、心血管和中枢等产生广泛效应，而选择性差。药物的特异性和选择性并不一定平行，如阿托品仅阻断M受体，特异性高，但由于M受体的分布广泛，故选择性差。

药物效应的基本类型和选择性是药理学中药物分类的主要依据，也是临床用药选药和设计治疗剂量的依据。

二、药物的治疗效果

药物的作用是药物的固有特性。药物产生的具有防治疾病的作用称为治疗作用（therapeutic effect）。用药的目的是发挥药物防治疾病的作用。根据用药的目的和效果，治疗作用可分为对因治疗（etiological treatment）和对症治疗（symptomatic treatment）。

1. 对因治疗 是指用药物消除原发致病因子的治疗，亦称治本，如用抗菌药抑制或杀灭细菌；铁制剂治疗缺铁性贫血。此外，补充体内营养或代谢物质不足，称为补充疗法，又称替代疗法，也是对因治疗。

2. 对症治疗 由于绝大部分疾病的病因仍未明确或诊断明确但暂时无法根治，使用药物只能缓解其症状，改善和缓解症状的治疗称为对症治疗，亦称治标，如解热、镇痛、降压、降糖、抗休克等治疗。

对因治疗虽然是理想的治疗方式，但病因未明的对症治疗也很重要。有些危重病症如感染性休克、心力衰竭、癫痫持续状态、高血压危象等，必须立即采取有效的对症治疗，从而抢救患者的生命。对症治疗虽然不能根除病因，但对疾病的治疗却是必不可少的。祖国医学对对因治疗和对症治疗的关系作了精辟的描述："急则治其标，缓则治其本""标本兼治"。所以对因和对症两种治疗应相辅相成，不可偏废，这也是临床实践应遵循的原则。

三、药品不良反应

药品不良反应（adverse drug reaction，ADR）是药物产生的与用药目的无关的、为患者带来不适或痛苦的反应。多数不良反应是药物固有的效应，可以预知，但不一定是能够避免的，主要分为以下几种类型。

1. 副作用（side reaction） 是在治疗剂量时，正常用法下出现的与治疗目的无关的、引起机体不适的反应。药物可在多个器官甚至多个系统产生效应，当将某一效应作为治疗目的时，其他的效应则与治疗目的无关，可能对机体不利，成为副作用。副作用与治疗作用常同时发生。它是药物固有的作用，因此难以避免。不同患者或不同时期，随着治疗目的不同，治疗作用和副作用可相互转变。例如，阿托品治疗胃肠平滑肌痉挛时，出现的口干、心悸和排尿困难是其副作用；而在治疗膀胱刺激征时，出现的胃肠平滑肌抑制又成为其副作用。有些副作用可设法纠正，如用麻黄碱治疗支气管哮喘时有中枢神经兴奋作用，可引起患者失眠，此时可同时服用催眠药纠正。

2. 毒性作用（toxic effect） 是由药物剂量过大或用药时间过长而造成的机体功能性或器质性损害。大多数药物都具有毒性，因而使用时要遵照用法和用量的规定。例如，氨基糖苷类抗生素引起的耳毒性和肾毒性与服药剂量及疗程有关。

3. 后遗效应（after effect） 是停药后血药浓度降至阈浓度以下残存的药物效应，如蛛网膜下腔麻醉后出现的尿潴留；巴比妥类催眠后次晨仍有的嗜睡、困倦。

4. 继发反应（secondary reaction） 是继发于药物治疗作用的不良反应，又称治疗矛盾。例如，长期应用广谱抗生素后给患者带来不适或痛苦的反应，对药物敏感的细菌被抑制而使耐药的细菌或真菌大量繁殖，造成二重感染（superinfection）。

5. 停药反应（withdrawal reaction） 是长期用药突然停药后原疾病或症状加重的现象。例如，长期应用可乐定降压，停药后血压升至高于给药前的水平；癫痫患者长期服用苯妥英钠，突然停药后癫痫发作较给药前更频繁。

6. 药物依赖性（dependence） 是长期用药引起的心理和（或）生理上对药物的依赖状

态，表现出强迫性的、反复的用药行为和其他反应。药物依赖性分为心理依赖性（psychological dependence，也称精神依赖性）和躯体依赖性（physical dependence）。有些药物（如阿片类）能使用药者产生常人无法体验（超乎常人）的愉悦满足感，这种感觉非常强烈，以致用药者为了获得这种感觉而不择手段地重复用药，产生强迫性的反复用药行为。药物的这种性质称为精神依赖性，是导致药物滥用的主要原因。躯体依赖性是反复用药造成的机体对药物的适应状态，使药物变成了维持机体生理功能活动的组成部分，建立了机体在药物存在下的内环境平衡，即机体的功能活动须依赖药物的参与。一旦停药，内环境就会失去平衡，出现严重的生理功能紊乱，产生一系列严重的症状，称戒断综合征（withdrawal syndrome）。

7. 变态反应（allergic reaction） 也称过敏反应。抗原刺激机体产生抗体，当再次接触药物时，便会产生过敏反应。常见于过敏体质患者。药物作为抗原或半抗原可激发致敏患者产生各型过敏反应，能引起功能障碍和组织损伤，其发生与药物的剂量和药理作用无关。过敏反应的症状和程度差异很大，停药后逐渐消失，再用时可再发。致敏原可能是药物及其代谢物，或是制剂中的辅料和杂质。

8. 特异质反应（idiosyncratic reaction） 极少数特异体质患者因先天性基因变异或缺陷，改变了药物的药动学或药效学过程，从而使某些药物产生完全不同于一般人的作用。如果基因变异影响药效学过程，异常反应的性质可能与药物的药理作用无关。例如，先天性葡萄糖-6-磷酸脱氢酶（glucose-6-phosphate dehydrogenase，G6PD）缺乏症患者，由于G6PD基因突变，该酶活性降低，红细胞膜不能抵抗氧化损伤而易被破坏，在服用具有较强氧化作用的药物（伯氨喹、磺胺类、苯胺类、维生素K等）或食物（如蚕豆）时，容易诱发急性溶血性贫血和高铁血红蛋白症。

9. 致畸、致癌、致突变作用

（1）致畸作用（teratogenesis）：是药物作用于妊娠母体，干扰胚胎正常发育，导致先天性畸形，而胚胎早期对致畸药物敏感。

（2）致癌作用（carcinogenesis）：是药物诱发恶性肿瘤的作用。研究表明，人类恶性肿瘤80%～85%为各类化学物质所致。

（3）致突变作用（mutagenesis）：指药物引起体细胞遗传物质（DNA）发生改变，导致可遗传的表型变异。这种变化的遗传信息或遗传物质在细胞分裂繁殖过程中能够传递给子代，使其具有新的遗传特性。细胞突变可能是致畸、致癌作用的原因。

知识拓展

凡是不符合用药目的并给患者带来不适或痛苦的反应统称为药品不良反应（ADR）。世界卫生组织（WHO）对药品的不良反应定义：为了预防、诊断、治疗疾病或改变人体生理功能，在正常用法、用量下服用药物后机体所出现的非期望的有害反应。我国卫生部颁布的《药品不良反应报告和监测管理办法》规定的药品不良反应指合格药品在正常用法用量下出现的与用药目的无关的或意外的有害反应。该定义排除了治疗失败、药物过量、药物滥用、不依从用药和用药差错的情况。药品不良事件是指药品在使用过程中出现的对人体不利的临床事件，暂时与药物有关联，但不一定与药物有因果关系。可由超量用药（有意和无意）、用药不当及伪劣药品引起。药品不良事件的包含更宽广，后果可能更严重。在很多情况下，药品不良事件与用药虽然在时间上相关联，但因果关系并不能立即确立。为了最大限度地降低人群的用药风险，应加强对药品不良事件的监测。

第二节　药物剂量与效应关系

药物产生的效应与药物的剂量密切相关。剂量是指单位体重或单位体表面积的药物用量（如mg/kg,mg/m^2）。剂量适用于整体动物，而离体实验用浓度表示药物的量，浓度是单位溶液中所含药物的量（如 mg/L）。在一定范围内，药物效应的强弱与其剂量或浓度大小正相关。超过该范围，效应不再随剂量（或浓度）的增加而增加。这种药物效应与剂量或浓度的关系称为药物的量效关系（dose-effect relationship）。量效关系常用量效曲线显示，一般纵坐标为效应，横坐标为剂量或浓度。药物根据其效应的性质分为量反应（graded response）和质反应（quantal response）两种。

一、量 反 应

药物效应用连续增减量的变化表示的反应称为量反应，这种资料称为量反应资料，如心率快慢、血压高低、尿量多少、肌肉收缩强度等。

1. 量效曲线 以药物效应为纵坐标，效应可表示为绝对效应或最大效应的百分数，以药物剂量或浓度为横坐标，剂量（或浓度）与药效的关系呈直方双曲线（图 3-1 左），是符合质量作用定律的线性关系。如果横坐标改为对数剂量（或对数浓度），曲线则呈对称 S 形（图 3-1 右），这就是通常所称的量效曲线。

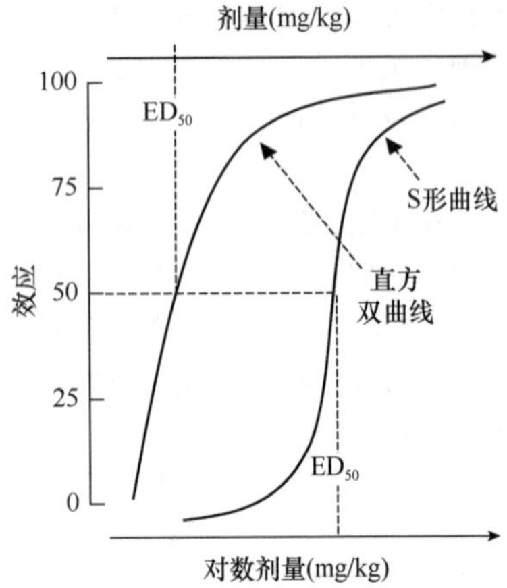

图 3-1 量反应药物的量效曲线

一般剂量时呈直方双曲线；对数剂量时呈 S 形曲线

2. 量效参数 在量效曲线上，可获得一些重要的药效学参数。药物剂量和药物浓度的量效曲线性质相同，以下用剂量的量效曲线进行阐述。

（1）最小有效量（minimum effective dose）：药物产生效应，需到达一定的剂量，将药物产生效应的最小剂量称为最小有效量，也称阈剂量。而低于该量的剂量称阈下剂量。

（2）最大有效量（maximal dose）：也称极量，是药物产生最大效应的剂量。

（3）常用量（usual dose）：是大于阈剂量而小于极量的剂量。

（4）斜率（slope）：量效曲线在低剂量段和高剂量段呈现平缓趋势，即剂量变化时，效应变化相对比较小。而在曲线的中段即效应 20%～80% 段，较小的剂量变化可产生明显的效应变化。这段曲线大致呈直线，其与横坐标夹角的正切值视为量效曲线的斜率。斜率大意味着剂量有较小变化时效应有较大变化。斜率是判断药物安全性的重要依据。

（5）最小中毒量（minimum toxic dose）：是引起中毒的最小剂量。

（6）最小致死量（minimum lethal dose）：是引起死亡的最小剂量。

（7）最大效应（maximal effect，E_{max}）：一定剂量范围内，药物的效应随剂量的增大而增强，超过此剂量范围，效应不随剂量增加而增加，此时的效应即为药物的最大效应。药物产生最大效应的能力称效能（efficacy）。

（8）效价强度（potency）：用于作用性质相同的药物之间等效剂量的比较（图 3-2），效应 50% 时变化最明显，因而这个等效的效应常用 50%E_{max}，其对应的剂量为半数有效剂量（ED_{50}）。两药比较时，其值越小，效价强度越大（图 3-3）。

（9）药物可进行阈剂量、效能、效价强度和斜率的比较。同类药物具有不同的阈剂量、效能、效价和斜率。图 3-4 显示四种血管活性药内皮素-1（ET-1）、去甲肾上腺素（NA）、5-羧基酰氨基色胺（5-CT）、血管紧张素Ⅱ受体 2 亚型（AT-2）收缩大鼠肠系膜动脉的量效曲线，各药的效

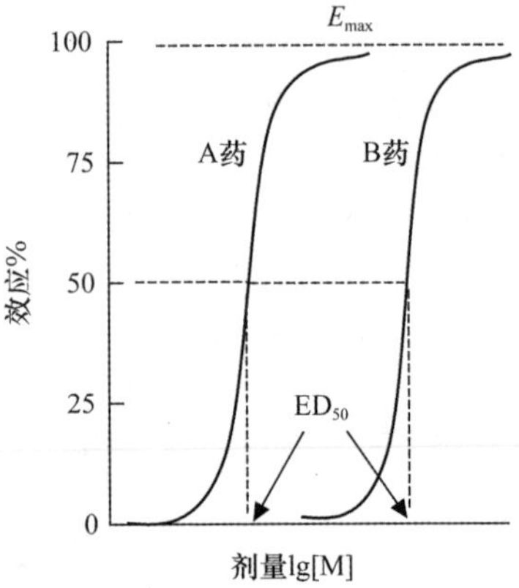

图 3-2 效能相同两药 ED_{50} 的比较

效价：A ＞ B

能即最大收缩（毫牛，mN）以 ET-1 最大，去甲肾上腺素和 5-CT 次之，AT-2 最小。按等效浓度比较效价强度 ET-1 ＞ AT-2 ＞去甲肾上腺素＞ 5-CT。按半数有效浓度（EC_{50}）比较效价强度 ET-1=AT-2 ＞去甲肾上腺素＞ 5-CT。

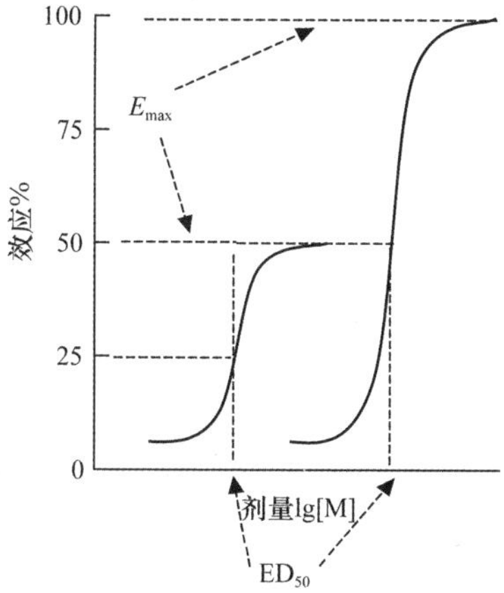

图 3-3 效能不同的两药，其 ED_{50} 不等效

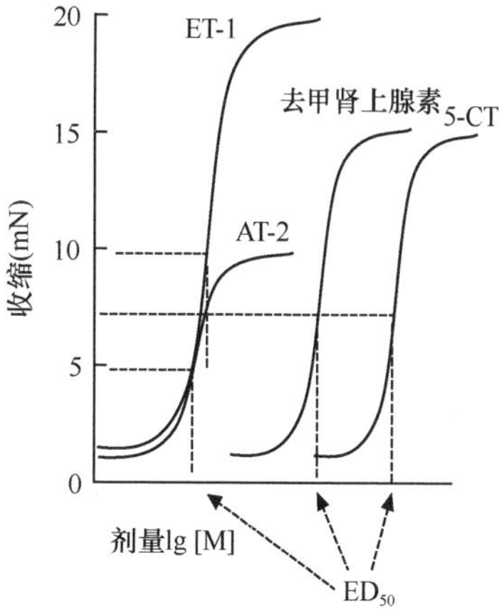

图 3-4 四种血管活性药物收缩动脉的效能和 EC_{50} 比较

二、质 反 应

药物的效应随剂量增加发生性质改变的反应称为质反应，以阳性或阴性表示，是有或无的表现方式，如有效或无效、存活或死亡、惊厥或不惊厥等。这种资料称为质反应资料。一个药物的一定剂量对于一个动物只有一个结果：阳性或阴性。但对于一组动物，可能有的动物是阳性，而另一些动物是阴性，可以得到该组的阳性动物数，计算阳性率。这种资料也称计数资料。

1. 量效曲线 当纵坐标表示阳性反应的频数或阳性率，横坐标表示剂量时，曲线呈长尾 S 形；当横坐标改为对数剂量时，曲线则呈对称 S 形（图 3-5）。相邻剂量阳性反应的差值反映较高剂量本身的效应，这种剂量与效应的频数分布曲线呈正态分布。中间剂量出现阳性反应的频数多，而小剂量和大剂量出现阳性反应的频数少。在小剂量产生药效的状况称为高敏性，大剂量产生药效的状况称为低敏性。这种不同机体对药物产生不同反应的差异称为个体差异（individual variability）。由于药物效应存在个体差异，对安全范围小的药物，应根据具体情况调整剂量，做到个体化用药。

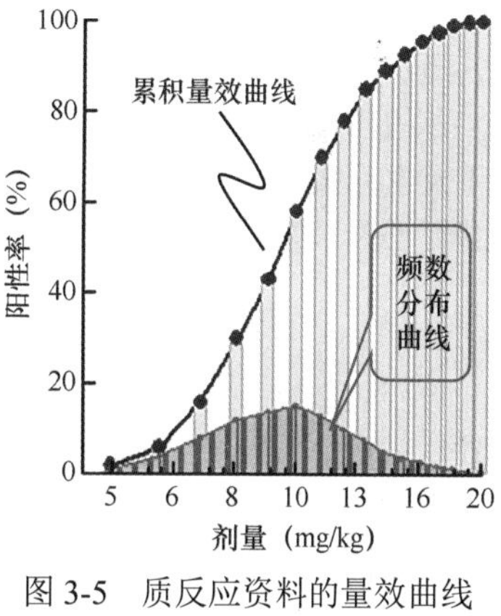

图 3-5 质反应资料的量效曲线

2. 安全性指标 在质反应量效曲线上，可分别以疗效和毒性为指标做量效曲线，评价药物的安全性。可由疗效为指标的量效曲线，计算半数动物有效的剂量，即半数有效量（50% effective dose, ED_{50}）。同样，可由中毒的量效曲线测得半数动物中毒的剂量，即半数中毒量（50% toxic dose, TD_{50}）。半数致死量（50% lethal dose, LD_{50}），即能使一半动物死亡的剂量，是最常使用的半数中毒量，是评价药物安全性的重要指标，其值越大，越安全。由于不同药物的 ED_{50} 的差别，单用 LD_{50} 评价安全性仍显片面。而治疗指数（therapeutic index, TI），即 LD_{50} 与 ED_{50} 的比值（LD_{50}/ED_{50}）包括了药效和毒性的两个方面，则更周全。治疗指数值越大，意味着 LD_{50} 大和（或）ED_{50} 小，安全性越高（图 3-6）。

理想用药为药物产生最大的疗效和最小的毒性。而治疗指数不能反映药物最大效应时的毒性，特别是在治疗效应的量效曲线和毒性的量效曲线不平行时，以治疗指数表示药物的安全性不完全可靠。如图 3-7，A、B 两药的 LD_{50} 相同，但其安全性不同。在大多数动物显效的剂量（ED_{95}），A 药没有中毒，但 B 药已经出现中毒。有研究者建议用安全范围或安全指数衡量药物的安全性。安全范围（safety range）指多数个体有效的剂量（ED_{95}）和少数个体中毒的剂量（LD_5）之间的差距。安全指数（safety index）是 LD_5 与 ED_{95} 的比值。其值越大越安全。

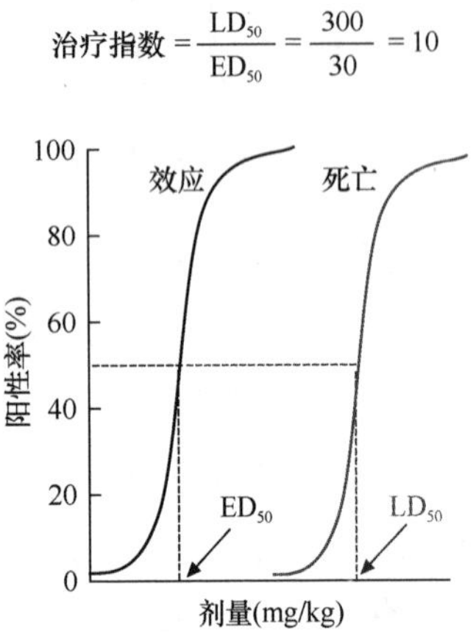

图 3-6　药物的 ED_{50}、LD_{50} 和治疗指数

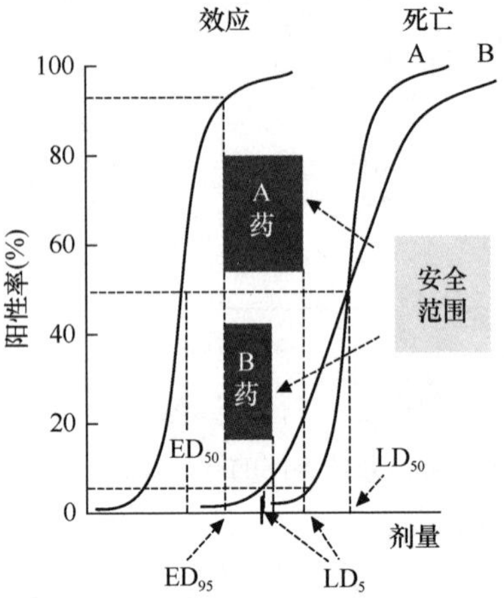

图 3-7　药物的安全范围和指数

安全范围：ED_{95}～LD_5

安全指数：ED_{95}/LD_5

A、B 两药 LD_{50} 相同，但斜率不同，A 药较 B 药安全

第三节　药物与受体

药物产生的效应大多是药物和机体的生物大分子相互作用的结果。药物作用的机制复杂而广泛，有些药物与药物靶点（受体、酶、离子通道等）特异性结合，诱发特定的细胞内信号转导和生理或生化效应；有些药物可能通过改变细胞周围的环境条件发挥药效，其效应可能与药物的理化性质有关，如解离度、溶解度、酸碱度、渗透压和表面张力等。

一、药物靶点

与药物结合并能产生作用的生物大分子或部位称为药物靶点。药物靶点涉及生命过程的各个环节，药物的蛋白质靶点主要有受体、酶、离子通道、载体或转运体（transporter）、免疫蛋白等。有些药物也作用于基因位点、核酸等靶点。

1. 受体　现有药物 50% 以上以受体为作用靶点。受体能特异性地与相应的配体结合，发生分子构象变化，通过第二信号系统将信息增强、分化、整合后传递给效应机制，产生特定的生物效应。例如，阿托品阻断 M 受体，产生腺体分泌减少、瞳孔扩大、胃肠道及膀胱平滑肌抑制和加快心率等效应；肾上腺素激动 α、β 受体，产生血管收缩、兴奋心脏、血压升高等效应。

2. 酶　酶具有高度的专一性，只催化特定的反应，具有生物催化功能的酶几乎参与所有的细胞活动。因而影响酶的活性可改变机体的生理生化功能。超过 20% 的药物以酶为作用靶点，药物与酶结合后产生了酶的激活、诱导、复活和抑制，产生药效。例如，新斯的明抑制胆碱酯酶活性，使体内 ACh 堆积，产生类似 ACh 的作用；苯巴比妥诱导肝药酶，加速了药物的代谢，产生药物耐受性；卡托普利抑制血管紧张素 I 转化酶，降低了血管紧张素的浓度，产生降压作用；磺胺类药物抑制二氢叶酸合成酶，干扰细菌叶酸代谢，抑制细菌生长。

3. 离子通道 细胞上的离子通道是无机离子 Ca^{2+}、K^{+}、Na^{+}、Cl^{-} 等跨膜运输的通路。药物可通过激动或阻断离子通道的开放和关闭，影响细胞内外无机离子的转运和分布，改变细胞的功能和状态，如硝苯地平阻断钙通道松弛血管平滑肌。

4. 载体 载体是细胞膜上促进内源性物质跨膜转运的蛋白质，是转运的重要工具，包括转运体（transporter）和通透酶（permease）。少数药物可通过影响载体而影响药物的跨膜转运，从而影响药物的分布。例如，丙磺舒抑制肾小管对原尿中尿酸再吸收，增加尿酸的排泄，以治疗痛风。抗抑郁药丙米嗪抑制突触前膜的转运体，降低交感神经末梢对递质的摄取，增加突触间隙递质的浓度，发挥抗抑郁作用。

5. 免疫系统 许多疾病涉及免疫系统。药物可影响机体的免疫系统，纠正超敏和缺陷的免疫反应。有些药物如丙种球蛋白和疫苗本身就是免疫系统中的抗体和抗原。环孢素能抑制免疫系统，用于器官移植后的排斥反应。

6. 核酸 核酸主要位于细胞核内，具有遗传信息的携带和传递功能。有些药物能在核酸水平上发挥作用，干扰或抑制细菌、病毒和肿瘤细胞的核酸合成，杀灭或抑制细菌、病毒和肿瘤细胞。以核酸为靶点的药物如利福平等利福霉素类抗生素，能抑制 RNA 合成；抗病毒药阿昔洛韦、阿糖腺苷等干扰 DNA 合成；喹诺酮类抗菌药阻断 DNA 合成；抗肿瘤药物如环磷酰胺、甲氨蝶呤、丝裂霉素等破坏 DNA 的结构和功能。

7. 基因治疗 是将正常基因和功能基因导入体内，以纠正基因的缺陷或者发挥治疗作用的生物医学技术。迄今已有数百种基因治疗项目在进行临床试验，如常染色体隐性遗传病——囊性纤维化（cystic fibrosis）的基因治疗。

二、药物-受体相互作用

体内的受体与内源性配体结合产生效应，药物的化学结构与内源性配体相似，能与受体结合而产生作用。药物与受体结合和相互作用是药理学研究的重要内容。

（一）受体的概念和特性

受体（receptor）是一类能识别和特异结合相应配体，介导细胞信号转导功能，引起生物效应的蛋白质。受体上能与配体特异结合的部位或活性基团称为受点（binding site）。配体（ligand）是能与相应受体结合的生物活性物质，如药物、递质、激素、自体活性物质等。受体的特性如下。

1. 特异性（specificity） 配体与其受体的结构互补、构象适应，能相互识别、特异结合，诱导受体构象改变，产生特定效应。这种配体与受体特异结合的特性称为特异性。

2. 灵敏性（sensitivity） 配体与受体的亲和力高，很低浓度的配体便可与受体结合，产生明显的效应。配体与半数受体结合的浓度（解离常数，K_D）一般在 nmol/L 水平。

3. 可逆性（reversibility） 药物与受体结合，结合后可以解离，解离后药物和受体的结合均未发生变化，还可再次结合，这种结合、解离、再结合的特性称为可逆性。药物与受体的结合与解离处于动态平衡，大多数配体与受体通过分子间引力（范德瓦耳斯力，van der Waals force）、离子键和（或）氢键等形式进行可逆性结合，少数以共价键结合，较难逆转。

4. 饱和性（saturability） 受体的数目是有限的，当配体的浓度达到一定程度时，配体与受体的结合达到饱和，再增加配体的浓度，结合程度和效应不再随配体浓度增加而增大。

5. 多样性（multiple-variation） 同一受体可广泛分布到不同的器官、组织和细胞，产生相互协调的效应。受体分布的多样性是机体有效调节生理机制的方式。同一药物可通过作用于不同部位的同一受体产生类似效应。

（二）受体与药物的相互作用

药物与受体的作用非常复杂，人们在长期的研究中逐渐认识了这一过程。19 世纪末 Ehrlich 将 Langley 的受体概念发展成锁钥假说，药物经受体发挥作用的设想很快受到了重视。随后人们相继提出了几种假说，比较成熟的如占领学说、速率学说、二态学说等。这些假设为理解药物-受体相互作用，特别是为理解药物的受体动力学和阐明药物的量效关系提供了理论依据，不仅促进了对药物作用机制的理解，推动了新药的研制，而且加速了生命科学和医学的发展。但这些学说仍各有缺陷，均不能完全解释药物-受体作用，还有待进一步完善。

1. 占领学说（occupation theory） 克拉克（Clark）于1926年、加德姆（Gaddum）于1937年分别提出占领学说：药物产生效应必须先与受体结合，产生效应的强弱与药物占领受体的数目成正比。药物占领受体数目取决于细胞上受体的密度和受体周围药物的浓度。但占领学说只能解释激动药，不能解释两个激动药激动同样受体产生不同 E_{max} 的事实。1954年Ariens修正了占领学说，指出药物应具有与受体结合的能力，即亲和力（affinity）；同时，药物与受体结合后还应具有产生效应的能力，即内在活性（intrinsic activity）。药物产生的效应除与占领的受体数目有关外，也与药物的内在活性有关。

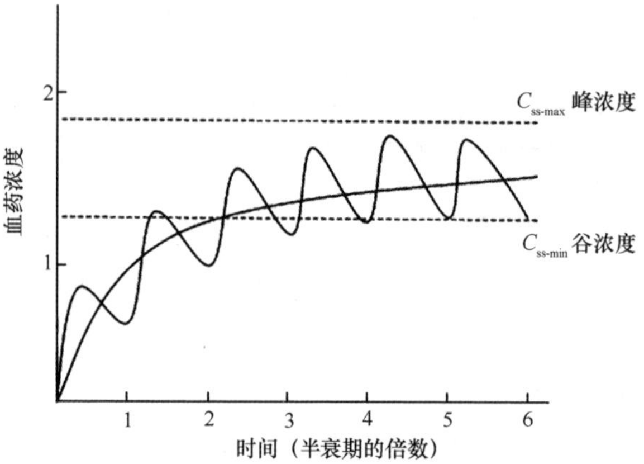

图3-8　多次间隔给药的药-时曲线

亲和力反映药物与受体结合的能力，常用药物产生一定效应（如50% E_{max}）所需的摩尔浓度（即解离常数 K_D）表示，K_D 越小，亲和力越大。K_D 的负对数即 pD_2 是衡量激动药亲和力的指标（图3-8）；pA_2 是衡量竞争性阻断药亲和力指标（将在本章竞争性拮抗内容中论述）。内在活性也称效能，表示药物产生效应的能力，用 E_{max} 表示。

1956年斯蒂芬森（Stephenson）发现，药物在产生最大效应时，没有占领全部受体，也就是说，药物产生最大效应并不必占领全部受体，此时未被占领的受体称为储备受体（spare receptor）。另外，药物占领受体的数目须达到一定数量，即阈值时才出现效应，阈值以下占领的受体为沉默受体（silent receptor）。

2. 速率学说（rate theory） 1961年佩顿（Paton）提出速率学说，认为药物效应主要决定于药物与受体结合的速率（k_1）和解离速率（k_2）。药物与受体结合成药物-受体复合物，复合物可再解离成药物和受体，然后可再结合。药物与受体结合时发生碰撞，碰撞时产生刺激传递给效应器产生药效。碰撞的频率决定药物的效应，碰撞的频率越高效应越强。激动药的 k_1 和 k_2 均大，激动药与受体结合后可解离，解离后可再结合，既而碰撞的频率高，效应强。而阻断药的 k_2 为0，与受体结合后不解离，不能再与受体结合，因而不再碰撞，不产生效应。

3. 二态学说（拓展）（two state theory） 受体本身有两种构型：即有活性的活化态（Ra）和无活性的失活态（Ri）。两种构型可互变，处于动态平衡。激动药与活化态受体结合，激动受体，产生效应；阻断药与失活态受体结合，不激动受体，不产生效应；部分激动药既可与活化态受体结合也可与失活态受体结合，效应较弱。

（三）作用于受体的药物

作用于受体的药物都与受体有不同的亲和力，但不一定都有内在活性。根据内在活性的有无可将药物分为激动药和阻断药。

1. 激动药（agonist） 是对受体既有亲和力又有内在活性，能与受体结合并产生效应的药物。激动药均有内在活性，但活性不同，根据内在活性的大小可将激动药分为完全激动药和部分激动药。

（1）完全激动药（full agonist）：是具有强的内在活性、能产生强大效应的药物。在完全激动药的浓度足够大时，可使受体的构型完全变为活化态，并与之结合，激动的受体占整个受体的

100%，因而产生的效应最大（图 3-9）。激动药的效能用其产生的最大效应表示。激动药的内在活性定为 1（α=1），它产生的效应定义为 100%。

（2）部分激动药（partial agonist）：是内在活性低，产生的效应较弱的药物。部分激动药与活化态和失活态受体均有亲和力，可同时与活化态和失活态受体结合。不同的部分激动药对两种受体构型亲和力的比率不同，在浓度足够大时，部分激动药激动活化态受体占整个受体的比率大于 0 而小于 100%。因此部分激动药的内在活性大于 0 而小于 1（0 < α < 1）；与完全激动药相比，其产生的效应大于 0 而小于 100%。

（3）反向激动药（inverse agonist）：也称负性激动药（agonist），其与受体结合后产生与激动药相反的效应。根据二态学说，受体本身有活化态和失活态两种构型。有些受体在无激动药的情况下部分活化态的受体会自主激动，产生一定效应。而所谓的反向激动药可以稳定受体的非活化形式，使活化态向非活化态转移，产生与激动药作用相反的效应（图 3-9）。从表象上看，反向激动药存在内在活性，其实它只是使自主激动的受体不产生作用，而不是产生相反的效应。反向激动药的效应依赖所在系统活性受体的激动状态。

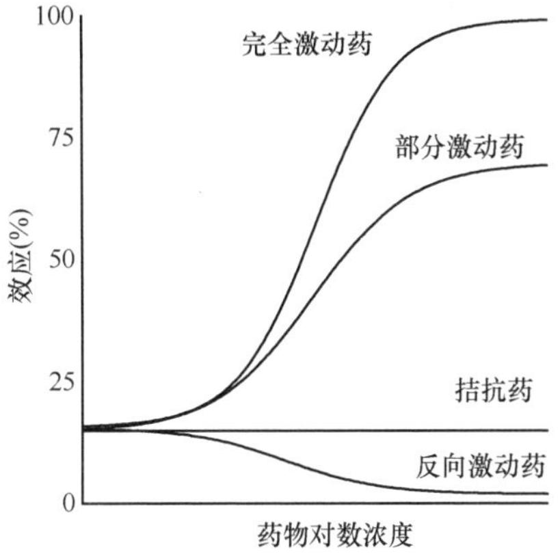

图 3-9 完全激动药、部分激动药、反向激动药和拮抗药的量效曲线

2. 拮抗药（antagonist） 也称阻断药（blocker），是对受体有亲和力，但无内在活性（α=0）的药物。阻断药与受体结合后占据受体而拮抗激动药的作用，因而不产生效应（图 3-9）。但其通过拮抗激动药的作用显示它的效应。根据阻断药与受体结合的可逆性将其分为竞争性阻断药和非竞争性阻断药。竞争性阻断药（competitive antagonist）能与激动药竞争与受体的结合，结合后仍可解离。非竞争性阻断药（noncompetitive antagonist）与受体结合牢固，形成的阻断药受体复合物不易解离，或结合后引起受体构型改变，而影响激动药与受体的结合。即使增加激动药的浓度也不能完全置换与受体结合的阻断药。

根据占领学说、速率学说和变构学说，药物的分类如表 3-1。

表 3-1 与受体结合的药物的分类

	占领学说		速率学说		变构学说	
	亲和力	内在活性	结合 k_1	解离 k_2	活化态	失活态
完全激动药	+	++	+	++	++	–
部分激动药	+	+	+	+	+	+
负性激动药	+	++	+	++	–	+
竞争性阻断药	+	–	+	–	–	+
非竞争性阻断药	+	–	+	–	↓（变构）	–

注：++. 强；+. 有；–. 无；↓. 活性降低

（四）药物的相互作用

1. 竞争性阻断药对激动药量效曲线的影响 激动药和阻断药同时使用时，由于二者均能可逆性地与受体结合，因而能竞争同一受体。阻断药和激动药结合受体的比例取决于各自的亲和力与浓度。当竞争性阻断药占领了激动药的受体后，增加激动药的浓度可置换与受体结合的阻断药，提高激动药占领受体的比例；当激动药的浓度足够大时，可将阻断药完全从结合的受体上置换出来，使激动药占领全部受体。在竞争性阻断药存在时，激动药的量效曲线发生下列变化：①阈浓度增加；②曲线平行右移，K_D 值增加，斜率不变；③ E_{max} 不变（图 3-10A）。竞争性阻断药的拮抗程度用其亲和力 pA_2 表示，即使激动药的 ED_{50} 增加一倍所需的阻断药摩尔浓度的负对数（–lg[A]）。pA_2 越大，阻断药亲和力越强，对激动药的阻断作用越明显。pA_2 可根据阻断药对激动药量效曲线的影响而测定。

2. 非竞争性阻断药对激动药量效曲线的影响 非竞争性阻断药与受体结合后不易解离，增加激动药的浓度不能完全置换与受体结合的阻断药，不能产生最大效应。因而，非竞争性拮抗可使激动药的量效曲线：①阈浓度增加；②曲线非平行右移；③ E_{max} 降低（图 3-10B）。非竞争性阻断药与受体的亲和力用 pA_2 表示，是指使激动药的最大效应降低一半所需阻断药摩尔浓度的负对数，可根据阻断药降低激动药 E_{max} 的程度测定。

3. 激动药与部分激动药的竞争性拮抗 当部分激动药与完全激动药合用，在剂量（或浓度）较低时，受体未被药物全部占领，产生的效应是两药分别产生的效应之和。随着浓度（或剂量）的增高，药物占领的受体逐渐增多，当受体全部被两药占领时，由于部分激动药的内在活性小于一，两药共同产生的效应会低于受体全部被完全激动药占领产生的效应。如果继续逐渐增加完全激动药的浓度，则可增加完全激动药与受体结合的比率，直至受体全部被完全激动药占领。部分激动药存在时，激动药的量效曲线会发生以下变化：①阈浓度（剂量）降低；②在激动药浓度较小时，两药效应相加，曲线左移；③在激动药浓度较大时，部分激动药拮抗激动药的效应，曲线右移；④ E_{max} 不变（图 3-10C）。

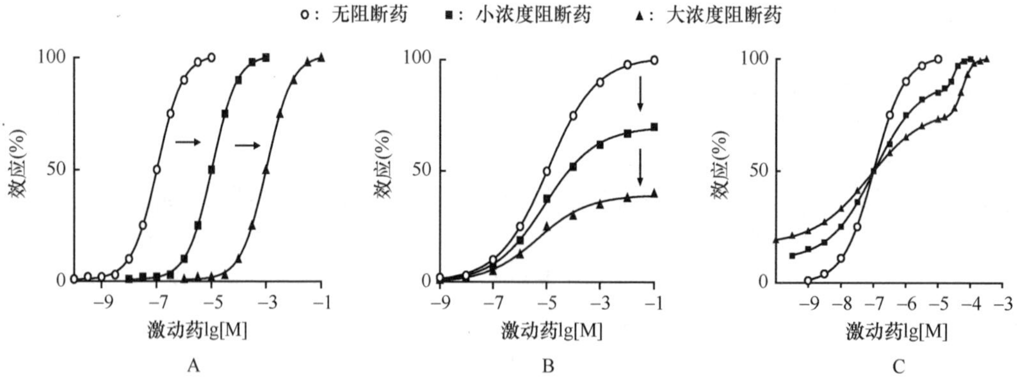

图 3-10 竞争性阻断药（A）、非竞争性阻断药（B）和部分激动药（C）对激动药量效曲线的影响

竞争性阻断药使激动药的量效曲线平行右移，最大效应不变；非竞争性阻断药使激动药的量效曲线非平行右移，最大效应降低；部分激动药可使低激动药量效曲线的低浓度段左移，使高浓度段右移，最大效应可不降低

（五）受体的调节

受体并非固定不变，而是处于动态变化的平衡中，受体遵循一定规律的新陈代谢，受体的数量和亲和力会随生理、病理及药物等因素的影响而变化，这种变化称为受体调节。受体调节可改变靶细胞对配体的敏感性，是机体维持内环境稳定的重要因素。

1. 受体上调和下调 正常情况下受体与其产生效应的活动处于平衡或稳定状态，某些因素使受体产生的效应较长时间发生变化，细胞会通过调节受体的数量以适应这种变化。使受体的数量增加的调节称受体上调（up-regulation）。例如，长期使用阻断药普萘洛尔，阻断了心脏的 β 受体，使心率减慢，心肌收缩减弱，促使心脏 β 受体数量增多。突然停药后会出现心脏功能增强的反跳现象。使受体的数量降低的调节称受体下调（down-regulation）。例如，长期使用 β_2 受体激动药沙丁胺醇治疗哮喘，激动了支气管平滑肌上的 β_2 受体，使支气管松弛。支气管平滑肌经反馈性调节使 β 受体数量减少。这种受体的下调使沙丁胺醇的疗效逐渐下降，产生了耐受性。

2. 受体脱敏和增敏 受体脱敏（receptor desensitization）是指在使用激动药后，受体对激动药敏感性和反应性下降的现象。而受体增敏（receptcr hypersensitization）则是长期应用阻断药或当受体激动药水平降低而造成受体对激动药的敏感性和反应性增强的现象。受体的脱敏可能与受体的磷酸化、膜磷脂代谢变化、信号转导系统改变及受体的负协同效应有关。负协同效应是指受体与配体结合后，引起相邻受体构象变化而使其与自身配体亲和力下降的现象。

3. 同种调节和异种调节 同种调节（homospecific regulation）是指配体作用于受体，使自身的受体发生变化的调节，如 ACh 受体、β 受体、胰岛素受体、血管紧张素Ⅱ受体、生长激素受体等配体可产生同种调节。异种调节（heterospecific regulation）是配体作用于其受体，使另一配体的受体发生变化的调节，如甲状腺激素可调节 β 受体，血管活性肽可调节 M 受体。

本章小结

药效学主要研究药物对机体的作用。药物的基本作用包括药物的作用和效应、兴奋和抑制、局部和全身作用、特异性和选择性、高敏性与低敏性等。药物治疗作用包括对因及对症治疗。不良反应是药物产生的与用药目的无关、对人体不利的反应。与剂量相关的量变型不良反应包括副作用、毒性作用、后遗效应、停药反应、继发反应和依赖性等；与药理作用无关的质变型不良反应包括过敏反应、特异质反应及致癌致畸致突变等。药物效应与剂量正相关的量效关系常用曲线显示，从量反应的量效曲线可获得最小有效量、最大有效量、常用量、中毒量、致死量、最大效应、半最大效量、效价等参数。从质反应量效曲线可获得半数有效量、半数中毒（致死）量，从而衍生出治疗指数、安全范围等指标。药物的靶点主要有受体、酶、离子通道、载体、基因位点、核酸等。受体是最重要的药物靶点，其与药物的作用常用占领学说、速率学说、二态学说解释。占领学说强调药物的亲和力、内在活性和占领受体的数量。作用于受体的药物根据内在活性分为激动药和阻断药。完全激动药内在活性强，效应强；部分激动药内在活性低，效应弱；反向激动药产生与激动药相反的效应；阻断药无内在活性，不产生作用，其效应经拮抗激动药的效应显示。竞争性阻断药能与激动药竞争受体，使激动药的量效曲线平行右移；非竞争性阻断药与受体结合后不易解离，可使激动药的量效曲线非平行右移。

（沈祥春 付凌云）

第四章 影响药物作用的因素

能力要求

能够掌握影响药物效应的因素（机体和药物）；理解临床合理用药的理论基础。

药物在机体内产生的药理作用和效应是药物与机体相互作用的结果，药物的作用强度、机体对药物的敏感性等受多方面因素的影响，如患者的年龄、性别、病理状态、遗传因素、心理因素、时辰因素、长期用药引起的机体反应性变化等生理因素，以及药物的理化性质、给药剂量、剂型和给药途径、给药时间与次数、药物的相互作用等药物方面的因素。这些因素导致不同个体对药物的吸收、分布和消除产生差异，使药物在作用部位的浓度不同，表现为药动学差异；或是药动学参数相同，但反应性不同，表现为药效学差异，最终引起药物反应的个体差异。临床用药应熟悉各种因素对药物作用的影响，考虑个体差异，选择合适的药物和给药方法，做到用药个体化。

第一节 药物方面因素

一、药物理化性质

药物的分子量大小、溶解度、解离度、脂溶性、水溶性等影响药物的吸收、分布、生物转化和排泄，从而对药物起效的快慢、作用的强弱和维持时间的长短产生重要影响。药物的旋光性不一样，其作用不同，一般药物多半是左旋有效，如左旋多巴、去甲肾上腺素等均是左旋体。

二、药物制剂及给药途径

药物可制成多种剂型并采用不同的途径给药，如供口服给药的有片剂、胶囊、口服液；供注射用的有水剂、乳剂、油剂；随着生物药剂学的发展，近年来出现了一些新制剂，如缓释剂、控释剂、靶向制剂、多层片等。同一药物由于剂型不同、采用的给药途径不同，所引起的药物效应也会不同。通常注射剂药物比口服吸收快、到达作用部位的时间短，因而起效快、作用显著；口服剂中的溶液剂比片剂和胶囊容易吸收；缓释剂可使药物按一级速率缓慢释放而吸收，延长药效，减少给药次数；控释剂使药物按零级速率释放，使血药浓度稳定在有效浓度水平，延长药效维持时间。此外，药物采用不同给药途径可能会产生不同的作用，如硫酸镁口服可以导泻和利胆，注射则有止痉、镇痛作用并使血压降低。不同给药途径对药效出现时间的影响顺序为吸入给药＞静脉注射＞肌内注射＞皮下注射＞口服＞直肠给药＞皮肤黏膜给药。

药物的制备工艺和原、辅料的不同，也可能显著影响药物的吸收和生物利用度，如不同药厂生产的相同规格的地高辛片，口服后的血浆药物浓度可相差数倍。

三、给药剂量

药物剂量不同产生的效应也有差异，机体对药物的反应程度不同。在一定范围内，随给药剂量增加药物作用逐渐增强，甚至引起严重不良反应或中毒死亡。例如，巴比妥类镇静催眠药随剂量由小到大递增，逐渐产生镇静、催眠、抗惊厥、麻醉等作用，超量服用会引起呼吸中枢抑制而死亡；阿司匹林具有抑制血小板聚集和黏附的作用，用于防治缺血性心脏病、缺血性脑血管病等的血栓形成，而常规剂量阿司匹林具有解热镇痛作用，用于发热及轻、中度疼痛。因此，临床用药时，应严格把握用药剂量，并根据药效及不良反应适当调整剂量，以便更好发挥药物的治疗作用。

四、给药时间和次数

一般来说，饭前服药吸收较好，且发挥作用较快；饭后服药吸收较差，起效也慢；刺激性药物宜饭后服用，以减少对胃肠道的刺激；催眠药宜在临睡前服用。用药的次数应根据病情需要及药物的消除速率而定。对半衰期短的药物，给药次数要相应增加；对毒性大或消除慢的药物，长期用药时应规定每日的用量和疗程，注意避免蓄积中毒；肝、肾功能不全时，为防止蓄积中毒，可适当减少用量或延长给药的时间间隔。

五、药物相互作用

药物相互作用（drug interaction）是两种或两种以上药物同时使用或先后应用时引起药物效应或毒性发生变化。根据其发生机制，可分为药动学方面和药效学方面的相互作用。

1. 药动学方面的相互作用

（1）影响吸收。①改变胃肠道 pH：改变胃肠道的 pH 可影响弱酸性或弱碱性药物的解离度，如抗酸药可增加弱酸性药物磺胺类、氨苄西林的解离度，因而吸收减少，但可促进某些弱碱性药物的吸收。②吸附、络合或结合：氢氧化铝凝胶可吸附氯丙嗪；考来烯胺能与洋地黄、性激素、甲状腺素、四环素、保泰松、苯巴比妥、口服抗凝血药、利尿药等结合；四环素类与钙、镁或铝等离子能形成不溶性络合物；浓茶中含大量鞣酸可与铁制剂或生物碱而沉淀，因而妨碍吸收。③影响胃排空和肠蠕动：抗胆碱药能延缓胃排空，减慢肠蠕动，使同服的对乙酰氨基酚吸收减慢，也可使部分受胃肠道破坏的左旋多巴吸收量大大减少。④肠壁功能的改变：有些药物（如细胞毒素）可损伤消化道黏膜，减少其他药物的吸收。

（2）影响分布：两种蛋白结合率高的药物合用时，可发生结合部位上的竞争性置换。例如，阿司匹林、对乙酰氨基酚与蛋白质结合力强，可将双香豆素类从蛋白质结合部位置换出来，使其抗凝血作用增强；水杨酸类药物可分别置换口服降糖药甲苯磺丁脲、抗凝血药华法林和抗肿瘤药甲氨蝶呤，引起低血糖、出血和肝毒性。

（3）影响生物转化。①影响肝药酶：异烟肼能抑制肝药酶，可使同时合用的甲苯磺丁脲药理作用和毒性增加；单胺氧化酶抑制药（MAOI）可延缓左旋多巴及拟交感胺类药的代谢，使这些药物的升压作用和毒性反应增加；别嘌醇能抑制黄嘌呤氧化酶，使巯嘌呤及硫嘌呤的代谢减慢、毒性增加。②影响非微粒体酶：如 MAOI 可延缓拟交感胺类药物代谢，使这些药的升压作用和毒性反应增加。

（4）影响排泄。①影响尿液 pH：尿液呈酸性时可使弱碱性药解离型增多，使抗组胺药等在肾小管的重吸收减少，排出量增加；同样，尿液呈碱性时可使弱酸性药排出量增多。通过酸化或碱化尿液，可促进碱性药物或酸性药物的排泄。②竞争转运载体：许多弱酸性药物及其代谢产物可从近曲小管主动转运分泌，如水杨酸类、丙磺舒、噻嗪类、乙酰唑胺、呋塞米、对氨基水杨酸、青霉素 G、头孢噻啶等。当这些药物合用时，排泄均可减少，使作用或毒性增加。

2. 药效学方面的相互作用

（1）协同作用（synergism）：指药物合用后原有作用或毒性增加，包括相加作用、增强作用和增敏作用。①相加作用（additive action）：若两药合用的效应是两药分别作用的代数和，称相加作用。抗高血压药物常采用两种不同作用环节的药物合用，降压作用增加，各药剂量相应减少，不良反应降低。应注意的是，氨基糖苷类药物（庆大霉素、链霉素、卡那霉素或新霉素）间相互合用或先后应用对听神经和肾脏的毒性增加，应避免。②增强作用（potentiation）：若两药合用的效应大于其个别效应的代数和，称为增强作用，如磺胺甲噁唑与甲氧苄啶合用（SMZ+TMP），其抗菌作用增强 10 倍，由抑菌变成杀菌；普鲁卡因注射液中加入少量肾上腺素，使其局麻时间延长毒性降低。③增敏作用（sensitization）：若一种药物可以使组织或受体对另一种药的敏感性增强，称增敏作用。例如，近年研究的钙增敏药，作用于收缩蛋白，增加肌钙蛋白 C 对 Ca^{2+} 的敏感性，在不增加胞内钙的条件下提高心肌收缩性。

（2）拮抗作用（antagonistic action）：指联合用药后原有药物的作用或毒性减弱。①药理性拮抗（pharmacological antagonism）：当一种药物与特异性受体结合，阻止激动药与受体结合，称药理性拮抗，如 H_1 组胺受体阻断药苯海拉明可拮抗 H_1 组胺受体激动药的作用。②生理性拮抗（physiological antagonism）：两种激动药分别作用于生理作用相反的两种特异性受体，称生理性阻断药。例如，自体活性物质组胺可作用于 H_1 组胺受体，引起支气管平滑肌收缩，使小动脉、小静脉和毛细血管扩张，毛细血管通透性增加，引起血压下降，甚至休克。③生化性阻断药（biochemical antagonism）：如苯巴比妥能诱导肝微粒体 CYP，使苯妥英钠的代谢加速，效应降低，这种类型的拮抗称为生化性拮抗。④化学性拮抗（chemical antagonism）：如重金属或类金属中毒用二巯丙醇解救，因两者可形成络合物而排泄，这种类型的拮抗称化学性拮抗。⑤脱敏作用（desensitisation）：指某药可使组织或受体对另一药物的敏感性减弱。例如，长期应用受体激动药使受体数目下调，敏感性降低，只有增加剂量才能维持疗效。

第二节　机体方面因素

一、年龄和性别

1. 年龄　年龄不同，许多生理功能如脂肪或体液与体重的比例、血浆蛋白含量、代谢酶的活性等可出现较大差异，从而影响药物作用效果。

（1）儿童：儿童的各个器官和组织正处于快速发育时期，年龄越小，器官和组织的发育越不完全。药物使用不当会造成器官和组织发育障碍，甚至发生严重不良反应，造成后遗症。

例如，婴幼儿体液占体重比例大，对影响水盐代谢和酸碱平衡的药物敏感，如解热药使用不当会致出汗过多，引起脱水、虚脱；新生儿及两岁以下婴儿血脑屏障的功能较成人低，对吗啡特别敏感，可引起呼吸中枢抑制；儿童肝功能发育尚未完全，肝药酶活性低，药物在体内代谢消除减慢，容易出现不良反应；新生儿肝脏缺乏葡萄糖醛酸转移酶，服用氯霉素可致灰婴综合征。所以，临床儿科用药有其特点，不能按成人剂量简单地减量使用。

（2）老年人：老年人的生理功能减退，对药物的代谢、排泄功能降低和药物耐受性变差，同时，老年人体液相对减少，脂肪增多，蛋白质合成减少。

例如，经肝灭活的地西泮在老年人体内的半衰期可较青壮年（20～40h）延长 4 倍，经肾排泄的氨基糖苷类抗生素可延长 2 倍。老年人对有些药物反应特别敏感，如作用于中枢神经系统的药物易致神经错乱；心血管系统药物易致心律失常；非甾体抗炎药易致胃肠道反应；M 受体阻断药易致尿潴留、便秘及青光眼发作等。因此，老年人的用药量一般约为成年人剂量的 3/4 或更低。

2. 性别　女性的脂肪占体重的比率高于男性，而体液总量的比率则低于男性，这些因素都可影响药物分布。在生理功能方面，女性用药时应考虑“四期”[月经期（menstrual phase）、妊娠期（gestational period）、分娩期（pregnancy）及哺乳期（lactation period）] 对药物的反应。例如，月经期和妊娠期应禁用泻药和抗凝血药，以免引起月经过多、流产、早产或出血不止；在妊娠的最初三个月内，应禁用抗代谢、激素等致畸胎的药物；临产前禁用吗啡等可抑制胎儿呼吸、延长产程的镇痛药；哺乳期用药也应注意，因有些药物可通过乳汁排出影响婴儿。

二、病理状态

疾病本身能导致药动学和药效学的改变，使药物在体内过程或机体对药物的敏感性发生变化，从而影响药物的疗效。

1. 肝功能不全者肝脏的生物转化速率减慢，使许多药物的作用加强，使前体药的作用减弱。

2. 肾功能不全者可使庆大霉素等主要经肾排泄的药物排出减慢，半衰期延长，易引起蓄积中毒等。

3. 心力衰竭及休克等疾病因血液循环不畅也影响药物吸收，如心力衰竭时普鲁卡因胺的生物利用度减少 50%。

4. 营养不良者蛋白质合成减少，可使血浆蛋白浓度降低，游离型药物浓度增加；使肝微粒体酶活性降低，药物代谢减慢；脂肪组织减少，可影响脂溶性药物的储存。其综合结果使药物的作用增强、半衰期延长，易引起不良反应。

5. 低蛋白血症者，药物血浆蛋白结合率降低，使游离型药物浓度增高，药效增强。例如，某些慢性疾病（如慢性肝功能不全、慢性肾衰竭、肾病综合征、心力衰竭）可引起低蛋白血症，使双香豆素、苯妥英钠和地高辛等的作用加强，甚至出现不良反应。

6. 中枢炎症时，血脑屏障功能减弱，药物进入中枢量增加，既有可能提高某些药物疗效，也可能增加某些药物的中枢毒性。

7. 结核病患者使用糖皮质激素，有导致结核感染扩散的危险。

三、遗传因素

遗传是药物代谢和效应的决定因素。在实验研究和临床工作中，人们注意到在用药者个体间、种族间和动物种属间均存在明显的药理效应、药动学和不良反应的差异。随着遗传药理学（pharmacogenetics）的快速发展，这些差异的原因很大程度上可以由遗传因素来解释。这些遗传因素的鉴定将有助于指导临床前研究，有助于临床诊断和指导合理用药，最终推动个体化治疗（individualized treatment）的发展。

1. 种族差异（race variation） 不同种族具有不同的遗传背景（如不同的基因型及相同基因型的不同分布频率），且长期生活在不同的地理环境中，具有不同的文化背景、食物来源和饮食习惯，这些都会对药物代谢酶的活性和作用靶点的敏感性产生影响，导致一些药物的代谢和反应存在种族差异。

2. 个体差异（individual variation） 基本情况相同时，大多数人对同一药物的反应是相近的，但也有少数人会出现与多数人在性质和数量上有显著差异的反应，称为个体差异。例如，缓慢静脉注射异戊巴比妥时，麻醉剂量为 5～19mg/kg，平均为 12mg/kg，个别患者只用 5mg/kg 就可以产生麻醉作用，或对药物特别不敏感，需用 19mg/kg 才能产生麻醉作用。相对于上述量的差别，有时药物反应甚至有质的不同，如过敏反应。对极少数过敏体质的患者，即使仅用几微克青霉素试敏也可能引起过敏反应，甚至诱发过敏性休克；但对大多数患者，即使用很大剂量也不会发生过敏反应。个别患者用治疗量的药物后，出现极敏感或极不敏感的不同于常人的反应，其往往是由于药物代谢酶的遗传多态性所引起的。

某些个体对药物产生不同于常人的反应，与其遗传缺陷有关，此类人称为特异体质（idiosyncrasy）。例如，某些患者由于遗传性红细胞缺乏 G6PD，当服用伯氨喹、阿司匹林、对乙酰氨基酚、磺胺类、维生素 K 等药物时可能引起溶血性贫血；某些患者遗传性血浆胆碱酯酶活性低下，应用琥珀胆碱可致呼吸麻痹甚至呼吸停止。

3. 种属差异（species variation） 不同种属动物之间（包括人类）对同一药物的作用和药动学有很大差异，称为种属差异。人和动物之间存在各种生理、代谢等方面的差别，例如，沙利度胺（thalidomide, 反应停）致畸悲剧发生后，人们才发现其在大鼠和人体的代谢存在根本差异。因为大鼠体内缺少一种将其代谢成有害异构体的酶，所以在大鼠试验中不会引起畸胎；而人体存在这种酶，所以对人有致畸性。因此，在临床前药理研究中，既要考虑到种属间剂量换算问题，也要考虑动物种属问题，千万不能将动物实验资料任意推广应用到人。

4. 特异体质（idiosyncrasy） 某些个体用药后出现与常人不同的异常反应，此类个体称为特异体质。主要原因与某些基因的缺失有关。例如，在红细胞的磷酸戊糖代谢通路中，G6PD 使葡萄糖-6-磷酸脱下的氢传递给谷胱甘肽使之成为还原型谷胱甘肽（GSH），发挥抗氧化作用。当 G6PD 缺陷患者服用伯氨喹、阿司匹林、对乙酰氨基酚、磺胺、呋喃类、蚕豆等有氧化作用的药物或食物时可使还原型谷胱甘肽缺乏，造成血红蛋白被氧化，导致溶血。缺乏高铁血红蛋白还原酶者不能使用硝酸酯类和磺胺类药物，以免出现发绀。缺乏血浆假性胆碱酯酶者不能使用琥珀胆碱，否则易引起呼吸停止。

四、心理因素

患者的精神状态与药物效应存在着密切关系。患者对医护人员的信任、患者情绪乐观，对药物疗效会产生良好的正面影响；反之，医患关系紧张、患者情绪悲观，则会对药效产生负面影响。研究表明，临床新药试验研究常采用安慰剂（placebo）对照试验法以排除精神因素对药物效应的影响。所谓安慰剂是指不含药理活性成分而仅含赋形剂，在外观和口味上与有药理活性成分药物完全相同。安慰剂产生的作用称为安慰作用（placebo action），分为阳性安慰作用和阴性安慰作用。前者指安慰作用与药物产生的作用一致；后者指产生与药物作用完全相反的作用。安慰作用也存在生效、高峰、消失的变化规律，且与药物作用有着相似的变化规律。即使给予患者不具药理活性的安慰剂，也可能使头痛、失眠、心绞痛、术后疼痛、神经官能症等症状获得30%～50%的改善，因此，在临床治疗时，医护人员应给予患者积极引导，帮助患者树立战胜疾病的信心，以充分发挥药物疗效。

五、时辰因素

时辰药理学（chronopharmacology）是研究药物体内过程和药物效应与机体生物节律相互关系的一门学科。机体内各种不同的生理活动按一定的时间顺序呈现有规律的周期性变化，这种变化的节律称为生物节律，其中最重要的是昼夜节律。例如，肾上腺皮质激素的分泌，清晨为分泌高峰期，午夜为分泌低值期。应用糖皮质激素类药物时，将一日量于早晨一次服用可减轻对垂体前叶抑制的副作用。此外，哮喘发作、心血管疾病等也有昼夜节律性波动现象，选择最佳用药时间，使其与人体生理节律同步化，可达到最佳疗效，避免某些药物持续高浓度产生不良反应，使临床治疗科学化。

六、长期用药引起的机体反应性变化

长期反复用药可引起生物体（包括病原体）对药物反应发生变化，主要表现为耐受性、耐药性和依赖性，还可因长期用药突然停药后发生停药综合征。

（1）耐受性（tolerance）：为机体在连续多次用药后对药物的反应性降低。增加剂量可恢复反应，停药一段时间后耐受性消失。例如，亚硝酸酯类的扩血管作用，连续用药数天后即可产生耐受性，2～3周后耐受性达高峰，停药10天后，机体又可恢复对药物的敏感性。短时间多次给药引发的药物反应性降低的现象称为快速耐受性（tachyphylaxis）。耐受性也见于作用机制相同或类似的药物之间，被称为交叉耐受性（cross tolerance）。一般认为耐受性的原因如下：①神经末梢释放的递质耗竭，如麻黄碱的快速耐受；②与来自受体的细胞内信号转导系统脱偶联；③受体的向下调节（受体数目的减少）。

（2）抗药性/耐药性（drug resistance）：化学治疗过程中，病原微生物或肿瘤细胞对药物的敏感性降低称为获得性抗药性或抗药性形成。病原微生物的获得性抗药性主要是通过病原体产生灭活酶、改变胞膜通透性、改变靶位结构和代谢过程、增加药物外排等，通常需要改用其他有效药物。在抗肿瘤药长期给药时发生的抗药性主要原因有肿瘤细胞的基因组不稳定、P-gp的表达增加而引起抗肿瘤药的细胞外排增加、作用靶点改变、代谢活化酶的活性降低等。由一种药物诱发，同时对其他多种结构和作用机制完全不同的药物产生交叉耐药，称为多药耐药（multidrug resistance），合理应用化疗药物是减少肿瘤细胞产生耐药性的主要措施之一。

（3）药物依赖性（drug dependence）：患者连续使用某些麻醉药品或精神药品以后，会对药物产生生理和（或）心理的一种依赖需求，称为药物依赖性。依据药物使人体产生的依赖性和危害人体健康的程度，通常分为两类：躯体依赖性和精神依赖性。①躯体依赖性：过去称为成瘾性

（addiction），现也称生理依赖性（physiological dependence），是指药物滥用所造成的一种特殊身体状态。在这种身体适应状态下，一旦中断用药，可出现强烈的戒断综合征（abstinence syndrome），表现为流涕、流泪、哈欠、腹痛、腹泻、周身疼痛等，如应用镇痛吗啡、哌替啶及毒品海洛因等后均可引起躯体依赖性和精神依赖性。②精神依赖性：是指用药后产生愉快满足的感觉，使用药者在精神上渴望周期性或连续用药，以达到舒适感，如嗜烟（尼古丁依赖）、嗜酒（乙醇依赖）等。

知识拓展　**合理用药原则**

合理用药是临床用药的重要原则。从理论上说合理用药要求充分发挥药物的疗效而避免或减少可能发生的不良反应，其主要原则如下。

1. 明确诊断　选药不仅要针对适应证还要排除禁忌证。

2. 根据药理学特点选药　尽量少用所谓的“撒网疗法”，即多种药物合用以防漏诊或误诊，这样不仅浪费药物而且容易发生药物相互作用。

3. 用药个体化　在充分了解并掌握各种影响药效因素的前提下，根据患者的具体情况选择合适的剂量，不能单纯公式化或者凭经验用药。

4. 标本兼治　在采用对因治疗的同时，采用对症支持疗法。这在细菌感染及肿瘤化学治疗中尤其值得重视。

本章小结

影响药物作用的因素总的来说可以概括为机体因素和药物因素两方面。机体因素主要包括患者的年龄、性别、病理状态、遗传因素、心理因素、时辰因素及长期用药引起的机体反应性变化等；药物因素主要包括药物的理化性质、给药剂量、剂型和给药途径、给药时间和次数、药物的相互作用等。这些因素往往会引起不同个体，或是对药物的吸收、分布、代谢和排泄产生差异，导致药物在作用部位的浓度不同，表现为药动学差异；或是药物在作用部位浓度相同，但机体反应性不同，表现为药效学差异。这两方面综合作用的结果，均能引起药物效应的差异。

（付凌云）

第二篇　外周神经系统药理学

第五章　传出神经系统药理概论

能力要求

1. 能够描述传出神经系统的递质、受体及其生理功能。
2. 能够清晰阐述传出神经系统药物的基本作用及分类。

第一节　概　　述

传出神经系统（efferent nervous system）主要由自主神经系统（autonomic nervous system，ANS，又称植物神经系统，vegetative nervous system）和运动神经系统（somatic motor nervous system，SMNS）组成。自主神经系统包括交感神经系统（sympathetic nervous system）和副交感神经系统（parasympathetic nervous system）。自主神经系统主要调节内脏功能，该活动一般不受人的意识控制，故称为非随意活动，如心脏排血、血流分配和食物消化等。体内大多数器官受交感神经和副交感神经的双重支配，两者通常产生相反的作用，即生理性拮抗。SMNS 支配骨骼肌运动，通常为随意活动，如肌肉运动和呼吸运动等。

传出神经系统通过其末梢释放化学物质（神经递质）进入突触间隙（synaptic cleft），进行化学传递（信息传递）。这种传递过程可发生于神经细胞之间或神经细胞与其所支配的效应器细胞之间，通过神经递质与特异性受体分子的结合来调节突触后细胞的功能，从而完成细胞间的信息传递。

根据传出神经末梢释放递质（transmitter）的不同，可将传出神经分为胆碱能神经（cholinergic nerve）和去甲肾上腺素能神经（noradrenergic nerve）（图 5-1）。胆碱能神经能够合成、释放 ACh，包括如下：①交感神经和副交感神经的节前纤维；②全部副交感神经的节后纤维；

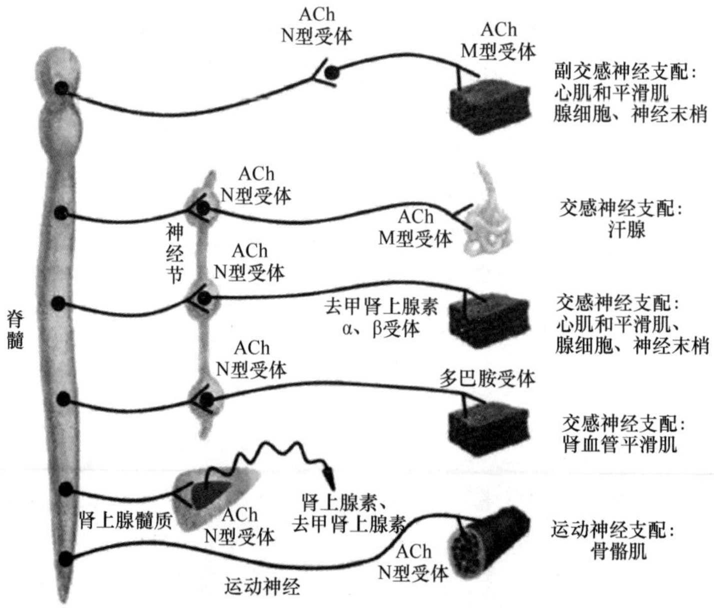

图 5-1　传出神经系统分类与递质

③所有的运动神经；④极少数交感神经的节后纤维，如支配汗腺分泌的交感神经。去甲肾上腺素能神经能够合成、释放去甲肾上腺素（noradrenaline，NA 或 norepinephrine，NE），绝大多数交感神经的节后纤维都属此类神经。在某些效应器中还存在着其他神经，如支配肾及肠系膜的节后纤维存在多巴胺能神经（dopaminergic nerve），神经末梢释放多巴胺（dopamine，DA），可使肾血管和肠系膜血管扩张。近年来发现，胃肠道存在肠神经系统（enteric nervous system，ENS），末梢可释放多种神经肽和递质，如 5-羟色胺（5-hydroxytryptamine，5-HT）、一氧化氮（nitric oxide，NO）、三磷酸腺苷（adenosine triphosphate，ATP）、P 物质（substance P，SP）和神经肽（neuropeptide，NP）等调节胃肠功能。

知识拓展 **ENS**

近年来，除交感神经和副交感神经系统外，由 Llenelly Smith 于 1983 年提出的 ENS 日益受到关注。ENS 是由控制胃肠运动的肌间神经丛和控制肠分泌及局部血流的黏膜下神经丛两部分组成，与中枢神经、自主神经系统共同调节胃肠功能，是在调节胃肠功能中起主要作用的完整、相对独立的整合系统。肠神经元在没有外来冲动的情况下，可提供局部反射途径，以控制胃肠道功能，也可直接接受来自肠壁内的感觉冲动，进而通过肠道神经丛纤维活动来支配肠道平滑肌兴奋和腺体分泌，与中枢神经系统具有相对独立性。例如，肠道的蠕动反射，可以在离体条件下进行，切断迷走神经或交感神经对胃肠道运动的影响很小。肠神经元的神经纤维也可来自交感神经和副交感神经末梢，并直接分布到平滑肌、腺体和血管。因此，该系统在药理学方面较交感神经或副交感神经系统更为复杂，其中涉及多种神经肽和递质，如 5-HT、NO、ATP、P 物质和神经肽等。

第二节 传出神经系统的递质与受体

传出神经系统通过神经末梢释放递质，与特异性受体（receptor）结合而发挥生理效应。作用于传出神经系统的药物通过作用于受体或影响递质发挥作用。本节介绍传出神经系统的递质、受体及相关基本概念。

一、传出神经系统的递质

一百多年前，科学家们对于神经与神经间或神经与肌肉间的冲动传递是电传递还是化学物质传递存在很大争议。1921 年德国科学家奥托·洛伊（Otto Loewi）通过离体双蛙心灌流实验发现，当迷走神经兴奋时可以释放一种物质，这种物质能抑制另一个离体蛙心的收缩，证明了递质的存在。1926 年戴尔（Dale）证实这种抑制性物质就是 ACh。1946 年，冯·尤勒（Von Euler）从牛脾神经获得高纯度提取物，并证实此物质即为去甲肾上腺素，是哺乳类动物交感神经节后纤维的递质。传出神经系统的化学传递学说日臻完善。

知识拓展 **ACh——一个分子与三个诺贝尔奖的故事**

关于 ACh 的研究曾经先后产生了三个诺贝尔奖，对医学及生理学的发展产生了非常重大的影响。一是德国科学家 Otto Loewi 因梦中提示开展的著名生理学实验——双蛙心灌流实验，首次确定了神经冲动的传导是通过化学物质即递质完成的。后经英国生理学家 Dale 证实，Otto Loewi 发现的内源性物质就是 ACh。1936 年，两人共同获得了诺贝尔生理学或医学奖。二是 1976 年，德国马普生物物理化学研究所的内尔（Neher）和萨克曼（Sakmann）首次在青蛙肌细胞上用双电极钳制膜电位的同时，记录到 ACh 激活的单通道离子电流，从而建立了膜片钳技术。两人因此共同获得了 1991 年诺贝尔生理学或医学奖。三是纽约州立大学的罗伯特·福奇戈特（Robert Furchgott）教授在研究 ACh 调节血管的过程中发现了内皮细胞释放的 NO 是发挥血管调节的重要气体信号分子，他与路易斯·伊格纳罗（Louis Ignarro）和费里德·穆拉德（Ferid Murad）共同获得了 1998 年诺贝尔生理学或医学奖。

（一）传出神经突触的超微结构

神经末梢与次一级神经元或神经元与效应器之间的衔接处称为突触（synapse）。电子显微镜显示，传出神经末梢与次一级神经元或效应器间并不直接相连，中间有宽 15～1000nm 的间隙，称为突触间隙（synaptic cleft）。传出神经末梢邻近间隙的细胞膜为突触前膜，效应器或次一级神经元邻近间隙的细胞膜为突触后膜。突触前膜、突触间隙和突触后膜构成了突触（图 5-2）。在运动神经末梢近突触前膜处，聚集着很多直径为 20～50 nm 的囊泡（vesicle）。单个运动神经末梢含有 30 万个以上的囊泡，每个囊泡中含有 1000～5000 个 ACh 分子。运动神经末梢突触后膜具有许多褶皱，褶皱内聚集着 AChE，可迅速水解 ACh。交感神经末梢可分为许多细微的神经纤维分支，这些分支分布于平滑肌细胞之间。每个分支都有连续的膨胀部分呈稀疏串珠状，称为膨体（varicosity）。每个神经元约有 3 万个膨体，每个膨体约含有 1000 个囊泡，囊泡内含有高浓度去甲肾上腺素（胆碱能神经末梢囊泡内含大量 ACh）。囊泡是递质合成、转运和储存的重要场所。

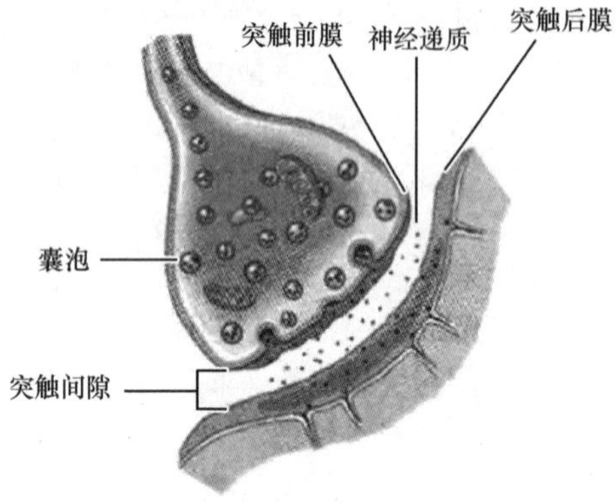

图 5-2　突触结构

（二）传出神经递质的生物合成与储存、释放、消除

1. 递质的生物合成与储存　ACh 主要在胆碱能神经末梢合成，少量在胞体内合成。与其合成相关的酶和辅酶有胆碱乙酰化酶（choline acetylase，ChAT，又称胆碱乙酰转移酶）和乙酰辅酶 A（acetyl coenzyme A，acetyl CoA）。ChAT 在细胞体内形成并随轴浆转运至末梢，乙酰辅酶 A 则在神经末梢线粒体内合成，其本身不能穿透线粒体膜，须在线粒体内与草酰乙酸缩合成枸橼酸盐，才能穿过线粒体膜，进入胞质液，然后在枸橼酸裂解酶的催化下再次生成乙酰辅酶 A。胆碱和乙酰辅酶 A 在 ChAT 的催化下合成 ACh。ACh 合成后即转运至囊泡，并与 ATP 和囊泡蛋白共同储存于囊泡中（图 5-3）。

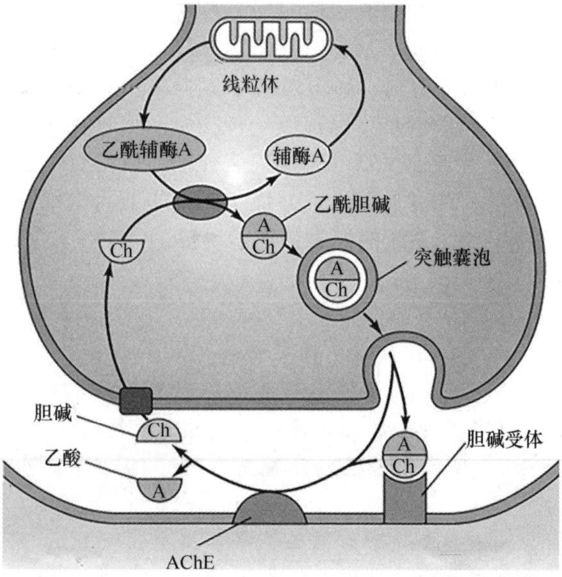

图 5-3　ACh 的合成与储存、释放、消除过程

去甲肾上腺素的生物合成主要在神经末梢，酪氨酸从血液进入神经元后，经酪氨酸羟化酶催化生成多巴，再经多巴脱羧酶催化生成 DA，DA 进入囊泡中并由多巴胺-*β*-羟化酶催化生成去甲肾上腺素，去甲肾上腺素与 ATP 和嗜铬颗粒蛋白结合储存于囊泡中。上述参与递质合成的酶中，酪氨酸羟化酶的活性较低，反应速度慢且对底物专一性要求高，当胞质中 DA 或游离去甲肾上腺素浓度增高时，对该酶有反馈性抑制作用，反之，则对该酶抑制作用减弱，催化作用加强。因此，酪氨酸羟化酶是去甲肾上腺素合成过程

中的限速酶。囊泡是去甲肾上腺素最后合成和储存的场所（图 5-4）。

2. 递质的释放

（1）量子化释放：1952 年英国生理学家保罗·法特（Paul Fatt）、伯纳德·卡茨（Bernard Katz）等用微电极方法在蛙神经肌肉接头处发现，骨骼肌细胞有自发性小终板电位（miniature end plate potential，MEPP），约每秒一至数次的发放频率，其幅度具有分级现象，由此得出 ACh 的量子化释放（quantal release）概念。随后在哺乳动物的骨骼肌和平滑肌分别记录到了终板电位和接头电位。量子化释放学说认为，囊泡为运动神经末梢释放 ACh 的单元，静息时即有连续的少数囊泡释放 ACh，因此可出现小终板电位。每一个囊泡释放的 ACh 量（约 5000 个 ACh 分子）就是一个“量子”，但由于电位幅度极小（0.3～3.0mV），故不会引起动作电位和效应。当神经冲动到达末梢时，上百个囊泡同时释放递质，ACh 量子化释放量剧增，方可引发动作电位而产生效应。

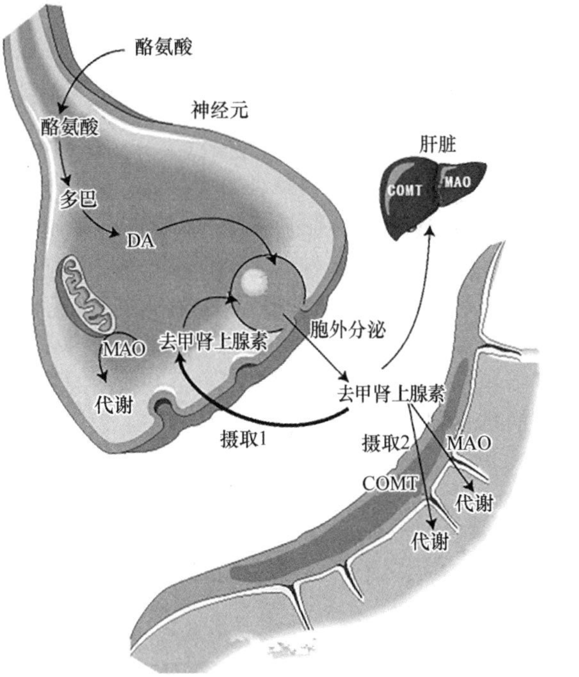

图 5-4　去甲肾上腺素的合成与储存、释放、消除过程

COMT. 儿茶酚-*O*-甲基转移酶

（2）胞裂外排（exocytosis）：当神经冲动到达神经末梢，Ca^{2+} 进入神经末梢，促使突触前膜的囊泡膜与突触前膜融合（fusion），形成裂孔，并通过裂孔将囊泡的内容物（去甲肾上腺素或 ACh 等）一并释放至突触间隙并立即与突触后膜（或前膜）的受体结合而产生效应，此即为胞裂外排，其结果可引起兴奋性或抑制性神经传递。

（3）其他释放机制：静息时，交感神经末梢可有微量的去甲肾上腺素不断从囊泡内溢出，但由于溢流量少，到达突触间隙的递质浓度远低于产生效应的阈值。此外，有些药物（如酪胺、麻黄碱、苯丙胺和胍乙啶等）可被去甲肾上腺素能神经末梢摄取并进入囊泡储存，同时将囊泡内与蛋白质结合的去甲肾上腺素置换出来，由于置换出的去甲肾上腺素量远较溢流量大，故可产生一定的效应。

3. 递质的消除　ACh 和去甲肾上腺素主要通过酶的灭活与神经末梢摄取两种途径实现消除。

ACh 主要是被突触间隙的 AChE 水解而失活。AChE 水解效率极高，ACh 释放后数毫秒内即可被其水解为乙酸和胆碱。一分子 AChE 在 1min 内能完全水解 10^5 分子 ACh。1/3～1/2 的水解产物胆碱可被神经末梢摄取，作为原料重新合成 ACh。

去甲肾上腺素的消除方式有两种：摄取和降解。释放后的去甲肾上腺素有 75%～90% 被摄取返回神经末梢内，此为摄取 1（uptake 1），也称神经摄取（neuronal uptake）。摄取进入神经末梢的去甲肾上腺素可进一步转运至囊泡中储存，所以摄取 1 亦称为储存型摄取。部分未进入囊泡中的去甲肾上腺素可被胞质液中线粒体膜上的 MAO 降解。此外，许多非神经组织（如心肌、平滑肌等）也能摄取去甲肾上腺素，称为摄取 2（uptake 2），也称非神经摄取（non-neuronal uptake）。摄入组织后的去甲肾上腺素很快被细胞内的儿茶酚-*O*-甲基转移酶（catechol-*O*-methyl transferease，COMT）和 MAO 降解，因此摄取 2 亦称为代谢型摄取。此外，尚有小部分去甲肾上腺素释放后从突触间隙扩散到血液中，最后被肝、肾等组织中的 COMT 和 MAO 降解而失活（图 5-4）。

二、传出神经系统的受体

受体是递质作用的靶点，传出神经系统的受体一般根据能与之特异性结合的递质或药物命名，分为胆碱受体（cholinergic receptor）、肾上腺素受体（adrenergic receptor）和多巴胺受体（dopamine receptor，D 受体）。

（一）胆碱受体

能与 ACh 结合的受体称为胆碱受体。早期研究发现，位于副交感神经节后纤维所支配的效应器细胞膜的胆碱受体对以毒蕈碱（muscarine）为代表的拟胆碱药物较为敏感，故该类受体称为毒蕈碱型胆碱受体，即 M 受体。而位于神经节和神经肌肉接头的胆碱受体对烟碱（nicotine）较为敏感，故称为烟碱型胆碱受体，即 N 受体。

M 受体属于 G 蛋白偶联受体，目前已发现了 5 种不同基因编码的 M 受体亚型，根据配体对不同组织 M 受体相对亲和力的不同，可分为 M_1、M_2、M_3、M_4 和 M_5 受体。M 受体广泛分布于全身各器官组织，不同组织中存在着不同亚型的受体，5 种亚型的受体在中枢神经系统中均被发现。M 受体的亚型、分布及效应见表 5-1。

N 受体，根据其分布部位不同可分为 N_M（nicotinic muscle）受体和 N_N（nicotinic neuronal）受体。N_M 受体又称 N_2 受体，是存在于神经肌肉接头的 N 受体，兴奋后表现为骨骼肌细胞的外钙内流和内钙释放，肌肉收缩。N_N 受体包括神经节 N 受体（N_1 受体）和中枢 N 受体。N 受体的亚型、分布及效应见表 5-1。

表 5-1　胆碱受体的亚型、分布及效应

受体	分布	效应
毒蕈碱型		
M_1	自主神经节	去极化（延迟兴奋性突触后电位）
	腺体	增加胃分泌
	CNS	—
M_2	窦房结	减慢自发性除极；超极化
	心房	缩短动作电位时程；降低收缩强度
	房室结	减慢传导速度
	心室	轻度降低收缩力
	CNS	—
M_3	平滑肌	收缩
	血管内皮	血管舒张
	腺体	增加分泌
	CNS	—
M_4	CNS	运动增强
M_5	CNS	—
烟碱型		
骨骼肌（N_M）	神经肌肉接头	终板去极化，骨骼肌收缩
外周神经（N_N）	自主神经节	节后神经元去极化
	肾上腺髓质	髓质细胞去极化，儿茶酚胺释放
中枢神经（CNS）	脑与脊髓	接头前控制神经递质释放

（二）肾上腺素受体

能与去甲肾上腺素或肾上腺素结合的受体称为肾上腺素受体，可分为 α 受体和 β 受体。α 受体又可分为 α_1 受体和 α_2 受体，其中 α_1 受体包含 α_{1A}、α_{1B}、α_{1C} 三种亚型，α_2 受体包含 α_{2A}、α_{2B}、α_{2C} 三种亚型，β 受体包含 β_1、β_2、β_3 三种亚型。肾上腺素受体的亚型、分布及效应见表 5-2。

表 5-2 肾上腺素受体的亚型、分布及效应

受体	分布	效应
α_1	血管平滑肌 尿道平滑肌 肝 肠平滑肌 心	收缩 收缩 糖原分解；糖原异生 超极化和松弛 增强收缩力；心律失常
α_2	胰岛 B 细胞 血小板 神经末梢 血管平滑肌	减少胰岛素分泌 聚集 减少去甲肾上腺素释放 收缩
β_1	心 肾小球旁细胞	增强收缩力、收缩频率和房室结传导 增加肾素分泌
β_2	平滑肌（血管，支气管，胃肠道，尿道） 骨骼肌 肝	松弛 糖原分解；钾摄取 糖原分解；糖原异生
β_3	脂肪组织	脂肪分解

（三）多巴胺受体

能与 DA 结合的受体为 D 受体。除中枢存在 D 受体外，外周也有 D 受体（D_1 受体），主要位于肾血管、肠系膜血管平滑肌，激动此处的 D_1 受体可使肾及肠系膜血管舒张；D_2 受体则分布于神经末梢突触前膜和平滑肌效应器细胞。

三、传出神经系统效应的分子机制

神经递质或激动药与受体结合后，使受体发生构象改变，触发一系列生化反应，发生信号转导、放大，最终产生效应，这一过程称为受体-效应偶联（receptor-effect coupling），其分子机制非常复杂。

1. M 受体 M 受体属于 G 蛋白偶联受体，M_1、M_3、M_5 受体的结构相似，与 $G_{q/11}$ 蛋白偶联。偶联后的受体激活磷脂酶 C（phospholipase C），促进第二信使 1, 4, 5-三磷酸肌醇（inositol 1, 4, 5-triphosphate，IP_3）和二酯酰甘油（diacylglycerol，DAG）的生成而产生一系列效应。M_2 和 M_4 受体与 $G_{i/o}$ 蛋白偶联，抑制腺苷酸环化酶活性，并可激活钾通道或抑制钙通道而产生效应。

2. N 受体 N 受体属于配体门控离子通道型受体，均为五聚体结构。每个 N 受体由 2 个 α 亚基和 β、γ、δ 亚基组成，形成了中间带孔的跨细胞膜通道，即 N 受体离子通道。当 ACh 与 α 亚基上的作用位点结合后，可使离子通道开放，从而调节 Na^+、K^+、Ca^{2+} 的流动（图 5-5）。当动作

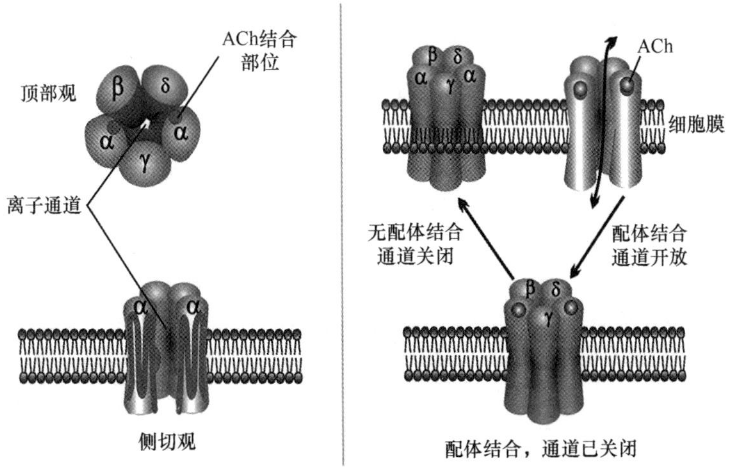

图 5-5 N 受体的结构与功能

电位到达运动神经末梢时，突触前膜去极化而引起胞裂外排，释放的ACh可与神经肌肉接头的N受体结合，促使配体门控离子通道开放，膜外Na^+、Ca^{2+}进入胞内，可产生局部去极化电位，即终板电位。当终板电位超过肌纤维扩布性去极化阈值时，即可打开膜上电压门控离子通道，此时大量Na^+、Ca^{2+}进入细胞，产生动作电位，导致肌肉收缩。

3. 肾上腺素受体 肾上腺素受体属于G蛋白偶联受体，当激动药与受体结合后，可与G蛋白偶联，其中α_1受体激动可激活磷脂酶C、D、A_2，增加第二信使IP_3和DAG生成而产生效应；α_2受体激动则可抑制腺苷酸环化酶，使环腺苷酸（cAMP）减少。所有β受体亚型激动后均能兴奋腺苷酸环化酶（AC），使cAMP增加，产生不同效应。肾上腺素受体亚型激动后主要效应见表5-3。

表5-3 肾上腺素受体及其效应系统

受体	偶联G蛋白	基本效应
β_1	G_S	AC激活，L型钙通道激活
β_2	G_S	AC激活
β_3	G_S	AC激活
α_1	G_q	磷脂酶C激活
	G_q	磷脂酶D激活
	G_q, G_i/G_o	磷脂酶A_2激活
	G_q	钙通道激活
α_2	G_i	AC活性降低
	G_i（βγ亚单位）	钾通道开放
	G_o	抑制钙通道（L型；N型）

知识拓展

对传出神经系统受体的分离与提纯工作源自20世纪70年代对N受体的分离研究。电鳗（electrophorus）或电鳐（torpedo）的电器官细胞膜富含N受体，放射标记的*α*-银环蛇毒可与N受体牢固结合，通过放射性追踪即可找到N受体蛋白，再将其分离出来。在电镜下，每个单体呈环状颗粒，直径为8～9nm，由直径为3～4nm的α、β、γ、δ四种亚基组成。组合方式为两个α亚基和β、γ、δ亚基围成中心带孔的五聚体跨细胞膜通道。

第三节 传出神经系统的生理功能

传出神经系统通过神经末梢释放递质而发挥生理效应，作用于传出神经系统的药物则通过模拟或拮抗这些化学递质的作用来影响传出神经的功能，显现出拟似或拮抗传出神经系统功能的药理作用。因此，熟悉传出神经系统的生理功能对进一步掌握传出神经系统药物的药理作用十分必要。

机体的多数器官都受去甲肾上腺素能神经和胆碱能神经的双重支配，这两类神经兴奋时所产生的效应往往相互拮抗。去甲肾上腺素能神经兴奋时，有利于机体在劳作、危险等情况下适应环境的变化（应激）。胆碱能神经节后纤维兴奋时，基本上表现与去甲肾上腺素能神经兴奋相反的效应，有利于机体进行休整和积蓄能量（静息）。当两类神经同时兴奋时，则占优势神经的效应通常会显现出来。例如，在窦房结，去甲肾上腺素能神经兴奋时引起心率加快，而胆碱能神经兴奋则引起心率减慢，但以后者效应占优势，所以当两类神经同时兴奋时，常表现为心率减慢。传出神经系统的生理功能见表5-4。

表 5-4　传出神经系统的生理功能

脏器	去甲肾上腺素能神经兴奋		胆碱能神经兴奋	
	受体	效应器与效应	受体	效应器与效应
眼	α_1	瞳孔开大肌收缩（扩瞳）	M_3	瞳孔括约肌收缩（缩瞳） 睫状肌收缩（调节近视）
心脏	$\beta_1(\beta_2)$	窦房结自律性增高，心率加速 房室传导速度加快 心肌收缩力加强	M_2	窦房结自律性降低，心率减慢 房室传导速度减慢 心肌收缩力减弱
血管	$\alpha_1(\alpha_2)$	收缩	M_3^*	内皮细胞 NO（血管舒张因子）释放
	β_2	舒张	M_3	骨骼肌动脉舒张
气道	β_2	舒张	M_3	收缩；促进腺体分泌
消化道	α_2, β_2	抑制胃肠道平滑肌蠕动	M_3	促进胃肠道平滑肌蠕动 分泌增加
	α_1	括约肌收缩	M_3	括约肌舒张
肝	β_2, α	肝糖原分解、糖异生		
肾	β_1	球旁细胞肾素分泌		
膀胱壁	β_2	膀胱逼尿肌舒张	M_3	膀胱逼尿肌收缩
男性生殖器	α_1	阴茎、精囊产生射精行为	M_3	阴茎勃起
皮肤	α_2	立毛肌收缩 汗腺（手掌、足底）分泌	M_3	汗腺（全身）分泌
自主神经	α	减少 ACh 释放	M_1, M_2	减少去甲肾上腺素释放

* 由于血管基本不受副交感神经支配，此血管舒张效应通过激活血管内皮细胞非神经性 M 受体，促进内皮细胞分泌 NO 而实现

第四节　传出神经系统药物的基本作用及分类

一、传出神经系统药物的基本作用

（一）直接作用于受体

一些传出神经系统药物可直接与胆碱受体或肾上腺素受体结合，产生两种完全不同的结果。如结合后所产生效应与神经末梢释放的递质效应相似，则称为受体激动药（agonist）。如结合后不产生或较少产生拟似递质的作用，并可妨碍递质与受体结合，产生与递质相反的作用，就称为受体阻断药（blocker），对激动药而言，则称为拮抗药（antagonist）。

（二）影响递质

1. 影响递质的生物合成　作为前体药物或通过影响递质合成酶来影响递质的生物合成。例如，密胆碱可以抑制 ACh 的生物合成，*α*-甲基酪氨酸能抑制去甲肾上腺素的生物合成，但两者目前无临床应用价值，仅作为药理学研究的工具药。左旋多巴和卡比多巴可分别增加脑内 DA 水平和减少外周 DA 的生成而用于帕金森病的治疗。

2. 影响递质的释放　某些药物如麻黄碱和间羟胺可促进去甲肾上腺素释放，而卡巴胆碱可促进 ACh 释放。某些药物如可乐定和碳酸锂则可分别抑制外周和中枢去甲肾上腺素释放而产生效应。

3. 影响递质的生物转化　如胆碱酯酶抑制药可抑制 AChE 的活性，阻碍 ACh 的水解，使 ACh 堆积而产生拟胆碱作用。

4. 影响递质的再摄取和储存　如可卡因可抑制 5-HT、去甲肾上腺素和 DA 的再摄取。利血平

可抑制去甲肾上腺素能神经末梢囊泡对去甲肾上腺素的再摄取，使囊泡内储存的去甲肾上腺素逐渐减少以至耗竭而发挥去甲肾上腺素能神经阻滞作用。

二、传出神经系统药物的分类

传出神经系统药物可按其作用性质（激动受体或阻断受体）及作用的受体类型进行分类（表 5-5）。

表 5-5　传出神经系统药物的分类

拟似药	阻断药
拟胆碱药（胆碱受体激动药） 1. 直接拟胆碱药 （1）M、N 受体激动药（卡巴胆碱、ACh） （2）M 受体激动药（毛果芸香碱） （3）N 受体激动药（烟碱） 2. 间接拟胆碱药 （1）易逆性抗胆碱酯酶药（新斯的明） （2）难逆性抗胆碱酯酶药（有机磷酸酯类）	抗胆碱药（胆碱受体阻断药） 1. M 受体阻断药 （1）阿托品类生物碱（阿托品、东莨菪碱） （2）阿托品的合成代用品（后马托品） （3）M_1 受体阻断药（哌仑西平） 2. N 受体阻断药 （1）N_1 受体阻断药（美加明） （2）N_2 受体阻断药（琥珀胆碱） 3. 胆碱酯酶复活药（碘解磷定）
拟肾上腺素药（肾上腺素受体激动药） 1. α 受体激动药 （1）α_1、α_2 受体激动药（去甲肾上腺素） （2）α_1 受体激动药（去氧肾上腺素） (3) α_2 受体激动药（可乐定） 2. β 受体激动药 （1）β_1、β_2 受体激动药（异丙肾上腺素） （2）β_1 受体激动药（多巴酚丁胺） （3）β_2 受体激动药（沙丁胺醇） 3. α、β 受体激动药（肾上腺素、麻黄碱） 4. α、β、D 受体激动药（多巴胺）	抗肾上腺素药（肾上腺素受体阻断药） 1. α 受体阻断药 （1）α_1、α_2 受体阻断药（酚妥拉明） （2）α_1 受体阻断药（哌唑嗪） （3）α_2 受体阻断药（育亨宾） 2. β 受体阻断药 （1）β_1、β_2 受体阻断药（普萘洛尔） （2）β_1 受体阻断药（美托洛尔、阿替洛尔） （3）β_2 受体阻断药（布他沙明） 3. α、β 受体阻断药（拉贝洛尔）

本章小结

本章重点介绍了传出神经系统中重要的两类神经，胆碱能神经和去甲肾上腺素能神经。

胆碱能神经末梢释放 ACh。胆碱受体分为毒蕈碱型受体（M 受体）和烟碱型受体（N 受体）。M 受体分布广泛，M_1 受体主要分布于胃壁细胞、神经节和中枢神经系统，激动时引起胃酸和胃蛋白酶分泌，促进副交感神经节神经递质释放；M_2 受体主要分布于心脏、平滑肌，激动时心脏受到抑制；M_3 受体主要分布于腺体、平滑肌、血管内皮，激动时腺体分泌增加、内脏平滑肌收缩、血管舒张。N_1 受体主要分布于神经节，激动时引起神经节兴奋；N_2 受体（N_M 受体）主要分布于骨骼肌，激动时引起骨骼肌收缩。

去甲肾上腺素能神经末梢释放去甲肾上腺素。肾上腺素受体分为 α 受体和 β 受体。α_1 受体主要分布于血管，激动时表现为皮肤黏膜和腹腔内脏血管收缩。β_1 受体多分布于心脏，β_2 受体多分布于支气管和血管平滑肌，前者激动引起心脏兴奋，后者激动出现平滑肌舒张。β_3 受体激动引起脂肪分解。

传出神经系统的药物可直接激动或阻断受体及影响递质的合成、释放、转化、摄取与储存，发挥拟似和拮抗神经递质的作用。

（王　妍）

第六章 胆碱受体激动药和作用于胆碱酯酶药

能力要求

1. 能够熟练掌握毛果芸香碱、新斯的明的临床应用和不良反应；具备根据有机磷酸酯类中毒情况，制订解救方案的能力。
2. 能够理解毒扁豆碱的作用特点及应用；区分毛果芸香碱与毒扁豆碱应用的异同。
3. 能够简要叙述胆碱酯酶复活药的作用及应用。

作用于胆碱能神经系统的药物包括拟胆碱药和抗胆碱药，拟胆碱药（cholinomimetic drug）是作用与 ACh 类似的药物，包括胆碱受体激动药（cholinoceptor agonist）和抗胆碱酯酶药（anticholinesterase agent）。胆碱受体激动药能激动胆碱能神经支配的效应器、神经节、神经肌肉接头等部位的胆碱受体，产生拟胆碱作用，也称直接拟胆碱药。由于释放进入突触间隙的 ACh 主要经 AChE 水解灭活，因此抑制 AChE 活性的药物也表现出一定的拟胆碱作用，也称间接拟胆碱药。

胆碱受体激动药（cholinoceptor agonists）能与胆碱受体结合，并激动受体，产生与胆碱能神经兴奋相似的作用。根据其对胆碱受体的选择性，分为 M、N 受体激动药，M 受体激动药（M-cholinoceptor agonists）和 N 受体激动药（N-cholinoceptor agonists）三类。

第一节 M、N 受体激动药

M、N 受体激动药为胆碱酯类（choline esters），包括 ACh 和合成的胆碱酯类如卡巴胆碱（carbachol）、醋甲胆碱（methacholine）、贝胆碱（bethanecholine）等。

乙酰胆碱

ACh，化学性质不稳定，在体内可迅速被体内 AChE 破坏，作用广泛，选择性差，无临床价值，可作为研究工具药。

【药理作用】 ACh 可激动 M、N 受体，激动 M 受体产生的作用称为 M 样作用，激动 N 受体产生的作用称为 N 样作用（表 6-1）。

表 6-1 胆碱受体激动药物的主要效应

作用	器官和组织	效应
M 样作用	眼：瞳孔括约肌、睫状肌	收缩（瞳孔缩小、调节痉挛）
	腺体：唾液腺、泪腺、汗腺、呼吸道、消化道腺体	分泌
	平滑肌：胃肠道、泌尿系统、支气管	收缩（括约肌松弛）
	心肌	负性心率、负性传导、负性肌力
	血管	舒张（通过血管内皮松弛因子）
N 样作用	神经节（N_N 受体）	兴奋
	肾上腺髓质（N_N 受体）	兴奋
	骨骼肌（N_M 受体）	收缩
中枢作用	中枢	学习、记忆增强（内源性 ACh）
		无（外源性 ACh，不易透过血脑屏障）

1. M样作用 ACh激动胆碱能神经支配的效应器的M受体，产生胆碱能神经节后纤维兴奋的作用，称为M样作用，包括胃肠道、泌尿系统及支气管平滑肌等兴奋，腺体分泌增加，眼瞳孔括约肌和睫状肌收缩，心肌收缩力减弱，心率减慢、血管舒张（ACh激动血管内皮的M受体，使内皮细胞释放NO，并弥散到血管平滑肌细胞内，激活鸟苷酸环化酶，提高平滑肌细胞内的cGMP浓度，使血管平滑肌松弛）。

2. N样作用 大剂量ACh还可激动交感和副交感神经神经节部位N_N受体和运动神经终板处的N_M受体，产生N样作用，包括肾上腺髓质释放儿茶酚胺增多，心肌收缩力增强和小血管收缩，血压上升；胃肠道、泌尿系统和支气管平滑肌等兴奋，腺体分泌增加；骨骼肌收缩或痉挛。过大剂量的ACh可使神经节从兴奋转入抑制。由于在多数器官组织中，交感和副交感神经的作用是相互拮抗的，因此N_N受体兴奋引起的效应非常复杂，其最终结果取决于组织中占优势的神经所产生的效应。

3. 中枢作用 内源性ACh可激动中枢M、N受体，大脑M受体较丰富，脊髓以N受体为主。实验结果表明，中枢胆碱受体激动药可增进学习记忆行为。然而外源性ACh为季铵类化合物，脂溶性低，外源性ACh不易透过血脑屏障，无中枢作用。

ACh因短效、副作用多已不作为治疗用药，仅为工具用药。目前已合成了大量的选择性更高，作用时间更长的ACh衍生物，如卡巴胆碱、醋甲胆碱、贝胆碱等已在临床应用。

卡巴胆碱

卡巴胆碱（carbachol）为合成的拟胆碱药，对M、N受体的激动作用与ACh相似，但其不易被胆碱酯酶水解，作用时间较长，并有轻度抗胆碱酯酶作用。局部滴眼后瞳孔迅速缩小，作用与毛果芸香碱相似，但持续时间较长。适用于人工晶体植入、白内障摘除、角膜移植等需要缩瞳的眼科手术。滴眼液可用于治疗开角型青光眼或单用毛果芸香碱过敏、无效或产生耐受的患者。非眼用制剂可用于手术后腹气胀、尿潴留及其他原因所致的胃肠或膀胱功能异常，也可用于缓解口干症状。

第二节 M受体激动药

M受体激动药主要是天然的生物碱类，如毛果芸香碱（pilocarpine）、毒蕈碱（muscarine）和槟榔碱（arecoline）。

毛果芸香碱

毛果芸香碱（pilocarpine, 又名匹鲁卡品），是从毛果芸香 *Pilocarpus species*）植物中提取的生物碱。

【药理作用】 毛果芸香碱选择性激动胆碱能神经支配效应器的M受体，对眼和腺体作用较明显。

1. 眼 局部滴眼后可引起缩瞳、降低眼内压和调节痉挛作用。

（1）缩瞳：虹膜内有两种平滑肌，一种是瞳孔括约肌，肌纤维呈环形，分布有M受体，受动眼神经的副交感神经纤维（胆碱能神经）支配，兴奋时向中心收缩，瞳孔缩小；另一种为瞳孔扩大肌，肌纤维呈扇形，分布有α受体，受去甲肾上腺素能神经支配，兴奋时向外发散，瞳孔扩大。本品局部滴眼可激动瞳孔括约肌的M受体，使瞳孔括约肌收缩，表现为瞳孔缩小，作用可持续数小时至1天。

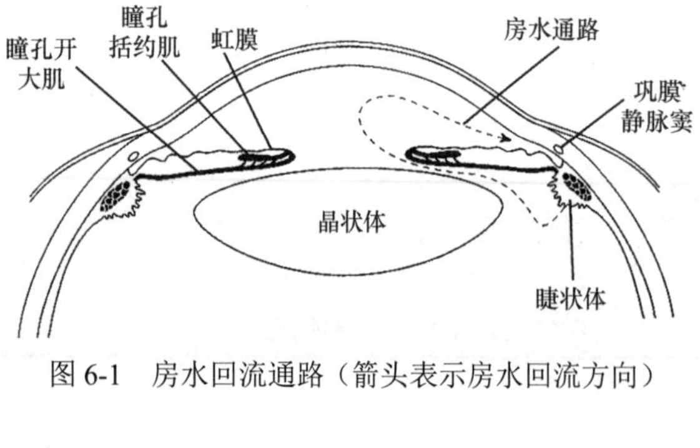

图6-1 房水回流通路（箭头表示房水回流方向）

（2）降低眼内压：房水是由睫状体上皮细胞分泌及血管渗出而产生，经瞳孔流入前房，到达前房角间隙，主要经滤帘流入巩膜静脉窦，最后进入血液循环（图6-1）。当房水产生增加或回流受阻，会引起眼内压升高。毛果芸香碱可使虹膜向中心拉动，虹膜根部变薄，从而使处于虹膜周围的前房角间隙扩大，房水易于经滤帘进入巩膜静脉窦，使眼内压下降。

（3）调节痉挛：毛果芸香碱激动睫状体环状肌的 M 受体，使环状肌向中心方向收缩，造成悬韧带放松，晶状体由于本身弹性变凸，屈光度增加，视近物能清晰成像在视网膜上，视远物成像在视网膜前，故近视清晰，远视模糊，称为调节痉挛（图 6-2）。

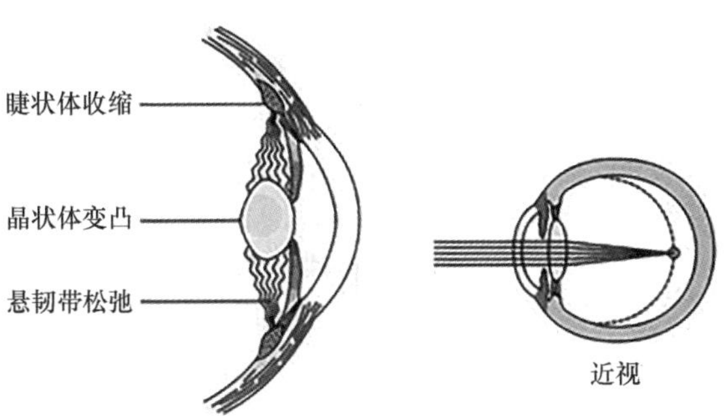

图 6-2 毛果芸香碱对眼睛的作用

2. 腺体 毛果芸香碱（10～15mg，皮下注射）可使汗腺、唾液腺分泌明显增加，也可使泪腺、消化道和呼吸道腺体分泌增加。

此外，毛果芸香碱尚可兴奋肠道、气道、泌尿生殖道平滑肌，对心血管系统影响小。

【临床应用】

1. 青光眼 青光眼为常见的眼科疾病，患者以进行性视神经乳头凹陷及视力减退为主要特征，并伴有眼内压增高症状，严重者可致失明。原发性开角型青光眼和其他慢性青光眼常用 1%～2% 毛果芸香碱溶液滴眼，其易透过角膜进入眼房，用药后数分钟即可见眼内压下降，并可持续 4～8h 之久。其调节痉挛作用可在 2h 左右消失。高浓度药物可导致患者症状加重，故不宜使用。

2. 虹膜炎 与散瞳药交替使用，防止虹膜与晶状体粘连。

3. 口干燥症 毛果芸香碱可用于口腔、咽喉部肿瘤放疗后引起的口干燥症，可促进唾液腺的分泌，改善食欲。

【不良反应】 局部滴眼时应压迫眼内眦，避免药液吸收产生副作用。过量可出现 M 受体过度兴奋症状，可用阿托品对症处理。

毒 蕈 碱

毒蕈碱（muscarine）在丝盖伞菌属和杯伞菌属中含量较高，是经典的 M 受体激动药，产生 M 样作用，但不作为治疗用药，主要为毒理学意义，民间常有食用野生菌属中毒的病例，食用 30～60min 内即可出现，表现为流涎、流泪、恶心、呕吐、视远物模糊，腹痛、腹泻、呼吸困难、心动过缓、血压下降和休克等。可用阿托品治疗，每隔 30min 肌内注射 1～2 mg。

M、N 受体激动药药理特性比较，见表 6-2。

表 6-2 胆碱受体激动药药理特性比较

胆碱受体激动药	对胆碱酯酶敏感性	阿托品拮抗作用	M样作用				N样作用	主要用途
			心血管	胃肠道	膀胱	眼		
胆碱酯类								
ACh	+++	+++	++	++	++	+	++	工具药
卡巴胆碱	−	+	+	+++	+++	++	+++	青光眼
醋甲胆碱	+	+++	+++	++	++	+	+	口腔干燥症
贝胆碱	−	+++	±	+++	+++	++	−	术后腹气胀、胃张力缺乏症
天然生物碱类								
毒蕈碱	−	+++	++	+++	+++	++	−	−
毛果芸香碱	−	+++	+	+++	+++	++	−	青光眼

注：+ 为有作用，− 为无作用

知识拓展

M受体亚型选择性激动药的研究进展：目前，M受体亚型选择性激动药的研究主要集中于开发治疗阿尔茨海默病（Alzheimer disease，AD）和其他认知障碍疾病的药物，特别是M_1受体激动药被认为是较有前途的治疗阿尔茨海默病的药物，其中槟榔碱衍生物最引人注目。

槟榔碱(arecoline）为天然M受体激动药，对受体亚型选择性差，对其进行结构改造修饰，得到一系列的化合物。其中：① milamelin 已进入Ⅱ期临床评价；② sabcomeline Ⅲ期临床已经完成，在美国和欧洲市场获准生产，该化合物对M_1受体的亲和力远大于对M_2和M_3，可改善阿尔茨海默病患者认知功能，并延缓疾病进展；③诺美林（xanomeline）是第一个进入临床研究的槟榔碱噻二唑类衍生物，对M_1受体具有高亲和力而对其他受体的亲和力低，可刺激脑内磷脂酰肌醇水解，适度增加脑内ACh水平，具有良好的安全性和耐受性，接受其治疗的阿尔茨海默病患者的症状有明显好转。

第三节 N受体激动药

烟碱（nicotine，尼古丁）是从烟草中提取的生物碱，可兴奋自主神经节N_N受体和神经肌肉接头的N_M受体。其对神经节的N_N受体作用呈双相性，即开始使用时可短暂兴奋，随后出现持续抑制。烟碱对神经肌肉接头N_M受体作用与其对神经节N_N受体作用类似。由于烟碱作用广泛、复杂，故无临床实用价值，仅具有毒理学意义。长期吸烟与许多疾病如癌症、冠心病、消化性溃疡、呼吸系统疾病等的发生密切相关，应限制吸烟。

与烟碱有相似作用的洛贝林（lobeline），属N_N受体激动药，但作用强度不如烟碱。洛贝林临床主要用于兴奋呼吸中枢，作用机制与兴奋颈动脉窦和主动脉弓的化学感受器，反射引起延髓反应包括兴奋呼吸中枢和迷走中枢等有关。

第四节 抗胆碱酯酶药

胆碱酯酶（cholinesterase，ChE）可分为AChE（又称真性胆碱酯酶）和丁酰胆碱酯酶（butyrylcholinesterase, BChE, 又称假性胆碱酯酶）两类，AChE主要存在于胆碱能神经末梢突触间隙及红细胞内，特异性较高，可将这些部位的ACh水解为胆碱和乙酸，终止其作用。AChE活性极高，一个酶分子可在1min内水解6×10^5分子的ACh。BChE主要存在于血浆中，可水解其他胆碱酯类如琥珀胆碱，而对ACh特异性较低，故本章所提及的胆碱酯酶主要指AChE。

AChE分子表面有两个与ACh结合的部位，即带负电荷的阴离子部位和酯解部位，现在认为阴离子部位可能由二羧基氨基酸构成，酯解部位则含有一个由丝氨酸羟基构成的酸性作用点和一个由组氨酸咪唑环构成的碱性作用点，后者通过氢的转移增强了前者的亲核活性，使之易与ACh结合。

AChE水解ACh步骤：① ACh分子中带正电荷的季铵阳离子头，以静电引力与AChE的阴离子部位相结合，同时ACh分子中的羰基碳与AChE酯解部位的丝氨酸的羟基以共价键结合，形成ACh与AChE的复合物；② ACh与AChE复合物裂解为胆碱和乙酰化AChE；③乙酰化AChE迅速水解，分离出乙酸，AChE活性恢复，参与下一个ACh分子的水解（图6-3）。

抗胆碱酯酶药（anticholinesterase drug）又称间接作用的拟胆碱药（indirect-acting cholinomimetic），与ACh类似，也能与AChE结合形成复合物，但结合较牢固，水解缓慢，使AChE活性受到抑制，导致胆碱能神经末梢释放的ACh堆积，产生间接的拟胆碱作用。抗胆碱酯酶药按它们与酶结合形成复合物后水解的难易程度，分为易逆性抗胆碱酯酶药和难逆性抗胆碱酯酶药，其作用机制如图6-4。

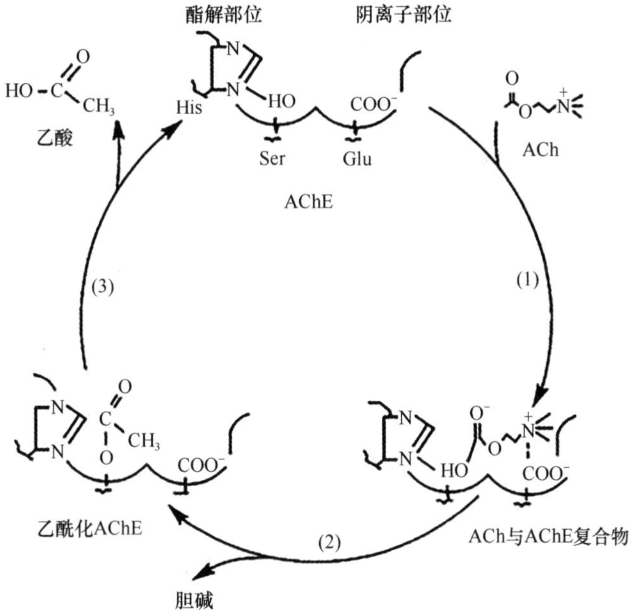

图 6-3　胆碱酯酶水解 ACh 过程

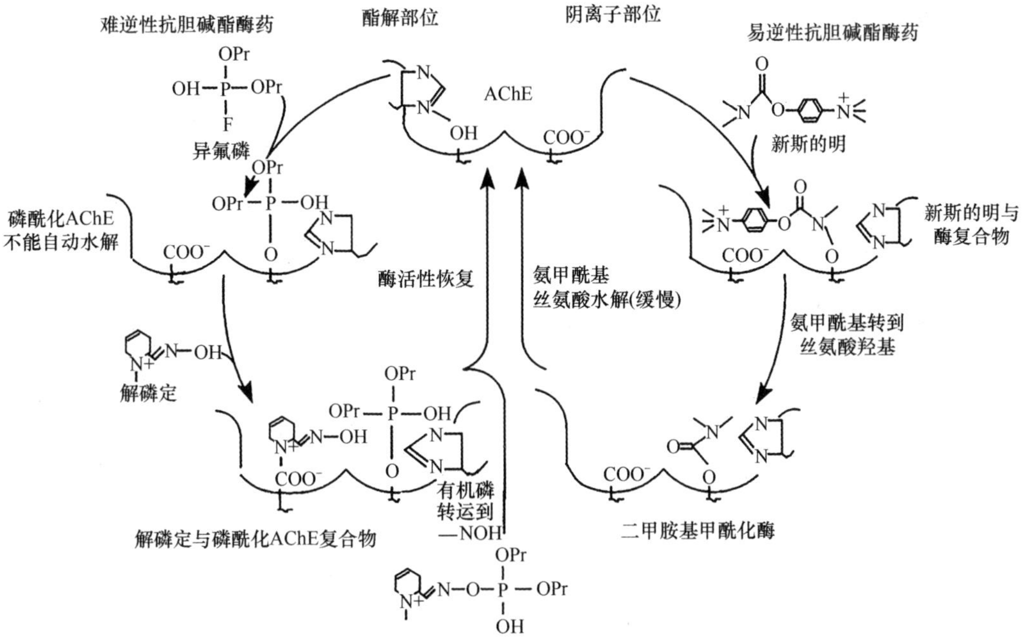

图 6-4　抗胆碱酯酶药作用机制

一、易逆性抗胆碱酯酶药

常用的易逆性抗胆碱酯酶药，主要有新斯的明（neostigmine）、毒扁豆碱（physostigmine）、溴吡斯的明（pyridostigmine bramide）、加兰他敏（galanthamine）、依酚氯铵（edrophonium）、安贝氯铵（ambenoniumchloride）等，其化学结构如图 6-5。

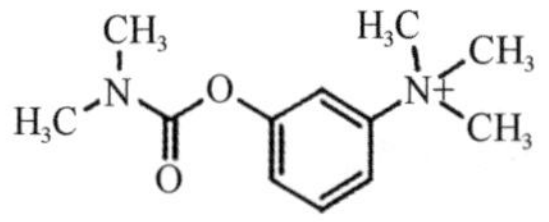

新斯的明

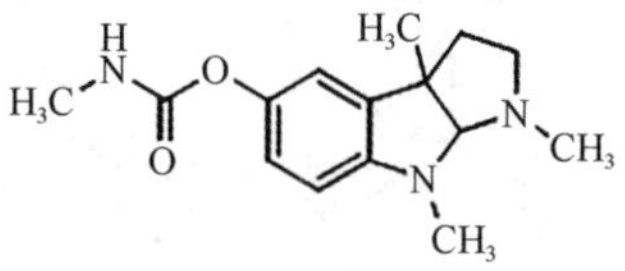

毒扁豆碱

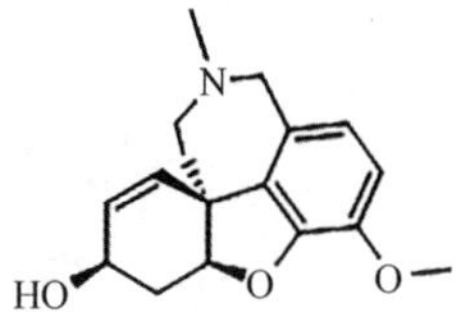

加兰他敏

图 6-5 易逆性抗胆碱酯酶药化学结构

新斯的明

新斯的明（neostigmine）是人工合成品，为季铵类化合物。

【体内过程】 结构中具有季铵基团，脂溶性低，其溴化物口服后吸收少而不规则，需注射给药且不易进入中枢神经系统，滴眼时不易透过角膜，故对眼的作用较弱，新斯的明既可被血浆中的 AChE 水解，亦可在肝脏代谢，经尿排泄，注射给药半衰期为 1～2h。

【药理作用】 新斯的明与 AChE 形成的复合物水解较慢，呈现可逆性抑制 AChE 活性，使 ACh 水解减少，突触间隙中 ACh 显著增多，从而呈现 ACh 的 M 样作用和 N 样作用。

1. 胃肠道 新斯的明对胃肠道和膀胱平滑肌的兴奋作用较强，可促进胃的收缩及增加胃酸分泌，拮抗阿托品引起的胃张力下降及膀胱逼尿肌收缩。此外，新斯的明尚可促进小肠、大肠（尤其是结肠）的活动，促进肠内容物排出。

2. 骨骼肌兴奋作用 新斯的明对骨骼肌的兴奋作用最强，除抑制 AChE 外，还直接激动骨骼肌细胞膜上的 N_M 受体，并促进运动神经末梢释放 ACh。新斯的明可逆转由竞争性神经肌肉阻断药（如筒箭毒碱）引起的肌肉松弛，但不能有效拮抗由除极化型肌松药（如琥珀胆碱）引起的肌肉麻痹。

3. 其他 新斯的明对心血管、腺体、眼和支气管平滑肌的作用较弱。大剂量新斯的明可引起心率减慢，血压下降。

【临床应用】

1. 重症肌无力 重症肌无力（myasthenia gravis, MG）是 N_M 受体抗体（N_M-R antibody）介导的、细胞免疫依赖和补体参与的神经-肌肉接头处传递障碍的自身免疫性疾病，基本病理变化是突触后膜表面积减少、N_M 受体数量降低，患者血清中可查到抗 N_M 受体抗体。临床特征是骨骼肌活动时容易疲劳，休息或用抗胆碱酯酶药（新斯的明、吡斯的明、安贝氯铵）可以缓解。新斯的明用于重症肌无力能较好地改善肌无力症状，皮下或肌内注射作用迅速，除严重和紧急情况需注射给药外，一般多采用口服给药。本药过量中毒可致“胆碱能危象”，表现出 M 样和 N 样作用，并使肌无力加重，此时应停药。

2. 术后腹气胀和尿潴留 新斯的明能兴奋胃肠道平滑肌及膀胱逼尿肌，促进术后排气和排尿。

3. 肌松药中毒的解救 用于非去极化型骨骼肌松弛药如筒箭毒碱过量的解救。

4. 其他 阵发性室上性心动过速等。

【不良反应】 与胆碱能神经过度兴奋症状相似，包括进行性流涎、恶心、呕吐、腹痛、腹泻。过量时可导致“胆碱能危象”，表现为大量出汗、尿便失禁、瞳孔缩小、心动过缓、肌肉震颤或肌麻痹，可出现胸闷和喘鸣。中毒死亡原因是呼吸衰竭或心脏停搏，其中 M 样作用可用阿托品对抗。

【禁忌证】 本品禁用于支气管哮喘、机械性肠梗阻、尿路梗阻患者。

吡斯的明

溴吡斯的明（pyridostigmine bromide）作用较新斯的明弱，起效缓慢，但维持时间较长，主要用于重症肌无力，术后腹胀和尿潴留、麻痹性肠梗阻，不良反应与新斯的明相似，但 M 受体效应较弱。

依酚氯铵

依酚氯铵（edrophonium chloride）抑制 AChE 作用弱，激动 N_M 受体选择性强，作用快而短暂，维持 5～15min 后作用消失，故不宜作为治疗用药。临床上常用于诊断重症肌无力，尚可用于鉴别在重症肌无力的治疗过程中症状未被控制的原因是抗 AChE 药过量还是不足。副作用少。

安贝氯铵

安贝氯铵（ambenonium chloride，酶抑宁）作用类似新斯的明，但维持时间更长，主要用于重症肌无力，尤其是不能耐受新斯的明或吡斯的明的患者，M 样不良反应较少。

毒扁豆碱

毒扁豆碱（physostigmine，依色林，eserine）作用与新斯的明相似，但无直接激动受体作用。其结构为叔胺类化合物，脂溶性高，可进入中枢。眼内局部应用时，易透过角膜，其作用类似于毛果芸香碱，但较强而持久，表现为瞳孔缩小，眼压下降。吸收后外周作用与新斯的明相似，表现为 M、N 受体激动作用，进入中枢后亦可抑制中枢 AChE 活性而产生作用。临床主要用于治疗急性青光眼，与毛果芸香碱相比，本药奏效较快，刺激性较强，长期给药时，患者不易耐受，可先用本药滴眼数次后，改用毛果芸香碱维持疗效。本药滴眼后可致睫状肌收缩而引起调节痉挛，并可出现头痛。滴眼时应压迫眼内眦，以免药液流入鼻腔后吸收引起全身不良反应。本药全身不良反应较新斯的明严重，大剂量中毒时可致呼吸麻痹。

地美溴铵

地美溴铵（demecarium bromide）为一种作用时间较长的易逆性抗胆碱酯酶药，主要用于治疗青光眼，适用于治疗无晶状体畸形的开角型青光眼及对其他药物无效的青光眼患者。

知识拓展

易逆性抗胆碱酯酶药发展简史：18 世纪，在热带西非洲尼日利亚的旧加拉巴地区生长着一种毒扁豆（calabar bean），英国军医丹尼尔用毒扁豆进行了动物试验，结果表明，其提取物能使实验动物的心脏停止搏动而引起死亡。1863 年他的学生从毒扁豆中分离得到一种无定形粉末，称此为“依色林”（eserine）。1864 年，化学家约斯特（Jost）和汉斯特（Hansteen）制备得到结晶的纯品，并命名为毒扁豆碱（physostigmine）。弗雷泽（Fraser）和鲁宾逊（Roberson）把毒扁豆碱用于眼科实验，表明其能对抗阿托品（atropine）的扩瞳作用。1875 年，拉魁尔（Laqueur）开始将毒扁豆碱用于青光眼治疗。1925 年，药物化学家斯坦德曼（Stedman）和伯格（Barger）阐明了毒扁豆碱的化学结构。1931 年，埃斯克林曼（Aoschimann）根据毒扁豆碱的结构母核合成了一种新的生物碱，命名为新斯的明（neostigmine）。在近几十年中，化学家们又合成了作用与新斯的明相似的许多药物，如溴吡斯的明（pyridostigmine bromide）、安贝氯铵（ambenonium chloride）、加兰他敏（galanthamine）等。这些药物至今在临床上仍用于青光眼、重症肌无力、术后腹气胀和尿潴留、阿尔茨海默病等的治疗。

目前主要开发具有中枢选择性的药物，用于阿尔茨海默病的治疗。研究表明该病与中枢神经元突触损害及突触中 ACh 降低有关。尽管可通过多种途径提高中枢胆碱水平，但目前的治疗药物主要集中在中枢抗胆碱酯酶药上。1993 年美国 FDA 批准他克林（tacrine）用于轻、中度阿尔茨海默病治疗，但由于其肝毒性发生率较高，使用受到限制。近年来，多奈哌齐（donepezil）已被批准用于临床，对中枢神经毒性比他克林小，用于轻、中度阿尔茨海默病治疗，不良反应最常见的是腹泻、恶心和失眠，通常是轻微和短暂的，无须停药。加兰他敏也已被美国 FDA 批准用于阿尔茨海默病的治疗。

二、难逆性抗胆碱酯酶药

难逆性抗胆碱酯酶药主要为有机磷酸酯类（organophosphate），可与 AChE 呈难逆性结合而产生毒性作用。有机磷酸酯类主要作为农业和环境卫生杀虫剂，如敌百虫（dipterex）、乐果（rogor）、马拉硫磷（malathion）、敌敌畏（DDVP）、内吸磷（systox, E1059）和对硫磷（parathion, 605）等。有些则用作战争毒气，如沙林（sarin）、梭曼（soman）和塔崩（tabun）等。仅少数作为缩瞳药治疗青光眼，如乙硫磷（ethion）和异氟磷（isoflurophate）。

有机磷酸酯类临床用药价值不大，但有毒理学意义。其脂溶性高，易挥发，可经呼吸道、消化道黏膜及完整的皮肤吸收而中毒。杀虫剂中毒已成为全球性问题，尤其在发展中国家。职业性中毒最常见途径为皮肤或呼吸道吸入，非职业性中毒则多由口摄入。

【中毒机制】 本类毒物作用机制与易逆性抗 AChE 药相似，与 AChE 结合更为牢固。磷原子具亲电子性，可与羟基上具有亲核性的氧原子形成共价键，形成难以水解的磷酰化 AChE，使 AChE 失去水解 ACh 的能力，造成体内 ACh 大量积聚而引起一系列中毒症状。若不及时抢救，磷酰化 AChE 可在几分钟或几小时内“老化”。“老化”过程可能是磷酰化 AChE 的磷酰化基团上的一个烷氧基断裂，生成更加稳定的单烷氧基磷酰化 AChE。此时即使用 AChE 复活药，也不能恢复 AChE 活性，必须等待新生的 AChE 出现，才可水解 ACh，此过程可能需要 15～30 天。

【中毒表现】 有机磷酸酯类中毒分为急性中毒和慢性中毒两种，主要表现 M 样症状、N 样症状和中枢神经系统症状。

1. 急性中毒

（1）M 样症状：激动胆碱能神经支配的效应器的 M 受体，产生 M 样症状，表现为瞳孔缩小，视物模糊，流涎，出汗；呼吸困难，严重者出现肺水肿；恶心、呕吐、腹痛、腹泻，大小便失禁；心动过缓，血压下降。

（2）N 样症状：激动神经肌肉接头处的 N_M 受体和神经节部位的 N_N 受体，产生 N 样症状，表现为肌肉震颤、抽搐，严重者出现肌肉无力甚至呼吸肌麻痹；心率加快，血压升高。

（3）中枢神经系统症状：中毒早期以兴奋为主，出现烦躁不安、震颤、谵妄、抽搐、惊厥；后期转入抑制，出现意识模糊、共济失调、反射消失、昏迷、血压下降，呼吸中枢麻痹致使呼吸停止。

一般而言，轻度中毒者仅表现为 M 样症状，中度中毒者除了有 M 样症状，还有 N 样症状，而重度中毒者表现为 M 样症状、N 样症状、中枢神经系统症状。

2. 慢性中毒 慢性中毒多发生于长期接触农药的人员，主要表现为血中 AChE 活性持续下降，临床体征为神经衰弱综合征（思想不集中、记忆力减退、失眠、易倦、乏力等）、腹胀、多汗、偶见肌束颤动及瞳孔缩小。慢性中毒用阿托品、AChE 复活药治疗效果差，应以预防为主。

【中毒防治】 按照预防为主的方针，严格执行农药生产、管理制度，并加强农药生产人员及使用人员的劳动保护措施和安全知识教育，这类中毒是可以预防的。

1. 迅速消除毒物避免继续吸收 发现中毒时，应立即把患者移出现场。对由皮肤吸收者，应用温水和肥皂清洗皮肤。经口中毒者，应首先抽出胃液和毒物，并用微温的 2% 碳酸氢钠溶液或 1% 食盐水反复洗胃，直至洗出液中不含农药味，然后给予硫酸镁导泻。眼部染毒可用 2% 碳酸氢钠溶液或 0.9% 生理盐水冲洗数分钟。对硫磷中毒忌用高锰酸钾洗胃，因其可氧化成毒性更强的对氧磷。敌百虫口服中毒时不用碱性溶液洗胃，因其在碱性溶液中可转化为毒性更强的敌敌畏。

2. 尽快使用解毒药 阿托品为治疗急性有机磷酸酯类中毒的解毒药，为 M 受体阻断药，可拮抗 M 样症状，但大剂量时对神经节的 N_N 受体也有阻断作用，应尽早、足量、反复注射给药，挽救生命。

轻度中毒：阿托品 1～2mg，皮下注射，然后每 4～6h 皮下注射 0.5mg。

中度中毒：阿托品 2～4mg，静脉注射，然后每 15～30min 静脉注射 2～5mg，直至达阿托品化（瞳孔散大、颜面潮红、皮肤干燥、肺部湿啰音消失、意识障碍减轻或昏迷开始苏醒等）后，每 4～6h 皮下注射 0.5 ～1mg。

重度中毒：阿托品 5～10mg，静脉注射，然后每 10～30min 静脉注射 2～5mg。直至达阿托品化后，每 2～4h 皮下注射 0.5～1mg，维持 48h。

因阿托品不能使 AChE 复活，故对中、重度中毒患者，尽早合用胆碱酯酶复活药（见下述）。由于阿托品对中枢的 N 受体无明显作用，故对有机磷酸酯类中毒引起的中枢症状，如惊厥、躁动不安等对抗作用较差。

3. 对症治疗　吸氧、输液、纠正电解质紊乱、抗休克等。

第五节　胆碱酯酶复活药

胆碱酯酶复活药是一类能恢复受抑制 AChE 活性的药物，常用药物有碘解磷定（pralidoxime iodide）和氯解磷定（pralidoxime chloride）等。

碘解磷定

碘解磷定（pralidoxime iodide），又称派姆（PAM），为最早应用的胆碱酯酶复活药。水溶性较低，水溶液不稳定，久置可释放出碘。

【体内过程】 静脉注射后，体内分布肝、肾、脾、心脏、肺、骨骼肌、血液，主要经肾排泄，半衰期不到 1h，故需反复给药。

【药理作用】 碘解磷定进入体内后，其带正电荷的季铵氮即与磷酰化 AChE 的阴离子部位以静电引力相结合，结合后使其肟基（═N—OH）趋向磷酰化 AChE 的磷原子，进而与磷酰基形成共价键结合，生成磷酰化 AChE 与碘解磷定的复合物，后者进一步裂解为磷酰化碘解磷定，同时使 AChE 游离出来，恢复其水解 ACh 的活性；碘解磷定也能与体内游离的有机磷酸酯类直接结合，成为无毒的磷酰化碘解磷定，由尿排出，从而阻止游离的毒物继续抑制 AChE 活性（图 6-6）。

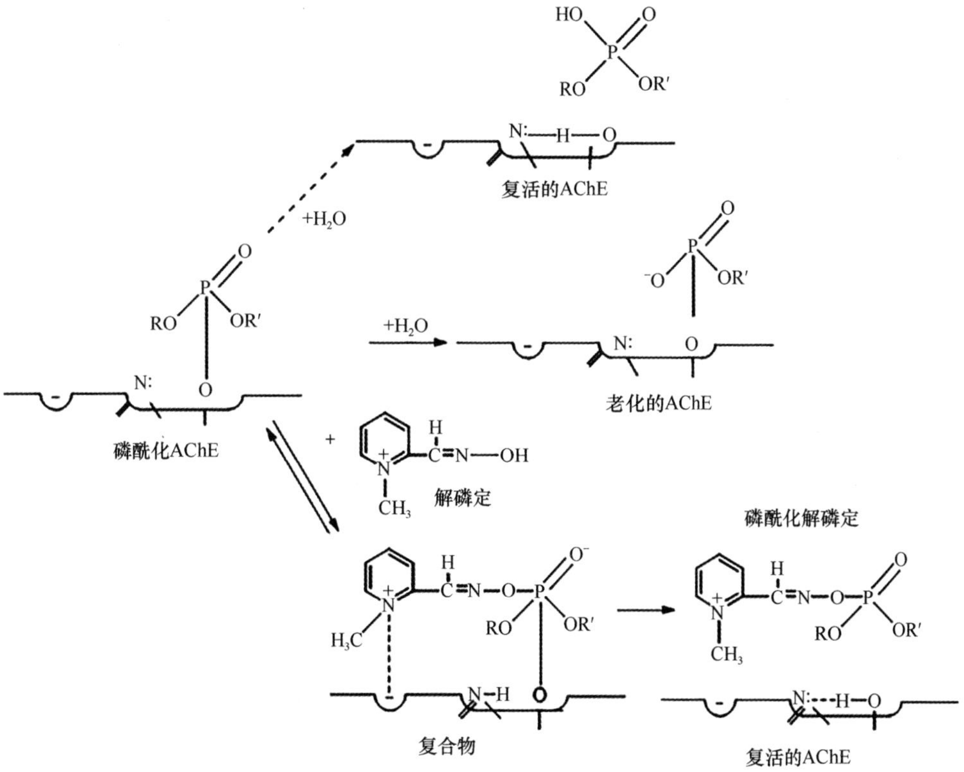

图 6-6　胆碱酯酶复活药的解毒机制

【临床应用】 碘解磷定主要用于中、重度有机磷酸酯类中毒的治疗，可使 AChE 复活，但对“老化”的磷酰化 AChE 无效，故须早期用药。对不同有机磷酸酯类中毒的疗效存在差异，如对内吸磷、马拉硫磷和对硫磷中毒的疗效较好，对敌百虫、敌敌畏中毒的疗效稍差，而对乐果中毒则无效。

碘解磷定对骨骼肌的作用最为明显，能迅速控制肌束颤动，对自主神经系统功能的恢复较差。对中枢神经系统的中毒症状也有一定改善作用。由于碘解磷定不能直接对抗体内积聚的 ACh 的作用，故应与阿托品合用。

【不良反应】 碘解磷定一般治疗量时，不良反应少见。但如剂量超过 2g 或静脉注射速度过快（每分钟超过 50mg）时，由于药物本身的神经肌肉阻断作用和抑制 AChE 的作用，可产生轻度乏力、视物模糊、复视、眩晕、头痛、恶心、呕吐和心搏加快等症状，严重可致呼吸抑制。由于本药含碘，可引起口苦、咽痛和对注射部位有刺激性。

氯解磷定

氯解磷定（pralidoxime chloride，PAM-Cl）的药理作用及用途与碘解磷定相似，但水溶性好，水溶液较稳定，可肌内注射或静脉给药。副作用较碘解磷定小，偶见轻度头痛、头晕、恶心、呕吐等。由于其使用方便，不良反应较小，故临床上较为常用。

案例解析

案例：

患者，男，18 岁，2013 年 6 月 18 日放学回家后，自觉口渴，发现桌子下面半瓶雪碧，饮用过程中被奶奶发现，强行夺下。原来这雪碧是奶奶从邻居家借来的敌敌畏，是用来灭蚊子的。奶奶立即拨打 120 将其送入医院。入院时患者已处于昏迷状态，全身湿冷，呼吸微弱、不规则，抽搐、嘴角有分泌物流出。体格检查：血压 100/60mmHg，心率 120 次/分，心房颤动，颜面发绀，肺部听诊湿啰音。急查血气：pH 7.23，PaO_2 46mmHg，$PaCO_2$ 27mmHg，HCO_3^- 18mol/L，全血胆碱酯酶活力为 24%。急诊 CT 检查示大脑白质有一密度减低区域。

诊断：有机磷农药中毒；混合性酸中毒伴低氧血症；中毒性脑水肿。

问题：该患者应采取哪些救治措施？

解析：

1. 患者处于重度中毒　有 M 样症状（嘴角有分泌物流出，肺部听诊湿啰音）和 N 样症状（血压 100/60mmHg，心率 120 次/分，心房颤动）及中枢神经系统症状（昏迷，抽搐，呼吸微弱），有Ⅰ型呼吸衰竭，全血胆碱酯酶活力低于正常值的 30%。

2. 救护措施　①洗胃：微温的生理盐水或 2% 碳酸氢钠溶液（禁用高锰酸钾洗胃）300～500ml 反复洗胃，直至洗出液中不含农药味，然后给予硫酸镁导泻。②阿托品早期、足量、反复使用。一般静脉注射，每次 2mg，每 15～30min 一次，直至出现阿托品化（颜面潮红、瞳孔开始散大、腺体分泌减少、口干及轻度躁动不安等症状）时，可改为每 30～60min 静脉注射 1mg 维持 48h。尽早合用胆碱酯酶复活剂氯解磷定（避免磷酰化 AChE 老化）。③对症治疗：吸氧、输液、纠正电解质紊乱、抗休克等。

本章小结

1. 拟胆碱药（cholinomimetic drug）是作用与 ACh 类似的药物，包括胆碱受体激动药（cholinoceptor agonist）和抗胆碱酯酶药（anticholinesterase agent）。

2.胆碱受体激动药分为 M、N 受体激动药（代表药 ACh，因极易被 AChE 水解，仅作工具药），M 受体激动药（代表药毛果芸香碱，对眼有缩瞳，降低眼压，调节痉挛作用，临床是治疗青光眼的首选药，用时注意压迫内眦，避免吸收产生全身作用）和 N 受体激动药三类（代表为烟碱，仅有毒理学意义）。

3. 抗胆碱酯酶药和胆碱酯酶复活药，前者根据药理学性质可分为易逆性抗胆碱酯酶药（如新斯的明）和难逆性抗胆碱酯酶药（如有机磷酸酯类）。抗胆碱酯酶药使眼缩瞳和调节痉挛，促进胃肠收缩，骨骼肌神经肌接头兴奋，可应用重症肌无力（新斯的明、吡斯的明、安贝氯铵），腹气胀和尿潴留（以新斯的明疗效较好），青光眼（以毒扁豆碱、地美溴铵多用），解救竞争性神经肌肉阻断药过量中毒（多用新斯的明、依酚氯铵、加兰他敏），阿尔茨海默病（他克林，加兰他敏）。

难逆性抗胆碱酯酶药有机磷酸酯类仅有毒理学意义，中毒的解救措施：洗胃导泻；解毒药阿托品应尽早、足量、反复注射给药，尽早合用胆碱酯酶复活药氯解磷定。

（崔红霞）

第七章 胆碱受体阻断药

能力要求

1. 掌握阿托品的药理作用及机制、临床使用和不良反应；具备根据药物特点，选择合适的治疗药物的能力。

2. 学会山莨菪碱、东莨菪碱、维库溴铵的作用特点及应用；区分山莨菪碱与东莨菪碱、维库溴铵与琥珀胆碱应用的异同。

3. 了解后马托品、托吡卡胺、丙胺太林、筒箭毒碱作用及应用。

胆碱受体阻断药（cholinoceptor blocking drug）对胆碱受体具有高度亲和性，能与胆碱受体结合，但不产生或极少产生拟胆碱作用，却能阻碍 ACh 或拟胆碱药与胆碱受体的结合，表现出胆碱能神经被阻断或抑制效应，也称抗胆碱药（anticholinergic drug）。根据对胆碱受体选择性，分为 M 受体阻断药（M-cholinoceptor antagonists）和 N 受体阻断药（N-cholinoceptor antagonists）。

第一节 M 受体阻断药

M 受体阻断药又称平滑肌解痉药（smooth muscle antispasmodic），能阻断胆碱能神经支配的效应器细胞上的 M 受体，发挥抗 M 样作用。本类药物均为竞争性阻断药，依来源不同分为托品类生物碱和阿托品合成代用品。

一、托品类生物碱

本类药物结构相似，均为托品酸和有机碱结合而成的有机酯类，包括阿托品（atropine）、东莨菪碱（scopolamine）、山莨菪碱（anisodamine，654-2）及樟柳碱（anisodine，703，AT-3）等（图 7-1）。它们之间的区别只是 6,7 位氧桥和羟基存在与否，对于药物的中枢作用具有很大的影响。具有氧桥使中枢镇静作用加强，而羟基则使中枢作用减弱。东莨菪碱与樟柳碱有氧桥，樟柳碱在托品酸部位上有一个羟基。因此东莨菪碱是本类中枢镇静作用最强的药物。阿托品和山莨菪碱均无氧桥，山莨菪碱在 7 位碳原子有一羟基，故中枢作用最弱。

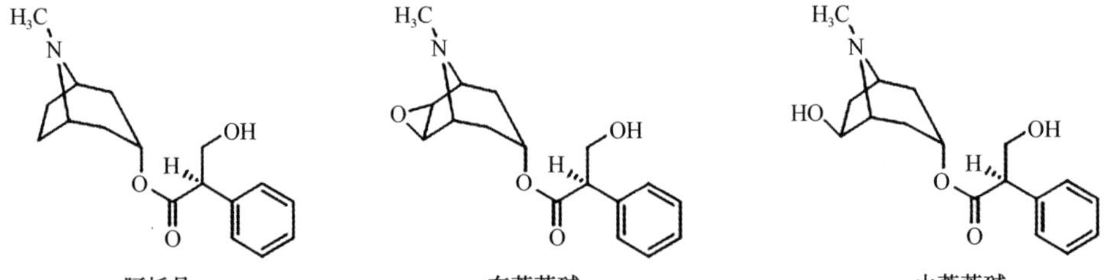

图 7-1 托品类生物碱化学结构

阿 托 品

阿托品（atropine）是从茄科植物颠茄（*Atropa belladonna* L.）、曼陀罗（*Datura stramonium* L.）或莨菪（*Hyoscyamus niger*）等提取的生物碱。天然存在的生物碱为不稳定的左旋莨菪碱（*L*-hyoscyamine），在提取过程中可得到稳定的消旋莨菪碱（*DL*-hyoscyamine），即为阿托品。东莨莨碱为左旋体，其作用较右旋体强许多倍。

【体内过程】 阿托品为叔胺类生物碱，易透过生物膜，口服吸收迅速，1h 达血药浓度峰值，作用维持 3～4h，分布广泛，并可透过血脑屏障及胎盘屏障。肌内注射后 12h 内 85% 左右经尿液排出。

【药理作用】 阿托品与 M 受体结合后，由于其本身内在活性小，一般不产生激动作用，却能阻断 ACh 或胆碱受体激动药与 M 受体结合，从而竞争性地阻断 ACh 或胆碱受体激动药对 M 受体的激动作用，如图 7-2。阿托品对 M 受体有较高选择性，但大剂量时对神经节的 N 受体也有阻断作用。阿托品对 M 受体各亚型的选择性较低，对 M_1、M_2、M_3 受体都有阻断作用。

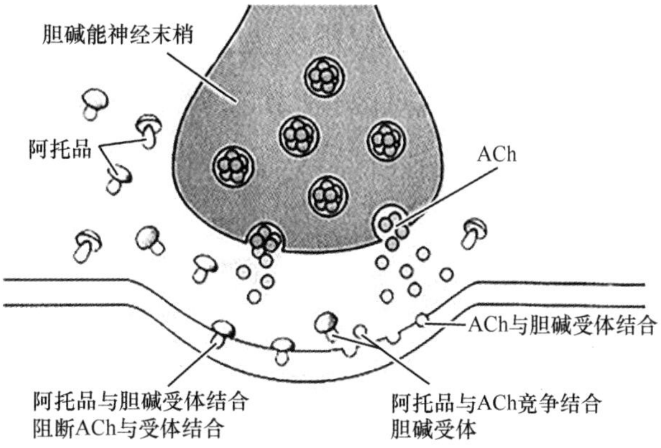

图 7-2 阿托品的作用机制示意图

阿托品的作用广泛，各器官对其敏感性亦不同。随着剂量增加可依次出现腺体分泌减少，瞳孔扩大和调节麻痹，胃肠道及膀胱平滑肌抑制，心率加快，大剂量可出现中枢症状（表 7-1）。

表 7-1 阿托品剂量与作用的关系

剂量（mg）	作用
0.5	轻度心率减慢，轻度口干，汗腺分泌减少
1.0	口干、口渴感，心率加快（有时心率可先减慢），轻度扩瞳
2.0	心率明显加快，心悸，明显口干，扩瞳，调节麻痹
5.0	上述所有症状加重，说话和吞咽困难，不安，疲劳，头痛，皮肤干燥、发热，排尿困难，肠蠕动减少
10.0	上述所有症状加重，脉细速，瞳孔极度扩大，极度视物模糊，皮肤红、热、干，运动失调，不安，激动，幻觉，谵妄和昏迷

1. 腺体 阿托品通过阻断腺体 M 受体，抑制腺体的分泌。其对不同腺体的抑制作用强度不同，唾液腺与汗腺对其最敏感。其次为泪腺及呼吸道腺体。较大剂量也减少胃液分泌。阿托品对胰液、肠液分泌基本无作用。

2. 眼

（1）扩瞳：阿托品阻断虹膜括约肌的 M 受体，致瞳孔括约肌松弛，故使去甲肾上腺素能神经支配的瞳孔开大肌占优势，瞳孔扩大。

（2）眼压升高：由于瞳孔扩大，使虹膜退向外缘，前房角间隙变窄，阻碍房水回流入巩膜静脉窦，造成眼压升高。故青光眼患者禁用。

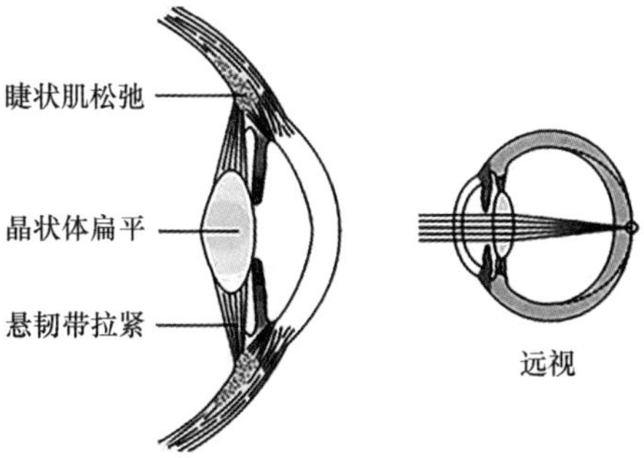

图 7-3 阿托品对眼的作用

（3）调节麻痹：阿托品能使睫状肌松弛而退向外缘，从而使悬韧带拉紧，晶状体变为扁平，其折光度降低，只适合看远物，而不能将近物清晰地成像于视网膜上。造成视近物模糊不清，即为调节麻痹（图 7-3）。

3. 平滑肌 阿托品对多种内脏平滑肌具有松弛作用，它可抑制胃肠道平滑肌痉挛，降低蠕动的幅度和频率，从而缓解胃肠绞痛，尤其对过度活动或痉挛的平滑肌作用更为显著。阿托品可降低尿道和膀胱逼尿肌的张力及收缩幅度；但对胆管、输尿管和支气管的解痉作用较弱。阿托品对胃肠括约肌作用常取决于括约肌的状态，如当幽门括约肌痉挛时，阿托品具有一定松弛作用，但作用常较弱或不恒定。阿托品对子宫平滑肌作用较弱。

4. 心脏

（1）心率：治疗量的阿托品（0.4～0.6mg）在部分患者常见心率短暂性轻度减慢，但并不伴随血压与心排血量的变化。研究发现，选择性 M_1 受体阻断药哌仑西平也有减慢心率作用。如先用哌仑西平后再用阿托品，则阿托品减慢心率作用消失，提示阿托品心率减慢作用可能是由于它阻断了胆碱能神经突触前膜的 M_1 受体，从而减弱突触中 ACh 对递质释放的负反馈调节作用所致。较大剂量阿托品，由于窦房结 M_2 受体被阻断，解除了迷走神经对心脏抑制作用，引起心率加快。心率加快的程度取决于迷走神经张力，在迷走神经张力高的青壮年，心率加快明显，如肌内注射 2mg 阿托品，心率可增加 35～40 次/分。

（2）房室传导：阿托品可拮抗迷走神经过度兴奋所致的房室传导阻滞，显著缩短心电图 P-R 间期。

5. 血管与血压 治疗量阿托品对血管活性与血压无显著影响。大剂量的阿托品可引起皮肤血管舒张，出现潮红、温热等症状。舒血管作用机制未明，可能是阿托品引起机体体温升高后的代偿性散热反应，也可能是阿托品的直接舒血管作用所致。

6. 中枢神经系统 较大剂量（1～2mg）可轻度兴奋延脑和大脑，5mg 时中枢兴奋明显加强，中毒剂量（10mg 以上）可见明显中枢症状。

【临床应用】

1. 解除平滑肌痉挛 适用于各种内脏绞痛，对胃肠绞痛、膀胱刺激症状如尿频、尿急等疗效较好，但对胆绞痛或肾绞痛疗效较差，常需与阿片类镇痛药合用。由于阿托品能松弛膀胱逼尿肌、收缩括约肌，故偶用于儿童遗尿症。

2. 抑制腺体分泌 用于全身麻醉前给药，减少呼吸道和唾液腺分泌，防止吸入性肺炎。也可用于严重的盗汗及流涎症治疗。

3. 眼科

（1）虹膜睫状体炎：0.5%～1% 阿托品溶液滴眼，可松弛虹膜括约肌和睫状肌，使之充分休息，有助于炎症消退；与缩瞳药交替使用可预防虹膜与晶状体的粘连。

（2）验光、眼底检查：阿托品具有调节麻痹作用，可准确测定晶状体的屈光度，散瞳后可作眼底检查。但阿托品作用持续时间较长，其调节麻痹作用可维持 2～3 天，故现已少用（常用合成代用品如后马托品）。只有儿童验光时用，因儿童的睫状功调节功能较强，须用阿托品发挥其充分的调节麻痹作用。

4. 缓慢型心律失常 阿托品可用于治疗迷走神经过度兴奋所致窦房阻滞、房室阻滞等缓慢型心律失常。在急性心肌梗死的早期，尤其是发生在下壁或后壁的急性心肌梗死，常有窦性或房室结性心动过缓，严重时可引起低血压及迷走神经张力过高，导致房室传导阻滞。阿托品可恢复心率以维持正常的心脏动力学，从而改善患者的临床症状。但阿托品剂量需谨慎调节，剂量过大则引起心率加快，而增加心肌耗氧量，并有引起心室颤动的危险。

5. 抗休克 对暴发型流行性脑脊髓膜炎、中毒性菌痢、中毒性肺炎等所致的感染性中毒性休克患者，可用大剂量阿托品治疗，能解除血管痉挛，舒张外周血管，改善微循环。但对休克伴有高热或心率过快者，不用阿托品。

6. 解救有机磷酸酯类中毒 见本章第一节有机磷酸酯类中毒防治。

【不良反应】 阿托品具有多种药理作用，临床上应用其中一种作用作为治疗作用时，其他的作用则成为副作用。常见不良反应有口干、视物模糊、心率加快、瞳孔扩大及皮肤潮红等。随着剂量增大，其不良反应可逐渐加重，甚至出现明显中枢中毒症状。

解救阿托品中毒主要为对症治疗。如属口服中毒，应立即洗胃、导泻，以促进毒物排出，并可用毒扁豆碱1～4mg（儿童0.5mg）缓慢静脉注射，可迅速对抗阿托品中毒症状。但由于毒扁豆碱体内代谢迅速，患者可在1～2h内再度昏迷，故需反复给药。如患者有明显中枢兴奋时，可用地西泮对抗，但剂量不宜过大，以免与阿托品导致的中枢抑制作用产生协同效应。不可使用吩噻嗪类药物，因这类药物具有M受体阻断作用而加重阿托品中毒症状。患者应行人工呼吸。此外，还可用冰袋及酒精擦浴，以降低患者的体温，这一点对儿童中毒者更为重要。

【禁忌证】 青光眼及前列腺增生者禁用阿托品，后者可能加重排尿困难。

山莨菪碱

山莨菪碱（anisodamine，654-2）是我国学者从茄科植物唐古特莨菪中提取的生物碱，现已人工合成。本品具有与阿托品类似的药理作用，但其对血管痉挛的解痉作用相对较强，对平滑肌解痉和抑制心血管作用较阿托品弱。主要用于感染性休克，也可用于内脏绞痛，血管神经性头痛等。不良反应和禁忌证与阿托品相似，但毒性较低。因不易进入中枢，故其中枢兴奋作用很小。

东莨菪碱

东莨菪碱（scopolamine）是一种颠茄类生物碱，我国用于中药麻醉的主药洋金花，其主要成分即为东莨菪碱，与阿托品相比，其对中枢神经系统的作用更强，持续时间更久。在治疗剂量时即可引起中枢神经系统抑制，表现为困倦、遗忘、疲乏、少梦、快动眼睡眠相缩短等。东莨菪碱主要用于麻醉前给药，因其不但能抑制腺体分泌，而且具有中枢抑制作用，因此优于阿托品。本品尚可用于晕动病，防晕作用与其抑制前庭神经内耳功能或大脑皮质功能有关，可与苯海拉明合用以增加疗效，以预防给药效果较好，如已出现晕动病的症状，再用药则疗效差。也可用于妊娠呕吐及放射病呕吐。此外，东莨菪碱对帕金森病也有一定疗效，可改善患者的流涎、震颤和肌肉强直等症状，可能与其中枢抗胆碱作用有关。不良反应及禁忌证同阿托品。

樟　柳　碱

樟柳碱（anisodine, 703, AT-3）也是从茄科植物唐古特山莨菪中提出的一种新生物碱，具有明显缓解有机磷毒性的作用，中枢作用较强，解痉作用与山莨菪碱近似，抑制唾液分泌及扩瞳作用弱于阿托品而比山莨菪碱强，毒性却比山莨菪碱及阿托品小得多。目前主要用于血管性头痛、脑血管病引起的急性瘫痪、帕金森病等。

二、阿托品合成代用品

通过人工合成对阿托品的化学结构进行化学改造，旨在寻找选择性高、副作用小的药物，其中包括扩瞳药、解痉药和选择性M受体亚型阻断药。

1. 合成扩瞳药 临床主要用于扩瞳的药物有后马托品（homatropine）、托吡卡胺（tropicamide）、环喷托酯（cyclopentolate）和尤卡托品（eucatropine）等，这些药物与阿托品比较，其扩瞳作用维持时间明显缩短，故适合于一般的眼科检查。各合成扩瞳药滴眼后作用比较见表7-2。

表7-2　几种扩瞳药滴眼作用比较

药物	浓度（%）	扩瞳作用		调节麻痹作用	
		高峰（min）	消退（日）	高峰（h）	消退（日）
硫酸阿托品	1.0	30～40	7～10	1～3	7～10
氢溴酸后马托品	1.0～2.0	40～60	1～2	0.5～1	1～2
托吡卡胺	0.5～1.0	20～40	0.25	0.5	＜0.25
环喷托酯	0.5	30～50	1.0	1.0	0.25～1
尤卡托品	2.0～5.0	30	1/12～1/4	无作用	

2. 合成解痉药 本类药物有季铵类及叔胺类两类。季铵类解痉药主要有溴丙胺太林

(propantheline bromide)等，其对胃肠平滑肌的解痉作用较强但口服吸收差；叔胺类解痉药主要有贝那替嗪(benactyzine)等，解痉作用较明显，对氯化钡性痉挛效果显著，抑制胃液分泌，具有中枢安定作用。

溴丙胺太林

溴丙胺太林(propantheline bromide，普鲁本辛)为季铵类解痉药，口服吸收不完全，食物可妨碍其吸收，故宜在饭前0.5～1h服用，作用时间约为6h。本品对胃肠道M受体的选择性较高，治疗量即可明显抑制胃肠平滑肌，并能不同程度地减少胃液分泌。可用于胃、十二指肠溃疡、胃肠痉挛和泌尿系统痉挛，也可用于遗尿症及妊娠呕吐。不良反应类似于阿托品，中毒量可因神经肌肉接头传递阻滞而引起呼吸麻痹。

格隆溴铵

格隆溴铵(glycopyrroniun bromide)为季铵类抗胆碱药，具有抑制胃液分泌及调节胃肠蠕动作用；本品还有较强的抗唾液分泌作用，但没有中枢性抗胆碱活性。口服能迅速抑酸解痉止痛，适用于胃及十二指肠溃疡、慢性胃炎、胃液分泌过多等症。疗效与溴丙胺太林相仿或超过溴丙胺太林。静脉注射或肌内注射可用于麻醉前给药抑制腺体分泌，作用可持续约7h。不良反应与阿托品相似，服药初期可出现口干(口苦)现象，在1～2周内减轻或消失。幽门梗阻、青光眼或前列腺增生患者禁用。

季铵类解痉药尚有奥芬溴铵(oxyphenonium bromide)、戊沙溴铵(valethamate bromide)、地泊溴铵(diponium)和喷噻溴铵(penthienate bromide)等，均可用于缓解内脏平滑肌痉挛，作为消化性溃疡的辅助用药。

贝那替嗪

贝那替嗪(benactyzine)又名胃复康，为叔胺类解痉药，含叔胺基团，口服较易吸收，能缓解平滑肌痉挛，抑制胃液分泌，此外尚有安定作用。适用于兼有焦虑症的溃疡患者，亦可用于肠蠕动亢进及膀胱刺激征患者。不良反应有口干、头晕及嗜睡等。

双环维林

双环维林(dicyclomine)为叔胺类解痉药，抗M样作用比阿托品弱，本身有非特异性的直接松弛平滑肌的作用，临床主要用于胃肠道痉挛，与抗酸药合用于消化性溃疡。

叔胺类解痉药尚有羟苄利明(oxyphencyclimine)、黄酮哌酯(flavoxate)和奥昔布宁(oxybutynin)等，这些药物均有非特异性内脏平滑肌解痉作用。

3. 选择性M受体亚型阻断药　阿托品及其合成或半合成的药物，绝大多数对M受体亚型缺乏选择性，因此在临床使用时副作用较多。选择性M受体亚型阻断药对受体的特异性较高，副作用明显减少。哌仑西平(pirenzepine)为选择性M_1受体阻断药，其结构与丙米嗪相似，属三环类药物；替仑西平(telenzepine)与哌仑西平结构相似，但其对M_1受体的选择性阻断作用更强。两药均可抑制胃酸及胃蛋白酶的分泌，用于消化性溃疡的治疗，且在治疗剂量时较少出现口干和视物模糊等不良反应。由于这些药物不易进入中枢，故无阿托品样中枢兴奋作用。有研究认为，上述两药还可用于支气管阻塞性疾病治疗，可能与其拮抗迷走神经功能有关。

知识拓展

M 受体亚型选择性阻断药的研究进展：M_1 受体阻断药主要用于消化性溃疡的治疗，如哌仑西平（pirenzepine）和替仑西平（telenzepine）；M_2 受体阻断药如奥腾折帕（otenzepad），其活性弱于阿托品，但耐受性更好，用于心动过缓、病窦综合征及其他心律失常性疾病；M_3 受体阻断药可治疗慢性阻塞性呼吸道疾病、肠易激惹综合征、急性尿失禁，对消化性溃疡有效，如达非那新（darifenacin）、索非那新（solifenacin），用于治疗尿失禁、尿急和尿频等膀胱活动过度症。噻托溴铵（tiotropium bromide），为选择性 M_1 和 M_3 受体阻断药，对支气管的扩张作用可持续 24h 以上，是第一个长效吸入型支气管扩张药，适用于慢性阻塞性肺疾病的维持治疗。西托溴铵（cimetropium bromide）用于治疗胆结石绞痛、胃肠道痉挛痛、胆管和尿道痉挛痛、痛经、分娩痛及小儿呕吐、吐奶、腹痛和幽门痉挛。曲司氯铵（trospium chloride）用于膀胱过度活动症；尿频，夜尿症，非激素或器质病变所致膀胱功能紊乱（膀胱刺激、尿急）。

第二节　N 受体阻断药

一、N_N 受体阻断药

N_N 受体阻断药可选择性阻断神经节内 ACh 对 N_N 受体的激动作用，阻断神经冲动在神经节中的传递，故也称神经节阻断药（ganglionic blocking drug）。神经节阻断药可同时阻断交感神经节和副交感神经节。因此作用广泛，但副作用多，作用强度不易控制，临床上神经节阻断药曾用于抗高血压，但现已被其他降压药取代。本类药物有美加明（mecamylamine）、咪噻吩（trimethaphanarfonad，阿方那特）等。美加明用于重症高血压，可有口干、便秘、尿潴留、直立性低血压、恶心、性功能障碍、眩晕、肌震颤、运运失调等不良反应，青光眼、冠状动脉硬化、肾功能减退者禁用。

二、N_M 受体阻断药

N_M 受体阻断药能选择性阻断骨骼肌运动终板突触后膜的 N_M 受体，从而干扰神经冲动向骨骼肌传递，表现为骨骼肌松弛，故又称骨骼肌松弛药（skeletal muscular relaxant），也称神经肌肉阻断药（neurouscular blocking drug）。根据其作用方式和特点，可分为去极化型肌松药和非去极化型肌松药两类。骨骼肌松弛药主要用作全身麻醉的辅助药，便于在较浅的麻醉下进行外科手术。

1. 去极化型肌松药　去极化型肌松药（depolarizing muscular relaxant），又称非竞争型肌松药（noncompetitive muscular relaxant），其分子结构与 ACh 相似，能与运动终板膜上的 N_M 受体结合，产生与 ACh 相似但较持久的效应，使得肌肉去极化，初期可出现短暂的肌肉颤动（肌束震颤）。去极化型肌松药与受体持续结合，使得受体不能传递更多的神经冲动，随着时间的进展，由于钠通道关闭或被阻断，持续的去极化变为稳定的复极化，从而导致运动终板膜上的 N_M 受体不能对 ACh 起反应，神经肌肉的传递受阻，表现为骨骼肌松弛。

此类药物的作用特点：①抗胆碱药可加重本类药物的肌松作用，故过量时不能用新斯的明解救；②最初可出现短暂而不协调的肌束颤动，与药物对不同部位的骨骼肌去极化出现的先后不同有关；③连续用药可产生快速耐受性；④治疗量为神经节阻断作用。

琥珀胆碱

琥珀胆碱（succinylcholine）又称司可林（scoline），由琥珀酸和两个分子的胆碱组成。

【体内过程】　此药入血后，迅速被血液及肝脏中的假性胆碱酯酶水解，生成琥珀单胆碱（肌松作用为原型的 1/50）和胆碱，肌松作用明显减弱，进一步水解成胆碱和琥珀酸，肌松作用消失。

仅10%～15%给药量到达神经肌接头处。约2%药物以原型经肾排泄，其余以代谢产物的形式从尿液中排出。

【药理作用】 静脉注射10～30mg琥珀胆碱后，即可见短暂的肌束颤动，尤以胸腹部肌肉明显。1min后即转为松弛，2min时作用达高峰，5min内作用消失。肌松作用从颈部肌肉开始，逐渐波及肩胛、腹部和四肢。肌松部位以颈部和四肢肌肉最明显，面、舌、咽喉和咀嚼肌次之，而对呼吸肌麻痹作用不明显。

【临床应用】 本品对喉肌松弛作用较强，故静脉注射给药适用于气管内插管、气管镜、食管镜检查等短时操作。也可静脉滴注用作全麻的辅助用药，减少麻醉药用量，在较浅麻醉下骨骼肌完全松弛，可顺利进行较长时间手术。该药可引起窒息感，故对清醒患者禁用，可先用硫喷妥钠静脉麻醉后，再给琥珀胆碱。另外该药也可用于电休克治疗中。由于该药个体差异大，故需按个体反应调节滴注速度，以获得满意效果。

【不良反应】

1. 窒息或呼吸暂停 本品过量易致呼吸麻痹，遗传性假性胆碱酯酶缺乏或酶异常可以导致呼吸暂停，故必须备有人工呼吸机。

2. 肌束颤动 本品产生骨骼肌松弛前可致短暂肌颤，使肌梭损伤，可致肌肉酸痛，3～5天可自愈。

3. 血钾升高 本品使骨骼肌去极化时，细胞内释放大量K^+，使血K^+升高。

4. 发热 在常染色体异常的遗传易感人群偶尔可致恶性高热，常为麻醉的主要死因之一。一旦发生，须快速降温、给氧、纠正酸中毒、给抗组胺药等治疗，并同时给予丹曲林，阻滞肌细胞胞质钙的释放，从而减少热量生成并使肌肉松弛。

5. 眼压升高 该药可使眼外肌短暂收缩，引起眼压升高。

6. 其他 此药尚有增加腺体分泌，促进组胺释放等作用。

【禁忌证】 本药可致强烈窒息感，清醒患者禁用。使眼外肌收缩，眼压升高，青光眼和白内障晶体摘除患者禁用。易致高血钾，对烧伤、广泛软组织伤、偏瘫、脑血管意外、恶性肿瘤和肾功不全者慎用。遗传性假性胆碱酯酶缺陷、严重肝功不全、营养不良和电解质紊乱患者慎用。

【药物相互作用】 本品在碱性溶液中可分解，故不宜与硫喷妥钠混合使用。凡可降低胆碱酯酶活性的药物都可使其作用增强，如胆碱酯酶抑制药、环磷酰胺、氮芥、普鲁卡因、可卡因等。有的氨基糖苷类抗生素如卡那霉素及多黏菌素B也有肌肉松弛作用，与琥珀胆碱合用时易致呼吸麻痹，应给予重视。

非去极化型肌松药 非去极化型肌松药（nondepolarizing muscular relaxant）又称竞争型肌松药（competitive muscular relaxants），能竞争性地与骨骼肌运动终板上的N_M受体结合，但无内在活性，因而不能激动受体产生去极化，却能竞争性阻断ACh与受体结合后产生去极化作用，使骨骼肌松弛。本类药物在产生肌松之前无肌颤现象，抗胆碱酯酶药可拮抗其肌松作用。

本类药物多为天然生物碱及其类似物，化学上属苄基异喹啉类（benzylisoquinolines），主要有筒箭毒碱（*D*-tubocurarine）、阿曲库铵（atracuium）、多库氯铵（doxacurium）和米库氯铵（mivacurium）等；类固醇铵类（ammoniosteroids），主要包括泮库溴铵（pancuronium）、哌库溴铵（pipecuronium）、罗库溴铵（rocuronium）和维库溴铵（vecuronium）等。由于体内过程不同，它们在起效时间和维持时间上存在差异。

筒箭毒碱

筒箭毒碱（*D*-tubocurarine）是南美印第安人用数种植物制成的植物浸膏箭毒（curare）中提取的生物碱，右旋体具有药理活性。口服难吸收，静脉注射后3～6min起效，快速运动肌如眼部肌肉首先松弛，而后可见四肢、颈部和躯干肌肉松弛，继之肋间肌松弛，出现腹式呼吸，如剂量加大，最终可致膈肌麻痹，患者呼吸停止。肌肉松弛恢复时，其次序与肌松时相反，即膈肌麻痹恢复最快。

临床上曾用作外科手术全身麻醉的辅助药。乙醚及氟烷能增强其肌松作用。中毒时可用新斯的明解救。筒箭毒碱虽为经典的非去极化型肌松药，但其作用时间较长，用药后作用不易逆转，副作用多，目前临床已少用。

维库溴铵

维库溴铵（vecuronium bromide）属单季铵类固醇类，是中效竞争型肌松药。

【体内过程】 静脉注射后，其分布半衰期为（2.2±1.4）min。主要分布于细胞外液，稳态时，其分布容积成人平均为0.27L/kg，其血浆清除率为（5.2±0.7）ml/（kg · min）。血浆清除半衰期平均为（71±20）min。仅5%经肝代谢为3-羟基衍生物（肌松效力大约为本品的50%），在无肝衰竭或肾衰竭的患者中，这种代谢产物的血浆浓度极低。主要以原型和代谢物的形式经胆汁排出，小部分由肾脏排出。40%～80%以单季铵形式经胆汁排泄，其中95%为本品原型，5%为3-羟基溴化维库溴铵。因由肾脏排出很少，经膀胱内插导管收集到的24h尿量，平均含有30%的静脉注射溴化维库溴铵。

【药理作用】 通过竞争 N_M 受体起阻断ACh的作用。肌松效能较筒箭毒碱强3倍，其作用可以被新斯的明等抗胆碱酯酶药所逆转。在初始剂量情况下，产生的肌肉松弛持续时间较短，恢复快。不诱发组胺释放，不引起支气管痉挛和心率加快、血压下降等。适用于心肌缺血及心脏病患者。

【临床应用】 主要作为全麻的辅助用药，气管插管及手术中的肌肉松弛。

【不良反应】

1. 神经肌肉阻滞作用延长 非去极化阻滞类药物最常见的不良反应是药物的药理作用延长，超过了所需的作用时间。这种作用会有不同的临床表现，从骨骼肌无力到因长时间的深度骨骼肌麻痹而导致呼吸功能不全或呼吸暂停。

2. 过敏反应 尽管罕见，但已有神经肌肉阻滞药物产生严重过敏反应的病例报道。过敏/类过敏反应如支气管痉挛、心血管改变（如低血压、心动过速和休克）和皮肤改变（如血管神经性水肿、荨麻疹）。这些反应在某些病例中甚至是致死性的。鉴于这些反应可能的严重性，临床医生应当始终采取必要的预防措施。

【禁忌证】 对本品活性成分或任何辅料成分过敏者禁用。

阿曲库铵

阿曲库铵（atracuium）为高度选择性、短效非去极化型的神经肌肉接头阻断药。主要通过竞争 N_M 受体，阻断ACh的传递而起作用，且可被新斯的明等抗胆碱酯酶药所逆转。阿曲库铵作用迅速，起效时间2～4min，3～6min可达最大作用，作用持续30～40min。体内主要通过霍夫曼降解和酯性水解快速代谢，代谢产物经肾脏排出。代谢途径不受肝肾功能的影响，适用于肝肾功能不全者，重复给药无明显蓄积作用。临床上适用于各种外科手术麻醉中的骨骼肌松弛，便于控制呼吸。使气管插管易于进行，并可使骨骼肌在外科手术或控制通气期间得以松弛。本品大剂量，尤其是快速给药，可诱发组胺释放而引起低血压、心动过速、皮肤潮红、支气管痉挛。

非去极化型肌松药，临床主要作为麻醉辅助药，其分类及特点比较详见表7-3。

表7-3 非去极化型肌松药分类及其特点比较

药物	分类	肌松特性		消除方式
		起效时间 (min)	持续时间 (min)	
苄基异喹啉类				
筒箭毒碱	长效	3～6	20～90	多数由肾排泄，少数由胆汁排泄
阿曲库铵	中效	2～4	30～40	霍夫曼降解，酯性水解

续表

药物	分类	肌松特性		消除方式
		起效时间 (min)	持续时间 (min)	
多库氯铵	长效	4～6	90～120	原型由肾排泄
米库氯铵	短效	2～4	12～18	血浆胆碱酯酶水解
类固醇铵类				
泮库溴铵	长效	4～6	100～120	20% 经肝代谢，40% 由肾排出，40% 由胆汁排泄
哌库溴铵	长效	2～4	80～120	原型由肾排泄
罗库溴铵	中效	1～2	30～40	由胆汁、肾排泄
维库溴铵	中效	2～4	30～90	5% 经肝代谢，主要经胆汁以原型排泄

本章小结

胆碱受体阻断药分为 M 受体阻断药（阿托品）和 N 受体阻断药（N_N 受体阻断药也称神经节阻断药、N_M 受体阻断药也称骨骼肌松弛药）。阿托品随剂量增加，依次产生腺体、眼、平滑肌、心脏、血管、中枢作用，临床主要用于麻醉前给药、虹膜炎、胃肠绞痛、心动过缓、有机磷中毒解救。维库溴铵为中效非去极化型肌松药，肌松作用可被新斯的明逆转，主要作为全麻的辅助用药，气管插管及术中肌肉松弛，不引起组胺释放和肌颤，但有过敏反应。琥珀胆碱为去极化型肌松药，用于气管内插管、气管镜、食管镜检查等短时操作，易致肌颤、窒息、血钾升高。

（崔红霞）

第八章　肾上腺素受体激动药

能力要求

1. 掌握肾上腺素受体激动药去甲肾上腺素、肾上腺素、异丙肾上腺素的药理作用、临床应用及不良反应。
2. 熟悉麻黄碱、多巴胺、间羟胺和多巴酚丁胺的作用、临床应用及不良反应。
3. 了解肾上腺素受体激动药的分类；新福林、甲氧胺的作用特点和临床应用。

作用于肾上腺素受体的药物是一类通过与肾上腺素受体结合而发挥药理作用的药物。根据药物的内在活性不同，将药物分为肾上腺素受体激动药和肾上腺素受体阻断药。肾上腺素受体激动药（adrenoceptor agonist）是一类能与肾上腺素受体结合并能激动受体，产生与去甲肾上腺素能神经递质作用相似的药物，亦称为拟肾上腺素药。

第一节　构效关系与药物分类

肾上腺素受体激动药的化学结构均为胺类，且作用与兴奋交感神经产生的效应相似，故称为拟交感胺类（sympathomimetic amine）。肾上腺素受体激动药基本化学结构为*β*-苯乙胺，由苯环、碳链和末端氨基三部分组成（图 8-1）。这三部分的氢均可被不同基团取代，从而产生多种肾上腺素受体激动药。不同取代基团不仅影响药物对 α、β 受体的亲和力和作用强度，且影响药物的体内过程（表 8-1）。因此肾上腺素受体激动药在作用强度、维持时间及对受体的选择性上有所不同。

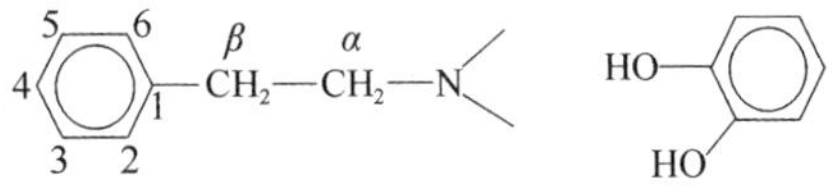

β-苯乙胺　　儿茶酚

图 8-1　肾上腺素受体激动药基本化学结构

表 8-1　主要肾上腺素受体激动药的化学结构和作用

名称	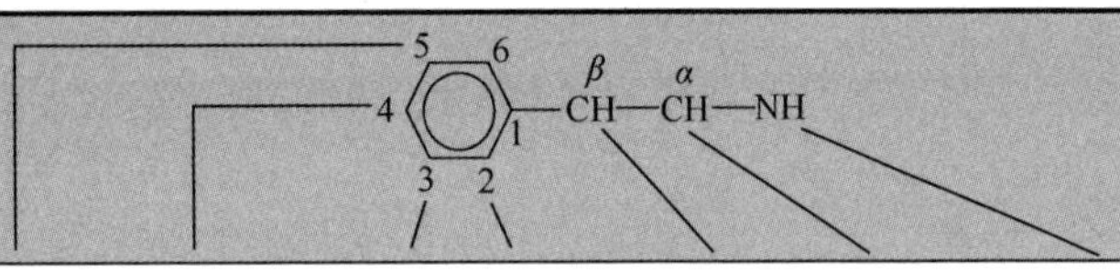						
1.　$α_1$、$α_2$ 受体激动药							
去甲肾上腺素	H	OH	OH	H	OH	H	H
间羟胺	H	H	OH	H	OH	CH_3	H
2.　$α_1$ 受体激动药							
去氧肾上腺素	H	H	OH	H	OH	H	CH_3
甲氧明	OCH_3	H	H	OCH_3	OH	CH_3	H
3.　α、β 受体激动药							
肾上腺素	H	OH	OH	H	OH	H	CH_3
多巴胺	H	OH	OH	H	H	H	H
麻黄碱	H	H	H	H	OH	CH_3	CH_3
美芬丁胺	H	H	H	H	H	①$C(CH_3)_2$	CH_3
苯丙胺	H	H	H	H	H	CH_3	H

续表

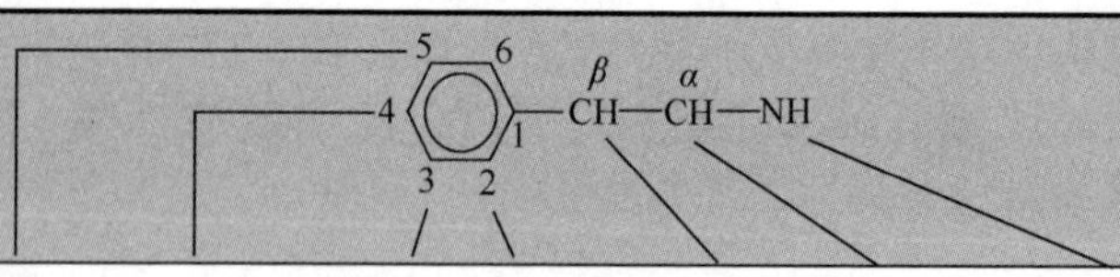

名称							
4. β_1、β_2受体激动药							
异丙肾上腺素	H	OH	OH	H	OH	H	$CH(CH_3)_2$
5. β_1受体激动药							
多巴酚丁胺（消旋）	H	OH	OH	H	H	H	②
普瑞特罗	H	OH	H	H	③OH	H	$CH(CH_3)_2$
6. β_2受体激动药							
沙丁胺醇	H	OH	CH_2OH	H	OH	H	$C(CH_3)_3$
特布他林	OH	H	OH	H	OH	H	$C(CH_3)_3$

①取代α碳；② 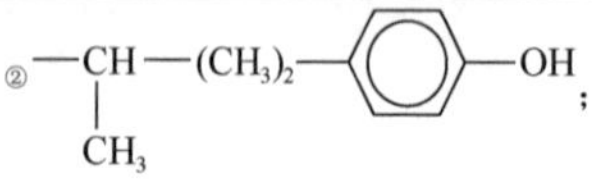

；③在芳香环和β碳之间插入一个$—OCH_2—$

一、构效关系

1. 苯环 苯环3、4位碳上氢原子被羟基取代的化学结构称为儿茶酚结构（图8-1）。根据结构中是否具有儿茶酚结构，将拟交感胺类分为儿茶酚胺类（catecholamine，CA）和非儿茶酚胺类（noncatecholamine）。具有儿茶酚结构的药物如肾上腺素、去甲肾上腺素、异丙肾上腺素和多巴胺等，易被COMT灭活，作用时间短，中枢作用弱。非儿茶酚胺类药物去掉一个酚羟基如间羟胺，则外周作用减弱，不易被COMT破坏，作用时间延长。去掉两个酚羟基如麻黄碱，则中枢作用增强，外周作用缓和而持久。

2. 碳链 苯环和氨基间的碳链长度以两个碳原子为最佳，α碳原子上的氢被甲基取代，则由苯乙胺类变为苯异丙胺类，其外周作用减弱，不易被MAO破坏，作用时间延长，且易被神经末梢摄取，促进递质释放，如麻黄碱和间羟胺。

3. 氨基 氨基氢原子的不同取代基团会影响药物对α和β受体的选择性。一般认为，取代基团从甲基到叔丁基，其对β受体的激动作用逐渐增强，而对α受体的作用减弱。例如，去甲肾上腺素氨基上的氢若被甲基取代，则为肾上腺素，可增加对β_1受体的激动作用；若被异丙基取代，则为异丙肾上腺素，可进一步增强对β_1和β_2受体的激动作用，而对α受体的激动作用大大减弱；若被更大的基团取代，如沙丁胺醇和特布他林等，则几乎无α激动作用。

4. 旋光异构体 碳链上的α碳和β碳如被其他基团取代，可形成旋光异构体。在α碳上形成的左旋体，外周作用较强，如左旋去甲肾上腺素比右旋体作用强10倍以上。在α碳上形成的右旋体，中枢兴奋作用较强，如右旋苯丙胺的中枢作用强于左旋苯丙胺。

二、药物分类

根据药物对肾上腺素受体选择性的差异，肾上腺素受体激动药可分为α受体激动药，α、β受体激动药和β受体激动药三大类（表8-2）。

1. α受体激动药 分为下列三类。

（1）α_1、α_2受体激动药，如去甲肾上腺素。

（2）α_1受体激动药，如去氧肾上腺素。

（3）α_2受体激动药，如羟甲唑啉。

2. α、β受体激动药 如肾上腺素和麻黄碱。

3. β 受体激动药　分为下列三类。

（1）β_1、β_2 受体激动药，如异丙肾上腺素。

（2）β_1 受体激动药，如多巴酚丁胺。

（3）β_2 受体激动药，如沙丁胺醇。

表 8-2　肾上腺素受体激动药对受体的选择性和分类

分类	药物	对不同受体作用强度				作用方式	
		α_1 受体	β_1 受体	β_2 受体	多巴胺受体	受体	递质
α 受体激动药	去甲肾上腺素	+++	++	±	−	+	−
	间羟胺	++	+	+	−	+	+
	去氧肾上腺素	++	±	±	−	+	±
	甲氧明	++	−	−	−	+	−
α、β 受体激动药	肾上腺素	+++	+++	+++	−	+	−
	多巴胺	+	++	±	++	+	+
	麻黄碱	++	++	++	−	+	+
β 受体激动药	异丙肾上腺素	−	+++	+++	−	+	−
	多巴酚丁胺	+	++	+	−	+	−
	沙丁胺醇	−	+	+++	−	+	−

注：作用强度是同一药物各种作用间的比较；±、+、++、+++ 分别表示效应不明显、弱、中、强

第二节　α 受体激动药

一、α_1、α_2 受体激动药

去甲肾上腺素

去甲肾上腺素（noradrenaline，NA；norepinephrine，NE）是去甲肾上腺素能神经末梢释放的主要递质，肾上腺髓质亦可少量分泌。药用品为人工合成品，化学性质不稳定，遇热、见光易分解。在中性尤其在碱性溶液中，极易氧化为粉红色或棕色而失效。在酸性溶液中相对稳定，常用其重酒石酸盐。

【体内过程】 去甲肾上腺素口服后因收缩胃黏膜血管，吸收极少，碱性肠液对其也有破坏作用，故口服无效；皮下或肌内注射因收缩血管作用剧烈亦较少吸收，且易致给药局部组织缺血坏死；静脉注射因消除迅速而作用短暂，故主要采用静脉滴注给药。外源性去甲肾上腺素不易通过血脑屏障，很少到达脑组织。与内源性去甲肾上腺素类似，多被神经末梢所摄取；当血液中浓度较高时，也可被非神经组织摄取，经 COMT 和 MAO 代谢而失活；未被摄取的在肝中被代谢。代谢产物为间甲去甲肾上腺素和 3-甲氧-4-羟扁桃酸（VMA），经肾脏排泄。

【药理作用】 去甲肾上腺素为 α_1、α_2 受体激动药，激动 α 受体作用强大，对 α_1 和 α_2 受体无选择性。对 β_1 受体激动作用较弱，对 β_2 受体几乎无作用。

1. 血管　激动血管 α_1 受体，使血管（特别是小动脉和小静脉）收缩。对各部分血管收缩程度与 α 受体分布密度及去甲肾上腺素的剂量有关。皮肤黏膜血管收缩最明显，其次是肾脏血管，对脑、肝、肠系膜，甚至骨骼肌血管也呈收缩作用。但可使冠状血管舒张，与心脏兴奋、心肌代谢产物如腺苷等增加有关，同时心排血量增加，冠状血管血流量增加，致冠状动脉被动扩张。去甲肾上腺素还能激动血管壁去甲肾上腺素能神经末梢突触前膜 α_2 受体，通过负反馈作用抑制去甲肾上腺素的释放。

2. 心脏 有较弱的激动心脏β_1受体作用，可增强心肌收缩力，加快心率，加快传导，增加心排血量。在整体情况下，由于血压升高反射性兴奋迷走神经，抵消加快心率作用，总体表现为心率减慢。此外，由于强烈的血管收缩作用，使外周阻力增高，心脏射血阻力增大，使心排血量不变甚至下降。当剂量过大或者静脉注射过快时，心脏自主节律性增强，可引起心律失常，但较肾上腺素少见。

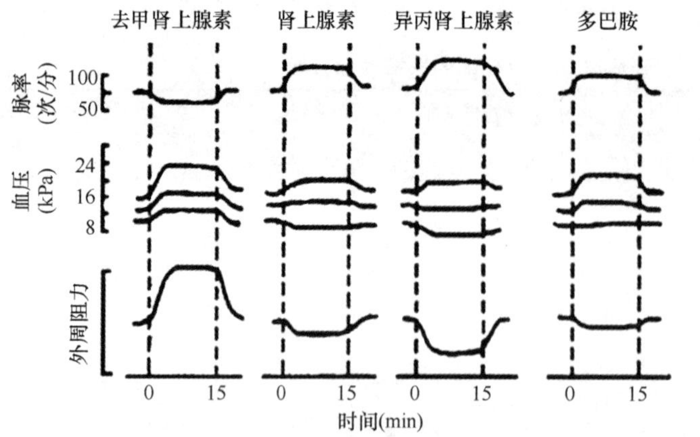

图 8-2 去甲肾上腺素、肾上腺素、异丙肾上腺素、多巴胺作用比较

静脉滴注，除多巴胺 500μg/min 外，其余 10μg/min；血压上线为收缩压，下线为舒张压，中线为平均动脉压

3. 血压 小剂量静脉滴注时，心脏兴奋、心排血量增加、收缩压升高，此时血管收缩尚不十分剧烈，故舒张压升高不明显，因而脉压加大。较大剂量时，因血管强烈收缩，外周阻力明显增大，收缩压、舒张压均升高，脉压变小（图 8-2）。

4. 其他 对血管以外的平滑肌作用较弱，但可增加孕妇子宫收缩频率。对代谢影响较弱，仅在大剂量时由于激动肝α_1受体，促进肝糖原分解和糖异生，出现血糖升高。其对中枢神经系统的作用也较弱。

【临床应用】

1. 休克 去甲肾上腺素用于休克治疗已不占重要地位，目前仅限于治疗神经源性休克早期。静脉滴注去甲肾上腺素，使收缩压维持在 12kPa（90mmHg）左右，以保证心、脑等重要器官的血液供应。本药不宜长时间或大剂量使用，以免因血管强烈收缩加重微循环障碍。

2. 低血压 去甲肾上腺素用于嗜铬细胞瘤切除术后或药物中毒引起的低血压，如氯丙嗪中毒引起的低血压。

3. 上消化道出血 去甲肾上腺素加入冰生理盐水，分次口服，使上消化道黏膜血管强烈收缩而止血，可用于食管静脉扩张破裂出血及胃出血等。

【不良反应及注意事项】

1. 局部组织缺血坏死 静脉滴注时间过长、浓度过高或药液漏出血管外均可引起局部组织缺血坏死。如发生外漏或注射部位出现皮肤苍白和疼痛，应立即更换注射部位或停止注射，并对局部进行热敷，同时以酚妥拉明或普鲁卡因局部浸润注射，以扩张血管。

2. 急性肾衰竭 剂量过大或滴注时间过长可使肾脏血管剧烈收缩，引起少尿、无尿和肾实质损伤，故用药期间尿量至少保持 25ml/h，否则立即减量或停药。

3. 停药后血压下降 长时间滴注骤然停药，可使血压突然下降，故应逐渐减量而后停药。

此外，本品尚可使妊娠后期女性子宫收缩。

【禁忌证】 高血压、动脉硬化症、器质性心脏病、少尿、无尿患者及孕妇禁用。

间羟胺

间羟胺（metaraminol，阿拉明，aramine），为人工合成品，性质较稳定，可直接激动α_1、α_2受体，也可被去甲肾上腺素能神经末梢摄取进入囊泡，促进去甲肾上腺素释放而发挥间接作用，对β受体作用弱。

间羟胺可收缩血管、升高血压，因本药不易被 MAO 破坏，故升压作用虽比去甲肾上腺素弱，但缓慢而持久。略增加心肌收缩力和心排血量，对正常人心排血量影响不明显，但可增加休克患者心排血量。对心率影响亦不明显，有时因血压升高反射性减慢心率，极少引起心律失常。对肾血管的收缩作用较弱，极少引起少尿。

间羟胺可静脉滴注也可肌内注射，应用方便，因此临床作为去甲肾上腺素的代用品，用于各种休克早期和脊髓麻醉后的休克，以及其他低血压状态；也可用于阵发性室上性心动过速，特别是伴有低血压的患者。

短时间内连续应用，可因囊泡内去甲肾上腺素减少而产生快速耐受性。此时适当加用小剂量去甲肾上腺素可恢复或增强其升压作用。

二、α_1 受体激动药

去氧肾上腺素和甲氧明

去氧肾上腺素（phenylephrine，苯肾上腺素；neosynephrine，新福林）和甲氧明（methoxamine，甲氧胺，methoxamedrine）均为人工合成品。作用机制与间羟胺相似，可直接和间接激动 α_1 受体，且不易被 MAO 代谢，升压作用与去甲肾上腺素相似但较弱而持久。一般剂量对 β 受体的作用不明显，高浓度甲氧明具有 β 受体阻断作用。可静脉滴注及肌内注射，用于抗休克及防治脊髓麻醉或全身麻醉引起的低血压。在升高血压的同时，肾脏血流的减少比去甲肾上腺素更为明显，易引起肾衰竭，已少用于抗休克。

去氧肾上腺素与甲氧明还能通过收缩血管升高血压，使迷走神经反射性兴奋而减慢心率，临床可用于阵发性室上性心动过速。去氧肾上腺素还能兴奋瞳孔开大肌 α_1 受体，使瞳孔扩大，作用较阿托品弱，起效快，持续时间短，一般不引起眼内压升高（老年人前房角间隙狭窄者可能引起眼内压升高）和调节麻痹，作为检查眼底时的快速短效扩瞳药。

三、α_2 受体激动药

羟甲唑啉和阿可乐定

羟甲唑啉（oxymetazoline）和可乐定的衍生物阿可乐定（apraclonidine）是外周突触后膜 α_2 受体激动药。羟甲唑啉收缩血管，滴鼻用于治疗鼻黏膜充血和鼻炎。几分钟即可起效，可持续数小时。偶见局部刺激症状，小儿用后可致中枢神经系统症状，故 2 岁以下儿童禁用。阿可乐定可抑制房水生成从而降低眼压，用于青光眼的短期辅助治疗，特别在激光疗法之后，可预防眼压升高。

中枢 α_2 受体激动药包括可乐定（clonidine）及甲基多巴（methyldopa），详见第二十三章抗高血压药。

第三节 α、β 受体激动药

肾上腺素

肾上腺素（adrenaline，AD，epinephrine）由肾上腺髓质中嗜铬细胞分泌，药用肾上腺素可自家畜肾上腺提取或人工合成。肾上腺素理化性质与去甲肾上腺素相似，亦不稳定，见光、遇热易失效。在中性尤其是碱性溶液中，易氧化变色失去活性，在酸性溶液中较稳定。

【体内过程】 口服后在碱性肠液、肠黏膜和肝脏内易被氧化破坏，故口服无效。皮下注射因局部血管收缩而延缓吸收，作用维持时间长，为 1h 左右。肌内注射较皮下注射吸收快，但维持时间较短，为 20～30min。肾上腺素在体内的摄取和代谢途径与去甲肾上腺素相似，主要以代谢产物和少量原型经肾排泄。

【药理作用】 肾上腺素为 α、β 受体激动药，作用广泛且复杂，并与机体的生理病理状态、靶器官中肾上腺素受体亚型分布、整体反射作用和神经末梢反馈调节等因素有关，主要影响心血管系统、支气管平滑肌和新陈代谢等。

1. 心脏 肾上腺素可激动心肌、窦房结和传导系统的 β_1 及 β_2 受体，使心肌收缩力增强、心率加快、传导加速，心排血量增加。肾上腺素同时舒张冠状血管，改善心肌血液供应。但由于提高心肌代谢率和兴奋性，心肌耗氧量增加。可使心脏正常、异位起搏点的自律性增强。剂量过大

或静脉注射过快时，可引起心律失常，出现期前收缩、心动过速甚至心室颤动。当患者处于心肌缺血、缺氧及心力衰竭时，肾上腺素可能使病情加重或引起快速性心律失常。

2. 血管 肾上腺素对血管的作用取决于各部位血管平滑肌 α 和 β 受体的分布密度及类型。激动血管平滑肌上的 α_1 受体，血管收缩；激动 β_2 受体，血管扩张。由于不同部位血管对肾上腺素的反应不同，从而可形成血流的再分布。

小动脉和毛细血管前括约肌 α 受体密度高，血管收缩明显，静脉和大动脉的肾上腺素受体密度低，收缩作用弱。皮肤、黏膜、腹腔内脏血管 α_1 受体占优势，其中皮肤、黏膜血管收缩最为强烈，可显著降低皮肤血流量；收缩支气管黏膜血管，有利于消除黏膜水肿。也显著收缩内脏血管尤其是肾血管，在对血压无明显作用的剂量时即可增加肾血管阻力，减少肾血流量，并可激动肾小球旁器细胞的 β 受体而增加肾素分泌；对脑和肺血管收缩作用微弱，有时因血压升高而被动扩张。骨骼肌和冠状血管以 β_2 受体为主，小剂量的肾上腺素即可呈舒张反应。肾上腺素使冠状动脉舒张，可能由三个因素引起：①兴奋冠状血管 β_2 受体，血管舒张；②心脏收缩期缩短，舒张期相对延长；③心肌收缩力增强和心肌耗氧量增加，促使心肌细胞释放具有扩血管作用的代谢产物腺苷增多。

3. 血压 肾上腺素对血压的影响与用药剂量和给药速度有关。皮下注射治疗量或低速静脉滴注时，β 受体兴奋占优势，心肌收缩力增强，心排血量增加，收缩压升高，而骨骼肌血管的舒张抵消或超过皮肤黏膜及内脏血管的收缩，故舒张压不变或下降，脉压增大，身体各部位血液重新分配，有利于紧急状态下机体能量供应的需要。较大剂量或快速静脉滴注时，除强烈兴奋心脏外，对血管的作用以 α 受体占优势，血管收缩效应超过血管舒张效应，外周阻力增大，收缩压和舒张压均升高。肾上腺素引起的典型血压改变是双向效应，即给药后引起迅速而明显的血压上升，而后出现微弱的血压下降，后者持续时间较长（图 8-2），这是由于血管平滑肌的 β_2 受体比 α_1 受体对低浓度的肾上腺素更敏感。如预先给予 α 受体阻断药，肾上腺素的升压作用可被翻转，表现出对血管 β_2 受体的激动作用，呈现明显的降压反应。

4. 平滑肌 对平滑肌的作用主要取决于组织器官上肾上腺素受体的类型和分布密度。

（1）支气管平滑肌：激动支气管平滑肌 β_2 受体，产生强大的支气管舒张作用，尤其在支气管痉挛引发哮喘发作时，舒张作用更明显；并能激动支气管黏膜血管的 α_1 受体，使之收缩，减轻黏膜水肿和渗出；还能作用于支气管黏膜层和黏膜下层肥大细胞 β_2 受体，抑制组胺和其他过敏介质释放，有利于缓解支气管哮喘。

（2）胃肠道平滑肌：激动 α 和 β 受体，松弛胃肠道平滑肌，降低胃肠道平滑肌自发性收缩频率和幅度，表现为胃松弛，肠张力下降，蠕动频率及振幅降低。

（3）膀胱平滑肌：激动 α 受体，使膀胱括约肌收缩；激动 β 受体，使膀胱逼尿肌舒张，因此可引起排尿困难和尿潴留。

（4）子宫平滑肌：对子宫平滑肌的作用与生理状态、充盈情况和给药剂量有关，可降低妊娠晚期的子宫平滑肌张力与收缩力。

5. 代谢 治疗量肾上腺素能明显增强机体的新陈代谢，可使耗氧量增加 20%～30%。激动肝脏的 β_2 和 α 受体，促进肝糖原分解和糖异生，升高血糖，但极少出现尿糖。肾上腺素升高血糖作用还与激动 α_2 受体抑制胰岛素的释放，降低外周组织对葡萄糖的摄取有关。此外还可激动脂肪细胞的 β_3 受体，使脂肪分解加速，血中游离脂肪酸增多。

6. 中枢神经系统 由于不易透过血脑屏障，治疗量时对中枢神经系统无明显影响，仅在大剂量时才出现中枢兴奋症状，如激动、呕吐、肌强直甚至惊厥等。

【临床应用】

1. 心搏骤停 用于因溺水、药物中毒、麻醉和手术意外、急性传染病和心脏高度传导阻滞等引起的心搏骤停。在进行有效心脏按压、人工呼吸和纠正酸中毒等措施的同时，可心室内注射肾上腺素，使心脏重新起搏。但在治疗电击或卤素类全麻药（氟烷、甲氧氟烷等）意外引起的心搏骤停时，常伴有或诱发心室颤动，故在用肾上腺素的同时，应配合使用除颤器、起搏器及利多卡因等抗心律失常药物。

2. 过敏性休克 用于治疗青霉素、链霉素等药物引起的过敏性休克，是治疗过敏性休克的首选药。过敏性休克是外界某些抗原性物质进入机体后，短时间内触发的一种严重的全身性过敏性反应，多发生突然且程度剧烈，若不及时处理常可危及生命。过敏性休克发生时，组胺、白三烯等过敏物质释放，使大量小血管扩张和毛细血管通透性增高，引起全身循环血量降低，心率加快，心肌收缩力减弱，心排血量减少，血压下降，支气管平滑肌痉挛引起呼吸困难等症状。肾上腺素可激动α受体，收缩小动脉和毛细血管前括约肌，使毛细血管通透性降低，升高血压，同时收缩支气管黏膜血管、消除黏膜水肿；激动β受体可改善心脏功能、扩张冠状动脉、抑制过敏介质释放、解除支气管平滑肌痉挛，从而迅速有效地缓解过敏性休克的临床症状，挽救患者生命。抢救时应迅速皮下注射或肌内注射肾上腺素，危重病例亦可用生理盐水稀释 10 倍后缓慢静脉注射，但必须避免因过量或注射过快造成的血压剧升及心律失常等不良反应。

3. 支气管哮喘急性发作 肾上腺素可解除哮喘时的支气管平滑肌痉挛，亦可抑制组织和肥大细胞释放组胺及白三烯类等过敏介质，减轻支气管黏膜水肿，从而使支气管哮喘急性发作得到迅速控制。皮下或肌内注射数分钟内起效，但维持时间较短。由于其心脏兴奋作用，可引起心悸，禁用于心源性哮喘患者。

4. 血管神经性水肿及血清病 肾上腺素能迅速缓解血管神经性水肿、血清病、荨麻疹、枯草热等过敏反应性疾病的症状。

5. 与局麻药配伍及局部止血 将微量肾上腺素加入普鲁卡因或利多卡因等局麻药中，可使注射部位血管收缩，延缓局麻药吸收，延长局麻时间，并减少局麻药吸收中毒的发生。局麻药中肾上腺素的浓度多为 1∶250 000，一次用量不超过 0.3mg。但对于手指、足趾、耳廓、阴茎等肢体远端手术时，局麻药中禁止加肾上腺素，以免引起局部组织坏死。

鼻黏膜或牙龈出血时，亦可将浸有肾上腺素的纱布或棉球（1∶2000～1∶1000）填塞局部出血处，使微血管收缩而止血。

6. 青光眼 肾上腺素滴眼液（含量 1%～2%）可通过促进房水流出，以及使β受体介导的眼内反应脱敏，从而降低眼内压，缓解青光眼症状。

【不良反应与注意事项】 一般不良反应有心悸、出汗、不安、焦虑、头痛等，停药后症状可消失。如剂量过大，皮下、肌内注射误入血管，或者静脉注射过快，可致搏动性头痛、心律失常或血压骤升，有发生脑出血的危险，老年人慎用。使用时应严格掌握剂量和注射方法，静脉注射需稀释后缓慢注入。注射液稀释后其 pH 升高，数小时内即变为淡红色，继之呈棕色，颜色稍变即不可使用。由于肾上腺素能松弛子宫平滑肌，延长产程，故分娩时不宜使用。

【禁忌证】 器质性心脏病、高血压、脑动脉硬化、冠状动脉粥样硬化、甲状腺功能亢进和糖尿病患者禁用。

多 巴 胺

DA 是合成去甲肾上腺素的前体，也是中枢神经系统黑质-纹状体通路的重要神经递质，药用 DA 为人工合成品。

【体内过程】 本药与肾上腺素相似，化学性质不稳定，口服后易在肠道和肝中被破坏而失效。在体内迅速经 COMT 和 MAO 代谢灭活，作用时间短暂，半衰期约 2min，常采用静脉滴注给药以维持有效血药浓度。本药不易透过血脑屏障，故外源性 DA 没有明显中枢作用。

【药理作用】 本药可激动α受体和β_1受体，亦能激动肾脏、肠系膜和冠状血管的D_1受体，使血管舒张，也具有促进去甲肾上腺素能神经末梢释放去甲肾上腺素的能力。作用与靶器官中各受体亚型的分布、药物对受体的选择性及药物剂量或浓度有关。

1. 心脏 DA 可激动心脏β_1受体，使心肌收缩力增强，心排血量增加。一般剂量对心率无显著影响，大剂量可加快心率，提高自律性，甚至引起心律失常，但发生率比肾上腺素低。

2. 血管和血压 DA对血管和血压的影响因剂量大小而不同。小剂量DA即可与肾脏、肠系膜和冠状血管上D_1受体结合，激活腺苷酸环化酶，使细胞内cAMP升高，血管扩张。治疗量的DA可激动血管α受体，使皮肤黏膜血管收缩，血压升高，对β_2受体作用较弱，对血管总外周阻力几乎无影响；还可激动心脏β_1受体，心排血量增加，可使收缩压增大、舒张压不变或略有增加，脉压增大。大剂量多巴胺可显著收缩血管和兴奋心脏，使血压明显上升，血管收缩占优势，肾及肠系膜血管收缩，总外周阻力增大，收缩压和舒张压均升高。

3. 肾脏 小剂量DA即可激动肾血管D_1受体，肾血管扩张，肾血流量、肾小球滤过率增加。此外，DA能直接抑制肾小管重吸收Na^+，产生排钠利尿作用。大剂量DA兴奋肾血管的α受体而致血管收缩，使肾血流量减少。

【临床应用】

1. 休克 DA是目前抗休克治疗中常用的药物。适当剂量的DA有强心作用，且使肾、肠系膜等血管舒张的同时，皮肤黏膜血管收缩，既能升高血压，增加微循环灌注压，又能维持重要器官的血流量，改善器官缺氧状态，可用于心源性、感染中毒性和出血性休克等。尤其适合伴有心肌收缩力减弱、心排血量减少、尿量减少的休克患者，用药前须注意补充血容量和纠正酸中毒。

2. 急性肾衰竭 DA与利尿剂合用可增强疗效。

3. 急性心力衰竭 DA具有改善血流动力学作用，常采用静脉滴注。

【不良反应与注意事项】 一般较轻，偶见恶心、呕吐。如剂量过大或滴注过快可出现心动过速、心律失常和肾血管收缩引起的肾功能下降等，减慢滴注速度或停药后可缓解。如仍不消失，可用酚妥拉明拮抗。长时间滴注或静脉滴注外漏可出现手足疼痛或发冷，甚至局部坏死。

【禁忌证】 室性心律失常、心肌梗死、闭塞性血管病、动脉粥样硬化和高血压患者慎用，嗜铬细胞瘤患者禁用。

【药物相互作用】 与全麻药如环丙烷、氟烷和其他氯代碳氢化合物合用可引起室性心律失常。由于本药经MAO代谢，故使用MAOI的患者用本药时必须减量。与三环类抗抑郁药合用时剂量亦应酌减。

麻 黄 碱

麻黄碱（ephedrine）是从中药麻黄中提取的生物碱，两千年前的《神农本草经》即有麻黄“止咳逆上气”的记载。该药化学性质稳定，药用品为人工合成的盐酸盐，常用其左旋体或消旋体。麻黄碱是最早的肾上腺素受体激动药之一，至今世界范围内已有含麻黄碱制剂多达300种以上。

【体内过程】 口服易吸收，也可皮下注射或肌内注射。吸收后可透过血脑屏障，产生中枢兴奋作用，也可分泌于乳汁中。60%～70%以原型经肾排泄，仅少量被MAO代谢，故消除缓慢，作用较肾上腺素持久，半衰期为3～6h。

【药理作用】 麻黄碱可激动α、β受体产生直接作用，亦可通过促进去甲肾上腺素能神经末梢释放去甲肾上腺素而发挥间接作用。与肾上腺素比较，本药有以下特点：①性质稳定，可口服；②作用较肾上腺素弱而持久；③中枢兴奋作用较显著；④连续使用可产生快速耐受性，但停药一周后可恢复。

1. 心血管系统 兴奋心脏，使心肌收缩力增强，心率加快，心排血量增加。但较肾上腺素弱。在整体情况下，由于血压升高，反射性兴奋迷走神经，抵消其直接加快心率作用，故心率变化不大。升压作用缓慢而持久，收缩压升高比舒张压显著，脉压差增大。

2. 平滑肌 松弛支气管平滑肌，作用比肾上腺素弱而持久。

3. 中枢作用 由于本药能透过血脑屏障，故其中枢兴奋作用较强。较大剂量能兴奋大脑皮质和皮质下中枢，引起失眠、不安和肌肉震颤等症状，对血管运动中枢和呼吸中枢也略有兴奋作用。

【临床应用】

1. 支气管哮喘 用于预防支气管哮喘发作和轻症的治疗，对重症急性发作效果较差。也常与止咳祛痰药组成复方制剂用于痉挛性咳嗽。

2. 防治低血压状态　肌内注射或皮下注射用于防治某些低血压状态，如防治蛛网膜下腔麻醉或硬膜外麻醉引起的低血压。

3. 充血性鼻塞　可收缩鼻黏膜血管，消除肿胀，常用0.5%～1.0%溶液滴鼻来缓解充血性鼻塞。

4. 某些过敏反应疾病　缓解荨麻疹和血管神经性水肿等过敏反应的皮肤黏膜症状。

【不良反应】 可出现中枢兴奋所致的不安、失眠等，晚间服用宜增加镇静催眠药以防止失眠。本药在短期内反复使用，可产生快速耐受性，停药后可恢复，可能与连续用药使受体饱和及神经递质耗竭有关。

【禁忌证】 同肾上腺素。

美芬丁胺

美芬丁胺（mephentermine）为α、β受体激动药。药理作用与麻黄碱相似，通过直接作用于受体和间接促进递质释放两种机制发挥作用。本药能增强心肌收缩力，增加心排血量，稍增加外周血管阻力，使收缩压和舒张压升高。其兴奋心脏的作用比异丙肾上腺素弱而持久。加快心率作用不明显，较少引起心律失常。与麻黄碱相似，美芬丁胺也具有中枢兴奋作用。进入体内的美芬丁胺经甲基化和羟基化，最后以原型和代谢产物经肾排出，在酸性尿液中排泄较快。

本药主要用于蛛网膜下腔麻醉时预防血压下降，也用于心源性休克或其他低血压，此外尚可用0.5%溶液滴鼻治疗鼻炎。本药可产生中枢兴奋症状，特别是过量时，可出现焦虑、精神兴奋，也可致血压过高和心律失常等。高血压、甲状腺功能亢进及两周内用过MAOI者禁用，失血性休克慎用。

伪麻黄碱

伪麻黄碱（pseudoephedrine）为麻黄碱的同分异构体，作用与麻黄碱相似，但升压作用和中枢作用较弱。口服易吸收，不易被MAO代谢，大部分以原型自尿排出，主要用于鼻黏膜充血，不良反应及注意事项参见麻黄碱。

案例解析

案例：

患者，男，20岁，学生。因高热（体温39.1℃）就诊，门诊给予肌内注射安痛定4ml。给药后观察过程中患者诉头晕、心慌、憋气、呼吸不畅、四肢发冷，随即感到呼吸困难。见患者大汗淋漓，脸色苍白、呼吸急促，而后抽搐、表情淡漠。测血压0，脉搏微弱，呼吸36次/分，神志不清，呼之不应。

诊断：过敏性休克。

问题：根据患者病情，建议使用哪种药物？

解析及注意事项：

该患者对安痛定产生过敏性休克，应立即皮下注射肾上腺素。注射时，剂量必须精确，皮下和肌内注射用1ml注射器抽取与推注。注射速度不可太快，以免血压骤升。给药后应对注射局部进行按摩，以促进药物吸收。如做心内注射，必须在确定心脏停搏后方可穿刺，以免造成心脏伤害。注射后应密切监护患者，除观察疗效以便确定是否需要重复给药外，还应密切监测血压、心率和心律。患者如有心脏疾病，应用肾上腺素后可因周围血管收缩而加重肺水肿，并可致心律失常，故应进行心电图监测，并做好抢救准备。使用本品可致尿潴留和痰干结，故应注意患者液体的出入量，叮嘱患者多饮水、多做深呼吸，并鼓励患者咳痰，必要时行体位引流或蒸汽吸入。

第四节 β受体激动药

一、β_1、β_2受体激动药

异丙肾上腺素

异丙肾上腺素（isoprenaline，isoproterenol，ISP）为人工合成品，药用品为其盐酸盐，由去甲肾上腺素氨基上的氢被异丙基取代而成，是经典的β_1、β_2受体激动药。

【体内过程】 口服易在肠黏膜与硫酸基结合而失效，故口服作用弱。气雾剂吸入给药，吸收较快。舌下给药因能舒张局部血管，少量可从黏膜下舌下静脉丛被迅速吸收。吸收后可被肝、肺等组织的COMT代谢失活，而较少被MAO代谢。此外，异丙肾上腺素亦较少被去甲肾上腺素能神经末梢摄取，故作用持续时间较肾上腺素略长。

【药理作用】 本药激动β受体作用强大，对β_1受体和β_2受体无选择性，对α受体几乎无作用。

1. 心脏 对心脏β_1受体具有强大的激动作用，表现为正性肌力、正性频率及正性传导作用，使心排血量增加，心率加快，传导加快，收缩期和舒张期均缩短。与肾上腺素相比，异丙肾上腺素兴奋心脏的作用较强，心肌耗氧量增加，对窦房结的兴奋作用比异位起搏点作用强，过量也导致心律失常，但较肾上腺素少见，且较少引起心室颤动。

2. 血管和血压 对血管有舒张作用。主要激动β_2受体使骨骼肌血管和冠状血管舒张，对肾血管和肠系膜血管的舒张作用较弱，总外周阻力降低。由于心脏兴奋和血管舒张，故小剂量静脉滴注时收缩压升高而舒张压略下降，脉压增大，此时冠状血管血流增加。大剂量静脉滴注时，可引起血压明显降低，降低冠状血管的灌注压，冠状动脉有效血流量不增加。

3. 支气管平滑肌 本药激动β_2受体，松弛支气管平滑肌，特别对处于痉挛状态的支气管具有明显的舒张作用，该作用比肾上腺素强。本药也可激动肥大细胞膜β_2受体，抑制过敏介质释放。因不能收缩支气管黏膜血管，故消除黏膜水肿作用不如肾上腺素。由于异丙肾上腺素的代谢产物3-甲基异丙肾上腺素具有β受体拮抗作用，故反复或长期应用，易产生耐受性。

4. 其他 本药可激动肝脏β_2受体，促进肝糖原分解及糖异生，增加组织耗氧量。但升高血糖作用较肾上腺素弱。促进脂肪分解、升高游离脂肪酸作用与肾上腺素相似。

【临床应用】

1. 心搏骤停 对停搏的心脏有起搏作用，适用于抢救因心室自身节律缓慢、高度房室传导阻滞或窦房结功能衰竭而引起的心搏骤停。亦可与其他强心药合用抢救溺水、麻醉意外等引起的心搏骤停。为防止降低冠状动脉灌注压，常与去甲肾上腺素或间羟胺合用进行心室内注射。

2. 房室传导阻滞 具有强大的加速传导作用，舌下含服或静脉滴注给药可明显改善Ⅱ度、Ⅲ度房室传导阻滞。

3. 支气管哮喘急性发作 舌下含服或气雾吸入给药能迅速控制哮喘急性发作，疗效快而强。

4. 休克 在补足血容量的基础上，对中心静脉压高、心排血量低的感染性休克患者具有一定疗效，但异丙肾上腺素主要舒张骨骼肌血管，对内脏血管的舒张作用较弱，改善组织微循环障碍的作用不明显。且异丙肾上腺素能显著加快心率和增加心肌耗氧量，对休克不利，故目前临床已少用。

【不良反应与注意事项】 常见不良反应有心悸、头痛、头晕等；支气管哮喘患者已处于缺氧状态，气雾剂吸入时，患者如不正确掌握剂量而吸入过量或过频，可致心肌耗氧量增加，引起心律失常甚至心室颤动、诱发或加重心绞痛。长期使用可产生耐受性，停药7～10天后，耐受性消失。

【禁忌证】 禁用于心绞痛、心肌梗死、甲状腺功能亢进及嗜铬细胞瘤患者。

二、β_1受体激动药

多巴酚丁胺

多巴酚丁胺（dobutamine）为人工合成品，其化学结构与DA相似。可选择性激动β_1受体。临床所用多巴酚丁胺为含有右旋多巴酚丁胺和左旋多巴酚丁胺的消旋体。

【体内过程】 体内过程与DA相似，口服后易被肝和肠破坏而失效，故一般采用静脉滴注给药。

【药理作用】 多巴酚丁胺左旋体可激动α_1受体，而右旋体则拮抗α_1受体，故多巴酚丁胺消旋体对α受体的作用被抵消。左旋体和右旋体都激动β受体，激动β_1受体作用比激动β_2受体作用强，因此多巴酚丁胺消旋体主要表现激动β_1受体的作用。

与异丙肾上腺素相比，本药正性肌力作用比正性频率作用显著。很少增加心肌耗氧量，也较少引起心动过速。静脉滴注速度过快或浓度过高时，也会引起心率加快。

【临床应用】 主要用于治疗器质性心脏病心肌收缩力下降引起的心力衰竭，如治疗心肌梗死并发心力衰竭，临床作为短期支持治疗。多巴酚丁胺可增加心肌收缩力，增加心排血量和降低肺毛细血管楔压，并使左室充盈压明显降低，使心功能改善，亦可继发地促进排钠、排水、增加尿量，有利于消除水肿。

【不良反应与注意事项】 一般反应与DA类似，但心律失常较异丙肾上腺素和DA少见。用药期间如出现收缩压升高，心率加快，应减慢滴速或暂停用药。因半衰期较短，减慢滴速或停药后，反应可自行消失。心房颤动、室性心律失常和高血压患者等慎用，梗阻性肥厚型心肌病患者禁用。

其他β_1受体激动药有普瑞特罗（prenalterol）、扎莫特罗（xamoterol）等，主要用于治疗慢性充血性心力衰竭。

三、β_2受体激动药

本类药物选择性激动β_2受体，使支气管、子宫和骨骼肌、血管平滑肌松弛，对心脏β_1受体作用较弱。与异丙肾上腺素相比，该类药物解除支气管平滑肌痉挛作用强且无明显心脏兴奋作用，临床主要用于治疗支气管哮喘。常用药物有沙丁胺醇（salbutamol）、特布他林（terbutaline）、克仑特罗（clenbuterol）等，详见第二十八章作用于呼吸系统药物。

知识拓展 **休克的治疗原则**

休克是错综复杂的病理生理过程，单纯依靠1～2种药物治疗难以奏效，必须采取综合治疗措施：①纠正休克病因，如失血性休克应尽快找出失血原因，迅速止血；②补充血容量，因为无论哪种休克，均存在重要脏器灌流不足和微循环障碍，所以应迅速建立静脉通道，进行充分扩容，必要时应输血；③应用抗休克药物，根据患者休克类型选择相应的抗休克药物（扩血管药、缩血管药、增强心肌收缩力药物等），并根据病情变化调整药物种类、剂量、给药速度等；④纠正酸中毒，休克持续2h以上、已足量补液或用血管活性药后而血压反应不佳时，必须考虑纠正代谢性酸中毒；⑤应用肾上腺皮质激素，主要用于治疗感染性、心源性及某些顽固性休克，原则是早期、大量、短程应用。

本章小结

肾上腺素受体分为α型和β型，因此根据药物对受体选择性的不同，肾上腺素受体激动药分为α受体激动药，α、β受体激动药及β受体激动药。又由于人体内α和β受体的分布密度不同，因此这类药物在不同组织器官会产生不同的药理效应，并由此导致不同的临床应用。

该类药物是临床治疗心血管系统疾病的常用药物，如去甲肾上腺素、肾上腺素、异丙肾上腺素、麻黄碱、DA等，可用于治疗休克、心搏骤停、房室传导阻滞、支气管哮喘、心力衰竭等。

（王红娟）

第九章　肾上腺素受体阻断药

能力要求

1. 掌握α受体阻断药酚妥拉明及β受体阻断药的药理作用、临床应用、不良反应和禁忌证；普萘洛尔的作用及应用。

2. 熟悉肾上腺素受体阻断药的分类及代表药物；酚苄明、哌唑嗪的用途、不良反应及禁忌证；美托洛尔等药物的作用特点。

3. 了解β受体阻断药的内在拟交感活性和膜稳定作用。

肾上腺素受体阻断药，又称肾上腺素受体拮抗药，是一类能阻断肾上腺素受体，从而产生拮抗去甲肾上腺素能神经递质或肾上腺素受体激动药作用的药物。根据对α和β受体的选择性不同，本类药物可分为α受体阻断药，β受体阻断药及α、β受体阻断药三大类。

第一节　α受体阻断药

α受体阻断药能选择性地与α受体结合，其本身不激动或较少激动受体，却能阻碍去甲肾上腺素能神经递质或受体激动药与α受体结合，产生相应的阻断作用。

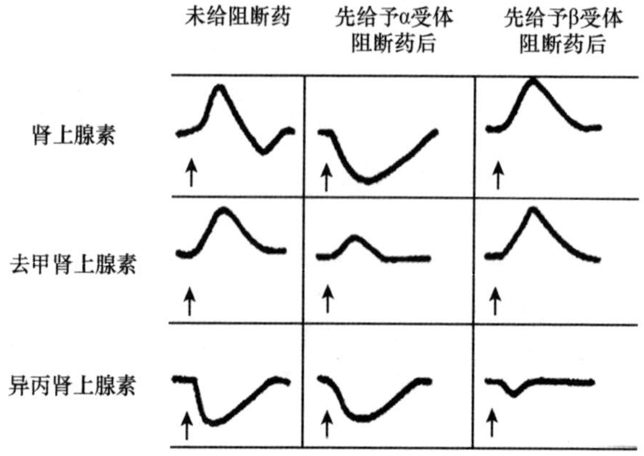

图 9-1　给予肾上腺素受体阻断药前后，儿茶酚胺对犬血压影响的示意图

α受体阻断药能使肾上腺素的升压作用翻转为降压，称为“肾上腺素升压作用的翻转”。这是由于该类药物阻断了与血管收缩作用有关的α_1受体，而不影响具有舒张血管作用的β受体，因此肾上腺素收缩血管作用被取消，而舒张血管作用充分表现出来。但对于去甲肾上腺素，却仅取消或减弱其引起的升压作用而无翻转，主要是由于去甲肾上腺素作用于α受体，而对β受体没有明显作用。对于主要激动β受体而对α受体没有作用的异丙肾上腺素的降压作用则无影响（图 9-1）。

根据该类药物对α_1、α_2受体选择性的不同，可将其分为如下 3 类。

1. 非选择性α_1、α_2受体阻断药，包括短效类（酚妥拉明、妥拉唑啉）和长效类（酚苄明）。
2. 选择性α_1受体阻断药（哌唑嗪）。
3. 选择性α_2受体阻断药（育亨宾）。

一、非选择性α_1、α_2受体阻断药

（一）短效类非选择性α_1、α_2受体阻断药

本类药物与α受体以氢键、离子键疏松结合，易于解离，因此作用持续时间短。去甲肾上腺素可与该类药物竞争同一受体，故又称为竞争性α受体阻断药，可使激动药的量效曲线平行右移（图 9-2）。

酚妥拉明

酚妥拉明（phentolamine）为咪唑啉衍生物，药用品为人工合成品，常用其甲磺酸盐。

【体内过程】 口服生物利用度低，仅为注射给药的20%。口服给药后30min血药浓度达峰值，作用维持3～6h。肌内注射作用维持30～50min。静脉注射半衰期约为19min。大多以无活性代谢产物从尿中排泄。

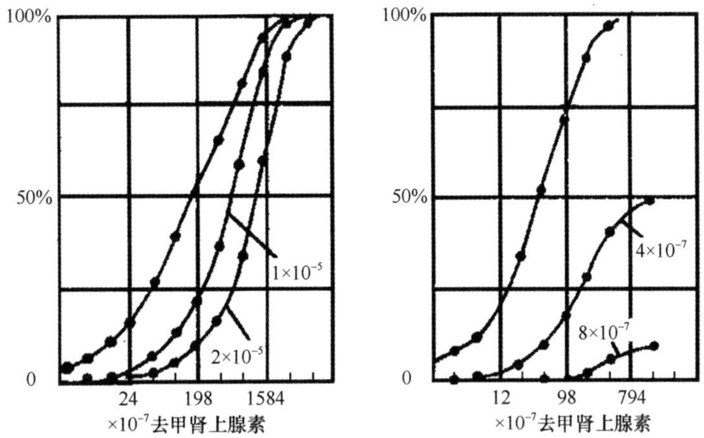

图9-2　α受体阻断药对去甲肾上腺素收缩猫脾脏的影响

左图为妥拉唑啉（短效），右图为酚苄明（长效）；横坐标为去甲肾上腺素浓度；纵坐标为最大收缩百分率；图内为阻断药浓度

【药理作用】 本药为短效α受体阻断药，对α_1和α_2受体的亲和力相似。

1. 血管 既能阻断血管平滑肌α_1受体，又能直接松弛血管平滑肌，使血管扩张。静脉和小静脉扩张明显，舒张小动脉可使肺动脉压下降，外周血管阻力降低，血压下降。血压降低强度取决于患者用药时的交感神经张力，卧位时降压作用较直立位时弱，降压作用在低血容量时特别明显。

2. 心脏 可兴奋心脏，使心肌收缩力增强，心率加快，心排血量增加。该兴奋作用部分是由于血管舒张，血压下降，反射性兴奋交感神经所致；部分是由于阻断去甲肾上腺素能神经末梢突触前膜α_2受体，阻断负反馈，促进去甲肾上腺素释放，激动心脏β_1受体，致使心脏兴奋，偶可致心律失常。

3. 其他 本药也能激动M受体和组胺受体，引起胃肠道平滑肌兴奋，胃肠道活动增强；促进肥大细胞释放组胺，胃酸分泌增加，皮肤潮红。其兴奋胃肠道平滑肌的作用可被阿托品拮抗。

【临床应用】

1. 外周血管痉挛性疾病 治疗肢端动脉痉挛的雷诺综合征、血栓闭塞性脉管炎及冻伤后遗症。

2. 去甲肾上腺素滴注外漏 静脉滴注去甲肾上腺素时间过长或发生外漏时，可用酚妥拉明10mg溶于10～20ml生理盐水中做局部浸润注射，防止局部组织缺血，甚至坏死。

3. 顽固性充血性心力衰竭和急性心肌梗死 酚妥拉明可用于治疗其他药物无效的急性心肌梗死及充血性心力衰竭。心力衰竭时，心排血量不足，导致交感神经张力增加、外周阻力增加、肺充血及肺动脉压力升高，容易产生肺水肿。酚妥拉明可扩张血管、降低外周阻力，使心脏后负荷明显降低、左心室舒张末期压和肺动脉压下降、增加心排血量，改善心力衰竭。

4. 休克 酚妥拉明能扩张血管，降低外周阻力，增加心排血量，改善内脏血流灌注和解除微循环障碍。特别是本药能明显降低肺血管阻力，对肺水肿具有较好的疗效。目前主张在补足血容量基础上，将酚妥拉明和去甲肾上腺素合用以对抗去甲肾上腺素激动α_1受体引起的强大缩血管作用，并保留其激动心脏β_1受体作用，使心肌收缩力增加，脉压增大，提高抗休克疗效，减少毒性反应。主要用于感染中毒性休克、心源性和神经源性休克。

5. 肾上腺嗜铬细胞瘤 酚妥拉明可对抗嗜铬细胞瘤分泌大量肾上腺素导致的高血压，亦可用于嗜铬细胞瘤鉴别诊断和防治手术过程中突发高血压危象。进行鉴别诊断实验时，可引起严重低血压，曾报告有致死病例，故应慎重。

6. 药物引起的高血压 可用于拟交感胺类药物过量所致高血压，亦可用于突然停用可乐定或应用 MAOI 期间患者食用含酪胺高的食物（如扁豆、蘑菇、腌肉、腌鱼、干酪、酸牛奶、香蕉、葡萄干、啤酒等）所引起的高血压危象。酪胺可促使去甲肾上腺素大量释放，血压急剧升高。

7. 其他 口服或直接阴茎海绵体内注射用于诊断或治疗阳痿。

【不良反应】

1. 胃肠道反应 常见恶心、呕吐、腹痛、腹泻等反应，可诱发或加剧消化性溃疡。胃炎及消化性溃疡患者慎用。

2. 心血管反应 常见直立性低血压，可用去甲肾上腺素升压，禁用肾上腺素。静脉注射过快可引起心率加快、心律失常和心绞痛。冠心病患者慎用。

【药物相互作用】 本药与氯丙嗪、胍乙啶合用可加重直立性低血压；与奎尼丁、麦角胺合用可增加心脏毒性。

妥拉唑啉

妥拉唑啉（tolazoline）作用与酚妥拉明相似，但对 α 受体阻断作用较弱，而组胺样作用和拟胆碱作用较强。主要用于外周血管痉挛性疾病、对抗去甲肾上腺素静脉滴注外漏，也可用于治疗新生儿持续性肺动脉高压症。不良反应与酚妥拉明相似，但发生率较高。

（二）长效类非选择性 α_1、α_2 受体阻断药

本类药物与 α 受体以共价键牢固结合，不易解离，阻断 α 受体作用强而持久，大剂量肾上腺素受体激动药也难与之竞争，故称为非竞争性 α 受体阻断药。须待药物从体内消除后，阻断作用才能消失，可使激动药的量效曲线非平行右移，最大效应降低（图 9-2）。

酚苄明

酚苄明（phenoxybenzamine）为人工合成品，具有起效慢、作用强而持久的特点。

【体内过程】 口服吸收 20%～30%，肌内、皮下注射局部刺激性较强，常采用口服或静脉给药。因在体内需转化为乙撑亚胺基后才能与 α 受体牢固结合，故起效缓慢，即使静脉注射也需 1h 才能达到最大效应，但作用强大。本药脂溶性高，大剂量用药可蓄积于脂肪组织中，而后缓慢释放，排泄较慢，用药一次作用可维持 3～4 日。

【药理作用】 酚苄明可阻断 α_1 和 α_2 受体，舒张血管，降低外周血管阻力，明显降低血压。舒张血管和降压作用强度取决于血管功能状态。对于静卧的正常人，酚苄明的扩张血管和降压作用往往不明显或表现为舒张压略下降。当交感神经张力高、血容量低或直立时，则可引起明显的血压下降和心率加快，后者系由于血压下降引起的反射作用及阻断突触前膜 α_2 受体的结果。此外，酚苄明在高浓度时尚有较弱的抗 5-HT 和抗组胺作用。

【临床应用】

1. 外周血管痉挛性疾病 可在酚妥拉明治疗无效时应用，由于作用强而持久，疗效优于短效类 α 受体阻断药。

2. 休克 舒张血管，降低外周阻力，改善微循环，用于治疗感染性休克。但起效缓慢，疗效不如酚妥拉明。

3. 嗜铬细胞瘤 对不宜手术或恶性嗜铬细胞瘤的患者，可持续应用，也可用于嗜铬细胞瘤术前准备。

4. 良性前列腺增生 用于良性前列腺增生引起的排尿困难，可明显改善症状，可能与阻断前列腺和膀胱底部的 α 受体有关。

【不良反应与注意事项】常见直立性低血压、心动过速、鼻塞、口干等。口服易致恶心、呕吐等消化道刺激症状，尚有嗜睡、疲乏等症状。治疗休克时，须先补足血容量，缓慢静脉给药，并密切观察、纠正血压。

二、选择性 α_1 受体阻断药

该类药物能选择性阻断 α_1 受体，对去甲肾上腺素能神经末梢突触前膜 α_2 受体无明显作用，不会促进神经末梢释放去甲肾上腺素，故降压时加快心率的副作用较轻。

坦　洛　新

坦洛新（tamsulosin）生物利用度高，半衰期为9～15h。结构与其他 α_1 受体阻断药不同，对 α_{1A} 受体的阻断作用显著强于 α_{1B} 受体。研究表明，α_{1A} 受体主要存在于前列腺，而 α_{1B} 受体主要存在于血管。α_{1A} 受体可能是控制前列腺平滑肌最重要的 α 受体亚型，因此坦洛新对良性前列腺肥大疗效好。非选择性 α 受体阻断药酚苄明、选择性 α_1 受体阻断药哌唑嗪和 α_{1A} 受体阻断药均可用于治疗良性前列腺肥大，改善排尿困难，但对心血管系统影响不同，酚苄明可降低血压和引起心悸，哌唑嗪降低血压，而坦洛新则对心率和血压没有明显影响。

哌唑嗪、特拉唑嗪

哌唑嗪（prazosin），特拉唑嗪（terazosin）选择性阻断动脉和静脉 α_1 受体，对突触前膜 α_2 受体作用弱。拮抗去甲肾上腺素作用，扩张血管，降低外周阻力，降低血压。主要用于治疗高血压和顽固性心力衰竭及前列腺增生。详见第二十三章抗高血压药。

三、选择性 α_2 受体阻断药

育　亨　宾

育亨宾（yohimbine，萎必治）为选择性 α_2 受体阻断药，包括中枢与外周 α_2 受体。可通过血脑屏障阻断中枢 α_2 受体，促进去甲肾上腺素释放，增加交感神经张力，引起血压升高、心率加快。此外，育亨宾也是5-HT阻断药。因作用复杂，主要用作实验工具药，也可用于治疗男性性功能障碍及糖尿病患者的神经病变。

此外，高选择性 α_2 受体阻断药如咪唑克生（idazoxan），可用于抑郁症的治疗。

第二节　β 受体阻断药

类药物可选择性与 β 受体结合，竞争性阻断去甲肾上腺素能神经递质或受体激动药对 β 受体的激动，从而拮抗 β 型拟肾上腺素作用。根据对 β 受体亚型的选择性不同，β 受体阻断药可分为非选择性 β_1、β_2 受体阻断药和选择性 β_1 受体阻断药两类。在 β 受体阻断药中，部分具有内在拟交感活性，因此本类药物又可分为有内在拟交感活性药和无内在拟交感活性药两类。因此，β 受体阻断药可分类如下。

1. 非选择性 β_1、β_2 受体阻断药

（1）无内在拟交感活性的非选择性 β_1、β_2 受体阻断药，如普萘洛尔、噻吗洛尔。

（2）有内在拟交感活性的非选择性 β_1、β_2 受体阻断药，如吲哚洛尔。

2. 选择性 β_1 受体阻断药

（1）无内在拟交感活性的选择性 β_1 受体阻断药，如阿替洛尔、美托洛尔等。

（2）有内在拟交感活性的选择性 β_1 受体阻断药，如醋丁洛尔等。

一、β 受体阻断药共性

【体内过程】 口服自小肠吸收，因不同药物首过效应程度有别、脂溶性高低有别，生物利用度个体差异较大。例如，普萘洛尔、美托洛尔脂溶性高，首过效应现象明显，所以口服生物利用度低；吲哚洛尔、阿替洛尔等水溶性高，口服吸收差，但首过效应现象不明显，故生物利用度高。口服同剂量普萘洛尔的不同患者，其血药浓度可相差 4～25 倍，故应用时须从小剂量开始，注意剂量个体化。

高脂溶性和低血浆蛋白结合率的 β 受体阻断药分布容积较大，能分布到全身各组织。高脂溶性的普萘洛尔和中脂溶性的美托洛尔在脑脊液中的浓度与血浆药物浓度近似。脂溶性高的 β 受体阻断药主要在肝内代谢，少量由尿中以原型排出。由于本类药物主要经肝代谢、肾排泄，故肝、肾功能不良者应调整剂量。常用 β 受体阻断药的分类和主要药动学参数见表 9-1。

表 9-1 β 受体阻断药的药理学特性比较

药物名称	内在拟交感活性	膜稳定作用	脂溶性	生物利用度（%）	血浆半衰期（h）	首过效应（%）	主要消除器官
非选择性 β 受体阻断药							
普萘洛尔	–	++	高	30	2～5	60～70	肝、肾
纳多洛尔	–	–	低	30～40	14～24	0	肾
噻吗洛尔	–	–	中	50	3～5	25～30	肝
吲哚洛尔	++	+	中	75	3～4	10～20	肝、肾
选择性 β_1 受体阻断药							
美托洛尔	–	±	中	50	3～7	50～60	肝
阿替洛尔	–	–	低	50	5～8	0～10	肾
醋丁洛尔	+	+	中	40	2～4	30	肝
α、β 受体阻断药							
拉贝洛尔	±	±	低	20～40	5～8	60	肝

【药理作用】 β 受体阻断药的主要药理作用与阻断 β 受体有关，但其中某些药物尚具有膜稳定作用、部分激动 β 受体的内在拟交感活性和抑制血小板聚集等作用。

1. β 受体阻断作用

（1）心脏：β 受体阻断药对心脏的作用取决于机体去甲肾上腺素能神经张力。对正常人休息时心脏作用较弱；但当交感神经张力增高（情绪激动、运动或病理状态）时，对心脏的抑制作用明显，主要表现为心率减慢、心肌收缩力减弱、心排血量减少，心肌耗氧量下降，血压降低。β 受体阻断药还能减慢窦性心律，也能降低异位起搏点的自动去极化速度，并减慢心房和房室结传导，延长房室结有效不应期（effective refractory period，ERP），延长心电图的 P-R 间期。

（2）血管和血压：可阻断血管平滑肌 β_2 受体，加之心脏功能被抑制，反射性地兴奋交感神经，引起血管收缩，外周阻力增加，使肝、肾和骨骼肌血管及冠状血管的血流量减少。该类药物对正常人血压影响不明显，而对高血压患者具有降压作用。可用于治疗高血压，疗效可靠，降压机制涉及药物对多系统 β 受体的阻断作用。

（3）支气管：非选择性的 β 受体阻断药通过阻断支气管平滑肌 β_2 受体，使支气管平滑肌收缩而增加气管阻力。这种作用对正常人影响较小，但对支气管哮喘患者，有时可诱发或加重哮喘急性发作，甚至危及生命。选择性 β_1 受体阻断药或有内在拟交感活性的 β 受体阻断药此作用较弱。因此，支气管哮喘患者禁用非选择性 β 受体阻断药，应用选择性 β_1 受体阻断药时也需慎重。

（4）代谢：非选择性β受体阻断药可抑制脂肪分解，降低游离脂肪酸含量，增加极低密度脂蛋白（very low density lipoprotein，VLDL）水平，轻度升高甘油三酯水平，降低高密度脂蛋白（high density lipoprotein，HDL）水平。选择性的β_1受体阻断药对脂肪代谢作用较弱。对于糖代谢，β受体阻断药与α受体阻断药合用时可拮抗肾上腺素升高血糖作用。普萘洛尔不影响正常人的血糖水平，也不影响胰岛素的降血糖作用，但能延缓用胰岛素后血糖水平的恢复。β受体阻断药往往会掩盖低血糖症状如心悸等，应用胰岛素治疗的糖尿病患者同时应用β受体阻断药，可能使低血糖反应不易被及时察觉，从而延误低血糖的诊断。此外，甲状腺功能亢进时，β受体阻断药不仅能对抗机体对儿茶酚胺敏感性的增加，亦可抑制甲状腺素（T_4）转化为活性更强的三碘甲状腺原氨酸（T_3），有效控制甲状腺功能亢进的症状。

（5）肾素：β受体阻断药能阻断肾小球旁器细胞的β_1受体，抑制肾素释放，从而抑制肾素-血管紧张素-醛固酮系统（RAAS），影响机体的水盐代谢和血压水平，可使血压下降，这可能是β受体阻断药降血压的原因之一。在各种β受体阻断药中，普萘洛尔作用最强，噻吗洛尔次之，吲哚洛尔、氧烯洛尔和阿普洛尔较弱。

（6）眼：有些β受体阻断药可通过阻断睫状体的β受体，减少cAMP生成，进而减少房水产生，降低眼内压，临床上可用于治疗青光眼，如噻吗洛尔。

2. 膜稳定作用　有些β受体阻断药具有局麻作用和奎尼丁样作用，是由于其降低细胞膜对离子的通透性所致，故称为膜稳定作用。膜稳定作用可降低心肌兴奋性，但产生膜稳定作用的浓度比临床有效血药浓度要高50～100倍，且无膜稳定作用的β受体阻断药也有抗心律失常作用，故认为β受体阻断药的膜稳定作用与其抗心律失常作用基本无关。

3. 内在拟交感活性　有些β受体阻断药在阻断β受体同时，还具有微弱的β受体激动作用，称为内在拟交感活性（intrinsic sympathomimetic activity，ISA）。由于β受体阻断药的内在拟交感活性远较其阻断作用弱，故激动作用在整体动物常被其阻断作用所掩盖。对实验动物预先给予利血平来耗竭其体内儿茶酚胺，再使用有内在拟交感活性的β受体阻断药，这时药物的β受体阻断作用无从发挥，才会表现出心脏兴奋、支气管平滑肌舒张等β受体激动作用。具有内在拟交感活性的β受体阻断药的特点：①药物对心脏的抑制作用和收缩支气管平滑肌作用较弱；②增加药物剂量或体内儿茶酚胺处于低水平时，可产生心率加快和心排血量增加等作用。

4. 其他作用　有些β受体阻断药（如普萘洛尔）尚有抗血小板聚集作用。

【临床应用】

1. 心律失常　对多种原因引起的室上性和室性心律失常均有效，尤其对运动或交感神经兴奋性过高、甲状腺功能亢进及嗜铬细胞瘤等所致窦性心动过速或因心肌缺血引起的心律失常疗效好。见第二十一章抗心律失常药。

2. 高血压　是治疗高血压的基础药物，可有效控制原发性高血压，患者耐受良好。可单独使用，也可与利尿药、钙通道阻滞药、血管紧张素Ⅰ转换酶抑制药配伍使用，以提高疗效，并减轻其他药物引起的心率加快、心排血量增加及水钠潴留等不良反应。见第二十三章抗高血压药。

3. 心绞痛和心肌梗死　对心绞痛疗效良好，可减少发作次数，改善运动耐量；对心肌梗死，早期应用普萘洛尔、美托洛尔等可缩小心肌梗死范围，降低患者复发率和猝死率。见第二十五章抗心绞痛药。

4. 充血性心力衰竭　早期应用β受体阻断药对扩张型心肌病引发的心力衰竭有明显的治疗作用。现认为其治疗作用与以下因素有关：改善心脏舒张功能；缓解由儿茶酚胺引起的心脏损害；抑制肾素所致缩血管作用；使β受体上调，恢复心肌对内源性儿茶酚胺的敏感性等。见第二十四章抗慢性充血性心力衰竭药。

5. 甲状腺功能亢进　普萘洛尔是甲状腺功能亢进和甲状腺危象的辅助用药。甲状腺功能亢进的多种症状与儿茶酚胺过度作用引起的β受体兴奋有关，特别是心脏和代谢方面，β受体阻断药可减慢心率，控制激动不安、心动过速等症状，并能降低基础代谢率。亦可抑制甲状腺素转化为三碘甲状腺原氨酸，其中普萘洛尔作用较强。见第三十三章甲状腺激素及抗甲状腺药。

6. 其他 噻吗洛尔局部应用减少房水形成，降低眼内压，用于治疗原发性开角型青光眼。左布诺洛尔（levobunolol）为新开发的治疗青光眼的β受体阻断药。另外，β受体阻断药还可用于偏头痛、肌肉震颤以及酒精中毒等的治疗。

【不良反应与注意事项】 常见一般不良反应有恶心、呕吐、轻度腹泻等消化道症状，偶见过敏性皮疹和血小板减少等。严重不良反应常与药物应用不当有关。

1. 诱发或加重支气管哮喘 非选择性β受体阻断药可阻断支气管平滑肌 β_2 受体，使呼吸道阻力增加，可诱发或加剧哮喘，因此禁用于支气管哮喘患者。选择性 β_1 受体阻断药如美托洛尔及具有内在拟交感活性的吲哚洛尔等对支气管平滑肌的收缩作用较弱，一般不会诱发或加重哮喘，但仍应尽量避免使用或慎用。

2. 抑制心脏功能 由于药物阻断心脏 β_1 受体，抑制心功能，特别是心力衰竭、窦性心动过缓和房室传导阻滞的患者对药物敏感性增高，更易加重病情，甚至引起重度心力衰竭、肺水肿、房室传导完全阻滞或停搏等严重后果。具有内在拟交感活性的药物则很少引起心动过缓、负性肌力等心功能抑制现象。

3. 外周血管收缩和痉挛 由于药物阻断血管平滑肌 β_2 受体，使外周血管收缩甚至痉挛，可引起间歇性跛行或雷诺综合征，出现四肢发冷、皮肤苍白或发绀、两足剧痛甚至脚趾溃烂和坏死等。

4. 反跳现象 长期应用β受体阻断药如突然停药，常会使原发症状加重，如血压上升、严重心律失常或心绞痛发作次数增加或程度加重，甚至产生急性心肌梗死或猝死，称为反跳现象。与长期用药后使β受体上调，对内源性儿茶酚胺敏感性增高有关。因此，长期用药者待病情控制后应逐渐减量直至停药。

5. 其他 可引起疲乏、失眠和精神忧郁等症状，故抑郁患者忌用普萘洛尔。糖尿病患者同时应用胰岛素和β受体阻断药时可掩盖低血糖时出汗和心悸等症状，出现严重后果。某些β受体阻断药如普萘洛尔长期应用会产生自身免疫反应，如眼-皮肤黏膜综合征。

【禁忌证】 禁用于严重左心室功能不全、窦性心动过缓、重度房室传导阻滞和支气管哮喘患者。心肌梗死患者及肝功能不全者应慎用。

二、常用β受体阻断药

1. 无内在拟交感活性的非选择性 β_1、β_2 受体阻断药

普萘洛尔

普萘洛尔（propranolol，心得安）是等量的左旋和右旋异构体的消旋品，其中仅左旋体有阻断β受体的作用。

【体内过程】 脂溶性高，口服吸收率大于90%，首过效应率60%～70%，生物利用度仅约30%。血浆蛋白结合率高，约93%，易透过血脑屏障，也可通过乳汁分泌。主要在肝脏代谢，其代谢产物4-羟普萘洛尔仍具有β受体阻断作用，代谢产物90%以上经肾排泄。老年人肝、肾功能减退，半衰期延长。该药个体差异大，临床用药需从小剂量开始，逐渐增加到适当剂量。

【药理作用及临床应用】 普萘洛尔具有较强的β受体阻断作用，对 β_1 和 β_2 受体选择性低，有膜稳定作用，无内在拟交感活性。用药后可使心率减慢，心肌收缩力减弱，心排血量减少，冠状动脉血流量下降，心肌耗氧量明显减少，对高血压患者可使其血压降低，支气管阻力也有一定程度增高。可用于治疗心律失常、心绞痛、高血压和甲状腺功能亢进等，还可用于治疗焦虑症及偏头疼。

纳多洛尔

纳多洛尔（nadolol）对 β_1 和 β_2 受体选择性大致相同，半衰期约20h，作用时间长，可每天给药一次。无膜稳定作用和内在拟交感活性。在体内代谢不完全，主要以原型经肾脏排泄。肾功能不全时可在体内蓄积，应注意调整剂量。由于该药可增加肾血流量，所以肾功能不全且需要β受体阻断药者可首选此药。

噻吗洛尔

噻吗洛尔（timolol）是强效β受体阻断药。无内在拟交感活性和膜稳定作用，有中等程度的首过效应。其滴眼剂可用于治疗青光眼。与毛果芸香碱相比，无缩瞳和调节痉挛等不良反应，局部应用对心率和血压无明显影响。但对药物敏感者，也可因吸收而产生全身不良反应，如哮喘发作或心力衰竭。

2. 有内在拟交感活性的非选择性 β_1、β_2 受体阻断药

吲哚洛尔

吲哚洛尔（pindolol）作用类似普萘洛尔，其强度为普萘洛尔的6～15倍，且有较强的内在拟交感活性，主要表现为可激动血管 β_2 受体引起血管舒张，有利于高血压的治疗；激动心肌 β_1 受体，又可减少其心肌抑制作用。

3. 选择性 β_1 受体阻断药　此类药物选择性阻断 β_1 受体，常用量阻断 β_2 受体作用较弱，较少引起支气管平滑肌痉挛，成为一类新型的β受体阻断药。

阿替洛尔和美托洛尔

阿替洛尔（atenolol）和美托洛尔（metoprolol）对 β_1 受体有选择性阻断作用，无内在拟交感活性，对 β_2 受体作用弱，故对呼吸道阻力影响轻微，但哮喘患者仍需慎用。临床上可用于治疗高血压、心绞痛、心律失常等。阿替洛尔半衰期和作用维持时间均较普萘洛尔和美托洛尔长，临床应用时每日口服1次即可，普萘洛尔和美托洛尔则需每日2～3次。

还有妥拉洛尔（tolamolol）、倍他洛尔（betaxolol）、普拉洛尔（practolol）、醋丁洛尔（acebutolol）等。

第三节　α、β受体阻断药

该类药物对α受体和β受体的选择性不高，临床主要用于治疗高血压。

一、α_1、β受体阻断药

拉贝洛尔

【体内过程】 拉贝洛尔（labetalol）口服可吸收，生物利用度为20%～40%。口服易受胃肠道内容物影响，血药浓度个体差异大。血浆蛋白结合率约为50%，约有99%在肝脏被迅速代谢，只有少量以原型经肾脏排泄。

【药理作用】 拉贝洛尔有两个光学中心，四种立体异构体。不同异构体的药理学活性不同，对受体的选择性亦各不相同，作用复杂。临床应用的拉贝洛尔为消旋混合物，兼具α、β受体阻断作用，对β受体的作用为α受体的5～10倍。对β受体的阻断作用约为普萘洛尔的2/5，α受体的阻断作用为酚妥拉明的1/10～1/6。由于对 β_2 受体的内在拟交感活性及药物的直接作用，可使血管舒张，肾血流量增加。与单纯β受体阻断药相比，能降低卧位血压和外周阻力，直立位时降压作用更明显。

【临床应用】 拉贝洛尔多用于治疗中度和重度高血压、心绞痛，静脉注射可用于高血压危象。该药对支气管平滑肌的收缩作用不强，但对有哮喘病史者仍应谨慎使用。

【不良反应及禁忌证】 常见不良反应有眩晕、乏力、恶心等。哮喘及心力衰竭者禁用，儿童、

孕妇及脑出血者忌静脉注射，注射液不能与葡萄糖盐水混合滴注。

卡维地洛

卡维地洛（carvedilol）可同时阻断 α_1、β_1 和 β_2 受体，无内在拟交感活性，具有膜稳定作用，亦有抗氧化、抗炎、抑制心肌细胞凋亡、抑制心肌重塑等作用。口服吸收迅速，首过效应显著，生物利用度约为25%。

它是左旋体和右旋体的混合物，前者具有 α_1 和 β_1 受体阻断作用，后者只具有 α_1 受体阻断作用。消旋体对 α_1 和 β 受体阻断作用的比率为1∶10，因此 α_1 受体阻断引起的不良反应明显比拉贝洛尔少。

卡维地洛可用于原发性高血压和充血性心力衰竭的治疗，且是第一个被正式批准用于治疗心力衰竭的 β 受体阻断药。本药可以明显改善充血性心力衰竭症状，提高生活质量，降低病死率。治疗轻、中度高血压疗效与其他 β 受体阻断药、硝苯地平等类似。用药量从小剂量开始，根据病情需要每 2 周增量一次。

二、α_2、β_1 受体阻断药

塞利洛尔

塞利洛尔（celiprolol）可阻断 α_2、β_1 受体，激动 β_2 受体，有内在拟交感活性，无膜稳定作用。口服吸收迅速，生物利用度为30%～70%。可通过胎盘，但不易通过血脑屏障。主要以原型经胆汁和肾脏排泄。可扩张血管，降低血浆甘油三酯和低密度脂蛋白（low density lipoprotein，LDL），升高 HDL。主要用于治疗高血压和稳定型心绞痛。

知识拓展

1957 年美国制药公司礼来公司研究人员合成了异丙肾上腺素的衍生物二氯异丙肾上腺素（dichloroisoprenaline，DCI），即异丙肾上腺素苯环上的两个羟基由氯原子取代，得到具有拮抗肾上腺素作用的第一个 β 受体阻断药。由于 DCI 有较强的内在拟交感活性，随即又合成了内在拟交感活性较低的 DCI 衍生物丙萘洛尔，曾试用于心绞痛，后因其严重不良反应被禁用。后来开发出了临床上用于治疗心绞痛和高血压的普萘洛尔，从而使 β 受体阻断药成为一类治疗心血管疾病的常规药物，同时也促进了肾上腺素受体理论研究，如肾上腺素受体分型、放射配体结合实验、肾上腺素受体分离和结构研究、肾上腺素受体细胞内信号转导通路和第二信使等。

本章小结

肾上腺素受体阻断药根据药物对受体选择性不同，分为 α 受体阻断药，β 受体阻断药及 α、β 受体阻断药。而人体内 α 和 β 受体的分布密度不同，因此药物在不同组织器官会产生不同的药理效应，并由此导致不同的临床应用。

肾上腺素受体阻断药是治疗高血压的基础药物，也是治疗心绞痛、心律失常的常用药物。掌握药物的共性作用和各自作用特点，将会为临床合理用药奠定坚实基础。

（王红娟）

第十章 局 麻 药

能力要求

1. 掌握常用局麻药的药理学作用。
2. 熟悉常用局麻药的应用情况和不良反应。
3. 了解局麻药的构效关系与分类。

局麻药（local anaesthetic）是一类以适当浓度局部应用于神经末梢或神经干周围，能暂时、完全、可逆性地阻断神经动作电位的产生和传导，在意识清醒的状态下，使局部疼痛等感觉暂时消失的药物。该类药物局麻作用消失后，神经功能可完全恢复，对神经和肌肉无损伤。1884 年德国医生 Carl Kolleer 最早将“可卡因”作为局麻药用于眼科手术中，但由于可卡因的毒性与成瘾性而限制其广泛应用。1905 年，人工合成了可卡因的衍生物——“普鲁卡因”，直到 20 世纪 40 年代，它一直是最重要的酯类局麻药。1943 年人工合成的“利多卡因”是最具代表性的酰胺类局麻药，随后又发现了作用较弱但毒性更小的局麻药“丙胺卡因”并应用于临床。1987 年，Courney 和 Strichartz 研究了局麻药的构效关系和理化作用，为寻找新的药效好、毒性低的局麻药提供了理论基础。

第一节 概 述

一、构效关系与分类

常用局麻药的化学结构由三部分组成：亲脂的芳香环或杂环、中间链和亲水的烷胺基（表 10-1）。中间链可为酯链或酰胺链，可直接影响本类药物的药理作用。根据中间链的结构，常用局麻药分为两类：第一类为酯类，中间链为酯键（—COO—），常用药物有普鲁卡因、丁卡因等；第二类为酰胺类，中间链为酰胺键（—CONH—），常用药物有利多卡因、布比卡因等。芳香环或杂环具有疏水亲脂性，烷胺基具有弱碱性，能结合氢离子，与氢离子结合后具有疏脂亲水性，因此局麻药具有亲脂性和亲水性的双重性。亲脂基团或亲脂性有利于药物与相应位点的结合与分离，可增强局麻作用效果（表 10-1）。

一般情况下，酯类局麻药在血浆内被酯酶水解代谢，而酰胺类药物则在肝脏中经酰胺酶降解。酯类局麻药所含的对氨基化合物可形成半抗原，引起过敏反应；酰胺类局麻药则不能形成半抗原，引起过敏反应极少。与酯类局麻药相比，酰胺类药物起效快，弥散快，麻醉时效长，过敏反应发生率低，且性质稳定。

表 10-1 常用局麻药的化学结构与麻醉作用

局麻药	化学结构			相对强度（比值）	持续时间（h）
	芳香环	中间链	烷胺基		
酯类					
普鲁卡因	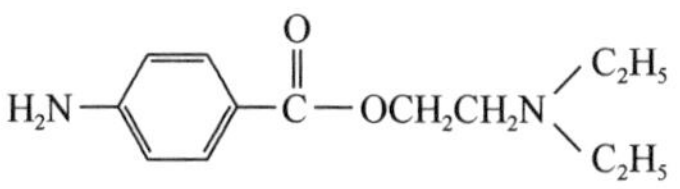			1	短效（1）
丁卡因	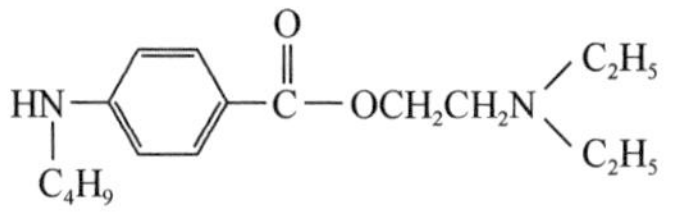			10	长效（2～3）

续表

局麻药	化学结构			相对强度（比值）	持续时间（h）
	芳香环	中间链	烷胺基		
酰胺类					
利多卡因	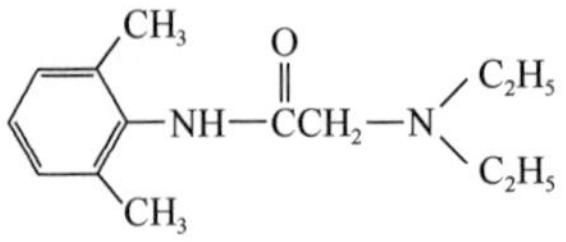			2	中效（1～1.5）
布比卡因	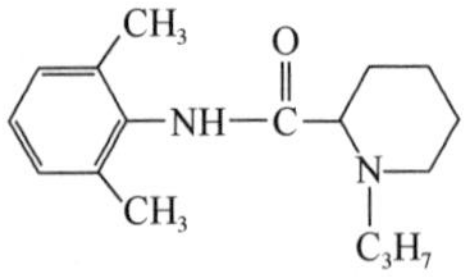			8	长效

二、药 理 作 用

1. 局麻作用　局麻药注入神经周围（不可注入神经内），经过弥散作用于神经组织，提高神经纤维的阈电位，抑制动作电位去极化上升的速度，延长动作电位的不应期，甚至使神经细胞完全丧失兴奋性和传导性，从而阻断神经冲动的传导。局麻药的作用与药物剂量、神经纤维的类别、粗细及刺激强度等因素有关。低浓度时主要阻断感觉神经冲动的发生和传导，较高浓度时对神经系统的任何部分和各类神经纤维，如外周神经、中枢神经、自主神经和运动神经都有阻断作用。神经纤维末梢、神经节及中枢神经系统的突触部位对局麻药最为敏感，细神经纤维比粗神经纤维更易被阻断。对无髓鞘的交感、副交感神经节后纤维在低浓度时即可产生作用，对有髓鞘的感觉和运动神经则需要在高浓度时才能产生作用。对混合神经产生作用时，首先消失的是痛觉，随后依次是冷热、触觉和深部感觉消失，最后是运动神经功能抑制。进行蛛网膜下腔麻醉时，首先阻断自主神经，继而按上述顺序产生麻醉作用。神经冲动传导的恢复则按相反的顺序进行。

局麻药主要作用于神经细胞膜。一般情况下，神经细胞兴奋时，细胞膜去极化依赖于 Na^+ 内流，局麻药能够可逆地阻断电压门控钠通道，而抑制 Na^+ 内流，阻止动作电位的产生和神经冲动的传导，产生局麻作用。局麻药阻滞 Na^+ 内流的作用具有使用依赖性（use-dependence），即开放的通道数目越多，其受到的阻断作用越明显，局麻效应也就越强。局麻药的效应与神经的状态有关，处于兴奋状态的神经因其开放的钠通道数目较多，因此处于兴奋状态的神经较静息状态的神经对局麻药更敏感。

2. 抗心律失常作用　电生理研究表明，非心脏毒性剂量的局麻药都有程度不同的抗心律失常作用，以利多卡因抗室性心律失常作用最为明显。利多卡因是临床常用的抗心律失常药物，可用于治疗强心苷引起的严重室性心动过速和心室颤动。

三、临 床 应 用

1. 表面麻醉（surface anesthesia）　将穿透性较强的局麻药涂于黏膜表面，使黏膜下神经末梢麻醉。适用于鼻、口腔、喉、气管、支气管、食管、泌尿生殖道等黏膜部位的浅表手术。常用药物有丁卡因和利多卡因等。由于局麻药黏膜吸收的速度不亚于静脉注射，因此用药过程需强调分次给药，用量不得超过常用量。

2. 浸润麻醉（infiltration anesthesia）　将局麻药溶液注入皮下或手术视野附近的部位，使局部神经末梢麻醉。常用药物为利多卡因、普鲁卡因和布比卡因等。根据需要可在溶液中加入少量肾上腺素，减缓局麻药的吸收，延长作用时间。浸润麻醉的优点是麻醉效果好，对机体的正常功能无影响；缺点是用量大，麻醉区域小，在进行较大手术时，因所需药物量较大易产生全身毒性反应。

3. 传导麻醉（conduction anesthesia） 将局麻药注入外周神经干附近，阻断神经冲动传导，使该神经所分布的区域麻醉。阻断神经干所需的局麻药物浓度较麻醉神经末梢所需的浓度高，但用量少，麻醉区域较大。传导麻醉常用利多卡因、普鲁卡因和布比卡因等，为延长麻醉时间，也可将布比卡因和利多卡因合用。

4. 蛛网膜下腔麻醉（subarachnoidal anesthesia） 蛛网膜下腔麻醉又称脊髓麻醉（spinal anesthesia）或腰麻，将麻醉药注入腰椎蛛网膜下腔，麻醉该部位的脊神经根。首先被阻断的是交感神经纤维，其次是感觉纤维，最后是运动纤维。常用于下腹部和下肢手术麻醉。常用药物为利多卡因、丁卡因和普鲁卡因等。药物在脊髓管内的扩散受患者体位、姿势、药量、注射力量和溶剂比重的影响。普鲁卡因溶液通常较脑脊液比重高，为了控制药物扩散，通常将其配成较脑脊液相对密度高或低的溶液。如用放出的脑脊液溶解或在局麻药中加入10%的葡萄糖溶液，其相对密度就会高于脑脊液，用蒸馏水配制溶液的相对密度低于脑脊液。患者取坐位或头高位时，相对密度高的溶液可扩散到硬脊膜腔的最低部位，相反，如采用相对密度低的溶液有扩散入颅腔的危险。

蛛网膜下腔麻醉的主要危险是呼吸肌麻痹和血压下降，后者主要是由于静脉和小静脉失去神经支配后显著扩张所致，其扩张的程度由管腔的静脉决定。静脉血容量增大时会引起心排血量和血压的显著下降，因此，维持足够的静脉血回流心脏至关重要，可取轻度的头低位或预先应用麻黄碱进行预防。

5. 硬膜外麻醉（epidural anesthesia） 将麻醉药液注入硬膜外腔，药物沿着神经鞘扩散，穿过椎间孔阻断神经根。硬膜外腔终止于枕骨大孔，不与颅腔相通，药液不扩散至脑组织，无麻醉时头痛或脑脊膜刺激现象。硬膜外麻醉所用局麻药的剂量较蛛网膜下腔麻醉大5～10倍，如误将药物注入蛛网膜下腔，可引起全脊麻，很快引起呼吸、心搏停止，故应十分谨慎。局麻药中加入微量的肾上腺素，可减慢局麻药从作用部位的吸收，延长局麻药的作用时间。

6. 区域镇痛（regional anesthesia） 近年来，外周神经阻滞技术及局麻药的发展为患者提供了更理想的围术期镇痛有效方法，通常与阿片类药物联合应用可减少阿片类药物的用量。酰胺类局麻药如布比卡因、左旋布比卡因及罗哌卡因在区域镇痛中应用最为广泛，尤其是罗哌卡因，具有感觉和运动阻滞分离的特点，使其成为区域镇痛的首选药。

四、不良反应

局麻药的不良反应可分为局部性和全身性两方面。一般局麻药给药局部较少产生不良反应，但当给药部位接近脊髓或其他主要神经干时可产生直接的神经毒性；此外，药物对支配血管神经的局麻作用可致血压下降，影响体内主要器官的血流量而产生不良反应。局麻药用量或浓度过高时吸收入血较多，或误将药物注入血管，血中药物达到一定浓度时，可产生全身作用，临床主要表现为中枢神经系统和心血管系统的毒性反应。

1. 中枢神经系统 局麻药对中枢神经系统的作用是先兴奋后抑制。初期表现为眩晕、惊恐、不安、多言、震颤和焦虑，甚至发生神智错乱和阵挛性惊厥。中枢过度兴奋可转为抑制，之后患者可进入昏迷和呼吸衰竭状态。由于中枢抑制性神经元对局麻药比较敏感，中枢神经系统兴奋和抑制不平衡，中枢神经系统脱抑制而出现兴奋症状。局麻药引起的惊厥是由边缘系统兴奋区向外周扩散而产生的，静脉注射地西泮可加强边缘系统γ-氨基丁酸（GABA）能神经元的抑制作用，防止局麻药中毒性惊厥的发生。若局麻药血药浓度过高，可引起抑制性神经元和兴奋性神经元的同时抑制，使全部中枢神经系统处于抑制状态，导致昏迷、心搏骤停、呼吸麻痹，甚至死亡，因此中毒晚期维持呼吸非常重要。

2. 心血管系统 局麻药对心血管系统的抑制作用具有剂量依赖性。局麻药对心肌细胞膜的钠通道有阻滞作用，药物吸收后可降低心肌兴奋性，使心肌收缩力减弱，传导减慢，不应期延长。大多数局麻药可使小动脉扩张、血压下降，在血药浓度过高时可引起血压骤然下降甚至休克等心血管反应，特别是药物误入血管内更易发生。高浓度局麻药对心血管的作用常发生在对中枢神经系统的作用之后，偶有少数人应用小剂量突发心室颤动导致死亡。例如，布比卡因可引起室性心律失常与致死性心室颤动，其较强的心脏毒性源于心肌对该药物的摄取过多。防止心脏毒性应以预防为主，掌握药物浓度和一次允许的极限量，采用分次小剂量注射的方法。小儿、孕妇、肾功能不全患者应适当减量。

3. 高敏反应 高敏患者接受小剂量（<1/3 最大剂量）局麻药时发生晕厥、呼吸抑制、循环衰竭等毒性反应。高敏反应发生一般归因于个体差异，但是值得注意的是，同一个体处于不同的病理生理状态或不同的周围环境时，对局麻药的耐受可能出现很大变化，这也可能是发生高敏反应的原因之一。

4. 过敏反应 较为少见。局麻药本身并非抗原，但当药物本身或其他代谢产物与血浆蛋白结合后可转变为半抗原，引起过敏反应。局麻药的过敏反应轻者出现荨麻疹或局部水肿；重者出现支气管痉挛、呼吸困难、血压下降、心律失常，甚至循环衰竭。酯类局麻药引起过敏反应远比酰胺类多，同类局麻药可能引起交叉过敏反应，故对酯类局麻药过敏者可改用酰胺类局麻药。

第二节 临床常用局麻药

酯类局麻药

普鲁卡因

普鲁卡因（procaine）为短效局麻药，其盐酸盐又称为奴弗卡因（novocaine），是最早合成的局麻药，毒性较小，无成瘾性，价格低廉。其盐酸水溶液不稳定，曝光、久储或受热后逐渐变黄，效能下降，宜避光保存。本品水溶液在 pH 为 3.3 时最稳定，若 pH 升高则水解反应加速，产生对氨基苯甲酸（PABA），进一步氧化使溶液呈黄色，加热也可促进这一过程的进行。《中国药典》对注射液中对氨基苯甲酸的含量有限量规定。该药的扩散程度和黏膜穿透力较弱，须注射给药才可产生局麻作用，局麻强度弱、起效较快，作用维持时间短，不适用于鼻黏膜、眼部等黏膜的表面麻醉，主要用于局部浸润麻醉、传导麻醉、蛛网膜下腔麻醉和硬膜外麻醉。该药物对外周血管无收缩作用。用于局部浸润或传导麻醉时，溶液中加入少量肾上腺素，能有效收缩血管，减少药物吸收，从而延长作用时间。

该药易被吸收，因而不能长时间停留在注射部位。常规用量下毒性小，大量吸收后引起中枢神经系统、心血管系统毒性和呼吸抑制。静脉注射时，以原型从尿液中排泄的量应在 2% 以下（24h 内）。普鲁卡因的水解主要发生在血浆中，仅小部分在肝中水解。由于脑脊液含有的胆碱酯酶很少，甚至没有，椎管内注射产生的麻醉作用较持久。在血浆中被胆碱酯酶迅速水解为对氨基苯甲酸和二乙胺基乙醇，对氨基苯甲酸能对抗磺胺类药物的抗菌作用，故应避免其与磺胺类药物同时使用。此外，对氨基苯甲酸代谢物在极少数人中可出现过敏反应，故用药前应做皮试。但对于使用前皮试或黏膜实验阴性者，仍屡见过敏反应发生，故皮试结果仅供参考。酰胺类局麻药不产生次级代谢物，所以普鲁卡因过敏者可改用利多卡因。

丁卡因

丁卡因（tetracaine）又名地卡因（dicaine），潘妥卡因（pontocaine），为长效酯类局麻药。与普鲁卡因化学结构相似，属对氨基苯甲酸的衍生物。该药脂溶性高，渗透力强，毒性和局麻作用比普鲁卡因强 10 倍，吸收后毒性也相应增加。能穿透黏膜，作用迅速，1～3min 显效，持续时间长达 2h 以上，常用于黏膜表面麻醉。因毒性大，不用于浸润麻醉。与普鲁卡因不同，丁卡因主要在肝脏经酯酶代谢，其代谢速度较慢，加之吸收快，易发生毒性反应。常与利多卡因混合应用于传导麻醉和硬膜外麻醉，使其起效快、作用时间延长，并减少毒性反应。丁卡因毒性反应发生率高于普鲁卡因，应严格掌握使用剂量。此外，普鲁卡因过敏者，也可能对本药过敏。丁卡因盐酸盐水溶液有抑菌作用，但稳定性差，久储后，若溶液变浑浊，则不能使用。

酰胺类局麻药

利 多 卡 因

利多卡因（lidocaine），又称塞罗卡因（xylocaine）为中效局麻药，其盐酸盐水溶液稳定，长期储存不分解。与同浓度的普鲁卡因相比，局麻作用起效快，作用强而持久，穿透能力也较强，局麻作用为普鲁卡因的 2～4 倍。局麻时效与溶液浓度有关，一般可维持 1.5h 左右。结构中的酰胺键较稳定，在肝脏的代谢速度较慢，麻醉维持时间较长。利多卡因黏膜吸收速度几乎与静脉注射相似，适用于表面麻醉。浸润麻醉时，由于利多卡因弥散广，吸收面积大，可加入肾上腺素，延缓药物吸收、减少毒性反应；传导麻醉与硬膜外麻醉是本药常用的给药途径。本药物进行硬膜外麻醉用于剖宫产时，易透过胎盘进入胎儿血循环，故需慎重考虑用药剂量。利多卡因弥散广，脊神经阻滞范围不易控制，临床上一般不用于蛛网膜下腔麻醉。此药反复应用后可产生快速耐受。

利多卡因还是临床上常用的抗心律失常药，是治疗室性心律失常的常用药。利多卡因的过敏反应较为少见，对普鲁卡因过敏者可改用利多卡因，但利多卡因毒性反应发生率比普鲁卡因高，其毒性大小与所用药液的浓度有关，增加浓度会相应增加毒性反应，中毒反应较为严重，应注意合理用药。如误将药物注入静脉，有致心脏停搏的危险，故临床上的用量控制比普鲁卡因严格。

布 比 卡 因

布比卡因（bupivacaine）又称麻卡因（marcaine），属于长效酰胺类局麻药，化学结构与利多卡因相似，属于酯类局麻药。其麻醉强度比普鲁卡因强 10 倍，毒性大 10～12 倍。布比卡因化学性质稳定，能耐蒸汽加热消毒，主要在肝脏代谢，代谢物为哌啶二甲苯胺，其麻醉作用为布比卡因的 1/3。布比卡因起效慢，作用维持时间与丁卡因相似或更长。本药主要用于浸润麻醉、传导麻醉和硬膜外麻醉。布比卡因没有明显的血管扩张作用，一般使用时不需要加入肾上腺素。常用量对心血管功能无明显影响，当剂量偏大时，多量的药物能够快速吸收进入血液循环系统，可致血压下降。本药的心脏浓度高于利多卡因，故具有较强的心脏毒性，严重时可致室性心律失常与致死性心室颤动，心血管系统的毒性表现通常先于中枢神经系统毒性，毒性反应发生率比利多卡因高；渗透与弥散比利多卡因差，适用于浸润麻醉、传导麻醉、蛛网膜下腔麻醉及硬膜外麻醉。

左旋布比卡因（levobupivacaine）是新型长效局麻药，是单一的左旋对映异构体，其麻醉效能与布比卡因相似，两者对感觉神经阻滞与运动神经阻滞的起效时间没有明显差异，但左旋布比卡因对感觉神经阻滞的平均时间长于布比卡因，而对运动神经阻滞的平均时间又短于布比卡因，有利于术后患者在无痛状态下早期活动及功能恢复。此外，左旋布比卡因相对于布比卡因毒性低，毒性反应的发生率也相对较低，临床需要较大剂量局麻药及局麻药持续应用时，其优越性显得十分重要。

罗 哌 卡 因

罗哌卡因（ropivacaine）是单一的左旋对映异构体，化学结构类似布比卡因，脂溶性大于利多卡因，但小于布比卡因，主要在肝脏代谢，代谢产物 3-羟基罗哌卡因及 4-羟基罗哌卡因有较弱的局麻作用。罗哌卡因特点是具有长效局麻和术后镇痛的作用，产生运动阻滞和感觉阻滞，分离程度大于布比卡因，在小剂量时对感觉神经阻滞明显强于对运动神经的阻滞，产生感觉神经阻滞（镇痛）仅伴有局限的、非进行性运动神经阻滞，较大剂量可阻滞运动神经。罗哌卡因具有明显的收缩血管作用，使用时无须加入肾上腺素。罗哌卡因适用于硬膜外、臂丛阻滞和局部浸润麻醉，对子宫和胎盘血流几乎无影响，适用于产科手术麻醉。过量的药物可快速进入体循环，出现中枢神经系统和心血管系统的中毒症状及体征，一般不良反应包括低血压、恶心、心动过缓、焦虑感觉减退等。

利多卡因与布比卡因应用于临床实践时间比较早，罗哌卡因和左旋布比卡因作为新型长效局麻药，临床与基础研究资料均证实了其临床应用的安全性和有效性。从麻醉效能看，布比卡因>左旋布比卡因>罗哌卡因，但后两者具有毒性低、时效长，耐受性好等特性，使其成为目前麻醉药的重要选择，也是布比卡因较为理想的替代药物。

依替卡因

依替卡因（etidocaine）是利多卡因的衍生物，起效快，麻醉作用为利多卡因的2～3倍，作用时间长，为长效局麻药。对感觉和运动神经阻滞都较好，而对运动神经阻滞作用较感觉神经更为显著，因此主要用于需要肌肉松弛的手术麻醉，而在分娩镇痛或术后镇痛方面应用有限。局部和全身的麻醉毒性较大。

知识拓展

关于局麻药的作用机制，目前公认的学说认为局麻药主要作用于细胞膜上钠通道的一个或多个特殊结合位点。近年对钠通道的结构和功能的研究越来越深入，经分子生物学研究证实，钠通道是一个大分子糖蛋白的三聚体，它有α、β_1和β_2三个亚单位。最大的α亚单位是其主要的功能单位，包括四个相似的区域（Ⅰ～Ⅳ），而每个区域由6个螺旋结构的跨膜片段组成（S1～S6）。研究表明，钠通道细胞膜内侧α亚单位第Ⅳ区的S_6片段上的氨基酸残基是局麻药的主要作用靶点。

本章小结

局麻药能够通过抑制电压门控钠通道阻断动作电位的产生和传导，从而暂时、完全和可逆性阻断神经冲动的产生与传导，使局部疼痛等感觉暂时消失。

常用局麻药的化学结构由三部分组成：亲脂的芳香环或杂环、中间链和烷胺基团。局麻药主要分为由血浆内酯酶代谢的酯类局麻药，以及由肝脏经酰胺酶代谢的酰胺类局麻药。

局麻药的临床应用主要包括表面麻醉、浸润麻醉、传导麻醉、蛛网膜下腔麻醉和硬膜外麻醉。其不良反应主要表现为中枢神经系统和心血管系统的毒性反应。产生不良反应的原因是局麻药剂量或浓度过高被过多吸收入血，或误将药物注入血管而致。

中药介绍

蟾　酥

蟾酥是蟾蜍科动物中华大蟾蜍 *Bufo bufo gargarizans* Cantor 或黑眶蟾蜍 *B. melanostictus* Schneider 的耳后腺及皮肤所分泌的白色浆液，经收集加工而成的干燥品，是较常用的中药，其主要的化学成分为蟾毒素（bufotoxin）蟾毒色胺（bufotenine）。该药物有解毒、消肿、止痛开窍等功效。药理学实验研究证明，蟾酥具有局麻、抗炎、抗肿瘤等多种药理作用。局部涂布于黏膜时，对感觉神经末梢先有刺激，随后麻痹，产生轻度的局麻现象。作为局麻药蟾酥能在用药局部可逆性地阻断感觉神经冲动的发生与传递，引起局部组织痛觉消失，其作用局限于给药部位，并随药物从给药部位扩散而迅速消失。

（岑彦艳）

第三篇　中枢神经系统药理学

第十一章　中枢神经系统药理学概论

能力要求

1. 掌握中枢神经系统的递质、受体及其生理功能。
2. 熟悉中枢神经系统药物的分类、作用机制及特点。
3. 了解中枢神经系统的结构和功能，以及突触信号传递的基本过程。

第一节　概　　述

中枢神经系统（central nervous system，CNS）由脑和脊髓组成，是人体神经系统的主要组成部分（表 11-1）。中枢神经系统对全身各处传到大脑中枢的信息，发挥着主导和整合调节作用，对传入的信息进行整合加工，转变为协调的运动性传出，再通过传出神经系统到达效应器或靶器官，完成相应的反射活动，或者储存在中枢神经系统内形成学习、记忆。因此，中枢神经系统的整合与协调作用对维持机体内环境的稳定并对外环境的变化做出即时反应具有重要的生理意义。

表 11-1　中枢神经系统各组织结构及其主要功能

组织结构	主要功能
脑	
大脑皮质	躯体感觉和运动的高级中枢，主导学习与记忆、语言与思维、精神与情感、意识动机与行为等高级功能
边缘系统	参与学习与记忆过程、协调情绪相关的自主性和内分泌反应
基底神经节	躯体运动的皮质下中枢，参与运动的设计与编程、协调的随意运动和肌紧张的调节
小脑	躯体运动的皮质下中枢；参与运动的设计与编程、协调的随意运动、非陈述式记忆、调节肌紧张、维持姿势平衡
丘脑	躯体感觉的皮质下中枢；丘脑 - 皮质回路，参与大脑兴奋的维持和躯体运动的控制（易化与抑制）
下丘脑	神经内分泌和内分泌的高级中枢；内脏功能活动的皮质下中枢；应激反应和防御反应中枢；体温、摄食、饮水等中枢；参与情绪反应调节
中脑	参与感觉（视觉、听觉、痛觉）和运动（眼球运动）的调控
脑桥	参与呼吸（呼吸调整中枢）、睡眠与觉醒（脑干网状结构上行激动 / 抑制系统）的调节
延髓	心血管、呼吸、消化等内脏活动的基本中枢、生命基本中枢
脊髓	脊髓反射中枢、多种内脏活动的初级中枢

一、中枢神经系统的细胞学基础

神经系统由神经组织构成，神经组织由神经元（neuron）和神经胶质细胞（neuroglial cell）构成，二者在形态结构和生理功能上显著不同。中枢神经系统的结构和功能较外周神经系统更为复杂，含有大量的神经元，且神经元与神经元之间又有多种形式的突触联系，并由多种递质传递信息，通过作用于相应的受体与离子通道和逐级放大的细胞内信号转导通路而产生一系列生理功能。

（一）神经元

人的中枢神经系统内约含有1000亿个神经细胞。神经细胞是神经系统的基本结构和功能单位，又称为神经元（neuron）。神经元最主要的功能是接受刺激、传递信息和整合信息，包括生物电和化学信息。神经元接受刺激信息产生兴奋，汇聚和整合所感受的信息，进一步将信息整合后的指令传递并激动其他的细胞（包括所有可兴奋细胞），使其产生兴奋。在整个信息传递的过程中，突触是神经元与神经元间或神经元与效应器间实现信息传递的重要部位。

神经元基本的组成包括胞体和突起两部分（图11-1）。

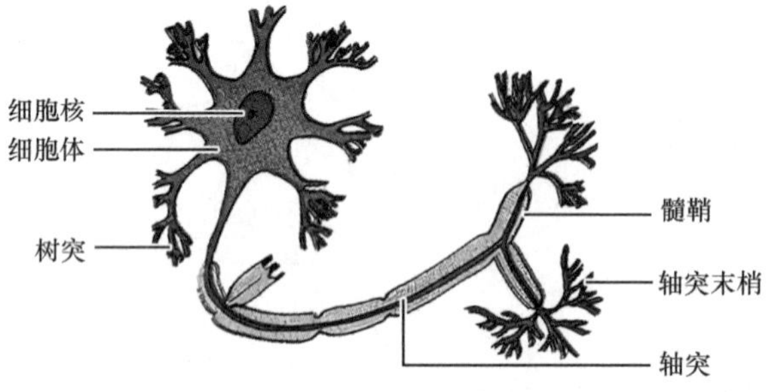

图11-1　神经元基本结构

1. 胞体　神经元胞体（cell body）大小不一，直径在4～150μm。细胞构造与其他组织的细胞相似，包括细胞膜（胞膜）、细胞核（胞核）和细胞质（核周质）。胞体内含有大的细胞核和各种各样的合成细胞生命活动物质所需要的细胞器，包括为其提供能量的氧化供能中心——线粒体，蛋白质合成中心——粗面内质网与核糖体，分泌蛋白的加工和包装中心——高尔基复合体。其他成分包括滑面内质网、溶酶体、细胞骨架成分及脂褐素、黑色素等。此外，神经细胞内还分布着尼氏体（Nissl body），为神经细胞所特有。在光镜下尼氏体为嗜碱性小块或小颗粒，分布于整个胞体和树突内；而在电镜下由粗面内质网和核糖体所构成，是合成蛋白质的场所。

神经元胞体的主要功能是进行合成代谢，它摄取葡萄糖、氨基酸和无机离子等，并以这些物质作为原料和能源，合成代谢和功能活动所需要的蛋白质和酶类，以及神经递质等信息物质，再将合成的递质和酶，在高尔基体内进行浓缩，成为有一定形态的分泌颗粒，随后由轴浆运输到神经末梢。神经元胞体是整个神经元的营养中心。

2. 突起　神经元的突起由神经元胞体发出，分为树突（dendrite）和轴突（axon）两种。树突有接受刺激和将冲动传入胞体的功能；而轴突的功能是将冲动传出胞体。

一般来说，胞体及树突的作用是接收传来的信息，胞体对接收到的信息进行整合加工，然后通过轴突将信息传给下一级神经元或效应器。

（二）神经胶质细胞

神经胶质细胞，又称胶质细胞（glial cell），是神经组织中除神经细胞以外的另一大类细胞，其数量为神经细胞的10～50倍，脑内神经元间的空隙几乎全由胶质细胞所填充。中枢神经系统中的神经胶质细胞分为两类：一类为大胶质细胞（macroglia），是中枢神经系统中主要的胶质细胞，包括星形胶质细胞（astrocyte）和少突胶质细胞（oligodendrocyte）；另一类包括小胶质细胞（microglia）、室管膜细胞（ependymal cell）和脉络丛上皮细胞。其中星形胶质细胞是神经胶质细胞的主要组分。

传统认为，神经胶质细胞主要功能是支持和绝缘作用，并维持神经组织的内环境稳定，在中枢神经系统发育过程中具有引导神经元走向的作用。但近年来大量研究表明，神经胶质细胞的功能状态对于神经元的存活至关重要，几乎决定着脑疾病的发生、发展和转归。尤其发现胶质细胞特别是星形胶质细胞能够释放谷氨酸（glutamate，Glu）、ATP和*D*-丝氨酸等胶质递质（gliotransmitters），通过胶质传递对脑环境和功能稳态的维持、突触信息的传递与整合、突触可塑性的调控方面等发挥着极其重要的作用。神经胶质细胞正成为帕金森病、阿尔茨海默病、脑卒中、精神分裂症、抑郁症、药物成瘾等诸多重大脑病临床治疗和药物研发的重要靶标。

（三）神经环路

神经元参与神经调节，是由不同性质和功能的神经元通过各种形式复杂的连接组成各种神经环路（neuronal circuit）。神经元通过这些神经环路对大量繁杂信息进行处理和整合，再以类似串联、并联、前馈、反馈、正反馈、负反馈等多种形式完成活动。在整个神经环路中能起到信息传递作用的部位是突触。一个神经元的树突或胞体能够接受许多轴突末梢的突触联系，这些轴突可以来自一个神经元，也可以来自多个神经元。这种多信息影响同一个神经元的调节方式称为聚合。同理，一个神经元也可以同时与多个神经元建立突触联系，使信息放大，这种方式称为辐散。因此，中枢神经系统中各种不同的神经环路均包含多次的辐散、聚合形式，使信息处理出现扩散或聚合、时空模式的叠加，构成更为复杂的神经网络（neural network，NN），使信息加工、整合更为精细，调节活动更加准确协调。

（四）突触

神经元的主要功能是传递信息。神经元与神经元之间或神经元与效应细胞之间信息传递的这种特化细胞连接，称为突触（synapse）。突触由突触前部分（presynaptic element）、突触间隙（synaptic cleft）和突触后部分（postsynaptic element）构成。根据突触传递的基本方式及结构特点，突触又分为电突触、化学性突触和混合性突触。其中，化学性突触传递最普遍、最重要，是中枢神经系统中最重要的信息传递结构。在大多数情况下，中枢神经系统中神经元之间的联系主要由化学性突触完成。

化学性突触的基本结构由突触前和突触后部分及突触间隙构成。突触前和突触后部分在结构上是不对称的。

1. 突触前部分 突触前部分的主体是突触小体。突触前神经元的突起末梢分出许多小支，每个小支的末梢膨大呈球状，形成突触小体（synaptic knob）。突触小体的末梢膜，称为突触前膜（presynaptic membrane）；与之相对的胞体膜或突起膜，称为突触后膜（postsynaptic membrane）。在突触小体的胞质内，含有大量的线粒体和囊泡，以及少量的滑面内质网和微管、微丝；而囊泡内含有高浓度的神经递质（neurotransmitter），包括 ACh、兴奋性或抑制性氨基酸递质、儿茶酚胺类递质，以及神经肽和生物胺类递质等。这些神经递质作为化学性突触传递的第一信使，首先与靶细胞的特异膜受体结合，进而直接或通过信号转导系统间接启动细胞特定的生理效应。

2. 突触后部分 突触后部分的主体是突触后膜。在突触后膜上有丰富的特异性受体和化学门控通道。

3. 突触间隙 在化学传递性突触中，突触前神经末梢和突触后膜之间，有着与细胞间隙同样的间隙存在，称为突触间隙。在中枢神经系统中两者之间的距离是 20～30nm。电子显微镜发现突触间隙比其他细胞间隙着色深。突触间隙中充满了组织液，属于内环境部分。

（五）离子通道

离子通道（ion channel）是一类跨膜的特化的膜蛋白，是引起神经细胞兴奋的重要结构基础。在神经系统细胞的细胞膜上主要存在电压门控离子通道和配体门控离子通道 。离子通道通过生物电，进一步产生递质释放、信息传递、腺体分泌、细胞分裂、生殖，以及学习和记忆等重要生理功能。

1. 电压门控通道 电压门控通道主要包括钠、钾和钙等离子通道，通道的开放与否取决于膜两侧跨膜电位的变化。在神经细胞上，这些离子通道都集中在轴突始段，参与形成快速的动作电位，从而将信号从胞体传导至神经细胞末梢。钠通道在中枢神经系统中发挥着重要作用。此外，在细胞体、树突和轴突始段，还分布着多种类型的电压门控钙通道和钾通道，以十分缓慢的方式调控神经元的放电，如钾通道在细胞去极化时开放，能限制细胞膜电位进一步去极化。

2. 配体门控通道 也称亲离子型受体，受体由不同数量的亚单位构成，而离子通道仅是受体复合物的一个重要组成部分。配体门控通道的开放取决于神经递质与其受体的结合。当受体与配体结合后，离子通道短暂开放，引起离子跨膜流动。按配体与受体的结合部位，配体门控离子通道又分为质膜和胞内两种类型。

（1）质膜配体门控离子通道：主要分布于突触后膜和神经肌肉接头后膜上，这类受体主要是一些神经递质受体，如烟碱型乙酰胆碱受体（N-ACh 受体）、GABA 受体、甘氨酸受体（Gly 受体）、谷氨酸/天冬氨酸受体 [*N*- 甲基-*D*-天冬氨酸（NMDA）受体和非 NMDA 受体]、5-羟色胺受体（5-HT 受体）和 ATP 受体等。

（2）胞内配体门控离子通道：主要分布于质膜内侧或内质网膜等细胞器上，与配体的结合部位均在胞质侧，该类配体多为第二信使，如 cAMP、cGMP、IP_3 和 Ca^{2+} 等。配体门控通道主要参与中枢神经系统中的逐级通路（hierarchical pathways）典型的快速突触信息传递。

二、神经元间信息的传递

神经元与神经元之间或神经元与效应细胞之间信息传递的关键结构是突触，而信息从神经元突触传递到下一级神经元突触的传导核心是神经递质。

（一）突触信号传递的基本过程

突触传递的基本过程：①神经递质的合成和储存；②突触前膜去极化和胞外钙内流触发神经递质的释放；③神经递质与突触后受体结合引起突触后生物学效应；④释放后递质的灭活及囊泡再摄取。

当突触前神经元兴奋时，通过动作电位的“全”或“无”式传导，兴奋很快传导至神经末梢。神经末梢的动作电位使突触前膜发生去极化，当去极化达到一定水平时，引起前膜上电压依赖性钙通道开启，于是胞外 Ca^{2+} 内流进入突触前膜。Ca^{2+} 进入突触前膜后，一方面降低轴浆的黏度，有利于突触小泡的位移；另一方面消除突触前膜内侧的负电位，刺进突触小泡和前膜接触、融合，以胞裂外排的方式将神经递质释放到突触间隙，随后在突触间隙中迅速扩散到达突触后膜，作用于突触后膜上的特异性受体或化学门控通道，从而触发突触后神经元发生一系列的生化反应或膜电位变化，产生突触后效应，完成突触间的信息传递。 从整个过程来看，突触传递实际就是一个“电-化学-电”的过程，即由突触前神经元的生物电变化，通过突触末梢的化学物质释放，最终引起突触后神经元的生物电变化。在整个神经递质释放诸多环节里，突触前膜的去极化是诱发神经递质释放的关键因素，而 Ca^{2+} 的内流是递质释放过程的触发因子。

（二）神经递质的灭活与再摄取

神经元与神经元之间及神经元与效应细胞之间精确的化学信号传递，是神经程序化精确调控的重要保证。要确保精确的化学信号传递，就必须严格调控突触间隙中神经递质的浓度和作用时间；同时，突触信息传递的终止，也必须依赖于神经递质的转运与清除。因此，在中枢神经系统内主要有两种机制完成相关转运或清除工作：①酶的灭活，如 ACh 的灭活需要 AChE；②神经递质的再摄取，包括囊泡的再摄取及转运到胶质细胞中储存备用。囊泡的再摄取是指将神经递质通过神经末梢膜的内吞作用合成新的囊泡，形成囊泡再循环，重新回到突触小体再利用，以备用于新一轮递质的合成、储存和释放。

因此，突触间隙递质的消除主要是通过突触前膜及神经胶质细胞的再摄取或酶的灭活作用完成的，其中突触前膜的再摄取是中枢神经系统最常见的递质回收方式。

第二节　中枢神经系统神经递质与受体

神经信息传递的主要形式是突触间的神经化学传递，而神经递质是神经传递的重要物质基础。对于中枢神经系统神经递质的研究，1924 年阿德里安（Adrian）首先提出中枢内信息的传递是化学传递，这一观点在20世纪50年代先后得到了埃克尔斯（Eccles）与沃格特（Vogt）等的支持与认同。随着神经科学研究技术的发展，不断发现新类型的神经活性物质随突触前膜去极化从末梢释放。因此，神经递质、神经调质（neuromodulator）和神经激素（neurohormone）的概念被相继提出。神经递质是指神经末梢释放，作用于突触后膜受体，导致离子通道开放并形成兴奋性突触后电位或抑制性突触后电位的化学物质。其特点是信息传递快、作用强和选择性高。神经调质也是由神经元释放，但本身不具备递质的活性，大多与G蛋白偶联受体结合后诱发缓慢的突触前或突触后电位，并不直接引起突触后生物学效应，但能调节神经递质在突触前的释放和突触后细胞的兴奋性，以及突触后细胞对递质的反应性。神经调质的特色是作用缓慢而持久但范围较广。近年来日益受到重视的NO、花生四烯酸等均属于神经调质，在神经组织或非神经组织均可生成。神经激素是由神经末梢释放的化学物质，主要是神经肽。神经激素释放进入血液循环后，在远隔的靶器官发挥作用。例如，下丘脑释放一系列调节激素，这些激素进入垂体门脉系统，在垂体前叶发挥其调节分泌作用。神经肽广泛存在于中枢神经系统、外周神经系统和组织内，它是神经元之间的重要化学信使，具有神经递质、神经调质和神经激素三重作用。越来越多的研究表明，神经肽最重要的作用是整合脑与机体各系统的功能。在许多神经元中，神经肽与传统递质共存，参与神经调节活动。

乙酰胆碱

ACh是第一个被发现的脑内神经递质，由胆碱和乙酰辅酶A在胆碱乙酰转移酶的催化下合成，然后转运到末梢储存在囊泡内。

1. 中枢ACh能通路　脑内ACh的生物合成、储存与释放、降解与灭活，以及与受体的相互作用均与外周胆碱能神经元相同。中枢的胆碱能神经元根据其分布分为如下两种。①局部分布的中间神经元，参与局部神经回路的组成。在纹状体、隔核、伏隔核、嗅结节等神经核团均存在较多的胆碱能中间神经元，尤以纹状体最多。②胆碱能投射神经元，这些神经元在脑内分布比较集中，分别组成胆碱能基底前脑复合体和胆碱能脑桥-中脑-被盖复合体。

2.ACh受体　绝大多数脑内胆碱能受体是M受体，N受体仅占不到10%。脑内的M或N受体具有与外周相似的药理特性。

（1）中枢M受体：M受体在中枢神经系统内广泛分布，包括M_1、M_2、M_3、M_4和M_5五种亚型。脑内以M_1受体为主，占M受体总数的50%～80%，主要分布于大脑皮质、海马、尾核、丘脑、中脑及延髓；M_2受体分布于大脑皮质浅表层神经元，特别是感觉区、运动区、听区及视区，以及下丘脑、脑桥和延髓；M_4受体分布于基底前脑和纹状体；M_5受体分布于黑质；M_3受体的分布与M_1、M_4受体相似。

（2）中枢N受体：中枢N受体主要分布于大脑皮质浅层、丘脑、下丘脑、海马、扣带回、脑干、小脑、脊髓闰绍（Renshaw）细胞等部位。根据该受体在不同部位的功能分为突触前N受体和突触后N受体。突触前N受体分布于去甲肾上腺素能、DA能、谷氨酸和GABA能神经元的突触前末梢部位，通过正反馈调节分别促进各神经末梢递质的释放；而突触后N受体主要介导快速兴奋性突触传递。

3. 中枢ACh的功能　ACh能神经元对中枢神经元的作用是以兴奋为主，尤其在传递特异性感觉、维持机体觉醒状态、促进学习与记忆，以及调节躯体运动、心血管活动、呼吸、饮水、摄食和痛觉调节方面具有重要生理作用。

γ-氨基丁酸

GABA在脑内含量很高，是神经系统内主要的抑制性神经递质，脑内有超过30%的突触是以GABA作为神经递质传递信息。

1. GABA的合成与代谢　GABA是由*L*-谷氨酸经谷氨酸脱羧酶（GAD）脱羧形成，储存于扁平型的突触囊泡内。释放时在 Ca^{2+} 的作用下，以胞裂外排的形式释放到突隙。而 GABA 的消除，主要依赖于突触前膜和胶质细胞对 GABA 的再摄取，以及酶的水解灭活。

2. GABA 受体 GABA 受体主要分为 $GABA_A$、$GABA_B$ 和 $GABA_C$ 三种亚型。

（1）$GABA_A$ 受体：$GABA_A$ 受体属于氯通道受体。是由 5 种不同亚基（α、β、γ、δ 和 ρ）组成的糖蛋白，每个亚基都是一条多肽链，含有 4 个跨膜区，5 个亚基围绕成一个中空的氯通道。功能性 $GABA_A$ 受体结构上还包括 GABA 结合位点、苯二氮䓬类（BD）结合位点和氯通道三部分。$GABA_A$ 受体主要介导突触后抑制效应。$GABA_A$ 受体激活后，使氯通道开放，氯内流增加，突触后膜产生超极化。苯二氮䓬类药物镇静催眠的机制，就是药物与苯二氮䓬类结合位点结合后，促进 GABA 与 $GABA_A$ 受体结合，使氯通道开放频率增加，引起细胞膜的超极化来加强中枢抑制作用。

（2）$GABA_B$ 受体：$GABA_B$ 受体属于 G 蛋白偶联受体。分布于突触前膜和突触后膜上，分别介导突触前抑制和突触后抑制，以突触前为主，通过关闭钙通道来负反馈调节神经递质的释放。

（3）$GABA_C$ 受体：$GABA_C$ 受体主要分布在视网膜，GABA 通过 $GABA_C$ 受体产生抑制性递质的作用。$GABA_C$ 受体的特征是对 GABA 具有高度的敏感性，使氯通道开放缓慢、持久，且不易失敏。

3. 中枢 GABA 的功能 GABA 广泛存在于中枢神经系统内，其中以黑质、纹状体的含量最高。在脑内 GABA 的功能主要是引起突触后抑制效应，包括抗焦虑、抗惊厥、镇痛、调节下丘脑-垂体功能、抑制下丘脑摄食中枢，以及参与视觉通路信息的传递与调控等作用。

兴奋性氨基酸

谷氨酸（glutamate，Glu）是中枢神经系统内主要的兴奋性神经递质，对神经元有极强的兴奋作用，参与突触传递。脑内有超过 50% 的突触是以谷氨酸作为兴奋性神经递质。

1. 谷氨酸的合成与代谢 谷氨酸不能透过血脑屏障，脑内的谷氨酸是脑内自行合成的。谷氨酸与 GABA 一样，是体内物质代谢的中间产物，也是合成 GABA 的前体物质。目前认为，谷氨酸的生物合成是谷氨酰胺在谷氨酰胺酶的作用下，水解脱去氨基而生成。合成的谷氨酸可迅速被神经末梢突触囊泡膜上低亲和力的谷氨酸转运体转入囊泡内储存。神经末梢兴奋时，囊泡内的谷氨酸以 Ca^{2+} 依赖性的胞裂外排释放。而谷氨酸的消除，主要依赖于突触前膜或邻近的胶质细胞对谷氨酸的再摄取，在神经元与胶质细胞之间形成“谷氨酸-谷氨酰胺循环”。

2. 谷氨酸受体 中枢的谷氨酸受体至少分为五种类型，即 NMDA 受体、*α*-氨基-3-羟基-5-甲基-4-异噁唑丙酸（AMPA）受体、藻酸（KA）受体、代谢性谷氨酸受体（mGluR）和 *L*-2-氨基-4-磷酸丁酸（*L*-AP4）受体。其中 NMDA 受体、AMPA 受体和 KA 受体都属于配体门控离子通道，属于离子型谷氨酸受体；而非 NMDA 受体、mGluR 和 *L*-AP4 受体均属于 G 蛋白偶联的谷氨酸受体。

（1）NMDA 受体：NMDA 受体在脑内广泛分布，尤其在大脑皮质及海马的含量最高。NMDA 受体由 4 个亚单位围绕的阳离子通道组成。当受体激活后，引起离子通道开放，增加 Ca^{2+} 的通透性，Ca^{2+} 内流；同时，增加 Na^+、K^+ 的通透性，使二者内流增加，引起突触后膜去极化。

（2）非 NMDA 受体：脑内非 NMDA 受体是由 4 个亚单位构成的异聚体，包括 AMPA 受体及 KA 受体，也属于化学门控离子通道受体。受体兴奋时离子通道的开启仅允许 Na^+、K^+ 单价阳离子的进出，引起突触后膜去极化，参与兴奋性突触的传递。

（3）mGluR：mGluR 属于 G 蛋白偶联受体，通过改变第二信使的胞内浓度，触发较缓慢的生物学效应。

（4）*L*-AP4 受体：*L*-AP4 受体在视网膜、脊髓和不同脑区抑制其兴奋性传递，通过抑制突出前膜上的 L 型和 N 型钙通道，对谷氨酸的释放起到负反馈调节作用。

3. 谷氨酸受体的功能 谷氨酸对中枢兴奋性突触传递、突触的可塑性改变，以及应激反应起着重要作用。目前认为，谷氨酸在中枢神经元发挥的兴奋性突触传递作用主要是通过 AMPA 受体和 NMDA 受体介导的；而谷氨酸对突触传递的可塑性改变是促进学习记忆的重要神经生理学基础。此外，谷氨酸还具有兴奋毒或神经毒作用，尤其在缺血性脑病、低血糖脑损害、癫痫、脑外伤及老年性中枢退行性疾病发病机制中，谷氨酸兴奋是造成神经元死亡的重要因素。

去甲肾上腺素

去甲肾上腺素（noradrenaline，NA）是外周和中枢神经系统的重要递质，其生物合成及代谢途径均与外周神经系统相似。

1. 中枢去甲肾上腺素的分布 中枢去甲肾上腺素能神经元胞体主要集中在延髓和脑桥的网状结构，按其纤维投射途径的不同，分为去甲肾上腺素能上行投射系统与去甲肾上腺素能下行投射系统；而去甲肾上腺素神经末梢在脑内弥散广泛分布。

2. 中枢肾上腺素受体 中枢去甲肾上腺素受体广泛分布于大脑皮质、海马、丘脑、松果体、蓝斑、延髓腹外侧区、孤束核和脊髓等众多部位；在不同类型的细胞包括神经细胞、胶质细胞和血管床细胞也均有去甲肾上腺素受体的分布。在脑内去甲肾上腺素受体中，α_1、α_2 和 β 受体均有分布，其中又以 α_1 和 β_1 亚型受体为主；而在脊髓主要以 α_{1D} 和 α_{2A} 亚型受体占优势。中枢去甲肾上腺素受体的激动分为突触后与突触前去甲肾上腺素受体的效应，其中突触后去甲肾上腺素受体的效应与外周去甲肾上腺素受体激动的效应相似，但突触后 α_1 受体的激动效应对神经元有兴奋作用，其机制可能与 α_1 受体激动时促进钾通道关闭，钾外流减少，引起神经元的去极化有关。

3. 中枢去甲肾上腺素的功能 参与多种功能活动的调节：①增强学习与记忆；②维持觉醒状态与促进快波睡眠；③调节情感活动，产生兴奋与欣快情绪；④调节心血管的活动；⑤分别在脊髓和脑内产生镇痛与拮抗镇痛的效应。

多 巴 胺

DA 是脑内重要的神经递质。DA 神经元在中枢神经系统的分布集中，投射通路清晰，尤其在大脑的运动控制、情感思维及神经内分泌方面均发挥着重要生理功能，是研究帕金森病、精神分裂症、药物依赖性与成瘾性的重要靶标。

1. DA 的合成与代谢 DA 是去甲肾上腺素的前体物质，以酪氨酸为原料，在神经元胞质内经酪氨酸羟化酶（TH）作用下生成多巴，再经多巴脱羧酶（DDC）转变为 DA。生成的 DA 储存于囊泡内，在 Ca^{2+} 的作用下以胞裂外排的方式释放出来。释放出来的 DA 最终在 DA 转运体的作用下大部分再摄取回囊泡，小部分被 MAO 破坏，转化为二羟基苯乙酸（DOPAC）。此外，胶质细胞和非多巴胺能神经元也能吸收及代谢有限的 DA。

2. DA 受体 DA 受体有 5 种亚型，即 D_1、D_2、D_3、D_4 和 D_5，根据对 AC 和 G 蛋白的影响、受体信号转导过程，以及特异性配体的不同，又将 D_1、D_5 统称为 D_1 样受体，D_2、D_3、D_4 统称为 D_2 样受体。

目前，脑内 DA 能系统的神经元主要构成了 4 条 DA 通路，即黑质-纹状体 DA 通路、中脑-边缘系统 DA 通路、中脑-大脑皮质 DA 通路及结节-漏斗 DA 通路。其中，黑质-纹状体通路主要存在 D_1 样受体（D_1 和 D_5 亚型）和 D_2 样受体（D_2 和 D_3 亚型）；中脑-皮质通路和中脑-边缘通路主要存在 D_2 样受体（D_2、D_3 和 D_4 亚型）；而结节-漏斗系统主要存在 D_2 样受体中的 D_2 亚型。

3. DA 的功能 DA 神经元胞体主要集中在中脑和间脑，由于 DA 存在上述的 4 条 DA 通路，因此分别产生了与躯体锥体外系运动、情绪精神活动及神经内分泌的分泌有关的生理活性。

（1）调节锥体外系的运动功能：锥体外系是人体运动系统的组成部分，其主要功能是调节肌张力、肌肉的协调运动与平衡。纹状体是锥体外系运动功能的调控中心，而黑质-纹状体通路的 DA 能神经元主要集中在中脑黑质的致密部，发出纤维投射到纹状体的尾核与壳核。该通路所含 DA 占全脑含量的 70% 以上，是锥体外系运动功能的高级中枢。

（2）调控精神情绪活动：精神情绪活动主要通过中脑-边缘系统和中脑-皮质系统的DA能通路发挥作用，主要参与情感的整合及认知功能的调控，包括思想、感觉、理解和推理等。而该系统DA功能的亢进，是导致Ⅰ型精神分裂症（妄想症）的重要原因。

（3）调节神经内分泌：下丘脑弓状核和室周核也存在少量DA能神经元，发出短纤维到达正中隆起和漏斗核组成了结节-漏斗通路。该通路与神经内分泌活动有关，主要调控垂体激素的分泌，如抑制催乳素的分泌、促进ACTH和GH的分泌等。

5-羟色胺

5-HT在化学结构上属于吲哚胺，由吲哚和乙胺两部分构成。在体内，5-HT主要分布在消化道、血液和中枢神经系统内。由于5-HT难以透过血脑屏障，因此中枢的5-HT独立成系统，主要集中在桥脑、延脑中线旁的中缝核群，共组成9个5-HT能神经核团，其中以中脑核群含量最高。

1. 5-HT的合成与代谢 5-HT的生物合成需要色氨酸（TP）为前体，以及色氨酸羟化酶（TPH）和5-羟色氨酸脱羧酶（5-HTPDC）两种合成酶的参与。TP进入5-HT能神经元之后，在TPH作用下生成5-羟色氨酸（5-HTP），然后在5-HTPDC作用下脱羧合成5-HT。整个合成过程在5-HT能神经元胞质中进行，以5-HT结合蛋白（specific 5-HT binding protein，SBP）的形式储存于囊泡内。释放时以胞裂外排的方式，在高Na^+细胞外液的作用下，5-HT迅速与SBP解离而发挥递质作用，最终依靠突触前膜的Na^+/Cl^-依赖型转运体大部分再摄取回囊泡，小部分在MAO作用下代谢成5-羟吲哚乙酸（5-HIAA）。

2. 5-HT受体 5-HT受体类型复杂，目前已发现5-HT受体有7种亚型，即5-HT_1～5-HT_7，其中5-HT_1受体又可分为1A,1B,1D,1E,1F 5个亚型，5-HT_2受体分为2A,2B,2C 3个亚型，5-HT_5受体分为5-HT_{5A}和5-HT_{5B} 2个亚型。

5-HT受体广泛存在于中枢神经系统，其中5-HT_{1A}受体在边缘系统分布最为密集，5-HT_{1B}、5-HT_{1D}受体主要集中在基底神经节，$5\text{-HT}_{2,3,4}$受体分别集中于新皮质、后缘区和海马等脑区，$5\text{-HT}_{5,6,7}$受体在大脑皮质、边缘系统、下丘脑、丘脑、脑干等脑区均有分布。此外，大脑皮质的5-HT受体分布也随皮质的分层而不同。

3. 5-HT的功能 中枢5-HT的生理功能主要参与觉醒-睡眠周期、精神情绪活动、下丘脑-垂体的神经内分泌活动、痛觉及体温调节和心血管活动等。目前认为，5-HT对睡眠的影响主要是触发和维持慢波睡眠；而对情绪和精神活动的功能系统有稳定作用，中枢5-HT功能不足是导致情绪障碍的重要体质因素；此外，5-HT是脑和脊髓内的一种重要痛调制递质。当脑和脊髓内5-HT神经元活动增强时，可使机体痛阈值升高，发挥镇痛作用并增强吗啡的镇痛效应。

组　胺

组胺（histamine）又称组织胺，是一种广泛存在于人体组织的自身活性物质，由组氨酸经特异性的组氨酸脱羧酶脱羧产生。

1. 组胺的分布 组胺在中枢和外周均有分布，外周组胺主要存在于肥大细胞和嗜碱性粒细胞的颗粒中，以皮肤、支气管黏膜、肠黏膜和神经系统中含量较多。当机体受到理化刺激或发生过敏反应时，可引起这些细胞脱颗粒，导致组胺释放，与组胺受体结合而产生生物效应。中枢神经系统组胺由特定的神经细胞合成，其含组胺的神经元主要位于下丘脑结节乳头核和中脑的网状结构，发出上、下行纤维。上行纤维经内侧前脑束弥散投射到端脑，下行纤维投射到低位脑干及脊髓。

2. 组胺受体的分类 组胺受体分为H_1、H_2和H_3三种类型，其中H_1、H_2受体是G蛋白偶联受体。H_1受体通过G_q蛋白偶联磷脂酶C能促进磷脂肌醇代谢，促进IP_3和DG的生成；而H_2受体与G_8蛋白结合偶联腺苷酸环化酶，使cAMP的水平明显升高。

3. 组胺受体的功能 脑内组胺在许多中枢活动中起着重要的调节作用，如神经内分泌调节、饮水摄食调节、体温调节、学习记忆、觉醒－睡眠、运动及攻击行为，以及激素分泌的调节等。

高脂溶性的 H_1 受体阻断药具有镇静作用；H_2 受体阻断药佐兰替丁能作用于中枢；激活突触前膜的 H_3 受体使组胺及其他单胺类递质、神经肽的合成与释放减少。

神 经 肽

神经肽（neuropeptide）是体内传递信息的生物活性多肽，主要分布在神经组织，具有神经递质、神经调质和神经激素的三重功能。不仅对神经元起作用，对非神经组织或组织器官均有明显作用。

1. 神经肽合成与代谢　能合成和释放神经肽的神经元称为肽能神经元。神经肽与经典递质的生成显著不同，它的合成首先由其 DNA 转录成 mRNA，经 mRNA 翻译后，在胞内的核糖体上先合成无活性的肽前体蛋白，然后装入囊泡随轴浆流运输到神经末梢，在转运的过程中，由酶切等翻译后加工成具有活性的神经肽。神经肽的释放与经典递质相似，由电刺激或高钾引起去极化，打开电压依赖性钙通道，Ca^{2+} 内流增加，使囊泡内的神经肽释放出来。而神经肽的灭活与经典递质不尽相同，主要依赖于氨肽酶、羧肽酶的降解而灭活，一般没有再摄取。

2. 神经肽受体　与经典递质相似，各种神经肽都有各自的受体及不同的受体亚型，但都属于 G 蛋白偶联受体家族。按其分布或所属的家族进行分类，神经肽主要分类为下丘脑神经肽、垂体肽、阿片肽、速激肽、脑肠肽等多种类型。

（1）下丘脑神经肽：包括促肾上腺皮质激素释放激素（corticotropin releasing hormone，CRH）、生长激素释放激素（growth hormone-releasing hormone，GHRH）、生长抑素（somatostatin，SS）、促性腺激素释放激素（gonadotropin-releasing hormone，GnRH）、促甲状腺激素释放激素（thyrotropin-releasing hormone，TRH）、血管升压素（vasopressin，VP）和缩宫素（oxytocin，OT）等。

（2）垂体肽：包括促肾上腺皮质激素（adrenocor ticotropic hormone，ACTH）、促甲状腺素（thyroid stimulating hormone，TSH）、生长激素（human growth hormone，GH），催乳素（prolactin，PRL）、黄体生成素（luteinizing hormone，LH）、α 促黑激素（α-melanocyte-stimulating hormone，α-MSH）和 γ 促黑激素（γ-melanocyte-stimulating hormone，γ-MSH）等。

（3）阿片肽：包括脑啡肽（enkephalin，ENK）、内啡肽（endorphin，END）、强啡肽（dynorphin，DYN）、内吗啡肽（endomorphins，EMs）、孤啡肽（orphanin，OFQ）等。

（4）速激肽：包括 P 物质（substance P，SP）、神经激肽 A（neurokinin A，NKA）、神经激肽 B（neurokinin B，NKB）、神经肽 K（neurokinin K，NPK）。

（5）脑肠肽：包括缩胆囊素（cholecystokinin，CCK）、血管活性肠肽（vasoactive intestinal peptide，VIP）、神经降压肽（neurotensin，NT）、胰高血糖素（glucagon，GCG）、铃蟾肽（bombesin，BN）、促胰液素（secretin，SCT），胰岛素（regular insulin，RI）、胃动素（motilin，Mln）等。

（6）增血糖素相关肽：包括组异肽（peptide histidine and isoleucine，PHI）、组甲肽（peptide histidine and methionine，PHM）、垂体腺苷酸环化酸激活肽（pituitary adenylate cyclase activating peptide，PACAP）等。

（7）胰多肽相关肽：包括神经肽 Y（neuropeptide Y，NPY）、酪酪肽（peptide YY，PYY）和胰多肽（pancreatic polypeptide，PP）等。

（8）其他肽：包括血管紧张素（angiotensin，ANG）、降钙素基因相关肽（calcitonin gene related peptide，CGRP）、缓激肽（bradykinin，BK）、心房钠尿肽（atrial natriuretic peptide，ANP）、脑钠尿肽（brain natriuretic peptide，BNP）、C 型钠尿肽（C-type natriuretic peptide，CNP）、内皮素（endothelin，ET）、δ 睡眠诱发肽（delta sleep inducing peptide，DSIP）和甘丙肽（galanin，GAL）等。

3. 神经肽的功能　神经肽最主要的功能是整合脑和机体各系统的功能。经典递质与神经肽的作用相辅相成，从而使得脑信息加工更精细，调节活动更加精确和协调。

第三节　中枢神经系统药物的作用机制与特点

一、中枢神经系统药物的作用机制

中枢神经系统药物作用于突触传递过程中的某一环节，包括突触前机制（影响神经递质的代谢过程）和突触后机制（受体的激动或拮抗作用）。

（一）影响递质的合成、储存、释放和灭活

某些药物通过影响递质的合成、储存、释放、生物转化或灭活来影响突触间隙中递质的含量，间接影响受体的效应。

1. 影响递质的生物合成　对氯苯丙氨酸可以阻断5-HT的合成；利血平通过干扰突触前囊泡内单胺类递质的储存而耗竭单胺类递质。

2. 影响递质的释放　安非他明能促进肾上腺素能突触释放儿茶酚胺类递质；辣椒素诱导感觉神经元促进P物质的释放。

3. 影响递质的储存和再摄取　当递质释放到突触间隙后，其作用持续时间取决于突触前转运体对该递质的再摄取或灭活，大多数递质是通过再摄取机制重新进入突触前膜末梢（如去甲肾上腺素、DA和5-HT等单胺类递质）或转运至突触周围的胶质细胞的细胞膜上（如谷氨酸等）。三环类抗抑郁药通过抑制去甲肾上腺素和5-HT的再摄取，提高突触间隙内递质的浓度来发挥作用；可卡因通过阻断肾上腺素能突触前转运体对儿茶酚胺类递质的再摄取，加强这类递质的药理作用。

4. 影响递质的灭活　ACh通过AChE的水解而灭活，因此，抑制AChE的药物可以阻止ACh的水解，使突触间隙中ACh的浓度增加而产生拟胆碱作用。

（二）作用于突触后膜上的受体

突触后膜上的受体是作用于中枢神经系统药物的主要靶点。

1. 直接作用于受体　药物通过直接激动受体或阻断受体而产生药理作用。例如，阿片类物质可以模拟脑啡肽的作用，激活脑内的阿片受体产生镇痛作用；而氯丙嗪等抗精神病药物通过阻断脑内DA受体产生神经安定和抗精神病作用。尤其拮抗受体的作用是中枢神经系统药物作用的常见机制，如士的宁导致惊厥是通过阻断抑制性递质甘氨酸与受体的结合而发挥作用。

2. 间接影响受体与递质的结合　药物还可以通过作用于配体门控离子通道，通过影响离子通道或第二信使间接影响受体与递质的结合。例如，苯二氮䓬类药物与$GABA_A$受体上的苯二氮䓬结合部位α亚单位相结合后，间接地促进了GABA与$GABA_A$受体的结合，使氯通道开放频率增加，细胞膜超极化，从而产生镇静催眠作用。甲基黄嘌呤通过干扰递质受体结合后的第二信使cAMP，阻断cAMP的代谢来提高其水平，延长突触后细胞的作用过程。

二、中枢神经系统药理学的特点

中枢神经系统的功能主要是调节各脏器系统的兴奋和抑制平衡，协调各功能之间的关系。因此，作用于中枢神经系统的药物根据上述功能，分为中枢兴奋药和中枢抑制药两大类。在整体水平上，中枢神经兴奋时，其兴奋性从弱到强依次表现出欣快、失眠、不安、幻觉、妄想、躁狂、惊厥等；而中枢神经抑制时，则表现出镇静、抑郁、睡眠、昏迷等。由于生命中枢在延髓，只有在极度抑制状态时才会影响到延髓引起血压下降、呼吸停止。此外，作用于中枢神经系统的药物，往往易对中枢的某种特殊功能产生选择性，如镇痛、抗精神病、抗惊厥、解热等。这些不同的作用与药物影响突触传递的某一环节有关，从而引起相应部位的功能变化，如影响递质的合成、储存、释放和灭活过程。凡能使抑制性递质释放增多或激动抑制性受体，均可引起中枢抑制性效应；凡能使兴奋性递质释放增多或激动兴奋性受体，可产生中枢兴奋性效应。因此，研究药物对递质和受体的影响是阐明中枢药物作用复杂性的关键环节，而对细胞内第二信使和离子通道及其相关

基因调控的研究，则阐明药物的作用机制。

此外，除少数药物仅影响神经细胞的能量代谢或膜稳定性外，随着剂量的增加，药物作用范围扩大，此类药物又称为非特异性作用的药物。例如，镇静催眠药小剂量具有镇静作用，较大剂量具有催眠作用，更大剂量有抗惊厥、抗癫痫和麻醉作用，过量引起呼吸麻痹，甚至死亡。

三、中枢神经系统药物的分类

作用于中枢神经系统的药物，按其作用性质（对递质和受体的作用）分类如下（表 11-2）。

表 11-2　作用于中枢神经系统的药物分类

作用靶点	作用机制	代表药物	主要药理作用或应用
ACh 受体	激动 M_1 受体	毛果芸香碱	觉醒
	阻断 M_1 受体	哌仑西平、东莨菪碱	中枢抑制、抗帕金森病
	激动 M_2 受体	6-β-乙酰氧基去甲托烷	中枢抑制
	阻断 M_2 受体	阿托品	中枢兴奋
	激动 N 受体	烟碱	惊厥
	抑制胆碱酯酶	毒扁豆碱、他可林	催醒、抗老年痴呆
去甲肾上腺素受体	促进去甲肾上腺素释放	麻黄碱、苯丙胺	中枢兴奋
	抑制去甲肾上腺素释放	锂盐	抗躁狂
	抑制去甲肾上腺素摄取	可卡因、丙咪嗪	欣快、抗抑郁
	抑制去甲肾上腺素灭活	MAOI	抗抑郁
	耗竭去甲肾上腺素储存	利血平	安定、抑郁
	激动 α 受体	去甲肾上腺素	兴奋
	激动 α_2 受体	可乐定	降血压、镇静
	阻断 α_2 受体	育亨宾	升血压、兴奋
	阻断 β 受体	普萘洛尔	降血压、噩梦、幻觉
DA 受体	激动 DA 受体	阿扑吗啡	催吐
	阻断 DA 受体	氯丙嗪、氯氮平	安定、抗精神病、镇吐
	生成 DA	左旋多巴	抗帕金森病
5-HT 受体	激动 5-HT 受体	麦角酸二乙胺	精神紊乱、幻觉、欣快
	阻断 5-HT 受体	二甲麦角新碱	中枢抑制
GABA 受体	激动 GABA 受体	蝇蕈醇	精神紊乱、抑制兴奋、阵挛抽搐
	阻断 GAGA 受体	荷包牡丹碱	抗焦虑、抗镇静、催眠、抗惊厥
	增强 GABA 作用	苯二氮䓬类	
Glu 受体	阻断 Glu 受体	士的宁	兴奋、强直惊厥
H 受体	阻断 H_1 受体	苯海拉明	抑制、抗晕动、抗过敏
	阻断 H_2 受体	西咪替丁	精神紊乱
阿片受体	激动阿片受体	阿片类（吗啡、哌替啶）	镇痛、镇静、呼吸抑制
	阻断阿片受体	纳洛酮	吗啡中毒
细胞膜	稳定	乙醚等	全身麻醉

知识拓展

中枢神经系统药理学研究常用技术——神经细胞培养技术。神经细胞的体外培养是1907年由哈里森（Harrison）在前人培养的基础上，用淋巴液作为培养基培养蛙胚神经组织，观察到神经细胞突起的生长，经后人不断改进、创新，形成现有的神经组织的分离培养技术。神经细胞培养的类型包括神经细胞的原代培养和神经细胞系培养，其培养方法有细胞分离培养（原代培养为主）、悬浮培养和组织块培养等，特别是现代实验室实施的组织块脑片培养尤适宜于药物对电生理影响的研究。目前，离体培养的神经细胞可以复制成多种神经细胞损伤模型，如氧-糖剥夺模型、兴奋性氨基酸、自由基等药物损伤模型、低温、热辐射等物理因素致损伤模型等，通过应用这些模型可以对离子、离子通道和递质、受体的研究及其拮抗或激动药、酶抑制药自由基清除剂、神经营养因子及中药等神经保护作用作出活性评价。

本章小结

中枢神经系统是神经系统的主要部分，对身体发挥着主导和整合调节作用，其中神经递质是神经信息传递的主要物质基础。中枢神经系统常见的递质或激素有ACh、去甲肾上腺素、DA、5-HT、GABA、谷氨酸、组胺及各种神经肽，共同参与神经活动的调节。

作用于中枢神经系统的药物根据中枢的功能主要分为中枢兴奋药和中枢抑制药两大类，其作用机制共同的特点是作用于突触传递过程的某一环节：①直接或间接作用于突触后膜上的受体；②影响递质的合成、储存、释放和灭活。

（李佳川）

第十二章　全身麻醉药

能力要求

1. 掌握全身麻醉、吸入麻醉、静脉麻醉的基本概念。
2. 熟悉常用吸入麻醉药的优缺点和静脉麻醉药的特点。
3. 了解符合麻醉药应用的概念。

全身麻醉药（general anesthetic）简称全麻药，是一类作用于中枢神经系统，能够可逆性抑制中枢神经系统，引起暂时性的可逆性意识、感觉，特别是反射消失和一定程度的肌肉松弛，以便为外科手术创造良好条件的药物。理想的全麻药应具有良好的镇痛作用，足够的骨骼肌松弛作用，消除各种不利于手术的反射活动，麻醉过程平稳，诱导和苏醒迅速而舒适，能被机体迅速吸收和排出，麻醉深度易于调节，而对循环、呼吸无明显影响，无后遗毒性等特点。全麻药根据给药途径的不同可分为吸入麻醉药和静脉麻醉药。

第一节　吸入麻醉药

吸入麻醉药（inhalation anesthetics，inhaled anesthetic）是一类挥发性气体或液体的全麻药，经呼吸道吸收入体内后达到麻醉效果的药物。其中气体吸入麻醉药主要包括氧化亚氮（nitrous oxide，N_2O），液体吸入麻醉药主要包括乙醚（diethyl ether）、氟烷（halothane）、异氟烷（isoflurane）、恩氟烷（enflurane）和七氟烷（sevoflurane）等。

吸入麻醉药对患者的麻醉深度分为四期，即镇痛期、兴奋期、外科麻醉期和麻醉中毒期。由于目前使用的非乙醚麻醉药作用快，患者呼吸受呼吸机的控制，术前和术中使用多种麻醉辅助药，以及静脉麻醉药和吸入麻醉药联合使用，分期较难。目前临床主要根据患者血压变化、呼吸形式、对疼痛刺激的反应、反射情况、瞳孔变化及肌肉张力将麻醉分为浅、中和深三度。

一、药理作用

1. 中枢神经系统作用　吸入麻醉药对中枢神经系统具有抑制作用，其抑制作用与吸入麻醉药的剂量相关（取决于脑内药物浓度）。某些特殊神经元和神经通路对药物的敏感性也有很大差异。脊髓背角胶质细胞对药物最敏感，因而首先出现该区域脊髓丘脑束感觉传递阻断，导致痛刺激反射减弱或消失，较高浓度能抑制许多脑区小的抑制性神经元，导致受其控制的其他神经元释放兴奋性神经递质，产生所谓“去抑制效应”，网状激活系统升支通路的进行性抑制使脊髓反射活动减弱或消失。延髓呼吸中枢和血管运动中枢对全麻药最不敏感，高浓度全麻醉才能导致呼吸和循环系统衰竭。除氧化亚氮外，各药均可不同程度地降低脑代谢，扩张脑血管，增加脑血流和升高颅内压。

2. 心血管系统作用　吸入麻醉药除氧化亚氮外，含氟麻醉药均能不同程度地抑制心肌收缩力，扩张外周血管，降低血压和心肌耗氧量，并降低压力感受器的敏感性，使内脏血流量减少。以上作用常受术前的精神状况、手术刺激、麻醉深度、麻醉辅助药的使用及患者血氧等因素的干扰。氟烷和氧化亚氮可增加心肌对儿茶酚胺的敏感性，七氟烷、恩氟烷、异氟烷和地氟烷相对较小。

3. 呼吸系统作用　吸入麻醉药能够扩张支气管和降低呼吸中枢对二氧化碳的敏感性，此作用恩氟烷最强。此外，吸入麻醉药能够降低潮气量，增加呼吸频率，降低每分通气量，并抑制缺氧所致代偿性换气。含氟吸入麻醉药在麻醉诱导期对呼吸道均有不同程度的刺激作用，可引起咳嗽甚至支气管平滑肌痉挛，以地氟烷刺激性最大而七氟烷最小。

4. 骨骼肌松弛作用 吸入麻醉药除氧化亚氮外，含氟麻醉药均有不同程度的骨骼肌松弛作用。此作用与非去极化型骨骼肌松弛药（筒箭毒碱）有协同作用，可能与中枢神经系统抑制和神经肌肉接头对肌肉松弛药敏感性增加有关。

5. 子宫松弛作用 吸入麻醉药除氧化亚氮外，均能明显松弛子宫平滑肌，使产程延长和产后出血过多。

二、体内过程

吸入麻醉药都是挥发性气体或液体，脂溶性高，容易通过生物膜，经肺泡进入血液，分布转运至中枢神经系统（脑组织）。吸入麻醉时，麻醉深度有明显的量效关系，当中枢神经系统的吸入麻醉药达到一定的分压（浓度）时，产生全麻状态。

1. 吸收 吸入麻醉药的吸收速度受吸入气中的药物浓度、药物在血的溶解度及肺通气量等因素的影响。吸入气中的药物浓度与最小肺泡浓度有关。在常氧（一个大气压）下，能使 50% 患者痛觉消失的肺泡气体中全麻药的浓度称为最小肺泡浓度（minimal alveolar concentration，MAC）。各种吸入性全麻药都有恒定的 MAC 值，数值越小，该药物的麻醉作用越强。药物在血的溶解度通常以血/气分配系数表示。血/气分配系数是指血中药物浓度与吸入气中的药物浓度达到平衡时的比值。血/气分配系统越大，药物在血中溶解度越大，血中药物分压升高较慢，达到血、气分压平衡状态越慢，麻醉诱导期长。肺通气量和肺血流量与药物吸收速率成正相关。

2. 分布 吸入麻醉药脂溶性较高，易通过血脑屏障进入脑组织发挥作用，其速度与脑/血分配系数成正比。脑/血分配系数是指血中药物浓度与脑组织中药物浓度达到平衡时的比值，脑/血分配系数越大，药物越容易进入脑组织，麻醉作用越强，麻醉诱导期越短。

3. 消除 吸入麻醉药极少被肝脏代谢或肾脏排泄，主要以原型随血液经过肺泡排出。因此，肺泡通气量大，脑/血和血/气分配系数低的药物易被排出，麻醉苏醒快。常用吸入麻醉药的特点比较见表 12-1。

表 12-1 常用吸入麻醉药的特点比较

药物	MAC（Vol%）	分配系数		代谢量（%）	诱导期	骨骼肌松弛
		血/气	脑/血			
氧化亚氮	100	0.47	1.06	0.004	短	很差
乙醚	1.92	12.10	1.14	＞10	很慢	很好
氟烷	0.75	2.50	2.0	20.0	短	差
恩氟烷	1.68	1.80	1.45	2～8	短	中等
异氟烷	1.15	1.40	1.60	0.20	短	中等
地氟烷	7.25	0.42	1.30	0.1	短	好
甲氧氟烷	0.16	15.0	1.40	30～75	短	好
七氟烷	1.71	0.69	1.70	1～5	短	好

三、常用药物

1. 氧化亚氮（nitrous oxide，N_2O） 氧化亚氮又称笑气，为第一个用于临床的吸入麻醉药。无色、甜味、理化性质稳定。不易燃易爆，对呼吸道无刺激性，对各种重要器官也无明显影响。由于其血/气分布系数低，诱导期短，麻醉迅速而苏醒快。镇痛作用强，在血药浓度低于麻醉浓度时，即患者的意识尚存时，有明显镇痛作用，可用于分娩止痛。氧化亚氮的主要缺点是麻醉深度不够，故一般不单独使用，需要其他麻醉药配伍。主要用于诱导麻醉或与其他全麻药配伍使用。

2. 乙醚（diethyl ether） 乙醚是经典麻醉药，无色挥发性液体，有刺激性气味，沸点为

35℃，易燃易爆，遇湿气或日光易氧化产生过氧化物或乙醛。麻醉乙醚的浓度对呼吸功能和血压几乎无影响，对心、肝、肾的毒性也小，是经典麻醉药，安全范围大，易于调节麻醉深度，镇痛和骨骼肌松弛效果好。其缺点是诱导期和苏醒期较长，易发生麻醉意外。其特殊的臭味会刺激呼吸道产生黏稠分泌物，易致术后呼吸道感染；血/气分配系数高，停药后恢复缓慢，术后反应多，如宿醉现象和呕吐；加上易燃、易爆等缺点，现代手术室已经少用。但因其使用简便，在野战、救灾等情况下仍有重要价值，也可以与其他药物合用，组成复合麻醉。

3. 氟烷（halothane） 氟烷是最常用的全麻药，有烧灼性甜味的挥发性液体，不燃不爆，但化学性质不稳定。氟烷的 MAC 仅为 0.75%，麻醉作用强，血/气分配系数也较小，故诱导期短，苏醒快，但易引起呼吸系统和心血管系统方面的副作用，如血管扩张、升高颅内压，氟烷还可增加心肌对儿茶酚胺的敏感性诱发心律失常等。氟烷的肌肉松弛和镇痛作用较弱，因此，需加用阿片类镇痛药或肌松药。氟烷能松弛子宫平滑肌，常致产后出血，禁用于难产或剖宫产患者。氟烷的主要缺点是肝损害，反复应用偶致肝炎或肝坏死，应予警惕，现已被更安全的七氟烷等替代。

4. 恩氟烷（enflurane）和异氟烷（isoflurane） 恩氟烷和异氟烷为同分异构体，不易燃易爆，与氟烷有相似特性，但化学性质稳定，是目前广泛使用的吸入麻醉药。全麻效能高，强度中等，诱导、苏醒快。抑制心血管系统比氟烷弱，心率和血压稍有下降；也不明显敏化心肌对儿茶酚胺的反应性。肌肉松弛作用大于氟烷，但需加肌松药才能达到满意效果。此外，两者均具有中等程度的镇痛作用。但在较深麻醉或通气过度血二氧化碳分压下降时，恩氟烷可引起癫痫样抽搐和脑电图改变，而异氟烷对呼吸道有刺激性，可致咳嗽和喉头痉挛。

5. 地氟烷（desfluran） 地氟烷结构与异氟烷类似，是异氟烷的氟代氯化物，有刺激性气味，化学性质非常稳定。MAC 较大，麻醉作用强度小，为异氟烷的 1/5。地氟烷的血/气分配系数仅为 0.42，是现有麻醉药中最低的，因此诱导苏醒作用迅速。对于心血管功能影响较小是地氟烷的优点之一。但由于地氟烷有一定的刺激性，在麻醉诱导时，尤其对于 12 岁以下儿童，可引起咳嗽、屏气、喉头痉挛等呼吸道刺激反应。

6. 甲氧氟烷（methoxyflurane） 甲氧氟烷为无色澄明带有水果气味的液体，在室温下稳定，不燃不爆。在上述的几种麻醉药中，甲氧氟烷的麻醉效果最强，最低麻醉浓度为 0.16%。由于其血/气分配系数很高，故诱导期长，恢复亦慢。其他方面，如对心血管系统、呼吸的抑制及可能引起心律失常等均与氟烷相似，但对子宫影响小是其优点。甲氧氟烷的主要缺点是引起肾损害。

7. 七氟烷（sevoflurane） 无色透明液体，无恶臭味，室温下性质稳定，临床使用浓度不燃不爆。其麻醉诱导、苏醒作用均很迅速。七氟烷对气道的刺激非常小，诱导过程舒适，平稳，很少有兴奋现象，苏醒期也平稳，麻醉深度易于控制，对心脏影响小。目前广泛用于儿童及成人的诱导麻醉和维持麻醉，对严重缺血性心脏病的高危心脏手术者尤为合适。

第二节　静脉麻醉给药

静脉麻醉药（intravenous anesthetic）是经静脉途径给药后产生全身麻醉的药物，为非挥发性全麻药。与吸入麻醉药物相比，静脉麻醉药使用方便，不需要特殊设备，不刺激呼吸道，患者易于接受，且诱导迅速起效快，无燃烧、爆炸危险，不污染手术室空气。但是静脉麻醉药多数镇痛作用不强，肌松作用不完全，除氯胺酮外，其他药物无明显镇痛作用，麻醉深度也不易调控。此外，静脉麻醉药物的消除有赖于肺外器官，剂量过大时难以迅速消除。临床上静脉注射药物主要用于麻醉诱导和维持，主要作为辅助药物与吸入麻醉药配合使用，增加后者的麻醉作用，亚麻醉浓度的静脉麻醉药还可以用于镇静和催眠。

1. 硫喷妥钠（sodium thiopental） 硫喷妥钠属超短效巴比妥类，脂溶性高，极易透过血脑屏障，麻醉作用迅速。硫喷妥钠性质不稳定，易破坏，临床用粉针剂，溶解后立即使用。静脉注射后 30s 即达峰浓度，可进入麻醉，无兴奋期。但由于硫喷妥钠可在体内迅速重新分布，从脑组织转运到肌肉和脂肪组织，脑内药物浓度迅速下降，因此麻醉作用维持时间短暂，约 5min。硫喷妥钠的主要优点是作用快，但镇痛效应差，肌肉松弛不完全，单独应用仅适用于小手术，临床主要用于诱导麻醉和基础麻醉，也可用于治疗破伤风、癫痫持续状态及局麻药中毒引起的惊厥状态。硫喷妥钠对呼吸中枢有明显的抑制作用，过量可致呼吸停止，禁用于新生儿及婴幼儿。有时可诱发喉和支气管痉挛，支气管哮喘患者禁用。

2. 氯胺酮（ketamine） 氯胺酮是中枢兴奋性氨基酸递质 NMDA 受体的特异性阻断药，阻断痛觉向丘脑和新皮质传递，同时能兴奋边缘系统，给药后使人痛觉完全消失，但意识模糊而不完全丧失，这种感觉和意识分离的麻醉现象称为"分离麻醉"（dissociative anesthesia）。由于分离麻醉，患者在恢复期常有精神方面的不良反应，如古怪而不愉快的幻觉、不安、短期记忆缺失及木僵状态。氯胺酮对体表镇痛作用明显，内脏镇痛作用差，对呼吸影响轻微，对心血管有明显兴奋作用。常见的副作用有心率加快、血压升高、心排血量增加，在静脉给药后 2～3min 时最突出。由于麻醉作用时间短，主要用于各种体表或门诊小的手术、烧伤清创、麻醉诱导和小儿基础麻醉等。氯胺酮对边缘系统如海马有兴奋作用，口服或吸入产生幻觉，失去对环境认知和严重的共济失调，已成为新型毒品，称 K 粉。

3. 羟丁酸钠（sodium hydroxybutyrate） 羟丁酸钠又名 γ-羟基丁酸钠（gamma hydroxybutyrate sodium），是 GABA 的中间代谢产物，为毒性较低的催眠性静脉麻醉药。全麻作用弱，起效慢，单次静脉注射后作用维持 1～3h。本药没有镇痛作用，临床上主要用于全麻的诱导和维持。可伴有副交感神经系统活动的轻微亢进，使气管黏液分泌增加，严重者呼吸停止。严重高血压、心脏房室传导阻滞及癫痫患者禁用。羟丁酸钠具有欣快诱导特性和性欲增强作用，常导致药物滥用。骤然停药可出现戒断症状，表现为震颤、焦虑和失眠。

4. 依托咪酯（etomidate） 依托咪酯是咪唑类衍生物，为强效、超短效、非巴比妥类催眠药，静脉注射后几秒内意识丧失，主要用于麻醉诱导。该药物可增强 $GABA_A$ 受体功能，其催眠作用约为硫喷妥钠的 12 倍，持续时间短，约 5 min。依托咪酯无明显镇痛作用，故用于诱导麻醉时常需加用镇痛药、肌松药或吸入麻醉药。本药物对心血管和呼吸系统影响小，适用于老年人和有心血管系统疾病的患者，但在麻醉恢复期容易发生恶心和呕吐。

5. 丙泊酚（disoprofol 或 propofol） 丙泊酚脂溶性高，静脉注射与硫喷妥钠近似，诱导麻醉迅速、平稳、渐进、舒适，无呼吸道刺激，作用时间短，苏醒快，醒后发生精神错乱的发生率较低，无积蓄作用，恶心和呕吐发生率均低于硫喷妥钠。本药物镇痛作用微弱，对循环系统有抑制作用，表现为血压下降，外周血管阻力降低，可用于门诊短小手术的辅助用药，也可以作为全麻诱导及镇静催眠辅助用药。

第三节 复合麻醉

目前各种全麻药单独应用都不理想，为了克服全麻药的不足，满足手术条件和术后镇痛，增加麻醉疗效和安全性，减少药物用量和不良反应常采用联合用药的复合麻醉（combined anaesthesia 或 balanced anaesthesia），即同时或先后应用两种或两种以上的全麻药和麻醉辅助药物。复合麻醉中常用的辅助药包括麻醉性镇痛药和肌肉松弛药（简称肌松药）。常用的复合麻醉有以下几种。

1. 麻醉前给药（preanesthetic medication） 为消除术前患者的紧张情绪，改善麻醉效果，以及弥补麻醉药的缺点，预先应用某些镇静镇痛类的药物，如术前使用地西泮消除患者紧张情绪。用阿托品或东莨菪碱对抗乙醚引起的呼吸道分泌物增加，保持呼吸道通畅并防止术后肺炎，或对抗氟烷麻醉引起的心率减慢，以及防止硫喷妥钠引起的喉痉挛和支气管痉挛。还可同时注射吗啡、哌替啶或冬眠合剂等增强麻醉药的镇痛效果或减少麻醉药的用量。

2. 基础麻醉（basal anesthesia） 在术前给予较大剂量催眠药，使患者处于深睡状态，在此基础上进行麻醉，能够减少麻醉药物的用量，并使麻醉平稳，常用于由于术前精神极度紧张而不能自控或者不合作的小儿患者。

3. 诱导麻醉（induction of anesthesia） 应用诱导期短的全麻药（如硫喷妥钠或氧化亚氮等），使患者迅速进入外科麻醉期，然后改用其他药物维持麻醉，可缩短全麻药的诱导期，避免诱导期的不良反应。

4. 合用肌松药 根据手术对肌肉松弛的要求，可在麻醉时合用肌松药，如合用琥珀胆碱或筒箭毒类的骨骼肌松弛药。

5. 低温麻醉（hypothermal anesthesia） 降低体温可以减缓机体代谢而减少全身耗氧量，增强心脑肾等重要器官对缺血缺氧的耐受，减少术后并发症。采用合用氯丙嗪或全麻下体外循环等方法使体温降低到浅低温（30～34℃）或中低温（28～30℃）水平，降低心、脑等生命器官的耗氧量，常用于心脑血管手术。

6. 控制性降压（controlled hypotension） 为减少出血、改善手术视野的条件，加用短效血管扩张药硝普钠或钙通道阻滞药使血压适度下降，抬高手术部位，常用于止血难度大的颅脑手术。

7. 神经安定镇痛术（neuroleptanalgesia） 主要是在麻醉中组合应用神经安定剂和镇痛剂的一种方法。目前常用的是氟哌啶及芬太尼（50∶1）合剂，使患者达到意识模糊，自主动作停止，痛觉消失，适用于外科小手术。安定镇痛术的特点是药物用量少，镇静、镇痛良好，意识和反射抑制轻微，若不加用催眠麻醉剂，患者可处于精神淡漠的醒觉状态。

全麻药作用机制虽然涉及多个靶点和多个神经环路，但是多项研究证实全麻药与 $GABA_A$ 受体亚基 α_1 及 β_3 上的跨膜氨基酸残基 M236 和 M227 的结合对发挥全麻作用至关重要。随着全麻药临床应用经验的积累及新研究技术、方法的发展，其具有一些潜在临床应用方向，如器官保护作用、抗肿瘤作用、抗精神病作用和抗癫痫作用。

知识拓展

（1）吸入麻醉分期：吸入麻醉时，给药剂量与麻醉深度有明显的量效关系并有特征性表现。为了掌握临床麻醉的深度，避免过度麻醉，将麻醉深度分为如下四期。①一期：镇痛期，引起镇痛。②二期：兴奋期，因为此时脑内抑制通路的阻断，患者表现为兴奋躁动，呼吸不规则，血压不稳定。由于呕吐、不安和其他可能发生的过度兴奋效应，本期可能是危险期。③三期：外科麻醉期，患者恢复安静，呼吸和血压平稳，外科手术通常在此期进行。④四期：延髓麻醉期，引起呼吸和心血管抑制，此期可能出现死亡。如出现延髓麻醉状态，必须立即停药，进行人工呼吸，心脏按压，全力进行抢救。

（2）麻醉药物的发现过程：1772 年约瑟夫·普里斯特利（Joseph Priestley）发现氧化亚氮（笑气）有镇痛作用。1818 年法拉第（Faraday）发现乙醚具有麻醉作用。1846 年，美国的牙科医生威廉·莫顿（William Morton）在外科手术中第一次成功地实施了吸入乙醚麻醉下手术，揭开了现代医学史的新篇章，也成为现代麻醉学的里程碑。1929 年，环丙烯的麻醉作用被发现。然而，环丙烯易燃易爆，伴随着电器和电烙术的广泛应用，安全性是很重要的，因此人们致力于寻找不可燃的麻醉药。1951 年萨克林（Suckling）合成了一种不易燃的麻醉药——氟烷，而 1956 年科学家约翰斯顿（Johnston）将其应用于临床。特雷尔（Terrell）分别于 1963 年和 1965 年合成了恩氟烷和异氟醚，随后经 Klantz 和 Dobking 等应用于临床。1968 年里甘（Regan）合成七氟醚，经临床试验观察后用于临床。1990 年琼斯（Jones）首先在临床上应用了地氟醚。

全麻药，其作用机制虽然涉及多个靶点和多个神经环路，但是多项研究证实全麻药与 $GABA_A$ 受体亚基 α_1 及 β_3 上的跨膜氨基酸残基 M236 和 M227 的结合对发挥全麻作用至关重要。随着全麻药临床应用经验的积累及新研究技术、方法的发展，其具有一些潜在临床应用方向，如器官保护作用、抗肿瘤作用、抗精神病作用和抗癫痫作用。

本章小结

全麻药是一类作用于中枢神经系统，引起暂时性的可逆性意识、感觉，特别是反射消失和骨骼肌松弛，以便进行外科手术的药物。按照给药途径全麻药分为吸入麻醉药和静脉麻醉药。吸入麻醉药是挥发性气体或液体的全麻药，经呼吸道给药。静脉麻醉药是经静脉途径给药后产生全身麻醉的药物。

理想的全麻药应具有良好的镇痛作用，足够的骨骼肌松弛作用，消除各种不利于患者的反射活动，麻醉过程平稳，诱导和苏醒迅速而舒适，能被机体迅速吸收和排除，麻醉深度易于调节，而对循环、呼吸几乎无明显影响，没有后遗毒性等特点。但目前临床上全麻药的单独应用并不理想，为达到满意的麻醉效果，常采用复合麻醉。

中药介绍

洋 金 花

洋金花是茄科植物白花曼陀罗 *Datura metel* L. 的干燥花。白花曼陀罗别名闹洋花、凤茄花、风茄花，是一年生草本植物，全株近于无毛。洋金花用于麻醉，已有几千年的悠久历史。其主要有效成分为莨菪烷类生物碱，其中东莨菪碱（scopolamine）含量较高，莨菪碱（hyoscyamine）含量较少，阿托品为消旋莨菪碱。治疗上东莨菪碱主要利用其对中枢神经的作用，阿托品一般利用其外周神经的作用。

临床上用东莨菪碱作为麻醉前用药，全麻或复合麻醉。①安全用量（常用量）为 6μg/kg，一般作为麻醉前用药，或与其他的中枢抑制药配合，作为基础麻醉药。②静脉注射用量为 40～60μg/kg，最高限 <80μg/kg，应用于全麻或复合全麻。东莨菪碱的效应在用量超过了一定范围后，不再呈现一般量效相关性，同时毒性反应增多且严重。

（岑彦艳）

第十三章　镇静催眠药

能力要求

1. 能够掌握镇静催眠药物概念、常用苯二氮䓬类药物的药动学特点、药理作用及作用机制。

2. 能够理解镇静催眠药物的量效关系，具备在临床上合理选择镇静催眠药物并熟悉使用的能力。

3. 能够了解新型镇静催眠药物的临床应用及研究开发相关内容。

镇静催眠药（sedative-hypnotic）是一类对中枢神经系统功能有抑制作用，引起镇静和类似生理睡眠的药物。小剂量可使兴奋不安的患者安静或嗜睡，产生镇静效应，较大剂量引起类似生理性睡眠的催眠效应，随剂量进一步加大可依次产生抗惊厥、麻醉作用，过量中毒可致昏迷、呼吸麻痹甚至死亡，反复使用易产生耐受性和依赖性。

觉醒与睡眠是人类依赖于中枢神经维持正常功能的一种生理现象。正常睡眠包括快速动眼睡眠（rapid eye movement sleep，REMS）与非快速动眼睡眠（non-rapid eye movement sleep，NREMS）两个时相，两者交替出现，REMS 期持续时间较短，为 20～30min，接着进入 NREMS 期，NREMS 又分为 1、2、3、4 期，其中 3、4 期脑电图上表现慢波又合称慢波睡眠（slow wave sleep，SWS）期，整个睡眠周期持续 90～100min，健康成人经历 4～6 次循环。梦境多发生在 REMS 时相，在慢波睡眠期，不仅脑电图上表现为低幅慢波，而且全身肌张力降低，有助于消除疲劳、恢复体力和机体的发育。镇静催眠药物，作用于不同睡眠周期达到诱导入睡和延长睡眠时间的作用，如巴比妥类药物能够显著缩短 REMS，达到诱导入睡的作用，苯二氮䓬则延长 NREMS 的 2 期。

失眠症（insomnia）是在睡眠时间充分时反复发生的入睡与睡眠维持困难及睡眠质量下降，表现为失眠、夜间易醒、再次入睡困难、早醒、次日疲劳感等。对时有时无的一过性失眠，或持续 1～3 周短期失眠，或持续 3 个月以上慢性失眠，镇静催眠药可改善其睡眠质量。但这只是对症治疗，应同时进行对因治疗。

根据化学结构，镇静催眠药一般分为三类：苯二氮䓬类（benzodiazepine，BZD/BZ）、巴比妥类（barbiturate）和其他。巴比妥类药物为传统的镇静催眠药，在 20 世纪 30～50 年代是镇静催眠的主要药物，60 年代以后使用逐渐减少，临床上被更加安全且具有良好抗焦虑作用的苯二氮䓬类药物所取代。近些年来在苯二氮䓬类基础上研发出新的催眠药物，如唑吡坦（zolpidem）、佐匹克隆（zopiclone）、右佐匹克隆（eszopiclone），临床称为 Z-类催眠药物。新近上市的还有扎来普隆（zaleplon），多为短效，更适合催眠。

为了降低镇静催眠药滥用或不当使用，在选择镇静催眠药物时应注意以下几点：①选择适合药物时应考虑药物剂量、药物代谢特点、危险与效益；②短效药物适用于入睡困难患者，中效药物适合睡眠的维持；③尽量避免选择长效药物，特别是老年患者，次日易思睡或引起认知障碍，增加跌倒风险；④老年患者、肝肾功能不全和肺部疾病需慎用和密切监测。

第一节　苯二氮䓬类

苯二氮䓬类药物是目前临床上最常用的一类镇静、催眠和抗焦虑药物，过去 50 年中合成超过 2000 种不同衍生物，世界范围内临床应用超过 20 种，20 世纪 70 年代后成为全世界处方量最大的药物之一，常用的有地西泮（安定）、氯硝西泮、艾司唑仑、阿普唑仑、三唑仑、咪达唑仑，均为

1,4-苯并二氮䓬的衍生物，部分结构图见图13-1，根据它们作用时间的长短，可分长效、中效和短效三类（表13-1）。

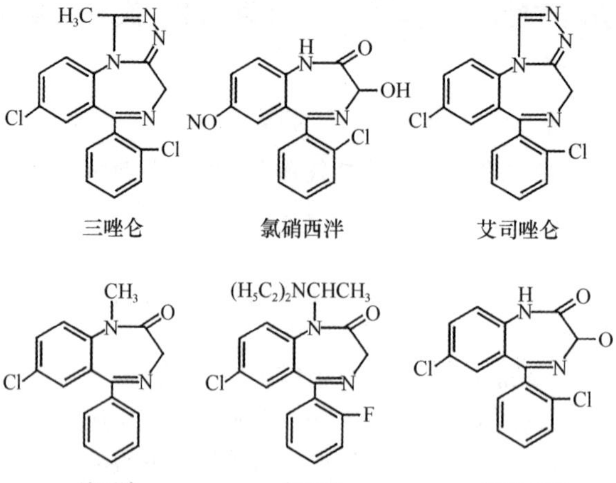

图13-1 不同苯二氮䓬类药物结构图比较

表13-1 常用苯二氮䓬类药物比较

名 称	分 类	半衰期（h）	代谢物活性	应用特点
三唑仑	短效	2～3	有	谨慎使用，易致反跳
阿普唑仑	中效	12～15	有	抗焦虑，惊恐障碍
艾司唑仑	中效	10～24	有	睡眠维持，抗焦虑
劳拉西泮	中效	10～20	无	失眠，抗癫痫
硝西泮	中效	18～24	无	失眠，抗焦虑
氯硝西泮	中效	24～48	无	抗惊厥抗癫痫
地西泮	长效	20～80	有	抗惊厥抗癫痫
氟西泮	长效	48～120	有	抗焦虑

地 西 泮

【体内过程】 苯二氮䓬类药物口服吸收良好，血药浓度达峰时间为0.5～1.5h。肌内注射由于体液pH的影响吸收慢而不规则。血浆蛋白结合率高，达到95%，急需时可采用静脉注射，是临床上普遍使用的抗惊厥和镇静制剂。药物为脂溶性，易于透过血脑屏障，脑组织中浓度较高，可蓄积于脂肪组织和肌组织。主要在肝药酶作用下进行生物转化，药物的中间代谢产物去甲地西泮具有与母体药物相似的活性，其半衰期更长，最后与葡糖醛酸结合失活，经肾排出。能通过胎盘屏障，也可随乳汁分泌。

【药理作用】

1. 抗焦虑作用 小于镇静剂量时选择作用于边缘系统，可消除患者紧张、恐惧和不安等焦虑症状。临床上用于惊恐发作和广泛性焦虑，与经常使用的其他抗焦虑药物比较，如选择性5-HT再摄取抑制药（selective serotonin reuptake inhibitors, SSRI）、三环类抗抑郁剂（tricyclic antidepressant），其减缓焦虑症状快，但长时间使用会产生依赖，临床连续使用一般不超过2～4周，不用于抑郁症状控制。地西泮和咪达唑仑由于能够快速缓解症状，临床常用于急性焦虑发作时症状控制。

2. 镇静催眠作用 小剂量产生镇静作用，随剂量增加，具有催眠作用，可明显缩短入睡时间，延长睡眠持续时间，减少觉醒次数，产生近似生理性睡眠，对REMS影响小，但与巴比妥类药不同，增大剂量也不引起麻醉作用。对中枢神经系统轻度抑制，使兴奋不安患者转为安静或嗜睡。临床上用于短期失眠，间断性或小剂量使用可以降低依赖性的发生。

3. 抗惊厥、抗癫痫作用 本类药物具有很强的抗惊厥和抗癫痫作用，是临床使用治疗癫痫和癫痫持续状态一线药物；静脉注射地西泮、咪达唑仑能很快控制惊厥发作，作用快、但持续时间短，是医院用于抗惊厥常用药物。氯硝西泮作用更强、持续时间更持久。另外，本类药物还可用于治疗破伤风、子痫、小儿高热惊厥、药物和硫化氢等毒气中毒所致惊厥。

4. 中枢性肌松作用 地西泮在小剂量时可抑制脑干网状结构下行系统对γ神经元的易化作用，较大剂量时增强脊髓神经元的突触前抑制，抑制多突触反射，引起肌肉松弛，所以具有较强的肌肉松弛作用，能降低肌张力，可缓解大脑损伤所致的肌肉僵直。适用于因中枢神经病变引起的肌强直，如一氧化碳中毒、硫化氢中毒、溺水、心搏骤停、脑创伤后及中枢神经系统变性疾病等肌肉强直。但使用时应注意防止头昏、嗜睡、跌倒等。

5. 其他 较大剂量可以致记忆力短暂降低，执行功能和操作功能下降，影响驾驶和设备操作，还可引起呼吸抑制作用，导致换气功能降低，一般剂量多不产生呼吸抑制，但在慢性肺功能不全，肺性脑病使用时谨慎。在较大剂量时对心血管系统也有一定抑制作用，使心率减慢和血压下降等。

【作用机制】 目前认为苯二氮䓬类药作为$GABA_A$受体激动药，通过与$GABA_A$受体结合，增强脑内GABA神经递质的作用，控制神经元兴奋性，从而降低了神经元兴奋性、抑制了神经元间传导，发挥镇静和抗焦虑作用。GABA作为中枢神经抑制性神经递质，在突触前轴突内合成，当神经冲动到达时释放，作用于突触后膜上受体，发挥抑制效应。

中枢神经系统GABA分为三类，$GABA_A$、$GABA_B$、$GABA_C$，有的学者认为还存在$GABA_D$，苯二氮䓬类药物作用于$GABA_A$受体，对其他类型受体没有作用。$GABA_A$受体是一个大分子蛋白复合体，为配体-门控氯通道（ligand-gated Cl^-channel），中央为氯通道，由5个亚单位组成（图13-2），具有2个GABA结合位点和1个苯二氮䓬结合位点，当受体激活时，氯通道开放，离子内流，导致细胞超极化，抑制神经元冲动产生和动作电位传导。苯二氮䓬类药物通过调节GABA与受体结合发挥作用，苯二氮䓬类药物与受体结合后，$GABA_A$受体构型发生改变，这时可增加GABA结合位点对递质的亲和力，增强GABA与受体结合，导致神经元超级化，GABA抑制作用增强。药物作用依赖脑内固有GABA，苯二氮䓬类单独与受体结合并不能产生该作用，不能启动Cl^-内流而发生抑制作用。

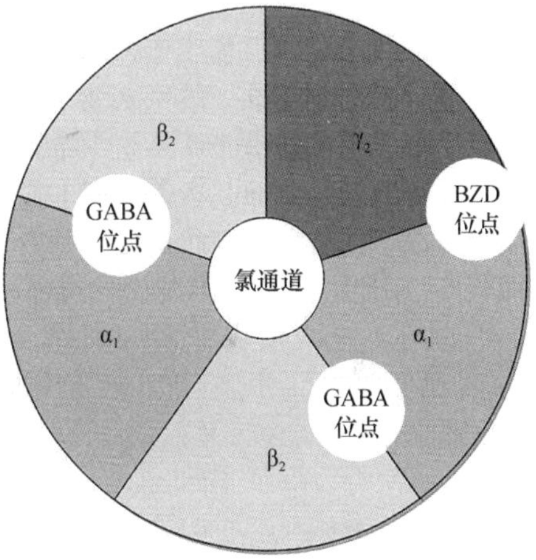

图13-2　$GABA_A$受体-氯通道

中枢神经$GABA_A$受体结构复杂，对于每种亚单位又具有不同亚型，脑内不同区域$GABA_A$受体的亚型不同，控制不同神经环路。这种区别与药理作用和临床应用相关。一般认为苯二氮䓬类抗焦虑作用主要是作用于杏仁核和海马内受体，镇静催眠作用与脑干内核团的受体作用有关。

【药物相互作用】 地西泮与其他中枢抑制药物合用，可增强中枢抑制作用，引起嗜睡加重、呼吸抑制，临床使用应注意降低剂量，监测患者呼吸情况。肝酶诱导药物如卡马西平、苯妥英钠、苯巴比妥及利福平等可以加速其代谢，缩短半衰期，而肝酶抑制药西咪替丁等药物可抑制地西泮在肝脏代谢，导致代谢减慢，半衰期延长。

【不良反应】 地西泮毒性小，安全范围大，常见的有头昏、嗜睡、乏力和记忆力下降、头痛、步态不稳。大剂量时偶发共济失调、视物模糊、低血压、语言不清等。因此，可影响技巧动作、驾驶等功能。过量或急性中毒可致昏迷和呼吸抑制，静脉注射速度过快时也可引起呼吸循环功能的抑制，吗啡和乙醇等其他中枢抑制药可增强其毒性。中毒时可用竞争性苯二氮䓬类受体阻断药物氟马西尼（flumazenil）抢救。氟马西尼是咪唑并苯二氮䓬化合物，与苯二氮䓬类药物竞争结合位点，从而表现为拮抗苯二氮䓬类药物的作用。

地西泮长期口服可产生耐受性，用于催眠时耐受性产生较快，而用于抗焦虑作用时耐受产生较慢，所以适合短期失眠，间断使用。长期使用时可产生躯体及精神依赖性，停药时可出现戒断症状，如失眠、不适、焦虑、兴奋、阵发性心动过速、呕吐、出汗等，因此，不宜长期服用，应短期及间断性使用，使用应从低剂量开始，停药时也逐步减量。对驾驶员、高空作业、操作精密仪器者要慎用。老年体弱、肝肾功能和呼吸功能不全者慎用，青光眼和重症肌无力可能会加重症状，孕妇和哺乳妇女忌用。

咪达唑仑

咪达唑仑（midazolam），属于短效药物，1975年被合成，直到20世纪90年代开始用于癫痫持续状态，目前在麻醉诱导方面，是最常用的苯二氮䓬类药物，在急救上使用也超过地西泮。本品口服易吸收，血药浓度达峰时间为30min，生物利用度在90%以上，血浆蛋白结合率为96%。代谢物具有活性，60%代谢物由肾脏排泄，40%经肝脏代谢，给药7h后体内无残留作用，半衰期1～4h，用于镇静、安眠、肌肉松弛、抗惊厥、麻醉诱导、重症监护室的患者的镇静、特殊检查如胃镜检查等，由于作用时间短，较少用于抗焦虑。

其他苯二氮䓬类

其他苯二氮䓬类药物与地西泮结构和作用机制相近，均是1,4-苯并苯二氮䓬衍生物，如氯硝西泮、艾司唑仑、阿普唑仑、三唑仑等。其中，三唑仑因作用时间短，易产生依赖，是国家药品监督管理局限制药品。这类药物因侧链不同（图13-1），表现为起效时间、半衰期等不同。三唑仑吸收最快，但硝西泮、奥沙西泮等口服和肌内注射均吸收较慢，因此应用于抗焦虑、催眠、抗癫痫等不同临床目的。这类药物主要经肝药酶代谢，多数药物可转化成去甲地西泮，最后转化为奥沙西泮，其活性与母体相似，但半衰期延长。如果长时间使用长效药物，要防止药物及代谢产物在体内蓄积，而发生其他不良反应，常用药物见表13-1。

第二节 巴比妥类

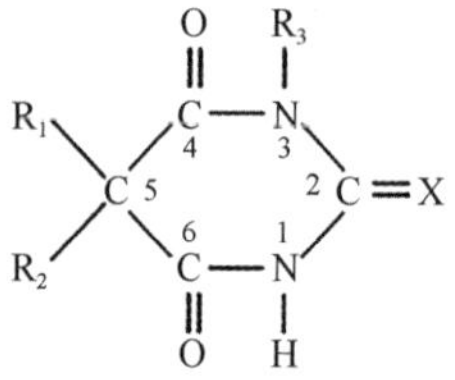

图13-3 巴比妥酸类母核结构

巴比妥类（barbiturate）是巴比妥酸的衍生物。巴比妥酸自身无药理活性，但是，其C5上的两个H原子被其他一些基团取代则产生中枢抑制作用（图13-3），具有不同程度镇静催眠作用，如一个H被苯基取代，成为苯巴比妥，具有较强的抗惊厥和抗癫痫作用。在20世纪30～50年代曾是催眠的主要药物，60年代以后使用逐渐减少。根据作用时间长短分为长效、中效、短效和超短效四类。现临床上很少用于镇静、催眠。常用巴比妥类药物及其分类见表13-2。

表13-2 巴比妥类药物分类及特点

分类	药物	显效时间（h）	作用持续时间（h）	半衰期（h）	油/水分配系数	清除方式	主要用途
超短效	硫喷妥钠	立即（静注）	0.25	3～8	580	肝脏代谢	静脉麻醉
短效	司可巴比妥	0.25	2～3	19～34	52	主要在肝脏代谢	抗惊厥镇静催眠
中效	戊巴比妥	0.25～0.5	3～6	15～48	39	主要在肝脏代谢	抗惊厥
	异戊巴比妥	0.25～0.5	3～6	8～42	42	主要在肝脏代谢	镇静催眠
长效	苯巴比妥	0.5～1	6～8	24-140	3	部分从肾脏排泄，部分肝脏代谢	抗惊厥

【药理作用及临床应用】 巴比妥类对中枢神经系统具有抑制作用，随剂量增加，中枢抑制作用由弱到强，相继呈现镇静、催眠、抗惊厥和抗癫痫、麻醉作用等，过量抑制呼吸中枢而引起死亡。

1. 镇静催眠作用 小剂量可引起镇静，缓解焦虑、烦躁等不安状态。中等剂量可催眠，不同药物起效和作用持续时间不同。该类药物明显缩短 REMS，改变正常睡眠模式，引起非生理性睡眠。久用停药可引起 REMS“反跳性”延长，伴有多梦，引起睡眠障碍，产生依赖性，导致患者停药困难。本品能诱导肝药酶活性，容易干扰其他药物在肝脏代谢，同时过量可产生严重呼吸抑制。因此，巴比妥类药物已不作镇静催眠的常规用药。

2. 抗惊厥、抗癫痫 苯巴比妥有较强的抗惊厥作用和抗癫痫作用。临床用于癫痫持续状态、癫痫大发作的治疗，也可用于破伤风、子痫、小儿高热、药物中毒及中枢神经兴奋等引起的惊厥，多采用肌内注射苯巴比妥钠，特别需要使用中短效药物。

3. 麻醉和麻醉前给药 短效和超短效药物静脉注入可产生短期麻醉作用，用于短时麻醉，但剂量已接近中毒量，麻醉时易发生中毒，故一般不作麻醉药物使用。长效和中效巴比妥类可麻醉前给药，消除患者术前紧张，但是效果不及地西泮。

【作用机制】 巴比妥类与 $GABA_A$ 受体有高的亲和力，与 $GABA_A$ 受体 α 亚单位结合，增强 GABA 与受体的结合能力，从而增加 Cl^- 内流，与苯二氮䓬类不同的是巴比妥类是增加氯通道开放的时间，而苯二氮䓬类是增加氯通道开放的频次，产生抑制作用。巴比妥类还能阻断兴奋性谷氨酸 AMAP 受体，发挥抑制作用。巴比妥类药物的选择性较差，剂量较大即可抑制中枢神经系统。

【体内过程】 巴比妥类药物口服或肌内注射均易吸收，迅速分布全身，容易通过胎盘。每种药物进入脑组织的速度与药物的脂溶性成正比，本类药物血浆蛋白结合率差异较大，与血浆蛋白结合率低、脂溶性高的药物起效快，脂溶性高的药物易通过细胞膜，在肝脏代谢破坏，作用维持时间短，如硫喷妥钠脂溶性高，容易通过血脑屏障，注射后立即起效，但作用时间短，仅维持 15min，药物又从脑组织再分布至全身脂肪组织。脂溶性高的司可巴比妥在肝脏代谢快而持续时间短。苯巴比妥部分在肝脏经药酶代谢侧链氧化，再与葡萄糖醛酸结合，部分以原型从尿中排出。碱化尿液可使弱酸性的本类药物被肾小管重吸收减少，排泄加快。

【药物相互作用】 巴比妥类是肝药酶诱导剂，能影响多种药物代谢，提高药酶的活性，不仅加速自身代谢，还能加速其他药物经肝脏的代谢。如与双香豆素一起使用，需不断检测凝血酶原时间，增加其剂量；与皮质激素、性激素、口服避孕药、强心苷、氯霉素、四环素合用，会加速药物代谢，减弱其作用，缩短作用时间；与苯妥英钠、卡马西平合用，会加速其代谢，降低其作用，需调节剂量才能达到抗癫痫效果。若停用巴比妥类药物，以上药物也须减少至合适剂量，避免药物过量或中毒。

【不良反应及注意事项】 巴比妥类常见不良反应是后遗效应，表现为次日晨头晕、困倦、思睡、精神萎靡不振、严重可出现定向障碍。驾驶员和从事危险操作人员需警惕或不使用该类药品；老年人、孕妇和幼儿服用此类药物具有更高的危险性，有资料显示 65 岁以上老年人更易发生药物依赖或过量等危险，目前临床也很少在催眠方面使用巴比妥类。少见或罕见的是服药后出现荨麻疹、血管神经性水肿、哮喘等过敏反应、肝功能损害和肝小叶坏死。巴比妥类可产生耐受性，表现为疗效降低，可能与神经组织对本药产生适应性和自身肝酶诱导有关。久用会产生依赖性，本品较苯二氮䓬类药物易引起依赖性甚至成瘾，停药戒断症状明显，表现为兴奋、失眠、焦虑、震颤甚至肌肉痉挛等。此类药物安全性小，易产生呼吸抑制，容易通过胎盘，哺乳期需慎用。当 10 倍于催眠量时即可产生中毒，主要表现为深度昏迷、呼吸抑制、血压下降、休克等，因呼吸麻痹而死亡。抢救措施主要是维持呼吸循环功能，保持呼吸道通畅，可选用人工辅助通气，急性中毒还可洗胃，静脉注射碳酸氢钠碱化血液、尿液，加速药物排泄，必要时施行血液透析。在肝功能不全、阻塞性呼吸睡眠暂停、支气管哮喘、颅脑损伤后呼吸抑制等患者中禁用，妊娠期、哺乳期、低血压、甲状腺功能减退、严重贫血、肝肾功能不全者慎用。

案例解析

案例：

患者女，48岁，某公司会计，最近1年工作压力大、缺乏锻炼、生活无规律，经常失眠。半年后，患者因糖尿病、高血压、冠心病入院。在既往史中，因睡眠障碍，2021年9月20日开始服用艾司唑仑10mg。9月2日家属诉患者晚上呓语，20：50在病房摔倒，当时测血压160/90mmHg，心率84次/分，血糖3.8mmol/L，右眼眉弓处发绀肿胀，神不清，对答不切题。22：15测血糖9.5mmol/L，患者神志清，对答切题，但对经历事情无记忆。停用艾司唑仑片。9月4日再次给艾司唑仑，9月7日晚又发生梦游，事后无记忆，当时血压160/90mmHg，心率84次/分，血糖5.4mmol/L，停用艾司唑仑片。

解析：

患者主要表现为入睡困难，而没有明显的夜间多梦、早醒等表现。理想的催眠药物应具有如下特点：迅速诱导入睡，不妨碍自然睡眠结构，白天无后遗效应，不影响记忆功能，无成瘾性和宿醉反应等。针对入睡困难这种情况，可以选用短效类安眠药，如非安定类催眠药（包括唑吡坦、佐匹克隆、扎来普隆等）。这类药物通常在夜间上床后30min仍不能入睡、正常起床前5h醒来后无法再次入睡时才使用，一般服用后15～30min起效，作用维持达4～5h，每次吃半片到1片即可。

非安定类催眠药在镇静催眠的同时，无抗焦虑、肌肉松弛和抗痉挛等作用，长期服用不易产生耐受，白天也没有后遗效应，因此，不影响正常的睡眠结构，对精神运动与认知功能没有损害，也不易引起反跳性失眠。

第三节 新型镇静催眠药

新型的非苯二氮䓬类药物（non-benzodiazepine drug），主要通过选择性与GABA-苯二氮䓬类ω_1受体复合物特异地结合而发挥改善睡眠作用。不同于传统的苯二氮䓬类药物，此类药物对睡眠结构影响很小，无REMS反跳现象，同时其副作用（如耐受现象、依赖性、认知损伤、戒断现象等）相对较轻，有益于老年失眠患者的治疗。

1. 唑吡坦 唑吡坦（zolpidem）是一种咪唑吡啶类的药物，为非苯二氮䓬类催眠药物，起效快，通常在15min起效，是短效催眠药物。由于其作用特点的不同，抗焦虑、肌肉松弛和抗惊厥作用弱，所以，临床用于催眠，不用于睡眠的维持，是常用的入睡诱导药物，用于失眠短期治疗。2011年美国FDA又批准可用于易醒的治疗。药理作用是增加$GABA_A$亲和力，通过选择性地与$GABA_A$-ω_1受体亚型结合。该亚型是在$GABA_A$的α_1亚单位上，主要分布中枢神经系统，对其亲和力很高，从而增加受体与GABA的结合，产生药理效应。当小剂量时，REMS缩短，对其他睡眠时相影响小，所以能缩短入睡时间，在较大剂量时，还可延长第2相睡眠和慢波睡眠期的第3和第4相。

唑吡坦吸收快，起效迅速，口服生物利用度为70%，血浆蛋白结合率约为92%，血药浓度达峰时间在0.3～3h，成人的表观分布容积约为0.54L/kg，老年人可降至0.34L/kg，消除半衰期平均为0.7～3.5h，作用可维持6h。所有代谢物均无活性，56%从尿、37%从粪便中排出，试验表明唑吡坦不可透析消除。需注意与以下药物的相互作用如氯丙嗪、丙咪嗪、利福平、氟康唑等，与苯妥英钠和卡马西平代谢通路类似，合用应注意相互影响，乙醇可能增强镇静效果，慎与中枢神经系统镇静剂合用。与抗精神病药、抗焦虑药、麻醉止痛药、抗癫痫药和有镇静作用的抗组胺药合用，能增强中枢抑制作用。

本品不良反应主要表现在中枢神经系统和胃肠道，老年病人最易发生，有嗜睡、头晕、头痛、恶心、腹泻和眩晕。可能有记忆障碍、遗忘、幻觉、夜间烦躁等。白天可能影响驾驶或操作机械能力。服用此药时还需特别注意其依赖性和失眠反弹，孕妇和哺乳期、胃食管反流、驾驶和机械操作者不宜使用，注意老年个体差异，尤其是伴有呼吸道疾病患者。

2. 佐匹克隆、右匹克隆　佐匹克隆（zopiclone）为环吡咯酮类催眠药，是短效催眠药物，具有类似苯二氮䓬类的镇静、抗焦虑、肌肉松弛和抗惊厥的作用。1987 年在法国开始上市应用于临床，2005 年美国将其列为精神管制药品，近几年在我国应用。右匹克隆（eszopiclone）是佐匹克隆的右旋体，2005 年在美国开始市场化应用，其作用较佐匹克隆强。佐匹克隆临床主要用于入睡困难和睡眠维持的短期治疗，不推荐长期使用，也很少用于镇静。脑电图（EEG）研究提示佐匹克隆能显著增加 β 频带，能使海马 θ 波去同步化，增加 δ 频带从而增加 2 期睡眠和慢波睡眠，改善睡眠质量。药理机制为与 $GABA_A$ 受体 α_1、α_2、α_3 和 α_5 亚单位结合，增强受体与 GABA 亲和力，发挥催眠作用。佐匹克隆的代谢物去甲佐匹克隆具有抗焦虑作用。

佐匹克隆口服吸收迅速，吸收后快速分布全身，峰值血药浓度在 1.5～2.0h，生物利用度为 80%，血浆蛋白结合率均为 45%～80%，主要是经 CYP 系统生物转化，生成无活性代谢产物为 *N*-氧化物和 *N*-脱甲基物，约 50% 经肺脏排出，其余由尿液、唾液、乳汁排出，仅剂量的 4%～5% 以原型随尿排出。消除半衰期约 5h。连续多次给药无蓄积作用。代谢和排出可能因年龄、肝肾功能不全受影响。乙醇会增加本品副作用，与卡马西平合用会增加两者不良反应。

不良反应与苯二氮䓬类相似，中枢神经及消化道症状，可有味觉改变和记忆损害，本品可能会增加老年人跌倒，肌无力患者、慢性支气管炎、肺气肿等慢性肺部疾病患者慎用，不用于孕妇及哺乳期妇女，服用本品时，应避免饮酒；肝脏功能不全者，使用本品需适量，幼儿患者禁用。

右匹克隆（eszopiclone）为佐匹克隆的右旋单一异构体，对中枢苯二氮䓬受体的亲和力是左旋佐匹克隆的 50 倍，具有疗效更强、毒性更低等优势。右匹克隆不仅缩短睡眠潜伏期，增加慢波相睡眠的第二睡眠时相，还减少总的 REMS 时间，改善睡眠结构。在对成人和老年人原发性失眠症治疗中，右匹克隆能显著提高睡眠维持能力，减少睡眠中觉醒次数，改善白天的生活质量，而且患者的耐受性也较好。

3. 扎来普隆　扎来普隆（zaleplon）是近来使用的催眠药物，其化学结构不同于苯二氮䓬类和巴比妥类。与唑吡坦类似，为吡唑并嘧啶类化合物，睡眠诱导快，不影响睡眠周期，从而不会像苯二氮䓬类导致睡眠质量的恶化，长期使用不易引起依赖，临床用于入睡困难。有研究提示，在夜间失眠也有效。药理作用机制仍是通过作用于 GABA-苯二氮䓬受体复合物而发挥作用，它能选择性与脑 $GABA_A$ 受体复合物 α 亚单位的 ω_1 受体作用，从而增加该受体与 GABA 结合，产生催眠作用。

扎来普隆是脂溶性化合物。口服吸收快，生物利用度大约为 30%，血药浓度达峰时间约为 1h，静脉给药后，分布容积大约是 1.4L/kg，分布在血管外组织，血浆蛋白结合率约是 60%。扎来普隆在肝脏代谢，主要被醛氧化酶代谢为 5-氧-扎来普隆，代谢产物均无药理活性，从尿中排出，仅有不超过剂量的 1% 以原型排出。消除半衰期约为 1h。本品的药物相互作用少，它能增强乙醇对中枢神经的作用，但不影响乙醇的药动学。本品与丙咪嗪合用后，清醒程度会降低；与帕罗西汀合用无相互作用；与利福平等肝酶诱导剂合用会使药物浓度降低。

扎来普隆不良反应轻，可能会出现较轻的头痛，嗜睡，眩晕，口干，出汗及消化道症状如腹痛、恶心、呕吐。服药 1h 可能会出现短时记忆困难。药物依赖发生少。须注意次日驾驶等机械操作能力下降。老年人、有精神疾病史、饮酒等使用需更加小心，孕妇及哺乳期妇女不使用。

4. 水合氯醛　水合氯醛（chloral hydrate），是氯醛的水合物，性质较氯醛稳定，口服易吸收，15min 即可诱导睡眠，作用维持 4～8h，催眠作用温和，不缩短 REMS，后遗效应轻，次日无头晕等反应，较巴比妥类好。临床用于对其他睡眠药物不佳或顽固性失眠患者，大剂量具有抗惊厥作用，用于子痫、高热惊厥、破伤风等。但对胃有刺激性，引起恶心、呕吐、须稀释后口服，安全范围较小，使用须谨慎，过量或大剂量可引起昏迷，抑制呼吸及血管运动中枢，严重可致死亡。长期应用也可产生耐受性、依赖性和成瘾性。严重心、肝及肾脏疾病应禁用。

5. 褪黑素和褪黑素受体激动药 褪黑素（melatonin，MT）是哺乳动物和人类的松果体分泌的主要激素，化学名是*N*-乙酰-5-甲氧色胺（*N*-acetyl-5-methoxytryptamine），与褪黑素受体结合发挥多重生理作用，维持24h生物节律、调节神经内分泌和应激反应。褪黑素不会产生停药反应、成瘾、宿醉等副作用。但是褪黑素对治疗原发性失眠疗效甚微，原因是生理激素的半衰期极短，不足以弥补患者维持睡眠所需的褪黑素。此外，褪黑素具有较强抗氧化作用，保护细胞核和线粒体DNA，具有抗衰老和治疗老年相关疾病的作用，能改善学习记忆能力和治疗老年痴呆等。此外，有研究提示其在情绪障碍和精神症状方面也具有作用。临床上主要用于老年人和成人睡眠节律紊乱、入睡障碍，不推荐用于未成年人。

褪黑素受体激动药（品名为Ramelteon）于2005年美国上市使用，是短效改善睡眠的药物，目前我国并未上市使用。作为成人失眠的长期治疗，不易产生依赖性，不会引起认知损害。作用机制可能与视交叉上核的褪黑素受体结合，调节生物节律，改善睡眠。一项III期临床研究资料提示，Ramelteon能有效缩短患者入睡的时间，增加总的睡眠时间，提高睡眠效率，且对次日工作学习的负面影响较小，停药后的复发率也很低。

褪黑素能调节睡眠，使浅睡时间缩短，深睡时间延长，这样缩短了入睡时间，睡眠中觉醒次数减少，睡眠质量得到改善。从其生理作用上看，使用于睡眠节律紊乱，如睡眠时相变化、时差反常、倒班作业等引起的睡眠障碍。褪黑素调节睡眠的作用机制目前尚不清楚，可能与其激活视交叉上核的褪黑素受体产生作用，调节生物节律，睡眠作用可能与增强GABA的作用有关。

知识拓展

正在研发的新一代催眠药物：随着睡眠调控机制不断被揭示，科学家们发现了新型的药物作用靶点，为镇静催眠药物的开发翻开了新的一页。主要有针对神经肽食欲素（orexin）受体的双重阻断药，如Suvorexant、SB-649868、MK-6096；$5\text{-}HT_{2A}$受体阻断药，如Eplivanserin、Volivanserin和Esmirtazapine。目前已发现多种5-HT受体亚型。$5\text{-}HT_{2A}$亚型在睡眠调节方面起着重要的作用，阻断$5\text{-}HT_{2A}$受体可延长慢波睡眠，增强低电压脑波活动，从而改善睡眠质量。$5\text{-}HT_{2A}$阻断药主要被设计开发用于改善睡眠的维持而不是速效，但其维持睡眠的疗效、温和的副作用特性及不会导致成瘾或依赖性。

镇静催眠药物的研究已由巴比妥类、苯二氮䓬类逐步向高效、高选择性抗失眠药发展，形成了对$GABA_A$受体、$5HT_{2A}$受体、组胺H_1及H_2受体、Orexin受体、褪黑素受体及中药等同时进行研究的局面。特别是新型的$5\text{-}HT_{2A}$阻断药、Orexin受体阻断药的出现极大地活跃了新药的研发。

本章小结

分类	作用机制	临床应用	药物相互作用
苯二氮䓬类	与脑内$GABA_A$受体密切相关，在中枢各个水平增强GABA能的抑制作用	抗焦虑、镇静和催眠、抗惊厥和抗癫痫，中枢性肌肉松弛作用，癔症，神经衰弱	中枢抑制药、乙醇和本品合用，中枢抑制作用可相加或增强，易出现思睡、昏睡、呼吸抑制、昏迷、严重者可致死
巴比妥类	激动$GABA_A$受体，增加Cl^-内流，在无GABA时也能直接增加Cl^-内流	抗焦虑、镇静和催眠、抗惊厥和抗癫痫，静脉麻醉及麻醉前给药，治疗高胆红素血症和肝内胆汁淤积性黄疸	诱导肝药酶，提高药酶活性，不仅加速自身代谢，还可加速其他药物经肝代谢
新型催眠药	主要选择性与GABA-苯二氮䓬类ω_1受体结合，引起近似生理性睡眠，无明显后遗效应	中老年人失眠、烦躁不安及惊厥，具体应用根据实际情况而定	

中药介绍

缬 草

缬草属植物根及根茎作为镇静剂用来改善睡眠已有悠久的历史，早在古希腊及古罗马时就已将缬草作为温和的镇静剂，在明代的中国及古代日本也有使用缬草的记录。现在欧美国家用缬草及其提取物来治疗轻中度失眠十分普遍。欧缬草 *Valeriana officinalis* Linn.、日本的北海缬草 *V. officinalis* var. latifolia（我国称宽叶撷草），印度撷草 *V. wallichii*（我国称蜘蛛香或心叶缬 *V. jatamansi* Jones）和墨西哥缬草 *V. eudis* Meyer 目前仍是药用的商业来源。

据分析，缬草含有多种具有镇静、催眠作用的成分，其中最重要的是缬草素与芳香性挥发油，临床研究表明，缬草可以减少睡眠的潜伏期，明显提高睡眠质量，且无依赖性，但起效慢，需3～4周见效。

（岑彦艳）

第十四章　抗癫痫药和抗惊厥药

能力要求

1. 能够掌握苯妥英钠的作用特点及临床应用、主要不良反应与预防措施。

2. 能够理解卡马西平、苯巴比妥、苯二氮䓬类、乙琥胺、丙戊酸钠的作用特点及临床应用，主要不良反应。

3. 能够了解抗癫痫药的合理应用，以及抗惊厥药硫酸镁的作用特点及临床应用。

第一节　抗癫痫药

癫痫（epilepsia）是一种慢性、反复发作性神经系统疾病，发作时由脑局部病灶的神经元因兴奋性过高而产生阵发性的异常高频放电，并向周围组织扩散，导致大脑功能暂时性失调的综合征。临床上常见患者发作时猝然扑倒，不省人事，伴尖叫声，口吐涎沫，两目上视，肢体抽搐，抽搐后全身松弛或进入昏睡，此后意识逐渐恢复。

一、病因及发病机制

引起癫痫的病因繁多，临床分为原发性癫痫和继发性癫痫两大类型。原发性癫痫又称特发性或隐源性癫痫，原因不明，具有一定的遗传性，各种现代诊查手段也不能确定病因。继发性癫痫又称症状性癫痫，多继发于脑部疾病（如颅脑外伤、颅内感染、脑血管疾病、先天性脑发育异常及脑变性疾病）或全身系统性疾病（如缺氧、低血糖、甲状旁腺功能减退、糖尿病、阿-斯综合征、高血压脑病、有机磷酸酯类中毒及中枢兴奋剂、某些重金属等）。

癫痫的发病机制十分复杂，涉及神经系统的内在性质，兴奋、抑制平衡失调，发作的起点，神经冲动的同步性，发作的传播及其终止等。但总的说来，所有的癫痫发作都是由大脑局部病灶神经元突发性的异常高频放电所引起，并向周围正常组织扩散，导致更广泛的脑组织兴奋，引起短暂性的大脑功能失调。神经元放电是神经系统的正常生理功能，神经系统对神经元的放电频率及其扩展均有一定的控制作用，一般在1～10k/s。当脑部受到损害后，会引起一系列脑部结构、生化和正常膜电位的改变。表现为谷氨酸及NMDA等兴奋性氨基酸的合成与释放增加，NMDA受体活性增强，同时神经元对GABA等抑制性神经递质敏感性下降，以及持续去极化状态等。因此，在癫痫病灶中，病变神经元异常放电的频率可达到每秒数百次至千次以上。

二、分类及临床表现

由于异常放电的起始部位和传递方式的不同，癫痫发作的临床表现复杂多样。国际抗癫痫协会（ILAE）根据患者临床表现及脑电图的特点将癫痫发作分为局限性发作和全身性发作两大类（表14-1）。

表14-1　癫痫发作分类及临床表现

发作类型	临床表现
一、局限性发作	发作表现为局灶性或部分性的症状，脑电图提示脑的一个局部或一侧半球起源的癫痫放电
1. 简单部分性发作	临床表现多种，与发作时被激活的皮质部位有关，包括运动型；感觉或特殊感觉型；自主神经型；精神或情绪改变型。主要特征是发作时患者意识存在
2. 复杂部分性发作	发作时以意识障碍与精神症状为突出表现，常伴随一些无意识的活动（如咂嘴、舔舌、流涎、抚摸衣扣等）

续表

发作类型	临床表现
3. 继发性全面性发作	由部分性发作转为全身性发作，患者意识丧失，出现全身强直-阵挛发作
二、全身性发作	临床和脑电图变化从发作开始就同时侵犯两侧大脑半球，临床症状是双侧对称的，大部分均有意识障碍或意识丧失
1. 失神发作（小发作）	多见于儿童，女孩较多见。表现为短暂的意识突然丧失，失去对周围的知觉
2. 肌阵挛发作	表现为一瞬间的身体单侧肌肉或全身肌肉短暂性的阵挛样动作
3. 强直发作	发作时突然发生肢体或躯干强直性收缩，伴意识丧失，常常突然尖叫，多发生于睡眠中
4. 强直一阵挛发作（大发作）	突然意识丧失并全身抽搐，发出尖叫声，跌倒，口吐白沫。典型的发作包括一开始的强直期及随后出现的阵挛期，持续 1～2min 后患者全身松弛无力、昏睡。醒后有头痛、全身乏力、酸痛等症状
5. 失张力发作	经常表现为失张力后的摔倒，典型的为突然的猝倒。无肌肉的强直性收缩，恢复正常较快
6. 非典型失神发作	与失神发作相似，发作和停止过程较慢

上述症状反复发作即为癫痫。癫痫患者发作时可出现一种以上的发作表现。任何一类发作如长期或反复发作而各次发作间不恢复者称为癫痫持续状态（status epilepticus，SE）。

三、常用抗癫痫药物

目前，药物治疗仍是控制癫痫发作的主要手段，其目的在于减少或防止癫痫的发作。因此，癫痫的治疗需要长期甚至终身用药。常用抗癫痫药的药理学基础主要是抑制脑部病灶区神经元的异常放电或遏制异常放电向周围组织的扩散，从而控制癫痫的发作，其主要作用机制：①抑制电压依赖性钠通道，降低神经元的兴奋性；②增强 GABA 介导的抑制性突触的传递功能；③抑制电压依赖性 T 型钙通道。

（一）乙内酰脲类

苯妥英钠

苯妥英钠（phenytoin sodium，PHT）又称大仑丁（dilantin），为二苯乙内酰脲的钠盐，临床非镇静催眠性抗癫痫药物，是目前临床治疗癫痫大发作和部分性发作的首选药。

【体内过程】 苯妥英钠呈碱性，有刺激性，不宜肌内注射。口服吸收慢而不规则，连续口服 6～10 天达到 C_{ss}（10～20μg/ml）。药物血浆蛋白结合率高，可达 85%～90%。脂溶性较高，易透过血脑屏障。苯妥英钠主要由肝药酶代谢为羟基苯妥英，再和葡萄糖醛酸结合经肾排出。药物的消除速度与血药浓度有关，当血药浓度低于 10μg/ml 时，按一级动力学方式消除，半衰期约 20h；若血药浓度过高，按零级动力学方式消除，半衰期会明显延长。苯妥英钠用于抗癫痫发作的血药浓度为 10μg/ml，当血药浓度超过 20μg/ml 时，多数患者可出现轻微中毒反应。由于药物血药浓度个体差异较大，临床使用应注意剂量个体化。癫痫持续状态时可作静脉注射。

【药理作用】 苯妥英钠抗癫痫作用机制较复杂，目前尚未完全阐明。大量实验研究表明，苯妥英钠虽不能抑制癫痫病灶异常放电，但可阻止异常放电向周围正常脑组织的扩散。该机制与苯妥英钠的膜稳定作用有关。苯妥英钠通过降低细胞膜对 Na^+ 和 Ca^{2+} 的通透性，抑制 Na^+ 和 Ca^{2+} 的内流，从而降低了细胞膜的兴奋性，抑制动作电位的产生。上述作用既是苯妥英钠抗癫痫的基础，也是其治疗三叉神经痛等多种疼痛及抗心律失常的药理学基础。

研究表明，苯妥英钠的膜稳定作用是多层次的综合效应，其作用机制概括如下。①阻断电压依赖性钠通道。苯妥英钠能与失活状态的钠通道结合，阻止 Na^+ 内流，从而选择性地阻断神经元持久高频反复放电（sustained high frequence repetitive firing，SRF）。该作用是苯妥英钠抗惊厥作用的主要机制。②阻断电压依赖性钙通道。苯妥英钠能选择阻断 L 型和 N 型钙通道，抑制 Ca^{2+} 的内流；但对哺乳动物丘脑神经元的 T 型钙通道无阻断作用。③抑制钙调素激酶的活性，影响突触传递功能。通过抑制突触前膜的磷酸化导致 Ca^{2+} 依赖性递质释放过程减弱，减少兴奋性神经递质的释放；通过对突触后膜磷酸化的抑制，减弱递质-受体结合后引起的去极化反应。④抑制突触传递的强直后增强（post tetanic potentiation，PTP）。PTP 对神经元兴奋性具有调节作用，在癫痫发作中具有重要作用。苯妥英钠能够选择性地阻断 PTP 的形成，使异常放电的扩散受到阻止。⑤抑制神经末梢对 GABA 的摄取，增强 GABA 介导的抑制性神经突触传递功能。

【临床应用】

1. 癫痫 苯妥英钠是治疗癫痫强直-阵挛发作（大发作）和部分性发作的首选药，也适用于精神运动性发作和癫痫持续状态，以及颅脑外伤或神经外科手术后的癫痫预防，但对失神发作（小发作）无效，甚至可使病情加重。由于该药物起效慢，故常先使用苯巴比妥等作用较快的药物控制发作，在改用本品前，应逐步停用苯巴比妥，不宜长期合用。

2. 外周神经痛 苯妥英钠的神经细胞膜稳定作用，临床用于治疗三叉神经痛、舌咽神经痛和坐骨神经痛等，使疼痛明显减轻，减少疼痛发作次数。

3. 心律失常 主要用于室性心律失常，常用于强心苷中毒的解救。

【不良反应】 除胃肠道刺激外，苯妥英钠的不良反应与药物的血药浓度成正比，当血药浓度超过 20μg/ml 时，多数患者可出现毒性反应。

1. 局部刺激 苯妥英钠由于碱性较强，口服对胃肠道有刺激性，易引起食欲减退、恶心、呕吐、腹痛等症状，宜饭后服用。静脉注射可导致静脉炎。

2. 牙龈增生 长期应用引起牙龈增生，多见于儿童及青少年，发生率约 20%，这与部分药物从唾液排出刺激胶原组织增生有关。服药期间应注意口腔卫生，防止牙龈炎，经常按摩牙龈可以缓解减轻，一般停药 3～6 个月以上可自行消退，轻者继续用药。

3. 神经系统反应 血药浓度大于 20μg/ml 出现眼球震颤，大于 30μg/ml 可引起共济失调、严重者可出现语言障碍、精神错乱，甚至昏睡、昏迷等。该反应与药物剂量过大，导致小脑-前庭系统功能失调有关。

4. 对血液系统的影响 长期用药可抑制叶酸吸收和代谢，导致叶酸缺乏，引起巨幼红细胞性贫血，可用甲酰叶酸补充不足。

5. 过敏反应 部分患者发生皮疹、药热、粒细胞缺乏、血小板减少、再生障碍性贫血和肝坏死。长期用药者应定期检查血常规和肝功能，一旦出现立即停药并予以相应治疗，定期检查血常规和肝功能。

6. 骨骼系统 长期用药可导致低钙血症，引起软骨病，与药物诱导肝药酶，加速维生素 D 的代谢有关，必要时应用维生素 D 预防。

7. 其他反应 偶见男性乳房增大、女性多毛症、淋巴结肿大等。妊娠早期妇女偶见畸胎，表现为头颅小、智力障碍、斜视、腭裂等，称为“胎儿苯妥英钠综合征”（fetal dilantin syndrome），孕妇应禁用。静脉注射过快可抑制心脏，诱发心律失常。长期服药骤停可引起癫痫发作加剧，甚至诱发癫痫持续状态。

【药物相互作用】 苯妥英钠为肝药酶诱导剂，能加速多种药物及自身的代谢，疗效降低。与其他肝药酶诱导剂如苯巴比妥、卡马西平等合用时，苯妥英钠的血药浓度降低；与氯霉素、异烟肼等肝药酶抑制药合用时，苯妥英钠的血药浓度升高。此外，苯妥英钠还与水杨酸类、苯二氮䓬类及磺胺类药物竞争血浆蛋白结合位点，使后者游离型血药浓度增加，后者应注意减量使用。

（二）亚芪胺类

卡马西平

卡马西平（carbamazepine，CBZ），又称酰胺咪嗪，化学结构近似于三环类抗抑郁药，是一种钠通道阻滞药。

【体内过程】 口服吸收慢而不规则，个体差异大。生物利用度在58%～85%，血浆蛋白结合率高，为70%～80%。卡马西平主要在肝脏代谢，其代谢产物10,11-环氧化卡马西平仍具有抗惊厥活性。该药为肝药酶诱导剂，可使其自身代谢速度加快。一次性给药半衰期为20～50h，连续用药3～4周后，因其诱导自身代谢半衰期缩短为8～29h。72%代谢产物经肾脏排泄，28%随粪便排出。

【药理作用】 卡马西平抗癫痫的作用机制与苯妥英钠相似，通过阻断离子通道降低神经细胞膜对Na^+和Ca^{2+}的通透性，从而降低神经细胞的兴奋性，延长不应期，抑制癫痫病灶异常放电向周围正常脑组织的扩散。此外，卡马西平还能与腺苷受体相互作用，抑制去甲肾上腺素摄取和释放，增强GABA的突触后作用，抑制癫痫病灶异常放电向周围正常组织的扩散。而卡马西平抗精神病和狂躁症的作用机制可能与药物抑制边缘系统及颞叶的点燃作用有关。

【临床应用】

1. 癫痫 卡马西平是广谱性抗惊厥药，对各种类型癫痫均有不同程度的治疗作用。对复杂部分性发作（精神运动性发作疗效）较好，对大发作和部分性发作亦有效，可作为首选药；而对小发作疗效较差。

2. 三叉神经痛和舌咽神经痛 对三叉神经痛疗效优于苯妥英钠，对舌咽神经痛也有较好疗效，其机制可能与降低中枢神经的突触传递有关。

3. 躁狂症 可用于对锂盐无效的躁狂症患者，其副作用比锂盐少而疗效好。

【不良反应】 不良反应较多，用药早期可出现眩晕、视物模糊、共济失调、皮疹、剥脱性皮炎及恶心、呕吐等症状，严重反应的患者出现骨髓抑制，引起再生障碍性贫血、粒细胞减少、血小板减少等症，以及肝和心血管的损害。

【药物相互作用】 卡马西平为肝药酶诱导剂，可增强如扑米酮、苯妥英钠、乙琥胺、丙戊酸钠、氯硝西泮等药物的代谢速率，疗效降低。

（三）巴比妥类

苯巴比妥

苯巴比妥（phenobarbital，PB），又称鲁米那，属长效巴比妥类药物，是巴比妥类中最有效的一种抗癫痫药物。

【体内过程】 口服或注射均易吸收，并迅速分布于全身组织和体液中，可通过胎盘分布于胎儿体内。在肝内全部代谢，经肾排泄，因排出缓慢维持时间较长。尿液pH对药物的排出影响较大。苯巴比妥中毒时，可用碳酸氢钠碱化尿液加速其排出。

【药理作用】 具有镇静、催眠、抗惊厥和麻醉作用（见第十一章镇静催眠药）。苯巴比妥抗惊厥既能提高病灶周围正常组织的兴奋阈值，限制病灶异常放电的扩散，又能降低病灶内细胞的兴奋性，抑制病灶异常放电。其作用机制可能与以下几方面有关：①作用于突触后膜上的GABA受体，增强GABA介导的Cl^-内流，导致膜超极化，兴奋性降低；②作用于突触前膜，降低前膜对Ca^{2+}的通透性，减少Ca^{2+}依赖性神经递质（去甲肾上腺素、ACh和谷氨酸等）的释放；③抑制电压依赖性钙通道。苯巴比妥与苯二氮䓬类的不同在于，巴比妥类是通过延长氯通道开放时间而导致Cl^-内流增加，引起膜超极化。

【临床应用】 适用于各型癫痫发作，常作为治疗小儿癫痫和预防高热惊厥复发的首选药物。对癫痫大发作、单纯性局限性发作、小发作、癫痫持续状态等有较好的预防和治疗作用，具有起效快、疗效好、广谱低毒和价格低廉等优点。

【不良反应】 苯巴比妥较大剂量可出现眩晕、嗜睡、精神不振、共济失调等后遗效应。该药为肝药酶诱导剂，反复使用可使肝药酶活性增高，一方面加速药物自身代谢，易产生耐受性；另一方面更应注意与其他药合用时加速其代谢，注意调整剂量。偶见巨幼红细胞性贫血、剥脱性皮炎等严重不良反应。

【禁忌证】 重症肌无力患者、妊娠期妇女、哺乳期妇女、黏液性水肿患者慎用，肝、肾及呼吸功能低下患者禁用，不宜与扑米酮同用。

（四）苯二氮䓬类

地西泮、硝西泮和氯硝西泮

地西泮（diazepam，安定）、硝西泮（nitrozepam，硝基安定）和氯硝西泮（clonazepam，氯硝安定）是临床常用的苯二氮䓬类（benzodiazepines，BZ）抗癫痫药物，为1,4-苯并二氮䓬的衍生物，具有抗惊厥、抗癫痫作用。

【体内过程】 见镇静催眠药。

【药理作用】 地西泮、硝西泮和氯硝西泮均是属于苯二氮䓬类药物，具有共同的抗癫痫作用机制。其机制与药物特异性地与GABA受体上苯二氮䓬结合位点相结合，增强脑内GABA的抑制功能有关。通过增强GABA能神经的传递作用，一方面促进了GABA的释放，增加GABA与其受体结合的亲和力；另一方面继发性地改变5-HT、DA及儿茶酚胺在脑的转运，作用于脑的胆碱能神经系，抑制皮质下脑结构，减弱癫痫发作时病灶异常放电向周围正常组织的扩散。

【临床应用】 地西泮静脉注射是目前治疗癫痫持续状态的首选药物，起效快。对癫痫大发作能迅速缓解症状，对肌阵挛性小发作也有较好的疗效。

硝西泮可用于各种类型癫痫发作，尤其对婴儿痉挛症疗效较优，对肌阵挛性发作和非典型失神性发作也有效。

氯硝西泮的抗癫痫谱较广，对小发作疗效最优，对肌阵挛发作、非典型失神性发作及婴儿痉挛症也具有较好疗效。尤其静脉注射治疗癫痫持续状态，作用优于地西泮和苯妥英钠。

【不良反应】 常见不良反应有头昏、困倦、乏力、食欲缺乏、共济失调等。静脉注射过快对呼吸中枢和心血管有抑制作用，可致呼吸抑制、血压下降。偶见粒细胞减少、过敏性荨麻疹等。

（五）琥珀酰亚胺类

乙 琥 胺

乙琥胺（ethosuximide，ESX），又名柴浪丁，是琥珀酰亚胺类药物中拮抗戊四氮致惊厥最强的药物，是治疗癫痫小发作的首选药。

【体内过程】 口服易吸收，体内广泛分布，但血浆蛋白结合率低，口服后3～7h血药浓度达峰值，成人半衰期为40～60h，儿童半衰期约为30h。长期用药后脑脊液内药物浓度与血浆药物浓度相近。肝内代谢，大部分以无活性代谢产物形式经肾脏排泄。

【药理作用】 乙琥胺最突出的特点是有明显的拮抗戊四氮致惊厥作用，作用机制可能与药物选择性地抑制丘脑神经元T型钙通道有关，而对电压依赖性钠通道及GABA没有明显影响。

【临床应用】 临床主要用于癫痫小发作，可作为小发作的首选药，而对其他类型癫痫无效。

【不良反应】 常见不良反应有恶心、呕吐、厌食等胃肠道反应，也可见头痛、头晕、困倦、昏睡等中枢神经系统症状。偶见粒细胞缺乏和再生障碍性贫血，服药期间应定期检查血象。此外，乙琥胺可加重混合性癫痫发作患者的强直阵挛性发作，因此常和其他抗癫痫大发作药物联合使用。

（六）广谱抗癫痫药

丙戊酸钠

丙戊酸钠（sodium valproate，抗癫灵），化学名二丙基乙酸钠，广谱性抗癫痫药，对各种癫痫均有不同程度的防治作用，是目前常用的抗癫痫药物。

【体内过程】口服吸收迅速而完全，生物利用度为80%以上，在肝、肾、脑等组织中广泛分布，血浆蛋白结合率为80%～90%。药物主要在肝脏代谢，代谢产物丙戊二酸与葡萄糖醛酸结合经肾脏排泄，半衰期为8～15h。

【药理作用】丙戊酸钠不能抑制癫痫病灶异常放电，但能阻止癫痫发作时病灶异常放电向周围正常组织的扩散。其作用机制可能与药物增强GABA能神经元的突触传递功能有关。①药物能抑制脑内GABA转氨酶，减慢GABA代谢；②增强谷氨酸脱羧酶的活性，GABA形成增多；③抑制GABA转运体，减少GABA的摄取，使脑内GABA含量升高；④提高突触后膜对GABA的反应性，增强GABA能神经的突触后抑制。此外，近年来发现药物对钠通道和L型钙通道也有抑制作用。

【临床应用】临床上用于各种类型癫痫的治疗。对大发作疗效不及苯妥英钠和苯巴比妥，仅用于上述两种药物无效时使用；对小发作虽然疗效优于乙琥胺，但因其有肝脏毒性，一般不首选使用；对精神运动性发作疗效与卡马西平等同。此外，丙戊酸钠对苯妥英钠、苯巴比妥、氯硝西泮和乙琥胺的抗癫痫有协同作用，能提高后者的血药浓度。

【不良反应】常见不良反应有恶心、呕吐、食欲减退，嗜睡、易激怒、乏力、平衡失调等。该药有肝脏毒性，约25%的患者服药数日后出现肝功能的异常，表现为转氨酶升高、黄疸等。故在用药期间应定期检查肝功能。此外，该药有致畸作用，孕妇禁用。

（七）其他抗癫痫药

扑米酮

扑米酮（primidone）又名扑痫酮、去氧苯比妥，化学结构与苯巴比妥相似。

【体内过程】口服后吸收迅速而完全。在体内约有25%转化为苯巴比妥，剩余部分裂解为苯乙基丙二酰胺，代谢产物仍有抗癫痫作用，且消除较慢，长期服用易在体内蓄积。

【药理作用】扑米酮是一种去氧巴比妥类药物，在体内主要代谢为苯巴比妥共同发挥作用。其机制与药物降低谷氨酸的兴奋作用、加强GABA的抑制作用，抑制中枢神经系统单突触和多突触传递，导致整个神经细胞兴奋性降低，提高运动皮质电刺激阈，以及抑制癫痫发作时病灶异常放电向周围正常组织的扩散等有关。

【临床作用】对癫痫大发作、简单和复杂部分性发作有效，对小发作疗效较差，但可控制幼儿肌阵挛。扑米酮作为二线抗癫痫药物，价格较贵，且与苯巴比妥相比并无特殊优点，可在苯妥英钠、苯巴比妥、卡马西平单用或合用无效时考虑使用。该药与苯妥英钠、卡马西平有协同增效作用，但不宜与苯巴比妥合用，增加毒性。

【不良反应】常见不良反应有嗜睡、头晕、恶心、呕吐、共济失调、复视、眼震颤、性格改变及叶酸缺乏等；偶见巨幼红细胞性贫血、荨麻疹和大疱性皮炎；严重肝、肾功能不全者禁用。

氟桂利嗪

氟桂利嗪（flunarizine）为钙通道阻滞药，选择性阻断T型和L型钙通道。口服吸收迅速，血浆蛋白相结合率高，达到99%，之后重新分布于各组织中。近年发现该药除抗偏头痛外，还具有较强的抗惊厥作用，对各种类型癫痫均有较好的疗效，尤其对局限性发作和大发作效果较好。其抗惊厥机制与阻断钙通道和电压依赖性钠通道有关。

该药是一种安全有效的抗癫痫药物，毒性小，严重不良反应少，常见不良反应为嗜睡、困倦及体重增加。

拉莫三嗪

拉莫三嗪（lamotrigine，LTG），又名利必通，广谱抗癫痫药。口服吸收迅速而完全，生物利用度高达98%。抗癫痫作用与苯妥英钠相似，作用机制与阻断电压依赖性钠通道有关，同时还能抑制脑内兴奋性氨基酸的释放。对各种癫痫均有效，临床主要用于局限性发作和癫痫大发作的治疗。

乙苯妥英

乙苯妥英（ethotoin），抗癫痫作用较弱，仅为苯妥英钠的1/5，但毒性也降低。对癫痫大发作和复合局限性发作有效，一般不单独使用，只作为辅助药物与其他抗癫痫药物联合使用。

奥卡西平

奥卡西平（oxcarbazepine，OXC）抗癫痫发作的适应证与卡马西平相似，主要用于癫痫大发作和部分性发作，也用于三叉神经痛，但疗效弱于卡马西平。其作用机制与阻断脑部电压依赖性钠通道有关。该药口服易吸收，在体内代谢迅速转变为10-羟基代谢产物，此代谢产物仍有抗癫痫作用。常见不良反应为头晕、乏力、头痛，偶见胃肠功能障碍、皮肤潮红等。

加巴喷丁

加巴喷丁（gabapentin）是一种新颖的抗癫痫药，它是GABA的衍生物。实验表明药物虽然在结构上与神经递质GABA相似，但不与GABA受体产生相互作用。加巴喷丁的作用机制与影响氨基酸转运而增强GABA的功能有关。临床上主要用于常规抗癫痫药不能控制或产生耐受性的局限性发作患者，以及部分性发作患者继发全身大发作的辅助性治疗。该药不良反应少，常见的不良反应有头晕、嗜睡、共济失调、乏力等，不宜与抗酸药合用。

托吡酯

托吡酯（topiramate，TPM），是一个由氨基磺酸酯取代单糖的新型广谱抗癫痫药。口服吸收迅速而完全，给药后2h血药浓度达到峰值，主要以原型经肾脏排泄。对各种类型癫痫发作均有较好疗效。尤其对原发性或继发性大发作，以及单纯或复杂部分性发作疗效尤为明显，是难治性癫痫的辅助药物。其抗癫痫作用机制复杂：①阻断电压依赖性钠通道；②提高GABA结合GABA受体的频率，增强GABA诱导Cl^-内流的能力；③阻断红藻氨酸（kainic acid）/AMPA受体，抑制兴奋性氨基酸（谷氨酸）的激动作用，但对NMDA受体无明显影响。常见的不良反应有头晕、嗜睡、困倦、乏力等中枢神经系统症状；此外，有致畸作用，孕妇禁用。

氨己烯酸

氨己烯酸（vigabatrin）为GABA的类似物，是癫痫药物研发领域首个“设计性药物”。口服吸收迅速，服后2h可达C_{ss}峰浓度，半衰期为5～7h，主要以药物原型随尿液排出，维持时间长，每日服药1次即可收到较好疗效。该药物作用机制为能特异性地与GABA转氨酶不可逆结合，导致脑内GABA浓度增高，从而发挥抗癫痫作用。氨己烯酸用于其他抗癫痫药无效的癫痫，特别是部分性发作疗效较好，临床尤适宜于儿童点状癫痫和肌阵挛性癫痫。常见不良反应为疲劳、嗜睡、头痛、头晕等。

知识拓展 **癫痫的非药物治疗**

1. 癫痫刀　是一套由脑电图、24h动态心电图监护系统（dynamic ECG monitoring system，又称霍尔特系统，Holter system）、128导全数字化视频脑图、术中全数字化脑电系统及偶极子定位系统、三维图像融合系统等组成的癫痫术前、术中定位和术后评估完整系统，是目前治疗癫痫最先进的设备。首先经过癫痫刀检查，查出癫痫灶并准确定位，然后根据癫痫灶在脑内的位置、形态和大小进行激光手术切除癫痫灶。

2. 迷走神经刺激术　通过放置神经控制辅助系统间歇性刺激迷走神经，以改变大脑电位来阻断癫痫发作。手术无须开颅，操作简单，主要适用于局灶性癫痫，伴或不伴全身继发性发作，无法确定致痫灶或有双侧致痫灶的患者。

3. 手术治疗　包括病灶切除、胼胝体切除、多处软膜下横纤维切除术。

4. 针灸治疗　包括穴位埋线、头部埋线及头部针刺等，常选用感觉区、运动区、舞蹈震颤扩展区及癫痫病灶区施术。

四、抗癫痫药的合理应用

癫痫是一种慢性神经系统疾病，目前药物治疗仅能减少或防止癫痫发作，需要长期甚至终身用药。经过正规的抗癫痫药物治疗，约 80% 患者的发作可以得到有效控制，其中 50%～60% 患者经过 2～5 年系统治疗可以正常工作和生活。一般服药时应注意以下几点。

1. 优选用药　根据发作类型和抗癫痫药的特点合理选药，优先选用抗癫痫谱广、疗效高、毒性低、价格便宜的抗癫痫药（表 14-2）。

表 14-2　抗癫痫药选择

发作类型	首选药物
癫痫大发作（强直-阵挛性发作）	首选苯妥英钠和卡马西平，但 5 岁以下儿童首选苯巴比妥
癫痫小发作（失神性发作）	首先乙琥胺
复杂部分性发作	首选卡马西平
肌阵挛性发作	首选丙戊酸钠，尤其对幼儿肌阵挛性癫痫综合征（常伴有大发作和失神性发作）中肌阵挛性发作疗效最优
癫痫持续状态	首选静脉注射地西泮
难治性癫痫	采用较大剂量抗癫痫药或联合用药，或新型抗癫痫药治疗

2. 逐步增量用药　单纯型癫痫选用一种药物，从小剂量开始，逐渐增量，直至获得理想疗效时给予维持量，最好根据血药浓度和临床指征调节药量。若一年内或以上偶发 1～2 次者，一般不必用药预防。若频繁发作者，应尽早治疗，越早治疗疗效越好。

3. 联合用药　如果单一药物不能有效控制发作或混合型癫痫，常需联合用药，但不要超过 3 种药物。联合用药时应避免选用化学结构相似，作用机制相近或具有共同不良反应的药物。

4. 更换药物　在治疗过程中一般不宜随意更换药物。如需更换药物，采用过度用药方法。即在加用替代药物的基础上逐渐减量原药，以避免诱发癫痫持续状态。

5. 监测用药　对于长期使用抗癫痫药的患者，需密切注意不良反应，定期进行血常规、尿常规及肝肾功能的相关检查，有条件者可做血药浓度监测，避免严重不良反应的发生。

6. 逐步减量停药　疗程结束后不可骤然停药，以免引起癫痫发作频率增加或病情加重，宜根据患者病情逐步减量停药。

案例解析

案例：

患者，男，32 岁，因汽车追尾酿成车祸致重度脑挫裂伤，受伤后半个月开始出现突然惊叫并昏倒，不省人事，经常出现两目向右上方斜视，嘴角向右侧抽动，肢体强直，面唇发绀，小便失禁，每次发作时间为 2～3min，发作后意识逐渐恢复。经检查诊断为继发性脑外伤致癫痫小发作。

问题：应该选用什么药物治疗？

解析：

典型的癫痫小发作，患者往往表现为突然停止日常活动、身体保持静止，双目凝视，面目呆板。该患者诊断为脑外伤继发性引起的癫痫小发作，建议选用乙琥胺治疗。

第二节 抗惊厥药

惊厥，又称抽搐，是由于中枢神经系统过度兴奋而引起全身骨骼肌表现出不自主的强直性或阵挛性收缩，同时常伴有两侧眼球上翻、凝视或斜视，神志不清；有时伴有口吐白沫或嘴角牵动，呼吸暂停，面色发绀等症状。发作时间多在3～5min之内，有时反复发作，甚至呈持续状态。引起惊厥的病因包括感染性和非感染性的颅内病变与颅外病变，常见于小儿高热、子痫、破伤风、癫痫大发作及某些药物中毒引起中枢神经的过度兴奋。常用的抗惊厥药有巴比妥类、地西泮或水合氯醛等，也可采用硫酸镁注射抗惊厥。

硫 酸 镁

【体内过程】 硫酸镁（magnesium sulfate）属于无机盐，由于 Mg^{2+} 和 SO_4^{2-} 为强电解质，离子状态，口服不易吸收。肌内或静脉注射后可吸收，肌内注射后约1h起效，作用持续3～4h。静脉注射后立即起效，作用持续30min。主要经肾脏排泄。

【药理作用】 硫酸镁给药途径不同，产生完全不同的药理作用。硫酸镁口服由于不易吸收，在肠内完全解离并形成高渗作用，使肠腔保留大量水分，肠容积增大，刺激肠壁，促进肠蠕动而产生泻下作用。肌内或静脉注射后可吸收则产生全身作用，引起中枢神经抑制、骨骼肌松弛及降压作用。Mg^{2+} 是人体细胞内的重要阳离子，在细胞外液中浓度仅次于 Na^+ 和 Ca^{2+}，是体内多种细胞基本生化反应的必需物质，尤其 Mg^{2+} 在维持体内多种生物酶的活性、神经冲动的传递和神经肌肉接头兴奋性传递的维持等方面扮演着重要角色。一方面 Mg^{2+} 可使运动神经末梢释放ACh减少，抑制运动神经-骨骼肌之间的突触传递过程，导致骨骼肌松弛；另一方面，Mg^{2+} 还可以松弛胆管平滑肌，并引起交感神经节冲动传递障碍，使心肌抑制、外周血管扩张，血压下降。

【临床应用】 临床常采用肌内注射或静脉滴注给药方式，缓解子痫、破伤风等引起的惊厥，也用于高血压危象的救治。

【不良反应】 血镁浓度过高严重抑制中枢神经和心血管，可引起呼吸抑制，血压下降、心搏骤停而死亡。肌腱反射消失是硫酸镁引起呼吸抑制的中毒先兆，连续用药期间应密切检查肌腱反射。一旦发生硫酸镁中毒，立即进行人工呼吸，同时由于 Mg^{2+} 和 Ca^{2+} 化学性质相似，可竞争同一结合位点，两者之间存在拮抗作用。可缓慢静脉注射氯化钙或葡萄糖酸钙予以紧急救治。

本章小结

癫痫是由脑神经元异常高频放电并向周围扩散导致大脑功能暂时性失调的慢性综合征。本章节所述及的药物能有效减少或防止癫痫的发作。根据癫痫的类型，常用药物如下。

1. 癫痫大发作（强直-阵挛性发作） 首选苯妥英钠和卡马西平。作用机制为阻断钠通道和钙通道，降低细胞膜的兴奋性，以及与增强GABA能神经功能有关。但对小儿癫痫和预防高热惊厥复发首选苯巴比妥，作用机制与作用于突触后膜上的GABA受体，增强 Cl^- 内流，降低细胞膜的兴奋性有关。

2. 癫痫小发作（失神性发作） 首选乙琥胺。作用机制与抑制丘脑神经元T型钙通道有关。

3. 复杂部分性发作 首选卡马西平。

4. 肌阵挛性发作 首选丙戊酸钠。丙戊酸钠为广谱性抗癫痫药，作用机制与药物增强GABA能神经元的突触传递功能有关。

5. 癫痫持续状态　首选静脉注射地西泮。作用机制与药物特异性地与GABA受体上苯二氮䓬结合位点相结合，增强脑内GABA的抑制功能有关。

6. 难治性癫痫　采用较大剂量抗癫痫药或联合用药，或新型抗癫痫药拉莫三嗪、加巴喷丁、托吡酯等治疗。

惊厥是由中枢过度兴奋引起全身骨骼肌强直-阵挛性收缩等症状。临床常采用硫酸镁注射给药，有效缓解子痫、破伤风等引起的惊厥，以及高血压危象的救治。作用机制与Mg^{2+}减少ACh释放，抑制运动神经-骨骼肌之间的突触传递过程，骨骼肌松弛有关。

中药介绍

羚羊角

羚羊角为牛科动物赛加羚羊 *Saiga tatarica* Linnaeus 的角，主要含有角蛋白、胆固醇、磷脂类及多种微量元素等成分，其中角蛋白含量最高，可分解为多种氨基酸和多肽类物质。羚羊角味咸，性寒，归肝、心经。

羚羊角具有平肝息风，清肝明目，散血解毒之功效，主治高热惊厥、神昏谵语、子痫抽搐、癫痫发狂，以及肝阳上亢引起的头痛眩晕、目赤翳障等，有“惊狂抽搐专药”之称。现代药理表明，羚羊角具有确切的镇静、抗惊厥作用。腹腔注射羚羊角煎液，能明显对抗戊四氮、印防己碱、电刺激所致小鼠惊厥。灌胃给药能降低咖啡因致小鼠惊厥的发生率，加快惊厥小鼠恢复正常，并明显降低其死亡率。同时，羚羊角还有明显的镇静作用。腹腔注射羚羊角注射液能明显减少小鼠的自发活动，能增强中枢抑制药巴比妥钠、硫喷妥钠、水合氯醛的催眠作用，延长小鼠睡眠时间。此外，羚羊角还有解热、降压等作用。这些药理作用为羚羊角专属“惊厥抽搐”之功效提供了科学依据。

（李佳川）

第十五章 抗精神失常药物

能力要求

1. 能够掌握氯丙嗪药理作用、作用机制、用途、不良反应。

2. 能够理解抗精神失常、抗躁狂症、抗抑郁症的药物分类，典型药物的药理作用、临床应用和不良反应。

3. 能够了解精神失常的概念。

精神失常是由多种病理因素引起的在认知、情感、意识和行为等精神活动出现障碍的一类疾病，抗精神失常药物（antipsychotic drug）则是对治疗这些疾病的药物的统称。精神疾病的病理生理学尚不清楚，主流观点认为边缘系统中的DA系统过度激活与精神分裂症和躁狂症有关，而单胺能（去甲肾上腺素、5-HT）缺陷可能是抑郁症的基础。根据抗精神失常药物临床用途不同可分为抗精神病药物（适用于所有类型的功能性精神病，特别是精神分裂症）、抑郁症药物（用于抑郁症、恐惧症、强迫症行为和某些焦虑症）、抗躁狂症药物（用于控制躁狂和打破周期性发作障碍）和抗焦虑症药物（用于焦虑和恐惧症）。

第一节 抗精神病药物

精神分裂症是涉及思维、情感、行为之间不协调，以精神活动与现实脱离为特征的一类精神病。精神分裂症依据临床症状可分为Ⅰ型和Ⅱ型。Ⅰ型以阳性症状（幻觉和妄想）为主，Ⅱ型以阴性症状（情感淡漠、主动性缺乏等）为主。本节叙述的药物大多对Ⅰ型治疗效果好。

精神分裂症的病因有过许多假说，但迄今为止，得到了广泛认可的只有中脑-边缘通路及中脑-皮质通路DA系统功能亢进的学说。该假说认为中枢DA系统功能亢进导致精神分裂症。有许多研究资料支持该病因学说，如促进DA释放的苯丙胺可导致急性或慢性妄想型精神分裂症，会加剧精神分裂症的症状；而减少DA的合成和储存能够改善病情；对未经治疗的Ⅰ型患者，死后进行病理检查发现，壳核和伏隔核DA受体（尤其是D_2受体）数目有显著增加；目前临床上使用的各种高效价抗精神病药物绝大多数是强效DA受体阻断药，均对Ⅰ型精神分裂症有较好的疗效。

中枢神经系统内DA是最重要的神经递质之一，与脑内DA受体结合后可调节人类神经精神活动，其功能亢进或减弱均可导致严重的神经精神疾病。目前认为，吩噻嗪类等抗精神病药物主要通过阻断中脑-边缘通路和中脑-皮质通路的D_2受体而发挥疗效。值得指出的是，目前临床使用的大多抗精神病药物并不是选择性D_2受体阻断药。因此，在发挥疗效的同时，均引起不同程度的锥体外系副作用，这是由于这些药物非特异性拮抗黑质-纹状体通路的D_2受体所致。

目前临床常用的一些非典型抗精神病药物如氯氮平（clozapine）和利培酮（risperidone）等主要是通过阻断5-HT受体来实现抗精神病作用。其中，氯氮平属于选择性D_4亚型受体阻断药，对M受体和α受体有较高的亲和力，而对其他DA亚型受体几乎无亲和力。利培酮拮抗5-HT_2亚型受体的作用远强于其拮抗D_2亚型受体的作用，所以即使长期用氯氮平和利培酮也几乎无锥体外系反应发生。

知识拓展　　**DA受体与DA通路**

DA受体存在于外周神经系统和中枢神经系统，至少有D_1和D_2两大类。D_1受体与谷氨酰胺合成酶蛋白相偶联，激动时可经GS蛋白激活腺苷酸环化酶，使cAMP增加，在外周引起血管扩张，心肌收缩增强，但在中枢神经系统的功能尚不清楚。D_2受体在中枢神经系统见于脑内 DA 能神经通路。

脑内主要存在 4 条 DA 通路：①黑质-纹状体通路，其主要作用是与 ACh 能神经元共同调节肌紧张及共济活动；②中脑-边缘通路，主要影响复杂的情绪与行为；③中脑-皮质通路，与高级精神活动有关；④结节-漏斗通路，与内分泌有关，特别是对促性腺激素的分泌具有抑制作用。

一、吩噻嗪类

吩噻嗪是指硫、氮联结两个苯环的一种三环结构，当 2，10 位被不同基团取代即为本节讲述的吩噻嗪类抗精神病药物。

吩噻嗪类药物的典型代表是氯丙嗪（chlorpromazine）。1952 年，氯丙嗪在法国治疗兴奋性躁动患者时获得成功，它控制了患者的兴奋，也对其他精神症状有作用。其后，又相继发现了多个衍生物，都对精神分裂症具有治疗作用，统称这类药物为吩噻嗪类抗精神病药物。根据 C10 侧链不同分为二甲胺类、哌嗪类和哌啶类。

氯丙嗪

氯丙嗪又称冬眠灵（wintermine），其抗精神病作用的主要机制是拮抗脑内边缘系统 DA 受体。DA 能神经元不但存在于边缘系统，也分布于黑质-纹状体系统（锥体外系）。因此，DA 受体阻断药氯丙嗪虽然可改善精神分裂症症状，但是由于其具有强大的 D_2 受体阻断特性，长期应用会产生锥体外系副作用。此外，氯丙嗪会产生对环境漠不关心、缺乏思考、精神运动迟缓、情绪平静、主动性减少和睡眠倾向，容易被唤醒、共济失调或运动不协调，但不发生言语不清。作为第一个精神安定药及抗精神失常药物，尽管氯丙嗪选择性较低，但是目前在临床治疗中仍广泛应用。

【体内过程】 氯丙嗪口服后吸收缓慢而不规则，血药浓度到达峰值的时间为 2～4h。肌内注射迅速吸收，到达血液以后，90% 以上能与血浆蛋白结合。氯丙嗪分布于全身，且脑、肺、肝、脾、肾中较多，其中脑内浓度可达到血浆浓度的 10 倍。主要在肝脏经 CYP2D6 代谢为多种产物，经肾排泄。因为其脂溶性高，容易蓄积于脂肪组织，停药以后数周乃至半年后，尿中还可检出其代谢产物。不同个体在口服相同剂量的氯丙嗪后血药浓度可相差 10 倍以上，故给药剂量应个体化。由于氯丙嗪在体内的消除和代谢速率随年龄而递减，故老年患者须减量。

【药理作用及机制】

1. 对中枢神经系统的作用

（1）抗精神病作用：氯丙嗪能较强地抑制中枢神经系统，这种作用可称为神经安定作用（neuroleptic effect）。氯丙嗪能显著控制躁狂状态和活动状态，同时又不损伤感觉能力；能显著减少动物自发活动，诱导入睡，而且动物对刺激有良好的觉醒反应；加大剂量也不引起麻醉，这与巴比妥类催眠药不同。正常人在口服治疗量氯丙嗪后，可出现活动减少、安静、注意力下降和情感淡漠、答话缓滞、对周围事物不感兴趣，但理智正常，在安静环境下易入睡，且易唤醒，醒后神态清楚，随后又易再入睡。服用氯丙嗪后精神分裂症患者则显现出良好的抗精神病作用，兴奋躁动状态能迅速得到控制。大剂量连续用药后，能消除患者的幻觉和妄想等症状，同时减轻思维障碍，使患者情绪安定，恢复理智，生活自理。但是对抑郁无效，甚至可使之加剧。

氯丙嗪等吩噻嗪类药物主要拮抗中脑-边缘系统和中脑-皮质系统的 D_2 受体。但是，由于氯丙嗪对黑质-纹状体通路的 D_2 受体的亲和力和这两个通路几乎无差异，因此，长期应用氯丙嗪的患者，锥体外系反应的发生率较高。

（2）镇吐作用：氯丙嗪具有较强的镇吐作用，拮抗延髓第四脑室底部的催吐化学感受区的 D_2 受体，小剂量即可对抗 DA 受体激动药阿扑吗啡引起的呕吐反应。大剂量则直接抑制呕吐中枢。氯丙嗪对顽固性呃逆有效是因为抑制位于延髓与催吐化学感受区旁呃逆的中枢调节部位。但是，氯丙嗪不能对抗前庭刺激引起的呕吐。

（3）体温调节作用：氯丙嗪能很强地抑制下丘脑体温调节中枢。与解热镇痛药不同，不但降低发热机体的体温，而且也能降低正常体温。氯丙嗪的降温作用是随外界环境温度而变化，环境温度越低其降温作用越显著，因此与物理降温同时应用，则有协同降温作用；但在炎热天气，氯丙嗪却可使体温升高，这是因为其干扰了机体正常散热机制的结果。

2. 对自主神经系统的作用 氯丙嗪能拮抗M受体和α受体。拮抗M受体作用较弱，可引起视物模糊、口干、便秘。拮抗α受体致血管扩张、血压下降，但连续用药可产生耐受性，且有较多副作用，故不适合用于高血压的治疗。

3. 对内分泌系统的影响 结节-漏斗系统中的D_2亚型受体可以促使下丘脑分泌多种激素，如卵泡刺激素释放因子、催乳素释放抑制因子、ACTH和黄体生成素释放因子等。氯丙嗪拮抗D_2亚型受体，增加催乳素的分泌，抑制促性腺激素和糖皮质激素的分泌。氯丙嗪还可抑制垂体生长激素的分泌，适用于巨人症的治疗。

【临床应用】

1. 精神分裂症 氯丙嗪能显著缓解阳性症状，如幻觉、进攻、妄想、亢进等。但对阴性症状（如冷漠）效果不显著。在急性期时药物起效较快。临床上，氯丙嗪主要用于Ⅰ型精神分裂症的治疗，对急性患者效果尤其显著，但是不能根治，需要长期用药，甚至终身治疗；对慢性精神分裂症患者疗效较差。对Ⅱ型精神分裂症患者无效甚至可能加重病情。氯丙嗪对其他精神病伴有的躁动、兴奋、幻觉、紧张和妄想等症状也有显著疗效。对各种器质性精神病（如感染中毒性精神病、脑动脉硬化性精神病等）和症状性精神病的兴奋、幻觉和妄想症状也有效，但剂量要小，症状控制后应立即停药。

氯丙嗪已在临床使用多年，国内许多精神科医师至今仍将其列为治疗精神分裂症的首选药。主要用于治疗具有精神病性症状如幻觉、妄想、行为障碍（如紧张症、刻板症等）的各种精神病，特别是具有明显阳性症状和急性发作的精神分裂症患者。氯丙嗪由于具有较强的神经安定作用，对兴奋、激越、焦虑、攻击、躁狂等症状均有良好疗效。用于临床急诊或急性期治疗。可先采用25～50mg氯丙嗪与等量异丙嗪混合深部肌内注射或静脉滴注，快速有效地控制兴奋和急性精神病性症状，然后视病情制订进一步的治疗方案。

知识拓展 **精神分裂症的临床表现**

精神分裂症的临床表现在不同时期有很大区别，而且症状复杂多变，涉及思维、情感、行为之间不协调，以精神活动与现实脱离为特征。

1. 联想障碍 精神分裂症的特征性症状是在联想的过程中缺少连贯性和逻辑性。

2. 情感障碍 主要表现为情感淡漠、不协调。患者对周围事物的情感反应变迟钝。患者的情感随着疾病的进展日益淡漠，最后丧失与周围环境的情感联系。同时，少数患者可能出现情感反应与环境不协调或者与思维内容不吻合的现象。

3. 意志活动减退和缺乏 患者缺乏主动性，活动少，行为也变得孤僻、被动、退缩。降低对学习、生活和劳动的要求。

4. 自知力受损害 大多数患者不认为自己的体验属于病态，而是认为某些人恶意加害于他。常发生妄想、幻觉及紧张综合征。

2. 呕吐和顽固性呃逆 氯丙嗪对多种药物（如洋地黄、吗啡、四环素等）和疾病（尿毒症和恶性肿瘤）引起的呕吐有显著的镇吐作用。对顽固性呃逆具有显著疗效。对晕动病无效。

3. 低温麻醉与人工冬眠 氯丙嗪配合物理降温（冰袋、冰浴）可降低患者体温，用于低温麻醉。“人工冬眠”是氯丙嗪与其他中枢抑制药（哌替啶、异丙嗪）合用，使患者深睡，体温、组织耗氧量及基础代谢均降低，减轻机体对伤害性刺激的反应，增强患者对缺氧的耐受力，并使自主神经传导阻滞及中枢神经系统反应性降低的状态。这有利于机体度过危险的缺氧缺能阶段，为其他有效的对因治疗争得时间。人工冬眠多用于高热惊厥、严重创伤、感染性休克、中枢性高热及甲状腺危象等病症的辅助治疗。

【不良反应】 氯丙嗪的药理作用广泛，但不良反应也较多。

1. 常见不良反应 中枢抑制症状（如嗜睡、无力、淡漠等）、M 受体拮抗症状（如视物模糊、无汗、口干、便秘、眼压升高等）和 α 受体拮抗症状（如鼻塞、血压下降、直立性低血压及反射性心悸等）。由于局部刺激性较强，故采用深部肌内注射。而用生理盐水或葡萄糖注射液稀释后缓慢注射是为避免静脉注射产生的血栓性静脉炎。为防止直立性低血压，注射给药后立即卧床休息 2h 左右，然后再缓慢起立。

2. 锥体外系反应 体内的 DA 能神经元的抑制作用通常由纹状体中胆碱能神经元的兴奋性作用调节，维持平衡。阻断 DA 受体后，胆碱能功能相对亢进，从而导致锥体外系运动效应，主要有如下 3 种反应表现。①帕金森综合征（Parkinsonism）：表现为肌肉震颤、肌张力增高、面容呆板、流涎、动作迟缓等。②静坐不能（akathisia）：患者表现反复徘徊、坐立不安。③急性肌张力障碍（acute dystonia）：多出现在用药后第 1～5 天。由于舌、面、颈及背部肌肉痉挛，患者可出现强迫性张口、伸舌、斜颈、呼吸运动障碍及吞咽困难。可通过减少药量、停药来减轻或消除，也可用抗胆碱药以缓解。运动障碍的出现取决于时间和剂量；肌张力障碍在治疗后数小时至数天内发生；运动迟缓、僵硬和震颤的帕金森样症状通常在开始治疗后的几周至几个月内发生。

此外，部分患者因长期服用氯丙嗪后引起一种特殊而持久的运动障碍，称为迟发性运动障碍（tardive dyskinesia，TD），患者表现出不自主的运动，包括双侧和面部的下颌运动与舌头的"捕蝇"运动。长时间不服用抗精神病药物该症状在几个月内减轻或消失。但是，对于部分患者来说，迟发性运动障碍是不可逆的，停止用药后症状持续存在。其机制可能是因 DA 受体长期被拮抗、受体敏感性增加或反馈性促进突触前膜 DA 释放增加，神经元对 DA 的敏感增加，导致患者出现过度运动。此反应难以治疗，用抗胆碱药反而使症状加重，抗 DA 药使此反应减轻。迟发性运动障碍尤易侵袭那些器质性脑病患者，因此，老年患者应尽量避免使用这类药物。约有 20% 的患者服用氯丙嗪后出现迟发性运动障碍，病程长的可高达 40%。尽管迟发性运动障碍症状通常较轻，可能在数月或数年的治疗后发生，但一旦发展为严重病例，会进一步恶化患者的生活质量。

3. 精神异常 氯丙嗪本身可以引起精神异常，如意识障碍、淡漠、萎靡、躁动、兴奋、幻觉、妄想、消极、抑郁等，应与原有疾病加以鉴别，一旦发生应立即减量或停药。

4. 惊厥与癫痫 少数患者在用药过程中会出现局部或全身抽搐，有癫痫样放电，有惊厥或癫痫史者更易发生，应慎用，必要时加用抗癫痫药物。

5. 过敏反应 常见症状有接触性皮炎、皮疹。少数患者出现肝损害、黄疸，也可能出现粒细胞减少、溶血性贫血和再生障碍性贫血等。

6. 心血管和内分泌系统反应 持续性低血压休克，直立性低血压，多见于年老伴动脉硬化、高血压患者；心电图异常，心律失常；长期用药还会引起抑制儿童生长、月经停止、乳腺增大、泌乳等内分泌系统紊乱现象。主要是由于氯丙嗪拮抗了 DA 介导的下丘脑催乳素释放抑制途径，从而引起高催乳素血症，导致漏乳、闭经及妊娠试验假阳性；导致性欲增强。性功能障碍（阳痿、闭经）的出现可能会使得患者不合作。

7. 急性中毒 一次吞服大剂量氯丙嗪后，可致急性中毒，患者出现昏睡、血压下降至休克水平，并出现心肌损害，如心动过速、心电图异常（P-R 间期或 Q-T 间期延长，T 波低平或倒置），此时应立即对症治疗。

【药物相互作用及禁忌证】 氯丙嗪能增强其他一些药物的中枢抑制作用，如乙醇、镇痛药、镇静催眠药、抗组胺药等，在联合使用时要注意调节剂量。特别是当与吗啡、哌替啶（度冷丁）等合用时要注意呼吸抑制和血压下降。此类药物抑制 DA 受体激动药、左旋多巴的作用。氯丙嗪的去甲基代谢物可以拮抗胍乙啶的降压作用，可能阻止后者被摄入神经末梢。某些肝药酶诱导剂如苯妥英钠、卡马西平等可加速氯丙嗪的代谢，应注意适当调节剂量。

氯丙嗪能降低惊厥，诱发癫痫，故有癫痫及惊厥史者禁用；氯丙嗪能升高眼压，青光眼患者禁用；乳腺增生症和乳腺癌患者禁用；冠心病患者使用本品易致猝死。

二、硫杂蒽类

化学结构与吩噻嗪类相似，即吩噻嗪环上第10位的氮原子被碳原子取代。

氯普噻吨

氯普噻吨（chlorprothixene），也称泰尔登（tardan），又名氯丙硫蒽，是该类药的代表，其结构与三环类抗抑郁药相似，故也有较弱的抗抑郁作用。其控制焦虑抑郁、调整情绪的作用较氯丙嗪强，但抗幻觉妄想作用不及氯丙嗪。氯普噻吨对带有强迫状态及焦虑抑郁情绪的精神分裂症、焦虑性神经官能症和更年期抑郁症患者适用。不良反应较轻。

氟哌噻吨

氟哌噻吨（flupenthixol）也称三氟噻吨，抗精神病作用与氯丙嗪相似，但具有特殊的激动效应，故禁用于躁狂症患者。氟哌噻吨也用于治疗抑郁症或伴焦虑的抑郁症，血浆蛋白结合率＞95%，血浆半衰期为35h，表观分布容积为14L/kg。

治疗精神病的剂量，口服其盐酸盐每次3～9mg，2次/天，最大剂量为18mg/d，长效制剂氟哌噻吨癸酸酯，可深部肌内注射，第一次20mg，隔2～4周根据患者的反应给予20～40mg。

该药低剂量具有一定的抗抑郁焦虑的效果，口服0.5～3mg可用于治疗焦虑和轻度抑郁，每天最后一次用药不得迟于午后4:00，用药一周无效应停药。

氟哌噻吨镇静作用弱，但是锥体外系反应常见，偶有猝死报道。

三、丁酰苯类

丁酰苯类（butyrophenone）的化学结构与吩噻嗪类完全不同，但其药理作用和临床应用与吩噻嗪类相似。

氟哌啶醇

氟哌啶醇（haloperidol）是丁酰苯类药物的典型代表，其化学结构与氯丙嗪完全不同，却能选择性拮抗D_2受体，有很强的抗精神病作用。口服后血药浓度2～6h达高峰，作用可持续3天。氟哌噻吨不仅可显著控制各种精神运动兴奋的作用，而且对慢性症状有较好疗效。虽然其锥体外系副作用发生率高、程度严重，但由于其对心血管系统的副作用较轻、对肝功能影响小而保留其临床应用价值。

氟哌利多

氟哌利多（droperidol）也称氟哌啶，在体内代谢快，作用维持的时间短，作用时间为6h左右，知觉的改变约12h，作用与氟哌啶醇相似。临床上主要用于增强镇痛药的作用，如与芬太尼配合使用，使患者处于一种特殊的麻醉状态：精神恍惚、痛觉消失、对环境淡漠，称为神经阻滞镇痛术（neuroleptanalgesia），作为一种外科麻醉，可以进行小的手术如造影、烧伤清创、窥镜检查等，其特点是集镇痛、镇吐、安定、抗休克于一体，也用于麻醉前给药、镇吐、控制精神患者的攻击行为。氟哌利多吸收快，肌内注射后起效时间几乎与静脉注射相同，在体内广泛代谢，75%从尿中排出，其余从粪便中排泄。血浆半衰期分两部分，开始为10min，最终为2.2h。因为其作用时间比芬太尼长，故第二次重复给药为避免氟哌利多蓄积，一般只给芬太尼。

匹莫齐特

匹莫齐特（pimozide）是氟哌利多的双氟苯衍生物，是一种选择性DA阻断药，对肾上腺素能或胆碱能没有阻断作用。临床上用于治疗精神分裂症、秽语综合征和躁狂症。此药有较好的抗妄想、幻觉作用，并使慢性退缩被动的患者活跃起来。与氯丙嗪相比，其镇静、降压、抗胆碱等副作用较弱，而锥体外系反应则较强。匹莫齐特易引起室性心律失常和心电图异常（如Q-T间期延长，T波改变），故对伴有心脏病的患者禁用。

四、其他抗精神病药物

氯 氮 平

氯氮平（clozapine）属于苯二氮䓬类，为新型抗精神病药。目前在我国许多地区已作为治疗精神分裂症的首选药。

氯氮平为一类广谱神经安定药，对精神分裂症的疗效与氯丙嗪相当，但起效迅速，多在一周内见效；抗精神病作用强，也适用于慢性病患者；对其他抗精神病药无效的精神分裂症的阴性和阳性症状都有治疗作用。氯氮平作用机制与氯丙嗪类药物不同，是选择性 D_4 亚型受体阻断药，只有微弱的 D_2 阻断作用，其优点是几乎无锥体外系反应，与其特异性拮抗中脑边缘系统和中脑皮层系统的 D_4 亚型受体、对黑质-纹状体系统的 D_2 和 D_3 亚型受体几乎无亲和力有关。迟发性运动障碍罕见，不刺激催乳素分泌。对精神分裂症的阳性和阴性症状均有改善作用，是难治性精神分裂症最有效的药物，主要用于其他抗精神病药无效或锥体外系反应过强的患者。新近也有报道氯氮平抗精神病的治疗机制涉及阻断 $5\text{-}HT_{2A}$ 和DA受体、协调5-HT与DA系统的相互作用和平衡，因此，氯氮平也被称为5-HT-DA受体阻断药，并由此提出了精神分裂症的DA与5-HT平衡障碍的病因学说。

氯氮平也可用于长期给予氯丙嗪等抗精神病药物引起的迟发运动障碍，患者可获明显改善，原有精神疾病也得到控制。氯氮平对情感淡漠和逻辑思维障碍的改善较差。

氯氮平具有抗胆碱作用、抗组胺作用、抗肾上腺素能作用，几乎无锥体外系反应和内分泌紊乱等不良反应，但可引起粒细胞减少，严重者可致粒细胞缺乏（女性多于男性），可能由于免疫反应引起，因此，用药前及用药期间须做白细胞计数检查，亦有染色体畸变的报道。

五氟利多

五氟利多（penfluridol）属二苯基丁酰哌啶（diphenylbutylpiperidine），是口服长效抗精神分裂症药，一次用药疗效可维持一周。其长效的原因可能与储存于脂肪组织，从而缓慢释放入血有关。五氟利多能阻断DA受体，有较强的抗精神病作用，亦可镇吐。对精神分裂症的疗效与氟哌啶醇相似，镇静作用较弱，适用于急慢性精神分裂症，尤其适用于慢性病患者对幻觉、妄想、退缩均有较好疗效。五氟利多的副作用以锥体外系反应最常见。

舒 必 利

舒必利（sulpiride）属苯甲酰胺类，选择性地拮抗中脑-边缘系统DA受体。对紧张型精神分裂症疗效高，奏效也较快，有药物电休克之称。此药有改善患者与周围的接触、活跃情绪、减轻幻觉和妄想的作用，对情绪低落、忧郁等症状也有治疗作用，对长期用其他药物无效的难治性病例也有一定疗效，舒必利对中脑-边缘系统的 D_2 受体有高度亲和力，对纹状体的亲和力较低，因此其锥体外系不良反应较少。

利 培 酮

利培酮（risperidone）是第二代非典型抗精神病药物。利培酮对 $5\text{-}HT_{2A}$ 受体和 D_2 亚型受体均有拮抗作用，但对前者的作用显著强于后者。利培酮对精神分裂症阳性症状如幻觉、妄想、思维障碍等及阴性症状均有疗效，适用于治疗首发急性和慢性病患者，对精神分裂症患者的认知功能障碍和继发性抑郁亦具治疗作用。由于利培酮有效剂量小，用药方便、见效快，锥体外系反应轻，且抗胆碱样作用及镇静作用弱，易被患者耐受，治疗依从性优于其他抗精神病药。自20世纪90年代推广应用于临床以来，已成为治疗精神分裂症的一线药物。

喹 硫 平

喹硫平（quetiapine）为一类新型抗精神病药物，为脑内多种神经递质受体阻断药。其抗精神病作用机制可能主要是拮抗中枢D_1、D_2受体和5-HT_{1A}、5-HT_2受体。对H_1受体和α_1受体均有拮抗作用，对M受体和苯二氮䓬类受体无亲和力。本品口服吸收好，不受食物的影响，血药浓度达峰时间为1～2h，平均半衰期为6～7h。在肝脏代谢，存在首过效应。临床用于各型精神分裂症，不仅对精神分裂症阳性症状有效，对阴性症状也有一定效果，并可减轻与精神分裂症有关的情感症状如抑郁、焦虑及认知缺陷症状。本品的常见不良反应为头晕、嗜睡、直立性低血压、心悸、口干、食欲缺乏和便秘，亦可引起催乳素水平升高、体重增加、腹痛、无症状性转氨酶增高、血总胆固醇和甘油三酯增高；锥体外系不良反应少见；偶可引起兴奋与失眠。

阿立哌唑

阿立哌唑（aripiprazole）是一种新型的非典型抗精神分裂症药物，对DA能神经系统具有双向调节作用，是DA递质的稳定剂。与D_2、D_3、5-HT_{1A}和5-HT_{2A}受体有很高的亲和力。通过对D_2和5-HT_{1A}受体的部分激动作用及对5-HT_{2A}受体的拮抗作用来产生抗精神分裂症作用。本品口服后血药浓度达峰时间为3～5h，半衰期为48～68h，去氢阿立哌唑为主要活性代谢物。临床用于治疗各类型的精神分裂症。国外临床试验表明，本品对精神分裂症的阳性和阴性症状均有明显疗效，也能改善伴发的情感症状，降低精神分裂症的复发率。不良反应主要有头痛、焦虑失眠、嗜睡、小便失禁、静坐不能等。本品锥体外系反应发生率低，患者耐受性较好。

案例解析

案例：

患者，男，83岁，于半年前开始出现脾气暴躁，常因一些家庭琐事与家人争吵，爱唠叨，总能听到窗外有人骂他，凭空对骂，疑心大，自己放的东西找不到了，怀疑家人偷他的东西，认为邻居家在外面放的东西是他家的，与邻居争吵。怀疑别人串通起来害他，看到邻居在一起说话便认为是在说他的坏话，是要合伙算计他，为此吵闹骂人，欲外出找邻居打架，家人劝阻更为哭闹，生活无规律，睡眠尚可，进食不定时，大小便尚可自理。既往健康，家中无精神疾病及痴呆家族史。

问题：根据患者的病情，可诊断为什么病？如何用药？

解析：

可诊断为老年期精神分裂症。抗精神病药物治疗，老年人治疗剂量要偏低。药物的选择，应考虑到临床症状特点及患者的躯体状况特点。急性期系统药物治疗：一般疗程为8～10周。常用抗精神病药物有典型抗精神病药物，如氯丙嗪、奋乃静、氟哌啶醇等；非典型抗精神病药物，如氯氮平、利培酮、奥氮平、喹硫平。继续治疗，在急性期精神症状得到控制后，宜继续用抗精神病药物治疗剂量持续1个月左右，以期使病情获得进一步缓解，然后逐渐减量进行维持治疗。维持治疗，旨在减少复发或症状波动而再住院。维持治疗的时间一般在症状缓解后不少于2年。如患者系复发，维持治疗的时间要求更长一些。精神分裂症的治疗中，抗精神病药物起着重要作用，支持性心理治疗，改善患者的社会生活环境及为提高患者社会适应能力的康复措施，亦十分重要。一般在急性阶段，以药物治疗为主；慢性阶段，心理社会康复措施对预防复发和提高患者社会适应能力有十分重要的作用。

第二节　抗躁狂症药

抗躁狂症药物（antimanic drug）主要用于治疗躁狂症，上述抗精神病药物也常用于治疗躁狂症，此外，一些抗癫痫药如卡马西平和丙戊酸钠抗躁狂也有效。目前临床最常用的是碳酸锂，也有枸橼酸盐。

碳　酸　锂

碳酸锂（lithium carbonate）于 1949 年，用于治疗躁狂症。躁狂症的特征是情绪高涨、活动过度、烦躁不安和思维、言语不能自制。

【体内过程】 碳酸锂口服吸收快，血药浓度高峰出现于服药后 2～4h。锂离子先分布于细胞外液，然后逐渐蓄积于细胞内。不与血浆蛋白结合，半衰期为 18～36h。虽吸收快，但通过血脑屏障进入脑组织和神经细胞需要一定时间，因此，锂盐显效较慢。碳酸锂主要自肾排泄，约 80% 由肾小球滤过的锂在近曲小管与 Na^+ 竞争重吸收，故增加钠摄入可促进其排泄，而缺钠或肾小球滤出减少时，可导致体内锂潴留，引起中毒。

【药理作用】 目前认为其主要治疗机制：①在治疗浓度抑制去极化和 Ca^{2+} 依赖的去甲肾上腺素和 DA 从神经末梢释放，而不影响或促进 5-HT 的释放；②摄取突触间隙中儿茶酚胺，并增加其灭活；③抑制腺苷酸环化酶和磷脂酶 C 所介导的反应；④影响 Na^+、Ca^{2+}、Mg^{2+} 的分布，影响葡萄糖代谢。锂盐对躁狂症患者有显著疗效，特别是对急性躁狂和轻度躁狂疗效显著，有效率为 80%。碳酸锂主要用于抗躁狂，但有时对抑郁症也有效，故有情绪稳定药（mood-stabilizer）之称。碳酸锂还可用于治疗躁狂抑郁症（manic-depressive psychosis），该症的特点是躁狂和抑郁的双向循环发生；长期重复使用碳酸锂不仅减少躁狂复发，对预防抑郁复发也有效，但对抑郁的作用不如躁狂显著。

【临床应用】 碳酸锂能控制和治疗躁狂症相关症状。碳酸锂主要是锂离子发挥药理作用，治疗剂量对正常人的精神行为没有明显的影响。尽管研究已经发现锂离子在细胞水平具有多方面的作用。但其情绪安定作用的确切机制目前仍不清楚。

【不良反应】 锂盐安全范围窄，最适浓度为 0.8～1.5mmol/L，超过 2mmol/L 即出现中毒症状。轻度的毒性症状包括恶心、呕吐、腹痛、腹泻和细微震颤；较严重的毒性反应涉及神经系统，包括精神紊乱、反射亢进、明显震颤、发音困难、惊厥，直至昏迷与死亡。由于该药治疗指数很低，测定血药浓度至关重要。当血药浓度升至 1.6mmol/L 时，应立即停药。

第三节　抗 抑 郁 药

抗抑郁药（antidepressant drug）是主要用于治疗情绪低落、抑郁消极的一类药物。各种抗抑郁药物均可使 70% 左右的抑郁患者病情显著改善，长期治疗可使反复发作的抑郁减少复发。抗抑郁药对焦虑性障碍、惊恐发作、强迫性障碍及恐惧症也有效。丙米嗪和选择性 5-HT 再摄取抑制药对非情感性障碍如遗尿症、贪食症等也有效。

目前临床使用的抗抑郁药主要包括三环类抗抑郁药、去甲肾上腺素再摄取抑制药、5-HT 再摄取抑制药及 MAOI 等其他抗抑郁药。这些药物大多以单胺学说作为抑郁症发病机制，并在此基础上建立动物模型研发获得，所以各类抗抑郁药在药理作用、临床应用和不良反应等多方面具有相似之处。就不良反应而论，因增加 5-HT 和阻断 α 受体而影响睡眠和血压；因阻断 M 受体引起口干、便秘、视物模糊；中枢和外周自主神经功能的失衡诱发惊厥性功能障碍和摄食、体重改变等。

一、三环类抗抑郁药

由于这些药物结构中都有 2 个苯环和 1 个杂环，故统称为三环类抗抑郁药（tricyclic antidepressant，TCA），在结构上与吩噻嗪类有一定相关性，常用的有丙米嗪（imipramine）、地昔帕明

(desipramine)、阿米替林（amitriptyline）、多塞平（多虑平，doxepin）等。

在作用机制上，三环类抗抑郁药属于非选择性单胺摄取抑制药，主要抑制去甲肾上腺素和5-HT的再摄取从而增加突触间隙这两种递质的浓度。三环类抗抑郁药及文拉法辛（venlafaxine）具有阻断上述神经递质再摄取的作用，使突触间隙的5-HT和去甲肾上腺素增加而发挥抗抑郁作用。大多数三环类抗抑郁药具有抗胆碱作用。引起口干、便秘、排尿困难等副作用。此外三环类抗抑郁药还阻断 α_1 受体和 H_1 受体而引起过度镇静。

丙 米 嗪

【药理作用及机制】

1. 对中枢神经系统的作用 正常人服用丙米嗪（imipramine，米帕明）后出现安静、嗜睡、血压稍降、头晕、目眩，并常出现口干、视物模糊等抗胆碱反应。连用数天后这些症状可能加重，甚至出现注意力不集中和思维能力下降。但抑郁症患者连续服药后，出现精神振奋现象，连续2～3周后疗效才显著，使情绪高涨，症状减轻。

目前认为，丙米嗪抗抑郁作用的主要机制是阻断去甲肾上腺素、5-HT在神经末梢的再摄取，从而使突触间隙的递质浓度增高，促进突触传递功能。

2. 对自主神经系统的作用 丙米嗪有显著阻断M受体的作用，表现为视物模糊、口干、便秘和尿潴留等。

3. 对心血管系统的作用 丙米嗪可降低血压，导致心律失常，其中心动过速较常见。心电图可出现T波倒置或低平。这些不良反应可能与该药阻断单胺类再摄取从而引起心肌中去甲肾上腺素浓度增高有关。另外，丙米嗪对心肌有奎尼丁样直接抑制效应，故心血管病患者慎用。

【体内过程】 丙米嗪口服吸收良好，2～8h血药浓度达高峰，血浆半衰期为10～20h。在体内丙米嗪广泛分布于各组织，以脑、肝、肾及心脏分布较多。丙米嗪主要在肝内经药酶代谢，通过氧化变成2-羟基代谢物，并与葡萄糖醛酸结合，自尿排出。

【临床应用】

1. 治疗抑郁症 用于各种原因引起的抑郁症，对内源性抑郁症、更年期抑郁症效果较好。对反应性抑郁症次之，对精神病的抑郁成分效果较差。此外，抗抑郁药也可用于强迫症的治疗。治疗剂量：开始时每次25mg，3次/天，逐渐增加到每次50mg，3～4次/天，严重病例最高可用到每天300mg。

2. 治疗遗尿症 对于儿童遗尿可试用丙米嗪治疗，剂量依年龄而定，睡前口服，疗程以3个月为限。

3. 焦虑和恐惧症 对伴有焦虑的抑郁症患者疗效显著，对恐惧症也有效。

【不良反应】 常见的不良反应有口干、扩瞳、视物模糊、便秘、排尿困难和心动过速等抗胆碱作用，还出现无力、多汗、头晕、失眠、皮疹、直立性低血压、共济失调、反射亢进、肝功能异常、粒细胞缺乏症等。因抗抑郁药易致尿潴留和升高眼内压，故前列腺肥大、青光眼患者禁用。

【药物相互作用】 三环类抗抑郁药与血浆蛋白的结合能被苯妥英钠、保泰松、阿司匹林、东莨菪碱和吩噻嗪竞争而减少。如和MAOI合用，可引起血压明显升高、高热和惊厥。这是由于三环类抗抑郁药抑制去甲肾上腺素再摄取、MAOI减少去甲肾上腺素灭活、使去甲肾上腺素浓度增高所致。三环类抗抑郁病还能增强中枢抑制药的作用，如与抗精神病药物、抗帕金森病药合用时，其抗胆碱作用可相互增强。此外，抗抑郁药还能对抗胍乙啶及可乐定的降压作用。

阿米替林

阿米替林（amitriptyline）又名依拉维，是临床上常用的三环类抗抑郁药，其药理学特性及临床应用与丙米嗪极为相似，与后者相比，阿米替林对5-HT再摄取的抑制作用明显强于对去甲肾上腺素再摄取的抑制；镇静作用和抗胆碱作用也较强。鉴于阿米替林有较强的镇静催眠作用，主张每天口服一次，从25mg开始逐渐增加剂量，甚至用到150mg，睡前口服。口服后可稳定地从胃肠道吸收，但剂量过大可延缓吸收。在肝脏生成活性代谢物去甲替林，最终代谢物以游离型或结合型从尿中排出。在体内与蛋白质广泛结合，半衰期为9～36h。

阿米替林的不良反应与丙米嗪相似，但比丙米嗪严重，有加重糖尿病症状的报道。禁忌证与丙米嗪相同。

氯米帕明

氯米帕明（clomipramine）又名氯丙米嗪，药理作用和应用类似于丙米嗪，但对5-HT再摄取有较强的抑制作用，而其体内活性代谢物去甲氯丙米嗪则对去甲肾上腺素再摄取有相对较强的抑制作用。临床上用于抑郁症、强迫症、恐惧症和发作性睡眠引起的肌肉松弛。不良反应及注意事项与丙米嗪相同。

多　塞　平

多塞平（doxepin）又名多虑平，作用与丙米嗪类似，抗抑郁作用比后者弱，抗焦虑作用强，镇静作用和对血压影响比丙米嗪强，但对心脏影响较小。

对伴有焦虑症状的抑郁症疗效最佳，焦虑、紧张、情绪低落、行动迟缓等症状数日后即可缓解，需2～3周显效。也可用于治疗消化性溃疡。

本品不良反应和注意事项与丙米嗪类似。慎用于儿童和孕妇，老年患者应适当减量。

二、去甲肾上腺素摄取抑制药

该类药物选择性抑制去甲肾上腺素的再摄取，用于以脑内去甲肾上腺素缺乏为主的抑郁症，尤其适用于尿检MH-PG（去甲肾上腺素的代谢物）显著减少的患者。这类药物的特点是起效快，而镇静作用、抗胆碱作用和降压作用均比三环类抗抑郁药弱。

地昔帕明

地昔帕明（desipramine）又名去甲丙米嗪。

【药理作用及机制】 地昔帕明是强去甲肾上腺素摄取抑制药，其效率为抑制5-HT摄取的100倍以上。对DA的摄取亦有一定的抑制作用。对H_1受体有强拮抗作用。对α受体和M受体拮抗作用较弱。

对轻、中度的抑郁症疗效好。有轻度镇静作用，缩短REMS，但延长了深睡眠。血压和心率轻度增加，有时也会出现直立性低血压，可能是由于抑制去甲肾上腺素再摄取、阻断α受体作用所致。

【体内过程】 口服快速吸收，2～6h达血药峰浓度，血浆蛋白结合率为90%，在肝脏代谢生成具有活性的去甲丙米嗪，主要在尿中排泄，少量经胆汁排泄，其中原型占5%。

【临床应用】 治疗抑郁症开始口服剂量每次25mg，3次/天，逐渐增加到每次50mg，3～4次/天，需要时最大可用到每天300mg。老年人应适当减量。

【不良反应】 与丙米嗪相比，不良反应较小，但对心脏影响与丙米嗪相似。过量则导致血压降低、心律失常、震颤、惊厥、口干、便秘等。

【药物相互作用】 不能与拟交感胺类药物合用，因会明显增强后者的作用；同样，与MAOI合用也要慎重；与胍乙啶及作用于肾上腺素能神经末梢的降压药合用会明显降低降压效果，因为抑制了药物经胺泵摄取进入末梢。

马普替林

【药理作用及机制】 马普替林（maprotiline）为选择性去甲肾上腺素再摄取抑制药，对5-HT摄取几乎无影响。抗胆碱作用与丙米嗪类似，远比阿米替林弱。其镇静作用和对血压的影响与丙米嗪类似。与其他三环类抗抑郁药一样，用药2～3周后才充分发挥疗效。对睡眠的影响与丙米嗪不同，延长REMS时间。对心脏的影响也与三环类抗抑郁药一样，延长Q-T间期，增加心率。

【体内过程】马普替林口服后吸收缓慢但能完全吸收，9～16h达血浆药物峰浓度，广泛分布于全身组织，肺、肾、心、脑和肾上腺的药物浓度均高于血液，血浆蛋白结合率约90%。

【临床应用】治疗抑郁症与丙米嗪相似，开始口服剂量每天25～75mg，分3次服用；逐渐增加到每天150mg，对于严重病例最大可用到每天225mg。因为半衰期较长，也可晚间一次服用。

【不良反应】治疗剂量可见口干、便秘、头晕、头痛、心悸等。也有用药后出现皮炎和皮疹的报道。能增强拟交感胺药作用，减弱降压药物反应等。

去甲替林

【体内过程】口服后去甲替林（nortriptyline）完全从胃肠道吸收。血浆蛋白结合率为90%～95%，表观分布容积值为14～40L/kg，62%以代谢物形式从尿中排泄，肾衰竭患者也可安全使用本药，血浆半衰期为18～60h。

【药理作用】药理作用与阿米替林相似，但本药抑制去甲肾上腺素摄取远强于对5-HT的摄取。与母药阿米替林相比，其镇静、抗胆碱、降低血压作用及对心脏的影响和诱发惊厥作用均较弱。有助于抑郁症患者入睡，但缩短REMS时间。由于阻断α_1受体可致直立性低血压，由于抗胆碱作用可致心率加快。

去甲替林治疗内源性抑郁症效果优于反应抑郁症，比其他三环类抗抑郁药治疗显效快。

【临床应用】治疗抑郁症：开始一天口服去甲替林（去甲阿米替林）30～40mg，分3～4次服，需要时渐增至每天75～100mg，维持量为每天30～70mg；青少年和老年人开始服每次10mg，3次/天，维持量减半；该药半衰期较长，如果分次服用有困难，也可以将每日的全部药量一次口服，睡前服。

【不良反应】其镇静作用、抗胆碱作用、降低血压作用、对心脏的影响等虽均比丙米嗪弱，但仍要注意过量引起的心律失常，尤其是心肌梗死的恢复期、传导阻滞或原有心律失常的患者，用药不慎会加重病情。双相抑郁症患者可引起躁狂症发作，应注意。本药像三环类抗抑郁药一样，可降低惊厥发作阈，癫痫患者应慎用。

三、5-HT再摄取抑制药

虽然三环类抗抑郁药疗效确切，但仍对20%～30%的患者无效，副作用较多，患者对药物的耐受性差，过量易引起中毒甚至死亡。从20世纪70年代起开始研制的选择性5-HT再摄取抑制药与三环类抗抑郁药的结构迥然不同，但对5-HT再摄取的抑制作用选择性更强，对其他递质和受体作用甚微，既保留了三环类抗抑郁药相似的疗效，也克服了三环类抗抑郁药的诸多不良反应。这类药物包括临床常用的氟西汀、帕罗西汀、舍曲林等，很少引起镇静作用，也不损害精神运动功能。对心血管和自主神经系统功能影响很小。这类药物还具有抗抑郁和抗焦虑双重作用，其抗抑郁效果也需要2～3周才显现出来.

这类药物多用于脑内5-HT减少所致的抑郁症，也可用于病因不清但其他药物疗效不佳或不能耐受其他药物的抑郁症患者。

氟西汀

氟西汀（flouxetine）又名百忧解。

【药理作用及机制】是一种强效选择性5-HT摄取抑制药，比抑制去甲肾上腺素摄取作用强200倍。氟西汀对肾上腺素受体、组胺受体、GABAB受体、M受体、5-HT受体几乎没有亲和力。对抑郁症的疗效与三环类抗抑郁药相当，耐受性与安全性优于三环类抗抑郁药。此外，该药对强迫症、贪食症亦有效。

【体内过程】 口服吸收良好，达峰值时间为6～8h，血浆蛋白结合率为80%～95%；给予单个剂量时半衰期为48～72h，在肝脏经CYP2D6代谢生成去甲基活性代谢物去甲氟西汀。其活性与前体相同，但半衰期较长。

【临床应用】

1. 治疗抑郁症 常用量每天20～40mg，1次服用，需要时可用到每天80mg。因药物在肝脏代谢，肝功能不好时可采取隔日疗法。

2. 治疗神经性贪食症 每天60mg可有效控制摄食量。

【不良反应】 偶有恶心呕吐、头痛头晕、乏力失眠、厌食、体重下降、震颤、惊厥、性欲降低等。肝病者服用后半衰期延长，须慎用。肾功能不全者，长期用药须减量，延长服药间隔时间。氟西汀与MAOI合用时须警惕"5-HT综合征"的发生，初期主要表现为不安、激越、恶心、呕吐或腹泻，随后高热、强直、肌阵挛或震颤、自主神经功能紊乱、心动过速、高血压、意识障碍，最后可引起痉挛和昏迷，严重者可致死，应引起临床重视。心血管疾病、糖尿病者应慎用。

帕罗西汀

帕罗西汀（paroxetine）又名赛洛特，为强效5-HT摄取抑制药，增高突触间隙递质浓度而发挥治疗抑郁症的作用。口服吸收良好，半衰期为21h。抗抑郁疗效与三环类抗抑郁药相当，而抗胆碱、体重增加、对心脏影响及镇静等副作用均较三环类抗抑郁药弱。常见不良反应为口干、便秘、视物模糊、震颤、头痛、恶心等。禁与MAOI联用，避免显著升高脑内5-HT水平而致"血清素综合征"。

舍　曲　林

舍曲林（sertraline）又名郁乐复，是一种选择性抑制5-HT再摄取的抗抑郁药，可应用于各类抑郁症的治疗，并对强迫症有效。主要不良反应为出汗、口干、恶心、腹泻、震颤、男性射精延迟等。该药与其他药物的相互作用临床经验不多，故借鉴氟西汀的经验，禁与MAOI合用。

四、其他抗抑郁药

曲　唑　酮

曲唑酮（trazodone）具有抗精神失常药物的一些特点，但又与之不完全相同。曲唑酮对MAO活性无抑制作用，无抗胆碱效应，有镇静作用，其抗抑郁作用机制可能与抑制5-HT摄取有关，但目前还不清楚。具有α_2受体阻断药的特点，可翻转可乐定的中枢性心血管效应。

曲唑酮用于治疗抑郁症，具有镇静作用，适于夜间给药。无M受体阻断作用，也不影响去甲肾上腺素的再摄取，所以对心血管系统无显著影响。也少见口干、便秘等不良反应，是一个较安全的抗抑郁药。不良反应较少，偶有恶心、呕吐、体重下降、心悸、直立性低血压等，过量中毒会出现惊厥、呼吸停止等。

【体内过程】 口服后吸收快速、完全，2h血药浓度达高峰，血浆蛋白结合率为89%～95%。在肝脏代谢，主要以代谢物的形式从尿中排泄。

米安舍林

米安舍林（mianserin）为一种四环类抗抑郁药。对突触前α_2受体有阻断作用。其治疗抑郁症的作用机制是通过抑制负反馈而使突触前去甲肾上腺素释放增多。疗效与三环类抗抑郁药相当，而较少有抗胆碱能样副作用。常见头晕、嗜睡等。

米　氮　平

米氮平（mirtazapine）是通过阻断突触前α_2受体，增加去甲肾上腺素的释放，来间接提高

5-HT 的更新率而发挥抗抑郁作用。抗抑郁效果与阿米替林相当，其抗胆碱样不良反应及 5-HT 样不良反应（如恶心、头痛、性功能障碍等）较轻，主要不良反应为食欲增加及嗜睡。

第四节　抗焦虑症药

焦虑症是一种普遍的人类情感，与恐惧密切相关，也是许多精神疾病的主要症状。焦虑症状通常与抑郁症有关，可能与肾上腺素能系统过度活动或中枢神经系统 5-HT 能系统失调相关。苯二氮䓬类和 5-HT 再摄取抑制药是常见治疗焦虑症的药物。除此之外，以丁螺环酮（BUSPAR）为代表的氮吡十二酮类药物对以中等强度焦虑或焦虑为主要表现的疾病有良好的效果，对严重的焦虑症作用不佳。丁螺环酮不与苯二氮䓬类药物的结合位点相互作用也不促进 GABA 的作用，不会引起耐受性或戒断反应，与苯二氮䓬类药物或其他镇静药没有交叉耐受性。

本章小结

抗精神病药物主要用于治疗精神分裂症，但它们对其他精神病和躁狂状态也有效。抗精神病药物不能治愈，也不能消除慢性思维障碍，但它们往往会降低幻觉和妄想的强度。本章所述及的抗精神失常药物有如下三类。

1. 抗精神病药物　氯丙嗪抗精神病的作用是通过阻断中脑-边缘及中脑-皮质通路中的 D_2 受体而发生的。新型抗精神病药氯氮平，抗精神病作用较强，对其他药物无效者仍有效且几乎无锥体系统反应，可引起粒细胞减少。

2. 抗躁狂药　碳酸锂抗躁狂的作用主要是通过促进 5-HT 的释放，摄取突触间隙中儿茶酚胺，抑制腺苷酸环化酶和磷脂酶 C 所介导的反应，影响 Na^+、Ca^{2+}、Mg^{2+} 分布，影响葡萄糖代谢所致。碳酸锂口服吸收快而全，但起效慢。有显著的抗躁狂作用，但对正常人精神活动几乎无影响。

3. 抗抑郁药　丙米嗪有中枢神经系统、抗抑郁作用。其作用机制主要是阻断去甲肾上腺素、5-HT 在神经末梢的再摄取，从而使突触间隙的递质浓度增高，促进突触传递功能。正常人服用后有困倦，头晕，口干，视物模糊，注意力不集中，思维能力下降等症状；抑郁症患者则有情绪提高，精神振奋（起效慢，用药 2～3 周见效）的疗效。

中药介绍

石 菖 蒲

石菖蒲（*Acorus gramineus*）为天南星科植物石菖蒲 *Acorus tatarinowii* Schott 的干燥根茎。主要有效成分为挥发油，内有 α-、β-及 γ-细辛脑（asarone），欧细辛脑（euasarone），顺式甲基异丁香油酚（cismethylisoeugenol），榄香脂素（elemicin），细辛醛（asarylaldehyde），δ-荜澄匣烯（δ-cadinene），百里香酚（thymol），肉豆蔻酸（myristic acid）。

文献报道石菖蒲挥发油对多种实验性精神失常均有预防和治疗作用。①石菖蒲煎剂对戊四氮引起的小鼠惊厥有一定的对抗作用，与对照组相比，能使自主活动减少，抽搐开始时间推迟，抽搐发病率较少。挥发油中的 α-细辛醚 140mg/kg 能完全对抗小鼠电惊厥和戊四氮惊厥，并能对抗家兔侧脑室给予 ACh 所致惊厥，除去挥发油的水煎剂亦有作用。②镇静作用：煎剂或挥发油均能使小鼠自发活动减少，解除单笼饲养小鼠的攻击行为；亦能延长戊巴比妥钠所致的睡眠时间，对阈下催眠剂量的戊巴比妥钠有协同作用。此外，尚能显著延长戊巴比妥钠的麻醉时间。研究表明：挥发油中的细辛醚是镇静的有效成分，但除去挥发油后仍有镇静作用，提示其镇静成分不止一种。

临床上，石菖蒲对癫痫病及其他神经系统疾病均有较好的疗效。以石菖蒲配伍的方剂在临床上对癫痫、老年性痴呆症、脑卒中等治疗有一定效果。

（陈毅飞）

第十六章 治疗神经退行性疾病的药物

能力要求

1. 能够掌握左旋多巴的作用特点、临床应用及不良反应。

2. 能够理解左旋多巴增效药和苯海索的作用特点、临床应用及抗阿尔茨海默病药物的分类与应用特点。

3. 能够了解其他抗帕金森病药的作用特点及帕金森病和阿尔茨海默病的发病机制学说。

中枢神经系统退行性疾病（neurodegenerative disease）主要包括帕金森病（Parkinson disease，PD）、阿尔茨海默病（Alzheimer disease，AD）、亨廷顿病（Huntington disease，HD）、多发性硬化症（multiple sclerosis，MS）、肌萎缩侧索硬化症（amyotrophic lateral sclerosis，ALS）等。虽然这些疾病的病因及病变部位不同，但病理学特征相似，都表现为进行性不同脑区特定神经元消失，同时伴有运动和（或）认知功能障碍。目前这些疾病发病机制尚未完全明确，研究认为可能与兴奋性毒性（excitotoxicity）、细胞凋亡（apoptosis）和氧化应激（oxidative stress）等密切相关。

PD 和 AD 主要发生于中老年人，随着社会人口的老龄化，这类疾病的发病率逐渐提高，已成为继肿瘤和心血管疾病之后，严重影响人类健康的第三位因素。本章重点介绍治疗 PD 和 AD 药物。

第一节 抗帕金森病药

PD 又称震颤麻痹（paralysis agitan），它是一种锥体外系运动障碍，其特征为如果未得到治疗，症状在数年后发展为终末期疾病，患者身体僵硬，不能活动，无法正常呼吸。PD 是以锥体外系运动障碍为特征的进行性神经退行性疾病，以 65 岁以上老人发病居多，发病率为 1% 左右。其特征性临床表现为僵硬、震颤和运动障碍，继发性表现为姿势和步态缺陷、面罩样面部和涎流，严重病例可伴有记忆障碍和痴呆。此外，脑动脉硬化、脑炎后遗症及化学药物（抗精神病药、氰化物、一氧化碳、锰）中毒等也可诱发与 PD 类似的症状，则称为帕金森综合征（Parkinsonism）。

虽然 PD 发病原因及机制目前尚未完全阐明，但其典型病理特征已经明确，即为中脑黑质致密部 DA 能神经元进行性变性缺失和残存 DA 能神经元胞质内病理标志物路易小体（Lewy body）的形成。因此，根据此病理特点提出的黑质-纹状体 DA 能神经-胆碱能神经功能失衡学说，即“多巴胺学说”也广泛受到认可。该学说的主要观点：PD 患者黑质致密部（SN-PC）和黑质-纹状体（DA 能神经）束中神经元的变性，导致了纹状体中 DA 的缺乏，纹状体中抑制性的 DA 能系统和兴奋性的胆碱能系统之间的不平衡导致了运动缺陷的产生。大量临床证据指出，PD 患者纹状体中 DA 含量仅为正常人的 5%～10%；提高脑内 DA 含量或应用 DA 受体激动药可显著缓解 PD 等症状；耗竭黑质-纹状体内 DA、用神经毒素 MPTP 选择性破坏黑质 DA 能神经元或长期使用 DA 受体阻断药可导致 PD；胆碱受体阻断药可缓解 PD 的某些症状。

知识拓展 **氧化应激学说**

对于 DA 能神经变性缺失机制，目前较为肯定的学说为“氧化应激学说”。根据此学说，一般情况下，DA 通过 MAO 催化氧化脱氨代谢，所产生的过氧化氢（H_2O_2）能被抗氧化系统清除。但在氧化应激时，DA 的氧化代谢是多途径的，产生过量的 H_2O_2 和超氧阴离子（$O^{2-\cdot}$），在黑质部位 Fe^{2+} 催化下，进一步生成毒性更大的羟自由基（OH·）。而此时黑质线粒体呼吸链的复合物Ⅰ（complex Ⅰ）活性下降，抗氧化物（特别是谷胱甘肽）消失，无法清除自由基。因此，自由基通过氧化神经膜类脂，破坏DA神经元膜功能或直接破坏细胞DNA，最终导致神经元变性。这一学说得到如下事实支持：在PD患者的黑质中发现“两多两少”——铁（尤其是Fe^{2+}）增加，$O^{2-\cdot}$和OH·增加，抗氧化物谷胱甘肽几乎消失，复合物Ⅰ功能严重不足。

由于PD被认为是DA缺乏症，经典的抗PD药主要着眼于恢复DA能和胆碱能神经系统功能的平衡，包括拟多巴胺类药和抗胆碱药。拟多巴胺类药通过直接补充DA前体物或抑制DA降解发挥作用，而抗胆碱药通过拮抗相对过高的胆碱能神经功能而缓解症状。两者合用疗效能明显增加。由于DA本身并不能通过血脑屏障，许多左旋多巴增强剂和DA激动药已被开发为辅助药物。

一、拟多巴胺类药

根据作用机制分为DA前体药、左旋多巴增效药、促DA释放药、DA受体激动药。

（一）多巴胺前体药

左旋多巴

左旋多巴（levodopa，*L*-Dopa）为酪氨酸形成儿茶酚胺的中间产物，本身没有活性，但是作为DA的前体，其疗效超过了单独使用的任何其他药物，是目前应用最广泛、改善运动症状最为有效的抗PD药。左旋多巴可从豆科植物常绿油麻藤（*Mucuna sempevirens* Hemsl.）种子中提取，现也可人工合成，超过95%的口服剂量在外周组织（主要是肠道和肝脏）中脱羧。

【体内过程】 口服吸收迅速，0.5～2h血药浓度达峰值，半衰期为1～3h。左旋多巴在小肠需借助芳香族氨基酸转运体转运吸收，因此，食物中其他氨基酸可与其竞争载体减少其吸收。口服吸收的左旋多巴绝大部分（95%以上）在肝和胃肠黏膜被外周多巴脱羧酶脱羧，转变成DA，后者不易透过血脑屏障，是引起外周不良反应的主要原因；仅有少量（约1%）进入中枢神经系统，在脑内脱羧转变为DA，发挥中枢作用，因此显效较慢。生成的DA一部分被突触前膜摄取进入DA能神经末梢，另一部分被MAO和COMT代谢，最终经肾排出。外周脱羧酶抑制药卡比多巴、苄丝肼等，可减少左旋多巴的外周脱羧作用，使进入中枢数量增加，不良反应减轻，因此常与左旋多巴合用。

【药理作用和临床应用】

1. 抗PD 左旋多巴为治疗PD的基础药物，本身无药理学活性。进入中枢后，在中枢脱羧酶作用下转变为DA，补充纹状体中的DA递质的不足，恢复DA和ACh两递质的平衡，进而改善PD症状。左旋多巴可治疗各种类型的PD，无论年龄、性别和病程长短，均可获得疗效。与未用左旋多巴相比，患者寿命明显延长，生活质量明显提高，其特点如下。①药物作用与疾病严重程度有关，对轻症及年轻患者疗效较重症及老年患者为好。②对PD症状缓解存在差异，对肌肉强直、运动困难改善效果最好，而对肌肉震颤效果稍差，对痴呆症状改善不明显。③显效较慢，服药后2～3周开始见效，1～6个月达最大疗效。用药早期，可使80% PD患者症状得到明显改善，其中20%患者可恢复到正常运动状态。但随着用药时间的延长，疗效会逐渐下降，3～5年后疗效不显著，可能与疾病进展、耐受性形成、存在补偿机制等有关。④左旋多巴对吩噻嗪类抗精神失常药物所引起的帕金森综合征无效，因该类药物能阻断中枢DA受体。

2. 治疗肝性脑病 肝性脑病又称肝性昏迷，是严重肝病引起的、以代谢紊乱为基础的中枢神经系统功能失调综合征。其主要临床表现为意识障碍、行为失常和昏迷。进入脑内的左旋多巴可合成去甲肾上腺素，还可以提高大脑对氨的耐受力，进而有利于中枢神经功能的恢复，使患者清醒，症状改善。但对肝功能没有恢复作用。

【不良反应】 左旋多巴转变成 DA 有关，分为早期和长期两大类。

1. 早期不良反应

（1）胃肠反应：出现较早，约 80% 患者治疗初期即出现恶心、呕吐、食欲减退等，用药数周后可逐渐耐受。此反应与 DA 直接刺激胃肠道黏膜及兴奋延髓催吐化学感受区 D_2 受体有关。一旦出现可用 D_2 受体阻断药多潘立酮消除。也能引起腹胀、腹痛、腹泻或便秘等。饭后服药、合用氨基酸脱羧酶抑制药、减慢剂量递增的速度均可减轻胃肠道反应。偶见胃溃疡、出血或穿孔。

（2）心血管反应：表现为轻度直立性低血压，发生在约 1/3 的患者中，但大多无症状；部分患者出现头晕，很少有晕厥发作。其机制可能是 DA 作用于血管 DA 受体，与由此引起的血管舒张有关。严格控制药量可避免。老年患者亦可引起心律失常，与 DA 对 β 受体激动作用有关。冠心病患者禁用。

2. 长期不良反应

（1）运动过多症（hyperkinesia）：长期用药易出现，一般服用最小剂量几个月后，开始出现异常运动（运动障碍）面部抽搐、鬼脸、伸舌、四肢异常不随意运动。这些运动障碍随着时间的推移而恶化，严重程度与左旋多巴的剂量相关。此症是由于服用大量左旋多巴后，DA 受体过度兴奋所导致的。DA 受体阻断药左旋千金藤啶碱（*L*-stepholidine）可缓解运动过多症。

（2）症状波动：也称“开-关现象”（on-off phenomenon）。服药 3～5 年，有 40%～80% 患者出现该症。表现为患者突然多动或活动正常（开），而后又出现全身性或肌肉强直性运动不能（关），两种现象可交替发生，严重妨碍患者的正常活动。其发生机制可能为DA 神经元的逐渐退化，可能导致调节 DA 储存和释放的能力丧失，纹状体瞬间合成，引起运动控制的快速和不可预测的波动。可应用左旋多巴/ 多巴脱羧酶抑制药缓释剂、DA 受体激动药或 MAOI 等减轻症状。也可调整给药方案，如改用静脉滴注、增加给药次数而不增加或减少给药剂量等。

（3）精神障碍：10%～15% 患者可出现此症，表现从轻微的焦虑、噩梦等到严重的抑郁、躁狂、幻觉、精神错乱都有可能出现，需减量或停药。此反应可能与 DA 在边缘系统的作用有关。应用中脑-边缘系统 DA 受体选择性阻断药氯氮平可对抗此不良反应。精神病患者慎用此药。

【药物相互作用】 ①维生素 B_6 为多巴脱羧酶的辅基，可增强外周脱羧酶活性，促进左旋多巴在外周转变为 DA，增加外周副作用，降低疗效，因此应该避免合用。②抗精神病药吩噻嗪类通过阻断 DA 受体逆转左旋多巴的治疗作用。③利血平通过阻止 DA 进入突触囊泡来消除左旋多巴的作用。④非选择性 MAOI 能抑制 DA 在外周的代谢，因而可增强 DA 的外周副作用，也能使去甲肾上腺素堆积，引起血压升高，甚至发生高血压危象。

（二）左旋多巴增效药

卡比多巴和苄丝肼

卡比多巴（carbidopa）又称 *α*-甲基多巴肼、洛得新，为 *L*-芳香氨基酸脱羧酶抑制药。卡比多巴由于不易透过血脑屏障，故仅能抑制外周多巴脱羧酶的活性。与左旋多巴合用后，抑制其在外周脱羧，减轻外周副作用；同时使进入脑中的左旋多巴增多，增强药物作用，可减少使用量。卡比多巴不穿透血脑屏障，也不抑制左旋多巴向 DA 的转化。临床上将卡比多巴与左旋多巴以 1∶4 或 1∶10 的剂量比例配伍，制成复方制剂称心宁美（sinemet），为治疗 PD 的首选药物。现研制出心宁美控释制剂。

苄丝肼（benserazide）作用与卡比多巴相似，它与左旋多巴按 1∶4 剂量比例制成复方制剂美多巴（madopar），与心宁美作用相同。

司来吉兰

司来吉兰（selegiline）为选择性单胺氧化酶 B（MAO-B）抑制药。人体 MAO 分为 A、B 两型。MAO-A 在胃肠道分布较高，主要代谢食物、肠道和血液循环中的单胺类；MAO-B 在中枢黑质-纹状体分布较高，分解其中的 DA。低剂量（< 10mg/d）司来吉兰选择性抑制中枢神经系统 MAO-B，使纹状体中的 DA 代谢减少，浓度增加，作用时间延长。司来吉兰是治疗 PD 的辅助药，与左旋多巴合用可减少后者剂量和副作用，使左旋多巴的“开-关现象”消失，较好地缓解症状，延长患者寿命。近来发现司来吉兰作为神经保护剂，能优先抑制黑质-纹状体中的超氧阴离子和羟自由基的形成，延迟神经元变性和 PD 的发展。临床上将司来吉兰与抗氧化剂维生素 E 联合应用治疗 PD，称为 DATATOP 方案（deprenyl and tocopherol antioxidative therapy of Parkinsonism），但确切效果尚不肯定，有待大范围临床观察。本品低剂量对外周 MAO-A 无作用，肠道和血液中 DA 和酪氨酸代谢不受影响，不会产生 MAO 非选择性抑制药所引起的高血压危象，但大剂量（> 10mg/d）亦可抑制 MAO-A，应避免使用。

硝替卡朋和托卡朋

硝替卡朋（nitecapone）和托卡朋（tocapone）为新型 COMT 抑制药。其中，硝替卡朋只抑制外周 COMT，增加左旋多巴生物利用度，使纹状体中左旋多巴和 DA 增加来发挥抗 PD 作用。托卡朋则能延长左旋多巴半衰期，稳定血药浓度，使更多的左旋多巴进入脑组织，同时也能抑制中枢 COMT，减少 DA 降解，可明显改善病情，尤其适用于伴有症状波动的患者。托卡朋的主要不良反应为肝损伤，甚至引起暴发性肝衰竭。仅用于其他抗 PD 药无效的患者，且要严密监测肝功能。

案例解析

案例：

患者，男，70 岁，于 5 年前左肢不明原因出现不自主抖动，安静状态下较为明显，紧张、激动时加重，平静放松时减轻。3 年前右侧肢体亦出现上述症状。于入院半月前出现面部表情少，伴左侧肢体活动不灵活、僵硬。入院查体：意识清晰，高级活动反应慢，面部表情少，四肢呈齿轮样肌张力增高，右手静止性震颤，紧张时加剧，手部精细活动困难，动作迟缓，行走时出现慌张步态。头部磁共振成像（magnetic resonance imaging，MRI）未见异常。诊断：PD。医嘱给予口服美多巴 125mg，每日 2 次，饭后服用。

请分析：美多巴是由哪两种药物组成的复方制剂？配伍道理如何？美多巴可减少组合药物中哪些外周副反应？

解析：

美多巴由左旋多巴及卡比多巴组成。两药合用后，卡比多巴可抑制左旋多巴的外周脱羧，减轻其外周副作用（包括胃肠道、心血管等副作用）；同时使进入脑中的左旋多巴增多，增强药物作用，可减少使用量。

（三）促多巴胺释放药

金刚烷胺

金刚烷胺（amantadine）作用机制包括以下四个方面：①促进内源性 DA 的释放，抑制突触前膜对 DA 的再摄取，从而增加突触间隙的 DA 含量；②抗胆碱能作用；③直接作用于 DA 受体；④阻断谷氨酸兴奋性神经毒性作用而保护神经细胞。金刚烷胺用于 PD 治疗起效快、维持时间短，用药数日即可获得最大效应，6～8 周后逐渐减弱。而左旋多巴起效慢，维持时间长，因此两者合用有协同作用。金刚烷胺对 PD 肌肉强直、震颤和运动障碍的缓解作用较强，优于抗胆碱药，但不及左旋多巴。长期用药可见下肢出现网状青斑，还可引起精神不安、失眠和运动失调等。

（四）多巴胺受体激动药

溴隐亭

溴隐亭（bromocriptine）为麦角碱衍生物，为 D_2 受体强激动药，对外周 DA 受体及 α 受体有较弱的激动作用。单独使用，治疗 PD 所需的剂量很高，而且经常产生无法忍受的侧肌痉挛，尤其是呕吐、幻觉、低血压、鼻塞、结膜注射等。口服吸收迅速，1h 显效，2～3h 达高峰，半衰期为 6～8 h。可透过血脑屏障，血浆蛋白结合率为 90%～96%，全部经肝代谢，主要代谢物经胆汁排泄。溴隐亭的血药浓度个体差异较大，故剂量应个体化。小剂量溴隐亭可激动结节-漏斗通路 DA 受体，抑制催乳素和生长激素的释放。用于产后回乳、催乳素分泌过高引起的闭经及溢乳，也可治疗垂体瘤伴肢端肥大症；大剂量可激动黑质-纹状体通路的 DA 受体，主要用于治疗 PD，与左旋多巴合用疗效更好。对外周 DA 受体作用弱。

溴隐亭治疗 PD 所需的剂量很高，而且经常产生无法忍受的侧肌痉挛。尤其是呕吐、幻觉、低血压、鼻塞等。

培高利特

培高利特（pergolide）疗效与溴隐亭相似，作用强而持久。可用于不能耐受左旋多巴者，特别适用于复方制剂疗效逐渐减退者，对左旋多巴引起的“开-关现象”有较好的防治效应，肌肉僵直和运动迟缓症状也见改善。但近来报道其可致心脏瓣膜的损害，应予以注意。

利舒脲

利舒脲（lisuride，利修来得）为新型 DA 受体激动药，选择性激动 D_2 受体。能改善运动功能障碍，减轻左旋多巴所致的“开-关现象”和不自主异常运动，作用强于溴隐亭。

二、中枢抗胆碱药

中枢抗胆碱药通过阻断中枢胆碱能受体，减弱纹状体中 ACh 的作用，从而恢复 PD 患者 DA 和 ACh 的平衡，达到治疗 PD 的效果。传统胆碱能受体阻断药阿托品、东莨菪碱等虽然对 PD 也有效，但外周抗胆碱副作用较大，一般不用。常用的药物为中枢性胆碱受体阻断药，如苯海索等。

苯海索、丙环定和苯扎托品

苯海索（benzhexol，安坦）对中枢胆碱受体具有较强阻断作用，能阻断纹状体胆碱能受体而使肌张力降低。临床主要用于不能耐受或禁用左旋多巴的患者。其特点：①对肌震颤疗效好，对流涎、多汗及情感抑郁也有较好的缓解作用，但对肌肉强直、运动困难效果差；②对抗精神病药引起的帕金森综合征有效。疗效不及左旋多巴，但两者合用可提高疗效。

苯海索外周抗胆碱作用弱，为阿托品的 1/10～1/3。不良反应与阿托品相似但较轻。可引起中枢神经系统副作用如精神错乱、谵妄及幻觉等，这使其应用受到一定程度的限制。久用不能突然停药，否则可使病情迅速恶化。闭角型青光眼、前列腺增生者慎用。

丙环定（procyclidine，开马君）、苯扎托品（benzatropine，苄托品）等作用、临床应用及不良反应与苯海索相似。

第二节 治疗阿尔茨海默病药

阿尔茨海默病（Alzheimer disease，AD）俗称老年痴呆，是痴呆常见类型。它是以进行性认知障碍和记忆力损害为主的中枢神经系统退行性疾病，表现为记忆力、判断力、抽象思维等一般智力丧失，但视力、运动能力等则不受影响。调查发现，65 岁以上人群中患重度老年痴呆的比率达 5% 以上，而到 80 岁，此比率就上升到 15%～20%。因此随着人类寿命的延长和社会人口老龄化问题的日益突出，AD 患者数量和比例将持续增高，成为严重威胁人类健康的疾病。

目前 AD 的发病机制还未完全阐明，但其特征性病理改变公认为神经细胞外的淀粉样斑（amyloid plaques，AP）或称老年斑（senile plaques，SP）和神经细胞内的神经纤维缠结（neurofibrillary tangles，NFT），神经元的丢失伴神经胶质细胞增生。针对 AD 的发病机制学术界提出了十余种假说，其中比较公认的为 β-淀粉样蛋白（β -amyloid，Aβ）级联假说、Tau 蛋白过度磷酸化学说、胆碱能及氧化应激学说。目前的治疗思路都是针对其中一种途径改善中枢神经系统内的胆碱能传递或抑制由 NMDA 谷氨酸受体的过度刺激引起的兴奋性毒性作用。

1. β-淀粉样蛋白级联假说 为目前占主导地位的假说。Aβ 是老年斑的核心成分，包括 $A\beta_{1-40}$ 和 $A\beta_{1-42}$，是由 β-淀粉样前体蛋白（β-amyloid precursor protein，APP）经酶（β-分泌酶和 γ-分泌酶）水解产生，如图 16-1 所示。正常情况下产生的 Aβ 可被中性肽链内切酶（NEP）和胰岛素降解酶（IDE）等降解。当某些原因导致 Aβ 生成增多和（或）降解减少就会使大量的 Aβ 释放至细胞外沉积，形成斑块，进而激活小胶质细胞，释放神经毒性分子，引起炎症反应，产生氧化损伤。最终导致细胞器受损、细胞功能减退、神经元出现凋亡，逐渐产生痴呆。

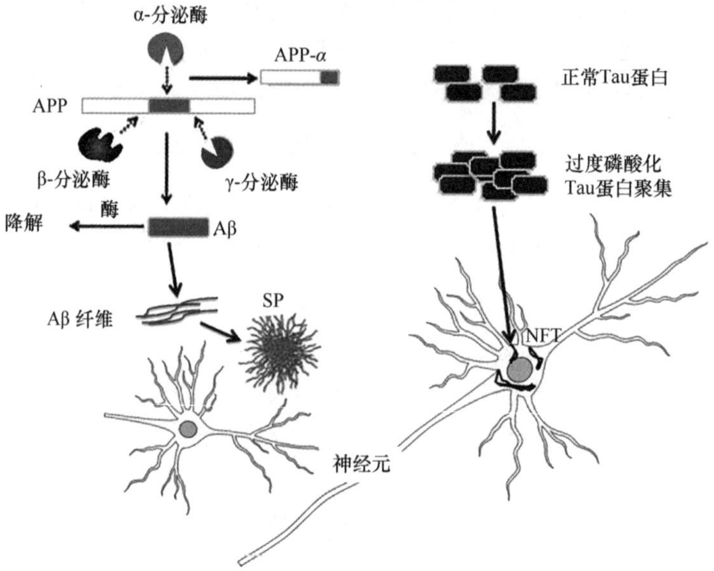

图 16-1 老年斑和 NFT 形成过程图

2. Tau 蛋白过度磷酸化学说 Tau 蛋白是 NFT 的主要成分，具有稳定微管、参与轴突运输等功能。脑中正常成熟的 Tau 蛋白分子含 2～3 个磷酸基团，而 AD 患者脑中的 Tau 蛋白可含 5～9 个磷酸基团，呈异常过度磷酸化。这种过度磷酸化可使 Tau 蛋白丧失促进微管组装活性及与微管结合的能力，进而使游离性 Tau 蛋白片段异常增多，最终使 Tau 蛋白发生异常聚集、纤维化、形成 NFT，进而使轴突损伤、神经细胞死亡，促进 AD 发生，如图 16-1 所示。

3. 胆碱能学说 AD 患者胆碱能神经明显受损，特别是皮质和海马、前脑迈纳特（Meynert）基底核和隔区等部位。这些脑区的 AChE 和乙酰胆碱转移酶（acetylcholinesterase，ChAT）活性下降，并伴有胆碱能神经元胞体的缺失，脑中 ACh 水平下降，胆碱能系统功能降低。而研究发现，胆碱能系统和学习、记忆能力密切相关。因此认为脑内胆碱能神经系统的退化是 AD 学习记忆功能减退的主要原因之一。

近年虽然对于 AD 发病机制的研究取得了长足的进展，提出了多种假说，但对 AD 治疗仍无有效措施，也没有能有效逆转其病理变化的药物。现临床治疗 AD 广泛应用的药物主要为 AChE

抑制药和 NMDA 受体阻断药，这两类药物能延缓疾病的进展，改善 AD 患者记忆和认知功能的障碍。而基于 Aβ 级联学说开发的药物如 β-分泌酶抑制药和 γ-分泌酶抑制药、针对 Tau 蛋白过度磷酸化学说的药物如 Tau 蛋白磷酸化抑制药和促 Tau 蛋白降解制剂、AD 疫苗、非甾体抗炎药、氧自由基清除剂、神经干细胞移植等正在研发中。

一、胆碱酯酶抑制药

多奈哌齐

胆碱能神经元的逐渐丧失及大脑皮质内的胆碱能传递可能与记忆丧失有关，这是 AD 的一个标志性症状。多奈哌齐（donepezil）是美国 FDA 于 1996 年批准上市的第二个治疗抗 AD 药物，也是第二代可逆性 AChE 抑制药，对中枢神经系统中的 AChE 有一定的选择性。是目前临床治疗 AD 最常用的药物。

【体内过程】 口服吸收好，3～4h 达峰浓度。血浆蛋白结合率高，约 95%。经肝代谢，代谢产物 6-*O*-脱甲基衍生物仍然具有活性，其活性与母药相当。代谢物经肾排泄，半衰期约 70h，因此，维持药效时间长，可每日服用一次。

【药理作用及临床应用】 临床用于轻、中、重度 AD 患者的治疗，与他克林相比具有如下优势。①中枢神经系统 AChE 选择性高，对丁酰胆碱酯酶无作用，能改善轻度至中度 AD 患者的认知能力和临床综合功能。②具有剂量小、毒性低和价格相对较低的优点，患者耐受性较好。

【不良反应】 常见有流感样胸痛、牙痛；高血压、血管扩张、低血压、心房颤动等心血管反应；大小便失禁、胃肠道出血、腹痛等；亦可出现谵妄、震颤和感觉异常等。

加兰他敏

加兰他敏（galantamine）为第二代 AChE 抑制药，除了能有效抑制 AChE 之外，还可能增强 ACh 对中枢神经系统中烟碱受体的作用。美国 FDA 于 2001 年批准用于临床治疗 AD。对轻、中度 AD 疗效显著，无肝毒性。

【体内过程】 口服吸收较快，2h 达到峰浓度。药物主要分布于肾、肝、脑中，脑内药物浓度高，为血药浓度的 3 倍左右。主要经肾排出体外，半衰期为 5h 以上。

【药理作用和临床应用】 为竞争性 AChE 抑制药，与他克林相比：①选择性高，对神经元中的 AChE 抑制作用强，而对于血液中丁酰酯酶则抑制能力较弱；②疗效和他克林相当，对于轻、中度 AD 治疗有效率达 50%～60%，用药 6～8 周后疗效显著。

【不良反应】 主要不良反应为用药早期的恶心、呕吐及腹泻等胃肠反应。无肝毒性。

利斯的明

利斯的明（rivastigmine，Exelon®）又称重酒石酸卡巴拉汀，美国 FDA 于 1998 年批准用于临床治疗 AD。对轻、中度 AD 和 PD 都有确切疗效。不良反应较轻，是治疗 AD 的理想药物之一。

【体内过程】 口服吸收较快，剂量 3mg 生物利用度达 40%。半小时达到血峰浓度，1.4～3.8h 达到脑脊液峰浓度。主要由其作用的胆碱酯酶介导的水解进行代谢，没有肝脏 CYP 的参与，因此，与经此酶代谢的药物之间不存在相互作用，可以安全地与多种药物合并应用。这是该药的一大特点。

【药理作用和临床应用】 利斯的明是一种高度脑选择性 AChE 抑制药，同时也有类似的抑制丁酰胆碱酯酶的作用，因此具有双重抑制作用。通过延缓功能完整的胆碱能神经元所释放 ACh 的降解而促进海马和皮质胆碱能神经传导，改善 AD 患者胆碱能神经介导的认知功能。对轻度认知功能障碍（MCI），轻、中、重度 AD 都有疗效。

【不良反应】 该药不良反应较轻，以胃肠道反应如恶心、呕吐为主，通常不需要特殊处理即可自行消失。使用每天一次的利斯的明贴剂（patch）可使胃肠道反应大为减少。

他 克 林

他克林（tacrine）是 1993 年美国 FDA 批准上市的第一个治疗 AD 药物，也是第一代可逆性 AChE 抑制药。但由于该药具有较重的肝毒性，现临床已少用。

【体内过程】 口服吸收快，但容易受食物的影响，口服给药血药浓度个体差异较大。该药脂溶性较高，易透过血脑屏障，主要经肝代谢失活，饭后服用半衰期为 2～4h。

【药理作用】 他克林抗 AD 作用与多种机制有关：可抑制血浆和组织中的 AChE，从而增加 ACh 的含量；也可直接激动 M、N 受体，对 M 受体选择性高；还能促进 ACh 释放；也能促进脑组织对葡萄糖的利用，改善由药物、缺氧、老化等引起的实验动物学习记忆能力的下降。

【临床应用】 对轻、中度 AD 患者的疗效较为肯定，可延缓病程 6～12 个月，提高患者的认知能力和自理能力。尚可用于拮抗非除极化肌松药作用；亦可用作呼吸兴奋药，用于减轻阿片类生物碱引起的呼吸抑制作用。

【不良反应】 约有 30% 患者即使接受低剂量他克林也可出现转氨酶升高。开始给药时若出现转氨酶升高则应减量或停药。如转氨酶升高幅度较大或患者出现黄疸时应立即停用本药。

石杉碱甲

石杉碱甲（huperzine A，哈伯因）是从植物千层塔中分离提取的生物碱，是我国学者首创的一种强效 AChE 抑制药，对 AChE 具有选择性抑制作用。本药脂溶性高，易透过血脑屏障，进入中枢后主要分布于大脑的额叶、颞叶、海马等与学习和记忆密切相关脑区。低剂量下石杉碱甲对 AChE 具有强大的抑制作用，使突触间隙的 ACh 含量明显升高，从而增强神经元兴奋传导，强化学习与记忆脑区的兴奋性，进而提高认知功能。主要用于老年性记忆功能减退及老年痴呆患者。不良反应较轻，主要有胃肠道反应和头晕、多汗等。

二、胆碱受体激动药

临床上主要应用的为 M_1 受体激动药。AD 患者脑组织中 M_1 受体未受损，激动该受体可增强胆碱能神经功能。另外，这类药物还能逆转 Aβ 诱导的神经细胞凋亡、减少 Tau 蛋白的磷酸化、促进神经元生长，对神经元具有一定保护作用。

占诺美林

占诺美林（xanomeline）为槟榔碱的噻唑衍生物，是目前选择性最高的 M_1 受体激动药之一。口服易吸收，易透过血脑屏障，大脑皮质和纹状体分布较多。大剂量可明显改善 AD 患者的认知功能和行为能力，但易引起胃肠道和心血管方面的不良反应。现正开发皮肤给药。本品有望成为第一个治疗 AD 的 M_1 受体激动药。

三、神经生长因子增强剂

神经生长因子（nerve growth factor，NGF）是最早发现的神经营养因子，对神经细胞具有保护作用。动物研究发现，神经生长因子能促进神经系统发育、维持神经系统功能，改善存活脑细胞的功能状态。它尤其对中枢胆碱能神经元有营养作用，可阻止基底前脑损伤所致的胆碱能神经元变性和死亡，改善老年动物识别功能障碍，逆转认知功能下降。但神经生长因子分子量大，不易透过血脑屏障，造成应用上的困难。因此，促进脑内神经生长因子生物合成，如使用神经生长因子增强剂，成为治疗 AD 的另一个途径。

吡拉西坦

吡拉西坦（piracetam）为 GABA 环形衍生物，能激活、保护和修复脑细胞，加速大脑半球间经过胼胝体的信息传递；还具有对抗物理因素、化学因素所致的脑功能损伤等作用，增强记忆、提高学习能力。该药能透过血脑屏障到达脑内，尤其是大脑皮质和嗅球药物浓度更高。吡拉西坦可改善轻、中度 AD 患者的认知能力，但对重症患者无效。适用于急、慢性脑血管病、脑外伤、各种中毒性脑病等多种原因所致的记忆减退及轻、中度脑功能障碍。

脑　活　素

脑活素（cerebrolysin）为脑蛋白水解物，可促进蛋白质的合成、加速葡萄糖的摄取、改善脑能量供应，有利于脑细胞记忆功能的恢复。临床可用于脑动脉硬化、脑外伤后遗症、大脑发育不全、早老性痴呆等治疗，但有效性还有待进一步确定。

普立宁钾

普立宁钾（leteprinim potassium）是促神经生长因子生长剂，能提高受损害或退化神经元的神经营养生长因子水平、刺激轴突生长，从而恢复神经元功能、改善记忆能力，可用于治疗轻、中度 AD。

四、*N*-甲基-*D*-天门冬氨酸受体非竞争性阻断药

谷氨酸是中枢神经系统兴奋性突触神经递质，通过作用于突触后谷氨酸受体，进行突触间信号的传递。近年研究发现谷氨酸受体，尤其是 NMDA 受体的过度激活在神经退行性疾病中发挥重要作用。NMDA 受体过度激活可造成突触间可塑性的下降、神经细胞死亡等，进而导致认知功能下降。NMDA 受体抑制可对抗谷氨酸受体过度激活导致的神经毒性。

美　金　刚

美金刚（memantine）是第一个对 AD 有显著疗效的 NMDA 受体阻断药。其抗 AD 机制可能是通过阻断 NMDA 受体和限制 Ca^{2+} 流入神经元产生干扰谷氨酸兴奋毒性反应、抗氧化应激、增加大脑皮质神经营养因子（BDNF）的含量等作用。美金刚为非竞争性 NMDA 受体阻断药，在抑制兴奋性氨基酸神经毒性时，不干扰学习、记忆所需短时谷氨酸的生理性释放。临床上主要用于中、重度 AD 的治疗，可明显缓解 AD 患者的认知功能障碍。与 AChE 抑制药合用效果更显著。也可用于 PD 所致痴呆的治疗。副作用包括轻微眩晕、不安、头重、口干、严重肝损害、意识紊乱等。孕妇、哺乳期妇女禁用。

本章小结

PD 和 AD 为中枢神经系统退行性疾病，病因和发病机制尚不清楚。药物治疗是 PD 治疗的重要组成部分，目的是缓解症状，保持患者的独立性和活动能力，主要通过刺激 DA 能神经和恢复胆碱-DA 能系统平衡来实现。拟 DA 药左旋多巴通过补充脑内 DA 的不足，发挥治疗作用。卡比多巴能抑制外周多巴脱羧酶的活性，减少左旋多巴在外周转化为 DA，提高左旋多巴的疗效和减少不良反应。左旋多巴和卡比多巴两药合用为治疗 PD 的常规药物。抗胆碱药苯海索通过阻断中枢胆碱受体而发挥治疗作用，适用于 PD 轻症患者。AD 的治疗策略是增强中枢胆碱能神经功能，主要有胆碱酯酶抑制药多奈哌齐、加兰他敏、利斯的明等及 M 受体激动药占诺美林。对抗谷氨酸受体过度激活导致的神经毒性也是治疗中、重度 AD 的一个策略，主要用 NMDA 受体阻断药美金刚。

中药介绍

人参皂苷

人参（*Panax ginseng* C. A. Mey.）是传统的名贵中药，多年生草本植物，应用于中医临床有

两千多年的历史。《神农本草经》记载，人参能“补五脏，安精神，定魂魄，止惊悸，除邪气，明目开心益智”。人参皂苷是人参根提取物，是人参的主要成分之一。近年来人参皂苷 Rg_1 由于其具有多靶点、不良反应小等优势，成为 AD 治疗的研究热点。

文献报道，人参皂苷 Rg_1 可通过多种机制对动物 AD 模型产生保护作用：①可对抗 Aβ 的神经毒性，改善 Aβ 引起的大鼠学习记忆障碍；②可通过抑制蛋白激酶 PKA 的活性降低大鼠脑片 AD 模型 p-Tau 的表达，从而减缓 NFT 的形成；③可通过提高突触效能和结构可塑性、增高中枢内 ACh 含量和 M 受体密度而提高神经可塑性。

尽管目前对于人参皂苷 Rg_1 的研究还基于实验室研究阶段，但大量的数据为人参皂苷 Rg_1 临床用于 AD 的治疗奠定了一定的理论基础。

（陈毅飞）

第十七章 中枢兴奋性药物/促进脑功能恢复的药物

能力要求

1. 能够掌握钙通道阻滞药的药理作用、临床应用、不良反应及使用禁忌。
2. 能够理解脑代谢激活药及改善脑循环药的药理作用、临床应用及不良反应。
3. 能够了解神经生长因子增强药的药理作用和临床应用。

第一节 神经生长因子增强药

神经生长因子增强药是一类能促进神经系统发育和维持神经系统功能的蛋白质。具有促进神经元生长、分化、存活和修复损伤、纠正钙稳态失调，增强中枢胆碱能系统功能等作用，主要用于治疗轻、中度老年痴呆症。

AIT 082

AIT 082（neotrofin）主要用于治疗轻、中度早老性痴呆，通过提高受损害或退化神经元中的神经营养因子水平来增强神经细胞功能。本药能刺激轴突生长，促进神经营养因子的合成，改善记忆力。口服剂量范围大，能快速透过血脑屏障，单独一次高剂量给药能持续7日有效，不良反应少见。

丙戊茶碱

丙戊茶碱（propentofylline）是血管和神经保护药，Ⅲ期临床试验显示其具有确切的改善痴呆症状的作用且有良好的安全性。能抑制神经元腺苷重摄取及抑制磷酸二酯酶，对神经发挥保护作用，从而改善和延缓AD患者的进程。临床试验证实该药不仅对痴呆症状有短期改善作用，且有长期的神经保护作用，常见不良反应有头痛、恶心、腹泻，持续时间较短。

二苯美伦

二苯美伦（bifemelane）具有激活脑能量代谢、改善神经传导和递质合成等作用。口服吸收良好，2～6h血药浓度达峰值，半衰期为3h。临床用于治疗AD和脑血管疾病后遗的情绪障碍。

第二节 钙通道阻滞药

钙通道阻滞药（calcium channel blocker, CCB）于20世纪60年代开始进行研究，最初出现于欧洲和日本，20世纪70年代发展起来，最初用于心血管病，后来治疗范围扩大到脑和周围血管、高血压及偏头痛。对脑血管选择性较高的药物，如尼莫地平、氟桂利嗪，能透过血脑屏障，缓解脑血管痉挛，改善脑组织供血及脑功能，可用于治疗脑栓塞、短暂性脑缺血发作，脑血栓形成等，也可用于预防由蛛网膜下腔出血引起的脑血管痉挛及脑栓塞。

一、钙通道阻滞药防治脑血管病的主要作用机制

（1）扩张脑血管。增加脑血流，改善微循环，其中二氢吡啶类衍生物，对脑血管有选择性扩张作用。

（2）防止或抑制脑的大动脉痉挛，并可阻滞动脉血管在多种血管活性物质（5-HT、氧合血红蛋白等）诱导下的收缩，从而增加脑血流。

（3）具有神经保护作用。

（4）改善缺血后线粒体功能，提高 ATP 水平，增加葡萄糖利用，减轻缺血区酸中毒。

（5）改善缺血后脑电生理活动，减小梗死面积。

（6）抗自由基作用，减少钙对细胞膜线粒体破坏，减少和阻止自由基产生。

（7）抗动脉硬化作用，能抑制钙沉积于动脉壁上，减少对血管内膜的损伤。

（8）改善血流变。脑缺血、缺氧时，大量钙进入红细胞内，使红细胞膜变形性差，影响血流变，钙通道阻滞药能阻止 Ca^{2+} 异常的跨膜内流，以维持红细胞变形能力，并抑制血小板聚集，降低血黏度。

二、钙通道阻滞药的种类

（1）二氢吡啶类（dihydropyridine，DHP）：如尼莫地平（nimodipine, NM）、尼卡地平（nicardipine, NC）、尼群地平（nitrendipine, NT）、尼索地平（nisoldipine, NS）、非洛地平（felodipine, FL）等有 30 多种。

（2）苯烷胺类：如维拉帕米。

（3）苯噻氮䓬类：如地尔硫䓬等。

（4）双苯哌嗪类：如氟桂利嗪、桂利嗪等。

（5）其他：如哌克昔林（perhexiline）等。

三、常用治疗脑血管疾病的钙通道阻滞药

尼莫地平

尼莫地平（nimodipine）是选择性作用于脑血管平滑肌的二氢吡啶类钙通道阻滞药。

【体内过程】 口服后主要从肠胃道吸收，约于 1h 内达到血药浓度峰值，生物利用度仅为 13%，半衰期为 1～2h。易通过血脑屏障，对脑组织受体有高度的选择性。在肝脏和脂肪组织中浓度最高，在肝脏内 93%～95% 的药物被代谢，代谢产物 50% 经肾排泄，30% 从胆汁排泄。

【药理作用】

1. 通过有效地阻滞 Ca^{2+} 进入细胞内，抑制平滑肌收缩，达到解除血管痉挛的目的，从而保护了脑神经元，稳定其功能及增进脑血灌流，改善脑供血，提高对缺氧的耐受力。
2. 能有效地预防和治疗因蛛网膜下腔出血引起的脑血管痉挛所造成的脑组织缺血性损伤。
3. 能降低红细胞脆性及血液黏稠度，抑制血小板聚集，抗血栓形成。
4. 改善老年性脑损伤患者的记忆障碍，能有效改善卒中后认知功能。

【临床应用】 主要用于缺血性脑血管疾病、脑供血不足、蛛网膜下腔出血后引起的脑血管痉挛等，可以预防偏头痛。对突发性耳聋也有一定的疗效。也可用于老年人记忆减退及早期的老年痴呆。轻、中度原发性高血压合并有脑血管病者可优先选用本品。

【不良反应】 常见不良反应为血压下降，下降的程度与药物剂量有关，肝炎、皮肤刺痛、胃肠道出血、血小板减少。偶见一过性头晕、头痛、面潮红、呕吐、胃肠不适等。

此外，口服尼莫地平之后，个别患者可发生碱性磷酸酶（ALP）、乳酸脱氢酶（LDH）的升高，血糖升高和血小板数的升高。

氟桂利嗪

氟桂利嗪（flunarizine）是一种脂溶性双苯哌嗪类钙通道阻滞药。

【体内过程】 该药口服后 2～4h 血药浓度达高峰，连续服用 5～6 周时达到稳态。血液中 90% 的药物与血浆蛋白结合。经肝脏充分代谢后，以代谢产物和原型经胆汁排入肠道，随粪便排出。

【药理作用】

1. 缓解血管痉挛，对血管收缩物质引起的持续性血管收缩，有持久的抑制作用，尤其对基底动脉和颈内动脉作用明显，用于缺血性脑血管疾病时，可避免缺血现象。

2. 脑组织缺血缺氧时可致大量 Ca^{2+} 流入细胞内而引起钙超载，从而导致神经元损坏，本品能透过血-脑脊液屏障，减轻脑细胞缺血缺氧性损伤。

3. 保护血管内皮组织，可防止内皮细胞的缺氧性损伤，保护血管内皮细胞的完整性，抑制血管内皮细胞收缩，对内皮细胞的钙超载起到防治作用。

4. 能抑制缺血及酸中毒后红细胞因摄钙增加而产生的锯齿状改变，降低红细胞脆性，增加变形能力，降低血液黏滞度。

5. 保护心肌，明显减轻缺血性心肌损害。

6. 前庭抑制作用，可增加耳蜗内辐射小动脉血流量，改善前庭器官微循环，对眼球震颤及眩晕起到抑制作用。

7. 抗癫痫作用，可阻断神经细胞的病理性钙超载而防止阵发性去极化、细胞放电，从而避免癫痫发作。

【临床应用】 主要用于治疗脑动脉缺血性疾病，如脑动脉硬化、短暂性脑缺血发作、脑血栓形成、脑栓塞和脑血管痉挛。由前庭刺激或脑缺血引起的头晕、耳鸣和眩晕；大脑循环障碍引起的记忆力减退、注意力分散、易激动及睡眠节律紊乱。典型（有先兆）或非典型（无先兆）偏头痛的预防性治疗。癫痫辅助治疗。也可用于治疗周围血管疾病，包括间歇性跛行、下肢静脉曲张及微循环障碍（夜间痉挛和感觉异常、腿部肿胀疼痛）、足踝水肿等。

【不良反应】 有一过性的瞌睡、疲惫和体重增加。长期用药偶尔会出现抑郁、锥体外系症状（如震颤、静坐不能等），停药后可恢复。抑郁症和 PD 患者禁用。与乙醇、催眠药或镇静药合用时可出现中枢神经系统的过度镇静作用。

桂哌齐特

桂哌齐特（cinepazide）为哌嗪类钙通道阻滞药，是新型心脑血管治疗药物。

【体内过程】 口服吸收迅速，半衰期约为 1h。主要以原型从尿中排出，在 24h 内尿药排泄率为口服剂量的 50%～70%。

【药理作用】 选择性作用于脑血管、冠状血管、周围血管，尤其对脑血管作用显著，能缓解血管痉挛、降低血管阻力、增加脑血流量，从而改善脑代谢。对内源性腺苷具有增效作用，腺苷对脑和心肌的缺血性损伤具有保护作用。还能增加红细胞的柔韧性和变形性，提高其通过细小血管的能力，降低血液黏度，抑制血小板聚集，改善微循环。具有弱钙通道阻滞的作用，故对血压及脉搏影响较小，因此与单纯的钙通道阻滞药相比更安全。

【临床应用】 适用于治疗短暂脑缺血发作、脑血栓形成、脑栓塞、脑外伤术后恢复期、脑出血后遗症和脑外伤后遗症等。对老年患者脑供血不足疗效较好。心血管疾病，如冠心病、心绞痛等。周围血管疾病，如雷诺病、血栓闭塞性脉管炎、动脉炎、下肢动脉粥样硬化病、糖尿病所致的周围血管病变及微循环障碍。眼底血管硬化、阻塞、缺血所致的眼病。因缺血所致的耳蜗前庭功能失常、突发性耳聋及耳鸣等。

【不良反应】 可出现发热、乏力，偶见消化道反应（胃胀、胃痛、腹痛、腹泻、便秘等）、头痛、失眠、皮疹及白细胞减少等，对本品过敏、脑出血后止血不完全、白细胞减少或有白细胞减少史者禁用。不推荐儿童使用。孕妇及哺乳期妇女慎用。

环扁桃酯

环扁桃酯（cyclandelate）其结构类似罂粟碱，但作用较罂粟碱弱而持久。口服吸收迅速，10～15min 起效，1.5h 后血浓度达高峰，作用持续 4～6h。阻滞钙通道，能直接松弛血管平滑肌，使血管扩张，对脑、肾、血管及冠状动脉有选择性的持续扩张作用，从而增加血流量。本品还可以促进侧支循环，对呼吸、心率、心排血量、心肌耗氧量等几乎没有影响。用于缺血性脑血管疾病、脑动脉硬化症、脑外伤后遗症、肢端动脉痉挛病、手足发绀、闭塞性动脉内膜炎等，还可治疗 1 型糖尿病性感觉障碍，肌肉萎缩，并促进感觉传导速度的恢复。近年来研究发现对痴呆疗效好，对血管性中枢性眩晕有显著疗效。常见不良反应为口干、头痛、乏力、心悸，大量可致低血压。青光眼、出血或有出血倾向患者慎用。脑血管意外重症急性期患者、孕妇及哺乳期妇女禁用。

地尔硫䓬

地尔硫䓬（diltiazem）是对脑和冠状动脉选择性较高的钙通道阻滞药。口服吸收快，安全，2～3h 血药浓度达高峰。扩血管，防止血管痉挛，改善脑血管疾病，扩张冠状动脉，减弱心肌收缩力，降低其能量和氧消耗，还能抑制去甲肾上腺素和血管紧张素Ⅱ引起的升压反应，松弛支气管平滑肌，降低血压（以收缩压下降为主）；又因能使病变区血管扩张，所以可以使缺血部位无血流减少现象。临床上用于治疗心绞痛、高血压、肥厚型心肌病、心律失常、心肌梗死等。常见不良反应为水肿、头疼、恶心、眩晕、皮疹、无力。对本品过敏者、急性心肌梗死或肺充血者禁用。

案例解析

案例：

患者，女，40 岁，突发头痛一天入院，头颅 CT 检查提示蛛网膜下腔出血，急诊查 CT 血管造影检查（CT angiography，CTA）显示双侧瞳孔大脑前 A2 末端多发动脉瘤，急诊开颅夹闭多发动脉瘤，手术顺利，术后麻醉复苏，言语肢体活动正常，术后复查头颅 CT 效果满意，术后第二天，患者从神志清楚转为嗜睡，复查头颅 CT 未见出血及梗死，急诊查 CTA 见到双侧大脑前动脉多发脑血管痉挛，给予抗血管痉挛治疗：尼莫地平扩血管，低分子右旋糖酐扩容，适当提升血压，脱水。第三天患者神志转清，言语肢体活动正常，术后半月再次复查脑血管 CTA 示脑血管痉挛部分缓解，顺利康复出院，术后 2 个月，回院复查，脑血管痉挛完全缓解，患者神经功能正常。

问题：该患者为什么要应用尼莫地平治疗？其作用机制是什么？

解析：

根据头颅 CT 提示蛛网膜下腔出血、CTA 见到双侧大脑前动脉多发脑血管痉挛，尼莫地平片可用于治疗因蛛网膜下腔出血引起的脑血管痉挛。

尼莫地平属于二氢吡啶类钙通道阻滞药，可以选择性地作用于脑血管平滑肌，且易通过血-脑脊液屏障，与中枢神经的特异受体结合，通过有效地阻滞 Ca^{2+} 进入细胞内，抑制平滑肌收缩，达到解除血管痉挛的目的，从而保护了脑神经元，稳定其功能及增进脑血灌流，改善脑供血，提高对缺氧的耐受力。能有效地预防和治疗因蛛网膜下腔出血引起的脑血管痉挛所造成的脑组织缺血性损伤。

第三节　脑代谢激活药

本类药物可保护脑组织和促进神经修复再生，不仅可以用于缺血性脑血管病，还可用于出血性脑血管病急性期后的康复治疗过程，治疗脑创伤、脑卒中引起的功能损害，其中一些药物也可用于治疗老年痴呆。

吡拉西坦

吡拉西坦（piracetam）为 GABA 的衍生物。

【体内过程】 口服易吸收，30～45min 血药浓度达到峰值，半衰期为 5～6h。易通过血脑屏障和胎盘屏障，主要以原型由肾脏排泄。

【药理作用】 吡拉西坦为GABA的衍生物，具有激活、保护和修复脑细胞的作用。其作用机制可能涉及以下几方面。

1. 促进脑组织对氧、葡萄糖、氨基酸和磷脂的利用，促进蛋白质合成，提高大脑中ATP/ADP值，改善脑代谢。

2. 作用于大脑前额叶皮质，通过受体的变构效应，抑制AMPA受体的脱敏和失活，进而增强AMPA受体的功能。

3. 促进中枢海马ACh释放，增加前额叶皮质M受体的密度。

4. 增加脑血流量。

5. 增强脑部左右两半球间神经信息的传递。

【临床应用】 临床广泛用于AD、血管性痴呆、脑动脉硬化症、脑血管意外、脑外伤等原因引起的思维与记忆功能减退，以及轻、中度脑功能障碍；也可用于儿童智能发育迟缓；对巴比妥、氰化物、一氧化碳、乙醇中毒后的意识恢复有一定疗效。

【不良反应】 不良反应轻微，可见口干、食欲减退、呕吐、荨麻疹及失眠等，停药后可消失，偶见轻度肝功能损伤。禁用于锥体外系疾病、舞蹈病、妊娠期妇女、新生儿、肝、肾功能不良者。

双氢麦角碱

双氢麦角碱（dihydroergocryptine）是麦角类生物碱，为脑细胞代谢改善药。

【体内过程】 口服吸收迅速，0.5～1.5h血药浓度达峰值。由于首过效应，口服给药的生物利用度在5%～12%。在肝脏代谢，主要代谢酶CYP3A4，代谢产物多为相应的羟化物，主要随胆汁及粪便排泄。

【药理作用】 能改善神经元的代谢，抑制ATP酶和腺苷酸环化酶的活性，减少ATP的分解，改善脑细胞的能量平衡，使葡萄糖的无氧酵解变为有氧氧化，从而改善葡萄糖的利用，使神经元的能量增加，微循环得到改善。能直接作用于中枢神经系统DA和5-HT受体，增强突触前神经末梢释放递质和突触后受体的刺激作用，改善神经传递功能。阻断α受体，缓解血管痉挛，降低血管阻力，从而增加脑组织的血液供应和对氧的利用。

【临床应用】 应用于脑供血不足、脑动脉硬化症、脑梗死后遗症、血管性痴呆、与老年化相关的轻度认知功能障碍、AD引起的认知障碍、脑外伤后遗症等；外周血管病，雷诺病、血栓闭塞性脉管炎、糖尿病性外周血管病。

【不良反应】 常见不良反应为恶心、呕吐、嗳气、胃部灼烧感、消化不良、眩晕、低血压、乏力、焦虑、嗜睡等，对本品过敏、低血压症、严重心动过缓、心脏器质性损害、肾功能减退患者、孕妇及哺乳期妇女禁用。

艾地苯醌

艾地苯醌（idebenone）具有抗氧化和清除自由基的活性，可激活脑线粒体呼吸活性，改善脑缺血的脑能量代谢，改善脑部葡萄糖利用，使脑内ATP产生增加，抑制脑线粒体生成过氧化脂质，抑制脑线粒体膜脂质过氧化作用所致的膜障碍。适用于慢性脑血管病及脑外伤等所引起的脑功能损害。能改善主观症状、语言、焦虑、抑郁、记忆减退、智力下降等精神行为障碍。不良反应轻，如恶心、食欲缺乏、腹泻、兴奋、失眠、头晕等。偶见白细胞减少、肝功能损害。长期服用，要注意检查谷氨酸草酰乙酸转氨酶。

吡硫醇

吡硫醇（pyritinol）系维生素B_6的类似物，能促进脑内葡萄糖及氨基酸代谢，增加脑血流量，改善脑功能。对边缘系统和网状结构亦有兴奋作用。适用于脑震荡综合征、脑外伤后遗症、脑膜炎后遗症等引起的头晕、头痛、失眠、注意力不集中、记忆力减退等症状，也可用于脑动脉硬化、老年痴呆症等的辅助治疗。不良反应可见皮疹、恶心等。动物实验有引起子代唇裂的倾向，故孕妇慎用。肝功能不全者慎用。

盐酸赖氨酸

盐酸赖氨酸（lysine hydrochloride）能促进人体生长发育、增强免疫功能，并有提高中枢神经组织功能的作用。临床多用于由于赖氨酸缺乏所致发育不良、食欲缺乏、低蛋白血症及脑动脉硬化、早老性痴呆、记忆力减退、各种颅脑损伤等。少数患者出现轻度胃肠反应。急性缺血性脑血管病、高血氯、酸中毒及肾功能不全者慎用。

知识拓展

脑动脉硬化症（cerebral arterio-sclerosis）是全身动脉硬化的一部分，是指由脑动脉粥样硬化、脑小动脉硬化、玻璃样变等动脉管壁变性所引起的非急性、弥散性脑组织改变和神经功能障碍综合征。脑动脉硬化症可引起短暂性脑缺血发作、脑卒中等急性脑循环障碍及慢性脑缺血症状。其病理改变与动脉管径大小密切相关。动脉粥样硬化大多发生于管径500μm以上的大动脉和中动脉，而从不发生于管径200μm以下的小动脉；而弥散性小动脉硬化见于管径为150～500μm的小动脉；微动脉玻璃样变则主要发生于管径150μm以下的微动脉。这三种不同类型的脑动脉管壁变性，概括称为脑动脉硬化，在同一患者中，常可合并存在。高血压和糖尿病可加速、加重脑动脉粥样硬化的发展。脑动脉硬化病程较长，病情进展最终表现为痴呆、假性延髓麻痹等，严重影响患者生活质量，加重家庭及社会负担，早期诊断、治疗意义重大。脑代谢激活药（如吡拉西坦、双氢麦角碱等）可应用于脑动脉硬化症的治疗。

第四节　改善脑循环药

脑血管阻塞性疾病是中老年人易患的疾病之一，防治的药物可采用对脑血管有扩张作用的物质。除了α受体阻断药外，大多采用的是直接扩张血管壁的药物：早先药物为罂粟碱，随后己酮可可碱、长春西汀、灯盏乙素等药物不断开发出来，为临床选药提供了多个选择。

由于改善脑循环的药物大多为周围血管扩张药，所以临床不良反应主要有面部潮红和消化道反应。

己酮可可碱

己酮可可碱（pentoxifylline）是黄嘌呤类衍生物，其代谢产物能改善微循环、降低血黏度、增加周围血管微循环和组织携氧能力，改善红细胞变形能力，抑制中性粒细胞黏附激活能力，增加大脑皮质与脑脊液中的氧张力，从而改善脑和四肢的血液循环。临床主要用于脑部血循环障碍，如暂时性脑缺血发作、卒中后遗症、脑缺血引起的脑功能障碍；外周血循环障碍性疾病，如血栓栓塞性脉管炎、腹部动脉阻塞、间歇性跛行或静息痛；内耳循环障碍，如突发性耳聋、老年性耳鸣及耳聋等。常见不良反应有头晕、头痛、畏食、腹胀、呕吐等；较少见血压降低、呼吸不规则、水肿、焦虑等。对本品过敏者、脑出血患者及视网膜出血者、急性心肌梗死患者、严重冠状动脉及脑血管硬化伴高血压者、严重心律失常者禁用。

倍他司汀

倍他司汀（betahistine）是一种组胺类药物，具有扩张毛细血管的作用，能改善微循环。扩张脑血管、心血管，特别是对椎基底动脉（脑的重要供血动脉）系统有较明显的扩张作用，显著增加心、脑及周围循环血量，并降低全身血压。对内耳的毛细血管前括约肌有松弛作用，从而增加耳蜗及前庭血流量，从而缓解内耳性眩晕、耳鸣和耳闭感，还能增加毛细血管的通透性，促进细胞外液的吸收，消除内耳淋巴水肿。能抑制组胺的释放，产生抗过敏作用。临床用于耳眩晕症、脑动脉硬化、缺血性脑血管病、头部或高血压所致直立性眩晕、耳鸣等。不良反应：口干、食欲缺乏、胃部不适、心悸、皮肤瘙痒、加重消化性溃疡等。个别患者有头晕、头胀、出汗等，偶见出血性膀胱炎、发热。消化性溃疡、支气管哮喘及嗜铬细胞瘤患者慎用，对本品过敏者及儿童禁用。

长 春 胺

长春胺（vincamine）是从长春花中提取的一种生物碱，为脑血管扩张药，能提高神经元利用葡萄糖和循环氧的能力，扩张脑部小血管，促进脑组织对氧的吸收和利用，改善缺氧脑组织的代谢；改善脑循环，增加病变区的脑组织血流量。此外，尚有微弱的镇静作用。用于治疗慢性脑功能不全综合征（包括衰老期心理行为障碍，如警惕性和记忆力丧失、头晕、耳鸣、时间和空间定向力障碍、失眠）、脑卒中后遗症、脑动脉硬化症、缺血性脑血管病、脑血管性精神障碍等。视网膜病变和自主神经功能失调等。服药期间应避免驾车或操纵机器。偶有暂时性胃肠道不适。可引起恶心、呕吐、腹痛、腹泻、便秘等。颅内肿瘤、颅内压偏高者及孕妇、脑血管痉挛者、脑源性痉挛患者禁用。

长春西汀

长春西汀（vinpocetine）为长春胺的衍生物，主要作用是增进和改善大脑氧的供给，并对大脑血管有选择性作用。本品能增加脑血流，增进大脑氧的供给，改善脑代谢，增进脑内摄取葡萄糖和单胺的代谢周转，同时对缺血的脑组织有保护作用。本品还能抑制依赖钙的磷酸二酯酶活性，增加 cAMP 浓度，松弛血管平滑肌，增强红细胞变形能力。用于改善脑梗死、脑出血后遗症及脑动脉硬化引起的各种症状，如记忆障碍、眩晕、头痛、失语、抑郁症等；各种颅脑手术后脑功能的康复治疗。可引起消化不良、恶心、口干、头痛、头晕、焦虑、面色潮红、一过性血压降低等。有过敏病史、心血管疾病、血压过高者慎用。对本品过敏、颅内出血后尚未完全止血、严重缺血性心脏病、严重心律失常患者、孕妇及哺乳期妇女禁用。

灯盏花素

灯盏花素（breviscapine）是灯盏花全株植物中提取的黄酮类成分。具有扩张脑血管的作用，可改善脑微循环，增加脑血流量；增加外周、冠状动脉和心肌血流量，减少脂质过氧化物；抑制血小板聚集，增强纤维蛋白溶解（简称纤溶）活性，降低血液黏滞度。用于缺血性脑血管病，如脑供血不足、椎基底动脉供血不足、脑出血等所致的后遗症，以及冠心病、心绞痛、高血压、高黏滞血症等心血管疾病。不良反应偶见全身瘙痒、胸闷、皮疹、心悸、口干等。脑出血急性期及有出血倾向者禁用。

托 哌 酮

托哌酮（tolperisone）具有扩张血管及中枢性肌肉松弛作用。能直接扩张血管平滑肌和抑制多突触反射，能降低骨骼肌张力，缓解因脑、脊髓受损而出现的肌肉强直阵挛等，也能使外周血流量增加。临床用于治疗闭塞性血管病，如动脉硬化、血管内膜炎。还适用于卒中后遗症、脑性麻痹症、脊髓外周神经疾病等。对各种脑血管疾病引起的头痛、眩晕、失眠、肢体发麻、记忆力减退、耳鸣等症状也有一定疗效。少数患者有食欲缺乏、腹痛、头晕、嗜睡、面部潮红、患肢肿痛、下肢无力、乏力等不良反应。一般停药 1～2 日后消失。

血管舒缓素

血管舒缓素（kallidiongenase）具有血管舒张作用，能扩张末梢血管及冠状动脉，降低血压。用于脑动脉硬化症、闭塞性动脉内膜炎、闭塞性血管炎、四肢慢性溃疡、雷诺病、手足发绀、中央视网膜炎、眼底出血等，也用于冠心病、心绞痛、视网膜血流障碍。由于易被消化酶破坏，口服作用时间短，疗效不及注射。肿瘤、颅内压增高、心力衰竭患者禁用。部分患者应用后可出现疼痛反应。本品对热、酸、碱、氧化剂均不稳定。

本章小结

中枢兴奋药及促进脑功能恢复药是提高中枢神经功能活动和促进脑功能恢复的一类药物。根据其主要作用分为神经生长因子增强药（如AIT082、丙戊茶碱）、钙通道阻滞药（如尼莫地平、氟桂利嗪）、脑代谢激活药（如吡拉西坦、双氢麦角碱）、改善脑循环药（如己酮可可碱、倍他司汀）等。AIT082能刺激轴突生长，促进神经营养因子的合成；尼莫地平能有效地阻滞 Ca^{2+} 进入细胞内，抑制平滑肌收缩，解除血管痉挛；氟桂利嗪能防止因缺血等原因导致的细胞内病理性钙超载而造成的细胞损害；吡拉西坦具有激活、保护和修复脑细胞的作用；己酮可可碱能改善脑部微循环；中枢兴奋药及促进脑功能恢复药主要应用于缺血性脑血管疾病、脑动脉硬化症、脑供血不足、记忆力减退、老年痴呆、抑郁等。

中药介绍

远　志

远志为远志科多年生草本植物远志*Polygala tenuifolia* Willd.或卵叶远志*P. sibirica* L.的干燥根。最早记载于《神农本草经》，性温，味苦，辛。归心、肾、肺经，具有安神益智、祛痰、消肿的功效，用于治疗心肾不交引起的失眠多梦、健忘惊悸、神志恍惚、咳痰不爽等症。

现代药理研究表明，远志有增强学习记忆、抗痴呆、抗抑郁、抗衰老、抗氧化、镇静、抗惊厥、保护心脑血管等多种药理活性。以远志为主的复方，如安神定志丸，常用于治疗失眠症、神经衰弱等。远志与酸枣仁、五味子等配伍使用可改善记忆，健忘，睡眠等。

（何　波）

第十八章 镇 痛 药

能力要求

1. 掌握吗啡和哌替啶的药理作用、作用机制、临床应用及不良反应。掌握阿片受体、内源性阿片样物质及吗啡镇痛作用原理。

2. 熟悉镇痛药耐受性和成瘾性产生特点及原因；熟悉可待因、喷他佐辛、美沙酮及芬太尼的特点。

3. 了解镇痛药成瘾性的社会危害性及其严格生产和使用相关法规；了解布托啡诺、曲马多的特点。

疼痛是与实际或潜在组织损伤相关的一种不愉快的感觉和情绪体验。它是机体为避免伤害所做出的一种防御性保护反应，也是临床许多疾病的常见症状，被认为是继呼吸、脉搏、体温和血压四大生命体征之后的“第五大生命体征”。其发生的部位、性质、发作时患者的体征和表现是临床疾病诊断的重要依据，因此，疾病未确诊之前慎用镇痛药，以免掩盖病情，延误诊治。同时，剧烈的疼痛可导致患者紧张不安、失眠等情绪反应，还可导致呼吸及心血管等生理功能紊乱，甚至引起休克危及生命，所以合理控制疼痛是药物治疗的重要目的之一。

疼痛的性质、发生部位以及发生原因有很多，有多种不同的分类法。

1. 根据疼痛持续时间 ①急性疼痛：维持时间在 3 个月内，如偏头痛，可反复发作，每次疼痛，都被看作是一次新的急性疼痛。②慢性疼痛：持续 3～6 个月以上的疼痛，其持续时间超过了损伤的“正常愈合时间”。目前临床认为急性疼痛是疾病的一个症状，而慢性疼痛本身就是一种复杂的疾病，是影响人群健康最普遍问题之一。急性疼痛如未能治愈反复发作可转化为慢性疼痛。

2. 从疼痛的病理生理学角度 ①伤害性疼痛：是由组织损伤或炎症引起的疼痛，常见的有骨关节和软组织疼痛，如肌筋膜炎、腱鞘炎、膝关节炎、肩周炎、髋关节炎、风湿性关节炎、痛风、腰背痛等。②神经病理性疼痛：是由神经损伤或病变引起的疼痛，如三叉神经痛、舌咽神经痛、带状疱疹后神经痛，偏头痛等。③复合性疼痛：是指同时存在伤害性疼痛和神经病理性疼痛，如癌痛、化疗或放疗后神经痛等。

3. 按疼痛冲动产生部位 ①躯体痛：是由身体表面和身体深层组织的痛觉感受器受到可能的伤害性刺激所致，可分为急性锐痛和慢性钝痛。急性锐痛又称快痛，为尖锐而定位明确的刺痛，感觉迅速产生又迅速消失，引起较弱的情绪变化；慢性钝痛又称慢痛，为缓慢加剧而定位模糊的烧灼感疼痛，发生较慢，持续时间较久，患者难以忍受时伴有较强的情绪反应。②内脏痛：是由内脏器官、体腔壁浆膜及盆腔器官组织部位的痛觉感受器受到炎症、压力、摩擦或牵拉等刺激所致，表现为酸痛、胀痛、绞痛等，定位模糊，有时很难描述，可引起较强的情绪变化或内脏反应，如恶心、呕吐和腹泻等。③神经痛：是由神经系统损伤或受到肿瘤压迫或浸润所致。可表现为剧烈的阵发性的反复疼痛（如三叉神经痛），也可表现为程度不等的持续性疼痛（如晚期癌症痛），患者的心理压力、紧张、恐惧等精神情绪对神经痛的感知有明显影响。

疼痛形成的神经传导基本过程可分为 4 个阶段。伤害感受器的痛觉传感（transduction），一级传入纤维、脊髓背角、脊髓-丘脑束等上行束的痛觉传递（transmission），皮质和边缘系统的痛觉整合（interpretation），下行控制及神经介质的痛觉调控（modulation）。

广义的缓解疼痛的药物主要包括以对乙酰氨基酚、阿司匹林为代表的非甾体抗炎药、以吗啡为代表的阿片类镇痛药（opioid analgesic）、局麻药和某些抗抑郁药等。本章介绍的镇痛药指通过作用于中枢神经系统特定的部位，在不影响患者意识和其他感觉的情况下，选择性消除或缓解疼痛及疼痛引起的不愉快情绪的药物。此类镇痛药的作用部位在中枢神经系统，镇痛作用强大而广泛并能改变患者对疼痛的情绪反应，也称为中枢性镇痛药（central analgesic）；由于药物易产生药物依赖性或成瘾性，易导致药物滥用及停药戒断症状，又称为麻醉性镇痛药（narcotic analgesic）或成瘾性镇痛药（addictive analgesic）。

镇痛药的选择应当考虑疼痛的严重程度。WHO 和我国有关疾病疼痛治疗的指南或专家共识均建议，先选择使用较弱的镇痛药，若镇痛作用不佳，再选择更强的镇痛药。此外，选择镇痛药也要考虑疼痛的类型。对于神经痛，传统的镇痛药效果不好，而三环类抗抑郁药和抗癫痫药这类并非经典镇痛药的药物效果可能更好。卡马西平和奥卡西平（耐受性更好）是缓解三叉神经痛的一线药物。

第一节　构效关系与药物分类

一、构效关系

吗啡化学结构的基本骨架是以 A、B、C、D 环构成的氢化菲核（图 18-1），其中环 A 与环 C 以氧桥连接，此结构破坏则形成去水吗啡，失去其镇痛效应而产生催吐作用；环 B 与环 D 的稠合组成吗啡的镇痛作用的基本化学结构：*γ*-苯基-*N* 甲基哌啶。环 A 上的一个酚羟基与环 C 上的醇羟基具有重要的药理作用。

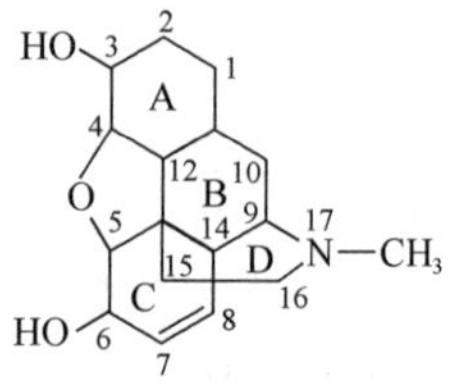

图 18-1　吗啡的化学结构式

环 A 上酚羟基的氢原子被甲基取代得可待因（codeine），被乙基取代得乙基吗啡，必须在体内代谢生成吗啡或乙酰吗啡才发挥作用，镇痛作用下降。3 和 6 位羟基的氢原子被乙酰基取代得海洛因（heroin），镇痛作用和成瘾作用均增强。当 17 位侧链甲基被烯丙基取代，则变成阿片受体部分激动药或阻断药，如烯丙吗啡（nalorphine）、纳洛酮（naloxone）和纳曲酮（naltrexone）（表 18-1）。

表 18-1　吗啡及其衍生物的构效关系

药名	取代部位和取代基团					
	3	6	17	14	7 和 8	效应特点
吗啡	—OH	—OH	$—CH_3$	–	双键	激动药
可待因	$—OCH_3$	—OH	$—CH_3$	–	双键	激动药
海洛因	$—OCOCH_3$	$—OCOCH_3$	$—CH_3$	–	双键	激动药
纳洛酮	—OH	—O	$—CH_2CH—CH_2$	—OH	单键	阻断药
烯丙吗啡	—OH	—OH	$—CH_2CH—CH_2$	–	单键	部分激动药

二、药物分类

中枢镇痛药分类如下：①阿片生物碱类镇痛药，如吗啡和可待因；②人工合成镇痛药，如哌替啶、芬太尼和美沙酮等；③其他镇痛药，如延胡索等。本章重点介绍阿片生物碱类镇痛药和工合成镇痛药。

第二节　阿片生物碱类镇痛药

阿片（opium）为希腊文“浆汁”的意思，是来源于罂粟科植物罂粟未成熟蒴果浆汁的干燥物，在公元 16 世纪已被广泛用于镇痛、止咳、止泻、镇静等。阿片中含有 20 多种生物碱，含量达 25%，这些生物碱按化学结构可分为啡类和异喹啉类：前者如吗啡和可待因，均可激动阿片受体，产生镇痛等中枢作用，是阿片的主要镇痛成分；后者如罂粟碱，具有松弛平滑肌和舒张血管作用。

知识拓展

人类使用鸦片的历史非常长。考古学家在公元前 4000 年新石器时代的遗迹中就发现有“鸦片罂粟”的种子和果实。公元前 3400 年前后，古代苏美尔人、古埃及人及古印度人已大面积进行种植，而且给它冠以“快乐植物”的美名。至少在公元前 1500 年的古医书 *Ebers Papyrus* 中就已经记载鸦片的药用价值。公元前 2 世纪的古希腊名医盖伦（Galen），记录了鸦片可以治疗的疾病：头痛、癫痫、支气管炎、气喘、咳嗽、腹痛及抑郁症等。

公元前 139 年张骞出使西域，随后鸦片传入我国。三国时名医华佗就使用大麻和鸦片作为麻醉剂。元朝时，中医对罂粟的临床应用和副作用已有初步的认识，建议慎用。金元四大名医之一朱震亨指出：“今人虚劳咳嗽，多用粟壳止勤；湿热泄沥者，用之止涩。其止病之功虽急，杀人如剑，宜深戒之。”15 世纪，英国等将鸦片大量输入中国赚取白银。1729 年，清政府颁布禁烟令。为了保持进出口贸易额平衡，英国仍强行向中国出口了大量鸦片。1839～1842 年中英开始了鸦片战争，中国战败。鸦片被英国大量进口到中国。俞蛟在《梦厂杂著》中描写吸食鸦片成瘾者的文字：“瘾至，其人涕泪交横，手足委顿不能举，即白刃加于前，豹虎逼于后，亦唯俯首受死，不能稍为运动也。故久食鸦片者，肩耸项缩，颜色枯羸，奄奄若病夫初起。”一直到 1905 年，大约 1/4 的中国男性常规吸食鸦片，因为吸食鸦片，丧失劳动力，被贴上标签“东亚病夫”。人们深刻意识到了鸦片的成瘾性及其带来的危害。

19 世纪末 20 世纪初，纯化的吗啡逐渐取代鸦片，吸食改为注射，加重了吗啡的成瘾性。1912 年在荷兰海牙召开的鸦片问题国际会议上，与会代表一致同意管制鸦片、吗啡和海洛因的贩运。

吗 啡

吗啡（morphine）是以希腊梦幻之神 Morphus 的名字而命名，是阿片类中最主要的生物碱，含量约 10%。

【体内过程】 吗啡经胃肠道、鼻黏膜及肺等部位吸收良好，但胃肠道给药首过效应明显，生物利用度只有 25%。故常注射给药或呼吸道给药，皮下注射 30min 后吸收量可达 60%，血浆蛋白结合率约为 30%，游离的吗啡迅速分布全身各组织器官。吗啡脂溶性低，成人仅有少量透过血脑屏障，但足以发挥中枢性药理作用；可透过胎盘屏障到达胎儿体内。主要在肝脏生物转化，其中 60%～70% 在肝内与葡萄糖醛酸结合，10% 脱甲基呈去甲基吗啡，20% 为游离型。主要代谢产物为吗啡-6-葡萄糖醛酸，其生物活性比吗啡强，但也难透过血脑屏障。吗啡血浆半衰期为 1.7～3h，吗啡-6-葡萄糖醛酸半衰期稍长于吗啡。吗啡代谢物及原型大部分自肾排出，少量经乳汁及胆汁排出。

【药理作用】

1. 中枢神经系统

（1）镇痛：吗啡具有强大的镇痛作用，皮下注射 5～10mg 吗啡即能显著减轻患者对疼痛的感受，明显改善患者对疼痛的反应。吗啡对各种物理性、化学性和生物性伤害疼痛均有明显缓解作用，其中对持续性、慢性钝痛的效力大于间断性锐痛，对神经性疼痛的效果较差；吗啡在镇痛时并不影响患者意识及其他感觉，患者疼痛感知完全消失，但意识清醒，听觉、视觉及触觉等均正常。一次给药，镇痛作用可维持 4～6h，主要与激动脊髓胶质区、丘脑内侧、脑室及导水管周围灰质的阿片受体有关。

（2）镇静、致欣快作用：在镇痛的同时，吗啡可消除由疼痛引起的焦虑、紧张、恐惧等情绪反应，提高患者对疼痛的耐受力；给药后，患者常出现嗜睡、精神恍惚、理智不清等，安静环境下易入睡，也易被唤醒；吗啡也可使患者沉醉于美好幻想之中，自我满足感强，并可引起欣快感（euphoria），对处于疼痛折磨的患者十分明显，这也是造成强迫用药的重要原因。吗啡对情绪的改变作用有利于加强吗啡的镇痛效果，这一作用与其激活中脑边缘系统和蓝斑核的阿片受体有关。

（3）呼吸抑制：治疗量的吗啡即可引起呼吸频率减慢，潮气量降低，肺通气量减少。随着剂量增加而抑制作用增强，急性中毒呼吸频率可减慢至3～4次/分，呼吸抑制是吗啡急性中毒致死的主要原因。呼吸抑制发生的快慢及程度和给药途径密切相关，静脉注射吗啡5～10min或肌内注射30～90min时呼吸抑制最为明显。吗啡抑制呼吸与其作用于呼吸中枢的阿片受体有关，降低脑干呼吸中枢对二氧化碳张力的敏感性，并抑制脑桥呼吸调节中枢。这种呼吸抑制作用易被中枢兴奋药拮抗，与全麻药、镇静催眠药及乙醇等合用，能加重其呼吸抑制作用。

（4）镇咳：直接抑制延髓咳嗽中枢，使咳嗽反射减轻或消失，产生镇咳作用。对多种原因引起的咳嗽均有强大抑制作用，与吗啡作用于延髓孤束核的阿片受体有关。因易成瘾，临床上多以可待因或右美沙芬代替。

（5）其他中枢作用：吗啡与中枢盖前核的阿片受体相结合，兴奋动眼神经缩瞳核，可引起瞳孔缩小似针尖（针尖样缩瞳），吗啡的缩瞳作用不产生耐受性，长期大量应用缩瞳也很明显，因此针尖样瞳孔为吗啡中毒指征；吗啡能兴奋延脑催吐化学感受区，引起恶心、呕吐；吗啡也能作用于下丘脑体温调节中枢，改变体温调定点而使体温略有下降，但大剂量应用体温反而升高；吗啡还能抑制下丘脑释放促性腺激素释放激素和促肾上腺皮质激素释放。

2. 平滑肌

（1）胃肠道：吗啡兴奋胃肠道平滑肌，提高胃窦部及十二指肠上部的肌张力，使胃蠕动减慢和胃排空延迟；提高小肠及大肠的平滑肌张力甚至引起痉挛，使推进性蠕动减弱并增加水分的吸收，同时抑制消化液的分泌，使食物消化和推进延迟；提高回盲瓣及肛门括约肌张力，延缓肠内容物通过，而且吗啡抑制中枢，减弱便意，因而易引起便秘。这与其作用于中枢及肠道的阿片受体有关。

（2）胆管：吗啡可致胆管奥狄括约肌收缩，使胆总管和胆囊内压升高，引起患者上腹部不适甚至诱发或加重胆绞痛，对输尿管也有收缩作用，故胆绞痛和肾绞痛不宜单独使用吗啡。阿托品只能部分缓解吗啡引起胆管痉挛，阿片阻断药可以完全逆转。

（3）其他平滑肌：治疗量吗啡还能增强膀胱括约肌张力，引起排尿困难，尿潴留；尽管治疗量的吗啡很少出现支气管收缩作用，但对支气管哮喘患者可诱发哮喘发作，故支气管哮喘患者禁用；吗啡能降低子宫平滑肌对缩宫素的敏感性，降低子宫张力，减弱子宫收缩频率和幅度，延长产妇分娩时程。

3. 心血管系统 治疗量的吗啡对心肌收缩力、心率和心律无明显影响，但可扩张外周血管，降低外周血管阻力，引起直立性低血压。这是由于吗啡可引起组胺释放和激动延髓孤束核的阿片受体而抑制血管运动中枢所致。吗啡由于抑制呼吸引起二氧化碳潴留，继发地扩张脑血管，脑血流量增加而致颅内压升高。因此，颅外伤及颅内占位性病变患者禁用。

4. 免疫系统 对细胞免疫和体液免疫均有抑制作用，这些作用主要与激动μ受体有关。吗啡的免疫抑制作用在停药后戒断症状出现期最为明显，长期给药对免疫的抑制作用可出现耐受现象。另外，吗啡的免疫抑制作用会增加病原体的感染风险，如吸毒者由于机体免疫功能被抑制容易感染人类免疫缺陷病毒（HIV）。

【作用机制】 随着脑内阿片受体的分布、内源性阿片肽及机体内在抗痛系统逐渐被揭示，吗啡的镇痛作用机制取得了突破性进展。

1. 阿片受体及效应 1962年我国学者张绍昌、邹冈等最先发现用微量吗啡（10μg）注入家兔第三脑室周围及导水管周围灰质时，可明显消除疼痛反应，而同样的剂量以静脉注射给药则完全不能镇痛，因而提出吗啡在脑内存在有效的镇痛作用部位。1973 年彼得（Peter）和斯奈德（Snyder）证实脑内广泛存在阿片受体，脊髓胶质区、丘脑内侧、脑室及导水管周围灰质阿片受体密度高，与痛觉的整合及感受有关，影响着痛觉冲动的传入。边缘系统及蓝斑核阿片受体的密度最高，涉及情绪及精神活动。与缩瞳相关的中脑盖前核，与咳嗽反射、呼吸中枢和交感神经中枢有关的延脑的孤束核，与胃肠活动有关的脑干极后区、迷走神经背核等结构均有阿片受体分布；在外周的回肠及输精管等部位也有阿片受体存在。

体内存在阿片受体多种亚型，已知的有 μ、δ、κ、ε 和 σ 亚型，1992～1993 年间，多种阿片受体亚型相继被克隆，人们对阿片受体的认识开始明晰起来。阿片受体属于 G 蛋白偶联受体家族。阿片受体各亚型在脑内分布部位和密度等不同，吗啡类药物对不同亚型的阿片受体，亲和力和内在活性均不完全相同，各亚型的效应见表 18-2。吗啡的主要药理效应如镇痛、镇静、呼吸抑制、缩瞳、欣快和依赖性等主要由 μ 受体介导。

表 18-2 阿片受体亚型及效应

亚型	效应					
	疼痛	呼吸	心率	血压	瞳孔	精神情绪
μ	↓↓	↓	-	-	↓	欣快 成瘾
κ	↓	±	±	±	↓	镇静
δ	↓	↓↓	±	↓		欣快
ε	↓	↑	↑	↑	↑	幻觉 谵妄
σ	↓	↓	↓	↓	↓	欣快

2. 内源性阿片肽 脑内阿片受体的存在意味着脑内有相应的阿片受体配基。1975 年，从猪脑内成功分离出可与吗啡竞争受体且有吗啡样作用的两种小肽，即甲硫氨酸脑啡肽与亮氨酸脑啡肽，其后又从脑组织中分离出 β-内啡肽、α-内啡肽及强啡肽 A 和强啡肽 B 等约 20 多种与阿片类药物作用相似的肽，总称为内源性阿片样肽（endogenous opioid peptide）。脑啡肽对 δ 受体有较强的选择性，强啡肽对 κ 受体的选择性强，分别被认为是 δ 受体和 κ 受体的内源性配体，而 β-内啡肽对 μ 受体和 δ 受体均有较强亲和力。

3. 阿片类镇痛药作用机制 内源性阿片肽和阿片受体共同组成了机体的镇痛系统。痛觉刺激使痛觉初级传入神经纤维末梢释放兴奋性递质（可能为 P 物质或谷氨酸等），与突触后膜的受体结合后，将痛觉冲动传入中枢引起疼痛。痛觉初级传入神经纤维末梢上存在阿片受体，内源性阿片样肽由特定神经元释放后激动传入神经末梢的阿片受体，抑制腺苷酸环化酶、促进 K^+ 外流、减少 Ca^{2+} 内流，使突触前膜兴奋性递质释放减少，突触后膜超极化，从而减弱或阻断痛觉信号传入中枢，起到镇痛作用（图 18-2）。外源性阿片类药物如吗啡，模拟内源性阿片肽的作用，结合并激动脊髓胶质区、丘脑内侧、脑室及导水管周围灰质的阿片受体，激活了脑内存在的抗痛系统而发挥镇痛作用。

痛觉刺激使脊髓痛觉初级传入神经纤维末梢释放 P 物质或 ACh 等，与突触后膜的受体结合后，将痛觉冲动传入脑内引起疼痛。痛觉初级传入神经纤维末梢上存在阿片受体，内源性阿片样肽或外源性阿片类药物与神经末梢的阿片受体结合，抑制腺苷酸环化酶、促进 K^+ 外流、减少 Ca^{2+} 内流，使突触前膜 P 物质及 ACh 释放减少，从而减弱或阻断痛觉信号传入中枢，发挥镇痛作用。

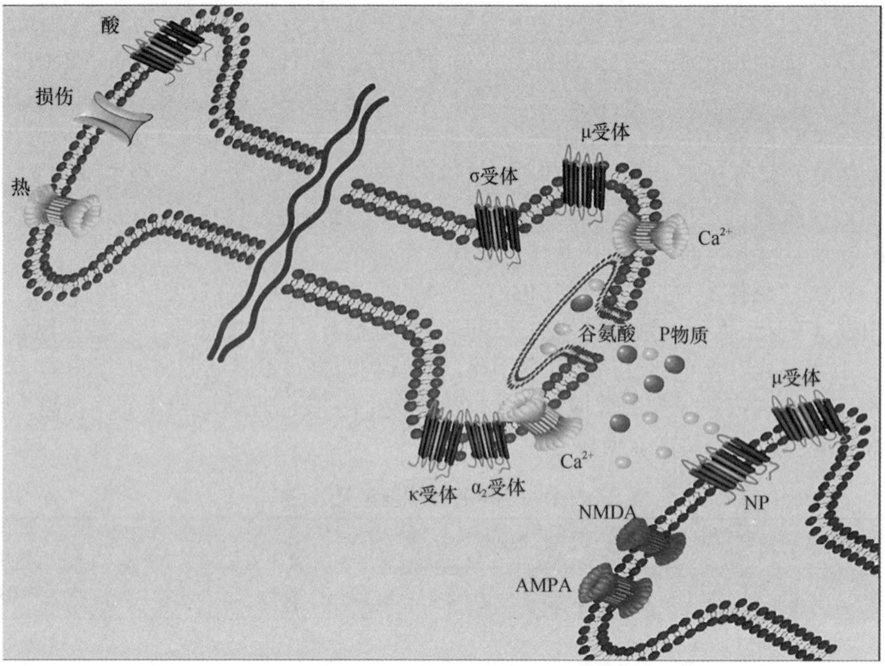

图 18-2　阿片类镇痛药作用机制示意图

【临床应用】

1. 疼痛　吗啡为强效镇痛药，适用于其他镇痛药无效的急性锐痛，如严重创伤、晚期癌痛及烧伤痛等，因易于成瘾，应短期用药；对内脏绞痛如胆绞痛和肾绞痛，需与解痉药阿托品合用；心肌梗死引起的心绞痛，血压正常者可用吗啡止痛；同时，吗啡可使患者镇静、消除焦虑不安情绪及扩张外周血管，减轻心脏负担，起到缓解心绞痛的作用。

2. 心源性哮喘　急性左心衰竭时左心搏血功能急速下降，肺循环压力急剧升高而出现以急性肺水肿为特征的一种临床病理生理综合征，表现为突然发生呼吸困难、伴有恐惧、窒息感。口唇发绀，可咳出大量粉红色泡沫痰，即心源性哮喘。在临床急救中，利尿药呋塞米和快速扩血管药硝酸甘油可以迅速解除肺静脉高压状态，减少心脏前后负荷。此外，静脉注射小剂量吗啡也是重要的措施。其作用机制：①降低呼吸中枢对二氧化碳的敏感性，减弱过度的反射性呼吸兴奋，使浅而快的呼吸变为深而慢，改善肺换气功能；②扩张外周血管，降低外周阻力，减轻心脏前、后负荷，有利于改善心功能；③其镇静作用可消除患者的紧张不安、恐惧情绪，减少耗氧量，间接减轻心脏负担（图 18-3）。但由于吗啡具有呼吸抑制和抑制咳嗽的作用，对伴有昏迷、休克、严重肺部疾病或痰多的患者禁用。

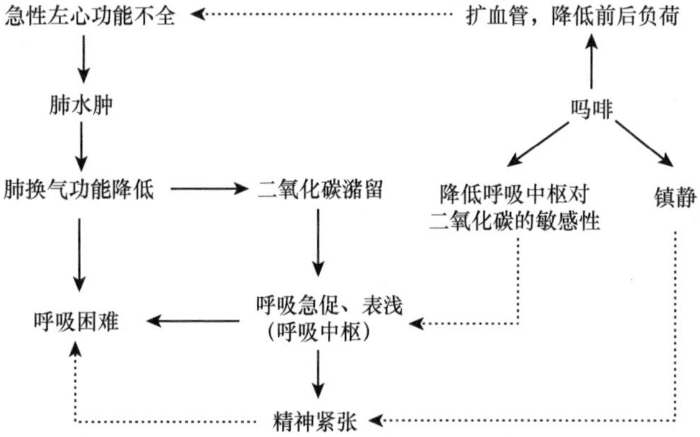

图 18-3　吗啡治疗心源性哮喘的机制

3. 止泻　常选用阿片酊或复方樟脑酊，用于单纯性的急、慢性消耗性腹泻，可缓解症状。伴细菌感染者应合用有效的抗菌药物。

【不良反应及注意事项】

1. 一般反应　治疗剂量的吗啡可引起嗜睡、眩晕、恶心、呕吐、便秘、排尿困难、胆内压升高甚至胆绞痛、直立性低血压和免疫抑制等。

2. 耐受性 吗啡类药物反复使用其效力会逐渐减弱，形成耐受性，此时必须增加剂量方可获得原来的镇痛效果和欣快感，剂量越大，给药间隔越短，越易产生。患者连用吗啡 3～5 天即可产生耐受性且能耐受正常量的 25 倍而不中毒。

目前研究表明，在长期接触吗啡后，阿片受体数量及其活性下降或出现脱敏现象（desensitization）可能是机体对吗啡产生耐受性的机制。阿片受体为 G 蛋白偶联受体，当吗啡与阿片受体结合后，G 蛋白活化，cAMP 水平被抑制，钠通道和钙通道被抑制，导致痛觉神经元细胞膜上和疼痛相关的兴奋被抑制，从而产生镇痛的作用。而长期与吗啡接触，阿片受体与 G 蛋白脱偶联，导致受体脱敏，对吗啡产生耐受性。

长期使用吗啡激活疼痛易化系统。多项研究表明 NMDA 受体激活及 NO 的生成参与了吗啡耐受性的产生；非甾体抗炎药［环氧合酶（COX）抑制药］虽然并不增加吗啡的镇痛作用，但能减缓吗啡耐受性，提示吗啡耐受过程中，不仅阿片受体 G 蛋白脱偶联发挥作用，而且 NMDA 受体、NO 及 COX 系统等，都在其中发挥作用。

3. 依赖性 依赖性可分为躯体依赖性和精神依赖性，躯体依赖性也称成瘾性，是指机体对药物产生耐受性后，不能增加剂量或停药后，机体明显感到不适，可表现出烦躁不安、失眠、焦虑、流泪、流涕、震颤、肌痛、呕吐、腹痛腹泻、出汗，甚至虚脱、意识丧失，精神出现变态等戒断症状（withdrawal syndrome），有显著的强迫性觅药行为。精神依赖性也称习惯性，是指患者对重复用药所达到的欣快感体验的觅药渴求。一般精神依赖性先产生，而后为躯体依赖性，而躯体依赖性又使精神依赖性进一步加重。吗啡成瘾作用很强，使用治疗剂量的吗啡，每日 3 次，连续 1～2 周即可成瘾，少数患者仅用 2～3 日亦可成瘾。静脉注射吗啡的成瘾性比口服吗啡强得多。

阿片类物质所致欣快感和药效期内暂时脱离生活境遇中的某些痛苦，是吸毒初期觅药行为的正性强化因素；同时吸毒群体的存在，使其获得情感上的交流和心理上的认同感也产生了社会性强化作用。由于阿片受体对外源性阿片类物质，特别是海洛因能很快产生耐受性，随着耐受性的形成，阿片类化合物的作用效果减弱，要获得往常一样的心理感受需要更大剂量的阿片类物质。此时吸毒者一旦中止用药或剂量明显减少，则出现一系列生理功能紊乱（阿片类物质戒断综合征）。戒断后的痛苦体验和强烈的“渴求”感也起一种负性强化作用，是自身给药行为的内在驱动力。

蓝斑核是最重要的阿片类躯体依赖性的调控部位，阿片肽和吗啡都能抑制蓝斑核放电，当停用吗啡时，吗啡对成瘾者蓝斑核的抑制被解除，放电增加，从而出现一系列自主神经系统紊乱症状（戒断症状）。此时蓝斑核去甲肾上腺素能神经元的功能增强，使用 α_2 受体激动药可乐定可抑制蓝斑核放电，可缓解吗啡的许多戒断症状，但不能消除成瘾者对吗啡的渴求心理。阿片类的精神依赖性则主要是由于药物与受体结合后，影响中脑边缘系统腹侧被盖区-伏隔区的 DA 能神经通路的功能产生。

依赖性的治疗：患者停用阿片类一周左右可基本脱瘾，但是停药期间患者的戒断症状严重，不用药物治疗难以坚持。常用替代疗法帮助脱毒，即用依赖性较轻的美沙酮治疗，连续 6～7 天，逐渐减量至停药可基本脱毒。也可使用可乐定治疗，逐渐增加剂量至有效控制戒断症状而无严重不良反应，维持 1 周后，逐渐减量至停药可脱毒，此外，还可使用阿片受体阻断药纳曲酮治疗。目前，纳曲酮长效缓释制剂的腹部皮下埋植术作为戒毒领域的一种新的戒毒手段已受到关注，其最大优点是抗毒作用维持时间久。近年来，在替代脱毒疗法的基础上，梯度戒毒方案在国内逐渐应用，该方案将整个脱毒过程从阿片受体激动药、部分阿片受体激动药、非阿片受体激动药到阿片受体阻断药，使所有药物对阿片受体亲和力逐渐下降，且将防止复吸治疗紧密结合起来，该法各药用药疗程缩短，不良反应减少并降低复吸率，是一种合理高效的治疗方案。

4. 急性中毒 过量可引起急性中毒，表现为昏迷、针尖样缩瞳、呼吸高度抑制、发绀，继而肌肉松弛、反射消失、体温和血压降低甚至休克。针尖样瞳孔是吗啡重度特征之一，而呼吸麻痹是吗啡致死的主要原因。抢救措施为人工呼吸、适量给氧、补液及静脉注射阿片受体阻断药纳洛酮。

【禁忌证】 吗啡禁用于支气管哮喘患者、肺源性心脏病患者、颅脑外伤患者或颅内压升高、甲状腺功能低下、肾上腺皮质功能不全、前列腺增生、排尿困难、休克尚未控制、炎性肠梗阻、严重肝肾功能不全的患者，也禁用于分娩止痛和孕妇、哺乳期妇女及婴儿止痛。

可 待 因

可待因（codeine）又称甲基吗啡，口服易吸收，生物利用度可达60%，脂溶性较高，易通过血脑屏障而进入中枢神经系统。吸收后约有10%在肝内脱甲基转变为吗啡而发挥镇痛作用。可待因的镇痛作用仅为吗啡的1/12～1/10，镇咳作用为其1/4，持续时间与吗啡相似，无明显镇静作用，欣快感及成瘾性也较吗啡弱。但仍属限制性应用的成瘾性镇痛药。对呼吸中枢抑制较轻，无明显便秘、尿潴留及直立性低血压的不良反应。临床上主要用于无痰干咳及剧烈频繁的咳嗽，也用于治疗中等程度疼痛。

案例解析

案例

患者，女，69岁。6年前因子宫内膜癌，接受子宫全切术后好转出院。两年前食欲欠佳，体重有下降，近几日后背疼痛，随就医。CT检查发现患者腰椎多发骨质破坏，诊断为肿瘤骨转移。

治疗：除化疗和营养治疗外，按时口服非甾体抗炎（或解热镇痛）药治疗，疼痛不能缓解，改用盐酸曲马多缓释片（100mg/次，每12h一次）止痛，2个月后，患者感觉服用曲马多效果明显不如以前，疼痛难忍，医嘱改用美施康定（硫酸吗啡控释片，每次30mg，每12h一次），疼痛好转，并嘱咐注意营养、按时按量吃药，维持一段轻松生活后，疼痛再一次加重，建议美施康定每次60mg，按时服用，同时给予积极的心理安慰，希望患者能没有疼痛地度过余生。

问题：

1. 为何口服非甾体抗炎（或解热镇痛）药，疼痛难忍后才改用硫酸吗啡控释片？

2. 吗啡的剂量从每次30mg增加到每次60mg的原因是什么？为何嘱咐患者按时服用镇痛药？

3. 如何改善晚期癌症患者的生活质量？

解析：

1. 为何口服非甾体抗炎（或解热镇痛）药，疼痛难忍后才改用硫酸吗啡控释片？

（1）常用镇痛药物主要包括两类：以阿司匹林为代表的解热镇痛抗炎药和以吗啡为代表的阿片类镇痛药。解热镇痛抗炎药物通过抑制外周病变部位的COX，降低前列腺素（PG）水平而发挥镇痛作用。吗啡通过激动阿片受体具有强大的镇痛作用，可消除由疼痛引起的焦虑、紧张、恐惧等情绪反应，提高患者对疼痛的耐受力，但由于药物易产生药物依赖性或成瘾性，易导致药物滥用及停药戒断症状。因此吗啡类镇痛药仅用于剧痛，尤其是生命终末期的患者。

（2）“癌症患者三级止痛阶梯治疗”就是在对癌痛的性质和原因作出正确的评估后，根据患者的疼痛的程度和原因适当地选择相应的镇痛剂。在给药途径选择上，应选择口服给药途径，尽可能避免创伤性给药途径，这样便于患者长期用药。

轻度疼痛　非阿片类止痛药 ± 辅助药物

中度疼痛　弱阿片类 ± 非阿片止痛药 ± 辅助药物

重度疼痛　强阿片类 ± 非阿片止痛药 ± 辅助药物

2. 吗啡的剂量从每次30mg增加到每次60mg的原因是什么？为何嘱咐患者按时服用镇痛药？

由于吗啡类药物反复使用形成耐受性，此时必须增加剂量才可获得原来的镇痛效果和欣快感，剂量越大，给药间隔越短，越易产生。尤其是对于强阿片类药物（如吗啡片及糖浆等），适当口服用药较少产生精神依赖性（成瘾性）或躯体依赖性。同时止痛药应当有规律地“按时”给药（3～6h给药一次）而不是“按需”给药——只在疼痛时给药。这有利于降低患者对药物的耐受性。

3. 如何改善晚期癌症患者的生活质量？

对伴有癌痛的晚期癌症患者生活质量的提高要至少做到有两方面：缓解疼痛与人文关怀相结合。

第三节 人工合成镇痛药

吗啡镇痛作用虽然很强，但有成瘾性及呼吸抑制等不良反应，因此，目前临床上多采用人工合成镇痛药。

哌 替 啶

哌替啶（pethidine），又称度冷丁（dolantin），是1937年人工合成的苯基哌啶衍生物，具有吗啡样作用，是目前临床上应用最广泛的人工合成镇痛药。

【体内过程】 哌替啶口服或注射给药均能吸收，口服生物利用度约为52%，血浆药物浓度降低，临床常采用注射给药。血浆蛋白结合率为40%～60%，可透过胎盘屏障，大部分在肝脏代谢为哌替啶酸和去甲哌替啶，半衰期为3～4h，肝功能不全时半衰期延长，主要经肾排出，少量经乳汁排出。代谢产物去甲哌替啶具有明显的中枢兴奋作用，半衰期为15～20h，反复长期大量应用可引起蓄积，是哌替啶过量中毒时出现惊厥的原因。

【药理作用】 哌替啶主要激动μ型阿片受体，药理作用与吗啡相似。

1. 中枢神经系统 皮下或肌内注射哌替啶后10min后出现镇痛、镇静作用，但作用弱于吗啡，其效价强度相当于吗啡的1/10～1/8，作用持续时间较短，为2～4h。少数患者可出现欣快感。哌替啶的呼吸抑制作用较吗啡弱，维持时间短。可兴奋延髓催吐化学感受区，增加前庭器官的敏感性，出现恶心、呕吐和眩晕现象；无明显的咳嗽中枢抑制作用和缩瞳作用。

2. 平滑肌 哌替啶能提高平滑肌和括约肌张力，但因作用较弱，时间短，无明显止泻作用，也较少引起便秘和尿潴留；大剂量可引起支气管收缩而诱发支气管哮喘；有轻微的子宫兴奋作用，但对妊娠末期子宫的正常节律性收缩无明显影响，也不对抗缩宫素的作用，不延缓产程。

3. 心血管系统 治疗剂量的哌替啶偶可引起直立性低血压。由于抑制呼吸，也使体内二氧化碳蓄积，继发脑血管扩张而可致颅内压升高。哌替啶有轻微的阿托品样作用，可引起心率增快。

【临床应用】

1. 镇痛 由于药物依赖性、致平滑肌兴奋作用等不良反应产生较吗啡轻，且口服有效，哌替啶几乎完全代替吗啡用于各种原因的剧烈疼痛，但对胆绞痛和肾绞痛等内脏绞痛需加用平滑肌解痉药阿托品。哌替啶可透过胎盘屏障和血脑屏障，而且新生儿对其呼吸抑制作用特别敏感，故用于分娩止痛时，产前2～4h内不宜使用。由于其半衰期短及代谢产物具有神经毒性，不宜长期给药。对于癌痛患者需要长期给药的，优选吗啡而非哌替啶。

2. 心源性哮喘 代替吗啡用于心源性哮喘的辅助治疗。

3. 麻醉前给药和人工冬眠 哌替啶的镇静作用可解除患者对手术的紧张和恐惧情绪，减少麻醉药用量并缩短诱导期，增强麻醉效果。哌替啶与氯丙嗪、异丙嗪组成冬眠合剂，用于如高热、惊厥、甲状腺危象和严重创伤时的人工冬眠。

【不良反应】 治疗量可致眩晕、恶心、呕吐、口干、心动过速及直立性低血压等，较少引起便秘和尿潴留，长期反复应用也易产生耐受性和依赖性。剂量过大可致震颤、肌肉抽搐、反射亢进，甚至惊厥。禁忌证与吗啡相似。

芬 太 尼

芬太尼（fentanyl）为短速强效镇痛药，起效快，维持时间短，静脉注射几乎立即起效，维持10～30min；肌内注射15min起效，维持1～2h；作用与吗啡相似，镇痛效力为吗啡的100倍。血浆蛋白结合率为84%，半衰期为3.7h。主要激动μ阿片受体，也能产生明显的欣快感、呼吸抑制和依赖性。用于短时的强效镇痛；或与麻醉药合用以减少麻醉药用量和增强麻醉效果；也与氟哌啶醇（haloperidol）配伍，具有神经安定镇痛作用，用于外科小手术如烧伤换药或器械检查如内镜检查等；此外，芬太尼透皮贴剂使血药浓度维持72h，镇痛效果稳定，使用方便，适用于中至重度的癌痛患者。不良反应有轻度呼吸抑制、眩晕、恶心、呕吐、胆管平滑肌痉挛及依赖性等，快速推注能引起胸壁及腹壁肌肉僵直而影响通气，纳洛酮或非除极化肌松药可对抗。慎用于支气管哮喘、呼吸抑制、重症肌无力患者，禁止与MAOI（如苯乙肼、帕吉林等）合用。

美 沙 酮

美沙酮（methadone）口服吸收好，生物利用度为90%，血浆蛋白结合率为90%，半衰期为15～40h。镇痛强度与吗啡相当，但起效慢，作用持续时间长，适用于慢性疼痛。抑制呼吸、缩瞳、致便秘及升高胆管内压等作用与吗啡相似或稍弱，镇静作用较弱，但重复给药仍可引起明显镇静作用。口服美沙酮后不能引起致欣快感作用，也不出现吗啡的戒断症状，使成瘾性发生减弱，用于吗啡和海洛因等脱毒的替代递减治疗。不良反应与哌替啶相似。

曲 马 多

曲马多（tramadol）为阿片受体的激动药，镇痛效力与喷他佐辛相当；镇咳效力约为可待因的1/2, 呼吸抑制作用弱，无明显扩血管和降压作用；耐受性和成瘾性较弱。曲马多口服吸收快而完全，生物利用度为70%，半衰期约为6h。口服后1h起效，作用维持6h，临床适用于中、重度的急、慢性疼痛，如外科、产科术后痛及晚期肿瘤疼痛等。常见的不良反应为眩晕、恶心、呕吐和乏力等，长期应用也可成瘾。

布 桂 嗪

布桂嗪（bucinnazine）又名强痛定，镇痛效力约为吗啡的1/3。口服10～30min或皮下注射10min起效，作用维持3～6h。临床常用于偏头痛、三叉神经痛、炎症性及外伤性疼痛、关节痛、痛经、癌症等引起的疼痛，对内脏器官的止痛作用较差。偶有恶心或头晕、困倦等，停药后即消失。个别病例出现成瘾性，应慎用。

喷他佐辛

喷他佐辛（pentazocine）又名镇痛新，是苯并吗啡烷类衍生物，口服和注射给药均吸收良好，但口服首过效应明显，生物利用度低，血浆蛋白结合率为65%，半衰期为2～4h。主要经肝脏代谢和肾脏排泄。

喷他佐辛是阿片受体部分激动药，能激动κ受体和σ受体而拮抗μ受体。镇痛效力是吗啡的1/3，能减弱吗啡的镇痛作用，对吗啡依赖者可促进戒断症状的产生。呼吸抑制作用是吗啡的1/2，对平滑肌作用与吗啡相似或较弱，没有缩瞳作用；对心血管系统的影响与吗啡不同，大剂量可使血压升高、心率加快，静脉注射可增加左室舒张期末压和平均动脉压，增加心脏负担。此作用可能与升高血浆中儿茶酚胺含量有关。由于喷他佐辛轻度拮抗μ受体，故无明显欣快感和成瘾性，已被国家药品监督管理局列为非麻醉性镇痛药，临床主要用于慢性疼痛患者。

布托啡诺

布托啡诺（butorphanol）为阿片受体部分激动药，激动 κ 受体，对 μ 受体有弱的拮抗作用。布托啡诺口服首过效应明显，生物利用度低。肌内注射吸收迅速而完全，10～15min 起效，持续时间 4～5h，半衰期为 4～6h，临床用于缓解偏头痛及其他各种疼痛，也可作麻醉前用药。本品激动 κ 受体，可增加肺血管阻力，增加心脏负荷。由于布托啡诺激动 κ 受体，使用时有不愉快的感受，因此不易发生滥用及成瘾。

第四节　阿片受体阻断药

纳 洛 酮

纳洛酮（naloxone）化学结构与吗啡相似，是阿片受体的完全阻断药，能与 μ、δ 和 κ 受体结合。纳洛酮对 μ 有强的亲和性，比吗啡对阿片受体的亲和力更大；对 δ 和 κ 受体亲和性较弱。

【体内过程】 由于较强的首过效应，口服纳洛酮的生物利用度低于 2%。静脉注射，2min 起效；肌内注射，5min 起效。作用维持 30～60min。在肝脏内代谢成纳洛酮-3-葡萄糖醛酸，随尿排出体内。

【药理作用】 纳洛酮能阻止吗啡样物质与阿片受体结合，为阿片类的解毒剂，还有增加吗啡类药物急性中毒者的呼吸频率，并能对抗镇静作用及使血压上升等优点。近年来认为内啡肽是一种休克因子，作用于 μ 和 κ 受体，引起心血管抑制，纳洛酮可对抗内啡肽的作用，能逆转休克时内啡肽大量释放所致的低血压效应，对多种原因引起的休克有明显的治疗作用。能快速对抗阿片类药物过量中毒所致的呼吸抑制、血压下降和中枢抑制等症状。动物实验表明纳洛酮能改善大脑皮质氧的供应，增加神经细胞的电活动。纳洛酮尚具有稳定溶酶体，降低心肌抑制因子的作用。此外，纳洛酮可使长期应用阿片类药物的成瘾者出现戒断症状。

【临床应用】

1. 主要用于阿片类药物急性中毒的抢救，拮抗阿片类药物的呼吸抑制作用。包括解除阿片类药物复合麻醉的手术后残余的呼吸抑制及其他中枢抑制症状，或者新生儿受其母体中阿片类镇痛药影响而导致的呼吸抑制；由于纳洛酮作用维持时间比大多数阿片类药物要短得多，因此必须注意要重复用药。

2. 对疑有阿片类药成瘾者能诱发戒断症状，有鉴别诊断价值。

3. 也用于各种休克、乙醇中毒、脑卒中、脊髓和脑创伤等。

【不良反应】 对体内无阿片类药物的患者，纳洛酮几乎没有不良反应。仅少数患者可能会出现口干、恶心呕吐、厌食、震颤、烦躁不安、血压升高和心率加快等反应，这可能与纳洛酮阻断了内啡肽的作用相关。大多数时候这些不良反应可不用处理而自行恢复。对心脏病的患者可能诱发心律失常、肺水肿甚至心肌梗死。

纳 曲 酮

纳曲酮（naltrexone）是阿片受体阻断药，对 μ 受体拮抗作用最强，对 κ 受体拮抗作用较弱，对 δ 受体拮抗作用最弱。能明显地减弱或完全阻断阿片受体，甚至反转由静脉注射阿片类药物所产生的作用。作用与纳洛酮相似，拮抗效价为纳洛酮的 2 倍。口服吸收迅速，生物利用度可达 60%，而且作用维持时间较长。本品不产生躯体或精神依赖性。纳曲酮不仅可用于阿片成瘾者的鉴别，也能解除患者对阿片的躯体依赖性，减弱正性强化作用和负性强化作用，阻断再吸毒品时的效应，从而在防复吸中起到良好的辅助作用，同时纳曲酮可治疗酒精依赖，通过减少酒精戒断症状，减少酒精依赖者再次酗酒。

纳曲酮的常见不良反应是腹泻和腹痛。超过推荐剂量的纳曲酮有肝毒性，引起转氨酶增高，急性肝炎或肝衰竭的个体禁用纳曲酮。此外，应用阿片类镇痛药者，或阿片成瘾的患者未经戒除者，使用前应先用纳洛酮验证该患者体内有没有吗啡类药物，否则可能由于纳曲酮与受体的结合能力较强，引起体内吗啡过量，导致患者呼吸抑制甚至死亡。

本章小结

镇痛药（analgesic）是指作用于中枢神经系统特定的部位，在不影响患者意识和其他感觉的情况下，选择性消除或缓解疼痛及疼痛引起的不愉快情绪的药物。镇痛药包括以吗啡为代表的阿片类生物碱类镇痛药、人工合成的镇痛药（如哌替啶、美沙酮）及一些其他的镇痛药（如罗通定和延胡索等）。

吗啡是阿片中的主要生物碱。吗啡对中枢神经系统具有镇痛、镇静、引起欣快感、呼吸抑制的作用；可增加胃肠道平滑肌、增加肛门括约肌和膀胱括约肌张力，具有止泻的作用，也可引起便秘及少尿等不良反应；可增加支气管平滑肌张力，因此哮喘患者不宜使用。临床上吗啡用于镇痛，缓解心源性哮喘及止泻。主要不良反应是耐受性和成瘾性。呼吸抑制是吗啡急性中毒的致死原因。

可待因也是阿片中存在的一种生物碱，镇痛作用、不良反应及成瘾性较吗啡弱，是较好的中枢镇咳药。

人工合成的吗啡类药物包括哌替啶、布托啡诺和芬太尼及美沙酮等。哌替啶作用时间短，不良反应较少，适用于短期镇痛；芬太尼镇痛作用比吗啡强大。喷他佐辛为阿片受体部分激动药。

阿片受体阻断药纳洛酮可用于吗啡类药物中毒的急救。

中药介绍

延 胡 索

延胡索是罂粟科紫堇属多年生草本植物 *Corydalis yanhusuo* W. T. Wang 的球形块茎，为著名的常用中药。直径为 0.5～1.5cm。表面黄色或黄褐色，有不规则网状皱纹。顶端有略凹陷的茎痕，底部常有疙瘩状凸起。质硬而脆，断面黄色，角质样，有蜡样光泽。气微，味苦。

延胡索有活血，行气，止痛功效。现代药理研究表明其有镇痛、镇静、催眠作用。延胡索含 20 多种生物碱，有效成分包括延胡索甲素、乙素和丑素，都有较强的镇痛作用。此外，延胡索使胃液分泌减少，降低胃液酸度。

（何　波）

第十九章 解热镇痛抗炎药

能力要求

1. 能够掌握解热镇痛抗炎药的药理作用和机制，代表药物阿司匹林、对乙酰氨基酚的药理作用、临床应用和不良反应。
2. 能够熟悉解热镇痛抗炎药的分类及代表药物。
3. 能够了解抗痛风药的分类、作用机制及临床应用。

解热镇痛抗炎药（antipyretic-analgesic and anti-inflammatory drug）是一类能够解热、镇痛，且大多数具有抗炎、抗风湿作用的药物。由于本类药物的化学结构、抗炎机制与具有甾体结构的糖皮质激素不同，故又称为非甾体抗炎药（nonsteroidal anti–inflammatory drug，NSAID）。依据化学结构，非甾体抗炎药可分为水杨酸类、苯胺类、吲哚类、芳基乙酸类、芳基丙酸类、烯醇酸类、吡唑酮类、异丁芬酸类等。非甾体抗炎药的主要作用机制是抑制体内 COX（又称前列腺素内过氧化物合成酶），从而减少局部组织前列腺素（prostaglandin，PG）的生成，产生解热、镇痛、抗炎的作用。根据对 COX 的选择性，非甾体抗炎药又可以分为非选择性 COX 抑制药和选择性 COX-2 抑制药。

第一节 共同药理作用和机制

物理、化学、生物性损伤因子可激活细胞膜上的磷脂酶 A_2（phospholipase A_2，PLA_2），使得膜磷脂被水解，生成花生四烯酸（arachidonic acid，AA）。花生四烯酸可经 COX 作用生成前列腺素和血栓素 A_2（thromboxane A_2，TXA_2）。花生四烯酸也可经脂氧合酶（lipoxygenase，LOX）作用，生成白三烯（leukotrienes，LT）。非甾体抗炎药通过抑制 COX，减少前列腺素的生成，产生解热、镇痛、抗炎的作用（图 19-1）。

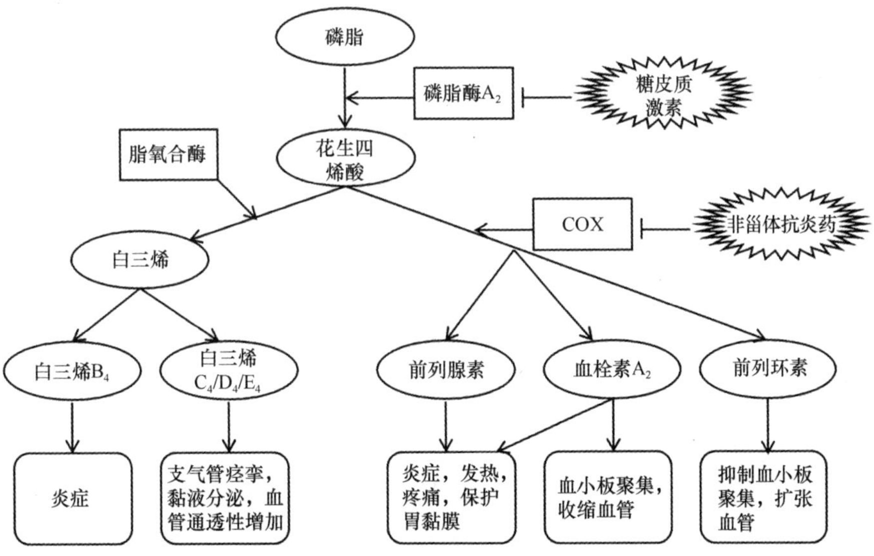

图 19-1 花生四烯酸代谢途径及非甾体抗炎药作用机制

1. 解热作用 在生理情况下，人体下丘脑体温调节中枢可调控产热和散热过程达到动态平衡，维持体温在37℃左右。当发生病理反应时，病原微生物（细菌、病毒、真菌）、非微生物抗原、炎症渗出物等外源性致热原，可刺激单核细胞和中性粒细胞产生、释放内源性致热原，如白介素（interleukin，IL）-1β、肿瘤坏死因子α（tumour necrosis factor α，TNF-α）、IL-6。内热原通过血脑屏障，在下丘脑视前区附近促进合成、释放前列腺素 E_2（PGE_2），前列腺素 E_2 再作用于下丘脑体温调节中枢，使体温调定点升高，导致产热增加、散热减少，引起发热。

非甾体抗炎药通过抑制下丘脑COX，减少前列腺素生成，使上调的体温调定点恢复正常，通过减少产热、增加散热，如扩张皮肤血管、增加血流量、出汗等，达到解热的作用。因此，与氯丙嗪降温作用不同，非甾体抗炎药只能降低发热患者的体温，对正常体温几乎没有影响，也不能使体温降到正常水平以下。

发热是机体的一种防御反应，不同的热型、热程是诊断疾病的重要依据，应诊断明确后再解热。同时，解热只是对症治疗，还应结合病因进行治疗。对于老幼体弱的患者，还需预防因体温骤降、出汗过多导致的虚脱、休克。

2. 镇痛作用 当发生炎症或组织损伤时，局部组织产生、释放致痛化学物质，如前列腺素、缓激肽和组胺等，这些物质刺激痛觉神经末梢引起疼痛。前列腺素不仅有直接而持久的致痛作用，还能增加痛觉神经末梢对其他致痛物质的敏感性，加重疼痛。

非甾体抗炎药主要通过抑制外周病变部位的COX，减少前列腺素合成，而发挥镇痛作用。近年来研究还发现非甾体抗炎药作用于脊髓和皮质下中枢，抑制前列腺素合成，从而在中枢神经系统产生镇痛作用。

非甾体抗炎药只具有中等程度的镇痛作用，对头痛、牙痛、肌肉痛、关节痛、痛经等慢性钝痛疗效较好，对小手术后疼痛、轻度癌症疼痛也有一定疗效，但对急性锐痛、创伤性剧痛和内脏平滑肌绞痛无效。同时，与吗啡类镇痛药不同，本类药物没有抑制呼吸、产生欣快感和成瘾性等不良反应。

3. 抗炎作用 当炎症发生时，局部组织在致炎物质的作用下血管扩张，毛细血管通透性增加，白细胞趋化、聚集，表现出红、热、肿、痛等症状。前列腺素是参与炎症反应的活性物质之一，不但能导致炎症，还有增敏作用，可增强缓激肽、组胺、5-HT等致炎物质的作用。

非甾体抗炎药主要通过抑制炎症部位COX，减少前列腺素生成而发挥抗炎作用。另外，本类药物抗炎作用还可能与抑制细胞黏附分子表达，抑制白细胞、血小板黏附有关。

4. 其他 COX至少有COX-1和COX-2两种亚型。其中，COX-1为固有型，主要存在于血管、血小板、肾和胃等组织器官中，参与调节血管舒缩、血小板聚集、肾血流量分布，维持胃血流量和胃黏液分泌、保护胃黏膜等功能，有助于维持机体内环境的稳定。COX-2为诱生型，在病理组织中细胞因子如IL-1、TNF-α、IL-6和炎症介质可以诱导产生COX-2。

非甾体抗炎药解热、镇痛、抗炎的作用与抑制COX-2有关，而抑制COX-1则可以抑制血小板的聚集、抗血栓的形成，也可能导致胃出血、呕吐、腹泻、出血倾向等不良反应。另外有研究报道，本类药物尚有延缓阿尔茨海默病，抑制肿瘤发生、发展和转移，以及抗氧自由基损伤等作用。

第二节 非选择性环氧酶抑制药

非选择性COX抑制药是指对COX各种亚型（包括COX-1和COX-2）都有抑制作用的药物，以水杨酸类为代表，也包括其他结构类型的药物。

一、水杨酸类

水杨酸类药物主要有阿司匹林（aspirin）、水杨酸钠（sodium salicylate）和二氟尼柳（diflunisal）等。其中，阿司匹林最为常用。水杨酸钠由于刺激性强，仅作为外用药抗真菌和溶解角质。

阿司匹林

阿司匹林又称为乙酰水杨酸（acetylsalicylic acid），使用历史已超过百年，至今仍是临床上常用药物。

【体内过程】 口服吸收快而完全，主要吸收部位在小肠上段，其次在胃，服药后1～2h血药浓度达到峰值。由于会被胃肠黏膜、肝脏和血液中的酯酶迅速水解成水杨酸，因此血浆半衰期仅约为15min。水杨酸以盐的形式广泛分布在全身各组织器官，血浆蛋白结合率为80%～90%。大部分水杨酸在肝脏代谢，但肝脏对其代谢能力有限。当阿司匹林用量1g以下时，水解生成的水杨酸较少，按一级动力学消除，水杨酸血浆半衰期为2～3h，当阿司匹林用量大于1g时，水杨酸生成量大，则按零级动力学消除，水杨酸血浆半衰期可达15～30h。水杨酸以原型或代谢产物经肾排泄，碱化尿液可促其解离，加速排出，故发生急性水杨酸中毒时，可用碳酸氢钠解救。

【药理作用】

1. 解热镇痛 解热镇痛作用显著而持久。

2. 抗炎抗风湿 具有较强的抗炎抗风湿作用，在一定剂量范围内，此作用强度与剂量呈正相关。

3. 影响血栓形成 小剂量阿司匹林不可逆性抑制血小板COX，减少TXA_2生成，抑制血小板聚集，起到抗血栓作用。较大剂量时还抑制血管内皮细胞COX，减少前列环素（PGI_2）生成，反而促进血栓形成。

【临床应用】

1. 发热及轻、中度疼痛 临床可用于感冒发热、头痛、牙痛、神经痛、肌肉痛、关节痛、痛经和术后创口痛等，常用剂量0.5g。

2. 风湿热及炎症 服药后24～48h可使急性风湿热症状明显好转，有效缓解红、肿、热、痛，临床最好用至最大耐受量（每天3～5g），也可用于急性风湿热的鉴别诊断。

3. 预防血栓形成 每日口服小剂量（50～100mg）阿司匹林可防治血栓性疾病，如冠状动脉粥样硬化性疾病、心肌梗死、缺血性心脏病、脑血栓、血管手术后有血栓形成倾向者。

4. 其他 规律服用阿司匹林能显著降低结肠癌发病率和死亡率；阿司匹林联合免疫球蛋白是预防急性期儿童川崎病冠状动脉病变的一线用药；长期服用阿司匹林可预防阿尔茨海默病发生。

【不良反应】 小剂量短期应用，不良反应轻。大剂量长期应用，则不良反应重。

1. 胃肠道反应 最为常见。口服可直接刺激胃黏膜，引起上腹部不适、恶心、呕吐，大剂量时还会刺激延髓催吐化学感受区（CTZ）导致恶心、呕吐。因为抑制COX-1，使具有抑制胃酸分泌及增强胃黏膜屏障保护作用的前列腺素生成减少，以致胃酸分泌增加，胃黏膜保护作用减弱，诱发、加重胃溃疡和胃出血。故胃溃疡患者禁用，宜饭后服用、选择肠溶制剂、合用抗酸药或胃黏膜保护药（硫糖铝、前列腺素E_1衍生物米索前列醇）减少胃肠道反应。

2. 凝血障碍 因抑制COX，使TXA_2生成减少，TXA_2/前列腺素下降，从而抑制血小板聚集，延长出血时间。大剂量还可能抑制肝脏合成凝血酶原，引起凝血障碍，加重出血倾向，可用维生素K预防。故严重肝病、低凝血酶原血症、血友病患者、维生素K缺乏者和产妇禁用。术前1周也应停用，以防患者出血过多。

3. 过敏反应 偶见皮疹、荨麻疹、血管神经性水肿和过敏性休克。慢性荨麻疹患者禁用，过敏体质者也应慎用。

4. 阿司匹林哮喘 部分哮喘患者服用阿司匹林后可诱发、加重支气管哮喘，俗称“阿司匹林哮喘”。其机制在于阿司匹林抑制COX，使得花生四烯酸经COX代谢的途径受阻，于是花生四烯酸经脂氧合酶作用生成大量的白三烯，引起支气管痉挛，导致哮喘。此种哮喘用肾上腺素治疗无效，可用糖皮质激素和抗组胺药（脂氧合酶抑制药）治疗。哮喘患者禁用阿司匹林。

5. 水杨酸反应 对阿司匹林敏感者或阿司匹林使用剂量过大（每天5g）时，可出现头痛、眩晕、恶心、呕吐、耳鸣、听力和视力下降，严重者出现高热、脱水、酸碱平衡失调、精神错乱等症状，总称为水杨酸反应，这是水杨酸中毒的表现。应立即停药，静脉滴注碳酸氢钠以碱化尿液，加速水杨酸盐从尿排泄。

6. 瑞氏综合征 病毒性感染（如流感、水痘、麻疹、流行性腮腺炎）伴有发热的患儿服用阿司匹林后，出现惊厥、频繁呕吐、颅内压增高、昏迷等急性肝脂肪变性-脑病综合征（瑞氏综合征），以肝衰竭合并脑病为突出表现。虽然少见，但预后凶险。故 10 岁以下病毒性感染患儿不宜用阿司匹林，可用对乙酰氨基酚替代。

7. 肾损害 对肾功能正常者一般无明显影响，但对老年体弱的患者，可能引起水肿、多尿等肾小管功能损伤，偶见间质性肾炎、肾病综合征。

二氟尼柳

二氟尼柳（二氟苯水杨酸）为水杨酸衍生物，口服吸收良好，服药后 2～3h 血药浓度达到峰值，血浆蛋白结合率为 99%，主要以葡萄糖醛酸结合物随尿排泄，少量随乳汁排出。本药通过抑制前列腺素合成而发挥解热、镇痛、抗炎作用。镇痛、抗炎作用比阿司匹林强，且维持时间长。临床用于轻、中度疼痛，如关节炎、腕、踝关节扭伤及小手术、肿瘤等疼痛，也用于骨关节炎、类风湿性关节炎。本药可引起肾功能损害，但对胃肠道刺激作用比阿司匹林小。

二、苯 胺 类

在苯胺类药物中，非那西汀（phenacetin）是最早使用的，但因其毒性较大，目前除用于复方制剂外，已不再单独使用，由其活性代谢产物对乙酰氨基酚替代。

对乙酰氨基酚

对乙酰氨基酚（acetaminophen）又名扑热息痛（paracetamol），是非那西汀的体内代谢产物。

【体内过程】 口服易吸收，服药后 0.5～1h 血药浓度达到峰值，血浆蛋白结合率较低。在常用剂量下，在肝脏与硫酸或葡萄糖醛酸结合生成无活性代谢产物，从尿排泄，血浆半衰期为 2～3h。大剂量时，代谢生成有肝肾毒性的 *N*-乙酰对苯醌亚胺。

【药理作用】 解热镇痛作用与阿司匹林相当，但抗炎作用弱。本药主要作用于中枢神经系统，抑制下丘脑 COX，减少中枢前列腺素合成，但对外周 COX 几乎没有作用，因此抗炎作用弱。

【临床应用】 用于感冒发热、头痛、牙痛、神经痛、关节痛、肌肉痛等，尤其适用于对阿司匹林过敏或禁用的患者，以及儿童因病毒性感染引起的发热、头痛。

【不良反应】 本药不良反应较轻，可见恶心、呕吐，偶有皮疹、药热、粒细胞减少、贫血等过敏反应。过量中毒可引起肝损害，严重者可导致肾衰竭（镇痛药性肾病）。因此本药不宜大剂量或长期服用，酒精中毒、肝病、肾功能不全者慎用。

三、吲哚类和吲哚衍生物

吲哚美辛

吲哚美辛（indomethacin）又名消炎痛，是人工合成的吲哚衍生物。

【体内过程】 口服吸收迅速而完全，服药后 1～2h 血药浓度达到峰值，血浆蛋白结合率达 90%，血浆半衰期为 2～3h。直肠给药比口服更易吸收。主要在肝脏代谢，代谢产物从尿、胆汁、粪便排泄，另有 10%～20% 药物以原型从尿排泄。

【药理作用】 吲哚美辛是最强的 COX 抑制药之一，也能抑制磷脂酶 A_2，具有显著的抗炎解热、减轻炎性疼痛等作用。解热镇痛作用与阿司匹林相当，抗炎作用比阿司匹林强 10～40 倍。

【临床应用】 吲哚美辛主要用于急性风湿性及类风湿性关节炎、强直性脊柱炎、骨关节炎、癌性发热及其他顽固性发热。由于不良反应多，仅用于使用其他非甾体抗炎药无效或不耐受的患者。

【不良反应】不良反应发生率高达30%～50%，且约20%患者必须停药。常见恶心、呕吐、腹痛、腹泻，甚至上消化道溃疡、出血、穿孔，消化性溃疡患者禁用；可见头痛、眩晕，偶见精神失常，癫痫、精神失常患者禁用；可引起粒细胞及血小板减少、再生障碍性贫血；可见转氨酶升高、黄疸、肾功能不良；可见皮疹、血管神经性水肿、休克等过敏反应，亦会引起“阿司匹林哮喘”。

舒 林 酸

舒林酸（sulindac）是吲哚美辛同源物。口服后90%被吸收，1～2h血药浓度达到峰值，血浆蛋白结合率较高。舒林酸及其活性代谢产物存在肠肝循环，原型药物血浆半衰期是7h，其活性代谢产物的血浆半衰期长达18h，经尿液和粪便排泄。舒林酸在肝脏转化为有活性的硫化代谢产物后才有解热、镇痛和抗炎作用，且作用强于阿司匹林，但不及吲哚美辛。适应证与吲哚美辛相似，其不良反应较吲哚美辛轻。

四、芳基乙酸类

双氯芬酸

双氯芬酸（diclofenac）是邻氨基苯甲酸类衍生物。

【体内过程】口服吸收迅速，首过效应显著，生物利用度为50%，服药后1～2h血药浓度达到峰值，血浆蛋白结合率高达99%。易蓄积在关节滑液，故作用时间较长。在肝脏代谢，与葡萄糖醛酸或硫酸结合后，经尿（65%）和胆汁（35%）排泄。

【药理作用】抑制前列腺素合成的作用强大，其镇痛、抗炎、解热作用比吲哚美辛强2～2.5倍，比阿司匹林强26～50倍。

【临床应用】主要用于类风湿性关节炎、强直性脊柱炎、骨关节炎、痛风性关节炎等；非关节性的软组织痛，如肌肉痛、腱鞘炎、滑囊炎等；急性轻中度疼痛，如术后疼痛、扭伤、痛经、头痛、牙痛等。

【不良反应】本药对COX-2的抑制作用强于对COX-1的抑制作用，故胃肠道反应比阿司匹林、吲哚美辛轻，偶见肝功能异常、白细胞减少。

五、芳基丙酸类

芳基丙酸类主要包括布洛芬（ibuprofen，异丁苯丙酸）、萘普生（naproxen）、氟比洛芬（flurbiprofen）和酮洛芬（ketoprofen）等。

布 洛 芬

布洛芬是第一个应用于临床的芳基丙酸类非甾体抗炎药。

【体内过程】口服吸收快而完全，血浆蛋白结合率高达99%，血浆半衰期为1～2h。易在关节滑液中积聚，故作用时间较长。90%的药物在肝脏代谢为羟化物或羧化物，经肾排泄。

【药理作用】抗炎、镇痛作用比阿司匹林强16～32倍。

【临床应用】主要用于风湿性、类风湿性关节炎和骨关节炎，也用于发热、疼痛。

【不良反应】本药胃肠道不良反应比阿司匹林轻，但长期服用可致上消化道溃疡。另偶见头痛、眩晕和视物模糊。孕妇、哺乳期妇女及哮喘患者禁用。

萘 普 生

萘普生又名甲氧萘丙酸。

【体内过程】口服吸收迅速且完全，血浆蛋白结合率高达99%，血浆半衰期为14h左右，主要在肝脏代谢，以原型药及代谢产物自尿中排出。

【药理作用】 解热、镇痛作用比阿司匹林强7～22倍。该药还可以抑制血小板聚集。

【临床应用】 主要用于风湿性、类风湿性关节炎，骨关节炎，强直性脊柱炎和各种类型的风湿性肌腱炎，也用于缓解疼痛和发热。

【不良反应】 毒性低，胃肠道和神经系统的不良反应明显少于阿司匹林和吲哚美辛，但仍多于布洛芬。长期服用可能增加心血管病风险。对阿司匹林过敏者禁用。

六、烯醇酸类

烯醇酸类主要包括吡罗昔康（piroxicam）、美洛昔康（meloxicam）和氯诺昔康（lornoxicam）等。

吡罗昔康

吡罗昔康又称炎痛喜康，是烯醇酸类衍生物。

【体内过程】 口服吸收完全，但食物减缓吸收。存在肝肠循环，服药后2～4h血药浓度达到峰值，血浆蛋白结合率高达99%。血浆半衰期个体差异大，平均约为50h。在关节滑液中的药物浓度与血药浓度相当。经肝脏代谢后由尿和粪便排泄，另有5%药物以原型从尿排泄。

【药理作用】 吡罗昔康是速效、强效、长效的抗炎镇痛药，其作用比吲哚美辛略强。本药通过抑制COX减少局部组织前列腺素合成，还抑制中性粒细胞活化。另外，本药还抑制软骨中的黏多糖酶和胶原酶活性，减轻软骨损伤，增强抗炎镇痛作用。

【临床应用】 主要用于类风湿性关节炎、骨关节炎、急性痛风等。

【不良反应】 不良反应发生率约20%，主要表现为恶心、腹泻等胃肠道反应，严重者可致消化性溃疡。另有皮炎等过敏反应。

七、吡唑酮类

吡唑酮类主要有保泰松（phenylbutazone）、羟基保泰松（oxyphenbutazone）。保泰松口服吸收快而完全，服药后2h血药浓度达到峰值，血浆蛋白结合率为90%，血浆半衰期约为50h，主要在肝脏转化为活性代谢产物羟基保泰松而发挥作用。本类药物抗炎抗风湿作用强，而解热作用较弱。临床上主要用于治疗风湿性、类风湿性关节炎，强直性脊柱炎。因本类药物不良反应多，现已少用。

第三节 选择性环氧酶-2抑制药

传统的非选择性COX抑制药由于既抑制COX-2、又抑制COX-1，容易导致患者出现胃肠道反应、出血倾向等与COX-1抑制相关的不良反应，因此选择性COX-2抑制药逐渐被研发出来。但目前发现抑制COX-2可引发心脏病、脑卒中，故该类药物的安全性还需要进一步评价。常用的选择性COX-2抑制药主要有塞来昔布（celecoxib）、尼美舒利（nimesulide）和罗非昔布（rofecoxib）等。

塞来昔布

【体内过程】 口服易吸收，服药后3h血药浓度达到峰值，血浆蛋白结合率高，血浆半衰期为11h。主要在肝脏代谢，随尿和粪便排泄。

【药理作用】 具有较强的抗炎、镇痛、解热作用。选择性抑制COX-2，其对COX-2的抑制作用比对COX-1强375倍。在治疗量时，本药对COX-1无影响，不影响TXA_2生成。

【临床应用】 主要用于治疗风湿性、类风湿性关节炎，骨关节炎，手术后疼痛，痛经，牙痛，以及肠道腺瘤性息肉。

【不良反应】 胃肠道不良反应较轻，可引起水肿、多尿和肾损害，增加心血管病风险。缺血性心脑血管病患者慎用。

尼美舒利

【体内过程】 口服吸收迅速而完全，服药后1～2h血药浓度达到峰值，血浆蛋白结合率高达99%，血浆半衰期为2～3h。

【药理作用】 不仅选择性抑制COX-2，减少前列腺素合成，还能够抑制中性粒细胞活化和细胞因子产生，因此具有较强的抗炎、镇痛、解热作用，持续时间6～8h。

【临床应用】 主要用于风湿性、类风湿性关节炎，骨关节炎，牙痛，痛经。

【不良反应】 胃肠道不良反应轻。但可损伤幼儿中枢神经系统和肝脏，故禁用于12岁以下儿童。

第四节 抗痛风药

痛风是一种因体内嘌呤代谢紊乱和（或）尿酸排泄减少引起的疾病，主要表现为高尿酸血症，尿酸盐可在关节、肾脏及结缔组织中析出结晶。急性发作时，可引起局部粒细胞浸润和炎症反应，最常见的是第一跖趾关节红、肿、热及痛，若未及时治疗则可能发展成慢性痛风性关节炎或慢性肾病。急性痛风的治疗原则是迅速缓解急性关节炎症状、纠正高尿酸血症等，可用秋水仙碱（colchicine）、非甾体抗炎药、激素等药物治疗。慢性痛风的治疗旨在降低血中尿酸水平，可用抑制尿酸合成的别嘌醇（allopurinol，别嘌呤醇），促进尿酸排泄的丙磺舒（probenecid）、苯溴马隆（benzbromarone）和苯磺吡酮（benzenesulfopyrazone）治疗。

秋水仙碱

秋水仙碱对急性痛风性关节炎有选择性抗炎作用。

【体内过程】 口服吸收迅速，存在肠肝循环，服药后0.5～2h血药浓度达到峰值，血浆蛋白结合率为10%～34%。主要在肝脏代谢，经尿、胆汁排泄。

【药理作用】 服药后12h内可缓解关节红、肿、热、痛，但对一般性疼痛和其他类型关节炎无效。其机制在于：①抑制微管蛋白和纺锤体的形成和功能，阻滞细胞于G_1期，抑制粒细胞有丝分裂；②抑制粒细胞向炎症部位的浸润、趋化；③抑制白三烯、IL-1β等炎性介质的合成与释放。

【临床应用】 用于痛风性关节炎急性发作的治疗，预防复发性痛风性关节炎的急性发作。本药也用于白血病、乳腺癌等治疗。

【不良反应】 不良反应较多。常见恶心、呕吐、腹痛及腹泻等胃肠道反应。中毒时，可见水样腹泻、血便甚至脱水、休克。对肾及骨髓也有损害作用。骨髓增殖低下、肝肾功能不全者和孕妇禁用。

别嘌醇

【体内过程】 口服易吸收，服药后1～1.5h血药浓度达到峰值，血浆半衰期为2～3h，在肝代谢为有活性的氧嘌呤醇，经尿和粪便排泄。

【药理作用】 黄嘌呤和次黄嘌呤可被黄嘌呤氧化酶催化生成尿酸。别嘌醇是次黄嘌呤的异构体，其原型和代谢产物均可抑制黄嘌呤氧化酶，使尿酸生成减少，降低血尿酸水平，减少尿酸盐结晶，并可使尿酸盐结晶溶解。

【临床应用】 用于治疗慢性痛风和痛风性肾病，口服后24h血中尿酸浓度开始下降，其中2～4周下降最明显。

【不良反应】 不良反应少，偶见皮疹、胃肠反应、转氨酶升高或白细胞减少等。

丙磺舒

【体内过程】 口服吸收完全，血浆蛋白结合率为85%～95%，主要经肾脏近曲小管主动分泌排泄。由于脂溶性高，易被肾小管重吸收，故排泄较慢，碱化尿液可加速其排出。

【药理作用】 竞争性抑制肾小管对有机酸的转运，抑制肾小管对尿酸的重吸收，从而促进尿酸排泄以降低血中尿酸的浓度。

【临床应用】 用于治疗慢性痛风，但因没有镇痛和抗炎作用，故不适用于急性痛风。

【不良反应】 不良反应较轻，可见胃肠道反应、皮疹等过敏。丙磺舒可竞争性抑制有机酸如青霉素、头孢菌素在肾小管的分泌，故合用时可增加这些药物的血药浓度，延长其作用时间。

苯溴马隆

苯溴马隆是苯并呋喃衍生物。

【体内过程】 口服易吸收，服药后4h血药浓度达到峰值，其在肝脏生成的代谢产物也有活性，主要经胆汁排泄。

【药理作用】 抑制肾小管对尿酸的重吸收，强力促进尿酸排泄，降低血中尿酸浓度。服药后24h血中尿酸浓度为服药前的66.5%。

【临床应用】 由于不干扰嘌呤核苷酸代谢，适用于慢性痛风和高尿酸血症的长期治疗。

【不良反应】 不良反应较轻，但可致腹泻、粒细胞减少，故患者应定期检查血象。

本章小结

解热镇痛抗炎药是一类可解热、镇痛，且大多数具有抗炎、抗风湿作用的药物。本类药物主要作用机制是抑制体内COX，从而减少局部组织的前列腺素生成。本类药物可分为非选择性COX抑制药和选择性COX-2抑制药两类。非选择性COX抑制药主要有如下8类。①水杨酸类：阿司匹林、水杨酸钠、二氟尼柳。②苯胺类：对乙酰氨基酚、非那西汀。③吲哚类：吲哚美辛。④芳基乙酸类：双氯芬酸。⑤芳基丙酸类：布洛芬、萘普生、氟比洛芬、酮洛芬。⑥烯醇酸类：吡罗昔康、美洛昔康、氯诺昔康。⑦吡唑酮类：保泰松、羟基保泰松。⑧异丁芬酸类：舒林酸。选择性COX-2抑制药主要有塞来昔布、尼美舒利、罗非昔布。

痛风是一种因体内嘌呤代谢紊乱和（或）尿酸排泄减少引起的疾病，主要表现为高尿酸血症，尿酸盐在关节、肾脏及结缔组织中析出结晶引发炎症反应和粒细胞浸润。治疗急性痛风的药物主要有秋水仙碱，治疗慢性痛风的药物主要有别嘌醇、丙磺舒、苯溴马隆、苯磺吡酮。

中药介绍

麻　黄

麻黄（*Ephedrae herba*）为麻黄科植物草麻黄 *Ephedra sinica* Stapf、中麻黄 *Ephedra intermedia* Schrenk et C. A. Mey. 或木贼麻黄 *Ephedra equisetina* Bge. 的干燥草质茎。麻黄含有生物碱类、黄酮类、挥发油、多糖、酚酸类等多种成分。生物碱类中含量最高的是苯丙胺类，即左旋麻黄碱、右旋伪麻黄碱、左旋去甲基麻黄碱、右旋去甲基伪麻黄碱、左旋甲基麻黄碱和右旋甲基伪麻黄碱等。挥发油中含有l-*α*-松油醇、2,3,5,6-四甲基吡嗪、1,4-桉叶素和十六烷酸等。

麻黄具有强大的发汗解热作用。麻黄水煎剂、挥发油、麻黄生物碱均可使大鼠足跖部汗液分泌增多，呈现出发汗解热作用，且温热环境中此作用更强。麻黄挥发油、麻黄配桂枝煎液对实验性发热均有显著的解热作用。生麻黄的发汗解热作用强于蜜炙麻黄与清炒麻黄。挥发油是麻黄发汗解热作用的主要有效成分。

（鲁艳柳）

第四篇　心血管系统药理学

第二十章　作用于离子通道的药物

能力要求

1. 能够掌握离子通道的特性、作用于离子通道药物的分类及钙通道阻滞药主要药理作用、临床应用等。

2. 能够简要叙述离子通道的分类及其主要生理功能等。

离子通道（ion channel）是细胞膜中的跨膜蛋白质分子，在脂质双分子层膜上构成具有高度选择性的亲水性孔道，对某些离子能选择通透，被称为“生命物质出入细胞的走廊和门户”，其功能是细胞生物电活动的基础。离子通道是药物作用的重要靶点，多种先天性和获得性疾病可能导致其结构或功能异常，表现出离子通道病，目前，研究比较清楚的离子通道病主要涉及钾、钠、钙、氯通道领域。随着电生理学和分子生物学的迅速发展，特别是膜片钳技术和分子克隆技术的应用，人类有能力从分子水平来解释离子通道的结构与功能，以及离子通道异常与疾病的关系等问题。在此基础上，探讨作用于离子通道的药物的药理作用与机制，为防治心脑血管疾病提供重要依据。

第一节　离子通道概论

一、离子通道的发展简史

1955 年，霍奇金（Hodgkin）和金斯（Keens）在研究神经轴突膜对 K^+ 通透性时提出了“通道”的概念。直接测定细胞膜的离子通透性（膜电导）开始于应用电压钳技术之后。电压钳技术是 1949 年科尔（Cole）和马尔蒙（Marmont）设计的，后经 Hodgkin、赫胥黎（Huxley）和卡茨（Katz）等加以改进，成功地应用于枪乌贼巨轴突动作电位离子电流的研究。Hodgkin 和 Huxley 进而又提出了描述电压门控动力学的 Hodgkin-Huxley 模型，简称 H-H 模型，该模型认为通道主要表现为三种状态，即激活、关闭、失活。电压钳技术无法应用于直径较小的细胞并且无法记录单个通道的电活动，膜片钳技术可以很好地弥补其不足。膜片钳利用一个玻璃微电极同时完成膜片（或全细胞）电位的钳制和膜电流的记录，该技术的创始人内尔（Neher）和萨克曼（Sakmann）于 1991 年荣获诺贝尔生理学或医学奖。

二、离子通道的主要特征

离子通道具有两大特性，即离子选择性与门控特性。离子选择性包括通道对离子大小的选择性与电荷选择性，在一定条件下，某一种离子只能通过相应的通道跨膜转运。离子通道的门控特性指离子通道一般都具有相应的闸门，闸门的开启和关闭过程称为门控（gating）。通常情况下，通道的闸门处于关闭状态，只在特定条件下闸门才能开启，引起离子的跨膜转运。一般认为，通道主要表现为三种状态，即激活、关闭、失活。①激活（activation）指在外界因素作用下，通道允许某种或某些离子顺浓度差和电位差通过膜，相当于通道开放。②关闭（close）是指安静时通道处于关闭状态，如遇到适当刺激即可进入激活状态。③失活（inactivation）是指通道处于关闭状态，即使有适当刺激也不能使之开放。通道的激活、失活及关闭均需要特定条件，通道蛋白质在相应条件下发生不同的分子构象变化，从而表现出不同的功能状态。

三、离子通道的分类

离子通道按激活方式分为如下三类。①电压门控离子通道（voltage-gated ion channel），即膜电压变化激活的离子通道。通道开关与膜电位有关（voltage-dependent）和电位变化的时间有关（time-dependent），按通过的离子命名，包括电压门控钠通道、钾通道、钙通道等。②配体门控离子通道（ligand-gated ion channel），由递质与通道蛋白分子上的结合位点相结合而开启，按递质或受体命名，如 N 受体、谷氨酸受体、GABA 受体等。③机械门控离子通道（mechanically gated ion channel），是一类感受细胞膜表面应力变化，实现胞外机械信号向胞内传导的通道，根据通透性分为离子选择性和非离子选择性通道，按照功能分为张力激活型和张力失活型离子通道。

部分通道对离子选择性不高，如 2021 年诺贝尔生理学或医学奖得主戴维·尤利乌斯（David Julius）和阿德姆·帕塔普蒂安（Ardem Patapoutian）所发现的瞬时受体电位（transient receptor potential, TRP）离子通道等。

根据对离子的选择性，离子通道分类如下。

（一）钠通道

钠通道（sodium channel）是选择性允许 Na^+ 跨膜通过的离子通道。目前对钠通道特征、门控动力学及生理意义研究得比较清楚。钠通道主要是电压门控离子通道，其功能是维持细胞膜兴奋性与传导性。在心脏、神经和肌肉细胞，动作电位源于快钠通道的激活，Na^+ 内流引起动作电位的 0 期去极化，现已克隆出 9 种人类钠通道基因。

钠通道根据其对阻断药河鲀毒素（tetrodotoxin，TTX）和芋螺毒素（μ-conotoxin，μCTX）的敏感性不同分为三类，即骨骼肌类（对 TTX 和 μCTX 敏感性均高）；神经类（对 TTX 敏感性高，对 μCTX 敏感性低）；心肌类（对 TTX 和 μCTX 敏感性均低）。

（二）钾通道

钾通道（potassium channel）是选择性允许 K^+ 跨膜通过的离子通道，广泛分布于骨骼肌、神经、心脏、血管、气管、胃肠道、血液及腺体等细胞，是目前发现的亚型最多、作用最复杂的一类离子通道。自从 1987 年成功克隆出第一个钾通道基因后，目前已有几十种亚型。钾通道在调节细胞的膜电位和兴奋性及平滑肌舒缩活性中扮演重要角色。

钾通道按其电生理特性不同分为电压依赖性钾通道、钙依赖性钾通道及内向整流钾通道。

1. 电压依赖性钾通道（voltage-dependent K^+channel） 这类钾通道的活性受膜电位的变化调控。

（1）外向延迟整流钾通道（outward delayed rectifier K^+channel）：此类通道在去极化时激活而产生外向电流，与膜的复极化有关。

心肌细胞的钾电流（I_K）由两种成分构成，快速激活整流钾电流 I_{Kr} 和缓慢激活整流钾电流 I_{Ks}，是心肌细胞动作电位复极 3 期的主要离子流。Ⅲ类抗心律失常药物选择性阻滞 I_{Kr}，使动作电位时程（action potential duration，APD）延长。

（2）瞬时外向钾通道（transient outward K^+channel）：此类钾通道在去极化明显时才能被激活，其产生的外向电流无整流特性，参与动作电位 1 期的复极过程。该通道激活迅速、失活快。瞬时外向钾电流（I_{to}）可分为对 4-氨基吡啶（4-AP）敏感的钾电流 I_{to1} 与对钙敏感的 I_{to2}（实为钙依赖性氯电流）。

（3）起搏电流（pacemaker channels，I_f）：I_f 是一种超极化激活的时间依赖性内向整流电流，是非特异性阳离子电流，即由一种以上单价阳离子，如 K^+ 和 Na^+ 共同携带的离子电流。I_f 同时也是窦房结、房室结和希浦系统的起搏电流之一。

2. 钙依赖性钾通道（Ca^{2+}-dependent K^+ channel） 是一类具有电压和钙依赖性的钾通道，去极化和提高 $[Ca^{2+}]_i$ 浓度均可激活该通道，使 K^+ 外流引起膜复极化或超极化。在血管平滑肌中根据电导大小可将该通道分为高电导钙激活的钾通道（BK）、中电导钙激活的钾通道（IK）和低电导钙激活的钾通道（SK）3 个亚型。其中 BK 电导最大，直接参与血管张力的调节，具有较大的生理意义。BK 开放概率一方面随细胞内钙的增加而增加；另一方面随膜去极化而增加，导致 K^+ 外流使膜复极化或超极化，从而引起血管平滑肌松弛，血管扩张，对血管张力产生负反馈调节作用。

3. 内向整流钾通道（inward rectifier K^+ channels） 这类钾通道都具有内向整流特性，主要有三种：内向整流钾通道（K_{ir}）、ATP 敏感的钾通道（ATP-sensitive K^+ channel，K_{ATP}）及 ACh 激活的钾通道（acetylcholine-activated K^+channel，K_{ACh}），均属于 Kir 钾通道家族，分别称为 Kir2.1、Kir6.2、Kir3.X。

（1）K_{ir}：心房肌、心室肌和浦肯野细胞均有 K_{ir} 通道，但以心室肌细胞最为丰富，窦房结 P 细胞无 K_{ir} 通道。在心肌细胞，K_{ir} 通道也参与 AP 的 3 相复极，但主要维持 4 相静息电位，防止由于钠-钾泵的作用使膜超极化大于钾平衡电位（E_K）。

（2）K_{ATP}：该通道电流为 $I_{K(ATP)}$，在骨骼肌、心脏与血管平滑肌、神经、内分泌细胞等均有分布。该通道仅在缺氧、能量耗竭及 ATP 减少时，才逐渐被激活而开放，且与心肌缺血预适应及胰岛素分泌密切相关。

K_{ATP} 通道有特异性的开放剂和阻断药，如开放剂有克罗卡林（cromakalim）、二氮嗪（diazoxide）等，阻滞剂有格列本脲（glibenclamide）、甲苯磺丁脲（tolbutamide）等。

（3）K_{ACh}：该类通道电流为 $I_{K(ACh)}$。K_{ACh} 是一种电导大、门控快的钾通道。它存在于心脏的窦房结、房室结和心房肌细胞，主要由 ACh 和 GTP 激活，亦可被超极化激活，如 ACh 作用于 M 受体而激活该通道，增加舒张电位而产生负性频率作用。

（三）钙通道

钙通道（calcium channel）为细胞外 Ca^{2+} 内流的离子通道，存在于机体各种组织细胞，是调节细胞内 Ca^{2+} 浓度的主要途径。

一般认为，膜上存在两类钙通道，即电压门控钙通道和受体调控性钙通道。

1. 电压门控钙通道 目前已克隆出 L、N、T、P、Q 和 R 6 种亚型的电压门控钙通道，其中 L 型钙通道是细胞兴奋时外钙内流的最主要途径，分布于各种兴奋细胞，也是心肌动作电位 2 相平台期形成的主要离子流。

2. 受体调控性钙通道 这类通道存在于细胞器如肌质网（sarcoplasmic reticulum，SR）和内质网（endoplasmic reticulum，ER）膜上，是储钙释放进入胞质的途径。由于 IP_3 或 Ca^{2+} 等第二信使激活细胞器上相应受体而引起通道开放，故称为细胞内受体门控离子通道。当细胞膜发生去极化时，电压门控钙通道开放，Ca^{2+} 内流使细胞内 Ca^{2+} 突然增加而触发 Ca^{2+} 释放，从而引起细胞兴奋-收缩偶联等生理活动，这一过程称为 Ca^{2+} 诱导 Ca^{2+} 释放。这类通道在触发兴奋-收缩偶联、T 细胞的激活、卵细胞的受精和许多其他细胞功能的 Ca^{2+} 介导信号中起关键作用。

（四）氯通道

氯离子是机体细胞最富于生理意义的阴离子，兴奋性和非兴奋性细胞膜如溶酶体、线粒体、内质网等细胞器的质膜均分布有这类通道。它在细胞内外的转运，主要通过 Cl^-- HCO_3^- 交换、Na^+，K^+-$2Cl^-$和 K^+-Cl^- 共同转运体参与，也可经氯通道（chloride channel）进行转运。其主要生理作用：对于兴奋性细胞能稳定膜电位和抑制动作电位的产生；对于非兴奋性细胞如肥大细胞能维持其负的膜电位，为膜外 Ca^{2+} 进入细胞内提供驱动力；还参与调节细胞体积、维持细胞内环境稳定等。

目前已克隆出至少 9 种氯通道基因亚型，现介绍如下 2 种主要的氯通道。

1. GABA 受体氯通道，属于配体门控氯通道（ligand-gated Cl^-channel），当 GABA 与相应受体结合时，该受体被激活，氯通道开放，Cl^- 内流增加，神经细胞超极化，导致突触后抑制。

2. 电压敏感氯通道，主要有 3 种亚型：1-型通道，又称骨骼肌氯通道，去极化时被激活，在复极化和稳定膜电位中起作用；2-型通道，机体细胞普遍存在的氯通道，超极化时激活，当细胞肿胀和细胞外酸中毒时激活，产生内向整流电流；3-型通道，主要分布于肾脏，为外向整流和无时间依赖性电流。

四、离子通道的生理功能

离子通道对细胞活性至关重要，通过调节离子流的动力学，完成信号的跨膜传递。其主要生理功能概括起来有如下几个方面：①决定细胞的兴奋性、不应性、传导性；②介导兴奋-收缩偶联和兴奋-分泌偶联；③调节血管平滑肌的舒缩活动；④参与细胞跨膜信号转导过程；⑤维持细胞正常形态和功能完整性。

第二节　作用于离子通道的药物

一、作用于钠通道的药物

作用于钠通道的主要是钠通道阻滞药，临床常用药物包括局麻药、抗癫痫药和Ⅰ类抗心律失常药，分别详见第十章、第十四章和第二十一章。

二、作用于钾通道的药物

该类药物又称为钾通道调控剂，包括钾通道阻滞药和钾通道开放药。细胞外的钾离子浓度为4mmol/L，远远低于细胞内150mmol/L的水平，因此，钾通道开放时，K^+外流，细胞膜超极化，APD缩短，继而降低钠、钙通道开放频率，降低膜兴奋性。钾通道阻滞时，钾外流减少或停止，APD和ERP延长。作用于钾通道的药物通过影响钾通道闸门的启闭，促进或阻滞钾外流而发挥药理作用。

（一）钾通道阻滞药

钾通道阻滞药（potassium channel blockers，PCB），一类可抑制细胞内K^+通过膜通道外流的药物，种类很多，如无机离子（如Cs^+、Ba^{2+}等）、有机化合物（如四乙胺TEA和4-AP等）、多种毒素（如蝎毒、蛇毒和蜂毒等）及目前临床治疗用药物，见第二十一章与第三十四章。

（二）钾通道开放药

钾通道开放药（potassium channel opener，PCO）选择性作用于钾通道，增加细胞膜对K^+的通透性，促进K^+外流。目前合成的钾通道开放药作用于K_{ATP}，该通道广泛分布于心脏、骨骼肌、大脑皮质神经元、动脉平滑肌细胞中。钾通道开放药是一类新型的血管扩张药，其舒张血管平滑肌的作用通过下列几个途径实现。细胞膜电位更负，电压依赖性钙通道不易开放；钾持续外流，能对抗神经递质及激素所致去极化；超极化能阻止胞内对钙的重摄取、储存与释放；促进钠钙交换，使胞内钙降低。目前临床主要用于高血压、心绞痛等治疗，常用药物有米诺地尔（minoxidil）、吡那地尔（pinacidil）和二氮嗪（diazoxide）等，详见相关章节。

三、作用于钙通道的药物

钙通道阻滞药（calcium channel blocker），又称钙拮抗剂（calcium antagonist），可以选择性阻滞钙通道，抑制细胞外Ca^{2+}内流，降低细胞内Ca^{2+}浓度的药物。早在20世纪60年代初，Flechenstein及Godfraind在离体豚鼠乳头肌实验中发现普尼拉明和维拉帕米降低心肌收缩力，但不影响动作电位，类似心肌细胞脱钙现象，而这种作用可被Ca^{2+}逆转，故首先提出钙通道阻滞药的概念。该类药物主要通过阻断心肌和血管平滑肌细胞膜上的钙通道，抑制细胞外Ca^{2+}内流，使细胞内Ca^{2+}水平降低而引起心血管等组织器官功能改变，主要用于心脑血管疾病，如高血压、心绞痛、心律失常等。

（一）药物分类

目前临床应用的主要是选择性作用于电压依赖性钙通道 L 亚型的药物，根据化学结构特点分为 3 个亚类。

1. 二氢吡啶类 硝苯地平（nifedipine）、氨氯地平（amlodipine）、尼莫地平等。

2. 苯烷胺类 维拉帕米（verapamil）、加洛帕米等。

3. 苯并噻氮䓬类 地尔硫䓬（diltiazem）、克仑硫䓬（clentiazem）等。

其他非选择性钙通道阻滞药主要有普尼拉明、苄普地尔、氟桂利嗪等。

（二）药理作用

1. 对心肌的作用

（1）负性肌力作用：钙通道阻滞药使心肌细胞内钙减少，降低心肌收缩性，表现出负性肌力作用。二氢吡啶类在离体实验中均表现出负性肌力作用，但在体研究中却发现硝苯地平不仅没有明显的负性肌力作用，甚至呈现轻微正性肌力作用，这与硝苯地平对外周血管强大的扩张作用所导致的交感神经活性反射性增高，从而抵消了药物本身的负性肌力作用有关。维拉帕米、地尔硫䓬对外周血管的扩张能力较硝苯地平弱，不引起反射性交感神经兴奋，在临床上仍表现为负性肌力作用。

（2）负性频率及负性传导作用：窦房结和房室结均为慢反应细胞，其中窦房结的自律性主要依赖于动作电位 4 期 Ca^{2+} 内流的缓慢除极，房室结的传导性主要依赖于动作电位 0 期 Ca^{2+} 内流的除极。因而钙通道阻滞药通过阻断钙内流，从而降低窦房结自律性而减慢心率，同时减慢房室结的传导速度，最终表现为负性频率与负性传导作用。

2. 对平滑肌的作用

（1）血管平滑肌：由于血管平滑肌的肌质网发育差，储钙能力不佳，因此血管收缩过程更依赖于胞外 Ca^{2+} 内流，钙通道阻滞药通过减少钙内流产生明显扩血管效应。对缺乏平滑肌的静脉作用弱，主要舒张动脉，特别是冠状血管，能扩张大的输送血管和小的阻力血管，增加冠状动脉流量及侧支循环量，可用于心绞痛治疗。

脑血管也较为敏感，尼莫地平可舒张脑血管，增加脑血流量；钙通道阻滞药还能舒张外周血管，用于外周血管痉挛性疾病。

（2）其他平滑肌：对支气管、胃肠道、输尿管及子宫等其他器官的平滑肌均有舒张作用，但对不同部位的平滑肌作用强度不同，支气管平滑肌的松弛作用较明显。

3. 抗动脉粥样硬化作用 钙参与动脉粥样硬化病理过程的多个环节：钙通道阻滞药减少钙内流，可以减轻钙超载导致的动脉壁损害；还可通过抑制 NADPH 氧化酶活性、降低炎症因子、抑制脂质过氧化、保护内皮细胞等途径产生抗动脉粥样硬化作用。

4. 对肾脏的作用 钙通道阻滞药与其他扩血管药的不同点在于不易引起水钠潴留，不明显影响血钾、血尿酸、血脂质及糖代谢。特别是二氢吡啶类药物在降低血压同时，可通过扩张入球小动脉增加肾血流量，还具有一定排钠利尿功能。尤其适用于伴肾功能障碍的高血压病和心力衰竭的治疗。

5. 其他作用 对红细胞具有保护作用，还有抗血小板聚集作用。

（三）临床应用

1. 高血压 二氢吡啶类钙通道阻滞药已经成为一线抗高血压药物，适用于各型高血压患者。该类药物主要扩张外周动脉血管，降压同时不降低心排血量，可用于控制严重高血压，在治疗高血压伴有肾功能障碍或糖尿病方面具有一定优势。与 β 受体阻断药或利尿药合用可增强硝苯地平降压效果，并减少不良反应。对静脉血管的扩张作用不明显，所以不易引起直立性低血压，目前多推荐使用硝苯地平缓释片或控释片治疗高血压。其他钙通道阻滞药可用于轻中度高血压。

2. 心绞痛 用于稳定型和不稳定型心绞痛，以及冠状动脉痉挛所致的心绞痛，如变异型心绞痛效果更优。内容详见第二十五章。

3. 心律失常 主要药物为维拉帕米和地尔硫䓬等，内容详见第二十一章。

4. 肥厚型心肌病 通过调节细胞内 Ca^{2+} 浓度，利于改善肥厚型心肌病。

5. 其他 通过扩张外周血管，可治疗雷诺病；另外，还用于治疗动脉粥样硬化、蛛网膜下腔出血、消化性溃疡、支气管哮喘、食管痉挛等疾病。

本章小结

1. 离子通道具有两大特性，即离子选择性与门控特性；按激活方式可分为电压门控离子通道和配体门控离子通道。离子通道的活性反映细胞通过通道开放和关闭调节相应物质进出细胞速度的能力，对实现细胞各种功能具有重要意义。

2. 离子通道具有非常重要的生理功能，编码离子通道亚单位的基因发生突变/表达异常或结构和功能异常，可导致机体整体生理功能紊乱，出现某些先天性和后天获得性疾病，即离子通道病（钾通道病、钠通道病、钙通道病等）。

3. 作用于不同离子通道的药物，可产生不同药理作用。作用于钠通道药物即钠通道阻滞药，用于局麻、抗癫痫、抗心律失常等；作用于钾通道药物包括钾通道阻滞药和钾通道开放药，主要用于高血压、心律失常等；作用于钙通道药选择性作用于电压依赖性钙通道 L 亚型的药物，主要用于高血压、心绞痛、心律失常等心血管病的治疗。作用于钙通道的药物根据化学结构特点分为 3 个亚类，且三类药物的临床应用各有侧重，具体内容可详见相关章节。

（李小强）

第二十一章　抗心律失常药

能力要求

1. 能够掌握抗心律失常药物的分类，初步具备合理选用抗心律失常药物治疗常见的心律失常的能力。

2. 能够理解典型抗心律失常药物作用后心肌细胞动作电位的改变。

3. 能够了解每类药物的不良反应。

心律失常（arrhythmia）是指心脏搏动的频率和（或）节律的异常。正常心脏的泵血功能有赖于心脏协调而有规律地收缩、舒张。心律失常时心脏泵血功能发生障碍，影响全身器官的血液供应。

心律失常通常分为两类，即缓慢型和快速型心律失常。缓慢型心律失常包括窦性心动过缓、房室传导阻滞等，可以考虑采用非药物疗法，如放置心脏起搏器；药物治疗可以选用阿托品及异丙肾上腺素。快速型心律失常包括心房颤动、心房扑动、室上性心动过速和室性心动过速等，可以采用非药物疗法，如心脏复律，导管消融术和外科手术等；抗心律失常药主要通过影响细胞膜的跨膜电流，纠正电生理活动的失衡发挥治疗作用。本章所述及的药物均是治疗快速型心律失常的药物。

由于抗心律失常药可能诱发严重的心律失常，在掌握心律失常的电生理学基础和抗心律失常药物的作用机制的基础上，正确、合理地选用抗心律失常药物非常关键。

第一节　心律失常的电生理学基础

心脏的泵血功能依赖于正常心肌电活动。心脏窦房结发出冲动，沿心房、房室结、房室束及浦肯野细胞顺序传导，最后引起心室肌节律性收缩。构成心房肌和心室肌的细胞称工作细胞，具有稳定膜电位，执行收缩功能；组成传导系统的窦房结细胞和浦肯野细胞为自律细胞，可自动去极化。

一、正常心脏电生理特征

在静息状态时，心肌细胞呈内负外正的极化状态；细胞兴奋时，膜两侧离子跨膜转运，发生除极与复极，引发动作电位（action potentia1，AP）。按动作电位特征可分为快反应细胞和慢反应细胞两类。快反应细胞包括工作细胞（心房肌细胞、心室肌细胞）和浦肯野细胞，慢反应细胞包括窦房结细胞和房室结细胞。

动作电位分为 0、1、2、3、4 共 5 个时相，0 相至 3 相合称 APD。快反应细胞 0 相除极是快钠通道激活、Na^+ 内向电流（I_{Na}）引起，除极速度快、振幅大。动作电位整个时程有多种内向和外向电流参与。浦肯野细胞 APD 中的主要电流见图 21-1。

慢反应细胞 0 相去极由钙通道开放、Ca^{2+} 内流 [$I_{Ca(L)}$] 所致，除极速度慢、振幅小。慢反应细胞无内向整流钾电流（I_{K1}）控制静息膜电位，容易产生去极化，自律性高。窦房结细胞 APD 中的参与电流见图 21-2。

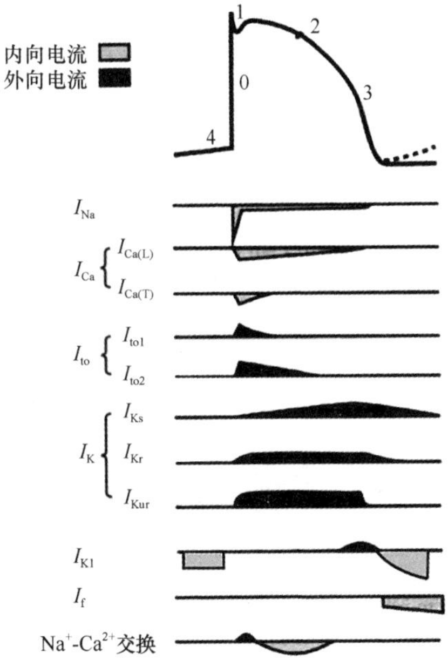

图 21-1　浦肯野细胞 APD 中的主要参与电流

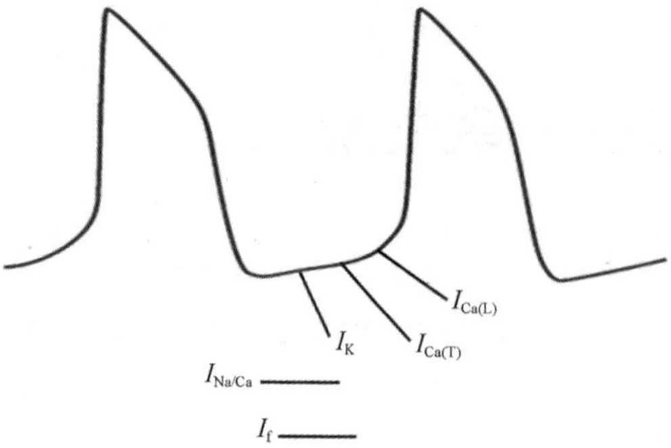

图 21-2　窦房结细胞舒张期去极的主要参与电流

心肌细胞的 APD 由多种内向和外向电流参与，电流变化会导致动作电位特征的改变，进而影响心脏的电生理特征——自律性、传导性和 ERP。

自律性是指心肌细胞自动产生动作电位的能力，与自律细胞 4 相自发除极有关。浦肯野细胞 4 相自动去极化主要由 I_f 决定；窦房结细胞和房室结细胞的 4 相自动去极化是 I_K 逐渐减小和 I_f、$I_{Ca(T)}$、$I_{Ca(L)}$ 逐渐增强导致（图 21-2）。

细胞产生的兴奋可沿心肌细胞膜扩布并向周围心肌细胞传导。传导性由动作电位 0 相自动去极化速率和幅度决定，因此 I_{Na} 和 $I_{Ca(L)}$ 分别对快反应细胞和慢反应细胞的传导性具有决定性作用。

在动作电位 0 期开放后，钠通道（或 L 型钙通道）进入失活状态。需要有足够数量的钠通道（或 L 型钙通道）恢复到可开放状态，细胞才对刺激产生可扩布的动作电位。从去极化开始到对刺激产生可扩布的动作电位的时间即为 ERP。ERP 反映钠通道（或 L 型钙通道）的复活时间。

二、心律失常的发生机制

冲动起源异常和（或）冲动传导异常均可导致心律失常。自律性增高（enhanced automaticity）、发生后除极（afterdepolarization）和触发活动（triggered automaticity）、心肌组织内形成折返（reentry）是心律失常发生的主要机制。

（一）自律性增高

在正常机体，窦房结为起搏点，自律性最高，控制全心的活动。而心房传导系统、房室结、浦肯野细胞虽为自律细胞，但自律性较低，为潜在起搏点。交感神经活性增高、低血钾、心肌纤维牵张等可使 4 相自动去极化斜率增加，自律细胞的自律性明显提高，导致冲动形成异常。此外，心肌缺血缺氧可使心房肌、心室肌等非自律细胞静息电位水平负值减小（–60mV 以下），出现异常自律性，并向周围组织扩布，引起心律失常。

（二）后除极和触发活动

后除极是指在一个动作电位中继 0 相去极化以后所发生的去极，其频率较快，振幅较小，膜电位不稳定，一旦这种振荡性去极引起可扩布的动作电位，则产生异常冲动发放，即所谓触发活动。根据后除极发生的时间不同，可将其分为早后除极（early afterdepolarization，EAD）（图 21-3）和迟后除极（delayed afterdepolarization，DAD）（图 21-4）。

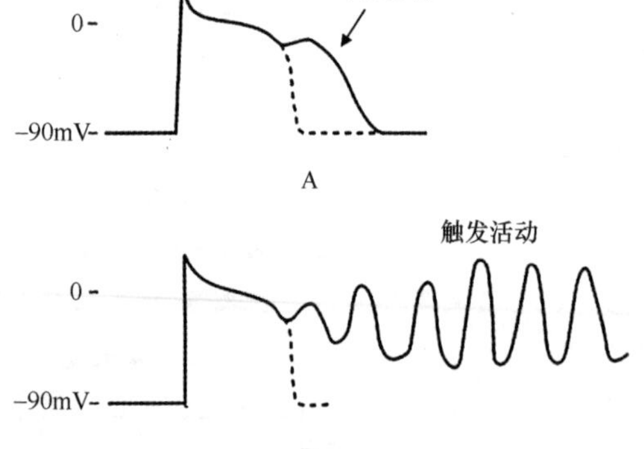

图 21-3　早后除极和触发激动

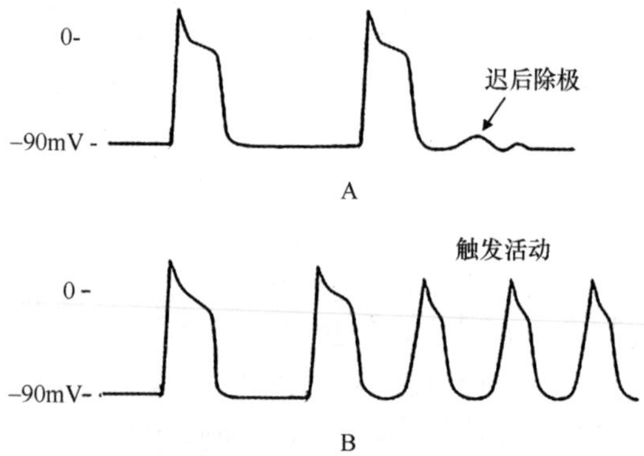

图 21-4　迟后除极和触发活动

早后除极发生在完全复极之前，即动作电位的2相或3相，主要是Ca^{2+}内流增多所致，复极化时间过长易于发生。与APD延长相关的因素，包括药物、细胞外低钾等可诱发早后除极。早后除极引起的心律失常以尖端扭转型室性心动过速（torsade de pointes，Tdp）最为常见。

迟后除极发生在动作电位完全复极或接近完全复极时的4相，是细胞内Ca^{2+}超载而诱发Na^{+}短暂内流所致，心率加快时可使之恶化。强心苷中毒、心肌缺血、细胞外高钙等因素可诱发迟后除极。

（三）折返

折返是指一个冲动沿着环形通路返回其起源的部位，并可再次激动而继续向前传播的现象，也是引起心律失常的重要机制之一。

折返的形成条件：①心肌组织存在解剖上的环形通路；②在环形通路的某一点上形成单向传导阻滞，使该方向的传导中止，但在另一个方向上，冲动仍能继续传导；③回路传导的时间要足够长，逆行的冲动不会进入单向阻滞区的不应期；④邻近心肌组织ERP长短不一。折返途径如限定在房室结或邻近心肌组织区域，可引起阵发性室上性心动过速；若折返发生在心房或心室壁的大部分区域，则表现为心房或心室的扑动或颤动（图21-5）。当心脏存在房室连接旁路时，在心房、房室结和心室间形成折返，可发生预激综合征（preexcitation syndrome，WPW syndrome）。

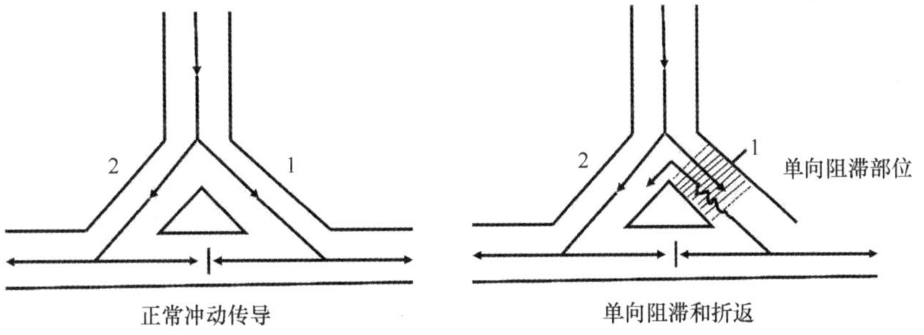

图21-5　折返

心律失常发生的离子靶点假说认为心肌细胞膜上存在多种离子通道，如I_{Na}，I_{Ca}，I_{Kr}/HERG，I_{Ks}，I_{Ku} I_{K1}，I_{KM3}等，这些通道表达和功能的平衡是心脏完成正常功能的基础。当某种通道的功能或表达异常时，通道间平衡被打破，将出现心律失常。I_{Na}，I_{Ca}，I_{Kr}/HERG，I_{Ks}，I_{K1}等离子通道与心律失常发生、发展及消除密切相关，是抗心律失常药物作用的最佳靶点。一个理想的抗心律失常药物应对最佳靶点有作用，至少对两种靶点起作用。

第二节　抗心律失常药的作用机制及分类

一、抗心律失常药的作用机制

心律失常药物主要通过降低心肌组织的异常自律性、减少后除极、调节折返环路的传导性或ERP以消除折返，从而抑制心律失常的发生。

抗心律失常药物的基本作用机制如下。

（一）降低自律性

药物降低自律性的方式包括降低动作电位4相斜率、提高动作电位的发生阈值、增加静息膜电位绝对值、延长APD。

1. 降低动作电位4相斜率　自律细胞4相自动除极斜率主要由I_f决定，I_f受细胞内cAMP调控，cAMP水平升高则I_f增大，自动去极速度加快。β受体阻断药通过降低细胞内cAMP水平而使I_f减小，降低自律细胞4相自动去极斜率。

2. 提高动作电位的发生阈值 钠通道阻滞药通过阻滞钠通道提高快反应细胞的动作电位的发生阈值；钙通道阻滞药通过阻滞钙通道提高慢反应细胞的动作电位发生阈值。

3. 增加静息膜电位绝对值 腺苷和 ACh 可以通过激活 ACh 敏感钾通道，促进 K^+ 外流，增加静息膜电位绝对值。

4. 延长 APD 钾通道阻滞药通过阻滞 K^+ 外流而延长 APD 来降低自律性。

（二）消除折返

消除折返主要是通过改变传导性或延长 ERP 来实现。钙通道阻滞药、β 受体阻断药可减慢房室结的传导性，消除房室结折返所致的室上性心动过速。钠通道阻滞药、钾通道阻滞药可延长快反应细胞的 ERP；钙通道阻滞药、钾通道阻滞药可延长慢反应细胞的 ERP。

（三）减少后除极

APD 过度延长可引起早后除极，缩短 APD 的药物可减少早后除极的发生。迟后除极是细胞内 Ca^{2+} 超载诱发 Na^+ 短暂内流所致，钙通道阻滞药通过抑制细胞内 Ca^{2+} 超载而减少迟后除极发生，钠通道阻滞药可抑制迟后除极的 0 相去极化。

二、抗心律失常药分类

根据沃恩 · 威廉斯（Vaughan Williams）分类法，依据药物的电生理机制将治疗快速性心律失常的药物分成Ⅳ类。

Ⅰ类 主要作用是抑制钾通道开放，降低 0 相上升速率。根据药物阻滞钠通道的程度不同，本类药物又细分为Ⅰ A 类、Ⅰ B 类、Ⅰ C 类三种。

Ⅰ A 类：适度阻滞钠通道，降低动作电位 0 相上升速率，主要影响传导速度，延长 APD，尤其显著延长 ERP。代表药有奎尼丁、普鲁卡因胺等。

Ⅰ B 类：轻度阻滞钠通道，轻度降低动作电位 0 相上升速率，降低自律性，主要减慢传导速度，APD 缩短或不变。代表药有利多卡因、苯妥英钠等。

Ⅰ C 类：明显阻滞钠通道，显著降低动作电位 0 相上升速率和幅度，减慢传导性的作用最为明显，轻度延长 APD。代表药有普罗帕酮、氟卡尼等。

Ⅱ类 阻断心脏 β 受体，抑制交感神经兴奋所致的起搏电流、钠电流和 L 型钙电流增加，表现为减慢 4 相舒张期除极速率而降低自律性，降低动作电位 0 相上升速率而减慢传导性。代表药有普萘洛尔等。

Ⅲ类 明显延长 APD 和 ERP，又称为钾通道阻滞药，抑制 K^+ 外流，或增加内向电流如 Na^+ 和 Ca^{2+} 内流。延长 EPR 可以取消折返，抑制异常冲动，但可能导致心电图 Q-T 间期延长，引起尖端扭转型室性心律失常。本类药物多兼具有其他类抗心律失常药的特性。代表有药物胺碘酮等。

Ⅳ类 延长 APD 药，抑制 L 型钙电流，降低窦房结自律性，减慢房室结传导性。代表药有维拉帕米和地尔硫䓬等。

第三节 常用抗心律失常药

一、Ⅰ类钠通道阻滞药

（一）Ⅰ A 类

奎 尼 丁

【体内过程】 奎尼丁（quinidine）口服后几乎全部被胃肠道吸收，吸收快而完全，1～2h 血药浓度达高峰，生物利用度为 70%～80%。血浆蛋白结合率约 80%，心肌中药物浓度较血药浓度高 10 倍。消除半衰期为 5～7h。主要经过肝脏 CYP 氧化代谢，其羟化代谢物仍有药理活性，

20% 以原型经尿液排出，酸化尿液中排泄加快。

【药理作用】 与心肌细胞膜钠通道蛋白结合并阻滞钠内流。低浓度可阻滞 I_{Na}、I_{Kr}，较高浓度具有阻滞延迟外向整流钾电流（I_{Ks}）、内向整流钾电流（I_{K1}）、瞬时外向钾电流（I_{TO}）及 L 型钙电流 [$I_{Ca(L)}$] 作用。

1. 降低自律性（心房肌、心室肌、浦肯野细胞） 减慢 Na^+ 内流，使动作电位 4 相斜率减小，自律性降低。

2. 延长 APD 和 ERP，消除折返 奎尼丁可减慢 3 相钾外流和 2 相钙内流，因而 APD 和 ERP 均可延长，其中 ERP 的延长更明显。

3. 减慢传导 抑制 0 相钠内流，降低 0 相除极的速率和幅度，减慢传导，使病理情况下的单向传导阻滞变为双向传导阻滞，从而取消折返引起的心律失常。

4. 其他 抗胆碱和 α 受体阻断作用，使外周血管扩张，血压下降反射性兴奋交感神经。

【临床应用】 为广谱抗心律失常药，适用于心房颤动、心房扑动、室上性和室性心动过速的转复与预防，以及频发室上性和室性期前收缩的治疗。对心房颤动、心房扑动目前虽多采用电转律法，但奎尼丁仍有应用价值，用于转律后防止复发。

【不良反应】

1. 胃肠道反应 恶心、呕吐、腹泻等多见于用药早期。

2. 心血管系统反应

（1）低血压：奎尼丁的 α 受体阻断作用使血管扩张、心肌收缩力减弱、血压下降。

（2）心律失常：奎尼丁心脏毒性较为严重，中毒浓度可致房室及室内传导阻滞。应用奎尼丁的患者 2%～8% 可出现 Q-T 间期延长和尖端扭转型心动过速。

3. 金鸡纳反应 表现为头痛、头晕、耳鸣、腹泻、恶心、听力减退、视物模糊、神志不清、精神失常等反应。

普鲁卡因胺

【体内过程】 普鲁卡因胺（procainamide）口服吸收迅速而完全，1～1.5h 血药浓度达高峰。肌内注射后 0.5～1h、静脉注射后仅 4min 血药浓度即达峰值。生物利用度约 80%，半衰期为 3～6h。本药在肝代谢为 *N*-乙酰普鲁卡因胺，仍具有抗心律失常作用。原型药及代谢物经肾排出。

【药理作用】 对心肌的直接作用与奎尼丁相似，但无明显阻断胆碱或 α 受体作用。普鲁卡因胺能降低心肌自律性，减慢房室传导，延长大部分心脏组织的不应期，取消折返。

【临床应用】 临床应用及禁忌证与奎尼丁相同，对房性、室性心律失常均有效。静脉注射或静脉滴注用于抢救危急病例。对室上性心律失常也有效，但对心房颤动和心房扑动疗效差。

【不良反应】 口服胃肠道反应常见；静脉给药可引起低血压。大剂量有心脏抑制作用。过敏反应较常见，如出现皮疹、药物热、白细胞减少、肌痛等。少数患者长期应用可出现红斑狼疮综合征。

丙 吡 胺

【体内过程】 丙吡胺（disopyramide）口服吸收迅速，吸收率为 80%～100%，口服药后 1～3h 血药浓度达峰值，静脉注射后 1min 起效，生物利用度约 83%，治疗浓度范围为 2～7μg/ml。半衰期为 5～7h，约 25% 经肝脏代谢，约 50% 从尿排出，约 25% 经胆管排出。

【药理作用】 主要为抑制膜对 Na^+ 的通透性。减慢传导。延长心房、心室的 APD 和 ERP，也延长预激综合征患者附加传导的 ERP 及传导时间。该药也具有抗胆碱作用，这一作用参与 APD 及 ERP 的延长。

【临床应用】 与奎尼丁基本相同，可有效终止和预防室上性心律失常和室性心律失常。

【不良反应】 主要的不良反应为低血压及心脏抑制。因该药有抗胆碱能作用，可引起口干、便秘、尿潴留、视物模糊等。恶心、胃部不适、皮疹、粒细胞减少，均少见。该药还能引起Q-T间期延长、加重心力衰竭、心源性休克的病情、尖端扭转型心动过速。

（二）Ⅰ B类

利多卡因

【体内过程】 利多卡因（lidocaine）首过效应明显，生物利用度低，不宜口服，只能非胃肠道用药。本药在血液中有约70%与血浆蛋白结合，体内分布广泛。本药几乎全部在肝中代谢，半衰期为2h。

【药理作用】

1. 降低自律性 治疗量利多卡因能降低浦肯野细胞的自律性（减少4相钠内流及促进钾外流，降低自律性）；中毒剂量可抑制窦房结。

2. 缩短ERP 缩短浦肯野细胞和心室肌的APD及ERP，相对延长ERP，消除折返。

3. 改变病变区传导 治疗量利多卡因对浦肯野细胞的传导速度无明显影响。但在心肌缺血部位，由于抑制 Na^+ 内流，减慢传导，使单向传导阻滞变为双向传导阻滞，从而消除折返。对血钾降低或心肌纤维受损而部分除极时，则促使 K^+ 外流而加速传导。

【临床应用】 利多卡因的心脏毒性低，主要用于治疗室性心律失常，如心脏手术、心导管术、急性心肌梗死或洋地黄中毒所致的室性心动过速或心室颤动。

【不良反应与注意事项】 主要表现在中枢神经系统，如眩晕、头痛、嗜睡或激动不安、感觉异常等。剂量过大可引起心率减慢、房室传导阻滞和低血压。Ⅱ、Ⅲ度房室传导阻滞患者禁用此药。心力衰竭、肝功能不全者长期滴注后可产生药物蓄积，儿童或老年人应适当减量。

苯妥英钠

【药理作用】 苯妥英钠（phenytoin sodium）对心肌电生理的作用与利多卡因相似，抑制失活状态的钠通道，降低部分除极的浦肯野细胞自律性。能与强心苷竞争 Na^+，K^+-ATP酶，抑制强心苷中毒所致的迟后除极及触发活动。

【临床应用】 本药主要用于治疗室性心律失常，特别对强心苷中毒引起的室性心律失常有效，亦可用于其他原因如心肌梗死、心脏手术等所致的室性心律失常，但疗效不如利多卡因。

【不良反应与注意事项】 快速静脉注射容易引起低血压，高浓度可引起心动过缓。低血压时慎用，窦性心动过缓及Ⅱ、Ⅲ度房室传导阻滞者禁用。孕妇用药可致胎儿畸形，禁用。

美西律

美西律（mexiletine）是利多卡因的衍生物，抗心律失常作用与利多卡因相似。口服吸收快而完全，口服后2～4h血药浓度达峰值，生物利用度为90%，半衰期约为12h，主要用于治疗室性心律失常，特别对心肌梗死后急性室性心律失常有效。不良反应与剂量相关，可出现消化道症状，长期服用时可出现神经系统症状，如头痛、震颤、共济失调等。房室传导阻滞、窦房结功能不全、低血压或肝病者慎用。

（三）Ⅰ C类

普罗帕酮

【体内过程】 普罗帕酮（propafenone）口服吸收良好，主要分布于肝组织，其浓度比心脏及肝脏组织内高10倍。单次服药血浆半衰期3～4h，多次服药为6～7h，口服后0.5～1h起效，2～3h达最大作用，可维持8h以上。主要经肝脏代谢，其代谢产物为5-羟基-丙胺基苯丙酮具有药理活性，约10%以原型经肾排出，90%以上以氧化代谢物经肠道及肾脏清除。

【药理作用】具有细胞膜稳定作用，有较强的快通道阻滞作用，减慢心房、心室、浦肯野细胞传导。降低浦肯野细胞和心室肌的自律性，延长 APD 和 ERP。与普萘洛尔结构相似，具有弱的 β 受体阻断作用，并阻滞 L 型钙通道，有轻度负性肌力作用。

【临床应用】适用于防治室上性和室性期前收缩、室上性和室性心动过速、伴发心动过速和心房颤动的预激综合征。

【不良反应】不良反应以消化道反应恶心、呕吐、味觉改变等常见。亦可引起心血管系统不良反应如房室传导阻滞、加重充血性心力衰竭，还可引起直立性低血压，其减慢传导作用易致折返，引发心律失常。肝肾功能不全时应减量。

氟卡尼

氟卡尼（flecainide）对心脏作用与普罗帕酮相似，可抑制钠通道，明显减慢心肌细胞 0 相最大上升速率并降低幅度，减慢心脏传导。本药对钾通道有明显抑制作用，使心房、心室的 APD 明显延长。口服吸收良好，生物利用度达 90%，主要在肝脏代谢，成年健康人半衰期为 14h，肾功能不全者半衰期超过 20h。对室上性和室性心律失常均有效。不良反应有头晕、乏力、恶心等。最严重的可引起致死性心律失常。

二、Ⅱ类β受体阻断药

普萘洛尔

【体内过程】普萘洛尔（propranolol）口服吸收完全，首过效应强，生物利用度为 30%。血浆蛋白结合率达 93%。本药主要在肝脏代谢，肾脏排泄。

【药理作用】

1. 降低自律性 能降低窦房结、心房和浦肯野细胞自律性，在运动及情绪激动时作用明显。主要与阻断窦房结 β 受体，防止交感活动对 4 相除极和异位起搏的作用有关。

2. 减慢传导 能减少儿茶酚胺所致的迟后除极发生，减慢房室结传导，延长房室结 ERP。

【临床应用】主要用于室上性心律失常，对于交感神经兴奋性过高、甲状腺功能亢进及嗜铬细胞瘤等引起的窦性心动过速效果良好。心肌梗死患者应用本品，可减少心律失常的发生，缩小心肌梗死范围，降低死亡率。可减少肥厚型心肌病所致的心律失常。普萘洛尔还可用于运动或情绪激动所引发的室性心律失常。

【不良反应】本药可致窦性心动过缓、房室传导阻滞，并可能诱发心力衰竭和哮喘、低血压等。长期应用对脂质代谢和糖代谢有不良影响，故高脂血症、糖尿病患者应慎用。

美托洛尔

美托洛尔（metoprolol）对心脏 β_1 受体选择性强，使心肌收缩减弱，减慢房室结传导。可用于心律失常、心绞痛、高血压、甲状腺功能亢进（甲亢）、嗜铬细胞瘤的治疗。治疗量的美托洛尔收缩周围血管和支气管的作用不明显。口服吸收迅速而完全，服药后 1～2h 达峰浓度，半衰期为 3～4h。不良反应与普萘洛尔相似。

其他具有抗心律失常作用的 β 受体阻断药还有阿替洛尔（atenolol）、艾司洛尔（esmolol）、比索洛尔（bisoprolol）、索他洛尔（sotalol）等，但索他洛尔可明显延长心肌 APD，一般归为Ⅲ类抗心律失常药（详见下文）。

三、Ⅲ类延长 APD 的药物

胺碘酮

【体内过程】胺碘酮（amiodarone）口服、静脉注射给药均可。本药口服吸收缓慢，生物利用度约为 40%。静脉注射 10min 左右起效，并维持 1～2h。该药脂溶性很高，在组织中分布广泛，表观分布容积为 66L/kg。几乎全部在肝代谢。消除半衰期长达数周，全部消除约需 4 个月，停药后抗心律失常作用可维持 4～6 周。

【药理作用】 对心脏多种离子通道，如 I_{Na}、$I_{Ca(L)}$、I_{K1}、I_{Kr}、I_{TO} 等均有抑制作用，非竞争性阻断 α、β 受体。胺碘酮降低窦房结和浦肯野细胞的自律性，减慢房室结、浦肯野细胞的传导速度，显著延长心房和浦肯野细胞的 APD 和 ERP。该作用易诱发尖端扭转型室性心动过速。另外，胺碘酮还有扩张血管作用，能扩张冠状动脉，增加冠状动脉血流量，减少心肌耗氧量。

【临床应用】 广谱抗心律失常药，对心房扑动、心房颤动、室上性心动过速和室性心动过速效果良好。对反复发作，常规药无效的顽固性室性心动过速也有效。

【不良反应】 本品含碘，长期应用可引起角膜褐色微粒沉着，不影响视力，停药后微粒可逐渐消失。少数患者发生甲状腺功能亢进或减退及肝坏死。个别患者出现间质性肺炎或肺纤维化，长期应用必须定期测肺功能和甲状腺功能。

此药对心脏毒性较小，常见心血管反应如窦性心动过缓、房室传导阻滞及 Q-T 间期延长。有房室传导阻滞、Q-T 间期延长及对碘过敏者禁用本品。

决奈达隆

决奈达隆（dronedarone）与胺碘酮具有类似，为多通道的抑制药，并阻断 β 受体；主要用于心房扑动和心房颤动维持窦性节律。结构与胺碘酮相似但不含碘，对甲状腺功能障碍或肺毒性显著降低。但对晚期心力衰竭者，可增加死亡率。

索他洛尔

索他洛尔（sotalol）为非选择性 β 受体阻断药，但主要通过选择性阻滞延迟整流钾电流（I_{Kr}）发挥作用，因此属于Ⅲ类抗心律失常药。可延长心房肌、心室肌、房室结和浦肯野细胞的 APD 和 ERP，降低窦房结和浦肯野细胞的自律性，并通过 β 受体阻断作用减慢房室传导。被批准用于危及生命的室性心律失常和心房颤动患者窦性心律的维持。

知识拓展

尖端扭转型室性心动过速（Tdp）：尖端扭转是较为严重的一种室性心律失常，是多形性室性心动过速的一个特殊类型，频率 200～250 次/分，发作时呈室性心动过速特征，QRS 波的振幅与波峰呈周期性改变，宛如围绕等电位线连续扭转得名，典型者多伴有 Q-T 间期延长。其发生机制与折返有关，因心肌细胞传导缓慢、心室复极不一致引起。常反复发作，易致昏厥，可发展为心室颤动致死。常见病因为各种原因所致的 Q-T 间期延长综合征、严重的心肌缺血或其他心肌病变、使用延长心肌复极药物（如奎尼丁、普鲁卡因胺、胺碘酮等）及电解质紊乱（如低钾、低镁）。

四、Ⅳ类钙通道阻断药

维拉帕米

【体内过程】 维拉帕米（verapamil）口服吸收迅速而完全，但首过效应明显，生物利用度仅 10%～30%。口服后 2～3h 血药浓度达峰值。药物主要在肝脏代谢，其代谢物去甲维拉帕米仍有药理活性，消除半衰期为 3～7h。

【药理作用】 维拉帕米对激活态和失活态的 L 型钙通道均有抑制作用。

1. 降低自律性 降低窦房结自律性，降低缺血时心房、心室和浦肯野细胞的异常自律性，减少或取消后除极所引发的触发活动。

2. 减慢传导　减慢窦房结、房室结传导性，此作用除可终止房室结折返，还能防止心房扑动、心房颤动引起的心室率加快。

3. 延长不应期　延长窦房结、房室结的 ERP，大剂量延长浦肯野细胞的 ERP。

【临床应用】　为阵发性室上性心动过速首选药。治疗室上性和房室结折返引起的心律失常效果好，对急性心肌梗死、心肌缺血及洋地黄中毒引起的室性期前收缩有效。

【不良反应】　口服可出现便秘、腹胀、头痛、瘙痒等不良反应，静脉给药可致血压降低，暂时窦性停搏；禁用于Ⅱ、Ⅲ度房室传导阻滞、心力衰竭及心源性休克患者。

地尔硫䓬

【体内过程】　地尔硫䓬（diltiazem）口服吸收迅速且完全，长期给药后吸收率可大于 90%，首过效应明显，生物利用度仅 45% 左右，蛋白结合率为 80%，主要分布在心、肝、肾等各种器官和组织。静脉注射后，药物迅速出现在胆汁和胃肠道中，说明其存在着肝肠循环过程。消除半衰期为 4～6h，96%～99% 在肝脏代谢，其代谢产物也有活性，代谢产物 60% 经粪便排泄，40% 经尿排出。

【药理作用】　作用与维拉帕米相似，通过抑制钙内流使 4 相自动除极斜率下降，抑制窦房结及房室结自律性，抑制房室结传导性，但对房室旁路无明显抑制作用。此外，尚有扩血管作用及轻度负性肌力作用。

【临床应用】　心绞痛，包括由冠状动脉痉挛或狭窄所致的心绞痛；高血压，可单用或与其他抗高血压药物合用；室上性快速心律失常；注射剂可用于转复阵发性室上性心动过速、控制心房颤动或心房扑动的心室率。

【不良反应及注意事项】　本药和 β 受体阻断药合用耐受性良好，但左心室功能不全及传导功能障碍者慎用。低血压、心源性休克、严重心力衰竭、严重心肌病及严重心动过缓患者禁用。

案例解析

案例：

患者，女，55 岁，工人。因突然心悸、头晕、胸闷及脉搏快就诊。两年来已有 5 次相同症状发作，每次持续 5～10min 自愈。体格检查：90/60mmHg，心率 180 次/分，律齐，各瓣膜区未闻及病理性杂音。

心电图诊断：①窦性心律；② 阵发性室上性心动过速伴室内差异性传导（呈右束支阻滞型）。在心电监护下压迫眼球等刺激迷走神经方法无效。

问题：根据患者病情，建议使用哪类抗心律失常药物？

解析：

该患者血压正常，心率过快，且心电图诊断发现患者有阵发性室上性心动过速伴室内差异性传导（呈右束支阻滞型）。抗心律失常药物主要有四类，而Ⅳ类钙通道阻断药维拉帕米能有效阻断窦房结的钙通道，减慢房室传导，增加房室结不应期，减慢心率，适用于阵发性室上性心动过速患者。建议使用维拉帕米加生理盐水缓慢静脉注射。

五、其　他　类

腺　苷

腺苷（adenosine）是内源性嘌呤核苷，可直接进入心肌经磷酸化生成腺苷酸，参与心肌能量代谢，还可以扩张冠状动脉血管，增加心肌血流量。

【体内过程】　因在体内许多细胞内存在载体介导的再摄取，该药消除迅速，血浆半衰期小于

10s，需静脉快速推注给药。

【药理作用】 通过激活腺苷受体（A受体）发挥作用。在心房、窦房结及房室结与 A_1 受体结合，激活ACh敏感的钾通道 [$I_{K(ACh)}$]，促进 K^+ 外流，缩短APD，使细胞膜超极化，降低自律性；抑制 Ca^{2+} 内流，延长房室结ERP，减慢房室结传导。

【临床应用】 因引起短暂房室传导阻滞，可用于治疗阵发性室上性心动过速，也可用于心房扑动、心房颤动的诊断。

【不良反应及注意事项】 治疗剂量下，多数患者有呼吸困难、胸部不适、眩晕等；常见不良反应还包括短暂心动过缓、低血压、面红、头痛、感觉异常等。

地 高 辛

【体内过程】 地高辛（digoxin）口服吸收不完全，生物利用度75%，起效时间1～2h，维持4～7天；静脉注射10～30min起效，维持3～6天。以原型经尿液排泄，较少蓄积。治疗血药浓度为0.5～2.0ng/ml。

【药理作用】 通过抑制细胞膜上 Na^+，K^+-ATP酶，使细胞内 Na^+ 增加、K^+ 减少，通过 Na^+-Ca^{2+} 双向交换机制，增加细胞内 Ca^{2+}，增强心肌收缩力。地高辛通过直接兴奋迷走神经促进 K^+ 外流，加大心房肌静息电位、提高0相去极化速率而加快心房传导速度，并能缩短心房ERP，利于心房扑动转化为心房颤动；还可增强迷走神经活性，促进 K^+ 外流，降低窦房结自律性，减少房室结 Ca^{2+} 内流而减慢房室传导，减慢心房扑动转化或心房颤动时的心室率。

【临床应用】 用于室上性心动过速、伴有心室率加快的心房扑动或心房颤动的治疗。

【不良反应及注意事项】 由于安全范围小且对其敏感性个体差异较大，影响因素多，用药不当易发生中毒，包括胃肠道反应、中枢神经系统症状和心脏反应等（详见第二十四章）。

麦 冬

麦冬（*Ophiopogonis radix*）为百合科沿阶草属植物麦冬 *Ophiopogon japonicus*（L. f.）Ker-Gawl. 及麦冬属植物大叶麦冬 *Liriope Spicata* Lour. 的干燥块根。主要有效成分为麦冬总皂苷（ophiopogo total saponins，OTS，包括皂苷A、B、C、D等）、高异黄酮类、挥发油和微量元素等。

文献报道麦冬皂苷对多种实验性心律失常均有预防和治疗作用。①静脉注射OTS 10mg/kg，能够有效预防或对抗由三氯甲烷-肾上腺素、乌头碱和氯化钡所诱发的兔或大鼠心律失常；并可使犬冠状动脉结扎24h后的室性心律失常发生率明显降低。②对电生理的影响：OTS 15mg/kg可明显降低兔单相动作电位（MAP）的 V_{max}，缩短其 APD_{10}，APD_{50} 明显缩短，甚至使平台期消失。提示OTS抗心律失常的机制可能是阻滞心肌细胞钠、钙通道，减少 Na^+ 和 Ca^{2+} 内流。

临床上，麦冬可用于冠心病、肺心病、病毒性心肌炎、心力衰竭、心肌梗死及其伴有的各种心律失常，均有较好的疗效。以麦冬为主要的生脉饮（散）在临床上对各种顽固性休克、出血性休克及病毒性心肌炎心律失常治疗效果较好。这些为麦冬“清心除烦”等功效在中医临床上用于心烦不安等症提供了科学依据。

六、抗心律失常药的用药原则

1. 首先明确药物临床应用的适应证，确定首选药物治疗或是非药物治疗。

一般来说抗心律失常药的治疗安全范围较窄，有致心律失常作用，甚至致死。因此心律失常的治疗主要应针对原发病，去除心律失常的诱因。一旦采用抗心律失常药治疗，需要认真斟酌其利弊，只有当心律失常有明显症状时，才可考虑应用抗心律失常药治疗。表21-1列出了目前临床常用的抗心律失常药物及其主要的电生理作用。

表 21-1　各类抗心律失常药物的电生理特性及代表药物

类别	主要作用离子通道或受体	自律性	ERP	APD	常用代表药物
Ⅰ A	适度阻滞 I_{Na}	降低	延长	延长	奎尼丁、丙吡胺、普鲁卡因胺
Ⅰ B	轻度阻滞 I_{Na}	降低	缩短（ERP/APD ↑）	缩短	利多卡因、苯妥英钠、美西律、妥卡尼
Ⅰ C	明显阻滞 I_{Na}	降低	延长	不变/延长	氟卡尼、普罗帕酮
Ⅱ	阻断 $β_1$ 受体	降低	延长	不变	阿替洛尔、美托洛尔
	阻断 $β_1$ 受体、$β_2$ 受体	降低	延长	不变	普萘洛尔
Ⅲ	阻滞 I_{Kr}	降低	延长	延长	索他洛尔、多非利特
	阻滞 I_{Kr}、I_{Ks}	降低	明显延长	明显延长	胺碘酮
Ⅳ	阻滞 I_{Ca}	降低	延长	不变	维拉帕米、地尔硫䓬
其他	开放 I_K	降低	延长（房室结）	缩短	腺苷

2. 药物治疗原则：①单一药物有效，则避免联合用药；②以最小剂量获得满意疗效；③优先降低危险，再去缓解症状，如急性心肌梗死、心室颤动等；④注意药物的不良反应及致心律失常作用。表 21-2 为常用抗心律失常药物的适应证与不良反应。

表 21-2　常用抗心律失常药物的适应证与不良反应

药物	适应证	不良反应
奎尼丁	房性与室性期前收缩，房室结内折返性心动过速，预激综合征等	窦性停搏、房室传导阻滞、Q-T 间期延长与尖端扭转型室性心动过速、晕厥及低血压
利多卡因	血流动力学稳定的室性心动过速及心室颤动、无脉室性心动过速（均不做首选）	少数引起窦房结阻滞、房室传导阻滞
普罗帕酮	各种类型室上性心动过速，室性期前收缩，难治性、致命性室性心动过速	窦房结阻滞、房室阻滞、加重心力衰竭
β 受体阻断药	控制需要治疗的窦性心动过速，症状性期前收缩，心房扑动、心房颤动、室性心动过速，预防上述心律失常再发，降低冠心病、心力衰竭患者猝死及总死亡率	加剧哮喘与慢性阻塞性肺疾病（COPD）、雷诺现象等，糖尿病患者可以引起低血糖、乏力，心脏方面可以引起低血压、心动过缓、充血性心力衰竭、心绞痛患者突然撤药后症状加重、心律失常、急性心肌梗死
胺碘酮	各种室上性与室性快速性心律失常，心肌梗死后心律失常、复苏后预防室性心律失常复发，尤其适用于器质性心脏、心肌梗死后伴心力衰竭的心律失常	心动过缓，偶尔发展尖端扭转型室性心动过速
维拉帕米	各种折返性室上性心动过速，预激综合征利用房室结作为通道的房室折返性心动过速，心房扑动与颤动时减慢心室率	心动过缓、房室阻滞、心脏停搏，禁用于严重心力衰竭，Ⅱ、Ⅲ度房室传导阻滞等
腺苷	房室结折返或利用房室结的房室折返性心动过速的首选药物	潮红、呼吸困难、胸部压迫感、可有短暂的窦性停搏、室性期前收缩或短暂室性心动过速

本章小结

心律失常即心率和（或）节律的异常。本章所述及的药物均为治疗快速性心律失常的药物。治疗快速性心律失常的药物依据它们的电生理机制分成如下四类。

Ⅰ类：钠通道阻滞药，根据阻滞钠通道特性和程度的不同，以及对钾通道和 APD 影响的差异又将其分为Ⅰ A、Ⅰ B、Ⅰ C 三个亚类。

Ⅱ类：β 受体阻断药，代表药有美托洛尔等。通过阻断 β 受体而发挥影响，有些药物尚有膜稳定作用，可以延长心肌的动作电位。它们具有抗心肌缺血等作用，可改善心肌病变，防止严重心律失常及猝死。

Ⅲ类：延长 APD 的药物，代表药有胺碘酮、索他洛尔等。目前临床上最为常用。它们明显延长 APD 和 ERP，为钾通道阻滞药，抑制 K^+ 外流。

Ⅳ类：钙通道阻滞药，代表药有维拉帕米等。主要阻滞钙通道，减慢心率、降低房室结传导速率，延长 ERP。

其他抗心律失常药：地高辛用于治疗心房颤动和阵发性室上性心动过速；腺苷可用于室上性心动过速等。由于抗心律失常药有致心律失常作用，甚至致死。故心律失常的治疗主要应针对原发病。一旦采用抗心律失常药治疗，需要认真斟酌其利弊。

（赵晓燕　张晓京）

第二十二章　肾素-血管紧张素系统药物

能力要求

1. 能够掌握血管紧张素转化酶抑制药的药理作用、临床应用和不良反应。
2. 能够熟悉血管紧张素Ⅱ受体阻断药的药理作用和临床应用。
3. 能够了解肾素-血管紧张素系统的相关作用。

第一节　肾素-血管紧张素

肾素-血管紧张素系统（renin-angiotensin-system，RAS）由肾素（renin）、血管紧张素原（angiotensinogen）、血管紧张素转化酶（angiotensin-converting enzyme，ACE）、血管紧张素（angiotensin，Ang）及其相应受体构成。RAS是调节心血管系统生理功能的重要体液系统，在多种疾病（如高血压、心肌肥大和充血性心力衰竭等）的病理生理过程中发挥着重要的作用。RAS不仅存在于体液系统，在肾脏、心脏、血管与脑组织中也有RAS，协同激肽系统调节局部的生理病理过程（图22-1）。目前，临床广泛应用的作用于RAS系统的药物有ACE抑制药（ACEI）、血管紧张素受体阻断药（ARB）等。

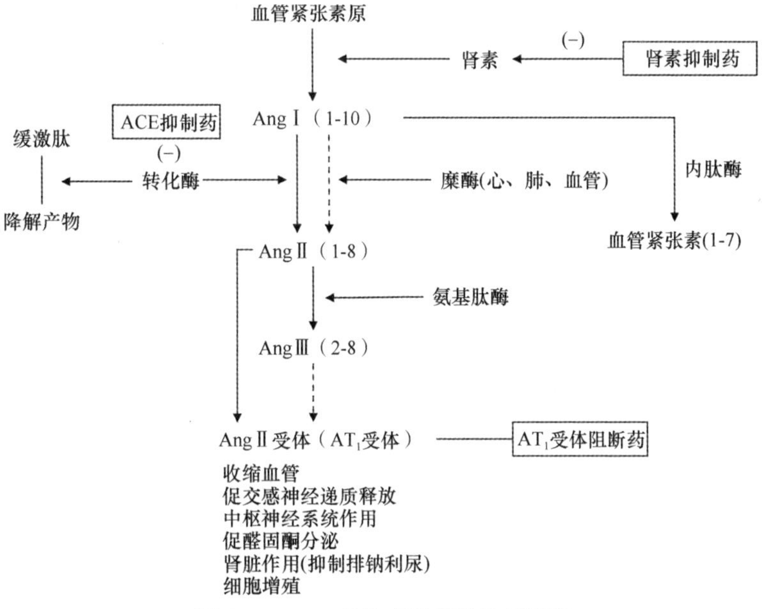

图22-1　RAS的构成及药物作用环节

由于多种因素的影响，肾脏球旁细胞合成和释放肾素增加，肾素作用于血管紧张素原，使其转化为10肽的血管紧张素Ⅰ（Ang Ⅰ）。进而ACE切掉Ang Ⅰ的两个肽，转化为八肽的有活性的血管紧张素Ⅱ（Ang Ⅱ），Ang Ⅱ作用于效应器细胞膜上的血管紧张素受体（angiotensin receptor，AT）亚型1，即AT_1受体，产生收缩血管、促进醛固酮分泌、增加血容量和升高血压等作用，同时也产生促进心肌肥大、血管增生等生长激素样作用。ACE除了能使Ang Ⅰ转化为Ang Ⅱ外，还具有使缓激肽（bradykinin，BK）降解失活的作用。缓激肽则能激活激肽B_2受体产生舒张血管、降低血压的一氧化氮（NO）和前列环素。此外，在不需要ACE的参与下，人心脏和血管组织中的糜酶旁路也可将AngI转化为Ang Ⅱ。研究发现，在心脏和肾组织，经糜酶途径产生的Ang Ⅱ对血管、心肌、肾脏的功能和结构的影响远大于ACE途径产生的Ang Ⅱ。

一、肾　　素

肾素是一种酸性蛋白水解酶，主要来自肾脏。它水解血管紧张素原，生成 Ang Ⅰ。肾素的合成和释放受以下因素影响。

1. 交感神经张力　球旁细胞受交感神经支配，效应器上的受体为 β_1 受体。交感神经兴奋时激活 β_1 受体，肾素释放增加。β 受体阻断药与可乐定等联用则能减少肾素释放。

2. 肾内压力感受器　当肾动脉灌注压低于 85mmHg 时或 NO 释放增加导致肾内压力降低时，球旁细胞的压力感受器被激活，肾素释放增加。

3. 致密斑机制　远曲小管中的 Na^+ 浓度降低时（如利尿药引起），致密斑被激活，肾素释放增加。

4. 化学与药物因素　Ang Ⅱ浓度升高时能通过负反馈抑制肾素的分泌。ACE 抑制药能通过减少 Ang Ⅱ而促进肾素释放。扩血管作用的前列腺素与 NO，以及 DA、心房肽、缓激肽等均能促进肾素释放。

5. 细胞内 cAMP 机制　细胞内 cAMP 浓度升高时，肾素分泌增加，故激活腺苷酸环化酶或抑制磷酸二酯酶的因素（如 β 受体激动药、磷酸二酯酶抑制药等）都可因升高细胞内 cAMP 而使肾素释放增加。细胞内 Ca^{2+} 浓度升高则抑制肾素释放，如 Ang Ⅱ、加压素、Ca^{2+} 导入剂及其他缩血管因素等均增加细胞内 Ca^{2+}，抑制肾素释放，钙通道阻滞药则增加肾素释放。

二、血管紧张素转化酶

ACE，又称激肽酶Ⅱ（kinase Ⅱ），为肽基二肽水解酶，是由 1306 个氨基酸构成的含锌的金属蛋白水解酶。ACE 对底物的选择性不高，不但可降解 Ang Ⅰ为 Ang Ⅱ，也能降解缓激肽、P 物质与内啡肽，使之失活。ACE 分为细胞型与血浆型两类。细胞型存在于细胞膜表面，血浆型为可溶性，存在体液中。血液中内源性 Ang Ⅰ与缓激肽主要在肺血管内皮细胞经 ACE 转化，故对血压的调节主要决定于细胞型 ACE 的活性。

三、血管紧张素及其受体

血管紧张素原在多种酶的催化下，生成一系列血管紧张素，有十肽的 AngI，八肽的 Ang Ⅱ，七肽的 Ang Ⅲ，Ang1-7 等。AngI 是 Ang Ⅱ的前体，它无特异性受体，生物活性很低。Ang Ⅱ是 RAS 的主要活性肽，其受体有 1 型（AT_1）与 2 型（AT_2）两种。

AT_1 受体由 359 个氨基酸组成，分布于心、血管、肾、肾上腺、肝、脑、肺等多种器官和组织中。AT_1 受体被激活时，对心房与心室产生正性肌力作用，血管收缩，血压升高。其升压机制：①兴奋血管平滑肌的 AT_1 受体，直接收缩血管；②兴奋肾上腺髓质的 AT_1，促进儿茶酚胺的释放；③激活肾上腺皮质的 AT_1/AT_2 受体，促进醛固酮的释放，增加水钠潴留与血容量；④兴奋交感神经末梢突触前膜 AT_1 受体，促进去甲肾上腺素释放。

Ang Ⅱ通过 AT_1 受体对肾脏的血流动力学与肾小球滤过发挥重要的调节作用。在高血压或心力衰竭时，RAS 功能亢进，Ang Ⅱ产生过多，作用于肾小球血管 AT_1 受体，收缩出球小动脉，升高灌注压，增加血浆经肾的滤过率与肾脏对盐和水的重吸收。AT_1 受体又能收缩入球小动脉，减少肾小球血流量与尿量。

AT_2 受体由 363 个氨基酸组成，其功能尚未完全阐明。广泛分布于胎儿体内，出生后其表达迅速衰减，故认为与胎儿发育有关。能激活缓激肽 B_2 受体与 NO 合酶，促进 NO 合成、舒张血管、降低血压。也参与促细胞凋亡，对抗 AT_1 受体的促心血管增殖与重构作用。其病理学意义尚无定论。

第二节　血管紧张素转化酶抑制药

1981 年，第一个口服有效的 ACE 抑制药卡托普利被批准上市，此后，ACE 抑制迅速发展，现已成为临床上治疗高血压、充血性心力衰竭等心血管疾病的一类重要药物。由于化学结构的差异，ACE 抑制药在药动学、临床应用与作用效能方面有所不同。

一、构效关系与药物分类

1. ACE 抑制药与 ACE 的结合方式　ACE 抑制药能以特殊的结合方式与 ACE 相结合产生抑制 ACE 的作用。以卡托普利为例，该药结构中有三个基团可与酶的活性部位相结合。一是脯氨酸的末端羧基与 ACE 的正电荷部位（精氨酸）以离子键结合；二是肽链中的羰基与 ACE 的供氢部位以氢键结合；三是巯基与 ACE 的 Zn^{2+} 结合，最终使 ACE 失去活性（图 22-2）。

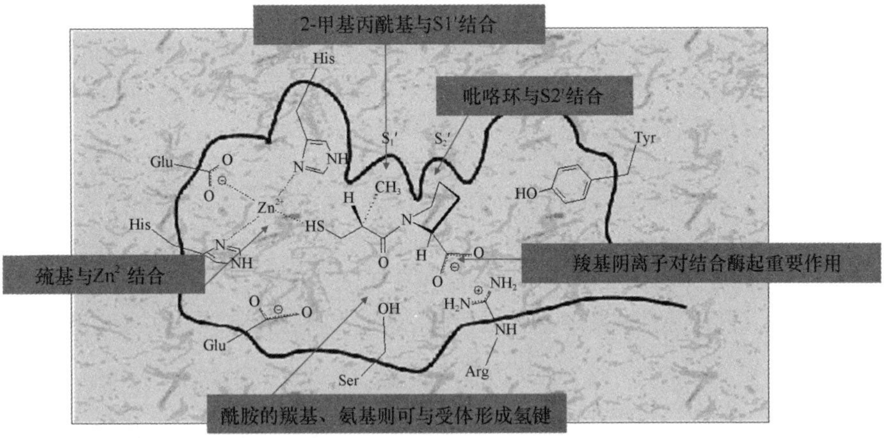

图 22-2　卡托普利与 ACE 的结合

2. 分类及常用药物　含 Zn^{2+} 的 ACE 结合位点是 ACE 抑制药有效基团的必需结合位点，一旦结合，ACE 的活性消失。现有的 ACE 抑制药结构中与 Zn^{2+} 结合的基团有如下 3 类。

（1）含有巯基（—SH）：如卡托普利。

（2）含有羧基（—COOH）：如依那普利、雷米普利、培哚普利、贝那普利、赖诺普利等。

（3）有磷酸基（—POOR）：如福辛普利。

3. 构效关系　ACE 抑制药与 Zn^{2+} 结合的亲和力及与“附加结合点”结合的数目决定其作用和作用持续的时间。一般来说，含羧基的 ACE 抑制药比其他两类与 Zn^{2+} 结合牢固，故作用也较强、较持久。许多 ACE 抑制药为前药（prodrug），如依那普利，其结构中含—$COOC_2H_5$，它必须在体内化为—COOH，成为依那普利酸（enalaprilat），才能与 Zn^{2+} 结合发挥作用；同理，福辛普利（fosinopril）的—POOR 必须转化为含—POOH 的福辛普利酸（fosinoprilat）才能发挥作用。

二、药理作用及应用

1. 基本药理作用

（1）阻止 Ang Ⅱ生成：ACE 抑制药阻止 Ang Ⅱ的生成，从而取消 Ang Ⅱ收缩血管、刺激醛固酮释放，增加血容量、升高血压与促心血管肥大增生等作用，有利于高血压、心力衰竭与心血管重构的防治。

（2）保存缓激肽活性：ACE 抑制药在阻止 Ang Ⅱ生成的同时抑制了缓激肽的降解。目前认为缓激肽经激活激肽 B_2 受体使 NO 和前列环素生成增加，而 NO 与前列环素都有舒张血管、降低血压、抗血小板聚集、抗心血管细胞肥大增生和重构作用。

（3）保护血管内皮细胞：ACE 抑制药有保护血管内皮细胞的作用，能逆转高血压、心力衰竭、动脉硬化与高血脂引起的内皮细胞功能损伤，恢复内皮细胞依赖性的血管舒张作用。

（4）抗心肌缺血与心肌保护：动物实验显示 ACE 抑制药有抗心肌缺血与梗死作用，能减轻心肌缺血再灌注损伤，保护心肌对抗自由基的损伤。此心肌保护作用可能与激肽 B_2 受体、蛋白激酶 C（PKC）等有关。

（5）增敏胰岛素受体：卡托普利及其他多种 ACE 抑制药能增加糖尿病与高血压患者对胰岛素的敏感性。此作用在高血压患者似与阻滞 Ang Ⅱ无关，因氯沙坦与依普沙坦无此作用。推测是由缓激肽介导的。

2. 临床应用

（1）治疗高血压：ACE 抑制药治疗高血压疗效好。轻中度高血压患者单用 ACE 抑制药常可控制高血压。加用利尿药增效，比加大 ACE 抑制药的剂量更有效。肾血管性高血压因其肾素水平高，ACE 抑制药特别有效，对心、肾、脑等器官有保护作用，且能减轻心肌肥厚，阻止或逆转心血管病理性重构。对于伴有心力衰竭或糖尿病、肾病的高血压患者，ACE 抑制药为首选药。

（2）治疗充血性心力衰竭与心肌梗死：ACE 抑制药能降低心力衰竭患者死亡率，改善充血性心力衰竭预后，延长寿命，其效果比其他血管舒张药和强心药好。ACE 抑制药能降低心肌梗死并发心力衰竭的病死率，能改善患者血流动力学和器官灌流。

（3）治疗糖尿病性肾病和其他肾病：因肾小球囊内压升高可致肾小球与肾功能损伤，糖尿病患者常并发肾脏病变。ACE 抑制药对 1 型和 2 型糖尿病，无论有无高血压均能改善或阻止肾功能的恶化。除多囊肾外，对其他原因引起的肾功能障碍如高血压、肾小球病变、间质性肾炎也有一定疗效，且能减轻蛋白尿。其肾脏保护作用与降压作用无关，而是它舒张肾出球小动脉的结果。但对肾动脉阻塞或肾动脉硬化造成的双侧肾血管病，ACE 抑制药能加重肾功能损伤。

三、不良反应

ACE 抑制药的不良反应轻微，患者一般耐受良好。除偶有恶心、腹泻等消化道反应或头昏、头痛、疲倦等中枢神经系统反应外，主要的不良反应如下。

1. 首剂低血压　口服吸收快、生物利用度高的 ACE 抑制药，首剂低血压副作用多见。以卡托普利为例，约 3.3% 的患者首次服用 5mg 后平均动脉压降 30% 以上。口服吸收慢、生物利用度低的 ACE 抑制药，如赖诺普利此反应较少见。

2. 咳嗽　无痰干咳是 ACE 抑制药较常见的不良反应，也是被迫停药的主要原因。偶尔有支气管痉挛性呼吸困难，可不伴有咳嗽。吸入色甘酸二钠可以缓解。咳嗽与支气管痉挛的原因可能是 ACE 抑制药使缓激肽和（或）前列腺素、P 物质在肺内蓄积的结果，不同 ACE 抑制药引起咳嗽有交叉性，但发生率稍有不同。依那普利与赖诺普利咳嗽的发生率比卡托普利高。而福辛普利则较低。

3. 高血钾　由于 ACE 抑制药能减少 Ang Ⅱ生成，使依赖 Ang Ⅱ的醛固酮分泌减少，因此血钾升高，在肾功能障碍的患者与同时服用保钾利尿药的患者更多见。不同的 ACE 抑制药对血钾的影响大同小异。

4. 低血糖　由于 ACE 抑制药特别是卡托普利能增强对胰岛素的敏感性，因此常伴有降低血糖的作用。在 1 型与 2 型糖尿病患者均有此作用。

5. 肾功能损伤　在肾动脉阻塞或肾动脉硬化造成的双侧肾血管病患者，ACE 抑制药能加重肾功能损伤，升高血浆肌酐浓度，甚至产生氮质血症。这是因为 Ang Ⅱ可通过收缩出球小动脉维持肾灌注压，ACE 抑制药舒张出球小动脉，降低肾灌注压，导致肾滤过率与肾功能降低，停药后常可恢复。偶有不可逆性肾功能减退发展为持续性肾衰竭者，应予注意。

6. 对妊娠与哺乳的影响　ACE 抑制药用于妊娠的第二期与第三期时，可引起胎儿畸形、胎儿发育不良甚至死胎。亲脂性强的 ACE 抑制药如雷米普利与福辛普利从乳汁中分泌，故哺乳妇女忌用。

7. 血管神经性水肿　可发生于嘴唇、舌头、口腔、鼻部与面部其他部位。偶可发生于喉头，威胁生命。血管神经性水肿发生的机制与缓激肽或其代谢产物有关。多发于用药的第一个月，一旦发生应停药。

8. 含—SH 化学结构的 ACE 抑制药的不良反应　含有—SH 基团的卡托普利可产生味觉障碍、皮疹与白细胞缺乏等与其他含—SH 的药物（如青霉胺）相似的反应。皮疹多为瘙痒性丘疹，常发生于用药几周内，继续服药常可自行消退。服用卡托普利的皮疹发生率比其他 ACE 抑制药要高，且不交叉发生。白细胞缺乏症仅见于肾功能障碍患者，特别是有免疫障碍或服用免疫抑制药的患者。

四、常用ACE抑制药

卡托普利

【药理作用】 卡托普利（captopril）含有—SH基团，有直接抑制ACE的作用。体外抑制ACE的半数抑制浓度（IC_{50}）为23～35nmol/L。其降压作用起效快，口服后30min开始降压，1h达高峰。降压效果与患者的RAS活动状态有关。肾素水平高或用低盐饮食或服用利尿药者，降压持续时间为8～12h。因含有—SH基团，有自由基清除作用，对与自由基有关的心血管损伤如心肌缺血再灌注损伤防治作用。

【体内过程】 口服吸收快，生物利用度为75%，食物能影响其吸收，因此宜在进餐前1h服用。给药后1h血中药物浓度达峰值。血浆蛋白结合率约为30%。在体内分布较广，但分布至中枢神经系统及哺乳妇女乳汁中的浓度较低，半衰期为2h，在体内消除较快，其巯基在体内易被氧化而成为二硫化合物。40%～50%的药物以原型从肾脏排出，其余部分则以其代谢物形式从肾脏排泄。

【临床应用】

1. 高血压 可单用或与其他抗高血压药合用治疗高血压药物。

2. 充血性心力衰竭 是有效和安全的治疗充血性心力衰竭的药物，能降低充血性心力衰竭患者的病死率。

3. 心肌梗死 卡托普利对缺血心肌有保护作用，能减轻缺血再灌注损伤和由此引起的心律失常。心肌梗死患者在心肌梗死后早期用卡托普利能改善心功能和降低病死率。

4. 糖尿病性肾病 卡托普利是FDA唯一批准的用于该疾病治疗的ACE抑制药。大量临床报道已肯定此疗效。

【不良反应】 卡托普利的毒性小，耐受性良好。小鼠半数致死量（LD_{50}）静脉注射为1000mg/kg，灌胃为6000mg/kg。患者对卡托普利的耐受性良好。除咳嗽等前述不良反应外，因含—SH基团，可有青霉胺样反应，如皮疹、嗜酸性粒细胞增多、味觉异常或丧失等，并可有中性粒细胞减少，多发生于用药时间较长、剂量较大或肾功能障碍者，应定期检查血象。卡托普利禁用于双侧肾动脉狭窄患者。孕妇禁用。

依那普利

依那普利（enalapril）为前药，口服后在肝酯酶作用下，生成二羧酸活性代谢物依那普利酸（enalaprilat，MK422），对ACE的抑制作用比卡托普利强约10倍。依那普利作用出现较缓慢，口服后4～6h作用达高峰，作用维持时间较长，可达24h以上，因此可每日给药1次。依那普利酸在体内分布较广，其血浆半衰期约为11h，主要经肾排泄。降压时外周血管阻力降低，心率和心排血量则无明显改变，肾血管阻力也降低，肾血流量增加，对肾小球滤过率无明显影响。在长期应用时，能逆转左心室肥厚和改善大动脉的顺应性。依那普利对血糖和脂质代谢影响很小，口服易吸收，不受食物影响。可用于治疗高血压及慢性心力衰竭患者。其不良反应为干咳、低血压、血管神经性水肿、高血钾、急性肾衰竭等，发生率低于10%，一般均为轻度、短暂的，不影响继续治疗。因其化学结构不含巯基。白细胞减少、味觉障碍等均少见。禁忌证同卡托普利。

赖诺普利

赖诺普利（lisinopril）口服吸收约30%。服后2～3h起效，4～6h血药浓度达峰值。口服不受食物影响。生物利用度为25%，与血浆蛋白结合不超过10%。有效血药浓度的半衰期为11.6h。服药2～3天即可达到C_{ss}。药物以原型经肾脏排泄。排泄半衰期为30h。在肾功能减退患者，老年人与心力衰竭患者应减量。赖诺普利与ACE结合牢固，故作用持久，抑制ACE作用与持续时间比依那普利稍强。日服一次即可。

贝那普利

贝那普利（benazepril）为前药，在肝脏中水解为贝那普利酸起效。贝那普利作用强，持续时间长，日服 1 次即可。口服吸收快，1h 起效，约 4h 作用达高峰。血浆消除呈双相：初期消除半衰期为 3h，末期消除半衰期为 24h。药物大部分代谢失活，经肾脏排泄的活性成分不到 1%，部分贝那普利经肝脏排泄，轻至中度肾功能减退或肝硬化对其血药浓度影响不大。

贝那普利对高血压与心力衰竭有效，疗效与依那普利相似或稍强。能增加肾血流、改善肾功能，对多种慢性肾衰竭如肾小球肾病、间质性肾炎、肾血管硬化、糖尿病性肾病等有效，能降低由轻中度肾衰竭发展到末期的危险。

第三节　AT_1 受体阻断药

一、基本药理作用与临床应用

AT_1 受体被阻滞后，Ang Ⅱ收缩血管与刺激肾上腺释放醛固酮的作用受到抑制，导致血压降低。AT_1 受体阻断药能通过减轻心脏的后负荷，治疗充血性心力衰竭。其阻止 Ang Ⅱ促心血管细胞增殖肥大作用，能防治心血管的重构。

AT_1 受体被阻滞后，反馈性地增加血浆肾素 2～3 倍，导致血浆 Ang Ⅱ浓度升高。但由于 AT_1 受体已被阻滞，这些反馈性作用难以表现。但是血浆中升高的 Ang Ⅱ通过激活 AT_2 受体，可激活缓激肽-NO 途径，产生舒张血管、降低血压、抑制心血管重构等作用，有益于高血压与心力衰竭的治疗。AT_1 受体被阻滞后醛固酮产生减少，水钠潴留随之减轻，但对血钾影响甚微。

AT_1 受体阻断药，在受体水平阻断 RAS，与 ACE 抑制药比较具有作用专一的特点，对受体具有高度选择性，作用持久，无激动药活性等优点。目前临床应用的有氯沙坦、缬沙坦、厄贝沙坦、坎地沙坦、依普沙坦与替米沙坦等。

二、常用 AT_1 受体阻断药

氯沙坦

【药理作用】 氯沙坦（losartan）对 AT_1 受体有选择性拮抗作用，对 AT_1 受体的亲和力比对 AT_2 受体的亲和力高 20 000～30 000 倍。EXP3174 是氯沙坦的活性代谢物，其拮抗 AT_1 受体作用比氯沙坦强 10～40 倍。

氯沙坦对肾脏血流动力学的影响与 ACE 抑制药相似，能拮抗 Ang Ⅱ对肾脏入球小动脉与出球小动脉的收缩作用。氯沙坦对高血压、糖尿病合并肾功能不全患者有保护作用。氯沙坦有促进尿酸排泄作用，对于减轻高血压患者应用利尿药后可能引起的高尿酸血症是有利的。长期应用氯沙坦能抑制左室心肌肥厚和血管壁增厚。

【体内过程】 口服易吸收，吸收率为 33%，口服后有 14% 的氯沙坦在人体肝脏内代谢为 5-羧酸代谢物 EXP3174，后者在给药后 3～4h 血中浓度达峰值。EXP3174 的半衰期为 6～9h。氯沙坦与 EXP3174 均不易透过血脑屏障。大部分药物在体内被肝脏 CYP 代谢，仅少量氯沙坦与 EXP3174 以原型随尿排泄。

【临床应用】 可用于高血压的治疗。

【不良反应】 氯沙坦的不良反应较少。少数患者用药后出现眩晕，干咳发生率比服用 ACE 抑制药明显减少，对血脂及葡萄糖含量无影响，也不引起直立性低血压。禁用于孕妇、哺乳期妇女及肾动脉狭窄者。低血压及严重肾功能不全、肝病患者慎用。应避免与补钾或留钾利尿药合用。

缬沙坦

缬沙坦（valsartan）对 AT_1 受体的亲和力比 AT_2 受体强 24 000 倍。原发性高血压患者口服缬

沙坦 80mg 后，4～6h 可获最大降压效果，降压作用可持续 24h，缬沙坦长期给药也能逆转左心室肥厚和血管壁增厚。

本品可单用或与其他抗高血压药物合用治疗高血压。不良反应发生率较低，主要有头痛、头晕、疲乏等。低钠或血容量不足、肾动脉狭窄、胆汁性肝硬化或胆管梗阻患者，服用缬沙坦有可能引起低血压。用药期间应慎用留钾利尿药与补钾药。孕妇与哺乳期妇女禁用。

厄贝沙坦

厄贝沙坦（irbesartan）是强效、长效的 AT_1 受体阻断药，其对 AT_1 受体的选择性比 AT_2 受体高 8500～10 000 倍，比氯沙坦对 AT_1 受体亲和力强约 10 倍。原发性高血压患者一次口服 150mg 后，3～4h 降压作用达峰值，持效 24h 以上。口服易吸收，生物利用度为 60%～80%，其吸收不受食物的影响。血浆蛋白结合率 90%。消除半衰期较长，可达 11～15h。在体内主要经肝脏代谢，部分药物随尿及粪便排出体外。

本品可单用或与其他抗高血压药物合用治疗高血压。厄贝沙坦用于高血压合并糖尿病性肾病患者，能减轻肾损害，减少尿蛋白，增加肌酐清除率。

坎地沙坦

坎地沙坦（candesartan）是坎地沙坦酯（candesartan cilexetil）的活性代谢物，对 AT_1 受体具有强效、长效、选择性较高等特点。它对 AT_1 受体的亲和力比氯沙坦高 50～80 倍。口服生物利用度为 42%，食物不影响其吸收。血浆蛋白结合率为 99.5%。坎地沙坦酯口服后在体内迅速水解为坎地沙坦，后者的血浆半衰期为 3～11h。坎地沙坦经肾及胆汁排出体外。

本品可用于高血压的治疗。长期应用能逆转左室肥厚，对肾脏也有保护作用。不良反应较少。禁忌证同其他 AT_1 受体阻断药。

知识拓展 **ARB 的潜在新用途**

ARB（“沙坦”类）在高血压、心力衰竭及其他心脑血管疾病的防治中具有广泛的应用前景，其潜在的临床新用途也在不断发现。研究发现，RAS 可以促进血管生成和肿瘤细胞生长，有些肿瘤还携带 AT_1 受体；Ang Ⅱ 可通过 AT_1 受体在体内外促进卵巢癌、宫颈癌和恶性胶质细胞瘤等恶性肿瘤细胞的生长；AT_1 受体阻断可减少放、化疗对患者产生的毒性。结果提示，ARB 可能具有潜在的抗肿瘤作用。

本章小结

RAS 是调节心血管系统生理功能的重要体液系统，在高血压、心肌肥大和充血性心力衰竭等多种疾病的病理生理过程中发挥着重要作用。

临床常用的作用于 RAS 的药物主要有 ACE 抑制药类和 ARB 类等。以卡托普利为代表的 ACE 抑制药类药物可通过抑制 ACE，使 Ang Ⅱ 生成减少；减少缓激肽的降解，保存缓激肽活性，使 NO 和前列环素生成增加，从而发挥较强的降压作用。此外，ACE 抑制药类药物还具有改善血流动力学，降低肾血管阻力，抑制和逆转心血管重构，保护血管内皮细胞，改善肾功能和增敏胰岛素受体等药理作用。广泛应用于治疗高血压、充血性心力衰竭、心肌梗死及糖尿病肾病。以缬沙坦为代表的 ARB 与 AT_1 受体具有高亲和力，可通过完全阻断 AT_1 受体而拮抗 Ang Ⅱ 的作用。临床多应用于治疗高血压和慢性充血性心力衰竭。

（李小强）

第二十三章 抗高血压药

能力要求

1. 能够掌握常用抗高血压药物的分类及代表药名，能够合理选用抗高血压药物治疗高血压。

2. 能够掌握利尿药抗高血压的药理作用、作用机制、临床应用；钙通道阻滞药抗高血压药理作用和不良反应；β受体阻断药抗高血压药理作用和作用机制；ACE抑制药抗高血压药理作用、作用机制、临床应用和不良反应；AT_1受体阻断药的药理作用、作用机制。

3. 能够熟悉哌唑嗪和硝普钠的降压作用特点、临床应用和不良反应。

4. 能够了解可乐定和其他抗高血压药。

高血压（hypertension）是临床常见病和多发病。抗高血压药是一类能降低血压用于治疗高血压的药物。世界卫生组织（WHO）将高血压定义为收缩压≥140mmHg和（或）舒张压≥90mmHg。高血压应依据血压水平分类（表23-1）。通常我们所说的高血压是指原发性高血压，是一种以动脉压升高为特征的进行性“心血管综合征”，患者病因不明，可伴有血管、心脏、脑和肾等器官功能性或者器质性改变的全身性疾病，已经成为我国心脑血管病（包括冠心病、脑卒中、心力衰竭和肾衰竭）的最主要危险因素，占高血压患者90%～95%。少数高血压是由某些确定的病因或原因引起，称为继发性高血压或症状性高血压，占高血压患者的5%～10%。持续的血压升高，如果得不到有效的治疗，可导致心、脑、肾、全身血管损害，严重时发生脑卒中、心肌梗死、心力衰竭、肾衰竭、主动脉夹层等危及生命的临床并发症。70%的脑卒中和50%的心肌梗死与高血压有关，严重地影响了患者的生活质量和寿命，是心血管疾病死亡的主要原因。

抗高血压药（antihypertension drug）能有效地控制血压，防治或减少重要器官损伤，从而提高患者的生活质量，延长生命。坚持健康的生活方式（包括合理膳食、限制钠盐摄入、戒烟限酒、适量运动、心理平衡等）和服用降压药是治疗高血压的主要方法，二者缺一不可。健康的生活方式是基础，合理用药是血压达标的关键。

表23-1 血压水平的定义和分类

类别	收缩压（mmHg）	舒张压（mmHg）
正常血压	＜130	＜85
正常高值	130～139	85～89
高血压		
1级（轻度）	140～159	90～99
2级（中度）	160～179	100～109
3级（重度）	≥180	≥110
单纯收缩期高血压	≥140	＜90

高血压病因复杂，已知体内许多系统与血压的调节有关，其中最主要的有交感神经-肾上腺素系统和RAAS。抗高血压药物能够作用于影响血压调节的任一环节，而使血压下降。

第一节 抗高血压药物的分类

动脉血压形成的基本因素是心排血量和外周血管阻力。心排血量受心脏功能、回心血量和血容量的影响，外周血管阻力受小动脉紧张度的影响。交感神经系统和 RAS 调节着上述两因素，使血压维持在一定的范围内。抗高血压药通过调整神经或体液紊乱、减少心排血量和（或）降低外周血管阻力而发挥作用。

根据抗高血压药物的作用部位或机制可将其分为以下几类。

1. 利尿药　如氢氯噻嗪、吲达帕胺。

2. RAS 抑制药

（1）ACE 抑制药：如卡托普利、依那普利、雷米普利。

（2）AT_1 受体阻断药：如氯沙坦、缬沙坦。

3. 钙通道阻滞药　如硝苯地平、氨氯地平。

4. 肾上腺素受体阻断药

（1）β 受体阻断药：如普萘洛尔、美托洛尔、阿替洛尔、比索洛尔。

（2）α_1 受体阻断药：如哌唑嗪、特拉唑嗪、多沙唑嗪。

（3）α、β 受体阻断药：如拉贝洛尔、卡维地洛。

5. 交感神经抑制药

（1）中枢性降压药：如可乐定、甲基多巴、莫索尼定。

（2）神经节阻断药：如樟磺咪芬。

（3）去甲肾上腺素能神经末梢阻断药：如利血平、胍乙啶。

6. 血管扩张药

（1）血管平滑肌扩张药：如肼屈嗪、硝普钠。

（2）钾通道开放药：如米诺地尔。

目前，国内外应用广泛或称为第一线抗高血压药物的是利尿药、钙通道阻滞药、β 受体阻断药、ACE 抑制药、AT_1 受体阻断药等 5 类，统称为常用抗高血压药物。其他抗高血压药物如中枢性降压药和血管扩张药等较少单独应用，但在联合用药和复方制剂中仍经常使用。

第二节　常用抗高血压药物

一、利　尿　药

神经体液因素（RAS、心钠素等）调节水盐的摄入与排出，保持正常的体液容量而维持循环稳定。限制 Na^+ 摄入能有效防治高血压。利尿药主要通过排钠利尿、降低高血容量负荷发挥降压作用，并可增强其他降压药的作用，仍是目前最常用的抗高血压药。

临床治疗高血压以噻嗪类利尿药为主，其中氢氯噻嗪最为常用。

氢氯噻嗪

【体内过程】　口服吸收迅速而完全，2h 后即有显著的排 Na^+ 和利尿，4～6h 血药浓度达高峰，持续 12h。95% 经肾脏排泄。半衰期约为 2.5h。

【药理作用】　降压作用确切、温和、持久，降压过程平稳，对立位和卧位均有降压作用，一般用药 2～4 周达到最大疗效。降压效能较低，对正常人无降压作用。

噻嗪类利尿药降压的确切机制尚不清楚。初期降压作用可能是通过排钠利尿，减少细胞外液和血容量，导致心输入量降低。长期用药，血容量和心排血量逐渐恢复至用药前水平，但仍有降压作用。其长期降压作用可能因排钠而降低血管平滑肌细胞内 Na^+ 的浓度，进而通过 Na^+-Ca^{2+} 交换机制，使胞内 Ca^{2+} 减少，从而降低血管平滑肌细胞表面受体对血管收缩物质的亲和力与反应性，血管平滑肌松弛。

【临床应用】　单用治疗轻度高血压，尤其适用于老年高血压、单纯收缩期高血压或伴心力衰竭患者。与其他降压药如β受体阻断药、ACE抑制药、钙通道阻滞药等合用治疗中、重度高血压，并可对抗其他抗高血压药引起的水钠潴留。限制食盐的摄入能增强其降压作用。氢氯噻嗪（6.25～25mg/d）对代谢影响很小。

【不良反应】 大剂量利尿剂可引起低血钾、低血镁、高血糖、高尿酸血症、高血脂等（详见第二十七章）。

【禁忌证】 高脂血症和痛风患者忌用。

吲达帕胺

吲达帕胺为非噻嗪类吲哚衍生物。

【体内过程】 口服后94%经胃肠道吸收，无首过效应，吸收不受食物影响。在体内广泛代谢，产生的各种代谢产物23%经大便排泄，70%由尿中排泄，5%～7%以原型从尿中排泄。半衰期为13.9～17.8h。

【药理作用】 是新型长效降压药，每天服药一次，利尿作用强于氢氯噻嗪，有明显的扩血管作用，长期应用可减轻或逆转左室肥厚。

【临床应用】 用于轻度和中度高血压，伴有水肿者更适宜，也适用于高脂血症。每日服药1次，降压作用可维持24h。

【不良反应】 不良反应少，对血糖和血脂代谢无明显影响，伴有高脂血症患者可用吲达帕胺代替噻嗪类利尿药。

【禁忌证】 严重肝、肾功能不全和急性脑血管疾病患者禁用。

二、RAS抑制药

RAS是调节心血管生理功能的重要体液系统，对血容量和外周血管阻力这两个血压形成的因素起着重要的调节作用。

目前临床应用的RAS抑制药主要包括ACE抑制药、ARB和肾素抑制药等。其中ACE抑制药和ARB是各国高血压防治指南推荐的第一线降压药物，在降压治疗和相关靶器官损害预防中发挥着重要作用。

（一）ACE抑制药

卡托普利

【体内过程】 口服吸收快，生物利用度约75%。食物可减少其吸收，宜在饭前1h服用。给药后1h血药浓度达峰值。血浆蛋白结合率约为30%。体内分布广，但分布至中枢神经系统和哺乳妇女乳汁中的浓度较低，半衰期为2～3h。部分在肝脏代谢，40%～50%原型药物随尿排出，其余部分则以其代谢物形式从肾脏排泄。

【药理作用】 卡托普利（captopril，巯甲丙脯酸，开搏通）是第一个批准上市的ACE抑制药，在体内外均能抑制ACE，使血浆中AngⅡ和醛固酮浓度降低，血管扩张，外周阻力降低，产生降压作用，降压时不伴有反射性心率加快。可抑制缓激肽降解，促进NO和前列环素的生成，增强血管扩张效应；也可抑制交感神经活性，使血管扩张，血压下降；可逆转高血压患者左室心肌肥厚和心血管组织重构。能降低肾血管阻力，使肾血流量增加；还能增加糖尿病及高血压患者对胰岛素的敏感性。

【临床应用】 适用于各型高血压。单用时降压效果为50%～60%，与其他降压药合用疗效可增至80%～90%。尤其适用于高血压伴有左室心肌肥厚、心力衰竭、糖尿病肾病及胰岛素抵抗、急性心肌梗死患者。与利尿药或β受体阻断药合用能增强疗效，用于治疗重型及顽固性高血压。

【不良反应】 主要不良反应为刺激性干咳、皮疹、瘙痒、嗅觉改变等。久用因减少醛固酮的分泌，可致高血钾。少数患者可发生中性粒细胞减少，应定期检查血象。少数患者出现血管神经性水肿。

【禁忌证】 孕妇、双侧肾动脉狭窄者禁用。

依那普利

依那普利（enalapril）是长效、高效 ACE 抑制药，为前体药，通过肝脏转变为有活性的依那普利拉，后者被组织摄取后对 ACE 活性产生抑制作用。降压机制同卡托普利，但对 ACE 的抑制作用比卡托普利强 10 倍。口服吸收迅速，半衰期约为 11h，主要经肾脏排泄。降压作用持久，每日给药一次。由于其结构中不含巯基，故无典型的青霉胺样反应（皮疹、嗜酸性粒细胞增多等）。因作用强，引起咳嗽较多。合并心力衰竭时低血压较多见，应适当控制剂量。

（二）AT_1 受体阻断药

氯　沙　坦

【体内过程】 氯沙坦（losartan，洛沙坦）口服吸收良好，生物利用度为 33%，半衰期为 2h，血浆蛋白结合率＞ 98%。大部分随胆汁排泄，部分随尿排出。每日服药 1 次，降压作用可维持 24h。

【药理作用】 氯沙坦是第一个用于临床口服非肽类 AT_1 受体阻断药，在肝脏由 CYP2C9 与 CYP3A4 代谢为活性更强的 E3174，后者拮抗 AT_1 受体的作用强于母药 3～6 倍。氯沙坦与 E3174 共同作用，以后者为主。选择性地阻断 AT_1 受体后，Ang Ⅱ 的缩血管作用及增强交感神经活性作用受到抑制，从而产生降压作用。长期降压作用可能还与调节水、盐平衡，抑制心血管重构有关，具有高效、长效、低毒的特点。其降压不影响心率，对肾功能具有保护作用，在伴高血压的肾病患者，该药降压的同时能保持正常肾小球滤过率，增加肾血流量与排钠，减少蛋白尿，增加尿酸排出。

【临床应用】 用于治疗各型高血压，尤其适用于有使用 ACE 抑制药适应证，但因严重咳嗽不能耐受的患者。对伴有肾病、糖尿病和慢性心力衰竭的患者有良好疗效。若用药 3～6 周后血压下降仍不理想，可加用利尿药。

【不良反应】 不良反应较 ACE 抑制药少，咳嗽及血管神经性水肿发生率等较低，可引起头晕和直立性低血压。

【禁忌证】 禁用于孕妇、哺乳妇女及肾动脉狭窄者。低血压、严重肾功能不全和肝病患者慎用。

三、钙通道阻滞药

钙通道阻滞药是一类能选择性阻滞电压依赖性钙通道，抑制细胞外 Ca^{2+} 内流，松弛血管平滑肌，降低外周血管阻力，使血压下降。钙通道阻滞药从化学结构上分为二氢吡啶类和非二氢吡啶类。前者对血管平滑肌具有选择性，较少影响心脏，是治疗高血压的重要药物，常用的有硝苯地平、尼群地平、尼莫地平、尼索地平、氨氯地平等。非二氢吡啶类对血管和心脏均有作用，常用的有维拉帕米、地尔硫䓬等。

硝苯地平

【体内过程】 硝苯地平（nifedipine）又名心痛定，为短效制剂，口服 15～20 min 起效，血浆蛋白结合率为 92%～95%，半衰期为 2～5h，在肝内代谢，经肾脏排泄。

【药理作用】 硝苯地平主要阻滞血管平滑肌 L 型钙通道，降压作用快而强，但对正常血压者影响不明显。有强大扩张血管作用，使总外周血管阻力下降而降低血压。由于血压下降，可引起反射性交感神经兴奋，表现为心率加快、心排血量增加、血浆肾素活性增高，加用 β 受体阻断药可避免这些作用并能增强降压效应。对糖、脂代谢无不良影响。

【临床应用】 临床用于轻、中、重度高血压。口服剂量每日 10～40mg，每日用药 2～4 次。可单用或与利尿药、β 受体阻断药、ACE 抑制药等合用，尤其适用于老年高血压、单纯收缩期高血压、伴稳定型心绞痛、冠状动脉或颈动脉粥样硬化及周围血管病患者。普通制剂血药浓度波动大，且易引起交感神经反射性兴奋，已不常用；缓释与控释剂型使用方便，不良反应较少，并可减轻降压造成的交感活性增强，适用于高血压的长期治疗。

【不良反应】 主要由于血管舒张作用所引起，有头痛、低血压、肢端麻木、面部潮红、心悸、踝部水肿。部分患者心绞痛加重。

【禁忌证】 低血压、梗阻性肥厚型心肌病及严重主动脉缩窄者禁用。心力衰竭及有可能发展为心肌梗死的不稳定型心绞痛发作时慎用。

氨氯地平

氨氯地平（amlodipine，洛活喜）为新型长效二氢吡啶类钙通道阻滞药，起效慢，作用持续时间长，不易引起交感神经反射性兴奋。吸收缓慢，用药后6～12h血药浓度达峰值，生物利用度为60%～80%，半衰期为40～50h，常用口服剂量每日2.5～10 mg，每日1次，持续24h稳定控制血压。不良反应同硝苯地平。

四、β受体阻断药

β受体阻断药被广泛用于高血压、冠心病、心律失常、心力衰竭等多种心血管疾病的临床治疗。常用于治疗高血压的β受体阻断药普萘洛尔、美托洛尔、阿替洛尔、拉贝洛尔、卡维地洛等，长期应用一般不引起水钠潴留，亦无明显的耐受性。

普萘洛尔

【体内过程】 普萘洛尔（propranolol，心得安）脂溶性高，口服吸收完全，肝脏首过效应显著，生物利用度约为25%，半衰期为6h，血药浓度个体差异可达20倍。降压作用起效缓慢，通常口服2～3周后才出现降压作用。优点为不引起直立性低血压，长期应用不产生耐受性。

【药理作用】 非选择性β受体阻断药，对β_1、β_2受体都有作用。无内在拟交感活性。用药初期，使心率减慢、心排血量降低、外周阻力增加、血压不变或略降；长期用药，外周阻力降低、心排血量仍减少、收缩压和舒张压均下降。通过减少心排血量、抑制肾素释放、在不同水平通过抑制交感神经活性（中枢部位压力感受性反射及外周神经水平）、促进前列环素的合成等多种机制产生降压作用。

【临床应用】 β受体阻断药是安全、有效、廉价的降压药，可用于各型原发性高血压。作为一线降压药可单独使用，也可与其他降压药联合应用，对高心排血量、高肾素活性及青年高血压患者疗效较好，对心肌梗死患者、高血压伴有心绞痛患者疗效尤佳。与利尿药、扩血管药联合应用能有效治疗重度或顽固性高血压。

【不良反应】 常见的不良反应有眩晕、疲倦、嗜睡、胃肠紊乱（恶心、腹泻等），较严重的有心动过缓、充血性心力衰竭、房室传导阻滞、支气管痉挛、低血糖、外周血管收缩甚至痉挛、雷诺症状、疲劳、失眠、精神忧郁、性欲减退等。长期或大量使用还可使血清HDL降低、总胆固醇与甘油三酯水平升高。糖脂代谢异常时一般不首选β受体阻断药，必要时可选择高选择性β受体阻断药。长期应用该类药物若突然停药，还可引起严重的心律失常或心绞痛发作，并可使血压反跳性升高，停药前10～14天宜逐步减量。

【禁忌证】 窦性心动过缓、重度房室传导阻滞、支气管哮喘患者禁用；高脂血症、甲状腺功能亢进、糖尿病患者慎用。

阿替洛尔

阿替洛尔（atenolol）降压机制与普萘洛尔相同，对心脏的β_1受体有较强的选择性，对血管及支气管的β_2受体的影响较小。但较大剂量时对血管及支气管平滑肌的β_2受体也有作用。口服吸收完全，生物利用度为40%～50%，半衰期为3～4h，主要在肝脏代谢，10%以原型经肾脏排泄。无膜稳定作用，无内在拟交感活性。口服用于各型高血压的治疗。降压作用持续时间较长。老年高血压患者及肾功能不良者，适当减量。

拉贝洛尔

拉贝洛尔（labetalol）为非选择性β受体阻断药，兼有α_1受体阻断作用，通过阻断α_1、β受体，降低外周血管阻力而产生降压作用。口服吸收迅速，用药后1～2h血药浓度达峰值，半衰期为2～8h，具有高亲脂性，主要由肝代谢。降压作用温和，对心排血量和心率影响较小，适用于各型高血压及高血压急症、妊娠期高血压、嗜铬细胞瘤、麻醉或手术时高血压。合用利尿药可增强其降压效果。无严重不良反应。

卡维地洛

卡维地洛（carvedilol）为新一代α、β受体阻断药，能选择性阻断α_1受体和非选择性阻断β受体。口服吸收快，首过效应显著，单次口服25mg或50mg后1～2h即可达到血药浓度峰值，半衰期为6～9h，生物利用度22%，但药效可维持24h。对心脏产生较好的保护作用，还具有扩张微血管、改善微循环、清除氧化自由基、阻断钙通道、降低空腹血糖、升高胰岛素敏感性等特点，临床广泛应用于轻度至中度高血压病的治疗，对高血压伴有肾功能不全或糖尿病患者的治疗效果较好。大部分经肝脏代谢，肝功能损害者血药浓度显著升高，肝功能不全者忌用。不良反应与普萘洛尔相似，但不影响血脂代谢。

第三节　其他经典抗高血压药物

一、中枢性降压药

中枢性降压药包括可乐定（clonidine）、甲基多巴（methyldopa）、莫索尼定（moxonidine）和利美尼定（rilmenidine）等。可乐定为第一代中枢性降压药的典型代表药，有较好的降压效果，曾广泛用于高血压的治疗，但由于口干、嗜睡、阳痿、停药后血压反跳等严重不良反应已较少使用。莫索尼定为可乐定类似物，是第二代中枢性降压药的代表药，是一种比较有效的抗高血压药，降压效果与可乐定相当，但镇静、口干等不良反应较可乐定轻，无停药反跳现象，且具有高效、长效的优点。

可　乐　定

【体内过程】 口服易吸收，口服30min后起效，2～4h血药浓度达峰值，持续6～8h。口服生物利用度约为75%，半衰期为7～13h。脂溶性高，易透过血脑屏障，也可经皮肤吸收。50%经肝代谢，原型和代谢产物主要经肾排泄。

【药理作用】 可乐定抑制交感神经活性，减少心排血量和降低外周阻力而降压，作用中等偏强。可乐定减弱交感反射，但不完全抑制，故较少引起直立性低血压。具有中枢镇静作用，还可抑制胃肠分泌及运动，对血脂代谢无明显影响。可乐定的主要降压机制是激动延髓背侧孤束核次一级神经元突触后膜α_2受体，抑制交感神经中枢的传出冲动，使外周血管扩张。此外，近年研究表明可乐定降压作用与激动延髓嘴端腹外侧区（rostral ventrolateral medulla，RVLM）的咪唑啉I_1受体（I_1受体，imidazoline-I_1）有关，使交感神经张力下降、外周血管阻力降低。上述两种受体之间有协同作用，可乐定的降压效应是作用于两种受体的共同结果。大剂量的可乐定也可兴奋外周血管平滑肌上的α_2受体，引起血管收缩，使降压作用减弱。

【临床应用】 用于其他抗高血压药无效的中度高血压的治疗。可乐定不影响肾血流量和肾小球滤过率，能抑制胃肠道腺体分泌和平滑肌运动，故适用于肾性高血压或兼有消化性溃疡的高血压患者，也作为吗啡类药成瘾者的戒毒药，还可用于偏头痛的预防。其溶液剂滴眼用于治疗开角型青光眼。

【不良反应】 可乐定激动蓝斑核和外周唾液腺 α_2 受体，可引起口干、嗜睡等副作用，发生率约为50%，大部分患者几周后可消失。其他不良反应有恶心、便秘、眩晕、阳痿、腮腺肿痛等。久用可致水钠潴留，与利尿药合用可减轻。长期服用突然停药可出现短时间的交感神经功能亢进现象，如头痛、心悸、出汗、精神激动、血压骤升等。停药反应的发生可能因长期服用可乐定后，突触前膜 α_2 受体的敏感性下降，负反馈作用减弱，突然停药引起去甲肾上腺素大量释放，导致血压升高，可用α受体阻断药酚妥拉明对抗血压的骤升，此时仍可继续用可乐定治疗。可乐定不宜用于高空作业或驾驶机动车辆的人员，以免因精力不集中、嗜睡而导致事故发生。

莫索尼定

莫索尼定为第二代中枢性降压药，作用强度与可乐定相当，能选择性作用于中枢延髓嘴端腹外侧区咪唑啉 I_1 受体，具有高度选择性和亲和力，通过降低交感神经活性和增强迷走神经活性，降低外周血管阻力和心排血量而产生降压作用。口服吸收较快、完全，生物利用度约为88%，半衰期为2.5h，降压作用可维持24h。长期用药有良好的降压效果，并能逆转高血压患者的心肌肥厚，可用于治疗轻、中度高血压。因其对中枢及外周 α_2 受体作用较弱，因此嗜睡、口干等不良反应少见，无直立性低血压和停药反跳现象。

二、血管平滑肌扩张药

血管平滑肌扩张药通过直接扩张血管，降低外周阻力而产生降压作用。根据药物对动、静脉的选择性差异，分为主要扩张小动脉药（如肼屈嗪）和对动脉、静脉均有舒张作用的药物（如硝普钠）。由于此类药物不良反应较多，一般不单独用于治疗高血压，常与利尿药、β受体阻断药等合用，以提高疗效。减少不良反应。

肼 屈 嗪

【体内过程】 肼屈嗪（hydralazine，又名肼苯哒嗪）口服易吸收，给药后30～120min血浆药物浓度达峰值，生物利用度低（16%～35%），半衰期为1h，降压作用可维持6～12h。主要在肝脏代谢，代谢物是无活性的乙酰化产物慢乙酰化者降压作用更明显。

【药理作用】 通过直接舒张小动脉平滑肌，使外周阻力降低而降压。对静脉血管影响较弱，一般不引起直立性低血压。降压时能反射性兴奋交感神经，使心率和心排血量增加，还伴有血浆肾素活性增高及水钠潴留，这些作用使其降压作用部分被抵消，从而减弱其降压效果。

肼屈嗪舒张血管平滑肌的分子机制尚未完全阐明，可能是通过血管内皮细胞释放NO、增加细胞内cGMP和使血管平滑肌细胞膜超极化而干扰 Ca^{2+} 内流，使血管平滑肌松弛。

【临床应用】 用于治疗中、重度高血压。不宜单独使用，老年患者应用此药时须特别注意。合并冠心病患者因可致心肌缺血，也宜慎用。与β受体阻断药、利尿药合用可增强疗效。

【不良反应】 不良反应多由血管扩张引起，如头痛、恶心、面部潮红、直立性低血压、心悸等。因其反射性兴奋交感神经而增加心肌耗氧量，以及扩张动脉可能引起血液从缺血区流向非缺血区及血液“窃流”现象，对有严重冠状动脉功能不全或心脏储备能力差者则易诱发心绞痛。长期大剂量应用可引起红斑狼疮样综合征，多见于慢乙酰化的女性患者，可自行痊愈，少数严重者也可致死。

【禁忌证】 冠心病、心绞痛、心动过速者、妊娠早期妇女禁用。

硝 普 钠

【体内过程】 硝普钠（sodium nitroprusside）口服不吸收，静脉滴注给药30s内起效，2min

内可获最大降压效应，停药 3min 内血压回升至给药前水平。本品对光敏感，易被破坏，药液宜新鲜配制，避光保存和使用。

【药理作用】 可直接舒张小动脉和静脉平滑肌，降低外周血管阻力和心排血量而降压。属于硝基扩血管药，在血管平滑肌内代谢产生 NO，激活鸟苷酸环化酶，增加血管平滑肌细胞内 cGMP 水平而产生强大的舒张血管作用。

【临床应用】 适用于高血压急症及高血压危象、高血压脑病、恶性高血压等，以及高血压合并急性心肌梗死或冠状动脉功能不全者，也可用于高血压伴有心力衰竭者和手术麻醉时的控制性低血压。

【不良反应】 恶心、呕吐、精神不安、肌肉痉挛、头痛等不良反应，均为过度降压所引起。长期或大量应用，或肾功能减退时，可致血中硫氰酸盐蓄积产生乏力、畏食、恶心、定向障碍、精神变态等中毒症状。长期使用可导致甲状腺功能减退。

【禁忌证】 肝肾功能不全者禁用。

三、钾通道开放药（钾外流促进药）

钾通道开放药（potassium channel openers，KCO）有米诺地尔（minoxidil）、吡那地尔（pinacidil）、尼可地尔（nicorandil）等。此类药物可促进钾通道开放、血管平滑肌舒张、血压下降，是一类新型的血管扩张药。

米诺地尔

【体内过程】 口服易吸收，生物利用度约为 90%，给药后 1h 血药浓度达峰值，但降压作用出现较晚，可能是由于活性代谢物生成需要一定时间。半衰期为 4h，肝内代谢为硫酸米诺地尔而活化，主要以代谢产物随尿排出。

【药理作用】 可激活 ATP 敏感性钾通道，促进细胞内 K^+ 外流，使血管平滑肌细胞膜超极化，舒张小动脉，降低外周血管阻力使血压下降。降压时引起反射性交感神经兴奋，使心率加快和心排血量增加。

【临床应用】 主要用于难治性的严重高血压，不宜单独使用。

【不良反应】 有水钠潴留、心率加快、多毛症。

四、去甲肾上腺素能神经末梢阻断药

此类药物作用于去甲肾上腺素能神经末梢部位，通过影响儿茶酚胺的储存和释放而产生降压作用，代表药有利血平（reserpine）和胍乙啶（guanethidine）。利血平通过抑制囊泡的胺泵摄取去甲肾上腺素而引起递质储存耗竭，使交感神经功能减弱而致血压下降，降压作用缓和持久。由于利血平不良反应多，现已少用。胍乙啶通过影响去甲肾上腺素释放，使交感神经兴奋性降低，小动脉扩张，血压下降，但是直立性低血压明显，在降压同时，易引起肾、脑血流量减少，主要用于重症高血压。

五、神经节阻断药

樟磺咪芬（trimetaphan camsylate）、美卡拉明（mecamylamine）、六甲溴铵（hexamethonium bromide）等为神经节阻断药，能够阻断交感神经节和副交感神经节。阻断交感神经节支配占优势的血管，可使血管扩张，血压显著下降，但因为同时阻断副交感神经节，所以不良反应较多而且严重，目前仅用于高血压危象、主动脉夹层动脉瘤、外科手术中的控制性低血压等。

六、α_1 受体阻断药

α_1 受体阻断药可选择性阻断血管平滑肌突触后膜 α_1 受体，使血管扩张，外周阻力降低及回心

血量减少。目前临床常用的 α_1 受体阻断药有哌唑嗪（prazosin），特拉唑嗪（terazosin）和近年来问世的多沙唑嗪（doxazosin），曲马唑嗪（trimazosin）。

哌 唑 嗪

【体内过程】 哌唑嗪（prazosin）口服易吸收，口服后 1～3h 血药浓度达高峰，半衰期约为 3h，降压作用可维持 10h 时，血浆蛋白结合率约为 90%，大部分经肝代谢，仅 10% 以原型经肾脏排泄。

【药理作用】 选择性阻断血管平滑肌突触后膜 α_1 受体，舒张小动脉和小静脉，外周血管阻力降低，血压下降，对立位和卧位血压均有降低作用。降压时不伴有反射性心率加快和肾素释放，对肾血流量及肾小球的滤过率也无明显影响。长期服用对脂质代谢产生有益的影响，而对糖代谢并无不良作用。使前列腺增生患者排尿困难减轻。

【临床应用】 单用治疗轻、中度高血压或伴有肾功能不良、高脂血症、前列腺增生肥大的患者。与利尿药和 β 受体阻断药合用可增强降压作用。

【不良反应】 主要不良反应为首次用药时出现“首剂现象”，即在首次服用哌唑嗪 30～90 min 出现严重直立性低血压，表现为晕厥、心悸等。将首次剂量减半，临睡前服用，可避免发生首剂现象。长期使用可致水钠潴留，加服利尿药可维持其降压效果。其他不良反应常见口干、头痛、鼻塞、乏力、心悸等。

知识拓展

抗高血压新药研究进展

1. 内皮素受体阻断药（ETRA）：内皮素（ET）是体内一类作用非常强大的内源性血管收缩因子和压力肽，能强烈缩血管，使血压升高。ETRA 能舒张血管而降低血压。波生坦（bosentan）是首个可口服的非肽类、非选择性 ETA/ETB 受体阻断药。

2. 5-HT 受体激动药：5-HT 对心脑血管系统的作用主要通过 5-HT_{1A} 和 5-HT_{2A} 两种受体实现，代表药分别是乌拉地尔（urapidil）和酮色林（ketanserin），二者共同点是非高度选择性地作用于 5-HT 受体，具有外周和中枢双重降压作用机制。

3. 神经肽 Y2 受体阻断药：神经肽 Y（NPY）对血压的调节主要有直接收缩血管、增强交感神经递质与缩血管物质以及抑制舒血管活性物质的作用。有三种受体亚型（Y1，Y2，Y3），抑制 NPYY2 受体可产生较为明显的降压作用。

4. 肾素抑制药：肾素抑制药作为降血压药效应类似或优于 ACE 抑制药和 AT_1 受体阻断药。合成的肽类肾素抑制药，如依那克林（enalkiren）、雷米克林（remikiren）等，生物利用度低，口服无效，且不良反应较多。非肽类肾素抑制药，如阿利克林（aliskiren）等选择性高、口服有效、降血压作用与对肾素的抑制相平衡。

5. 基因治疗：随着人类基因组学研究的发展，基因治疗高血压为我们提供了一条新的途径，成为当前研究的热点。基因治疗主要如下。①降低基因表达：以能升高血压和加速心血管病理的基因为主，以往的研究主要集中在 RAS。②诱导基因表达：以降低血压有关的基因为靶基因，如内皮型一氧化氮合酶等。③ RNA 干扰：是在基因转录后通过对目的 RNA 特异性降解而使基因失活的转录后基因沉默机制。

第四节　抗高血压药物的合理应用

持续的血压升高可伴有血管、心、脑和肾等器官功能性或者器质性改变，已经成为我国心脑血管病（包括冠心病、脑卒中、心力衰竭和肾衰竭）的最主要危险因素。高血压的主要治疗目标是使患者的血压达到目标水平，最大限度地降低心血管并发症发生率与死亡率。

抗高血压药物种类繁多、各有特点，疗效存在很大个体差异，因此应根据病情并结合药物特点合理用药。

一、有效降压

在患者能耐受的情况下，逐步降压达标。一般高血压患者，应将血压降至140/90mmHg以下。65岁及以上老年人的收缩压应控制在150mmHg以下，如能耐受还可进一步降低。伴有肾脏疾病、糖尿病或病情稳定的冠心病的高血压患者治疗更宜个体化，一般可以将血压降至130/80mmHg以下。脑卒中后的高血压患者一般血压目标为＜140/90mmHg。处于急性期的冠心病或脑卒中患者，应按照相关指南进行血压管理。舒张压低于60mmHg的冠心病患者，应在密切监测血压的前提下逐渐实现收缩压达标。应及时将血压降低到上述目标血压水平，但并非越快越好。大多数高血压患者，应根据病情在数周至数月内将血压逐渐降至目标水平。年轻、病程较短的高血压患者，可较快达标。但老年人、病程较长或已有靶器官损害或并发症的患者，降压速度宜适度缓慢。

一般而言，高盐膳食及老年患者、单纯收缩期高血压患者，对钙通道阻滞药、噻嗪类利尿药的降压反应较好。青、中年患者则对ACE抑制药或AT_1受体阻断药、β受体阻断药反应较好；伴代谢异常者，对ACE抑制药或AT_1受体阻断药反应较好。此外，α_1受体阻断药、中枢降压药、直接扩血管药有时亦可应用于某些高血压人群。

二、平稳降压

一般宜从小剂量开始，逐步增量，达到满意效果后改维持剂量以巩固疗效，避免降压过快、剧烈，以免造成重要器官灌流不足等。血压不稳定可导致器官损伤，必须在降血压的同时使血压平稳，提倡使用长效药物以减少血压波动性，高血压需终身治疗，不宜中途随意停药，更换药物时应逐步替代。

三、靶器官保护

由于高血压患者需终身使用降压药，长期治疗中常伴有一些重要脏器的损害和并发一些其他心血管疾病，因此在抗高血压治疗中必须考虑逆转或阻止靶器官损伤。靶器官的保护作用比较好的药物是ACE抑制药、AT_1受体阻断药和长效钙通道阻滞药。①高血压伴冠心病者，对稳定型心绞痛患者可加用长效钙通道阻滞药，心肌梗死后患者加用ACE抑制药或AT_1受体阻断药。②高血压伴有脑卒中者，常用的5类降压药均可用于脑卒中的二级预防，其中利尿药和钙通道阻滞药应用较多，预防脑卒中效果良好。③高血压伴肾脏疾病者，优先考虑应用ACE抑制药或AT_1受体阻断药，血压不能有效控制者，加用钙通道阻滞药或小剂量利尿药。肾功能严重障碍者，慎用或不用ACE抑制药、AT_1受体阻断药，可用钙通道阻滞药、呋塞米等。④高血压伴潜在性糖尿病或痛风者，宜用ACE抑制药、AT_1受体阻断药、α_1受体阻断药和钙通道阻滞药，不宜用噻嗪类利尿药。⑤老年高血压者，常用的5大类降压药物均可以选用。对于合并前列腺肥大或使用其他降压药而血压控制不理想的患者，α_1受体阻断药亦可以应用，同时注意防止直立性低血压等不良反应。⑥高血压危象及脑病者，宜静脉给药以迅速降低血压，可采用静脉滴注硝普钠，也可用高效利尿药如呋塞米等。⑦妊娠期高血压者，禁用ACE抑制药或AT_1受体阻断药，必要时谨慎使用降压药。常用的静脉降压药物有拉贝洛尔和硫酸镁；口服药物包括β受体阻断药、阿米洛利、肼屈嗪或钙通道阻滞药等；硫酸镁是治疗严重先兆子痫的首选药物。

四、联合用药

联合用药的目的是增加降压效果，减少不良反应。当单用一种抗高血压药物无效时，可改用作用机制不同的另一种抗高血压药物。单一用药有较好响应，但降压未达标时可采用联合用药。

联合用药应从小剂量开始，并采用作用机制不同的药物。联合用药一般采用二联用药，目前常用的5类药物中，任何两类药物联用都是可行的。二联用药无效则三联用药，即在二联用药基础上加中枢性降压药或直接扩血管药。

五、个体化治疗

高血压治疗应个体化，主要根据患者的年龄、性别、种族、病情程度、并发症等情况制订治疗方案，维持和改善患者的生存质量，延长寿命。高血压的发生发展具有不同类型和个体特征，作用靶点存在遗传多态性，使得个体对药物的反应千差万别，因此需要制订不同类型高血压患者的个体化选药方案。同时，因不同患者或同一患者在不同病程时期，所需剂量不同，或由于药物可能存在代谢酶、转运体的多态性，不同患者病情相似但所需剂量不同，做到“因人而异，量体裁衣”，对每一患者选择最适宜剂量。

案例解析

案例：

患者，男，62岁，有高血压病史17年，合并慢性肾功能不全和肾性高血压。此次就诊时血压180/100mmHg，尿常规蛋白（+），尿素氮14.8mmol/L，尿酸420μmol/L，肌酐330μmol/L。

问题：根据患者病情，建议使用哪类抗高血压药物？

解析：

对有蛋白尿或微量白蛋白尿的高血压患者首选ACE抑制药或AT_1受体阻断药。噻嗪类利尿药与ACE抑制药或AT_1受体阻断药合用可明显增加后者的降压作用。但对于高尿酸血症，以及明显肾功能不全者需慎用噻嗪类利尿剂，如需使用，应使用袢利尿药，如呋塞米等。钙通道阻滞药舒张外周血管作用强，降压效果好，能够减少肾钙化和肾小球硬化。所以建议该患者使用厄贝沙坦、左旋氨氯地平和呋塞米片。用药1周后患者血压控制在132/83mmHg。

本 章 小 结

抗高血压药是一类能降低血压用于治疗高血压的药物。根据抗高血压药物的作用部位和机制可以分为以下几类。

1. 利尿药，代表药有氢氯噻嗪等。

2.RAS抑制药

（1）ACE抑制药，代表药有卡托普利、依那普利、雷米普利等。

（2）Ang Ⅱ受体阻断药，代表药有氯沙坦、缬沙坦等。

3. 钙通道阻滞药，代表药有硝苯地平、氨氯地平。

4. 肾上腺素受体阻断药

（1）β受体阻断药，代表药有普萘洛尔、美托洛尔等。

（2）$α_1$受体阻断药，代表药有哌唑嗪等。

（3）α、β受体阻断药，代表药有拉贝洛尔、卡维地洛等。

5. 交感神经抑制药

（1）中枢性降压药，代表药有可乐定等。

（2）神经节阻断药，代表药有樟磺咪芬等。

（3）去甲肾上腺素能神经末梢阻断药，代表药有利血平、胍乙啶。

6. 血管扩张药

（1）血管平滑肌扩张药，代表药有肼屈嗪、硝普钠。

（2）钾通道开放药，代表药有米诺地尔。

其中利尿药、钙通道阻滞药、β受体阻断药、ACE抑制药和AT_1受体阻断药统称为常用抗高血压药物。高血压的主要治疗目标是使高血压患者的血压达到目标水平，最大限度地降低心血管并发症发生率与死亡率。降压药物应用应从小剂量开始，优先应用长效制剂和联合用药。根据高血压程度、高血压并发症及特殊人群选择降压药物，并且在抗高血压治疗中必须考虑逆转或阻止靶器官损伤。

中药介绍

丹　参

丹参为唇形科鼠尾草属多年生草本植物丹参 *Salvia miltiorrhiza* Bge. 的干燥根及根茎。在我国应用历史悠久，始载于《神农本草经》，列为上品，性微寒，味苦。《中国药典》(2020年版）归纳丹参的功效为“祛瘀止痛，活血通经，清心除烦”。丹参因其确切的活血化瘀作用在治疗心血管疾病、肝病方面取得了显著的疗效。文献报道丹参对高血压有如下治疗作用。①扩张血管，尤以扩张冠状动脉作用强，可以扩张外周血管、增加器官血流量、降低血管阻力、使血压下降。②改善微循环，丹素酮ⅡA磺酸钠，能增加冠状动脉血流、减慢心率、有效抑制内源性胆固醇的合成、降低LDL、利于瘀滞的微循环血流加速、缓解微血管痉挛、提高微循环流速和流量。③有效改善血液流变学、降低血液黏稠度、改善红细胞变形、降低血浆纤维蛋白原、抑制血小板聚集、防止血小板活化、阻止血栓形成。现代药理学研究结果表明丹参具有广泛的药理作用，在心脑血管疾病、肾衰竭、肝脏疾病、呼吸系统疾病、糖尿病、高血压、系统性红斑狼疮、急性胰腺炎、恶性肿瘤、银屑病、带状疱疹等方面都有临床应用，并且疗效显著、副作用小、价格便宜，有较好的开发前景。

（李　飞）

第二十四章　抗慢性充血性心力衰竭药

能力要求

1. 能够掌握治疗心力衰竭药物的分类、药理作用、作用机制、临床应用及不良反应。
2. 能够简要叙述心力衰竭的病理生理学基础及药物合理应用原则。

第一节　充血性心力衰竭的病理生理学变化及治疗充血性心力衰竭药物分类

心力衰竭（heart failure，HF）是各种心脏结构性或功能性疾病导致心室充盈和（或）射血功能受损，心脏无法泵出足够的血液来满足全身的需要，以呼吸困难、疲劳和液体潴留为主要症状的进行性心力衰竭的一组临床综合征。心力衰竭通常伴有血容量和间质液的异常增加。心力衰竭发生的潜在原因包括但不限于动脉粥样硬化性心脏病、高血压性心脏病、瓣膜性心脏病和先天性心脏病。

一、心力衰竭的病理生理学

心力衰竭发生时，心脏的结构和功能发生改变，代偿性激活神经内分泌系统，机体交感神经系统、RAAS 激活，血液及心肌组织中利钠肽、内皮素、精氨酸加压素等增多。神经内分泌系统的激活又在心肌重构和心力衰竭进展过程中产生重要影响。

（一）神经内分泌变化

心力衰竭发病过程中，心脏的神经内分泌调节机制均发生明显变化，后期交感神经系统和 RAAS 的慢性激活与心肌组织重塑、心肌细胞肥大和纤维化有关。神经内分泌的这些变化将会引发过多神经激素的激活，在早期有一定代偿意义，但长期将形成恶性循环，导致病情恶化。

1. 交感神经系统激活　心力衰竭时由于心排血量降低，压力感受器感受到血压下降，反射性兴奋交感神经系统，加快心率和增强心肌收缩力。此外，血管收缩后可增强静脉回流并增加心脏前负荷，进而增加心排血量。交感神经系统激活在早期可改善组织器官灌注不足的状态；但这些代偿性反应会增加心脏负荷，从长远来看，交感神经长期激活则可增加心脏的耗氧量和后负荷，导致心肌细胞凋亡、心肌重构，心脏功能进一步下降，促进病情恶化。

2. RAAS 激活　心力衰竭时心排血量下降，肾血流量减少，从而促进肾素的释放。肾素释放也受到交感神经活性增加的刺激，导致 Ang Ⅱ 和醛固酮的生成增加，从而引起全身小动脉收缩，外周阻力（后负荷）增加，水钠潴留等。血容量增加，更多的血液返回心脏。如果心脏无法泵出这些额外的血液，血管静水压就会增加，周围组织和肺水肿就会发生。另外，Ang Ⅱ 和醛固酮的高水平会直接损伤心肌，造成心肌纤维化、心肌肥大。同样，这些代偿性反应也会增加心脏负荷，导致心功能进一步下降。

3. 利钠肽的激活　在心力衰竭时心脏负荷增加，利钠肽被激活释放，利钠肽包括心房利钠肽、B 型利钠肽和 C 型利钠肽，他们在心力衰竭中有不同的作用，其中心房利钠肽和 B 型利钠肽是最重要的。利钠肽的激活最终导致血管扩张、利尿排钠、肾素和醛固酮释放抑制及心肌纤维化减少，从而有效改善心脏功能和心力衰竭症状。

4. 精氨酸加压素（AVP）增多　AVP 通过与特异受体的结合，增加细胞内 Ca^{2+} 含量而收缩血管，增加心脏前、后负荷。

5. 内皮素（ET）增多　心力衰竭时多重刺激因素都能促进血液及心肌中 ET 量增加，产生收缩血管作用，同时还有正性肌力作用和明显的促生长作用，引起心室重构。

6. 肿瘤坏死因子（TNF-α）增多　心力衰竭时在缺氧等应急刺激下，外周 TNF-α 生成增多，引起发热、恶病质等，还有负性肌力作用，使心力衰竭恶化。

7. 血管内皮松弛因子（EDRF）减少　EDRF 具有扩张血管、抗血小板聚集、抗血管平滑肌增生、逆转心肌重构等作用。其分泌减少，扩血管作用减弱，患者的运动耐量降低，不利于心功能的恢复。

（二）心脏功能与结构变化

1. 功能变化　心力衰竭时因心肌受损，导致心肌收缩力减弱，心率加快，前、后负荷及心肌耗氧量均增加，同时发生收缩功能或舒张功能障碍，表现为心肌收缩性下降和（或）心室舒张不协调，心室顺应性降低。

2. 结构变化　心力衰竭时心肌长期处于超负荷状态，如心肌梗死、心律失常、高血压、氧自由基等均可引发心肌细胞凋亡。同时，心肌过度扩张，心肌细胞内钙超载等引起心肌细胞肥大，心肌细胞外基质成分增多堆积，胶原量增加，心肌组织纤维化，导致心肌重构（remodeling，又称心脏构形重建），表现为心肌肥厚、心腔扩大、心脏的收缩功能和舒张功能障碍，最终发展为心力衰竭。

（三）心肌 β 受体信号转导的变化

交感神经系统长期激活可导致心肌 β 受体信号转导发生明显改变。

1. β_1 受体下调　可减轻去甲肾上腺素对心脏的不利影响。

2. β_1 受体与 G_s 蛋白脱偶联或脱敏　可使心脏对受体激动药的敏感性降低，同时腺苷酸环化酶活性降低，cAMP 生成减少，细胞内钙浓度降低，使心肌收缩力减弱。

另外，G 蛋白脱偶联受体激酶（GPK）活性增加，使已被激动药占领并与 G 蛋白相偶联的 β 受体被 GPK 磷酸化后形成磷酸化受体，进一步和抑制蛋白结合而与 G 蛋白脱偶联，使受体减敏。

二、治疗心力衰竭药物的分类

心力衰竭治疗目的是减轻症状、减缓疾病进展和提高生存率。以下几类药物已被证明是有效的：ACE 抑制药、ARB、醛固酮受体阻断药、β 受体阻断药、利尿剂、血管扩张药、超极化激活的环核苷酸门控通道阻滞药、促肌力剂、脑啡肽酶抑制药与 ARB 的组合，以及重组 B 型利钠肽。根据心力衰竭的严重程度和个别患者因素，使用一种或多种此类药物。药物干预对心力衰竭有以下益处：减少心肌工作负荷，减少细胞外液体积，改善心脏收缩力，降低心脏重塑率。了解心肌收缩的生理学对于理解衰竭心脏引起的代偿反应及用于治疗心力衰竭的药物的作用至关重要。

治疗心力衰竭的药物主要通过增加心肌收缩力、减轻心脏前、后负荷等发挥作用，根据治疗药物的药理作用特点（图 24-1），分类如下。

1. 正性肌力药物

（1）强心苷类：地高辛等。

（2）β 受体激动药：多巴酚丁胺等。

（3）磷酸二酯酶抑制药：氨力农等。

2. RAAS 抑制药

（1）ACE 抑制药：卡托普利、依那普利等。

（2）AT_1 受体阻断药：氯沙坦等。

（3）盐皮质激素受体阻断药（MRA）：螺内酯等。

3. β 受体阻断药（βRB）　卡维地洛等。

4. 利尿药　氢氯噻嗪、呋塞米等。

5. 血管扩张药 硝酸异山梨酯、硝普钠等。

6. 其他

（1）钙通道阻滞药：氨氯地平等。

（2）血管紧张素受体-脑啡肽酶抑制药：沙库巴曲/缬沙坦。

（3）超极化激活的环核苷酸门控通道抑制药：伊伐布雷定。

（4）重组 B 型利钠肽。

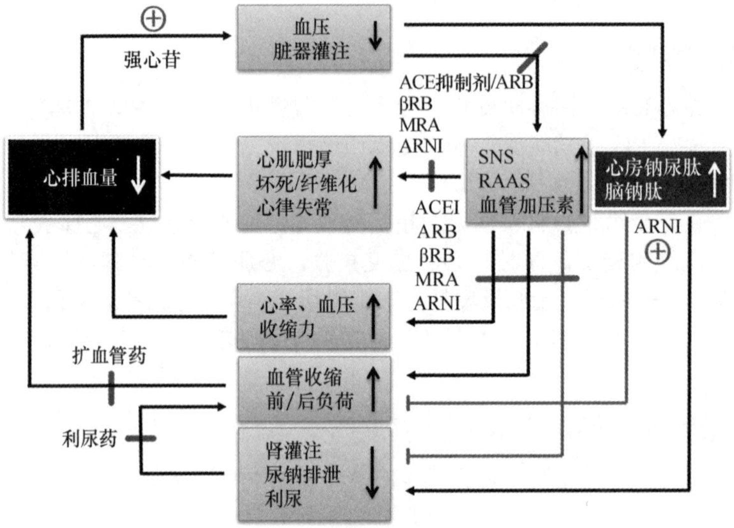

图 24-1 心力衰竭的病理生理变化及药物作用

SNS. 交感神经系统；βRB.β 受体阻断药；MRA. 盐皮质激素受体阻断药；ARNI. 血管紧张素Ⅱ受体-脑啡肽酶抑制药

第二节 强心苷类

大多数强心苷类（cardiac glycoside）药物来自洋地黄（foxglove）类植物，通常被称为洋地黄或洋地黄苷。强心苷类是一类直接作用于心肌，具有增强心肌收缩力作用的苷类化合物，因其只能改善心力衰竭的短期症状而不能改善预后，其临床应用受到一定限制，已不再作为治疗心力衰竭的首选药物。该类药物有地高辛（digoxin）、洋地黄毒苷（digitoxin）、毛花苷丙（cedilanide）、毒毛花苷 K（strophanthin K）等，其中地高辛最为常用。

【体内过程】 强心苷类药物（结构式）是由苷元和稀有糖键相连的苷类化合物，其药动学特点差异大。一般来说强心苷类的口服吸收率、血浆蛋白结合率和生物转化率与其化学结构上的羟基数成反比，而肾脏排泄率与羟基数成正比。根据半衰期长短分为长效、中效和短效 3 类。洋地黄毒苷脂溶性高，口服吸收好，大部分经肝脏代谢后经肾脏排出，但有部分形成肝肠循环，半衰期达 5～7 天，为长效强心苷。地高辛口服吸收后在体内分布广泛，生物利用度个体差异大，约 2/3 以原型经肾脏排泄，半衰期为 33～36h，属中效强心苷。毛花苷丙及毒毛花苷 K 口服不吸收，需静脉给药，大部分以原型经肾脏排出，显效快，属短效强心苷。

【药理作用】 各类强心苷药理作用基本相同，其作用强度、起效快慢和持续时间存在差异。

1. 对心脏的作用

（1）正性肌力作用（positive inotropic effect）：强心苷选择性地作用于心脏，显著增加衰竭心脏的心肌收缩力。表现为心肌收缩时最高张力和最大缩短速率的提高，使心肌收缩有力而敏捷，因此舒张期相对延长，有利于衰竭心脏充分休息、增加静脉回流，加上其负性频率作用，降低衰竭心脏的心肌耗氧量。因此，强心苷发挥正性肌力作用增加心排血量的同时不引起心肌耗氧量增加，有利于心力衰竭症状的改善，也是区别于非苷类正性肌力药物的优势所在。

强心苷产生正性肌力作用的机制与增加心肌细胞内的 Ca^{2+} 含量有关。心肌收缩过程需要 Ca^{2+} 的参与，目前认为强心苷与心肌细胞膜上的 Na^+，K^+-ATP 酶结合，并抑制其活性，导致心肌细胞内 Na^+ 增加，K^+ 减少。由于细胞内 Na^+ 增多，诱发 Na^+-Ca^{2+} 双向交换机制，使心肌细胞内 Ca^{2+} 增加。少量的心肌细胞内 Ca^{2+} 增加促使心肌细胞内肌浆网中的 Ca^{2+} 大量释放，与心肌细胞肌钙蛋白 C（TnC）结合后，增强心肌收缩力，发挥正性肌力作用，见图 24-2。

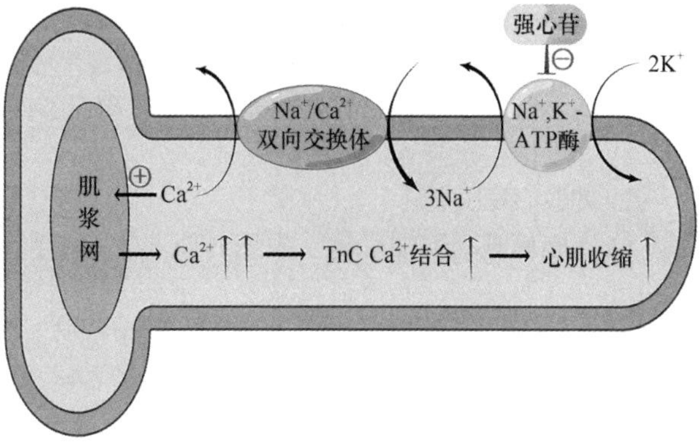

图 24-2 强心苷作用机制示意图

（2）负性频率作用（negative chronotropic effect）：治疗量强心苷对正常心率影响小，主要针对心率过快及伴有心房颤动的心力衰竭患者减慢心率作用显著。心力衰竭时由于心排血量减少，反射性提高交感神经活性，引起心率加快。应用强心苷后，心搏出量增加，反射性地兴奋迷走神经，增加心肌对迷走神经的敏感性，窦房结、房室结受到抑制，心率减慢，房室传导减慢。故强心苷过量引起的心动过缓和传导阻滞可用阿托品对抗。

（3）对心肌电生理特性的影响：强心苷对心肌电生理的影响随用药剂量、心肌细胞的部位和病变情况而不同。

治疗剂量下，强心苷降低反射性兴奋交感神经张力，同时兴奋迷走神经，降低窦房结自律性，减慢房室结传导；强心苷亦可因兴奋迷走神经，促进 K^+ 外流，加大心房肌细胞膜静息电位，加快心房传导速度。高浓度时，强心苷可过度抑制 Na^+，K^+-ATP 酶，使细胞内失 K^+，提高自律性；细胞内 Ca^{2+} 增加可引起 Ca^{2+} 振荡、早后除极、迟后除极等。中毒剂量下，强心苷也可增强中枢交感活动引起各种心律失常，以室性期前收缩、心动过速多见。

2. 对神经和内分泌系统的作用 中毒剂量的强心苷可兴奋延髓催吐化学感受区引起呕吐，还可兴奋交感神经中枢，明显地增加交感神经冲动发放而引起快速型心律失常。

强心苷可改善神经内分泌异常，通过兴奋脑干副交感神经中枢减慢心率和房室结传导；通过降低心力衰竭患者血浆肾素活性，进而减少 Ang Ⅱ 及醛固酮含量，对心力衰竭时过度激活的 RAAS 产生拮抗作用。

3. 对肾脏的作用 强心苷对心力衰竭患者有明显利尿作用。其利尿机制：一方面心功能改善后，心排血量增加，肾血流量和肾小球滤过率增加发挥间接利尿作用；另一方面通过抑制肾小管 Na^+，K^+-ATP 酶，减少肾小管对 Na^+ 重吸收而产生直接利尿作用。

4. 对血管的作用 强心苷能直接收缩血管平滑肌，导致外周阻力升高。但心力衰竭患者用药后，其对交感神经活性的抑制效应超过了其直接收缩血管的效应，外周阻力下降，心排血量增加，组织灌流量改善，动脉血压不变或略升。

【临床应用】 随着近年来 ACE 抑制药和 β 受体阻断药的应用，强心苷现多用于以收缩功能障碍为主，对利尿药、ACE 抑制药、β 受体阻断药疗效欠佳的心力衰竭患者及部分心律失常如心房颤动、心房扑动、阵发性室上性心动过速患者的治疗。

1. 心力衰竭 利用强心苷增强心肌收缩性，增加心排血量的作用，改善组织器官缺血症状，同时由于心排空完全，舒张期延长，回心血量增多，解除静脉系统淤血症状。但由于不同原因引发的心力衰竭病情不同，疗效存在差异。

（1）疗效最佳：对伴有心房颤动或心室率过快心力衰竭患者疗效最好。

（2）疗效较好：对瓣膜病、先天性心脏病、动脉硬化和高血压引起的心力衰竭效果良好。

（3）疗效较差：继发于甲状腺功能亢进、严重贫血、维生素 B_1 缺乏等疾病的心力衰竭，由于强心苷不能改善其心肌能量代谢障碍的状态，所以疗效差。对肺源性心脏病、活动性心肌炎（如风湿病活动期）或严重心肌损伤引起的心力衰竭疗效较差且易发生中毒。

（4）无效：伴有机械性阻塞的心力衰竭如缩窄性心包炎、严重二尖瓣狭窄等，强心苷不能改善其心室舒张和充盈障碍，所以无效。

2. 某些心律失常

（1）心房颤动：即心房发生细弱而不规则的颤动，其最大的危害是过多的心房冲动下传到心室引起心室率过快，心排血量减少，导致严重循环障碍。此时运用强心苷可通过兴奋迷走神经或抑制房室结，减慢房室传导，增加房室结中隐匿性传导，降低心室率，增加心排血量，从而改善循环障碍。此时运用强心苷旨在减慢过快的心室率而非消除心房颤动，实际上对大多数患者并不能终止心房颤动。

（2）心房扑动：此时心房的冲动相比心房颤动时少，但更强而规则，更易于传入心室引起心室率过快而难以控制。强心苷可通过不均一地缩短心房 ERP，首先使心房扑动转为心房颤动，继而发挥治疗心房颤动的作用。强心苷是治疗心房扑动最常用的药物，部分患者在转为心房颤动后停用强心苷可恢复窦性节律，因停用强心苷相当于取消了缩短不应期的作用，使心房的 ERP 延长，终止折返激动，恢复窦性节律。

（3）阵发性室上性心动过速：强心苷通过增强迷走神经功能，降低心房兴奋性而终止阵发性室上性心动过速发作。

【不良反应及防治】 强心苷治疗指数范围很窄，一般治疗量已接近中毒量的 60%，且患者对强心苷的敏感性个体差异大，又容易受多种因素的影响，如伴有低血钾、低血镁、心肌缺氧、酸碱平衡失调、肾功能不全、合并用药等情况更易诱发不同程度的毒性反应。

1. 不良反应表现

（1）胃肠道反应：表现为厌食、恶心、呕吐、腹泻等，是最常见的早期中毒症状。应注意与用药量不足、心力衰竭未得到控制引起的胃肠反应加以鉴别。剧烈呕吐导致失钾可加重强心苷中毒，应注意补钾并减量或停药。

（2）神经系统反应：头痛、疲乏、眩晕、噩梦、谵妄、幻觉等，还可出现黄视、绿视症及视物模糊等视觉障碍，视觉障碍是强心苷中毒的特异性症状，为临床停药指征。

（3）心脏毒性反应：是最严重、最危险的不良反应，约有 50% 的病例发生各种类型心律失常。

1）快速型心律失常：最多见和最早见的是室性期前收缩，约占心脏毒性发生率的 1/3，也可发生二联律、三联律及由异位节律点自律性增高引起的房性或室性心动过速，甚至发生心室颤动。

2）房室传导阻滞：程度各异，严重者可出现完全阻滞。与强心苷兴奋迷走神经和高度抑制 Na^+，K^+-ATP 酶导致细胞内低 K^+、静息膜电位降低有关。

3）窦性心动过缓：由于强心苷抑制窦房结，降低自律性，中毒时可发生心动过缓，心率降至 60 次/分以下应作为停药指征之一。

2. 强心苷中毒的防治

（1）预防：①注意诱发或加重强心苷中毒的因素，如低血钾、低血镁、酸碱平衡失调等；②及时发现中毒的先兆，如胃肠道反应、视觉障碍、室性期前收缩、窦性心动过缓等，应及时减量或停药；③严格掌握适应证，有条件时可监测血药浓度。

（2）治疗：根据中毒症状的类型和严重程度采取相应的措施。①快速型心律失常：补钾是强心苷中毒引起快速型心律失常的有效治疗药物，注意补 K^+ 不可过量，尤其肾功能不全患者应注意防止高血钾发生，对并发房室传导阻滞患者不能补充钾盐以防心脏停搏。②缓慢型心律失常：包括窦性心动过缓、房室传导阻滞等，可用阿托品、异丙肾上腺素静脉注射治疗，注意不宜补钾。③危及生命的地高辛中毒：可使用地高辛抗体 Fab 片段作静脉注射治疗，可使强心苷与 Na^+，K^+-ATP 酶解离，对严重中毒效果明显。

【药物相互作用】 排钾利尿药因引起低血钾诱发强心苷中毒，应谨慎合用并注意补钾。地高辛是P-糖蛋白的底物，而P-糖蛋白抑制药，如克拉霉素、奎尼丁、维拉帕米和胺碘酮，可显著增加地高辛水平，联用时需要减少地高辛的剂量。苯妥英钠因能增加地高辛的代谢而降低其血药浓度。拟肾上腺素药可提高心肌自律性，使心肌对强心苷的敏感性增高而导致强心苷中毒。

【给药方法】

1. 负荷量加维持量疗法　负荷量即全效量，全效量亦称“洋地黄化”量，指短时间内给予足量强心苷，以充分发挥疗效，分为速给法和缓给法。速给法适宜于病情较急且两周内未使用强心苷的患者，于24h内分次给足全效量；缓给法适宜于慢性病例，于2～4天内给足全效量，然后给予维持量继续治疗。

2. 无负荷量的维持量疗法　即每天给予一定剂量，经4～5个半衰期使药物达到C_{ss}发挥治疗作用。这种给药方法安全有效，简便易行，现多采用。特别适宜于轻中度心力衰竭患者，对于病情较重者，可联合应用ACE抑制药和利尿药等，能迅速缓解病情。

知识拓展

心房颤动(atrial fibrillation）简称房颤，是最常见的心律失常之一，是由心房主导折返环引起许多小折返环导致的房律紊乱。心房颤动时心房激动的频率达300～600次/分，心搏频率往往快而且不规则，心房失去正常的有效收缩，引起严重并发症，如心力衰竭和动脉栓塞，严重威胁人类健康。心房颤动可以是阵发性的，也可以自行终止，其患病率的增加还与冠心病、高血压和心力衰竭等疾病的增加密切相关。

心房扑动（atrial flutter）简称房扑，是一种快速异位心律失常，发生于心房内，冲动频率较房性心动过速更快，心率为250～350次/分。其临床表现主要取决于心室率的快慢、心室率变化的急骤程度及心脏的状态。在突然发生快速型心房扑动伴有心脏疾病时，患者可出现类似阵发性心动过速的一系列症状，感到心悸、呼吸困难、无力、头晕，甚至出现心绞痛、心力衰竭，或脑、肺、肢体动脉栓塞现象。心房扑动可突然中止发作，亦可先转为心房颤动，而后恢复窦性心律。

阵发性室上性心动过速是指起源于心房或房室交界区的心动过速，大多数是由于折返激动所致，少数由自律性增加和触发活动引起。心率快，多在160～220次/分，节律规则。心电图连续3次以上室上性过早搏动称为阵发性室上性心动过速，包括房性和交界区性心动过速，有时二者心电图上难以鉴别，则统称为阵发性室上性心动过速。

第三节　肾素-血管紧张素-醛固酮系统抑制药

RAAS过度激活在心力衰竭、心肌损伤、心肌重构中发挥重要作用，RAAS抑制药主要包括ACE抑制药、AT_1受体和醛固酮受体阻断药能够防止并逆转心室重构，提高心脏及血管的顺应性，可缓解心力衰竭的症状，提高生活质量，降低病死率，改善预后。故这类药物已经成为治疗心力衰竭的重要药物，广泛用于临床。

一、血管紧张素转化酶抑制药

临床常用的药物有卡托普利（captopril）、依那普利（enalapril）、贝那普利（benazapril）、雷米普利（ramipril）、福辛普利（fosinopril）等。这些药物治疗心力衰竭的作用机制相似（详见第二十二章）。

【体内过程】 大多数ACE抑制药口服给药后被充分吸收。食物可能会减少卡托普利的吸收，所以应空腹服用卡托普利。除了卡托普利和注射用依那普利外，ACE抑制药作为前药需要通过肝药酶水解激活。除福辛普利外，大多数ACE抑制药通过肾脏清除、灭活，福辛普利通过粪便排泄。

【抗心力衰竭作用】 ACE抑制药可抑制体循环及局部组织中AngⅠ向AngⅡ的转化，使血液及组织中AngⅡ含量降低；抑制缓激肽的降解，使血中缓激肽含量增加；可减少醛固酮生成，减轻水钠潴留。

1. 抑制心肌及血管重构 Ang Ⅱ和醛固酮是促进心肌细胞增生、纤维化，导致心肌及血管重构的主要因素。ACE 抑制药通过减少 Ang Ⅱ和醛固酮生成，减弱了二者的促细胞增殖作用，能有效阻止或逆转心力衰竭心室肥厚的发生，提高心肌和血管的顺应性，改善左心室功能，降低心力衰竭病死率。

2. 对血流动力学的影响 ACE 抑制药通过抑制 Ang Ⅰ转化酶活性，使血液及组织（如心脏、血管内皮等）中 Ang Ⅱ含量降低，同时缓激肽含量增加，使全身阻力血管和容量血管舒张，心脏前后负荷降低，增加心排血量，改善心脏功能。ACE 还能降低肾血管阻力，增加肾血流量，改善肾功能。

3. 其他 ACE 抑制药抑制醛固酮分泌，水钠潴留减轻，回心血量减少，心脏前负荷降低。还通过拮抗交感神经的活性，恢复下调的β受体，降低血中儿茶酚胺和精氨酸加压素的含量等改善心脏功能。

【临床用途】 ACE 抑制药对各阶段心力衰竭者均有益，既能消除或缓解心力衰竭症状，防止和逆转心肌肥厚，改善生活质量，降低病死率。已作为一线药物广泛用于临床，轻度患者可单独应用，能延缓早期心力衰竭患者的病情进展；中重度患者可与利尿药、β受体阻断药、强心苷类药物合用；特别对舒张性心力衰竭患者疗效明显优于强心苷类药物；亦是治疗和预防急性心肌梗死或有显著左心室功能异常的心力衰竭最好的药物。无禁忌证者均可应用，包括无症状的心力衰竭，但应注意从小剂量开始。

【不良反应】 直立性低血压、肾功能不全、高钾血症、持续性干咳和血管性水肿（罕见）。由于存在高钾血症的风险，必须监测血钾水平，尤其是同时使用钾补充剂、保钾利尿剂或醛固酮阻断药。还应监测血清肌酐水平，尤其是基础肾病的患者。如果与利尿剂一起使用，ACE 抑制药的症状性低血压的可能性大大增加。ACE 抑制药会致畸，不应用于孕妇。

二、AT_1受体阻断药

ARB 是口服活性化合物，是 AT_1 受体的竞争性阻断药。因为 ACE 抑制药只抑制 Ang Ⅱ的转化酶，并不能完全阻断 AT_1 Ⅱ受体，所以 ARB 对 Ang Ⅱ的阻断作用更完全。然而，ARB 并不影响缓激肽水平。尽管 ARB 具有与 ACE 抑制药相似的作用，但它们在治疗上并不完全相同。目前，ARB 仍然是不能耐受 ACE 抑制药患者的替代品。临床常用的药物有氯沙坦（losartan）、缬沙坦（valsartan）、厄贝沙坦（irbesartan）等（详见第二十二章）。

【体内过程】 ARB 一般口服给药，每日一次，但缬沙坦除外，每日两次。它们与血浆蛋白高度结合。氯沙坦经肝代谢后，可以转化为活性代谢物；其他药物代谢为非活性代谢物。

【药理作用】 AT_1 受体阻断药直接阻断 Ang Ⅱ与其受体的结合，拮抗 Ang Ⅱ的缩血管作用和促心血管重构作用，对其他非 ACE 途径如食糜酶产生的 Ang Ⅱ也有拮抗作用，发挥与 ACE 抑制药类似的效应。短期应用表现为降低心脏前后负荷，改善血流动力学，长期应用可预防及逆转心血管重构，改善心功能，降低心力衰竭患者的病死率。本类药物因不影响缓激肽代谢，不良反应较少，不易引起咳嗽、血管神经性水肿等，常作为对 ACE 抑制药不耐受患者的替代品。长期应用对心率无影响，不易产生耐受性，特别适用于血浆肾素活性高、Ang Ⅱ增多所致心室重构的心力衰竭。

【不良反应】 ARB 具有类似于 ACE 抑制药的副作用和药物相互作用。然而，ARB 的咳嗽和血管水肿发生率较低。与 ACE 抑制药一样，ARB 在妊娠期是禁用的。

三、醛固酮受体阻断药

由于 Ang Ⅱ的激活和肝脏对激素清除率下降，心力衰竭时血中醛固酮的浓度显著升高。一方面引起水钠潴留，通过其明显的促生长作用，引起心房、心室、大血管的重构，加速心力衰竭进程。一方面阻止心肌摄取去甲肾上腺素使其游离浓度增加，诱发冠状动脉痉挛和心律失常，增加心力衰竭的室性心律失常及猝死率发生。临床研究证明，常规治疗基础上，加用非选择性醛固酮受体阻断药螺内酯（spironolactone）可通过防止左心室心肌间质纤维化，改善血流动力学及临床症状，明显降低心力衰竭的病死率。螺内酯对雄激素和孕激素受体也有亲和力，因此会出现与内分泌相关的不良反应，如乳腺增生、乳腺癌和女性痛经，限制了其在临床的应用。依普利酮（eplerenone）是新型的选择性醛固酮受体阻断药，因其不作用于雄激素和孕酮受体，避免了螺内酯的性激素样副反应，是治疗心力衰竭安全有效的安全药物。在 ACE 抑制药/AT_1 受体阻断药或 β 受体阻断药治疗的基础上，加用该药可进一步降低心肌梗死合并左心室功能低下心力衰竭患者的病死率。

第四节　β 受体阻断药

心力衰竭时交感神经张力持续增高，可造成心肌细胞内 Ca^{2+} 超负荷和儿茶酚胺增加，冠状动脉血流减少和心肌耗氧量增加，促进心力衰竭的恶化。β 受体阻断药虽可抑制心肌收缩力，但长期应用，通过抑制 RAAS，降低交感神经活性，使心脏负荷减轻，并逆转心室重构，改善患者的生活质量，降低病死率，目前已被推荐作为治疗慢性心力衰竭的常规用药。临床常选用的药物有卡维地洛（carvedilol）、比索洛尔（bisoprolol）、美托洛尔（metoprolol）等，与 ACE 抑制药合用，可进一步增加疗效。

【抗心力衰竭作用】

1. 阻断心脏 $β_1$ 受体，降低交感神经张力，拮抗过量儿茶酚胺对心脏的毒性作用，使心率减慢，心肌耗氧量降低。

2. 抑制 RAAS，减弱 Ang Ⅱ 和醛固酮的作用，防止和逆转心室重构，降低心脏前后负荷，改善心功能。

3. 长期应用可上调心肌 $β_1$ 受体，改善 $β_1$ 受体对儿茶酚胺的敏感性，改善心肌收缩功能。

此外，β 受体阻断药具有防止细胞内钙超载，减少氧自由基等心肌保护作用，还具有明显的抗心肌缺血及抗心律失常等作用，可改善心力衰竭症状，降低其猝死的发生。

【临床应用】 主要适用于扩张型心肌病及缺血性心力衰竭，长期应用可阻止临床症状恶化、改善心功能、降低猝死率及心律失常的发生率。但初期应用 β 受体阻断药治疗心力衰竭可因抑制心肌收缩力，使血压下降、心率减慢、心排血量降低、心功能恶化，故应严格掌握适应证，从小剂量开始并合用强心苷，以消除负性肌力作用的不良影响。

【注意事项】

1. 正确选择适应证，以扩张型心肌病心力衰竭为最佳。
2. 长期用药，一般心功能改善的平均奏效时间为 3 个月。
3. 应从小剂量开始，逐渐增加使患者既能耐受又不加重病情的剂量，做到个体化给药。
4. 需要合并使用其他抗心力衰竭药，如利尿药、ACE 抑制药和地高辛。
5. 严重心动过缓、严重左心室功能减退、明显房室传导阻滞、低血压及支气管哮喘等患者慎用或禁用。

知识拓展

扩张型心肌病（dilated cardiomyopathy，DCM）：以往曾被称为充血性心肌病，是多种因素长期作用引起心肌损害的最终结果。其特点是左心室（多数）或右心室明显扩大，且均伴有不同程度的心肌肥厚，心室收缩功能减退，以心脏扩大、心力衰竭、心律失常、栓塞为基本特征，病死率较高。约 20% 的扩张型心肌病患者有心肌病家族史。近年来，扩张型心肌病的诊断率逐渐增加，据估计，年诊断率约为 8/10 万，部分未被诊断的轻型患者可能会使实际患病率更高。文献资料表明年龄轻、早期得到诊断及近年应用 ACE 抑制药、β 受体阻断药者增多，是扩张型心肌病生存率增高的原因。

第五节 利 尿 药

体内水钠潴留可增加心脏前负荷，加重心力衰竭，因此利尿药目前仍作为治疗心力衰竭的基础药物。

【抗心力衰竭作用】

1. 促进水、钠排泄，减少血容量和回心血量，降低心脏前负荷，改善心功能；

2. 通过排钠作用，降低血管壁中的 Na^+ 浓度，通过 Na^+-Ca^{2+} 交换，使细胞内 Ca^{2+} 浓度降低，对缩血管物质的敏感性下降，血管扩张，降低心脏后负荷，有利于改善心脏泵血功能，减轻心力衰竭症状。

此外，利尿药还可降低静脉压，消除或缓解静脉淤血及其所引发的肺水肿和外周水肿，对心力衰竭伴有水肿或有明显淤血症状的患者尤为适用。

【临床应用】 轻度心力衰竭，可单独应用噻嗪类利尿药，对伴有容量负荷增加征象如水肿或有明显充血者效果较好。中度心力衰竭可用保钾利尿药与其他两类利尿药合用，可以拮抗 RAAS 激活引起的醛固酮水平升高，增强利尿效果，同时防止低钾血症的发生。重度心力衰竭、慢性心力衰竭急性发作、急性肺水肿或全身水肿者，应静脉注射呋塞米。

【注意事项】 因大剂量利尿药明显减少有效循环血量，反射性兴奋交感神经，导致心力衰竭恶化，提倡小剂量应用；利尿药引起的水电解质平衡紊乱，尤其是低钾血症是诱发心律失常的主要原因之一，与强心苷类合用时更易发生，应注意补充钾盐或与保钾利尿药合用。

第六节 血管扩张药

心力衰竭时往往伴随心脏前、后负荷增加，血管扩张药可迅速降低心脏的前、后负荷，改善心功能，增加心排血量，临床常作为治疗心力衰竭的辅助用药。常用的药物有硝酸甘油（nitroglycerin）、硝酸异山梨酯（isosorbide dinitrate）、肼屈嗪（hydralazine）、硝普钠（nitroprusside sodium）、哌唑嗪（prazosin）等。

1. 扩张静脉为主的药物 硝酸酯类的硝酸甘油（nitroglycerin）和硝酸异山梨酯（isosorbide dinitrate），主要作用是扩张静脉，使静脉容量增加，回心血量减少，降低心脏前负荷，减轻肺水肿和呼吸困难症状，还可增加缺血心肌的冠状动脉流量，改善心肌血液供应，提高患者的运动耐力。

2. 扩张动脉为主的药物 肼屈嗪（hydralazine）可扩张小动脉，降低外周阻力，降低心脏后负荷，增加心排血量，缓解组织缺血的症状，还能明显增加肾血流量。由于反射性兴奋交感神经系统和 RAAS，不宜长期单独应用。主要用于肾功能不全或 ACE 抑制药不能耐受的心力衰竭患者。肼屈嗪较少引起药源性系统性红斑狼疮。

如果患者不能耐受 ACE 抑制药或 ARB，或者需要额外的扩血管效应，则可考虑联合使用肼屈嗪和硝酸异山梨酯。这两种药物的固定剂量组合已被证明可有效改善接受标准心力衰竭治疗（β 受体阻断药 +ACE 抑制药或 ARB）的射血分数降低的心力衰竭（HFrEF）黑色人种患者的症状，并提高生存率。头痛、头晕和低血压是这种组合的常见副作用。

3. 扩张动脉、静脉的药物 硝普钠（nitroprusside sodium）可扩张小动脉和小静脉，降低心脏前、后负荷，改善心力衰竭症状。口服无效，静脉滴注 2～5min 见效，由于起效迅速，常用于控制危急的心力衰竭，也适用于需要迅速降低血压的急性肺水肿、高血压危象等危重病例。

哌唑嗪（prazosin）选择性阻断 α 受体，扩张动、静脉，降低心脏的前、后负荷，增加心排血量。

第七节 其他治疗慢性心力衰竭药

这类药物可改善心力衰竭症状，但不降低病死率，不宜用于常规治疗。主要包括非苷类正性肌力药（β 受体激动药、磷酸二酯酶抑制药）和钙通道阻滞药。

一、非苷类正性肌力药

（一）β 受体激动药

心力衰竭时交感神经处于激活状态，内源性儿茶酚胺的长期影响使 β 受体向下调节，心肌细胞对儿茶酚胺类药物的敏感性下降。β 受体激动药通过增强心肌收缩力和心脏射血指数，增加心排血量，主要适用于对强心苷反应不佳或禁忌的心力衰竭者，更适合伴有心率减慢或传导阻滞的患者。其中 DA 和多巴酚丁胺（dobutamine）引起正性肌力作用和血管扩张，改善心脏功能；常用于进行性心力衰竭的短期维持治疗，DA 和多巴酚丁胺必须通过静脉输注给予，主要用于医院环境中急性心力衰竭的短期治疗。而肾上腺素、异丙肾上腺素对于心力衰竭治疗几乎不起作用，甚至可因增加心肌耗氧量而加重心力衰竭。

多 巴 胺

小剂量时主要扩张肾、肠系膜及冠状血管，增加肾血流量和肾小球滤过率，促进排钠。较大剂量激动受体，促进去甲肾上腺素释放，抑制其摄取，能增加外周血管阻力和心排血量。大剂量时激动 α 受体，致外周血管收缩，心脏后负荷增加。故 DA 常作静脉滴注主要用于急性心力衰竭。

多巴酚丁胺

多巴酚丁胺（dobutamine）化学结构和体内过程与 DA 相似，临床使用含有右旋多巴酚丁胺和左旋多巴酚丁胺的消旋体。口服无效，临床上静脉给药。

【药理作用】 主要激动 β_1 受体，对 β_2 受体作用相对较弱，能明显增强心肌收缩力，使心排血量增加，肾血流量亦相应增加，此剂量下一般不明显加快心率；在静脉滴注速度过快或浓度过高时，可引起心率加快，这可能与外周阻力变化不大和心脏 β_1 受体激动时正性肌力作用有关。

【临床应用】 静脉短期滴注可增加心排血量。主要用于强心苷反应不佳的严重左心室功能不全和心肌梗死后心力衰竭患者，注意血压明显下降者不适宜。剂量过大或静脉滴注速度过快，可使心率加快，引起心律失常。

【不良反应】 主要不良反应为心率加快和心律失常，用药期间因可使心肌耗氧量增多，偶见心肌梗死患者增加梗死面积，应引起重视，连续给药可出现耐受性。禁用于心房颤动及梗阻性肥厚型心肌病患者。

（二）磷酸二酯酶抑制药

磷酸二酯酶抑制药（phosphodiesterase inhibitor，PDEI）属于正性肌力扩血管药，通过抑制磷酸二酯酶（PDE）Ⅲ活性而显著增加心肌细胞内 cAMP 含量，从而产生增加心肌收缩力和扩张动、静脉作用，改善心力衰竭症状。主要用于心力衰竭做短期支持疗法，尤其对强心苷、利尿药等反应不佳的患者。常用药物有米力农（milrinone）、氨力农（amrinone）、维司力农（vesnarinone）、匹莫苯（pimobendan）等。

米 力 农

米力农（milrinome）为双吡啶类衍生物，选择性抑制磷酸二酯酶Ⅲ活性，为氨力农的替代品。其抑酶活性较氨力农强 20 倍，不良反应发生率较氨力农低，但仍可发生心律失常、低血压、心绞痛样疼痛等，且可能增加患者病死率，故不宜作常规治疗用药，仅供短期静脉给药治疗严重急性或其他药物疗效不佳的心力衰竭。

维司力农

维司力农（vesnarinone）口服有效，可产生正性肌力作用和中度扩血管效应。其作用机制复杂，包括抑制磷酸二酯酶Ⅲ的活性，但作用较米力农弱；能激活细胞膜钠通道，促进 Na^+ 内流；同时抑制钾通道，延长 APD；也因增加 cAMP 含量而促进 Ca^{2+} 内流，使细胞内 Ca^{2+} 增加，产生一定正性肌力作用。用于心力衰竭患者可缓解其临床症状，提高生活质量。

匹莫苯

匹莫苯（pimobendan）是苯并咪唑类衍生物。该药不仅抑制磷酸二酯酶Ⅲ，还能提高心肌收缩成分对细胞内 Ca^{2+} 的敏感性，使心肌收缩力增强。且其正性肌力作用可在不增加 Ca^{2+} 的前提下产生，避免因 Ca^{2+} 超载带来的心律失常和细胞损伤等，是开发正性肌力新药的研究方向。临床试验还表明该药可增加患者的运动耐力，减轻心力衰竭症状，对中重度心力衰竭患者有效，且其不良反应较双吡啶类药物轻。

二、钙通道阻滞药

钙通道阻滞药具有扩张血管、降低心脏后负荷和抗心肌缺血等作用，理论上应有益于充血性心力衰竭的治疗。但大量临床研究资料表明，第一代和第二代钙通道阻滞药均不能改善收缩期功能障碍充血性心力衰竭患者的症状，降低其病死率。因此，钙通道阻滞药不适宜作为充血性心力衰竭治疗的一线药物，目前主要用于舒张期功能障碍的 CHF 患者。

三、血管紧张素受体-脑啡肽酶抑制药

脑啡肽酶可分解血管活性肽，如 Ang Ⅰ和 Ang Ⅱ、缓激肽和利钠肽；脑啡肽酶抑制可增强血管活性肽的活性。脑啡肽酶使用后，为了发挥利钠肽的最大药理作用，需联合抑制 RAAS 的药物，且不进一步增加缓激肽的释放量。因此 ARB 而不是 ACE 抑制药与脑啡肽酶抑制药联合使用，可有效降低血管性水肿的发生率。沙库巴曲/缬沙坦是第一个应用于临床的血管紧张素受体-脑啡肽酶抑制药（ARNI）。

【体内过程】 沙库巴曲/缬沙坦是口服活性药物，可与食物或空腹服用，体内将迅速分解为单独的两个成分。沙库巴曲经血浆酯酶分解为具有活性的两种药物，这两种药物在体内均广泛分布，且均与血浆蛋白高度结合。沙库巴曲主要通过尿液排出。两种成分的半衰期约为 10h，一般每天两次给药。

【药理作用】 沙库巴曲/缬沙坦将 AT_1 Ⅱ受体的拮抗作用与脑啡肽酶的抑制作用相结合。脑啡肽酶的抑制导致血管活性肽浓度增加，导致尿钠排泄增多、多尿、血管扩张，并抑制心肌纤维化。总之，沙库巴曲/缬沙坦可明显减少心脏后负荷、前负荷，并缓解心肌纤维化。与 ACE 抑制药治疗相比，ARNI 改善了心力衰竭的生存率、临床症状和体征。

【临床应用】 对于临床已联合使用最佳剂量的 β 受体阻断药和 ACE 抑制药或 ARB 的 HFrEF 患者，若心力衰竭症状仍不能控制时，ARNI 应替代 ACE 抑制药或 ARB 的使用。

【不良反应】 与 ACE 抑制药或 ARB 相似。由于后负荷的增加减少，低血压在 ARNI 中更常见。由于沙库巴曲对脑啡肽酶的抑制，缓激肽水平可能升高，并可能发生血管性水肿。因此，有遗传性血管性水肿或与 ACE 抑制药或 ARB 相关的血管性水肿病史的患者禁用沙库巴曲/缬沙坦。为了最大限度地降低血管性水肿的风险，ACE 抑制药必须在开始使用沙库巴曲/缬沙坦前停用至少 36h。

四、超极化激活的环核苷酸门控通道抑制药

超极化激活的环核苷酸门控（HCN）通道负责窦房结内的 I_f 电流和起搏。抑制 HCN 通道，

导致心脏去极化减慢和心率降低。HCN 通道抑制药抑制心率的幅度取决于抑制药使用的剂量。伊伐布雷定目前是 HCN 通道抑制药中唯一获批的药物。

【体内过程】 伊伐布雷定需随餐服用以便于增加吸收。它通过 CYP3A4 酶进行广泛的首次代谢，其代谢物仍然具有活性，也是 CYP3A4 酶的代谢底物。伊伐布雷定在体内分布广泛，血浆蛋白结合率约为 70%，盐酸伊伐布雷定片半衰期为 11h，每天给药两次。

【药理作用】 伊伐布雷定选择性地减慢窦房结中的 I_f 电流使心率降低，但心肌收缩力、房室传导、心室复极和血压均不降低。在 EF 降低的心力衰竭（HFrEF）患者中，较慢的心率会增加每搏量并改善心力衰竭症状。

【临床应用】 适用于窦性心律且心率≥ 75 次/分、伴有心脏收缩功能障碍的 NYHA Ⅱ～Ⅳ级慢性心力衰竭患者，与标准治疗包括 β 受体阻滞剂联合用药，或者用于禁忌或不能耐受 β 受体阻滞剂治疗时。

【不良反应】 伊伐布雷定使用后患者可能会出现心动过缓，通过减少药物剂量患者心动过缓的症状会有所改善。由于伊伐布雷定对窦房结的选择性很大，因此它不仅对心房颤动患者的心率控制无效，而且已被证明会增加心房颤动的风险。伊伐布雷定可抑制眼睛中的相似通道，并且在治疗早期可能会出现闪光现象。减少使用剂量可改善闪光症状。伊伐布雷定不能用于妊娠或哺乳期。

五、重组 B 型利钠肽

在急性失代偿性充血性心力衰竭的患者中，降低前负荷的药物可有效改善心力衰竭症状，如呼吸困难；在急性心力衰竭时静脉注射利尿剂是临床上最常用的减少前负荷的药物。当静脉注射利尿剂效果不明显时，可使用重组 B 型利钠肽（BNP）或奈西立肽作为替代品。通过与利钠肽受体结合，奈西立肽促进尿液和尿钠的排泄，减少心脏前负荷和后负荷。奈西立肽弹丸式静脉注射（临床最常见的给药方式）并持续输注。与内源性 B 型利钠肽一样，奈西立肽的半衰期很短（约为 20min），可分别通过肾脏过滤、脑啡肽酶裂解和与利钠肽受体结合后经吞噬细胞内吞而清除。最常见的副作用是低血压和头晕，与利尿剂一样奈西立肽会恶化肾功能。

本章小结

强心苷类药物不影响心力衰竭的自然进程，在患者心力衰竭症状及心率控制不满意、血流动力学异常时使用能较好地改善心力衰竭症状、纠正血流动力学异常。但因其只能改善患者的近期症状而不能改善预后，进而降低病死率，已经不再作为心力衰竭治疗的首选药物，其最佳适应证是心力衰竭合并心房颤动。现多用于以收缩功能障碍为主的低排血量性心力衰竭，对伴有部分心律失常如心房颤动、心室率过快的心力衰竭疗效较好。

ACE 抑制药类药可抑制 Ang Ⅱ和醛固酮生成，使血中缓激肽含量增加，防止和逆转心肌肥厚，不仅能消除或缓解心力衰竭症状，提高生活质量，而且能降低患者的病死率。

β 受体阻断药虽抑制心肌收缩力，但长期应用可以改善心力衰竭症状，降低病死率。目前已被推荐作为治疗慢性心力衰竭的常规用药，主要适用于扩张型心肌病。

利尿药通过减少血容量和回心血量，降低心脏前负荷，改善心功能，对心力衰竭伴有水肿或有明显淤血者尤为适用。目前仍作为一线药物广泛用于各种心力衰竭的治疗，注意防治水电解质紊乱，提倡小剂量应用。

血管扩张药通过扩张小静脉，减少回心血量，降低心脏前负荷，利于缓解肺淤血、肺水肿等症状；扩张小动脉，降低外周阻力，减轻心脏后负荷，使心排血量增加，利于缓解组织缺血缺氧症状。β 受体激动药通过增强心肌收缩力和心脏射血指数，增加心排血量，主要适用于对强心苷反应不佳或禁忌的心力衰竭者，更适合伴有心率减慢或传导阻滞的患者。

其他：钙通道阻滞药适用于舒张期功能障碍的心力衰竭。若联合用药后，心力衰竭症状仍不能控制时，ARNI 可替代 ACE 抑制药或 ARB 的使用。HCN 通道抑制药伊伐布雷定是一种新型的降低心率的药物，属于窦房结 I_f 电流选择特异性的抑制药，主要用于心力衰竭患者心率的控制。当静脉注射利尿药，心力衰竭治疗效果不明显时，可使用重组 B 型利钠肽作为替代品。

中药介绍

近年来我国对治疗心力衰竭的中草药进行了深入广泛的研究，取得了显著的研究进展。治疗心力衰竭的常用中草药——附子（乌头）、白术、桂枝、干姜、太子参、黄芪、党参、人参、三七、当归、红花、川芎、丹参、赤芍、桃仁、山楂、麻仁、泽泻、茯苓；麦冬、五味子、地黄、半夏、瓜蒌、陈皮、白葱等。为了增强中草药的治疗效果并减少毒性，通常将几种不同剂量的草药作为配方或复方使用。目前，临床上已有多种对心力衰竭治疗有效的处方药得到了临床证明。中药汤剂——真武汤、生脉散、保元汤、血府逐瘀汤、丹参饮、桃红四物汤等。而且，多种中成药已通过标准化流程成功生产，并广泛应用于医疗保健行业。胶囊或丸剂——芪参益气滴丸、复方丹参滴丸、丹芪胶囊、七里强心胶囊、生脉胶囊等；注射剂——参麦注射液、生脉注射液、黄芪注射液、参附注射液、丹红注射液等。

附　子

附子为毛茛科植物乌头（*Aconitum carmichaelii* Debx.）的子根加工品。附子中含有多种生物碱，其中以乌头碱（aconitine）、中乌头碱（mesaconitine）、次乌头碱（hypaconitine）等为主。此外，还分离出消旋-去甲乌药碱、氯化甲基多巴胺、去甲猪毛菜碱等活性成分。附子经炮制后，生物碱含量减少，其毒性亦显著降低。

文献研究表明，熟附片煎剂对离体心脏、在体心脏及戊巴比妥钠所致的衰竭心脏均有明显强心作用，过量可出现心律失常。生附子因含有大量乌头碱，对心脏有较强毒性，经久煮后毒性明显降低，但强心成分仍然存在。其中去甲乌药碱为其主要强心成分之一，对β受体的内在活性较异丙肾上腺素弱，是β受体部分激动药，能增强衰竭心脏的心肌收缩力与心率，使心排血量增加同时心肌耗氧量亦增加。氯化甲基多巴胺有强心、升压作用，为α受体激动药。去甲猪毛菜碱亦能兴奋心脏，加快心率，升高血压，对α、β受体均有兴奋作用。临床上附子注射液治疗冠心病、肺心病等伴有心力衰竭的患者有一定治疗作用，附子Ⅰ号治疗病窦综合征和缓慢性心律失常患者有较好疗效。

（侯　征）

第二十五章　抗心绞痛药

能力要求

1. 能够熟练掌握硝酸甘油、普萘洛尔、硝苯地平抗心绞痛的药理作用、临床应用、不良反应。
2. 能够较合理选用本章药物治疗心绞痛。
3. 能够理解每类药物的使用注意及联合用药的依据。

第一节　概　　述

心绞痛（angina pectoris）是冠状动脉供血不足，心肌急剧的、短暂的缺血缺氧综合征，为缺血性心脏病的主要症状。其典型的临床表现为胸骨后部或左心前区出现突发性、阵发性压迫和绞痛，并可放射至左上肢、颈部或下颌部。疼痛原因是缺血、缺氧的代谢产物，如乳酸、丙酮酸或类激肽样物质在心肌组织聚积，刺激神经末梢经交感神经传入中枢所致。发作时一般持续数分钟，若得不到及时缓解则可能发展为心肌梗死。

根据世界卫生组织“缺血性心脏病的命名及诊断标准”，临床上将心绞痛分为以下 3 种类型。

1. 劳累性心绞痛　其特点是由劳累、情绪波动或其他增加心肌耗氧量的因素所诱发，休息或舌下含服硝酸甘油可缓解。根据病程、发作频率及转归，此类心绞痛又可分为稳定型心绞痛、初发型心绞痛和恶化型心绞痛。

2. 自发性心绞痛　心绞痛与心肌耗氧无明显关系，多发生于安静状态，发作时症状重、持续时间长，且不易被硝酸甘油缓解，包括如下。①卧位型心绞痛，休息或熟睡时发生；②变异型心绞痛，为冠状动脉痉挛所诱发；③急性冠状动脉功能不全；④梗死后心绞痛。

3. 混合性心绞痛　其特点是心肌需氧量增加或无明显增加时可能发生。

不稳定型心绞痛一词，近年来被广泛使用。它包括了上述除劳累性心绞痛中的稳定型以外的所有类型的心绞痛，还包括冠状动脉成形术后心绞痛、冠状动脉旁路术后心绞痛等新类型。不稳定型心绞痛多是由于动脉粥样硬化斑块破裂，诱发血小板黏附和聚集，从而导致冠状动脉血流量减少而引起。

一、心绞痛的病理生理学基础

心绞痛发作是由于心肌供氧与需氧失去平衡，心肌对氧的需求急剧增加和冠状动脉供血不足是导致心绞痛发作的重要病理生理机制（图 25-1）。

（1）心肌供氧主要取决于如下因素。①心肌血中的含氧量（动静脉氧分压差）：但因为正常情况下，心肌血中的含氧量已接近于最大量（心肌细胞能摄取血氧含量的 65%～75%），即使再增加血中的氧含量，心肌也难以从中摄取更多的氧。因此，增加供氧主要依靠增加冠状动脉的血流量。②冠状动脉的血流量：冠状动脉血流量主要取决于冠状动脉阻力、灌注压、侧支循环及心脏舒张时间等因素。一般情况下，动脉粥样硬化可引起冠状动脉管腔狭窄或部分闭塞，狭窄区以下的小动脉因缺血、缺氧，已处于明显的舒张状态，此时只有增加冠状动脉血流量，扩

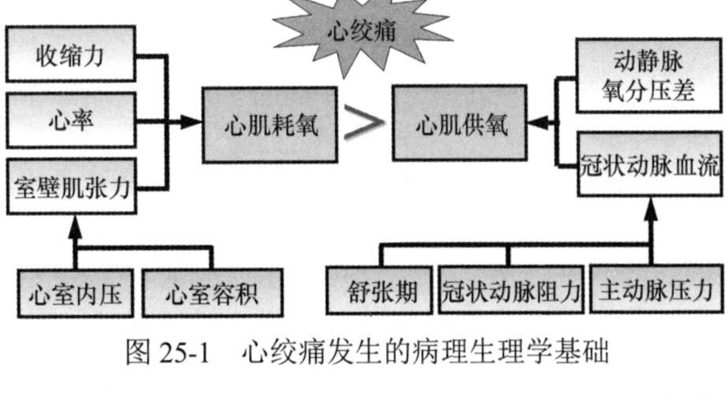

图 25-1　心绞痛发生的病理生理学基础

张较大的心外膜血管和促进侧支的开放，才能增加冠状动脉的血流量。

（2）心肌耗氧量主要取决于如下因素。①心肌收缩力：收缩力越强，耗氧越多。②每分钟射血时间（每搏射血时间 × 心率）：每分钟射血频率越快，耗氧也越多。③心室壁肌张力：是影响心肌氧耗量十分重要的因素，室壁肌张力越高，耗氧越多。而室壁肌张力又与心室腔内压力和心室容积（相当于收缩期动脉血压）成正比，故心室容积越大、心室腔内压力越高，耗氧也越多。临床常以“三项乘积”（收缩压 × 心率 × 左心室射血时间）或“二项乘积”（收缩压 × 心率）作为估计心肌耗氧量的指标。

基于心绞痛的病理生理基础可见降低心肌耗氧量、扩张冠状动脉、改善冠状动脉供血是缓解心绞痛的主要治疗对策。此外，当血栓完全堵塞了冠状动脉后，将诱发心肌梗死，梗死后若不能得到及时治疗可能导致患者死亡。目前，临床常应用 ACE 抑制药、钙通道阻滞药和抗血小板药等，通过发挥其保护血管、抗冠状动脉粥样硬化、抗血小板聚集及逆转心肌重构等作用，在心绞痛治疗中也起到较好作用。另外，近年来经皮冠状动脉成形术（PTCA）和冠状动脉搭桥术（CABG）等，在冠心病的治疗中也有一定成效。

二、抗心绞痛药物的分类

心绞痛的治疗原则是改善冠状动脉供血和降低心肌的耗氧，同时积极治疗动脉粥样硬化。抗心绞痛药一般可缓解心肌缺血、缺氧症状，但难以从根本上改变冠状动脉粥样硬化的病理损伤。目前临床上用于治疗心绞痛的药物主要有如下三类（图 25-2）。

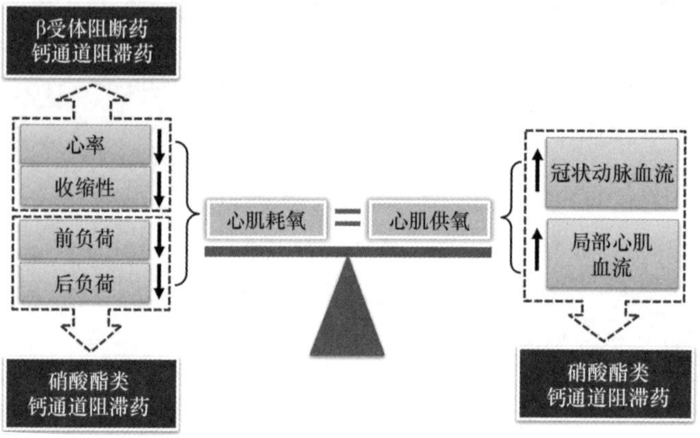

图 25-2　抗心绞痛药物恢复心肌耗氧和供氧平衡

1. 硝酸酯类药物　如硝酸甘油等。

2. β 受体阻断药　如普萘洛尔等。

3. 钙通道阻滞药　如硝苯地平等。

第二节　常用抗心绞痛药

一、硝 酸 酯 类

硝酸酯类抗心绞痛的作用由著名的英国医生劳德 · 布伦顿（Lauder Brunton）于 1867 年发现。本类药物均含有硝酸多元酯结构，脂溶性高，分子中—O—NO_2 为其药理作用的关键结构。硝酸甘油为硝酸酯类的代表药物。此外，还有硝酸异山梨酯和单硝酸异山梨酯。

【体内过程】 不同硝酸酯类药物的起效时间和药效维持时间不同，并且同一种药物的起效时间和药效维持时间与服药方式密切相关。口服硝酸甘油因首过效应明显，生物利用度低（约 8%），故不宜口服。舌下含服硝酸甘油可经口腔黏膜迅速吸收，1～2min 即可起效，疗效持续 20～30min，半衰期为 2～4min，生物利用度为 80%。但为了避免过高的血浆药物浓度，本品用药剂量不宜过大。硝酸甘油其他剂型也可经皮肤吸收（贴片或软膏）或气雾吸入等途径给药。硝酸甘油主要在肝脏经有机硝酸酯还原酶代谢，经尿液排出。单硝酸异山梨酯在胃肠道吸收迅速完全，不易被肝脏代谢破坏，生物利用度高、作用持续时间长；而硝酸异山梨酯口服吸收完全，可被肝脏代谢破坏，生物利用度较低。硝酸异山梨酯脱硝为两种单硝酸盐，均具有抗心绞痛的作用。

硝酸甘油

【药理作用】 硝酸甘油的基本作用为松弛平滑肌，特别是松弛血管平滑肌，包括静脉、动脉和冠状动脉血管，从而降低心肌耗氧或增加心肌供氧。有机硝酸盐通过细胞内转化为亚硝酸盐离子，再进一步转化为一氧化氮（NO，血管内皮舒张因子），NO与巯基相互作用生成亚硝基硫醇，后者与鸟苷酸环化酶活性中心的Fe^{2+}结合，使之活化，促进血管平滑肌细胞内cGMP生成。进而激活鸟苷酸环化酶，增加cGMP的合成。cGMP升高激活平滑肌细胞中依赖cGMP的蛋白激酶，促使肌球蛋白轻链去磷酸化，导致血管平滑肌松弛。

1. 降低心肌耗氧量 ①硝酸甘油最小有效量即可明显舒张静脉血管（容量血管），减少回心血量，可缩小心室容积、降低室壁张力，降低心脏的前负荷，减少心肌耗氧量；②稍大剂量可明显舒张较大的动脉血管，对小动脉、毛细血管作用较小。通过降低心脏的射血阻力，从而减小心室腔内压力，降低心脏的后负荷，显著降低心肌耗氧量。硝酸甘油治疗剂量用药后，可使左、右心室腔的容积和舒张末压降低，心率无改变或少许反射性增加。总体而言，可使心脏总耗氧量降低，改善心绞痛。

2. 改善缺血区的血供 硝酸甘油可明显舒张冠状动脉中较大的心外膜血管（输送血管）及促进侧支血管开放，对小动脉（阻力血管）的舒张作用较弱。这是因为心绞痛发生时，冠状动脉因粥样硬化或痉挛而发生狭窄，缺血区的小动脉因缺血、缺氧已处于极度舒张状态。此时，由于非缺血区阻力大于缺血区，所以使用硝酸甘油后，可迫使血液顺压力差从输送血管经侧支血管流向缺血区，从而增加缺血区的血液供应（图25-3）。

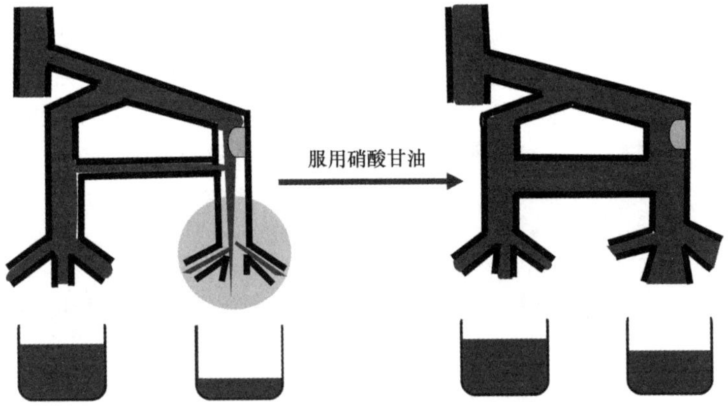

图25-3 硝酸甘油改善缺血区的血供

3. 增加心内膜血供 冠状动脉从心外膜垂直穿过心肌，贯穿心室壁呈网状分布于心内膜下。因此，心内膜血管极易受到心室肌张力及心腔内压力的影响，心内膜下区域也易发生缺血、缺氧。心绞痛发作时，心肌组织缺血缺氧，心肌排血功能受到影响，心室舒张末期压力增高，心外膜血流与心内膜血流的压力差降低，心内膜下区域严重缺血。使用硝酸甘油可通过扩张静脉血管，减少回心血量，降低心室内压力；扩张动脉血管，增强心室射血功能，心排血量增加，心腔内压力和心室壁张力均降低，因而利于血液由心外膜向心内膜缺血区有效灌注，增加心内膜缺血区的血液供应。

4. 保护心肌细胞 硝酸甘油释放NO，促进内源性前列环素、降钙素基因相关肽（calcitonin gene-related peptide，CGRP）等生成释放，对心肌细胞具有直接保护作用，可减轻心肌缺血损伤，缩小心肌梗死面积，改善左心室重构等。此外，硝酸甘油还能抑制血小板聚集和黏附，有利于防治动脉粥样硬化及心绞痛的发生和发展。

【临床应用】 硝酸甘油既可用于缓解心绞痛急性发作，又能作为预防用药，甚至还可用作诊断性的治疗。

1. 各类型心绞痛 该药是预防和治疗心绞痛最常用的药物，对各型心绞痛均有效。为稳定型心绞痛的首选治疗药物。舌下含服硝酸甘油片剂或向舌下黏膜喷射喷雾剂，是迅速缓解运动或情绪压力引起的心绞痛发作的首选药物。

2. 急性心肌梗死 对急性心肌梗死，静脉给予该药不仅能减少心肌耗氧量、增加缺血区供血，尚有抗血小板聚集和黏附的作用，故可降低心肌梗死的病死率及其并发症的发生。

3. 慢性心力衰竭 硝酸甘油可降低心脏的前、后负荷，故也可用于心力衰竭的治疗。

4. 急性呼吸衰竭和肺动脉高压 硝酸甘油可舒张肺血管，降低肺血管阻力，故也可用于急性呼吸衰竭和肺动脉高压的治疗。

【不良反应】 硝酸甘油不良反应轻，临床应用较为安全。

1. 急性不良反应 多数不良反应是由其血管舒张作用引起，如头、面、颈、皮肤血管扩张可引起面颊部皮肤潮红，脑膜血管舒张引起搏动性头痛，眼内血管扩张则可引起眼内压升高等。大剂量应用可出现直立性低血压及晕厥，血压过度下降可致冠状动脉灌注压过低，并可反射性兴奋交感神经，反而加快心率、增强心肌收缩力而加重心绞痛。超剂量时还会引起高铁血红蛋白症，表现为呕吐、发绀等。因此，用药时宜采取坐位，若出现直立性低血压应采取头低位，以利于静脉回流。

2. 耐受性 硝酸酯类药物持续使用易导致耐受性的产生，且本类药物之间存在交叉耐受性，一般停药 1～2 周后耐受性可消失。耐受性发生原因可能与硝酸酯受体中的巯基耗竭有关，新近研究表明自由基的生成也参与了耐受性的发生。减少耐受性的发生，可采取以下给药方法。①宜从最小有效量开始应用。②采用间歇疗法；通过提供每日“无硝酸盐间隔”来恢复对药物的敏感性，可以克服该类药物的耐受性。无硝酸盐间隔时间为 10～12h，通常在夜间心肌耗氧量减少时服用。但变异型心绞痛在清晨加重，这可能与儿茶酚胺分泌的昼夜节律有关。因此，变异型心绞痛患者的无硝酸盐间期一般设定于午后。硝酸甘油贴片佩戴 12h，然后移除 12h，以提供无硝酸盐间隔。③补充巯基供体药物。④大剂量应用时，应适当减少给药次数，或使用缓控释制剂。

案例解析

案例：

患者，男，62 岁，工人。近半年无明显诱因出现心前区如针刺状疼痛，反复发作，伴后背疼痛及全身无力就诊。心率 70 次/分，血压 150/70mmHg，心律齐，听诊未闻及病理性杂音，周围血管征阴性。

冠状动脉造影检查：①前降支近段轻度狭窄约 20%；②回旋支近段及右冠状动脉轻度狭窄约 30%。

问题：根据患者病情，建议使用哪类药物？

解析：

该患者心前区及后背疼痛反复发作，冠状动脉造影示前降支、回旋支、右冠状动脉狭窄，诊断为冠心病、不稳定型心绞痛、高血压 1 级。建议给予硝酸甘油、氢氯噻嗪、抗血小板药、降血脂药及心肌保护类药物治疗。若治疗后患者无胸闷、气短及心前区疼痛等不适，无期前收缩及杂音等症状，病情稳定可出院。

硝酸异山梨酯

硝酸异山梨酯（isosorbide dinitrate）的作用及机制与硝酸甘油相似，其作用较弱，起效较慢，但持续时间较久（因其代谢产物，仍具有扩张血管及抗心绞痛的作用）。另外，本品剂量范围个体差异大，剂量大时易致头痛及低血压等副作用，缓控释制剂可减少不良反应，主要口服用于心绞痛的预防和心肌梗死后心力衰竭的长期治疗。

知识拓展

心血管疾病、心脑缺血再灌注损伤及神经退行性疾病（AD和PD）的发生发展都与NO自由基有着密切的关系。NO自由基涉及生命活动的许多方面，可谓“分子小而神通大”，NO也曾被美国《科学》杂志（*Science*）评选为1992年的“明星”分子。三位美国科学家因研究NO自由基而获得1998年诺贝尔生理学或医学奖。他们曾在1986年大胆推测内皮松弛因子（endothelium-derived relaxing factor，EDRF）是NO或是与NO密切相关的某种化合物，这篇论文随即在药理学界引起轰动。随后1987年，英国科学家萨尔瓦多·蒙卡德（Salvador Moncade）等证实EDRF就是NO自由基，他的这一发现被认为是达到了当时血管生理学和药理学的巅峰，甚至有不少科学家认为，Moncade对EDRF和NO做出了关键性研究。我国科研工作者自1990年以来亦开展了对NO自由基的研究工作，并取得了一定深度的成果。

二、β受体阻断药

β受体阻断药（β-adrenoceptor blockers，βRB）于20世纪60年代开始用于心绞痛的治疗，是继硝酸甘油之后又一类治疗缺血性心脏病的药物。临床治疗药物有十余种，普萘洛尔是此类化合物的原型，但普萘洛尔不具有心脏选择性。哮喘患者应避免使用非选择性β受体阻断药，以免加重哮喘。哮喘患者可选用β_1受体选择性阻断药，如美托洛尔和阿替洛尔。但需注意，所有β受体阻断药在高剂量下都是非选择性的，均可抑制β_2受体。

普萘洛尔

【药理作用】

1. 降低心肌耗氧量 心绞痛发作时，心肌及血液中儿茶酚胺类物质水平明显增高，β受体激动增强，心肌收缩力增强、心率增快、心肌耗氧量增加。心率增快的同时，心室舒张时间相对缩短，心肌冠状动脉血流量减少，出现心肌缺氧。β受体阻断药由于阻断心肌β_1受体，使心肌收缩力减弱、心率减慢、舒张期相对延长，从而明显减少心肌耗氧量。但普萘洛尔因抑制心肌收缩力，延长心室射血时间，心腔内血液量增多，心室容积增大、室壁张力增高，因而可继发性使心肌耗氧量增加。但当心绞痛患者心率维持在一定水平之上时，普萘洛尔仍发挥降低心肌耗氧量的总效应。

2. 增加心肌缺血区供血 在心肌正常区域，β受体阻断药直接阻断β受体，间接使α受体占优势从而促进血管收缩，冠状动脉阻力增加，冠状动脉血流量减少。在心肌缺血区，腺苷等大量心肌代谢产物堆积的扩血管作用，迫使血液从心肌正常区域向已代偿性扩张的缺血区灌注，从而使心肌缺血区血液供应增加。另外，β受体阻断药减慢心率，延长心脏舒张期，有利于血液从心外膜血管流向心内膜缺血区。

3. 改善心肌代谢 脂肪细胞中的β_3受体介导脂肪分解，长期应用非选择性的β受体阻断药将抑制脂肪分解，增加冠状动脉粥样硬化的风险。β受体阻断减少糖原分解和胰高血糖素分泌，可出现空腹低血糖。此外，β受体阻断药可防止儿茶酚胺在低血糖时的反调节作用，从而掩盖糖尿病患者服用胰岛素后的低血糖症状，如颤抖、心动过速和紧张。β受体阻断药还可促进氧合血红蛋白和氧的解离，从而增加组织供氧。

【临床应用】 β受体阻断药为治疗稳定型心绞痛和不稳定型心绞痛的有效药物，可提高患者生活质量。

1. 稳定型心绞痛 β受体阻断药可增加稳定型心绞痛患者的运动持续时间和耐受性。本类药物尤其适用于对硝酸酯类不敏感或疗效差的稳定型心绞痛，对伴有心律失常及高血压的心绞痛患者尤为适用。β受体阻断药常被推荐为无禁忌证患者抗心绞痛的初始治疗。

2. 不稳定型心绞痛 本类药物因可阻滞心肌β受体，尤其适用于伴交感神经张力高的心绞痛患者。但需特别注意的是，β受体阻断药阻断冠状动脉β受体，使α受体作用占优势，易致冠状动脉收缩，对血管痉挛性心绞痛不仅无效，而且有可能加重症状，故不宜用于冠状动脉痉挛所诱发的变异型心绞痛。

3. 急性心肌梗死 预防性使用β受体阻断药，可降低既往心肌梗死患者死亡和再次发生心梗的风险。心肌梗死后立即服用β受体阻断药可缩小心肌梗死范围，降低梗死后患者死亡率和心律失常猝死发生率。对于心绞痛患者和有心肌梗死病史的患者，应避免使用具有内在拟交感活性的药物，如吲哚洛尔、醋丁洛尔。

【不良反应】 本类药物的不良反应大多是因为β受体被阻断所引起的。

1. 心功能抑制 β受体阻断药可导致心脏抑制、心动过缓、血压降低，故严重心动过缓、严重心力衰竭者禁用。β受体阻断药会增加射血分数降低的心力衰竭患者的死亡率。

2. 诱发和加重哮喘 非选择性β受体阻滞剂不仅阻滞β_1受体，而且阻滞β_2受体，导致支气管收缩，诱发和加重哮喘，故伴有哮喘或慢性阻塞性肺疾病的患者禁用。

3. 反跳现象 长期应用该药，由于β受体的上调，如果突然停药，可出现反跳现象，表现为心动过速、室性心律失常、心绞痛加重，甚至发生心肌梗死或猝死。故长期应用时，不能突然停止β受体阻断药治疗，药物剂量应在2～3周内逐渐减少，以避免反弹性心绞痛、心肌梗死和高血压。

4. 影响脂代谢 由于本品能阻滞β受体，长期应用可影响脂代谢，使血脂升高，故禁用于高血脂的患者。

三、钙通道阻滞药

钙通道阻滞药（calcium channel blockers，CCB）为20世纪70年代以来防治缺血性心脏疾病的一类主要药物。钙对肌肉收缩是必不可少的，心肌缺血缺氧时，钙内流增加、细胞膜去极化；这反而会促进细胞内依赖ATP的蛋白酶，从而耗尽能量储存并加重缺血。钙通道阻滞药作用机制为可与心肌细胞或平滑肌细胞的电压依赖性L型钙通道的特异性受体或位点结合，阻滞Ca^{2+}的内流，减弱心脏和血管平滑肌的收缩力，主要常用药物包括二氢吡啶类钙通道阻滞药（硝苯地平、氨氯地平等）和非二氢吡啶类钙通道阻滞药（维拉帕米、地尔硫䓬等）。所有钙通道阻滞药均可降低血压，维拉帕米主要影响心肌；而氨氯地平对外周血管平滑肌的影响更大；地尔硫䓬作用适中。

冠心病患者应避免使用短效二氢吡啶类，因为有证据表明服用短效二氢吡啶类药物后，心肌梗死后死亡率增加，高血压患者急性心肌梗死增加。因此，硝苯地平常作为缓释口服制剂使用。氨氯地平是一种口服二氢吡啶类，对心脏传导的影响很小，主要作为小动脉血管扩张剂。氨氯地平扩张血管的作用可用于治疗自发性冠状动脉痉挛所引起的变异型心绞痛。

维拉帕米负性肌力作用强，可直接减慢房室传导，降低心率、收缩力、血压和氧耗；其血管扩张作用较弱。因此，维拉帕米禁用于既往存在心功能低下或房室传导异常的患者。地尔硫䓬是冠状动脉扩张剂，可缓解冠状动脉痉挛，对变异型心绞痛患者尤其有用；它还能减缓房室传导，降低窦房结起搏器的起搏速率。需特别注意的是，非二氢吡啶类钙通道阻滞药由于其负性肌力作用，可加重心力衰竭患者症状，因此应避免在该人群中使用。

硝苯地平

【药理作用】 硝苯地平能阻滞心肌和血管平滑肌细胞膜上钙通道，既可阻滞细胞外Ca^{2+}内流，又减少储备Ca^{2+}的释放，从而降低细胞内游离的Ca^{2+}的浓度。

1. 降低心肌耗氧量 ①可降低心肌细胞内Ca^{2+}，降低心肌收缩力和减慢心率；②具有较强的扩张外周血管作用，减轻心脏前后负荷；③拮抗交感神经活性，这是由于交感神经末梢释放递质

的过程需要 Ca^{2+} 的参与。基于上述原因，硝苯地平可明显降低心肌耗氧量。

2. 舒张冠状血管　硝苯地平可作用于血管平滑肌，抑制 Ca^{2+} 内流，致血管平滑肌松弛。①本品主要舒张动脉，尤其对冠状动脉具有强大的舒张作用，可舒张大的输送血管和小的阻力血管。②对处于痉挛状态的血管有显著的解除痉挛的作用，从而增加缺血区血液灌注。③还可增加侧支循环，改善缺血区的供血和供氧。

3. 保护缺血心肌细胞　心肌缺血时，①细胞膜对 Ca^{2+} 的通透性增加，外钙顺浓度梯度内流增加；② Ca^{2+} 主动耗能从细胞内排出到细胞外的能力下降，这两个因素均使细胞内 Ca^{2+} 超载，尤其是线粒体内可造成 Ca^{2+} 积聚。因此，心肌缺血对心肌细胞尤其是线粒体功能造成严重损害。硝苯地平通过阻滞 Ca^{2+} 内流，减轻心肌细胞因 Ca^{2+} 超载所造成的心肌损害，有助于保护缺血心肌及其细胞。

4. 抑制血小板聚集　①血小板黏附、聚集将容易导致冠状动脉粥样硬化，导致冠状动脉血流减少；②冠状动脉粥样斑块破裂，脱落的血栓不仅阻塞冠状动脉，也有可能阻塞脑血管及其他外周血管。硝苯地平可降低血小板内 Ca^{2+} 浓度，从而抑制血小板聚集，从而避免心肌缺血或心脑血栓的发生。

【临床应用】　与β受体阻断药相比，硝苯地平：①对变异型心绞痛作用最佳；②适用于心肌缺血伴有支气管哮喘患者；③抑制心肌作用弱，较少诱发心力衰竭，安全性高；④适用于心肌缺血伴外周血管痉挛疾病的患者。

1. 变异型心绞痛　本药对冠状动脉痉挛所致的变异型心绞痛疗效显著，为最佳适应证。

2. 稳定型心绞痛　本药对稳定型心绞痛有效，对不稳定型心绞痛的治疗有一定局限性。这是因为硝苯地平有继发性交感兴奋作用，可增加心肌缺血的危险，此时可考虑合用β受体阻断药。

3. 急性心肌梗死　硝苯地平能促进侧支循环，缩小梗死区面积，可与β受体阻断药合用有协同作用。β受体阻断药可消除钙通道阻滞药引起的反射性心动过速，后者可抵消前者收缩血管作用。

四、心绞痛的联合用药

单一使用抗心绞痛药物常导致疗效不佳，以下为临床常用的联合用药方案。

1. 硝酸酯类与β受体阻断药　应选择药动学特征相似的药物合用，适用于治疗劳累型心绞痛，两药能协同降低心肌耗氧量。硝酸酯类因血管扩张反射性引起心率加快、心肌收缩力加强的副作用可被普萘洛尔改善，而普萘洛尔增大心室容积的副作用可被硝酸酯类药物缓解抵消（表 25-1）；同时硝酸酯类也能减轻β受体阻断导致的冠状动脉阻力增加。两类药物合用可以减少药物用量、提高疗效、减缓耐受性、减少不良反应的发生，但联合用药应注意适量减少药物的使用剂量，以防直立性低血压。

表 25-1　硝酸酯类、β受体阻断药及钙通道阻滞药对心肌耗氧量的影响

影响心肌耗氧量因素	硝酸酯类	β受体阻断药	钙通道阻滞药	
			硝苯地平	维拉帕米
心室前负荷	↓	↑	↓	±
心室后负荷	↓	±	↓	±
心率	反射性↑	↓	反射性↑	↓
收缩力	反射性↑	↓	反射性↑	↓

2. β受体阻断药和钙通道阻滞药　不同类别钙通道阻滞药与β受体阻断药联合使用时可能会导致不同的结果。例如，维拉帕米对心肌的抑制作用强，与β受体阻断药合用，容易对心肌造成严重抑制，加重病情。如果二氢吡啶类钙通道阻滞药与β受体阻断药联合使用，他们分别发挥扩

血管和抑制心脏的作用，一方面可协同降低心肌耗氧量；另一方面β受体阻断药可消除钙通道阻滞药引起的反射性心动过速；钙通道阻滞药可缩小β受体阻断药收缩血管的作用。

3. 硝酸酯类药物和钙通道阻滞药 这两类药物联用对劳累型和血管痉挛性心绞痛效果超过单用任何一种药物的效果。硝酸酯类主要扩张静脉，可降低缺血心肌的前负荷，而钙通道阻滞药主要扩张小动脉，主要降低心肌的后负荷，且钙通道阻滞药还能扩张冠状动脉，改善心肌的血液供应。两药合用在降低氧需求的净效应上会叠加，超过任何一种单一药物。但是可能会产生过度的血管舒张、血压下降和心动过速。

4. 硝酸酯类药物、β受体阻断药和钙通道阻滞药 在给予两种抗心绞痛药未能控制患者的劳累型心绞痛时，同时采用三种类型的药物，虽然不良反应明显增加，但也可使病情得到改善。二氢吡啶类和硝酸酯类舒张心外膜冠状动脉，二氢吡啶类降低后负荷，硝酸酯类降低前负荷及β受体阻断药降低心率和心肌收缩力，三类药物合用在理论上是有益的。三者联用只在无其他选择时考虑，应用时需谨慎观察。

本章小结

心绞痛是冠状动脉供血不足引起的心肌急剧的、暂时的缺血与缺氧综合征，临床治疗药物主要有以下三类。

Ⅰ类：硝酸酯类药物，代表药物为硝酸甘油，对各种类型心绞痛均有效。其基本作用为松弛血管平滑肌，扩张血管，降低心肌耗氧量，增加心肌缺血区及心内膜缺血区的血液供应，并可保护缺血的心肌细胞减轻缺血损伤。主要不良反应与其血管扩张作用有关，连续用药易于耐受。

Ⅱ类：β受体阻断药，代表药物普萘洛尔。通过阻断心脏β受体，使心肌收缩力减弱、心率减慢，可明显减少心肌耗氧量，改善心肌缺血区血供。本品不宜用于变异型心绞痛。

Ⅲ类：钙通道阻滞药，代表药物硝苯地平。通过阻断血管、心肌钙通道，可明显降低心肌耗氧量，增加缺血区的血流供应，保护心肌细胞。对变异型心绞痛疗效最佳。

中药介绍

近年来我国对抗心肌缺血中草药进行了深入广泛的研究，发掘并发展了祖国医药学，如单一中药活性成分——黄芩苷、人参皂苷、黄芪黄酮、黄芪皂苷、黄芪多糖、川芎嗪、丹参酮、白藜芦醇、钩藤总生物碱、姜黄素和小檗碱。中药汤剂——保元汤、丹参汤、温胆汤、活血通脉益心汤、活血通瘀汤、人参四物汤、血府逐瘀汤、枳实薤白桂枝汤、益心通痹汤；中成药——芪参益气滴丸、麝香保心丸、通心络胶囊、通脉养心丸、益心舒胶囊、注射用丹参多酚酸盐、复方丹参滴丸、参芪胶囊、麝香通心滴丸、愈心痛胶囊、参红化浊通络颗粒、葛根素注射液、丹红注射液等。

（侯 征）

第二十六章 调血脂药与抗动脉粥样硬化药

能力要求

1. 能够掌握他汀类、贝特类、考来烯胺的药理作用、作用机制、临床应用及主要不良反应。
2. 能够熟悉烟酸和依折麦布的药理作用及临床应用。
3. 能够了解普罗布考和鱼油的药理作用及临床应用。

动脉粥样硬化（atherosclerosis, AS）是心脑血管疾病的主要病理学基础之一，主要发生在大动脉及中动脉，特别是冠状动脉、脑动脉和主动脉。心、脑血管疾病的发生及发展与动脉粥样硬化病变有关，防治动脉粥样硬化是防治心脑血管疾病的重要措施。

轻度动脉粥样硬化常采用饮食治疗、坚持适量体力活动及合理安排工作生活等一般性疗法。重度的患者除一般性疗法外，需联合给予抗动脉粥样硬化药物（antiatherosclerotic drug）治疗。此外还可以采取手术治疗、基因治疗等方法。

目前，治疗动脉粥样硬化的药物主要是调血脂药（lipid regulating agent），其中最常用的是他汀类药物，还包括贝特类药物、胆汁酸结合树脂、烟酸及胆固醇吸收抑制药和多烯脂肪酸等。

第一节 血脂异常与动脉粥样硬化

一、正常脂蛋白代谢

血浆中所含有的脂类统称为血脂，包括甘油三酯（triglyceride，TG）、胆固醇（cholesterol，CH）、胆固醇酯（cholesteryl ester，CE）、游离脂肪酸（free fatty acid，FFA）和磷脂（phospholipid，PL），胆固醇酯和游离胆固醇相加为总胆固醇（total cholesterol，TC）。血浆中的脂类能与血浆中的载脂蛋白（apoprotein，Apo）结合形成脂蛋白复合物，是脂类在血液中存在、转运及代谢的形式。脂蛋白复合物呈球形颗粒，内部为非极性分子如胆固醇酯和甘油三酯，颗粒表面由磷脂、游离胆固醇及 Apo 组成的单分子层外壳覆盖。

Apo 是一组水溶性的多肽，主要有 A、B、C、D、E 五类，又各分为若干亚组分，是构成血浆脂蛋白的重要组分，赋予脂类以可溶的形式，迄今已从血浆中分离出 18 种。Apo 不仅在结合、转运脂质和稳定脂蛋白结构上发挥重要的作用，还可以调节脂蛋白代谢关键酶的活性，参与脂蛋白受体的识别，介导血浆脂蛋白同细胞表面受体结合。例如，Apo A Ⅰ可以激活血浆中的卵磷脂胆固醇酯酰转移酶（lecithin cholesterol acyl transferase，LCAT），并且可以识别高密度脂蛋白（high density lipoprotein，HDL）受体。Apo A Ⅱ可以稳定 HDL 的结构，激活肝脂肪酶（HL），促进 HDL 的成熟及胆固醇逆向转运。Apo B 48 可以促进乳糜微粒（chylomicron，CM）的合成。Apo B100 可以识别低密度脂蛋白（low density lipoprotein，LDL）受体。Apo A Ⅰ可以激活卵磷脂胆固醇酯酰转移酶（LCAT）。Apo C Ⅱ可以激活脂蛋白脂肪酶（LPL）。Apo D 可以促进胆固醇及甘油三酯在极低密度脂蛋白（very low density lipoprotein，VLDL）、LDL 与 HDL 间的转运。Apo E 参与识别 LDL 受体。

根据密度的不同，脂蛋白可分为 CM、VLDL、LDL、中密度脂蛋白（intermediate density lipoprotein，IDL）、HDL 及脂蛋白（a）[lipoprotein (a), LP(a)]。

CM 主要含有外源性甘油三酯，是转运外源性甘油三酯和胆固醇到肝脏及外周组织的主要形式，而 VLDL、LDL、IDL 可将肝内合成的内源性脂质转运至肝外组织。一般 CM 和 VLDL 直径较大，不易透过血管内膜，因此均无致动脉粥样硬化作用。但病理情况下 CM 和 VLDL 的分解代谢产物直径相对较小，胆固醇含量相对较高，因而会产生强烈的致动脉粥样硬化作用。

VLDL在肝细胞内合成，是转运肝脏合成的甘油三酯进入血液循环的主要形式。VLDL中的Apo CⅡ激活LPL，并水解其内的甘油三酯，进而转变为IDL。部分的IDL与肝细胞膜Apo E受体结合，由肝细胞摄取代谢；未被肝细胞摄取的IDL，其甘油三酯被HL和LPL进一步水解，转变为LDL继续进行代谢。

LDL由VLDL转变而来，富含胆固醇，主要功能是把胆固醇运输到全身各处细胞。大部分LDL通过Apo B100和Apo E特异性结合LDL受体，使其被吞入细胞降解。约1/3的LDL被周围组织（包括血管壁）摄取异化。

HDL是颗粒最小的血浆脂蛋白，主要功能是将外周的胆固醇转给LDL或IDL，而后被肝脏利用，担负着将内源性胆固醇（以胆固醇酯为主）从组织往肝脏的逆向转运，因此具有保护血管的作用。HDL是抗动脉粥样硬化因子，是冠心病的保护因子，俗称“血管清道夫”。

LP（a）是一种特殊独立的血浆脂蛋白，生理作用尚不清楚。20世纪80年代末，人们发现其与动脉粥样硬化有关，并且与纤溶酶原（PLG）的结构具有高度同源性，LP（a）至今仍是脂蛋白研究热点之一。

二、血脂异常与动脉粥样硬化

1. 血脂异常的类型 血脂异常是血液脂质代谢异常的简称，按病因可以分为原发性和继发性两大类，原发性血脂异常指由于遗传因素或后天的饮食习惯、生活方式及其他自然环境因素等引起的脂质代谢异常，根据升高的脂蛋白类型不同可分为6种类型，其中Ⅱa、Ⅱb、Ⅲ、Ⅳ型易发冠心病。各型高脂蛋白血症的特点见表26-1。继发性血脂异常多由于代谢紊乱性疾病或其他因素所致，如肾病综合征、糖尿病、甲状腺功能低下、肝脏疾病和药物因素（如应用β受体阻断药、噻嗪类利尿药等）。血脂代谢异常主要表现为易致动脉粥样硬化的脂蛋白（如IDL、LDL、VLDL）及其载脂蛋白（如Apo B）和LPL（a）含量过高，或是抗动脉粥样硬化的脂蛋白（如HDL）及其载脂蛋白（如Apo A）含量过低，前者称为高脂血症或高脂蛋白血症。

表26-1 原发性高脂血症的类型

类型	升高的脂蛋白	胆固醇	甘油三酯	致动脉粥样硬化的作用
Ⅰ	CM	+	+++	—
Ⅱa	LDL	++	—	高度
Ⅱb	LDL、VLDL	++	++	高度
Ⅲ	IDL	++	++	中度
Ⅳ	VLDL	+	++	中度
Ⅴ	CM、VLDL	+	++	—

注：“+”代表轻度升高；“++”代表中度升高；“+++”代表高度升高；“—”代表没变化

2. 动脉粥样硬化的危险因素 ①高血脂：流行病学调查表明，动脉粥样硬化与血清甘油三酯及胆固醇水平的升高呈正相关，与高密度脂蛋白-胆固醇（HDL-C）的水平呈负相关。②高血压：高血压是动脉粥样硬化发生的重要因素，由于高血压对动脉血管壁形成压力，易引起血管内膜壁的损伤，从而刺激血管平滑肌细胞的增生及细胞间质的合成增加。③吸烟：吸烟者血中碳氧血红蛋白浓度可达10%～20%，致使动脉壁内氧合不足及内膜下层脂肪酸合成增多。此外，吸烟可使血中HDL含量降低，血清胆固醇含量增高，导致易患动脉硬化。④糖尿病：糖尿病患者的生物调节作用发生障碍，常伴有脂质代谢的紊乱及血清过氧化脂质异常，与动脉粥样硬化的形成密切相关。⑤其他：诸如年龄、肥胖及有高血压、冠心病、糖尿病家族史患者动脉粥样硬化的发生率都较高。

3. 非药物疗法 对血浆脂质的代谢紊乱，首先要采用饮食控制、调节生活方式以避免和纠正其他的心血管危险因素。①合理膳食：限制热量的摄取，强调低胆固醇和低动物脂肪饮食。②增加体力活动和运动：体力活动和运动有利于脂肪和碳水化合物的代谢，有利于减轻体重和调节血脂。③保持心理平衡：现代社会节奏加快，竞争日益激烈，精神紧张，压力得不到释放，长期会导致内分泌失调，易引起高血压、心脏病。④戒烟：有关资料显示，吸烟者心血管病发病率和死亡率比不吸烟者增加 1.6 倍，高达 25% 可避免的心血管病死亡与吸烟有关，吸烟是动脉粥样硬化的主要危险因素之一。

知识拓展

对动脉粥样硬化发病机制的解释较多，如脂质浸润学说、血栓形成学说、平滑肌细胞增生学说等。目前多支持损伤-反应学说，认为是由于多种因素造成血管内膜损伤，内膜通透性增加，异常血脂［主要是低密度脂蛋白-胆固醇（LDL-C）］进入内膜，氧化修饰成为氧化 LDL（ox-LDL），后者被进入内膜的单核细胞（进入内膜后转化为巨噬细胞）吞噬，巨噬细胞吞噬大量脂质后变为泡沫细胞，形成脂质条纹。因氧化修饰的脂质有细胞毒作用，使单核细胞变性、坏死、崩解，以致局部产生脂质分解产物，这些物质与局部 Apo 等共同形成粥样斑块并诱发局部炎症反应，形成动脉粥样硬化。

正常情况下，巨噬细胞合成和分泌大量物质能杀灭吞入的微生物和灭活毒性物质；巨噬细胞吞噬脂质后能产生大量氧化代谢产物，如过氧化物和超氧阴离子，造成内皮进一步损伤；活化的巨噬细胞还能分泌多种生长因子，刺激平滑肌细胞和成纤维细胞增生和迁移，进一步参与病变进展。

第二节 调血脂药

对血脂异常者通过饮食和其他生活方式调节的非药物干预后血脂水平仍不正常，应根据血脂异常的类型，动脉粥样硬化病变的症状或存在的其他心血管疾病危险因素，尽早采用调血脂药，通过调节血脂或脂蛋白代谢紊乱治疗高脂蛋白血症。

一、主要降低总胆固醇和低密度脂蛋白的药物

TC 或 LDL 升高是冠心病的重要危险因素，降低 TC 或 LDL 的血浆水平可降低冠心病和脑血管病的发病率和死亡率。

（一）他汀类

他汀类（statins）又称 3-羟基-3-甲基戊二酰辅酶 A（3-hydroxy-3-methylglutaryl CoA, HMG-CoA）还原酶抑制药，简称 HMG-CoA 还原酶抑制药。HMG-CoA 还原酶是肝细胞合成胆固醇过程中的限速酶，催化 HMG-CoA 生成甲羟戊酸（mevalonic acid, MVA）。MVA 生成是内源性胆固醇合成的关键步骤，抑制 HMG-CoA 还原酶则减少内源性胆固醇合成。

1976 年从橘青霉（*Penicillium citricum*）培养液中发现美伐他汀（compactin）有抑制 HMG-CoA 还原酶的作用，因其不良反应严重而未被应用。1979 年从红曲酶菌（*Monascus ruber*）发现 monacolin K；1990 年从土曲霉菌（*Aspergillus terreus*）发现 movinolin，后证明两者为同一物质，即洛伐他汀（lovastatin），是第一个应用于临床的 HMG-CoA 还原酶抑制药。继而又分离、合成了一系列的他汀类药物。辛伐他汀（simvastatin）是洛伐他汀的甲基化衍生物，而普伐他汀（pravastatin）是美伐他汀的活性代谢产物，阿托伐他汀（atorvastatin）、氟伐他汀（fluvastatin）和瑞舒伐他汀（rosuvastatin）是人工合成品。

他汀类具有二羟基庚酸结构，或为内酯环或为开环羟基酸，是抑制 HMG-CoA 还原酶的必需

基团，但是内酯环必须转换成相应的开环羟基酸形式才呈现药理活性。一般具内酯环的洛伐他汀和辛伐他汀亲脂性较强，具开环羟基酸形式的普伐他汀亲水性较强，氟伐他汀则介于两者之间。

【体内过程】 他汀类药物均能被肠道吸收，一般以羟酸型吸收较好，内酯型吸收后在肝脏内水解成活性的羟酸型。洛伐他汀和辛伐他汀是无活性的内酯环，口服后被代谢成具有活性的羟酸型。氟伐他汀和阿托伐他汀等为含氟的活性物质。口服氟伐他汀几乎被完全吸收，其余他汀类的吸收率介于30%～85%。他汀类药物的肝首过效应均较高，很少进入外周组织，大部分药物在肝代谢，经胆汁由肠道排出，少部分（2%～20%）由肾排出。常用的他汀类药动学特点见表26-2。

表 26-2 常用他汀类药物的药动学特点

	洛伐他汀	辛伐他汀	普伐他汀	氟伐他汀	阿托伐他汀	瑞舒伐他汀
口服吸收（%）	30	60～85	35	＞98	12	20
半衰期（h）	3	1.9	1.5～2	1.2	14	19
血浆蛋白结合率（%）	≥95	＞95	50	≥98	≥98	88
肝摄取率（%）	≥70	≥80	45	≥70		
排泄途径：肾（%）	＜10	13	20	5	＜2	10
肝（%）	85	60	70	＞90	＞95	90
剂量范围（mg/d）	10～80	5～40	10～40	20～40	10～80	5～40
食物对生物利用度的影响（%）	+50	0	–30	0	0	–20

【药理作用与作用机制】

1. 调血脂作用及作用机制 他汀类有明显的调血脂作用。在治疗剂量下，对LDL-C的降低作用最强，TC次之，降甘油三酯作用很弱，调血脂作用呈剂量依赖性，用药2周出现明显疗效，4～6周达高峰，而HDL-C略有升高，长期应用可保持疗效。

人体内胆固醇主要由肝脏合成，在胆固醇合成过程中HMG-CoA还原酶使HMG-CoA转换为中间产物甲羟戊酸（MVA）。他汀类与HMG-CoA的化学结构相似，且对HMG-CoA还原酶的亲和力高出HMG-CoA数千倍，对该酶发生竞争性的抑制作用，使胆固醇合成受阻。他汀类除了使血浆胆固醇浓度降低外，还通过负反馈调节导致肝表面LDL受体代偿性增加或活性增强，使血浆LDL降低，继而导致VLDL代谢加快，再加上肝合成及释放VLDL减少，也导致VLDL及甘油三酯相应降低。HDL的升高，可能是由于VLDL减少的间接结果。由于各种他汀类与HMG-CoA还原酶亲和力不同，所以调血脂的结果各异。

2. 非调血脂作用 又称他汀类的多效性作用（pleiotropic effects），主要包括如下。

（1）改善血管内皮功能，提高血管内皮对扩血管物质的反应性。

（2）抑制血管平滑肌细胞（VSMC）的增殖和迁移，促进血管平滑肌细胞凋亡。

（3）降低血浆C反应蛋白，减轻动脉粥样硬化过程的炎性反应。

（4）抑制单核-巨噬细胞的黏附和分泌功能。

（5）通过抑制血小板聚集和提高纤溶活性发挥抗血栓作用等。

（6）抗氧化作用：氧化LDL是粥样斑块中的主要成分，影响斑块稳定性，在斑块破裂后又能诱发血栓形成。斑块内的LDL极易发生氧化修饰，他汀类通过清除氧自由基，发挥抗氧化作用。

（7）减少动脉壁巨噬细胞及泡沫细胞的形成，使动脉粥样硬化斑块稳定和缩小：基质金属蛋白酶（MMP）能分解基质成分，加速胶原降解，从而降低纤维帽的抗张强度，引起斑块破裂。TNF-α由T细胞释放，使胶原合成的结构蛋白损伤，增加了纤维帽的脆性；其次，TNF-α还能刺激细胞表达MMP，使斑块易于破裂。他汀类能显著下调体内MMP的表达，降低巨噬细胞活性，并能降低斑块中 T 细胞活性，干扰 TNF-α 的转录途径，下调斑块中 TNF-α 含量，使斑块稳定。这些作用均有助于抗动脉粥样硬化。

3. 肾保护作用　他汀类不仅有依赖降低胆固醇的肾保护作用（即纠正因脂质代谢异常而引发的慢性肾损害），同时具有抗细胞增殖、抗炎症、免疫抑制、抗骨质疏松等作用，减轻肾损害的程度，从而保护肾功能。

【临床应用】

1. 调节血脂　主要用于杂合子家族性和非家族Ⅱ a、Ⅱ b 和Ⅲ型高脂蛋白血症，也可用于 2 型糖尿病和肾病综合征引起的高胆固醇血症。对病情较严重者可与胆汁酸结合树脂合用。近年的大规模临床试验证明，对冠心病一级和二级预防有效且安全，可使冠心病发病率和死亡率明显降低。

2. 肾病综合征　对肾功能有一定的保护和改善作用，除与调血脂作用有关外，可能还与他汀类抑制肾小球膜细胞的增殖、延缓肾动脉硬化有关。

3. 预防心脑血管急性事件（prevention of acute cardiocerebrovascular attack）　因能增加粥样斑块的稳定性或使斑块缩小，故可减少缺血性脑卒中、稳定型和不稳定型心绞痛发作、致死性和非致死性心肌梗死的发生。

4. 其他　抑制血管成形术后再狭窄、缓解器官移植后的排斥反应和治疗骨质疏松症（osteoporosis）等。

【不良反应及注意事项】　不良反应较少而轻。大剂量应用时患者偶可出现胃肠反应、肌痛、皮肤潮红、头痛等暂时性反应。偶见有无症状性转氨酶升高、肌酸磷酸激酶（CPK）升高，停药后即恢复正常。偶有横纹肌溶解症（rhabdomyolysis），以西立伐他汀和辛伐他汀引起肌病的发病率高，氟伐他汀的发病率低，绝大多数是肌病，极少数发展成为横纹肌溶解症。超大剂量他汀类可引起犬的白内障，人体用药应注意。用药期间应定期检测肝功能，有肌痛者应检测 CPK，必要时停药。孕妇、儿童、哺乳期妇女、肝、肾功能异常者不宜应用。有肝病史者慎用。

【药物相互作用】　他汀类与胆汁酸结合树脂类联合应用，可增强降低血清 TC 及 LDL-C 的效应。若与贝特类或烟酸联合应用可增强降低甘油三酯的效应。但也能增加肌病的发生率。若同时与其他影响 CYP3A4 的药物，如环孢素、某些大环内酯类抗生素（如红霉素）、吡咯类抗真菌药（如伊曲康唑）等合用，也能增加肌病的危险性。若与香豆素类抗凝药同时应用，有可能使凝血酶原时间延长，应注意检测凝血酶原时间，及时调整抗凝血药的剂量。

洛伐他汀

洛伐他汀（lovastatin）是从红曲霉中提取的霉菌代谢物，是第一个应用于临床的 HMG-CoA 还原酶抑制药。洛伐他汀为无活性的内酯环结构，口服吸收后在体内水解成开环羟酸型呈现药理活性。在胃肠道的吸收率约为 30%，对肝有高度选择性。调血脂作用稳定可靠，有剂量依赖性，一般用药两周呈现明显效应，4～6 周可达最佳治疗效果。

辛伐他汀

辛伐他汀（simvastatin）为洛伐他汀的甲基衍生物，亦为无活性的内酯。调血脂作用较洛伐他汀强一倍。升高 HDL 和 Apo A Ⅰ的作用强于阿托伐他汀。临床试验证明，长期应用辛伐他汀在有效降低胆固醇，同时能显著延缓动脉粥样硬化病变进展和病情恶化，减少心脏事件和不稳定心绞痛的发生。

普伐他汀

普伐他汀（pravastatin）为开环活性结构，口服吸收快，亲水性强。本药除稳定、安全的降脂作用外，尚能抑制单核-巨噬细胞向内皮的黏附和聚集，具有抗炎作用，表明其能通过抗炎作用减少心血管疾病。研究证实，对急性冠状动脉综合征患者，早期应用普伐他汀能迅速改善内皮功能，减少冠状动脉再狭窄和心血管事件的发生。

氟伐他汀

氟伐他汀（fluvaslatin）是第一个人工合成的、氟苯吲哚环的甲羟内酯衍生物，吲哚环模拟HMG-CoA还原酶的底物，MVA内酯模拟产物——甲羟戊酸，所以氟伐他汀能同时阻断HMG-CoA还原酶的底物和产物，进而抑制MVA生成胆固醇发挥调血脂作用。氟伐他汀在发挥调血脂作用的同时，增加NO活性，改善内皮功能，抗血管平滑肌细胞增殖，预防斑块形成，并且此药能降低血浆Lp(a)水平，抑制血小板活性和改善胰岛素抵抗。口服吸收迅速而完全，首过效应明显，是他汀类药物中与其他药互相作用最少、引起肌病最低的药物。

阿托伐他汀

阿托伐他汀（atorvastatin）口服吸收快，服药后1～2h血药浓度达高峰。在肝脏中代谢，生成的代谢产物是其主要活性物质。与氟伐他汀有相似的作用特性和适应证，但是降低甘油三酯作用较强，大剂量对纯合子家族性高胆固醇血症也有效。

瑞舒伐他汀

瑞舒伐他汀（rosuvastatin）抑制HMG-CoA还原酶活性的作用较其他常用的他汀类药物强，作用时间长，因而抑制胆固醇合成的作用明显强于其他的他汀类药物。能明显降低LD-C，升高HDL-C。降低LDL-C起效快，服用两周后，即可下降10%。口服给药，半衰期为3h，生物利用度为20%。用于治疗高脂血症和高胆固醇血症。

（二）胆汁酸结合树脂

此类药物不溶于水，进入肠道后不被吸收，与胆汁酸牢固结合阻断胆汁酸的肝肠循环和反复利用，从而减少胆固醇的吸收，使血浆TC和LDL-C水平降低。

考来烯胺和考来替泊

考来烯胺（cholestyramine），又称消胆胺，考来烯胺为苯乙烯型强碱性阴离子交换树脂类，其氯化物呈白色或淡黄色球状颗粒或粉末，无臭或有氨臭。

考来替泊（colestipol）又称降胆宁，为二乙基五胺环氧氯丙烷的聚合物，是弱碱性阴离子交换树脂，呈淡黄色，无臭无味，有亲水性，含水分约50%，但不溶于水。氯离子能与其他阴离子交换，1.6g考来烯胺能结合胆盐100mg。

【药理作用与作用机制】 该类药物可降低TC和LDL-C, Apo B也相应降低，但HDL几乎无改变。胆酸作为胆固醇在体内代谢的主要去路，正常情况下，95%可在空肠和回肠被重吸收。用药后，它们在肠道中螯合胆酸，阻止其重吸收而中断肝肠循环，减少外源性胆固醇的吸收，促进内源性胆固醇在肝脏代谢成为胆酸。用药后可使胆固醇的排泄量增加10倍之多。

胆固醇生成胆酸的过程由7-*α*羟化酶催化，胆酸能反馈性抑制此酶活性。本类药物阻碍了胆酸的重吸收，促进其排出，于是解除了胆酸对7-*α*羟化酶的抑制作用，加速胆固醇向胆酸的转化，降低血浆和肝脏中胆固醇的含量。外源性胆固醇吸收减少和内源性胆固醇代谢进入胆酸增加导致了肝细胞表面LDL受体增加或活性增强，从而使血浆中TC和LDL-C水平降低。

考来烯胺和考来替泊在肠道通过离子交换与胆汁酸结合后发生下列作用：①被结合的胆汁酸失去活性，减少食物中脂类（包括胆固醇）的吸收；②阻滞胆汁酸在肠道的重吸收；③由于大量胆汁酸丢失，肝内胆固醇经7-*α*羟化酶的作用转化为胆汁酸；④由于肝细胞中胆固醇减少，导致肝细胞表面LDL受体增加或活性增强；⑤LDL-C经受体进入肝细胞，使血浆TC和LDL-C水平降低；⑥该类药物可以反馈性地增强 HMG-CoA 还原酶的活性，使胆固醇的合成增多，故与他汀类合用，可增强其降脂作用。

本品能降低 TC 和 LDL-C，其强度与剂量有关，也相应降低 Apo B，但对 HDL 几乎无改变，对甘油三酯和 VLDL 的影响较小。

【临床应用】 主要用于治疗以 TC 和 LDL-C 升高为主，而且适用于甘油三酯水平正常不能使用他汀类的高胆固醇血症患者，如Ⅱ a、Ⅱ b 及家族性杂合子高脂血症，对纯合子家族性高胆固醇血症无效。对Ⅱ b 型高脂血症者，应与降甘油三酯和 VLDL 的药物配合应用。

临床上主要与其他调血脂药联合应用，如与他汀类，可起到协同作用；考来烯胺与普罗布考合用，既有协同降脂作用，又可减少不良反应。

【不良反应】 本类药物不良反应较多，由于应用剂量较大，考来烯胺有特殊的臭味和一定的刺激性，少数人用药后可能出现胃肠道不良反应如便秘、腹胀、嗳气和食欲减退等，一般在两周后可消失，若便秘过久，应停药。偶可出现短时的转氨酶升高、高氯酸血症或脂肪痢等。

【药物相互作用】 本类药物在肠腔内与他汀类、氯噻嗪、保泰松、苯巴比妥、洋地黄毒苷、甲状腺素、口服抗凝剂、脂溶性维生素（维生素 A、维生素 D、维生素 E、维生素 K）、叶酸及铁剂等结合，影响这些药物的吸收，应尽量避免配伍使用，必要时可在服用此药 1h 前或 4h 后服用上述药物。

（三）酰基辅酶 A 胆固醇酰基转移酶抑制药

甲亚油酰胺

甲亚油酰胺（melinamide）抑制酰基辅酶 A 胆固醇酰基转移酶（acyl-coenzyme A cholesterolacyl transferase, ACAT），阻止细胞内胆固醇向胆固醇酯的转化，减少外源性胆固醇的吸收，阻滞胆固醇在肝内形成 VLDL，并且阻止外周组织胆固醇酯的蓄积和泡沫细胞的形成，有利于胆固醇的逆向转运，使血浆及组织胆固醇降低。

ACAT 使细胞内胆固醇转化为胆固醇酯，促进肝细胞 VLDL 的形成和释放。使血管壁胆固醇蓄积，提高胆固醇在小肠的吸收，促进巨噬细胞和泡沫细胞的形成，因而促进动脉粥样硬化病变的形成过程。因此，抑制 ACAT 可发挥调血脂和抗动脉粥样硬化的效应。

甲亚油酰胺适用于Ⅱ型高脂蛋白血症。服药后约 50% 经门静脉吸收，在体内分布广，最后大部分被分解，约 7% 自胆汁排出。不良反应轻微，可有食欲减退或腹泻等。

（四）胆固醇吸收抑制药

依折麦布

依折麦布（ezetimibe）是第一个上市的胆固醇吸收抑制药，降低胆固醇的吸收，发挥调血脂作用。

【药动学】 口服后吸收迅速，半衰期约为 22h。吸收后大部分在小肠和肝脏经葡萄糖醛酸化快速代谢为酚羟基葡萄糖醛酸化合物，代谢物和原型药物经胆汁及肾脏排出。

【药理作用与作用机制】 作为第一个胆固醇吸收抑制药，主要阻断胆固醇的外源性吸收途径，吸收后进入肝肠循环并被糖脂化。依折麦布及其糖脂化代谢产物反复作用于胆固醇吸收部位——小肠细胞刷状缘，通过抑制表达胆固醇吸收的 NPC1L1 转运体活性，选择性地抑制饮食和胆汁中的胆固醇跨小肠壁转运到肝脏中，持久地抑制胆固醇的吸收，从而降低胆固醇和相关植物甾醇的吸收，使肝脏胆固醇储存减少，导致肝脏 LDL 受体合成增加，LDL 代谢加快，使血浆中 LDL-C 水平降低。此外，依折麦布可降低高脂血症患者的 TC、Apo B 和甘油三酯水平，并增加 HDL-C 水平，与 HMG-CoA 还原酶抑制药合用更能有效地改善血浆 TC、LDL-C、Apo B、甘油三酯和 HDL-C 水平。

【临床应用】 适用于原发性（杂合子家族性或非家族性）高胆固醇血症、纯合子家族性高胆固醇血症、纯合子谷甾醇血症（或植物甾醇血症）。临床上与他汀类药物联用分别从胆固醇的内、外源性途径对血脂水平进行调节。

【不良反应】 不良反应少，口服后少数患者出现疼痛、痉挛和无力的肌肉失调症状、血清肌酸激酶升高、氨基转氨酶升高、血小板减少等不良反应。孕妇或哺乳期妇女、中至重度肝功能损伤患者及 10 岁以下儿童禁用此药。

二、主要降低甘油三酯及极低密度脂蛋白的药物

（一）贝特类

贝特类（fibrate）又称苯氧酸类，20 世纪 60 年代上市的药物氯贝丁酯（安妥明，clofibrate）是第一个应用于临床的贝特类药物，能显著降低甘油三酯及 VLDL 的作用，曾广泛应用。后经大规模和长期临床试验，发现严重不良反应，特别是肝胆系统并发症，且不降低冠心病的死亡率，现已少用。近年来新开发的、目前应用的新型贝特类吉非罗齐（gemfibrozil）、苯扎贝特（benzafibrate）、非诺贝特（fenofibrate）、环丙贝特（ciprofibrate），调血脂作用增强而不良反应减少。根据国际上对此类药物治疗后受益与风险的评价，认为除非患者有严重的高甘油三酯血症又禁用他汀类或不能耐受他汀类，否则贝特类不应该作为高脂血症的一线治疗药物。

【体内过程】 贝特类药物口服吸收快而完全，在血液中与血浆蛋白结合率达到 92%～96%，不易分布到外周组织。最后大部分在肝内与葡萄糖醛酸结合、少量以原型经肾排出。各个药物的半衰期不完全相同，吉非罗齐和苯扎贝特具活性酸形式，吸收后起效快，作用时间短，半衰期为 1～2h；非诺贝特半衰期为 20h，环丙贝特半衰期为 17～42h。

【药理作用】 贝特类既有调血脂作用也有非调脂作用。能降低血浆甘油三酯、极低密度脂蛋白-胆固醇（VLDL-C）、TC、LDL-C；能升高 HDL-C。但是各种贝特类的作用强度不同，吉非罗齐、非诺贝特和苯扎贝特作用较强。非调脂作用有抗凝血、抗血栓和抗炎性作用等，共同发挥抗动脉粥样硬化的效应。

1. 调血脂作用 贝特类可以引起明显降低 VLDL、甘油三酯、TC、LDL-C，升高 HDL-C。实验证明吉非罗齐可以增加 HDL-C 而降低冠心病和脑卒中的发生率。但是各种贝特类的作用强度不同，吉非罗齐、非诺贝特和苯扎贝特作用较强。

2. 非调血脂作用 贝特类具有降低某些凝血因子的活性和加强纤溶等作用，通过抗凝血、抗血栓和抗炎等作用，共同发挥抗动脉粥样硬化的效应。

【药物作用机制】 可能主要与激活过氧化物酶体增殖激活受体（peroxisome proliferator activated receptor-α, PPAR-α），调节 LPL、Apo C Ⅲ、Apo A Ⅰ等基因的表达而发挥的。它们可以降低 Apo C Ⅲ转录，增加 LPL 和 Apo A Ⅰ的生成和活性，同时促进肝脏摄取脂肪酸，并抑制甘油三酯的合成，使含甘油三酯的脂蛋白减少。PPAR-α 活化后能增加诱导型一氧化氮合酶（iNOS）活性，使 NO 生成增多，从而抑制巨噬细胞表达基质金属蛋白酶-9（MMP-9），与稳定动脉粥样硬化斑块有关。PPAR-α 也是一种炎症调节因子，激活后除能调节血脂外，还能降低动脉粥样硬化过程中的炎症反应，抑制血管平滑肌细胞增殖和血管成形术的再狭窄。另外，贝特类具有降低某些凝血因子的活性，减少纤溶酶原激活物抑制物（PAI-1）的产生等非调血脂作用。

【临床应用】 主要用于以 VLDL 升高为主的原发性高甘油三酯血症，对Ⅲ型高脂蛋白血症和混合型高脂蛋白血症有较好的疗效，也可用于低 HDL 和动脉粥样硬化疾病风险的患者（常见于 2 型糖尿病患者），同时也可与其他调血脂药联合应用于严重药物抵抗的血脂异常患者。

【不良反应及注意事项】 一般耐受良好，常见的不良反应主要为胃肠道反应，如食欲缺乏、恶心、腹胀等。其次为乏力、头痛、失眠、皮疹、阳痿等。偶有肌炎、尿素氮增加、转氨酶升高，停药后可恢复。

氯贝丁酯不良反应较多且严重，可致心律失常、胆囊炎和胆石症及增加胃肠道肿瘤的发病率。

贝特类药物能增强口服抗凝药的抗凝活性，因此与口服抗凝药合用时，应适当减少抗凝药的剂量。与他汀类联合应用，可能增加肌病的发生。患肝胆疾病、孕妇、儿童及肾功能不全者禁用。

吉非罗齐

吉非罗齐（gemfibrozil）口服吸收迅速而完全，起效快，作用时间短，半衰期为 1.5～2h，66% 经尿排出，6% 经粪便排出。降低血浆甘油三酯和 VLDL，起效快、稳定，对血浆甘油三酯明显增高和伴有 HDL 降低或 LDL 升高类型的高脂血症疗效最好。长期应用可明显降低冠心病的死亡率。

非诺贝特

非诺贝特（fenofibrate）为第二代苯氧酸类化合物，口服吸收快，50%～75% 被吸收，血浆蛋白结合率为 99%，在肠道或肝脏转化为活性物质，半衰期约为 20h，约 66% 随尿排泄，25% 随粪便排出，肾功能不全者慎用。除有调血脂作用外，还可以明显改善内皮功能、减轻炎症反应、增加胰岛素敏感性及减少微量白蛋白尿，有助于减少糖尿病并发症，尤其适用于 2 型糖尿病及代谢综合征的患者。同时，能明显地降低血浆纤维蛋白原和血尿酸水平，降低血液黏稠度，改善血流动力学，冠状动脉造影证明能阻止冠状动脉腔的缩小。严重肾功能不全、肝功能不全、原发性胆汁性肝硬化、胆石症患者、儿童及孕妇禁用。

苯扎贝特

苯扎贝特（benzafibrate）口服易吸收，排泄较快，48h 后 94.6% 经尿排出，3% 由粪便排出，无蓄积性，肾功能不全者应慎用。作用及应用同吉非罗齐，能降低 VLDL、甘油三酯水平。除调血脂作用外，还能降低空腹血糖，用于伴有血脂升高的 2 型糖尿病。并降低血浆 FFA、纤维蛋白原和糖化血红蛋白水平，抑制血小板聚集。长期应用可使血浆 Lp(a) 水平降低。孕妇及肾功能不全者禁用。

（二）烟酸类

烟酸（nicotinic acid）是一种水溶性 B 族维生素，是许多重要代谢过程的必需物质。在剂量如克数量级应用时，则具有调血脂作用。

【体内过程】 口服吸收迅速而完全，生物利用度约为 95%，半衰期为 20～45min。血浆蛋白结合率低．迅速被肝、肾和脂肪组织摄取，代谢物及原型经肾排出。

【药理作用与作用机制】 大剂量烟酸可通过抑制肝甘油三酯的产生和 VLDL 的分泌而降低血清甘油三酯、LDL-C 和 LP(a) 水平，同时升高 HDL-C 水平，预防实验性动脉粥样硬化，并证明其抗动脉粥样硬化作用与体内转化烟酰胺的作用有关。如将烟酸与其他物质结合成酯，服用后在体内释放出烟酸仍然有效。烟酸降低血浆甘油三酯和 VLDL，服药后 1～4h 生效。降 LDL 作用慢而弱，用药 5～7 天生效，3～5 周达最大效应。若与胆汁酸结合树脂合用，可使其作用增强，若再加他汀类作用还可增强。最近认为烟酸为少有的降低 Lp(a) 药物。

烟酸通过降低细胞 cAMP 的水平，使脂肪酶的活性降低，从而抑制脂肪组织中甘油三酯的分解，减少肝合成甘油三酯的原料，减少 VLDL 的合成和释放，也使 LDL 来源减少。烟酸能增加 LPL 的活性，促进 CM 和 VLDL 中甘油三酯的清除。烟酸升高 HDL 是由于使甘油三酯浓度降低导致 HDL 分解代谢减少所致。HDL 的增加有利于胆固醇的逆行转运，阻止动脉粥样硬化病变的发展。此外，烟酸还可抑制 TXA_2 的生成，增加前列环素的生成，发挥抑制血小板聚集和扩张血管的作用。

【临床应用】 烟酸类属广谱调血脂药，除Ⅰ型以外的各型高脂血症均可用，对Ⅱb 和Ⅳ型作用最好，但主要作为他汀类药物和饮食的辅助药物。适用于混合型高脂血症、高甘油三酯血症、低 HDL 血症及高 Lp(a) 血症，也可以用于他汀类药物禁用的患者。若与他汀类或贝特类合用，可提高疗效。

【不良反应及注意事项】 由于用量较大，开始常有皮肤潮红及瘙痒等，若在用药前 30min 给予阿司匹林可使反应减轻。阿司匹林不仅能缓解烟酸所致的皮肤血管扩张，还能延长其半衰期，并能防止烟酸所致的尿酸浓度升高。另外，烟酸刺激胃黏膜，加重或引起消化性溃疡，餐时或餐后服用可以减轻。长期应用可致皮肤干燥、色素沉着或棘皮症。偶有肝功能异常、糖耐量降低，并可使循环中尿酸增加而诱发痛风等，停药后可以恢复。痛风、溃疡病、糖尿病及肝功能异常者禁用。

阿西莫司

阿西莫司（acipimox）是 1980 年发现的烟酸异构体。口服吸收快而全，不与血浆蛋白结合，原型由尿排出，半衰期约为 2h。药理作用类似烟酸。可使血浆甘油三酯明显降低，HDL 升高，与胆汁酸结合树脂伍用可加强其降 LDL-C 作用，作用较强而持久。此外，尚能降低血浆纤维蛋白浓度和全血黏度。除用于Ⅱb、Ⅲ和Ⅳ型高脂血症外，也适用于高 Lp(a) 血症及 2 型糖尿病伴有高脂血症患者。不良反应较少较轻。对本品过敏及消化性溃疡者、孕妇、哺乳期妇女、儿童禁用。

三、降低 Lp(a) 的药物

流行病学调查证明，血浆 Lp(a) 升高是动脉粥样硬化的独立危险因素，也是经皮穿刺腔内冠状动脉成形术（percutaneous transluminal coronary angioplasty，PTCA）后再狭窄的危险因素。其原因可能一方面是 Apo(a) 与纤溶酶原有高度的相似性，竞争性地抑制纤溶酶原活化，促进血栓形成；另一方面是增进单核细胞向内皮的黏附，参与泡沫细胞的形成。降低血浆 Lp(a) 水平，已经成为防治动脉粥样硬化研究的热点。现已证明烟酸、烟酸戊四醇酯、烟酸生育酚酯、阿西莫司、新霉素及多沙唑嗪等可降低血浆 Lp(a) 水平。

案例分析

案例：

患者，男，75 岁，因心悸 4 个月入院。患者自述 4 月前于夜间睡眠时出现心悸，无明显胸闷、胸痛，自服速效救心丸等药物可缓解。此后多次出现上述症状，均在夜间发生。各项检查结果显示，血压为 178/104 mmHg。血脂：TC 为 4.75mmol/L，甘油三酯为 0.73mmol/L，LDL-C 为 3.50mmol/L，HDL-C 为 1.42mmol/L。冠状动脉 CT 结果显示右冠状动脉、左冠状动脉前降支、回旋支弥漫性钙化斑块，继发管腔狭窄。

临床诊断：①冠状动脉粥样硬化性心脏病；②高血压（3 期）。

根据患者病情，建议使用哪些调血脂药物治疗？

解析：

该患者血压偏高，达到高血压（3 期）的诊断标准，临床症状及冠状动脉 CT 结果都支持冠状动脉粥样硬化性心脏病的临床诊断。血脂检查结果显示该患者 TC 和 LDL-C 显著增高。建议使用主要降低 TC 和 LDL 的调血脂药物，如他汀类的阿托伐他汀、瑞舒伐他汀或烟酸类，也可联合使用胆固醇吸收抑制药依折麦布。同时建议患者服用抗高血压药如美托洛尔、硝苯地平、卡托普利等药物治疗高血压。

第三节 抗氧化药

氧自由基（oxygen free radical）在动脉粥样硬化的发生和发展中发挥重要作用。已经证明，ox-LDL 影响动脉粥样硬化病变发生和发展的多个过程。①损伤血管内皮，促进单核细胞向内皮黏附并向内皮下转移。②阻止进入内皮下的单核细胞所转化的巨噬细胞返回血流。③巨噬细胞可无限制地摄取 ox-LDL 而成为泡沫细胞。④促进内皮细胞释放血小板衍化生长因子（platelet derived growth factor，PDGF）等，导致血管平滑肌细胞增殖和迁移；巨噬细胞亦摄取 ox-LDL 成为泡沫细胞。⑤泡沫细胞的脂质积累形成脂质条纹和斑块。⑥被损伤的内皮细胞还可导致血小板聚集和血栓形成。研究表明 Lp(a) 和 VLDL 也可被氧化而增强其致动脉粥样硬化作用；具抗动脉粥样硬化效应的 HDL 也可被氧化，转化为致动脉粥样硬化因素。因此，防止氧自由基对脂蛋白的氧化修饰，已成为阻止动脉粥样硬化发生和发展的重要措施。

普罗布考

普罗布考（probucol）原为降血脂药，用于临床，但因其降低 HDL-C 而未受重视。近年来发现，普罗布考有较强的抗氧化作用，对动脉粥样硬化有较好防治效果。

【体内过程】 口服吸收差，低于 10%，且不规则，饭后服用可增加吸收，吸收后主要蓄积于脂肪组织和肾上腺，消除缓慢，半衰期长。血清中浓度较低，长期服用 3～4 个月达稳态。血清中普罗布考 95% 分布于脂蛋白的疏水核。主要经胆道途径排泄，仅有 2% 经尿排泄。粪便中以原型为主，尿中以代谢物为主。

【药理作用与作用机制】

1. 抗氧化作用 其抗氧化作用强，被摄入后分布于 LDL 并易于进入动脉内膜，本身被氧化成普罗布考自由基，降低血浆氧自由基浓度，阻断脂质过氧化，减少脂质过氧化物（lipid peroxidate，LPO）的产生及其引起的单核细胞黏附和迁移，内皮细胞损伤、清道夫受体摄取 ox-LDL 成泡沫细胞等，增加过氧化物酶体增生物激活受体的表达和活性，清除自由基。

本品能抑制 ox-LDL 的生成及其引起的一系列病变过程，如内皮细胞损伤、单核细胞向内皮下游走、清道夫受体摄取 ox-LDL 成泡沫细胞、血管平滑肌细胞增殖及迁移等。

2. 调血脂作用 可使血浆 TC 和 LDL-C 下降，而 HDL-C 及 Apo A1 同时明显下降，对血浆甘油三酯和 VLDL 一般无影响。若与他汀类或胆汁酸结合树脂合用，可增强其调血脂作用。

3. 对动脉粥样硬化病变的影响 较长期应用可使冠心病发病率降低，使已形成的动脉粥样硬化病变停止发展或消退，黄色瘤明显缩小或消除。

普罗布考为疏水性抗氧化剂，抗氧化作用强，进入体内分布于各脂蛋白，本身被氧化为普罗布考自由基，阻断脂质过氧化，减少脂质过氧化物的产生，减缓动脉粥样硬化病变的一系列过程；同时普罗布考能抑制 HMG-CoA 还原酶，使胆固醇合成减少，并能通过受体及非受体途径增加 LDL 的清除，血浆 LDL-C 水平降低。通过提高胆固醇酯转移蛋白和 Apo E 的血浆浓度，使 HDL 颗粒中胆固醇减少，HDL 颗粒变小，提高 HDL 数量和活性，增加 HDL 的转运效率，使胆固醇逆行转运清除加快。普罗布考的抗动脉粥样硬化作用可能是抗氧化和调血脂作用的综合结果。

【临床应用】 用于各型高胆固醇血症，包括纯合子和杂合子家族性高胆固醇血症。对继发于肾病综合征或糖尿病的Ⅱ型高脂蛋白血症也有效。较长期服用，可使肌腱黄色瘤消退，阻止动脉粥样硬化病变发展或促进病变消退，冠心病发病率降低。普罗布考可预防 PTCA 后的再狭窄。

【不良反应】 不良反应少而轻，以胃肠道反应为主，如恶心、呕吐、腹泻、腹胀、腹痛等，偶有嗜酸性粒细胞增多、肝功能异常、高尿酸血症、高血糖、血小板减少、肌病、感觉异常等。因该药使部分患者心电图 Q-T 间期延长，故用药期间注意心电图的变化，Q-T 间期延长者慎用，不宜与延长 Q-T 间期的药物合用。近期有心肌损伤者禁用。儿童、妊娠期和哺乳期妇女慎用。

维生素 E

维生素 E（vitamin E）有很强的抗氧化作用，即它本身苯环的羟基失去电子或 H^+，以清除氧自由基和过氧化物或抑制磷脂酶 A_2 和脂氧酶，以减少氧自由基的生成，阻断过氧化物和丙二醛（malondialdehyde，MDA）的生成。它本身生成的生育醌，可被维生素 C 或氧化还原系统复原，继续发挥作用。能防止脂蛋白的氧化修饰及其所引起的一系列动脉粥样硬化病变过程，如抑制血管平滑肌细胞增殖和迁移，抑制血小板黏附和聚集，抑制黏附分子的表达和功能，减少白三烯的合成，增加前列环素的释放，阻止单核细胞向内皮的黏附等，从而发挥抗动脉粥样硬化的效应。

第四节 多烯脂肪酸

多烯脂肪酸（polyenoic fatty acid）是指有 2 个或 2 个以上不饱和键结构的脂肪酸，又称多不饱和脂肪酸类（polyunsaturated fatty acid，PUFA）。根据不饱和键在脂肪酸链中开始出现位置，分为 *n*-3（或 *ω*-3）型及 *n*-6（或 *ω*-6）型多烯脂肪酸。

一、*n*-3 型多烯脂肪酸

n-3 型多烯脂肪酸，除 α-亚麻油酸外，主要有二十碳五烯酸（eicosapentaenoic acid, EPA）和二十二碳六烯酸（docosahexaenoic acid, DHA）等长链多烯脂肪酸，主要存在于海洋生物藻、鱼及贝壳类中。

【药理作用与机制】 EPA 和 DHA 主要来自海洋生物，流行病学调查发现，格陵兰因纽特人心血管病发生率低主要与食用海鱼等海生动物有关，后经证实这些动物的油脂中富含 *n*-3 型多烯脂肪酸，有调血脂及抗动脉粥样硬化的效应。

1. 调血脂作用 EPA 和 DHA 有明显的调血脂作用，EPA 不仅是脂肪合成酶的抑制药且对脂肪酸的氧化分解具有促进作用，从而抑制甘油三酯的合成。降低甘油三酯及 VLDL-TG 的作用较强，升高 HDL-C。DHA 能使 HMG-CoA 还原酶减少，降低 TC 的合成和 LDL-C，而 EPA 作用弱。EPA 和 DHA 的调血脂作用可能与抑制肝合成甘油三酯和 Apo B，并提高 LPL 活性促进 VLDL 分解有关。

2. 非调血脂作用 EPA 和 DHA 可取代花生四烯酸，作为三烯前列腺素和五烯白三烯的前体发挥下列作用。①取代花生四烯酸形成 TXA_3，减弱 TAX_2 促进血小板聚集和收缩血管作用；在血管壁形成 PGI_3，PGI_3 仍有前列环素的扩血管和抗血小板聚集作用，所以呈现较强的抗血小板聚集、抗血栓形成和扩张血管的作用。②由于抗血小板，抑制血小板衍生生长因子（PDGF）的释放，从而抑制血管平滑肌细胞的增殖和迁移。③红细胞膜上的 EPA 和 DHA 可增加红细胞的可塑性，改善微循环。④ EPA 和 DHA 对动脉粥样硬化早期的白细胞-内皮细胞炎性反应的多种细胞因子表达呈明显的抑制作用。

【临床应用】 适用于高甘油三酯性高脂血症。对心肌梗死患者的预后有明显改善。亦可用于糖尿病并发高脂血症等，常作为联合用药或辅助用药。

【不良反应】 一般无不良反应，但若长期或大剂量应用，可出现出血时间延长、血小板减少、免疫反应降低等。

二、*n*-6 型多烯脂肪酸

n-6 型多烯脂肪酸主要来源于植物油如大豆油、玉米油及葵花籽油等，有亚油酸（linoleic acid，LA）和 γ-亚麻酸（γ-linolenic acid，γ-LNA），常用的有月见草油（evenin primrose oil）和亚油酸（linoleicacid）。

月见草油含约 70% 的亚油酸，6%～9% 的 γ-亚麻酸。制剂中的亚油酸和 γ-亚麻酸本身有较弱的调血脂作用，后者在体内有可能转化为二高-γ-亚麻酸（dihomo-γ-linolenic acid，DGLA），经第 I 系列前列腺素代谢产生前列腺素，呈现调血脂及抗血小板聚集等效应，用于防治冠心病及心肌梗死等，但作用较弱。亚油酸与其他脂肪酸一起，以甘油酯的形式存在于动植物油脂中。进入体内后能转化为系列 *n*-6 多烯脂肪酸，软化血管，降低血脂，促进微循环，防止胆固醇在血管壁的沉积，发挥调血脂和抗动脉粥样硬化作用，常做成胶丸或与其他调血脂药和抗氧化药制成多种复方制剂应用。

第五节　黏多糖和多糖类

黏多糖是由氨基己糖或其衍生物与糖醛酸构成的二糖单位多次重复组成的长链，典型代表为肝素。肝素具有以下作用，从多方面发挥抗动脉粥样硬化效应：①降低 TC、LDL、甘油三酯、VLDL，升高 HDL；②对动脉内皮有高度亲和性，中和多种血管活性物质，保护动脉内皮；③抑制白细胞向血管内皮黏附及其向内皮下转移的抗炎性反应；④阻滞血管平滑肌细胞的增殖迁移；⑤加强酸性成纤维细胞生长因子（aFGF）的促微血管生成；⑥抗血栓形成等。因抗凝血作用过强，且口服无效，不便应用。为此，人们研究既有类似肝素的抗动脉粥样硬化作用、又无不利于抗动脉粥样硬化时副作用的低分子量肝素和类肝素（heparinoid）。

低分子量肝素

低分子量肝素（low molecular weight heparin, LMWH）是由肝素解聚而成，平均分子质量为 4～6kD。由于分子量低，生物利用度较高，与血浆、血小板、血管壁蛋白结合的亲和力较低，抗凝血因子Ⅹa活力大于抗凝血因Ⅱa活力，抗凝血作用较弱，抗血栓形成作用强。常用制剂有依诺肝素（enoxaparin）、替地肝素（tedelparin）、弗希肝素（fraxiparine）、洛吉肝素（logiparin）及洛莫肝素（lomoparin）等 10 多种产品。主要用于不稳定型心绞痛、急性心肌梗死及 PTCA 后再狭窄等。

天然类肝素

天然类肝素（natural heparinoid）是存在于生物体类似肝素结构的一类物质，如硫酸乙酰肝素（heparan sulfate）、硫酸皮肤素（dermatan sulfate）、硫酸软骨素（chondroitin sulfate）及冠心舒等。

冠心舒（脑心舒）是从猪肠黏膜提取的含硫酸乙酰肝素、硫酸皮肤素和硫酸软骨素的复合物。它们有抗凝血因子Ⅱa作用弱、抗凝血因子Ⅹa作用强和半衰期长的特点。冠心舒有调血脂、降低心肌耗氧量、抗血小板、保护血管内皮和阻止动脉粥样硬化斑块形成等作用，用于心及脑缺血性病症。研究证明冠心舒具有与肝素相同强度的抑制血管平滑肌细胞增殖作用，而抗凝血作用仅为肝素的 1/47，且口服有效，表明天然类肝素可能是有较好前景的抗动脉粥样硬化药。另外，海洋酸性糖脂类如藻酸双酯钠（polysaccharide sulfate）也具有肝素样的药理特性，能调血脂、抗血栓形成、保护动脉内皮及阻止动脉粥样硬化病变的发展等。临床用于缺血性心脑血管疾病。

本章小结

药物类别	代表药物	作用机制	药理作用	临床应用	不良反应
他汀类	洛伐他汀	抑制 HMG-CoA 还原酶	抑制胆固醇合成	高胆固醇血症	肝功能减退、肌病
胆汁酸结合树脂	考来烯胺	与胆酸结合抑制胆酸再吸收	抑制胆固醇吸收	高胆固醇血症	胃肠道反应
胆固醇吸收抑制药	依折麦布	抑制 NPC1LI 转运体活性	抑制胆固醇吸收	高胆固醇血症	少见
贝特类	非诺贝特	激动 PPAR-α	降低血浆甘油三酯	高甘油三酯血症	肝功能减退、肌病
烟酸类	烟酸	降低 VLDL	降低血浆甘油三酯、LDL-C	Ⅰ型以外的各型高脂血症	潮红、心悸
抗氧化药	普罗布考	阻断脂质过氧化	抗氧化，降低 TC、LDL-C	高胆固醇血症	胃肠道反应

中药介绍

常用调血脂的单味中药有山楂、何首乌、泽泻、决明子、大黄、灵芝、虎杖、参三七、蒲黄、红花、丹参、水飞蓟、女贞子、月见草、茺蔚子、广地龙、人工虫草、茶树根、荷叶、玉竹、桑寄生、麦芽、葛根、郁金、茵陈。

决 明 子

决明子为豆科一年生草本植物钝叶决明（*Cassia obtusifolia* L.）或决明（小决明，*Cassia tora* L.）的干燥成熟种子，以其有明目之功而名之。秋季采收成熟果实，晒干，打下种子，除去杂质。决明子味苦、甘、咸，性微寒，入肝、肾、大肠经；润肠通便，降脂明目，有缓泻、降血压及调血脂作用。主要有效成分为蒽醌类、萘并-吡咯酮类、脂肪酸类、氨基酸类和无机元素。

动物实验表明，决明子能抑制血清胆固醇升高和主动脉粥样硬化斑点形成，能明显增加血清HDL-C含量及提高HDL-C/TCM值，改善体内胆固醇的分布状况。蒽醌糖苷是决明子降血脂的主要成分之一，它能减少肠道对胆固醇的吸收，增加排泄，通过反馈调节LDL-C代谢，降低血清胆固醇水平，延缓和抑制动脉粥样硬化斑块的形成。

中药含有的黄酮类化合物对凝血因子具有较强的抑制作用，故表现出较好的抗凝血作用。实验表明不同浓度的决明子黄酮类化合物可以不同程度地抑制二磷酸腺苷（ADP）诱导的大鼠血小板凝集。此外，黄酮类化合物还可降低血管内皮细胞羟脯酸代谢，使内壁的胶原或胶原纤维含量相对减少，利于防止血小板黏附凝集和血栓形成，有利于防治动脉粥样硬化。

临床上，决明子对中老年人便秘、高血压、高脂血症、糖尿病等疾病均有较好的疗效。以决明子为主药的决明降脂片用于冠心病或慢性肝炎所引起的高脂血症、血清胆固醇增高症治疗效果不错。这些为决明子“润肠通便，降脂明目”等功效在中医临床上用于血脂异常、动脉粥样硬化等症提供了科学依据。

（鲁艳柳）

第五篇 内脏系统药理学

第二十七章 利尿药与脱水药

能力要求

1. 能够掌握呋塞米、氢氯噻嗪、螺内酯、氨苯蝶啶的药理作用、临床应用及不良反应。
2. 能够熟悉利尿药的分类、甘露醇的作用及临床应用。
3. 能够了解其他利尿脱水药的作用特点及临床应用。

第一节 利 尿 药

利尿药（diuretic）是一类作用于肾脏，主要通过抑制肾小管对电解质及水的重吸收，促进水和电解质排泄，使尿量增加的药物。临床主要用于治疗各种原因引起的水肿，亦可用于治疗非水肿性疾病，如高血压、尿崩症、高血钙、青光眼等。

一、利尿药作用的生理学基础

尿液的生成过程包括三个环节：肾小球滤过、肾小管和集合管的重吸收及分泌。

（一）肾小球滤过

血液中的成分除蛋白质和血细胞外，均可经肾小球滤过而形成原尿。原尿量的多少取决于肾血流量和有效滤过压。正常人每日原尿量可达 180L，但排出的终尿仅为 1～2L，表明约 99% 的原尿在肾小管被重吸收。强心苷、氨茶碱、DA 等药物可通过加强心肌收缩力、扩张肾血管、增加肾血流量和肾小球滤过率，使原尿生成增加，但由于肾脏存在球-管平衡的调节机制，这些药物并不能使终尿量明显增加，利尿作用很弱。故目前常用的利尿药不是作用于肾小球，而是直接作用于肾小管和集合管，通过减少对水、电解质的重吸收而发挥利尿作用（图 27-1）。

（二）肾小管和集合管的重吸收与分泌

1. 近曲小管 原尿中约 85% $NaHCO_3$、40% NaCl、葡萄糖、氨基酸和其他所有可滤过的有机溶质通过近曲小管特定的转运系统被重吸收，60% 的水被动重吸收以维持近曲小管液体渗透压的稳定。近曲小管是 Na^+ 重吸收的主要部位，原尿中 65%～70% 的 Na^+ 在此主动重吸收，主要是通过 Na^+-H^+ 交换。即细胞内的 CO_2 和 H_2O 在碳酸酐酶的催化下生成 H_2CO_3，H_2CO_3 又解离成 H^+ 和 HCO_3^-，H^+ 由细胞内分泌到小管液中，同时将小管液中的 Na^+ 交换到细胞内。药物抑制近曲小管 Na^+ 的主动重吸收导致管腔内 Na^+ 和 Cl^- 增加，可产生利尿作用，但因为使远曲小管对 Na^+ 和 Cl^- 的重吸收代偿性增加，因此产生的利尿作用较弱。在目前应用的利尿药中，只有碳酸酐酶抑制药主要在近曲小管中起作用。

2. 髓袢降支细段 降支细段只吸收水。由于此段髓质高渗，水被渗透压驱动而重吸收。近曲小管和髓袢降支细段上皮细胞顶质膜存在水通道蛋白（aquaporin, AQP），其在细胞膜两侧渗透压差的作用下高度选择性通透水。

3. 髓袢升支粗段 原尿中 20%～30% 的 Na^+ 在此段被重吸收。此段 NaCl 的重吸收依赖于管腔膜上的 Na^+，K^+-$2Cl^-$ 同向转运体。重吸收的 Na^+ 由基侧质膜上的 Na^+，K^+-ATP 酶主动转运至细胞间质，K^+ 则扩散回管腔，形成 K^+ 的再循环。当原尿流经此段，Na^+ 和 Cl^- 被重吸收而水不被重吸收，使管腔液渗透压逐渐由高渗降为低渗，此为肾对尿液的稀释功能。同时 Na^+ 重吸收到髓质间质后，髓质的渗透压逐渐升高，当尿液流经集合管时，在抗利尿激素（antidiuretic hormone，ADH）调节下，大量水被再吸收，使尿液浓缩，此为肾对尿液的浓缩功能。高效利尿药选择性阻断 Na^+，K^+-$2Cl^-$ 同向转运体，减少髓袢升支粗段 NaCl 重吸收，一方面降低肾的稀释功能；另一方面由于髓质高渗无法维持而降低肾的浓缩功能，产生强大的利尿作用。由于 K^+ 的再循环造成管腔内正电位，驱动 Mg^{2+} 和 Ca^{2+} 的重吸收，因此高效利尿药不仅增加 NaCl 的排出，也增加 Ca^{2+} 和 Mg^{2+} 的排出。

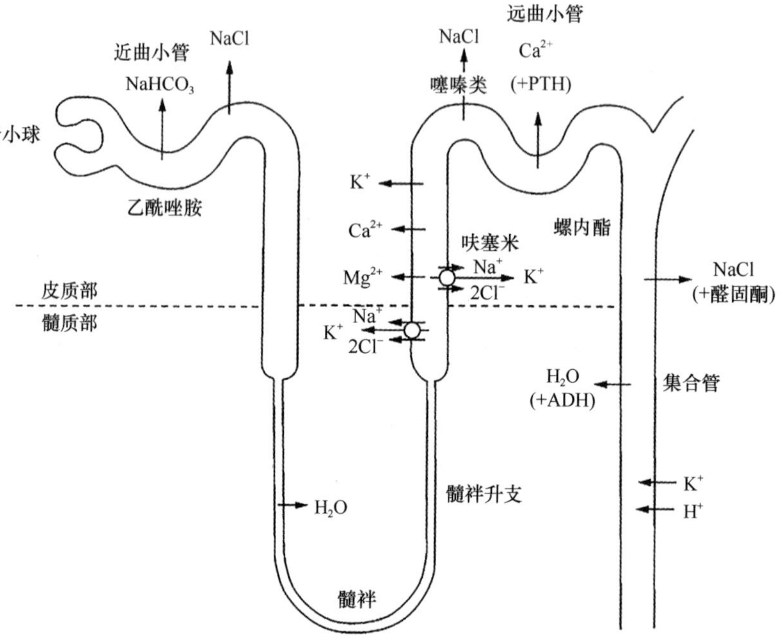

图 27-1 肾小管各段功能及利尿药作用部位示意图

PTH. 甲状旁腺激素；ADH. 抗利尿激素

4. 远曲小管和集合管 原尿中 5%～10% 的 Na^+ 在远曲小管和集合管被重吸收。在远曲小管起始段 NaCl 的重吸收主要通过 Na^+-Cl^- 同向转运体完成。与升支粗段一样，此段对水通透性较低，NaCl 的重吸收进一步稀释了小管液。噻嗪类利尿药通过选择性阻断 Na^+-Cl^- 同向转运体而产生作用，该过程仅影响尿液的稀释过程，不影响尿液的浓缩过程，故此类药的利尿作用较高效能利尿药弱。远曲小管末段和集合管的主动重吸收方式为 Na^+-K^+ 交换和 Na^+-H^+ 交换。Na^+-K^+ 交换受醛固酮调节，而 Na^+-H^+ 交换受碳酸酐酶活性影响。螺内酯、氨苯蝶啶等利尿药，通过拮抗醛固酮或阻滞钠通道，引起保钾排钠而利尿。

二、常用利尿药

根据利尿药的效能和作用部位，可将其分为三类。

1. 高效利尿药 作用强大，主要作用于髓袢升支粗段髓质部和皮质部，抑制 Na^+ 的重吸收 15%～25%，如呋塞米、依他尼酸、布美他尼等。

2. 中效利尿药 利尿效能中等，主要作用于远曲小管近端，抑制 Na^+ 的重吸收 5%～10%，如噻嗪类、氯噻酮等。

3. 低效利尿药 利尿作用弱于上述两类，抑制 Na^+ 的重吸收 1%～3%，如作用于远曲小管和集合管的螺内酯、氨苯蝶啶、阿米洛利等，以及作用于近曲小管的碳酸酐酶抑制药乙酰唑胺等。

（一）高效利尿药

本类药物主要作用部位在髓袢升支粗段，选择性地抑制 NaCl 的重吸收，又称袢利尿药，本类药物化学结构各不相同，但药理作用相似，利尿作用迅速强大。常用药物有呋塞米、依他尼酸、布美他尼。

呋 塞 米

呋塞米（furosemide，速尿，呋喃苯胺酸）是目前最常用的高效利尿药。

【体内过程】 呋塞米口服吸收好，生物利用度达 50%～69%。口服 30min 后起效，1～2h 达峰浓度，静脉注射约 5min 起效，约 1h 达峰浓度，维持 2～3h。血浆蛋白结合率为 95%～99%。可通过肾近曲小管分泌，以原型经肾排出。由于吲哚美辛和丙磺舒与袢利尿相互竞争近曲小管有机酸分泌途径，因此若与袢利尿药同时使用，则影响后者的排泄和作用。由于袢利尿药作用于肾小管的管腔侧，其作用的发挥也与它们在尿中的排泄量有一定关系。

【药理作用】

1. 利尿作用：呋塞米主要作用于髓袢升支粗段髓质部和皮质部，抑制 Na^+，K^+-$2Cl^-$ 同向转运体，从而抑制 NaCl 的重吸收，降低肾的稀释和浓缩功能，故利尿作用强大而迅速。可使尿中 Na^+、Cl^-、K^+、Ca^{2+}、Mg^{2+} 的排出增加。

2. 舒张血管作用：呋塞米可舒张肾血管，增加肾血流，增加肾皮质的供血。还可舒张全身静脉，降低心脏前负荷，减轻肺水肿，降低左心室压力。

3. 袢利尿药促进肾脏前列腺素的合成，但非甾体类抗炎药如吲哚美辛，通过抑制 COX 而减少肾脏前列腺素的合成，干扰利尿药的作用，特别是对于肾病综合征和肝硬化的患者，这种干扰作用更为明显。

【临床应用】

1. 急性肺水肿和脑水肿 静脉注射呋塞米能迅速扩张容量血管，使回心血量减少，迅速缓解肺水肿症状，可作为急性肺水肿的首选药。同时由于利尿作用，使血液浓缩，血浆渗透压增高，也有利于消除脑水肿，对脑水肿合并心力衰竭者尤为适用。

2. 其他严重水肿 可治疗心、肝、肾等各类水肿。主要用于其他利尿药无效的严重水肿患者。

3. 急、慢性肾衰竭 急性肾衰竭时，静脉注射呋塞米可舒张肾血管，增加肾血流，改善肾缺血。同时其强大的利尿作用，可使阻塞的肾小管得到冲洗，减少肾小管的萎缩和坏死，用于慢性肾衰竭，可增加尿量，减轻水肿。但禁用于无尿的肾衰竭患者。

4. 加速某些毒物的排泄 配合输液，可使尿量显著增加，加速毒物排泄。主要用于某些经肾排泄的药物中毒的抢救，如巴比妥类、水杨酸类等。

5. 其他 适用于伴有肺水肿或肾衰竭的高血压患者，也可用于治疗高钾血症和高钙血症。

【不良反应】

1. 水与电解质紊乱 常因过度利尿所引起，表现为低血容量、低血钾、低血钠、低氯性碱血症，长期应用还可引起低血镁。其中以低钾血症最为常见。低血钾可增加强心苷对心脏的毒性，低血钾对肝硬化的患者可能诱发肝性脑病。故应注意及时补充钾盐或加服保钾利尿药。

2. 高尿酸血症 本类药在肾小管和尿酸竞争有机酸分泌通道，抑制尿酸排泄，可导致高尿酸血症而诱发或加重痛风。

3. 耳毒性 表现为耳鸣、听力减退或暂时性耳聋，呈剂量依赖性。耳毒性的发生机制可能与药物引起内耳淋巴液电解质成分改变、损伤耳蜗管内基底管毛细胞有关。肾功能不全或同时使用其他耳毒性药物如氨基糖苷类抗生素时，可增加耳毒性。

4. 胃肠道反应 可有恶心、呕吐、上腹部不适等症状，大剂量时尚可出现胃肠出血。宜餐后服用。

5. 其他 偶见皮疹，骨髓抑制。严重肝、肾功能不全、糖尿病、痛风及小儿患者慎用，高氮质血症患者及孕妇慎用。

布美他尼

布美他尼（bumetanide）利尿作用机制与呋塞米相同，其作用强度为呋塞米的40～60倍，具有用药剂量小、速效、高效、短效、低毒等特点。临床作为呋塞米的代用品，用于各种顽固性水肿和急性肺水肿，对伴有听力缺陷患者及肾衰竭患者尤为适宜。也可用于某些对呋塞米无效的病例。不良反应与呋塞米相似但较轻。

（二）中效利尿药

本类药物包括噻嗪类和类噻嗪类。噻嗪类是临床广泛应用的一类口服利尿药和降压药，代表药物有氢氯噻嗪（hydrochlorothiazide）、氢氟噻嗪（hydroflumethiazide）、环戊噻嗪（cyclopenthiazide）等。其他类似噻嗪类的利尿药有吲达帕胺（indapamide）、氯噻酮（chlortalidone）、美托拉宗（metolazone）等，它们虽无噻嗪环但有磺胺结构，它们的利尿作用与噻嗪类相似。

氢氯噻嗪

【体内过程】 脂溶性高，口服吸收迅速而完全，口服后1～2h起效，4～6h血药浓度达高峰。作用持续时间为6～12h。以有机酸的形式从肾小管分泌排泄，与尿酸的分泌产生竞争，可使尿酸的分泌速率降低。

【药理作用】

1. 利尿作用 增强NaCl和水的排出，产生温和持久的利尿作用。其作用机制是抑制远曲小管近端Na^+-Cl^-共转运子，抑制NaCl的重吸收。由于转运至远曲小管的Na^+增加，促进了Na^+-K^+交换。故K^+的排泄也增多，长期服用可引起低血钾。本类药对碳酸酐酶有一定的抑制作用，故略增加HCO_3^-的排泄。此外，还能促进远曲小管Ca^{2+}重吸收，而减少尿Ca^{2+}含量。

2. 抗利尿作用 能明显减少尿崩症患者的尿量及口渴症状。其抗利尿作用机制尚不明确，可能因排Na^+使血浆渗透压降低而减轻口渴感。

3. 降压作用 噻嗪类利尿药是常用的降压药，用药早期通过利尿、血容量减少而降压，长期用药则通过扩张外周血管而产生降压作用。

【临床应用】

1. 水肿 可用于各种原因引起的水肿。对轻、中度心源性水肿疗效较好，是充血性心力衰竭的主要治疗药物之一。对肾性水肿的疗效与肾功能损害程度有关，受损较轻者效果较好；肝性水肿在应用时要注意防止低血钾诱发肝性脑病。

2. 高血压 本类药物是治疗高血压的基础药物之一，多与其他降压药合用（见第二十一章抗高血压药）。

3. 其他 可用于肾性尿崩症及加压素无效的垂体性尿崩症。也可用于高尿钙伴有肾结石患者，可抑制高尿钙引起的肾结石形成。

【不良反应】

1. 水、电解质紊乱 如低血钾、低血钠、低血镁、低氯性碱血症等，其中以低血钾最常见，合用保钾利尿药可防治。

2. 高尿酸血症 痛风者慎用。

3. 代谢变化 可导致高血糖、高脂血症。噻嗪类利尿药可使糖尿病患者及糖耐量异常的患者血糖升高，长期应用可使血清胆固醇及LDL升高，故糖尿病、高脂血症患者慎用。

4. 过敏反应 本类药物与磺胺类药物有交叉过敏反应。可见皮疹、皮炎等，偶见严重的过敏反应，如溶血性贫血、血小板减少、坏死性胰腺炎等。

（三）低效利尿药

低效利尿药按作用方式不同可分为保钾利尿药和碳酸酐酶抑制药两类，其中保钾利尿药在集合管和远曲小管通过直接拮抗醛固酮受体或抑制管腔膜上的钠通道而起作用。

知识拓展

尿崩症是由于抗利尿激素缺乏，肾小管重吸收功能障碍，从而引起以烦渴、多饮、多尿及低比重尿为主要特征的一种病症。有两种类型。一种是中枢性或垂体性尿崩症，是由于下丘脑-神经垂体病变引起抗利尿激素不同程度的缺乏所致，可能由脑炎、慢性特发性黄瘤病、脑肿瘤、外伤等所引起的。另一种是肾性尿崩症，是由于肾脏的肾小管病变，对抗利尿激素不敏感所致。

螺内酯

螺内酯（spironolactone）又称安体舒通，是人工合成的甾体化合物，其化学结构与醛固酮相似，是一种醛固酮受体阻断药。

【体内过程】 口服吸收迅速，利尿作用弱、缓慢、持久，服药后1日开始起效，药效维持时间长，可达5～6天。

【药理作用】 通过与醛固酮竞争远曲小管和集合管的醛固酮受体，对抗醛固酮而产生排钠保钾的作用，促进水钠的排出。仅对远曲小管和集合管有作用，故利尿作用较弱，其利尿作用与体内醛固酮水平有关。

【临床应用】 用于治疗与醛固酮升高有关的顽固性水肿，如肝硬化、充血性心力衰竭及肾病综合征引起的水肿。常与排钾利尿药合用，以增强利尿效果，预防血钾紊乱。

【不良反应】 久用可引起高血钾，肾功能不全及血钾偏高者禁用。此外，还有性激素样副作用，表现为女性面部多毛、月经紊乱、男性乳房女性化、性功能障碍等，该副作用与其性激素样作用有关，停药后可恢复。

依普利酮

依普利酮（eplerenone）也是选择性醛固酮受体阻断药。本品口服给药后约经1.5h达到血药峰浓度，半衰期为4～6h，吸收不受食物的影响。其副作用较小，对高血压、心力衰竭等的疗效较好，具有广阔的临床使用前景。依普利酮抗醛固酮受体的活性约为螺内酯的2倍。依普利酮可显著地降低实验性充血性心力衰竭大鼠的血管过氧化物形成，从而改善血管的收缩和舒张功能。另外它对醛固酮受体具有高度的选择性，而对肾上腺糖皮质激素、黄体酮和雄激素受体的亲和性较低，从而克服了螺内酯的促孕和抗雄激素等副作用。

氨苯蝶啶和阿米洛利

氨苯蝶啶（triamterene）和阿米洛利（amiloride）二者结构不同，但药理作用相同，二者都属于肾小管上皮细胞钠通道抑制药。

【药理作用】 抑制远曲小管、集合管的钠通道，抑制 Na^+ 重吸收及 K^+ 的分泌，促进 Na^+ 的排出而利尿。单用利尿作用较弱，且可引起血钾增高，宜与噻嗪类合用。

【临床应用】 与排钾利尿药合用治疗顽固性水肿或腹水。

【不良反应】 长期应用易致高血钾，肾功能不全及血钾偏高者禁用。抑制二氢叶酸还原酶，引起叶酸缺乏，可诱发巨幼红细胞贫血。

乙酰唑胺

乙酰唑胺（actazolamide）又称醋唑磺胺（diamox），是碳酸酐酶抑制药的原型药。碳酸酐酶抑制药是现代利尿药发展的先驱，是磺胺的衍生物，在应用磺胺抗菌时，发现它能造成碱利尿和高氯性酸中毒，进而开发出碳酸酐酶抑制药。乙酰唑胺的化学结构中有磺胺基，是其活性必需基团。

【药理作用及机制】 乙酰唑胺通过抑制碳酸酐酶的活性而抑制 HCO_3^- 的重吸收，治疗量时乙酰唑胺抑制近曲小管约 85% 的 HCO_3^- 的重吸收。由于 Na^+ 在近曲小管可与 HCO_3^- 结合排出，近曲小管 Na^+ 重吸收会减少，水的重吸收减少。但集合管 Na^+ 重吸收会大大增加，使 K^+ 的分泌相应增多（Na^+-K^+ 交换增多）。因而碳酸酐酶抑制药主要造成尿中 HCO_3^-、K^+ 和水的排出增多。由于碳酸酐酶还参与集合管酸的分泌，因此集合管也是这类药物利尿的另一个次要部位。

乙酰唑胺还抑制肾脏以外部位碳酸酐酶依赖的 HCO_3^- 的转运，如眼睫状体向房水中分泌 HCO_3^-，以及脉络丛向脑脊液分泌 HCO_3^-，因而减少房水和脑脊液的生成量及 pH。

【临床应用】 由于新的利尿药的不断涌现，加之其利尿作用较弱，本类药物现在很少作为利尿药使用。但它们仍有几种特殊的用途。

1. 治疗青光眼 减少房水的生成，降低眼压，对多种类型的青光眼有效，是乙酰唑胺应用最广的适应证。

2. 急性高山病 登山者在急速登上 300m 以上时会出现无力、头晕、头痛和失眠的症状。一般较轻，几天后可自然缓解。但严重时会出现肺水肿或脑水肿而危及生命。乙酰唑胺可减少脑脊液的生成和降低脑脊液及脑组织的 pH，减轻症状，改善机体功能。在开始攀登前 24h 口服乙酰唑胺可起到预防作用。

3. 碱化尿液 通过采用乙酰唑胺碱化尿液可促进尿酸、胱氨酸和弱酸性物质（如阿司匹林）的排泄，但只在使用初期有效，长期服用乙酰唑胺要注意补充碳酸氢盐。

4. 纠正代谢性碱中毒 持续性代谢性碱中毒多数是因为体内 K^+ 和血容量减少或是因为体内盐皮质激素水平过高所致，一般应针对这些病因治疗。但当心力衰竭患者在使用过多利尿药造成代谢性碱中毒时，由于补盐可能会增加心脏充盈压，因而可使用乙酰唑胺。此外乙酰唑胺在纠正碱中毒的同时其微弱的利尿作用也对心力衰竭有益。乙酰唑胺还可用于迅速纠正呼吸性酸中毒继发的代谢性碱中毒。

5. 其他 乙酰唑胺可用于癫痫的辅助治疗、伴有低钾血症的周期性瘫痪，以及严重高磷酸盐血症，以增加磷酸盐的尿排泄等。

【不良反应】 严重不良反应少见。

1. 过敏反应 作为磺胺的衍生物，可能会造成骨髓抑制、皮肤毒性、磺胺样肾损害，对磺胺过敏的患者易对本药产生过敏反应。

2. 代谢性酸中毒 长时间用药后，体内储存的 HCO_3^- 减少可导致高氯性酸中毒。酸中毒和 HCO_3^- 耗竭会引起其他肾小管节段对 Na^+ 重吸收增加，因此乙酰唑胺在使用一段时间之后，其利尿作用会显著降低，一般有效利尿作用仅维持 2～3 天。

3. 尿结石 其减少 HCO_3^- 的作用会导致磷酸盐尿和高钙尿症。长期用药也会引起肾脏排泄可溶性物质的能力下降，而且钙盐在碱性 pH 条件下相对难溶，易形成肾结石。

4. 失钾 同时给予 KCl 补充可以纠正。

5. 其他 毒性较大剂量可引起嗜睡和感觉异常；肾衰竭患者使用该类药物可引起蓄积而造成中枢神经系统毒性；过敏反应（如发热、皮疹、骨髓抑制、间质性肾炎等）也常发生，对磺胺高敏的患者易产生过敏反应。

第二节 脱 水 药

脱水药是通过提高血浆晶体渗透压，使组织脱水，同时在肾脏产生高渗性利尿作用的药物，故又称渗透性利尿药。此类药物有甘露醇、山梨醇、高渗葡萄糖等。一般具有静脉注射后不易通过毛细血管进入组织；易经肾小球滤过，不易被肾小管重吸收的特点。

甘 露 醇

甘露醇（mannitol）口服不吸收，临床常用的是20%的高渗溶液静脉注射或静脉滴注。

【药理作用】

1. 脱水作用 该药在血管内不向组织分布，使血浆晶体渗透压升高，促使细胞内液、组织间液向血管转移而使组织脱水。另外口服给药则可产生渗透性腹泻作用。

2. 利尿作用 该药以原型从肾小球滤过排泄，同时不被肾小管重吸收，使管腔液形成高渗而呈现利尿作用。

3. 增加肾血流量 该药能扩张肾血管，增加肾血流量，降低髓质高渗区的渗透压而呈现利尿作用。

【临床应用】

1. 预防急性肾衰竭 急性肾衰竭早期应用本品，可降低肾间质水肿、保持尿量、稀释肾小管内有害物质，从而保护肾小管免于坏死。

2. 脑水肿 通过脱水作用使颅内压降低，是治疗脑水肿及各种原因引起的颅内压增高的首选药。

3. 青光眼 通过脱水作用降低眼内压，用于青光眼的急性发作及术前降眼压。

【不良反应】不良反应较轻，注射过快可见眩晕、头痛、视物模糊等。禁用于慢性心力衰竭、活动性颅内出血患者。

山 梨 醇

山梨醇（sorbitol）是甘露醇的同分异构体，其药理作用、临床应用及不良反应与甘露醇相似。本品水溶性较大，临床常用25%的高渗溶液。药物进入体内后一部分在肝内代谢转化为果糖而失效，故其利尿作用较甘露醇弱。心力衰竭患者应慎用本品。

高渗葡萄糖

50%葡萄糖（hypertonic glucos）高渗溶液静脉注射可产生脱水和渗透性利尿作用。因其可从血管扩散到组织，易被迅速代谢，故作用弱，维持时间短。单独用于脑水肿时，葡萄糖可迅速进入脑脊液，使颅内压升高，产生“反跳”现象。故常与甘露醇合用，治疗脑水肿。

案例解析

案例：

患者，男，42岁，风湿性心脏瓣膜病十余年，两天前因着凉感冒，感觉胸闷；今晨患者出现严重呼吸困难，不能平卧，频繁咳嗽并咯出粉红色泡沫样痰，伴大汗和口唇发绀。体格检查显示：患者二尖瓣面容，神志清楚，呼吸急促，双肺底闻及湿啰音。诊断为风湿性心脏瓣膜病伴急性肺水肿。

问题：

1. 该患者应选用何种利尿药减轻水肿的症状，为什么？

2. 该患者能否用甘露醇脱水利尿，为什么？

解析：

该患者诊断为风湿性心脏瓣膜病伴急性肺水肿，高效利尿药呋塞米除具有强大的利尿作用外，还可扩张肺部容量血管，使回心血量减少，迅速缓解肺水肿症状，可作为急性肺水肿的首选药。同时由于呋塞米舒张全身静脉，降低心脏前负荷，降低左心室压力，有利于消除心源性水肿。

由于甘露醇使血浆晶体渗透压升高，引起血容量升高，不利于心力衰竭的患者，故该患者不能用甘露醇脱水利尿。

本章小结

利尿药根据效能和作用部位分为高效利尿药、中效利尿药、低效利尿药三类。高效利尿药（如呋塞米）主要作用于髓袢升支粗段，选择性地抑制 NaCl 的重吸收，用于严重水肿、急性肺水肿和脑水肿、急性肾衰竭等，常见的不良反应为水电解质紊乱；中效利尿药（如噻嗪类）抑制远曲小管近端 Na^+-Cl^- 共转运子，抑制 NaCl 的重吸收，用于水肿、高血压、尿崩症的治疗，可产生电解质紊乱、高尿酸血症、高血糖、高脂血症等不良反应；低效利尿药（如螺内酯）主要作用于远曲小管和集合管，用于治疗顽固性水肿，可致高血钾，常与排钾利尿药（噻嗪类）合用，以增强疗效，调节体内血钾的平衡。

中药介绍

茯 苓

茯苓，中药名，为多孔菌科真菌茯苓 *Poria cocos*（Schw.）Wolf 的干燥菌核，是一种常用中药，味甘淡，性平，有健脾补中、养心安神、利水渗湿的功能。主要含多聚糖类、β-茯苓聚糖、羧甲基茯苓多糖、茯苓多糖、茯苓素、茯苓酸、三萜类、卵磷脂、蛋白质及多种微量元素等成分。

研究发现，茯苓素是利尿消肿的主要成分，茯苓素能激活细胞膜上的 Na^+，K^+-ATP 酶，而 ATP 酶与利尿有关。实验证明，茯苓素不仅能结合到肾细胞醛固酮受体上，提高钠与钾比值，且具有剂量依赖关系；对于水肿患者，其有利于尿液的排出，恢复肾功能，消除蛋白尿。临床报道用茯苓治疗 55 例心源性水肿，有明显的利尿作用，在每日 100g 剂量时作用最强。另有研究证明茯苓多糖能有效防止乙二醇法制造的大鼠肾结石模型中草酸钙的形成和沉积，具有较明显的防石作用，结果表明茯苓水溶性多糖的防石作用与其利尿作用、升高尿镁及抑制氧化应激活性有关。

（沈祥春）

第二十八章 作用于呼吸系统药物

能力要求

1. 掌握平喘药的分类和临床应用特点。
2. 熟悉中枢性镇咳药与外周性镇咳药的区别。
3. 了解祛痰药的应用情况。

呼吸系统疾病属临床常见病和多发病，近年随着工业化的发展，空气质量受到影响，使得此类疾病发病率呈现上升趋势。呼吸系统疾病虽然发病原因不同，但是一般均表现咳嗽、咳痰及喘息的共同症状，应用镇咳、祛痰和平喘药物可发挥对症治疗作用，有助于减轻症状，改善气道功能，防止并发症的发生。

第一节 平 喘 药

呼吸系统用药中，除了抗生素以外，以平喘药应用为多。平喘药是具有解除支气管平滑肌痉挛、扩张支气管及抗炎抗过敏等作用的药物，用于缓解、消除或预防支气管哮喘。在平喘药物的临床药物选择中，布地奈德混悬液等皮质激素吸入剂和 β_2 受体激动药常年稳居用药榜前列。近年，抗白三烯类的药物用量明显上升，主要可用于皮质激素不敏感的哮喘患者。

哮喘的发病机制非常复杂，涉及遗传、表观遗传和环境等诸多因素，目前的观点认为，哮喘是在一定因素影响下发生的慢性气道炎性疾病，常常表现为支气管收缩、气道高反应性、气道黏膜水肿、黏液分泌增加及气道重塑等。哮喘与气道上皮细胞及多种炎性细胞和细胞因子有关，其中 Th_2 细胞是与哮喘关系最密切的淋巴细胞，Th_2 细胞主要分泌 IL-4、IL-5、IL-13 等，正常 Th_1/Th_2 平衡被打破，引起异常的免疫应答，这被认为是哮喘发病的关键机制，表现为 Th_1 型细胞因子（IL-12、IFN-γ 等）减少，Th_2 细胞分泌的细胞因子（IL-4、IL-5、IL-13 等）的增多和功能亢进。另外，嗜酸性粒细胞（eosinophils）的募集，肥大细胞或嗜碱性粒细胞脱颗粒释放组胺、半胱氨酰白三烯、前列腺素等活性物质等都是哮喘发生过程中的重要机制。值得注意的是，成年人哮喘的重要标志分子如 Th_{17} 和 Th_2 分泌的细胞因子在儿童严重哮喘患者中难以检测到，这反映出成年人哮喘与儿童哮喘可能存在一定差异，临床上也会出现对平喘药反应的不同。在美国，目前的建议是将患者分成不同年龄阶段分别进行哮喘治疗，年龄层次包括 0～4 周岁，5～11 周岁，12 周岁及以上，其中 5～11 周岁为最近划分的年龄阶段。

平喘药物发展较快，根据目前临床应用情况可分为肾上腺素受体激动药，如肾上腺素、异丙肾上腺素、沙丁胺醇等；茶碱类，如氨茶碱等；抗胆碱类药，如异丙托溴铵等；肾上腺皮质激素类药，如倍氯米松、布地萘德等；肥大细胞膜稳定药，如色甘酸钠等；白三烯受体阻断药，如孟鲁司特、扎鲁斯特等；抗组胺药，如酮替芬、氯雷他定、阿司咪唑、西替利嗪；免疫抑制药，如甲氨蝶呤等；免疫调节药如胸腺肽、中药黄芪等，以及近年流行的过敏原特异免疫性免疫疗法。

一、肾上腺素受体激动药

肾上腺素受体激动药主要通过兴奋呼吸道部位的 β_2 受体，发挥舒张气道平滑肌，缓解哮喘急性发作时气道痉挛的作用。主要机制：β_2 受体激动，激活腺苷酸环化酶使平滑肌细胞内 cAMP 浓度上升，细胞内 Ca^{2+} 水平下降，松弛支气管平滑肌。肥大细胞膜上的 β 受体激动后可抑制脱颗粒过程，预防过敏性哮喘发作。长期应用情况下，支气管平滑肌细胞膜上的 β_2 受体数目会发生下调，使疗效减低，甚至引起哮喘反跳病情加重，故本类药物不宜长期连续应用。传统肾上腺素受体激动类平喘药选择性低，目前对于此类药物，临床主要开发对 β_2 受体有选择性兴奋的药物。

（一）非选择性肾上腺素受体激动药

肾上腺素

肾上腺素（adrenaline, epinephrine）对 α、β 受体均有强大的兴奋作用。皮下或肌内注射能迅速控制哮喘急性发作，数分钟内可见效，维持时间为 1～2h。其作用的机制：①兴奋呼吸道平滑肌上 β_2 受体，舒张支气管平滑肌；②兴奋肥大细胞与嗜碱性粒细胞膜 β_2 受体，抑制过敏介质的释放；③兴奋呼吸道黏膜血管 α 受体，减少气道黏膜充血和水肿。

肾上腺素作用时间较短，易耐受，对心血管影响作用较广，因此不作为常用平喘药，只用于控制哮喘急性发作。不良反应主要是心血管系统的副作用，包括可激动心脏 β_1 受体引起心动过速，甚至心律失常；兴奋 α 受体可引起收缩压明显增高，加重心脏负担等。

异丙肾上腺素

异丙肾上腺素（isoprenaline）又称喘息定，属于 β 受体激动药，对 α 受体几乎无作用。平喘作用强大，其松弛支气管平滑肌作用强于肾上腺素，吸入给药 1min 起效，可维持 1～2h，主要用于支气管哮喘急性发作。

异丙肾上腺素对 β_1 和 β_2 受体均具有明显激动作用，常见不良反应为其 β_1 作用所引起，包括心率加快、心悸等兴奋心脏作用。肌震颤现象与激动骨骼肌上的 β_2 受体有关。长期反复应用可产生严重的心律失常，尤其心肌缺血患者或严重缺氧时，应特别注意。

麻黄碱

麻黄是传统平喘中药，其中的主要效应成分即为麻黄碱（ephedrine）。麻黄碱能兴奋 α 和 β 受体，作用与肾上腺素相似但较弱，特点是作用缓慢、温和、持久，口服有效。可用于轻症哮喘和预防哮喘发作。麻黄碱可兴奋中枢，引起失眠。

（二）选择性 β_2 受体激动药

选择性 β_2 受体激动药是目前临床主要应用的拟肾上腺素类平喘药，这类药物对 α 受体无影响，对 β_1 受体亲和力低，因此常规剂量给药很少产生心血管不良反应。常用药物如下。

沙丁胺醇

沙丁胺醇（salbutamol），又名舒喘灵，对 β_2 受体作用选择性高，对 α 受体无作用，平喘作用与异丙肾上腺素相似，较特布他林强。口服 30min 起效，2～3h 达最大效应，可维持 4～6h，气雾吸入 5min 起效，维持 3～4h。沙丁胺醇作用时间明显长于异丙肾上腺素，适用于夜间哮喘发作，是目前临床应用较为安全常用的平喘药。

特布他林

特布他林（terbutaline, brethine, bristurin, bronchodil, tenbasmin），又名博利康尼，叔丁他林，间羟舒喘灵，间羟叔丁肾上腺素，β_2 受体作用选择性高，有口服、吸入、静脉滴注等多种给药途径。皮下注射 5～15min 生效，30～60min 达高峰，持续 1.5～5h，气雾吸入后 5min 见效，作用持续 4～6h。

班布特罗

班布特罗（bambuterol）是特布他林的前体，在体内水解释放出特布他林发挥平喘作用，持续时间 24h 以上，为口服长效 β_2 受体激动药。

福莫特罗

福莫特罗（formoterol）为苯乙醇胺衍生物，新型长效选择性 β_2 受体激动药，作用强而持久，吸入后约 2min 起效，2h 达高峰，持续 12h；除松弛支气管平滑肌作用外，有明显的抗炎作用，可明显抑制嗜酸性粒细胞聚集与浸润，主要用于慢性哮喘与慢性阻塞性肺疾病。疗效维持时间长，可用于控制哮喘夜间发作。

克仑特罗

克仑特罗（clenbuterol）又称盐酸双氯醇胺、克喘素、氨哮素，为强效选择性 β_2 受体激动药，松弛支气管平滑肌作用为沙丁胺醇的 100 倍，有增强纤毛运动和溶解黏液作用。口服易吸收，10～15min 起效，维持 6～8h。气雾吸入 5～10min 起效，维持 4h。心血管系统不良反应较少，少数患者有心悸、手颤、口干、头晕等现象。

二、茶　碱　类

茶　　碱

茶碱（theophylline）是甲基黄嘌呤的衍生物，为支气管扩张药，能直接松弛气道平滑肌，其作用机制涉及以下方面。①抑制磷酸二酯酶：磷酸二酯酶能水解 cAMP，茶碱为非选择性磷酸二酯酶抑制药，因此能使气道平滑肌细胞内 cAMP 水平升高，cAMP 通过激活蛋白激酶 A（PKA）而舒张支气管平滑肌，扩张气道。除此以外，还可能存在其他舒张气道平滑肌的机制，如干扰气道平滑肌的 Ca^{2+} 转运等。②促进内源性儿茶酚胺类活性物质释放。③阻断腺苷受体：腺苷能使肥大细胞释放组胺等过敏性物质，诱发支气管收缩，茶碱为腺苷受体阻断药，可对抗腺苷诱发的支气管收缩。④能增加膈肌收缩力，减轻膈肌疲劳，有利于改善呼吸功能。⑤增强心肌收缩力，可用于心源性哮喘。⑥免疫调节及抗炎作用。⑦促进纤毛运动。

【临床应用】

1. 支气管哮喘　主要用于慢性哮喘，防止急性发作。茶碱起效较慢，作用不及 β_2 受体激动药。在急性哮喘发作时如吸入 β_2 受体激动药疗效不显著时可静脉注射茶碱，两类药的效应有相加作用。

2. 慢性阻塞性肺疾病　可明显改善气促症状和肺功能。

3. 中枢性睡眠呼吸暂停综合征　茶碱可用于呼吸中枢病变导致的通气不足，增强通气功能，改善症状。

4. 茶碱可用于心源性哮喘的治疗

【不良反应】　茶碱安全范围窄，不良反应较多见，尤其对于老年患者。不良反应发生率与其血药浓度密切相关，茶碱有效血浆浓度为 10～20μg/ml。超过 20μg/ml 即可引起不良反应，可见上腹部疼痛、恶心、呕吐、头痛、不安、失眠、震颤、胃食管反流、心动过速、易激动等，严重时出现心律失常、低血压、低血钾、低血镁、血糖升高、代谢性酸中毒、精神失常、惊厥、昏迷，甚至呼吸、心搏停止致死。故发现毒性症状应立即停药。茶碱的不良反应个体差异较大，因此应定期进行血药浓度监测。

氨　茶　碱

氨茶碱（aminophylline, theophyllamine, euphylline）为茶碱与二乙胺形成的复盐，含茶碱 77%～85%。该药碱性较强，局部刺激性大，口服易引起胃肠刺激症状，宜饭后服药减轻局部刺激，不宜肌内注射及直肠给药。静脉注射疗效较好，可在急性重度哮喘或哮喘持续状态时静脉注射或滴注，但药物浓度不宜过高，注射速度不宜过快，因可引起心律失常、血压骤降等严重反应，可致死，故应稀释和缓慢注射。儿童与老年人对氨茶碱的敏感性较成人高，须注意调整药物用量。

胆 茶 碱

胆茶碱（choline theophylline）是胆碱与茶碱的复盐，含茶碱60%～64%，水溶性大，口服易吸收。口服后对胃黏膜刺激性小，患者易接受，对心脏和中枢神经系统作用不明显，一般用于不能耐受氨茶碱的病例。

三、M受体阻断药

异丙托溴铵

异丙托溴铵（ipratropium bromide）为阿托品的异丙基衍生物，对 M_1、M_2、M_3 等胆碱受体亚型无选择性，但对呼吸道平滑肌具有较高的选择性，因此不易出现阿托品样的全身性不良反应。本品雾化吸入时可在局部发挥舒张平滑肌作用，不影响痰液分泌，主要用于防治支气管哮喘和喘息性慢性支气管炎，对 β_2 受体激动药耐受患者有效。起效较慢，尤适用于老年人哮喘。

泰乌托品

泰乌托品（tiotropium）为长效M受体阻断药，平喘作用较强，不良反应较少。

四、糖皮质激素类

糖皮质激素类药物气雾吸入被认为是哮喘治疗最为有效的方法，该类药物全身应用时影响较广，不良反应较多。气雾剂的应用在很大程度上克服了这一缺陷，使其成为哮喘的标准治疗方法。但近年也有发现长期吸入糖皮质激素能使气管上皮基底膜变厚，平滑肌增生，不可逆地增加气道反应性等。哮喘的主要病理机制是慢性呼吸道炎症，糖皮质激素类具有强大的抗炎、抗过敏作用，影响多种炎性细胞和炎性分子，可抑制哮喘炎症反应的多个环节：诱导脂皮素1（lipocortin 1）生成从而抑制磷脂酶 A_2；诱导磷脂酶 A_2 抑制蛋白如巨皮素（macrocorin）的产生；抑制细胞膜磷脂释放花生四烯酸，使白三烯及前列腺素的合成减少；抑制iNOS和COX-2，阻断炎性介质产生；抗过敏，减少组胺等过敏性介质释放；抑制气道高反应性；增强气道对儿茶酚胺类的敏感性等。由于其强大的作用，使糖皮质激素成为哮喘持续状态或急性发作的重要抢救药物。

倍氯米松

倍氯米松（beclomethasone）为地塞米松的衍生物，局部抗炎作用较地塞米松强数百倍，气雾吸入能取得满意疗效，且无全身不良反应，药效高峰在用药后10日出现，须预先用药。长期应用不抑制肾上腺皮质功能，如每日总量超过2mg时，可抑制下丘脑-垂体-肾上腺皮质轴的功能，但远轻于口服制剂。可长期低剂量或短期高剂量应用于中度或重度哮喘患者。哮喘持续状态的患者不宜应用，气雾吸入每次100μg，每日3～4次。

布地奈德

布地奈德（budesonide）在肝内代谢较快，故全身反应较少，对下丘脑-垂体-肾上腺轴的抑制作用小。局部抗炎作用、应用及不良反应与倍氯米松相似。用于控制或预防哮喘发作。

氟尼缩松

氟尼缩松（flunisolide）作用与倍氯米松相似，但作用时间较长，一日用药2次。

五、抗过敏平喘药

（一）肥大细胞膜稳定药

色甘酸钠

色甘酸钠（cromolyn sodium）又称色甘酸二钠（disodium cromoglycate），对速发型过敏反应有明显抑制作用。色甘酸钠没有松弛气道平滑肌、抗炎等作用，其主要作用是稳定肥大细胞膜，抗原作用之前用药可预防肥大细胞脱颗粒释放组胺等过敏性物质所导致的哮喘。色甘酸钠的作用机制：①稳定肥大细胞膜，抑制肺组织肥大细胞过敏性介质的释放，机制可能是在肥大细胞膜外侧的钙通道部位与 Ca^{2+} 形成复合物，加速钙通道的关闭，使 Ca^{2+} 内流受到抑制，从而阻止肥大细胞脱颗粒。②抑制气道感觉神经末梢功能与气道神经源性炎症，抑制二氧化硫、缓激肽、冷空气等刺激引起的支气管痉挛，并能抑制运动性哮喘发作。③阻断肥大细胞、巨噬细胞和嗜酸性粒细胞介导的反应，抑制非特异性支气管高反应性。

【临床应用】 主要用于哮喘的预防性治疗，能防止变态反应或运动引起的速发和迟发性哮喘反应。

【不良反应】 不良反应少见。

奈多罗米钠

奈多罗米钠（nedocromil sodium, tilade）可用于糖皮质激素依赖患者，减少激素的用量。本品属于吡喃喹啉二羧酸衍生物，有肥大细胞稳定作用，作用强于色甘酸钠，还有明显抗炎作用，被认为是目前抗炎作用最强的非甾体抗炎平喘药，可抑制肥大细胞释放白三烯、组胺等炎症介质，对嗜酸性粒细胞、嗜中性粒细胞及巨噬细胞的功能均有抑制。可用于慢性哮喘或用作长期预防性平喘药，因其起效较缓慢，对哮喘急性发作宜合用支气管舒张药。

（二）抗组胺药

酮　替　芬

酮替芬（ketotifen），又名噻哌酮，具有强大的 H_1 受体阻断作用；另外具有色甘酸钠样的作用，可加强 β_2 受体激动药的作用，预防和逆转久用 β_2 受体激动药所产生的受体“向下调节”作用。可单用，或与茶碱类、β_2 受体激动药合用防治轻、中度哮喘。不良反应有嗜睡、头晕、口干等。

（三）抗白三烯药

白三烯（LT）是哮喘发病过程中的重要炎性介质，可由嗜酸性粒细胞、巨噬细胞、肥大细胞等多种炎性细胞释放。白三烯类物质可促进气道黏液分泌，增加微血管通透性，引起气道水肿，刺激缓激肽释放，具有强大致炎效果。白三烯受体阻断药扎鲁司特（zafirlukast）、孟鲁斯特（montelukast）能竞争性拮抗白三烯受体，抑制白三烯引起的气道炎症反应。口服每次 20mg，可用于哮喘的预防和长期治疗。与糖皮质激素合用可获得协同抗炎作用，可用于对吸入糖皮质激素无效的哮喘患者。

六、其他平喘药

其他平喘药包括免疫抑制药，如甲氨蝶呤、环孢素 A 等；免疫调节剂，包括胸腺肽、中药黄芪等；抗原制剂，如卡介苗等；另外还有抑制 IgE 生成药；5-脂氧酶（5-LOX）抑制药；血小板活化因子（platelet activating factor，PAF）阻断药，调节 IL-4、IL-5、IL-13 等关键细胞因子的药物，CXC 趋化因子受体 2 阻断药等也是平喘药物研究的方向。

第二节 镇咳药

咳嗽是呼吸道疾病的常见症状，但也是机体的保护性反射之一。咳嗽能够促进痰液和异物排出，保持呼吸道通畅。应用镇咳药主要是为了减轻患者痛苦，防止疾病进展和避免剧烈咳嗽引起并发症。在应用镇咳药前，应尽量查出咳嗽病因并进行对因治疗；如有积痰应配合使用祛痰药，防止呼吸道阻塞或激发感染。目前的镇咳药按照作用部位的不同常分为两类：①中枢性镇咳药；②外周性镇咳药；也有的药物兼有两种作用。镇咳药可通过抑制咳嗽反射的任何环节发挥镇咳作用。

一、中枢性镇咳药

阿片类药物中镇咳作用最强的是吗啡，但易产生依赖性，主要用于支气管癌或主动脉瘤引起的剧烈咳嗽、急性肺梗死或急性左心衰竭伴有的剧烈咳嗽。

可待因

可待因（codeine），又名甲基吗啡，是阿片类生物碱之一，但依赖性较小。镇咳作用强度约为吗啡的1/4，镇痛作用强度为吗啡的1/10～1/7。可待因镇咳剂量不抑制呼吸，是临床常用药中最有效的镇咳药，主要用于各种原因引起的剧烈干咳，也用于中等疼痛的镇痛。口服或注射均可吸收，口服20min起效，0.75～1h达到血药浓度峰值，肌内注射后0.25～1h达到血药浓度峰值，作用持续4～6h。久用也可出现依赖性。

喷托维林

喷托维林（pentoxiverine）又名咳必清，人工合成的非成瘾性中枢镇咳药，对咳嗽中枢有选择性抑制作用。镇咳作用约为可待因的1/3，并有阿托品样作用和局麻作用，轻度抑制呼吸道感受器及传入神经末梢，松弛支气管平滑肌，减轻气道阻力，因此兼具外周镇咳作用。适用于上呼吸道感染引起的干咳、阵咳，对小儿百日咳效果好。偶见轻度头痛、头晕、口干、恶心、腹胀、便秘等不良反应。青光眼患者禁用。

右美沙芬

右美沙芬（dextromethorphan）又名右甲吗喃，是吗啡类左吗喃甲基醚的右旋异构体，为中枢性镇咳药，强度与可待因相似或略强。无镇痛作用或催眠作用，长期服用无成瘾性。治疗量无呼吸中枢抑制作用，亦无依赖性和耐受性，临床应用较广，主要用于干咳，常与抗组胺药合用。安全范围大，不良反应少见，偶有头晕、轻度嗜睡、口干、便秘、恶心、呕吐等。青光眼患者、妊娠3个月内妇女及有精神病史者禁用；中毒量时可有中枢抑制作用。

氯哌斯汀

氯哌斯汀（cloperastine）又名咳平，为苯海拉明的衍生物，可缓解支气管痉挛和充血水肿，松弛支气管平滑肌，有助于止咳。口服后20～30min起效，维持3～4h，不良反应轻，无耐受性。

二、外周性镇咳药

苯佐那酯

苯佐那酯（benzonatate, tessalon）又名退嗽露，有较强的局麻作用，为丁卡因的衍生物，对局部感受器和神经末梢有麻醉作用，减弱局部刺激作用。镇咳强度略弱于可待因，不抑制呼吸，反能增加每分通气量。临床用于干咳、阵咳，也用于预防咳嗽。

苯丙哌林

苯丙哌林（benproperine）又名咳快好，为非成瘾性镇咳药，能抑制牵张感受器引起的肺-迷走神经反射，对咳嗽中枢也有一定的直接抑制作用，松弛平滑肌，镇咳作用比可待因强且不抑制呼吸，适用于刺激性干咳。

缓和性制剂

缓和性制剂如含糖的甘草流浸膏等，口服后药液部分覆盖于咽部黏膜，减弱刺激，缓解咳嗽。

第三节　祛　痰　药

能使痰液变稀、黏稠度降低而易于排出的药物称祛痰药。祛痰药常可加速黏膜纤毛运动，促进积痰排出，减少痰液刺激呼吸道黏膜，有助于镇咳、平喘和控制继发感染，可分为黏液分泌促进药和黏痰溶解药。

一、黏液分泌促进药

氯　化　铵

氯化铵（ammonium chloride）为黏液分泌促进药，口服刺激胃黏膜的迷走神经末梢，反射性增加呼吸道腺体分泌，由于支气管腺体分泌物主要是黏液浆液，因此可使痰液稀释而易于咳出。本品多配成复方制剂应用，适用于急性呼吸道炎症痰黏稠难咳出者。溃疡病及肝肾功能不良者慎用。

愈创木酚甘油醚

愈创木酚甘油醚（glyceryl guaiacolate）属于恶心性祛痰药，并有较弱的抗菌作用。单用或配成复方制剂用于慢性支气管炎、支气管扩张等。无明显的不良反应。

二、黏痰溶解药

乙酰半胱氨酸

乙酰半胱氨酸（acetylcysteine）又名痰易净，为半胱氨酸的*N*-乙酰化物，可通过药物结构中的巯基与黏蛋白二硫键互换作用，使黏痰中黏蛋白肽链的二硫键断裂，从而降低痰液黏稠度，使其易于咳出。本品有特殊臭味，可导致支气管痉挛，支气管哮喘患者应慎用。

溴　己　新

溴己新（bromhexine, bisolvon）又名必消痰，可使痰液中酸性黏蛋白纤维断裂，也可促使支气管腺体黏液分泌增加，使痰的黏稠度降低而易于咯出，另外还有镇咳作用。溃疡病及肝功不良患者慎用。

本章小结

呼吸系统疾病用药主要用于平喘、镇咳、祛痰。平喘药物种类较多，按不同作用机制分为肾上腺素受体激动药，如沙丁胺醇等；茶碱类，如氨茶碱等；M受体阻断药，如异丙托溴铵等；糖皮质激素类药，如布地奈德等；肥大细胞膜稳定药，如色甘酸钠等；抗白三烯药，如孟鲁司特等；抗组胺药，如酮替芬等；免疫抑制药，如甲氨蝶呤等；免疫调节剂如胸腺肽及中药黄芪等，另有近年流行的过敏原特异免疫性免疫疗法。其中被认为目前最为安全有效的是气雾吸入的糖皮质激素类药物。镇咳药分为中枢性镇咳药和外周性镇咳药，中枢性镇咳药作用较强，但须注意成瘾性及中枢抑制作用。祛痰药有利于促进痰液排出。

中药介绍

桔 梗

桔梗为桔梗科植物桔梗 *Platycodon grandiflorum*（Jacq.）A. DC. 的干燥根，含有多种皂苷类、黄酮类、酚类、多糖类等成分。性苦、辛，平，归肺经，可宣肺，利咽，祛痰，排脓。临床主要用于咳嗽痰多、咽喉肿痛。

桔梗祛痰作用显著，疗效强度可媲美氯化铵。其镇咳祛痰改善气道呼吸功能的成分被认为主要是桔梗皂苷 D 和 D_3。特别是桔梗皂苷 D，这是一种三萜皂苷类成分，其除了祛痰作用外，还可能通过 Nrf2 和 NF-κB 信号通路抑制肺部炎症，对 TNF-α、IL-6 等炎症因子也有抑制作用。

具有止咳平喘祛痰效果的单味中药还有半夏、川贝、浙贝、枇杷叶、百部、款冬花、苦杏仁等，但中药主要以复方出现在临床中；中药成药主要包括麻杏止咳糖浆、牛黄蛇胆川贝液、川贝枇杷露等。还应注意的是，中医药中的咳、痰、喘往往有虚实寒热的区别，如果用药不当，可能适得其反。

（余　黎）

第二十九章　作用于消化系统药物

能力要求

1. 能够说出抗消化性溃疡药的分类。
2. 能够详细阐述抗消化性溃疡药的药理作用、临床应用及不良反应，并能够合理选用药物。
3. 能够合理选用消化功能调节药。

消化系统主要由食管、胃肠道、肝脏、胰腺和胆囊组成，通过神经系统和激素体液系统的双重调控来实现摄入、容纳和消化食物、吸收营养、排出废物的功能。消化系统疾病是临床常见病、多发病，本章主要介绍抗消化性溃疡药和消化功能调节药。

第一节　抗消化性溃疡药

消化性溃疡（peptic ulcer，PU）是胃肠道黏膜被胃酸和胃蛋白酶消化而发生的溃疡，主要指发生于胃和十二指肠的慢性溃疡，即胃溃疡（gastric ulcer，GU）和十二指肠溃疡（duodenal ulcer，DU）。主要表现为上腹部不适、疼痛、反酸、嗳气和呃逆等，具有自然缓解和反复发作的特点，是消化系统常见病。其发病机制尚未完全阐明，与损伤黏膜的“攻击因子”（胃酸、胃蛋白酶、幽门螺杆菌、乙醇、非甾体抗炎药等）和“防御因子”（黏液屏障、黏膜上皮良好的再生能力、黏膜血流等）之间平衡失调有关。抗消化性溃疡药通过减少“攻击因子”作用和增强“防御因子”作用来发挥治疗作用。常用抗消化性溃疡药包括抗酸药、抑制胃酸分泌药、胃黏膜保护药和抗幽门螺杆菌药。

一、抗　酸　药

抗酸药（antacid）为无机弱碱性物质，口服后能直接中和过多的胃酸，降低胃内酸度，抑制胃蛋白酶活性，缓解胃酸及胃蛋白酶对胃、十二指肠黏膜的侵蚀和刺激，缓解消化性溃疡的症状，为溃疡面愈合创造条件。此外，氢氧化铝、三硅酸镁等抗酸药，还能覆盖于溃疡面和胃黏膜，形成胶状保护膜，防止胃酸、胃蛋白酶再度侵袭，利于溃疡面的愈合。

抗酸药应在餐后 1h、3h 及临睡前各服 1 次，即每日 3 次。因抗酸药仅能中和已分泌的胃酸，而不能抑制胃酸的分泌，有些还可能造成反跳性胃酸分泌增加，故其并不是治疗消化性溃疡的首选药物。理想的抗酸药应具备作用迅速而持久，不吸收、不产气、不引起腹泻或便秘，对黏膜及溃疡面有保护收敛作用的特点。由于单一药物很难达到上述要求，故常用复方制剂，如复方氢氧化铝片、胃得乐等。常用抗酸药物作用特点见表 29-1。

表 29-1　常用抗酸药作用特点

药物	抗酸强度	溃疡保护作用	收敛作用	排便影响	产气作用	碱血症
氢氧化镁	强	–	–	轻泻	–	–
三硅酸镁	较弱	+	–	轻泻	–	–
氧化镁	强	–	–	轻泻	–	–
氢氧化铝	较强	+	+	便秘	–	–
碳酸钙	较强	–	+	便秘	+	–
碳酸氢钠	强	–	–	–	+	+

二、抑制胃酸分泌药

胃酸由胃壁细胞分泌，迷走神经释放的ACh、旁分泌细胞释放的组胺、胃窦部G细胞释放的胃泌素对胃酸分泌起重要调控作用。壁细胞膜上的M受体、H_2受体和胃泌素受体被相应配体激动后，通过第二信使激活H^+，K^+-ATP酶（质子泵，proton pump），将H^+从壁细胞内转运到胃腔，K^+从胃腔转运到壁细胞内，从而进行H^+-K^+交换，分泌胃酸。按照药物影响胃酸分泌的环节，抑制胃酸分泌药主要分为H_2受体阻断药、胃泌素受体阻断药、M受体阻断药和H^+，K^+-ATP酶抑制药，其中H_2受体阻断药和H^+，K^+-ATP酶抑制药在临床上最为常用。

（一）H_2受体阻断药

本类药物阻断胃壁细胞H_2受体，抑制胃酸分泌，具有疗程短、溃疡愈合率较高、不良反应较少的特点。临床常用药物有西咪替丁、雷尼替丁、法莫替丁、尼扎替丁和罗沙替丁等。

西咪替丁

西咪替丁（cimetidine，甲氰咪胍）是第一个用于临床的H_2受体阻断药。

【体内过程】 口服易吸收，生物利用度为60%～75%，达峰时间为1～2h，血浆半衰期为2h，血浆蛋白结合率为19%，单次给予治疗量作用可维持约4h。15%经肝脏代谢，主要经肾脏排泄，部分从乳汁排泄。可透过血脑屏障和胎盘屏障。

【药理作用】

1. 抑制胃酸分泌 阻断壁细胞上的H_2受体，可抑制食物、组胺、胃泌素、胰岛素和刺激迷走神经等引起的胃酸分泌，对消化性溃疡患者的基础胃酸和夜间胃酸分泌均具有良好的抑制作用。

2. 调节免疫功能 可阻断T细胞表面的H_2受体，减少组胺诱生的抑制因子，活化T细胞，促进IL-2和干扰素合成，增强自然杀伤细胞（NK细胞）活性，从而拮抗组胺的免疫抑制作用。

【临床应用】

1. 消化性溃疡 对十二指肠溃疡疗效优于胃溃疡，可减轻疼痛、促进愈合。停药后复发率较高，6个月后复发率高达90%。可在溃疡愈合后长期维持治疗。

2. 胃肠道出血 可治疗胃肠道出血，尤其是应激状态后胃肠黏膜糜烂引起的出血。多采用静脉滴注给药。

3. 免疫功能低下及抗肿瘤辅助治疗 与消除组胺的免疫抑制作用及增强带癌动物抗体合成能力有关。

4. 其他 可用于佐林格-埃利森综合征（Zollinger-Ellison syndrome，ZES，卓-艾综合征）、反流性食管炎等。

【不良反应】

1. 消化系统 主要表现为恶心、呕吐、腹胀、腹泻、便秘、口苦、肝损害等。

2. 血液系统 有一定骨髓抑制作用，少数患者出现血小板减少、粒细胞缺乏、再生障碍性贫血。

3. 中枢神经系统 表现为头痛、疲倦、头晕、嗜睡、语言不清、幻觉、定向障碍等。肾功能不良的老年患者应用较大剂量时，可出现精神紊乱，甚至昏迷。

4. 抗雄性激素样作用 西咪替丁为雄激素受体阻断药，可引起男性精子数目减少、性欲减退、男性乳房发育、阳痿及女性乳溢。

【药物相互作用】 西咪替丁可抑制肝微粒体CYP，降低肝药酶活性，减少肝脏血流量，从而延长经肝代谢药物的代谢时间，增强药物作用与毒性。受其影响的药物有华法林、普萘洛尔、钙通道阻断药、苯妥英钠、奎尼丁、咖啡因、利多卡因、地高辛、苯二氮䓬类、磺酰脲类等。

雷尼替丁

雷尼替丁（ranitidine，呋喃硝胺）能明显抑制组胺、五肽胃泌素和卡巴胆碱刺激后引起的胃酸分泌，降低胃酸和胃蛋白酶活性。其对 H_2 受体的选择性较西咪替丁高，抑制胃酸分泌作用为西咪替丁的 5～8 倍。与肝 CYP 的亲和力为西咪替丁的 1/10，因此较少干扰华法林、地西泮等经肝脏代谢药物的代谢。临床用于各种胃酸相关疾病，可缓解溃疡症状、促进愈合、减少复发。其抗雄性激素作用和促催乳素分泌作用较弱，不易引起男性乳房发育和女性溢乳。

法莫替丁

法莫替丁（famotidine）能抑制各种刺激引起的胃酸和胃蛋白酶分泌，且具有止血作用，可用于出血性胃炎等的治疗。其抑制胃酸分泌作用约为西咪替丁的 40～50 倍，对肝 CYP 无抑制作用，无抗雄性激素样作用，也无促催乳素分泌作用，不良反应较少。

罗沙替丁

罗沙替丁（roxatidine）生物利用度为该类药物中最高，其抗胃酸分泌作用约为西咪替丁的 6 倍，且具有胃黏膜保护作用。对血清胃泌素无明显影响，无抗雄性激素样作用，对催乳素的分泌无影响，不影响肝药酶活性，对其他药物的代谢无影响。

（二）M 受体阻断药

在 H_2 受体阻断药和 H^+，K^+-ATP 酶抑制药问世之前，M 受体阻断药被广泛用于治疗消化性溃疡。其抑制胃酸分泌的机制：①阻断壁细胞上的 M 受体，抑制胃酸分泌；②阻断胃黏膜中嗜铬细胞上的 M 受体，减少组胺释放；③阻断胃窦 G 细胞上的 M 受体，抑制胃泌素的分泌而间接减少胃酸分泌。此外，M 受体阻断药有解除痉挛的作用。但由于其抑制胃酸分泌的作用较弱，非选择性 M 受体阻断药不良反应较多，目前已较少用于溃疡病的治疗。

哌仑西平（pirenzepine）、替仑西平（telenzepine）等选择性 M_1 受体阻断药对引起胃酸分泌的 M_1 受体亲和力较高，对 M_2、M_3 受体亲和力低，在治疗剂量下仅抑制胃酸分泌，且不易通过血脑屏障，无中枢作用。其抑制胃酸分泌作用较非选择性 M 受体阻断药强，且不良反应较轻，对心脏、瞳孔、唾液腺等副作用少。其中替仑西平的作用强于哌仑西平。

（三）胃泌素受体阻断药

丙谷胺

丙谷胺（proglumide）的化学结构与胃泌素相似，可竞争性阻断胃泌素受体，减少胃酸分泌，疗效不及 H_2 受体阻断药。同时能促进胃黏膜糖蛋白合成，增强胃黏膜保护作用，促进溃疡愈合。但因其抑制胃酸分泌作用较弱，现已较少用于溃疡病的治疗。

（四）H^+，K^+-ATP 酶抑制药

H^+，K^+-ATP 酶抑制药，即质子泵抑制药（proton pump-inhibitor，PPI），是弱碱性的苯并咪唑类化合物，作为前体药物可进入壁细胞分泌小管，并在酸性（pH<4）环境中生成活性体次磺酰胺类化合物，活性体的硫原子与 H^+，K^+-ATP 酶上的巯基不可逆地共价结合，使其失活。该类药物抑制了胃酸分泌的最终环节，对各种因素引起的胃酸分泌均有抑制作用，因此成为最有效的胃酸分泌抑制药。

奥美拉唑

奥美拉唑（omeprazole）又名洛赛克（losec），是第一代 PPI。

【体内过程】 口服后吸收迅速，单次给药生物利用度约为 35%，重复给药后，因胃内 pH 升高，

生物利用度可达 60%，达峰时间为 1～3h，半衰期为 0.5～1h。血浆蛋白结合率为 95%，肝、肾、胃及十二指肠含量较高，不易透过血脑屏障。主要经肝脏代谢，80% 代谢物经肾脏排泄，其余代谢物随粪便排出。

【药理作用】

1. 抑制胃酸分泌 有强大而持久的抑制胃酸分泌作用，可使正常人及溃疡病患者的基础胃酸分泌及由组胺、胃泌素等刺激引起的胃酸分泌受到明显的抑制。抑制胃酸分泌后，胃内 pH 升高，不利于胃蛋白酶的产生，因此也可减少胃蛋白酶分泌量。

2. 保护胃黏膜 对阿司匹林、乙醇、应激所致胃黏膜损伤有保护作用。

3. 抗幽门螺杆菌 对幽门螺杆菌有抑制作用，其机制与抑制幽门螺杆菌的 ATP 酶活性，干扰细菌代谢有关；也与抑制胃酸分泌，提升胃内 pH，为其他抗菌药物发挥作用创造条件有关。

【临床应用】 用于治疗十二指肠溃疡、卓-艾综合征，也用于治疗胃溃疡、反流性食管炎及其他药无效的顽固性消化性溃疡等。其对消化性溃疡的疗效，无论在疼痛缓解时间、溃疡愈合率，还是溃疡复发率上均优于 H_2 受体阻断药。治疗幽门螺杆菌阳性患者，常与抗菌药合用，转阴率达 90% 以上，明显降低复发率。

【不良反应】 主要为口干、恶心、呕吐、腹胀、腹泻、便秘等消化道反应，以及头痛、头昏、嗜睡、失眠、外周神经炎等神经系统症状，偶见皮疹、血清转氨酶升高、男性乳腺发育等。长期使用 PPI，由于持续抑制胃酸分泌，胃内 pH 升高，胃排空延迟，降低胃内黏液的黏滞性，可能会导致细菌移位，使菌群发生改变，使胃内细菌过度增长，引起肠道感染、呼吸道感染、自发性腹膜炎等。同时，长期服用 PPI，会反射性增加血浆胃泌素的浓度，从而增加胃息肉、胃癌、结肠癌发生的风险。

【药物相互作用】 奥美拉唑具有肝药酶抑制作用，可延缓经肝脏 CYP 代谢的药物如华法林、地西泮、苯妥英钠等的体内代谢，合用时应调整后者剂量。

兰索拉唑（lansoprazole）为第二代 PPI，口服易吸收，生物利用度可达 85%，半衰期约为 1.5h。作用与机制同奥美拉唑，但抑制胃酸分泌作用及抗幽门螺杆菌作用均强于奥美拉唑，也可抑制 CYP，长期服用亦可反射性增加血浆胃泌素含量。泮多拉唑（pantoprazole）与雷贝拉唑（rabeprazole）均属于第三代PPI。口服后吸收迅速，半衰期较短。两药抗溃疡作用与奥美拉唑相似，但泮多拉唑在 pH 3.5～7 的条件下较稳定。雷贝拉唑在抗胃酸分泌能力和缓解症状、治愈黏膜损害方面远优于其他抗酸药物。两药对肝 CYP 的亲和力弱于奥美拉唑和兰索拉唑，对其他药物代谢的影响大幅降低，使用更加安全。不良反应轻微，发生率约为 2.5%。

三、胃黏膜保护药

胃黏膜保护药是指能够增强胃黏膜屏障功能的药物。胃黏膜屏障包括细胞屏障和黏液-HCO_3^-盐屏障。细胞屏障由胃黏膜细胞顶部的细胞膜和细胞间紧密连接组成，有抵抗胃酸和胃蛋白酶的作用，胃黏膜上皮细胞具有迅速重建和再生的功能，可使受损部位得以迅速修复。黏液-HCO_3^- 盐屏障是双层黏稠的胶冻状黏液，内含碳酸氢盐和不同分子量的糖蛋白，在胃黏膜表面形成黏液不动层，产生润滑和阻止胃、十二指肠腔内 H^+ 向黏膜弥散的作用。细胞屏障和黏液-HCO_3^- 盐屏障均能防止胃酸、胃蛋白酶损伤胃黏膜细胞，而胃黏膜屏障功能受损可导致溃疡发作。胃黏膜保护药可促进胃黏液和-HCO_3^- 盐分泌、促进胃黏膜前列腺素合成、改善黏膜血流量，从而发挥预防和治疗消化性溃疡的作用。常用药物有前列腺素衍生物、硫糖铝和枸橼酸铋钾等。

（一）前列腺素衍生物

前列腺素 E（PGE）和前列环素（PGI_2）均能使胃酸分泌减少，促进黏液-HCO_3^- 盐分泌，对胃黏膜屏障具有保护作用。天然的 PGE 在体内代谢快，作用广泛，不良反应多。而 PGE 衍生物性质稳定，保护黏膜作用强，目前用于消化性溃疡的防治。

米索前列醇

米索前列醇（misoprostol）是第一个合成的 PGE_1 衍生物。一方面，其在体内能与胃壁细胞基底侧的 PGE_2 受体结合，抑制腺苷酸环化酶，使 cAMP 浓度下降，从而抑制胃酸和胃蛋白酶的分泌。另一方面，其可与胃黏膜上皮细胞基底侧的 PGE_2 受体结合，促进黏液-HCO_3^- 盐分泌，提高胃黏膜对损伤因子的抵抗力，增强黏膜的屏障功能。此外，其还能增加胃黏膜血流，促进胃黏膜受损上皮细胞的重建和增殖。其中抑制胃酸分泌作用最为切实可靠。对基础胃酸分泌，组胺、胃泌素等刺激引起的胃酸分泌均有抑制作用，一次应用 200μg，对胃酸分泌的抑制率可达 75%～95%，抑酸作用可持续 3～5.5h，每日需给药 4 次。临床上用于预防及治疗胃和十二指肠溃疡，尤其是长期应用非甾体抗炎药引起的消化性溃疡及胃出血。因能引起子宫收缩，可用于产后止血。不良反应发生率可达 30%，主要表现为食欲缺乏、恶心、上腹部不适、腹泻、腹痛，偶有头痛、头晕等症状。孕妇及前列腺素类药物过敏者禁用。

恩前列素

恩前列素（enprostil）为人工合成的 PGE_2 衍生物，药理作用、不良反应与米索前列醇类似，但其作用更强、维持时间更长，一次用药抑制胃酸作用可持续 12h。能明显抑制胃泌素释放，可缓解长期服用奥美拉唑引起的高胃泌素血症。

（二）硫糖铝

硫糖铝（sucralfate）为八硫酸蔗糖-氢氧化铝，口服后在胃酸中解离为氢氧化铝和硫酸蔗糖复合离子。可通过以下机制发挥作用。

1. 氢氧化铝可中和胃酸。

2. 硫酸蔗糖复合离子可在溃疡面形成保护屏障。硫酸蔗糖复合离子聚合成不溶性带负电荷的胶体黏稠多聚体，可黏附于胃、十二指肠黏膜表面，增加黏膜表面不动层的厚度、黏性和疏水性。另外，其可与病灶表面带正电荷蛋白质结合，与溃疡面的亲和力为正常黏膜的 6 倍，可牢固黏附于上皮细胞和溃疡基底部，在溃疡面形成保护屏障，阻止胃酸和胃蛋白酶的侵蚀。

3. 促进胃、十二指肠黏膜合成 PGE_2，从而增强胃、十二指肠黏膜的细胞屏障和黏液-HCO_3^- 盐屏障。

4. 增强表皮生长因子、碱性成纤维细胞生长因子的作用，使之聚集于溃疡区，促进溃疡愈合。

5. 抑制幽门螺杆菌，阻止其产生的蛋白酶、脂酶对黏膜的破坏。

【临床应用】 临床用于治疗消化性溃疡、反流性食管炎、慢性糜烂性胃炎及幽门螺杆菌感染等因素造成的黏膜损伤。

【不良反应】 最常见的不良反应为便秘，发生率约为 2%，偶见口干、恶心、腹泻等，长期服用可致低磷血症。

【注意事项】

1. 硫糖铝在酸性环境中起保护胃、十二指肠黏膜作用，故应在餐前 1h 空腹服用，且不宜与抗酸药及抑制胃酸分泌药合用。

2. 因增厚胃黏液层，硫糖铝可降低苯妥英钠、地高辛、酮康唑、氟喹诺酮及甲状腺素的生物利用度，应间隔 2h 服用。

3. 少量 Al^{3+} 可被吸收，肾衰竭患者禁用。

4. 低磷血症患者不宜长期服用。

（三）枸橼酸铋钾

枸橼酸铋钾（bismuth potassium citrate，三钾二枸橼酸铋，胶体次枸橼酸铋）口服不易吸收，主要通过以下机制在胃肠道发挥局部治疗作用。

1. 抑制胃蛋白酶活性：枸橼酸铋钾可与胃蛋白酶发生螯合，抑制其活性。

2. 形成胶体保护膜：于胃液酸性条件下，在溃疡表面或溃疡基底肉芽组织形成一种坚固的氧化铋胶体沉淀，成为保护性薄膜，从而减少胃内容物对溃疡部位的侵蚀作用。

3. 促进黏膜合成前列腺素，增加黏液和-HCO_3^-盐的分泌。

4. 抑制幽门螺杆菌：药物胶体在酸性环境中沉淀并与幽门螺杆菌结合，抑制细菌的氧化磷酸化酶，从而干扰其代谢，在菌体形成空泡和凝集，最终导致细菌细胞壁破坏。

本品主要用于胃、十二指肠溃疡，慢性胃炎，十二指肠炎。常规剂量和服用周期内比较安全，不良反应少而轻，可见舌、粪被染黑，偶见恶心、皮疹、轻微头痛。金属铋具有神经毒性，可引起急性可逆性脑病，表现为精神紊乱、肌痉挛性收缩、运动失调、步履艰难。用药期间血铋浓度在 0.24～0.48μmol/L 时应考虑停药。严重肾病患者及孕妇禁用。枸橼酸铋钾不宜与食物、牛奶、抗酸剂或钙剂同服，应间隔 0.5～1h，与四环素类同时服用可减少后者的吸收。

（四）其他

替普瑞酮（teprenone）为萜烯类衍生物，增加胃黏液合成、分泌，使黏液层中的脂类含量增加，疏水性增强，防止胃液中 H^+ 回渗作用于黏膜细胞。不良反应轻微，极少数患者有胃肠道反应，皮肤瘙痒，谷丙转氨酶、谷草转氨酶轻度增高。

麦滋林（marzulene）由 99% 谷氨酰胺和 0.3% 的水溶性薁组成，前者增加胃黏膜 PGE_2 合成，促进黏膜细胞增殖，增加黏液合成，增强黏膜屏障；后者有抗炎、抑制胃蛋白酶活性作用。可减轻溃疡病症状，促进溃疡愈合，不良反应发生率在 0.55% 以下，偶见恶心、呕吐、便秘、腹泻、腹痛，极少数患者出现面部潮红。

四、抗幽门螺杆菌药

幽门螺杆菌（*Helicobacter pylori*，Hp）为革兰氏阴性厌氧菌，主要存在于胃上皮细胞表面和腺体内的黏液层，于 1983 年从慢性胃病患者的胃黏膜中成功分离。幽门螺杆菌能分泌尿素酶，释放白三烯及多种有害细胞毒素，损伤胃黏膜，80%～90% 的消化性溃疡与之有关。幽门螺杆菌感染也是导致消化性溃疡复发的重要因素，因此杀灭幽门螺杆菌对防止消化性溃疡复发十分重要。常用的抗幽门螺杆菌药主要有两类：①抗溃疡病药，如 PPI、含铋制剂、硫糖铝等，抗幽门螺杆菌作用较弱，单用疗效差；②抗菌药，如阿莫西林、克拉霉素、甲硝唑、四环素、庆大霉素等。抗胃酸分泌药可增强抗菌药的稳定性或活性。目前，抗幽门螺杆菌的治疗，单药疗效较差，常联合用药。临床上效果好的抗菌药如克拉霉素、阿莫西林、四环素、甲硝唑、庆大霉素等 2 种药物联合，与 PPI 或铋剂同时应用，组成三联或四联疗法，疗程一般为 14 日。合理的联合用药对幽门螺杆菌阳性的溃疡病根治率可达 80%～90%。

知识拓展 **幽门螺杆菌与消化性溃疡**

消化性溃疡病的复发是一个非常令人困扰的问题，虽然使用各种抗酸药和抑制胃酸分泌药能促进溃疡愈合，但复发率高达 80%。1983 年，澳大利亚医师罗宾·沃伦（Robin Warren）和巴里·马歇尔（Barry Marshall）从人的胃黏膜中分离出了幽门螺杆菌，并且发现幽门螺杆菌的慢性感染破坏了黏膜对胃酸侵蚀的抵抗力，并且增加了胃酸的分泌，与消化性溃疡的发生密切相关。这一发现引起了消化性溃疡治疗学上的重大改变，此后抗菌药被用于治疗消化性溃疡，复发率大幅下降。因此，两人共同获得了 2005 年诺贝尔生理学或医学奖。

目前已证明幽门螺杆菌与胃肠道疾病中的 4 种疾病密切相关，即慢性胃炎、消化性溃疡、胃癌、胃黏膜相关淋巴组织恶性淋巴瘤。近几年的基础和临床研究表明，必须根除幽门螺杆菌才能真正达到胃和十二指肠溃疡临床治愈的目的，同时根除幽门螺杆菌也成为预防胃癌的一个可行措施。

第二节 消化功能调节药

本节主要介绍助消化药、止吐药和增强胃肠动力药、泻药、止泻药、利胆药。

一、助消化药

助消化药（digestant）多为消化液的成分或促进消化液分泌的药物，能促进食物的消化、增强食欲，用于消化道分泌功能减弱或消化不良。还有一些药物能够阻止肠道异常发酵，也用于消化不良的治疗。

稀盐酸

稀盐酸（dilute hydrochloric acid）为10%盐酸溶液，服后使胃内酸度增加，胃蛋白酶活性增强，适用于慢性胃炎、胃癌、发酵性消化不良等胃酸缺乏性疾病。常与胃蛋白酶同服。

胃蛋白酶

胃蛋白酶（pepsin）主要来源于牛、猪、羊等动物的胃黏膜，主要作用为分解蛋白质、水解多肽，用于胃蛋白酶缺乏症及食蛋白性食物过多致消化不良。常与稀盐酸同服，不能与碱性药物配伍。

胰酶

胰酶（pancreatin）主要来源于牛、猪、羊等动物的胰腺，含胰蛋白酶、胰淀粉酶及胰脂肪酶。用于胰液分泌不足引起的脂肪、蛋白质、淀粉的消化障碍。酸性环境中易被破坏，宜制成肠溶制剂。

乳酶生

乳酶生（biofermin）为干燥活乳酸杆菌制剂，在肠内可分解糖类产生乳酸，提高酸性，抑制肠道内腐败菌的繁殖，减少发酵和产气。用于伴肠胀气的消化不良效果较好。不宜与抗菌药或吸附药同服，以免降低疗效。

卡尼汀

卡尼汀（carnitine）是一种氨基酸衍生物，是脂肪酸代谢必需的辅助因子。卡尼汀缺乏会影响线粒体氧化游离脂肪酸的功能，造成脂质蓄积，并导致蓄积在线粒体中的酰基辅酶A酯产生细胞毒作用。卡尼汀可调整胃肠功能、增进食欲，治疗消化不良、食欲减退及慢性胃炎和高脂血症。长期应用液体制剂有恶心、呕吐、腹泻等胃肠道反应。慢性胰腺炎患者可加重病情，故禁用。

二、止吐药与增强胃肠动力药

（一）止吐药

呕吐是临床常见症状，也是一种复杂的保护性反射。呕吐反射受呕吐中枢和延髓催吐化学感受区（CTZ）调控，CTZ含有丰富的D_2、H_1、M_1和5-HT_3受体，阻断上述受体可预防或缓解呕吐。对于呕吐的治疗主要采取对因治疗，对于严重的呕吐必要时可使用止吐药。

1. H_1受体阻断药 苯海拉明、茶苯海明、异丙嗪、美可洛嗪等H_1受体阻断药，具有中枢镇静和止吐作用，可用于预防和治疗晕动病呕吐、内耳眩晕症。

2. M受体阻断药 东莨菪碱、阿托品、苯海索可阻断呕吐中枢和外周反射途径中的M受体，降低迷路感受器的敏感性，抑制前庭小脑通路的传导。可用于防治晕动病和胃肠刺激所致恶心、呕吐，其中东莨菪碱抗晕动病呕吐效果最好。

3. D_2受体阻断药 包括氯丙嗪、甲氧氯普胺、多潘立酮等。

4. 5-HT_3 受体阻断药 包括昂丹司琼、格拉司琼、阿洛司琼、托烷司琼等高选择性 5-HT_3 受体阻断药。

氯丙嗪

氯丙嗪（chlorpromazine）小剂量可阻断 CTZ 的 D_2 受体，大剂量降低呕吐中枢的神经活动。能有效减轻化学治疗引起的轻度恶心、呕吐，但不能有效地控制化疗药物（如顺铂、多柔比星、氮芥等）引起的严重恶心、呕吐，亦不能对抗前庭刺激引起的呕吐。

甲氧氯普胺

甲氧氯普胺（metoclopramide）又称胃复康，具有中枢及外周双重作用。中枢作用表现为可阻断 CTZ 的 D_2 受体发挥止吐作用，较大剂量时也作用于 5-HT_3 受体，产生止吐作用。其外周作用表现为阻断胃肠 DA 受体，增加胃肠运动，可引起从食管到近端小肠平滑肌运动，增加贲门括约肌张力，松弛幽门，加速胃的正向排空。临床用于肿瘤的放疗及化疗、脑外伤后遗症、急性颅脑损伤及药物所引起的呕吐。也可用于治疗慢性功能性消化不良引起的胃肠运动障碍，如恶心、呕吐等症状。治疗量时可出现疲倦、嗜睡等轻微不良反应，长期大剂量使用可引起明显的锥体外系症状、男性乳房发育、高泌乳素血症等。

多潘立酮

多潘立酮（domperidone）又称吗丁啉（motilium），口服后吸收迅速，达峰时间为 30～60min，生物利用度较低约 15%，血浆蛋白结合率为 91%～93%，半衰期为 7～8h。主要经肝脏代谢，肠道排泄，不易通过血脑屏障，为外周 DA 受体阻断药。可阻断胃肠 D_2 受体，具有促进胃肠蠕动、加速胃肠排空、协调胃肠运动、防止食物反流和止吐的作用。临床用于治疗功能性消化不良，腹胀，嗳气，胃肠功能紊乱引起的恶心、呕吐，反流性食管炎、胃炎；放射治疗及肿瘤化疗药、偏头痛、颅脑外伤、手术、胃镜检查等引起的恶心、呕吐；抗 PD 药左旋多巴、溴隐亭、苯海索等引起的恶心、呕吐。不良反应包括头痛、溢乳、男性乳房发育。

昂丹司琼

昂丹司琼（ondansetron）又称枢复宁、恩丹西酮，生物利用度约 60%，半衰期为 3～4h，代谢产物主要经肾脏排泄。其可选择性抑制外周神经系统突触前膜和呕吐中枢的 5-HT_3 受体，阻断呕吐反射，产生显著的止吐作用。临床用于肿瘤放疗和化疗导致的呕吐，亦适用于预防和治疗手术后的恶心、呕吐。但对晕动病及DA受体激动药如阿扑吗啡引起的呕吐无效。本类药物选择性高，不良反应少而轻，不改变血浆中催乳素的浓度，无锥体外系反应、过度镇静等副作用，可出现便秘、腹泻、头晕、头痛、疲乏等症状。

（二）增强胃肠动力药

胃肠运动对胃的排空、食物残渣的推进与排泄有重要影响。若胃肠运动紊乱，则可引起呕吐、反流性食管炎、胆汁反流性胃炎等。增强胃肠动力药可直接或间接增进胃肠道的蠕动和收缩，促进胃肠运动，加速胃排空和肠内容物的推进，防止反流。按其作用机制，增强胃肠动力药可分为以下几类。

1. M 受体激动药 激动 M 受体，增强胃肠道平滑肌的收缩力，如卡巴胆碱。

2. 胆碱酯酶抑制药 抑制胆碱酯酶，增加突触间隙 ACh 的含量，促使胃肠收缩，如新斯的明。M 受体激动药和胆碱酯酶抑制药可增强胃肠动力，但不能产生胃与十二指肠的协调活动以增加有效胃排空，且同时还会增加涎液、胃液、胰液的分泌。

3. D 受体阻断药 可增加食管下部括约肌的张力，增加胃收缩力，改善胃、十二指肠蠕动的协调性，促进胃排空，如甲氧氯普胺和多潘立酮。

4. 5-HT_4 受体激动药　如西沙必利、莫沙必利等。

西沙必利

西沙必利（cisapride）可选择性激动肠壁肌层神经丛上的 5-HT_4 受体，促进 ACh 释放，其胃肠促动作用较强，可增强并协调从食管至肛门的全段胃肠运动，防止食物滞留与反流。口服吸收迅速，生物利用度约为 50%，血药浓度达峰时间为 1～2h，血浆蛋白结合率为 98%，半衰期为 7～10h，主要经肝脏代谢，随粪便及尿液排出。无锥体外系反应，无催乳素释放和胃酸分泌的不良反应。临床用于治疗胃运动减弱、各种胃轻瘫、反流性食管炎；还可治疗慢性自发性便秘和结肠运动减弱。因可致 Q-T 间期延长和尖端扭转型室性心律失常，心脏疾病患者禁用。

三、泻　药

泻药（laxative，cathartic）是能增加肠内水分，促进蠕动，软化粪便或润滑肠道促进排便的药物。临床主要用于功能性便秘。按作用机制分为渗透性泻药、刺激性泻药和润滑性泻药。

（一）渗透性泻药

渗透性泻药也称容积性泻药，口服后肠道吸收很少，在肠腔内形成高渗而减少水分吸收，增加肠容积，刺激肠壁，进而促进肠道推进性蠕动，产生泻下作用。

硫酸镁

硫酸镁（magnesium sulfate）口服后难吸收，在肠内形成高渗环境而阻止水分吸收，扩张肠道，增大容积，促进肠道蠕动而致泻。主要用于外科术前或结肠镜检查前排空肠内容物、辅助排出一些肠道寄生虫或肠内毒物。通常用 10～15g 加 250ml 温水服用，1～4h 后即可发生剧烈腹泻。大约 20% 的 Mg^{2+} 可被肠道吸收，肾功能障碍患者或中枢抑制的患者可能发生毒性反应，还可引起反射性盆腔充血和失水，故妊娠妇女、月经期妇女、体弱者和老年人慎用。

乳果糖

乳果糖（lactulose）口服不吸收，在结肠被细菌分解成乳酸，刺激结肠局部渗出，引起粪便容积增加，促进肠蠕动而排便。乳酸还可抑制结肠对氨的吸收，降低血氨，故临床可用于血氨增高引起的肝性脑病。

纤维素类

纤维素类（cellulose），如植物纤维素、甲基纤维素等，口服后不被肠道吸收，在肠内充分吸水，增加肠腔内容积，保持粪便湿度，产生良好的通便作用。

（二）刺激性泻药

刺激性泻药又称接触性泻药，药物或代谢产物刺激结肠推进性蠕动，产生泻下作用。

酚酞

酚酞（phenolphthalein）又称果导，口服后在肠道与碱性肠液反应生成可溶性钠盐，刺激肠壁黏膜并抑制肠内水分吸收，促进蠕动。导泻作用温和、持久，服药后 6～8h 排出软便。酚酞有肠肝循环现象，一次给药药效可维持 3～4 天，适用于慢性或习惯性便秘，临床治疗效果个体差异较大。连续使用可引起水、电解质紊乱，皮疹等过敏反应，偶可引起结肠炎、肠绞痛及出血等。

比沙可啶

比沙可啶（bisacodyl）口服或直肠给药后，经肠道细菌分解成有活性的代谢物，对结肠黏膜产生较强的刺激而泻下。口服 6h 内，直肠给药 15～60min 起效，排出软便。该药刺激性强，可引起腹痛、胃肠痉挛、直肠炎等。

蒽 醌 类

大黄（rhubarb）、番泻叶（senna）等中药含有蒽醌苷类物质，在肠道内分解产生蒽醌，可刺激结肠推进性蠕动，4～8h 可排出软便或引起腹泻。丹蒽醌（danthron）是游离型蒽醌，口服后 6～12h 出现泻下作用。

（三）润滑性泻药

本类药物通过局部润滑肠壁、软化粪便而发挥泻下作用。例如，液状石蜡（liquid paraffin）为矿物油，口服肠道不吸收，同时妨碍水分吸收，可润滑肠壁和软化粪便，使粪便容易排出。其泻下作用温和，适用于老年人、儿童、痔疮患者及肛门手术后排便困难患者。长期使用由于肠内脂溶性物质可溶解其中，故可影响维生素 A、维生素 D、维生素 K 及钙、磷的吸收，故不宜久用。此外，甘油、纤维素类等也有类似作用。

四、止 泻 药

止泻药（antidiarrheal drug）是能抑制肠道蠕动或保护肠道免受刺激而制止腹泻的药物。腹泻是多种疾病的常见症状，治疗时主要采用对因治疗，但剧烈而持久的腹泻，会引起电解质紊乱和脱水，应在对因治疗的同时，适当给予止泻药控制症状。

阿片类制剂

阿片酊（opium tincture）、复方樟脑酊（tincture camphor compound），可激动 μ 阿片受体，减少胃肠推进性蠕动而止泻，可用于较严重的非细菌感染性腹泻。

地芬诺酯

地芬诺酯（diphenoxylate）又称苯乙哌啶，为人工合成的哌替啶衍生物，在体内代谢为地芬诺辛（diphenoxylic acid），止泻作用较母药强 5 倍。对肠道的作用类似于阿片类，通过激动 μ 阿片受体，减少胃肠推进性蠕动而止泻。用于急、慢性功能性腹泻，可减少排便频率。不良反应少而轻，表现为嗜睡、恶心、呕吐、腹部不适。大剂量（40～60mg）或长期应用可引起依赖性。过量时可导致严重的中枢抑制甚至昏迷，不宜与巴比妥类、阿片类等中枢抑制药合用。

洛哌丁胺

洛哌丁胺（loperamide）又称苯丁哌胺，为氟哌啶醇衍生物。可直接作用于胃肠道的 μ 阿片受体，抑制肠道蠕动，止泻作用较吗啡强 40～50 倍。可与钙调蛋白结合，降低许多钙依赖酶活性，还可阻止 ACh 和前列腺素释放，拮抗平滑肌收缩而抑制肠蠕动和分泌。止泻作用迅速、强大、持久。临床用于治疗各种原因引起的非感染性急、慢性腹泻。不良反应轻微，少数患者口干，偶见便秘、恶心、眩晕及皮疹等。大剂量对中枢有抑制作用，可用纳洛酮对抗。2 岁以下儿童及伴有高热和脓血便的菌痢患者禁用。

鞣酸蛋白

鞣酸蛋白（tannalbin）属于收敛剂（astringents），含鞣酸约 50%，在肠中释放出鞣酸，与肠黏膜表面的蛋白质形成沉淀，附着在肠黏膜表面形成保护膜，减轻刺激，减少炎性渗出，起收敛止泻作用。临床上用于急性肠炎及非细菌性腹泻。

同属于收敛剂的止泻药还有次水杨酸铋（bismuth subsalicylate）、次碳酸铋（bismuth subcarbonate），治疗非特异性腹泻。药用炭（medicinal charcoal，活性炭 activated charcoal）、白陶土（kaolin）、矽炭银（agysical）、蒙脱石散（smectite powder）均为吸附性止泻药（adsorbents），为不溶性粉末，颗粒小，表面积大，能吸附肠道内液体、细菌、气体、毒物，起保护、止泻和阻止毒物吸收作用。

五、利　胆　药

利胆药具有促进胆汁分泌或胆囊排空的作用。胆汁的基本成分是胆汁酸，胆汁酸中胆酸、鹅去氧胆酸和去氧胆酸占 95%，其余为石胆酸和熊去氧胆酸等。胆汁酸具有多项生理功能，如反馈性抑制胆汁酸合成，引起胆汁流动，调节胆固醇合成与消除，促进脂质和脂溶性维生素吸收等。

去氢胆酸

去氢胆酸（dehydrocholic acid）为半合成的胆酸氧化衍生物，能增加胆汁中的水分含量，使胆汁稀释，流动性提高，发挥胆道内冲洗作用。可用于急、慢性胆道感染，胆石症，胆囊术。禁用于胆道完全梗阻和严重肝肾功能减退者。

熊去氧胆酸

熊去氧胆酸（ursodeoxycholic acid）为鹅去氧胆酸的异构体。其可减少胆固醇合成，降低胆汁中胆固醇含量，从而降低胆汁的胆固醇饱和指数（胆固醇在胆汁中的相对浓度），通过在结石表面形成卵磷脂-胆固醇液态层，促进胆固醇从结石表面溶解。另外，其可抑制肠道吸收胆固醇，减少肠道其他胆盐的肝肠循环，拮抗疏水性胆汁酸的细胞毒作用。临床用于胆固醇性胆结石、胆汁淤积性疾病、胆汁反流性胃炎。不良反应少而轻，少于 5% 的患者可发生腹泻、便秘、过敏反应及心动过速。急性胆囊炎、胆管炎、胆道阻塞者及孕妇禁用。本药不宜与考来烯胺及氢氧化铝合用。

案例解析

案例：

患者，女，45 岁，长期反酸、嗳气，饥饿时常出现上腹部疼痛，进食后常能自行缓解。近期因疼痛加剧且进食后不能缓解来院就诊。经胃镜检查诊断为十二指肠球部溃疡、幽门螺杆菌（+）。

解析：

该患者已确诊为伴幽门螺杆菌感染的十二指肠溃疡，可给予三联疗法（2 种抗菌药 +1 种铋剂或 PPI）或者四联疗法（2 种抗菌药 +1 种铋剂 +1 种 PPI）治疗 2 周，疗程结束 4 周后复查胃镜及幽门螺杆菌。

本章小结

本章主要介绍了抗消化性溃疡药和消化功能调节药。

抗消化性溃疡药主要包括如下。①抗酸药：氢氧化铝等，可直接中和已分泌的胃酸，对消化性溃疡的止痛效果较好，但不能抑制胃酸分泌。②抑制胃酸分泌药：H_2 受体阻断药和 H^+, K^+-ATP 酶抑制药（PPI）具有较好的抑制胃酸分泌作用，是临床重要的抗消化性溃疡药。③胃黏膜保护药：前列腺素衍生物、硫糖铝等，通过增强黏膜的防御和修复作用，促进溃疡愈合。④抗幽门螺杆菌药：阿莫西林、克拉霉素、甲硝唑等抗菌药，治疗并防止消化性溃疡复发。临床常联合用药，采用三联或四联疗法治疗消化性溃疡。

消化功能调节药主要包括如下。①助消化药：胃蛋白酶等能促进食物消化及增加食欲。②止吐药与增强胃肠动力药：通过抑制中枢或外周的 D_2、H_1、M_1 和 5-HT_3 受体、激动 5-HT_4 受体，促进胃肠道平滑肌的协调运动，加快胃肠道内容物转运和排空，减少食管反流，如甲氧氯普胺、多潘立酮、西沙必利等。③泻药：分为渗透性泻药（硫酸镁等）、刺激性泻药（酚酞等）和润滑性泻药（液状石蜡等）。④止泻药：可抑制肠道蠕动或保护肠道免受刺激而止腹泻。⑤利胆药：去氢胆酸及熊去氧胆酸等，通过促进胆汁分泌或胆囊排空消除胆汁淤积和胆道炎症。

中药介绍

消化性溃疡属于中医“胃脘痛”“胃疡”“嘈杂”“吞酸”“痞满”等范畴。中医理论认为其发生是由外邪犯胃、情志不畅、饮食伤胃、脾胃素虚等因素引起胃气郁滞，胃失和降，不通则痛，或胃失于濡养，不荣则痛所致。中医辨证施治，常使用补虚药和理气药治疗。常用方剂有黄芪建中汤、柴胡疏肝散等。基于临床大数据分析，发现使用频次较高的药物有甘草、白术、白芍、黄芪、延胡索等。

白术可健脾益气、燥湿利水，具有改善和调节肠道菌群紊乱、促进黏膜溃疡愈合、调节胃肠功能、抗菌、抗炎、保肝的作用。白芍可调肝理脾、养血柔肝止痛，能够抑制胃肠道平滑肌收缩、抗炎、抗菌、抗氧化应激反应、提高免疫功能。甘草可补脾益气、缓急止痛，能够抑制胃酸分泌、保护胃黏膜、促进溃疡愈合，解除胃平滑肌痉挛、抗炎、抗菌、抗病毒。黄芪可补气健脾，能够调节机体免疫、抗菌、抗炎、抗溃疡，其抗幽门螺杆菌作用可能与激活机体自噬反应以增强胃黏膜对幽门螺杆菌自噬有关。延胡索可活血、行气，有止痛之功效，并具有抑制胃酸分泌作用。

（王　妍）

第三十章　影响血液及造血系统的药物

能力要求

1. 能够掌握抗凝血药及促凝血药的分类、代表药物的药理作用特点、临床应用、不良反应及禁忌证。

2. 能够熟悉抗血小板药的分类及代表药物的药理作用、临床应用及不良反应。

3. 能够了解纤溶药、抗纤溶药、抗贫血药、促白细胞增生药及血容量扩充药的代表药物的临床应用。

生理状态下，机体内血液凝固、抗凝和纤溶过程维持动态平衡，使循环系统中的血液处于流动状态。一旦此平衡被打破，就会出现血栓或出血性疾病。此外，血液的成分和循环中的有效血容量也是维持机体正常生理功能的重要因素。各类血细胞数量或功能的改变亦可导致血液系统功能障碍，如贫血、粒细胞减少、再生障碍性贫血等；而由于大量失血等引起的血容量降低，会造成机体重要器官的灌注不足，甚至引起休克。本章的内容包括抗凝血药、抗血小板药、纤溶药、促凝血药及抗纤溶药、抗贫血药及促进白细胞增生药和血容量扩充药。

第一节　抗凝血药

凝血和抗凝血、纤溶和抗纤溶系统的动态平衡，以维持机体血液的流动性，若出现平衡失调，可出现血栓栓塞性疾病，或发生出血性疾病。

血液凝固是血液形成血凝块的过程，即在机体多种凝血因子参与下的系列蛋白水解、活化的连锁过程，是血管损伤后机体为了避免出血、失血而发生的正常生理过程。其包括通过内源性凝血途径和外源性凝血途径，最终生成纤维蛋白，形成血凝块，而纤维蛋白又可在机体抗凝因子的作用下降解而产生抗凝作用（图 30-1）。

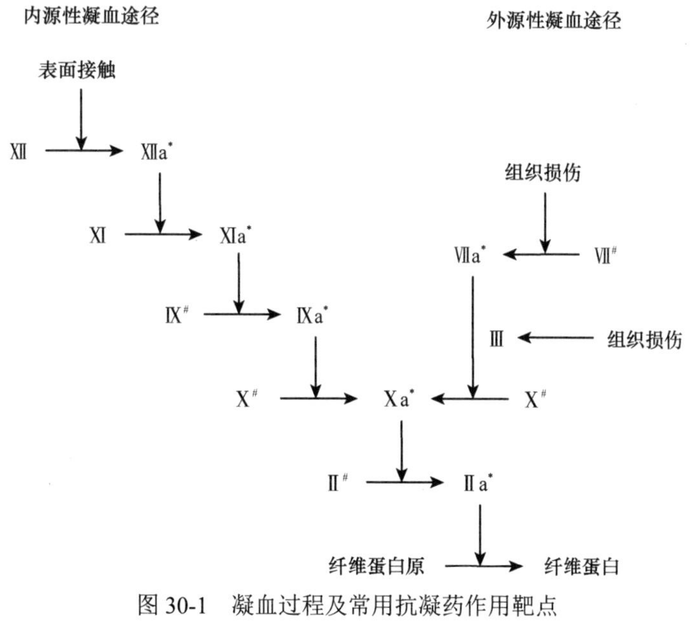

图 30-1　凝血过程及常用抗凝药作用靶点

* 标记为肝素主要作用点；# 为香豆素类药物主要作用点

一、凝血酶间接抑制药

肝 素

【体内过程】 肝素为带强负电荷的大分子氨基葡聚糖，口服不吸收，皮下、肌内或静脉注射吸收良好。80% 肝素与血浆白蛋白相结合，部分被血细胞吸附，部分可弥散到血管外组织间隙。由于分子量较大，不能通过胸膜和腹膜，也不能通过胎盘组织或分泌进入乳汁。大部分在网状内皮系统代谢，肾脏排泄，其中少量以原型性从尿缓慢排出。静脉注射后其排泄量取决于给药剂量。当 1 次给予 100U/kg、400U/kg、800U/kg 时，生物半衰期分别为 1h、2.5h 和 5h。慢性肝、肾功能不全及过度肥胖患者，肝素代谢排泄延迟，体内蓄积风险增加；肝素起效时间与给药方式有关，静脉注射即刻发挥最大抗凝效应，但个体差异较大；皮下注射因吸收个体差异较大，故总体持续时间明显延长。血浆内肝素浓度不受透析的影响。

【药理作用】 肝素为机体肥大细胞和嗜碱性粒细胞分泌的氨基葡聚糖，机体组织中肺含量最高，但因最早发现于肝脏而得名。药用肝素主要从猪小肠黏膜或牛肺提取，化学结构为 *D*-葡萄糖醛酸、硫酸化的 *L*-艾杜糖醛酸和 *D*-葡萄糖胺交替组成的氨基葡聚糖，天然肝素分子质量为 5～30kDa，药用分子质量为 12～15kDa，其中硫酸根约占 40%。

1. 抗凝血作用 肝素（heparin）在体内、体外均有强大的抗凝作用，可阻止血块形成和延长形成时间，但不能溶解血栓。静脉注射后迅速起效，血液凝固时间、凝血酶时间及凝血酶原时间均延长。

抗凝血酶Ⅲ（antithrombin Ⅲ，AT-Ⅲ）为一种丝氨酸蛋白酶抑制药，是分子质量为 58kDa 的糖基化多肽。AT-Ⅲ能等摩尔地与含丝氨酸残基蛋白酶的凝血因子（Ⅱa、Ⅸa、Ⅹa、Ⅺa、Ⅻa）通过赖氨酸-丝氨酸肽键结合，形成 AT-Ⅲ-凝血因子复合物而使这些凝血因子灭活，但该反应速度较慢。在肝素存在时，肝素分子与 AT-Ⅲ赖氨酸残基结合，使 AT-Ⅲ空间构象发生变化，活性中心精氨酸暴露，与凝血因子结合更加容易，使凝血因子Ⅹa 的灭活速率提高 500～1000 倍，Ⅱa 失活速率提高 2000～4000 倍，抗凝作用因而加强。肝素激活 AT-Ⅲ后迅速解离，可循环利用，而 AT-Ⅲ可被中性粒细胞弹性蛋白酶失活，由于长期使用而耗竭。

2. 其他作用 除抗凝作用外，肝素可通过抑制凝血酶产生的间接作用，抑制血小板聚集；也能促进血管内皮细胞释放脂蛋白酯酶，水解血中乳糜微粒和 VLDL，发挥调血脂作用；肝素还能抑制血管平滑肌细胞增殖，抗血管内膜增生；还能抑制炎症介质活性和炎症细胞活动，产生抗炎作用。

【临床应用】

1. 防治血栓形成或血栓栓塞性疾病 肝素可抑制血栓的形成和扩展，主要用于肺栓塞、心肌梗死、脑血管栓塞、外周静脉血栓和心血管手术时栓塞等。对于急性动、静脉血栓形成，肝素可产生快速抗凝作用。

2. 各种原因引起的弥散性血管内凝血（DIC） DIC 早期由于发生凝血使纤维蛋白原及其他凝血因子耗竭而发生严重的继发性出血，早期静脉注射肝素可防止凝血因子的消耗。

3. 体外抗凝 用于输血、体外循环、血液透析或腹膜透析、导管术、微血管手术等操作中及某些血液标本或器械的抗凝处理。

【不良反应】

1. 出血 是肝素最常见的不良反应，表现为各种黏膜出血、关节腔积血和伤口出血等。应仔细观察患者，控制剂量及严密监测活化部分凝血活酶时间（activated partial thromboplastin time，APTT），控制 APTT 为 1.5～2.5 倍正常值，可减少此类出血的危险。一旦出血应立即停药，用硫酸鱼精蛋白对抗，1mg 硫酸鱼精蛋白大约可对抗 100U 的肝素，要注意硫酸鱼精蛋白剂量过大本身也产生抗凝血作用。

2. 过敏反应　常表现为寒战、发热、气喘、荨麻疹、鼻炎、结膜炎、心前区紧迫感、呼吸短促甚至休克。

3. 血小板减少　发生率可达5%，常发生在用药初的5～9天。用药期间需每2～3天监测一次血小板计数，如血小板计数下降50%以上，并排除其他因素引起的血小板计数下降，应立即停用肝素类药物。其机制可能是肝素与血小板因子4形成复合物，刺激机体产生抗血小板特异性抗体。一旦发生，应停药，由于与低分子量肝素存在交叉反应，而不能换用，可换用重组水蛭素、阿加曲班或达那肝素、磺达肝素等。

4. 其他　转氨酶升高，停药可消失；血钾升高，可能与肝素抑制醛固酮合成有关。偶见一过性脱发和腹泻。长期使用可引起骨质疏松和自发性骨折。

【禁忌证】　禁用于肝素过敏、有自发出血倾向或不能控制的活动性出血、有出血性疾病及凝血机制障碍（包括血友病、血小板减少性或血管性紫癜）、外伤或术后渗血、先兆流产或产后出血者；胃、十二指肠溃疡以及溃疡性结肠炎；严重肝肾功能不全、胆囊疾病或黄疸、严重未控制的高血压、活动性肺结核、内脏肿瘤、脑出血或有颅内出血史及急性感染性心内膜炎患者。

低分子量肝素

低分子量肝素（low molecular weight heparin，LMWH）是从普通肝素分离制备获得，分子质量为1～10kDa，平均分子质量一般为4.5kDa，其药动学及药效学特性与普通肝素不同。①由于分子量小，组分相对均一，皮下注射吸收比肝素规则，药动学特征更具可预见性，生物利用度可以达到近100%，半衰期为4～5h。②分子量小，与AT-Ⅲ形成复合物后，不能结合Ⅱa，因而与Xa结合，选择性高，选择性抑制Xa活性（1分子Xa可催化大约1000分子凝血酶生成），而对Ⅱa及其他凝血因子作用较弱，不影响已形成的凝血酶。残存的凝血酶足以保证初级止血过程，所以抗血栓作用强，抗凝作用弱。③主要用于高危患者的静脉血栓栓塞的预防，治疗静脉血栓形成、肺动脉栓塞、不稳定型心绞痛。④出血发生率低于肝素，不需监测APTT，但肾功能不良患者仍需监测APTT。⑤血小板减少症和骨质疏松发生率低于肝素。⑥严重出血时可用鱼精蛋白拮抗，但解救效果不及肝素。

临床常用的低分子量肝素有依诺肝素（enoxaparin）、替地肝素（tedelparin）、瑞维肝素（reviparin）、弗希肝素（fraxiparin）、洛吉肝素（logiparin）、亭扎肝素（tinzaparin）、洛莫肝素（lomoparin）、那屈肝素（nadroparin）、达肝素（dalteparin）等，由于这些肝素的分子量和硫酸化程度不同，药动学特征及剂量范围不完全相同。

依诺肝素

依诺肝素（enoxaparin）为第一个上市的低分子量肝素，一种新型抗血栓药，其分子质量为4～6kDa。它将标准肝素的抗血栓和抗凝活性分开，主要特点是相对于抗凝血因子Ⅱa的抗凝血酶活性，其抗Xa活性更高，抗因子Xa与因子Ⅱa活性比值超过4。依诺肝素在预防剂量下不会明显影响APTT，治疗剂量下，在活性峰值时可以将APTT时间比对照时间延长1.5～2.2倍。不需常规监测抗凝活性，特殊患者需监测抗Xa因子水平，从而判断用量是否合适。

磺达肝素

磺达肝素（fondaparinux）又称磺达肝癸，为人工合成的戊糖聚合物，分子质量为1.5kDa。仅与凝血因子Xa结合，因而选择性抑制Xa活性。通过选择性结合AT-Ⅲ，磺达肝素可提高AT-Ⅲ对Xa因子的拮抗作用达300～1000倍。皮下注射吸收完全而规则，2h达峰，血浆蛋白结合率为94%，主要以原型从肾脏排泄，半衰期为17～21h。磺达肝素的用途与低分子量肝素相似，出血是其主要的副作用，血小板减少症更少见。肾功能不良患者禁用。

二、凝血酶抑制药

（一）凝血酶直接抑制药

根据药物对凝血酶的作用位点可分类如下。①双功能凝血酶抑制药：如水蛭素可与凝血酶的催化位点和阴离子外位点结合。②阴离子外位点凝血酶抑制药：仅能通过催化位点或阴离子外位点与凝血酶结合，发挥抗凝血酶作用。

水 蛭 素

水蛭素（hirudin）为天然存在的最强的凝血酶抑制药，其抗凝作用不依赖于AT-Ⅲ，能紧密结合凝血酶的催化位点和底物结合位点，使凝血酶的蛋白水解功能受到抑制，纤维蛋白生成受阻而产生抗凝作用；也能灭活与纤维蛋白结合的凝血酶，对已形成的血栓有溶栓作用。

来匹卢定

来匹卢定（lepirudin）为重组水蛭素，氨基酸序列与天然水蛭素极为相似，仅氨基末端一个异亮氨酸被亮氨酸取代，63位酪氨酸残基上未硫酸化。口服吸收差，需注射给药。半衰期约为1.3h，大部分以原型经肾脏排出，肾功能不全者排出时间延长。主要用于肝素诱导血小板减少症；也用于预防手术后的血栓形成，防治冠状动脉成形术后再狭窄、不稳定型心绞痛、急性心肌梗死后溶栓的辅助治疗、DIC、血液透析中血栓形成等。对血小板影响小，较少引起出血，但有抗原性。同类药物地西卢定（desirudin）为合成的重组水蛭素，63位酪氨酸残基上也未硫酸化。比伐卢定（bivalirudin）为人工合成的由20个氨基酸组成的水蛭素短肽类似物。

阿加曲班

阿加曲班（argatroban）为人工合成的精氨酸衍生物，属于小分子凝血酶抑制药，与来匹卢定作用相似。阿加曲班抗凝作用不依赖于AT-Ⅲ，其紧密结合于凝血酶的催化位点，阻碍纤维蛋白凝块的形成，对与纤维蛋白结合血栓的作用优于肝素和水蛭素。静脉给药的血浆蛋白结合率约为54%，半衰期为40～50min，肝脏代谢，经胆汁排泄，肝功能不良的患者半衰期可延长2倍，而肾功能不良患者不需调整剂量。

（二）维生素K阻断药

维生素K是凝血因子Ⅱ、Ⅶ、Ⅸ、Ⅹ活化必需的辅助因子，具有拮抗维生素K作用的药物为香豆素类抗凝药（coumarins），是一类含有4-羟基香豆素基本结构的物质，口服吸收后参与体内代谢发挥抗凝作用，又称口服抗凝药。包括双香豆素（dicoumarol）、华法林（warfarin，苄丙酮香豆素）和醋硝香豆素（acenocoumarol，新抗凝）等，其中以华法林最为常用。

华 法 林

【体内过程】 华法林口服在胃肠道吸收迅速而完全，生物利用度近100%。口服12～24h起效，抗凝血的最大效应时间为72～96h，抗血栓形成最大效应时间为6日。单次给药的持续时间为2～5日，多次给药则为4～5日。吸收后迅速与血浆白蛋白高度结合，结合率为98.11%～99.56%，分布容积很小。能透过胎盘，母乳中极少。主要经肝脏CYP2C9、CYP2C19、CYP2C8、CYP2C18、CYP1A2和CYP3A4代谢，代谢产物有醇类（活性最小）、羟基类（无活性）。*S*-华法林表现出的抗凝血活性为*R*-对映异构体的2～5倍。母药消除半衰期为20～60h，*R*-华法林对映异构体的半衰期为20～89h，*S*-华法林对映异构体的半衰期为18～43h，代谢产物超过90%经肾排泄。

【药理作用】 华法林（warfarin）是香豆素类抗凝剂（coumarin anticoagulant）的主要代表，

其他尚有双香豆素（dicoumarol）、双香豆素乙酯（ethyl biscoumacetate，双香豆素乙酸乙酯）、醋硝香豆素（acenocoumarol，硝苄丙酮香豆素）等。它们均有4-羟基香豆素的结构，其作用和用途相似，而所用剂量、作用快慢和维持时间长短有所不同。

γ-羧化酶的辅酶是氢醌型维生素K，在羧化反应发生的同时，氢醌型维生素K转变为维生素K环氧化物，后者需要在维生素K环氧化物还原酶的作用下才能转变为氢醌型维生素K。香豆素类药物的结构与维生素K相似，竞争性抑制维生素K环氧化物还原酶，阻止氢醌型维生素K的生成，进而阻止凝血因子Ⅱ、Ⅶ、Ⅸ、Ⅹ及抗凝蛋白C和抗凝蛋白S的前体谷氨酸残基γ-羧化，凝血因子停留在前体阶段，而产生抗凝作用，故体外无抗凝作用；由于对已羧化的凝血因子无影响，由于需要等凝血因子Ⅱ、Ⅶ、Ⅸ、Ⅹ、抗凝蛋白C和抗凝蛋白S耗竭后才产生作用，其清除时间分别为50h、6h、24h、36h、8h和30h，因此起效时间至少需要8～12h，但真正达到良好的抗凝作用需要数天。停药后因各凝血因子的重新形成需一定的时间，故作用时间可持续3～14日。需要注意的是由于抑制了抗凝蛋白C和抗凝蛋白S的形成，在初始用药的36h内可能会导致凝血倾向。

【临床应用】 常规应用于血栓性疾病的预防和降低凝血倾向，如心房颤动和心脏瓣膜病所致血栓栓塞；心脏瓣膜修复术，需长期服用华法林；肺栓塞、深部静脉血栓形成患者，用肝素或溶栓药后，常规用华法林维持3～16个月，预防复发。与肝素相比，香豆素类口服有效，但是起效慢，维持时间长，加上遗传因素导致剂量不易控制。如需快速抗凝，应先同时联用肝素或低分子量肝素治疗最少5～7天，待华法林充分发挥抗凝作用，直至国际标准化比值（INR）在目标范围内2日以上。

【不良反应】 过量易致出血，应密切监测PT。一旦发生出血倾向，应立即停药，给予维生素K对抗，一般在给药24h后，PT可恢复正常；如果发生严重出血，还应配合使用复合因子Ⅸ浓缩剂或新鲜血浆。易通过胎盘屏障，可导致胎儿凝血障碍，骨骼形成异常，所以孕妇禁用。可致皮肤坏死，可能与抗凝蛋白C缺乏有关。还可增加骨质疏松的风险。

【禁忌证】

1. 近期手术，尤其是进行脑、脊髓及眼科手术者。
2. 有凝血功能障碍疾病、出血倾向者。
3. 严重肝肾疾病患者、活动性消化性溃疡患者、各种原因导致的维生素K缺乏症患者、脑出血及脑动脉瘤患者、组织器官损伤出血患者及感染性心内膜炎患者。
4. 美国FDA妊娠期用药安全性分级为口服给药X级。
5. 痴呆、精神病、酗酒及其他情况患者无法满意地依从剂量指示及无法安全地进行抗凝治疗。
6. 对华法林或其辅料过敏者。

（三）新型口服抗凝药

新型口服抗凝药（new oral anticoagulant，NOAC）是血栓栓塞性疾病治疗的新兴替代选择，主要包括Ⅱ因子抑制药达比加群与Ⅹ因子抑制药利伐沙班等。与华法林相比，新型口服抗凝药药动学和药效学参数可预测；可采用无须常规抗凝监测的固定剂量疗法；与食物和其他药物的相互作用少等。临床主要用于替代华法林，用于非瓣膜性房颤患者。

利伐沙班

利伐沙班（rivaroxaban）为噁唑烷酮类衍生物，口服易吸收，食物影响小，生物利用度80%～100%，2～4h达峰浓度，与白蛋白结合，结合率大于90%，2/3由肝CYP3A4和CYP2J2代谢，1/3以原型经排泄，半衰期7～11h。

本品为新型的口服抗凝药物，高选择性地竞争抑制呈游离状态和与凝血酶原结合的Ⅹa，对血小板聚集没有直接作用。与华法林相比，治疗窗宽，吸收不受食物与其他药物的影响，量效关系稳定，对Xa的抑制作用可维持24h，出血风险低，剂量调整无须常规凝血功能监测。利伐沙班可简化术后的抗凝治疗方案，主要用于预防髋关节和膝关节置换术后患者深静脉血栓和肺栓塞的形成，也用于预防非瓣膜性心房颤动患者脑卒中和非中枢神经系统性栓塞，降低冠状动脉综合征复发的风险等。常见转氨酶升高、贫血、恶心、术后出血等。一旦发生出血，可使用特异性阻断药 Andexanet alfa，该药为一种经过酶解无活性的重组Xa因子蛋白，与Xa抑制药有高度亲和力。同类药物有奥米沙班（otamixaban）、阿哌沙班（apixaban）、依度沙班（edoxaban）等。

达比加群

达比加群（dabigatran）为合成的非肽类凝血酶抑制药，与凝血酶的纤维蛋白结合位点特异结合，阻止纤维蛋白原裂解为纤维蛋白，抑制凝血酶诱导的血小板活化和聚集。具有可口服、强效、用药无须特殊凝血功能监测、与CYP没有相互作用、与低分子量肝素有相似的效应等特点。

达比加群酯为前体药物，口服吸收后，在体内转化为具有活性的达比加群。胶囊剂型的生物利用度约7%，2h达峰浓度，血浆蛋白结合率为35%，达比加群不经肝CYP酶代谢，主要以原型经肾排泄，半衰期为12～17h。

本品对预防深静脉血栓和肺动脉栓塞有较好的作用。达比加群目前适应证仅为关节置换术后血栓形成的预防，特别适合需要长期用药时替代肝素，对深静脉血栓的作用并不优于肝素。临床研究用于包括非瓣膜性房颤、急性冠状动脉综合征、急性症状性静脉血栓形成和缺血性脑卒中等血栓形成。主要不良反应为胃肠道出血、消化不良，可能与此药物含酒石酸，降低pH有关；还可增加心肌梗死的风险；肾功能不能者禁用。一旦发生出血，可考虑使用达比加群抗体——艾达司珠单抗（idarucizumab）。

知识拓展

肝素为黏多糖硫酸酯，为非常重要的医学抗凝剂，但是其生理功能并不清楚。事实上，血液的抗凝主要依靠血管内皮细胞释放的硫酸乙酰肝素蛋白聚糖。而肝素主要储存于肥大细胞分泌颗粒，释放进入有损伤发生的脉管系统区域，因此其主要生理功能可能是在损伤区域防御细菌及其他外源性物质的侵入。

第二节　抗血小板药

血小板的黏附、聚集和释放功能，是血栓形成尤其是动脉系统血栓形成的重要因素之一。血小板功能主要受三大类物质调节：①产生于血小板，作用于血小板内部物质如cGMP、cAMP、前列腺素内环氧化物和TXA_2；②产生于血小板并作用于血小板膜表面受体的物质如5-HT、PGE_2、PGD_2和ADP等；③来源于血小板外并作用于血小板膜上受体的物质如儿茶酚胺、凝血酶、胶原和前列环素等。抗血小板药（antiplatelet drug）是能减少血小板聚集，抑制血栓形成的一大类药物，根据血小板功能调节的环节，分为三类：影响血小板代谢酶的药如COX抑制药（阿司匹林）、TXA_2合成酶抑制药（利多格雷）、腺苷酸环化酶活化剂（前列环素）和磷酸二酯酶抑制药（双嘧达莫）等；ADP阻断药如噻氯匹定和氯吡格雷等；血小板GP$Ⅱ_b$/$Ⅲ_a$受体阻断药如阿昔单抗等。

一、影响血小板代谢酶的药

（一）TXA_2合成酶抑制药

奥扎格雷

奥扎格雷（ozagrel）半衰期约为2h，经肾排泄。抑制TXA_2合成酶，可减少TXA_2的合成，抑制血小板聚集，解除血管痉挛。用于急性栓塞性脑梗死、蛛网膜下腔出血、手术后血管痉挛及其并发脑缺血症状的改善、支气管哮喘治疗。不良反应表现为胃肠道反应、过敏、转氨酶升高、出血倾向等。

利多格雷

利多格雷（ridogrel）抑制 TXA_2 合成酶作用强，减少 TXA_2 的合成，且中等程度拮抗 TXA_2 受体，拮抗 TXA_2 的作用。主要用于心肌梗死、心绞痛及缺血性脑卒中的治疗，但有研究表明其对血小板血栓及冠状动脉血栓的作用并不优于阿司匹林及水蛭素。不良反应主要为胃肠道反应等。

吡考他胺

吡考他胺（picotamide）也是 TXA_2 合成酶抑制药和 TXA_2 受体阻断药。伊非曲班（ifetroban）为选择性 TXA_2 受体阻断药。

（二）环氧合酶抑制药

阿司匹林

阿司匹林（aspirin）为 COX 抑制药的代表药物，由于其含有乙酰基团结构，在小剂量时阿司匹林（75～150mg/d）能使血小板 COX-1 乙酰化，持久抑制 COX-1，减少 TXA_2 的生成，而其他 COX 抑制药作用弱。临床主要用于不稳定型心绞痛、急性心肌梗死、预防心肌梗死复发、动脉血管手术或介入手术后，如主动脉冠状动脉静脉搭桥术、经皮冠状动脉腔内血管成形术、预防短暂性脑缺血发作（TIA）和已出现早期症状后预防脑梗死。

（三）磷酸二酯酶抑制药

双嘧达莫

双嘧达莫（dipyridamole）又名潘生丁，可通过多重机制发挥体内外抗凝作用，如抑制腺苷摄取、激活腺苷酸环化酶、抑制磷酸二酯酶，从而增加 cGMP 的浓度；直接刺激血管内皮细胞产生前列环素、通过抑制 TXA_2 合成酶减少血小板 TXA_2 生成，从而抑制血小板聚集。作用弱，多与阿司匹林、华法林等合用。口服易吸收，达峰时间约为 75min，血浆蛋白结合率为 99%，半衰期为 10h。由肝代谢，主要经肾脏排出。不良反应有头晕头痛、呕吐、腹泻、皮疹和瘙痒，罕见心绞痛和肝功能不全。

西洛他唑

西洛他唑（cilostazol）为磷酸二酯酶Ⅲ抑制药，增加 cGMP 的浓度，口服易吸收，血浆蛋白结合率为 95%～98%，半衰期为 1～13h。由肝 CYP3A4 和 CYP2C19 代谢，主要经肾脏排泄。主要用于外周血管疾病导致的间歇性跛行。不良反应有头痛、腹泻、心率加快等。

（四）前列腺素类

内源性前列环素由血管内皮细胞合成，具有强大的抗血小板聚集及松弛血管平滑肌作用，药用依前列醇（epoprostenol）为其人工合成品。前列环素通过激动前列环素受体，激活腺苷酸环化酶，增加 cAMP 含量，促进胞质内 Ca^{2+} 浓度降低，因而抑制血小板聚集和分泌，扩张血管。用于急性心肌梗死等，作用时间短，半衰期为 2～3min。静脉滴注常见眩晕、头痛、血压下降、心率加速等。

二、ADP 阻断药

血小板上存在嘌呤能受体 P2Y，即 ADP 受体。ADP 激活 P2Y，使血小板表面 GP $Ⅱ_b$ / $Ⅲ_a$ 空间构象发生改变，纤维蛋白原结合位点充分暴露，促进纤维蛋白原与血小板表面GP II_b / III_a 结合，导致血小板聚集。血小板P2Y受体有P2Y_1和P2Y_{12}两种亚型，抑制其中一种即可产生抗血小板作用。

噻氯匹定

噻氯匹定（ticlopidine）为噻吩并吡啶的衍生物，口服吸收迅速，生物利用度＞80%，血浆蛋白结合率为98%，肝代谢，半衰期约为12h，肾排泄为主。口服后8～11日疗效达峰，停药后作用可持续数天。该药不可逆拮抗P2Y_{12}受体，从而抑制血小板聚集。可用于卒中、不稳定型心绞痛继发的心脑血管血栓的预防，疗效至少与阿司匹林相当，主要适用于阿司匹林不能耐受或者需要合用的患者。不良反应主要为过敏、恶心、呕吐、腹泻、出血，可发生严重的中性粒细胞减少和血小板减少。

氯吡格雷

氯吡格雷（clopidogrel）与噻氯匹定同属于噻吩并吡啶类，为P2Y_{12}受体阻断药。口服生物利用度＞50%，血浆蛋白结合率为94%～98%，肝代谢，生物半衰期为7～8h，经肾和胆汁排泄。其主要优点是抗血小板聚集作用强于噻氯匹定，而不良反应轻，较少发生中性粒细胞减少和血小板减少。但有抗血小板作用仍较弱、起效比噻氯匹定慢（需要负荷剂量）和个体差异大的缺点。个体差异大主要是由于CYP2C19遗传多态性决定。临床主要用于预防、治疗血小板高聚集引起的心脑血管疾病。可作为阿司匹林代用品，也可与阿司匹林合用。主要不良反应是胃肠道反应、栓塞性血小板减少。

普拉格雷

普拉格雷（prasugrel）为新型噻吩并吡啶衍生物，与噻氯匹定、氯吡格雷同样为前药。口服迅速吸收，生物利用度＞79%，血浆蛋白结合率为98%，在肠和血清酯酶、肝CYP3A4和CYP2B6的作用下转化为活性产物，不可逆结合P2Y_{12}受体。抗血小板聚集作用比氯吡格雷强，起效比噻氯匹定快，能有效地降低心脏病和卒中导致的死亡。主要不良反应为出血，威胁生命的出血风险更多于氯吡格雷。

替格瑞洛

替格瑞洛（ticagrelor）是一种环戊三唑嘧啶类化合物，口服平均绝对生物利用度约为36%，该药及其代谢产物与血浆蛋白广泛结合（＞99%），主要经CYP3A4代谢，少部分由CYP3A5代谢，平均半衰期约为7h，主要经胆汁排泄。能与P2Y_{12}受体可逆结合并抑制。由于替格瑞洛与P2Y_{12}受体结合是可逆的，停药后血小板功能很快得到恢复，在停药1～5日后出血率较低，更适合冠状动脉搭桥患者。作用比氯吡格雷强、快，更具出血可预见性，比氯吡格雷更能有效地降低心血管死亡率，本身具有活性而不依赖肝功能。缺点是半衰期短，需要每日两次服药，依从性差，可引起呼吸困难等不良反应。该药物为P-糖蛋白（P-gp）的抑制药，可能影响地高辛等药物的血药浓度。

三、血小板GP II_b/ III_a受体阻断药

阿昔单抗

阿昔单抗（abciximab）该药为血小板表面GP II_b/ III_a的人/鼠嵌合单克隆抗体，可竞争性地抑制纤维蛋白原与血小板表面GP II_b/ III_a结合，进而抑制血小板聚集。血浆半衰期短，为10～30min，而血小板结合时间长，停止静脉灌注后抑制作用可持续18～48h。具有作用强，不良反应少的特点。临床用于不稳定型心绞痛、降低心肌梗死发生率及冠状动脉形成术后急性缺血性

并发症的预防。主要不良反应是出血，尤其是胃肠道出血，可见血小板减少。

同类药物替罗非班（tirofiban）为人工合成的非肽小分子，特异性拮抗 GP $Ⅱ_b/Ⅲ_a$，具有起效快、作用时程短（停药 4～8h 后凝血参数可恢复正常）的特点。依替巴肽（eptifibatide）为响尾蛇毒液蛋白衍生的环七肽，对 GP $Ⅱ_b/Ⅲ_a$ 选择性比阿昔单抗高，对玻璃黏附蛋白受体没有作用，血半衰期约为 2.5h，而血小板结合时间短，作用时程较短为 6～12h。

第三节　纤　溶　药

纤溶药能转化纤溶酶原为纤溶酶，从而溶解纤维蛋白，由于对已形成的血栓也有溶解作用，故此类药物也称为溶栓药。

链　激　酶

链激酶（streptokinase）为由 β 溶血性链球菌产生的一种蛋白质，分子质量约为 47kDa，本身没有酶活性，与血浆纤溶酶原结合成复合物后，致纤溶酶原构象变化、活性部位暴露，进一步催化纤溶酶原转变为纤溶酶，而纤溶酶能溶解刚形成的血栓中的纤维蛋白，使血栓溶解。半衰期为 40～80min。

本品主要用于急性血栓栓塞性疾病，如急性肺栓塞、深部静脉栓塞及导管给药所致的血栓及心肌梗死的早期治疗，在血栓形成 6h 内用药效果最佳。链球菌感染过的患者，体内有抗链激酶抗体，可拮抗其作用，故需加大首剂负荷量。多次给药后机体易产生抗体，因而疗程不宜超过 4 天，以后宜改用组织型纤溶酶原激活物（tissue-type plasminogen activator，t-PA）。

本品主要不良反应为注射部位血肿、过敏和出血。严重出血可用氨基己酸等对抗。

尿　激　酶

尿激酶（urokinase）为肾产生的含 411 个氨基酸的双链丝氨酸蛋白酶，其能直接激活纤溶酶原转变为纤溶酶，溶解血栓。半衰期为 15～20min。临床用途和不良反应与链激酶相似，无抗原性但价格昂贵。

葡　激　酶

葡激酶（staphylokinase）为金葡菌合成的一种单链蛋白，分子质量为 15.5 kDa，含有 136 个氨基酸。临床常用重组葡激酶，作用机制与链激酶相同，半衰期为 70min。主要用于急性心肌梗死等血栓栓塞性疾病。不良反应与链激酶相似。

阿尼普酶

阿尼普酶（anistreplase）为茴香酰化纤溶酶原-链激酶激活剂复合物，是链激酶与赖氨酸纤溶酶原以 1∶1 形成的复合物。由于纤溶酶原被乙酰化而活性中心暂时被封闭，纤溶酶原进入血液后弥散到血栓的纤维蛋白表面，复合物中赖氨酸纤溶酶原活性部位与纤维蛋白结合，去乙酰化，活性部位重新开放，血栓中纤维蛋白表面的纤溶酶原激活为纤溶酶，从而溶解血栓。其抗栓作用具有较高的纤维蛋白溶栓作用选择性。半衰期约为 90min。主要用于发病 6h 内的急性心肌梗死患者的血管再通。不良反应有过敏、血压下降、出血等。

阿替普酶

阿替普酶（alteplase）血管内皮细胞能合成释放 t-PA，含有 527 个氨基酸残基的丝氨酸蛋白酶。当循环中没有纤维蛋白存在时，t-PA 几乎没有纤溶酶原激活作用，对正常的纤溶酶产生没有明显影响，而与纤维蛋白、纤溶酶原结合为复合物后，对纤溶酶原激活作用增加几百倍，而发挥抗栓作用。

阿替普酶为重组 t-PA，经肝脏代谢，半衰期约为 5min。临床上主要用于心肌梗死、脑卒中、肺栓塞的溶栓治疗，越早使用效果越好。价格昂贵，出血发生率相对较低，可发生过敏反应、低血压。

同类药物瑞替普酶（reteplase）为从大肠埃希菌获得的重组单链非糖基化的人组织纤溶酶原激活剂，由 t-PA 的 527 个氨基酸中的 357 个氨基酸组成，半衰期为 13～16min。该药与纤维蛋白的亲和力小于阿替普酶，因此在静脉灌注后能迅速进入血栓，发挥抗栓作用，而减少出血风险。适应证和不良反应与阿替普酶相似。替奈普酶（tenecteplase）为从中华仓鼠卵巢细胞获得的含 527 个氨基酸修饰的人 t-PA cDNA 糖基化蛋白，与阿替普酶相比，其纤维蛋白选择性更高，更不易受到内源性纤溶酶原激活抑制药的影响。

蚓激酶

蚓激酶（lumbrokinase）为从人工养殖的赤子爱胜蚓中提取的蛋白水解酶复合物，分子质量为 16～45kDa。可以直接水解纤维蛋白，也可激活纤维蛋白溶酶原变成纤溶酶，间接水解纤维蛋白。主要用于短暂性脑缺血发作、脑梗死恢复期治疗和缺血性卒中二级预防，也可用于心肌梗死、不稳定型心绞痛、糖尿病血管并发症、眼底静脉血栓等血栓性疾病。为口服制剂。不良反应主要为轻度头痛、头晕、便秘、恶心等。

第四节 促凝血药及抗纤溶药

促凝血药（coagulants）通过激活凝血过程的某些凝血因子而参与凝血过程，主要用于某些凝血功能低下引起的出血性疾病防治。

一、促凝血药

（一）维生素 K 类

维生素 K（vitamin K）为 2-甲基-1,4-萘醌的衍生物，天然存在的为维生素 K_1、维生素 K_2 为脂溶性维生素，绿色植物含维生素 K_1，肠道细菌产生维生素 K_2，并能把维生素 K_1 转变成维生素 K_2。而维生素 K_3、维生素 K_4 和维生素 K_5 由人工合成，为水溶性维生素。

【体内过程】 维生素 K_1、维生素 K_2 口服吸收需胆盐协助，维生素 K_3、维生素 K_4 和维生素 K_5 从肠道吸收不需胆盐协助，可直接进入血液循环。各种维生素 K 肌内注射均很快被吸收，主要以原型经胆汁或尿中排出。

【药理作用】 凝血因子Ⅱ、凝血因子Ⅶ、凝血因子Ⅸ、凝血因子Ⅹ、抗凝蛋白 C 和抗凝蛋白 S 前体在肝脏谷氨酸残基 γ-羧化酶的作用下转变凝血因子Ⅱ、凝血因子Ⅶ、凝血因子Ⅸ、凝血因子Ⅹ、抗凝蛋白 C 和抗凝蛋白 S，该羧化酶的辅酶为氢醌型维生素 K。在谷氨酸残基 γ-羧化反应的同时，氢醌型维生素 K 转化为氧化型维生素 K，后者又在维生素 K 环氧化物还原酶的作用下，还原成氢醌型维生素 K 而循环再利用。

如果维生素 K 环氧化物还原酶被抑制，或维生素 K 摄取障碍，可使凝血因子Ⅱ、Ⅶ、Ⅸ、Ⅹ合成减少，导致凝血酶原时间延长并引起出血。

【临床应用】

1. 维生素 K 缺乏症 主要用于阻塞性黄疸、胆瘘患者，胆汁分泌不足导致的维生素 K 吸收障碍；新生儿及早产儿维生素 K 储存不足；广谱抗生素长期使用导致维生素 K 合成不足等引起的出血性疾病。

2. 抗凝药过量的解毒 双香豆素类或水杨酸过量引起的出血，维生素 K 可竞争性拮抗其抗凝的作用。

【不良反应】 不良反应少见，而维生素 K_3 具有一定毒性。静注过快可出现面部潮红、出汗、胸闷、支气管痉挛，甚至血压急剧下降，危及生命。偶见过敏反应。口服维生素K_3、维生素K_4引起恶心、呕吐等胃肠道反应。G6PD缺乏的患者可诱发溶血性贫血。肝肾功能不全者慎用。

【禁忌证】 对本药过敏者禁用。

（二）凝血因子制剂

凝血因子（cogulation factor）主要是作为替代疗法，用以补充遗传性或获得性因素所致凝血因子缺乏，以及治疗各种原因引起的凝血因子损耗过多所导致的出血。目前临床上所应用的包含凝血因子的生物制剂有多种。有特异性地只补充单一凝血因子的制剂，如人凝血因子Ⅷ、重组人凝血因子Ⅸ等；也有包含多种凝血因子的制剂，如凝血酶原复合物等。

人凝血因子Ⅷ

人凝血因子Ⅷ（lyophilized human coagulation factor Ⅷ）又名抗血友病球蛋白、抗甲种血友病因子。含凝血因子Ⅷ及少量纤维蛋白原。目前已有纯的重组人凝血因子Ⅷ。主要用于治疗甲型血友病、溶血性血友病、抗因子Ⅷ抗体所致严重出血。输注过快可引起发热、头痛、荨麻疹等。

重组人凝血因子Ⅸ

重组人凝血因子Ⅸ（recombinant coagulation factor Ⅸ）适用于控制和预防乙型血友病［先天性凝血因子Ⅸ缺乏症或克里斯马斯（Christmas）病］成人及儿童患者出血；乙型血友病成人及儿童患者的围手术期处理。不适用于治疗其他凝血因子缺乏症（如凝血因子Ⅱ、Ⅶ、Ⅷ和Ⅹ），治疗含凝血因子Ⅷ 抑制物的甲型血友病患者，逆转香豆素诱导的抗凝作用，治疗肝依赖性凝血因子水平低下导致的出血。

凝 血 酶

凝血酶（thrombin）为胰蛋白酶样的丝氨酸蛋白酶，由凝血酶原转变而来，能切去血纤蛋白原中肽A和B，催化血纤蛋白原水解为纤维蛋白，此外也能使Ⅴ、Ⅺ、Ⅷ转变为Ⅴa、Ⅷa、Ⅺa。药用凝血酶为从猪、牛血提取的无菌制剂，主要用于局部止血，应用于创口使血液凝固而止血；口服或局部灌注也用于消化道止血。必须直接与创面接触，才能起止血作用。严禁注射。遇酸、碱、重金属发生反应而降效，应新鲜配制使用。

凝血酶原复合物

凝血酶原复合物（prothrombin complex concentrate，PCC）从健康人血浆分离而得，为主要含有凝血因子Ⅱ、Ⅶ、Ⅸ、Ⅹ的混合制剂。以上4种凝血因子的凝血作用均依赖维生素K的存在。仅能静脉输注，半衰期为18～32h。主要用于先天性凝血因子Ⅸ缺乏的乙型血友病、严重肝脏疾病导致的出血、香豆素类抗凝药过量及维生素K依赖性凝血因子Ⅱ、Ⅶ、Ⅸ、Ⅹ等缺乏所致的严重出血，如抗凝血类毒鼠药和华法林中毒。不良反应有过敏、血栓形成，肝病患者易引起DIC，应慎用。

（三）蛇毒血凝酶类

蛇毒血凝酶

蝮蛇血凝酶（hemocoagulase）是从国产蝰蛇科蛇毒中提取的蛇毒血凝酶，含巴曲酶及磷脂依赖性凝血因子Ⅹ激活物（FXA）。主要通过选择性促凝血和促纤维蛋白生成作用，加快血管破损处凝血，而不干扰正常凝血系统中的凝血因子数目，不激活血管内纤维蛋白稳定因子Ⅷ，也不促进血小板聚集；对正常生理性凝血系统无影响，不影响各项凝血指标，也不引起或增加术中术后血栓风险。临床可以静注、肌内注射或皮下注射，也可局部用于各种出血性疾病的治疗和手术患者术中术后出血的预防。

类似药物有矛头蝮蛇血凝酶（hemocoagulase bothrops atrox）由巴西矛头蝮蛇的蛇毒中分离提纯的血凝酶，主要活性成分为巴曲酶和 FXA；白眉蛇毒血凝酶（hemocoagulase）是从国产白眉蝮蛇蛇毒中提取的一种血凝酶，其中含有类凝血酶和类凝血激酶，两种类酶为相似的酶作用物；尖吻蝮蛇血凝酶（haemocoagulase agkistrodon）为从国产尖吻蝮蛇蛇毒中分离提纯的血凝酶，含单一组分的双肽链，通过水解纤维蛋白原使其变为纤维蛋白而增强机体凝血功能。

（四）促血小板生成药

重组人血小板生成素

血小板生成素（thrombopoietin，TPO）是刺激巨核细胞生长及分化的内源性细胞因子，对巨核细胞生成的各阶段均有刺激作用，包括前体细胞的增殖和多倍体巨核细胞的发育及成熟，从而升高血小板数目。重组人血小板生成素（rhTPO）是利用基因重组技术由中国仓鼠卵巢细胞表达，经提纯制成的全长糖基化血小板生成素，与内源性血小板生成素具有相似的增加血小板计数的药理作用。

临床主要用于治疗实体瘤化疗后所致的血小板减少症，适用对象为血小板计数低于 50×10^9/L 的患者。以及用于原发免疫性血小板减少症（ITP）的辅助治疗，适用对象为血小板低于 20×10^9/L 的糖皮质激素治疗无效（包括初始治疗无效或有效后复发而再度治疗无效）的未接受脾切除的患者。

艾曲泊帕乙醇胺

艾曲泊帕乙醇胺（eltrombopag olamine）为口服生物可利用的、小分子 TPO 受体激动药，可与人 TPO 受体的跨膜结构域相互作用，启动信号级联反应，诱导骨髓祖细胞和巨核细胞的增殖和分化。临床主要用于既往对糖皮质激素、免疫球蛋白等治疗反应不佳的成人和 12 岁以上 ITP 患者，使血小板计数升高并减少或防止出血。在临床研究中，血小板计数通常在治疗开始后 1～2 周内升高，在治疗终止后 1～2 周内下降。

酚磺乙胺

酚磺乙胺（etamsylate）又名止血敏，可促进血小板释放、提高毛细血管内皮细胞抵抗力、减少扩张血管和抑制血小板聚集的前列腺素的释放，收缩血管、降低毛细血管通透性，增强血小板聚集和黏附，缩短凝血时间，而达到止血效果。静脉注射可维持 4～6h，主要以原型经肾排泄。该药可与维生素 K 注射液混合使用，但不可与氨基己酸注射液混合使用。临床用于手术前后的出血，也可用于血小板功能不良、血管脆性增加而引起的出血。不良反应有皮疹、恶心、头痛 、低血压等，可出现过敏性休克。

（五）作用于血管类

卡巴克络

卡巴克络（carbazochrome）又名肾上腺色腙、安络血、卡络柳钠、安特诺新。为肾上腺素的氧化产物，作用于血小板表面 α 受体，增加细胞内 Ca^{2+} 浓度，促进 5-HT、ADP 和 TXA_2 的释放，促使受损的毛细血管断端回缩、血小板黏附和聚集而发挥止血作用。用于治疗毛细血管脆性增加所致的出血，如视网膜、出血过敏性紫癜、肠道出血、鼻出血等。不良反应小，因含水杨酸，长期反复应用可产生水杨酸反应。用量过大可诱发精神失常，有精神病史或癫痫病史者慎用。

垂体后叶素

垂体后叶素（posterior pituitary）含催产素和加压素，可使血管平滑肌收缩，对小动脉和微循环尤为明显，使末梢血流速度减慢，进而使血管破损部位易于发生凝血过程而达止血作用。临床多用于肺血管破裂的咯血及门脉高压时的上消化道出血等。

二、抗纤溶药

氨甲苯酸

氨甲苯酸（aminomethylbenzoic acid）又名对羧基苄胺、抗血纤溶芳酸、止血芳酸。为赖氨酸的类似物，与纤溶酶原和纤溶酶中的赖氨酸结合位点结合，阻断纤溶酶的作用、抑制纤维蛋白凝块的裂解而止血。生物利用度约为 70%，半衰期为 60min。

临床主要用于纤溶酶过度活化、纤溶亢进所致的出血，如子宫、甲状腺、前列腺、肝、脾、胰、肺、肾上腺、脑等富含纤溶酶原激活物的脏器外伤或手术后的出血，以及鼻、喉、口腔局部止血。抗慢性渗血效果较好。常见不良反应有胃肠道反应。用量过大可致血栓形成或诱发心肌梗死。静脉注射过快可致低血压。肾功能不全者禁用。

同类药物氨甲环酸（tranexamic acid）又名抗血纤溶环酸、止血环酸、凝血酸。生物利用度约为 34%，半衰期为 3.1h。抗纤溶活性为氨甲苯酸的 7～10 倍，为临床最常用的制剂，但不良反应较氨甲苯酸多。氨基己酸（aminocaproic acid）的结构、作用特点和应用与氨甲苯酸相似，吸收迅速，12h 内 50% 以原型从肾清除，半衰期为 2h。不良反应表现为胃肠道反应、发热、血栓形成、低血压、肌溶解和肌痛等。

抑 肽 酶

抑肽酶（aprotinin）为广谱蛋白酶抑制药，对纤溶酶等有抑制作用。静脉注射和静脉滴注半衰期约 10h，经代谢后以无活性代谢产物形式由尿排出。用于体外循环心脏直视手术或其他手术。抑制纤溶蛋白降解，减少术中、术后渗血和术后肠粘连。

第五节 抗贫血药

贫血属血液系统最常见的疾病，为循环血液中的红细胞数目和（或）血红蛋白含量较长期低于正常值的病理现象。常见贫血有三种类型：缺铁性贫血，在我国较多见，由血液丢失过多或铁吸收不足所致，主要表现为红细胞体积小，血红蛋白含量低于正常；巨幼红细胞性贫血，由叶酸或维生素 B_{12} 缺乏所致，主要表现为红细胞体积大，平均血细胞血红蛋白含量高，白细胞及血小板亦有异常；再生障碍性贫血，为感染、药物、放疗等因素致骨髓造血功能障碍，主要表现为红细胞、粒细胞及血小板均减少。抗贫血药（antianemic drug）主要根据贫血的类型选择不同的药物进行治疗。

铁 剂

常用的铁剂有多种，硫酸亚铁（ferrous sulfate）为无机铁的代表，枸橼酸铁铵（ferri ammonium citrate）、富马酸亚铁（ferrous fumarate）、山梨醇铁（iron sorbitex）和右旋糖酐铁（iron dextran）等为有机铁。

【体内过程】 血红素铁比非血红素铁容易吸收，有机铁比无机铁容易吸收。酸性环境有利于无机铁溶解而有助于吸收，抗酸药等可妨碍铁的吸收；Fe^{2+} 比 Fe^{3+} 易以被动转运方式在小肠上段吸收，少部分主动转运吸收，因而还原性物质如果糖、半胱氨酸、维生素 C 等有助于铁的吸收。磷酸盐、鞣酸、考来烯胺、四环素等能与铁形成难溶性物质，影响铁吸收。

吸收入肠黏膜细胞的 Fe^{2+}，一部分被氧化成 Fe^{3+} 与去铁铁蛋白结合成铁蛋白而储存，另一部分与转铁蛋白结合成复合物，再与胞质膜上的转铁蛋白受体结合，然后通过受体介导的胞饮作用进入细胞内，而转铁蛋白被释放出细胞外，恢复其转铁功能。

【药理作用】 铁是组成血红蛋白、肌红蛋白、血红素酶、金属黄素蛋白酶、过氧化氢酶等必需的元素。铁可吸附在骨髓有核红细胞膜上，进入细胞内与线粒体原卟啉结合形成血红素，再与珠蛋白结合形成血红蛋白。

【临床应用】 主要用于治疗铁的摄入不足、铁需要量增加、失血过多所致的缺铁性贫血。用药10～15日网织红细胞达高峰，4～8周后血红蛋白含量接近正常。血红蛋白含量正常后，常需减半继续服药2～3个月，方可使体内铁储存恢复正常。

【不良反应】 无机铁的不良反应多于有机铁，常见呕吐、腹部不适、腹泻、腹痛等。也可发生便秘，可能是由于硫化氢与铁生成硫化铁，减少了硫化氢肠蠕动刺激作用。小儿误服过量铁剂（> 1g）可引起急性中毒，表现为恶心、呕吐、休克、血性腹泻、惊厥，甚至死亡。解毒措施包括用碳酸氢钠洗胃，胃内给予去铁铵等。

【禁忌证】 禁用于血色病或含铁血黄素沉着症及不伴缺铁的其他贫血（如地中海贫血）患者；肝肾功能严重损害，尤其伴有未经治疗的尿路感染者不宜注射铁剂；对铁剂过敏者禁用。

叶 酸

叶酸（folic acid）又称维生素 B_9，由谷氨酸、蝶啶及对氨基苯甲酸组成，蛋黄、绿叶蔬菜、豆类、面包酵母、肝、肾等含量丰富，叶酸为水溶性，不耐热，易氧化。人体细胞不能合成叶酸，只能从食物中摄取。

【体内过程】 口服后主要以还原型在空肠近端被吸收，生物利用度为76%～93%，5～20min即可出现于血中，1h后达血药浓度峰值。大部分储存在肝内，体内叶酸主要被分解为蝶呤和对氨基苯甲酰谷氨酸。由胆汁排至肠道中的叶酸可被再吸收，形成肠肝循环。30%经肾脏排泄，少量由胆汁排出。分布半衰期为0.7h。

【药理作用】 食物中主要以叶酸多聚谷氨酸盐的形式存在，吸收后在十二指肠黏膜上皮细胞（富含二氢叶酸还原酶和甲基化酶）被转化成 N^5-甲基四氢叶酸（methyltetrahydrofolic acid）进入循环，然后转甲基给维生素 B_{12} 后转化为四氢叶酸，四氢叶酸作为辅酶，传递一碳单位，参与体内多种生化过程，包括嘌呤核苷酸的从头合成；胸腺嘧啶脱氧核苷酸的合成；某些氨基酸的互变，如同型半胱氨酸转变为甲硫氨酸，丝氨酸转变为甘氨酸等。叶酸缺乏，上述生化反应受阻，其中最明显的是导致DNA合成障碍，而对RNA及蛋白质合成影响较小，从而引起巨幼红细胞贫血。

【临床应用】 叶酸主要作为各种原因所致的巨幼红细胞性贫血的补充治疗，维生素 B_{12} 可促进叶酸的利用，两者合用效果更好。二氢叶酸还原酶抑制药所致的巨幼红细胞性贫血，必须补充含四氢叶酸的制剂如亚叶酸钙（calcium folinate）治疗。对于维生素 B_{12} 缺乏所致的“恶性贫血”（pernicious anaemia），单用叶酸只可纠正血象，不能改善神经症状。

【不良反应】 肾功能正常患者，很少发生中毒现象，偶见过敏反应。有些患者长期服用叶酸后患者可出现食欲缺乏、恶心、腹胀等胃肠道症状。大量服用叶酸时，可导致尿色泛黄。

【禁忌证】 对叶酸及其代谢产物过敏者禁用；妊娠期妇女用药每日剂量小于0.8mg时，美国FDA妊娠期用药安全性分级为A；若日剂量大于0.8mg时，则其安全等级为C。

维生素 B_{12}

维生素 B_{12}（vitamin B_{12}）为含钴的水溶性B族维生素，动物和植物均不能合成，只有细菌和古生菌具有其合成的酶。其在动物内脏、肉类、牛奶、蛋黄中广泛存在。具有辅酶活性的天然维生素 B_{12} 为甲钴胺和5′-脱氧腺苷钴胺素。药用氰钴胺由灰色链霉菌发酵合成，性质稳定，价格较低，在体内转化为甲钴胺和5′-脱氧腺苷钴胺素。另有羟钴胺、甲钴胺、硝钴胺等，价格更昂贵。

【体内过程】 酸性环境有利于食物中维生素 B_{12} 的释放，消化酶使与蛋白结合的维生素 B_{12} 解离，口服维生素 B_{12} 必须与胃壁细胞分泌的内因子形成复合物，才能避免肠道细菌破坏并进入远端回肠被其受体识别而吸收入门静脉，然后经钴胺素传递蛋白到达靶器官。

【药理作用】 维生素 B_{12} 为细胞分裂和维持神经组织髓鞘完整所必需的辅酶，参与体内多种生化代谢。

1. 促进四氢叶酸的循环利用和某些氨基酸互变 维生素 B_{12} 为同型半胱氨酸甲基转移酶的辅酶，催化 N^5-甲基四氢叶酸转甲基给维生素 B_{12} 后转化为四氢叶酸和甲基维生素 B_{12}，促进四氢叶酸的利用，如转甲基反应受阻，会导致叶酸缺乏相同的症状，如巨幼红细胞性贫血；同时，甲基维生素 B_{12} 可转甲基给同型半胱氨酸，生成甲硫氨酸。

2. 促进脂肪代谢 维生素 B_{12} 可以转变为脱氧腺苷维生素 B_{12}，后者是甲基丙二酰辅酶 A 变位酶的辅酶，催化甲基丙二酰辅酶 A 变为琥珀酰辅酶 A 进入三羧酸循环而代谢。维生素 B_{12} 不足时，导致甲基丙二酰辅酶 A 堆积，由于其结构与丙二酰辅酶 A 相似，合成的异常脂肪酸与神经鞘膜的类脂结合，造成鞘膜病变，引起周围神经炎。然而，也有新的证据表明维生素 B_{12} 缺乏的神经症状可能是由于甲硫氨酸合成障碍所致。

【临床应用】 临床主要用于治疗维生素 B_{12} 缺乏所致的恶性贫血和巨幼红细胞性贫血。也可用于氰化物中毒的解救，恶性贫血的辅助诊断，以及神经萎缩、神经炎、神经痛等神经系统疾病、肝脏疾病等的辅助治疗。

【不良反应】 肌内注射偶可引起皮疹、瘙痒、腹泻及过敏性哮喘，但发生率低，极个别有过敏性休克。

【禁忌证】 对钴和或维生素 B_{12} 过敏的患者禁用。

重组人促红素

EPO 又称红细胞生成素，重组人促红素（recombinant human erythropoietin，rhEPO）是一种作用主要为调控红细胞生成的分子质量为 3.4～3.9kDa 的糖蛋白。在胎儿和围生期新生儿期主要由肝脏分泌，而成人主要由肾间质成纤维细胞、肾皮质近曲小管管周毛细血管和小管上皮细胞分泌，少量在肝脏产生。

【体内过程】 慢性肾功能不全患者静脉或皮下注射本品，达峰时间分别为 15min 和 5～24h，峰浓度可维持 12～16h。反复注射其峰浓度不变。消除半衰期为 4～13h，且随用药时间的延长而缩短，最初用药大于 7.5h，7 次后为 6.2h，24 次后为 4.6h。起效时间：网织红细胞计数升高为 7～10 天，而红细胞计数、血细胞比容及血红蛋白回升通常需 2～6 周。另外，其疗效与剂量及铁储存、血维生素 B_{12}、叶酸水平有关，若一次给予 100～150IU/kg，每周 3 次，2 个月内作用可达高峰，停药后约 2 周血细胞比容开始下降。

【药理作用】 EPO 激动骨髓红系祖细胞表面特异性的 EPO 受体，刺激红系祖细胞的增殖与分化，也能促进网织红细胞从骨髓的释放。此外，可引起高血压、刺激血管生成、增加铁吸收、修复缺血性神经元损伤。

临床使用的 rhEPO 是利用 DNA 重组技术合成的 rhEPO。半衰期约为 5h，内源性 EPO 和不同的重组体略有不同。

【临床应用】 临床用于慢性肾病、脊髓发育不良等多种原因所致的贫血，疗效确切，也可用于改善肿瘤、化疗及某些免疫性疾病如风湿性关节炎、艾滋病和严重寄生虫病所致的贫血，还能促进骨髓移植患者造血功能的恢复。由于铁是合成血红蛋白的原料，因此伴有铁缺乏的患者不敏感，如果适当补充一定量的铁和叶酸，EPO 的疗效会增加。

【不良反应】 常见的不良反应有血红蛋白和红细胞比容增加、血压升高和血栓形成，过敏反应少见。

【禁忌证】 未控制的重度高血压患者；对本剂或其他 EPO 制剂过敏者；合并感染者宜控制感染后再使用。

第六节　促进白细胞增生药

临床常用的主要有粒细胞集落刺激因子（G-CSF）、粒细胞-巨噬细胞集落刺激因子（GM-CSF）等。

重组人粒细胞集落刺激因子

【体内过程】皮下注射吸收良好，5min内在血清中即可测得，2～8h达血药峰浓度；静脉滴注后30min达血药峰浓度。起效迅速，静脉注射后5min先出现周围血中性粒细胞减少，4h后开始上升并逐渐超过原有水平，24h内达高峰。静脉注射与皮下注射的消除半衰期相似，约为3.5h。连续静脉或皮下给药，其血药浓度变化与单次给药相似，在体内无蓄积作用。

【药理作用】重组人粒细胞集落刺激因子（recombinant human granulocyte colony-stimulating factor，rhG-CSF）也称集落刺激因子3、非格司亭（filgrastim），是由血管内皮细胞、单核细胞、成纤维细胞及其他免疫细胞合成的糖蛋白。天然存在的G-CSF有174和177个氨基酸两种形式，174-氨基酸G-CSF重组体为目前临床常用药物。

G-CSF与骨髓粒系祖细胞表面特异性受体结合，刺激已具有中性粒细胞定向分化能力的粒系祖细胞增殖与分化，促进粒细胞的释放、增加成熟中性粒细胞的吞噬功能，延长其在血液循环中的存活时间，增加骨髓造血干细胞动员进入外周血液。另外G-CSF可能为中枢神经系统的神经营养因子，调节神经可塑性，抑制神经元凋亡。

rhG-CSF约含175个氨基酸的糖蛋白，分子质量为18kDa，与人G-CSF的结构略有不同，但其生物活性相似。

【临床应用】主要用于治疗严重中性粒细胞减少症，如肿瘤患者的化疗和放疗，骨髓移植、再生障碍性贫血、骨髓肿瘤浸润、艾滋病等患者，用药后可使中性粒细胞增加，缩短中性粒细胞缺乏时间，降低由于中性粒细胞下降引起的细菌和真菌感染的发病率；还可动员骨髓造血干细胞进入外周血液，而用于干细胞移植术。

【不良反应】主要表现为过敏、骨痛，用于干细胞移植术时可罕见脾破裂。

【禁忌证】禁用于对本制剂过敏者，骨髓中幼稚细胞未明显减少的髓性白血病及外周血中存在骨髓幼稚细胞的髓性白血病患者，以及严重肝、肾、心、肺功能障碍者禁用。

重组人粒细胞-巨噬细胞集落刺激因子

【体内过程】注射后体内分布广泛。皮下注射达峰时间为3～4h，静脉与皮下注射的半衰期别为2h和3h。以不同剂量分别皮下及静脉注射，其血药峰浓度和曲线下面积均随剂量增加而增大。用药后外周血粒细胞及单核细胞即有下降，半小时内达最低点，继而回升，2h后升至基础值或更高。用药3～7天白细胞达高峰。

【药理作用】重组人粒细胞巨噬细胞刺激因子（recombinant human granulocyte-macrophage colony-stimulating factor，rhGM-CSF）也称为集落刺激因子2、沙格司亭（sargramostim），为白细胞生成因子，主要由单核细胞、T细胞、肥大细胞、成纤维细胞、NK细胞、血管内皮细胞合成。GM-CSF是比G-CSF作用更广的多潜能造血生长因子，能刺激早期和晚期粒系祖细胞的增殖与分化，对红系祖细胞和巨核细胞系祖细胞也有作用。促进中性粒细胞、嗜酸性细胞、嗜碱粒细胞和单核细胞的合成与释放，增强成熟中性粒细胞的功能。增加骨髓造血干细胞动员进入外周血液，但弱于G-CSF。与IL-2共同作用刺激T细胞增殖和炎症部位的激活。

rhGM-CSF为含127个氨基酸的糖蛋白，有15.5kDa、15.8kDa和19.5kDa三种分子质量，半衰期与rhG-CSF相似，为2～7h。

【临床应用】主要用于化疗患者、骨髓移植患者、再生障碍性贫血、艾滋病患者中性粒细胞减少症的治疗。

【不良反应】不良反应比G-CSF多而重。表现为发热、关节痛、肌肉疼痛、过敏反应、组织水肿和胸腔及心包积液。

【禁忌证】 禁用于对 rhGM-CSF 或该制剂中其他成分有过敏史的患者及自身免疫性血小板减少性紫癜的患者。

知识拓展

造血生长因子是一类能刺激骨髓的造血干细胞的增殖与分化的糖蛋白。目前应用临床的主要有 rhEPO、G-CSF、GM-CSF、TPO 及 IL-11 等。TPO 和 IL-11 是内源性调节血小板生成的主要物质，主要用于治疗实体瘤化疗药物引起的血小板减少。罗米司亭（romiplostim）为含 2 个相同单链亚单元，每个单链包含 IgG Fc 恒定区域的 TPO 模拟肽。艾曲波帕（eltrombopag）为口服非肽类小分子 TPO 受体激动药。

第七节　血容量扩充药

血容量扩充药又称血浆代用品，具有提高血浆胶体渗透压、增加血浆容量和维持血压的作用；也能阻止红细胞及血小板聚集，降低血液黏滞性，从而改善微循环。目前最常用的是右旋糖酐、人血白蛋白、明胶及羟乙基淀粉等。

右旋糖酐

【体内过程】 右旋糖酐 40 在体内停留时间较短，静脉注射后马上开始从血液中通过肾脏排出体外，用药 1h 内经肾脏排出 50%，24h 排出 70%，少部分进入胃肠道，从粪便中排出。体内存留部分经缓慢氧化代谢，半衰期约为 3h。

右旋糖酐 70 静脉注射后血中浓度在最初 3～4h 内下降较迅速，以后下降缓慢，在血循环中存留时间较长，部分暂时储存于网状内皮系统被逐渐代谢成葡萄糖为机体利用。部分以原型经肾排泄 1h 排出 30%，24h 排出 60%，仅少量由肠道排泄。

【药理作用】 右旋糖酐（dextran）为高分子的葡萄糖聚合物，因其聚合的葡萄糖分子数目不同，而有不同分子量的产品。临床常用的有中分子右旋糖酐 70（平均分子质量约为 70kDa）、低分子右旋糖酐 40（平均分子质量约为 40kDa）和小分子右旋糖酐 10（平均分子质量约为 10kDa）。

右旋糖酐为血容量扩充药，能提高血浆胶体渗透压、增加血浆容量和维持血压，作用强度、维持时间依分子量由大至小而逐渐减弱。右旋糖酐 70 维持 12h，右旋糖酐 20 和右旋糖酐 10 作用短，仅维持 3h。低、小分子量右旋糖酐阻止红细胞及血小板聚集及纤维蛋白聚合，降低血液黏滞性，并对凝血因子Ⅱ有抑制作用，从而有改善微循环的作用。右旋糖酐具渗透性利尿作用，以分子量小者更为明显。

【临床应用】 临床上常用的中分子右旋糖酐，主要用作血浆代用品，用于出血性休克、创伤性休克及烧伤性休克等。低、小分子右旋糖酐，能改善微循环，预防或消除血管内红细胞聚集和血栓形成等，亦有扩充血容量作用，但作用较中分子右旋糖酐短暂，用于各种休克所致的微循环障碍、DIC、心绞痛、急性心肌梗死及其他周围血管疾病等。

【不良反应】 偶有过敏反应、关节痛、出血等，少见血压下降、呼吸困难和胸闷，罕见过敏性休克。

【禁忌证】 充血性心力衰竭及其他血容量过多的患者禁用。严重血小板减少、凝血障碍等出血患者禁用。少尿或无尿者禁用。

人血白蛋白

人血白蛋白（human albumin）能增加血容量和维持血浆胶体渗透压；能结合阴离子和阳离子而输送物质，也可将有毒物质输送到解毒器官；白蛋白还可作为氮源为组织提供营养。

临床上可用于创伤失血、烧伤引起的休克；脑水肿及损伤引起的颅压升高；肝硬化及肾病引起的水肿或腹水、低蛋白血症；新生儿高胆红素血症；心肺分流术、烧伤的辅助治疗、血液透析的辅助治疗和成人呼吸窘迫综合征。

不良反应表现为寒战、发热、颜面潮红、皮疹、恶心呕吐等。输注过快可导致肺水肿，偶见过敏反应。

明 胶

明胶（gelatin）为牛骨经过碱化、高温、水解、琥珀酰化或尿素桥联后生成明胶多肽，静脉输入后可产生约为75%输注量的容量扩充效应达2～4h，能够提高胶体渗透压，明显改善低血容量患者的心排血量、血压和尿量。不会对凝血系统产生明显的非稀释性影响，不在单核-巨噬细胞系统蓄存，无输入剂量限制，过敏反应发生率低，不会影响血型鉴定。临床常用于预防和治疗各种原因引起的血容量不足和休克，特别是创伤性休克和失血性休克。

羟乙基淀粉

羟乙基淀粉（hydroxyethyl starch）原料来自玉米淀粉或马铃薯淀粉，是高分子量的支链淀粉，能够产生渗透压作用，维持并扩张血浆容量。补充血容量的效能和作用时间取决于它们的浓度、分子量、克分子取代级（葡萄糖单位被羟乙基化的比例）和取代方式（羟乙基基团的位置）。临床作为合成的血浆代用品，静脉注射后可以补充血浆容量，预防和治疗各种原因引起的血容量不足和休克，特别是创伤性休克和失血性休克。也可以用于治疗性血液稀释。大剂量输注后能够抑制凝血因子，特别是Ⅷ因子的活性，引起凝血障碍。

案例解析

案例：

患者，女，25岁，孕16周。其父曾罹患萎缩性胃炎，此次进行产前检查，发现平均血细胞血红蛋白浓度略低于正常，医生怀疑为巨幼红细胞性贫血。

分析该病可能对胎儿的影响。

解析：

该患者可能也罹患萎缩性胃炎，应明确诊断。维生素B_{12}缺乏一方面可导致胎儿同样的巨幼红细胞性贫血，并可能合并铁摄入不足；另一方面可能导致神经管发育异常。

本 章 小 结

抗凝血药肝素增强AT-Ⅲ作用，低分子量肝素主要影响凝血因子Ⅹa，水蛭素直接抑制凝血酶，而达比加群直接抑制凝血酶，可口服；华法林拮抗维生素K，影响凝血因子Ⅱ、Ⅶ、Ⅸ、Ⅹ的合成，利伐沙班为可口服的选择性Ⅹa抑制药。噻氯匹啶、氯吡格雷等为竞争血小板ADP受体$P2Y_{12}$的抗血小板药物，而阿昔单抗阻断血小板GP $Ⅱ_b$/$Ⅲ_a$受体，用于急性心肌梗死和不稳定型心绞痛并发血栓。链激酶、尿激酶、t-PA与纤溶酶原形成复合物，使纤溶酶原转变成纤溶酶，用于急性血栓栓塞性疾病；而氨甲苯酸、氨甲环酸为纤溶抑制药。维生素K为肝谷氨酸残基γ-羧化酶的辅酶，参与维生素K依赖凝血因子的生成。

铁剂用于缺铁性贫血，维生素B_{12}用于巨幼红细胞性贫血。EPO刺激红祖细胞的增殖与分化，促进网织红细胞从骨髓的释放。非格司亭、沙格司亭主要刺激粒细胞集落形成单位，促进中性粒细胞成熟、释出。

右旋糖酐能扩充血容量，维持血压；抑制血小板和红细胞聚集，降低血液黏滞性，改善微循环。用于低血容量性休克、有利于避免血栓形成。

（刘 娟）

第三十一章　作用于子宫平滑肌的药物

能力要求

1. 掌握缩宫素的药理作用和临床用途。
2. 熟悉前列腺素类、麦角生物碱类等药物药理作用和临床用途。
3. 了解利托君、硫酸镁对子宫平滑肌的药理作用和临床用途。

临床上很多药物都可作用于子宫平滑肌，从而影响子宫平滑肌的功能。例如：雌激素类药物促进子宫内膜增生，促进子宫发育，提高子宫平滑肌对缩宫素的敏感性；孕激素作用于子宫平滑肌对维持妊娠具有重要意义。由于药物对子宫平滑肌产生不同药理效应，该类药物包括两类：子宫兴奋药和子宫抑制药。兴奋子宫的药物能增强子宫平滑肌收缩力，常可用于催产、引产及产后出血等；抑制子宫的药物则被用于痛经和防止早产。

第一节　子宫兴奋药

子宫兴奋药（uterus stimulant）也称为子宫平滑肌收缩药，是一类选择性兴奋子宫平滑肌、增强子宫收缩的药物。其功能在很大程度上受女性激素的影响。由于使用的药物、剂量及子宫生理状态不同，用药后可引起子宫节律性收缩或强直性收缩的效应。前者用于引产和催产，后者用于产后出血和子宫复位。有些药物还用于人工流产。根据化学结构这类药物分为垂体后叶素激素类、前列腺素类、麦角生物碱类及其他药物。因本类药物可能造成子宫破裂与胎儿窒息等严重后果，所以必须慎重使用并严格控制剂量。

一、垂体后叶素激素类

缩　宫　素

缩宫素（oxytocin）又称催产素（pitocin），是垂体后叶素的主要成分之一。催产素的前体物质（前激素）在下丘脑合成并储存于分泌颗粒中，然后转运至神经垂体。前激素在转运至垂体的过程中，转化为缩宫素或血管加压素，两种激素储存于神经末梢。临床应用的缩宫素可从动物脑垂体后叶中提取或化学合成，化学合成品不含加压素，无升压作用。

【体内过程】 常用制剂为注射液、鼻喷雾剂及口腔黏膜制剂。在消化道易被酶破坏，故口服无效。肌内注射吸收良好，3～5min 起效，维持 20～30min。静脉注射作用快而短，故需要时，可静脉滴注给药。也能经鼻腔和口腔黏膜吸收，可透过胎盘。大部分经肝、肾破坏。其半衰期较短，仅 5～12min。妊娠期间，血浆中出现缩宫素酶，能使缩宫素失活。

【药理作用及机制】

1. 增强子宫收缩作用　缩宫素直接引起子宫平滑肌兴奋，增强子宫收缩力和收缩频率。其作用强度取决于剂量和性激素水平。小剂量（2.5～5U）缩宫素产生模拟正常分娩的作用，一方面加强子宫底部平滑肌的节律性收缩，频率加快；另一方面使子宫颈平滑肌松弛。这种收缩性质和特点有利于促进胎儿娩出。大剂量（5～10U），肌张力逐渐增高，可致强直性收缩，可导致胎儿窘迫和子宫破裂。故用缩宫素催产或引产时，要严格控制药物剂量。缩宫素对子宫平滑肌的作用受体内雌激素和孕激素水平的影响。孕激素能降低子宫平滑肌对缩宫素的敏感性，而雌激素则增强缩宫素对子宫平滑肌的收缩作用。在妊娠早期，由于体内孕激素水平升高，子宫对缩宫素敏感性较低；可使子宫处于保护抑制状态。在妊娠后期雌激素水平逐渐升高，子宫对缩宫素的反应性增强，在临产妇女中，小剂量缩宫素就能明显增强子宫收缩力，并诱发分娩。故小剂量催产素即可用于催产或引产。

缩宫素对子宫的产生作用的机制包括两点，一方面通过激动缩宫素受体引起子宫收缩。在不同妊娠期，人的子宫平滑肌缩宫素受体数目存在差异。随妊娠时间延长，缩宫素受体数目逐渐增加。缩宫素受体被激动后，通过G蛋白激活磷脂酶（PLC），促进IP_3的生成而使胞质内Ca^{2+}增加，也可直接导致细胞膜去极化后电压依赖性钙通道激活，最终导致平滑肌收缩加强。另一方面促进子宫内膜和蜕膜细胞产生前列腺素。缩宫素促进前列腺素F_2及其代谢物的合成，能加强子宫平滑肌收缩和子宫颈扩张。

2. 促进乳腺排射功能 乳腺小叶分支被平滑肌和肌上皮细胞所包绕，这些组织细胞收缩时可使乳汁从乳腺小叶进入较大的窦中，便于婴儿吮吸，此即乳腺的排射功能。缩宫素能使肌上皮细胞收缩，促进乳汁分泌。哺乳期妇女缺乏催乳素时，可用缩宫素促进排乳。

3. 其他作用 大剂量还能引起短暂而显著的血管平滑肌舒张，引起收缩压和舒张压均降低。但用于催产时，不影响血压。此外，大剂量缩宫素尚有弱的抗利尿作用和抗ACTH的作用。

【临床应用】 在临床上主要用于妇产科疾病的治疗。

1. 引产和催产 对胎位正常、产道正常的产妇，因宫缩无力难产时，用小剂量以增强子宫节律性收缩频率和幅度，促进分娩。对于死胎、过期妊娠或因严重疾病等原因需提前终止妊娠者，可用其引产。对早产儿羊水破裂、子宫内发育迟缓和胎盘功能不全（如糖尿病、子痫前期和子痫），缩宫素为常用的引产药。

2. 产后出血和子宫复旧不全 胎儿娩出或引产成功后，希望子宫能变得坚硬并收缩，以减少出血的发生率及范围。此时可立即皮下或肌内注射缩宫素，以维持子宫张力。可用于产后出血或不可避免流产及不全流产后的止血，但作用短暂，常与麦角新碱配合用来止血。

3. 缩宫素激惹实验 又称宫缩应激实验，就是用人为的方法诱发宫缩，并用胎儿监护仪记录胎心变化，了解胎盘在宫缩时一过性缺氧的变化，测定胎儿储备能力，是判断胎盘老化，了解胎儿在宫内安危的重要手段。临床常用缩宫素。因存在假阳性的可能，故仅供参考。

4. 其他 也可用于催乳、产褥期产妇乳房充血及乳腺炎引起的泌乳不畅。

【不良反应】 引起恶心、呕吐、血压升高等反应。大剂量可致子宫破裂及广泛性软组织撕裂，也易引起胎儿窘迫。凡有头盆不称、胎位不正、产道梗阻、有剖宫产史和有子宫肌瘤剔除史者禁用本品。

案例解析

案例：

患者，女，32岁，教师。在某日上午12：00剖宫术产1男婴，手术经过顺利。术后查子宫恢复良好，血压、脉搏正常，返回病房。14：00左右突然阴道出血量多，超过经量，伴有大血块。

体格检查：患者一般状况良好，精神清晰，无贫血貌。腹部切口辅料无渗出，宫底脐上一指，轮廓清晰。体温为37℃，心率为72次/分，血压为110/70mmHg。此患者被诊断为产后出血。

问题：根据患者病情，建议使用什么药物？

解析：

治疗原则及药物如下：

1. 垂体后叶素激素类药物 大剂量缩宫素。
2. 麦角生物碱类药物 麦角新碱。
3. 子宫按摩 按摩下腹部，使膀胱排清尿液。

二、麦角生物碱类

麦角（ergot）是寄生在黑麦及其他禾本科植物子房中的一种麦角菌的干燥菌核。目前已用人工方法生产。麦角中含有多种生物碱，重要的有麦角新碱、麦角胺和麦角毒，它们的药理作用各不相同。根据化学结构麦角生物碱类可分为两类：①氨基酸麦角碱类，包括麦角胺（ergotamine）和麦角毒（ergotoxine），口服吸收不佳，对血管作用显著，子宫兴奋作用慢而持久；②氨基麦角碱类，以麦角新碱（ergometrine，ergonovine）和甲麦角新碱（methylergometrine）为代表。

麦角新碱

麦角新碱为麦角成分中作用最强，毒性反应最小的一种，常用马来酸盐。

【体内过程】 麦角新碱易溶于水，口服吸收快而完全，10min 内即见子宫紧张度增加，60～90min 达血药浓度高峰。肌内注射为口服剂量的 1/10，静脉注射剂量为肌内注射的 1/2，5min 内即现子宫兴奋效应。静脉注射后，药物迅速从血浆分布到外周组织，在肝内代谢，经肾脏随尿排出。

【药理作用】 麦角新碱能明显增加子宫活动，对子宫兴奋作用快、强、短。小剂量时其收缩频率或强度增加，然后正常放松；剂量加大则宫缩加强并延长，张力提高，甚至形成持续收缩。下段与宫体肌肉同时收缩，不利于胎儿娩出，故只能用于产后。麦角新碱直接作用于子宫平滑肌，增加节律收缩的张力、频率与幅度，故作用迅速、强而持久，可使子宫肌发生强直性收缩，使胎盘附着处肌层内血管受到压迫而止血，缩短第三产程及减少出血。故本品主要用于产后子宫收缩乏力所致产后出血和子宫复原不全，而不适用于催产和引产。

【临床应用】 临床上主要用于妇产科疾病的治疗。

1. 子宫出血 用于产后或其他原因引起的子宫出血，使子宫强直收缩，压迫血管而止血。

2. 产后子宫复原 产后 10 天内，子宫复原很快。如子宫复原缓慢，容易发生出血或感染。因此，服用麦角制剂等子宫兴奋药可加速子宫复原。常用麦角硫浸膏或麦角新碱。

【不良反应】 由于产后或流产后子宫出血的用药时间较短，药物的某些不良反应较其他麦角生物碱少见。但静脉给药时，可出现头痛、头晕、耳鸣、腹痛、恶心、呕吐、胸痛、心悸、呼吸困难、心率过缓；如突然发生严重高血压，使用氯丙嗪后可以有所改善甚至消失。使用不当时，可能发生麦角中毒，表现为持久腹泻、手足和下肢皮肤苍白。

甲麦角新碱

本药为麦角新碱的半合成衍生物，常用马来酸盐，是作用强而持久的子宫收缩药。能直接作用于子宫平滑肌，对子宫体和子宫颈均有兴奋作用。其作用的强弱与子宫生理状态和用药剂量有关。妊娠子宫对本药较未孕子宫敏感，临产或产后子宫更为敏感。大剂量时可使子宫肌强直性收缩，从而使肌层内血管受到机械性压迫而止血。对周围血管的效应较麦角胺类生物碱弱，血压极少升高。用于预防和治疗产后或流产后子宫收缩无力或缩复不良所致的子宫出血。

三、前列腺素类

前列腺素类是一类 20 碳不饱和脂肪酸，对机体多种功能有调节作用。其中明显影响子宫的有地诺前列酮（前列腺素 E_2，PGE_2，dinoprostone）、地诺前列素 α（前列腺素 F_2，$PGF_{2\alpha}$，dinoprost）和 15-甲基前列腺素 $F_{2\alpha}$（15-Me-$PGF_{2\alpha}$，卡前列素，carboprost）等。

前列腺素 E_2 可能直接作用于子宫肌，刺激妊娠的子宫肌产生类似足月临产后的子宫收缩，致使流产，也可直接使宫颈变软，有利于宫颈扩张。在整个孕期均可引起子宫收缩，对妊娠中期引产效果较好，也可用于足月引产和产后止血。临床上用于过期妊娠、先兆子痫及胎儿宫内生长迟缓时的引产，过期流产、28 周前的宫腔内死胎及良性葡萄胎时排除宫腔内容物，常与宫缩药同用。

吉美前列素为前列腺素 E_1 的衍生物、硫前列酮和甲烯前列素为前列腺素 E_2 的类似物。这些药物药理作用同地诺前列酮，但选择性较高，不良反应少，作用维持时间长。

地诺前列素 α 的药理作用同前列腺素 E_2，可用于妊娠中期人工流产，也适用于过期流产、胎死宫内或较明显的胎儿先天性畸形的引产；低浓度药液静脉滴注可用于足月妊娠时引产；动脉造影时可做为血管扩张药动脉注射。

15-甲基前列腺素 $F_{2\alpha}$ 对子宫平滑肌有直接引起收缩的作用，有协同抗早孕作用，与抗孕激素米非司酮或丙酸睾酮合并使用。用于终止妊娠及子宫收缩无力导致的顽固性产后出血。

卡前列甲酯作用同卡前列素，比较稳定，作用持久。阴道给药有明显子宫收缩作用和扩宫颈作用。

四、其　他

米非司酮为炔诺酮衍生物，是孕激素受体的阻断药，阻碍黄体酮与孕酮受体的结合发挥抗孕激素作用，但无雌激素、雄激素活性，具有终止早孕、抗着床、诱导月经和促进宫颈成熟的作用。抗早孕机制主要是通过与孕酮竞争受体，使孕酮维持蜕膜发育的作用受到抑制，胚囊从蜕膜剥离。米非司酮能明显增加妊娠子宫对前列腺素的敏感性。米非司酮和前列腺素类药物序贯用药，可提高完全流产率，米非司酮与糖皮质激素受体亦有一定结合力。

米非司酮除用于抗早孕、催经止孕、胎死宫内引产外，还用于妇科手术操作，如宫内节育器的放置和取出、取内膜标本、宫颈管发育异常的激光分离及宫颈扩张和刮宫术。

不良反应可见恶心、呕吐、头晕、腹痛等。子宫痉挛所致疼痛，可用止痛药处理。

知识拓展

药物流产又称药流，是指药物口服终止早期妊娠。近年来已广泛应用于临床。在妊娠早期无须手术而用打针或服药的方法达到人工流产。应用药物使妊娠终止，是近 20 年来的新发展。目前常用的药物是米非司酮片和米索前列醇联合应用，前者使子宫蜕膜变性坏死、宫颈软化，后者使子宫兴奋、子宫收缩，促使胚胎排出。

中药介绍

益　母　草

益母草（*Leonurus japoricus* Houtl.）为唇形科、益母草属植物，全草入药。益母草含益母草碱、水苏碱、益母草定、益母草宁等多种生物碱及苯甲酸、氯化钾等。生用或熬膏用。味辛苦、凉，活血、祛瘀、调经、消水，治疗妇女月经不调，胎漏难产，胞衣不下，产后血晕，瘀血腹痛，崩中漏下，尿血、泻血，痈肿疮疡。

现代药理学研究表明：益母草素（leonurin）内服可使血管扩张而使血压下降，并具有拮抗肾上腺素的作用，可用于治疗动脉硬化性和神经性的高血压。

第二节　子宫抑制药

子宫平滑肌抑制药又称抗分娩药（tocolytic drug）。本类药物可抑制子宫平滑肌，使子宫收缩力减弱，收缩节律减慢，临床上用于防治早产或暂时终止分娩，还用于痛经。目前，能抑制子宫平滑肌并具有治疗价值的药物包括 5 类，分别是 β_2 受体激动药、硫酸镁、钙通道阻滞药、前列腺素合成酶抑制药、缩宫素阻断药等。

利　托　君

利托君又名盐酸羟苄羟麻黄碱，利妥特灵。

【药理作用及机制】 β_2 受体激动药，主要作用部位是子宫肌层，通过与子宫平滑肌细胞膜上 β_2 受体结合，激活腺苷酸环化酶，使细胞内 cAMP 浓度升高，降低细胞内游离 Ca^{2+} 的浓度，从而使子宫平滑肌松弛。本品可抑制子宫平滑肌的兴奋，表现为子宫平滑肌张力下降，子宫收缩力降低，尤其对妊娠子宫平滑肌的异常收缩具有良好抑制作用，能使宫缩强度减弱，并缩短宫缩时间，使子宫处于安静状态，以达到安胎的作用。本药是美国FDA批准的唯一用于预防早产的药物。

【不良反应】 不良反应常见于胃肠道、中枢神经和心血管系统。

1. 一般不良反应　静脉输注常出现孕妇和胎儿心率增加，以及震颤、恶心、呕吐、头痛、红斑、神经过敏、心烦意乱、焦虑不适等反应。

2. 偶见不良反应　可发生心悸、胸闷、胸痛和心律失常等反应，反应严重者应中断治疗。

本品禁用于妊娠不足20周和分娩进行期（子宫颈扩展大于4cm或开全80%以上）的孕妇。有严重心血管疾病的患者禁用。分娩前有任何原因的大出血，特别是前置胎盘及胎盘剥脱者禁用。

沙丁胺醇（salbutamol）、克伦特罗（clenbuterol）、海索那林（hexoprinaline）等药物选择性地激动β_2受体，特异性抑制子宫平滑肌收缩，防治早产，对妊娠子宫和非妊娠子宫都有作用。早产妇女使用本药后，可延缓分娩，使妊娠时间接近正常。

硫　酸　镁

【药理作用】 静脉给药后，Mg^{2+}可拮抗Ca^{2+}并抑制中枢神经的活动，抑制运动神经-肌肉接头ACh的释放，阻断神经肌肉连接处的传导，降低或解除肌肉收缩作用，同时对血管平滑肌有舒张作用，使痉挛的外周血管扩张，降低血压，因而对子痫有预防和治疗作用。对子宫平滑肌收缩也有抑制作用，表现为子宫平滑肌收缩减弱，减低胎盘血管阻力，增加子宫动脉血流量。

【临床用途】 临床用于治疗早产，常与沙丁胺醇合用，增强疗效。可作为解痉药物治疗中重度妊娠高血压综合征、先兆子痫和子痫。禁用β受体激动药的产妇，可用本药治疗早产。

【不良反应】 静脉注射硫酸镁常引起潮热、出汗、口干等症状，快速静脉注射时可引起恶心、呕吐、心慌、头晕，个别出现眼球震颤，减慢注射速度症状可消失。出现肌肉兴奋性受抑制，感觉反应迟钝，膝腱反射消失，呼吸开始受抑制，可发生呼吸停止和心律失常，心脏传导阻滞，浓度再升高，可使心搏停止。

钙通道阻滞药可松弛离体子宫平滑肌，明显拮抗缩宫素所致的子宫兴奋作用。其中，硝苯地平（nifedipine）可用于防治早产。

本章小结

子宫兴奋药包括有缩宫素、麦角生物碱、垂体后叶素、地诺前列酮等药物。这些药物通过激动缩宫素受体，能直接兴奋子宫平滑肌，麦角生物碱选择性兴奋子宫平滑肌。这些药物主要用于催生、引产及产后出血。

子宫抑制药包括有沙丁胺醇、利托君和硫酸镁等。沙丁胺醇、利托君等能激动子宫平滑肌上的β_2受体，抑制子宫平滑肌收缩，使血管平滑肌松弛，进而增加子宫胎盘的血流量，改善宫内供氧环境；硫酸镁通过拮抗Ca^{2+}，使子宫平滑肌松弛，主要用于防治早产和妊娠高血压综合征。

中药介绍

当　归

当归*Angelica sinensis*（Oliv.）Diels为伞形科多年生草本植物当归的根。传统医学认为，当归味甘而重，故专能补血，其气轻而辛，故又能行血，补中有动，行中有补，为血中之要药。因而，它既能补血，又能活血，既可通经，又能活络。凡妇女月经不调，痛经，血虚闭经，面色萎黄，衰弱贫血，子宫出血，产后瘀血，例经（月经来潮时，出现口鼻流血）等妇女的常见病，都可以用当归治疗。当归的功效与作用有很多，尤其适合女性使用。

现代研究表明当归挥发油对子宫均有直接抑制作用，使节律性收缩逐渐变小至消失，呈弛缓状态，并对抗垂体后叶素、组胺、肾上腺素及ACh等引起的子宫收缩。

（张　梅）

第六篇 内分泌与代谢系统药理学

第三十二章 肾上腺皮质激素类药

能力要求

1. 掌握糖皮质激素的药理作用、临床应用及不良反应；糖皮质激素的药理作用机制及临床应用。

2. 熟悉促皮质素（ACTH）和盐皮质激素类药物的临床应用。

3. 了解皮质激素的构效关系特点；了解皮质激素抑制药的应用。

肾上腺解剖学上可分为皮质部和髓质部，皮质部产生肾上腺皮质激素（adrenocortical hormone），髓质部可分泌肾上腺素。肾上腺皮质由内向外依次分为网状带、束状带和球状带三层。肾上腺皮质激素是肾上腺皮质不同部位分泌产生的各种激素的总称，其中网状带合成性激素类；束状带合成糖皮质激素（glucocorticoid，glucocorticosteroid），如氢化可的松等，此类激素为临床最常用的皮质激素类药物，对糖代谢有比较强的影响作用；球状带分泌盐皮质激素（mineralocorticoid），如醛固酮、去氧皮质酮等，对水、盐代谢作用较强而对糖代谢作用很弱。肾上腺皮质激素的生成和分泌受垂体促肾上腺皮质激素（adrenocorticotropic hormone，ACTH，又名促皮质素，corticotrophin）的调节，ACTH 又受下丘脑促肾上腺皮质激素释放激素（corticotropin releasing hormone，CRH）的调节，构成下丘脑-垂体-皮质激素腺轴。CRH 由室旁核的神经元分泌，可作用于垂体前叶的促肾上腺皮质细胞，激活 CRH 受体，促进 ACTH 的合成和释放。ACTH 由腺垂体的垂体前叶促肾上腺皮质细胞分泌产生，属于促激素，主要作用是促进肾上腺皮质束状带分泌糖皮质激素及促进肾上腺皮质束状带和网状带增生。ACTH 的分泌受下丘脑 CRH 控制，呈现一定的昼夜节律性，此外，室旁核分泌的血管升压素（vasopressin，VP）也可到达垂体前叶促进 ACTH 的合成和分泌。糖皮质激素具有负反馈调节垂体 ACTH 和下丘脑 CRH 分泌的作用，当血液中的糖皮质激素水平升高时，可以抑制垂体 ACTH 和下丘脑 CRH 的分泌。

【化学结构与构效关系】 肾上腺皮质激素类的基本结构为甾核（steroid），其共同的结构为甾核 A 环的 $C_{4\sim5}$ 之间为双键，C_3 上有酮基，C_{17} 上有 β 醇酮基，C_{20} 上有一个羰基，这些结构为保持生理功能所必需。人工合成的种类第 1、2 位碳原子间多为双键，在机体内还原灭活作用减弱，故作用强于天然皮质激素和少数人工合成品；天然肾上腺皮质激素及少数人工合成品的第 1、2 位碳原子之间为单键。糖皮质激素和盐皮质激素的主要区别在 C_{17} 和 C_{11} 位，糖皮质激素 C_{17} 位有羟基，C_{11} 位有氧或羟基；盐皮质激素 C_{17} 无羟基，C_{11} 无氧或有氧但与 C_{18} 结合。

各种糖皮质激素的构效关系研究表明：可的松或氢化可的松 $C_{1\sim2}$ 引入双键分别成为泼尼松或泼尼松龙，糖代谢和抗炎作用增强 4～5 倍，水盐代谢作用减弱；泼尼松龙 C_6 上引入 α 甲基成为甲泼尼龙，抗炎作用强于泼尼松龙；泼尼松龙 C_9 位上引入氟，C_{16} 位上引入甲基，抗炎作用明显提高，水钠潴留作用明显减弱，如地塞米松等；如 C_6、C_9 位同时引入氟，则抗炎作用和水钠潴留作用均明显增强，如氟轻松，用于皮肤局部抗炎；泼尼松龙 C_{16} 位上引入羟基，C_9 位上引入氟，则成为曲安西龙，抗炎作用增强，对水盐代谢影响不大（图 32-1）。

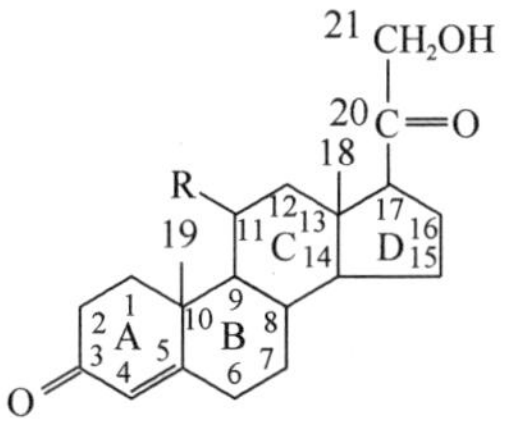

肾上腺皮质激素的基本结构

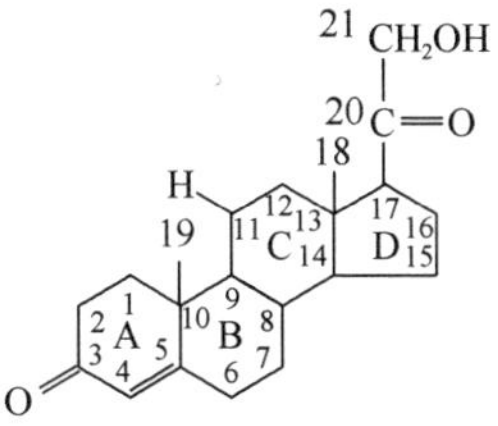

去氧皮质酮
desoxycoktone

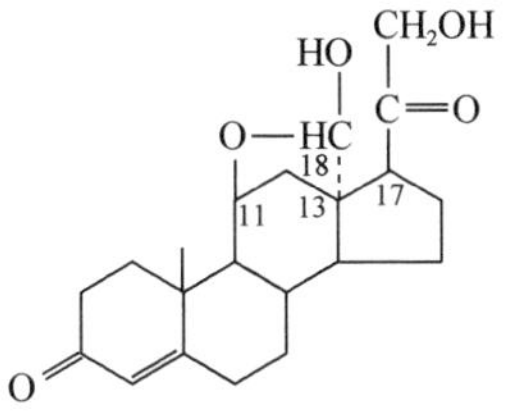

醛固酮
aldosterone

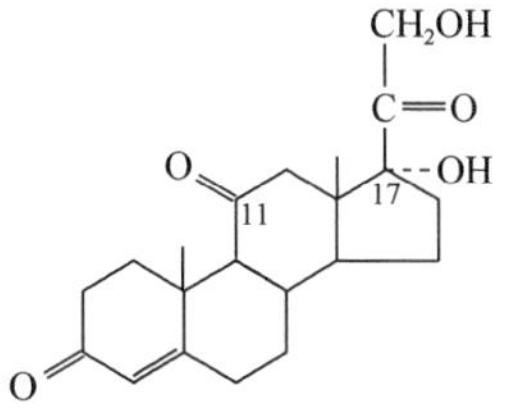

可的松
cortisone

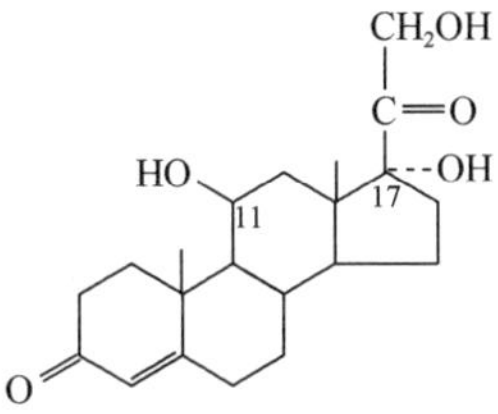

氢化可的松
hydrocortisone

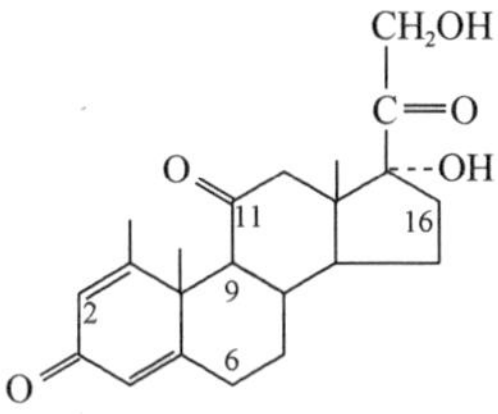

泼尼松
prednisone

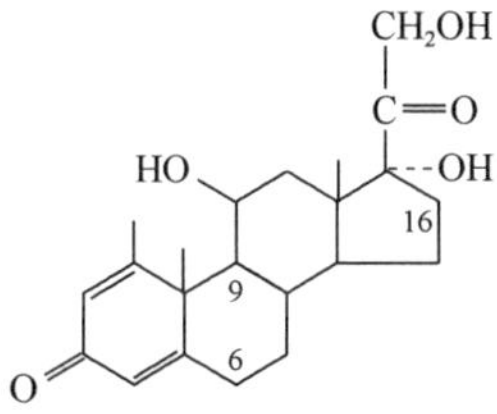

泼尼松龙
prednisolone

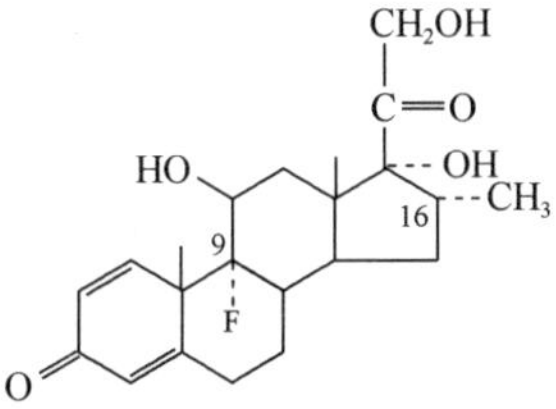

地塞米松
dexamethasone

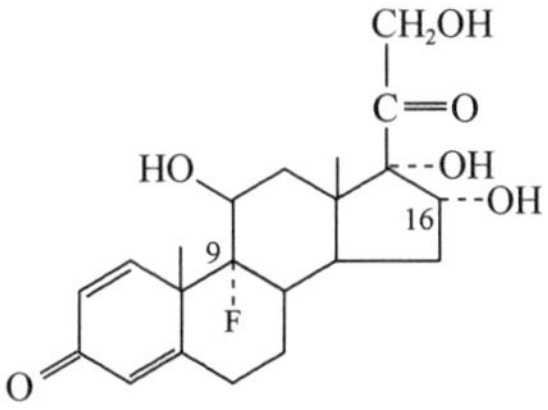

曲安西龙
triamcinolone

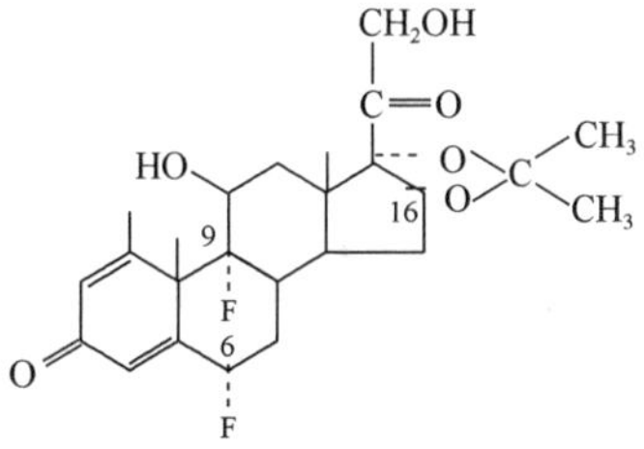

氟轻松
fluocinolone acetonide

图 32-1 肾上腺皮质激素类药物的化学结构

第一节 糖皮质激素

肾上腺皮质激素一般是指糖皮质激素，系根据其对糖代谢的影响作用而命名，实际糖皮质激素对细胞功能的影响十分广泛，涉及生长发育、维持机体稳定、新陈代谢和免疫调节等多个方面。其作用广泛，因而成为世界上应用最广的处方药物。尽管糖皮质激素是临床应用的中坚药物，但其副作用同样多而复杂，不适当的用药方法或长期、大量应用也会导致多种严重的不良反应和并发症。

【体内过程】 作为甾体类药物，脂溶性大，口服、注射均可吸收。可的松或氢化可的松口服后 1～2h 血药浓度达到高峰，一次给药作用持续 8～12h。长时间大量用药可能引起全身作用，增加不良反应发生的可能性。氢化可的松进入血液后约 80% 与皮质激素运载蛋白（transcortin, corticosteroid binding globulin, CBG）结合，10% 左右与白蛋白结合，10% 为游离型。结合型无生物活性，活性主要通过 10% 游离型发挥作用。雌激素可促进 CBG 在肝脏中合成，妊娠过程中雌激素增加，血中 CBG 浓度增高，用雌激素治疗的患者血中 CBG 也同样会增高。一方面认为糖皮质激素与 CBG 结合后会失去激素的作用；另一方面，CBG 增高降低游离型氢化可的松可反馈性地引起ACTH释放，又使游离型趋于正常水平。当有肝、肾疾病时CBG减少，游离型皮质激素会增多，易使激素活性增加而引起不良反应。可的松和泼尼松在肝脏代谢为氢化可的松和泼尼松龙后才有活性，因此严重肝功能不全患者宜直接选用氢化可的松和泼尼松龙。与肝药酶诱导剂合用时激素代谢加快，须注意增加皮质激素的用量（表32-1）。

表32-1 常用糖皮质激素类药物的比较

药物名称	药物效应			等效口服剂量（mg）
	抗炎（比值）	外用（比值）	水钠潴留（比值）	
短效				
氢化可的松（hydrocortisone）	1.0	1.0	1.0	20
可的松（cortisone）	0.8	0	0.8	25
中效				
泼尼松（prednisone）	4	0	0.3	5
泼尼松龙（prednisolone）	5	4	0.3	5
甲泼尼松龙（methylprednisolone）	5	5	0	4
甲基泼尼松（meprednisone）	5	—	0	4
曲安西龙（triamcinolone）	5	5	0	4
对氟米松（paramethasone）	10	—	0	2
氟泼尼松龙（fluprednisolone）	15	7	0	1.5
长效				
倍他米松（betamethasone）	25～40	10	0	0.6
地塞米松（dexamethasone）	30	10	0	0.75

注：比值以氢化可的松为1计算，等效口服剂量以氢化可的松为标准计算

【药理作用及机制】 生理剂量下的糖皮质激素主要作用是调节物质代谢过程，临床超生理剂量应用时，除了对物质代谢的影响外，还具有抗炎、免疫抑制、抗休克等重要的药理作用。

1. 对物质代谢的影响

（1）糖代谢：糖皮质激素是调节机体糖代谢的重要激素，在维持血糖的正常水平及肝脏与肌糖原含量方面发挥作用。糖皮质激素能增加肝、肌糖原含量同时升高血糖，其机制：①促进糖原异生，可利用蛋白质代谢过程中的一些氨基酸及其中间代谢物合成糖原；②减慢葡萄糖分解，促进丙酮酸等中间代谢产物再合成葡萄糖从而增加血糖；③减少机体组织对葡萄糖的利用等。

（2）蛋白质代谢：糖皮质激素能促进胸腺、淋巴结、肌肉、皮肤、骨组织等的蛋白质分解代谢，使血中游离氨基酸含量与尿氮排泄量增加，引起负氮平衡；大剂量糖皮质激素可抑制蛋白质合成，用药后可引起肌肉和皮肤中蛋白质含量降低，骨质形成障碍，从而出现消瘦、骨质疏松、皮肤变薄及伤口愈合缓慢等现象。

（3）脂质代谢：能促进脂肪分解并抑制其合成，游离脂肪酸进入肝组织氧化分解，可诱发糖尿病患者酮症酸中毒。长期大量使用可增高血浆胆固醇，激活四肢皮下的脂酶，使四肢皮下脂肪分解，脂肪减少，并重新分布在面部、上胸部、颈背部、腹部和臀部，形成向心性肥胖，表现出“满月脸，水牛背”的体型。

（4）核酸代谢：糖皮质激素通过影响核酸代谢实现对各种代谢的影响，如氢化可的松可诱导合成某种特殊的mRNA，表达一种抑制细胞膜转运功能的蛋白质，从而抑制细胞对葡萄糖、氨基酸等能源物质的摄取，抑制细胞合成代谢（包括RNA合成），而分解代谢增强。同时糖皮质激素又能促进肝细胞中多种RNA及酶蛋白合成，进而影响糖和脂肪的代谢。

（5）水和电解质代谢：糖皮质激素对盐皮质激素受体也有较弱的作用，因而可产生一定的类似盐皮质激素样保钠排钾作用，对水盐平衡也有一定的调节作用。适量的糖皮质激素能增加肾小球滤过率和拮抗抗利尿激素，减少肾小管对水的重吸收，产生利尿作用；能促进肾脏对钙的排出，抑制小肠对钙的吸收，因此糖皮质激素过多或长期用药，可引起低血钙，导致骨质疏松。而肾上腺皮质功能不全时，则常伴有高血钙。

2. 抗炎作用 糖皮质激素具有强大的抗炎作用，能抑制各种感染性和非感染性炎症，包括物理性（如烧伤、创伤）、化学性（如酸、碱作用）、机械性、免疫性（如各型过敏反应）、感染性（如细菌、病毒）及无菌性（如缺血性组织损伤）炎症。在急性炎症初期，本类药物能增高血管的紧张性，抑制局部血管扩张，减轻充血，降低毛细血管的通透性，减轻渗出，抑制白细胞浸润及吞噬作用，减少各种炎性介质的释放，从而改善红、肿、热、痛等症状。在炎症后期，糖皮质激素通过抑制毛细血管和成纤维细胞的增生，抑制胶原蛋白和黏多糖的合成，以及抑制肉芽组织增生，从而防止炎症引起的粘连及瘢痕形成。但必须注意的是，炎症反应是机体的一种防御功能，炎症后期的反应与组织修复有关。因此，糖皮质激素在抑制炎症、减轻症状的同时，降低了机体的防御功能，使用不当可致感染扩散、创口愈合迟缓。

糖皮质激素抗炎作用的基本机制是基因效应。激素与胞质内的激素受体（glucocorticoid receptor，GR）结合。GR 由约 800 个氨基酸构成，存在 GRα 和 GRβ 两种亚型。GRα 活化后产生经典的激素效应，而 GRβ 不具备与激素结合的能力，作为 GRα 拮抗体起作用。未活化的 GRα 在胞质内与热休克蛋白（heat shock protein，HSP）等结合成一种大的复合体。这是一种三维结构，防止 GRα 对 DNA 产生作用。这种复合体与激素（配基）结合后，结构发生变化，HSP 与 GRα 分离，随之类固醇-受体复合体易位进入细胞核，在细胞核内与特异性 DNA 位点即靶基因的启动子（promoter）序列的糖皮质激素反应成分（glucocorticoid response element, GRE）或负性糖皮质激素反应成分（negative glucocorticoid response element, nGRE）相结合，影响基因转录，相应地引起转录增加或减少，改变介质相关蛋白的水平，进而对炎症细胞和分子产生影响而发挥抗炎作用，具体表现为如下。

（1）对炎症抑制蛋白及某些靶酶的影响：①诱生炎症抑制蛋白脂皮素 1（lipocortin 1）的生成，从而抑制磷脂酶 A_2，影响花生四烯酸代谢的途径，并使具有扩血管作用的前列腺素如前列腺素 E_2、前列环素等和具有趋化作用的白三烯类（LTA_4、LTB_4、LTC_4 和 LTD_4）等炎症介质减少，从而产生抗炎作用；②抑制诱生型 NO 合成酶和 COX-2 等的表达，阻断炎症介质发挥作用，从而产生抗炎作用。

（2）对细胞因子及黏附分子的影响：多数炎性疾病均伴有细胞因子及黏附分子的异常改变。糖皮质激素不仅可以抑制多种炎性细胞因子如 TNF-α、IL-1、IL-2、IL-5、IL-6、IL-8 等的产生，而且可在转录水平上直接抑制黏附分子如 E-选择素及 ICAM-1（intercellular adhesion molecule 1）等的表达，并可影响这些细胞因子及黏附分子等的生物效应的发挥。

（3）对炎细胞凋亡的影响：在多种细胞系中，糖皮质激素的处理可引起 C-myc、C-myb 等细胞增殖相关基因表达下调，特异性核酸内切酶表达增加，随后发生细胞凋亡。进一步研究发现，糖皮质激素诱导的细胞凋亡是 GR 依赖性的，可被 GR 阻断药 RU38486 所阻断。目前认为，诱导和保护正常细胞凋亡作用是内源性和外源性 GC 抗炎作用的重要分子机制之一。

此外，快速效应常被看作非基因组效应，也是糖皮质激素发挥作用的基因组效应之外的重要机制，两者之间存在互相调节。非基因组效应主要包括非基因的受体介导效应和生化效应两类。非基因效应的主要特点为起效迅速，对转录和蛋白质合成抑制药不敏感，如血浆内可的松与 ACTH 之间的负反馈机制对细胞的作用发生在数分钟内，显然不是基因效应的结果；又如大剂量激素的抗过敏作用，这一效应在数分钟内发生，并且对放线菌素 D 抵抗，提示是类固醇非基因效应的结果。初步的研究表明：①除了类固醇核受体外，尚存在细胞膜类固醇受体，而类固醇的快速非基因效应与细胞膜类固醇受体相关（非基因的受体介导效应）。这一受体的主要结构已清楚并已被克隆；②非基因的生化效应包括激素对细胞能量代谢的直接影响。例如，甲泼尼龙溶解于细胞膜并影响细胞膜的生化特性，其对线粒体内膜的直接影响导致离子通透性增加，继而导致氧化磷酸化偶联的解离。此外，激素还可以直接抑制阳离子循环，此过程不通过减少细胞内 ATP 的产生。

3. 免疫抑制与抗过敏作用 对于免疫反应过程，糖皮质激素有多方面的抑制作用。糖皮质激素能解除许多过敏性疾病的症状，抑制因过敏反应而产生的病理变化，如过敏性充血、水肿、渗出、皮疹、平滑肌痉挛及细胞损害等，能抑制组织器官的移植排斥反应，对于自身免疫性疾病也能发挥一定的近期疗效。一般认为糖皮质激素小剂量主要抑制细胞免疫，大剂量干扰体液免疫，同时抑制作用也与动物种属有关。

（1）对免疫系统的抑制作用：糖皮质激素对免疫系统（主要是淋巴组织）的抑制作用，随动物种属不同而有很大差异。小鼠、大鼠、家兔等对其较敏感，用药后能使胸腺缩小，脾脏淋巴结减少，血中淋巴细胞溶解；豚鼠、猴和人的敏感性较差：糖皮质激素能干扰其淋巴组织在抗原作用下的分裂和增殖，阻断致敏 T 细胞所诱发的单核细胞和巨噬细胞的募集从而抑制皮肤迟发性过敏反应。但糖皮质激素不能使正常人淋巴细胞溶解，不能使免疫球蛋白合成或补体代谢明显下降，更不能抑制特异性抗体的合成。

一般认为糖皮质激素抑制免疫的机制与下列因素有关。①诱导淋巴细胞中 DNA 降解：由甾体激素诱导的核 DNA 降解现象具有糖皮质激素特异性，只发生于淋巴组织中。②对淋巴细胞物质代谢的影响：减少葡萄糖、氨基酸及核苷的跨膜转运过程，抑制淋巴细胞中 DNA、RNA 和蛋白质的生物合成，减少淋巴细胞中 RNA 聚合酶的活力和 ATP 的生成量。③诱导淋巴细胞凋亡：实验研究发现糖皮质激素可造成胸腺细胞皱缩、膜起泡、染色体凝缩、核碎裂，形成凋亡小体，主要影响 CD4/CD8 双阳性的未成熟淋巴细胞，还能诱导 B 细胞凋亡。④抑制核转录因子 NF-κB 活性：NF-κB 是一种重要的转录调节因子，在胞质内与 NF-κB 抑制蛋白 IκB 结合呈现非活性状态，环境变化或被刺激剂激活的情况下可与 IκB 解离而转入核内与特异的启动子结合，从而调控基因的表达。NF-κB 与炎症等免疫反应过程关系密切，其过度激活可导致多种炎性细胞因子的生成，与移植排斥反应、炎症等疾病发病有关。糖皮质激素一方面通过其受体直接与 NF-κB 异源二聚体的 p65 亚基 RelA 相互作用，抑制 NF-κB 与 DNA 结合，阻断其调控作用；另一方面可增加 NF-κB 抑制蛋白 IκBα 基因的转录，促进 IκBα 的合成。IκBα 于胞核内与激活的 NF-κB 结合，使 NF-κB 脱离靶基因 κB 位点回至胞质中，进而在胞质内重新配置，从而发挥免疫抑制作用。

（2）抗过敏作用：过敏反应是在免疫过程中，由于机体接触的抗原与体内抗体反应引起肥大细胞脱颗粒而释放组胺、5-HT、过敏性慢反应物质、缓激肽等活性物质，从而引起一系列过敏性反应症状。糖皮质激素被认为能减少上述过敏介质的产生，因而可减轻过敏反应发生时的症状。

4. 抗休克作用 糖皮质激素常用于严重休克，特别是中毒性（感染）休克的治疗。动物实验显示其对内毒素和出血性休克具有保护作用，但对其临床评价尚未定论。一般认为大剂量糖皮质激素抗休克的作用与下列因素有关。①扩张痉挛收缩的血管和兴奋心脏、加强心脏收缩力。②抑制某些炎性因子的产生，减轻全身炎症反应综合征及组织损伤，使微循环血流动力学恢复正常，改善休克状态。③稳定溶酶体膜，减少心肌抑制因子（myocardial depressant factor，MDF）的形成。MDF 具有抑制心肌收缩力，收缩内脏血管等促进休克发生的作用。糖皮质激素阻止 MDF 的产生，故有助于终止或延缓休克的发展。④提高机体对细菌内毒素的耐受力。对败血症中毒性休克患者，糖皮质激素能对抗细菌内毒素对机体的刺激，减轻细胞损伤，缓解毒血症症状，发挥保护机体的作用。但对外毒素则无防御作用。

5. 其他作用

（1）允许作用：指的是糖皮质激素对某些组织细胞虽无直接效应，但可为其他激素发挥作用创造有利条件，称为允许作用（permissive action）。例如，糖皮质激素可增强儿茶酚胺的血管收缩、促脂肪水解及舒张支气管作用，增强胰高血糖素的血糖升高作用等。

（2）退热作用：糖皮质激素用于严重的中毒型感染如肝炎、脑膜炎、败血症及晚期癌肿的发热，常具有迅速而良好的退热作用。可能与其能抑制体温中枢对致热原的反应、稳定溶酶体膜，减少内源性致热原的释放有关。但是在发热诊断未明前，不可滥用糖皮质激素，以免掩盖症状使诊断发生困难。

（3）中枢神经系统：氢化可的松可减少脑中 GABA 的浓度，提高中枢的兴奋性，有些患者因大量长期应用，或由于较敏感即使应用小剂量时亦可引起欣快、激动、失眠等，偶可诱发精神失常；能降低大脑的电兴奋阈，促使癫痫发作，故精神病患者和癫痫患者宜慎用。大剂量对儿童能致惊厥。

（4）血液与造血系统：糖皮质激素能刺激骨髓造血功能，使红细胞和血红蛋白含量增加，大剂量可使血小板增多、提高纤维蛋白原浓度，并缩短凝血酶原时间；刺激骨髓中的中性白细胞释放入血而使中性白细胞数增多，但却降低其游走、吞噬、消化及糖酵解等功能，因而减弱对炎症区的浸润与吞噬活动。对淋巴组织有明显影响。糖皮质激素可使血液中淋巴细胞减少，但存在明显的动物种属差异。在皮质激素敏感动物，淋巴细胞的减少主要是由于细胞的溶解或死亡，而在不敏感的种属，则与血液中淋巴细胞向其他组织如骨髓的分布等有关。临床上可见，在肾上腺皮质功能减退者，淋巴组织增生，淋巴细胞增多；而在肾上腺皮质功能亢进者，淋巴细胞减少，淋巴组织萎缩。

（5）骨骼：糖皮质激素增多症患者或长期大量应用本类药物时可出现骨质疏松，特别是脊椎骨，故可有腰背痛，甚至发生压缩性骨折、鱼骨样及楔形畸形。因糖皮质激素可以抑制成骨细胞的活动力，减少骨中胶原的合成，促进胶原和骨基质的分解，使骨盐不易沉着，骨质形成发生障碍。此外，大量糖皮质激素可促进尿中 Ca^{2+} 排泄，使骨盐进一步减少，加重骨质疏松。

【临床应用】

1. 免疫性疾病

（1）自身免疫性疾病：如严重风湿热、风湿性心肌炎、风湿性及类风湿性关节炎、全身性红斑狼疮、结节性动脉周围炎、皮肌炎、自身免疫性贫血和肾病综合征等应用皮质激素后可缓解症状。对多发性皮肌炎，糖皮质激素为首选药。一般采用综合疗法，临床为避免引起不良反应常采用药物联用方式，联合用药可减少药物用量。皮质激素的分泌具有昼夜节律性，每日上午 8∶00～10∶00 时为分泌高峰，随后逐渐下降，午夜 12∶00 为低潮，这主要是由 ACTH 昼夜节律所引起。临床可根据这种节律性设计给药，长期疗法中可对某些慢性病采用隔日一次给药法，将一日或两日的总药量在隔日早晨一次给予。此时正值激素正常分泌高峰，外源性激素对肾上腺皮质功能的抑制性影响较小。

（2）过敏性疾病：如荨麻疹、枯草热、血管神经性水肿、过敏性鼻炎、支气管哮喘和过敏性休克等，主要由于抗原与肥大细胞或嗜碱性粒细胞上的抗体 IgE 结合，当抗原-抗体发生反应时，可使细胞受损，进而释放出大量生物活性物质如组胺、5-HT、缓激肽、过敏毒素（anaphylaxtoxin）、慢反应物质及白三烯类等，这些活性物质可增加过敏性，引起支气管平滑肌收缩，毛细血管通透性增加，组织水肿等变化。此类疾病一般发作快，消失也快，治疗主要应用肾上腺素受体激动药和抗组胺药物。对严重病例或其他药物无效时，可应用本类激素进行辅助治疗，目的是抑制抗原-抗体反应所引起的炎症反应和组织损害。强效药倍氯松（二丙酸氯地米松）气雾剂，平喘疗效好，但应注意将剂量控制在每日 0.4mg 以下，否则易出现不良反应。

（3）器官移植排斥反应：异体器官移植手术后所产生的免疫性排斥反应也可使用糖皮质激素。一般于术前 1～2 日开始口服泼尼松，每日 100mg，术后第一周改为每日 60mg，以后逐渐减量。若发生排斥反应，可采用大剂量氢化可的松静脉滴注，排斥反应控制后再逐步减少剂量至最小维持量，并改为口服。若与环孢霉素 A 等免疫抑制药合用疗效更好，还可减少联用药物的剂量。

2. 严重感染或炎症

（1）严重急性感染：主要用于中毒性感染或同时伴有休克者，如中毒性菌痢、暴发型流行性脑膜炎、中毒性肺炎、重症伤寒、猩红热及败血症等，在应用有效的抗菌药物治疗感染的同时，可用糖皮质激素进行辅助治疗。因糖皮质激素能增加机体对有害组织刺激的耐受性，减轻中毒反应，有利于争取时间施以其他抢救措施。病毒性感染一般不用激素，因应用后可能降低机体的防御能力反使感染扩散而加剧感染或延缓病毒清除。但对严重传染性肝炎、流行性腮腺炎、麻疹和乙型脑炎等，也有缓解症状的作用。

近年出现的呼吸系统重症感染，也多有选择皮质激素进行救治。例如，严重急性呼吸综合征（severe acute respiratory syndromes，SARS）及新冠感染均是由冠状病毒引起的严重肺部感染。SARS 重症患者常可见肺间质炎细胞浸润、肺泡腔内黏液样渗出物及肺水肿等，随着肺部病变进行性加重，可出现呼吸窘迫综合征进而危及生命。糖皮质激素在炎症早期减轻毛细血管扩张、减轻炎细胞浸润及后期抑制毛细血管和纤维母细胞的过度增生，可产生减轻肺组织渗出和肺损伤，减轻后期肺纤维化程度的有利作用，由于疗效显著，一度为国内外临床所广泛接受，但大剂量应用皮质激素后常出现患者股骨头坏死的报道引起人们的关注。这类坏死多为无菌性股骨头双侧坏死，出现时间因人而异，从数月到数年不等。无菌性股骨头坏死药物治疗效果有限，早期诊断必要，可采用 X 线片检查，必要时进行 CT 扫描。在新冠感染的治疗中皮质激素的选择更为谨慎，其作为新冠感染的辅助性治疗的风险与获益尚无定论，一般不建议使用，至少不推荐轻型、普通型患者使用，严禁用于退热，临床上主要用于重型、危重型患者，其中长效药物降低死亡率可能更明显。治疗过程中应明确适应证，密切监测及长期随访。皮质激素可能有助于避免炎症风暴（细胞因子风暴）造成的损伤，因此有人认为早期小剂量短疗程使用可能有助于缓和症状，避免转重症；也有人认为单抗类药物对于细胞因子风暴作用更为特异，且可避免皮质激素的不良反应。

对于多种结核病的急性期，特别是以渗出为主的结核病，如结核性脑膜炎、胸膜炎、心包炎、腹膜炎，在早期应用抗结核药物的同时辅以短程糖皮质激素，可迅速退热，减轻炎症渗出，使积液消退，减少愈合过程中发生的纤维增生及粘连。但剂量宜小，一般为常规剂量的 1/2～2/3。目前认为，在有效抗结核药物的作用下，糖皮质激素的治疗并不引起结核病灶的恶化。带状疱疹、水痘患者禁用。

（2）抗炎治疗及防止某些炎症后遗症：如果炎症发生在人体重要器官，由于炎症损害或恢复时产生粘连或瘢痕，将引起严重功能障碍，此时可用糖皮质激素以减少炎性渗出，防止组织过度破坏，抑制粘连及瘢痕的形成。例如，结核性脑膜炎、脑炎、心包炎、风湿性心瓣膜炎、损伤性关节炎、睾丸炎及烧伤后瘢痕挛缩等，早期应用皮质激素可减少炎性渗出，减轻愈合过程中纤维组织过度增生及粘连，防止后遗症的发生。对眼科疾病如虹膜炎、角膜炎、视网膜炎和视神经炎等非特异性眼炎，应用后也可迅速消炎止痛、防止角膜混浊和瘢痕粘连的发生。局部滴眼后，房水内药物可达到有效浓度，因此眼前（浅）部炎症只需局部用药，眼后（深）部炎症则需全身给药方可使病变部位药物达到有效浓度；有角膜溃疡者禁用；局部滴眼有可能升高眼压；对药物性皮炎可使用，用药多以大剂量开始，以后逐渐减小剂量。

3. 抗休克治疗 主要用于感染中毒性休克。休克时，在有效的抗菌药物治疗下，可及早、短时间内突击使用大剂量皮质激素；24h 内至少应予相当于 1～2g 氢化可的松的量或更多，用药 24～48h，最多不超过 72h，待微循环改善、脱离休克状态时停用，且尽可能在抗菌药物之后使用，在撤去抗菌药物之前停药。对过敏性休克，皮质激素为次选药，可与首选药肾上腺素合用，对病情较重或发展较快者，可同时静脉推注氟美松 5～10mg 或静脉滴注氢化可的松 200～400mg，以后视病情决定用量，好转后逐渐减少用量。对低血容量性休克，在补液补电解质或输血后效果不佳者，可合用超大剂量的皮质激素。

4. 血液病 糖皮质激素多用于治疗儿童急性淋巴细胞性白血病，目前采取与抗肿瘤药物联合的多药并用方案，其中泼尼松用量为每日 40～60mg，晨服一次，连续 4 周；但用于急性非淋巴细胞性白血病的疗效较差。此外，还可用于再生障碍性贫血、粒细胞减少症、血小板减少症和过敏性紫癜等的治疗。需注意停药后易复发。

5. 局部应用 对于一般性皮肤病，如湿疹、肛门瘙痒、接触性皮炎、银屑病等都有疗效，多采用氢化可的松、泼尼松龙或氟轻松等软膏、霜剂或洗剂局部用药。当肌肉韧带或关节劳损时，可将醋酸氢化可的松或醋酸氢化泼尼松混悬液加入 1% 普鲁卡因注射液，肌内注射，也可注入韧带压痛点或关节腔内以消炎止痛。滴眼剂及目前哮喘常用的气雾吸入制剂，主要作用于眼部或呼吸道，可有效避免全身用药带来的不良反应。

6. 替代疗法（replacement therapy） 用于急、慢性肾上腺皮质功能不全者，以及脑垂体前叶功能减退及肾上腺次全切除术后。

【不良反应与注意事项】

1. 长期大剂量应用引起的不良反应

（1）医源性肾上腺皮质功能亢进：又称类肾上腺皮质功能亢进综合征库欣综合征（Cushing syndrome），这是过量激素长期作用引起物质代谢和水盐代谢紊乱的结果，表现为满月脸、水牛背、向心性肥胖、皮肤变薄、多毛、水肿、低血钾、高血压、糖尿病等，停药后症状可自行消失。必要时可加用抗高血压药，抗糖尿病药治疗，并采用低盐、低糖、高蛋白饮食及加用氯化钾等措施。

（2）诱发或加重感染：糖皮质激素具有免疫抑制作用，故长期应用可诱发感染或使体内潜在病灶扩散，特别是在免疫力低下或是原有疾病已使抵抗力降低的白血病、再生障碍性贫血、肾病综合征等患者更易发生。还可使原来静止的结核病灶扩散恶化，故肺结核、淋巴结核、脑膜结核、腹膜结核等患者，必要时应合用抗结核药；无法控制的感染，如病毒感染，应慎用或禁用本类药物。

（3）消化系统并发症：因可刺激胃酸、胃蛋白酶的分泌并抑制胃黏液分泌，增强了攻击因素而降低了胃肠黏膜的抵抗力，故可诱发或加剧胃、十二指肠溃疡，甚至造成消化道出血或穿孔。对少数患者可诱发胰腺炎或脂肪肝。

（4）心血管系统并发症：长期应用，由于水、钠潴留和血脂升高可引起高血压及动脉粥样硬化，升高的血脂造成的血管栓塞可能是导致骨缺血从而引起骨坏死的原因。另外还有引起心律失常的可能性。

（5）骨质疏松、肌肉萎缩、伤口愈合迟缓等：与糖皮质激素促骨胶原等蛋白质分解、抑制其合成及降低血钙、影响骨盐沉积、增加钙、磷排泄等作用有关。骨质疏松多见于儿童、绝经妇女和老人，严重者可产生自发性骨折。由于抑制生长激素的分泌和造成负氮平衡，还可影响生长发育。孕妇应用，偶可引起胎儿畸形。

（6）其他：兴奋中枢作用，失眠、癫痫或精神病史者禁用或慎用。

2. 停药反应

（1）医源性肾上腺皮质功能不全：长期应用尤其是连日给药的患者，减量过快或突然停药时，可引起肾上腺皮质萎缩和功能不全。这是由于长期大剂量使用糖皮质激素，反馈性抑制垂体-肾上腺皮质轴所致。多数患者可无表现。也有少数患者特别是当遇到感染、创伤、手术等严重应激情况时，可发生肾上腺危象，表现为恶心、呕吐、乏力、低血压和休克等，须及时抢救。防治方法：停药须经过缓慢的减量过程，不可骤然停药，停用激素后连续应用 ACTH 7 天左右；在停药 1 年内如遇应激情况（如感染或手术等），应及时给予足量的激素。

肾上腺皮质功能的恢复时间与剂量、用药时间长短和个体差异等有关。停用激素后，垂体分泌 ACTH 的功能一般需经 3～5 个月才恢复；肾上腺皮质对 ACTH 起反应功能的恢复需 6～9 个月，甚至 1～2 年才能恢复。

（2）反跳现象：其发生原因可能是患者对激素产生了依赖性或病情尚未完全控制，突然停药或减量过快而致原病复发或恶化。常需加大剂量再行治疗，待症状缓解后再缓慢减量、停药。

3. 禁忌证 糖皮质激素对人体有有利和不利的两方面。当适应证和禁忌证并存时，应全面分析，权衡利弊，慎重决定。一般说，病情危急的适应证，虽有禁忌证存在，仍不得不用，待危急情况过去后，尽早停药或减量。对慢性疾病，尤其需要大量激素时，必须严格掌握适应证。皮质激素的禁忌证：严重的精神病（过去或现在）和癫痫，活动性消化性溃疡病，新近胃肠吻合术，骨折，创伤修复期，角膜溃疡，肾上腺皮质功能亢进症，严重高血压，糖尿病，妊娠，不能控制的感染如水痘、麻疹、霉菌感染等。

【用法与剂量】

1. 大剂量冲击疗法 适用于急性、重度、危及生命的疾病的抢救，常用氢化可的松静脉给药，首剂200～300mg，一日量可超过1g，以后逐渐减量，疗程不超过3～5日。例如，抑制器官移植急性排斥危象时，可采用氢化可的松静脉给药，3日序贯用量为3g、2g和1g，必要时加用环磷酰胺，常可迅速见效。大剂量应用时宜并用氢氧化铝凝胶等以防止急性消化道出血。

2. 一般剂量长期疗法 多用于结缔组织病和肾病综合征等慢性疾病。常用泼尼松口服，开始每日10～30mg，一日3次，获得临床疗效后，逐渐减量，每3～5日减量1次，每次按20%左右递减，直到最小维持量。最小维持量应比生理上分泌的皮质激素量稍高，按泼尼松计算，生理量应为7.5mg（相当于氢化可的松37.5mg）。维持量用法有两种：①每日晨给药法，即每晨7∶00～8∶00给药1次，用短时间作用的糖皮质激素，如可的松，氢化可的松等；②隔晨给药法，即每隔一日，早晨7∶00～8∶00时给药1次。此法应当用中效的皮质激素如泼尼松、泼尼松龙，而不用长效的激素，以免引起对下丘脑-垂体-肾上腺轴的抑制。在长时间使用激素治疗过程中，遇下列情况之一者，应撤去或停用皮质激素。①维持量已减至正常基础需要量，如泼尼松每日5～7.5mg，经过长期观察，病情已稳定不再活动者。②因治疗效果差，不宜再用激素，应改药者。③因严重副作用或并发症，难以继续用药者。

3. 小剂量替代疗法 适用于治疗急、慢性肾上腺皮质功能不全症（包括肾上腺危象、艾迪生病）、脑垂体前叶（腺垂体）功能减退及肾上腺次全切除术后。一般维持量，可的松每日12.5～25mg, 或氢化可的松每日10～20mg。

第二节　盐皮质激素类药

盐皮质激素类药主要有醛固酮（aldosterone）和去氧皮质酮（desoxycorticosterone）两种。它们对维持机体正常的水、电解质代谢起着重要作用。

【体内过程】 醛固酮在肠内不易吸收，而肌内注射后吸收良好，在体内70%～80%与血浆蛋白相结合，在肝中迅速地被代谢失效，因此无蓄积作用。去氧皮质酮在肠内吸收不良，而且在肠内易被破坏。现主要应用去氧皮质酮油剂注射液作肌内注射。去氧皮质酮在体内变为孕二醇，从尿中排泄。

【药理作用及机制】 醛固酮主要作用于肾脏的远曲小管，它促进远曲小管中Na^+、Cl^-的重吸收和K^+、H^+的排出，其中保Na^+的作用是原发的。由于H^+的排出增多，尿氨的排出也增加。此外，醛固酮对唾液腺、汗腺、肌肉和胃肠道黏膜细胞也同样有保Na^+、排K^+的作用。故醛固酮分泌过多可使唾液、汗液和粪中Na^+降低而K^+增高。

醛固酮保钠排钾机制可能与类固醇的基因效应有关。它通过与肾远曲小管上皮细胞内特殊受体（醛固酮结合蛋白质）相结合，转位进入细胞核，作用于染色质DNA，引起某种特异mRNA的合成，生成一类醛固酮诱导蛋白（aldosterone induced protein, AIP），使上皮钠通道（epithelial sodium channel，ENaC）活性增大，表现为ENaC开放频率及开放数目增加，从而促进肾小管细胞膜对Na^+的重吸收。醛固酮的保Na^+作用可被放线菌D所抑制，但排K^+作用则不被抑制。

去氧皮质酮在机体内微量分泌，具有与醛固酮相似的潴钠排钾作用。其潴钠作用只有醛固酮的1%～3%，但远较氢化可的松大。本品对糖代谢几乎无作用。

【临床应用】 去氧皮质酮与糖皮质激素（如可的松或氢化可的松）合用作为替代疗法，治疗慢性肾上腺皮质功能减退症，以纠正患者失钠、失水和钾潴留等，恢复水和电解质的平衡。对于较轻型的患者，可不必用药，只要多吃一些食盐，就可恢复钠钾的平衡。在替代疗法中，有人单用糖皮质激素即可见效，较重的患者或单用糖皮质激素无效的患者，可加用去氧皮质酮治疗。替代疗法的同时，每日须补充食盐6～10g。如伴有其他疾病如活动性结核病者，尚应积极进行结核病等原发疾病的治疗。

第三节　促皮质素及皮质激素抑制药

一、促皮质素

天然的ACTH由垂体前叶嗜碱细胞合成分泌，是一种由39个氨基酸组成的多肽。它的生理活性主要依赖于前24个氨基酸残基，氨基酸残基25～39则主要与ACTH的免疫原性有关。它的合成和分泌受到下丘脑促皮质素释放激素的调节，对维持机体肾上腺正常形态和功能具有重要作用。糖皮质激素对下丘脑及垂体前叶起着长负反馈作用，可抑制CRH及ACTH的分泌。在生理情况下，下丘脑、垂体和肾上腺三者处于动态平衡（图32-2）。

ACTH缺乏，将引起肾上腺皮质萎缩、分泌功能减退。ACTH还有控制本身释放的短负反馈调节。人工合成的ACTH仅有24个氨基酸残基，免疫原性明显降低，故过敏反应显著减少。

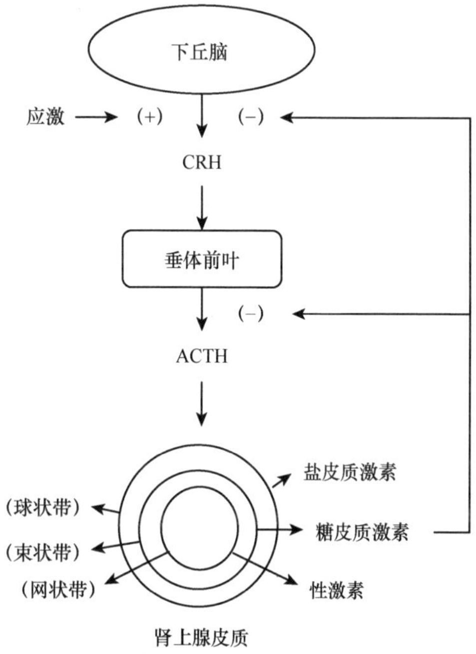

图32-2　肾上腺皮质激素分泌的调节

ACTH口服后在胃内被胃蛋白酶破坏而失效，只能注射应用。血浆半衰期为10min。其主要作用是促进糖皮质激素分泌，但只有在皮质功能完好时方能发挥治疗作用。一般在给药2h后，肾上腺皮质才开始分泌氢化可的松。临床上可用于诊断脑垂体前叶-肾上腺皮质功能水平状态及长期使用皮质激素的停药前后的皮质功能水平，以防止因停药而发生皮质功能不全。

二、皮质激素抑制药

盐皮质激素类抑制药物，如抗醛固酮类药物中的安体舒通（螺内酯）等详见利尿药章节。皮质激素抑制药可代替外科的肾上腺皮质切除术，临床常用的有米托坦和美替拉酮等。

米托坦

米托坦（双氯苯二氯乙烷，O, P′-DDD）为杀虫剂滴滴涕（DDT）一类化合物，它能相对选择性地作用于肾上腺皮质细胞，对肾上腺皮质的正常细胞或瘤细胞都有损伤作用；尤其是选择性地作用于肾上腺皮质束状带及网状带细胞，使其萎缩、坏死，但不影响球状带，故醛固酮分泌不受影响。

口服后，临床发现约有40%的药物被吸收。停止给药后6～9周，在血浆中仍能测到微量的双氯苯二氯乙烷。此药能分布于全身各部，但脂肪是其主要储藏器官，其水溶性的代谢产物约占给药量的25%，由尿中排出。口服量的60%以原型由粪中排出。

用药后血、尿中氢化可的松及其代谢物迅速减少，主要用于不可切除的皮质癌、切除复发癌及皮质癌术后辅助治疗。可有厌食、恶心、腹泻、皮疹、嗜眠、头痛、眩晕、乏力、中枢抑制及运动失调等反应，减小剂量这些症状可以消失。若由于严重肾上腺功能不全而出现休克，或严重的创伤时，可给予肾上腺皮质类固醇类。未见治疗过程对肝、肾和骨髓明显损伤的报道。

美替拉酮

美替拉酮（甲吡酮）能抑制11β-羟化反应，干扰11-去氧皮质酮转化为皮质酮，抑制11-去氧氢化可的松转化为氢化可的松，而降低它们的血浆水平；又能反馈性地促进ACTH分泌，导致

11-去氧皮质酮和 11-去氧氢化可的松代偿性增加，故尿中 17-羟类固醇排泄也相应增加。临床用于治疗肾上腺皮质肿瘤和产生 ACTH 的肿瘤所引起的氢化可的松过多症及皮质癌，还可用于垂体释放 ACTH 功能试验。不良反应较少，可有眩晕、消化道反应等。

氨鲁米特

氨鲁米特（氨基苯哌啶酮）能抑制胆固醇转变成 20-α-羟胆固醇，而阻断类胆固醇生物合成的第一个反应，从而对氢化可的松和醛固酮的合成产生抑制作用。能有效减少肾上腺肿瘤和 ACTH 过度分泌时氢化可的松的增多。它也能与美替拉酮合用，治疗由垂体所致 ACTH 过度分泌诱发的库欣综合征。为了防止肾上腺功能不足，可给予生理剂量的氢化可的松。

酮 康 唑

酮康唑是一种抗真菌药，其机制是阻断真菌类固醇的合成。但由于哺乳类动物组织对其敏感性远较真菌为低，因此它对人体类固醇合成的抑制作用仅在高剂量时才会出现。目前，酮康唑主要用于治疗肾上腺皮质功能亢进综合征（库欣综合征）和前列腺癌。

知识拓展

1855 年托马斯·艾迪生（Thomas Addison）报道了艾迪生（Addison）疾病。到 1880 年，通过肾上腺切除动物模型的研究，人们逐渐意识到该病与肾上腺关系密切。第二次世界大战成了肾上腺皮质激素类药物研究的良好契机，1941 年皮质激素的制备更被美国列为三大优先资助项目之一，极大促进了这类药物的发展。从 1930 年开始研究肾上腺中所产生激素的爱德华·肯德尔（Edward Kendall）和 1935 年与其合作的菲利普·亨奇（Philip Hench）对肾上腺皮质激素的研究做出了巨大贡献。到 1940 年，已有 28 种肾上腺分泌激素被各实验室鉴定，Kendall 鉴定了其中四种，这时的制备能力仍然很低，可以获得作为研究的药量不多。1948 年，Hench 等成功地将可的松（cortisone）应用于临床治疗风湿性关节炎；1949 年 4 月 Hench 和 Kendall 宣布成果，同时获得成功的还有 ACTH 的临床治疗；1950 年，即临床治疗成功两年后，由于在“肾上腺皮质激素研究”中所取得的成就，Kendall、Hench 和赖希施泰因（Reichstein）获得当年诺贝尔生理学或医学奖。

本章小结

肾上腺皮质不同部位可分泌产生盐皮质激素、糖皮质激素和性激素，这些成分均具有甾核基本结构，其中糖皮质激素是最为常用的皮质激素类。糖皮质激素的作用十分广泛，包括影响糖、蛋白质、脂质、水和电解质等物质代谢；强大的抗炎、免疫抑制、抗休克及允许作用等，是具有多种临床应用的重要药物。由于糖皮质激素所针对的疾病常需要长期用药等原因，使其不良反应也极为多见，通过采用大剂量冲击疗法等不同的用法药方法，可有效减少不良反应的发生。盐皮质激素主要用于相应皮质功能不足的替代疗法。促皮质素可用于诊断皮质功能水平。

中药介绍

甘 草

甘草是常用中药，可以缓急止痛，泻火解毒，调和诸药，应用极为广泛。现代药理研究证实甘草具有显著的抗炎等作用，其作用机制，被认为与其所含甘草次酸、甘草酸等成分所具有的皮质激素类结构有关。甘草次酸等化合物可能具有增强肾上腺皮质功能或直接的皮质激素样作用，而甘草的不良反应如水钠潴留等作用也与此有关。

（余 黎）

第三十三章 甲状腺激素及抗甲状腺药

能力要求

1. 掌握抗甲状腺药的分类和硫脲类抗甲状腺药物的药理作用、作用机制、临床应用及主要不良反应。

2. 熟悉甲状腺激素的作用和用途，以及大、小剂量碘剂对甲状腺功能的影响及临床应用。

3. 了解其他抗甲状腺药的作用和应用特点。

甲状腺激素（thyroid hormone）系甲状腺合成和分泌的激素，是维持机体正常代谢、促进生长发育所必需的。甲状腺功能低下（hypothyroidism）表现为该激素分泌过少，需补充甲状腺激素；甲状腺功能亢进（hyperthyroidism）表现为该激素分泌过多，需应用抗甲状腺药或手术治疗，抑制其合成和分泌。

第一节 甲状腺激素

甲状腺激素包括甲状腺素（又称四碘甲状腺原氨酸，3,5,3′,5′-tetraiodothyronine，T_4）和三碘甲状腺原氨酸（3,5,3′-triiodothyronine，T_3）。正常情况下，成人每日甲状腺激素释放量：T_4 为 70～90mg，T_3 为 15～30mg。T_3 和 T_4 均含无机碘，化学结构中有两个相互垂直的苯环，其中环 A 有带羧基的侧链，环 B 有酚羟基，是维持 T_3 和 T_4 活性的基本结构（图 33-1）。

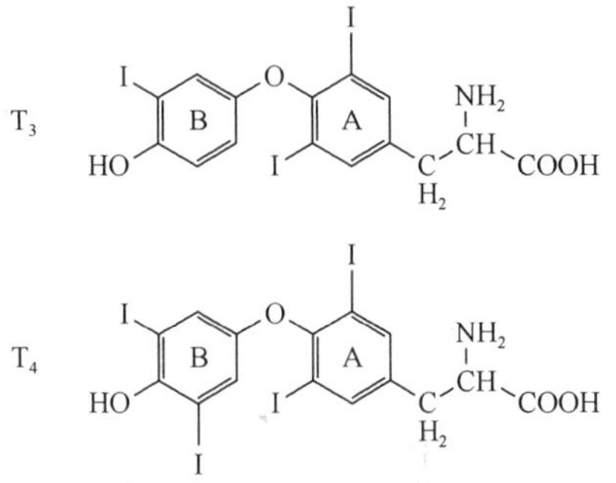

图 33-1 甲状腺激素的化学结构

【甲状腺激素的合成、储存、分泌及调节】

1. 碘的摄取 机体血液中的碘（I^-）被甲状腺腺泡细胞的碘泵主动摄取。正常情况下，成人甲状腺腺泡细胞中碘化物为血浆浓度的 25 倍，甲状腺功能亢进时可高达 250 倍。因此，甲状腺摄碘率是判断甲状腺功能的重要指标之一。

2. 甲状腺激素的合成 ①碘的活化和酪氨酸的碘化：甲状腺腺泡细胞内碘化物（I^-）被过氧化物酶氧化成活性碘（I^+），进而与甲状腺球蛋白（thyroglobulin，TG）的酪氨酸残基结合，生成一碘酪氨酸（monoiodotyrosine，MIT）和二碘酪氨酸（diiodotyrosine，DIT）。②碘化酪氨酸的偶联：在过氧化物酶作用下，一分子 DIT 和一分子 MIT 偶联成 T_3，两分子 DIT 偶联成 T_4。T_3 和 T_4 的比例与细胞内碘的量有关，碘充足 T_4 比例高，碘缺乏 T_3 比例高。

3. 甲状腺激素储存 合成后的 T_3 和 T_4 与甲状腺球蛋白结合，储存于甲状腺腺泡腔胶质内。

4. 甲状腺激素释放 蛋白水解酶促进甲状腺球蛋白释放出 T_3、T_4 进入血液。正常情况下，释放分泌物总量中 T_4 占比≥ 90%。T_4 在外周组织脱碘酶的作用下可转为 T_3，而 T_3 的生物活性大约超过 T_4 的 5 倍。

5. 调节 T_3、T_4 的合成和释放受垂体分泌的促甲状腺激素（thyroid-stimulating hormone，TSH）的调节，TSH 的分泌又受下丘脑分泌的促甲状腺激素释放激素（thyrotropin releasing hormone，TRH）的调节。血液中 T_3 和 T_4 的浓度负反馈性调节 TSH 和 TRH 的释放（图 33-2）。

【体内过程】 T_3 和 T_4 口服均易吸收，二者生物利用度分别为 90%～95% 和 50%～70%。T_4 的吸收因肠内容物等的影响而不恒定。二者的血浆蛋白结合率均可达 99% 以上，但 T_3 与血浆蛋

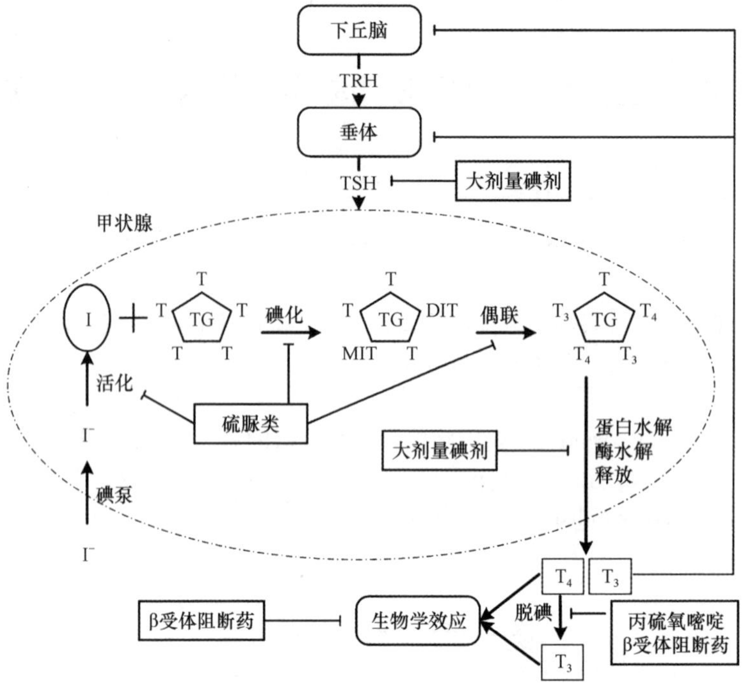

图 33-2　甲状腺激素的合成、释放与调节及抗甲状腺药物的作用环节

T. 酪氨酸

白的亲和力低于 T_4，故而血中游离态 T_3 可达 T_4 的 10 倍。T_3 作用快而强，维持时间短，半衰期为 2 天；而 T_4 作用弱而慢，维持时间长，半衰期为 5 天。T_3 和 T_4 主要在肝细胞与肾细胞内线粒体脱碘，与葡萄糖醛酸或硫酸结合经肾排泄。T_3 和 T_4 可通过胎盘屏障，也可进入乳汁，故妊娠期和哺乳期妇女慎用。

【药理作用】

1. 维持正常生长发育　甲状腺激素能促进蛋白质的合成，调控机体生长发育，对婴幼儿骨骼和中枢神经系统的生长及发育尤为重要。人体胚胎或婴幼儿期，如因缺碘或母体使用抗甲状腺药可导致甲状腺功能不足，造成患儿智力低下、身材矮小，引起呆小病（cretinism，克汀病）。成年人甲状腺功能不全时，出现中枢神经兴奋性降低的症状如神情冷漠、反应迟钝、记忆力减退等；蛋白质合成减少而组织间黏蛋白增多、结合大量水分从而引起黏液性水肿。

2. 促进代谢和产热　甲状腺激素能够促进糖、蛋白质及脂肪的分解代谢，加速物质氧化，提高基础代谢率，增加组织器官的耗氧量和产热量。甲状腺功能亢进提高基础代谢率，出现怕热多汗、消瘦、乏力等症状；甲状腺功能低下降低基础代谢率，出现畏寒、怕冷等症状。

3. 提高机体交感——肾上腺系统的反应性　甲状腺激素可提高机体对儿茶酚胺的敏感性，故而甲状腺功能亢进患者容易情绪激动、烦躁易怒、失眠、心率加快等，严重者发生甲状腺功能亢进性心脏病。

【作用机制】甲状腺激素激动甲状腺激素受体（thyroid hormone receptor，TR）发挥功能。TR 为核内受体，在垂体、心、肝、肾、骨骼肌、肺、肠等组织中均有表达。血液中游离的 T_4、T_3 进入靶细胞，与 TR 结合形成激素-受体复合物，再与靶细胞内基因启动/调节区内的甲状腺激素反应元件（thyroid hormone response element，TRE）结合，从而启动、调节靶基因转录，启动和调节基因表达，此类作用称为甲状腺激素的基因组效应。T_3 与 TR 的亲和力比 T_4 高一个数量级。靶细胞内 85%～90% 的 TR 与 T_3 结合，故而 TR 又称为 T_3 受体。细胞内 TR 数目易受影响，如饥饿、营养不良、肥胖、糖尿病患者细胞内 TR 数目减少。

除发挥基因组效应外，甲状腺激素还有非基因组效应。T_4 与细胞膜，细胞质内核糖体、线粒体等的受体结合，调节蛋白质翻译后修饰，细胞能量代谢及物质转运等功能。

【临床应用】 甲状腺激素主要用于甲状腺功能减退的替代疗法。

1. 呆小病 疾病始于胎儿或新生儿，应尽早诊治，发育可维持正常。若治疗过晚，则出现智力持续低下。治疗应从给予小剂量甲状腺激素开始，逐步增加剂量，至症状明显好转时改用维持量，并根据症状及时调整剂量。

2. 黏液性水肿 从给予小剂量甲状腺激素开始，逐渐增至足量，2～3 周后如基础代谢率恢复正常，可逐渐减为维持量。老年及心血管疾病患者增量宜缓慢，以防过量 T_4 诱发或加重心脏病变。垂体功能低下者因易发急性肾上腺皮质功能不全，宜先用糖皮质激素再用甲状腺激素。黏液性水肿昏迷者须立即注射大量 T_3，待清醒后改为口服。

3. 单纯性甲状腺肿 应尽量明确病因。缺碘所致则补碘，原因不明者可给予适量甲状腺激素，以补充内源性激素的不足，并可抑制 TSH 过多分泌，缓解甲状腺腺体代偿性增生肥大。甲状腺结节不能消失的需手术治疗。

4. 其他 ①甲状腺功能亢进患者服用抗甲状腺药时，加服 T_4 有利于减轻突眼、甲状腺肿大及防止甲状腺功能低下。但 T_4 不易通过胎盘屏障，不能防止抗甲状腺药剂量过大对胎儿甲状腺功能的影响，故甲状腺功能亢进孕妇一般不加服 T_4。②甲状腺癌术后应用 T_4，可抑制残余甲状腺癌变组织，减少复发，用量较大。③ T_3 抑制试验：用于单纯性甲状腺肿和甲状腺功能亢进患者的鉴别诊断。服用 T_3 后，摄碘率比用药前对照值下降 50% 以上者为单纯性甲状腺肿，摄碘率下降小于 50% 者为甲状腺功能亢进。

【不良反应】 甲状腺激素过量可引起甲状腺功能亢进的临床表现，如心悸、手震颤、多汗、体重减轻、失眠等症状，重者可腹泻、呕吐、发热、脉搏快而不规则等。老年人和有心脏疾病的患者甚至发生心绞痛、心力衰竭等。一旦发生应立即停药，并给予 β 受体阻断药对抗。

【药物相互作用】 抑制胃酸分泌的药物如 H^+，K^+-ATP 酶抑制药、H_2 受体阻断药等可影响甲状腺激素的吸收。氢氧化铝、碳酸钙、硫糖铝和硫酸亚铁等，可结合甲状腺激素减少其吸收。利福平、苯妥英钠、巴比妥类、卡马西平等肝药酶诱导剂加速甲状腺激素的代谢，减弱其作用，故合用时应增加甲状腺激素的用量。

第二节　抗甲状腺药

抗甲状腺药（antithyroid drug）是指可暂时或长期消除甲状腺功能亢进症状，使机体的代谢状态恢复正常药物。目前常用的有硫脲类、碘和碘化物、放射性碘和 β 受体阻断药等四类。

一、硫　脲　类

硫脲类（thiourea）是最常用的抗甲状腺药，可分为如下两类。①硫氧嘧啶类：甲硫氧嘧啶（methylthiouracil，MTU）和丙硫氧嘧啶（propylthiouracil，PTU）。②咪唑类：甲巯咪唑（thiamazole，又称他巴唑）和卡比马唑（carbimazole，又称甲亢平），见图 33-3。

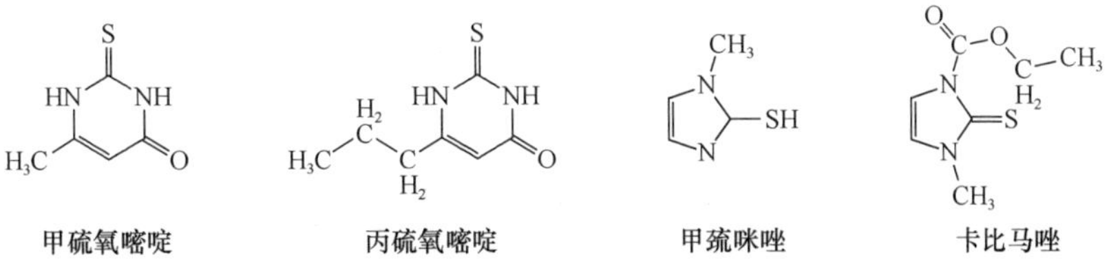

图 33-3　硫脲类抗甲状腺药物的化学结构

【体内过程】 硫氧嘧啶类口服吸收迅速，达峰时间约为 1h，生物利用度为 50%～80%，血浆蛋白结合率约为 75%，全身分布，甲状腺浓度为最高。主要在肝脏代谢，部分与葡萄糖醛酸结合后排出，半衰期为1.5h。易通过胎盘，也可进入乳汁。甲巯咪唑的血浆半衰期为6h，药物浓度在甲状腺组织中可维持16～24h。卡比马唑在体内转化成甲巯咪唑后发挥作用。

【药理作用及作用机制】

1. 抑制甲状腺激素的合成 硫脲类抑制甲状腺过氧化物酶，影响酪氨酸的碘化及偶联，最终抑制甲状腺激素的生物合成；硫脲类并不直接抑制甲状腺过氧化物酶，而是作为过氧化物酶的底物被碘化，活性碘不能结合到甲状腺球蛋白，影响酪氨酸的碘化及偶联，抑制甲状腺激素的生物合成。本类药物对已合成的甲状腺激素无效，须待体内已合成的被消耗后才能显效。因此，药物起效缓慢，用药后2～3周甲状腺功能亢进症状才得以改善，1～2个月基础代谢率恢复正常。

2. 控制血清 T_3 水平 丙硫氧嘧啶抑制外周组织 T_4 向 T_3 的转化，迅速控制血清中生物活性较强的 T_3 水平，因此在重症甲状腺功能亢进、甲状腺危象时列为首选药。

3. 免疫抑制作用 硫脲类具有轻度免疫抑制作用，能轻度抑制免疫球蛋白的合成，使甲状腺刺激性免疫球蛋白（thyroid stimulating immunoglobulin，TSI）水平降低。因此，硫脲类药物除能控制高代谢症状外，对甲状腺功能亢进病因也具有一定的干预功能。

【临床应用】

1. 甲状腺功能亢进的内科治疗 适用于轻症、不宜手术或 ^{131}I 治疗者，如儿童、青少年、术后复发及年老体弱或兼有心、肝、肾和出血性疾病等的中、重度甲状腺功能亢进患者。开始治疗时，应给予大剂量硫脲类以对甲状腺激素的合成产生最大抑制作用，1～3个月后甲状腺功能亢进症状可明显缓解。当基础代谢率接近正常时，即可递减药量，直至维持量，疗程1～2年。内科治疗可使40%～70%患者痊愈。

2. 甲状腺功能亢进手术治疗的术前准备 对行甲状腺次全切除术的甲状腺功能亢进患者，为减少麻醉和手术后的合并症及术后甲状腺危象的发生，术前应先服用硫脲类药物，使甲状腺功能恢复或接近正常。因用硫脲类后TSH分泌反馈性增加，腺体代偿性增生、组织脆且充血，不利于进行手术，故须在手术前两周左右加服大剂量碘剂。

3. 甲状腺危象的辅助治疗 甲状腺危象是指在感染、外伤、手术和情绪激动等各种诱因作用下，甲状腺激素突然大量释放入血，使患者发生高热、虚脱、心力衰竭、水和电解质紊乱等，严重时可致死亡。临床上除消除诱因、对症治疗外，主要是给予大剂量碘剂以抑制甲状腺激素的释放，同时立即应用2倍于治疗量的硫脲类以阻止甲状腺激素合成。

【不良反应及注意事项】

1. 过敏反应 最为常见。多为皮肤瘙痒和药疹等，少数伴有发热，一般不需停药可逐渐消失。

2. 消化道反应 常见厌食、呕吐、腹痛、腹泻等，罕见黄疸型肝炎。

3. 粒细胞缺乏症 硫脲类最严重的不良反应，发生率为0.3%～0.6%。多发生于治疗后2～3月内，故应定期检查血象。若用药后出现咽痛、发热等，应立即停药并进行相应检查。注意与甲状腺功能亢进自身引起的白细胞数偏低相区别。

4. 甲状腺肿及甲状腺功能减退 长期使用或用药过量，血液中甲状腺激素水平显著下降，TSH分泌反馈性增加，引起腺体代偿性增生、肿大、充血，重者可出现压迫症状。还可诱导甲状腺功能减退，及时发现并停药常可恢复。

硫脲类可通过胎盘屏障，并易进入乳汁，因此哺乳和妊娠期妇女禁用。因可增加TSH分泌，促使甲状腺癌发展，故结节性甲状腺肿合并甲状腺功能亢进及甲状腺癌的患者禁用。

【药物相互作用】巴比妥类、酚妥拉明、妥拉唑林、锂盐、对氨基水杨酸、保泰松、维生素 B_{12}、磺胺类和磺酰脲类等均能不同程度抑制甲状腺功能，与硫脲类合用可增加抗甲状腺的效应；因碘剂能延缓硫脲类起效时间，一般两者不应合用。

二、碘和碘化物

碘（iodine）和碘化物（iodide）是最早用于防治甲状腺病的药物。常用的有碘化钾（potassium

iodide）、碘化钠（sodium iodide）及复方碘溶液（liguor iodine Co，又称卢戈液，Lugol's solution）。

【药理作用】

1. 小剂量碘促进甲状腺激素的合成　甲状腺以碘为原料合成甲状腺激素。当机体摄碘不足时，甲状腺激素合成减少，TSH 分泌反馈性增多，引起甲状腺组织代偿性增生，形成单纯性甲状腺肿，在食盐中加入小剂量碘可有效预防该病的发生。

2. 大剂量碘产生抗甲状腺作用　主要机制是大剂量碘能够抑制谷胱甘肽还原酶，使还原型谷胱甘肽减少，从而降低甲状腺球蛋白对蛋白水解酶的敏感性，使甲状腺激素不能和甲状腺球蛋白解离，最终抑制甲状腺激素的释放；对抗 TSH 的作用，腺体缩小，血管减少；还能抑制过氧化物酶，影响酪氨酸碘化和偶联过程，减少甲状腺激素的合成。

对甲状腺功能亢进患者和正常人大剂量碘都能产生抗甲状腺作用。其作用快而强，用药 2～7 天起效，10～15 天达最大效应。如继续用药，细胞内 I^- 浓度增高到一定程度，细胞摄碘即自动降低，胞内 I^- 浓度下降，从而失去抑制激素合成的效应，因此大剂量碘不能单独用于甲状腺功能亢进内科治疗。

【临床应用】

1. 单纯性甲状腺肿　缺碘地区按 1∶100 000～1∶10 000 的比例在食盐中加入碘化钾或碘化钠，对早期患者疗效显著；如腺体太大或已有压迫症状者，需考虑手术治疗。

2. 甲状腺功能亢进术前准备　大剂量碘能对抗 TSH 的作用，使腺体缩小变韧、血管减少、有利于手术进行并减少出血。一般在术前 2 周给予复方碘溶液。

3. 甲状腺危象　可将碘化物加到 10% 葡萄糖溶液中静脉滴注，或服用复方碘溶液，以抑制甲状腺激素的释放。其抗甲状腺作用发生迅速，并在 2 周内逐渐停服，需同时配合服用硫脲类药物。

【不良反应】

1. 一般反应　口腔和咽喉烧灼感、呼吸道刺激、鼻窦炎和眼结膜炎症状及流涎、唾液腺肥大等，停药后逐渐消退。

2. 过敏反应　用药后立即或数小时内发生，主要有发热、皮疹、皮炎、血管神经性水肿，严重者喉头水肿可致窒息。一般停药可消退，必要时采取抗过敏措施。

3. 诱发甲状腺功能紊乱　长期或过量服用，可诱发甲状腺功能亢进；也可能诱发甲状腺功能减退和甲状腺肿等；可通过胎盘和进入乳汁，新生儿和婴儿甲状腺功能出现异常或甲状腺肿，严重者可因压迫气管而致死。

三、β 受体阻断药

甲状腺激素可兴奋交感神经系统，T_3 和 T_4 加快心率，增强心缩收缩力，增加心排血量，具体作用机制尚不清楚。甲状腺功能亢进患者易出现心动过速等症状。β 受体阻断药与 β 受体结合，拮抗儿茶酚胺类对心脏的激动效应，改善甲状腺功能亢进所致的交感神经兴奋。

【药理作用】β 受体阻断药如普萘洛尔（propranolol）等通过阻断 β 受体，可改善甲状腺功能亢进患者心率加快、心肌收缩力增强等交感神经兴奋的症状；可抑制外周组织的 T_4 脱碘成为 T_3；此外，还可适当减少 T_4 的分泌。

【临床应用】β 受体阻断药是治疗甲状腺功能亢进和甲状腺危象的常用辅助药，适用于不宜用抗甲状腺药、不宜手术及 ^{131}I 治疗的甲状腺功能亢进患者，单用作用有限，与硫脲类合用疗效显著。

【不良反应】应注意 β 受体阻断药对心血管系统和气道平滑肌等的不良反应。

四、放射性碘

放射性碘（radioiodine），临床常用 ^{131}I，半衰期为 8 天，用药后 60 天内机体可消除其放射性的 99% 以上。

【药理作用】 甲状腺摄取、浓集 ^{131}I 后，主要释放β射线（99%）和 γ 射线（1%），β射线在组织内射程为 0.5～2mm，辐射作用仅限于甲状腺内，且增生组织对辐射作用敏感，故只破坏甲状腺实质，极少波及周围正常组织，可产生类似手术切除部分甲状腺的作用。释出的γ射线，在体外可检测到，用于检查甲状腺摄碘功能。

【临床应用】

1. 甲状腺功能亢进 适用于不宜手术或术后复发及硫脲类无效或过敏的甲状腺功能亢进患者。一般用药后 1 个月见效，见效前应加用其他抗甲状腺药控制症状。

2. 甲状腺功能检查 小剂量用于甲状腺功能检查。摄碘率高，摄碘高峰时间前移为甲状腺功能亢进。

【不良反应】 本药剂量过大易致甲状腺功能低下，故应严格控制剂量，一旦发生可补充甲状腺激素对抗。儿童处于生长发育期，对辐射较敏感；卵巢可浓集 ^{131}I，故 20 岁以下的患者、妊娠或哺乳期妇女和肾功能不佳者不宜使用；此外，禁用于甲状腺危象、重症浸润性突眼症及甲状腺不能摄碘者。

知识拓展

甲状腺功能亢进症是由多种原因导致甲状腺功能增强，甲状腺激素（T_3、T_4）分泌过多或在血液中水平增高所导致的机体神经系统、循环系统、消化系统、心血管系统等多系统的一系列高代谢综合征及高兴奋症状和眼部症状。临床上甲状腺功能亢进患者主要表现：心慌、心动过速、怕热、多汗、食欲亢进、消瘦、体重下降、疲乏无力及情绪易激动、性情急躁、失眠、思想不集中、眼球突出、手舌颤抖、甲状腺肿，女性可有月经失调甚至闭经，男性可有阳痿或乳房发育等。上述均是典型甲状腺功能亢进的临床表现，但是并非每位甲状腺功能亢进患者均表现出所有的临床症状。

案例解析

案例：

患者，女，42 岁，主因“消瘦、失眠、心悸 3 月”就诊。主诉近 3 月来无明显诱因出现心慌、多汗、怕热。食量较前明显增加，易饥饿，但体重较前明显下降，近 3 月体重下降约 10kg。烦躁，易怒，失眠，劳累后心慌、气短更明显。查体：体温为 37.2℃，脉搏为 114 次/分，呼吸为 27 次/分，血压为 100/60mmHg，双眼轻微突出，双手细颤，甲状腺Ⅱ肿大。甲状腺全套提示：T_3、T_4 均升高，TSH 下降。诊断：甲状腺功能亢进。

问题：针对该患者，应选用哪些抗甲状腺药治疗？使用这些药物治疗后可能出现的主要不良反应及防治措施有哪些？

解析：

该患者可使用硫脲类和β受体阻断药等抗甲状腺药。硫脲类药物如甲巯咪唑最严重的不良反应为粒细胞缺乏症，故应定期检查血象。β受体阻断药如普萘洛尔应注意其对心血管系统的不良反应。

本章小结

甲状腺激素具有维持正常生长发育、促进代谢及提高机体交感-肾上腺系统的反应性等药理作用，临床可用于呆小病、黏液性水肿、单纯性甲状腺肿等的治疗，但过量可引起甲状腺功能亢进。

目前常用的抗甲状腺药有如下四类。

硫脲类：代表药有甲巯咪唑、丙硫氧嘧啶等。主要通过抑制甲状腺激素的合成而发挥作用，是目前甲状腺功能亢进内科治疗的主要药物，其最严重的不良反应为粒细胞缺乏症。

碘及碘化物：小剂量碘是合成甲状腺激素的原料，用于预防单纯性甲状腺肿；大剂量碘通过抑制甲状腺激素的释放而产生抗甲状腺作用，用于甲状腺术前准备及甲状腺危象的治疗。

β受体阻断药：代表药有普萘洛尔等。可改善甲状腺功能亢进患者的心率加快、心肌收缩力增强等交感神经兴奋的症状，是治疗甲状腺功能亢进和甲状腺危象的常用辅助药。但应注意其对心血管系统和气管平滑肌等的不良反应。

放射性碘：代表药有 ^{131}I。β射线可破坏甲状腺实质，产生类似手术切除部分甲状腺的作用。γ射线，可在体外检测，用于甲状腺摄碘功能的检查。

（张媛媛）

中药介绍

夏 枯 草

夏枯草是唇形科夏枯草属植物夏枯草 *Prunella vulgaris* L. 的干燥果穗。因“此草夏至后即枯”而得名。历代医家对夏枯草的记载较多，认为夏枯草辛、苦、寒，无毒，归肝、胆经。其主要功效：清肝热、调肝气，解肝郁，补肝血，明目，散结消瘿，解毒消肿。现代研究表明，夏枯草中成分主要含有三萜类、黄酮类、甾体类、香豆素类、有机酸类、糖类、挥发油和苯丙素类等。

目前临床上常用的夏枯草成方制剂有煎膏剂、合剂（口服液）、胶囊剂、片剂，其制成成方制剂的工艺均以水提为主。已有研究表明夏枯草口服液不仅能够使肿大甲状腺体积缩小，而且能够缩短止痛、退热及压痛消退时间。临床亦有采用夏枯草口服液治疗桥本甲状腺炎甲状腺功能减退患者，取得较好的疗效。此外，还有研究表明，夏枯草口服液与 ^{131}I 联用治疗效果明显优于单用 ^{131}I 治疗。

第三十四章 胰岛素及口服降血糖药

能力要求

1. 掌握胰岛素及其他降血糖药的作用机制、作用特点及不良反应。
2. 熟悉胰岛素及其他降血糖药的临床应用
3. 了解新型降血糖药的作用特点。

糖尿病（diabetes mellitus）是一组以血糖水平升高为特征的代谢性疾病。糖尿病发病率持续上升，已成为全世界发病率和死亡率最高的5种疾病之一。我国糖尿病发病率居世界第一位。糖尿病通常可分为1型和2型，另有妊娠期糖尿病等其他特殊类型糖尿病。1型糖尿病又称胰岛素依赖型糖尿病（insulin-dependent diabetes mellitus，IDDM），由于胰岛B细胞自身免疫性破坏导致胰岛素（insulin）分泌绝对缺乏，必须使用胰岛素治疗；2型糖尿病又称非胰岛素依赖型糖尿病（non-insulin-dependent diabetes mellitus，NIDDM），表现为胰岛素抵抗和胰岛素分泌相对缺乏。在糖尿病患者中，2型占比超过90%，治疗方案以控制饮食和口服降糖药为主，部分患者需胰岛素治疗。胰高血糖素样肽-1（glucagon-like peptide-1，GLP-1）类似物、二肽基肽酶-4（dipeptidyl peptidase-4，DPP-4）抑制药等新型药物上市，为糖尿病治疗提供新的用药选择。另外，有报道尝试在1型糖尿病患者肝内移植健康人来源的胰岛细胞，成功重建了患者的胰岛素分泌能力，为糖尿病治疗开辟了新的途径。

第一节 胰 岛 素

胰岛素（insulin）是由A、B两条多肽链组成的酸性蛋白质，其中A链由21个氨基酸组成，B链由30个氨基酸组成，A、B两条多肽链由两个二硫键共价相连。药用胰岛素多由猪、牛胰腺提取或通过DNA重组技术人工合成。胰岛素结构存在种属差异，猪、牛等动物来源胰岛素可在人体直接发挥作用，但存在引起过敏反应的风险。DNA重组技术可将猪胰岛素B链第30位的丙氨酸用苏氨酸替代而获得重组人胰岛素，抗原性弱，较少诱发过敏反应。

【药理作用】 胰岛素主要促进肝脏、脂肪、肌肉等靶组织糖原和脂肪的储存。

1. 促进糖原的合成和储存，加速葡萄糖的氧化和酵解并抑制糖原分解及糖异生而降低血糖。
2. 促进脂肪合成，抑制脂肪分解，减少游离脂肪酸和酮体的生成，促进脂肪酸和葡萄糖的转运，增加利用率。
3. 增加氨基酸转运和核酸、蛋白质合成，抑制蛋白质分解。
4. 加快心率，增强心肌收缩力和降低肾血流，伴发相应疾病情况下应充分注意。
5. 促进K^+进入细胞，降低血K^+浓度。

【作用机制】 胰岛素属多肽类激素，分子较大，不易进入靶细胞而只作用于膜受体，通过第二信使而产生生物效应。胰岛素受体（insulin receptor，InsR）是由两个α亚基及两个β亚基组成，α亚基位于胞外，含胰岛素结合部位，β亚基为跨膜蛋白，胞内部分具有酪氨酸激酶活性。胰岛素与胰岛素受体的α亚基结合，迅速引起β亚基自磷酸化激活其激酶活性，启动细胞内下游蛋白的连续磷酸化反应，产生降血糖等生物效应（图34-1）。

【体内过程】 胰岛素作为一种蛋白质，普通制剂易被消化酶所破坏，口服无效，必须注射给药。皮下注射吸收快，尤以前臂外侧和腹壁明显，亦可肌内、静脉注射。半衰期约为10min，但作用可维持数小时。主要在肝、肾灭活，经谷胱甘肽转氨酶还原二硫键，再由蛋白水解酶水解成

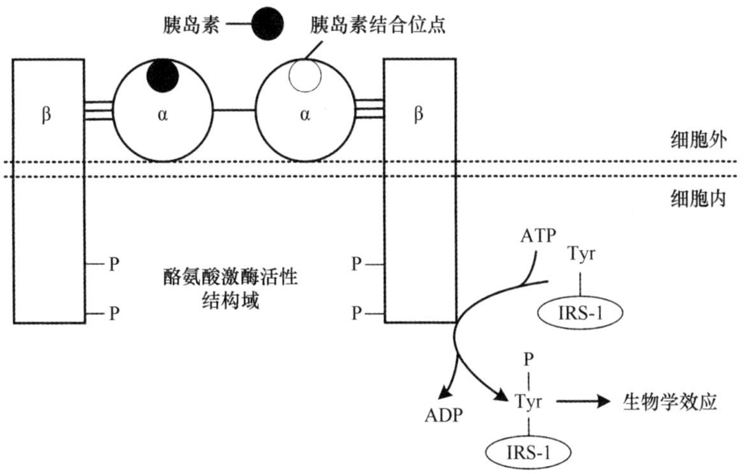

图 34-1 胰岛素受体结构及信号转导示意图

IRS-1. 胰岛素受体底物-1；Tyr. 酪氨酸残基；α、β. 亚基；P. 磷酸残基

短肽或氨基酸，也可被肾胰岛素酶直接水解，10% 以原型自尿液排出。因此，严重肝肾功能不全会影响其灭活。为延长胰岛素作用时间，可制成中、长效制剂。中、长效制剂加入微量锌制成混悬剂，不可静脉注射。各制剂特点如表 34-1 所示。

表 34-1 胰岛素各制剂特点

类型	药名	给药途径	给药时间	作用时间（h）		
				开始	高峰	维持
速效	赖脯胰岛素（优泌乐） 门冬胰岛素（诺和锐）	IH	餐时或餐前、餐后立即注射	0.25	0.5～1.5	3～4
短效	普通胰岛素	IH	餐前 0.5h，3～4 次/天	0.5	2～4	6～8
		IV	急救	立即	0.5	2
中效	低精蛋白锌胰岛素	IH	餐前 0.5h，1～2 次/天	2～4	6～10	10～16
	珠蛋白锌胰岛素	IH	餐前 1h，1～2 次/天	2～4	6～10	12～18
长效	精蛋白锌胰岛素	IH	餐前 0.5～1h，1 次/天	3～4	12～24	24～36
	地特胰岛素	IH	早餐/晚餐前，1 次/天	6～8	无峰值	24
	甘精胰岛素	IH	任意时间，1 次/天	1～2	无峰值	24

注：IH. 皮下注射；IV. 静脉注射

【临床应用】

1. 糖尿病 临床上胰岛素可用于各型糖尿病，主要用于：①1 型糖尿病；②重度 2 型糖尿病；③轻、中型糖尿病经饮食控制及口服降血糖药治疗无效的2型患者；④糖尿病合并高热、重症感染、消耗性疾病、妊娠、创伤及手术前后；⑤糖尿病发生各种急性或严重并发症，如糖尿病酮症酸中毒及高渗性非酮症性糖尿病昏迷；⑥全胰腺切除引起的继发性糖尿病。

2. 细胞内缺钾 胰岛素与葡萄糖合用可促使 K^+ 进入细胞内，故临床上将葡萄糖、胰岛素及氯化钾组成合剂，以纠正细胞内缺 K^+，并可提供能量，减少缺血心肌中的游离脂肪酸，防治心肌梗死时的心律失常。

【不良反应】

1. 低血糖症 大多由于胰岛素过量，未按时按量进餐，或运动过多等诱因引起，多见于消瘦或病情严重者，是最重要也是最常见的不良反应。早期表现为饥饿感、出汗、心搏加快、焦虑、震颤等症状，严重者可引起昏迷、休克及脑损伤，甚至死亡。为防止低血糖症的严重后果，应教会患者熟知反应。轻者可饮用糖水或摄食，严重者应立即静脉注射 50% 葡萄糖注射液。必须在糖尿病患者中鉴别低血糖昏迷和酮症酸中毒性昏迷及非酮症性糖尿病昏迷。速效胰岛素过量引起的低血糖反应主要来自交感-肾上腺素系统代偿性兴奋的症状；中、长效制剂引起的低血糖反应则多由中枢神经功能障碍诱发。

2. 过敏反应 较多见，一般反应轻微，如注射部位瘙痒、肿胀、红斑，少数出现荨麻疹，血管神经性水肿，偶可致过敏性休克。可能的原因：①动物来源的胰岛素与人胰岛素结构的差异；②制剂纯度不足，杂质所致。若用高纯度制剂或人胰岛素可降低过敏反应。

3. 胰岛素抵抗 正常或高于正常浓度的胰岛素只引起低于正常的生物效应称胰岛素抵抗（insulin resistance）。

（1）急性胰岛素抵抗：多因并发感染、创伤、手术等应激状态所致。血中出现拮抗胰岛素作用的物质增多、pH 降低等情况下，可降低胰岛素与受体结合，或血中存在大量游离脂肪酸和酮体时，可影响葡萄糖的摄取、利用，锐减胰岛素作用。应对急性胰岛素抵抗，需短时间内增加胰岛素剂量达数百乃至数千单位。只要正确处理诱因，调整酸碱、水电平衡，加大胰岛素剂量，常可取得良好疗效。

（2）慢性胰岛素抵抗：指临床每日需用胰岛素 200U 以上且未见并发症。慢性胰岛素抵抗形成原因复杂。①受体前异常：常见胰岛素抗体结合胰岛素影响其与胰岛素受体的结合。②受体水平变化：高胰岛素血症等条件下，靶细胞表面胰岛素受体数目减少；老年、肥胖、肢端肥大症及尿毒症等情况下，靶细胞表面胰岛素受体数目也减少；酸中毒时胰岛素与受体的亲和力降低。③受体后失常：靶细胞胰岛素受体下游酶系统失常及葡萄糖转运系统障碍等都会影响胰岛素的正常作用而表现为胰岛素抵抗性。

4. 脂肪萎缩 见于注射部位，女性多于男性。应用高纯度胰岛素较少见。

案例解析

案例：

患者，女，55 岁。因“头晕、头痛 1 月”就诊。既往有“2 型糖尿病”病史 10 年，使用胰岛素治疗。血压为 162/96mmHg。空腹血糖为 6.8mmol/L。诊断：2 型糖尿病并原发性高血压。

处方：口服普萘洛尔片，20mg，每日 3 次；胰岛素 3 餐前 30min 皮下注射，早 12U 中 8U 晚 10U。精蛋白锌胰岛素 8U，睡前皮下注射。

问题：

1. 该处方存在何种不合理用药？

2. 该处方应如何调整？

解析：

普萘洛尔为非选择性 β 受体阻断药，可抑制由于低血糖引起代偿性交感肾上腺活动增加所致的低血糖先兆症状，故可掩盖低血糖的症状，不宜觉察。另外，普萘洛尔能抑制交感神经引起的脂肪和糖原分解而使血糖降低。选择性 β 受体阻断药，如阿替洛尔、美托洛尔与胰岛素之间无类似相互作用。

故处方调整：阿替洛尔替代普萘洛尔。

第二节 口服降血糖药

目前常用口服降血糖药包括磺酰脲类、双胍类、胰岛素增敏剂、α-葡萄糖苷酶抑制药及餐时血糖调节剂等。

一、磺酰脲类

磺酰脲类（sulfonylureas，SU）的共同结构是苯磺酰脲，主要差异来源于不同侧链。第一代磺酰脲类降糖药包括甲苯磺丁脲（tolbutamide）与氯磺丙脲（chlorpropamide）；第二代磺酰脲类降糖药是在第一代磺酰脲类的苯环上接一带芳香环的碳酰胺，作用效果可增加数十至上百倍，如格列本脲（glibenclamide，优降糖）、格列吡嗪（glipizide，吡磺环己脲）；第三代磺酰脲类降糖药是在磺酰脲的尿素部分加一个二环杂环，则不仅可降血糖，还能改变血小板功能，对糖尿病患者容易凝血和存在血管栓塞倾向可能有益，如格列美脲（glimepiride）和格列齐特（gliclazide）。

【药理作用及机制】

1. 降血糖作用 对正常人和胰岛功能尚存的患者有效，但对 1 型糖尿病患者及切除胰腺的糖尿病患者无效，其机制如下。①刺激胰岛 B 细胞释放胰岛素。该类药物与胰岛 B 细胞膜上磺酰脲受体结合，阻滞与受体偶联的 ATP 敏感钾通道而阻止 K^+ 外流，致细胞膜去极化，增强电压依赖性钙通道开放，促进胞外 Ca^{2+} 内流。胞内游离钙浓度增加后，触发胞吐及胰岛素释放。②增加胰岛素与靶组织的结合能力。长期服用且胰岛素已恢复至给药前水平的情况下，其降血糖作用仍然存在，这可能与其增加靶细胞膜上胰岛素受体的数目和亲和力有关，也有可能与抑制胰高血糖素的分泌，提高靶细胞对胰岛素的敏感性有关。③可降低血清糖原水平。

2. 对水排泄的影响 格列本脲、氯磺丙脲有抗利尿作用，但不降低肾小球滤过率，与促进 ADH 分泌和增强作用效果相关，可用于尿崩症。

3. 对凝血功能的影响 这是第三代磺酰脲类的特点。能使血小板黏附力减弱，刺激纤溶酶原的合成。

【体内过程】 磺酰脲类药在胃肠道吸收迅速而完全，与血浆蛋白结合率高。多数药物在肝内氧化成羟基化合物，并迅速从尿中排出。

甲苯磺丁脲口服后 3～5h 血药浓度达峰，半衰期为 8h 左右，作用维持 6～12h，每日给药 3 次；代谢产物可使尿蛋白测定出现假阴性。

氯磺丙脲半衰期为 36h 左右，作用维持 30～60h，部分以原型由肾小管分泌排出，排泄慢，每天只需给药 1 次。

格列本脲口服 2～6h 血药浓度达峰，作用维持 15h，每天给药 1～2 次。

格列吡嗪口服 1～2h 血药浓度达峰，半衰期为 2～4h，作用维持 6～10h，灭活及排泄快，较少出现持续低血糖。

格列美脲口服吸收完全，2.5h 血药浓度达峰，半衰期为 5～8h，作用维持 24h，主要由肝代谢，经肾由尿排出。

格列齐特口服吸收较快，2～6h 血药浓度达峰，半衰期为 10～12h，作用维持 24h，经肝脏代谢成无活性的代谢物，大部分给经肾排泄，少量随粪排泄。

格列喹酮口服吸收完全，2～3h 血药浓度达峰，半衰期为 1.5h 左右，作用维持 2～3h，大部分代谢产物经胆汁排泄。

格列波脲口服吸收快，约 95% 与血浆蛋白结合主要在肝脏代谢，半衰期为 8h 左右，作用持续 24h，约 70% 以代谢物形式经肾排泄。

【临床应用】

1. 用于胰岛功能尚存的 2 型糖尿病且单用饮食控制无效者。

2. 尿崩症：只用氯磺丙脲，每日 0.125～0.5g，可使患者尿量明显减少。

【不良反应】 常见不良反应为皮肤过敏、胃肠不适、嗜睡及神经痛，也可致肝损害，尤以氯磺丙脲多见。少数患者有白细胞、血小板减少及溶血性贫血，因此需定期检查肝功能和血象。较严重的不良反应为持久性低血糖症，常因药物过量所致，格列本脲较多见，老年人及肝、肾功能不良者发生率高，故老年及肾功能不良的糖尿病患者忌用。格列吡嗪、格列波脲较少引起低血糖。格列喹酮由于经胆道系统从粪便中排泄，故是肾功能不全患者的首选。格列齐特能改善糖尿病患者眼底病变及代谢、血管功能紊乱等，故更适合老年人。

【药物相互作用】 由于磺酰脲类血浆蛋白结合率高（90%左右），可与一些蛋白结合率高的药物如磺胺类药、水杨酸类、保泰松、呋塞米、吲哚美辛、青霉素、双香豆素等发生竞争性置换作用，使游离药物的浓度上升而引起低血糖反应。保泰松还能抑制肝微粒体酶，使磺酰脲类药的代谢减少，能增强药效。消耗性患者血浆蛋白低，黄疸患者血浆胆红素水平高，也能竞争血浆蛋白结合部位，更易发生低血糖。乙醇抑制糖原异生和肝葡萄糖输出，故患者饮酒会导致低血糖。另外，氯丙嗪、糖皮质激素、噻嗪类利尿药、口服避孕药均可降低磺酰脲类的降血糖作用。β受体阻断药如普萘洛尔能抑制交感神经兴奋引起的脂肪和肌糖原分解而使血糖降低。并且抑制由于低血糖引起代偿性交感肾上腺活动增加所致的低血糖先兆症状，合用时宜慎重。与降压药如可乐定、利血平、哌乙啶等均能增强外周组织对胰岛素的敏感性，促进糖的利用，合用时可增强降血糖药的作用，宜减少剂量。

二、双 胍 类

常用的双胍类药物有二甲双胍（metformin，甲福明）、苯乙双胍（phenformin，苯乙福明）。苯乙双胍曾广泛运用，但由于乳酸中毒较多且重，目前已少用。二甲双胍降糖作用较苯乙双胍弱，但毒性较小，现为临床主要应用的双胍类药物。

【药理作用及机制】 双胍类药物可降低糖尿病患者的血糖，但对正常人血糖无影响。降糖不依赖胰岛B细胞，而是增加外周组织摄取葡萄糖，降低葡萄糖在肠的吸收及糖原异生，抑制胰高血糖素释放等。另外，二甲双胍可增加胰岛素的敏感性，促进外周胰岛素与受体结合，促进受体磷酸化，激活酪氨酸激酶和葡萄糖转运体-4的转位，从而改善组织对胰岛素的敏感性。

【体内过程】 二甲双胍口服吸收率仅50%，2h血药浓度达峰，半衰期约为3h，作用维持8h，不与血浆蛋白结合。几乎全部由尿排泄，故在肾功能减退时可在体内大量蓄积，引起乳酸中毒。

【临床应用】 主要用于轻症糖尿病患者，尤适用于肥胖及单用饮食控制及体育锻炼治疗无效的2型糖尿病。也可用于1型糖尿病患者，与胰岛素合用，可减少胰岛素用量，还可用于对胰岛素抵抗综合征的治疗；与磺酰脲类降血糖药合用，具协同作用。

【不良反应】 常见恶心、呕吐、腹泻、口中有金属味或疲倦、体重减轻等。如果肠道反应较重，应于进餐中或餐后服用。有乳酸性酸中毒、酮血症等严重不良反应，但二甲双胍少见。肾功能损害患者禁用。

三、胰岛素增敏剂

胰岛素抵抗是指各种原因使胰岛素促进葡萄糖摄取和利用的效率下降，机体代偿性地分泌过多胰岛素产生高胰岛素血症，以维持血糖的稳定。糖耐量减低（IGT）人群75%存在胰岛素抵抗，2型糖尿病患者胰岛素抵抗的发生率在85%左右。胰岛素抵抗理论使人们对2型糖尿病治疗从单纯增加胰岛素的数量转移到增加对胰岛素的敏感性上来。噻唑烷酮类是一类新型的胰岛素增敏剂，能改善B细胞功能，显著改善胰岛素抵抗及相关代谢紊乱，对2型糖尿病及其心血管并发症均有明显疗效，主要包括吡格列酮（pioglitazone）、罗格列酮（rosiglitazone）、环格列酮（ciglitazone）、恩格列酮（englitazone）等。

【药理作用】

1. 改善胰岛素抵抗 降低高胰岛素血症，使靶细胞胰岛素受体上调，增强对胰岛素的敏感性。

2. 降低高血糖 使患者空腹血糖、餐后血糖降低。

3. 改善胰岛B细胞功能 可增加胰岛的面积、密度和胰岛中胰岛素含量而对胰岛素的分泌无影响；通过降低血浆胰岛素及游离脂肪酸水平，减轻对胰腺的毒性，减少细胞死亡来阻止胰岛B

细胞的衰退。

4. 改善脂肪代谢紊乱 能显著降低 2 型糖尿病患者 LDL、VLDL 和甘油三酯，增加总胆固醇和 HDL-C 的水平。

5. 对 2 型糖尿病血管并发症的防治作用 可抑制血小板聚集、炎症反应和内皮细胞的增生，抗动脉粥样硬化。还可延缓蛋白尿的发生，使肾小球的病理改变明显减轻。

【作用机制】 该类药物改善胰岛素抵抗及降糖的机制与竞争性激活过氧化物酶增殖体受体 γ（peroxisome proliferator-activated receptor γ，PPAR-γ），调节胰岛素反应性基因的转录有关。PPAR-γ 激活后通过下列途径改善胰岛素抵抗。①活化的 PPAR-γ 与几种核蛋白形成杂化二聚体复合物，导致脂肪细胞分化产生大量小脂肪细胞，增加了脂肪细胞总量，提高和改善胰岛素的敏感性。②增强胰岛素信号传递。研究发现，该类药物可阻止或逆转高血糖对酪氨酸蛋白激酶的毒性作用，促进胰岛素受体底物-1 的磷酸化。罗格列酮尚可增加胰岛素受体数量。③降低脂肪细胞瘦素（leptin）和肿瘤坏死因子-α（TNF-α）的表达，因为 TNF-α 通过干扰胰岛素受体酪氨酸磷酸化和增加对抗丝氨酸磷酸化的作用，能引起对体内、外胰岛素的抵抗。④改善胰岛 B 细胞功能。⑤增加外周组织葡萄糖转运体-1 及葡萄糖转运体-4 等的转录和蛋白合成，增加基础葡萄糖的摄取和转运。

【临床应用】 主要用于治疗胰岛素抵抗和 2 型糖尿病。

【不良反应】 该类药物低血糖发生率低。主要有嗜睡、肌肉和骨骼痛、头痛、消化道症状等，少数可出现乏力、水肿、肝功能损害。但近年来研究发现该类药物具有的明显不良反应导致了一些品种的退市和限制使用。其中曲格列酮因明显特异性肝毒性而退市；罗格列酮因致心血管事件，于 2010 年和 2011 年在欧盟和美国下架，其他国家限制使用（无法用其他降糖药或其他降糖药无法达到血糖目标时考虑；心力衰竭、缺血性心肌病、骨质疏松症禁用）；2011 年 FDA 认为吡格列酮使用 1 年以上可能增加患膀胱癌风险。

四、α-葡萄糖苷酶抑制药

α-葡萄糖苷酶抑制药主要有阿卡波糖（acarbose，拜唐苹）、伏格列波糖（voglibose）、米格列醇（miglitol）。

【药理作用及机制】 碳水化合物经初步消化成低聚糖等，进入小肠经 α-葡萄糖苷酶分解为葡萄糖在小肠吸收。α-葡萄糖苷酶抑制药竞争性抑制位于小肠的 α-葡萄糖苷酶，使碳水化合物分解为葡萄糖的速度减慢，从而减缓肠道内葡萄糖的吸收，降低餐后高血糖。α-葡萄糖苷酶抑制药不刺激 B 细胞分泌胰岛素，但可降低餐后胰岛素水平，说明可增加胰岛素的敏感性。阿卡波糖对淀粉酶也有抑制作用，而伏格列波糖仅对 α-葡萄糖苷酶抑制，对淀粉酶无抑制作用。

【临床应用】 单独应用或与其他降糖药合用，可降低患者的餐后血糖。

【不良反应】 主要为胃肠道反应，是由于未被吸收的糖类滞留肠道，细菌作用后产气，出现腹胀、腹痛、腹泻、胃肠痉挛性疼痛、顽固性便秘等。尚有肠鸣、恶心、呕吐、食欲减退等。服药期间应增加饮食中碳水化合物的比例，并限制单糖的摄入量，以提高药物的疗效。合用其他降糖药，如胰岛素、磺脲类或二甲双胍类药物时有发生低血糖的可能。

五、餐时血糖调节剂

格列奈类为非磺酰脲类促胰岛素分泌剂，使用后可增加胰岛素的分泌量。目前用于临床的主要有瑞格列奈和那格列奈。由于格列奈类药物起效快、作用时间短，且促胰岛素分泌作用与血糖浓度有关，具有血糖依赖性，即血糖高时其作用增强，血糖低时其作用则减弱。因而降低餐后高血糖的作用较强，同时低血糖发生率较低。因此，被称为餐时血糖调节剂。

【药理作用及机制】 通过与胰岛 B 细胞膜上的特异性受体结合，促进与受体偶联的 ATP 敏感性钾通道关闭，抑制 K^+ 从 B 细胞外流，使细胞膜去极化，从而开放电压依赖性钙通道，使细胞

外 Ca^{2+} 进入胞内，促进储存的胰岛素分泌。

【体内过程】 口服迅速经胃肠道吸收入血，15min 起效，1h 左右达峰，半衰期约为 1h，通过肝 CYP 代谢，其中超过 90% 随胆汁进入消化道经粪便排出，其余经尿排泄。

【临床应用】 主要适用于 2 型糖尿病患者，老年糖尿病患者也可服用，且适用于糖尿病肾病者。因其结构中不含硫，故对磺酰脲类药物过敏者仍可使用。

【不良反应】 轻度低血糖，视觉异常，腹痛、腹泻、恶心、呕吐和便秘等胃肠道症状，少见肝功酶异常及皮肤过敏反应。

案例解析

案例：

患者，男，58 岁，因“反复四肢关节疼痛 2 年，伴多饮、多尿、多食 1 月”就诊，诊断：①类风湿性关节炎；②2 型糖尿病。给予保泰松和格列本脲治疗。服用 1h 后即出现出汗、饥饿、心慌、颤抖、面色苍白、躁动，继之昏迷不醒。查血糖 2.6mmol/L。立即静脉注射 50% 葡萄糖注射液（GS）症状缓解，30min 后恢复正常。

问题：试分析病例现象产生的原因。

解析：

由于格列本脲和保泰松的血浆蛋白结合率均高（超过 90%），而发生竞争性置换作用，使游离药物的浓度上升而引起低血糖反应。

第三节　其他降血糖药

GLP-1 及胰淀粉样多肽类似物新药为糖尿病患者提供了新的用药选择。

一、胰高血糖素样肽-1 及其受体激动药

GLP-1 是由肠道 L 细胞分泌的一种肽类肠促胰素，具有以下生理作用：以葡萄糖依赖方式作用于胰岛 B 细胞，促进胰岛素基因的转录，增加胰岛素的生物合成和分泌；刺激 B 细胞的增殖和分化，抑制 B 细胞凋亡，从而增加胰岛 B 细胞数量，抑制胰高血糖素的分泌，抑制食欲及摄食，延缓胃内容物排空等。这一作用具有葡萄糖依赖性，效应的强弱与血糖浓度高低有关，血糖越高，作用越强，血糖下降时减弱，血糖低至 3.36mmol/L 时不再刺激胰岛素分泌。由于这一特点，可避免引起严重低血糖。这些功能都有利于降低餐后血糖并使血糖维持在恒定水平。

然而，GLP-1 在体内可迅速被广泛存在的 DPP-4 降解而失去活性，半衰期≤ 2min，限制了其临床应用。因此，目前使用的药物为 GLP-1 结构修饰的类似物和 DPP-4 抑制药。

艾塞那肽（exenatide）是一种人工合成的长效 GLP-1 受体激动药。药理作用与 GLP-1 生物学作用相同，半衰期 10h。艾塞那肽适应证是采用二甲双胍、磺酰脲类制剂，或两种药物联合治疗达不到目标血糖水平的患者。艾塞那肽目前是注射用药，每天给药 2 次（通常在早餐和晚餐之前）。该药最常见的副作用是胃肠反应如恶心、呕吐、腹泻等，一般为轻到中度，通常随继续用药而减轻。其禁忌证包括严重的胃肠道疾病和明显的肾功能不全（肌酐清除率小于 30ml/min）。

利拉鲁肽（liraglutide）是人 GLP-1 的类似物，是在 GLP-1 结构的基础上稍作调整，使其有了明显的抗 DPP-4 降解作用，所以每日一次注射即可有效控制血糖。用于成人 2 型糖尿病患者控制血糖，适用于单用二甲双胍或磺脲类药物最大可耐受剂量治疗后血糖仍控制不佳的患者，与二甲双胍或磺脲类药物联合应用。不良反应主要为注射部位反应，通常都为轻度。

西他列汀（sitagliptin phosphate）为 DPP-4 抑制药。口服给药，可显著抑制 DPP-4 活性，减少 GLP-1 降解增加内源性 GLP-1 水平，而产生降血糖效应。该药用于治疗 2 型糖尿病，发生低血糖的危险低于格列本脲。不良反应可见低血糖、鼻咽炎、上呼吸道感染、头痛和轻微胃肠道反应。

类似药物还有沙格列汀（saxagliptin）和维格列汀（vildagliptin）等。

二、胰淀粉样多肽类似物

醋酸普兰林肽（pramlintide acetate）是胰淀粉样多肽（胰淀素，淀粉不溶素）的一种合成类似物，与内源性胰淀粉样多肽有着相同的生物学功能，是继胰岛素之后第二个用于治疗1型糖尿病的药物。普兰林肽与胰淀粉样多肽的氨基酸序列差异表现在前者第25、28和29位上由脯氨酸所替代，较好地克服了天然胰淀粉样多肽不稳定、易水解、黏稠性大、易凝集的缺陷。

普兰林肽可以延缓葡萄糖的吸收，抑制胰高血糖素的分泌，减少肝糖生成和释放，因而具有降低糖尿病患者体内血糖波动频率和波动幅度，改善总体血糖控制的作用。普兰林肽20min血药浓度达峰，半衰期为50min。主要经肾脏代谢和排泄。可用作1型和2型糖尿病的辅助治疗药物，主要用于单用胰岛素，以及联合应用胰岛素和磺酰脲类药物和（或）二甲双胍仍无法取得预期疗效的糖尿病患者。普兰林肽可与胰岛素合用，但不能取代胰岛素。不良反应有关节痛、咳嗽、头晕、疲劳、头痛及咽炎等。

本章小结

1. 胰岛素具有降低血糖、促进脂肪和蛋白质的合成并抑制分解的作用。主要用于1型糖尿病及2型糖尿病血糖未能控制良好的患者等。

2. 主要口服降血糖药：①磺酰脲类，可刺激胰岛B细胞释放胰岛素，对胰岛功能尚存的2型糖尿病有效，药物如甲苯磺丁脲、格列本脲等。②双胍类，通过促进组织摄取和利用葡萄糖而降低血糖，药物如二甲双胍。③葡萄糖苷酶抑制药，主要通过抑制α-葡萄糖苷酶而降低餐后血糖，药物如阿卡波糖等。④胰岛素增敏剂能改善胰岛素抵抗，降低血糖，如吡格列酮和罗格列酮等。⑤餐时血糖调节剂用于控制餐后高血糖，其降血糖机制与磺酰脲相似，但降血糖具有血糖依赖性，如瑞格列奈和那格列奈等。

3. 新型降血糖药主要以GLP-1为作用靶点，分类如下。① GLP-1受体激动药，主要通过以葡萄糖依赖方式增加胰岛素合成和分泌，如艾塞那肽和利拉鲁肽。② DPP-4抑制药，通过减少GLP-1降解而产生降糖效应，如西他列汀、沙格列汀和维格列汀等。

另外，普兰林肽是胰淀粉样多肽类似物，与内源性胰淀粉样多肽有着相同的生物学功能，能降低血糖，并有降低糖尿病患者体内血糖波动频率和波动幅度，改善总体血糖控制的作用。

（张媛媛）

中药介绍

黄芪（milkvetch root）为豆科黄芪属植物蒙古黄芪 *Astragalus membranaceus*（Fisch.）Bge. var. *mongholicus*（Bge.）Hsiao及膜荚黄芪 *A. mem branaceus*（Fisch. Bge.）的根，主要含苷类、多糖、黄酮、氨基酸、微量元素等。

黄芪对糖尿病患者具有降低血糖和增加胰岛素敏感性的作用，其降低血糖不是通过增加胰岛素的分泌或释放，而是通过增加组织对葡萄糖的摄取和利用。通过增加糖原合成酶活性、胰岛素受体底物活性、蛋白激酶B和蛋白激酶C活性，使骨骼肌细胞和心肌组织葡萄糖转运体水平增加，增加糖原合成酶活性而增加胰岛素敏感性，从而降低血糖。

临床上黄芪在治疗糖尿病的处方中，使用频率最高，高达76.9%。现代研究进一步证实，黄芪还能促进血液循环，改善微循环等，并广泛作用于心血管、肾脏、神经系统及消化系统。

第三十五章 性激素类与计划生育药

能力要求

1. 掌握性激素类与计划生育药物的分类，以及激素替代治疗的概念。
2. 熟悉性激素的分泌及调节机制。
3. 了解计划生育药的基本用法及避孕机制。

性激素（sex hormone）是主要由性腺分泌的激素，为甾体分子化合物，包括雌激素、孕激素和雄激素。目前，临床应用的性激素类药物多来自人工合成的性激素及其衍生物。除应用于特异性疾病治疗外，性激素主要用于避孕。常用的避孕药（contraceptive）大多属于雌激素与孕激素的复合制剂。

【性激素的分泌及调节】 性激素的分泌受下丘脑-垂体前叶的调节。下丘脑分泌促性腺激素释放激素（gonadotropin-releasing hormone，GnRH），促进垂体前叶分泌促卵泡素（follicle stimulating hormone，FSH）和黄体生成素（luteinizing hormone，LH）。FSH 刺激女性卵巢滤泡的发育成熟，分泌雌激素；同时增加 LH 受体数目，增强 LH 作用促进卵巢黄体生成，促使黄体分泌孕激素。FSH 促进男性睾丸曲细精管的成熟和精子的生成，启动生精过程；LH 促进睾丸间质细胞分泌雄激素，加速睾酮合成，维持生精过程。

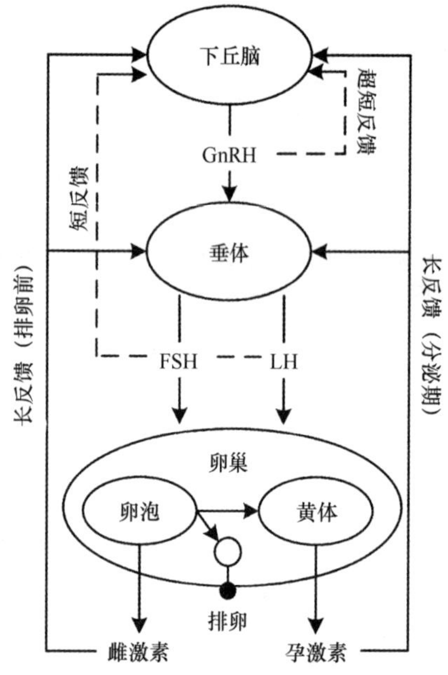

图 35-1　女性激素的分泌与调控

性激素对下丘脑及垂体前叶的分泌有正、负反馈调节作用（图 35-1），从而维持性激素水平的动态平衡，主要通过如下 3 种途径。①长反馈，表现为性激素对下丘及垂体前叶的反馈作用。例如，排卵前期，雌激素水平较高，直接或间接通过下丘脑促进垂体前叶分泌 LH，引发排卵，为正反馈调节；黄体期（月经周期的分泌期），雌、孕激素水平均较高，减少下丘脑 GnRH 分泌，抑制排卵，为负反馈调节，常用甾体避孕药就是根据这一负反馈设计的。②短反馈，表现为垂体分泌 FSH、LH 通过负反馈作用减少下丘脑 GnRH 的释放。③超短反馈，表现为腺体内的自行正反馈调节。例如，下丘脑分泌的 GnRH 作用于下丘脑，促进 GnRH 的分泌；雌激素局部刺激成熟的卵泡，增加卵泡对促性腺激素的敏感性，促进雌激素的合成。

【性激素的作用机制】 性激素受体主要为核受体，发挥基因组效应，调节基因表达。一般情况下，性激素与细胞内受体结合形成复合物，转位至细胞核内，与基因组特定位置的 DNA 结合，调节相关基因的 mRNA 转录和蛋白翻译，发挥生理学和药理学作用。也有报道说明，性激素受体不仅仅具有基因组效应，还具有调节细胞内信号转导的非基因组效应。

第一节 雌激素类药及雌激素阻断药

一、雌激素类药

【来源】卵巢和睾丸分泌的内源性雌激素（estrogen）主要是雌二醇（estradiol，E_2），效应最强。体内存在的内源性雌激素，雌酮（estrone，E_1）、雌三醇（estriol，E_3）等其他雌激素，多为雌二醇的肝脏代谢产物。

雌激素对生殖系统、心血管系统、中枢神经系统、骨骼系统等的生长、发育和功能具有重要的调节作用。天然雌激素活性较低，目前临床常用的雌激素类药物多以雌二醇为母体而人工合成的高效长效甾体衍生物，主要有炔雌醇（ethinylestradiol）、炔雌醚（quinestrol）、戊酸雌二醇（estradiol valerate）、美雌醇（mestranol）、马烯雌酮（equilin）等。人工合成组织特异性甾体激素替勃龙（tibolone），可用于绝经期女性替代疗法，其代谢产物兼有雌、孕、雄激素的活性。结合型雌激素妊马雌酮（premarin），雌酮硫酸盐和马烯雌酮硫酸盐混合物，具有应用方便、长效、不良反应较少等特点，被广泛应用。此外，一些结构较简单的非甾体类药物也具有雌激素样作用，如己烯雌酚（diaethylstilbestrol），又称乙芪酚（stilbestrol）等。

【体内过程】口服雌二醇经胃肠道吸收，肝内迅速代谢表现为首过效应，生物利用度低，需注射给药。雌二醇代谢产物大部分形成葡萄糖醛酸或硫酸酯，随尿排出；小部分经胆汁排出，可形成肠肝循环。

血浆中雌激素可与性激素结合蛋白或白蛋白结合，结合率可达 50% 以上。

人工合成的炔雌醇、炔雌醚、己烯雌酚等在肝内代谢缓慢，其中炔雌醇、炔雌醚吸收后储存于体内脂肪组织，缓慢释放，不易被肝脏代谢，口服疗效较好，维持时间较长。酯类衍生物或油溶液制剂，肌内注射吸收缓慢，作用时间较长。

雌二醇透皮贴可经皮肤缓慢稳定吸收，避免首过效应。大部分雌激素易从皮肤和黏膜吸收，故可制成贴片经皮给药。

【生理及药理作用】

1. 对未成年女性 雌激素促进女性性器官的发育和成熟，维持女性第二性征。

2. 对成年女性 保持女性第二性征，并在孕激素协同下，使子宫内膜产生周期性变化，形成月经周期，增强子宫平滑肌对缩宫素的敏感性，也可使阴道上皮增生，浅表层细胞角化。

3. 对排卵的影响 小剂量雌激素，可促进性腺激素分泌，促进排卵；大剂量雌激素，则通过下丘脑-垂体系统的负反馈机制，减少下丘脑 GnRH 的释放及 FSH 和 LH 分泌，抑制排卵。

4. 对乳腺的影响 小剂量雌激素能刺激乳腺导管及腺泡的生长发育；大剂量雌激素则抑制催乳素对乳腺的刺激作用，减少乳汁分泌。

5. 对代谢的影响 雌激素具有轻度水、钠潴留作用，使血压升高；增加骨骼的钙盐沉积，加速骨骺闭合；对青春期生长发育有促进作用；预防绝经期妇女骨质丢失；降低 LDL、升高 HDL 水平；降低糖耐量等诸多作用。

6. 其他 雌激素尚可增加凝血因子Ⅱ、Ⅶ、Ⅸ、Ⅹ的活性，促进血液凝固。在应用较大量的雌激素避孕药时可能会发生血栓；而低含量雌激素避孕药通常不会发生。此外，雌激素具有抗雄激素作用。

【临床应用】

1. 围绝经期综合征 更年期妇女由于卵巢功能降低，雌激素分泌不足，垂体促性腺激素分泌增多，产生内分泌平衡失调所致的一系列症状，如面颈红热、恶心、失眠、情绪不安等，也称更年期综合征。应用雌激素替代治疗可抑制垂体促性腺激素的分泌，从而减轻其症状；对于绝经后和老年性骨质疏松症，也可适量补充雌激素，减少骨质丢失，防止骨折发生；对因雌激素缺乏引起的老年性阴道炎和女阴干枯病，局部用药有效。

2. 卵巢功能不全和闭经 原发性或继发性卵巢功能低下患者，用雌激素替代治疗，可促进子宫、外生殖器及第二性征的发育。雌激素与孕激素合用，可产生人工月经周期。

3. 功能性子宫出血 雌激素可促进子宫内膜增生，修复出血创面而止血，也可适当配伍孕激素，以调整月经周期。

4. 乳房胀痛及退乳 部分妇女停止授乳后，乳汁继续分泌而致乳房胀痛，大剂量雌激素能干扰催乳素对乳腺的刺激作用，使乳汁分泌减少而退乳消痛。

5. 绝经后晚期乳腺癌 雌激素能缓解绝经期后晚期乳腺癌不宜手术患者的症状。有研究认为，乳腺癌的发病与内源性雌酮有关，绝经期妇女卵巢停止分泌雌二醇，肾上腺分泌的雄烯二酮在周围组织可转化为雌酮，雌酮持续作用于乳腺导致乳腺癌。大剂量雌激素可抑制垂体前叶分泌促性腺激素，而减少雌酮的产生。但绝经前乳腺癌患者禁用，主要原因是雌激素可促进肿瘤的生长。

6. 前列腺癌 大剂量雌激素抑制垂体促性腺激素的分泌，使睾丸萎缩及雄激素分泌减少，同时又能拮抗雄激素的作用，故能治疗前列腺癌。

7. 痤疮 青春期痤疮是由于雄激素分泌过多，刺激皮脂腺分泌，引起腺管阻塞及继发感染所致。雌激素可抑制雄激素分泌，并可拮抗雄激素作用。

8. 避孕 与孕激素合用可避孕。

9. 其他 雌激素能增加骨骼钙沉积，可与雄激素合用治疗老年性骨质疏松。雌激素尚有升高白细胞作用，可用于治疗放射线引起的白细胞降低症。有报道，小剂量雌激素长期应用可有效预防冠心病和心肌梗死等心血管疾病。此外，局部应用雌激素对老年性阴道炎及女阴干燥病有效。

【不良反应及注意事项】

1. 常见厌食、恶心、呕吐及头昏等，减少剂量或从小剂量开始逐渐增量可减轻症状。

2. 长期大量应用雌激素可使子宫内膜过度增生，引起子宫出血，故患有子宫内膜炎者慎用。此外，雄激素还可以增加子宫癌的发生率。

3. 大剂量雌激素可引起水、钠潴留导致水肿；肝功不良者可致胆汁淤积性黄疸。高血压、肝功能不良者慎用。

二、雌激素阻断药

本类药物根据作用机制的不同，可分为雌激素受体阻断药、选择性雌激素受体调节药和芳香化酶抑制药等，抑制或减弱雌激素的作用。

1. 雌激素受体阻断药 本类药物可阻断下丘脑的雌激素受体，消除雌二醇的负反馈抑制，促进垂体前叶分泌促性腺激素，诱发排卵。常用的雌激素受体阻断药氯米芬（clomiphene），化学结构与己烯雌酚相似，为三苯乙烯衍生物，具有较弱的雌激素活性，竞争性拮抗雌激素受体，表现为中等程度的抗雌激素作用。临床用于功能性不孕症、功能性子宫出血、晚期乳腺癌及长期应用避孕药后诱发的闭经等。主要不良反应有多胎、视觉异常等；长期大剂量应用可引起卵巢肥大，卵巢囊肿者禁用。

2. 选择性雌激素受体调节药 本类药物与特异组织的雌激素受体亲和力不同而表现为组织选择性，发挥部分激动或拮抗效应，也称组织特异性雌激素受体调节药。例如，雷洛昔芬（raloxifene）对乳腺和子宫内膜的雌激素受体没有作用，但可特异性结合骨组织的雌激素受体，多用于骨质疏松的治疗。

3. 芳香化酶抑制药 本类药物抑制芳香化酶降低雌激素的生成。芳香化酶存在于卵巢、脑、脂肪、肌肉、骨骼等组织中，是催化雌激素生成的限速酶，属于 CYP 含血红蛋白酶复合物超家族的微粒体成员。常用的芳香化酶抑制药来曲唑（letrozole），临床多用于治疗雌激素依赖性肿瘤。

案例解析

案例：

1. 患者，女，52岁，绝经2年，自诉无诱因潮热症状严重，情绪不稳定易怒，夜间失眠，白天精神不振。同时自觉阴道干燥，分泌物少，性生活困难。根据患者意愿可选择雌激素口服，或外用以缓解症状。

2. 患者，女，19岁，自诉闭经半年，13岁月经初潮后月经一直不规律，周期2～3个月不等，经量少。近半年无月经来潮。妇科检查子宫发育较小。此患者选用雌孕激素序贯法3个月到半年，加用甲状腺素片和维生素E以促进子宫发育。用药后患者月经来潮。

3. 患者，女，36岁，近2个月月经中期少量阴道出血，持续2～3天，且近1年月经周期缩短，由原来的30天缩短到现在的20～22天。患者由于雌激素缺乏导致排卵期出血，孕激素不足致周期缩短，补充后症状消失。

问题：对以上案例，雌激素的临床应用分别是什么？

解析：

对案例1，雌激素用于治疗围绝经期综合征；对案例2，雌激素与孕激素合用于治疗卵巢功能低下患者，产生人工月经周期；对案例3，雌激素促进子宫内膜增生，用于治疗功能性子宫出血，配伍孕激素可调整月经周期。

第二节　孕激素类药

【来源】 内源孕激素（progestogens）为黄体酮（progesterone，又称孕酮），主要由黄体分泌，妊娠3～4个月后，黄体萎缩而由胎盘分泌，直至分娩。临床常用其人工合成黄体酮衍生物。

【分类】 按化学结构，孕激素类药可分为如下两类。

1. 17*α*-羟孕酮类 黄体酮衍生化合物，如醋酸甲羟孕酮（medroxyprogesterone acetate）、甲地孕酮（megestrol）、氯地孕酮（chlormadinone acetate）及长效的己酸孕酮（17*α*-hydroxyprogesterone caproate）等。

2. 19-去甲睾丸酮类 结构与睾酮相似，如炔诺酮（norethisterone）、双醋炔诺酮（etynodiol diacetate）、炔诺孕酮（norgestrel，又称18-甲基炔诺酮、高诺酮）等。

【体内过程】 黄体酮经口服后在胃肠道和肝脏迅速破坏，需注射或舌下给药。黄体酮入血后，血浆蛋白结合率较高，肝脏代谢产物多与葡萄糖醛酸结合，经肾排出。人工合成高效炔诺酮、甲地孕酮等，肝脏代谢较慢，可口服给药。己酸孕酮油溶液、甲羟孕酮和甲地孕酮的未结晶混悬液肌内注射，可因局部吸收缓慢而发挥长效作用。

【生理及药理作用】

1. 生殖系统

（1）月经后期，孕激素在雌激素作用的基础上，促进子宫内膜继续增厚、充血、腺体增生并产生分支，由增殖期转为分泌期，有利于受精卵的着床和胚胎发育。

（2）在妊娠期，孕激素与缩宫素竞争受体，降低子宫对缩宫素的敏感性，抑制子宫收缩发挥保胎作用。

（3）孕激素可抑制子宫颈管腺体的黏液分泌，降低精子进入子宫的条件。

（4）孕激素可抑制输卵管节律性收缩和纤毛生长。

（5）大剂量孕激素可抑制LH分泌，从而抑制排卵。

（6）孕激素可加快阴道上皮细胞的脱落。

（7）孕激素与雌激素共同促进乳腺腺泡发育，为哺乳做准备。

2. 代谢 黄体酮是肝药酶诱导剂，可促进药物代谢；与醛固酮结构相似，竞争醛固酮受体，

促进 Na^+ 和 Cl^- 排泄而利尿；促进蛋白质分解，增加尿素氮的排泄；可增加血中 LDL 水平，对 HDL 无作用或仅有轻微影响。

3. 神经系统 黄体酮可调节下丘脑体温调节中枢，轻度升高月经周期黄体期的基础体温。女性月经周期中期排卵时的体温较平时约高 0.56℃，持续到月经来临，此作用与孕激素密切相关。孕激素还具有中枢抑制和催眠作用，以及增加呼吸中枢对 CO_2 的敏感性，兴奋呼吸系统，降低 CO_2 分压。

【临床应用】

1. 功能性子宫出血 黄体功能不足可引起子宫内膜不规则成熟与脱落，导致子宫持续性出血。应用孕激素可使子宫内膜同步转为分泌期，在行经期有助于子宫内膜全部脱落。

2. 痛经和子宫内膜异位症 雌、孕激素复合避孕药可抑制子宫痉挛性收缩而止痛，治疗痛经；还可使异位的子宫内膜萎缩退化，治疗子宫内膜异位症。

3. 先兆流产和习惯性流产 黄体功能不足所致流产，可用大剂量孕激素安胎；但习惯性流产，孕激素疗效不确切。19-去甲基睾酮激素不宜用于先兆流产和习惯性流产的治疗，同时它还具有雄激素样作用，可使女性胎儿男性化。

4. 子宫内膜腺癌、前列腺增生和前列腺癌 大剂量孕激素可使子宫内膜癌细胞分泌耗竭而致退化，另有报道认为孕激素可影响肿瘤细胞的基因转录，诱导肿瘤细胞分化抑制增殖。大剂量孕激素可反馈地抑制垂体前叶分泌间质细胞刺激激素（ICSH），减少睾酮分泌，促进前列腺细胞萎缩退化。

【不良反应】 常见不良反应为子宫出血、经量变化，甚至停经，偶见恶心、呕吐、头痛、乳房胀痛及腹痛。部分不良反应与孕激素的雄激素活性相关，表现为性欲改变、多毛或脱发、痤疮等，另外，大剂量 19-甲基睾酮还可诱发肝功能障碍。

第三节　雄激素类药和同化激素类药

一、雄激素类药

【来源】 天然雄激素（androgen）主要是睾丸间质细胞分泌的睾酮（testosterone）。肾上腺皮质、卵巢和胎盘也分泌少量的睾酮。临床多用人工合成的睾酮衍生物，如丙酸睾酮（testosterone propionate）、美睾酮（mesterolone）、甲睾酮（methyltestosterone）和氟甲睾酮（fluoxymesterone）等。

【体内过程】 睾酮口服极易被肝脏代谢，生物利用度甚低；一般用睾酮油溶液肌内注射或植入皮下。睾酮酯类化合物吸收缓慢，作用时间长；若植入皮下，作用可长达 6 周。睾酮代谢产物与葡萄糖醛酸结合，经肾排出。甲睾酮不易被肝脏代谢，可口服或舌下给药。

【生理及药理作用】

1. 生殖系统 睾酮可促进男性性器官及副性器官的发育和成熟，形成和维持男性第二性征，促进精子的生成及成熟。大剂量睾酮可反馈性抑制垂体前叶分泌促性腺激素；减少女性雌激素分泌，并有直接抗雌激素的作用。

2. 同化作用 睾酮可显著促进蛋白质合成（同化作用），抑制蛋白质分解（异化作用），促进肌肉增长，降低尿氮排泄，形成正氮平衡；同时具有诱发水、钠、钙、磷潴留表现，增加体重。

3. 骨髓造血功能 骨髓造血功能低下时，大剂量睾酮可促进肾脏分泌 EPO，也可直接刺激骨髓的造血功能，增加红细胞生成。

4. 增强免疫作用 睾酮可促进免疫球蛋白合成，增加免疫功能和巨噬细胞吞噬功能，具备一定的抗感染作用且具有部分糖皮质激素样抗炎作用。

5. 其他作用 睾酮可激活雄激素受体和偶联钾通道，调节脂质代谢，降低血中胆固醇的量；可调节凝血和纤溶过程；舒张血管平滑肌，降低血管张力等，改善心血管系统。另外，睾酮还可以降低高胰岛素血症、高血糖和代谢综合征的风险。

【临床应用】

1. 替代疗法　无睾症（两侧睾丸先天或后天缺损）或类无睾症（睾丸功能不足）、男性性功能低下等内源性睾酮不足的患者，可应用睾酮做替代疗法。

2. 围绝经期综合征和功能性子宫出血　睾酮可发挥对抗雌激素作用，使子宫平滑肌和子宫血管收缩，诱使子宫内膜萎缩止血，更年期患者较适用。严重出血的病例，可应用己烯雌酚、黄体酮和丙酸睾酮三药混合物注射给药，可达止血目的，但停药后易出现撤退性出血。

3. 晚期乳腺癌　雄激素可缓解部分患者的病情，可能与雄激素对抗雌激素活性有关，也可能与抑制垂体前叶分泌促性腺激素，降低雌激素分泌有关。雄激素还可对抗催乳素对癌组织的刺激作用。治疗效果与肿瘤组织的雌激素受体的量正相关。

4. 贫血　丙酸睾酮或甲睾酮可显著改善骨髓造血功能，可用于再生障碍性贫血及其他贫血。

5. 虚弱　雄激素的同化作用可用于治疗各种消耗性疾病、骨质疏松、生长延缓、长期卧床、损伤、放疗等情况。小剂量雄激素即可使患者食欲增加，加快体质恢复，发挥治疗作用。

【不良反应】

1. 女性长期应用可诱发男性化改变，如痤疮、多毛、声音变粗、闭经、乳腺退化、性欲改变等。男性应用可发生性欲亢进；但也可出现女性化改变，主要由于雄激素在性腺外组织转化为雌激素所致。雄激素长期用药的负反馈作用使男性睾丸萎缩，精子生成减少。

2. 17α 位由烷基取代的睾酮类药物干扰肝内毛细胆管的排泄功能，引起胆汁淤积性黄疸，如发现黄疸应立即停药。

【禁忌证及应用注意】　孕妇及前列腺癌患者禁用。

雄激素有水、钠潴留作用，肾炎、肾病综合征、肝功能不良、高血压及心力衰竭患者应慎用。

二、同化激素类药

雄激素具有较强的同化作用，但用于女性或非性腺功能不全的男性，常出现女性男性化或男性性功能障碍的现象，因而临床应用受到一定限制。同化激素（anabolic hormone）则是以同化作用为主，主要应用男性化作用较弱的睾酮衍生物，如苯丙酸诺龙（nandrolone phenylpropionate）、司坦唑醇（stanozolol）及美雄酮（methandienone）等药物。

同化激素临床主要应用于蛋白质同化或吸收不良，以及蛋白质分解亢进或损失过多的病例，如营养不良、严重烧伤、术后恢复期、老年骨质疏松及恶性肿瘤晚期等，用药时应同时增加食物中蛋白质成分和含量。

同化激素主要不良反应是长期应用可引起水、钠潴留，女性患者男性化，偶见胆汁淤积性黄疸。肾炎、心力衰竭和肝功能不良患者应慎用，孕妇及前列腺癌患者禁用。

第四节　避　孕　药

生殖是一个复杂的生理过程，包括精子和卵子的形成、成熟、排放、受精、着床及胚胎发育等多个环节，阻断任何一个环节均可达到避孕或终止妊娠的目的。药物避孕是控制生殖的主要方法之一。避孕药是目前避孕方法中一种安全、有效、使用方便的较理想避孕方法。现有避孕药大多为女用避孕药，男用药较少。

一、主要抑制排卵的避孕药

本类药物多为不同类型的雌激素和孕激素配伍组成的复方。目前常用甾体避孕药多属此类，具有方便有效，停药后生育能力恢复快，月经周期调节和降低某些癌症发病风险等优点。

【药理作用】　甾体避孕药主要直接作用于生殖器官，抑制受精、着床；或抑制中枢，干扰下丘脑-垂体-卵巢轴，抑制排卵。

1. 抑制排卵 甾体避孕药显著抑制排卵，用药期间避孕成功率超过90%。雌激素通过负反馈机制抑制下丘脑GnRH的释放，减少FSH分泌，抑制卵泡的生长成熟过程；同时孕激素抑制LH释放，二者协同抑制排卵。动物实验证明，甾体避孕药抑制排卵的作用可被外源性促性腺激素阻断。

2. 抗着床 甾体避孕药抑制子宫内膜正常增殖，促使逐渐萎缩，不利于受精卵着床。

3. 增加宫颈黏液黏稠度 不利于精子进入子宫腔。

4. 其他作用 甾体避孕药还可影响子宫和输卵管平滑肌的正常生理活动，使受精卵不能适时到达子宫；另可抑制黄体内甾体激素的生物合成等。

本类药物应用不受月经周期的限制，排卵前、排卵期及排卵后服用，都可影响孕卵着床。

【分类及用法】 国内常见的几种甾体避孕药可分为口服制剂、长效注射制剂、缓释制剂和多相片剂，成分见表35-1。

表35-1 几种甾体避孕制剂的成分

制剂名称	孕激素（mg）	雌激素（mg）
短效口服避孕药		
复方炔诺酮片（口服避孕药片1号）	炔诺酮0.6	炔雌醇0.035
复方甲地孕酮片（口服避孕药片2号）	甲地孕酮1.0	炔雌醇0.035
复方炔诺孕酮甲片	炔诺孕酮0.3	炔雌醇0.03
长效口服避孕药		
复方炔诺孕酮乙片	炔诺孕酮12.0	炔雌醚3.0
复方氯地孕酮片	氯地孕酮12.0	炔雌醚3.0
复方次甲氯地孕酮片	16-次甲氯地孕酮12.0	炔雌醚3.0
长效注射避孕药		
复方己酸孕酮注射液（避孕针1号）	己酸孕酮250.0	戊酸雌二醇5.0
复方甲地孕酮注射液	甲地孕酮25.0	雌二醇3.5
探亲避孕药		
甲地孕酮片（探亲避孕1号片）	甲地孕酮2.0	
炔诺酮片（探亲避孕片）	炔诺酮5.0	
双炔失碳酯片（53号避孕针）	双炔失碳酯7.5	

1. 短效口服避孕药 如复方炔诺酮片（口服避孕药片1号）、复方甲地孕酮片（口服避孕药片2号）及复方炔诺孕酮甲片等。用法：从月经周期第5天开始，每晚服药1片，连服22天，不能间断。一般于停药后2～4天可能发生撤退性出血，形成人工月经周期。下次服药仍从月经来潮第5天开始。若停药7天仍未月经来潮，则应立即开始服下一周期的药物。一旦漏服时，应于24h内补服1片。短效避孕药效果良好，成功率可达99.5%。

2. 长效口服避孕药 以长效雌激素类药物炔雌醚与孕激素类药物如炔诺孕酮或氯地孕酮等配伍而成的复方。用法：从月经来潮当天算起，第5天服第1片，最初两次间隔20天，以后每月服1次，每次1片，成功率可达98%。

3. 长效注射避孕药 复方己酸孕酮注射液（即避孕针1号）和复方甲地孕酮注射液。用法：第一次于月经周期的第5日深部肌内注射2支，以后每隔28日或于月经周期的第11～12天注射一次，每次1支。注射后一般于14天左右月经来潮。如发生闭经，仍应按期给药，不能间断。

4. 埋植剂 己内酯小管（约Φ2mm×30mm）装入炔诺孕酮70mg，形成棒状物，植入臂内侧或左肩胛部皮下。

5. 多相片剂 为了使服用者的激素水平近似月经周期水平，并减少月经期间出血的发生率，可将避孕药制成多相片剂，如炔诺酮双相片、三相片和炔诺孕酮三相片。双相片是开始 10 天每日服一片含炔诺酮 0.5mg 和炔雌醇 0.035mg 的片剂，后 11 天每日服一片含炔诺酮 1mg 和炔雌醇 0.035mg 的片剂，这种用法很少发生突破性出血。三相片则分为开始 7 天每日服一片含炔诺酮 0.5mg 和炔雌醇 0.035mg 的片剂，中期 7 天，每日服用一片含炔诺酮 0.75mg 和炔雌醇 0.035mg 的片剂，最后 7 天每日服用一片含炔诺酮 1mg 和炔雌醇 0.035mg 的片剂，其效果较双相片更好。炔诺孕酮三相片为开始 6 天每日服用一片含炔诺孕酮 0.05mg 和炔雌醇 0.03mg 的片剂，中期 5 天每日服用一片含炔诺孕酮 0.075mg 和炔雌醇 0.04mg 的片剂，后 10 天每日服用一片含炔诺孕酮 0.125mg 和炔雌醇 0.03mg 的片剂，这种用法更符合人体内源性激素的变化规律，临床效果更好。

【不良反应】

1. 类早孕反应 少数女性在用药初期出现头晕、恶心、择食、乳房胀痛等轻微的类早孕反应。一般坚持用药 2～3 个月后可减轻或消失。

2. 子宫不规则出血 常发生于用药后最初几个周期，可加服炔雌醇。

3. 闭经 有 1%～2% 服药妇女发生闭经，原月经史不正常者较易发生。如连续 2 个月闭经，应停药。

4. 乳汁减少 少数哺乳妇女用药可使乳汁减少。

5. 凝血功能亢进 有报道认为甾体避孕药可引起血栓性静脉炎和血管栓塞，如肺栓塞和脑血管栓塞等，可能与其中雌激素成分有关，应注意。

6. 轻度损害肝功能 与肝良性腺瘤及肝局灶性结节增生有一定关系，应定期检查肝脏。

7. 其他 可能出现痤疮、皮肤色素沉着，个别可出现血压升高。

【禁忌证及应用注意】 充血性心力衰竭或者其他水肿倾向者慎用。急慢性肝病及糖尿病需要用胰岛素治疗者不宜使用。研究表明避孕药可减少子宫内膜癌、卵巢癌、子宫肌瘤，以及乳腺纤维囊性和纤维腺性病变的发生率，而增加子宫颈癌和乳腺癌的发病率。如长期用药出现乳房肿块，应立即停药。宫颈癌患者禁用。

【药物相互作用】 肝药酶诱导剂，如苯巴比妥、苯妥英钠，可加速本类避孕药在肝内代谢，影响避孕效果，甚至导致突破性出血。

二、抑制着床避孕药

此类药物也称探亲避孕药，可使子宫内膜发生各种功能和形态变化，阻碍孕卵着床。我国多用大量炔诺酮（每次 5mg）或甲地孕酮（每次 2mg）或双炔失碳酯（anordrin）。本类药物的应用时间不受月经周期的限制。用法是同居当晚或事后服用。14 天以内必须连服 14 片，如超过 14 日，应接着服用复方炔诺酮片或复方甲地孕酮片。

三、抑制精子避孕药（男性避孕药）

男性避孕药主要为激素类避孕药，包括雄激素（androgen）、孕激素-雄激素复合剂。另外棉酚亦可用作男性避孕药。

（一）雄激素

睾 酮

临床上作为男性避孕药的有庚酸睾酮（testosterone enanthate）、十一酸睾酮（testosterone undecanoate）、戊酸睾酮（testosterone pentanoate）等。

【体内过程】 睾酮（testosterone）口服易吸收，但在进入全身循环前大部分被肝脏代谢，因此口服几乎无效。庚酸睾酮半衰期相对短，需要每 2 周肌内注射一次。十一酸睾酮和戊酸睾酮半衰期较长，分别可每4周和6周注射一次。

【药理作用与临床应用】 睾酮类雄激素药物通过增加血中雄激素水平反馈性地抑制垂体促性腺激素FSH、LH的分泌，进而抑制精子的发生，达到避孕效果。临床上用男性性功能减退、男性青春期发育迟缓、绝经女性晚期乳腺癌姑息性治疗及男用避孕等。

【不良反应】 庚酸睾酮反复应用可引起血脂和血脂蛋白的改变，使HDL-C降低，LDL-C升高。还可引起睾丸体积缩小、痤疮、性欲亢进、体重增加及血红蛋白增加等不良反应。十一酸睾酮最常见的不良反应为注射部位胀痛、痤疮及性欲改变，性欲的改变在使用期间以增强为主，停药后性欲减弱，未发现严重不良反应。戊酸睾酮对血脂影响小，对性功能无明显影响。

（二）孕激素-雄激素复合剂

孕激素和雄激素在较大剂量时可反馈性抑制腺垂体促性腺激素的分泌，从而抑制精子的发生。两者合用的优点在于具有协同作用，并可减少各药剂量，降低副作用发生。孕激素还可能直接作用于睾丸，影响精子发生；某些孕激素还具有抗雄激素特性，导致精子发生停滞。而雄激素可补充体内睾酮的不足，用以维持正常性功能。推荐此类型的男用避孕药有雄激素＋长效醋酸甲孕酮、雄激素＋左炔诺孕酮、雄激素＋庚酸炔诺酮等。

（三）孕激素

环丙孕酮

环丙孕酮（cyproterone）是一种强效孕激素，为抗雄激素药物，可在雄激素的靶器官竞争性对抗雄激素。大剂量时可抑制促性腺激素分泌，减少睾丸内雄激素结合蛋白的产生，抑制精子生成，干扰精子的成熟过程。环丙孕酮可影响肝功能、糖代谢、肾上腺皮质功能等，因此用药期间要检测相应功能。由于环丙孕酮可抑制性功能，故未成年者禁用。

（四）棉酚

棉酚（gossypol）是棉花根、茎和种子中所含的一种黄色酚类物质。

动物实验表明，棉酚可破坏睾丸细精管的生精上皮，使精子数量减少，直至无精子。停药后可逐渐恢复。Ⅰ期临床试验结果表明，每天20mg，连服2个月即可达节育标准，有效率达99%以上。

不良反应有胃肠道刺激症状、心悸及肝功能改变等。还可引起低血钾症状，由于棉酚可能引起不可逆性精子障碍，尚不能作为常规避孕药使用。

四、外用避孕药

目前常用的外用避孕药多是一些具有较强杀精作用的药物，如孟苯醇醚（menfegol）及烷苯醇醚（alfenoxynol）。孟苯醇醚0.2%溶液即可迅速杀死精子。该药膜放入阴道深部能快速溶解发挥杀精作用，同时可形成黏液，阻碍精子运动。烷苯醇醚可损害精子顶部，破坏精子的膜结构，使精子失去穿透卵子的能力。

杀精剂使用简便，不影响人体内分泌功能，但其避孕失败率高于其他屏障避孕法，如与其他屏障避孕法合用将更加有效。

知识拓展 **紧急避孕及方法**

紧急避孕是指在无避孕或觉察到避孕措施失误的情况下，于几小时或几天内立即采用的防止意外妊娠的补救措施 我国每年人工流产中约50%是未采用避孕措施或者是能觉察到的避孕失误。为了防止意外妊娠、降低人工流产率和保护妇女身心健康，采取安全可靠的紧急避孕，对无保护性生活或避孕失败进行补救是必要和有效的。

目前美国FDA认证使用的紧急避孕方法包括紧急避孕药及放置含铜宫内节育器（IUD）。WHO的资料证实，紧急避孕药物的临床效果与用药时间密切相关，无保护性性交后越早用药，避免意外妊娠的效果越好，由于是在无保护的性交后偶尔使用，所以一般无绝对用药禁忌。

本章小结

性激素是性腺分泌的激素，包括雌激素、孕激素和雄激素，属甾体化合物。常用的避孕药大多属于雌激素与孕激素的复合制剂。性激素的分泌受下丘脑-垂体前叶的调节。性激素对下丘脑及垂体前叶的分泌有反馈作用，可通过长反馈、短反馈和超短反馈三种途径实现自行调节。

大部分天然性激素活性较低，常用的性激素类药物多系人工合成的高效衍生物。临床主要用于体内特定性激素自身合成、分泌缺失，而进行的激素替代治疗及避孕。

生殖是一个复杂的生理过程，包括精子和卵子的形成、成熟、排放、受精、着床及胚胎发育等多个环节，阻断其中任何一个环节均可达到避孕或终止妊娠的目的。故可将避孕药分为抑制排卵、抑制着床、抑制精子和外用避孕药。

（张媛媛）

中药介绍

植物雌激素

植物中一类具有雌激素样或抗雌激素作用的活性成分被称为植物雌激素（phytoestrogen，PE），其杂环多酚类结构类似于内源性雌激素，能够与哺乳动物或人的雌激素受体（estrogen receptor，ER）结合。植物雌激素在体内具有双向调节作用：在体内雌激素水平较低时有拟雌激素作用；当体内雌激素水平较高时可发挥抗雌激素活性，故又被称为“选择性雌激素受体调节剂”（selective estrogen receptor modulator，SERM）。植物雌激素作为一类不良反应较小，对生殖系统、骨骼系统、心血管系统及中枢神经系统等方面具有广泛作用的天然化合物，备受人们关注。

植物雌激素与内源性雌二醇结构类似，含有杂环酚羟基。根据其化学结构主要分为4大类：黄酮类（flavone，包括黄酮、异黄酮、黄酮醇、二氢黄酮、查耳酮等，其中以异黄酮类为主），香豆素类（coumarin），木脂素类（lignan）及二苯乙烯类（stilbene）。此外，尚有醌类（quinone）、三萜类（triterpenoid）、甾醇类（sterol）及真菌雌激素类（mycoestrogen）等。

长期以来，许多中草药植物被广泛应用于妇女保健和妇科病症的治疗，这些中药所含的植物雌激素在其中发挥的药效作用不容忽视。相关研究报道显示，红花、川牛膝、丹参、女贞子、枸杞、甘草、肉苁蓉、淫羊藿、补骨脂、菟丝子、葛根均具有一定的雌激素样活性。

第三十六章　影响自体活性物质的药物

能力要求

1. 掌握常用抗组胺药物的作用机制、临床应用和主要不良反应。
2. 熟悉组胺受体分布及效应。
3. 了解作用于细胞膜磷脂、腺苷、肽类、一氧化氮等药物的特点及应用。

自体活性物质（autacoids）又称局部激素（local hormones），多数是机体受到伤害性刺激后产生，以旁分泌方式到达邻近部位发挥作用，主要包括前列腺素、白三烯、组胺、5-HT、激肽类、一氧化氮、利尿钠肽、降钙素基因相关肽、神经肽Y、血管活性肠肽、腺苷、P物质、血管紧张素等。大部分自体活性物质具有多能性，即同时具有递质、调质和激素等功能。

第一节　组胺及抗组胺药物

一、组胺及其受体

组胺（histamine）是广泛存在于人体组织的自体活性物质，由*L*-组氨酸经组氨酸脱羧酶脱羧产生，主要存在于肥大细胞、嗜碱性粒细胞、肠嗜铬细胞、神经元等。主要通过组胺-*N*-甲基转移酶或二胺氧化酶代谢后，再经MAO-B和醛脱氢酶转化。抗原与肥大细胞等胞膜表面IGE结合后，细胞脱颗粒释放组胺，参与机体免疫反应，增加毛细血管的通透性；而存在于胃肠嗜铬细胞和脑神经元的组胺则主要起神经递质的作用。

组胺主要通过激动组胺受体发挥作用，组胺受体有H_1、H_2、H_3和H_4四种亚型。H_1受体主要存在于平滑肌、内皮细胞、感觉神经和中枢神经系统，激动后可兴奋胃肠道和支气管平滑肌，增加毛细血管的通透性，扩张血管，引起晕动病和睡眠抑制、皮肤瘙痒。H_2受体主要存在于胃、心脏和肥大细胞，激动后可促进胃酸分泌、扩张血管、兴奋心脏和负反馈抑制肥大细胞释放组胺。H_3受体主要存在于外周和中枢神经系统神经末梢突触前膜，激动后可调节中枢和外周组胺及其他递质的释放。H_4受体主要存在于白细胞（尤其是嗜酸白细胞）和肥大细胞，激动后主要与肥大细胞趋化有关。H_4受体也存在于骨髓、胸腺、脾脏、结肠和小肠。

二、组胺受体激动药

倍他司汀

倍他司汀（betahistine）人工合成的H_1受体激动药，具有扩张毛细血管的作用，能改善微循环，扩张血管，可促进脑干和迷路的血液循环，纠正内耳血管痉挛，减轻膜迷路积水；还具有抗血小板聚集及抗血栓形成作用。用于内耳眩晕病、慢性缺血性脑血管病和头痛等。

英普咪定

英普咪定（impromidine）为选择性H_2受体激动药，主要用于胃功能检查。

三、H_1受体阻断药

人工合成的H_1受体阻断药一般具有与组胺相似的乙基胺结构，对H_1受体有较强亲和力，但无内在活性，故能竞争性拮抗H_1受体（氯雷他定、西替利嗪为反向激动药）。根据体内过程与药理作用特点分为第一代抗组胺药和第二代抗组胺药。前者主要包括苯海拉明（diphenhydramine）、异丙嗪（promethazine）、曲吡那敏（pyribenzamine）、氯苯那敏（chlorphenamine）等；后者如阿司咪唑（astemizole）、特非那定（terfenadine）、氯雷他定（loratadine）、西替利嗪（cetirizine）、非索非拉定（fexofenadine）、左卡巴司汀（levocabastine）和阿伐斯汀（acrivastine）等。

【体内过程】 多数 H_1 受体阻断药口服吸收良好，血药浓度约 2h 达峰。第一代 H_1 受体阻断药作用持续 4～6h，组织分布广，易通过血脑屏障，肝代谢后，经尿排泄；第二代 H_1 受体阻断药特非那定、阿司咪唑和氯雷他定肝代谢产物具有活性，作用持续时间超过 12h，不容易通过血脑屏障，而超过 60% 的西替利嗪以原型从肾排泄。

【药理作用】

1. 抗外周组胺 H_1 受体效应　H_1 受体阻断药可拮抗组胺引起的胃、肠、气管、支气管和子宫平滑肌收缩；能部分拮抗组胺激动 H_1 受体导致的血管扩张、通透性增加、组织水肿和血压下降。

2. 中枢作用　第一代抗组胺药有镇静与嗜睡作用，以苯海拉明、异丙嗪作用最强，赛庚啶和曲吡那敏次之，氯苯那敏最小；第二代抗组胺药不能透过血脑屏障，较少导致明显中枢作用。

3. 其他作用　第一代抗组胺药多数有抗胆碱样作用，如苯海拉明、异丙嗪、美克洛嗪和布克利嗪等，从而产生防晕止吐作用，而第二代抗组胺药不明显。

常见 H_1 受体阻断药的作用特点见表 36-1。

表 36-1　常见 H_1 受体阻断药的作用特点

药物	镇静催眠	防晕止吐	抗胆碱
苯海拉明	+++	++	+++
异丙嗪	+++	++	+++
曲吡那敏	++	—	—
氯苯那敏	+	—	++
布克立嗪	+	+++	+
美克洛嗪	+	+++	+
赛庚啶	++	+	++
苯茚胺	略兴奋	—	++
阿司咪唑	—	—	—
特非那定	—	—	—
氯雷他定	—	—	—
西替利嗪	—	—	—
氮䓬斯汀	—	—	—
左卡巴斯汀	—	—	—

注：+++. 作用强；++. 作用中等；+. 作用弱；— . 无作用

【临床应用】

1. 皮肤黏膜过敏反应性疾病　用于由组胺释放所引起的荨麻疹、枯草热和过敏性鼻炎等皮肤黏膜变态反应疾病。对昆虫咬伤引起的皮肤瘙痒和水肿有效。对药疹和接触性皮炎有止痒效果。第二代的氮䓬司汀尚具有抗 5-HT、白三烯等作用，因而可用于支气管哮喘的预防。

2. 晕动病及呕吐　苯海拉明、异丙嗪、布克利嗪、美克洛嗪对晕动病、妊娠呕吐及放射病呕吐有镇吐作用。

3. 失眠　对中枢有明显抑制作用的异丙嗪、苯海拉明可用于失眠的治疗。

【不良反应】 第一代 H_1 受体阻断药常见镇静、嗜睡、乏力等，故服药期间应避免驾驶车、船及进行高空作业。此外尚有消化道反应及头痛、口干、排便排尿困难和视物模糊等。布克利嗪和美克洛嗪可致动物畸胎，妊娠早期禁用。第二代 H_1 受体阻断药特非那定和阿司咪唑可阻断心肌细胞膜的钾通道，致 QTc 间期延长，引起尖端扭转型室性心动过速，可致晕厥、心搏停止。由于两药主要由肝 CYP3A4 代谢，在与 CYP3A4 抑制药合用时更易发生，因而两药在中国、美国等部分国家撤市。氯雷他定、西替利嗪及特非那定的代谢产物非索非拉定此副作用不明显。

四、H_2 受体阻断药

H_2 受体阻断药以含有甲硫乙胍的侧链代替 H_1 受体阻断药的乙基胺链，它能拮抗组胺激动 H_2 受体引起的胃酸分泌，对 H_1 受体无作用。目前临床常用的有西咪替丁（cimetidine）、雷尼替丁（ranitidine）、法莫替丁（famotidine）、尼扎替丁（nizatidine）、罗沙替丁（roxatidine）和乙溴替丁（ebrotidine）等，主要用于消化性溃疡的治疗，具体内容详见作用于消化系统药物章节。

知识拓展

H_3 受体主要存在于外周和中枢神经系统组胺能神经末梢突触前膜，负反馈调节组胺及其他递质（ACh、去甲肾上腺素、DA 和 5-HT 等）的释放。目前 H_3 受体的激动药正被开发用于胃保护剂、抗炎药物、抗惊厥药物，以及用于心力衰竭、心肌梗死、脓毒性休克、肥胖、认知功能障碍和儿童注意力缺陷型多动症患者等多个方面。

H_4 受体主要表达于骨髓和白细胞，调节白细胞从骨髓的释放与浸润，也表达于肝脏、结肠、小肠、脾脏、睾丸、胸腺、扁桃体和气管，调节肥大细胞的趋化。Clobenpropit 可激动 H_4 受体。目前，H_4 受体阻断药如 VUF-6002 开发用于过敏反应性疾病如哮喘等。

案例解析

案例：

一名 40 岁的出租车司机突然出现鼻发痒、流鼻涕、打喷嚏、鼻塞、眼睛发红和流泪，但没有发热，亦未感觉身体疼痛或不适。他提供了在春季期间断断续续发生类似症状的病史。医生诊断为季节性过敏性鼻炎，并开了一种口服抗过敏药物，每天服用一次，直到症状消失。

问题：

（1）哪种抗过敏药物适合该患者？哪些抗过敏药物应避免使用？

（2）上述药物能否防止或减少该患者在春季反复发作的鼻炎。如果不能，是否可以添加一些药物来预防或减轻季节性发作？

解析：

（1）由于组胺是过敏性鼻炎的重要介质，组胺 H_1 受体阻断药能迅速缓解症状，并在 2～3 天内改善过敏性鼻炎。非镇静性的第二代抗组胺药如氯雷他定等将适合这位出租车司机患者。这些药物对警觉性和驾驶的影响最小。此外，这些抗组胺药物的作用时间较长，每天服用一次。第一代镇静型抗组胺药，如异丙嗪、氯苯那敏等，如果患者需有驾驶行为，则禁用。

（2）抗组胺药只是对症疗法，没有预防作用。由于该患者在春季反复发作，应另外给他开一种局部用糖皮质激素，如布地奈德或氟替卡松鼻喷雾剂，在该季节前开始并持续使用，以防止鼻炎进一步发作。

第二节　膜磷脂代谢产物类药物及其阻断药

细胞膜磷脂在磷脂酶 A_2（PLA_2）作用下催化衍生为花生四烯酸（arachidonic acid，AA）和血小板活化因子（platelet activating factor，PAF）。游离花生四烯酸经两条途径被转化，COX 途径中，花生四烯酸被催化生成前列腺素类和血栓素类（TXA_2）。脂氧酶（LOX）途径生成羟基过氧化氢廿碳四烯酸、白三烯类（LT）、羟基廿碳四烯酸和脂氧素（LX）。其中前列腺素和白三烯具有广泛的生物活性，参与炎症、血栓形成和速发型过敏反应等多种病理过程。

一、常用前列腺素类药物

天然前列腺素类药物具有合成难、代谢快、作用广泛、不良反应多等缺点。一些合成前列腺素类药在心血管系统、消化系统和生殖系统等有一定的临床应用价值。

前列地尔

前列地尔（alprostadil，PGE_1）可直接扩张血管和抑制血小板聚集，增加血流量，改善微循环。静脉滴注后，主要分布在肝、肺、肾等组织，经肾脏排泄，血浆半衰期为5～10min。静脉或动脉输注可治疗动脉导管未闭和严重肢体缺血。与抗高血压药和血小板聚集抑制药有协同作用。阴茎注射可用于诊断和治疗阳痿。不良反应有呼吸停止、面部皮肤潮红、腹泻、头痛、低血压、心动过速、可逆性骨质增生和注射局部红肿热痛等。妊娠和哺乳期妇女禁用。

米索前列醇

米索前列醇（misoprostol）为天然前列腺素 E_1（PGE_1）的类似物，能抑制基础胃酸分泌及组胺、五肽胃泌素等引起的胃酸分泌。胃溃疡和十二指肠溃疡的治愈率与 H_2 受体阻断药近似，对 H_2 受体阻断药无效者也有效。服用非甾体抗炎药所引起的胃溃疡和十二指肠溃疡患者仍可继续使用本药。对吸烟者的溃疡愈合有效。其不升高血清胃泌素水平，对防止溃疡复发较其他抗溃疡药更佳，也可用于诱导宫缩和勃起功能障碍。

地诺前列酮

地诺前列酮（dinoprostone，PGE_2）为天然的前列腺素 E_2 制剂，在整个孕期均可引起子宫收缩，其阴道栓剂可用于2～3月妊娠的流产。恶心、呕吐、腹泻、发热、头痛等为主要不良反应，有急性盆腔炎症、心、肺、肾和肝脏疾病患者慎用。

卡前列素

卡前列素（carboprost，15-甲基 $PGF_{2\alpha}$）为人工合成前列腺素 $F_{2\alpha}$ 的衍生物，活性强于前列腺素 $F_{2\alpha}$，作用时间长，副作用小，使用方便，终止妊娠后能很快恢复月经和生育功能，对下丘脑-垂体-卵巢轴没有明显影响。主要用于其他药物无效的宫缩无力导致的产后顽固性出血，以及终止早孕。有恶心、呕吐、头晕、腹泻等不良反应，有哮喘、高血压、肝、肾病者慎用。

二、白三烯及其阻断药

白三烯是花生四烯酸经5-脂氧合酶（5-LOX）途径代谢产生的一组炎性介质。白三烯的显著特征是由白细胞产生并且在结构上共用一个共轭三烯，具有增加嗜酸性粒细胞游走，增加黏液分泌，增加血管通透性和气道壁水肿，导致支气管收缩的作用。白三烯与支气管哮喘发作及上、下气道炎症密切相关。

白三烯阻断药能选择性抑制白三烯所导致的血管通透性增加、气道嗜酸性粒细胞浸润及对抗支气管的收缩，主要用于支气管哮喘的预防和治疗。主要有扎鲁司特（zafirlukast）、孟鲁司特（montelukast）和普鲁司特（pranlukast）等。

孟鲁司特

半胱氨酰白三烯（CysLT）是强效的炎症介质，与哮喘的病理生理过程相关。孟鲁司特

（montelukast）与 $CysLT_1$ 受体有较高选择性和亲和力，能有效抑制 LTC、LTD 和 LTE 与 $CysLT_1$ 受体结合所产生的生理效应而无任何受体激动作用。该药适用于哮喘的预防和长期治疗，用于预防成人和 6 岁以上儿童由运动诱发的支气管收缩（由于运动导致的肺部空气通道狭窄，也被称为运动诱发的哮喘）。对于有季节性或全年（常年）过敏症状的成人和 2 岁以上儿童，当其他治疗方法无效时，可考虑使用孟鲁司特。此外，还可以用于过敏性鼻炎。该药耐受性良好，不良反应轻微，通常不需要终止治疗。但曾有服用该药致精神神经事件的报道，需要加强患者监护。

三、血小板活化因子阻断药

PAF 是一类生物活性强的磷脂，在特异刺激下，可由中性粒细胞、嗜碱性粒细胞、血小板、单核-巨噬细胞、肥大细胞、内皮细胞及受损的组织细胞等经磷脂酶 A_2 途径或非酶促途径产生。因首先发现这类磷脂具有血小板聚集作用而命名，现发现其通过作用于 G 蛋白偶联的 PAF 受体，产生广泛的生理和病理作用。

PAF 通过与靶细胞膜上的 PAF 受体结合，通过激活磷脂酰肌醇、钙信使及相关蛋白激酶，使某些蛋白发生磷酸化并产生广泛的生物学效应，可引起低血压、血管通透性增加、肺动脉高压、支气管收缩、呼吸抑制、过敏反应、炎症反应等。

具有 PAF 选择性抑制作用的药物主要有结构上与 PAF 类似的天然药物如银杏苦内酯 B（ginkgolide B）、海风藤酮（kadsurenone）等，以植物成分木脂素类等为母体的合成药物等。PAF 选择性抑制药在哮喘、脓毒症等动物模型上有较好的疗效，但目前在临床研究中的疗效有限。

第三节　5-羟色胺及其阻断药物

5-HT 又名血清素（serotonin），广泛存在于动物、昆虫和植物体内，其结构为吲哚乙胺，系色氨酸在色氨酸羟化酶和芳香族氨基酸脱羧酶的催化下羟化、脱羧形成，主要经 MAO 和醛脱氢酶催化代谢为 5-羟基吲哚乙酸。5-HT 主要分布于人体胃肠道、中枢神经系统和血小板。消化道肠嗜铬细胞颗粒合成释放的 5-HT 约占 90%，作为自体活性物质，主要调节肠道运动；其释放的部分 5-HT 弥散到血液，可被血小板摄取和储存，参与凝血和伤口愈合。5-HT 还可作为神经递质分布于中枢神经系统和肠道神经丛，通过作用于相应受体而调节机体情绪、食欲、睡眠和认知等多种生理功能。5-HT 受体非常复杂，目前已明确 7 个亚型，其中 $5\text{-}HT_3$ 亚型为与离子通道相偶联的受体，其余为与 G 蛋白相偶联的受体。5-HT 本身尚无重要临床药用价值，而 5-HT 受体的激动药物与阻断药已应用于临床。

一、5-羟色胺受体激动药

舒马普坦

舒马普坦（sumatriptan）能选择性激动脑和脑脊膜血管平滑肌 $5\text{-}HT_{1B}$ 和 $5\text{-}HT_{1D}$ 受体，导致血管收缩，对其他受体没有明显作用。主要用于急性偏头痛发作治疗，其作用与麦角类相当或更强，已成为最主要的抗偏头痛药物，在急性发作后要尽早使用，但不推荐用于预防。普坦类药物的主要不良反应包括感觉异常、肌无力、颈痛、冠状动脉痉挛性胸闷和不适、心律失常，禁用于缺血性心脏病患者。

丁螺环酮

丁螺环酮（buspirone）为选择性 $5\text{-}HT_{1A}$ 受体部分激动药，为有效的非苯二氮䓬类抗焦虑药，而无明显镇静与抗癫痫作用，用于轻度到中度的不伴惊恐发作的一般性焦虑患者。主要不良反应为头晕、困倦、短暂记忆丢失和兴奋。

二、5-羟色胺受体阻断药

赛庚啶和苯噻啶

赛庚啶（cyproheptadine）和苯噻啶（pizotyfine）选择性阻断 5-HT_2 受体，还具有 H_1 受体阻断作用和较弱的抗胆碱作用。可用于荨麻疹、湿疹、接触性皮炎、皮肤瘙痒和过敏性鼻炎等的治疗，也可用于预防偏头痛发作，其作用机制尚不清楚。不良反应主要为口干、恶心、乏力、嗜睡。由于兴奋下丘脑摄食中枢，使食欲增加，体重增加。青光眼、前列腺增生及尿闭患者忌用，驾驶员及高空作业者慎用。

酮 色 林

酮色林（ketanserin）选择性阻断平滑肌等组织的 5-HT_2 受体（5-HT_{2A} 强、5-HT_{2C} 弱），兼具 H_1 受体阻断作用和较弱的血管 α_1 受体阻断作用，可对抗 5-HT 引起的血管收缩、支气管收缩和血小板聚集。主要用于治疗高血压和血管痉挛性疾病。同类药物利坦色林（ritanserin）仅有强的 5-HT_2 受体阻断作用（5-HT_{2A} 强于 5-HT_{2C}），几乎无 H_1 受体和 α_1 受体阻断作用。与抗精神病药合用，以减轻阴性症状，也用于神经障碍的治疗。

昂丹司琼

昂丹司琼（ondansetron）口服吸收好，由肝 CYP1A_2、CYP2D_6 和 CYP3A_4 代谢，可选择性拮抗 5-HT_3 受体，镇吐作用强大，主要用于手术和癌症患者化疗伴发的严重恶心、呕吐，对放射性、妊娠呕吐也有效，但是对晕动病呕吐无效。主要不良反应有头痛、便秘或腹泻等，伴长 QT 间期的患者慎用。同类药物有格拉司琼（granisetron）、多拉司琼（dolasetron）等。

麦角生物碱

麦角生物碱（ergot alkaloid）按化学结构分为胺生物碱和肽生物碱两类，可影响 5-HT、α 受体和 DA 受体。美西麦角（methysergide，二甲基麦角新碱）和麦角新碱（ergonovine）属于胺生物碱。美西麦角是 5-HT_{2B} 受体的阻断药，其次为 5-HT_{2C} 受体、5-HT_{1A} 受体，对子宫平滑肌影响小，用于偏头痛的预防和反复发作的搏动性头痛的治疗，但不用于急性偏头痛的治疗。主要不良反应为腹膜后、胸膜等组织纤维化。麦角新碱主要激动 5-HT_2 受体，其次是 α 受体，部分激动 DA 受体，明显兴奋子宫平滑肌而被广泛用于产后出血。麦角胺（ergotamine）属肽生物碱，其结构与 DA、5-HT 和去甲肾上腺素相似，为 α 受体的部分阻断药、5-HT_2 受体的部分激动药。能明显收缩血管，减少动脉搏动，显著缓解偏头痛，用于偏头痛的诊断、频繁发作的中度偏头痛和非频繁发作的重度偏头痛急性发作时的治疗，有时合用咖啡因。

第四节 血管活性肽及其影响药物

血管活性肽（vasoactive peptide）是一类对血管有活性作用的生物活性多肽的泛称，大多分布于神经组织，在自主神经系统和中枢神经系统起着重要作用。有的直接作用于血管平滑肌，收缩血管，如 Ang Ⅱ、内皮素（endothelin）、抗利尿激素（vasopressin）、神经肽 Y（neuropeptide Y）和尾加压素（urotensin）；有的则产生血管舒张作用，如激肽类（kinins）、血管活性肠肽（vasoactive intestinal peptide）、利尿钠肽（natriuretic peptides）、神经降压肽（neurotensin）、P 物质、降钙素基因相关肽（calcitonin gene-related peptide）和肾上腺髓质素（adrenomedullin）等。

一、激肽类及其影响药物

激肽类（kinin）是一类强力扩血管肽，由激肽释放酶（kallikrein）作用于蛋白底物激肽原

（kininogen）生成，包括胰激肽（kallidin）、甲二磺酰赖氨酰缓激肽（methionyl lysyl bradykinin）和缓激肽（bradykinin），前两者均含缓激肽结构。血浆中血浆激肽释放酶催化裂解高分子量激肽原生成缓激肽，是血中激肽的主要形式。

激肽被激肽酶Ⅰ或激肽酶Ⅱ水解而失活，后者即血管紧张素转化酶（ACE）。激肽通过作用于细胞膜激肽受体 B_1 和 B_2 发挥作用。B_1 分布局限，其功能尚不清楚，可能参与了炎症反应过程；B_2 为 G 蛋白偶联的受体，组织分布广泛，与钙动员、氯离子转运、一氧化氮生成及磷脂酶 C、磷脂酶 A_2 和腺苷酸环化酶的激活有关。

影响激肽释放酶-激肽系统的药物主要包括激肽释放酶抑制药、激肽酶Ⅱ抑制药和 B_2 受体阻断药等。

抑 肽 酶

抑肽酶（aprotinin）为激肽释放酶抑制药，主要自牛肺提取，由 58 个氨基酸组成，抑制激肽原形成激肽，也能抑制胰蛋白酶、糜蛋白酶等蛋白水解酶。主要用于预防和治疗急性胰腺炎、纤维蛋白溶解引起的出血及弥散性血管内凝血。

艾替班特

艾替班特（icatibant）为人工合成的 10 肽，是一种强力的选择性的缓激肽 B_2 受体阻断药，具有对 B_2 受体选择性高、作用强、作用时程长、口服有效等特点，主要用于遗传性血管水肿急性发作期的治疗。

二、内皮素及抑制药

内皮素（endothelin，ET），为含 2 个二硫键的 21 个氨基酸多肽。

内皮素具有强而持久的血管收缩作用，参与了高血压、心肌肥厚、心力衰竭、冠心病、心肌梗死，呼吸系统疾病如哮喘、肺动脉高压、肾衰竭等多种疾病的病理过程，因而内皮素抑制药可能存在良好的临床价值。

1. 内皮素转化酶抑制药（ECE inhibitor，ECEI） 是一类具有良好开发前景的心血管类药物，磷酸阿米酮（phosphoramidone）为第一个 ECEI，但特异性较低，对金属蛋白酶也有抑制作用，主要作为药理学工具药。

2. 内皮素受体阻断药 非选择性内皮素受体（ET_A 和 ET_B）阻断药波生坦（bosentan），口服生物利用度 50%，肝脏代谢，半衰期为 5h，主要用于肺动脉高压的治疗；选择性 ET_A 阻断药西他生坦（sitaxsentan）、达卢生坦（darusentan）和安贝生坦（ambrisentan）口服生物利用度更高，半衰期为 10 ～ 15h，对肺动脉高压、高血压等疾病有较好疗效。

内皮素抑制药的不良反应主要表现为肝功能异常、头痛、低血压、心率加快、皮肤潮红、水肿、恶心、呕吐、致畸等，要严密监测肝功能和血常规。西他生坦还可抑制华法林代谢，影响凝血功能。

三、P 物质及其影响药物

P 物质是由 11 个氨基酸组成的神经多肽，为速激肽家族成员之一，作为神经递质主要分布于中枢系统，而分布于胃肠道既是递质，又是局部激素。P 物质的功能并不完全清楚，在皮肤、肌肉和关节等感觉神经末梢介导疼痛向中枢的传递，还可能与行为、抑郁、焦虑、恶心、呕吐有关。通过作用于血管内皮细胞，促进其释放一氧化氮，产生强大的血管舒张作用，降压作用显著；也能引起静脉血管、胃肠道、子宫和支气管平滑肌的强烈收缩，刺激唾液分泌、排钠利尿等。P 物质还参与炎症反应中组织修复过程，使成纤维细胞、平滑肌细胞和内皮细胞增殖。

P 物质主要通过激动 G 蛋白偶联受体神经激肽（neurokinin 1，NK_1）受体发挥作用。阿瑞匹坦（aprepitant）是第一个批准用于治疗化疗药物引起的呕吐的 NK_1 受体阻断药，也可用于手术后呕吐的预防。福沙吡坦（fosaprepitant）为阿瑞匹坦的前药，注射给药。

四、利尿钠肽及其影响药物

利尿钠肽是一类存在于心房及其他组织的28个氨基酸的肽类物质，具有排钠利尿、血管扩张等作用，主要包括心房利尿钠肽（atrial natriuretic polypeptide，ANP）、脑利尿钠肽（brain natriuretic peptide，BNP）、C型利尿钠肽（type C natriuretic peptide，CNP）、尿扩张素（urodilatin，Uro）和树眼镜蛇属利钠肽（dendroaspis natriuretic peptide，DNP）等。ANP主要在心房合成，其次是心室、中枢和外周神经元和肺；BNP主要在心脏合成；CNP主要在CNS，其次是血管内皮、肾和小肠。血液循环中的利尿钠肽主要为ANP，BNP浓度很低，几乎无CNP。Uro为肾远曲小管分泌的、仅存在于尿液的利尿钠肽。DNP先是从绿色树眼镜蛇的毒液中分离，随后发现人血浆中也存在，心力衰竭时其血浆水平明显升高。利尿钠肽受体为膜受体，有ANP_A、ANP_B、ANP_C三种亚型，ANP_A和ANP_B含鸟苷酸环化酶。ANP、BNP和Uro均为ANP_A的内源性配体，CNP为ANP_B的内源性配体。利尿钠肽主要被肝、肾和肺中的中性内肽酶分解，也可经ANP_C结合后被清除。

通过作用于ANP_A受体，ANP使cGMP水平增加，增加肾小球滤过率，减少近曲小管Na^+重吸收，具有很强的排钠利尿、舒张血管、降低血压等作用；BNP和Uro的作用与ANP相似，Uro的利尿作用更强；CNP选择性激动ANP_B受体，几无利钠、利尿作用，而扩血管作用强。

奈西立肽（nesiritide）为含32个氨基酸的重组人BNP，持续静脉给药用于急性失代偿性心力衰竭的治疗，但可引起致命性肾损伤。血管肽酶抑制药如山帕曲拉（sampatrilat）可同时抑制中性内肽酶和ACE，增加利尿钠肽水平、降低Ang Ⅱ的含量，开发用于高血压和心力衰竭的治疗。

五、血管紧张素及影响药物

肾素-血管紧张素系统（RAS）与循环功能的调节密切相关，可导致血管收缩、血压升高、心血管重构。ACE抑制药和AT_1受体阻断药主要用于高血压、充血性心力衰竭的治疗，对糖尿病肾病等也有明显改善作用，具体药物介绍见抗高血压药、抗慢性充血性心力衰竭药等章节。

第五节　一氧化氮及其影响药物

一、一氧化氮的生理及药理作用

一氧化氮（nitric oxide，NO）化学性质活泼、半衰期只有几秒，作为重要的第二信使，参与机体多种生理和病理过程。一氧化氮合酶（NOS）有三种亚型：诱导型NOS（iNOS，NOS_2），神经元型NOS（c/nNOS，NOS_1），内皮细胞型NOS（eNOS，NOS_3）。在eNOS和nNOS的调节通路中，NO的合成受到药物和胞质Ca^{2+}浓度调控。

NO能与可溶性鸟苷酸环化酶的血红素结合并激活鸟苷酸环化酶，催化GTP生成cGMP，cGMP进一步激活蛋白激酶G，蛋白激酶G使其下游通路蛋白磷酸化而产生相应效应。

1. 血管和血液　NO增加细胞内cGMP含量，激活PKG，降低胞质Ca^{2+}水平，舒张血管平滑肌，抑制内皮细胞血小板黏附，抑制单核细胞、中性粒细胞黏附，降低氧化型LDL的形成，抑制动脉粥样硬化形成。

2. 呼吸系统　NO吸入能扩张肺血管，降低肺动脉和静脉的张力；改善肺通气或换气功能障碍患者肺的氧合能力。

3. 神经系统　NO为中枢神经系统递质，不能储存，突触后NMDA受体激动使钙内流增加，激活NOS，释放NO，扩散至突触前膜，作为逆向信使促进神经递质的释放，调节突触可塑性，参与脑发育和学习记忆过程。在外周组织，特别是生殖道，NO为非胆碱能或非肾上腺素能神经元的调质，舒张阴茎海绵体血管平滑肌，引起阴茎勃起。

4. 炎症 NO能激活COX_2，促进炎症性前列腺素的产生，扩张血管，增加血管通透性，促进水肿等急性炎症反应；NO对关节炎等慢性炎症过程也有明显影响。无论在急性炎症还是慢性炎症，持久、过量的NO产生均可放大组织损伤。

二、一氧化氮影响药物

1. NO气体 NO吸入能扩张肺血管，降低肺血管张力，改善氧气供应，可用于肺动脉高压、急性缺氧和心肺复苏等。

2. NO供体 某些药物可作为NO供体，在体内释放NO或NO类物质。如硝酸甘油（nitroglycerin）、硝普钠（nitroprusside sodium）、呋喃唑酮（furazolidone）、有机硝酸盐（organic nitrite）和亚硝酸盐（organic nitrate），可释放出NO，扩张血管，可用于高血压、心绞痛和阳痿等疾病的治疗。

3. 磷酸二酯酶抑制药 磷酸二酯酶抑制药能抑制cGMP的降解，使cGMP的水平增加，产生NO类似的作用。西地拉非（sildenafil）为选择性磷酸二酯酶Ⅵ抑制药，半衰期为3～4h，临床用于治疗勃起功能障碍，其不良反应主要为扩张血管和食管等处的平滑肌，增强NO供体药物的作用而增加心血管风险，均可能与其升高NO水平有关。同类药物他达那非（tadalafil）和伐地那非（vardenafil）的半衰期比西地拉非长，分别为17h和4～5h。他达那非还可用于早泄的治疗。

4. NOS抑制药 在炎症和脓毒血症，iNOS抑制是有益的，而对于神经元退行性疾病，nNOS抑制则是必需的，因此选择性NOS抑制药的开发才更具有临床价值，如选择性iNOS抑制药对关节炎等可能有治疗作用。

第六节 腺苷及其影响药物

腺苷（adenosine）为内源性嘌呤核苷，在细胞内外均由腺苷酸裂解生成，也可来自腺苷同型半胱氨酸。腺苷在体内浓度可达300nmol/L，而在损伤和应激状态下可明显增加，如缺血可使其浓度升高为微摩尔水平。胞内腺苷水平升高可作为氧消耗增加和兴奋性递质释放增加的判定指标。胞外腺苷可经腺苷平衡转运体转移至胞内。腺苷脱氨酶（adenosine deaminase，ADA）和腺苷激酶（adenosine kinase，ADK）是降解腺苷的关键酶。双嘧达莫（dipyridamole）对腺苷平衡转运体和ADA有抑制作用。腺苷受体为G蛋白偶联受体，主要有A_1、A_{2A}、A_{2B}和A_3 4个亚型，咖啡因（caffeine）为A_1、A_{2A}和A_{2B}受体的阻断药。

腺苷通过激动腺苷受体，产生很复杂的生物学效应，如改变血管反应性、调节体温、低氧适应调节、炎症反应和免疫调节等，特别是参与了缺血预适应（ischemic preconditioning）调节。

1. A_1受体 广泛存在于全身，A_1受体激动，抑制囊泡释放兴奋性递质，降低细胞的兴奋性。介导心肌自律性降低、心率减慢，治疗心律失常；介导肾入球小动脉收缩，肾血流量降低；抑制脂肪分解，抑制胰岛素和胰高血糖素释放；降低体温，A_1受体缺失的小鼠体温明显升高，生存率下降；引起睡眠、镇痛作用；介导缺血预适应，但是具体信号通路的调节并不清楚。

2. A_{2A}受体 存在于基底神经节、脉管系统、血小板，调节心肌氧耗量和冠状动脉血流。降低中枢神经系统DA能神经活性，维持觉醒，控制抑郁，参与神经元退变，抑制免疫，抑制血小板聚集，参与血管生成。

3. A_{2B}受体 使支气管平滑肌收缩，保持血管完整性，神经轴突的延长，也可能参与缺血预适应和疼痛调节。

4. A_3受体 参与心肌缺血预处理，参与气管、支气管平滑肌的收缩，参与中性粒细胞活化、脱颗粒，参与神经元退行性病变过程和细胞增殖过程。

由于腺苷受体分布广泛，效应复杂，激动药开发难度较大，目前以阻断药和反向激动药的开发为主，如 A_{2A} 受体阻断药开发时用于神经元退变，抑制缺血性损伤引起的炎症反应性免疫细胞过度激活；A_1 受体阻断药开发用于改善肾功能。

本章小结

前列腺素、组胺、5-HT、白三烯、血管活性肽类（P物质、激肽类、血管紧张素、利尿钠肽、血管活性肠肽、降钙素基因相关肽、神经肽Y和内皮素等）及NO和腺苷为自体活性物质，它们具有不同的结构和药理学活性，广泛存在于体内许多组织，同时具有递质、调质和激素等功能。

天然或人工合成的自体活性物质、自体活性物质的激动药或阻断药在临床上已越来越多地被用于疾病的治疗。

中药介绍

荆　芥

荆芥为唇形科植物荆芥 *Schizonepeta tenuifolia* Briq. 干燥地上部分，味平，性温，具有发汗、解热、宣毒透疹和血止血作用，用于风疹痒疹、疹出不透、疮疡等。与防风配伍时为祛风止痒方剂的基础，可用于风疹、皮肤瘙痒等证，常与蛇床子、土茯苓、蝉蜕等配合使用。

本品尚可促使皮肤血液循环加强，有轻微的解热镇痛作用；可促进皮肤感染性疾病的愈合与病损组织的吸收。

（梁　冰）

第三十七章　治疗骨质疏松症药物

能力要求

1. 掌握治疗骨质疏松症药物的分类，能够合理选用药物治疗各型骨质疏松症。
2. 理解治疗骨质疏松症药物的作用机制。
3. 了解骨质疏松症的防治方法。

骨质疏松症（osteoporosis，OP）是由于多种原因导致的骨密度和骨质量下降，骨微结构破坏，造成骨脆性增加，从而容易发生骨折的全身性骨病。骨质疏松症分为原发性和继发性两大类。原发性骨质疏松症又分为绝经后骨质疏松症（Ⅰ型）、老年性骨质疏松症（Ⅱ型）和特发性骨质疏松（包括青少年型）三种。绝经后骨质疏松症一般发生在妇女绝经后5～10年内；老年性骨质疏松症一般指老人70岁后发生的骨质疏松；而特发性骨质疏松主要发生在青少年，病因尚不明确。目前治疗骨质疏松症的药物可分为三大类：骨矿化促进药、骨形成促进药和骨吸收抑制药。

知识拓展

骨含有使之坚韧和致密的矿物质，包括钙和磷。为了维持骨密度（或骨量），身体不仅需要补充足够的钙和其他矿物质，而且需要体内适量的激素，如甲状旁腺激素、生长激素、降钙素、雌激素及睾酮。充足的维生素D补充可以促进食物中钙的吸收及钙和骨的结合。维生素D可从食物中吸收，也可借助日光照射在皮肤内生成。

骨骼能够适应对微环境不断变化的需求，不断分解并重新形成，此过程称为重塑。在此过程中，小部分骨持续被吸收而同时又产生了新的骨组织。重塑会给骨的形态和密度带来影响，涉及成骨细胞和破骨细胞。成骨细胞构建骨骼，而破骨细胞分解骨骼。当破骨细胞对骨骼的吸收（分解）速度超过成骨细胞对骨骼的形成速度时，就会发生骨质疏松症。

第一节　骨矿化促进药

骨矿化促进药是能够促进骨矿物质沉积的药物，包括钙剂和维生素D及其活性代谢物。

一、钙　　剂

钙是骨质矿化的主要原料，充足的钙摄入可帮助获得理想骨量峰值，减缓骨丢失，维护骨骼健康，此外钙摄入增加可以抑制甲状旁腺激素（PTH）的分泌。临床应用的钙制剂可分为如下两类。①无机钙：包括碳酸钙（calcium bicarbonate）、磷酸钙（calcium phosphate）、氧化钙（calcium oxide），或者来自于经过机械加工的动物贝壳和骨骼。②有机酸钙：包括葡萄糖酸钙（calcium gluconate）、乳酸钙（calcium lactate）等。

我国营养学会制定的每日钙摄入推荐量成人为800mg（元素钙），绝经后妇女和老年人为1000mg。提倡尽可能通过膳食补充，当饮食中钙摄入不足时，给予补充钙剂。钙剂应与其他治疗药物联合使用以增强疗效，单纯补钙往往达不到理想的效果。钙剂的补充宜少量多次服用，饭后半小时或晚上睡前服用较餐前更好，但应注意食物对钙吸收的影响。钙剂应与维生素D同时补充，以促进肠钙吸收。钙剂过量可引起高钙血症、高钙尿症，表现为厌食、恶心、呕吐、腹痛、肌无力、精神紊乱、烦渴、多尿、骨痛、肾结石等。用药期间应定期监测血清钙、尿钙水平。

碳　酸　钙

碳酸钙（calcium carbonate）用于补充体内钙的不足。绝经后奶制品摄入不足的妇女服用本品可减缓骨质的减少，减少骨折的发生率。尚可用于低钙血症和胃十二指肠溃疡患者的抗酸治疗。因中和胃酸时会产生二氧化碳，故可引起嗳气和继发性胃酸过多；又由于其在胃内产生的氯化钙至碱性肠液中可形成碳酸钙和磷酸钙，故可引起便秘。长期大剂量使用可致高血钙和肾结石，肾功能不良或老年患者应慎用。

二、维生素D及其活性代谢物

本类药物包括天然维生素D，即维生素D_2（麦角钙化醇，calciferol）和维生素D_3（胆钙化醇，cholecalciferol）；维生素D活性代谢物骨化三醇（calcitriol）和阿法骨化醇（alfacalcidol）。

【药动学】 天然维生素D无生理活性，需经肝细胞微粒体的25-羟化酶催化转为骨化二醇[$25\text{-}(OH)_2D_2$]，后者与血浆中的α-球蛋白结合转运至肾脏，再经肾小管上皮细胞线粒体内1α羟化酶催化，羟化生成具有活性的骨化三醇[$1,25\text{-}(OH)_2D_3$]。具有活性的维生素D与其靶器官（小肠、骨及肾）的受体结合而发挥作用。阿法骨化醇需经肝脏羟化为骨化三醇发挥作用。

【药理作用】 维生素D能促进骨形成、提高骨密度、稳定骨量、增加肌肉张力，从而有效地预防骨质疏松症，缓解骨质疏松症患者的疼痛，并降低骨折发生率。其作用机制是维生素D作用于维生素D受体，调节基因转录，在维持正常骨钙化、钙平衡及促进肠道钙吸收等方面具有重要作用。①促进小肠和肾小管对钙磷的吸收；②抑制甲状旁腺激素过度分泌造成的骨吸收增强及促进破骨细胞增生的作用；③提高成骨细胞的功能，促进钙磷沉积于骨组织中，使骨钙化，并促进牙齿健全；④在甲状旁腺激素协同作用下，促进骨钙入血，维持血浆钙磷平衡；⑤通过靶器官上的骨化三醇受体参与细胞内钙调节，控制细胞的分化和生长等。

【临床应用】 适用于原发性骨质疏松症及糖皮质激素诱发的继发性骨质疏松症，尤其适用于老年患者，是治疗骨质疏松症的基础药物。临床上，天然维生素D或活性维生素D制剂常与钙剂合用以加速小肠对钙的转运，提高疗效。也用于佝偻病、骨软化病、甲状旁腺功能减退症等的治疗。

根据中国《原发性骨质疏松症诊治指南（2011年）》，维生素D推荐补充剂量：成年人200U/d，老年人及缺乏日照的人群为400～800U/d，用于治疗骨质疏松症时可达800～1200U/d。欧美地区推荐维生素D补充量相对较大，美国及国际骨质疏松基金会最新指南推荐：年龄＞50岁的健康人800～1000U/d，对于肥胖、骨质疏松、缺乏日照、吸收不良的人群甚至可补充到2000U/d。维生素D为脂溶性，需要借助脂肪吸收，因而推荐饭后服用。

【不良反应与注意事项】 天然维生素D的主要不良反应有食欲缺乏、恶心、呕吐、胃痛、腹泻等消化道反应，亦可出现皮疹、失眠和头痛。活性维生素D过量或合用钙剂时易发生高钙血症、高钙尿症及肾结石。需检测血钙、尿钙及血清碱性磷酸酶等指标，及时调整剂量，以防发生高血钙。

大量或注射使用维生素D可发生中毒，早期症状为厌食、恶心、倦怠、烦躁不安、低热、呕吐、顽固性便秘和体重下降。严重时出现惊厥、血压升高、心律失常、烦渴、尿频、夜尿、脱水酸中毒、蛋白尿和管型尿，甚至出现慢性肾衰竭。一旦出现中毒症状，应立即停用维生素D。如血钙过高可静脉注射呋塞米以加速钙的排泄，或每日口服泼尼松抑制肠腔内钙的吸收，一般1～2周后血钙可降至正常。重症可口服氢氧化铝或依地酸钠以减少肠钙吸收，亦可皮下或肌内注射降钙素，并需保持水、电解质平衡。

维生素D_2和维生素D_3

维生素D_2（calciferol）和维生素D_3（cholecalciferol）口服吸收良好，但须依赖于胆汁的帮助。药后12～24h显效，作用持续时间可达数月。主要用于治疗佝偻病、婴儿手足搐搦症、维生素D缺乏症、骨软化症和骨质疏松症等，其用量根据血钙浓度决定。与维生素D_2相比，维生素D_3具有更强功效和维持健康维生素 D 水平的更长周期，因此是治疗维生素 D 缺乏的首选方案。

骨化三醇

骨化三醇（calcitriol）为活性维生素 D，主要用于慢性肾功能不全所致的肾性骨病（尤其是长期血液透析的患者）、骨质疏松症、维生素 D 依赖性佝偻病、甲状旁腺功能减退症等。用药期间应每周测定血钙两次，同时给予足量的钙剂。

阿法骨化醇

阿法骨化醇（alfacalcidol）在体内起调节钙、磷的平衡作用，并能增加钙和磷在肠道的吸收，降低血浆中甲状旁腺激素水平，以及改善妇女绝经和使用激素类药物引起骨质疏松。本品需经肝脏羟化为骨化三醇而发挥作用。主要用于慢性肾衰竭合并骨质疏松症、甲状旁腺功能减退、抗维生素 D 佝偻病、老年性或绝经后骨质疏松症等的治疗。

第二节　骨吸收抑制药

一、双膦酸盐类

双膦酸盐类（bisphosphonate, BP）是一类与含钙晶体有高度亲和力的人工合成化合物。20 世纪 70 年代开始用于临床，通常用二钠盐。此类药物为焦磷酸盐的稳定类似物，焦磷酸盐正常时能抑制骨的矿化作用。焦磷酸盐中的 P-O-P 结构被 P-C-P 取代成二膦酸盐，变得更为稳定。目前将此类药物分为三代：第一代主要代表药物为依替膦酸（etidronate）、氯膦酸（clodronate），效价最低；第二代主要有阿仑膦酸（alendronate）、帕米膦酸（pamidronate）、替鲁膦酸（tiludronate），此类药物的效价比第一代高 10～100 倍；第三代药物有唑来膦酸（zoledornate）、利塞膦酸（risedronate）、奥帕膦酸（olpadronate）、伊本膦酸（ibandronate）等，效价是第一代的 10 000 倍。处于不同研究阶段的药物有 300 多种。我国研发的药物主要有依替膦酸、氯膦酸、帕米膦酸、阿仑膦酸等。这些药物作用机制相同而药动学特性有所差异。

破骨细胞分解骨骼并将钙从骨骼中带入血液，在骨质疏松症的情况下，破骨细胞过于活跃。抑制破骨细胞有助于防止骨骼进一步分解。双膦酸盐与骨有很强的亲和性，选择性吸附在骨基质表面，被破骨细胞摄入后产生抑制骨吸收的作用。作用机制：在分子水平可代谢转换为 ATP 类似物堆积于破骨细胞内，影响其多种酶的活性，并可抑制破骨细胞甲羟戊酸代谢和蛋白质的异戊烯化（含氮双膦酸盐类），在细胞水平表现为抑制破骨细胞的骨吸收功能，抑制破骨细胞的增殖、分化和募集，促进破骨细胞的凋亡。此外也有刺激成骨细胞增殖和分化的作用。

双膦酸盐是治疗骨质疏松症最常用的一线骨吸收抑制药物。主要用于治疗老年性及其他原因所致的骨质疏松症、佩吉特病（又称变形性骨炎或畸形性骨炎，Paget disease of bone）、恶性肿瘤引起的高钙血症。第二、三代药物还能用于癌症治疗。

双膦酸盐药物总体安全性较好，主要不良反应为胃肠道反应（口服制剂）、食道炎（建议晨起空腹服用并喝足一杯水，保持直立或活动 30min）、低钙血症、肾功能损害（静脉制剂）、矿化障碍（依替膦酸钠）、自发性骨干骨折等，而下颌骨坏死极其罕见，主要见于肿瘤患者并接受大剂量静脉制剂的病例。因双膦酸盐可通过胎盘及乳汁分泌，故孕妇、哺乳期妇女禁用。

依替膦酸钠

【药动学】 口服后 1%～6% 的依替膦酸钠（etidronate disodium，羟乙膦酸钠）吸收进入血中，因食物影响其吸收，宜空腹服用。不经肝脏代谢，约 50% 吸收剂量 24h 内迅速从尿中排泄，其余化学性吸收进入骨中并缓慢消除。血中消除半衰期约 6h，而骨中半衰期超过 90 日。未吸收的药物经粪便排泄出体外。

【临床应用】 主要用于治疗骨质疏松症、变形性骨炎、乳腺癌和前列腺癌、癌症患者的高钙血症。

【不良反应与注意事项】 不良反应包括恶心、胃痛和腹泻。骨矿化受损伴随骨痛、骨软化和骨折增加已有报道。这些副作用似与剂量有关，大剂量［10～20mg/（kg·d）］下发生率高，而小剂量［5mg/（kg·d）］下骨痛发生率约为10%。如已发生骨折须停用本品。对于肾功能不佳的患者用药须十分小心。食物尤以高钙食物的存在会损害本品在胃肠道的吸收。本品应在每餐前后2h口服，以保证吸收完全。

帕米膦酸钠

帕米膦酸钠（pamidronate sodium）在体内抑制骨吸收的浓度下不抑制磷酸钙的结晶形成，适用于骨吸收亢进的疾病，主要用于由恶性肿瘤引起的高钙血症和溶骨性癌转移引起的骨痛。

主要不良反应有发热、低血钙、肝谷丙转氨酶和谷草转氨酶活性升高、血小板减少、肌酐升高。应注意血钙的变化。

唑来膦酸

作为第三代双膦酸盐类药物，唑来膦酸（zoledronic acid）具有很强的抗骨质吸收作用。主要用于变形性骨炎和癌症晚期的高钙血症。本品最常见的不良反应有（大于10%）发热，常见的有（1%～10%）各类血细胞减少、精神错乱、恶心、疲劳、关节痛、心动过缓、肌酐升高、味觉倒错、口渴、低钙血症、低磷酸盐血症、潜在癌症恶化、便秘和呼吸困难。

二、降 钙 素

降钙素（calcitonin）是由哺乳动物甲状腺滤泡旁细胞和非哺乳脊椎动物后鳃腺体中分泌的一种多肽激素，均含有32个氨基酸残基。来源不同的降钙素其氨基酸线性排序不同，人与鲑降钙素在18位上氨基酸不同。鱼降钙素与哺乳动物降钙素受体的结合能力超过哺乳动物的降钙素。基于这一原因。目前应用于临床的人工合成的降钙素类似物有两种，鲑鱼降钙素和鳗鱼降钙素，其中尤以鲑鱼降钙素最为常用。

【药动学】 可注射、口服或鼻腔喷雾给药。皮下或肌内注射给药的生物利用度约为70%，1h达血药峰浓度，作用持续8～24h，95%经肾脏排出。可进入乳汁，哺乳期妇女避免使用。

【药理作用】

1. 降低血钙 降钙素的合成和分泌受血浆Ca^{2+}浓度的调节，降钙素通过激动降钙素受体，作用于骨骼、肾脏和肠道使血钙降低。①直接抑制破骨细胞的骨吸收，使骨骼释放钙减少；促进骨骼吸收血浆中的钙；对抗甲状旁腺激素（PTH）促进骨吸收的作用。②抑制肾小管近端对钙的重吸收，增加尿钙排泄。③抑制肠道对钙的转运等。

2. 其他作用 能抑制前列腺素合成和增强β-内啡肽作用，具有镇痛作用，能缓解或减轻骨痛、腰背和四肢疼痛。也可抑制胃壁细胞分泌胃酸。

【临床应用】

1. 变形性骨炎 用于治疗中度至重度症状明显的变形性骨炎。变形性骨炎具有骨痛和骨畸形、心力衰竭及耳聋等症状的患者应考虑用本品治疗，可缓解骨痛并改善X线及组织学征象。

2. 高钙血症 多种原因可引起高钙血症，如维生素D中毒、肿瘤、甲状腺和甲状旁腺功能亢进等。鲑降钙素用于高钙血症危象的早期治疗，此时需要迅速降低血清钙的浓度。

3. 绝经期骨质疏松 骨质疏松患者血清中降钙素浓度比正常人低，且与骨矿质平行。降钙素能使骨矿质增加，使骨折发生率减少；降钙素还有镇痛作用，可治疗骨质疏松症带来的进行性骨痛。

4. 其他 可用于治疗骨生成缺陷症，少数患者显示临床生化指标和（或）症状改善。

【不良反应与注意事项】 可引起恶心、呕吐、腹泻、面部潮红、手部麻刺感，继续用药或减少用量可减轻。也可出现皮疹、口中异味、食欲减退、尿频、头痛、头昏、发冷、胸压迫感、气短、虚弱等反应。注射局部可出现炎症反应。大剂量可出现继发性甲状腺功能低下，亦需要警惕由低血钙造成的四肢搐搦。如果是鼻腔内给药，则会出现鼻腔刺激或干燥。降钙素类似物可导致过敏反应，因此在第一次使用前应按药品说明书进行皮肤测试。

三、雌激素类及雌激素受体调节剂

（一）雌激素类

雌激素有助于刺激骨骼生长，减少破骨细胞的活动，但患者在进入绝经期后，其雌激素水平急剧下降。雌激素水平降低是引发绝经后骨质疏松的重要原因。补充雌激素可以有效治疗绝经后骨质疏松症，临床研究已证明雌激素类药物（包括雌激素补充疗法和雌、孕激素补充疗法）是防治绝经后骨质疏松症的有效药物。常用的雌激素有尼尔雌醇（nilestriol）、妊马雌酮（conjugated estrogen）、甲羟孕酮（medroxyprogesterone）、炔雌醇（ethinylestradiol）、替勃龙（tibolone）等。

【药理作用】 雌激素能有效地预防绝经后骨丢失，增加骨质，保持骨量，减缓骨质疏松的进程，对骨的各个部位有保护作用，减少骨折发生率。其防治绝经后骨质疏松症的机制：①通过钙代谢激素调节系统，增加血中 1,25-$(OH)_2D_3$ 水平，促进降钙素的分泌，从而增加肠钙的吸收，抑制骨钙到血液中的转移；②抑制甲状旁腺激素调节的骨吸收作用；③作用于成骨细胞和破骨细胞的雌激素受体，并能促进破骨细胞凋亡，从而直接影响骨重建，有效地防止骨质的丢失。

【临床应用】 激素替代疗法（hormone replacement therapy，HRT），主要指雌激素加孕激素治疗。由于 HRT 存在增加肿瘤的风险，临床上必须根据获益与风险比来衡量是否采用，主要适用于骨折风险高的相对较年轻的绝经后妇女，特别是伴有潮热、盗汗等绝经症状的患者。HRT 还可用于 50 岁以前存在原发性卵巢功能衰竭，在绝经期出现骨质稀少或骨质疏松的妇女，以及有骨质疏松症家族史和心血管疾病家族史的患者。HRT 亦可预防或延缓未到自然绝经期而切除卵巢的妇女发生骨质疏松症。与孕激素合用对骨质疏松的防治作用增强，用药半年可使骨密度增加 8%～10%。

【不良反应】 大剂量服用可引起子宫内膜增生，长期使用增加乳腺癌、子宫内膜癌、深静脉血栓形成及肺栓塞的发生率。雌激素依赖型肿瘤、雌激素可能促进生长的肿瘤（肾、肝肿瘤，黑色素瘤）、妊娠期妇女及有异常阴道出血、严重肝肾功能障碍、凝血异常等患者禁用。

替 勃 龙

替勃龙（tibolone）及其 3 种代谢产物分别具有雌激素、孕激素和弱的雄激素活性。代谢产物 3α-OH 替勃龙和 3β-OH 替勃龙具有雌激素活性，替勃龙 Δ4 异构体具有孕激素样和雄激素样作用。主要用于自然绝经和手术绝经引起的各种症状及骨质疏松症的防治。不良反应较轻，偶有体重变化、眩晕、阴道出血、肝功能异常等，伴有肾功能障碍、偏头痛和癫痫病患者可引起体液潴留。禁用于妊娠、已确诊或怀疑有激素依赖性肿瘤、血栓性静脉炎、不明原因的阴道出血和严重肝病患者。

依普黄酮

依普黄酮属（ipriflavone）植物雌激素类药物，也可合成。

【药动学】 口服吸收率约 60%，90min 达血药峰浓度，主要分布于胃、肠、肝和骨中，经肝脏氧化代谢后由肾脏排泄，半衰期为 9.8h。代谢产物也具有一定的生物活性。

【药理作用与临床应用】 依普黄酮具有雌激素样作用，能增强成骨细胞的增殖，促进骨胶原形成和矿化，增加骨量；减少破骨细胞前体细胞的增殖和分化，抑制破骨细胞活性，降低骨吸收；也能增加降钙素的分泌，间接产生抗骨吸收作用。对人和动物的生殖系统无明显影响。适用于原发性骨质疏松症的防治，提高骨量减少者的骨密度。

【不良反应】 仅有轻微的胃肠道反应。但重度食管炎、胃炎、消化性溃疡、胃肠功能紊乱、中重度肝肾功能不良和高龄患者慎用，低钙血症患者禁用。

（二）雌激素受体调节剂

选择性雌激素受体调节剂（selective estrogen receptor modulator, SERM）是一类具有拟雌激素作用和抗雌激素作用的结构多样的人工合成的非甾体化合物，通过与雌激素受体的高度结合，选择性地作用在不同靶组织的雌激素受体的激动药和阻断药，在某些部位（如肿瘤）起到阻断雌激素受体的作用，而在其他部位（如骨骼）则起到刺激雌激素受体的作用。

SERM 的组织特异性使它对骨骼、子宫、乳腺等存在不同的作用，从而发挥雌激素的有益效果，又尽可能降低了对生殖系统的刺激。选择性雌激素受体调节剂不增加乳腺癌和子宫内膜癌的风险，且能降低血清胆固醇，对心血管也有保护作用，故有较好的应用前景。

SERM 根据其化合物的结构可分为以下四大类：①三苯乙烯的衍生物，以他莫昔芬（tamoxifen，TAM）为代表，拖瑞米芬、屈洛米芬为第一代 SERM。②苯并噻吩类，以雷诺昔芬（raloxifene，RAL）为代表的第二代 SERM。③苯并吡喃类，拉索昔芬（lasofoxifene，LAS）为第三代 SERM。④其他类型主要有雌二醇类衍生物和哚类化合物、黄酮类化合物及蒽醌类化合物等。

他莫昔芬

他莫昔芬（tamoxifen，TAM）是最早人工合成的 SERM，临床上用于乳腺癌的治疗，它还能选择性与骨细胞上雌激素受体结合而在骨组织发挥弱雌激素激动药的作用，抑制骨丢失，但由于他莫昔芬长期应用可导致子宫内膜增生及子宫内膜癌，所以临床上不把它作为骨质疏松的预防和治疗用药。

雷诺昔芬

雷诺昔芬（raloxifene，RAL）是临床上防治绝经后骨质疏松症的药物，它在骨和心血管系统具有雌激素样的作用，提高骨矿物质密度及降低血清胆固醇，同时对子宫及乳腺有抗雌激素的作用，即不刺激子宫和乳腺，长期用药还有降低乳腺癌的报道。Ⅲ期临床试验显示，雷洛昔芬能显著减少绝经后妇女 34%～50% 的椎体骨折，此数据与双膦酸盐相近，但在降低骨转换指标、提高骨密度方面稍弱于双膦酸盐。雷洛昔芬的不良反应主要是轻度增加静脉血栓形成，禁用于有静脉栓塞病史、有血栓倾向及长期卧床的患者，少数患者服药期间会出现潮热和下肢痉挛，症状严重时暂停药物。

第三节　骨形成促进药物

一、甲状旁腺激素

甲状旁腺激素由甲状旁腺主细胞分泌，人甲状旁腺素为 84 个氨基酸组成的单链多肽，分子量为 9000。目前临床应用的药物有两种，包括重组人甲状旁腺激素 1-84（recombinant human $PTH_{1\text{-}84}$，$rhPTH_{1\text{-}84}$）及重组人甲状旁腺激素 1-34（recombinant human $PTH_{1\text{-}34}$，$rhPTH_{1\text{-}34}$），每日皮下注射可有效降低椎体与非椎体骨折。

【药理作用】 甲状旁腺激素通过两种 G 蛋白偶联受体 PTH-1 和 PTH-2，作用于骨骼、肾脏和胃肠道等靶器官，使血钙浓度增加，磷酸盐浓度降低。①对骨骼的作用：能高效、选择性地增加成骨细胞的活性及数量，刺激成骨细胞形成新骨。不仅可预防雌激素水平下降而导致的骨量丢失，且能逆转骨量丢失，增加骨密度，显著降低绝经后妇女发生骨折的危险。但甲状旁腺激素对骨重建具有双重作用，小剂量时促进骨形成，而大剂量时则抑制成骨细胞，同时动员骨钙入血，提高血钙浓度。②对肾脏的作用：促进远曲小管对钙的重吸收；抑制近曲小管对磷酸盐的重吸收并加速其排泄；

促进肾脏的25-（OH）-D_3羟化为1，25-（OH）$_2$-D_3，使肠对钙的吸收增加，血钙浓度提高。

【临床应用】 适用于男性骨质疏松症和绝经期后妇女骨质疏松症，可显著增加椎体骨小梁的体积、骨矿密度、骨松质的骨量，使整个骨骼的强度和质量提高，减少骨折的危险。甲状旁腺激素抗骨质疏松治疗有两个特点：①持续应用促成骨作用会减弱，临床试验证实其有效降低骨折的时间最长为30个月，中位数时间为19个月，停药后骨密度会逐渐下降，因此停药后必须加用抗骨吸收药物；②治疗作用会受其他抗骨质疏松药物的影响，与双膦酸盐合用的疗效较单独应用甲状旁腺激素疗效差。由于价格昂贵，甲状旁腺激素的应用受到了限制，目前一般应用于严重骨质疏松症或对其他抗骨质疏松药物不耐受的患者。另外，也可用于假性和原发性甲状旁腺功能减退症的鉴别诊断，若静脉注射后患者尿磷增多，血钙升高，血中1，25-（OH）$_2$-D_3生成增多，可初步诊断为甲状旁腺功能减退。

【不良反应】 大剂量可引起骨溶解，增加骨质疏松性骨折的危险。过量导致血钙浓度过高，引起肾脏和血管骨化，心肾疾病患者应慎用。也可引起过敏反应，用药前应做皮试。用药期间应测定血钙浓度，在医师严密监护下使用。

二、维生素K剂

天然存在的维生素K根据其侧链不同可分为维生素K_1和维生素K_2（MK-*n*）两种，维生素K_1为单一化合物，而维生素K_2是一系列含有2-甲基-1,4-萘醌母核及C_3位带有数量不等的异戊二烯结构单元侧链化合物的统称，其中具有高活性及重要药用价值的是维生素K_2(20)(MK-4）及K_2(35)(MK-7)。防治骨质疏松的维生素K_2类药物主要是MK-4。维生素K的经典作用是维持机体的正常凝血，促进肝脏合成凝血酶原（因子Ⅱ），参与凝血因子Ⅶ、Ⅸ、Ⅹ，以及蛋白C、S合成。但是近年来的大量研究表明，MK还具有促进骨形成、增加骨密度、维持骨健康，防治骨质疏松的临床作用。另外，与现有绝大多数市售防治骨质疏松药物相比，维生素K为人体内源性物质，安全用量范围大，具有良好的用药安全性，适用于从婴儿到中老年各年龄人群。

维生素K_2为脂溶性维生素，在小肠内吸收，其吸收依赖于胆盐，故空腹服用吸收差，合并肝胆疾病伴脂肪吸收障碍者口服维生素K_2效果不良。维生素K_2常见的不良反应为胃肠道反应，一般程度轻微，少数患者出现皮肤瘙痒、水肿和转氨酶暂时性轻度升高。不可与华法林合用。

三、雄激素及同化激素类

临床应用的雄激素和同化激素主要有苯丙酸诺龙（nandrolone phenylpropionate)、司坦唑醇（stanozolol)、甲睾酮（methyltestosterone)、丙酸睾酮（testosterone propionate)、达那唑（danazol)、普拉睾酮（prasterone）和十一酸睾酮（testosterone undecanoate)。这类药物能通过促进成骨细胞的产生，抑制骨吸收，从而增加骨量和骨密度。临床适用于由于衰老、运动减少、服用糖皮质激素导致的骨质疏松。主要不良反应是肝脏毒性、男性化、血清脂蛋白异常等，限制了此类药物的长期应用。

四、锶　　盐

化学元素锶（Sr）性质与钙类似，与骨具有较强的亲和力，人体中大约99%的锶集中在骨骼中。锶盐作为一种新的化合物，具有抑制骨吸收和促进骨形成双重作用，从而使其成为治疗骨质疏松的新型药物。

人工合成的锶盐雷奈酸锶（srontium ranelate，SR）是新一代的抗骨质疏松药物，可同时作用于成骨细胞和破骨细胞，具有抑制骨吸收、促进骨形成的双重作用，可显著提高骨密度，降低绝经后骨质疏松症患者椎骨和髋部骨折的风险。然而它可以增加严重的心血管疾病的风险，如卒中和血栓栓塞症。因此，它只适用于老年妇女的骨质疏松症和有骨折风险的男性的备用药物。

案例解析

案例：

患者，女，70岁，因“间断腰背痛10年，加重半年”就诊。患者自10年前出现劳累后腰背酸痛，休息可缓解，无明显活动受限。近半年来患者腰背痛渐加重，严重时翻身、上下楼受限，睡眠受影响，夜间下肢“抽筋”。患者平素户外活动少，发病以来体重稳定，身高较年轻时缩短9cm（由165cm降低为156cm）。

骨代谢相关指标：血钙2.45mmol/L（正常值2.25～2.75mmol/L），磷1.09mmol/L（正常值0.97～1.61mmol/L），碱性磷酸酶98U/L（正常值40～150U/L）；24h尿钙3.90mmol（正常值2.5～7.5mmol）；血甲状旁腺激素45.5pg/ml（正常值12～65pg/ml），25-（OH）-D 12ng/ml（正常值＞30ng/ml）。

影像学检查：胸腰椎侧位片示骨质疏松，腰1椎体（L1）楔形变；双能X线吸收测定法（DXA）测量骨密度示L2～4为0.691g/cm^2，T值为–3.6；股骨颈（Neck）为0.621g/cm^2，T值为–2.3；全髋为0.591g/cm^2，T值为–2.9。

根据患者病情，如何选择药物进行治疗？

解析：

患者为老年绝经后女性，慢性病程，主要表现为逐渐加重的腰背痛、活动受限、身高缩短及脆性骨折史，X线检查示椎体压缩性骨折，骨密度监测示T值为–2.3～–2.9，因此该患者为绝经后严重骨质疏松症伴椎体压缩性骨折诊断明确。建议使用激素补充疗法及活性维生素D_3治疗为主。

本章小结

骨质疏松症（osteoporosis，OP）是由于多种原因导致的骨密度和骨质量下降，骨微结构破坏，造成骨脆性增加，从而容易发生骨折的全身性骨病。根据主要作用机制，目前治疗骨质疏松症的药物可分为三大类：骨矿化促进药、骨形成促进药和骨吸收抑制药。通过药物治疗可使骨折风险降低。

骨矿化促进药：包括钙剂、活性维生素D及其活性代谢物。其主要药理作用是促进骨质的矿化进程，且活性维生素D_3还可增强肌力及神经肌肉协调性，避免跌倒、减少骨折发生率。

骨吸收抑制药包括双膦酸盐类药物、降钙素、雌激素及雌激素受体调节剂。其主要药理作用是抑制破骨细胞活性，减少骨吸收。

骨形成促进药：包括甲状旁腺激素（$PTH_{1\text{-}34}$片段）和维生素K剂。其主要药理作用是促进成骨细胞活性，增加骨形成。

中药介绍

淫羊藿

中医一般将骨质疏松归入骨痿、骨痹、骨枯等范畴，是指由肾虚、脾虚或血瘀等原因导致的骨枯而髓减。根据导致骨质疏松的不同病因，中医防治骨质疏松有3条基本原则：补肾为先、健脾益气、活血通络。

淫羊藿又名仙灵脾，味性归经：辛、甘，温。其叶和茎中含有淫羊藿苷（lcariin），淫羊藿次苷（lcariside），去氧甲基淫羊藿苷（des-*O*-methylicariin），*β*-去水淫羊藿素（*β*-anhydroicaritin），淫羊藿糖苷（epimedoside）A、B、C、D、E等多种物质。

淫羊藿具有补肾阳、强筋骨、祛风湿功效，用于肾阳虚衰所致阳痿遗精、筋骨痿软、风湿痹痛、麻木拘挛，是临床常用的中药。研究发现淫羊藿主要通过提高成骨细胞的活性，抑制破骨细胞产生从而降低骨吸收，达到抗骨质疏松的作用。

（梁　冰）

第七篇　病原微生物药理学

第三十八章　抗菌药物概论

能力要求

1. 能够掌握抗菌药物的常用术语、作用机制。
2. 能够理解抗菌药物的耐药性发生机制。
3. 能够了解抗菌药物的合理使用原则。

第一节　概　　述

抗菌药物（antibacterial drug）是指对病原菌具有抑制或杀灭活性，用于预防和治疗细菌性感染的药物。其中仅具有抑制病原菌生长繁殖的能力而无杀灭作用的抗菌药物称为抑菌药（bacteriostatic drug），如四环素类、大环内酯类、磺胺类药物等；而不仅具有抑制病原菌生长繁殖的能力，而且具有杀灭作用的抗菌药物称为杀菌药（bactericidal drug），如青霉素类、头孢菌素类、氨基糖苷类药物等。

抗菌药物包括抗生素和人工合成抗菌药，抗生素是微生物（细菌、真菌和放线菌等）的代谢产物，能杀灭或抑制其他微生物的物质。抗生素依据来源可分为天然抗生素和人工半合成抗生素，前者来源于微生物，后者则是对天然抗生素进行结构改造获得的半合成产品。人工合成抗菌药主要包括喹诺酮类和磺胺类等化学药物。

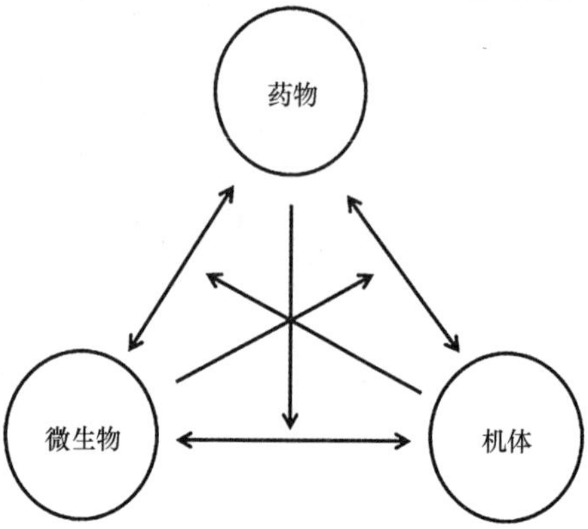

图 38-1　药物、机体与微生物之间的相互作用及调控关系

抗菌药物可以抑制或杀灭病原微生物，但在一定的条件下病原微生物可对其产生耐药；药物进入体内后影响微生物从而对机体具有防治作用时，也会产生不良反应，反之，机体对药物也会进行吸收、分布、代谢和排泄等体内过程；与此同时，机体的免疫防御和病原微生物的免疫逃避之间也产生相互作用。另外，药物、微生物和机体在对其他两者之间的相互作用过程中也具有影响及调控作用。因此，在应用化疗药物防治病原微生物感染性疾病过程中，应该考虑宿主机体、病原体和药物三者之间的相互作用和辩证关系（图 38-1）。

第二节　抗菌药物的常用术语

化学治疗药物（chemotherapeutic drug，化疗药物）是指用于治疗细菌、病毒、立克次体、螺旋体、衣原体、支原体、真菌、原虫等感染及肿瘤的药物。化学治疗（简称化疗）的目的是利用化疗药物对病原微生物或肿瘤细胞具有的强大选择性抑制或杀灭作用，而对宿主无显著的毒性和损害性，在临床发挥对疾病的防治作用。

化疗指数（chemotherapeutic index，CI）是评价化学治疗药物有效性与安全性的指标，常以化疗药物的半数致死量 LD_{50} 与治疗感染动物的半数有效量 ED_{50} 之比来表示（LD_{50}/ED_{50}），或者用 5% 的致死量 LD_5 与 95% 的有效量 ED_{95} 之比来表示（LD_5/ED_{95}）。化疗指数越大，表明该药物的毒性越小，临床应用价值越高。但应注意，对青霉素类等药物，化疗指数大，几乎对机体无毒性，但可能发生过敏性休克这种严重不良反应，因此，化疗指数不能作为评价药物安全性的唯一指标。

抗菌谱（antibacterial spectrum）指抗菌药物的抗菌范围，是临床选用抗菌药物的基础。某些抗菌药仅对一种细菌或局限于某属细菌有抗菌作用，称为窄谱抗菌药，如异烟肼仅对结核杆菌有作用，而对其他细菌无效。某些抗菌药对多种病原微生物均有效，称为广谱抗菌药，如氟喹诺酮类药物，不仅对革兰氏阳性菌、革兰氏阴性菌有很强的抗菌作用，对结核杆菌、衣原体、支原体亦有作用。

最低抑菌浓度（minimum inhibitory concentration, MIC）是测定抗菌药物体外抗菌活性大小的一个指标，指在培养细菌 18～24h 后能抑制培养基内病原菌生长的最低药物浓度。能抑制 50% 或 90% 受试病原菌的最低药物浓度，分别以 MIC_{50} 和 MIC_{90} 表示。

最低杀菌浓度（minimum bactericidal concentration, MBC）是指能够杀灭培养基内细菌或使细菌数减少 99.9% 的最低药物浓度。能将 50% 或 90% 受试菌株的活菌总数杀灭减少 99.9% 所需的最低药物浓度，分别以 MBC_{50} 和 MBC_{90} 表示。有些药物的 MIC 和 MBC 很接近，如氨基苷类抗生素；有些药物的 MBC 比 MIC 大，如 β-内酰胺类抗生素。

首次接触效应（first expose effect, FEE）是指抗菌药物在初次接触细菌时有强大的抗菌效应，再次接触或与细菌连续接触，并不显著的增强或再次出现这种明显的抗菌效应，需要间隔一定时间（数小时）以后才会再起作用。氨基苷类抗生素有明显的首次接触效应。

抗生素后效应（post antibiotic effect, PAE）指抗生素与细菌短暂接触后，抗生素浓度下降至 MIC 以下，细菌生长仍受到持续抑制的效应，如氨基苷类抗生素、两性霉素 B、氟喹诺酮类等均具有较长的 PAE，可能是因为：①血药浓度虽低于 MIC 值，但可能仍有药物滞留于作用靶点或胞质周围间隙中；②细菌合成新的酶类或可逆的非致死性损伤的修复需要一定时间。

第三节　抗菌药物的作用机制

抗菌药物通过作用于病原菌的某些靶位，干扰其正常的生化代谢过程，影响其结构和功能，使细菌失去生长繁殖的能力，最终达到抑制或杀灭病原菌的作用。根据抗菌药物对细菌的干扰环节不同，抗菌机制主要有以下四个方面。

一、抑制细菌细胞壁的合成

细菌细胞壁位于细胞质膜之外，是维持细菌细胞外形完整的坚韧结构。根据细菌细胞壁的构造和化学组成不同，可将其分为革兰氏阳性细菌（G^+ 菌）与革兰氏阴性细菌（G^-菌）。由于细菌细胞壁位于细胞质膜之外，而哺乳类细胞无细胞壁，因此特异性抑制细菌细胞壁合成是理想的抗菌机制。

青霉素类、头孢菌素类、磷霉素、万古霉素、杆菌肽等抗菌药物均可以通过抑制细胞壁的合成而发挥作用，然而它们干扰细菌细胞壁生物合成的环节不同。青霉素与头孢菌素属于 β-内酰胺类抗生素，主要与青霉素结合蛋白（penicillin binding protein，PBP）结合，抑制转肽作用，阻碍了肽聚糖的交叉联结，导致细菌细胞壁缺损；磷霉素结构与细菌磷酸烯醇丙酮酸相似，通过与丙酮酸转移酶竞争结合影响细胞壁的合成；万古霉素主要通过阻止 *N*-乙酰胞壁酰基和 *N*-乙酰葡糖酰基参与肽聚糖骨架的形成而干扰细菌细胞壁的合成；杆菌肽的机制主要使焦磷酸酶失活，从而特异性地抑制细菌细胞壁合成阶段的脱磷酸化作用，影响了磷脂的转运和向细胞壁支架输送黏肽，从而抑制了细胞壁的合成。

二、影响细菌细胞膜的通透性

细菌细胞膜与一般生物膜特性类似，具有选择性运输和屏障作用，能防止细菌细胞质内的蛋白质、氨基酸、核苷酸等重要生命物质漏出膜外。抗革兰氏阴性杆菌的多肽类（多黏菌素类）、抗真菌的多烯类抗生素（两性霉素 B 和制霉菌素）及吡咯类（酮康唑、咪康唑、伊曲康唑、氟康唑）抗菌药物主要通过损伤细菌细胞膜，影响其功能而发挥抗菌作用。

三、抑制细菌蛋白质的合成

细菌蛋白质的合成在细胞质内通过核糖体循环完成，包括合成起始、肽链延伸及合成终止三阶段。抗菌药物分别作用于细菌蛋白质合成的以下阶段抑制其合成。①起始阶段：氨基糖苷类抗生素与 30S 核糖体亚基结合，通过固定 30S 和 50S 核糖体复合物而抑制 mRNA 与核糖体结合，在起始阶段干扰细菌蛋白质的合成，从而导致细菌死亡。②肽链延伸阶段：四环素类抗生素通过与细菌核糖体 30S 亚基结合，阻止氨基酰 tRNA 与 mRNA 核糖体复合物 A 位结合，阻碍肽链的形成；氯霉素通过与核糖体 50S 亚基结合，抑制肽酰基转移酶，影响肽链的延长与蛋白质合成；大环内酯类能与核糖体 50S 亚基可逆性结合，抑制氨基酰 tRNA 从核糖体 A 位转移到 P 位，干扰细菌蛋白质合成。③终止阶段：氨基糖苷类抗生素阻止终止因子与 A 位结合，使合成的肽链不能从核糖体释放出来，致使核糖体循环受阻及无功能的异常蛋白质产生。

四、影响细菌叶酸和核酸代谢

细菌不能直接利用环境中的叶酸，而必须以蝶啶、对氨基苯甲酸为原料合成。磺胺类药物与对氨基苯甲酸结构相似，与对氨基苯甲酸竞争二氢蝶酸合酶，影响细菌体内的叶酸代谢，由于叶酸缺乏，细菌体内核苷酸合成受阻，导致核酸、核蛋白的合成受到抑制，细菌生长繁殖不能进行。

核酸分为脱氧核糖核酸（DNA）和核糖核酸（RNA），为生命的最基本物质之一。喹诺酮类药物主要通过抑制细菌回旋酶或拓扑异构酶Ⅳ，从而抑制细菌的 DNA 复制，导致细菌死亡。利福平能特异性地抑制依赖于 DNA 的 RNA 聚合酶（转录酶）活性，阻碍 mRNA 的合成而杀灭细菌。

第四节　细菌耐药性的产生及其机制

细菌耐药性可分为固有耐药（intrinsic resistance ）和获得性耐药（acquired resistance）。固有耐药性又称天然耐药性，是指细菌对某些抗菌药物天然不敏感，其耐药基因来自亲代，由细菌染色体基因决定而代代相传，如链球菌对氨基糖苷类抗生素天然耐药，以及肠道阴性杆菌对青霉素 G 天然耐药。获得性耐药是由于细菌 DNA 的改变导致其获得耐药性表型，耐药基因来源于基因突变或获得新基因，通过改变自身的代谢途径，使其不被抗菌药物杀灭，如金黄色葡萄球菌产生 β- 内酰胺酶而对 β- 内酰胺类抗生素耐药。细菌耐药的发生机制主要有以下几种方式（图 38-2）。

一、产生灭活酶

细菌通过质粒和染色体基因表达生成的灭活酶是耐药性产生的重要机制之一，使抗菌药物在作用于细菌之前即被酶破坏而失去抗菌活性。耐药细菌产生的灭活酶主要如下。① β- 内酰胺酶：裂解 β- 内酰胺环而使具有 β- 内酰胺化学结构的抗菌药物丧失活性。②氨基糖苷类抗生素钝化酶：常见的氨基糖苷类钝化酶有乙酰转移酶、腺苷转移酶和磷酸转移酶，这些酶通过使氨基糖苷类的结构发生改变而失去抗菌活性。③其他酶类：大肠埃希菌产生的酯酶能水解大环内酯类抗生素结构中的内酯环，使其丧失抗菌活性；金黄色葡萄球菌等革兰氏阳性菌和某些革兰氏阴性杆菌可产生氯霉素乙酰转移酶，使氯霉素结构中的羟基乙酰化成无抗菌活性的乙酰化代谢产物；金黄色葡萄球菌产生的核苷转移酶可使大环内酯类、林可霉素等抗生素核苷化、乙酰化或水解而丧失活性。

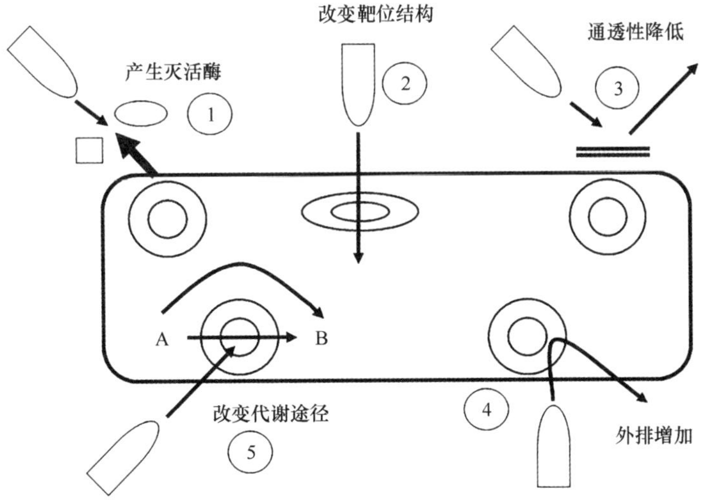

图 38-2 细菌对抗菌药物的耐药机制

二、改变抗菌药物作用靶位

由于细菌自身发生突变或细菌产生某种酶的修饰作用，使抗菌药物无法发挥作用，主要如下。

1. 细胞膜上与抗菌药物相结合的靶蛋白发生改变，药物与靶蛋白的亲和力下降或不能与其结合，细菌产生耐药，如肺炎链球菌通过此机制对青霉素产生高度耐药。

2. 细菌合成一种新的靶蛋白，但药物不能与新合成的靶蛋白结合，产生高度耐药。例如，耐甲氧西林金黄色葡萄球菌（methicillin resistant *Staphylococcus aureus*，MRSA）由于合成了一种新的 PBP 组分 PBP_{2a}，且功能超过敏感细菌原有 PBP 的功能，其与 β-内酰胺类抗生素的亲和力极低，形成耐药机制。

3. 细菌也可增加靶蛋白的生成数量，保证有足够量的靶蛋白用以维持细菌的生长和繁殖，从而使抗菌药物不能达到原有的抗菌效果。例如，肠球菌对 β-内酰胺类的耐药性则是既产生 β-内酰胺酶，又增加 PBP 的量，同时降低 PBP 与抗生素的亲和力，形成对多种抗菌药物产生耐药性。

三、改变渗透屏障通透性

渗透屏障是细菌对外界不利因素的一种防卫机制，渗透屏障通透性的改变是细菌对抗菌药物产生耐药的重要机制。细菌对抗菌药物渗透性的屏障作用主要包括细菌细胞壁和细胞膜的改变，以及生物被膜的形成。

1. 细胞壁通透性的改变 肠球菌等革兰氏阳性球菌的细胞壁坚厚，氨基糖苷类和多黏菌素类抗生素不易渗透通过此类细菌的细胞壁，因此在临床使用时需较大剂量或与 β-内酰胺类抗生素合用才能发挥其抗菌作用。青霉素类抗生素穿透细菌细胞壁的能力不同，因此抗菌谱有所差异。而粪肠球菌细胞壁通透性及代谢途径的改变，导致细菌对万古霉素的耐药性增加。

2. 细胞膜通透性的改变 如多种广谱抗菌药都不能通过铜绿假单胞菌的外膜进入菌体内，因此铜绿假单胞菌对这些抗菌药具有天然耐药性。但铜绿假单胞菌外膜存在孔道蛋白特异性通道，碳青霉烯类抗生素亚胺培南能通过进入菌体内发挥强大的抗菌作用，而当铜绿假单胞菌多次接触抗生素后，菌株孔道蛋白的结构基因突变，通道失活而发生障碍，抗菌药进入菌体明显减少，铜绿假单胞菌对亚胺培南亦产生特异性耐药。

3. 生物被膜（bacterial biofilm，BF）的形成 生物被膜是细菌为适应自然环境，黏附于接触表面，由细菌分泌物（多糖基质、纤维蛋白、脂质蛋白等）将其自身包绕其中而形成的大量细菌聚集膜样物。细菌生物被膜可以阻止药物渗透作用于菌体和吸附钝化酶促进抗菌药物水解，对抗菌药物产生耐药。可产生细菌生物被膜的细菌有铜绿假单胞菌、葡萄球菌、肠球菌、肺炎链球菌、克雷伯杆菌、沙门菌属等。

四、增强主动外排系统功能

细菌主动外排系统是能将有害底物排出菌体外的一组转运体，其过量表达可引起细菌对抗菌药物的耐药。细菌的主动外排系统由内膜转运载体、外膜孔道蛋白和连接两者的连接蛋白组成。大肠埃希菌、金黄色葡萄球菌、表皮葡萄球菌、铜绿假单胞菌、肺炎链球菌、化脓链球菌、空肠弯曲菌等细菌能将进入胞体的抗菌药物通过外排系统泵出体外，因而对β-内酰胺类、氟喹诺酮类、四环素类、氯霉素、大环内酯类等抗菌药物产生多重耐药。

五、改变代谢途径

细菌可通过改变代谢途径逃避抗菌药物的作用，如呈休眠状态的细菌可出现对多种抗菌药物耐药。金黄色葡萄球菌可以通过增加对氨基苯甲酸的产量，对氨基苯甲酸是细菌合成二氢叶酸的必需物质，磺胺类药物因化学结构与对氨基苯甲酸相似，与二氢叶酸合成酶结合后阻碍细菌利用对氨基苯甲酸合成叶酸，达到抑菌和杀菌的目的。但当细菌内对氨基苯甲酸产量增高，与磺胺类竞争结合二氢叶酸合成酶，从而导致细菌对磺胺类抗菌药物耐药。

第五节　抗菌药物临床应用基本原则

抗菌药物的合理应用是指在明确疾病诊断的指征下，根据抗菌药物的抗菌谱和药动学/药效学参数选用恰当的药物，采用合适的剂量与疗程，达到抑制或杀灭病原菌，是提高抗菌药物疗效、降低不良反应发生率及减少或延缓细菌耐药发生的关键。

一、细菌性感染的确诊

对感染性疾病病原菌的尽早正确诊断，是合理应用抗菌药物的先决条件。在患者应用抗菌药物之前，应根据患者的症状、体征、实验室检查等明确诊断感染是否由细菌或真菌导致。如果缺乏上述病原微生物感染的临床或实验室证据，或者感染由病毒导致的，均无应用抗菌药物指征。

二、根据适应证选择合适的抗菌药物

由于抗菌药物的抗菌谱、药效学和药动学特点等不同，因此各种抗菌药物的临床适应证有所不同。一旦细菌诊断和药物敏感度试验明确，则应根据各种抗菌药物的抗菌作用及其体内过程特点，按临床适应证选择相应的抗菌药物。

三、制订合理的抗菌治疗方案

根据病原菌种类、感染部位、感染严重程度和患者的情况及抗菌药物药效学与药动学特点制订合理的抗菌治疗方案，包括抗菌药物的品种选择、给药剂量、给药途径、给药次数、疗程及联合用药。

知识拓展

为应对日益严重的抗生素耐药问题，2012 年 7 月，美国通过了《鼓励开发抗生素法案》，其他很多国家也相继颁布了相应的新抗生素研发激励措施。2014 年 6 月，美国 FDA 密集公布了用于治疗耐药淋病奈瑟菌的药物 AZD0914 和吸入式抗生素 Arikayce 的突破性药物认证，通过了噁唑烷酮类新型抗耐药菌药物 Sivextro 的审批；2014 年 8 月，通过了用于治疗急性细菌性皮肤和皮肤结构感染的新型药物 Orbactiv 的审批；2014 年 9 月，用于尿路感染、院内细菌

性肺炎及复杂腹腔感染的新型抗菌药物Relebactam正式进入FDA快速审批通道。2015年1月，美国公布《抵抗抗菌药耐药性》专项预算，计划通过HHS投入超过12亿美元；2015年3月，美国政府公布为期5年的抵抗抗生素耐药性国家行动计划，该专项财政针对抗菌药耐药性的总投入超过了22亿美元。

本章小结

抗菌药物是指对病原菌具有抑制或杀灭活性，用于预防和治疗细菌性感染的药物，分为抑菌药和杀菌药。抗菌谱指抗菌药物的抗菌范围，是临床选用抗菌药物的基础。最低抑菌浓度和最低杀菌浓度是衡量抗菌药物抗菌活性的指标。

抗菌药物的作用机制主要包括抑制细菌细胞壁的合成，影响细菌细胞膜的通透性，抑制细菌蛋白质的合成，以及影响细菌叶酸和核酸代谢。细菌耐药性的产生机制主要包括产生灭活酶，改变抗菌药物作用靶位，改变渗透屏障通透性，增强主动外排系统功能，以及改变细菌代谢途径。

（于春雷）

第三十九章　β-内酰胺类抗生素

能力要求

1. 掌握常用青霉素类药物的抗菌作用机制、耐药性、抗菌谱、适应证、不良反应及防治措施；各代头孢菌素的特点、临床应用。

2. 熟悉β-内酰胺类抗生素的共同结构特点；β-内酰胺酶抑制药与β-内酰胺类抗生素联合用药的药理学基础。

3. 了解半合成青霉素的分类；头孢菌素类抗生素的分类及代表药物名称；单环类、头霉素类、氧头孢烯类代表药物的名称、抗菌谱及临床应用。

β-内酰胺类抗生素（β-lactam）是一类化学结构中含β-内酰胺环的抗生素，包括青霉素类、头孢菌素类、非典型β-内酰胺类、β-内酰胺酶抑制药等。自20世纪40年代使用以来，由于本类药物杀菌活性强、抗菌范围广、毒性低、疗效高、适应证广等优点，仍是目前临床最常用的一类抗生素。

第一节　分类、抗菌作用机制及耐药机制

一、β-内酰胺类抗生素分类

（一）青霉素类

1. 天然青霉素类　青霉素G。

2. 半合成青霉素类

（1）耐酸青霉素类：青霉素V。

（2）耐酶青霉素类：甲氧西林、氯唑西林。

（3）广谱青霉素类：阿莫西林、氨苄西林。

（4）抗铜绿假单胞菌广谱青霉素类：羧苄西林、替卡西林。

（5）抗革兰氏阴性杆菌青霉素类：美西林。

（二）头孢菌素类

1. 第一代头孢菌素　头孢拉定、头孢唑啉。

2. 第二代头孢菌素　头孢克洛、头孢呋辛。

3. 第三代头孢菌素　头孢噻肟、头孢克肟、头孢地尼。

4. 第四代头孢菌素　头孢匹罗、头孢吡肟。

5. 第五代头孢菌素　头孢洛林、头孢吡普。

（三）非典型β-内酰胺类抗生素

1. 碳青霉烯类　亚胺培南、美罗培南。

2. 头霉素类　头孢西丁、头孢美唑。

3. 氧头孢烯类　拉氧头孢。

4. 单环β-内酰胺类　氨曲南。

（四）β-内酰胺酶抑制药

克拉维酸、舒巴坦。

二、抗菌作用机制

β-内酰胺类抗生素的抗菌作用机制主要是通过与细菌细胞膜上的PBP结合，抑制细胞壁黏肽的交叉联结，导致细胞壁缺损，外环境水分渗入，菌体肿胀、裂解，同时激活细菌的自溶酶，最终使细菌破裂、溶解而死亡。

1. 抑制细菌细胞壁黏肽合成　PBP是一类广泛存在于细菌的膜蛋白，具有转肽酶、转糖基酶、羧肽酶活性，其分子量为4万～14万，是细菌细胞壁合成不可或缺的酶，也是β-内酰胺类抗生素的作用靶点。根据分子量大小，可将PBP分为：①高分子量PBP，具有转肽酶和转糖基酶活性，可以维持细胞形态，参与细菌细胞壁合成；②低分子量PBP，普遍具有*D*-丙氨酰-*D*-丙氨酸羧肽酶的活性，可催化*D*-丙氨酰-*D*-丙氨酸间的肽链断裂，在肽聚糖交联过程中发挥重要作用。不同种属的细菌细胞膜上的PBP的数量、结构功能、分子量及对β-内酰胺类抗生素的敏感性不同。例如，金黄色葡萄球菌有4种PBP，包括PBP_1～PBP_4。大肠埃希菌有8种PBP，包括PBP_1～PBP_8。大肠埃希菌PBP_1的主要功能是合成细胞壁的主要成分肽聚糖，从而维持细菌形态。PBP_1分为PBP_{1a}和PBP_{1b}。PBP_{1b}是肽聚糖交联过程中的必需酶，含转肽酶活性。青霉素、氨苄西林等可与PBP_{1a}和PBP_{1b}结合，抑制细胞壁黏肽交叉连接，导致细胞壁缺损，促使球形细胞形成，最终导致细菌迅速溶解死亡。PBP_2能使大肠埃希菌维持杆棒状。美西林、亚胺培南等可与PBP_2结合，导致细菌变成不稳定球形体，最终溶解死亡。PBP_3与细菌分裂有关。抗生素与PBP_3结合能够阻止细菌分裂并使细胞形成丝状体。

表39-1　大肠埃希菌PBP的主要种类和功能

PBP	功能
PBP_{1a}	细菌生长非必需蛋白，具糖基转移酶和转肽酶活性
PBP_{1b}	是维持细菌生长的重要蛋白质，是肽聚糖交联过程中的必需酶，是青霉素的主要靶位。具转肽酶活性和转糖酶活性
PBP_2	维持细菌张力，使菌体保持杆棒状
PBP_3	与细菌分离有关；部分是细菌隔膜的胞壁质形成的必需成分
PBP_4	*D,D*-羧肽酶活性和*D,D*-内肽酶活性
PBP_5	*D*-丙氨酸羧肽酶（1a）活性；羧基末端具有稳定蛋白质的作用
PBP_6	*D-D*-丙氨酸转肽酶（1a）活性，在细菌静止期稳定肽聚糖的结构
PBP_7	*D,D*-内肽酶活性
PBP_8	是PBP7的蛋白降解产物，也具有*D,D*-内肽酶的活性

不同β-内酰胺类抗生素穿透细菌细胞壁或外膜难易程度不同，对β-内酰胺酶的稳定性和靶位PBP的亲和力不同，从而表现出抗菌活性的差异。由于哺乳动物细胞无细胞壁，不受β-内酰胺类抗生素的影响，故对人体的毒性小。β-内酰胺类抗生素对已经合成好细胞壁的静止期细菌作用弱，属于繁殖期杀菌药。

2. 增加细菌细胞壁自溶酶活性　β-内酰胺类抗生素还能激活细菌自溶酶，促使细菌壁溶解，导致细菌死亡。

三、耐药机制

细菌对β-内酰胺类抗生素产生耐药性的机制主要有下列六种。

1. 产生β-内酰胺酶（β-lactamase）　耐β-内酰胺类抗生素细菌可产生β-内酰胺类酶，使药物结构中β-内酰胺环水解裂开而失去抗菌活性，是细菌对β-内酰胺类抗生素耐药最常见的机制。从1940年至今已发现的β-内酰胺酶有200多种。根据β-内酰胺酶的底物、生化特性及是否被酶抑制药所抑制的功能分类法，可将β-内酰胺酶分为如下4类：①由染色体或质粒介导的头孢菌素酶；②由质粒介导，又分为a ～ f亚类，包括有青霉素酶、广谱酶、超广谱β-内酰胺酶（ESBL）、耐酶抑制药酶、非金属碳青霉烯酶等；③由染色体介导的金属酶，能灭活青霉素类、头孢菌素类和碳青霉烯类抗菌药物；④染色体介导的青霉素酶。

2. 与药物结合 某些β-内酰胺抗生素对耐药菌产生的β-内酰胺酶稳定而不被其水解，但β-内酰胺酶能与此类抗生素迅速、牢固地结合，使抗生素滞留于细菌细胞膜外间隙，而不能到达靶点（PBP）发生抗菌作用，此种非水解机制的耐药性又称“牵制机制”（trapping mechanism）。

3. PBP改变 耐药菌株PBP可发生结构改变，使β-内酰胺类抗生素对PBP亲和力降低，抗菌作用减弱。有些耐药菌株的PBP的合成量增多或产生新的PBP，使β-内酰胺类抗生素失去抗菌作用，如MRSA在原PBP_2与PBP_3之间产生一种新的PBP_{2a}。

4. 菌膜通透性降低 革兰氏阴性菌外膜孔道蛋白数量减少或孔径变小，导致β-内酰胺类抗生素进入菌体内的量减少而耐药。例如，OmpF是β-内酰胺类、喹诺酮类和四环素类等药物通过细菌外膜的通道，属于非特异性跨膜通道。OmpF一旦丢失，耐药菌株会对上述药物产生多重耐药，如大肠埃希菌等。在铜绿假单胞菌还存在特异的OprD蛋白通道，只允许亚胺培南通过，该蛋白通道丢失时，可产生特异性耐药。

5. 药物外排增强 大肠埃希菌、金黄色葡萄球菌、表皮葡萄球菌和铜绿假单胞菌等胞质膜上的主动外排系统活性增强，多种药物外排增多，导致菌体内药量减少，从而产生非特异性多重耐药。

6. 自溶酶缺乏 细菌缺少自溶酶，菌体自溶减少，可使β-内酰胺类抗生素的杀菌作用下降，或仅有抑菌作用。

第二节 青霉素类抗生素

青霉素类抗生素（penicillin）按其来源，分为天然青霉素和半合成青霉素。除青霉素G为天然青霉素外，其余均为半合成青霉素。青霉素类的基本结构是由母核6-氨基青霉烷酸（6-amino-penicillanic acid，6-APA）及侧链组成（图39-1），6-APA是由一个噻唑环（A）连接一个β-内酰胺环（B）组成，β-内酰胺环为维持抗菌活性的最基本结构，β-内酰胺环被破坏后抗菌活性即消失。侧链则主要与抗菌谱及某些药动学特性有关。

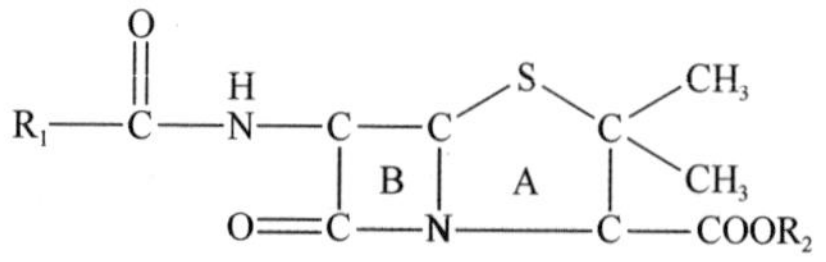

图39-1 青霉素类抗生素的化学结构图
A. 氢化噻唑环 B. β-内酰胺环

一、天然青霉素

青霉素G（penicillin G）又名苄青霉素（benzylpenicillin），是人类历史上发现和使用的首个抗生素。

青霉素G是青霉菌培养液中提取的5种青霉素（X、F、G、K、双H）之一。其中以青霉素G的性质相对稳定，抗菌作用较强，产量高，毒性低，价格低廉，目前仍是治疗敏感菌所致感染的首选药物。

青霉素是一种有机酸，可与金属离子或有机碱结合成盐，常用其钠盐或钾盐。其干燥粉末在室温中稳定，易溶于水，但其水溶液极不稳定，易被酸、碱、醇、氧化剂、金属离子分解破坏，且不耐热，在室温中放置24h大部分降解失效，并产生有抗原性的降解产物，故应在临用前配成水溶液。青霉素G剂量用国际单位U表示，理论效价：青霉素G钠1670U≈1mg，青霉素G钾1598U ≈ 1mg。其他半合成青霉素均以mg为剂量单位。

【体内过程】 青霉素G不耐酸，口服易被胃酸破坏，吸收少且不规则，肌内注射吸收迅速而完全。注射后约0.5h达血药浓度峰值，半衰期为0.5～1.0h。青霉素脂溶性低，主要分布于细胞外液，广泛分布于全身各处，包括关节液、淋巴液、肝、胆、肾、肠道中均有大量分布。房水和脑脊液中含量较低，但炎症时，药物较易进入并达到有效浓度。青霉素主要以原型迅速经肾排泄，其中10%经肾小球滤过排出，90%经肾小管分泌排出。丙磺舒可与青霉素竞争肾小管的分泌排泄，从而提高青霉素的血药浓度，延长其作用时间。

为了延长青霉素G的作用时间，可采用复合混悬剂如普鲁卡因青霉素（procaine benzylpenicillin）和油剂苄星青霉素（benzathine penicillin）。肌内注射后在注射部位缓慢溶解吸收。普鲁卡因青霉素一次注射40万U，可维持24h，苄星青霉素一次注射120万U，可维持15天。但二者血药浓度低，不适用于急性或重症感染，只用于轻症患者或预防感染。

【抗菌作用】 青霉素G抗菌作用强，主要针对繁殖期细菌，选择性高，对人和动物的毒性小。抗菌谱较窄，主要如下：①革兰氏阳性球菌，如溶血性链球菌、草绿色链球菌、肺炎球菌、敏感金黄色葡萄球菌和表皮葡萄球菌等，肠球菌敏感性较差；②革兰氏阳性杆菌，如白喉棒状杆菌、炭疽芽孢杆菌、破伤风芽孢杆菌等；③革兰氏阴性球菌，如脑膜炎奈瑟菌和淋病奈瑟菌等；④少数革兰氏阴性杆菌，如流感杆菌与百日咳杆菌等；⑤螺旋体、放线菌，如梅毒螺旋体、钩端螺旋体、牛放线菌等。青霉素G对大多数革兰氏阴性杆菌作用弱，对病毒、真菌、支原体、立克次体无效。

【临床应用】 肌内注射或静脉滴注为治疗敏感的革兰氏阳性球菌和杆菌、革兰氏阴性球菌及螺旋体所致感染的首选药。

1. 革兰氏阳性球菌感染 溶血性链球菌引起的咽炎、中耳炎、扁桃体炎、蜂窝组织炎、猩红热等；草绿色链球菌引起的心内膜炎；肺炎球菌引起的大叶性肺炎、支气管炎、脓胸等；敏感金黄色葡萄球菌引起的疖、痈、骨髓炎、败血症等。

2. 革兰氏阳性杆菌感染 与抗毒素配伍应用治疗破伤风、白喉、气性坏疽等。

3. 革兰氏阴性球菌感染 淋病奈瑟菌所致的生殖道淋病；脑膜炎奈瑟菌引起的流行性脑脊髓膜炎。

4. 其他 螺旋体感染如钩端螺旋体病、梅毒、回归热等；放线菌引起的局部肉芽肿样炎症、脓肿、肺部感染及脑脓肿等，常需大剂量长程用药。

【不良反应】 青霉素类抗生素的毒性很小，是化疗指数最大的抗生素。其主要不良反应如下。

1. 过敏反应 青霉素G的过敏反应较为常见，发生率为0.7%～10%，在各种药物中居首位。各种类型的变态反应都可出现，如过敏性休克（Ⅰ型过敏反应）、溶血性贫血（Ⅱ型过敏反应）、血清病型反应（Ⅲ型过敏反应）、头痛、血管神经性水肿、药疹、药热、接触性皮炎、间质性肾炎、哮喘等。其中以皮肤过敏（荨麻疹、药疹等）和血清病样反应较多见，但多不严重，停药后可消失。最严重的是过敏性休克，是由血清中IgE介导的Ⅰ型过敏反应，发生率占用药人数的0.004%～0.015%，在抗菌药中居首位。主要表现为喉头水肿、呼吸困难、循环衰竭、血压下降、惊厥和昏迷等，发生迅猛，抢救不及时可迅速死亡。青霉素溶液中的降解产物（青霉烯酸、青霉噻唑蛋白、6-APA高分子聚合物）与蛋白质结合形成全抗原而诱发机体产生抗体（IgE、IgM与IgG等），抗体附着在肥大细胞与嗜碱性粒细胞表面使其致敏，当再次接触抗原时，抗原-抗体相互作用即产生过敏反应。

过敏性休克的防治主要措施：①详细询问过敏史，对青霉素过敏者禁用；②初次使用、用药间隔3天以上或更换批号者必须进行青霉素皮肤过敏试验，反应阳性者禁用；③避免滥用和局部用药；④避免在饥饿时注射青霉素；⑤注射液须现用现配；⑥用药前做好急救准备，如肾上腺素、糖皮质激素等药物；⑦注射后观察30min；⑧一旦发生过敏性休克，应首先立即皮下或肌内注射肾上腺素0.5～1.0mg，必要时加入糖皮质激素和抗组胺药，同时采用其他急救措施如吸氧、输液、给予升压药等。

2. 赫氏反应（Herxheimer reaction） 应用青霉素G治疗梅毒、钩端螺旋体、鼠咬热或炭疽等感染时，可出现症状加剧现象，表现为全身不适、寒战、发热、咽痛、肌痛、心搏加快等症状。这种治疗矛盾的现象称为赫氏反应。此反应可能是大量病原体被青霉素G杀死后释放的物质所引起的。

3. 其他不良反应 肌内注射可产生局部疼痛，红肿、硬结或周围神经炎；剂量过大或静脉给药过快时，可对大脑皮质产生直接刺激作用，出现青霉素脑病。主要表现为肌阵挛、惊厥、癫痫甚至昏迷等严重反应，一般于用药后24～72h出现。

二、半合成青霉素

青霉素G虽具有杀菌能力强、毒性低的优点，但其抗菌谱较窄，又易被胃酸破坏而不能口服，金黄色葡萄球菌也易产生耐药性等缺点。因此，通过改变天然青霉素G的侧链分别获得了耐酸、耐酶、广谱、抗铜绿假单胞菌、抗革兰氏阴性菌等不同特性的半合成青霉素。其抗菌机制、不良反应与青霉素相似。

半合成青霉素主要分为以下几类。

（一）耐酸青霉素类

耐酸青霉素类包括青霉素V（penicillin V，phenoxymethyl penicillin，苯氧甲基青霉素）和非奈西林（phenethicillin）等。其抗菌谱与青霉素G相同，抗菌活性不及青霉素G。特点为耐酸，口服有效，但不耐酶，且口服个体差异大，不宜用于严重感染。

青霉素V

青霉素V为常用的口服青霉素类药物。耐酸，口服吸收好。成人口服本品250mg后约60%由十二指肠吸收，45min左右达高峰浓度。但食物可以减少药物吸收，血浆蛋白结合率为80%，肾排泄率为20%～40%，约30%经肝脏代谢。半衰期为1～2h。

本品抗菌谱与青霉素G相同，也属于窄谱青霉素类。其对大多数敏感菌株的抗菌活性较青霉素弱且对产青霉素酶的菌株无抗菌作用。主要适用于青霉素敏感菌株所致的轻、中度感染，包括链球菌所致的扁桃体炎、咽喉炎、猩红热，肺炎球菌所致的支气管炎、肺炎、中耳炎，以及敏感葡萄球菌所致的皮肤软组织感染等。

（二）耐酶青霉素类

常用的耐酶青霉素类有甲氧西林（methicillin）、苯唑西林（oxacillin）、氯唑西林（cloxacillin）、双氯西林（dicloxacillin）与氟氯西林（flucloxacillin）。本类药物通过空间结构的位置障碍作用保护β-内酰胺环，使其不易被青霉素酶水解。抗菌谱同青霉素G，但抗菌活性不及青霉素G，主要用于耐青霉素G的金黄色葡萄球菌感染。其中苯唑西林、氯唑西林、双氯西林、氟氯西林可口服，也可注射给药，主要以原型从肾脏排泄，排泄速度较青霉素G慢，有效血药浓度的维持时间较长。不良反应较少，除与青霉素有交叉过敏反应外，少数患者口服后可出现嗳气、恶心、腹胀、腹痛、口干等胃肠道反应。

甲氧西林

甲氧西林（methicillin）是第一个耐酶青霉素，不耐酸，只能肌内或静脉注射给药。对产青霉素酶金黄色葡萄球菌有良好作用，对革兰氏阳性菌和奈瑟菌属有抗菌活性，但对青霉素敏感葡萄球菌和各种链球菌的抗菌作用则较青霉素弱。主要用于耐青霉素金黄色葡萄球菌所致的败血症、呼吸道感染、脑膜炎、皮肤软组织感染等。然而近年来对甲氧西林耐药的金黄色葡萄球菌不断增加，已成为院内和社区感染的重要病原菌之一。其耐药机制系金黄色葡萄球菌产生新的PBP——$PBP_{2\alpha}$而降低其与β-内酰胺类亲和力。这类耐药菌株称为MRSA。MRSA除对甲氧西林耐药外，对其他β-内酰胺类抗生素均可耐药，MRSA还可通过改变抗生素作用靶位，降低膜通透性等不同机制，对氨基糖苷类、大环内酯类、氟喹喏酮类、磺胺类等抗菌药物产生不同程度的耐药，但对万古霉素敏感。

（三）广谱青霉素类

广谱青霉素类包括氨苄西林（ampicillin）、阿莫西林（amoxycillin）及匹氨西林（pivampicillin）等。本类药物耐酸可口服，不耐酶，对耐药金黄色葡萄球菌感染无效，对革兰氏阳性和革兰氏阴性菌均有杀菌作用，但对革兰氏阳性菌的作用不及青霉素G，对铜绿假单胞菌无效。

氨苄西林

氨苄西林（ampicillin）是青霉素苄基上的氢被氨基取代，虽耐酸可口服，但吸收不完全，严重感染仍需要注射给药，体内分布广，尤以肝、肾浓度最高，在胆汁内的浓度为平均血药浓度的9倍。主要以原型（80%）从肾脏排出。半衰期为1～1.5h。本品较易透过革兰氏阴性杆菌的细胞外膜进入细胞内，阻止肽聚糖的合成。故对革兰氏阴性杆菌有较强的抗菌作用，优于青霉素G，如对伤寒沙门菌、副伤寒沙门菌、百日咳鲍特菌、大肠埃希菌、痢疾志贺菌等均有较强的抗菌作用，对铜绿假单胞菌无效。对革兰氏阳性杆菌、球菌的抗菌活性不及青霉素G。适用于敏感致病菌所致呼吸道感染、泌尿系统感染、胃肠道感染、耳鼻喉感染、皮肤、软组织感染，脑膜炎，败血症，心内膜炎等，严重病例应与氨基糖苷类抗生素合用。不良反应与青霉素相似，过敏反应发生率较高，以皮疹最为常见，偶见过敏性休克。

阿莫西林

阿莫西林为对位羟基氨苄西林，口服后迅速吸收且完全，2h达血药高峰浓度，血中浓度约为口服吸收同量氨苄西林的2.5倍，半衰期为1～1.3h。其抗菌谱与抗菌活性与氨苄西林相似。对肺炎球菌、粪肠球菌、沙门菌属及幽门螺杆菌的作用比氨苄西林强。主要用于敏感菌所致的呼吸道、尿路、胆道感染及伤寒治疗，此外也可用于慢性活动性胃炎和消化性溃疡的治疗。

不良反应以恶心、呕吐、腹泻等消化道反应为主，还可引起皮疹、药热和哮喘等过敏反应。少数患者血清转氨酶升高，偶有嗜酸性粒细胞增多，白细胞减少及二重感染。

（四）抗铜绿假单胞菌广谱青霉素类

抗铜绿假单胞菌广谱青霉素类包括羧苄西林（carbenicillin）、哌拉西林（piperacillin）、磺苄西林（sulbenicillin）、替卡西林（ticarcillin）、呋苄西林（furbenicillin）、阿洛西林（azlocillin）、美洛西林（mezlocillin）等。本类药物不耐酸不能口服，不耐酶，均为广谱抗生素，且对铜绿假单胞菌有强大抗菌作用。主要用于治疗铜绿假单胞菌、大肠埃希菌及其他肠杆菌科细菌所致的感染。

羧苄西林

羧苄西林（羧苄青霉素）不耐酸，只能注射给药，肌内注射1h达血药浓度高峰，蛋白结合率为50%。主要分布于细胞外液，95%的药物以原型从尿中排出，半衰期约为1h。抗菌谱与氨苄西林相似，对革兰氏阴性杆菌作用强，尤其是对铜绿假单胞菌有显著的抗菌活性。但对青霉素敏感的革兰氏阳性菌的作用不及青霉素G。临床主要用于治疗铜绿假单胞菌感染，如菌血症、肺部感染、尿道感染、烧伤创面感染等，也可用于变形杆菌、大肠埃希菌引起的感染。其不良反应与其他青霉素相似，皮疹、皮肤瘙痒等，少数可出现药热和血清转氨酶升高，大剂量用药可引起心力衰竭。

哌拉西林

哌拉西林（氧哌嗪青霉素）采用肌内注射和静脉给药，血浆蛋白结合率低（17%～22%），脑中药物浓度较高。半衰期为1h。对铜绿假单胞菌、大肠埃希菌及肺炎杆菌等革兰氏阴性菌的抗菌作用较强，优于阿莫西林及羧苄西林。对革兰氏阳性菌作用与氨苄西林相似。不耐酶，对产青霉素酶的金黄色葡萄球菌无效。临床主要用于治疗铜绿假单胞菌及其他敏感革兰阴性杆菌所致的呼吸道、泌尿系统、胆道感染和败血症。常与氨基糖苷类抗生素合用。大剂量或长期应用易引起凝血功能障碍导致出血；少数患者在用药过程中出现皮疹、皮肤瘙痒或发热症状，并可引起白细胞减少、血清转氨酶升高等。

（五）抗革兰氏阴性杆菌青霉素类

抗革兰氏阴性杆菌青霉素类包括美西林（mecillinam）、替莫西林（temocillin）和匹美西林（pivmecillinam）。本类药物对革兰氏阴性杆菌作用强，对铜绿假单胞菌无效，对革兰氏阳性菌作用较弱。美西林为窄谱抗菌药，只对部分肠道革兰氏阴性菌有抗菌作用，包括大肠埃希菌、枸橼酸杆菌、肠杆菌、沙门菌属及志贺菌属等。匹美西林在体内水解为美西林而发挥作用。不良反应发生率低，少数患者可发生恶心、呕吐及腹泻等胃肠道反应。

知识拓展

一战期间，弗莱明在皇家陆军医疗队服役，他在细菌学和免疫学家阿尔姆罗斯·爱德华·赖特教授的带领下在法国布洛涅建立的临时实验室研究伤口感染。在1928年，弗莱明外出度假时，忘记了实验室里在培养皿中正生长着细菌。3周后当他回实验室时，注意到一个与空气意外接触过的金黄色葡萄球菌培养皿中长出了一团青绿色霉菌，并且霉菌周围的葡萄球菌菌落已经溶解。经鉴定表明，霉菌是点青霉。弗莱明发现青霉菌能分泌一种物质杀死细菌，他将这种物质命名为“青霉素”。

然而遗憾的是弗莱明一直未能找到提取高纯度青霉素的方法，于是他将点青霉菌菌株一代代地培养，并于1939年将菌种提供给准备系统研究青霉素的英国病理学家弗洛里（Florey）和生物化学家钱恩（Chain）。弗洛里、钱恩终于用冷冻干燥法提取了青霉素晶体。并用青霉素重新做了实验。他们给8只小鼠注射了致死剂量的链球菌，然后给其中的4只用青霉素治疗。几个小时内，只有4只用青霉素治疗过的小鼠还健康活着。此后一系列临床试验证实了青霉素对链球菌、白喉杆菌等多种细菌感染的疗效。在这些研究成果的推动下，美国制药企业于1942年开始对青霉素进行大批量生产。在二战末期，青霉素拯救了数以千万人的生命。因这项伟大发明，1945年，弗莱明、弗洛里和钱恩因“发现青霉素及其临床效用”而共同荣获了诺贝尔生理学或医学奖。

1953年5月，中国第一批国产青霉素诞生，揭开了中国生产抗生素的历史。

第三节 头孢菌素类

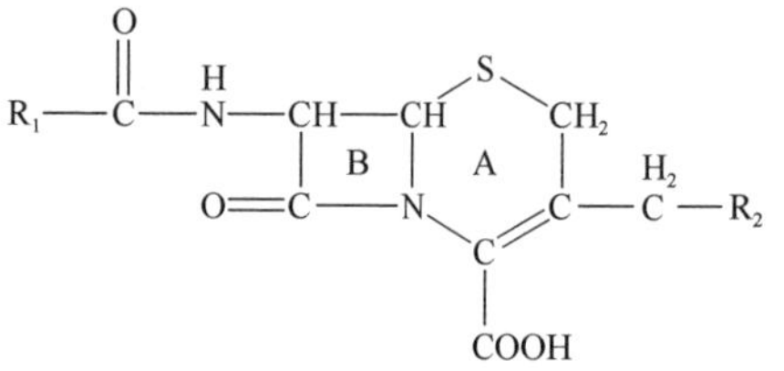

图 39-2 头孢菌素类抗生素的化学结构图

A. 氢化噻嗪环 B. β-内酰胺环

头孢菌素类（cephalosporin）抗生素是将由冠头孢菌培养液中提取的头孢菌素C水解得到母核7-氨基头孢烷酸（7-amino-cephalosporanic acid, 7-ACA）接上不同侧链的半合成抗生素（图39-2）。本类抗生素的活性基团也是β-内酰胺环，能与细菌细胞膜上的PBP结合，抑制细菌细胞壁肽聚糖合成，属于繁殖期杀菌剂。其理化性质、抗菌作用和临床应用与青霉素相似，与青霉素间有部分交叉耐药。相比，头孢菌素类具有抗菌谱广、杀菌力强、对β-内酰胺酶稳定性高、适应证广、疗效显著、安全性高及过敏反应少等优点，受到临床的广泛应用。头孢菌素类发展极快，家族众多，基于头孢菌素类研制时间的先后、抗菌谱、抗菌活性、对β-内酰胺酶的稳定性及肾毒性的不同，目前分为五代。

【体内过程】 部分可耐酸药物，口服吸收好，如头孢羟氨苄、头孢氨苄、头孢呋辛酯、头孢克洛、头孢克肟、头孢地尼、头孢泊肟酯等。其余不耐酸头孢菌素类药物均可肌内注射或静脉注射。本类药物吸收后分布良好，能透入各种组织中，且易透过胎盘、在滑膜液、心包积液中均可获得较高浓度。第三代头孢菌素多能在前列腺、眼房水、胆汁、脑脊液中达有效浓度。

除头孢哌酮及头孢曲松主要经肝胆排泄外，头孢菌素主要经肾排泄，尿中浓度高，肾功能不全者应调整剂量。多数头孢菌素半衰期为0.5～2h。

【抗菌作用及临床应用】

1. 第一代头孢菌素　第一代头孢菌素供口服的有头孢氨苄（cefalexin）、头孢羟氨苄（cefadroxil）等；供注射的有头孢唑啉（cefazolin）、头孢噻吩（cefalothin）、头孢硫脒（cefathiamidine）等；供口服和注射的有头孢拉定（cefradine）。

第一代头孢菌素抗菌谱窄，对金黄色葡萄球菌、链球菌等革兰氏阳性菌的抗菌作用优于第二、三代头孢菌素，但对MRSA无效。对革兰氏阴性菌的作用较差。对铜绿假单胞菌和厌氧菌无效。对青霉素酶稳定，但对革兰氏阴性菌产生的β-内酰胺酶不稳定。主要用于治疗肺炎链球菌、化脓性链球菌、产青霉素酶金黄色葡萄球菌，及其他敏感菌所致的轻、中度感染，如上呼吸道感染、尿路感染、皮肤软组织感染等；也可用于预防外科手术后切口感染。部分品种有不同程度的肾毒性，大剂量使用可损害近曲小管。

2. 第二代头孢菌素　第二代头孢菌素供口服的有头孢克洛（cefaclor）、头孢呋辛酯（cefuroxime axetil）等，供注射的有头孢呋辛（cefuroxime）、头孢孟多（cefamandole）、头孢替安（ceftriaxone）、头孢尼西（cefonicid）、头孢雷特（ceforanide）等。

第二代头孢菌素抗菌谱较第一代广，对革兰氏阳性菌的作用与第一代头孢菌素类药物相似或略差，对多数革兰氏阴性菌的抗菌作用明显增强，对厌氧菌有一定作用，但对铜绿假单胞菌无效。对多种β-内酰胺酶较稳定。常用于治疗大肠埃希菌、克雷伯菌、肠杆菌、吲哚阳性变形杆菌等敏感菌所致的呼吸道感染、胆道感染、泌尿生殖系统感染、皮肤及软组织感染及菌血症等。肾毒性较第一代有所降低。

3. 第三代头孢菌素　第三代头孢菌素供口服的有头孢克肟（cefixime）、头孢布烯（ceftibuten）、头孢地尼（cefdinir）、头孢他美酯（cefetamet pivoxil）等；供注射的有头孢噻肟（cefotaxime）、头孢曲松（ceftriaxone）、头孢他啶（ceftazidime）、头孢哌酮（cefoperazone）、头孢唑肟（ceftizoxime）、头孢地嗪（cefodizime）等。

第三代头孢菌素抗菌谱较广，对革兰氏阳性菌作用不及第一、二代。对革兰氏阴性菌包括肠杆菌属、铜绿假单胞菌，以及厌氧菌如脆弱拟杆菌有较强的作用。对革兰氏阴性菌产生的β-内酰胺酶有较高的稳定性。且第三代头孢菌素体内分布广，组织穿透力强，脑膜有炎症时在脑脊液中能达到有效药物浓度。可广泛用于敏感菌所致的肺炎、败血症、脑膜炎、骨髓炎及胃肠道、胆道、泌尿系统、胸腔、腹腔、盆腔、骨关节、皮肤软组织等部位的严重感染。第三代对肾脏基本无毒性。

4. 第四代头孢菌素　第四代头孢菌素供注射的有头孢吡肟（cefepime）、头孢匹罗（cefpirome）、头孢利定（cefclidin）等。

第四代头孢菌素对革兰氏阳性细菌、阴性细菌均有高效，抗菌谱与第三代相仿。对葡萄球菌属的作用较第三代头孢菌素强，对革兰氏阴性菌作用优于第三代。对β-内酰胺酶高度稳定，主要用于对第三代头孢菌素耐药的细菌引起的重症感染。

5. 第五代头孢菌素　第五代头孢菌素供注射的有头孢洛林（ceftaroline）、头孢吡普（ceftobiprole）等。

对革兰氏阳性细菌作用强于前四代，尤其对MRSA具有较强抗菌活性，对耐万古霉素金黄色葡萄球菌、耐甲氧西林的表皮葡萄球菌、耐青霉素的肺炎链球菌亦有效，对肠球菌作用差。主要用于治疗由金黄色葡萄球菌（甲氧西林耐药或敏感）、化脓性链球菌、大肠埃希菌、肺炎克雷伯菌等所致的皮肤与软组织感染，以及由肺炎链球菌、金黄色葡萄球菌、流感嗜血杆菌等所致的社区获得性细菌性肺炎。

【不良反应】 头孢菌素类药物毒性较低，不良反应较少。

1. 过敏反应 多为皮疹、荨麻疹等，过敏性休克罕见，与青霉素类有交叉过敏现象，交叉过敏发生率为5%～10%。

2. 肾脏毒性 第一代头孢菌素部分品种大剂量使用可损害近曲小管出现肾毒性，如注射用头孢噻吩、头孢唑林，与其他肾毒性的药物（如氨基糖苷类、万古霉素）合用可加重肾损害，肾功能不全禁用。第二代头孢菌素较第一代肾毒性有所减轻，第三代之后几乎无肾毒性。

3. 胃肠反应 口服有恶心、呕吐、食欲减退、腹泻等胃肠道反应。

4. 其他 第三、四代头孢菌素偶见二重感染；头孢孟多、头孢哌酮、头孢匹胺可引起低凝血酶原或血小板减少而致出血，与其他抗凝血药、非甾体抗炎药合用可增加出血风险；头孢美唑、头孢孟多、头孢哌酮等可出现不耐乙醇（双硫仑样反应）现象，用药期间饮酒（或接触乙醇），可出现胸闷、气短、喉头水肿、口唇发绀、呼吸困难、心率增快、血压下降、四肢乏力、面部潮红、多汗、失眠、头痛、恶心、呕吐、嗜睡、幻觉甚至发生过敏性休克，故在治疗期间或停药7天内应禁酒。

案例解析

案例：

患者，男，28岁，咽痛，伴发热3天，因轻度中暑入院，既往无青霉素过敏史。查体：体温38.7℃，咽部红肿。血常规检查：白细胞12.5×10^9/L，中性粒细胞81%。医生给予头孢克洛胶囊（250mg/次，3次/日）口服，藿香正气水（10ml，2次/日）口服。用药半小时后，患者出现头晕、冷汗、面部潮红、血压下降等症状。

解析：

1. 患者用药后出现了双硫仑样反应。双硫仑样反应也称戒酒硫样反应。用药期间饮酒（或接触乙醇），会发生面部潮红、眼结膜充血、视物模糊、头颈部血管剧烈搏动、头晕、恶心、呕吐、出汗、胸痛、呼吸困难、惊厥甚至死亡，查体时可有血压下降、心率加速（可达120次/分）及心电图正常或部分改变（如ST-T改变）。其严重程度与用药剂量和饮酒量成正比关系，老年人、儿童及心脑血管病者更为严重，这种反应一般在用药与饮酒后15～30min发生。

2. 头孢克洛属头孢菌素类药物，与含乙醇的食物或药物同时服用可发生双硫仑样反应。而藿香正气水中含有40%～50%乙醇。头孢克洛化学结构中含有甲硫四氮唑侧链，可竞争乙醛脱氢酶的活性中心，阻止乙醛继续分解氧化，导致体内乙醛蓄积中毒，即引起双硫仑样反应。除头孢克洛外，一些同样具有甲硫四氮唑侧链的头孢菌素（如头孢氨苄、头孢美唑、头孢孟多、头孢哌酮、头孢甲肟、头孢替安等），以及拉氧头孢、甲硝唑、替硝唑、奥硝唑、呋喃唑酮、甲苯磺丁脲、氯磺丙脲均可引起双硫仑样反应。

3. 对使用可引起双硫仑样反应的药物患者，应告知其在用药期间及停药后1周内，应避免饮酒或进食含乙醇的制品，或擦拭乙醇降温等。如本案例中的藿香正气水可改用藿香正气胶囊，也可将头孢菌素类抗生素改为大环内酯类抗生素。

第四节 非典型β-内酰胺类抗生素

一、碳青霉烯类

碳青霉烯类抗生素的抗菌谱广，对革兰氏阳性菌、革兰氏阴性菌和厌氧菌均有作用，抗菌作用强，对β-内酰胺酶高度稳定。是临床治疗严重细菌感染最主要的抗菌药物之一，尤其是耐药革兰氏阴性菌感染中具有极其重要的地位，主要品种有亚胺培南（imipenem），美罗培南（meropenem），帕尼培南（panipenem），厄他培南（ertapenem）等。

亚胺培南

亚胺培南（imipenem，亚胺硫霉素）是硫霉素的脒基衍生物。不能口服，在体内易被肾脱氢肽酶水解失活。因此临床使用需与肾脱氢肽酶抑制药西司他丁（cilastatin）1∶1 制成复方注射剂，称泰能（tienam），仅供注射用。

亚胺培南的抗菌作用强，抗菌谱广，包括链球菌、金黄色葡萄球菌、大肠埃希菌、克雷伯杆菌、不动杆菌部分菌株、流感嗜血杆菌、变形杆菌、沙雷杆菌、铜绿假单胞菌等。临床主要用于革兰氏阳性菌革兰氏阴性需氧菌及厌氧菌所致的各种严重感染。特别是多种病原体所致和需氧/厌氧菌引起的混合感染，如严重的腹腔感染、下呼吸道感染、妇科感染、皮肤和软组织感染、尿路感染、骨和关节感染及败血症等。常见不良反应为胃肠反应、药疹、静脉炎，一过性转氨酶升高。长期应用可引起二重感染。药量较大时可致惊厥、意识障碍等严重中枢神经系统反应及肾损害等。

二、头霉素类

头霉素类（cephamycin）具有头孢菌素的母核，在 7-ACA 的 C7 上增加了一个甲氧基，本类药品对 β-内酰胺酶稳定性强于头孢菌素类抗生素，对大多数 β-内酰胺酶稳定（包括超广谱 β-内酰胺酶）。头霉素可分 A、B、C 三型，其中 C 型抗菌作用最强。主要品种有头孢西丁（cefoxitin）、头孢美唑（cefmetazole）、头孢替坦（cefotetan）、头孢米诺（cefminox）、头孢拉宗（cefbuperazone）等。

头孢西丁

头孢西丁（cefoxitin）抗菌谱广，抗菌特点与第二代头孢菌素相似，对革兰氏阴性菌和厌氧菌作用较强，对 β-内酰胺酶高度稳定，包括超广谱 β-内酰胺酶。头孢西丁对耐青霉素金黄色葡萄球菌及对头孢菌素的耐药菌有较强活性。此外，对革兰氏阳性菌，如溶血性链球菌、甲氧西林敏感金黄色葡萄球菌、肺炎链球菌等；革兰氏阴性菌，如大肠埃希菌、肺炎克雷伯杆菌、流感嗜血杆菌、淋球菌、变形杆菌等，以及厌氧菌，如梭菌属、消化链球菌、脆弱拟杆菌等亦有良好抗菌作用。本品组织分布广泛，且易透过血脑屏障，以原型自肾脏排泄。临床上主要用于需氧菌和厌氧菌所致的严重感染，特别是混合感染，包括呼吸道感染、泌尿生殖系统感染、骨关节软组织感染、盆腔感染、心内膜炎、腹膜炎及其他腹腔内感染，以及败血症。常见不良反应有皮疹、静脉炎、蛋白尿、嗜酸性粒细胞增多等。

三、氧头孢烯类

氧头孢烯类抗生素化学结构特点是头孢菌素母核 7-ACA 中的 S 被 O 取代。抗菌谱和抗菌作用与第三代头孢菌素相似，对革兰氏阴性菌作用强，对拟杆菌属等厌氧菌亦有较强抗菌活性，对多数 β-内酰胺酶高度稳定，属于广谱抗生素。主要品种有拉氧头孢（latamoxef）和氟氧头孢（flomoxef）。

拉氧头孢

拉氧头孢（latamoxef），抗菌谱广，尤其对多种革兰氏阴性菌有良好的抗菌作用，如大肠埃希菌、流感杆菌、变形杆菌、沙雷菌属、克雷伯杆菌、枸橼酸杆菌等。对厌氧菌亦有良好的抗菌作用，对革兰氏阳性菌作用略弱。体内分布广，在痰液、腹水、胆汁及脑脊液中药物浓度高。临床主要用于敏感菌所致的脑膜炎、菌血症和泌尿系统、呼吸道、胆道、皮肤和软组织感染、腹内及妇科感染等。不良反应以皮疹最为多见，偶见凝血酶原减少或血小板功能障碍所致出血，饮酒后可产生双硫仑样反应。

四、单环 β-内酰胺类

单环 β-内酰胺类抗生素仅有一个 β-内酰胺环，主要品种有氨曲南（aztreonam）、卡芦莫南（carumonam）。

氨 曲 南

氨曲南（aztreonam）是第一个成功用于临床的单环β-内酰胺类抗生素，对革兰氏阴性菌有强大抗菌作用，如大肠埃希菌和铜绿假单胞菌。对多种β-内酰胺酶稳定，但对革兰氏阳性菌、厌氧菌作用弱。与青霉素、头孢菌素类交叉过敏少，体内分布广泛。主要用于敏感革兰氏阴性菌，如大肠埃希菌、沙门菌属、克雷伯菌和铜绿假单胞菌等所致的下呼吸道、尿路、腹腔、妇科、皮肤软组织感染及脑膜炎、败血症等的治疗。不良反应较少，偶有皮疹、药热、血清转氨酶升高、胃肠不适等。

第五节　β-内酰胺酶抑制药

细菌产生β-内酰胺酶是对β-内酰胺类抗生素最常见的耐药机制，限制了β-内酰胺类抗生素的临床应用。β-内酰胺酶抑制药在结构上与β-内酰胺类抗生素相似，本身没有或只有较弱的抗菌活性，但可作为自杀性底物与β-内酰胺酶形成稳定的复合物，保护β-内酰胺类抗生素免受β-内酰胺酶的水解。本类药物与不耐酶的β-内酰胺类抗生素联合应用或组成复方制剂使用时，可增强后者药效，并可能扩大抗菌谱。需与有相似药动学特征的β-内酰胺类抗生素配伍使用，有利于发挥协同作用。临床主要品种有克拉维酸（clavulanic acid）、舒巴坦（sulbactam）及他唑巴坦（tazobactam）。

克拉维酸

克拉维酸（clavulanic acid）又名棒酸，是由链霉菌培养液中获得的β-内酰胺酶抑制药，该药抗菌谱广，抗菌活性低，抑酶谱广，对金黄色葡萄球菌、大肠埃希菌、淋病奈瑟菌等质粒介导的β-内酰胺酶也有强大的抑制作用，对肺炎杆菌、变形杆菌、脆弱类杆菌产生的由染色体介导的β-内酰胺酶具快速抑制作用。但对铜绿假单胞菌、沙门菌属的染色体介导的β-内酰胺酶抑制作用较差。可与多种β-内酰胺类抗生素合用，使其抗菌作用显著增强。克拉维酸毒性小，临床应用不良反应小。对青霉素等过敏者不宜应用。常用的复方制剂有奥格门汀（阿莫西林-克拉维酸钾）、替门汀（替卡西林-克拉维酸钾）等。

舒 巴 坦

舒巴坦是半合成的β-内酰胺酶抑制药，性质较克拉维酸稳定，本身的抗菌谱广，抗菌活性弱，抑酶谱广，对金黄色葡萄球菌和革兰氏阳性杆菌产生的β-内酰胺酶抑制作用较强。舒巴坦与青霉素类和头孢菌素类抗生素合用有明显协同作用。常用的复方制剂有优立新（氨苄西林-舒巴坦）、舒普深（头孢哌酮-舒巴坦）。

本章小结

β-内酰胺类抗生素是一类化学结构中含β-内酰胺环结构的抗生素，包括青霉素类、头孢菌素类、非典型β-内酰胺类（碳青霉烯类、单环类、头霉素类、氧头孢烯类）及β-内酰胺酶抑制药（克拉维酸、舒巴坦、他唑巴坦）。本类药物抗菌作用机制及作用特点相似，通过与细菌PBP结合，抑制细菌壁肽聚糖合成，产生杀菌作用。对繁殖期细菌杀菌作用强，对人畜毒性低。

青霉素类包括天然青霉素和半合成青霉素，天然青霉素G抗菌谱较窄，主要针对革兰氏阳性菌，对革兰氏阴性杆菌作用弱，对放线菌及螺旋体有效。青霉素G为治疗敏感菌所致感染的首选药。但金黄色葡萄球菌容易对其产生耐药，且青霉素G水溶液性质不稳定，易被破坏。为弥补青霉素G的不足，在天然青霉素基础上，通过改变其侧链结构分别获得了具有耐酸、耐酶、广谱、抗铜绿假单胞菌等特点的半合成青霉素。

头孢菌素类相比青霉素类具有抗菌谱广、杀菌力强、对β-内酰胺酶稳定性高、过敏反应发生率低等优点。前三代药物对革兰氏阳性菌的抗菌力一代比一代弱（第四代对革兰氏阳性菌作用较强），而对革兰氏阴性菌的抗菌力则一代比一代强；对β-内酰胺酶一代比一代稳定；对肾的毒性一代比一代低。

中药介绍

金 银 花

金银花为忍冬科木质藤本植物忍冬 *Lonicera japonica* Thunb. 的干燥花蕾或带初开的花。金银花主要含绿原酸类化合物如绿原酸和异绿原酸。金银花味甘，性寒，归肺、心、胃经。具有清热解毒、疏散风热之功效。可用于痈肿疔疮，丹毒，热毒血痢，风热感冒，温病发热。

研究显示金银花还具有抗病原微生物作用。其抗菌范围广，对金黄色葡萄球菌、链球菌、大肠埃希菌、痢疾杆菌、肺炎球菌、铜绿假单胞菌、脑膜炎链球菌、变形链球菌、幽门螺杆菌、结核杆菌等均有较好抑制作用。金银花对流感病毒、呼吸道合胞病毒、疱疹病毒亦有抑制作用，能抑制病毒的复制、延缓病毒所致细胞病变的发生。 此外本品还有抗内毒素、解热、抗炎及增强免疫功能等作用。

金银花及其复方在临床上广泛用于急性咽炎、扁桃体炎、支气管炎、小儿肺炎等疾病。

（伍怡颖）

第四十章　氨基糖苷类及多黏菌素类

能力要求

1. 掌握氨基糖苷类抗生素的抗菌谱、抗菌作用机制、不良反应及链霉素、庆大霉素、阿米卡星的抗菌特点和临床用途。

2. 熟悉万古霉素、多黏菌素及杆菌肽的抗菌机制、抗菌特点及临床用途。

3. 了解化学结构和耐药性产生机制。

第一节　氨基糖苷类抗生素

临床上最早应用的氨基糖苷类（aminoglycoside）抗生素是链霉素，是从灰色链球菌中提取获得。随后，众多氨基糖苷类相继问世，具有杀菌迅速，对重度感染有效等特点。虽然本类药物的临床应用因其严重不良反应逐渐减少，但近几年细菌耐药性日益严重，氨基糖苷类抗生素又重新成为治疗临床感染的重要药物。这类药物具有六个方面的共性。

一、氨基糖苷类抗生素共性

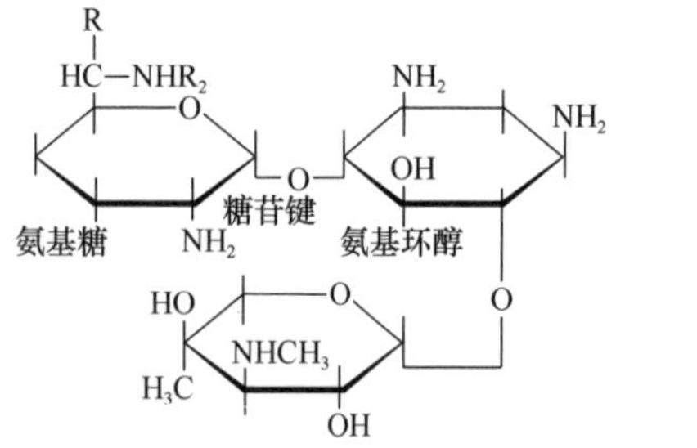

图 40-1　氨基糖苷类抗生素基本母核化学结构

【化学结构】 氨基糖苷类抗生素基本化学结构（图 40-1）其是由一个或多个氨基糖和一个氨基环醇环，以糖苷键相连接的碱性抗生素。本类药物均呈碱性，其盐易溶于水，性质稳定。临床常用链霉素、卡那霉素、妥布霉素、庆大霉素、西索米星、小诺米星、阿司米星、阿米卡星、奈替米星、异帕米星、依替米星等。

【体内过程】 氨基糖苷类抗生素口服难吸收。肌内注射吸收迅速而完全，与血浆蛋白结合甚少，主要分布于细胞外液，如胸腔液、腹腔液、心包液等，在肾皮质及内耳的外淋巴液中浓度高。药物不易透过血脑屏障，但能通过胎盘进入胎儿体内。在体内不被代谢，约 90% 以原型经肾小球滤过排出，故尿液中药物浓度极高。

【抗菌作用】 氨基糖苷类抗生素为静止期速效杀菌药。

1. 抗菌谱较广　对多种需氧的革兰氏阴性杆菌，如铜绿假单胞菌、大肠埃希菌、克雷伯杆菌属、肠杆菌属、变形杆菌属等有很强的抗菌作用，对沙雷菌属、产碱杆菌属、沙门菌、志贺菌属、嗜血杆菌及分枝杆菌也有抗菌作用。对革兰氏阴性球菌作用较差。对多数革兰氏阳性菌作用较差，但对产酶和不产酶的金黄色葡萄球菌及 MRSA 均敏感。本类中链霉素、卡那霉素、阿米卡星对结核分枝杆菌敏感。对各种厌氧菌无效。

2. 抗菌活性强　（主要针对革兰氏阴性杆菌）氨基糖苷类抗生素主要杀灭革兰氏阴性菌，对繁殖期和静止期的细菌均有杀菌作用。在碱性环境中抗菌作用增强。

3. 抗生素后效应　氨基糖苷类抗生素对革兰氏阴性杆菌和阳性球菌有明显的抗生素后效应（PAE）。体外实验表明氨基糖苷类对革兰氏阴性杆菌的 PAE，一般为 1～3h，但不同的氨基糖苷类抗生素与不同的细菌接触，PAE 长短有差异，而且 PAE 的长短与接触的时间、药物浓度呈正相关。体内实验也证实氨基糖苷类存在 PAE，甚至有的抗生素对上述革兰氏阴性菌的体内 PAE 比体外 PAE 更长。

4. 初次接触效应　也称首次接触效应即细菌首次接触、暴露在氨基糖苷类抗生素存在的环境里，能被迅速杀死，当再次或多次接触同一抗生素后，抗生素的杀菌效果明显下降。该作用可能与药物的快速耐受性有关。

抗生素后效应和首次接触效应的存在为氨基糖苷类抗生素延长临床给药间隔时间提供了理论依据。

【作用机制】　氨基糖苷类抗生素具有快速杀菌的作用，属于静止期杀菌药。其抗菌机制为通过结合细菌核糖体后，多环节抑制蛋白质合成，其次还可破坏细菌细胞膜屏障功能，最终导致细菌死亡。

核糖体是细菌蛋白质合成场所。蛋白质合成过程主要包括三个阶段，分别为肽链起始阶段、肽链延伸阶段和肽链终止阶段。

氨基糖苷类抗生素与30S亚基结合，抑制肽链合成的三个阶段，导致蛋白质合成受阻（图40-2）。①肽链起始阶段：氨基糖苷类抗生素能与细菌核糖体30S亚基结合，使其不能形成30S复合物，也可抑制70S始动复合物的形成。②肽链延伸阶段：该类药物能选择性地与30S亚基上的靶蛋白结合，造成A位歪曲，从而使mRNA上的密码被错译，导致异常的、无功能的蛋白质合成。③肽链终止阶段：阻碍释放因子（R）进入A位，使已合成的肽链不能释放，并阻止70S核糖体解离，最终造成菌体内核糖体的耗竭，核糖体循环受阻。

该类抗生素是带许多碱基的高极性化合物，通过能量依赖性Ⅰ相转运系统（energy-dependent phase Ⅰ，EDP-Ⅰ）经细胞内膜被摄入到细胞内，使mRNA错译后，生成异常功能的蛋白质。这一过程会使细菌外膜的通透性增加，外膜结构的完整性被破坏，导致细胞K^+、核苷酸等重要物质外漏。最终导致细菌死亡。

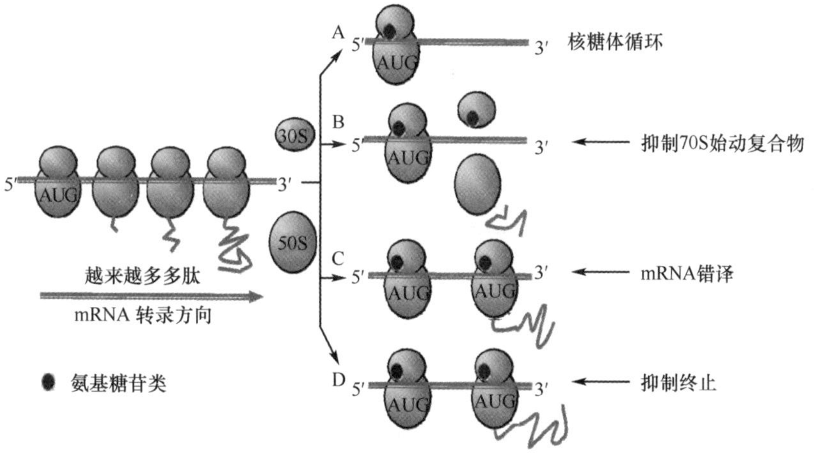

图40-2　氨基糖苷类抗生素抑制蛋白质合成作用

【耐药机制】　细菌对氨基糖苷类抗生素产生耐药的主要机制，一是细菌产生一种或多种有关的钝化酶（酰基转移酶、腺苷转移酶、磷酸转移酶等），使药物分子中的氨基或羟基乙酰化、腺苷酰化或磷酸化，使其失去抗菌活性。钝化酶基因由质粒介导，这是细菌产生耐药性的主要机制。二是氨基糖苷类抗生素的作用靶位核糖体或是核蛋白的氨基酸发生突变，而使药物不能与之结合或结合力下降。三是主动外排系统增强。在氨基苷类抗生素间可能存在交叉耐药性，因为有的钝化酶可灭活多种氨基苷类抗生素。

【临床用途】　氨基糖苷类抗生素用于敏感的需氧革兰氏阴性杆菌所致的全身感染。适应证包括用于敏感菌所致的败血症、呼吸系统感染、泌尿系统感染、皮肤软组织感染、骨关节感染及创伤、烧伤感染、对其他抗菌药耐药的细菌感染等。单用可用于治疗膀胱炎、肾盂肾炎等泌尿系统感染、兔热病等。抗菌失败时，临床上多采用与其他抗革兰氏阴性菌药联合应用。氨基糖苷类抗生素预防用药指征少，可用于心脏病患者进行手术前后，以预防发生心内膜炎（常与其他抗生素合用）。此外，可与其他抗生素联合用于结肠手术清洁肠道，减少手术后伤口感染。

【不良反应】 长期使用或大剂量使用容易引起严重毒性反应，包括耳毒性、肾毒性、神经肌肉阻滞和过敏反应。不同药物引起的毒性反应类型和程度也有很大差异。

1. 耳毒性 氨基糖苷类抗生素引起耳毒性反应的发生率为15%～25%，该类药物能损害第Ⅷ对脑神经，不同药物损害部位和程度不同，耳毒性包括前庭失调和耳蜗神经损伤。①前庭神经损害：临床表现为眩晕、恶心、呕吐、眼球震颤和平衡障碍。氨基糖苷类抗生素前庭损伤发生率顺序：新霉素＞卡那霉素＞链霉素＞西索米星＞阿米卡星≥庆大霉素≥妥布霉素＞奈替米星＞依替米星。②耳蜗神经损害：主要表现为耳鸣、听力减退甚至耳聋，多为不可逆性。耳蜗神经损害发生率顺序：新霉素＞卡那霉素＞阿米卡星＞西索米星＞庆大霉素＞妥布霉素＞奈替米星＞链霉素＞依替米星。新霉素耳毒性最严重，临床已禁止全身应用，可供局部用药。

氨基糖苷类抗生素引起耳毒性的确切机制还不清楚，但目前认为与内耳淋巴液中药物浓度持续升高有关。正常情况下，内耳淋巴液需保持较高浓度的K^+而将Na^+主动向外转运。当内耳淋巴液中氨基糖苷类药物浓度持续过高时，损害耳蜗螺旋器内毛细胞与前庭感觉细胞的糖代谢和能量利用，引起细胞膜上K^+-Na^+转运系统的障碍，致细胞内外K^+、Na^+渗透梯度不能保持，因此毛细胞和前庭感觉细胞受到损害，导致听力损害，平衡失调。早期变化为可逆的，但超越一定程度时，此作用不可逆转。

为了防止和减少耳毒性，治疗过程中应密切观察耳鸣、眩晕等早期症状，及时检查听力。儿童和老人更容易导致永久性耳聋，因此慎用。孕妇也尽量不用，以免影响胎儿。避免与有耳毒性的药物合用，如万古霉素、高效利尿药呋塞米、H_1受体阻断药、镇静催眠药等。

2. 肾毒性 临床出现蛋白尿、管型尿、血尿，严重者可出现无尿、氮质血症、肾功能减退等。由于该类药物在肾皮质高浓度蓄积，可损害近曲小管上皮细胞，引起肾小管肿胀，甚至坏死。其发生原因是氨基糖苷类经肾小球滤过至近曲小管，被近曲小管上皮细胞吞饮，大量积聚在溶酶体内，抑制其中的磷脂酶和鞘髓磷脂酶，形成髓样小体。当药物浓度升高至一定水平时，溶酶体因肿胀而破裂，使大量氨基糖苷类药物、溶酶体酶和磷脂等释放，溶酶体酶可造成线粒体损害，减少能量产生。大量氨基糖苷类与Ca^{2+}结合，使钙调节转运受阻，导致肾小管上皮细胞肿胀，坏死。绝大部分肾功能损害是可逆的，且损害程度与剂量大小和疗程成正比。该毒性发生率顺序为新霉素＞卡那霉素＞庆大霉素＞妥布霉素＞阿米卡星＞奈替米星＞链霉素＞依替米星。由于肾脏损害常可引起体内药物浓度升高，容易诱发耳毒性，应引起注意。

3. 神经肌肉阻滞作用 主要临床表现为心肌抑制、血压下降、肢体瘫痪，甚至可发生呼吸衰竭而窒息死亡。该毒性反应的机制为本类药物可与体液内的Ca^{2+}结合，因而降低了组织内Ca^{2+}浓度，同时氨基糖苷类抗生素可与Ca^{2+}竞争和抑制节前神经末梢ACh的释放，并降低突触后膜对ACh的敏感性，造成神经肌肉接头处传递阻滞。不同氨基糖苷类引起神经肌肉麻痹的严重程度顺序为新霉素＞链霉素＞卡那霉素或奈替米星或阿米卡星＞庆大霉素或妥布霉素＞依替米星。肾功能减退、低血钙、合用肌松药或有重症肌无力的患者容易诱发此毒性，静脉推注或静脉滴注速度过快也可能发生。其抢救原则应立即静脉注射钙剂或新斯的明。

4. 过敏反应 氨基糖苷类抗生素可引起皮疹、发热、嗜酸性粒细胞增高等过敏反应，甚至引起严重的过敏性休克，尤其是链霉素，应引起警惕。一旦发生，应静脉注射钙剂及肾上腺素等抢救。

【药物相互作用】 与碱性药（如碳酸氢钠、氨茶碱等）联合应用，可增强其抗菌作用；与青霉素类抗生素联用可增强对某些链球菌的抗菌作用。该类药物与两性霉素、杆菌肽、头孢氨苄、环丝氨酸、多黏菌素、万古霉素及右旋糖酐等合用可增加其肾毒性；与镇吐药、呋塞米、依他尼酸及甘露醇等合用能增加氨基糖苷类的耳毒性；苯海拉明、美克洛嗪、布克力嗪、抗组胺药等可掩盖氨基糖苷类的耳毒性；与肌肉松弛药或具有此种作用的药物（如地西泮等）联合应用，可增强神经肌肉阻滞作用。

二、常用的氨基糖苷类抗生素

链　霉　素

链霉素（streptomycin）是从放线菌属的灰链霉菌的培养液中提取，为第一个氨基糖苷类抗生素，也是广泛应用的最早的抗结核病药物。遇酸或碱后可水解失去抗菌活性，阳离子如Ca^{2+}、Mg^{2+}，以及氯化物、磷酸盐、枸橼酸盐和乳酸盐等可降低其药效，目前常用的是硫酸链霉素，易溶于水，稳定性好。

【体内过程】 口服不易吸收，常用注射给药。体内分布广泛，可分布于脑脊液、结核空洞、胸腔、腹腔，易通过胎盘屏障，但不通过血脑屏障。不经肝脏代谢，几乎全部以原型通过肾脏排泄。

【抗菌作用和抗菌谱】 抗菌谱较广，主要作用于革兰氏阴性杆菌，包括结核分枝杆菌、大肠埃希菌、克雷伯菌属、肠杆菌属、沙门菌属、志贺菌属、流感嗜血杆菌、奈瑟菌属、布氏杆菌属、巴斯德菌属等，其中对结核分枝杆菌抗菌活性最强。革兰氏阳性菌中除少数金黄色葡萄球菌敏感外，其余的不敏感。细菌对链霉素易产生耐药性，多数为细菌产生钝化酶而引起。

【临床用途】 目前在许多国家和地区，链霉素仍是一线抗结核药物，但因为耐药菌株不断增多，所以本品用于结核病时，常与异烟肼、利福平等联用。可单用于兔热病，疗效良好。链霉素单用或和四环素联用为治疗鼠疫的首选方案。与青霉素G合用是治疗草绿色链球菌或肠球菌心内膜炎的首选药。其他革兰氏阳性杆菌感染，现多被庆大霉素所取代。

【不良反应】

1. 过敏反应　常见皮疹、发热、嗜酸粒细胞增多、关节痛、肌肉痛、黏膜水肿、急性喉水肿、血管神经性水肿、剥脱性皮炎等。偶有过敏性休克。

2. 耳毒性　常见第Ⅷ对脑神经损害。前庭功能损害，表现为眩晕、恶心、呕吐、眼球震颤、平衡失调、耳鸣、耳饱满感、听力减退等，出现以上症状应立即停药。少见耳蜗神经损害，用药后1～4周出现，表现为耳鸣、听力减退，可发展为永久性耳聋。

3. 神经肌肉阻滞作用　阻断神经肌肉接头，引起呼吸麻痹、抑制甚至停止。对重症肌无力患者和近期接受肌松药的手术患者，可加重症状。

4. 肾脏损害　可引起肾小管刺激，产生管型尿，有时出现蛋白尿，停药后可迅速恢复。罕见明显的肾功能损害。

5. 其他　常见嘴唇发麻、四肢麻木及头晕、头痛，血液系统内出现粒细胞增多、白细胞减少、血小板减少及贫血，肌内注射部位疼痛、肿胀及硬结，皮下注射可致剧痛，鞘内注射可发生严重反应已不用，胸腔、心包腔或关节腔注入有轻度刺激等。

庆大霉素

【体内过程】 庆大霉素（gentamicin）是由放线菌属小单孢菌发酵产生。常用其硫酸盐。口服吸收较少，肌内注射吸收迅速完全。组织分布广，血浆蛋白结合率很低，能进入体内淋巴系统、内脏器官、痰液、胸腔积液、滑膜液及腹水，难以透过血脑屏障。经肾排泄。

【抗菌作用】 抗菌谱比链霉素广，不仅对革兰氏阴性杆菌如大肠埃希菌、变形杆菌、志贺菌属、肺炎杆菌、沙门菌属、布鲁斯菌属、嗜肺军团菌、胚胎弯曲杆菌等杀菌作用强，对铜绿假单胞菌的作用也强，对革兰氏阳性菌如金黄色葡萄球菌（包括耐药菌株）的抗菌作用是本类药物中最强的。而且对部分厌氧菌和肺炎支原体也有效。耐药性产生慢，但近年来耐药菌株迅速增加。

【临床用途】 主要用于治疗革兰氏阴性菌引起的感染，如新生儿败血症、菌血症、泌尿系统感染、胆道感染、呼吸道感染、胃肠道感染、皮肤及软组织感染、骨关节感染等局灶和全身性感染，以及眼、耳鼻喉、外科的局部感染用药；与β-内酰胺类抗生素合用可治疗革兰氏阴性杆菌或铜绿假单胞菌引起的心内膜炎、脑膜炎；与甲硝唑合用治疗伴厌氧菌的感染；口服可治疗肠炎、菌痢、伤寒及术前肠道消毒。

【不良反应】 最严重的不良反应是不可逆性的肾毒性，表现为蛋白尿、管型尿、血尿等，少数人甚至发生肾衰竭。耳毒性以前庭功能损害为主，对耳蜗损害较小，此外还有过敏反应和神经肌肉阻滞作用。

妥布霉素

妥布霉素（tobramycin）抗菌谱与庆大霉素相似，对绝大多数革兰氏阴性需氧菌有抗菌活性。抗铜绿假单胞菌活性比庆大霉素强2～4倍，对肺炎克雷伯菌、肠杆菌、变形杆菌作用强于庆大霉素，对金黄色葡萄球菌的作用与庆大霉素相似，对其他革兰氏阴性杆菌的作用弱于庆大霉素。对庆大霉素耐药的铜绿假单胞菌仍有效。本品易产生耐药。临床主要用于治疗敏感菌引起的败血症、下呼吸道感染、严重的神经系统感染、腹腔内感染、皮肤、软组织感染、复杂性或复发性尿路感染等。不良反应与庆大霉素相似但较低。

阿米卡星（丁胺卡那霉素）

阿米卡星（amikacin）是临床上应用最广泛的一种卡那霉素衍生物。其抗菌谱广，对各种革兰氏阴性菌、革兰氏阳性菌、铜绿假单胞菌及若干分枝杆菌属均有较强抗菌活性。各组链球菌和肠球菌大多对其耐药，对厌氧菌无效。本品突出的优点是对细菌所产生的钝化酶高度稳定，尤其对肠道革兰氏阴性杆菌和铜绿假单胞菌产生钝化酶稳定。临床主要用于治疗对其他氨基糖苷类产生耐药性的菌株所致的严重感染，还可与青霉素类或头孢菌素类联合治疗严重革兰氏阴性杆菌感染。不良反应以耳蜗听神经损害为主，少数患者也可引起前庭功能的损害，神经肌肉接头阻滞反应少见。治疗中应注意监测听力与血药浓度。肾毒性较轻，偶见皮疹、药热等。

异帕米星

异帕米星（isepamicin）抗菌谱与阿米卡星相似，对庆大霉素和阿米卡星敏感的肠杆菌科细菌的作用比阿米卡星强2倍，对变形杆菌和铜绿假单胞菌的作用与阿米卡星相同或稍差，对葡萄球菌及耐甲氧西林的葡萄球菌均有良好作用。对流感杆菌具中度作用，对淋球菌及脑膜炎球菌作用差。本品的最大特点为对细菌产生的多数氨基糖苷类钝化酶稳定。耐药菌少，与其他氨基糖苷类抗生素的交叉耐药性也少。主要用于革兰氏阴性杆菌所致败血症、呼吸道、泌尿系统、腹腔及术后等感染，尤其适用于对庆大霉素或其他氨基糖苷类耐药的革兰氏阴性杆菌感染；亦可与青霉素类或头孢菌素类联合用于病原未查明的患者作为经验治疗。

奈替米星

奈替米星（netilmicin）是氨基糖苷类抗生素中的新品种，抗菌谱与庆大霉素相似，但作用较强。它具有以下特点：①对耐庆大霉素、妥布霉素等的耐药菌仍有较好的抗菌活性；②对灭活氨基糖苷类的钝化酶稳定性高于庆大霉素；③对产酶与不产酶金黄色葡萄球菌和MRSA的抗菌活性高，优于庆大霉素和妥布霉素；④耳、肾毒性较庆大霉素、妥布霉素、卡那霉素、阿米卡星等低。奈替米星可用于敏感菌引起的感染，也可与β-内酰胺类抗生素联合用于革兰氏阴性菌感染的治疗，或用于病原未查明发热患者的经验治疗。

阿贝卡星和依替米星

阿贝卡星（arbekacin）和依替米星（etilmicin）属于半合成氨基糖苷类抗生素，抗菌谱广，对金黄色葡萄球菌与绝大多数革兰氏阴性菌均有杀菌作用，杀菌力强。其对革兰氏阳性和阴性杆菌如沙雷杆菌、大肠埃希菌、变形杆菌、枸橼酸杆菌、肠杆菌属、克雷伯杆菌等有良好的抗菌活性。对金黄色葡萄球菌（包括MRSA）有良好的抗菌作用。对于革兰氏阴性菌产生的大多数氨基糖苷耐药酶高度稳定。该药主要用于治疗严重MRSA感染，可与β-内酰胺类联合应用。本品具有肾毒性与耳毒性，本品毒性与阿米卡星相似但略轻。

案例解析

案例：

患者，女，45岁，工人。3年前出现发冷发热、疲乏无力、走路快时出现心慌气短。1周前出现发热、腰痛。体温38.3℃，脉搏142次/分，血压110/70 mmHg。两侧扁桃体肥大，两肺湿性啰音，心尖区可闻及双期杂音，肝下缘位于右锁骨中线肋下2.5cm，脾未触及，肾区扣压痛（+），两下肢水肿，血白细胞$9.8×10^9$/L，中性粒细胞84%，淋巴细胞0.16%。经诊断为亚急性感染性心内膜炎。

针对患者临床治疗原则是什么？应选用哪些药物？

解析：

本病在风湿性心瓣膜病基础上，扁桃体炎发生时链球菌感染损伤了心内膜，细菌毒素侵入血流发生败血症。表现为皮肤黏膜出血，血栓栓塞与肾脏引起叩击痛。心瓣膜病引起心功能不全，表现为肺淤血水肿和体循环淤血。

治疗本病的关键在于杀灭心内膜的病原菌，治疗原则：①应用杀菌药；②选用两种具有协同作用的抗菌药物联合应用；③静脉给药，剂量需高于一般常用量，以达到有效的组织浓度；④疗程4～6周或更长，以降低复发率。

治疗药物：①青霉素为首选；②联合应用庆大霉素。

第二节　多肽类抗生素

多黏菌素、万古霉素、去甲万古霉素、替考拉宁、杆菌肽等均为多肽类抗生素。本类药物抗菌谱窄，但抗菌活性强，属于杀菌药。由于本类药物毒性大，尤其肾功能损害严重，目前已不作为首选药使用，仅用于氨基糖苷类抗生素、半合成广谱青霉素和第三代头孢菌素耐药时或经其他药物治疗疗效不佳的患者。

一、多黏菌素类

多黏菌素（polymyxin）包括多黏菌素A、B、C、D、E、M等组分，均是从多黏杆菌培养液中提出的多肽类抗生素。临床上常用多黏菌素B（polymyxin B）、多黏菌素E（polymyxin E）和多黏菌素M（polymyxin M），其他毒性太大，无临床应用价值。

【体内过程】 本类多数药物口服吸收很少，创面也不易吸收，多黏菌素M的盐酸盐口服吸收好。肌内注射后2h血药浓度达到高峰，半衰期为6h，有效血药浓度可维持8～12h，肾功能不全者半衰期延长。本类药物穿透力差，不易渗入胸腔、腹腔、关节腔、脑脊液、胆汁及眼内组织，以肝、肾浓度最高，主要以原型经肾缓慢排泄。

【抗菌作用】 多黏菌素类系窄谱慢效杀菌药，对繁殖期和静止期敏感菌均有杀灭作用。多黏菌素B的抗菌活性较多黏菌素E略高。本类药物抗菌范围窄，仅对需氧杆菌有强大的抗菌作用，对大肠埃希菌、肺炎克雷伯杆菌、嗜血杆菌、肠杆菌属、沙门菌属、志贺菌属、百日咳鲍特菌等有效。对铜绿假单胞菌有强大的抗菌作用，其中多黏菌素B的作用强于多黏菌素E。对变形杆菌、脆弱杆菌、革兰氏阴性球菌、革兰氏阳性菌和真菌等无抗菌作用。

【抗菌机制】 主要作用于细菌细胞膜，使细胞内重要物质外漏，菌体死亡。多黏菌素类抗生素具有表面活性作用，因其化学结构中有带正电荷的游离氨基，能与革兰氏阴性杆菌细胞膜磷脂中带负电荷的磷酸根结合形成复合物，而其亲脂链插入膜内脂肪链中，解聚细胞膜结构，导致膜通透性增加，细胞内的磷酸盐、核苷酸等成分外漏，最终细菌死亡。细菌不易产生耐药性，但一旦耐药出现，细菌对本类药物有交叉耐药性，对其他类抗菌药物无交叉耐药性。与两性霉素B、四环素类药物合用产生协同抗菌效应。

【临床应用】 虽然该类药物因毒性大而在临床上少用，但其具有抗菌作用强，且不易出现耐药性等优点，当革兰氏阴性杆菌对其他药物耐药或疗效不佳时，本类药物仍然是可选用药物之一。

1. 对铜绿假单胞菌引起的严重感染（如败血症、腹膜炎、呼吸道、胆道、尿路烧伤后感染）、革兰氏阴性杆菌和耐药菌引起的严重感染（如败血症、脑膜炎、肾盂肾炎、菌痢、婴儿腹泻）均有一定疗效，但不作为首选药使用。与磺胺类、利福平、半合成青霉素类等联合使用，可用于治疗多重耐药菌感染。

2. 与新霉素、杆菌肽等同时口服，抑制肠道菌群，作肠道术前准备。可用于耐药菌株所致的细菌性疾病和婴儿致病性大肠埃希菌腹泻患者。

3. 多黏菌素局部吸收少，刺激性小，细菌不易产生耐药，故局部外用于铜绿假单胞菌等引起的皮肤、创面、眼、耳鼻喉等感染。

【不良反应】 引起的不良反应较多，发生率较高，且多黏菌素 B 的毒性较多黏菌素 E 大。常见不良反应有肾脏毒性、神经毒性和过敏反应等。

1. 肾脏毒性 较常见，主要表现蛋白尿、血尿和管型尿。停药后可以恢复。应用过量可引起急性肾小管坏死、少尿和肾衰竭并可危及生命。

2. 神经系统毒性 多黏菌素可引起头晕、感觉异常、面部麻木、恶心、呕吐、肌无力和周围神经炎。严重者可发生昏迷、精神失常、抽搐和共济失调等。

3. 过敏反应 全身应用该药可引起面部潮红、皮肤瘙痒、皮疹和药物热等。

二、万古霉素类

万古霉素类抗生素包括万古霉素、去甲万古霉素和替考拉宁。

万古霉素和去甲万古霉素

万古霉素（vancomycin）是从链霉素的培养液分离提取的多肽类抗生素。去甲万古霉素（norvancomycin）的化学结构和万古霉素相似，作用略强于万古霉素，不良反应少。

【体内过程】 两药口服难吸收。肌内注射可引起强烈局部疼痛和组织坏死，故只宜静脉滴注。在体内迅速分布，分布广泛，可进入多数组织、体液和胎盘，组织中药物浓度较高，但不易进入房水和正常脑膜。当脑膜有炎症时，药物可部分通过血脑屏障，达到有效抗菌浓度。在体内很少代谢，主要以原型从肾脏排泄，半衰期为 6～8h，肝功能和肾功能损害者血浆半衰期明显延长。易在体内蓄积，容易导致严重毒性反应。

【抗菌作用】 万古霉素和去甲万古霉素对革兰氏阳性菌具有强大的抗菌活性，对葡萄球菌（包括耐甲氧西林金黄色葡萄球菌和耐甲氧西林表皮葡萄球菌）、肠球菌、肺炎球菌、化脓性链球菌及草绿色链球菌高度敏感。肠球菌对本品易耐药。对厌氧菌、炭疽杆菌、白喉棒状杆菌、破伤风梭菌也高度敏感。对革兰氏阴性菌无效。与其他抗生素间无交叉耐药性。

【抗菌机制】 万古霉素和去甲万古霉素为快效杀菌药。该类药物能与细菌细胞壁前体肽聚糖末端的丙氨酰丙氨酸形成复合物，干扰甘氨酸五肽的连接，抑制细菌细胞壁的合成。同时对胞质中 RNA 的合成也具有抑制作用。

体内外的细菌对万古霉素及去甲万古霉素不易产生耐药性。然而，近年来肠球菌对本类药物产生耐药。耐药机制为耐药细菌产生连接酶，这些酶利用 *D*-乳酸为基质，改变黏肽前体的成分，结合至黏肽结构中后，使万古霉素与黏肽不能形成复合物，造成细菌耐药。

【临床应用】 主要用于严重革兰氏阳性菌、耐药金黄色葡萄球菌、肠球菌或对 β-内酰胺类抗生素过敏的严重感染，如金黄色葡萄球菌或表皮葡萄球菌所致的败血症、心内膜炎、骨髓炎、肺部感染等，肠球菌或草绿色链球菌所致的心内膜炎。常在抗生素应用过程中或胃肠道手术后发生的假膜性肠炎（由难辨梭状芽孢杆菌及其毒素引起），如果口服甲硝唑无效可口服万古霉素。

【不良反应】万古霉素类不良反应多且严重。

1. 耳毒性　耳毒性较大，患者用药后可出现耳鸣、听力下降，严重者出现听力损害或耳聋。大剂量、长疗程、年老或肾功能不全患者容易发生。听力测定能较早发现耳毒性。与高效利尿药、抗组胺药、吩噻嗪类药物合用时，可加重或掩盖其耳鸣、眩晕等耳毒性症状。

2. 肾损害　万古霉素具有肾毒性，原因不明，主要损害肾小管，轻者可有蛋白尿、管型尿，重者血尿、少尿、氮质血症甚至肾衰竭。与氨基糖苷类、多黏菌素联合使用时，肾脏损害更明显。用药期间要定期复查尿常规和肾功能。

3. 过敏反应　偶有药物热、皮疹、瘙痒等。静脉滴注速度过快时引起面部、颈部、上肢、上身皮肤潮红，瘙痒、血压下降，称为“红人综合征”。少数患者同时伴有寒战、昏厥、心搏加快，采用肾上腺素治疗有效。

4. 其他　静脉给药可引起静脉炎，口服可引起呕吐和口腔异味感。与非去极化肌肉松弛剂合用时，会增加神经肌肉阻滞作用；与碱性溶液有配伍禁忌；与重金属接触可产生沉淀。

替考拉宁

替考拉宁（teicoplanin）分子结构、抗菌活性、抗菌谱及抗菌机制均与万古霉素类似。

【体内过程】口服不吸收，临床常用静脉注射。药物进入机体内迅速分布到各组织和体液中，甚至渗透到骨组织、腹腔液和脑脊液。该药物消除半衰期为47～99h，主要以原型经肾小球滤过，通过肾脏排泄。

【抗菌作用和机制】对各种革兰氏阳性菌抗菌作用强，如肺炎球菌、化脓性链球菌、金黄色葡萄球菌（包括产酶和耐甲氧西林株）、表皮葡萄球菌、粪肠球菌、梭状芽孢杆菌、棒状杆菌属和李斯特菌属。但对大多数的溶血葡萄球菌作用差。对大多数金黄色葡萄球菌的作用优于万古霉素。对革兰氏阴性菌，包括奈瑟菌、分枝杆菌和真菌均无效。本品与利福平、氨基糖苷类联合使用具有协同效应。与非多肽类药物之间无交叉耐药性。

该药抗菌机制同万古霉素类，通过抑制细菌细胞壁合成而发挥杀菌作用。

【临床用途】主要用于金黄色葡萄球菌及其他革兰氏阳性菌所致的各种严重感染如心内膜炎、败血症、肺炎、皮肤软组织感染、尿路感染和骨髓炎等。本品使用方便，肾毒性及耳毒性较万古霉素小，故特别适用于不能耐受万古霉素的患者或对β-内酰胺类抗生素过敏者。口服可作为甲硝唑和万古霉素的替代药用于难辨梭菌性肠炎及金黄色葡萄球菌、肠球菌所致的结肠炎。

【不良反应】不良反应较万古霉素少且轻，发生率为6%～13%。注射部位疼痛与皮疹最常见。暂时性肝功能异常约占2%，但耳、肾毒性少见。偶见恶心、呕吐、眩晕、颤抖及嗜酸性粒细胞增多、中性粒细胞减少、血小板减少和包括气管痉挛与药热等过敏反应发生。与万古霉素间存有交叉过敏反应。

知识拓展

假膜性肠炎是一种急性肠道炎症，因在小肠或结肠的坏死黏膜表面覆有一层假膜而得名，多发生在50～60岁的中年人，女性多于男性。本病易发生在大手术和应用广谱抗生素后，故又有人称之为手术后肠炎、抗生素性肠炎。假膜性肠炎是由两种菌群产生毒素致病：①难辨梭状芽孢杆菌；②凝固酶阳性的溶血性耐药金黄色葡萄球菌。假膜性肠炎的实质是肠道内菌群生态平衡失调，肠道菌群通过以下机制起到非特异性免疫作用：① H_2O_2 作用；②细菌毒素作用；③占位性保护作用；④有机酸的作用；⑤争夺营养作用。临床表现为发热、腹泻、腹痛、腹胀、毒血症和休克、死亡。

三、杆　菌　肽

杆菌肽（bacitracin）自苔藓样杆菌的培养液获得，为一种含噻唑环的多肽类化合物。商品系多种成分的混合物，其中主要成分为杆菌肽A，国产杆菌肽内成分杆菌肽A含量占90%以上。

【体内过程】 口服几乎不吸收，肌内注射易吸收，半衰期为1.5 h。体内分布广泛，包括肾、肺、骨髓、肠、胰、心肌、肝、脾、脑脊液、胆汁等，也能渗入腹水及脑积液中。主要通过肾小球滤过排泄。

【抗菌作用】 抗菌谱与青霉素相似，对革兰氏阳性细菌和阴性球菌、肺炎双球菌、葡萄球菌、淋球菌、脑膜炎双球菌及螺旋体等均有杀菌作用。对革兰氏阳性菌尤其对金黄色葡萄球菌和链球菌属具有强大抗菌作用。

【抗菌机制】 本品能抑制细菌细胞壁合成中的脱磷酸化过程而阻碍细胞壁的合成，并损伤细菌细胞膜，胞质内容物外漏，导致细菌死亡。

【临床用途】 用于控制严重葡萄球菌感染，但因其肾脏毒性严重，目前仅限于局部应用。外用于治疗敏感菌所致疖、痈、溃疡等和皮肤伤口、眼、耳、鼻、喉及口腔等感染。

【不良反应】 偶有局部用药后发生严重全身过敏反应者。全身应用时，可引起严重肾毒性反应，受损部位以肾小管最为明显，严重者可发生急性肾小管坏死和死亡。

本章小结

氨基糖苷类包括有链霉素、庆大霉素、妥布霉素、阿米卡星等抗生素。该类药物具有6大共性。其通过结合细菌30S亚基，抑制肽链合成的3个阶段，造成蛋白质合成障碍，导致细菌死亡。为静止期杀菌剂。对需氧革兰氏阴性杆菌作用最强。不良反应有耳毒性、肾毒性、神经肌肉阻滞和过敏反应等。

万古霉素类、多黏菌素类和杆菌肽等属于多肽类抗生素。万古霉素类和杆菌肽均通过抑制细胞壁合成而杀灭细菌，为繁殖期杀菌剂。万古霉素类作用强，不易耐药，但不良反应严重，临床上用于MRSA、MRSE感染和假膜性肠炎的治疗。多黏菌素类则通过抑制细胞膜通透性，产生杀灭细菌作用，抗菌作用强，不易耐药，但不良反应多而严重，临床上常与其他抗生素合用。

中药介绍

黄 连

黄连为毛莨科黄连属植物黄连、三角叶黄连或云连的干燥根茎。味苦、性寒，归心、脾、胃、肝、胆、大肠经清热燥湿、泻火解毒。含有多种生物碱，主要成分为小檗碱（黄连素），含5%～8%，其他生物碱有黄连碱、甲基黄连碱、棕榈碱、药根碱等。

黄连清热燥湿，泻火解毒之功效主要以抗病原体作用为基础。黄连及小檗碱具有广谱抗菌作用，对多种细菌、结核杆菌及真菌等有抑制或杀灭作用。对葡萄球菌、链球菌、肺炎球菌、霍乱弧菌、炭疽杆菌、痢疾杆菌均有较强的抗菌活性；对枯草杆菌、肺炎杆菌、结核杆菌、百日咳杆菌、白喉杆菌、鼠疫杆菌、布氏杆菌也有抗菌作用；对大肠埃希菌、变形杆菌、伤寒杆菌也有作用。

抗菌机制和作用环节可能如下：①破坏细菌结构；②抑制细菌糖代谢，黄连能抑制酵母菌及细菌糖代谢的中间环节丙酮酸的氧化脱羧过程；③抑制核酸、蛋白质合成，影响核酸代谢。

黄连还具有降血糖、抗细菌毒素、抗腹泻、抗炎、解热、抗溃疡、镇静催眠、抗肿瘤、兴奋心脏、降血压、抗心律失常、抑制血小板聚集等作用。

（张 梅）

第四十一章　大环内酯类、林可霉素类

能力要求

1. 掌握大环内酯类抗生素的抗菌作用机制、抗菌谱、适应证及常见不良反应；大环内酯类代表药物的特点。

2. 熟悉林可霉素类抗生素的抗菌作用机制、抗菌谱及适应证。

3. 了解两类药物的耐药性。

第一节　大环内酯类抗生素

大环内酯类（macrolide）抗生素是以一个大环内酯为母体，通过羟基，以苷键和1～3个分子的糖相联结的一大类抗生素，按其大环结构含碳母核的不同分为14、15和16元环大环内酯类抗生素。而实际上，广义的大环内酯类抗生素系指微生物产生的具有内酯键的大环状生物活性物质，除了有14～16元大环内酯类抗生素（狭义的大环内酯），还包括有24元或31元大环内酯内酰胺类抗生素、多烯大环内酯类抗生素及18元新型大环内酯类抗生素等。通常所说的大环内酯类抗生素是指14～16元环的，对需氧革兰氏阳性菌、革兰氏阴性球菌和厌氧菌有良好抗菌作用，常被用作β-内酰胺类抗生素过敏的替代品。

红霉素是大环内酯类抗生素的代表药物，也是第一个用于临床的大环内酯类抗生素。自20世纪50年代初红霉素在临床使用后，地红霉素（dirithromycin）、交沙霉素（josamycin）、乙酰螺旋霉素（acetylspiramycin）等第一代大环内酯类抗菌药物相继问世。其疗效肯定，但抗菌谱较窄，生物利用度低，不良反应相对多见，容易产生耐药性，一定程度上限制了药物的临床应用。自20世纪80年代又相继开发了罗红霉素（roxithromycin）、克拉霉素（clarithromycin）、阿奇霉素（azithromycin）等第二代大环内酯类抗生素。第二代药物口服生物利用度提高、抗菌活性增强、半衰期延长、毒性低、副作用少且具有良好的抗生素后效应，临床适应证扩大，已作为呼吸道感染的一线药物广泛使用，但随之而来的是细菌耐药性也在明显上升。继而开发以泰利霉素（telithromucin）和喹红霉素（cethromycin）为代表的第三代大环内酯类抗生素。其对酸稳定性更好，抗菌活性较强，对第一代和第二代耐药的病原体都有作用，不易产生耐药性。大环内酯类抗生素按化学结构又可分为如下三类。

1. 14元大环内酯类　包括红霉素（erythromycin）、竹桃霉素（oleandomycin）、克拉霉素（clarithromycin）、罗红霉素（roxithromycin）、地红霉素（dirithromycin）、泰利霉素（telithromycin）和喹红霉素（cethromycin）等。

2. 15元大环内酯类　包括阿奇霉素（azithromycin）。

3. 16元大环内酯类　包括麦迪霉素（medecamycin）、乙酰麦迪霉素（acetylmedecamycin）、吉他霉素（kitasamycin）、乙酰吉他霉素（acetylkitasamycin）、交沙霉素（josamycin）、螺旋霉素（spiramycin）、乙酰螺旋霉素（acetylspiramycin）、罗他霉素（rokitamyciin）等。

一、大环内酯类抗生素的共性

【体内过程】　代表药物红霉素易被胃酸破坏，口服吸收少，故临床一般服用其肠衣片或酯化产物。第二、三代大环内酯类对胃酸稳定，口服生物利用度高，血药浓度增加。本类药物广泛分布到除脑脊液以外的各种体液和组织，在肝、肾、肺、脾、胆汁及支气管分泌物中浓度可高于血药浓度。红霉素还能扩散到前列腺、胎儿和母乳中。本类药物大部分在肝内代谢，通过作用于

CYP 系统，抑制多种药物的氧化。阿奇霉素在体内不被代谢。红霉素及阿奇霉素主要以活性形式经胆汁排泄，故药物在胆汁中的浓度较高，部分药物有肝肠循环。克拉霉素及其代谢产物经肾脏排泄，肾功能不良患者应适当调整服药剂量或延长给药间隔时间。

【抗菌作用】 大环内酯类抗生素通常产生抑菌作用，在高浓度时对敏感菌具有杀菌作用且在碱性环境中抗菌活性增强。第一代以代表药物红霉素及其衍生物的抗菌作用较强，主要对大多数革兰氏阳性菌、厌氧球菌和部分革兰氏阴性菌包括奈瑟菌、嗜血杆菌及白喉棒状杆菌有强大抗菌活性，对嗜肺军团菌、弯曲菌、螺旋体、支原体、衣原体、弓形虫、非典型分枝杆菌等也具有良好作用，对产生β-内酰胺酶的葡萄球菌和 MRSA 亦有效。第二代药物扩大了抗菌范围，并增加了对革兰氏阴性菌的抗菌活性，如嗜血杆菌、卡他莫拉菌、淋病奈瑟菌等，对军团菌、支原体、衣原体等非典型病原体作用也明显增强。

【抗菌机制】 所有的大环内酯类抗生素均能不同程度地抑制细菌的蛋白质合成。本类药物能不可逆地结合到细菌核糖体 50S 亚基的 23S rRNA 上肽酰转移酶中心的肽链移位通道入口，从而阻止肽酰基 tRNA 从 mRNA 的“A”位移向“P”位，阻断肽链延长。或与细菌核糖体 50S 亚基的 L_{27} 和 L_{22} 蛋白质结合，促使肽酰 tRNA 在肽链延长阶段较早地从核糖体上解离，从而抑制蛋白质合成。由于林可霉素类抗生素、氯霉素和大环内酯类抗生素在细菌核糖体 50S 亚基上的结合位点相同或相近，这些药物合用可产生竞争性拮抗作用，并易产生交叉耐药性，故不宜联合使用。此外，因哺乳动物的核糖体与细菌不同，哺乳动物核糖体为 80S 亚基，由 60S 和 40S 亚基构成，本类药物对哺乳动物细胞几乎不会造成损害。

【耐药性】 随着大环内酯类抗生素在临床广泛应用，耐药菌逐渐增多，且本类药物间存在不完全交叉耐药性。细菌对其产生耐药的机制主要有以下几种。

1. 靶位结构的改变 细菌可以针对大环内酯类抗生素产生耐药基因，合成一种甲基化酶，使细菌核糖体 50S 亚基的 23S rRNA 上的一个腺嘌呤残基甲基化，导致大环内酯类不能与 50S 核糖体亚基的作用位点结合而呈耐药性。此为细菌对大环内酯类抗生素产生耐药性的主要机制。

2. 产生灭活酶 从大环内酯类抗生素诱导的细菌中分离出了多种灭活酶，包括酯酶（esterase）、甲基化酶（methylase）、葡萄糖酶（glycosidase）、磷酸化酶（phosphorylase）、乙酰转移酶（acetyltransferase）和核苷转移酶（nucleotidyltransferase），使大环内酯类抗生素水解、甲基化、磷酸化、乙酰化或核苷化而失活。

3. 摄入减少 对大环内酯类抗生素产生耐药性的细菌可以使膜成分改变或出现新的成分，导致大环内酯类抗生素进入菌体内的药量减少。如表皮葡萄球菌由 PNE24 质粒产生的一种膜 6kDa 蛋白可对 14 元大环内酯中的红霉素和竹桃霉素呈现耐药性。

4. 外排增多 某些细菌能产生耐药基因编码有主动外排功能的蛋白质，能将菌体内的大环内酯类药物泵出，如链球菌的 Mef，葡萄球菌和粪肠球菌中的 Msr，能泵出 14、15 元大环内酯类抗生素而呈现耐药性。

【临床应用】

1. 链球菌感染 代表药物红霉素主要作为青霉素过敏患者的替代药物，用于溶血性链球菌、肺炎链球菌敏感株引起的咽炎、扁桃体炎、鼻窦炎、中耳炎及轻、中度肺炎、猩红热及蜂窝织炎等。

2. 军团菌病 大环内酯类抗生素可治疗嗜肺军团菌、麦克达德军团菌或其他军团菌引起的肺炎。

3. 衣原体、支原体感染 大环内酯类抗生素可用于沙眼衣原体所致结膜炎等眼部感染，肺炎支原体、肺炎衣原体等所致的呼吸道感染，以及衣原体属、支原体属所致的泌尿生殖系统感染。

4. 其他 替代青霉素用于金黄色葡萄球菌感染，以及治疗白喉及带菌者、百日咳、空肠弯曲菌肠炎、厌氧菌所致口腔感染等。新大环内酯类如阿奇霉素、克拉霉素尚可用于流感嗜血杆菌、卡他莫拉菌所致的社区获得性呼吸道感染及鸟分枝杆菌感染的治疗及预防。克拉霉素还可与甲硝唑、PPI 组成三联疗法用于治疗幽门螺杆菌感染的胃溃疡患者。

【不良反应及注意事项】

1. 胃肠道反应　这是大环内酯类主要的不良反应，口服红霉素可出现恶心、呕吐、腹痛、腹泻。其他同类药物胃肠道反应较红霉素轻。

2. 肝损害　常用剂量下，肝毒性较小，长期大量应用可引起阻塞性黄疸、转氨酶升高等，停药后可恢复。但酯化红霉素易引起胆汁淤积性的肝实质损害，只适于短期应用。其他大环内酯类药物肝损害的发生率较低。

3. 耳毒性　主要表现为耳鸣和听觉障碍，以耳蜗神经损害为主，前庭功能亦可受损。老年及肾功能不全患者或大剂量给药时容易发生，一般用药1～2周时出现，停药或减量可恢复。

4. 过敏反应　主要表现为药热、药疹、荨麻疹等。

5. 局部刺激　注射给药可引起局部刺激，故本类药物不宜用于肌内注射，静脉滴注可引起静脉炎，静脉滴注时速度不宜过快。

本类药物可抑制茶碱的正常代谢，与茶碱合用时，可使茶碱血药浓度异常升高，引起中毒，甚至死亡。此时，应监测茶碱的血药浓度，以防意外。

二、常用大环内酯类抗生素

红　霉　素

红霉素（erythromycin）是从链霉菌培养液中分离出来的具有14元环的大环内酯类抗生素。在中性水溶液中稳定，在酸性（pH＜5）溶液中不稳定，易分解。口服会被胃酸破坏，故临床上一般采用肠衣片或酯化物，常用的有硬脂酸红霉素、琥乙红霉素和依托红霉素（无味红霉素）。

红霉素对革兰氏阳性菌中的金黄色葡萄球菌（包括耐药菌）、表皮葡萄球菌、链球菌等有强大的抗菌活性。对部分革兰氏阴性菌如脑膜炎奈瑟菌、淋病奈瑟菌、流感杆菌、百日咳鲍特菌、布鲁斯菌、军团菌等高度敏感。对某些螺旋体、肺炎支原体、立克次体和螺杆菌也有抗菌作用。红霉素的抗菌活性不及青霉素G，临床常用于青霉素耐药的金黄色葡萄球菌的感染或对青霉素过敏患者的敏感菌感染，以及上述敏感菌所致的其他各种感染，也能用于厌氧菌引起的口腔感染和肺炎支原体、肺炎衣原体等非典型病原体所致的呼吸道、泌尿生殖道感染。不良反应主要为胃肠道反应，部分患者不能耐受而停药。少数患者可有肝损害表现为转氨酶升高、肝大及胆汁淤积性黄疸等，一般于停药数日后可自行恢复。红霉素酯化物，如依托红霉素或琥乙红霉素的肝损害较红霉素强。个别患者可有药疹、药热等过敏反应，偶有耳鸣、暂时性耳聋等。琥乙红霉素能透过胎盘屏障，并能进入乳汁，孕妇和哺乳期妇女慎用。口服红霉素亦可引起伪膜性肠炎。静脉滴注乳糖酸红霉素可致血栓性静脉炎。

近年来由于红霉素的胃肠道反应和耐药性，已逐渐被新大环内酯类药物取代。

克拉霉素

克拉霉素（clarithromycin）是对红霉素内酯环6位羟基甲基化，以增加其对酸的稳定性，也称甲红霉素。口服吸收完全，且不受食物影响，但首过效应明显，生物利用度仅55%。分布广泛，且组织中浓度明显高于血中浓度。主要经肾排泄，半衰期为2.6～4.4h。克拉霉素抗菌谱与红霉素相似，抗菌活性强于红霉素。对革兰氏阳性菌、嗜肺军团菌、肺炎衣原体的作用是大环内酯类中最强的，对沙眼衣原体、肺炎支原体、流感杆菌的作用也强于红霉素。此外，对分枝杆菌和鼠弓形虫也有抑制作用。主要用于治疗敏感菌所致呼吸道、泌尿生殖道及皮肤软组织感染。不良反应主要是胃肠道反应，偶可发生皮疹、皮肤瘙痒及头痛等。不良反应发生率和对CYP影响均较红霉素低。

阿奇霉素

阿奇霉素（azithromycin）是在红霉素内酯环中加入了一个甲基化的氮原子，是目前唯一用于临床的15元大环内酯类抗生素。具有口服吸收快，组织分布广，血浆蛋白结合率低、细胞内浓度高及半衰期长等优点。大部分以原型由粪便排出，少部分经尿排泄，半衰期为35～48h，为大环内酯类中半衰期最长的抗生素，具有明显的抗生素后效应，每日仅需给药一次。阿奇霉素抗菌谱较红霉素广，增加了对革兰氏阴性菌的抗菌作用，对某些细菌可表现为快速杀菌作用，对肺炎支原体的作用为大环内酯类中最强者。临床上主要用于敏感菌所致的咽炎、扁桃体炎、支气管炎、肺炎等上、下呼吸道感染；皮肤、软组织感染；急性中耳炎；泌尿生殖系统感染等。不良反应轻，最常见的不良反应是轻度或中度的胃肠道反应，绝大多数患者均能耐受，轻、中度肝、肾功能不良者可以应用。

罗红霉素

罗红霉素（roxithromycin）是半合成的14元环大环内酯类抗生素。耐酸性好、口服吸收好，生物利用度为70%～80%。广泛分布于体液和组织中，血药浓度高。主要以原型药物随粪便排泄，半衰期为8.4～15.5h。罗红霉素抗菌谱与红霉素相似，体内抗菌作用比红霉素强。临床上主要用于化脓性链球菌引起的咽炎及扁桃体炎；肺炎支原体或衣原体所致的肺炎；或其他敏感菌所致的鼻窦炎、中耳炎、支气管炎及皮肤软组织感染；衣原体引起的尿道炎和宫颈炎。不良反应较红霉素轻，主要表现为胃肠道反应，偶见皮疹、皮肤瘙痒、头痛、头昏等。

案例解析

案例：

患儿，女，14岁，发热伴咳嗽1周入院。查体：体温38.7℃，双侧扁桃体无肿大，右肺呼吸音减低，未闻及干湿啰音。胸片提示：双肺纹理增粗，右上肺片影。辅助检查：肺炎支原体IgM抗体（+）。血常规：白细胞4.4×10^9/L，中性粒细胞百分数63.0%，淋巴细胞百分数26.6%。初步诊断：支原体肺炎。医生给予阿奇霉素400mg/日及头孢曲松2.0g/日混合静脉滴注，7日。

解析：

1. 该患儿已初步诊断为支原体肺炎，需要使用针对肺炎支原体的抗生素治疗，可选择大环内酯类抗生素进行治疗，尤以阿奇霉素在临床上应用广泛。大环内酯类抗生素为速效抑菌剂。头孢曲松属β-内酰胺类抗生素为繁殖期杀菌剂。从理论上讲，这两类抗生素联合使用会产生拮抗作用。但临床实践和循证医学证据表明：儿童支原体肺炎可将头孢菌素类（头孢曲松）与阿奇霉素序贯联合使用，可提高疗效。

2. 对儿童支原体肺炎可先用头孢曲松（繁殖期杀菌剂），后用阿奇霉素（抑菌剂）抑制支原体。

第二节　林可霉素类抗生素

林可霉素类抗生素包括林可霉素（lincomycin，洁霉素，林肯霉素）和克林霉素（clindamycin，氯林可霉素，氯洁霉素）。林可霉素由链丝菌产生，克林霉素是林可霉素分子中第7位的羟基以Cl^-取代的半合成品。两药具有相同的抗菌谱和抗菌机制，但克林霉素抗菌作用更强，口服吸收好且不良反应相对小，故临床常用。

【体内过程】

1. 吸收　林可霉素口服吸收差，生物利用度为20%～35%，且易受食物影响。克林霉素口服吸收完全，生物利用度为87%，受食物影响小，血药浓度约为同等剂量林可霉素的2倍。林可霉素的达峰时间为2～4h，半衰期为4～4.5h。克林霉素的达峰时间为1h，半衰期约为2.5h。

2. 分布　两药血浆蛋白结合率高达90%以上。组织分布广，可在全身各组织和体液，如胆汁、胸腔积液、腹水、唾液、痰液中均能达到有效抗菌浓度，尤其是在骨组织中可达较高浓度。能透过胎盘屏障，乳汁中的浓度与血中浓度相当。两药均不易透过血脑屏障，但炎症时由于膜通透性增加，脑组织可达有效治疗浓度。

3. 代谢和排泄　在肝脏经氧化代谢，其代谢产物及原型药经胆汁排入肠道，或经肾小球滤过，但仅有 10% 以原型通过肾脏排泄，难达有效治疗浓度。停药后，克林霉素在肠道中的抑菌作用一般可持续 5 日，对敏感菌可持续 2 周。

【抗菌作用】　虽然林可霉素类抗生素与大环内酯类抗生素在化学结构上不同，但抗菌谱相似，都属于快效抑菌药，在高浓度时对敏感菌也有杀菌作用。本类药物主要特点是对各类厌氧菌有强大的杀菌作用，包括拟杆菌属、丙酸杆菌属、双歧杆菌属、梭杆菌及某些放线菌属。对革兰氏阳性菌具有较高抗菌活性，如金黄色葡萄球菌、表皮葡萄球菌、溶血性链球菌、草绿色链球菌和肺炎链球菌等，对部分需氧革兰氏阴性球菌，如脑膜炎奈瑟菌、淋病奈瑟菌，以及人型支原体和沙眼衣原体也有抑制作用。但肠球菌、需氧革兰氏阴性杆菌、MRSA、肺炎支原体对本类药物不敏感。其中克林霉素抗菌活性比林可霉素强 4～8 倍。

【抗菌机制】　林可霉素类抗生素抗菌作用机制与大环内酯类相同，能不可逆性结合到细菌核糖体 50S 亚基上，通过阻断转肽作用，使肽链延伸受阻，从而抑制细菌蛋白质合成。易与革兰氏阳性菌的核糖体形成复合物，而难与革兰氏阴性杆菌的核糖体结合，故对革兰氏阴性杆菌几乎无作用。

【耐药性】　林可霉素类耐药机制与大环内酯类相同，与大环内酯类存在交叉耐药性。其耐药机制：①主动外排系统增强；②改变核糖体结合位点，由于作用靶位突变或被甲基化修饰，致使细菌核糖体对药物的亲和力降低；③产生灭活酶。大多数细菌对林可霉素和克林霉素也存在完全交叉耐药性。

【临床应用】　主要用于厌氧菌包括脆弱类杆菌、产气荚膜梭菌、放线杆菌等引起的口腔、腹腔和妇科感染。也用于治疗需氧革兰氏阳性球菌引起的呼吸道、软组织、骨组织、关节和胆道等感染及败血症、心内膜炎等，是金黄色葡萄球菌引起的急慢性骨髓炎及关节炎感染的首选药。

【不良反应及注意事项】

1. 胃肠道反应　为主要不良反应，表现为恶心、呕吐、腹泻，口服给药比注射给药多见。林可霉素的腹泻发生率为 10%～15%，克林霉素为 4%。长期用药也可引起二重感染，致肠道菌群失调和由难辨梭状芽孢杆菌引起的假膜性肠炎。此时应停用本类药物，给予口服甲硝唑或万古霉素治疗。

2. 过敏反应　偶有皮疹、药热、中性粒细胞减少和血小板减少等。

3. 其他　偶见黄疸及肝损伤。大剂量静脉快速滴注可引起血压下降和心电图变化。还具有神经肌肉阻滞作用，不宜与吸入性全麻药或神经肌肉阻滞剂合用，以免使骨骼肌瘫痪。能与大环内酯类、氯霉素竞争细菌核糖体的结合部位而相互拮抗，故不宜同用。

本章小结

1. 大环内酯类　以红霉素为代表。本类药物能通过与细菌核糖体 50S 亚基结合，选择性抑制细菌蛋白质合成，属快速抑菌剂，但在高浓度时对敏感菌亦具有杀菌作用。主要针对需氧革兰氏阳性菌，常被用作 β- 内酰胺类抗生素过敏或耐药的替代品。新大环内酯类有克拉霉素、阿奇霉素和罗红霉素等。较红霉素，有抗菌活性强、血药浓度及组织浓度高、不良反应少等优点。

2. 林可霉素类　抗菌作用机制及抗菌谱与红霉素相似，与红霉素有交叉耐药。对革兰氏阳性菌及厌氧菌有较高抗菌活性。在骨组织中分布浓度高，是金黄色葡萄球菌引起的急慢性骨髓炎及关节炎感染的首选药。

以上两类药物由于作用靶点和作用机制相似，易发生竞争拮抗作用，不宜联合用药。

中药介绍

黄 芩

黄芩别名山茶根、土金茶根，是唇形科植物黄芩 *Scutellaria baicalensis* Georgi 的干燥根。黄芩主要含有多种黄酮类化合物，包括黄芩苷、黄芩素、汉黄芩苷等。黄芩味苦、性寒，有清热燥湿、泻火解毒、止血、安胎等功效，主治湿温、暑湿、胸闷呕恶、痢疾、黄疸、肺热咳嗽、高热烦渴、胎动不安、痈肿疖疮等症。

实验研究发现，黄芩具有广谱抗菌作用。黄芩煎剂对金黄色葡萄球菌、大肠埃希菌、肺炎球菌、溶血性链球菌、脑膜炎球菌、白喉杆菌、痢疾杆菌、铜绿假单胞菌、伤寒杆菌、副伤寒杆菌、霍乱弧菌、变形杆菌、淋球菌、幽门螺杆菌等均有抑制作用。黄芩对流感病毒、呼吸道合胞病毒、肝炎病毒、柯萨奇病毒等也有抑制作用。此外黄芩还具有抗炎、抗过敏、解热、保肝利胆、抗血小板聚集、降血压、调节血脂等作用。

黄芩及其复方制剂在临床上主要用于呼吸道感染性疾病、流行性腮腺炎、病毒性肝炎等，此外对泌尿系统感染、流脑、猩红热、蜂窝织炎、沙眼、钩端螺旋体病也有一定疗效。

（伍怡颖）

第四十二章　四环素类及氯霉素

能力要求

1. 掌握四环素类和氯霉素类抗生素的抗菌谱、作用机制、临床应用和不良反应。
2. 熟悉四环素类和氯霉素类抗生素的抗菌特点、合理用药等。

四环素类和氯霉素类抗生素通过抑制敏感菌蛋白质合成发挥抗菌作用。两类药物不仅对需氧和厌氧的革兰氏阳性和革兰氏阴性菌均具有快速抑菌作用，而且对立克次体、衣原体、支原体和螺旋体也有较强的抑制作用，故常称为广谱抗生素。

第一节　四环素类

一、概　　述

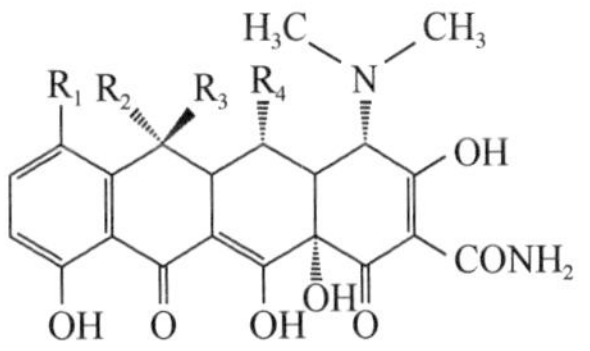

图 42-1　四环素类抗生素的化学结构

四环素类抗生素（tetracycline）是由细菌菌液提取或半合成而获得的一类广谱抗生素，包括天然四环素类和半合成四环素类，均具有氢化骈四苯（菲烷）的基本骨架（图 42-1），基本母核上的官能团被不同取代基取代可得到多种抗生素（表 42-1），且其抗菌活性和体内药动学特点存在差异。天然四环素类包括金霉素（chlortetracycline）、土霉素（oxytetracycline）、四环素（tetracycline）和地美霉素（demethylchlortetracycline，demeclocycline，去甲金霉素）；半合成四环素类包括美他环素（methacycline，甲烯土霉素）、多西环素（doxycycline，强力霉素）和米诺环素（minocycline，二甲胺四环素）。四环素类抗生素是酸、碱两性物质，可与碱或酸结合成盐，在碱性水溶液中易降解，在酸性水溶液中则较稳定，故临床一般用其盐酸盐。按作用时间长短不同，该类抗生素分为三类：四环素、土霉素、金霉素为短效类，美他环素和地美环素为中效类，多西环素和米诺环素为长效类。

20 世纪 60 年代四环素曾是国内临床使用最普遍的抗生素之一，但由于耐药菌株日益增多，尤其是葡萄球菌属和肠杆菌科细菌对本类药物的广泛耐药，以及本类药物的不良反应也成为突出问题，故临床现多应用其半合成品多西环素和米诺环素。替加环素为新一代四环素类抗生素。

表 42-1　四环素类抗生素的化学结构

分类	抗生素	R_1	R_2	R_3	R_4
短效	金霉素	C_1	CH_3	OH	H
	土霉素	H	CH_3	OH	OH
	四环素	H	CH_3	OH	H
中效	地美环素	C_1	H	OH	H
	美他环素	H	CH_3	—	OH
长效	多西环素	H	CH_3	H	OH
	米诺环素	$N(CH_3)_2$	H	H	H

【体内过程】 四环素类抗生素经胃和小肠吸收。消化道内的牛奶、奶制品、钙盐、镁盐、铁

盐及碳酸氢钠、氢氧化铝等均妨碍其吸收。除脑脊液外，该类药物广泛分布于组织器官及体液内且易进入细胞，可蓄积在肝、脾、骨髓、骨和牙齿中，可通过胎盘屏障。大多数通过肾脏排泄，易受肾功能影响。部分药物经肝肠循环由肠道排泄。多西环素主要被肝脏代谢。

【抗菌谱和抗菌作用】 为广谱抗生素，属于快速抑菌药。广泛抑制需氧和厌氧的革兰氏阳性菌和革兰氏阴性菌，还对衣原体、支原体、螺旋体、立克次体、非典型结核分枝杆菌及一些原虫等有明显抑制作用。目前全身应用的有地美环素、米诺环素、多西霉素和四环素，土霉素和金霉素仅用于眼科制剂。

本类药物对革兰氏阳性菌的抗菌活性强于革兰氏阴性菌。革兰氏阳性菌中，葡萄球菌对四环素类药物敏感性高，肠球菌属对其不敏感；革兰氏阴性菌中，本类药物对变形杆菌和铜绿假单胞菌无作用。本类药物虽对多数厌氧菌有一定抗菌活性，但作用不及克林霉素及甲硝唑，故临床较少选用其治疗厌氧菌感染。

【抗菌机制】 四环素类抗生素通过与细菌核糖体30S亚基的A位特异性结合，阻止氨基酰-tRNA进入A位，阻止肽链延伸，从而抑制细菌蛋白质合成，抑制细菌生长。此外，药物尚可改变细菌细胞膜的通透性，使菌体内的核苷酸和其他重要成分外漏，从而抑制细菌DNA的复制。该类药物在高浓度时对某些细菌呈现杀菌作用，也能抑制哺乳动物细胞的蛋白质合成。

【耐药机制】 细菌耐药的发生至少有3种机制。第一，由质粒或转座子编码的排出因子在细菌细胞膜表达增加，主动外排系统作用增强，促进药物排出细胞外而产生耐药性。第二，核蛋白体保护蛋白增加，可与四环素类抗生素结合，从而阻碍抗生素与靶点结合。第三，细菌产生灭活酶。四环素类抗生素之间存在交叉耐药性。

【临床应用】 抗菌谱广，可用于治疗多种感染性疾病，尤其适用于立克次体病（斑疹伤寒、Q热和恙虫病等）、支原体感染、衣原体感染、兔热病、霍乱、某些螺旋体感染及对青霉素过敏的炭疽、破伤风等疾病。可首选治疗鼠疫、幽门螺杆菌感染引起的消化性溃疡、布鲁菌病（需与氨基糖苷类联合）等。孕妇及8岁以下小儿不宜应用该类药物。

【不良反应】 不良反应多且严重。

1. 毒性反应 口服四环素和土霉素引起恶心、呕吐、腹胀、上腹部不适等胃肠道刺激症状，还可引起菌群失调，乃至真菌性、难辨梭杆菌性肠炎。四环素可引起肝细胞脂肪变性与坏死，严重者可出现出血、肝昏迷及早产等严重后果，但土霉素和四环素的肝脏毒性最小。四环素可引起肾脏损伤，米诺环素和多西环素较少引起肾脏损害。对骨发育和牙齿的影响，四环素引起牙齿黄染、牙釉质黄染及发育不全，还会引起胚胎及胎儿骨骼生长抑制作用。

2. 变态反应 四环素较少引起变态反应，主要表现为皮疹、多形红斑、固定红斑等，偶见血管神经性水肿、过敏性休克、哮喘等发生。四环素类药物尚可引起光敏性皮炎，以多西环素和金霉素多见，米诺环素可引起色素斑。

3. 二重感染 四环素广谱抗菌作用，使得口服或注射均易发生二重感染，常见于念珠菌性口腔炎、肠炎，难辨梭杆菌性假膜性肠炎，也可引起其他耐药菌株性肺部、尿路感染甚至败血症等严重不良反应。

4. 其他 四环素可致血象变化，还可导致胎儿先天性白内障、四肢发育不良、肢体短小等畸形。

二、常用药物

四 环 素

四环素是1953年从链霉菌菌液里提取获得，临床用其盐酸盐，易溶于水，在碱性溶液中易破坏，在酸性溶液中易溶解。

【抗菌谱和抗菌作用】 为广谱快速抑菌剂，高浓度时具杀菌作用。除了对常见的革兰氏阳性菌、革兰氏阴性菌及厌氧菌敏感外，多数立克次体属、支原体属、衣原体属、非典型分枝杆菌属、螺旋体、阿米巴原虫也对本品敏感。对革兰氏阳性菌的作用优于革兰氏阴性菌，但肠球菌属对其耐药。其他如放线菌属、炭疽杆菌、单核细胞增多性李斯特菌、梭状芽孢杆菌、奴卡菌属等对本品敏感。对淋病奈瑟菌具一定抗菌活性，但耐青霉素的淋球菌对四环素也耐药。对弧菌、鼠疫杆菌、布鲁菌属、弯曲杆菌、耶尔森菌等革兰氏阴性菌抗菌作用良好，对铜绿假单胞菌无抗菌活性，对部分厌氧菌属细菌具一定抗菌作用，但远不如甲硝唑、克林霉素和氯霉素，因此临床上并不选用。多年来由于四环素类的广泛应用，临床常见病原菌包括葡萄球菌等革兰氏阳性菌及肠杆菌属等革兰氏阴性杆菌对四环素多数耐药，与其他同类药物之间存在交叉耐药。其抑制阳性菌作用强于阴性菌，但对阳性菌作用不如青霉素类和头孢菌素类，对革兰氏阴性菌作用不如氨基糖苷类及氯霉素类抗生素。对伤寒杆菌、副伤寒杆菌、结核分枝杆菌、铜绿假单胞菌、真菌及病毒无效。

【体内过程】 口服在胃和小肠内易吸收但不完全，2～4h 血药浓度可达峰值，半衰期约为 8.5h。由于四环素类能与二价或三价阳离子如 Mg^{2+}、Ca^{2+}、Al^{3+} 及 Fe^{2+} 形成难溶性络合物而减少其吸收；碳酸氢钠、氢氧化铝升高胃肠液 pH，使四环素溶解度下降，故应避免同服。广泛分布于许多脏器组织和体液内，如胸腔，腹腔、关节腔、胎儿循环及乳汁，并可沉积于骨骼和牙齿组织中。经肝浓缩排入胆汁，胆汁中浓度为血药浓度的 10～20 倍，能形成肝肠循环，但不易透过血脑屏障，主要以原型经尿液或粪便排出。

【临床应用】 由于四环素耐药性问题日益突出，其临床适应证大大受限，故本药一般不作为首选药。目前主要应用于：①立克次体病（治疗斑疹伤寒、恙虫病等）；②衣原体及支原体感染（非淋菌性尿道炎和支原体肺炎等）；③螺旋体感染（回归热）；④某些细菌性感染（百日咳、痢疾及尿道、胆道感染等）。还可用于空肠弯曲菌引起的胃肠炎、幽门螺杆菌引起的胃十二指肠溃疡、霍乱、炭疽病、鼠疫，对青霉素过敏的破伤风、放线菌病等。沙眼、角膜感染首选磺胺类药，对磺胺类过敏者可选四环素。对于感染严重者，可采取四环素联合氨基糖苷类（庆大霉素或妥布霉素）或喹诺酮类进行治疗。

【不良反应】

1. 胃肠道反应　口服后直接刺激胃肠道引起恶心、呕吐、腹胀、腹泻等症状；餐后服用、减量或少量多次服药可减轻局部刺激症状。

2. 二重感染（superinfection）　长期口服或注射使用广谱抗生素时，敏感菌被抑制，不敏感菌乘机大量繁殖，由原来的劣势菌群变为优势菌群，造成新的感染，称为二重感染或菌群交替症。较常见的二重感染：①真菌病，致病菌以白念珠菌多见，表现为口腔鹅口疮、肠炎，应立即停药并用抗真菌药治疗；②难辨梭菌引起的伪膜性肠炎，可引起肠壁坏死、剧烈腹泻，体液渗出，甚至可引起休克、死亡，应立即停药并应用万古霉素等治疗。四环素抗菌谱广，易引起二重感染，常见念珠菌性口腔炎、难辨梭杆菌性伪膜性肠炎，或细菌性肺部或尿路感染甚至败血症，尤其儿童、老年人等易出现。

3. 对骨、牙生长的影响　四环素能与新形成的骨、牙组织中沉积的钙结合，引起牙釉质发育不全，并出现棕色色素沉积（表现为牙齿黄染）。四环素还能沉积在胚胎和幼儿的骨骼中，抑制胎儿、婴幼儿的骨骼发育。故孕妇、哺乳期妇女及 8 岁以下儿童禁用四环素。

4. 肝损害　长期大剂量（每日超过 2g）应用可引起肝脏损害，孕妇和肾功能低下者易发生，临床表现为类急性肝炎，个别出现肝性脑病、出血倾向或造成早产、死婴等严重后果。主要原因为药物可沉积于肝细胞线粒体，造成急性肝细胞脂肪性坏死。

5. 肾损害　本类药物可引起氮潴留，导致肾小管酸中毒，引起肾脏损伤，加重尿毒症。因多西环素肾脏损伤作用较少，故肾衰患者宜选用多西环素。

6. 其他　偶见过敏反应，可引起药疹、光敏反应、红斑、粒细胞和血小板减少等。重者可发生过敏性休克。四环素还可导致胎儿先天性白内障和畸形。

多西环素

多西环素（doxycycline，强力霉素）为四环素或土霉素的半合成衍生物，易溶于水，遇光不稳定。由于具有强效、速效、长效的特点，作为本类药物的首选药应用。

【体内过程】 口服吸收快而完全，生物利用度高，且不受食物的影响。脂溶性高，组织分布广泛，在脑脊液、前列腺中浓度也较高。消除半衰期长达 15～25h，有效治疗浓度可维持 24h 以上，一般细菌性感染可每日服药 1 次，且较少引起腹泻和二重感染。主要在肝脏内代谢灭活，通过肾小球滤过随尿液排泄；当肾功能减退时，多西环素从胃肠道的排泄量增加，成为主要的代谢途径，肾衰竭患者也不易引起体内蓄积，因此肾功能不全者可使用本品。

【抗菌作用】 抗菌谱和四环素相似，作用机制相同。但抗菌作用比四环素强 2～10 倍，虽然多西环素与其他四环素类药物存在交叉耐药性，但对土霉素、四环素耐药的金黄色葡萄球菌仍然敏感。

【临床用途】 与四环素相似，主要用于治疗呼吸道感染、慢性支气管炎、前列腺炎、泌尿生殖道感染、皮肤软组织感染等，以及性病、淋巴肉芽肿等衣原体感染，立克次体病、恙虫病，支原体引起的肺炎，回归热等。多西环素为肾功能不全者肾外敏感细菌感染最安全的一种四环素类药物。现已取代四环素类作为各种适应证的首选药物或次选药物。

【不良反应】 同四环素，但无明显的肾脏毒性。

米诺环素

米诺环素是四环素半合成衍生物，长效、高效的四环素类抗生素，其抗菌谱与四环素相近，为四环素类药物中抗菌作用最强的抗生素。对 MRSA、MRSE、耐青霉素肺炎链球菌（PRSP）和耐四环素的菌株也敏感。口服吸收迅速，不受食物的影响，组织穿透力强，脑脊液中浓度高于其他四环素类。口服后 2～3 h 血药浓度可达高峰，半衰期为 11～22h。临床用途同多西环素，也用于 MRSA、MRSE、PRSP 所致感染，此外对痤疮也有一定疗效。不良反应与其他四环素类基本相似，但米诺环素可引起前庭反应，出现恶心、呕吐、眩晕及运动失调等，常在开始服药时出现，停药后 24～48h 症状可消失。用药期间不宜从事高空、驾驶和仪器操作。

替加环素

替加环素（tigecycline）是米诺环素的衍生物，是一种新型静脉注射用甘氨酰环素类抗生素。替加环素的作用机制与四环素相同，其抗菌谱包括革兰氏阳性菌、革兰氏阴性菌和厌氧菌，对有抗药性的 MRSA 也有活性，对铜绿假单胞菌无效。替加环素能够克服或限制细菌的外排泵和核糖体保护两种耐药机制产生的作用，不易产生耐药性。适用于成人复杂皮肤及软组织感染和成人复杂的腹内感染，包括复杂阑尾炎、烧伤感染、腹内脓肿、深部软组织感染及溃疡感染。仅在已知和怀疑不宜使用其他抗菌药物治疗时才使用本品治疗。

案例解析

案例：

患者，女，32 岁。因发热、全身皮疹、头痛 4 日入院。体检：体温 39℃，肋下触及肝脏，脾肋下 2cm，全身充血性斑疹。外周血：白细胞 5.1×10^9/L，中性粒细胞 80%，淋巴细胞 20%；外斐反应阳性，立克次体凝集试验阳性。诊断为斑疹伤寒。患者隔离治疗，予以多西环素，同时给予其他对症治疗药物，3 天后症状逐渐减轻。

斑疹伤寒由哪种病原体引起？该病例选用多西环素的原因是什么？

解析：

斑疹伤寒（typhus）是由立克次体所致的急性传染病。临床表现主要是发热、头痛、皮疹和淋巴结肿大等症状。可通过血清学检查如外斐氏反应等及立克次体分离进行确诊。

治疗原则：采取一般护理，对症治疗和特效药物治疗相结合的方法。特效药首选多西环素或其他四环素类抗生素。选用多西环素的依据：①四环素类药物是立克次体感染引起的斑疹伤寒的首选药物；②多西环素的抗菌谱、抗菌作用与四环素相似，但比四环素作用强，其吸收不受环境影响，不良反应少而轻；③多西环素速效、高效、长效的特点，已成为本类药物适应证的首选药。

第二节 氯霉素类

氯霉素类抗生素有氯霉素（chloramphenicol，chloromycetin）和甲砜霉素（thiamphenicol），为广谱抑菌药，对革兰氏阴性菌作用强于革兰氏阳性菌。因其对骨髓造血系统毒性大，临床应用受到限制。

氯 霉 素

氯霉素是1947年从委内瑞拉链霉菌中发现的抗生素，其左旋体具有生物活性，味苦，在酸性、中性溶液中较稳定。氯霉素曾广泛用于治疗各种敏感菌感染，因1950年发现其诱发致命性不良反应（抑制骨髓造血功能），现已严格控制其使用。氯霉素有多种剂型，口服制剂有氯霉素和棕榈氯霉素，注射剂为琥珀氯霉素。

【体内过程】 氯霉素和棕榈氯霉素可口服，吸收快而完全。血浆半衰期约为2.5h，有效血药浓度维持6～8h。广泛分布于各组织和体液中，脑脊液中药物浓度可达血液药物浓度的45%～99%。肌内注射吸收较慢，血药浓度较低，仅为口服同剂量的50%～70%，但维持时间较长。在肝脏尿苷二磷酸葡萄糖醛酸转移酶的作用下，体内药物量的90%与葡萄糖醛酸相结合而失活，其原型药及代谢产物迅速经尿排出，能在泌尿系统达到有效抗菌浓度。琥珀氯霉素仅供静脉注射使用，在体内水解释放出氯霉素，但其在水解释放前已被肾脏代谢20%～30%，故其生物利用度低于口服用药。

【抗菌机制】 作用于细菌核糖体50S亚基，抑制肽酰基转移酶，阻止P位肽链的末端羧基与A位氨基酰tRNA的氨基发生反应，从而抑制肽链的延伸，使细菌蛋白质合成受阻。氯霉素的作用位点与大环内酯类和林可霉素类药物十分接近，这些药物联合用药可能相互竞争相近的作用靶点，产生拮抗作用。

【耐药机制】 细菌对氯霉素产生耐药性缓慢，通过质粒传递而获得乙酰转移酶，灭活抗生素。某些细菌（铜绿假单胞菌、变形杆菌、克雷伯菌等）通过改变细菌胞壁通透性，使进入菌体的药物减少而耐药。

【抗菌谱与抗菌作用】 为广谱的快速抑菌药。在需氧革兰氏阳性菌中，对草绿色链球菌、白喉杆菌、炭疽杆菌、金黄色葡萄球菌、溶血性链球菌、肺炎链球菌等均敏感，对D组链球菌则相对不敏感；在需氧革兰氏阴性菌中，对流感杆菌、志贺菌属、百日咳杆菌、淋球菌及脑膜炎球菌均有良好抗菌作用，对沙门菌属、大肠埃希菌属、奇异变形杆菌、霍乱弧菌等亦敏感，而对黏质塞拉蒂（原译沙雷）菌、肠杆菌属、肺炎克雷伯杆菌则不甚敏感。多种厌氧菌包括消化球菌、消化链球菌、产气荚膜杆菌、梭形杆菌属、脆弱拟杆菌等均能被其抑制。此外，对大部分立克次体、衣原体和支原体均有效。对革兰氏阴性菌的抗菌作用强于革兰氏阳性菌，对革兰氏阳性菌作用弱于青霉素类和四环素类抗生素。对铜绿假单胞菌、吲哚阳性变形杆菌、结核菌、真菌、病毒及原虫则均无效。

【临床应用】 由于氯霉素可能引起造血系统致命性再生障碍性贫血，临床应用受到很大限制。若必须应用，则需在用药期间应定期监测血象。

1. 脑膜炎及脑水肿 用于对其他药过敏或无效的脑膜炎和脑水肿，由流感嗜血杆菌、脑膜炎奈瑟菌、肺炎链球菌引起的脑膜炎，需氧菌、厌氧菌混合感染引起的脑水肿。

2. 伤寒和副伤寒 氯霉素曾作为伤寒和副伤寒的首选药物，但因其对造血系统会产生严重不良反应，现首选应用喹诺酮类或第三代头孢菌素类药物。治疗敏感沙门菌株所致的散发病例，可选用，疗程2～3周。

3. 立克次体病 可用于立克次体病重度感染的妊娠期妇女、8岁以下儿童及对四环素过敏患者。

4. 其他 全身或局部给药均能在角膜、虹膜、巩膜、晶状体及结膜达到有效治疗浓度，可用于敏感菌所致各种眼部感染。

【不良反应】 应严格掌握氯霉素的临床适应证，在其他抗菌药能够安全有效地进行治疗时则不使用氯霉素。尤其肝肾功能损伤者、婴幼儿及孕妇不宜使用。

1. 抑制骨髓造血功能 为了防止造血系统的毒性反应应避免滥用，应用时勤查血象，表现如下。①可逆性血细胞减少：较常见，与剂量和疗程有关，可见各类血红蛋白、血小板、血细胞减少症，一旦出现，及时停药可以恢复。②不可逆性再生障碍性贫血：虽然发病率低（约1/3万），但死亡率高。发病率与剂量、疗程无直接关系，发病机制不清，女性发生率较男性高2～3倍。

2. 灰婴综合征（gray syndrome） 由于新生儿及早产儿肝脏缺乏葡萄糖醛酸转移酶，肾脏排泄功能也不完全，氯霉素的代谢受限，剂量过大应用时容易发生。最初24h内表现呕吐、拒哺、快而不规则的呼吸及发绀等；后可表现为体温降低、循环衰竭、呼吸困难、进行性血压下降、皮肤苍白和发绀，故称灰婴综合征。一般可发生于治疗的第2～9天，死亡率40%，恢复者一般无后遗症。较大的儿童和成人应用剂量过大或肝功能不全时应用，也可能发生此类不良反应。

3. 其他 口服可发生恶心、呕吐、腹泻等胃肠道反应。较少发生过敏反应如皮疹、药热、血管神经性水肿，还可见视神经炎、视力障碍、二重感染和溶血性贫血等。

甲砜霉素

甲砜霉素（别名硫霉素，甲砜氯霉素）是氯霉素结构中的苯对硝基被甲砜基取代的衍生物，比氯霉素具有更高的水溶性和稳定性。甲砜霉素制剂包括片剂、胶囊及注射用盐酸甲砜霉素甘氨酸酯（甲砜霉素的前体药物）。甲砜霉素的抗菌谱、抗菌机制、主要适应证及主要不良反应都与氯霉素基本相似，是广谱抑菌药。口服、肌内注射均易吸收，半衰期约为1.5h。其在肝脏不与葡萄糖醛酸结合，主要以原型由胆汁和肾排出。细菌对其产生耐药速度较慢，与氯霉素有完全交叉耐药性。主要用于治疗对其敏感的流感嗜血杆菌、大肠埃希菌及沙门菌等所致的呼吸道、泌尿系统及肠道感染。由于该药存在血液系统毒性反应发生的可能性，故临床较少应用。

案例解析

案例：

患儿，女，1岁。因腹泻口服氯霉素4次，此后面色渐苍白。查体：体温36.6℃，口唇、皮肤、黏膜、甲床苍白。实验室检查：血红蛋白65 g/L，红细胞3.06×10^{12}/L，白细胞7.3×10^{9}/L，中性粒细胞0.51，淋巴细胞0.49，网织红细胞计数0，血小板321×10^{9}/L。骨髓象检查：粒系统、巨核系统增生正常，原始红细胞、中幼红细胞、晚幼红细胞均为0.5%。诊断：药物性纯红细胞性再生障碍性贫血。

患者血常规异常可能是什么原因？为什么？

解析：

患者血常规异常是由氯霉素引起。患者有明确服用氯霉素史，此后出现贫血症状，结合周围血象及骨髓象检查，符合药物性纯红细胞性再生障碍性贫血。绝大多数再生障碍性贫血于口服氯霉素后发生。

对造血系统的毒性反应是氯霉素最严重的不良反应，有如下两种不同表现形式。①与剂量有关的可逆性骨髓抑制，临床表现为贫血，并可伴白细胞和血小板减少。因氯霉素能抑制血红蛋白的合成，使红细胞减少，网织细胞缺乏等。②与剂量无关的骨髓毒性反应，常表现为严重的、不可逆性再生障碍性贫血。

本章小结

四环素类与氯霉素类均属广谱抑菌药，不仅对革兰氏阳性、革兰氏阴性菌有快速抑菌作用，对立克次体、支原体、衣原体、某些螺旋体和原虫也具有较强的抑制作用。四环素类抗革兰氏阳性菌作用强于氯霉素，但抑制革兰氏阴性菌作用弱于氯霉素。这两类抗生素均可引起胃肠道反应、二重感染、过敏反应、肝脏损害等不良反应。

多西环素为四环素类药物的首选治疗药。四环素类药物主要应用于立克次体、支原体、衣原体、回归热感染等疾病，对革兰氏阳性菌作用强于阴性菌。抗菌机制为与细菌核糖体 30S 亚基在 A 位特异性结合，抑制肽链延伸和细菌蛋白质的合成。四环素类可用于斑疹伤寒、鹦鹉热、支原体肺炎、回归热、霍乱的治疗；也用革兰氏阴性菌引起的感染如百日咳、痢疾、布鲁氏病，对革兰氏阳性菌感染疗效不如青霉素。孕妇及 8 岁以下小儿不宜使用此类药物。

氯霉素与细菌核糖体 50S 亚基结合抑制肽酰基转移酶阻止蛋白质合成而抗菌。其抗菌谱广，起效快，尤其对革兰氏阴性菌作用强，可作为伤寒、副伤寒首选药物之一，也对立克次体感染如 Q 热、其他多种敏杆菌引起的感染有效。氯霉素类药物由于其对血液系统的毒性作用，应严格控制其临床适应证，本类药物仅应用于其他药物无效的敏感菌感染适应证，不作为首选治疗药物。

中药介绍

金　银　花

本品为忍冬科植物忍冬的干燥花蕾或带初开的花。味苦、甘、性寒，归肺、胃经。主要功效：清热解毒。主温病发热；热毒血痢；痈肿疔疮；喉痹及多种感染性疾病。主要化学成分为绿原酸类化合物，如绿原酸、异绿原酸、新绿原酸及黄酮类物质（木犀草素）。

已生产的金银花制剂有“银翘解毒片”“银黄片”“银黄注射液”等。“金银花露”是金银花用蒸馏法提取的芳香性挥发油及水溶性馏出物，为清火解毒的良品，可治小儿胎毒、疮疖、发热口渴等症。茎藤称“忍冬藤”，也供药用。忍冬花具有清热解毒、消炎退肿，对细菌性痢疾和各种化脓性疾病都有效。

金银花为清热解毒之要药，抗菌谱较广。对于革兰氏阳性菌中的金黄色葡萄球菌、溶血性链球菌、百日咳、肺球敏感，对革兰氏阴性菌中的痢疾杆菌、大肠埃希菌、伤寒杆菌、副伤寒杆菌、铜绿假单胞菌也敏感。抑菌主要有效成分为绿原酸、异绿原酸、黄酮类物质（木犀草素），与连翘合用抗菌范围更广。本品甚至具有抗真菌、抗病毒作用，与黄芩联合，作用增强。

金银花具有广泛消炎作用，其对心血管影响为减弱心肌收缩力、减慢心率、降低血压，减少动脉粥样硬化的血脂水平。金银花还能解除小肠、气管平滑肌痉挛状态。有研究表明，其还具有祛痰止咳作用和抑制肿瘤细胞生长的作用。

（张　梅）

第四十三章　人工合成抗菌药

能力要求

1. 掌握喹诺酮类药物和磺胺类药物的抗菌谱、作用机制、临床应用和不良反应。
2. 熟悉喹诺酮类和磺胺类药物的抗菌特点和临床合理应用。
3. 了解噁唑烷酮类、硝基呋喃和硝基咪唑类等抗菌药物的特点及临床应用。

第一节　喹诺酮类抗菌药

一、概　述

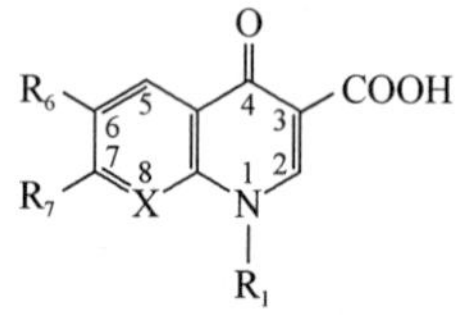

图 43-1　喹诺酮类抗菌药的基本化学结构

喹诺酮类抗菌药是一类含有 4-喹诺酮（4-quinolone）基本结构的人工合成的药物（图 43-1），对此基本结构进行修饰和改造，形成了系列喹诺酮类抗菌药物（表 43-1）。1962 年，美国斯特林 · 温思罗普（Sterling-Winthrop）研究所从氯喹合成的副产物中发现了萘啶酸，为第一个上市的喹诺酮类（quinolone）抗菌药，开辟了抗菌药物的新领域。

喹诺酮类药物按开发先后及其抗菌特点的不同分为四代。第一代喹诺酮类药物为萘啶酸（nalidixic acid）和吡咯酸（piromidic acid）等，于 1962～1969 年上市应用，仅对大肠埃希菌、克雷伯杆菌、少部分变形杆菌有抗菌作用，因吸收差抗菌活性低已不再使用。第二代喹诺酮类药物有吡哌酸（pipemidic acid）、西诺沙星（cinoxacin）和米洛沙星（miloxacin）等，于 1969～1979 年上市应用。抗菌谱从革兰氏阴性菌扩大到部分革兰氏阳性菌，对肠杆菌属、枸橼酸杆菌、铜绿假单胞菌、沙雷杆菌、流感嗜血杆菌也有一定抗菌作用，抗菌活性较第一代有一定增强，由于血药浓度低、尿中浓度高，主要用于泌尿系统和肠道感染，现已少用。第三代喹诺酮类药物有诺氟沙星（norfloxacin）、环丙沙星（ciprofloxacin）、氧氟沙星（ofloxacin）、左氧氟沙星（levofloxacin）、培氟沙星（pefloxacin）、洛美沙星（lomefloxacin）、依诺沙星（enoxacin）、氟罗沙星（fleroxacin）等，此类药物的化学结构中均有氟原子，因此称为氟喹诺酮（fluoroquinolones），于 1980～1996 年上市应用。和前两代药物相比，氟喹诺酮类药物对肠杆菌科、铜绿假单胞菌、流感嗜血杆菌、奈瑟菌属等革兰氏阴性菌的抗菌作用进一步加强，同时对葡萄球菌、肺炎链球菌、溶血性链球菌等革兰氏阳性菌、结核分枝杆菌、军团菌、支原体和衣原体也有抗菌作用。第四代喹诺酮类药物有莫西沙星（moxifloxacin）、加替沙星（gatifloxacin）、司帕沙星（sparfloxacin）、西他沙星（sitafloxacin）、妥舒沙星（tosufloxacin）和吉米沙星（gemifloxacin）等，于 1997 年开始上市应用。与第三代相比，第四代药物除保持 6 位氟取代的结构外，于 5 位或者 8 位引入氨基或甲基及甲氧基的衍生物，有助于加强抗厌氧菌活性，而 C-7 位上的氮双环结构则加强了抗革兰氏阳性菌活性，并对非典型病原体如肺炎支原体、肺炎衣原体、军团菌及结核分枝杆菌的作用增强。上述四代喹诺酮类抗菌药物的抗菌谱特点见表 43-2。

表 43-1　喹诺酮类抗菌药的化学结构

药物	R_1	R_6	R_7	X
萘啶酸	$—C_2H_5$	—H	$—CH_3$	—N═
吡哌酸	$—C_2H_5$		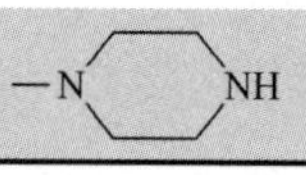	—N═

续表

药物	R_1	R_6	R_7	X
依诺沙星	$—C_2H_5$	—F		—N=
诺氟沙星	$—C_2H_5$	—F	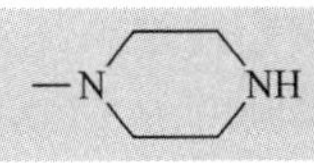	—CH=
环丙沙星		—F	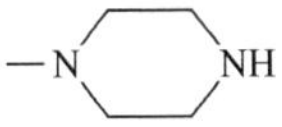	—CH=
培氟沙星	$—C_2H_5$	—F	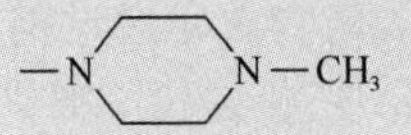	—CH=
氧氟沙星	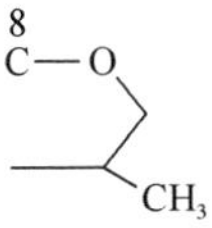	—F	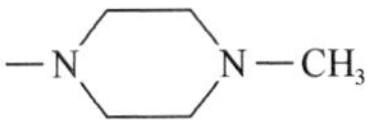	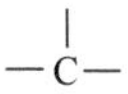
左氧氟沙星	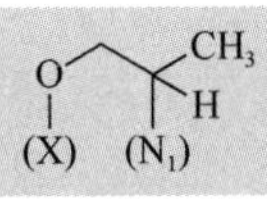	—F	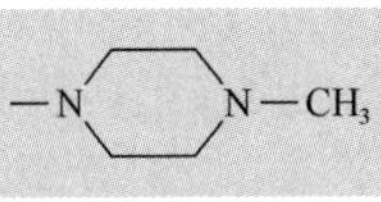	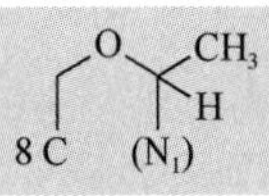
氟罗沙星	$—CH_2—CH_2—F$	—F	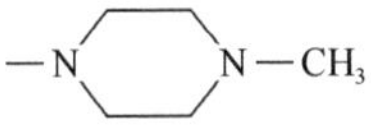	
洛美沙星	$—C_2H_5$	—F	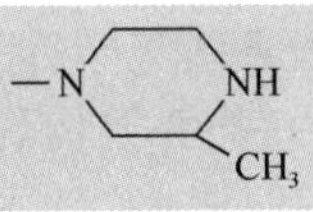	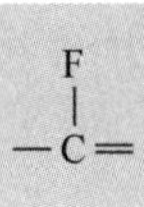
司帕沙星		—F	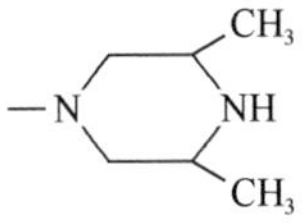	
加替沙星		—F	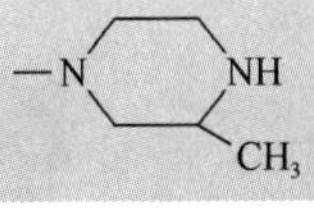	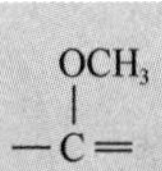
莫西沙星		—F	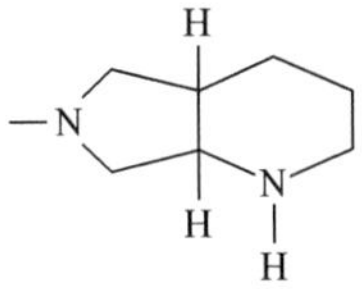	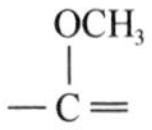
妥舒沙星	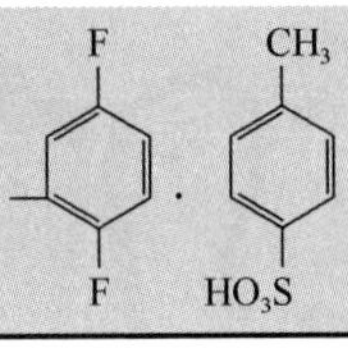	—F	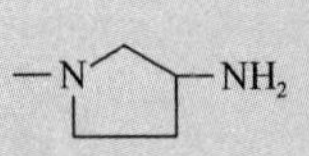	—N=

表 43-2　喹诺酮类抗菌药的抗菌谱特点

代数	抗菌谱
第一代	抗菌谱较窄，主要针对革兰氏阴性杆菌，对肠杆菌属有较弱的抗菌作用
第二代	抗菌活性较第一代略强，主要针对革兰氏阴性杆菌，对肠杆菌属、铜绿假单胞菌有较好的抗菌作用
第三代	对革兰氏阴性菌的抗菌活性增强，同时对革兰氏阳性球菌也有抗菌作用，对非典型致病菌也有较好疗效
第四代	对革兰氏阳性球菌与厌氧菌作用明显加强，抗革兰氏阴性杆菌作用与第三代相似，同时对衣原体、支原体、军团菌也有较强作用

【体内过程】 多数氟喹诺酮类药物口服吸收良好，给药后 1～2h 内达到血药峰浓度。诺氟沙星生物利用度为 30%～40%，环丙沙星生物利用度约为 70%，其余氟喹诺酮类药物生物利用度高达 80%～95%。Mg^{2+}、Fe^{2+}、Ca^{2+} 等金属离子可与本类药物螯合而降低其生物利用度。血浆蛋白结合率一般不超过 40%，体内分布广泛，组织体液内浓度高。环丙沙星和氧氟沙星可透过血脑屏障。诺氟沙星和环丙沙星的半衰期较短，为 3～5h，左氧氟沙星、培氟沙星、氟罗沙星、莫西沙星、司帕沙星、加替沙星、西他沙星则为 6～13h，司帕沙星可达 18h。多数氟喹诺酮类，如氧氟沙星、左氧氟沙星、氟罗沙星、西他沙星和加替沙星约 80% 以上以原型经肾脏排出，培氟沙星、莫西沙星主要由肝脏代谢并通过胆汁排泄。

【抗菌机制】 喹诺酮类药物主要通过抑制细菌 DNA 拓扑异构酶（topoisomerase），阻碍 DNA 合成而导致细菌死亡。DNA 拓扑异构酶兼具 DNA 内切酶和 DNA 连接酶的功能，催化 DNA 链断开和结合的偶联反应。拓扑异构酶Ⅱ和拓扑异构酶Ⅳ是喹诺酮类药物的主要作用靶点。细菌 DNA 拓扑异构酶Ⅱ又称 DNA 回旋酶（grase），是喹诺酮类药物抗革兰氏阴性菌的作用靶点。天然状态下 DNA 以负超螺旋（右手超螺旋）为主，处于有利于解链的松弛状态。但负超螺旋结构在细菌 DNA 复制和转录过程中导致过多的正超螺旋（左手超螺旋）DNA 形成，使双螺旋 DNA 处于拧紧状态，DNA 回旋酶的功能则在于切断 DNA 的一条或两条链中的磷酸二酯键，然后重新缠绕和封口，控制 DNA 的拓扑状态，使其恢复负超螺旋结构，这一过程需要 ATP 提供能量。大肠埃希菌的 DNA 回旋酶是四叠体结构的蛋白质，由 2 个 A 亚基与 2 个 B 亚基组成，分子质量分别为 105kD 与 95kD，分别由 gyrA 和 gyrB 基因编码。细菌在合成 DNA 过程中，DNA 螺旋酶的 A 亚基将染色体 DNA 正超螺旋的一条单链（后链）切开，接着 B 亚基使 DNA 的前链后移，A 亚基再将切口封住，形成了负超螺旋。拓扑异构酶Ⅳ是喹诺酮类药物抗革兰氏阴性菌的作用靶点，由 2 个 C 亚基和 2 个 E 亚基组成的四聚体，分别由 parC 和 parE 基因编码，在 DNA 复制后期姐妹染色体的分离过程中起重要作用。拓扑异构酶Ⅳ的 C 亚基负责 DNA 断裂和重接，E 亚基催化 ATP 水解和 DNA 前链的后移（图 43-2）。

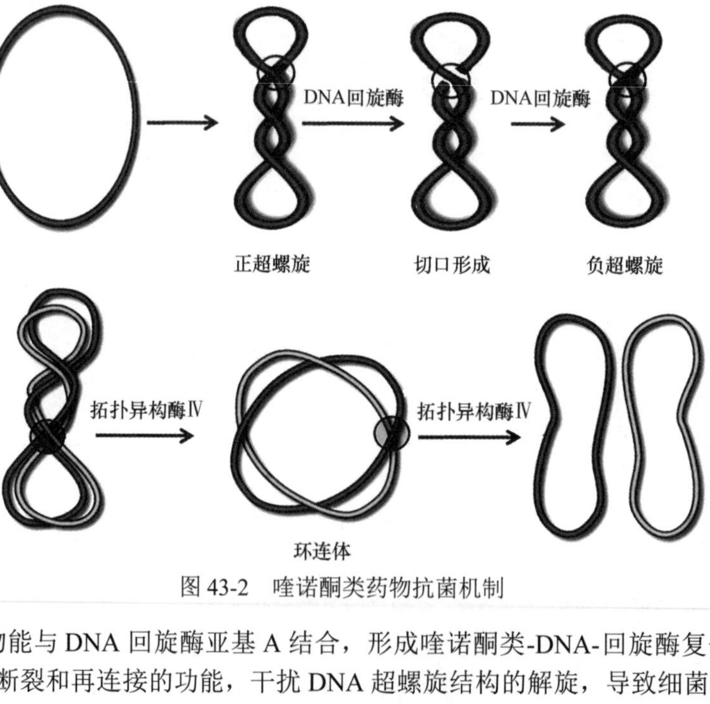

图 43-2　喹诺酮类药物抗菌机制

喹诺酮类药物能与 DNA 回旋酶亚基 A 结合，形成喹诺酮类-DNA-回旋酶复合物，进而抑制回旋酶对 DNA 的断裂和再连接的功能，干扰 DNA 超螺旋结构的解旋，导致细菌死亡。在革兰氏阳性球菌和革兰氏阴性杆菌，喹诺酮类药物对 DNA 回旋酶和拓扑异构酶Ⅳ的作用强度有所不同，导致了抗菌作用的差异。例如，在大肠埃希菌，环丙沙星的主要作用靶位是 DNA 回旋酶，次要作用靶位是拓扑异构酶Ⅳ；而对于葡萄球菌属和链球菌属等革兰氏阳性菌，环丙沙星的主要作用靶位是拓扑异构酶Ⅳ，次要作用靶位是DNA回旋酶。

真核细胞也含有生物活性与细菌DNA回旋酶相似的拓扑异构酶Ⅱ，治疗浓度的喹诺酮类对拓扑异构酶Ⅱ影响较小，仅在很高浓度时才有一定的抑制作用。

【耐药性】 细菌对喹诺酮类抗菌药天然耐药率极低，但获得性耐药发展迅速，由于喹诺酮类药物的广泛使用，耐药问题较为普遍，同类药物之间有交叉耐药性。临床常见的耐药菌包括大肠埃希菌、肠球菌、金黄色葡萄球菌和铜绿假单胞菌等。耐药主要涉及以下机制。

1. 靶点改变 编码DNA回旋酶或拓扑异构酶Ⅳ的细菌基因的突变（如gyrA或parC）改变了靶点结构，降低了与喹诺酮类药物的亲和力，是该类药物最主要的耐药机制。

2. 膜通透性降低 膜通透性的改变是通过外膜孔蛋白的减少来实现的。

3. 外排增加 流出泵将氟喹诺酮类药物从细胞中排出。

4. 灭活药物 某些细菌可以产生一种氨基糖苷乙酰转移酶变体，后者将氟喹诺酮类药物乙酰化从而其失去活性。

近年还发现，质粒介导的耐药基因在细菌中的传递介导了喹诺酮类药物的耐药率快速上升。

【临床应用】 由于第一、二代喹诺酮类抗菌药对革兰氏阳性菌效果差，不良反应较多，目前临床应用较多的是第三、四代具有广谱抗菌活性的氟喹诺酮类药物，但不同氟喹诺酮类药物抗菌活性存在差别。环丙沙星、氧氟沙星、诺氟沙星等对肠杆菌科细菌、铜绿假单胞菌等革兰氏阴性菌，以及甲氧西林敏感的葡萄球菌具有良好抗菌作用，而对于社区获得性呼吸道感染常见病原菌如肺炎链球菌、化脓性链球菌等革兰氏阳性菌的抗菌活性均较低。左氧氟沙星、莫西沙星、加替沙星、吉米沙星等则增强了对肺炎链球菌、化脓性链球菌等革兰阳性菌和肺炎支原体、肺炎衣原体及嗜肺军团菌等社区获得性呼吸道感染病原微生物的抗菌作用。近年来，由于大肠埃希菌对氟喹诺酮类药物的耐药率超过50%，且氟喹诺酮类品种之间呈现交叉耐药，因此用于治疗由大肠埃希菌导致的泌尿生殖系统感染和肠道感染时宜参考细菌药敏结果选用。氟喹诺酮类药物主要用于治疗以下感染。

1. 泌尿生殖系统感染 可用于肠杆菌科细菌和铜绿假单胞菌等所致的尿路感染，细菌性前列腺炎和非淋菌性尿道炎及宫颈炎。诺氟沙星主要用于单纯性下尿路感染或肠道感染。环丙沙星是铜绿假单胞菌性尿道炎的首选药。由沙眼衣原体等所致的非淋菌性感染，氧氧沙星和左氧氟沙星仍可作为多西环素或阿奇霉素等首选药的替代药物。环丙沙星、氧氟沙星曾首选用于单纯性淋病奈瑟菌性尿道炎或宫颈炎，但由于近年来淋病奈瑟菌对氟喹诺酮类药物耐药性增高，已不作首选推荐。

2. 肠道感染 首选用于治疗志贺菌属引起的急、慢性菌痢，以及鼠伤寒沙门菌、猪霍乱沙门菌、肠炎沙门菌引起的胃肠炎，但福氏志贺菌近年来对氟喹诺酮类药物耐药率有增高趋势。对沙门菌引起的伤寒或副伤寒，首选氟喹诺酮类或头孢曲松。

3. 呼吸系统感染 多用于肺炎链球菌、流感嗜血杆菌、卡他莫拉菌诱发的支气管炎和鼻窦炎及克雷伯菌属、大肠埃希菌和铜绿假单胞菌等革兰氏阴性菌，以及金黄色葡萄球菌引起的肺炎和支气管感染。环丙沙星、左氧氟沙星主要用于肺炎克雷伯菌、肠杆菌属、假单胞菌属等革兰氏阴性杆菌所致的下呼吸道感染。左氧氟沙星、莫西沙星等可用于肺炎链球菌和A组溶血性链球菌所致的急性咽炎和扁桃体炎、中耳炎和鼻窦炎等，以及肺炎链球菌、支原体、衣原体等所致社区获得性肺炎，亦可用于敏感革兰氏阴性杆菌所致下呼吸道感染。

4. 皮肤及软组织感染 可用于治疗甲氧西林敏感的金黄色葡萄球菌、肠杆菌科和化脓性链球菌等导致的皮肤软组织感染。对于需氧菌及厌氧菌混合感染导致的糖尿病足，可联合应用氟喹诺酮类药物和克林霉素或甲硝唑。

5. 其他 氟喹诺酮类药物在骨和关节中药物浓度较高，可用于治疗甲氧西林敏感的金黄色葡萄球菌、肠杆菌科、铜绿假单胞菌等导致的骨和关节感染。部分品种，如氧氟沙星、左氧氟沙星等可与其他药物联合应用，作为治疗耐药结核分枝杆菌和其他分枝杆菌感染的二线用药。

【不良反应】

1. 胃肠道反应 为最常见的不良反应，可见胃部不适、恶心、呕吐、腹痛、腹泻等症状。多见于口服给药，一般程度较轻，停药后可自行恢复，只有少数患者需因此停药。不宜空腹使用本类药物。亦可引起艰难梭菌引起的假膜性肠炎。

2. 中枢神经系统不良反应 轻症者表现失眠、头昏、头痛，重症者出现精神异常、抽搐、惊厥等，主要是由于兴奋中枢引起的症状。中枢神经系统疾病患者应避免应用。喹诺酮类药物引起中枢神经系统反应从大到小依次为氟罗沙星＞诺氟沙星＞司帕沙星＞环丙沙星＞依诺沙星＞氧氟沙星＞培氟沙星＞左氧氟沙星。发生机制与抑制 $GABA_A$ 受体、激动 NMDA 受体有关。避免与具有中枢兴奋作用的药物合用。

3. 光敏反应 一般在用药后数日内发生，以光敏性皮炎最多，症状为光照部位皮肤出现红斑、水肿、脱屑、丘疹、小水泡，严重者出现皮肤糜烂、脱落。在治疗过程中及治疗结束后数天内应避免过长时间暴露于亮光照射。司帕沙星、洛美沙星、氟罗沙星诱发的光敏反应最为常见，其他药物光敏反应的发生率依次为依诺沙星＞氧氟沙星＞环丙沙星＞莫西沙星、加替沙星。

4. 心脏毒性 罕见但后果严重。可见心慌、心悸等临床症状。有些喹诺酮类药物还可导致 Q-T 间期延长、尖端扭转型室性心动过速、心室颤动等。莫西沙星具有最高的 Q-T 间期延长和阵发性心律失常的风险。吉非沙星、左氧氟沙星和氧氟沙星的风险似乎较低；环丙沙星的风险最低。对心律不齐的患者，在临床应用时应密切注意，应避免与引起 Q-T 间期延长的药物合用。

5. 肝脏毒性 大剂量或长期应用喹诺酮类药物可对肝脏有轻度损害。少数患者可发生血清氨基转移酶升高、血尿素氮增高及血白细胞降低，呈一过性，停药后可缓解。

6. 肌肉、软骨损害 有神经肌肉阻断活性，可能加剧重症肌无力患者的肌无力症状。喹诺酮类药物引起的肌腱炎偶见，但严重者可导致肌腱断裂，特别是运动员、60 岁以上的老年人、服用皮质类固醇的患者和器官移植者。与 Mg^{2+} 结合沉积于关节软骨，可造成软骨损伤。喹诺酮类药物在幼龄动物中可影响软骨的生长，临床研究发现儿童用药后可出现关节痛和关节水肿。

【禁忌证及药物相互作用】 禁用于对喹诺酮类药物过敏者、18 岁以下未成年患者、妊娠期及哺乳期患者。不宜用于有癫痫或其他中枢神经系统基础疾病的患者。避免与制酸剂和含钙、铝、镁等金属离子的药物同服。慎与茶碱类、非甾体抗炎药合用。依诺沙星、培氟沙星等与咖啡因、丙磺舒、茶碱类、华法林和环孢素同用可减少后数种药物的清除，使其血药浓度升高。加替沙星可引起血糖波动，用药期间应注意观察。

二、常用喹诺酮类药物

诺氟沙星

诺氟沙星（norfloxacin，氟哌酸）为第一个氟喹诺酮类药物。空腹时口服吸收迅速但不完全，生物利用度为 30%～40%；广泛分布于各组织和体液中，如肝、肺、肾、前列腺、睾丸、子宫及胆汁、尿液等，但中枢神经系统分布较少。血浆蛋白结合率为 10%～15%，血浆消除半衰期为 3～4h，肾功能减退时可延长至 6～9h。肾脏和肝胆系统为主要排泄途径，26%～32% 以原型自尿中排出，28%～30% 从胆汁和（或）粪便排出。尿液 pH 影响诺氟沙星的溶解度，在 pH 7.5 时溶解最少。

本品具有广谱抗菌作用，但对革兰氏阳性菌作用较弱，对革兰氏阴性杆菌的抗菌活性高，对大肠埃希菌、克雷伯菌属、枸橼酸杆菌属、沙门菌属、变形菌属、志贺菌属、弧菌属、耶尔森菌等具有良好抗菌作用。对青霉素耐药的淋病奈瑟菌、流感嗜血杆菌和卡他莫拉菌亦有良好抗菌作用。常用于上述敏感菌所致的尿路感染、淋病、前列腺炎、肠道感染和伤寒及其他沙门菌感染。对金黄色葡萄球菌、肺炎链球菌等感染亦有效，对结核分枝杆菌、衣原体、支原体无效。

环丙沙星

环丙沙星（ciprofloxacin）可用于口服或静脉给药。口服后0.5～2h可达血药浓度峰值，生物利用度约为70%。分布广泛，主要分布于胆汁、黏液、唾液、骨以及前列腺中，组织中的浓度常超过血药浓度。血浆蛋白结合率为20%～40%，血浆消除半衰期约为4h。可在肝脏部分代谢，代谢物仍具较弱的活性。口服给药后24h以原型经肾排出给药量的40%～50%，以代谢物形式排出约15%，亦有一部分药物经胆汁和粪便排泄。

抗菌谱广，尤其对革兰氏阴性杆菌杀菌效果好，抗菌活性较诺氟沙星强2～4倍，对金黄色葡萄球菌、肠杆菌、铜绿假单胞菌、流感嗜血杆菌、淋球菌、链球菌、军团菌均具有抗菌作用，特别是对铜绿假单胞菌具有最高的体外抑菌活性。对青霉素类、头孢菌素类、氨基糖苷类和四环素类耐药菌株均显较高抗菌活性。临床应用于尿路感染、肠道感染、淋病等，还可治疗由铜绿假单胞菌、葡萄球菌属等引起的骨和关节感染、皮肤软组织感染和肺炎、败血症等。口服制剂的适应证同诺氟沙星，静脉给药可用于较重感染的治疗，如肠杆菌科细菌败血症、肺部感染、腹腔、胆道感染等。

氧氟沙星

氧氟沙星（ofloxacin，氟嗪酸）服后吸收快而完全，相对生物利用度达95%～100%。血药浓度达峰时间约为1h，血药浓度高而持久，血浆消除半衰期为4.7～7.0h，蛋白结合率为20%～25%。吸收后广泛分布至各组织和体液中，尤其是胆汁、脑脊液、尿中浓度较高。可通过胎盘屏障。主要以原型自肾脏排泄，口服24h内尿中排出给药量的75%～90%，且尿中药物浓度在服药后48h后仍能维持在杀菌水平，碱化尿液可降低氧氟沙星在尿中的溶解度，导致结晶尿和肾毒性。少量在肝内代谢，或以原型自粪便中排出。

本品抗菌活性强，对革兰氏阳性菌和革兰氏阴性菌均有较强作用。对青霉素耐药的淋病奈瑟菌、甲氧西林敏感葡萄球菌、铜绿假单胞菌、产酶流感嗜血杆菌和莫拉菌属均具有高度抗菌活性。对肺炎链球菌、溶血性链球菌和粪肠球菌具有中等抗菌活性。对沙眼衣原体、支原体、军团菌具有良好抗微生物作用，对结核杆菌和非典型分枝杆菌也有一定抗菌活性。临床常用于治疗上述病原体导致的尿路感染、细菌性前列腺炎、淋病奈瑟菌尿道炎、宫颈炎、支气管和肺部感染、胃肠道感染、伤寒、骨和关节感染、皮肤软组织感染及败血症等全身感染，亦可作为治疗伤寒及抗结核分枝杆菌的二线用药。

左氧氟沙星

左氧氟沙星（levofloxacin）为氧氟沙星的左旋光异构体，其抗菌活性约为氧氟沙星的2倍。口服后吸收完全，广泛分布至各组织和体液。相对生物利用度接近100%。达峰时间约为1h，血浆消除半衰期为5～7h，蛋白结合率为30%～40%。在体内代谢较少，主要以原型自肾脏排泄，口服48h内尿中排出量为给药量的80%～90%，少量以原型自粪便中排出。

抗菌谱与氧氟沙星相似，抗菌活性明显增强，其中对葡萄球菌属和链球菌的活性是环丙沙星的2～4倍，对肠杆菌科的活性与环丙沙星相当，对厌氧菌抗菌活性为环丙沙星的4倍。常用于治疗上述细菌导致的急、慢性下呼吸道感染、复杂性和单纯性尿路感染，以及皮肤软组织感染。

培氟沙星

培氟沙星（pefloxacin）口服吸收迅速而完全，血浆消除半衰期较长，为10～13h。吸收后广泛分布至各组织、体液，组织中的浓度都能达到有效浓度。主要在肝内代谢，20%～40%自肾排泄，尿液中的有效浓度可维持24h以上。

本品对肠杆菌科的大部分细菌，包括大肠埃希菌、克雷伯菌属、变形杆菌属、志贺菌属、伤寒及沙门菌属等，以及流感嗜血杆菌、奈瑟菌属等有良好抗菌作用。对铜绿假单胞菌和金黄色葡萄球菌也有一定的抗菌作用。对肺炎球菌、各组链球菌和肠球菌仅具轻度作用。此外对麻风杆菌也有抗菌活性。常用于敏感菌所致的尿路感染，呼吸道感染，耳、鼻、喉感染，妇科、生殖系统感染，腹部和肝、胆系统感染，骨和关节感染，皮肤感染，败血症，心内膜炎，脑膜炎等。

依诺沙星

依诺沙星（enoxacin）口服后吸收完全，相对生物利用度约为90%。血浆消除半衰期为3.3～5.8h，蛋白结合率为18%～57%。分布广泛，组织中的浓度常超过血药浓度而达有效水平。大部分以原型自尿中排出，约18%经胆汁排泄。

抗菌谱和活性与氧氟沙星相似，对需氧革兰氏阴性杆菌抗菌活性高，对厌氧菌的抗菌活性差。适用于由敏感菌引起的泌尿生殖系统感染、呼吸道感染、胃肠道感染、伤寒、骨和关节感染和皮肤软组织感染等。

洛美沙星

洛美沙星（lomefloxacin）口服吸收完全，生物利用度为90%～98%。在体内分布广泛，血浆蛋白结合率约为10%。血浆消除半衰期为6～8 h，主要自尿中以原型排出。约5%在体内代谢。

体外抗菌作用与诺氟沙星相似，较环丙沙星略差，但其体内抗菌活性，包括对大肠埃希菌、肺炎杆菌、铜绿假单胞菌和金黄色葡萄球菌的作用均明显优于诺氟沙星，具有明显的抗生素后效应。主要用于治疗敏感菌导致的呼吸系统、泌尿生殖系统、消化系统、皮肤和软组织等感染。在喹诺酮类药物中最易发生光敏反应且该反应随用药时间延长而升高。诱发跟腱毒性频率较高。

氟罗沙星

氟罗沙星（fleroxacin）口服后吸收迅速而完全，生物利用度大于90%，血浆消除半衰期为9.9～11.6 h。血浆蛋白结合率为23%。广泛分布于各组织中，在多数组织中的浓度接近或高于同时期血浓度，但中枢神经系统中浓度很低。在血浆中主要以药物原型存在，有少量代谢物。主要经尿液排出，少部分由胆汁排泄。

抗菌谱广，对革兰氏阴性菌，包括大肠埃希菌、肺炎杆菌、变形杆菌属、伤寒沙门菌、副伤寒沙门菌、志贺菌属、阴沟肠杆菌、产气肠杆菌、枸橼酸菌属、黏质沙雷菌、铜绿假单胞菌、脑膜炎奈瑟菌、流感嗜血杆菌、莫拉卡他菌、嗜肺军团菌、淋病奈瑟菌等均有较强的抗菌作用。对葡萄球菌属、溶血链球菌等革兰氏阳性球菌亦具有中等抗菌作用。用于敏感细菌引起的急性支气管炎，慢性支气管炎急性发作及肺炎等呼吸系统感染；膀胱炎、肾盂肾炎、前列腺炎、附睾炎、淋病奈瑟菌性尿道炎等泌尿生殖系统感染；伤寒沙门菌感染、细菌性痢疾等消化系统感染；皮肤软组织感染、骨感染、腹腔感染及盆腔感染等。

司帕沙星

司帕沙星（sparfloxacin）口服后主要在小肠吸收，在胃内几乎不吸收。血浆消除半衰期约为16h，血浆蛋白结合率为42%～44%。分布广泛，主要分布于胆囊（约为血药浓度的7倍），其次为皮肤、前列腺、子宫、卵巢、耳、鼻、喉组织、痰液、前列腺液、尿液及乳汁中（约为血药浓度的1.5倍）。约12%以原型药物及29%以葡萄醛酸共轭物从尿中排泄，51%以原型药物从粪便中排泄。

对革兰氏阳性细菌、支原体、衣原体、厌氧菌活性优于氧氟沙星和环丙沙星，对革兰氏阴性菌、军团菌抗菌活性与氧氟沙星接近。用于敏感菌引起的呼吸系统感染、肠道感染、胆道感染、泌尿生殖系统感染。主要不良反应为神经系统反应、过敏反应、胃肠道反应，偶见转氨酶升高。易产生光敏反应，心脏毒性和中枢毒性也较为常见。

莫西沙星

莫西沙星（moxifloxacin）口服后吸收良好，生物利用度约 90%。血浆消除半衰期约为 12h。同服二、三价阳离子抗酸药可影响其吸收。莫西沙星与血清蛋白的结合率为 30%～50%，与药物浓度不相关。体内广泛分布，组织浓度通常超过血药浓度。约一半的药物在肝脏代谢和排泄。CYP 不参与莫西沙星的代谢，并且不受莫西沙星的影响。

本品对革兰氏阳性菌、革兰氏阴性菌、厌氧菌、支原体、衣原体、军团菌和分枝杆菌具有广谱抗菌活性，但对铜绿假单胞菌的活性大大低于环丙沙星或左氧氟沙星。主要用于治疗患有呼吸道感染的成人，如急性鼻窦炎、慢性支气管炎急性发作、社区获得性肺炎，以及皮肤和软组织感染。

加替沙星

加替沙星（gatifloxacin）为 8-甲氧氟喹诺酮类外消旋化合物，其 *R*-和 *S*-对映体抗菌活性相同。加替沙星口服易吸收且不受饮食因素影响，药物浓度在服用 1～2h 后达峰，血浆消除半衰期为 8～12h，蛋白结合率约为 20%。生物利用度为 96%，广泛分布于许多组织和体液中，组织浓度是血浆浓度的 1.5 倍以上，主要以原型经肾脏从尿液排出。

本品具有广谱抗菌活性，对大多数革兰氏阳性菌抗菌活性与莫西沙星相当，对大多数革兰氏阴性菌抗菌活性强于莫西沙星，对厌氧菌作用与甲硝唑相当，对铜绿假单胞菌也有效。临床用于治疗由敏感菌所致的各种感染性疾病，包括慢性支气管炎急性发作、急性鼻窦炎、社区获得性肺炎、单纯性尿路感染（膀胱炎）和复杂性尿路感染、急性肾盂肾炎、淋球菌性尿路炎或直肠感染和宫颈炎等。近年来临床发现加替沙星能引起血糖异常，包括症状性低血糖症和高血糖症，因此糖尿病患者禁用，老年患者及具有肾功能不全、影响葡萄糖代谢的合并用药（特别是降血糖用药）等与血糖代谢异常相关的其他危险因素的患者避免使用，在服用加替沙星时应该密切监控血糖，一旦发现异常应立刻停药。

西他沙星

西他沙星（sitafloxacin）的血浆消除半衰期约为 6h，血清蛋白的结合率为 46%～55%，在体内大部分直接以原型药物从尿中排出，对 CYP 中的 CYP1A1 和 CYP1A2 有较弱的抑制作用。

本品对需氧和厌氧的革兰氏阳性菌和革兰阴性菌、非典型病原体都有广谱抗菌作用，对沙眼衣原体、肺炎衣原体、肺炎支原体等也有抗菌作用。用于敏感菌引起的咽炎、喉炎、扁桃体炎、急性支气管炎、感染性肺炎、慢性呼吸系统疾病的继发感染，膀胱炎、肾盂肾炎、尿道炎、宫颈炎，耳炎、鼻窦炎，牙周炎、冠周炎、颌骨骨炎。光敏性皮炎发生率略高。

第二节　磺胺类药物

一、概　　述

磺胺类药物（sulfonamide）是一类具有对氨基苯磺酰胺结构的人工合成的化疗药物，也是人类历史上第一类用于治疗全身性感染的化学药物。1932 年，德国科学家 Domagk 发现“百浪多息”（prontosil，活性成分为对氨基苯磺酰胺）能有效治疗溶血性链球菌感染，开创了人工合成抗菌药时代。1935～1944 年，磺胺吡啶、磺胺噻唑、磺胺嘧啶、二甲基胺嘧啶等大批磺胺类药物问世；1945～1954 年，磺胺异噁唑和磺胺二甲基异嘧啶等药物应用于临床；20 世纪 60 年代，易吸收、不良反应小的新型磺胺类药物如磺胺甲基异噁唑、磺胺苯吡唑等相继问世；70 年代中期，磺胺类药物与甲氧苄啶的协同抗菌作用被发现，磺胺甲基异噁唑、磺胺嘧啶等与甲氧苄啶合用后，抗菌活性明显增强，抗菌范围增大。磺胺药用于临床已近 90 年的历史，具有抗菌谱广、性质稳定、使用方便、成本低廉等优点。但由于该类药物抗菌活性较低不良反应较多，临床现已少用。

知识拓展

磺胺药的发现：德国病理学与细菌学家Domagk参加过第一次世界大战，因目睹大量士兵因感染而失去生命，他在战后致力于寻找抗菌药物。1932年，他发现一种名为“百浪多息”的橘红色染料虽然在体外无抑菌作用，但对感染了链球菌的小鼠有效。经过安全性评估和个例试验后，1935年百浪多息开始进入临床。此后法国巴斯德研究所发现，百浪多息在人体内转化为对氨基苯磺酰胺，后者在体内、体外均有抗菌作用，这解释了之前百浪多息为何在体外无活性的原因。基于百浪多息及其活性代谢产物磺胺在感染性疾病中的良好效果，类似化合物的研究成为热点，也促进了碳酸酐酶抑制药类利尿剂和磺酰脲类降血糖剂的发现。由于这一重大贡献，Domagk获得了1939年诺贝尔生理学或医学奖。

【体内过程】 全身应用的磺胺类药物多数口服易吸收，吸收率超过90%，不同药物的半衰期相差较大。血浆蛋白结合率在25%～95%，可广泛分布于全身各组织和体液，渗入胸腔、腹腔、滑膜腔和眼房中，磺胺嘧啶和磺胺异噁唑可通过血脑屏障进入中枢神经系统。磺胺类药物主要在肝脏中被乙酰化代谢灭活，其乙酰化代谢物溶解度低，故可在肾小管内沉积造成肾脏损害，也可与葡萄糖醛酸结合。大部分药物从肾小球滤过，小部分经肾小管分泌，经尿排泄。少数磺胺类药可自胆汁、乳汁、唾液、支气管中排出，难吸收磺胺则主要经肠道排出。

【抗菌作用和抗菌谱】 磺胺类药物为广谱抑菌药，对大多数革兰氏阳性菌和阴性菌有效，包括金黄色葡萄球菌、化脓性链球菌、脑膜炎奈瑟菌、肺炎链球菌、大肠埃希菌、流感嗜血杆菌、霍乱弧菌、鼠疫耶尔森菌、肉芽肿鞘杆菌等，以及放线菌、诺卡菌属、恶性疟原虫和鼠弓形虫等。磺胺嘧啶银尚对铜绿假单胞菌有效。目前淋球菌、脑膜炎球菌和志贺菌属对磺胺类药物大多耐药。磺胺类药物对结核杆菌、麻风杆菌、钩端螺旋体和立克次体等病原体无效。

【抗菌机制】 磺胺类药物通过干扰细菌叶酸代谢而抑制其生长繁殖。对磺胺类药物敏感的细菌不能直接利用周围环境中的叶酸，而是利用对氨基苯甲酸和二氢蝶啶、谷氨酸在菌体内的二氢叶酸合成酶催化下合成二氢叶酸，二氢叶酸在二氢叶酸还原酶的作用下形成四氢叶酸，四氢叶酸作为一碳单位转移酶的辅酶，参与核酸前体物（嘌呤、嘧啶）的合成。磺胺类药物的化学结构与对氨基苯甲酸类似，能与对氨基苯甲酸竞争二氢二氢叶酸合成酶，阻碍细菌利用对氨基苯甲酸合成二氢叶酸，同时磺胺类药物为二氢叶酸合成酶竞争性抑制药，最终影响核酸的生成，抑制细菌生长繁殖（图43-3）。

【耐药性】 磺胺类药物较易发生耐药，本类药物之间有交叉耐药。

耐药机制：编码二氢叶酸合成酶的基因突变，导致对磺胺类药物的亲和力降低；细菌对药物的渗透性或主动外流降低；产生合成二氢叶酸的替代途径，直接利用外源性叶酸；合成过量的对氨基苯甲酸，竞争二氢叶酸合成酶。二氢叶酸合成酶的基因突变可通过质粒介导耐药性转移。

【临床应用】 本品主要用于敏感菌导致的如下感染。

1. 全身性感染 一般选用口服易吸收的磺胺类药物，本类药物适用于大肠埃希菌等敏感肠杆菌科细菌引起的急性单纯性尿路感染，敏感大肠埃希菌、克雷伯菌属等肠杆菌科细菌引起的反复发作性、复杂性尿路感染，还可用于脑膜炎奈瑟菌所致脑膜炎，流感嗜血杆菌所致中耳炎等，可代替青霉素用于青霉素过敏患者的链球菌感染和风湿热复发。

2. 肠道感染 用于敏感伤寒和其他沙门菌属感染。柳氮磺吡啶口服后大部分在肠道内分解成磺胺吡啶和5-氨基水杨酸发挥抗菌、抗炎及免疫抑制作用，适用于治疗慢性炎症性肠病，如溃疡性结肠炎的治疗。

3. 外用 磺胺嘧啶银主要用于预防或治疗Ⅱ、Ⅲ度烧伤或烫伤继发的创面细菌感染，如肠杆菌科细菌、铜绿假单胞菌、金黄色葡萄球菌、肠球菌属等引起的创面感染。醋酸磺胺米隆适用于烧伤或大面积创伤后的铜绿假单胞菌感染。磺胺醋酰钠可用于治疗结膜炎、沙眼等。

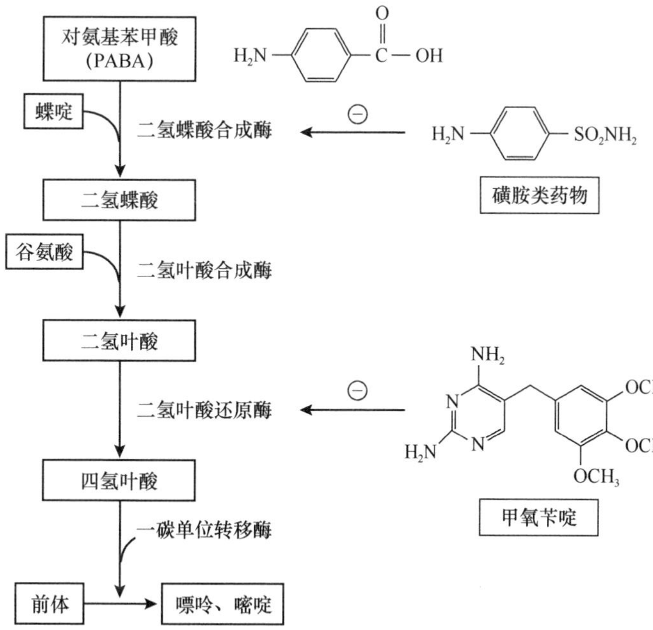

图 43-3　磺胺类药物抗菌机制

【不良反应】

1. 泌尿系统损害　磺胺类药物主要经肾脏排泄，磺胺类药物及其乙酰化代谢产物在尿中浓度高，且在酸性尿中溶解度降低，可形成结晶沉淀，出现结晶尿、血尿、管型尿、尿痛、尿少等症状，导致尿路阻塞和肾脏损伤。因此，在服用溶解度较低的磺胺类药物时需注意多饮水，并同时服用碳酸氢钠，碱化尿液以增加药物的溶解度。

2. 过敏反应　以发热和皮疹较为常见，多在用药后 5～10 天出现，一般不严重，停药后可逐渐恢复，偶可出现严重反应，如剥脱性皮疹、多形性渗出性红斑。磺胺类药物之间存在交叉过敏反应，一旦过敏，应换用其他类型抗菌药。

3. 血液系统反应　长期用药可能抑制骨髓造血功能，导致白细胞减少、血小板减少甚至再生障碍性贫血，发生率极低但严重。用药期间应定期检查血常规。对 G6PD 缺乏者服用磺胺类药物后易引起急性溶血性贫血。可与胆红素竞争蛋白结合部位，使游离胆红素增高。新生儿肝功能发育不全，易发生胆红素血症和新生儿黄疸，偶发核黄疸，故不宜作为婴幼儿及孕妇用药。

4. 其他　消化道反应、肝功能减退及头痛、乏力、眩晕等中枢神经系统症状。

【禁忌证及药物相互作用】　对磺胺类药物过敏及对呋塞米、砜类（如氨苯砜、醋氨苯砜等）、噻嗪类利尿药、磺脲类、碳酸酐酶抑制药过敏的患者，禁用本类药物。过敏体质及对其他药物有过敏史的患者慎用。不能与对氨基苯甲酸同用，对氨基苯甲酸可代替本品被细菌摄取，两者相互拮抗，不宜与含对氨苯甲酰基的局麻药如普鲁卡因、苯佐卡因、丁卡因等合用。与口服抗凝药、口服降糖药、甲氨蝶呤、苯妥英钠和硫喷妥钠同用时，可使上述药物的游离血药浓度升高。

二、常用磺胺类药物

（一）全身应用磺胺类药物

根据半衰期不同，全身应用磺胺类药物可分为如下三类。①短效类：半衰期 <10h，如磺胺异噁唑和磺胺二甲嘧啶。②中效类：半衰期在 10～24h，如磺胺嘧啶和磺胺甲噁唑。③长效类：半衰期＞ 24h，如磺胺多辛。

磺胺异噁唑

磺胺异噁唑（sulfafurazole，SIZ）属短效类磺胺药。口服吸收完全，半衰期约为6h，血浆蛋白结合率为86%，乙酰化率约为30%。由于原型及乙酰化物在水中溶解度较高，不易在尿中析出结晶或形成血尿，对肾脏毒性小。主要经肾脏排泄，12h内可排出口服量70%，因而磺胺异噁唑在尿中浓度可达1000～3000mg/L，有利于治疗尿路感染。临床主要用于敏感菌引起的泌尿系统感染。不良反应主要以恶心、呕吐、腹泻等消化道症状较常见，其他有药疹等过敏反应、中性粒细胞减少或缺乏症、肝脏损害等，偶见精神错乱等中枢神经系统毒性反应。

磺胺嘧啶

磺胺嘧啶（sulfadiazine，SD）属中效类磺胺药。口服易吸收但较缓慢，达峰时间为3～6h，半衰期约为11h。可透过血脑屏障，脑膜无炎症时，脑脊液中药物浓度约为血药浓度的50%，脑膜有炎症时，脑脊液中药物浓度约可高达血药浓度的80%，血中蛋白结合率约45%，24h后30%～40%以原型、15%～30%以乙酰化形式自尿中排出，药物在尿中溶解度低，容易形成结晶。临床应用时需服用等量碳酸氢钠碱化尿液，减少对肾脏的损害。磺胺嘧啶为防治流行性脑脊髓膜炎的首选药物，与乙胺嘧啶合用治疗弓形虫，也用于治疗诺卡菌（星形奴卡菌）引起的局部和全身感染，对氯喹耐药的恶性疟疾治疗的辅助用药。联合甲氧苄啶可提高疗效。

磺胺甲噁唑

磺胺甲噁唑（sulfamethoxazole，SMZ）属中效类磺胺药，是磺胺异噁唑的近似物，但其肠道吸收和尿液排泄的速度较慢，半衰期约为11h。血浆蛋白结合率约为65%。可透过血脑屏障、胎盘屏障，也可分泌至乳汁中，尽管脑脊液中浓度低于磺胺嘧啶，但仍可用于流行性脑脊髓膜炎的预防。尿中浓度与磺胺嘧啶相似，主要以葡萄糖醛酸的形式存在，可用于敏感菌引起的泌尿系统感染。目前主要与甲氧组成复方制剂使用。

磺胺多辛

磺胺多辛（sulfadoxine，SDM）又称磺胺邻二甲氧嘧啶，属长效磺胺类药物，半衰期可长达150h，长时间维持血中有效浓度。口服吸收后分布广泛，能通过胎盘屏障，主要经肾脏排泄，亦可自乳汁中分泌。用于溶血性链球菌、肺炎球菌及志贺菌属等细菌感染，但由于不良反应较多，现已少用。与乙胺嘧啶等抗疟药联合可用于氯喹耐药虫株所致疟疾的治疗和预防。

（二）肠道应用磺胺类药物

柳氮磺吡啶

柳氮磺吡啶（sulfasalazine，SASP）口服后生物利用度为10%～20%，本身无生物活性，未吸收的药物被回肠末段和结肠的细菌分解为磺胺吡啶与5-氨基水杨酸，磺胺吡啶有较弱的抗菌作用，5-氨基水杨酸具有抗炎及免疫抑制作用。少量*N*-乙酰衍生物可见于尿液中。临床用于治疗节段性回肠炎、溃疡性结肠炎或肠道术前预防感染。柳氮磺吡啶亦用于治疗类风湿性关节炎，常与甲氨蝶呤联合使用。不良反应主要有过敏反应和光敏反应，表现为发热、药疹、关节及肌肉疼痛，严重可见渗出性多型红斑和剥脱性皮炎等症状，也可导致男性精子减少或不孕症。

（三）外用磺胺类药物

磺胺嘧啶银

磺胺嘧啶银（sulfadiazine silver）具有磺胺嘧啶和银盐的双重抗菌作用。对多数革兰氏阳性菌和阴性菌均有良好的抗菌活性，对铜绿假单胞菌有效，且不受脓液对氨基苯甲酸的影响。银盐具有收敛作用，可使创面干燥，结痂和早日愈合。主要局部外用于预防和治疗Ⅱ、Ⅲ度烧伤或烫伤继发的创面感染。不良反应可见局部刺激性、皮疹、皮炎等过敏反应，以及可能有部分吸收导致恶心、呕吐和腹泻等胃肠道反应。对磺胺类药物及银盐过敏者禁用。

案例解析

案例：

患者，女，42岁。因被沸水烫伤臀部及双下肢急诊入院。入院诊断：开水Ⅱ度烫伤（烫伤总面积18%）。住院后给予清创涂磺胺嘧啶银暴露疗法。30min后，患者局部瘙痒，并逐渐扩展至全身，面部潮红，双眼睑及口唇水肿。

根据上述情况，判断患者出现上述症状的原因及应该如何处理。

解析：

该患者上述症状是由于磺胺嘧啶银于局部涂抹后吸收进入体内导致的全身过敏反应。应该立即将磺胺嘧啶银冲洗掉，全身应用地塞米松和维生素C加入10%葡萄糖溶液内静脉滴注，10%葡萄糖酸钙注射液缓慢静脉注射，马来酸氯苯那敏口服及脱敏治疗等措施。

（四）复方磺胺类药物

复方磺胺甲噁唑

复方磺胺甲噁唑（compound sulfamethoxazole）是磺胺甲噁唑与甲氧苄啶的复方制剂，又名复方新诺明，为广谱抗菌药，对革兰氏阳性菌和革兰氏阴性菌均有良好抗菌作用。对金黄色葡萄球菌、化脓性链球菌、肺炎链球菌、大肠埃希菌、克雷伯菌属、沙门菌属、变形杆菌属、摩根菌属、志贺菌属、淋球菌、脑膜炎奈瑟菌、流感嗜血杆菌均具有良好抗菌作用，尤其对大肠埃希菌、流感嗜血杆菌、金黄色葡萄球菌的抗菌作用较磺胺甲噁唑单药明显增强。其抗菌作用机制是由于磺胺甲噁唑和甲氧苄啶的协同抗菌作用，磺胺甲噁唑抑制二氢叶酸合成酶，甲氧苄啶选择性抑制二氢叶酸还原酶，二者合用可使细菌的叶酸代谢受到双重阻断（图43-3），使抑菌作用转为杀菌作用，并可增强耐药性。

复方磺胺甲噁唑口服后自胃肠道吸收完全，吸收率可达90%以上，达峰时间为1～4h，吸收后广泛分布至全身组织和体液中，并可穿透血脑屏障和胎盘屏障。磺胺甲噁唑与甲氧苄啶的血浆消除半衰期均约为10h，且两者排泄过程互不影响，主要自肾小球滤过和肾小管分泌，尿药浓度明显高于血药浓度。

临床主要用于治疗大肠埃希杆菌、克雷伯菌属、肠杆菌属、变形杆菌所致的尿路感染；肺炎链球菌或流感嗜血杆菌所致的成人慢性支气管炎急性发作或2岁以上小儿急性中耳炎；志贺菌属的敏感菌株所致的肠道感染；产肠毒素大肠埃希杆菌所致旅游者腹泻；卡氏肺孢子虫肺炎的预防。不良反应主要以过敏反应和光敏反应较为常见，可表现为发热和药疹，严重者可发生渗出性多形红斑、剥脱性皮炎和大疱表皮松解萎缩性皮炎等，偶见过敏性休克；还可见中性粒细胞减少或缺乏症、血小板减少症及再生障碍性贫血；在缺乏G6PD的患者应用后易发生溶血性贫血及血红蛋白尿，在婴幼中较成人为多见。

第三节 其他合成抗菌药

一、甲氧苄啶

甲氧苄啶（trimethoprim，TMP）口服吸收完全，约2h达到峰浓度，脂溶性强，易渗入细胞内，吸收后广泛分布于全身组织和体液中，可通过血脑屏障和胎盘屏障。甲氧苄啶脱甲基化为其主要代谢途径，血浆消除半衰期为8～10h，主要以原型经肾排泄。抗菌谱和磺胺类药物基本相似，而抗菌作用更强，但单独使用易引起耐药性。

甲氧苄啶是二氢叶酸还原酶抑制药，使二氢叶酸不能还原成四氢叶酸，阻止细菌核酸的合成。甲氧苄啶与磺胺药合用时，从两个不同环节双重阻断叶酸代谢，使磺胺药的抗菌作用增强数倍至数十倍，还可减少耐药菌株的产生。甲氧苄啶对哺乳动物的二氢叶酸还原酶的抑制作用较弱，故在人体毒性较小，但部分敏感者亦可导致叶酸缺乏。

甲氧苄啶常与磺胺甲噁唑制成复方制剂使用。甲氧苄啶不良反应较少，但可引起恶心、过敏性皮疹等，复方制剂偶可引起结晶尿；大剂量或长期应用可干扰叶酸代谢，出现贫血、血小板减少、粒细胞减少，可服用四氢叶酸治疗。严重肝、肾功能不全、骨髓造血功能不全禁用。

二、噁唑烷酮类

利奈唑胺

利奈唑胺（linezolid）为全球第一个人工合成的噁唑烷酮类抗菌药，于2000年获得美国FDA批准用于治疗革兰氏阳性球菌引起的感染。口服吸收快速、完全，生物利用度约为100%。服药后1～2h达到峰浓度，血浆蛋白结合率约为31%，血浆消除半衰期为3.6～6h。组织穿透力强，能迅速分布于全身组织中，易通过血脑屏障。在体内主要代谢为无活性的氨基乙氧基乙酸和羟乙基氨基乙酸。约有30%药物以原型、50%以代谢产物的形式从肾脏随尿液排泄，约10%的药物以代谢产物形式从粪便中排出。

利奈唑胺通过与细菌50S亚基上核糖体RNA的23S位点结合，阻止形成70S始动复合物，从而抑制细菌蛋白质的合成。由于其独特抗菌机制，与其他抗菌药物无交叉耐药。目前发现其耐药机制主要与23S rRNA的基因突变及药物外排系统增加有关。临床主要用于敏感微生物引起的感染，包括耐万古霉素的屎肠球菌引起的感染，MRSA或多药耐药肺炎链球菌导致的院内获得性肺炎感染、MRSA或化脓链球菌引起的复杂性皮肤和皮肤软组织感染。

不良反应较少，常见的为腹泻、恶心和头痛，偶见呕吐、失眠、便秘、皮疹、头晕、发热、念珠菌病、真菌感染、味觉改变、舌变色、瘙痒等。用药时间过长的患者有骨髓抑制（包括贫血、白细胞减少、各类血细胞减少和血小板减少）、周围神经病和视神经病、乳酸性酸中毒等不良事件发生。随着利奈唑胺广泛应用，耐药性菌株逐渐增多，须严格把握其适应证和用量，积极预防及减少交叉感染。

知识拓展

1987年，美国某公司合成了2个噁唑烷酮类化合物DuP-721和DuP-105，临床前研究结果显示，两者对MRSA均具有显著抑菌作用，但因在安全性评价中发现其毒性较大而中止了进一步研发。随后，P公司和U公司通过对该类化合物结构的优化，研制出利奈唑胺（linezolid）和依哌唑胺（eperezolid），两者的体内外抗菌活性相当，但在药动学方面，依哌唑胺在体内清除速率较快，需每天服用3次，而利奈唑胺因药动学参数较为理想而最终开发成功，因此利奈唑胺成为第一个被美国FDA批准上市的噁唑烷酮类抗菌药物。随着利奈唑胺的长期使用，出现了耐药的肠球菌并伴随血小板减少等不良反应，尤其耐药现象日益严重，为了解决这些问题，目前许多药物化学家正在继续开发具有更高抗菌活性及安全性的噁唑烷酮类抗菌药物。

三、硝基呋喃类

硝基呋喃类（nitrofurans）药物是一类广谱抗菌药物，对多种革兰氏阳性菌和革兰氏阴性菌、真菌和原虫等病原体均有抗菌作用。其抗菌机制比较复杂，主要在细菌体内转化为多种高活性还原剂，损伤核糖体蛋白质、DNA，干扰线粒体呼吸及丙酮酸代谢等，抗菌作用强，不易耐药。口服后在体内代谢快，血药浓度低，故一般不用于全身性感染的治疗。

呋喃妥因

呋喃妥因（nitrofurantoin）口服易吸收，生物利用度约为90%，蛋白结合率为60%，血浆消除半衰期为0.3～1h，血药浓度低。主要以原型从尿液排出，少量自肾小管分泌和重吸收。

抗菌谱广，对大肠埃希菌、肠球菌属、葡萄球菌属等大多数革兰氏阳性菌及革兰氏阴性菌均有抗菌作用。口服常用剂量时血药浓度低于有效水平，而尿液中药物浓度高，临床常用于敏感菌所致的泌尿系统感染，如肾盂肾炎、尿路感染、膀胱炎及前列腺炎等。肾功能不全者和新生儿的药物排泄率低，可导致血药浓度升高。不良反应以胃肠道反应最为常见，偶见皮疹、药热等过敏反应，G6PD 缺乏者可出现溶血性贫血。应用本品 6 月以上者，可能发生弥漫性间质性肺炎或肺纤维化，应严密观察。

呋喃唑酮

呋喃唑酮（furazolidone，痢特灵）为广谱抗菌药，对常见的革兰氏阴性菌和革兰氏阳性菌有抑制作用，包括沙门菌属、志贺菌属、大肠埃希菌、肺炎克雷伯菌、肠杆菌属、金葡菌、粪肠球菌、化脓性链球菌、霍乱弧菌、弯曲菌属、拟杆菌属等，在一定浓度下对毛滴虫、贾第鞭毛虫也有活性。由于口服吸收差，吸收率仅为5%，故肠道内药物浓度高，主要用于治疗志贺菌属、沙门菌属、霍乱弧菌引起的肠道感染，近年来也用于幽门螺杆菌所致的胃窦炎和胃溃疡，不良反应主要有恶心，呕吐、腹泻等胃肠道反应，偶可出现头痛、头晕、药物热、皮疹、溶血性贫血、低血糖、黄疸等。口服本品期间饮酒可引起双硫仑样反应，服药期间和停药后 5 天内禁止饮酒。

四、硝基咪唑类

甲　硝　唑

甲硝唑（metronidazole）口服后吸收迅速且完全，广泛分布于各组织和体液中，且能通过血脑屏障，在唾液、胎盘、胆汁、乳汁、尿液和脑脊液中均可达到有效药物浓度。口服后 1～2h 血药浓度达高峰，血浆消除半衰期约为 8h，有效浓度能维持 12h。主要以原型或代谢产物经肾脏从尿中排出，其余随粪便排泄或从皮肤排出。

抗菌机制未明，可能是因其硝基被厌氧菌还原产生细胞毒性物质，抑制敏感菌的 DNA 合成，使细菌死亡。目前广泛用于治疗厌氧菌引起的系统或局部感染，如腹腔、消化道、女性生殖系统、下呼吸道、皮肤及软组织、骨和关节等部位的厌氧菌感染；对败血症、心内膜炎、脑膜感染及使用抗生素引起的结肠炎也有效；亦用于治疗肠道和肠外阿米巴病（如阿米巴肝脓肿、胸膜阿米巴病等），以及阴道滴虫病和皮肤利什曼病等感染，是治疗阴道毛滴虫和阿米巴病的首选药物。

不良反应一般较少而轻。恶心、呕吐、口腔金属味、食欲缺乏等消化道反应为最常见的不良反应；神经系统症状有头痛、眩晕，偶有感觉异常、肢体麻木、共济失调、多发性神经炎等；少数患者发生荨麻疹、潮红、瘙痒、膀胱炎、排尿困难、口中金属味及白细胞减少等，均属可逆性，停药后自行恢复。

奥　硝　唑

奥硝唑（ornidazole）易经胃肠道吸收，口服后约 2h 达到峰浓度。血浆消除半衰期约为 14h，血浆蛋白结合率小于 15%，广泛分布于全身组织和体液中。在肝中代谢，主要以代谢产物从尿中排出，少量经粪便排泄。

本品主要用于治疗厌氧菌感染，预防各种手术后厌氧菌感染；也用于治疗原虫、毛滴虫引起的泌尿生殖感染，阿米巴原虫感染（肠、肝阿米巴虫病、阿米巴痢疾、阿米巴脓肿）和贾第鞭毛虫病等。不良反应有轻度头晕、头痛、嗜睡、胃肠道反应、肌肉无力等。

本章小结

人工合成抗菌药物主要有喹诺酮类药物和磺胺类药物。目前临床上常用第三、四代氟喹诺酮类药物，抗菌谱广，对革兰氏阴性菌、革兰氏阳性球菌、衣原体、支原体、军团菌等均有较强的抗菌活性，主要用于敏感细菌导致的泌尿生殖系统、胃肠道，呼吸道、皮肤软组织感染的治疗。磺胺药物其基本结构为对氨基苯磺酰胺，可分为全身应用类、肠道应用类、外用类和复方磺胺类。由于磺胺类药物不良反应较多，临床主要用于流行性脑脊髓膜炎，敏感菌引起的泌尿系统感染和局部感染等治疗。

其他人工合成类抗菌药物有甲氧苄啶、噁唑烷酮类、硝基呋喃类和硝基咪唑类等。甲氧苄啶常与磺胺甲噁唑制成复方制剂使用。利奈唑胺为首个噁唑烷酮类抗菌药，主要用于MRSA或化脓链球菌引起的复杂性皮肤和皮肤软组织感染。硝基呋喃类对多种革兰氏阳性菌、革兰氏阴性菌和原虫等病原体均有抗菌作用，呋喃妥因在尿中浓度高主要用于泌尿系统感染，呋喃唑酮口服吸收少主要用于肠道感染。硝基咪唑类广泛用于厌氧菌感染。

（吴卫华）

第四十四章　抗结核病药及抗麻风病药

知识要求

1. 掌握：一线抗结核病药的抗菌作用特点、抗菌机制、体内过程、临床应用和不良反应。
2. 熟悉：二线抗结核病药和抗结核病药的用药原则。
3. 了解：新一代抗结核病药的作用特点；抗麻风病药砜类的作用特点。

能力要求

1. 熟练掌握一线抗结核病药的作用特点。
2. 学会应用微生物相关知识，对结核杆菌和麻风杆菌生长特点有深刻认识，理解抗结核病药和抗麻风病药的作用机制。

第一节　抗结核病药

结核病（tuberculosis）是由分枝杆菌属的结核杆菌感染所致的慢性传染性疾病，可累及全身各组织器官，如肺结核、肾结核、肠结核、骨结核、结核性胸膜炎和脑膜炎等，以肺结核最为常见。飞沫传播是肺结核最重要的传播途径，临床表现为咳嗽、咳痰、咯血，肺外表现主要为低热、乏力、盗汗、食欲减退、体重减轻等。

由于结核杆菌生长缓慢，可处于休眠状态而对药物不敏感，且结核杆菌的细胞壁富含脂质，使许多药物不易穿透，同时，结核杆菌经常生活在巨噬细胞内或结核纤维化（或干酪样或厚壁空洞）病灶内而使药物不易接近。因此导致结核杆菌感染对药物的治疗反应缓慢，需要长期治疗。

抗结核病药能抑制或杀灭结核杆菌，是结核病综合治疗的主要措施之一。按疗效、毒性及临床应用将抗结核病药分为“一线药”“二线药”“新一代药”。一线药一般为疗效高、不良反应小、患者易接受的常规应用的首选药，包括异烟肼（isoniazid）、利福平（rifampicin）、吡嗪酰胺（pyrazinamide）、乙胺丁醇（ethambutol）、链霉素（streptomycin），适用于初治病例。二线药一般疗效较差，毒性较大，不能作常规用药，仅在细菌对一线药物产生耐药或患者不能耐受时方可选用，包括对氨基水杨酸（aminosalicylate）、氨硫脲（thiosemicarbazone）、卷曲霉素（capastatin）、阿米卡星（amikacin）、卡那霉素（kanamycin）、乙硫异烟胺（ethionamide）和丙硫异烟胺（prothionamide）等。此外，近几年又开发出一些疗效较好、不良反应相对较小的新一代的抗结核病药，包括利福喷汀（rifapentine）、司帕沙星（sparfloxacin）、罗红霉素（roxithromycin）等。

一、一线抗结核病药

异　烟　肼

异烟肼（isoniazid，INH，H），又名雷米封（rimifon），1952年发现其有抗结核作用，为目前治疗各种结核病的首选药。与其他抗结核病药相比，异烟肼有口服方便、价格低廉、疗效高、毒性小等多方面的优点。

【药理作用】 异烟肼对结核杆菌有高度选择性，抗菌作用强，对细胞内、外的结核杆菌均有效。体外实验证明，其对结核杆菌的最小抑菌浓度为0.025～0.05μg/ml，10μg/ml具有杀菌作用。在体内的抗结核杆菌强度与结核杆菌所接触的药物浓度呈正相关，增殖期结核杆菌较静止期的结核杆菌对异烟肼敏感。

异烟肼抗菌机制尚未完全阐明，可能是与菌体的β-酮脂酰载体蛋白合成酶结合成复合物，抑制结核杆菌细胞壁所特有的重要成分分枝菌酸（mycolic acid）的生物合成，使细菌丧失耐酸性、疏水性和增殖力而死亡。由于分枝菌酸只存在于分枝杆菌中，因此异烟肼仅对结核分枝杆菌有高度特异性，而对其他细菌无作用。还可能通过抑制结核杆菌的DNA合成而发挥抗菌作用，或抑制菌体的某些酶，引起结核杆菌代谢紊乱而死亡。

异烟肼单用易产生耐药性，停用一段时间后可恢复对药物的敏感，联合用药可延缓耐药性产生，并增强疗效，缩短疗程。与其他抗结核药无交叉耐药性。耐药机制可能是分枝菌酸生物合成的关键酶基因发生突变，使异烟肼不能与靶位结合。另外，异烟肼作为一种前体药物，需要在菌体内经过过氧化氢酶-过氧化物酶的氧化作用才有活性，该酶基因突变可能使异烟肼活性下降而产生耐药。

【体内过程】 异烟肼穿透能力（跨膜转运能力）强，口服吸收快而完全，生物利用度可达90%，用药后1～2h血药浓度达峰值（3～5μg/ml）。体内分布广，吸收后迅速分布于全身体液和各组织器官。在肾脏组织、胸腹水、关节腔、脑脊液中均有较高含量，脑膜炎时脑脊液中异烟肼浓度与血浆中接近。易穿透细胞膜，可作用于细胞内的结核杆菌。能渗入结核的纤维化或干酪样病灶内，作用于该部位的结核杆菌。

主要在肝脏经*N*-乙酰转移酶2（*N*-acetyltransferase 2，NAT2）的乙酰化作用生成无活性的乙酰异烟肼，后者在酰胺水解酶的作用下水解为异烟酸和乙酰肼，乙酰肼可进一步水解为肼，也可在NAT2作用下生成无毒的物质二乙酰肼。目前已证实肼和乙酰肼具有肝毒性，可以导致药物性肝损害的发生。二乙酰肼最后与少量原型药物经过肾脏排出。

知识链接 **异烟肼代谢类型**

乙酰化酶的表现型与人种和个体差异有明显关系，NAT2基因表型可分为快代谢型、中间代谢型和慢代谢型三种。在中国人中快代谢型约占50%。慢代谢型约占26%，中间代谢者占24%，欧美白色人种则相反。快代谢型的半衰期为0.5～1.5h，慢代谢型半衰期为2～3h。连续每日给药情况下，两种代谢型疗效无大差异，如用间歇疗法每周给药一次时，则代谢快者血药浓度较低，疗效相对较差。慢代谢型不良反应较多，发生肝损害的风险较高，可能与NAT2活性低，乙酰肼形成无毒性衍生物二乙酰肼的过程受阻有关。由于异烟肼在肝脏的代谢快慢不同，临床应注意调整给药方案。

【临床应用】 异烟肼为目前治疗各种类型结核病的首选药，适用于初治、复治及各种肺外结核和浆膜腔结核。临床上常与其他抗结核病药联合应用治疗结核病，单用时可预防结核病。为了增强疗效和延缓耐药性的产生，异烟肼应与其他一线抗结核药联合应用。对急性粟粒性结核和结核性脑膜炎应增大剂量，多药联合，延长疗程，必要时采用静脉滴注的方式。

【不良反应】 异烟肼在治疗量时不良反应较少，使用大剂量时或慢代谢型患者较易出现不良反应。

1. 神经系统毒性 异烟肼可引起周围神经炎，表现为手脚麻木、针刺感、烧灼感或手指疼痛、震颤、步态不稳等；也可引起中枢神经系统症状，头痛、眩晕、神经兴奋、严重时导致中毒性脑病和精神病；极少发生视神经炎，表现为视物模糊或减退，合并或不合并眼痛等。其原因是异烟肼的化学结构与维生素B_6相似，两者竞争同一酶系或结合成腙，由尿排泄增加，降低了维生素B_6的利用，引起氨基酸代谢障碍，而产生周围神经炎。维生素B_6缺乏，还可使中枢抑制性递质GABA减少，产生中枢兴奋、失眠、烦躁不安，甚至惊厥、诱发精神分裂症和癫痫发作。同服维生素B_6可治疗或预防这些症状。异烟肼大剂量中毒也可用等剂量的维生素B_6对抗。

2. 肝损伤 异烟肼的肝毒性以35岁以上及慢代谢型患者较多见，用药期间可出现深色尿、眼或皮肤黄染、食欲不佳、异常乏力或软弱。恶心或呕吐、转氨酶升高、黄疸、多发性肝小叶坏死等表现。与利福平、吡嗪酰胺、乙硫异烟胺、乙醇等合用时，肝毒性明显增加，因此，用药期间应定期检查肝功能，慎重选择保肝治疗，禁饮酒，肝功不良者慎用。

3. 其他 还可出现皮疹、发热、嗜酸性粒细胞增加、血小板减少、粒细胞减少及口干、上消化道不适、男性乳房发育等不良反应。

【药物相互作用】 抗酸药氢氧化铝可干扰异烟肼的吸收；异烟肼具有肝药酶抑制作用，可减慢香豆素类抗凝血药、苯妥英钠、卡马西平、丙戊酸钠、降压药、抗胆碱药、三环类抗抑郁药、茶碱等药的代谢，增强其作用；与环丝氨酸同服可增加中枢神经系统不良反应；与肾上腺皮质激素（尤其是泼尼松）合用时，可导致后者血药浓度降低；与阿芬太尼合用时，可延长阿芬太尼作用；与双硫仑合用可增强其中枢神经系统作用；与对乙酰氨基酚合用时可增加肝毒性和肾毒性。

利福平

利福平（rifampin，RFP，R），又名甲哌利福（力复）霉素，是半合成的利福霉素类衍生物，橘红色结晶，难溶于水，对热稳定，具有高效低毒、口服方便等优点。1966 年用于临床，是常用的第一线抗结核病药。

【药理作用】 利福平抗菌谱广，对结核杆菌、麻风杆菌、革兰氏阳性菌尤其是耐药性金黄色葡萄球菌有强大的抗菌作用；对革兰氏阴性菌、某些病毒和沙眼衣原体也有抑制作用。利福平可与依赖 DNA 的 RNA 多聚酶（DNA-dependent RNA polymerase，DDRP）的 β 亚单位牢固结合，阻止该酶与 DNA 连接，阻断 RNA 的转录过程，从而抑制细菌 mRNA 的合成，对人体细胞的 DDRP 无影响。

利福平抗菌作用强，对结核杆菌的抗菌强度与异烟肼相当，对繁殖期和静止期的细菌均有效；可渗入吞噬细胞而杀灭细胞内的结核杆菌，对细胞内、外的结核杆菌均有抗菌作用。

单用利福平细菌可迅速产生耐药性，这与其作用靶点 RNA 多聚酶的基因突变有关。但利福平与其他抗结核病药之间无交叉耐药，联合用药时，利福平在体内可增强异烟肼、乙胺丁醇、链霉素的抗结核杆菌作用，并延缓耐药性的产生。一旦结核杆菌对利福平产生耐药后，也会很快对异烟肼产生耐药，从而形成耐多药结核病（multidrug resistant tuberculosis，MDR-TB），一旦形成 MDR-TB，患者需要使用二线抗结核药，大多二线抗结核药疗效差，毒性大，治疗周期长且价格昂贵，从而加重了结核病的治疗难度。

【体内过程】

吸收：利福平口服吸收良好，生物利用度可达 90% 以上，2～4h 血药浓度达峰值，但有较大的个体差异性，食物可减少吸收，应空腹服用。

分布：血浆蛋白结合率为 80%～90%，半衰期为 1.5～5h，在体内大部分组织和体液（包括脑脊液、唾液等）中均能达到有效的抗菌浓度，穿透力强，杀灭细胞内、外的结核杆菌和敏感细菌。也可穿透胎盘屏障，进入胎儿血液循环。

代谢：在肝脏代谢，利福平主要在肝微粒体氧化酶的作用下，去乙酰化生成具有抗菌活性的代谢物 25-去乙酰利福平，进一步水解后形成无活性的代谢物由尿排出。

排泄：利福平及其代谢物可经多种途径排出。经胆汁排泄时，胆汁中原型药物浓度较高，可形成肝肠循环。药物中约 60% 从粪便排出，约 30% 随尿排出体外，也可经乳汁分泌。利福平有肝药酶诱导作用，可促进自身代谢，多次用药可使药物本身的半衰期缩短，如服药 2 周时利福平的半衰期可缩短 40% 左右。因药物及代谢产物呈橘红色，故患者的尿、大便、唾液、泪液、痰和汗也带有这种颜色，应预先告知患者。

【临床应用】

1. 各种类型的结核病 利福平是目前治疗结核病的主要药物之一，常与其他抗结核病药合用以增强疗效，防止或延缓耐药性的产生。

2. 麻风病 本药也是目前治疗麻风病的最重要的药物之一。

3. 胆道感染 利福平在胆汁中浓度高，对严重的胆道感染也有效。

4. 眼部感染 局部用于沙眼、急性结膜炎及病毒性角膜炎的治疗。

5. 其他 利福平还可用于治疗耐药金黄色葡萄球菌及其他敏感菌的感染。

【不良反应】

1. 胃肠道反应 常见不良反应为恶心、呕吐等胃肠反应，多不严重。

2. 过敏反应 少数人可出现皮疹、药热等过敏反应。

3. 肝毒性 可引起肝损伤，出现黄疸等。肝功正常者较少见，老年人、慢性肝病、酒精中毒或合用异烟肼时较易出现肝损伤，用药期间应定期检查肝功能，禁用于严重肝功能不全、胆道阻塞者。

4. 致畸 在动物实验时表现有致畸作用，故禁用于妊娠早期。

5. 流感样综合征 大剂量间隔疗法偶见流感综合征，表现为发热、寒战、头痛、嗜睡、肌肉酸痛、发生频率与剂量大小及间隔时间有明显关系，故间隔疗法也很少使用。

【药物相互作用】 对氨基水杨酸可使利福平的吸收减慢，故二者合用时服药间隔时间应为8～12h。利福平具有肝药酶诱导作用，加速许多药物代谢，降低肾上腺皮质激素、口服避孕药、双香豆素和甲苯磺丁脲等作用；利福平可增加抗肿瘤药物达卡巴嗪、环磷酰胺的代谢；利福平可引起美沙酮撤药症状；丙磺舒可使利福平血药浓度增高并产生毒性反应；利福平与抗凝药合用时，促进抗凝药代谢，使其药效减弱，应每日或定期测定凝血酶原时间，据以调整剂量。

乙胺丁醇

乙胺丁醇（ethambutol，EMB，E）是人工合成的抗结核病药，为乙二胺的衍生物，其右旋体抗结核作用最强。易溶于水、耐热。1961 年威尔金森（Wilkinson）首先报道该药的抗结核作用。

【药理作用】 本品对繁殖期结核杆菌具有较强的抑制作用，对静止期结核杆菌无效，对其他细菌无效。抗结核杆菌作用比异烟肼、利福平和链霉素弱，疗效优于对氨基水杨酸。单用可产生耐药性，但较缓慢，且与其他抗结核病药之间无交叉耐药现象，对异烟肼和链霉素耐药的菌株仍有效。

乙胺丁醇的抗菌机制可能是其与菌体内二价离子 Mg^{2+} 结合，干扰细菌的 RNA 合成；还能抑制分枝菌酸的阿拉伯糖基转移酶，影响分枝杆菌细胞壁分枝菌酸-阿拉伯半乳聚糖-肽聚糖复合物的形成，导致细胞壁结构改变而发挥抗菌作用。

耐药机制与阿拉伯糖基转移酶的编码基因 embABC 操纵子突变有关。

【体内过程】

吸收：口服生物利用度约为 80%，2～4h 血药浓度达峰值。

分布：分布广泛，肾、肺、唾液、泪液内的药物浓度高，但胸腔积液和腹水中的浓度则很低。不易透过血脑屏障，脑脊液浓度较低，但当脑膜炎时可达有效抑菌浓度。

代谢：少部分在肝内转化为醛及二羧酸衍生物。

排泄：约 75% 的药物以原型或肝内代谢产物形式经尿排出，肾功能减退者有蓄积中毒的危险。还有 20% 以原型从粪便排出。半衰期约为 3h。

【临床应用】 临床常与其他抗结核病药联合应用治疗各型肺结核和肺外结核病，尤适用于对异烟肼和链霉素治疗效果不好的结核病患者。该药以其抗菌活性强，不良反应发生率低，耐药性产生慢的优势，取代了对氨基水杨酸在抗结核治疗中的地位，成为一线抗结核药。

【不良反应】 目前常用量（每日 15mg/kg），不良反应发生率低于 2%。

1. 球后视神经炎 表现为弱视、视野缩小、红绿色盲等，其发生率与剂量和用药持续时间相关，大剂量（每日剂量超过 25mg/kg）持续用药 2～6 个月易发生，停药并加服维生素 B_6 可恢复。

2. 过敏反应 少数患者可出现皮疹、药热等。

3. 高尿酸血症 约半数患者用药后血中尿酸盐水平增高，患者有畏寒，关节肿痛等，因此痛风患者慎用。

【药物相互作用】 氢氧化铝可减少乙胺丁醇的吸收；乙胺丁醇与维拉帕米合用可减少后者的吸收；与可能引起神经系统不良反应的药物合用可增加乙胺丁醇的神经毒性，如视神经炎或周围神经炎；与乙硫异烟胺合用可增加不良反应。

吡嗪酰胺

吡嗪酰胺（pyrazinamide，PZA，Z）是人工合成的烟酰胺的吡嗪衍生物，1952年被柯克纳（Kirchner）等证实有抗结核作用。

【药理作用】 吡嗪酰胺作为前体药物，需经菌体内酰胺酶作用脱去酰胺基，转化为吡嗪酸而发挥作用，在酸性环境中其抗菌作用较强。仅对分枝杆菌有抑制或杀灭作用，对其他细菌无效。该药抗结核杆菌作用弱于异烟肼、利福平和链霉素。抗菌机制涉及多个途径和靶点，如抑制能量产生、抑制反式翻译及抑制持续生存所需的泛酸盐/辅酶A等。

结核杆菌对吡嗪酰胺易产生抗药性，6～8周即可发生，故仅在对一线抗结核药产生耐药性时与其他抗结核药合并应用。与其他抗结核病药无交叉耐药现象。耐药机制可能与吡嗪酰胺酶的pncA基因突变有关。

【体内过程】 口服易吸收，体内分布广泛，其脑脊液中浓度与血清浓度相近。主要以其代谢物5-羟吡嗪酸由肾脏排泄，部分由胆汁排出，血浆半衰期为9～10h。

【临床应用】 主要用于治疗对其他抗结核药产生耐药的复治患者。与异烟肼和利福平合用有显著的协同作用，可作为一线低剂量、短疗程的三联或四联强化治疗方案中的组成药物，其对吞噬细胞内缓慢繁殖菌群的杀灭作用，可防止或减少停药后复发。

【不良反应】 现用低剂量、短程疗法，不良反应可明显减少。大剂量长期使用出现如下不良反应。

1. 肝脏损害：是常见的严重毒性反应，出现转氨酶升高、黄疸等。肝功能损害者不宜使用。
2. 急性痛风发作，抑制尿酸盐排泄，引起由高尿酸血症，出现轻度，有自限性的关节痛。
3. 过敏反应：偶见皮疹、发热、异常乏力。还可出现交叉过敏，对异烟肼、乙硫异烟胺过敏者也对吡嗪酰胺过敏。
4. 排尿困难：肾功能损害者慎用。
5. 胃肠道反应。

【药物相互作用】 与别嘌醇、秋水仙碱、丙磺舒、磺吡酮合用时，可增加血尿酸浓度；与乙硫异烟胺合用可增强不良反应；环孢素与吡嗪酰胺合用时，环孢素的血药浓度可能降低，因此需检测血药浓度，以调整剂量。

链 霉 素

链霉素（streptomycin，SM，S）是第一个被发现并应用到临床的抗结核病药物。体外实验表明，0.4μg/ml即可抑制结核杆菌，高浓度时可杀菌，但在临床允许的剂量范围内难以达到杀菌浓度，仅呈抑菌效果。对病灶和细胞的穿透力弱，不易透入结核的纤维化、干酪样化及厚壁空洞等病灶内，因而不易对这些病灶中的结核杆菌发挥抗菌作用，主要对细胞外结核杆菌有效；不易透过血脑屏障，对结核性脑膜炎效果差。

链霉素适用于各型活动性结核病，如浸润性肺结核、粟粒性肺结核、肾结核等。结核杆菌对链霉素易产生耐药性，应与其他抗结核药联用。

链霉素不良反应较严重，且由于长期应用使耳毒性加重，使得该药在抗结核病治疗中的地位逐渐下降。

氨基糖糖苷类药物阿米卡星也常与其他抗结核药合用于耐药结核的治疗。

二、二线抗结核病药

对氨基水杨酸

对氨基水杨酸（para-aminosalicylic acid，PAS）为二线抗结核病药。水溶性低且不稳定，遇光分解，注射剂应新鲜配制，避光保存，变色者不能再用。临床常用其钠盐及钙盐。

【药理作用】 对结核杆菌仅有抑菌作用，单用价值不大，其作用远比链霉素、异烟肼或利福平为弱。

对氨基水杨酸的化学结构与对氨基苯甲酸相似，抗菌作用可被对氨基苯甲酸对抗，其作用机制是竞争性抑制细菌二氢蝶酸合成酶，阻止二氢叶酸合成，从而使细菌蛋白质合成受阻，抑制结核杆菌的繁殖。

结核杆菌对对氨基水杨酸抗药性产生缓慢，且停药后可恢复其敏感性；尤其是与其他抗结核病药联用，既可增强疗效，又可延缓抗药性产生。

【体内过程】 口服吸收快而完全，1～2h 达血药浓度高峰，分布全身组织和体液，但不易透入细胞和脑脊液（除脑膜炎时）。血浆蛋白结合率为 50%～60%，在肝内乙酰化灭活，迅速从肾排出。与异烟肼合用，可竞争肝脏的乙酰化酶，使后者游离浓度增高，因而产生协同作用。

【临床应用】 临床上对氨基水杨酸常与异烟肼合用，治疗各种结核病。对氨基水杨酸也可用于甲状腺功能亢进和降血脂。

【不良反应】 对氨基水杨酸不良反应多，但毒性小，严重毒性反应更为少见。

1. 胃肠道反应：宜饭后服用或加服抗酸药可以减轻反应。
2. 肾损害：易在尿中析出结晶而损害肾脏，碱化尿液可防止肾毒，肾功能不良者慎用。
3. 甲状腺肿大：对氨基水杨酸可干扰甲状腺摄碘，使甲状腺腺体肿大，停药后可恢复正常。
4. 剂量过大可抑制凝血酶原生成，与口服抗凝血药合用时应注意出血，宜用维生素 K 防治。
5. 肝功能损害：长期大量应用可出现。

卷曲霉素

卷曲霉素（capreomycin，卷须霉素）卷曲霉素是从链霉菌属分离得到的多肽类抗生素，抗结核作用仅为链霉素、乙胺丁醇、对氨基水杨酸等的 1/2，为异烟肼的 1/10。结核杆菌对本品可耐药，但较缓慢。与紫霉素、卡那霉素和新霉素之间有部分交叉耐药性。本品口服吸收差，肌内注射迅速分布于全身，70%～80% 从尿中排出。对肾脏和听神经有毒性，不宜与链霉素、卡那霉素或紫霉素等合用，以免加重毒性反应。其他不良反应为注射部位疼痛、过敏反应、肝功能异常、嗜酸性粒细胞增多、低血钾等。临床用于一线药物产生耐药性或不良反应太大时，须与其他抗结核药合用。

氨硫脲

氨硫脲（thioacetazone）氨硫脲抗结核杆菌作用与对氨基水杨酸相近，对浸润性肺结核、淋巴结核、支气管内膜结核、黏膜结核等均有一定的疗效，但对粟粒性结核和结核性脑膜炎无效。

本品口服后自胃肠道缓慢吸收，半衰期为 12h。以原型经肾缓慢排泄。氨硫脲毒性大，最常见的是胃肠道刺激症状，较严重的反应有溶血性贫血、粒细胞减少、紫癜、神经炎、肝肾损害及过敏反应等，仅作为二线药物，与其他抗结核药配合应用。还可用于防治麻风病，多用于结核型麻风神经炎者。

卡那霉素

卡那霉素（kanamycin）对结核杆菌作用弱于链霉素，但对链霉素、异烟肼耐药者仍然有效。耐药性产生慢。但由于毒性较大，尤其对第Ⅷ对脑神经和肾脏损害严重，故本品仅作为二线药，用于耐药的结核病患者。应定期检查听力和肾脏功能，对肾功能不全及老年患者应减量、慎用。

丙硫异烟胺

丙硫异烟胺（prothionamide）系异烟酸的衍生物。不易溶于水，遇光颜色由黄变黑，应避光储存于阴凉处。

本品对结核杆菌的抑制作用与对氨基水杨酸相近。口服易吸收，半衰期为2～4h。广泛分布于全身体液及脑脊液中，对渗出性、浸润性干酪病变的效果较好。单用对结核菌易抗药，故常与其他抗结核药合用。本品毒性较大，常见为胃肠道反应，少数有肝损害、周围性神经炎、精神症状及男性乳房增大、阳痿、女性月经过多、脱发等。精神病患者、癫痫患者、糖尿病患者、妊娠早期妇女及12岁以下儿童忌用。临床仅作为二线抗结核病药，适用于对一线抗结核病药产生抗药性或不能耐受的患者。

三、新一代抗结核病药

利福喷汀

利福喷汀（rifapentine）是利福霉素的衍生物，抗菌强度为利福平的8倍。其特点为半衰期长，为26h，每周只需给药2次。利福喷汀具有一定的抗艾滋病（AIDS）能力，应用前景较好。

司帕沙星

司帕沙星（sparfloxacin）为第三代氟喹诺酮类的代表药物，抗菌谱广，对革兰氏阳性菌、革兰氏阴性菌、厌氧菌、支原体、衣原体、分枝杆菌均有较强的杀灭作用。抗菌机制为抑制细菌DNA回旋酶。对于有多种耐药性的菌株（如MDR-TB）均有效，被认为是一类有发展前景的新型抗结核病药。其严重不良反应为光敏反应，宜慎用。第三代氟喹诺酮类的氧氟沙星、左氧氟沙星、莫西沙星、加替沙星也具有较强的抗结核活性。

罗红霉素

罗红霉素（roxithromycin，RXM）新大环内酯类均有抗结核杆菌作用，罗红霉素是其中抗结核杆菌作用最强的一个，与异烟肼或利福平合用，有协同作用。新大环内酯类的阿奇霉素、克拉霉素等均有抗结核作用。

布洛芬可用于发热的治疗；泼尼松可用于急性血行播散型肺结核或伴有高热等严重毒性症状或高热持续不退者；氨甲环酸主要用于肺结核引起的咯血，抑制纤维蛋白溶解。

案例解析

案例：

患者，女，52岁。因2个月来咳嗽、咳痰，夜间较重；午后低热，伴面颊潮红，疲乏无力，夜间盗汗，有吸烟史30多年。查体：午后体温37.8℃，脉搏90次/分，呼吸20次/分，身高165cm，体重55kg，痰涂片阳性，胸部X线检查发现右上肺野有一直径3cm的空洞，洞壁较厚，外周有浸润病灶。

诊断：继发性肺结核（空洞性）。

问题：①根据患者病情，建议使用哪类药物？②用药后注意哪些问题？

解析：

空洞性肺结核主要是在活动期传染性强，与其他的结核病一样，要用抗结核的药物，一般要6～9个月，开始3个月是强化期，规律、全程彻底进行治疗。建议使用一线药物：利福平，异烟肼、乙胺丁醇。

用药同时要注意保护肝脏，每隔3个月拍胸部CT复查一次，待空洞闭合之后，病灶大多吸收稳定，再考虑停药。

四、抗结核病药的应用原则

1. 早期用药 结核病不论是初治病例或是复发病例，都应早期治疗，原因如下。①早期病灶结核杆菌生长繁殖旺盛，对药物敏感（静止期较差）。②早期多为浸润性病灶，病灶内血流供应充分，药物易渗入病灶内，达到高浓度。③早期患者机体抵抗力强，有助于控制病变的进展，故临床主张早期用药。

2. 联合用药 临床治疗结核病多采用联合用药，目的：①发挥协同作用，提高疗效；②减少每种药物的用量，降低毒性；③延缓耐药性的产生，杀灭耐药菌。联合用药一般采用二联、三联或四联。具体取决于病变的程度，以往用药情况及结核杆菌对药物的敏感性。抗结核病药联合治疗才能达到较好的疗效。

3. 适量用药 用药剂量要适当。药量不足，组织内药物难以达到有效浓度，且易诱发细菌产生耐药性使治疗失败；药物剂量过大则易产生严重不良反应而使治疗难以继续。

4. 规律用药 严格按照治疗方案要求规律用药，不漏服，不擅自停药，以避免耐药菌的产生。

5. 全程用药 结核杆菌受药物、机体抵抗力的影响，可长期处于静止状态，也可处于药物不易到达的组织细胞内，同时结核是一类易复发的疾病，过早停药会使已经被抑制的细菌再度繁殖或迁延，导致治疗失败。按照选定的治疗方案，全程完成治疗期，是提高治愈率和减少复发率的重要措施。

目前常采用短期疗法（6～9 个月），主要采用利福平和异烟肼联合，用于单纯性结核病的初治，如病灶广泛，病情严重则可采用三联甚至四联，配合应用乙胺丁醇、链霉素、吡嗪酰胺等。

医生向结核患者提供的注意事项

1. 指导患者和亲属制订合理的休息与活动计划，养成有规律的生活习惯，注意劳逸结合。

2. 向患者和亲属解释合理饮食的重要性，以及饮食的注意事项，做到高热量、高蛋白质、富含维生素的饮食，应禁食辛辣食物，切勿饮酒、吸烟，并多食一些新鲜蔬菜等。

3. 向患者和亲属宣传结核病的传播途径、隔离的重要性。

4. 向患者和亲属介绍结核病常用治疗方法及持续用药时间，说明用药过程中可能出现的不良反应、用药的注意事项。

5. 指导患者定期复查痰液、胸片和肝肾功能，以了解病情变化和药物的不良反应。

结核病化疗方案的制订与调整用药的基本原则

（1）按照患者不同的病变类型选用国际和国内推荐的标化疗方案。

（2）对耐药患者的化疗方案中，至少包含 4 种患者未曾用过或病原菌对之敏感的药物。

（3）切忌中途单一换药或加药，亦不可随意延长或缩短疗程。掌握好停药或换药的原则。

（4）治疗过程中偶尔出现一过性耐药，无须改变正在执行的化疗方案。

（5）HIV 感染或合并艾滋病患者可以使用利福布汀代替利福平。

结核病治疗方案

1. 一般分为强化治疗阶段（强化期）和巩固治疗阶段（巩固期），标准短程化疗方案中强化阶段以 4 种药物联合应用 2 个月，巩固阶段以 2～3 种药物联合应用 4 个月。

2. 初治肺结核推荐治疗方案 2HRZE/4HR（H 为异烟肼，R 为利福平，Z 为吡嗪酰胺，E 为乙胺丁醇）。强化期使用 HRZE 方案治疗 2 个月，继续期使用 HR 方案治疗 4 个月。疗程一般 6 个月。对于病情严重或存在影响预后的并发症的患者，可适当延长疗程。

3. 复治肺结核推荐治疗方案 2SHRZE/6HRE 或 3HRZE/6HRE（S 为链霉素）。强化期使用 SHRZE 方案治疗 2 个月，继续期使用 HRE 方案治疗 6 个月；或强化期使用 HRZE 方案治疗 3 个月，继续期使用 HRE 方案治疗 6 个月。获得患者抗结核药物敏感试验结果后，根据耐药谱及既往治疗史选择合理治疗方案。疗程一般 8 个月。对于病情严重或存在影响预后的并发症的患者，可适当延长疗程。

4. 耐多药肺结核推荐治疗方案 6ZAm（Km，Cm）Lfx（Mfx）Cs（PAS）Pto/18 Z Lfx（Mfx）Cs（PAS）Pto 方案（Lfx 为左氧氟沙星，Mfx 为莫西沙星，Am 为阿米卡星，Km 为卡那霉素，Cm 为卷曲霉素，Pto 为丙硫异烟胺，PAS 为对氨基水杨酸，Cs 为环丝氨酸）。强化期使用 ZAm（Km,Cm）Lfx（Mfx）Cs（PAS）Pto 方案 6 个月，继续期使用 ZLfx（Mfx）Cs（PAS）Pto 方案 18 个月（括号内为可替代药品）。疗程一般 24 个月。对于病情严重或存在影响预后的并发症的患者，可适当延长疗程。特殊患者（如儿童、老年人、孕妇、使用免疫抑制剂发生药品不良反应等）可以在上述方案基础上调整药物剂量或药物。

5. 肺外结核病 疗程可适当延长，淋巴结核、结核性脓胸、支气管结核必要时加局部用药；骨关节结核推荐 9 个月疗程；结核性脑膜炎疗程不短于 12 个月，除非怀疑有耐药，推荐辅助激素治疗，E 应当以 S 代替；妊娠和哺乳期妇女结核应予标准化治疗，在妊娠初三个月不应使用 R，避免使用氨基糖苷类和硫胺类，禁止使用喹诺酮类。全程治疗期都推荐加用维生素 B_6。

第二节 抗麻风病药

麻风病又称汉森病（Hensen disease），是由麻风分枝杆菌 *Mycobacterium leprae* 引起的慢性传染病，临床表现为麻木性皮肤损害、神经粗大，严重者甚至出现肢端残废。麻风病在世界上流行甚广，我国主要流行于广东、广西、四川、云南及青海等地。中华人民共和国成立后，经过积极的防治，本病得到有效控制，发病率显著下降。

麻风病的治疗要早期、及时、足量、足疗程、规则，加快健康恢复，减少畸形残废及出现复发。抗麻风病药物（antileprotic drug）中应用较多的是以氨苯砜为代表的砜类化合物、利福平、氯法齐明、氧氟沙星、米诺环素、克拉霉素等。其中最常用的是氨苯砜，可作为首选药。

砜类的其他药物有苯丙砜（solasulfone）、二乙酰氨苯砜（acedapsone，DADD）、单乙酰胺苯砜（monoacetyl diaminodiphenyl sulfone，MADD）、二甲酰氨苯砜（diformyl diaminodiphenyl sulfone，DFDD）等，均需在体内转化成氨苯砜后才能显效，疗效与氨苯砜相似。

氨 苯 砜

氨苯砜（dapsone，DDS）为砜类（sulfone）抗麻风病药，是目前治疗麻风病最重要的一类药物。

【药理作用】 选择性地作用于麻风杆菌，对麻风杆菌有较强的抑制作用，对其他微生物几乎无作用。其抗菌机制类似于磺胺类药物，通过抑制细菌的二氢蝶酸合成酶，干扰四氢叶酸的合成，从而发挥抑制细菌生长繁殖的作用。这一抗菌作用可被二氢蝶酸的底物——对氨基苯甲酸对抗。

【体内过程】 口服吸收较慢但完全，吸收率为 93%，用药后 4～8h 血药浓度达峰值，常规量氨苯砜的血药浓度为 10～15μg/ml，蛋白结合率约在 50%，半衰期约为 28h。其抑菌浓度可维持 10 日左右。吸收后可广泛分布于全身组织和体液中，皮肤、肌肉、肝脏和肾脏的药物浓度均较高，药物可选择性浓集于有病变的皮肤部位，该部位的药物浓度远高于正常皮肤部位。主要在肝脏经乙酰化代谢，随胆汁排入肠腔后可形成肝肠循环。大部分药物以代谢物形式从尿排出。

【临床应用】 是治疗麻风病的首选药。单用三个月内临床症状即可改善。黏膜病变好转较快，但皮肤、神经病变需较长时间才可获改善。由于麻风杆菌可存在于周围神经、肌肉及内脏，为了巩固疗效，防止复发，在临床症状好转后尚需继续用药数年。一般结核样型麻风需1～5年，界线型麻风需3～7年，瘤型麻风需5～10年，必要时需终身给药。在长期用药治疗麻风病的过程中，为防止耐药性的产生，氨苯砜常需与利福平或氯法齐明联合应用。

【不良反应】

1. 氨苯砜较易引起溶血和发绀，偶尔可出现溶血性贫血，G6PD缺乏者尤易出现。

2. 有时引起胃肠反应、头痛、药热、药疹等。剂量过大尚可出现剥脱性皮炎。

3. 肝损害。

4. 治疗早期或增量过快可出现麻风病症状加重反应，即“砜综合征”，表现为发热、周身不适、剥脱性皮炎、肝坏死和贫血等。一般认为这是一种免疫反应。出现时一般不停药，症状严重者可酌情减量或停药，“砜综合征”可用沙利度胺（反应停）或糖皮质激素类药物治疗。

利 福 平

利福平（rifampin）杀灭麻风杆菌的作用较氨苯砜快，毒性小，一般与氨苯砜联合应用。利福平对麻风杆菌包括对氨苯砜耐药的菌株有快速杀菌作用，用药数日至数周，可使菌体碎裂呈粒变现象。临床应用600mg或1200mg后，在4日内即可杀灭99.9%的活菌，但仍需坚持长期治疗，单独使用易致耐药性，临床常作为治疗麻风病联合疗法中的必要组成药物，用于麻风病治疗。

麻风病药物治疗方案

1. 成人少菌型患者治疗方案 利福平＋氨苯砜100mg，疗程6个月。

2. 成人多菌型患者治疗方案利福平＋氨苯砜＋氯法齐明，疗程12个月。

3. 14岁以下儿童麻风病患者各种药物用量要酌情加以调整。

4. 特殊情况下的抗麻风病原体治疗 因药物过敏或肝功能损害者不能服用利福平者：氯法齐明加以下两种药物（氧氟沙星或米诺环素或克拉霉素）治疗6个月，然后以氯法齐明加以下一种药物（米诺环素或氧氟沙星），至少再治疗18个月。因对氨苯砜过敏的患者，多菌型患者可直接将氨苯砜停掉，服用利福平和氯法齐明两个药即可，疗程12个月。对于少菌型患者，可将氧氟沙星或米诺环素替代氨苯砜治疗，疗程6个月。因治疗后导致皮肤色素沉着而不接受氯法齐明者：可用米诺环素或氧氟沙星替代氯法齐明，疗程不变。

氯苯吩嗪

氯法齐明（clofazimine，氯苯吩嗪，B663）为吩嗪衍生物，药物与细菌DNA结合，干扰麻风杆菌的核酸代谢，对麻风杆菌有弱的杀菌作用，也有抗炎作用，故应用时较少引起麻风反应。适用于其他抗麻风病药引起急性麻风反应者，以及对砜类药物有过敏者或对砜类药物产生抗药性者。副作用较小，常见有胃肠道刺激症状、头晕、急性电解质紊乱、皮肤瘙痒等。本品为深红色结晶，用药后可见皮肤红染、色素加深及尿、痰、汗液等呈淡红色。

沙利度胺

沙利度胺（thalidomide）又称反应停，是20世纪50年代由德国研制的非巴比妥类中枢镇静药，最初用于治疗早孕反应，60年代初期因著名的沙利度胺事件而被停用。近年来的基础研究和临床试验均证实，沙利度胺具有免疫调节作用、稳定溶酶体膜作用及非特异性抗炎作用。本药对麻风病并无治疗作用，但与抗麻风药合用可以缓解发热、结节红斑、神经痛等Ⅰ型麻风反应及某些皮肤反应。作用机制不清，可能与其免疫抑制、免疫调节作用有关，通过稳定溶酶体膜，抑制中性粒细胞趋化性，产生非特异性抗炎作用等发挥治疗作用。研究表明该药尚有抗前列腺素、组胺及5-HT的作用。

该药有强的致畸作用，妊娠早期服用可致胎儿畸形，表现为短肢的海豹儿，故禁用于孕妇。其他不良反应有胃肠道不适，头昏、倦怠，偶有过敏反应而发生药疹，可引起多发性神经炎，严重者需停药并给予对症治疗。

麻风反应应尽可能查明诱因，如并发感染、精神创伤、过度疲劳、手术、分娩等，并予以去除或适当处理，一般不必停用抗麻风药。沙利度胺和泼尼松为常用的治疗药物，对使用泼尼松有禁忌者也可选用雷公藤多苷。

麻风病治疗原则

1. 一旦确诊即给予治疗。及时治疗可消除麻风传染性，防止病情发展，减少畸残。

2. 正确对麻风临床分型，凡是皮肤查菌阳性，均归为多菌型麻风，采用多菌型方案治疗，对于皮损数目大于或等于6块，损伤神经数目大于等于2条也采用多菌型方案治疗。凡是皮肤查菌阴性，则归为少菌型，采用少菌型方案治疗。

3. 为了增强疗效，防止耐药，应采用WHO推荐的包含高效、速效杀菌药物利福平的联合化疗。必须强调足量与规则治疗，疗程结束后，每年需要进行一次临床和细菌学检查，直到临床治愈。

4. 对患者同时存在的麻风反应要及时处理，减轻患者痛苦，避免发生新的畸残或原有畸残加重。

5. 加强麻风科普知识健康教育，做好患者的思想工作，帮助其树立治愈信心。

6. 注意观察药物治疗不良反应，特别是警惕氨苯砜引起的威胁生命的剥脱性皮炎。用药期间还应定期检查血常规和肝功能。

本章小结

抗结核药将疗效高、不良反应少、患者较为耐受的药物作为一线抗结核药，如异烟肼、利福平、乙胺丁醇、吡嗪酰胺和链霉素。将抗菌作用相对较弱、不良反应较多的药物作为二线抗结核药，是对一线药产生耐药性或毒性反应，使患者不能耐受或复治的替代药，如对氨基水杨酸、卷曲霉素、氨硫脲、卡那霉素等。此外，新一代抗结核病药也以其抗菌作用强、抗菌谱广而受到临床的认可，如利福喷汀、司帕沙星、罗红霉素和利奈唑胺等。

由于抗结核药不良反应较多，为取得较好的疗效，临床用药需遵循早期、联合、适量、规律和全程用药的原则。

对麻风杆菌有较强抑制作用的抗麻风药有氨苯砜和利福平。

中药介绍

百　部

百部（stemonae）为百部科植物直立百部 *Stemona sessilifolia*（Miq.）Miq.、蔓生百部 *Stemona japonica*（Bl.）Miq. 或对叶百部 *Stemona tuberosa* Lour. 的干燥块根。本品最早收载于《名医别录》，性甘、苦，微温，归肺经，具有润肺下气止咳、杀虫的功效。百部化学成分种类繁多，一般分为两类，包括生物碱和非生物碱类成分。

文献报道百部生物碱具有较好的润肺止咳、抗菌、杀虫、松弛支气管平滑肌、抗结核等多重功效，因此百部成为治疗百日咳、风寒咳嗽、肺结核的常用中药。研究表明百部碱对于大肠埃希菌、金黄色葡萄球菌、肺炎杆菌、沙门菌、结核杆菌等具有不同程度的抑制作用。

临床上百部常用于治疗急慢性咳喘，如慢性支气管炎、肺炎喘嗽、肺结核、慢性阻塞性肺疾病等。

（李艳蓉）

第四十五章　抗病毒药

能力要求

1. 掌握抗病毒药物分类。
2. 熟悉常见抗病毒药物（如阿昔洛韦、齐多夫定）的作用机制、临床应用和不良反应。
3. 了解其他类抗病毒药的作用特点。

病毒体积小（通常 20～30nm）、结构简单，由核酸核心和外面的蛋白衣壳组成，是一种不能在宿主细胞外繁殖的致病体。临床传染性疾病大约 75% 是由病毒感染引起的，病毒传染性强，传播快，感染后造成严重后果，社会危害性大。常见致病病毒如流感病毒、HIV、慢性乙肝病毒（HBV）、埃博拉病毒（Ebola virus）、呼吸综合征冠状病毒（MERS-CoV）、疱疹病毒（HSV）、狂犬病病毒等。

根据病毒含有的核酸成分，可分为 DNA 病毒和 RNA 病毒。常见病毒的分类如表 45-1 所示：

表 45-1　常见可致病的病毒

病毒种类	代表病毒名称
RNA 病毒	甲型肝炎病毒
	狂犬病病毒
	流感病毒
	HIV
	埃博拉病毒
	呼吸综合征冠状病毒
DNA 病毒	疱疹病毒
	天花病毒

病毒本身没有代谢机制，它们必须通过吸附进入活的宿主细胞，利用宿主的代谢机制进行复制。病毒进入体内的过程包括吸附（attachment）、穿入（penetration）、脱壳（uncoating）、生物合成（biosynthesis）及子代病毒的装配成熟（assembly）和释放（release）等过程。首先，病毒与细胞表面的受体结合，通过胞吞、膜融合等方式穿过细胞膜进入细胞内。随后，在宿主细胞溶酶体的作用下脱壳，释放出核酸；进一步利用宿主细胞的酶和能量系统合成病毒的核酸和蛋白质；并继续装备完成完整病毒颗粒，通过裂解细胞、出芽、胞吐等方式释放到细胞外开始新一轮的增殖。根据抗病毒药的作用机制，抗病毒药物可分为以下几类。

（1）穿入和脱壳抑制药：金刚烷胺、金刚乙胺、恩夫韦地。

（2）DNA 多聚酶抑制药：阿昔洛韦、伐昔洛韦。

（3）逆转录酶抑制药：①核苷类：拉米夫定、齐多夫定、阿德福韦酯。②非核苷类：奈韦拉平。

（4）蛋白酶抑制药：沙奎那韦、利托那韦等。

（5）神经氨酸酶抑制药：奥司他韦。

（6）广谱抗病毒药：利巴韦林、干扰素。

抗病毒药的研究宗旨为阻止病毒复制而不对宿主细胞造成损伤。因此，可基于病毒进入宿主细胞的具体过程展开药物研发。第一个发现的抗病毒药碘苷（idoxuridine）与胸腺嘧啶核苷竞争性抑制磷酸化酶，从而抑制病毒 DNA 中胸腺嘧啶核苷的合成，使病毒停止繁殖，局部应用治疗疱疹性角膜炎效果显著。第一个广谱抗病毒药利巴韦林（ribavirin）是一种鸟苷类衍生物，对多种 RNA 病毒和 DNA 病毒均有良好的抑制效果。根据主要用途，抗病毒药物可分为抗疱疹病毒药、抗 HIV 药、抗流感病毒药和抗肝炎病毒药等。

第一节 抗疱疹病毒药

疱疹病毒（herpesvirus，HSV）是一组具有包膜的 DNA 病毒，已发现 100 多种，主要侵害皮肤、黏膜及神经组织。引起人类疾病的疱疹病毒主要有单纯疱疹病毒 1 型（引起唇疱疹、湿疹样疱疹、疱疹性角膜炎、疱疹性脑炎等），单纯疱疹病毒 2 型（常引起生殖器疱疹），单纯疱疹病毒 3 型（水痘-带状疱疹病毒，varicella-zoster virus，VZV）等。

阿昔洛韦

阿昔洛韦（acyclovir，ACV，无环鸟苷）属人工合成的无环嘌呤核苷类衍生物，可选择性地抑制病毒 DNA 多聚糖，形成不可逆的化合物与 DNA 模板结合，嵌入病毒 DNA 导致链终止，对宿主细胞影响较小。

【体内过程】 口服生物利用度仅为 20%，可静脉注射，药物血浆蛋白结合率低，易透过生物膜，可分布到全身各组织，包括皮肤、脑、胎盘和乳汁等，脑脊液的浓度可达血药浓度的 1/2。主要经肾小球滤过和肾小管分泌排泄，肾功能正常者血浆半衰期约为 2.5h，无尿患者则为 20h。局部应用后可在疱疹损伤区达到较高浓度。

【药理作用及机制】 属于广谱高效的抗病毒药。是目前最有效的抗Ⅰ型和Ⅱ型单纯疱疹病毒药物之一，同时对 VZV 和 EB 病毒等其他疱疹病毒也有效。阿昔洛韦在被感染的细胞中经病毒腺苷激酶和细胞激酶的催化，生成三磷酸无环鸟苷，对病毒 DNA 多聚酶有强大的抑制作用，阻断病毒 DNA 的合成。研究发现，疱疹病毒或 VZV 可通过编码胸苷酸激酶或 DNA 多聚酶的基因突变而产生耐药性。

【临床应用】 是治疗疱疹病毒感染的首选药，主要用于 VZV 感染（水痘、带状疱疹）和单纯疱疹病毒感染（生殖器疱疹、黏膜与皮肤疱疹和疱疹性脑炎）。对疱疹病毒脑炎患者静脉给药可降低死亡率。阿昔洛韦局部应用治疗疱疹性角膜炎、单纯疱疹和带状疱疹，口服或静脉注射可有效治疗单纯疱疹脑炎、生殖器疱疹、免疫缺陷患者单纯疱疹感染等。

【不良反应及注意事项】 不良反应小，患者普遍耐受良好。少数患者应用有头晕、呕吐、头痛等不良反应；静脉滴注可引起静脉炎；还可引起肾损害、肝损害、血液造血系统损害等。与青霉素类、头孢菌素类和丙磺舒合用可致其血药浓度升高。

伐昔洛韦

伐昔洛韦（valacyclovir）是阿昔洛韦的前体药，口服吸收后经过肝脏和肠壁的酶水解，可迅速转化为阿昔洛韦，所达血浓度是口服阿昔洛韦后的 3～5 倍，口服生物利用度为 54%～70%。其抗病毒活性、作用机制及耐药性与阿昔洛韦相似。用于治疗原发性或复发性生殖器疱疹、带状疱疹及频发性生殖器疱疹。偶见恶心、腹泻、头痛、呕吐或皮疹。

泛昔洛韦

泛昔洛韦（famcicmovir）是无环鸟嘌呤核苷类似物，口服给药后，迅速转化为喷昔洛韦，作用机制与阿昔洛韦相似，但不引起 DNA 链的终止。可用于治疗性生殖器疱疹、带状疱疹、唇疱疹等，耐受性好，偶尔出现头痛、恶心、腹泻等不良反应。

喷昔洛韦

喷昔洛韦（penciclovir）是泛昔洛韦的活性代谢物，可局部用药，1% 含量乳膏治疗唇疱疹疗效好，不良反应罕见。

碘　苷

碘苷（idoxuridine）又名疱疹净，化学结构与胸腺嘧啶核苷类似，可竞争性抑制胸苷酸合成酶，从而抑制 DNA 合成。可抑制 DNA 病毒，如疱疹病毒和牛痘病毒的生长，对 RNA 病毒无效。全身应用时毒性大，临床仅限于局部外用，治疗眼部或皮肤疱疹病毒和牛痘病毒的感染，对急性上皮型疱疹性角膜炎疗效最好，对慢性溃疡性实质层疱疹性角膜炎疗效很差，对疱疹性角膜虹膜炎无效。局部用药时会引起疼痛、瘙痒、水肿，甚至睫毛脱落等。孕妇、肝病或造血功能不良者禁用或慎用。

第二节　抗 HIV 药

HIV 是一种典型的 RNA 病毒，病毒与宿主细胞 CD4 和趋化因子的受体结合进入细胞，经过脱壳，反转录复制，单链 RNA 在反转录酶的作用下生成双链 DNA，整合到宿主细胞基因组，并通过宿主细胞完成转录和翻译过程生成未成熟的非感染病毒，进一步在蛋白酶作用下生成成熟的具有感染性的病毒。基于 HIV 的复制过程特点，目前常见的抗 HIV 药根据作用机制可分为核苷反转录酶抑制药（NRTI）、非核苷反转录酶抑制药（NNRTI）、蛋白酶抑制药（PI）、融合酶抑制药、CCR5 共受体阻断药、HIV 整合酶链转移酶抑制药（INSTI）。

一、核苷反转录酶抑制药

核苷反转录酶抑制药是第一类临床用于治疗 HIV 阳性患者的药物，主要包括嘧啶类衍生物齐多夫定、扎西他滨、司他夫定、拉米夫定，以及嘌呤类衍生物阿巴卡韦、去羟肌苷。核苷反转录酶抑制药类药物具有相似的作用机制，首先被宿主细胞活化为三磷酸代谢物，与相应的内源性核苷三磷酸盐竞争反转录酶，插入病毒 DNA，中断 DNA 链合成。同时也可抑制宿主细胞 DNA 多聚酶，表现出细胞毒作用。

齐多夫定

齐多夫定（zidovudine）是脱氧胸苷类似物，为核苷类抗病毒药，是美国 FDA 批准的第一个抗 HIV 药，也是治疗艾滋病的首选药。可口服或静脉注射，吸收迅速，生物利用度为 60%～80%，可分布到大多数组织和体液，易透过血脑屏障，主要经肾脏排泄。可降低 HIV 感染患者的发病率，并延长其存活期；可显著减少 HIV 从感染孕妇到胎儿的转移发生率。常与拉米夫定和去羟肌苷合用，但不能与司他夫定合用，因为二者互相拮抗。不良反应最常见的有骨髓抑制、贫血或中性粒细胞减少症；也可引起胃肠道不适、头痛；剂量过大可出现焦虑、精神错乱和震颤。肝功能不全患者服用后更易发生毒性反应。

拉米夫定

拉米夫定（lamivudine）是胞嘧啶类似物，可单独或与齐多夫定、司他夫定协同抗 HIV，同时具有抗 HBV 活性。口服生物利用度高（80%），不良反应少，偶见头痛、眩晕、失眠，其他胃肠道反应。

司他夫定

司他夫定（stavudine）为胸苷类似物，口服生物利用度为86%，血浆半衰期为1.1h，血浆蛋白结合率低，药物在脑脊液的浓度可达到血清药物浓度的55%，主要通过肾小管分泌和肾小球滤过排泄。对HIV-1和HIV-2均有抗病毒活性，常用于不能耐受齐多夫定或齐多夫定无效的患者。主要毒性是外周感觉神经病变，潜在不良反应有胰腺炎、关节痛和血清转氨酶升高。

扎西他滨

扎西他滨（zalcitabine）为脱氧胞苷衍生物，可有效治疗HIV感染，单用时疗效不如齐多夫定，与其他抗HIV感染药物有协同抗HIV-1作用。适用于艾滋病和艾滋病相关综合征，也可与齐多夫定合用治疗临床状态恶化的HIV感染患者。生物利用度大于80%，血浆蛋白结合率低于4%，脑脊液浓度约为血清浓度的20%，血浆半衰期为2h，主要经肾脏排泄，主要不良反应为剂量依赖性外周神经炎。

阿巴卡韦

阿巴卡韦（abacavir）是鸟苷类似物，口服生物利用度好（83%），半衰期为1.5h，主要经肝脏葡萄苷酸化和羧化代谢。据调查，约8%患者接受阿巴卡韦治疗后发生过敏反应（偶见致命现象），治疗前推荐进行HLA-B*5701等位基因检测，以确定患者是否属于阿巴卡韦高敏反应高危人群，其他常见不良反应包括皮疹、发热、恶心、呕吐、头痛、呼吸困难等。

去羟肌苷

去羟肌苷（didanosine）是去氧腺苷的合成类似物，口服生物利用度40%，推荐空腹服用（同时服用缓冲制剂以防胃酸灭活），血浆半衰期为1.5h，经细胞代谢，肾排泄。临床主要不良反应为胰腺炎，常见外周神经病变，注意避免与可能导致胰腺炎的药物（如扎西他滨、司他夫定、利巴韦林、羟基脲）或导致神经病变的药物（如司他夫定、异烟肼、利巴韦林）进行联用。

二、非核苷反转录酶抑制药

非核苷反转录酶抑制药可直接与HIV-1反转录酶结合抑制酶的活性，还可抑制RNA和DNA多聚合酶的活性，与核苷反转录酶抑制药和蛋白酶抑制药合用可协同抑制HIV复制。常见不良反应为胃肠道不适和皮疹。

奈韦拉平

奈韦拉平（nevirapine）能特异性抑制HIV-1反转录酶，口服生物利用度高（大于90%），经肝代谢，可诱导CYP酶，主要经尿液排泄，是孕妇推荐的药物之一。常见不良反应包括皮疹、肝炎、恶心、头痛等。

依法韦伦

依法韦伦（efavirenz）口服生物利用度中等（45%），高脂饮食可导致药物生物利用度增加，进而诱发毒性反应。药物血浆蛋白结合率高（99%），常见不良反应主要发生在中枢神经系统，出现眩晕、困倦、失眠、头痛等。

三、蛋白酶抑制药

蛋白酶抑制药包括奈非那韦（nelfinavir）、利托那韦（ritonavir）、沙奎那韦（saquinavir）、英地那韦（indinavir）和安普那韦（amprenavir）。在HIV增殖周期后期，HIV的Gag和Gag-Pol基

因产物被翻译成蛋白前体，形成无感染性的未成熟病毒颗粒，HIV 编码的蛋白酶能催化此蛋白前体裂解，形成最终结构蛋白而使病毒成熟。因此，蛋白酶是 HIV 复制过程中产生成熟感染性病毒所必需的，抑制此蛋白酶则可阻止前体蛋白裂解，导致未成熟的非感染性病毒颗粒堆积，进而产生抗病毒作用。蛋白酶抑制药可有效对抗 HIV，与 NRTI 类或 NNRTI 类联合用药可显著减慢艾滋病患者的临床发展过程。

蛋白酶抑制药主要经肝 CYP 酶代谢，可与许多其他药物通过抑制 CYP 酶发生相互作用，甚至一种蛋白酶抑制药可以抑制另一种蛋白酶抑制药的代谢。

奈非那韦

奈非那韦（nelfinavir）口服生物利用度较高（70%），经粪便排泄，血浆半衰期为 3.5h，与血浆蛋白结合率高（98%），为肝药酶抑制药，常见不良反应为腹泻和胃肠胀气。

四、融合酶抑制药

融合酶抑制药作用于 HIV 感染的早期阶段，阻断 HIV 与宿主细胞的融合而阻止 HIV 感染。临床常用药物有恩夫韦肽（enfuvirtide）。

五、CCR5 共受体阻断药

CCR5 共受体阻断药亦称进入抑制药。黏附在宿主细胞上的病毒需要通过病毒外膜的糖蛋白复合体与细胞受体 CD4 结合，并进一步诱导 gp120 构象变化，使其能进入趋化因子受体 CCR5 或 CXCR4。马拉韦罗（maraviroc）等药物通过阻断 CD4 细胞上的 CCR5 蛋白，将病毒阻断在细胞膜外，发挥抗 HIV 病毒作用。

六、HIV 整合酶链转移酶抑制药

整合酶链转移酶抑制药可结合整合酶，干扰 HIV 反转录的 DNA 与宿主细胞染色体整合。常用药物包括多替拉韦（dolutegravir）、艾维雷韦（elvitegravir）、拉替拉韦（raltegravir）。

第三节　抗流感病毒药

人流感病毒主要是甲型流感病毒和乙型流感病毒，属于 RNA 病毒，常用药物主要包括金刚烷胺类（金刚烷胺、金刚乙胺）和神经氨酸酶抑制药（如奥塞米韦）。

金刚烷胺

金刚烷胺（amantadine）可特异性抑制甲型流感病毒，大剂量也可抑制乙型流感病毒、风疹和其他病毒。病毒在复制周期中的两个特定时期，其膜蛋白 M2 呈现离子通道功能，这两个时期主要包括病毒包膜与宿主细胞的融合，以及复制后期病毒体的装配与释放。金刚烷胺可选择性地作用于包膜蛋白 M2，阻断蛋白的通道功能进而抑制病毒的复制。主要用于预防甲型流感病毒的感染。金刚烷胺亦具有抗震颤麻痹作用。金刚烷胺口服吸收好，生物利用度为 75%，唾液等分泌物可达较高浓度。血浆半衰期为 12～18h。在体内不被代谢，90% 以原型经肾排泄。本药特异性地抑制甲型流感病毒，但对乙型流感病毒无效。临床主要用于甲型流感病毒的预防。不良反应有厌食、恶心、紧张、焦虑、失眠及注意力分散，有些老年病人出现幻觉、癫痫。

第四节　抗肝炎病毒药

病毒性肝炎是一种常见病，常见的肝炎病毒有甲、乙、丙、丁、戊五种，需要进行抗病毒治疗的主要是慢性病毒性乙型肝炎（简称乙肝）和丙型肝炎（简称丙肝）。

一、抗 HBV 药物

治疗乙肝的目标是抑制病毒的 DNA 至不能检测出的水平，血清 HBeAg 从阳性转为阴性，促进升高的肝转氨酶降低。常用药物包括核苷/核苷酸类似物（拉米夫定、阿德福韦酯等）、干扰素及乙型肝炎疫苗。

阿德福韦酯

阿德福韦酯（adefovir dipivoxil）为无环的磷酸腺嘌呤核苷酸类似物，活化后能竞争性地抑制 HBV 的 DNA 多聚酶，嵌入病毒 DNA 后使链终止；口服生物利用度约 59%，血浆蛋白结合率低（5%），主要经肾脏排泄。临床上可与拉米夫定联用，有效抑制 HBV，且耐药率低。常见不良反应为剂量依赖性肾毒性，偶见头痛、腹泻、腹痛。

干 扰 素

干扰素（interferon）是机体细胞在病毒感染或受其他刺激后，体内产生的一类抗病毒的糖蛋白物质，在病毒感染的各个阶段都发挥一定的作用，在防止再感染和持续性病毒感染中也有一定作用。干扰素通过激活宿主细胞的某些酶，降解病毒的 mRNA，抑制蛋白的合成，翻译和装配。干扰素具有广谱抗病毒作用，临床主要用于治疗急性病毒感染性疾病（如流感及其他上呼吸道感染性疾病、病毒性心肌炎、流行性腮腺炎、乙型脑炎等）和慢性病毒性感染（如慢性活动性肝炎，CMV 性感染等）。干扰素口服无效，必须注射给药。不良反应有流感样综合征如一过性发热、恶心、呕吐、乏力、肢端麻木等。偶有患者出现一过性骨髓抑制、肝功能障碍，停药后即消退。

乙肝疫苗

乙肝疫苗（hepatitis B vaccine）是用于乙肝的特殊药物。疫苗接种后，可刺激免疫系统产生保护性抗体，这种抗体存在于体液之中，乙肝病毒一旦出现，抗体会立即发挥作用，将其清除，阻止感染。乙肝疫苗分为血源乙肝疫苗及基因重组乙肝疫苗两种，其中基因重组乙肝疫苗又可分为哺乳动物表达的疫苗和转基因酵母疫苗。

第一代乙肝疫苗属血源疫苗，由无症状乙肝表面抗原阳性者的血浆制备获得。这类疫苗对防止乙肝发挥了重要作用。但是这类疫苗成本高、生产周期非常长（约 65 周），而且还存在传播肝炎和艾滋病的危险。

第二代乙肝疫苗是将编码乙肝表面抗原的基因在酵母菌或哺乳动物细胞内高效表达而得到的乙肝基因工程疫苗。

第三代乙肝疫苗能诱导更高的抗体应答反应，主要是利用基因重组技术，在哺乳动物细胞成功地表达包含 S 抗原、前 S1 和前 S2 表位的重组疫苗。

二、抗丙肝病毒药物

治疗丙肝的主要治疗目的是根除病毒。常用药物有利巴韦林、索磷布韦、波普瑞韦。

利巴韦林

利巴韦林（ribavirin）是鸟嘌呤核苷类似物，是一种广谱抗病毒药物，对多种 RNA 和 DNA 病毒有效，包括甲型和乙型流感病毒、丙肝病毒（HCV）、HBV、疱疹病毒等。该药经宿主细胞磷酸化后可能通过干扰三磷酸尿苷的合成，抑制病毒 RNA 依赖性聚合酶，最终抑制病毒复制。利巴韦林口服生利用度为 45%～64%，高脂饮食时可增加，若与抗酸药联用则减少，脑脊液浓度为血浆的 70%，主要经肾脏排泄，常见不良反应有贫血、疲乏、皮疹、咳嗽、失眠、恶心等。

本 章 小 结

病毒是体积最小，结构最简单的非细胞型病原微生物，主要由核酸核心和蛋白质外壳构成核衣壳，根据核酸物质不同分为DNA病毒、RNA病毒。本章主要介绍了抗疱疹病毒药、抗HIV药、抗流感病毒药及抗肝炎病毒药等四类药物，详细讲解了各类抗病毒药物的代表性药物（阿昔洛韦、齐多夫定、金刚烷胺和干扰素等）及典型药物的抗病毒作用机制、临床应用和主要的不良反应。

病毒变异性快，感染发病率和死亡率均高，不易与宿主细胞区分，药物作用的特异性不高，目前抗病毒药物的治疗效果不是十分理想，仍需大力开发新的药物。

中药介绍

中药富含生物活性物质，结构新颖，作用靶点丰富，抗病毒疗效显著。经研究发现，黄芩苷、大黄素、小檗碱、苦参碱等活性成分可抑制病毒的复制；大黄酸、大黄素、黄芩苷等有效成分可阻断病毒与受体的结合；茶多酚、麦冬多糖、肉桂醛等活性成分可直接杀灭病毒。

绵马贯众

绵马贯众为鳞毛蕨科植物粗茎鳞毛蕨 *Dryopteris crassirhizoma* Nakai 的干燥根茎和叶柄残基，秋季采挖，削去叶柄，须根，除去泥沙，晒干。生用或炭炒用。

其主要成分为间苯三酚衍生物绵马精，能缓慢分解产生绵马酸类、黄绵马素类、白绵马素类、去甲黄绵马素类及绵马酚、绵马次酸、东北贯众素和挥发油等。绵马贯众味苦，性微寒；有小毒。有清热解毒，止血，杀虫之功效。

文献报道中，绵马贯众具有显著的抗病毒作用。水煎剂对各型流感病毒均有明显的抑制作用。对流感病毒、副流感病毒、腺病毒、脊髓灰白质炎病毒、埃可病毒、柯萨奇病毒、流行性乙型脑炎病毒及单纯性疱疹病毒等均有明显的抗病毒作用。贯众还能抑制乙肝表面抗原HBV等。研究还发现，贯众对艾滋病毒也具有一定的抑制作用。

（郑雅鑫）

第四十六章 抗真菌药

知识要求

1. 掌握酮康唑、伊曲康唑、两性霉素B和氟胞嘧啶的作用机制、药理作用及临床应用。

2. 了解咪康唑、克霉唑、联苯苄唑、氟康唑、制霉菌素、灰黄霉素、特比萘芬和卡泊芬净的作用特点。

能力要求

能够合理选用抗真菌药物治疗常见的真菌感染。

根据真菌侵犯机体的部位不同，一般将真菌感染分为表浅部真菌感染和深部真菌感染。表浅部真菌感染多由各种癣菌引起，主要侵犯皮肤、毛发、指（趾）甲、口腔或阴道黏膜等，发病率高；深部真菌感染常由白念珠菌、新型隐球菌等引起，主要侵犯深部组织和内脏器官，病情严重，死亡率高。近年来，由于广谱抗菌药物、肾上腺皮质激素、免疫抑制药和细胞毒抗恶性肿瘤药物等的长期不合理使用，机体的免疫功能明显降低，导致深部真菌感染的发病率呈逐年上升趋势。

抗真菌药物（antifungal agent）是指具有抑制或杀灭真菌的药物。根据化学结构不同，抗真菌药分为四类：唑类抗真菌药如酮康唑、多烯类抗真菌药如两性霉素B、嘧啶类抗真菌药如氟胞嘧啶及其他类。

第一节 唑类抗真菌药

唑类（azole）抗真菌药按其化学结构分为两类：咪唑类（imidazole）和三唑类（triazole），具有广谱抗真菌作用。咪唑类药物常用者有酮康唑、咪康唑、克霉唑等，主要为局部用药。三唑类中已上市品种有氟康唑、伊曲康唑、伏立康唑和泊沙康唑，主要用于治疗侵袭性真菌病。

这类药物具有共同的抗菌作用机制：能选择性抑制真菌的CYP依赖性14-α-去甲基酶，阻止细胞膜麦角固醇的生物合成，从而影响细胞膜通透性，改变某些与细胞膜结合的许多酶（如ATP酶）的活性，最终抑制了真菌的生长。唑类抗真菌药抗菌谱广，不仅可治疗浅表性真菌感染，而且口服给药可以治疗全身性真菌感染，是目前发展最快的一类抗真菌药。

一、咪 唑 类

目前临床常用的咪唑类药物有酮康唑、咪康唑、克霉唑、益康唑和联苯苄唑等。

酮 康 唑

【体内过程】 酮康唑（ketoconazole）口服生物利用度个体差异较大，酸性环境有利于药物吸收。血浆蛋白结合率可达80%以上，体内分布广泛，但很难透过血脑屏障，在脑脊液中药物浓度很低。药物主要经肝脏代谢，大部分由胆汁排泄，仅少量由肾脏排出。可通过胎盘屏障，也可进入乳汁。酮康唑的消除半衰期随剂量增加而延长，一般剂量时半衰期为6.5～9h。

【药理作用及应用】 酮康唑是第一个广谱口服治疗真菌感染的唑类药物，对多种浅部和深部真菌都有抗菌作用，临床用于治疗多种浅部和深部真菌感染。但因其严重肝毒性等不良反应，目前仅局部用药，用于治疗表浅部真菌感染。

【不良反应与注意事项】

1. 胃肠道反应多见如恶心、呕吐等。

2. 可出现皮疹、头晕、嗜睡、畏光等。

3. 偶见肝毒性。

4. 由于本药可能抑制睾酮和肾上腺皮质激素的合成，有时会导致内分泌异常，出现男性乳房发育。

5. 可通过胎盘，且对动物有致畸作用，孕妇禁用。

6. 可进入乳汁，增加新生儿胆红素脑病发生的可能性，哺乳期妇女亦需慎用。

【药物相互作用】 H_2 受体阻断药、H^+，K^+-ATP 酶抑制药等因抑制胃酸的分泌，可使本品吸收明显减少；利福平和苯妥英钠诱导肝药酶，可加速酮康唑代谢，使本品血药浓度减低 50% 以上；本品抑制 CYP，可使环孢素血药浓度升高，并可能增加患者肾毒性发生的危险性。

咪康唑、益康唑

咪康唑（miconazole）为广谱抗真菌药。口服吸收差，生物利用度很低。静脉注射给药不良反应较多。因皮肤和黏膜吸收少，不良反应不明显，目前临床多局部应用治疗阴道、皮肤或指甲的真菌感染。静脉给药可作为两性霉素 B 不能耐受或治疗无效时的替代药物，用于治疗全身性真菌感染。益康唑（econazole）抗菌谱、抗菌活性和临床应用均与咪康唑相似。

克霉唑

克霉唑（clotrimazole）为广谱抗真菌药，对多种浅部真菌和深部真菌均有抗菌作用，但对深部真菌作用不如两性霉素 B。口服不易吸收，静脉注射给药不良反应多而且严重，目前仅局部用药，用于各种浅部真菌感染的治疗。

联苯苄唑

联苯苄唑（bifonazole）不仅抑制 24-甲烯二氢羊毛固醇转化为脱甲基固醇，同时也能抑制羟甲基戊二酰辅酶 A 转化为甲羟戊酸，从而对麦角固醇的合成起到双重阻断，抗菌活性明显优于其他咪唑类抗真菌药。联苯苄唑在真皮内活性可持续 48h，10～30min 后在胞质中可达有效浓度，作用可持续 100～120h。临床用于治疗皮肤癣菌感染。不良反应包括接触性皮炎、一过性轻度皮肤变红、烧灼感、瘙痒感、脱皮及龟裂。

二、三唑类

目前临床常用的三唑类药物有伊曲康唑、氟康唑和伏立康唑等。

伊曲康唑

【体内过程】 伊曲康唑（itraconazole）脂溶性高，口服吸收迅速，生物利用度约 55%，与血浆蛋白的结合率高于 90%，分布广，但在脑脊液中药物浓度很低，无原型药。主要经肝代谢，代谢物羟基伊曲康唑血药浓度是母体药的 2 倍且仍有抗菌活性。单次给药后血浆消除半衰期为 30～40h，尿液无原型药，肾功能不良患者用药后对药物代谢无明显影响。

【药理作用及应用】 伊曲康唑对浅部和深部真菌均有抗菌活性，与酮康唑相比抗菌谱更广，且体内、外抗真菌活性较酮康唑更强，临床用于治疗深部、皮下及浅表真菌感染，也可首选治疗罕见真菌如组织胞浆菌感染和芽生菌感染，具体用法如下所示。

1. 静脉注射液适用于中性粒细胞缺乏怀疑真菌感染患者的经验治疗，还适用于治疗肺部及肺外芽生菌病，组织胞浆菌病，以及不能耐受两性霉素 B 或两性霉素 B 治疗无效的曲霉病。

2. 胶囊剂适用于皮肤真菌所致的足趾和（或）手指甲癣。因胶囊剂口服吸收差，现较少用于侵袭性真菌病的治疗。

3. 口服制剂可与本品注射剂序贯使用，用于中性粒细胞缺乏怀疑真菌感染患者的经验治疗，也可用于口咽部和食管念珠菌病的治疗。伊曲康唑注射及口服后，尿液和脑脊液中均无原型药，故不宜用于尿路感染和中枢神经系统感染的治疗。

【不良反应】 不良反应少，可见胃肠道反应、头痛、头昏、低血钾、高血压、水肿和皮肤瘙痒等。肝毒性发生率明显低于酮康唑。由于该药不影响雄激素的合成，因此可避免酮康唑所致的内分泌异常。

【药物相互作用】 抑制胃酸分泌的药物如西咪替丁、奥美拉唑等因降低胃液酸度，可减少伊曲康唑吸收。与利福平、苯妥英钠和苯巴比妥等肝药酶诱导剂同时服用，可加速伊曲康唑代谢，降低其血药浓度；与特非那定和阿司咪唑等合用时可导致 Q-T 间期延长甚至尖端扭转型室性心动过速的发生，虽罕见但可能危及生命。

氟 康 唑

【体内过程】 氟康唑（fluconazole）口服吸收良好，生物利用度为 95%，与血浆蛋白的结合率低（仅 11%）。分布广泛，在组织和体液中均有分布，对脑膜穿透力强，在脑脊液中药物浓度高，可达血药浓度的 50%～60%。在肝脏代谢极少，80% 以上以原型经肾脏排出。半衰期约为 35 h。

【药理作用及应用】 本品为广谱抗真菌药，抗菌谱与酮康唑相似，体内抗真菌活性比酮康唑强 5～20 倍，具体用法如下。

1. 念珠菌病（克柔念珠菌除外）：用于治疗口咽部和食管感染；播散性念珠菌病，包括血流感染、腹膜炎、肺炎、尿路感染等；念珠菌外阴阴道炎。尚可用于骨髓移植受者接受细胞毒类药物或放射治疗时，预防念珠菌感染的发生。
2. 新型隐球菌病，可首选治疗艾滋病患者隐球菌性脑膜炎经两性霉素 B 联合氟胞嘧啶初治后的维持治疗用药。
3. 球孢子菌病。
4. 为芽生菌病的可选用药。

【不良反应】 不良反应发生率低，常见轻度胃肠道反应、头晕、头痛、皮疹等。氟康唑可能导致胎儿缺陷，孕妇应禁用。肾功能不良的患者用药后可明显延长半衰期，故对该类患者用药应减小剂量。

伏立康唑

【体内过程】 伏立康唑（voriconazole，UK-109496）口服吸收良好，生物利用度达 90%，血浆蛋白结合率约为 60%，广泛分布，在各种组织和体液内均有分布。主要经肝脏代谢，代谢产物从肾脏排出，仅有 1% 药量以原型排出。

【药理作用及应用】 伏立康唑为氟康唑的衍生物，抗真谱广，对多种条件性真菌和地方流行性真菌均具有抗菌活性，抗真菌活性较氟康唑强 10～500 倍，对氟康唑、两性霉素 B 产生耐药性的多种深部真菌感染仍有显著疗效，具体用法如下。

1. 侵袭性曲霉病，非粒细胞缺乏患者念珠菌血症及念珠菌属所致播散性皮肤感染、腹部、肾脏、膀胱壁和伤口感染。
2. 食管念珠菌病，不能耐受其他药物或经其他药物治疗无效的赛多孢菌属和镰孢霉属所致的严重感染。

【不良反应】 不良反应少，主要为胃肠道反应，其发生率也较氟康唑低，耐受性好。

泊沙康唑

泊沙康唑用于 13 岁及以上严重免疫功能缺陷患者（如造血干细胞移植受者发生移植物抗宿主反应，或血液系统恶性肿瘤化疗后长期中性粒细胞缺乏者），预防侵袭性曲霉病和念珠菌病；口咽部念珠菌病的治疗，包括伊曲康唑或氟康唑治疗无效者。此外，本品在体外对毛霉属、根霉属等接合菌具良好抗菌活性。

【注意事项】

1. 禁用于对本类药物及其赋形剂过敏的患者。

2. 本类药物禁止与西沙必利、阿司咪唑、特非那定和三唑仑合用，因可导致严重心律紊乱。

3. 本类药物可致肝毒性，以酮康唑较为多见。表现为一过性肝酶升高，偶可出现严重肝毒性，包括肝衰竭和死亡。因此在治疗过程中应严密观察临床征象及监测肝功能，一旦出现临床症状或肝功能持续异常，须立即停止治疗。肝病患者有明确应用指征时，应权衡利弊后决定是否用药。

4. 伊曲康唑不可用于充血性心力衰竭及有充血性心力衰竭病史的患者。

5. 伊曲康唑和伏立康唑注射剂中的赋形剂主要经肾排泄，因此两者注射剂分别不宜用于肌酐清除率＜30ml/min（伊曲康唑）和＜50ml/min（伏立康唑）的患者。

6. 氟康唑、酮康唑和伊曲康唑为妊娠期用药C类，孕妇患者确有应用指征时，应充分权衡利弊后决定是否应用；伏立康唑为妊娠期用药D类，孕妇应避免应用，但在确有应用指征且患者受益大于可能的风险时可在严密观察下慎用。

7. 酮康唑不宜用于2岁以下儿童；氟康唑不推荐用于6个月以下婴儿；伊曲康唑不推荐用于儿童患者；伏立康唑不推荐用于2岁以下儿童患者。儿童患者确有应用指征时，须充分权衡利弊后决定是否应用。

8. 伏立康唑通过CYP同工酶代谢，与华法林、环孢素A、他克莫司、苯妥英、奥美拉唑、非核苷类逆转录酶抑制药、苯二氮䓬类、他汀类、二氢吡啶钙通道阻滞药、磺脲类口服降糖药、长春花碱等药物存在相互作用。

9. 泊沙康唑禁止与麦角生物碱类药物（麦角胺、二氢麦角胺）合用；泊沙康唑可通过抑制CYP3A4，干扰其他药物代谢，禁止与CYP3A4底物，特非那定、阿司咪唑、西沙必利、卤泛群或奎尼丁合用，因其可增加上述药物的血浓度，导致Q-T间期延长，但尖端扭转型室性心动过速极少见；泊沙康唑应避免与西咪替丁、利福布汀、苯妥英合用，除非利大于弊。泊沙康唑与环孢素、他克莫司及咪唑达仑合用时，后者需减量使用，并监测血药浓度。

第二节 多烯类抗真菌药

两性霉素B

【体内过程】两性霉素B（amphotericin B）口服和肌内注射均难吸收，口服生物利用度仅5%。临床采用静脉滴注法给药，药物与血浆蛋白结合率为90%～95%，不易透过血脑屏障，在脑脊液中药物浓度很低。主要经肝脏代谢，代谢产物及约5%的原型药由肾脏排出，排泄缓慢，停药数周后在尿中仍可检出，半衰期约为24h。

两性霉素B现有品种为两性霉素B去氧胆酸盐和3种含脂制剂：两性霉素B脂质复合体（ABLC，Abelcet®）、两性霉素B胆固醇复合体（ABCD，Amphotec®，Amphocil®）和两性霉素B脂质体（L-AmB，AmBisome®）。两性霉素B含脂制剂可使与输注相关的不良反应和肾毒性明显减少，在肝、脾、肺等组织中浓度增加，肾组织浓度降低。

【药理作用及机制】两性霉素B抗菌谱广，几乎对所有真菌均有抗菌活性。对新生隐球菌、白念珠菌、芽生菌、荚膜组织胞浆菌、粗球孢子菌、孢子丝菌等具有较强抑菌作用，高浓度时有杀菌作用。两性霉素B与真菌细胞膜上的重要成分麦角固醇选择性结合，在细胞膜上形成许多亲水性的“微孔”或“通道”，增加细胞膜的通透性，造成细胞内小分子物质（如氨基酸、核苷酸等）和电解质（如K^+）外渗，破坏真菌的正常代谢而抑制真菌生长甚至导致死亡。此外，本药与一些其他抗真菌药物如氟胞嘧啶合用可产生协同作用，因本药可增加真菌细胞膜的通透性，使药物更易进入真菌细胞内。而且有研究表明：两性霉素B还可通过氧化损伤产生抗真菌作用。细菌细胞膜不含固醇，故两性霉素B对细菌无效。人红细胞、肾小管上皮细胞的胞浆膜含有固醇，因此可造成溶血、肾功能损害等毒性反应。真菌很少对其产生耐药性。

【临床应用】 20 世纪 50 年代以来两性霉素 B 为治疗各种严重真菌感染的首选药之一，但因毒性较大，其应用受到限制。静脉滴注用于治疗多种深部真菌引起的严重内脏或全身感染。真菌性脑膜炎治疗时需鞘内注射。口服给药仅用于肠道真菌感染。治疗皮肤、指甲及黏膜等浅表部真菌感染可局部外用。

1. 两性霉素 B 去氧胆酸盐适用于下列真菌所致侵袭性真菌感染的治疗：隐球菌病、芽生菌病、播散性念珠菌病、球孢子菌病、组织胞浆菌病，由毛霉属、根霉属、犁头霉属、内孢霉属和蛙粪霉属等所致的毛霉病，由申克孢子丝菌引起的孢子丝菌病，曲霉所致的曲霉病、暗色真菌病等。本药尚可作为美洲利什曼原虫病的替代治疗药物。

2. 两性霉素 B 含脂制剂适用于肾功能不全患者侵袭性曲霉病、不能耐受有效剂量的两性霉素 B 去氧胆酸盐，以及两性霉素 B 去氧胆酸盐治疗无效的侵袭性真菌病患者。两性霉素 B 脂质体还可用于中性粒细胞缺乏伴发热疑为真菌感染患者的经验治疗。

【不良反应】 不良反应较多且严重，主要表现为寒战、发热，也可出现厌食、贫血、头痛、呕吐、低血压、低血钾、血栓性静脉炎等。如静脉滴注速度过快时，可出现心律失常。长期用药的患者出现不同程度肾功能损害的发生率高达 80% 以上，如血尿、蛋白尿、管型尿、血尿素氮或肌酐升高等。尚可引起肝功能损害、过敏反应等，但发生率低。故长期用药的患者，应定期检查血尿常规、肝肾功能和心电图等。

为降低两性霉素 B 的不良反应，临床现用其脂质体剂型、脂质体复合物、胶样分散剂型等新剂型，同时可提高其治疗效果。

【注意事项】

1. 对本类药物过敏的患者禁用。

2. 两性霉素 B 毒性大，不良反应多见，但本药有时是某些致命性侵袭性真菌病唯一疗效比较肯定的治疗药物，因此必须从其拯救生命的效益和可能发生的不良反应两方面权衡考虑是否选用本药。

3. 两性霉素 B 所致肾功能损害常见，少数患者可发生肝毒性、低钾血症、血液系统毒性，因此用药期间应定期测定肾功能、肝功能、血电解质、周围血象、心电图等，以尽早发现异常，及时处理。应避免联合应用其他肾毒性药物，出现肾功能损害时，根据其损害程度减量给药或暂停用药。原有严重肝病者不宜选用本类药物。

4. 原有肾功能减退，或两性霉素 B 治疗过程中出现严重肾功能损害或其他不良反应，不能耐受两性霉素 B（去氧胆酸盐）治疗者，可考虑选用两性霉素 B 含脂制剂。

5. 本类药物需避光缓慢静脉滴注，常规制剂每次静脉滴注时间为 4～6h 或更长；含脂制剂通常为 2～4h。给药前可给予解热镇痛药或抗组胺药或小剂量地塞米松静脉推注，以减少发热、寒战、头痛等全身反应。

6. 如果治疗中断 7 日以上，需重新自小剂量（0.25mg/kg）开始用药，逐渐递增剂量。

7. 本品属妊娠期 B 类药物，孕妇确有应用指征时方可使用。哺乳期患者用药期间应停止哺乳。

【药物相互作用】

1. 与具有肾毒性的药物如氨基糖苷类抗生素、抗肿瘤药、万古霉素、多黏菌素类等合用，可增强肾毒性，应避免合用。

2. 与肾上腺皮质激素及排钾利尿药合用，可加重低钾血症。

3. 与强心苷类药物同用时，两性霉素 B 可能引起的低钾血症会增强潜在的强心苷类的毒性反应。

4. 与氟胞嘧啶合用虽有协同抗菌作用，但由于本药增加了氟胞嘧啶的细胞摄取和减少其自肾脏排泄，故同时也增强了氟胞嘧啶的毒性反应。

5. 碱化尿液可增加两性霉素 B 自肾脏的排泄，并可避免或降低肾小管酸中毒发生的可能性。

制霉菌素

制霉菌素（nystatin）抗真菌作用和作用机制与两性霉素 B 相似，对念珠菌属的抗菌活性较强且不易产生耐药性。制霉菌素口服不易吸收，口服给药仅用于食管或肠道念珠菌感染。注射给药时制霉菌素毒性较两性霉素 B 更大，主要局部外用治疗皮肤、口腔或阴道黏膜等浅表部位的念珠菌感染。局部用药不良反应少见。口服可引起恶心、呕吐、食欲缺乏、腹泻等胃肠道反应。注意对本品过敏者禁用，孕妇及哺乳期妇女慎用。

第三节 嘧啶类抗真菌药

氟胞嘧啶

【体内过程】 氟胞嘧啶（flucytosine）口服吸收良好，生物利用度可达 80%。血浆蛋白结合率低于 5%，体内广泛分布，易透过血脑屏障。口服后约 2h 血药浓度达峰值，90% 药物以原型通过肾脏排出。半衰期为 3～5h, 肾衰竭患者半衰期可明显延长。

【作用机制】 氟胞嘧啶的作用机制在于药物通过真菌细胞的胞嘧啶透性酶进入细胞内，在胞嘧啶脱氨酶的作用下去氨基形成活性代谢产物氟尿嘧啶；再经尿苷-5-磷酸焦磷酸化酶催化转变为 5-氟尿嘧啶脱氧核苷，从而有效抑制胸腺嘧啶核苷合成酶，阻断尿嘧啶脱氧核苷转变为胸腺嘧啶核苷，阻碍 DNA 的合成。此外，氟尿嘧啶还能掺入真菌的 RNA，影响蛋白质的合成。由于哺乳动物细胞内缺乏将氟胞嘧啶转变为氟尿嘧啶的胞嘧啶脱氨酶，故氟胞嘧啶对真菌有选择性作用，而不影响人体的细胞代谢。

【药理作用及应用】 本品为人工合成的抗深部真菌药，主要用于隐球菌、念珠菌和着色霉菌等敏感真菌引起的感染，疗效较两性霉素 B 差。单用时真菌对本药易产生耐药性，常与两性霉素 B 合用。

【不良反应】 不良反应常见有皮疹和胃肠道反应如恶心、呕吐、腹泻等；也可引起骨髓抑制，出现粒细胞减少、血小板减少、贫血；尚可引起肝功能损害、肾功能损害等。动物实验表明有致畸作用，故孕妇禁用。

【注意事项】

1. 本药禁用于严重肾功能不全及对本药过敏的患者。
2. 下列情况应慎用本药：骨髓抑制、血液系统疾病或同时接受骨髓抑制药物的患者，肝、肾功能损害的患者。
3. 老年及肾功能减退患者应根据肾功能减退程度调整剂量，并尽可能进行血药浓度监测。
4. 用药期间应定期检查周围血象、尿常规及肝、肾功能。
5. 定期进行血液透析和腹膜透析的患者，每次透析后应补给一次剂量。
6. 本品属妊娠期用药 C 类。孕妇如确有应用指征，仔细权衡利弊后决定是否应用。哺乳期患者用药期间应停止哺乳。
7. 不推荐儿童患者应用本药。

第四节 其他抗真菌药

灰黄霉素

【体内过程】 灰黄霉素（griseofulvin）口服吸收较少，微粒制剂或进食高脂肪饮食可明显促进其吸收。药物分布广泛，其中以皮肤、毛发、指甲、脂肪及肝脏等组织含量较高。主要经肝脏代谢，代谢产物自肾脏排出。半衰期为 24h。

【药理作用及机制】 本品系浅表部抗真菌药。抗菌谱窄，对各种皮肤癣菌如表皮癣菌属、小芽孢菌属和毛菌属等具有抗菌作用，可杀灭生长旺盛的真菌，而对静止状态的真菌仅有抑制作用。对其他真菌感染无效。灰黄霉素易在皮肤、毛发及指（趾）甲的角蛋白前体细胞中沉积，阻止敏感真菌的微管蛋白聚合成微管，从而抑制真菌有丝分裂。此外，灰黄霉素化学结构和鸟嘌呤类似，能竞争性抑制鸟嘌呤进入DNA分子中，故可干扰真菌DNA合成。

【临床应用】 口服给药主要用于各种皮肤癣菌引起的各种浅部真菌病的治疗。对头癣疗效较明显，指（趾）甲癣疗效较差，需服药数周甚至数月方能见效，这与灰黄霉素仅抑制静止状态的真菌，病变的痊愈与角质的新生和受感染角质层的脱落有关。该药毒性较大，已被伊曲康唑和特比萘芬所取代，目前临床已少用。

【不良反应及注意事项】 多见头痛、眩晕等反应，少数患者有恶心、呕吐、腹泻等胃肠道反应，皮疹等过敏反应及粒细胞减少等血液系统反应。动物实验发现很大剂量灰黄霉素有致畸和致癌作用。

【药物相互作用】 巴比妥类药物可减少灰黄霉素的吸收，使其抗真菌作用减弱；灰黄霉素可诱导肝药酶，加速香豆素类抗凝药和口服避孕药的代谢，减弱后者的作用。

【注意事项】

1. 本品禁用于卟啉病、肝衰竭及对本品过敏者。
2. 灰黄霉素在动物实验中有致癌、致畸作用。
3. 本品偶可致肝毒性，有肝病或肝功能损害者需权衡利弊后决定是否用药。
4. 本品可诱发卟啉病、红斑狼疮。红斑狼疮患者如有指征应用该药时必须权衡利弊后决定。
5. 男性患者在治疗期间及治疗结束后至少6个月应采取避孕措施。
6. 孕妇禁用。育龄期妇女患者服药期间采取避孕措施，并持续至治疗结束后1个月。
7. 疗程中需定期监测肝功能、周围血象、尿常规及肾功能。
8. 2岁以下儿童缺乏应用本品的资料。

特比萘芬

【体内过程】 特比萘芬（terbinafine）口服吸收迅速且良好，药物与血浆蛋白结合率可高达99%，体内分布广泛，可在皮肤、指（趾）甲和毛发等处聚集，连续服药皮肤中药物浓度比血药浓度高75%，即使停药后较长时间在这些组织也可维持高浓度。主要经肝脏代谢，代谢产物主要经尿排出。血浆半衰期约为17h，肝、肾功能不良者半衰期可明显延长。

【抗菌作用与机制】 本品主要对毛癣菌属、小孢子癣菌属、表皮癣菌属等各种浅部真菌具有良好的抗菌活性，体外抗皮肤真菌活性明显优于酮康唑、伊曲康唑。特比萘芬可选择性抑制角鲨烯环氧化酶的活性，不能催化角鲨烯合成麦角固醇，麦角固醇是真菌细胞膜的主要成分，从而影响真菌细胞膜的结构和功能而产生抗真菌作用。

【临床应用】 临床主要用于治疗皮肤癣菌所致的手指及足趾甲癣和其他浅表部真菌感染，可口服或局部用药。单用对深部曲霉菌感染、侧孢感染、假丝酵母菌感染和肺隐球酵母菌感染效果不佳，但若与唑类抗真菌药或两性霉素B合用，疗效良好。

【不良反应】 不良反应少且轻，常见胃肠道反应如食欲降低、恶心，轻微腹痛，腹泻；也可见皮肤瘙痒、荨麻疹、皮疹等。偶见肝损伤，但肝、肾功能严重减退者宜减量。

【注意事项】

1. 禁用于对本药及其赋形剂过敏的患者。
2. 本药有肝毒性，在治疗过程中应定期检查肝功能，如出现异常应及时停药。肝硬化或活动性肝病的患者不宜应用本药。
3. 肾功能受损（肌酐清除率低于50ml/min或血肌酐超过300μmol/L）的患者剂量应减半。
4. 本品属妊娠期B类用药，妊娠期患者确有应用指征时，应在充分权衡利弊后慎用。
5. 不推荐儿童患者使用本药。

卡泊芬净

【抗菌作用与机制】 卡泊芬净（caspofungin）为棘球白菌素类抗真菌药的第一个药物，是葡聚糖合成酶抑制药，能有效抑制细胞壁β-1,3-D-葡聚糖的合成，从而干扰真菌细胞壁的合成，破坏真菌细胞壁的完整性，使真菌细胞溶解。

本品系广谱抗真菌药，对白念珠菌、热带念珠菌、光滑念珠菌、克柔念珠菌等有良好的抗菌活性，对近平滑念珠菌作用较弱；对烟曲霉、黄曲霉、土曲霉和黑曲霉及除曲霉菌以外的几种丝状真菌与二形真菌也有抗菌活性；新型隐球菌对本品天然耐药。

【临床应用】 本品适用于成人和儿童（3 个月及以上）的下述真菌感染。

1. 念珠菌血流感染和下列念珠菌感染：腹腔脓肿、腹膜炎和胸腔感染。

2. 食管念珠菌病。

3. 难治性或不能耐受其他抗真菌药治疗 [如两性霉素 B 去氧胆酸盐、两性霉素 B 含脂制剂和（或）伊曲康唑] 的侵袭性曲霉病。

4. 中性粒细胞缺乏伴发热经广谱抗菌药治疗无效疑为真菌感染患者的经验治疗。

米卡芬净

本品主要用于成人和 4 个月及以上儿童下述感染的治疗与预防。

1. 念珠菌属血流感染、急性播散性念珠菌病、念珠菌腹膜炎和腹腔脓肿。

2. 食管念珠菌病。

3. 造血干细胞移植受者移植前预防念珠菌病。

4. 侵袭性曲霉病（临床资料有限）。

【注意事项】

1. 禁用于对本类药物过敏的患者。

2. 本类药物属妊娠期用药 C 类，孕妇患者确有应用指征时，应充分权衡利弊后决定是否应用。哺乳期患者用药期间应停止哺乳。

3. 除非利大于弊卡泊芬净不宜与环孢素合用，因可导致血清转氨酶升高。

4. 应用米卡芬净可能发生血管内溶血和血红蛋白尿，此时应充分权衡利弊决定是否继续用药。

知识拓展

甲癣，俗称“灰指甲”，是指皮癣菌侵犯甲板或甲下所引起的疾病，是一种常见的真菌感染性皮肤病。患者的一个或多个指（趾）甲甲板变得浑浊、不透明，甲板增厚、表面粗糙、凹凸不平，失去光泽，严重的甲板上可有沟、裂、嵴、不规则的斑点，呈虫咬状，甲弹性差，易破碎等症状。灰指甲的易感因素：①不注意个人卫生；②长期与化学或水直接接触；③营养不良者；④指甲受外伤或冲击，可能导致真菌侵入的缺口；⑤经常与灰指甲患者接触；⑥手足癣、湿疹、扁平苔癣、银屑病等皮肤病可能伴发灰指甲。临床表现结合真菌检查可确诊，目前多采用口服抗真菌药物治疗。

案例解析

案例：

患者，男，74 岁，主因“发热、咳嗽、咳痰 10 多天”入院。患者入院前自行服用多种广谱抗生素，但效果不佳。入院查体：体温 38.2℃，双肺可闻及散在湿啰音；入院肺 CT 提示斑片状影，考虑为双肺感染；血常规提示白细胞明显升高。痰培养提示：肺炎双球菌。入院诊断：双肺炎。给予广谱抗生素治疗 11 日，患者再次出现发热，痰液黏稠，不易咳出。痰真菌培养提示：白念珠菌感染。

问题：

1. 在什么情况下患者容易发生真菌感染？

2. 针对该患者，应如何治疗？

解析：

1. 在严重全身性疾病致机体免疫功能明显下降、长期不合理应用广谱抗菌药物、免疫抑制药、肾上腺皮质激素和细胞毒抗恶性肿瘤药物等情况下容易发生真菌感染。

2. 可根据患者痰培养药敏结果选用抗真菌药物治疗，或可选用特比萘芬与唑类抗真菌药或两性霉素 B 合用。

本章小结

抗真菌药物是指具有抑制或杀死真菌生长或繁殖的药物。根据化学结构不同，抗真菌药分为如下四类。

1. 唑类抗真菌药　按其化学结构分为两类：咪唑类和三唑类，均能选择性抑制真菌的 CYP 依赖性 14-α-去甲基酶，阻止细胞膜麦角固醇的生物合成，从而影响细胞膜通透性。咪唑类代表药有酮康唑等，三唑类代表药有伊曲康唑等，抗菌谱广，不仅可治疗浅表性真菌感染，而且口服给药可以治疗全身性真菌感染，是目前发展最快的一类抗真菌药。

2. 多烯类抗真菌药　代表药有两性霉素 B 等，与真菌细胞膜上的麦角固醇选择性结合，在细胞膜上形成许多亲水性的“微孔”，增加细胞膜的通透性。抗菌谱广，用于治疗多种深部真菌引起的严重内脏或全身感染，但因毒性较大其应用受到限制。

3. 嘧啶类抗真菌药　代表药有氟胞嘧啶，活性代谢产物氟尿嘧啶阻碍 DNA 和蛋白质的合成，常与两性霉素 B 合用治疗深部真菌感染。

4. 其他抗真菌药　灰黄霉素口服用于各种皮肤癣菌的治疗，对皮下或深部真菌感染无效，且毒性较大，已被伊曲康唑和特比萘芬所取代，目前临床已少用；特比萘芬口服或局部用药用于治疗甲癣及其他浅表部真菌感染，与唑类抗真菌药或两性霉素 B 合用可治疗深部真菌感染；卡泊芬净主要用于对其他治疗无效的或对其他药物耐药的侵袭性曲霉病的治疗。

中药介绍

蛇　床　子

蛇床子，别名野胡萝卜子，为伞形科植物蛇床 *Cnidium monnieri*（L.）Cuss. 的干燥成熟果实。蛇床子主要含香豆素类化合物，另外还含有挥发油、倍半萜及糖类等成分。从蛇床子总香豆素中分离得到 6 个单体，包括蛇床子素（osthol，Ost）、佛手柑内酯（bergapten）、异虎耳草素（isopimpinelliu）、花椒毒酚（xanthotoxol）、花椒毒素（xanthotoxin）、欧芹属素乙（imperatoriu）。其中蛇床子素含量最高，约占总香豆素的 60%。香豆素类化合物主要成分是蛇床子素、欧芹属素乙、异虎耳草素、佛手柑内酯、花椒毒素、花椒毒酚、蛇床定、当归素等。挥发油主要包括 α-蒎烯、莰烯、柠檬烯、醋酸龙脑酯等。

文献报道蛇床子煎液在体外可抑制多种细菌，如金黄色葡萄球菌（包括耐药菌）、变形杆菌、枯草杆菌、铜绿假单胞菌等，对羊毛状小孢子菌、石膏样毛癣菌、絮状表皮癣菌等真菌都具有抑制作用，也可不同程度抑制红色毛癣菌、许兰毛癣菌、断发毛癣菌、石膏样小孢子菌、紫色毛癣菌等致病性浅部真菌感染。研究表明，蛇床子还具有抗炎、抗变态反应等多种药理作用。

临床上，蛇床子单用（蛇床子散）常用于滴虫性阴道炎及霉菌感染等；以蛇床子为主的复方（常与黄芩、丹皮、生地等配伍）常用于湿疹、痒疹和荨麻疹等。由蛇床子、艾叶、独活、苍术等药组成的洁尔阴洗液（泡腾片）常用于治疗霉菌性阴道炎、滴虫性阴道炎及细菌性阴道炎；洁尔阴洗液还可用于接触性皮炎、湿疹、体股癣、皮肤瘙痒症、肛门瘙痒和痤疮等各种皮肤疾病。

（李艳蓉）

第四十七章　抗寄生虫药

知识要求

1. 掌握氯喹、青蒿素、伯氨喹、乙胺嘧啶等的药理作用、临床应用及不良反应。
2. 熟悉甲苯咪唑的驱虫谱及临床应用。
3. 了解常用抗阿米巴病、抗血吸虫病等药的作用特点、临床应用及主要不良反应。

能力要求

了解抗疟药的分类、选药原则及其他抗疟药的作用特点及临床应用。

第一节　抗　疟　药

一、概　　述

疟疾（malaria）是由疟原虫感染、由雌按蚊传播的传染病。疟疾、艾滋病及结核病并称为世界上危害最严重的三大传染性疾病。疟疾主要表现为周期性规律发作，包括潜伏期、寒战期、高热期和出汗缓解期。根据致病疟原虫的不同，可分为间日疟、三日疟、恶性疟和卵形疟。其中恶性疟病情最严重。疟原虫寄生在红细胞内并破坏红细胞，导致在多次发作后红细胞和血红蛋白严重下降，恶性疟尤重，引起贫血、脾大等。恶性疟还会引起红细胞与血管内皮粘连，引起脑局部缺氧和营养耗竭而导致脑并发症即脑型疟（cerebral malaria），出现剧烈头痛、昏迷、谵妄、抽搐、惊厥、体温高达40℃以上。常因昏迷并发感染而死亡，是儿童和无免疫力成人患者的主要死亡原因。可通过血液涂片染色查疟原虫，并鉴别疟原虫种类。

抗疟药（antimalarial drug）是用于防治疟疾的重要手段。了解疟原虫生活史及各种抗疟药不同的作用环节，对于正确选择抗疟药十分重要。

（一）疟原虫的生活史及抗疟药作用环节

疟原虫的生活史可分为在人体内的无性生殖阶段和在雌性按蚊体内的有性生殖阶段。

1. 无性生殖阶段

（1）原发性红细胞外期：雌按蚊叮咬人时，其唾液中的疟原虫子孢子进入人体，约30min内侵入肝细胞进行裂体增殖。10～14日后，生成大量裂殖子。此期无临床症状，为疟疾的潜伏期。乙胺嘧啶对此期疟原虫有杀灭作用，可起病因预防作用。

（2）红细胞内期：在肝细胞内生成的大量裂殖子，胀破肝细胞而进入血液，侵入红细胞，经滋养体发育成裂殖体，破坏红细胞，释放大量的裂殖子及其代谢产物，同时红细胞被破坏产生的变性蛋白会刺激机体，引起寒战、高热等临床症状。从红细胞中释放的裂殖子可再侵入未受感染的红细胞，如此循环，引起临床症状反复发作。不同种疟原虫完成无性生殖周期所需时间不同：恶性疟为36～48h，间日疟为48h，三日疟为72h。氯喹、奎宁、青蒿素等药物对此期疟原虫有杀灭作用，可预防和控制疟疾症状发作。

（3）继发性红细胞外期：间日疟原虫和卵形疟原虫的原发性红细胞外期裂殖子释放至血液后，一部分进入红细胞内发育；另一部分再次侵入肝细胞内，称为继发性红细胞外期。此期原虫形成休眠子，经较长时间后可再次增殖，释放裂殖子，成为疟疾复发的根源。伯氨喹等药物能杀灭继发性红细胞外期疟原虫，对间日疟有根治作用。恶性疟和三日疟原虫无休眠子，故无复发。

（4）配子体形成期：红细胞内疟原虫经若干次裂体增殖后，部分不再无性裂体增殖，而逐渐发展成为雌、雄配子体。它们不引起临床症状，但可感染按蚊，成为疟疾传播的根源。伯氨喹能杀灭各型疟原虫的配子体，有控制疟疾传播的作用。

2. 有性生殖阶段 雌按蚊叮咬疟疾患者后，雌、雄配子体随血液进入蚊胃内。二者结合成合子，进一步发育成子孢子并移行至按蚊唾液腺，成为感染人的直接传染源。乙胺嘧啶等药物随人血进入蚊体，抑制雌、雄配子体的发育，能控制疟疾传播和流行。

（二）抗疟药的分类

1. 主要用于控制症状的抗疟药 氯喹、奎宁、青蒿素、二氢青蒿素和蒿甲醚。

2. 主要用于控制复发和传播的抗疟药 伯氨喹。

3. 主要用于预防的抗疟药 乙胺嘧啶、磺胺类和砜类。

二、常用抗疟药

（一）主要用于控制症状的抗疟药

氯喹（chloroquine）

【体内过程】 口服吸收快而完全，1～2h 血药浓度达峰值。脂溶性高，在肝、脾、肺、肾组织中有较高分布，可通过血脑屏障。大部分氯喹在肝脏代谢，代谢产物乙基氯喹仍有抗疟作用；10%～15% 以原型经肾排泄，酸化尿液可加快其排泄；约 8% 随粪便排泄，也可由乳汁排出。因代谢、排泄均较缓慢，故作用持久。

【药理作用及机制】

1. 抗疟原虫 对各种疟原虫的红细胞内期裂殖体均有杀灭作用，作用快、强而持久。但对红细胞外期疟原虫无效。但长期反复应用氯喹后，疟原虫结合和摄取氯喹的能力降低，疗效下降，部分恶性疟对其产生耐药性。

氯喹抗疟机制复杂，可能与下述作用有关。①碱化效应：疟原虫生长发育所需要的氨基酸主要来源于宿主红细胞的血红蛋白，血红蛋白在酸性的食物泡内被蛋白酶降解成氨基酸。氯喹为弱碱性药物，且可大量积聚于受感染的红细胞内，使原虫食物泡的 pH 增大，蛋白酶活性降低，导致疟原虫生长必需氨基酸的缺乏，从而抑制疟原虫的生长繁殖。疟原虫红细胞内期的滋养体需要大量的氨基酸，故对氯喹特别敏感；而原发性红细胞外期和继发性红细胞外期均寄生在肝细胞内，不以消化血红蛋白为生，故对此药不敏感。②影响 DNA 复制：氯喹可插入疟原虫 DNA 双螺旋结构中，形成稳固的 DNA-氯喹复合物，影响 DNA 复制和 RNA 转录，并使 RNA 断裂，从而干扰疟原虫的分裂繁殖。③引起疟色素的凝集：疟色素的主要成分高铁原卟啉Ⅸ（FP）是一种毒性化合物，具有膜溶解作用。疟原虫体内的某些蛋白可与 FP 结合形成无毒 FP 结合物，由于氯喹可将 FP 结合物的 FP 分开，并形成有毒的氯喹-FP 复合物，损害疟原虫生物膜，使虫体迅速溶解死亡。

2. 抗阿米巴原虫 杀灭阿米巴滋养体，具有抗肠外阿米巴作用。

3. 免疫抑制作用 大剂量氯喹具有免疫抑制作用。

【临床应用】

1. 疟疾 氯喹曾是控制疟疾症状的首选药物，但由于耐药性的出现，目前已经少用。

2. 肠外阿米巴病 是治疗阿米巴肝炎或肝脓肿的主要药物。

3. 自身免疫性疾病 偶用于类风湿性关节炎、系统性红斑狼疮、肾病综合征等。

4. 其他 可用于华支睾吸虫病、肺吸虫病、光敏性疾病和日晒红斑病等。

【不良反应】 对中枢神经系统有兴奋作用，引起敏感、易激惹，个别患者用药后引起药物性精神病，头晕和头痛常见不良反应。长期、大剂量用药可致角膜浸润而致视物模糊、视力障碍，用药应定期作眼科检查。偶可引起窦房结抑制而导致心律失常。有致畸作用，故孕妇禁用。

青 蒿 素

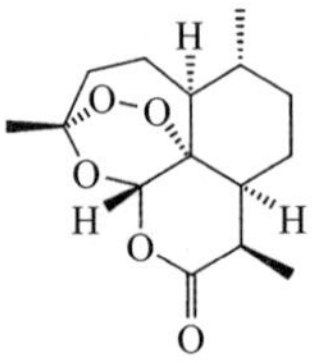

青蒿素（artemisine）是从复合花序植物菊科黄花蒿 *Artemisia annua L.* 中提取得到的一种无色针状晶体，也被称为黄花蒿素。属倍半萜内酯，具有过氧键和6-内酯环，有一个包括过氧化物在内的1,2,4-三噁烷结构单元，易溶于三氯甲烷、丙酮、乙酸乙酯和苯，可溶于乙醇、乙醚，微溶于冷石油醚，几乎不溶于水。因其具有特殊的过氧基团，它对热不稳定，易受湿、热和还原性物质的影响而分解。青蒿素的环状结构保护了过氧桥的稳定，但也造成青蒿素难溶于水和油，不易制成适当的剂型，使用不方便，生物利用率低。

青蒿素抗疟疾作用机制是通过青蒿素活化产生自由基，自由基与疟原蛋白结合，作用于疟原虫的膜系结构，使其泡膜、核膜及质膜均遭到破坏，线粒体肿胀，内外膜脱落，从而对疟原虫的细胞结构及其功能造成破坏。青蒿素还能使疟原虫对异亮氨酸的摄入量明显减少，从而抑制虫体蛋白质的合成。但随着青蒿素的使用，又出现了对青蒿素耐药的疟原虫。

青蒿素是继乙氨嘧啶、氯喹、伯喹之后最有效的抗疟特效药，尤其是对于脑型疟疾和抗氯喹疟疾，具有速效和低毒的特点。

蒿 甲 醚

蒿甲醚（artemtherin）又名甲基还原青蒿素。

本品肌内注射后吸收快且完全。肌内注射10mg/kg后，血药浓度达峰时间为7h，峰值可达到0.8μg/ml左右，半衰期约为13h。在体内分布甚广，以脑组织最多，肝、肾次之。主要通过肠道排泄，其次为肾排泄。肝、肾为其代谢和排泄的主要部位。体内转运迅速，排泄快，静脉注射72h后大部药物被代谢，尿中几乎找不到原型药物。本品除对红细胞内期无性生殖体有强大的杀灭作用。动物实验证明，其抗疟作用为青蒿素的10～20倍。

本品适用于各型疟疾，对恶性疟（包括抗氯喹恶性疟及凶险型疟）的疗效较佳，效果确切，显效迅速，近期疗效可达100%。用药后2日内多数病例血中疟原虫转阴并退热。复燃率8%。较青蒿素低。与伯氨喹合用可进一步降低复燃率。油溶性很大，可以制成针剂，对抢救危重疟疾患者非常有利。蒿甲醚于1981年通过鉴定，1995年载入国际药典，现已被WHO列为治疗凶险型疟疾的首选药。对胚胎可能有致死作用，妊娠早期慎用。

复方蒿甲醚为复方制剂，含苯芴醇和蒿甲醚。苯芴醇属芳香环甲醇类，也具有较好的抗疟作用，能杀灭疟原虫红细胞内期裂殖体，杀虫比较彻底，治愈率95%左右，但对红细胞前期和配子体无效。复方蒿甲醚可减少疟原虫耐药性。

二氢青蒿素

二氢青蒿素（dihydroartemisinin）为青蒿素在体内还原代谢物，其抗疟作用比青蒿素强。口服吸收良好，起效迅速。口服双氢青蒿素2mg/kg后，血药浓度达峰时间约为80min。血浆半衰期为100min。体内分布广，排泄和代谢迅速。适用于各种类型疟疾的症状控制，尤其是对抗氯喹恶性及凶险型疟疾有较好疗效，复发率低。

青蒿琥酯

青蒿琥酯（artesunate）静脉注射后血药浓度很快下降，半衰期为30min左右。体内分布甚广，以肠、肝、肾较高。主要在体内代谢转化。仅有少量由尿、粪便排泄。临床适用于急性疟疾危重患者的抢救，可作为治疗脑型疟及各种凶险性疟疾患者的首选药物。推荐治疗量下未见不良反应。若使用过量（大于2.75mg/kg），可能出现外周网织细胞一过性降低，停药后可恢复正常。有明显胚胎毒性，孕妇慎用。

知识拓展

20世纪60年代，疟原虫对奎宁类药物已经产生了抗药性，严重影响到治疗效果。1967年，为了援助疟疾丛生的越南，中国政府集中全国科研力量，紧急启动了一个以研发抗疟新药为目的的项目，代号为“523”。这个由六十个单位参加、五百多研究人员组成的研究团队，合成筛选了一万多个化合物，提取筛选了四万多种重要提取物，最终获得了有高效低毒的青蒿素及其效能更好的衍生物。在疟疾的治疗中发挥了巨大的作用。其中，屠呦呦受中国东晋时期葛洪著的急救典籍《肘后备急方》的启发，抛弃高温煎煮的提取方法，用60℃乙醚萃取再纯化，最终成功提取出具抗疟活性的青蒿素。2011年，屠呦呦因青蒿素和双氢青蒿素的贡献，获得拉斯克奖。2015年，屠呦呦因青蒿素的研究获得2015年度诺贝尔生理学或医学奖。

由于“523”项目研制抗疟药的工作是团队工作，很多科学家的工作不能被遗忘。云南药物所罗泽渊第一个从菊科黄花蒿中获得了临床验证有效的高效低毒的抗疟单体黄花蒿素，保证了其后的青蒿素有效性研究；广州中医药大学李国桥教授，率先在临床上证实该黄花蒿素具有高效低毒的抗疟功效，此后又研究了多个抗疟复方；上海药物所的李英，改造了青蒿素分子结构并合成具有更好疗效和成药特点的蒿甲醚；军事医学科学院微生物流行病研究所周义清率先研制复方蒿甲醚等。正是由于这样一批精诚合作的科学家的努力，才终于研发出抗疟新药青蒿素及其衍生物。现在以青蒿素类药物为主的联合疗法已经成为WHO推荐的抗疟疾标准疗法，也是抵抗疟疾耐药性效果最好的药物。

（二）主要用于控制复发和传播的药物

伯 氨 喹

【体内过程】 伯氨喹（primaquine）口服在胃肠道吸收快而完全，2～3h血药浓度达峰值，主要分布在肝组织内，其次为肺、脑和心等组织。大部分在肝内代谢，仅1%以原型经肾排泄。因有效血药浓度维持时间短，需反复多次服药才能收效。

【药理作用】 对间日疟红细胞外期休眠子和各种疟原虫的配子体有较强的杀灭作用，为阻止复发、中断传播的有效药物。抗疟作用机制尚未明了。该药在体内代谢为喹啉二醌，其结构与辅酶Q相似，能抑制辅酶Q的活性，阻断疟原虫线粒体内的电子传递，抑制氧化磷酸化过程，从而杀死疟原虫。另外，伯氨喹的代谢产物具有很强的氧化作用，可干扰烟酰胺腺嘌呤二核苷酸磷酸（NADP）还原，从而影响红细胞外期疟原虫的代谢和呼吸而致其死亡。

【临床应用】 可作为控制疟疾的复发与传播的首选药物。对红细胞内期无效，故不能控制疟疾症状的发作，通常与氯喹等合用。

【不良反应】

1. 毒性反应 毒性较大，治疗量即可引起头晕、恶心、呕吐、发绀、腹痛等，停药后可消失。目前尚无适当药物可以取代。

2. 特异质反应 少数特异质的患者可出现急性溶血性贫血及高铁血红蛋白血症。当急性溶血出现血红蛋白尿时，应立即停药，并同时给予糖皮质激素类药物。严重高铁血红蛋白血症，可予静脉注射美蓝等。禁用于孕妇、糖尿病及G6PD缺乏者。

（三）主要用于病因性预防的抗疟药

乙胺嘧啶

【药理作用】 乙胺嘧啶（pyrimethamine）对恶性疟和间日疟的原发性红细胞外期有抑制作用，故可作病因性预防药物。对红细胞内期的未成熟裂殖体有抑制作用，对已成熟的裂殖体则无效。不能直接杀灭配子体，但含药血液随配子体被按蚊吸入后，能抑制配子体在蚊体内发育，从而阻断传播。

乙胺嘧啶可抑制疟原虫的二氢叶酸还原酶活性，从而阻止四氢叶酸的生成，使核酸合成减少，疟原虫的生长繁殖受抑制。如与二氢叶酸合成酶抑制药如磺胺类或砜类合用，则双重阻断叶酸代谢，增强预防效果，并延缓耐药性的产生。

【临床应用】 预防疟疾的传播。

【不良反应】 不良反应少。长期大量服用时，可因抑制二氢叶酸还原酶而引起巨幼红细胞贫血，长期用药应定期检查血象。可通过胎盘屏障并可进入乳汁，引起胎儿畸形和干扰婴幼儿叶酸代谢，故孕妇和哺乳期妇女禁用。该药略带甜味，易被儿童误服而发生急性中毒，表现恶心、呕吐、发热、发绀、惊厥甚至死亡。

（四）抗疟药的合理应用

应根据流行地区的疟原虫虫种、疟原虫对抗疟药物的敏感性及患者的临床表现，合理选择药物，严格掌握剂量、疗程和给药途径，以保证治疗效果和延缓抗药性的产生。

1. 抗疟药选择 控制症状：可选用氯喹。脑型疟：可选用氯喹、奎宁、青蒿素类。耐氯喹的恶性疟：可选用奎宁、青蒿素类。休止期：可选用乙胺嘧啶和伯氨喹合用；预防用药。乙胺嘧啶可阻止疟疾传播，氯喹能预防性抑制疟疾症状发作。

2. 联合用药 现有抗疟药尚无一种药物对疟原虫生活史的各个环节都有杀灭作用，因此宜联合用药。氯喹与伯氨喹合用于发作期治疗，既控制症状又阻止复发；乙胺嘧啶与伯氨喹合用于休止期治疗，阻止复发；乙胺嘧啶与磺胺合用，协同阻断叶酸合成，增强疗效，减少耐药。但青蒿素和氯喹或乙胺嘧啶合用会表现为拮抗作用。

第二节 抗阿米巴病及抗滴虫病药

一、阿米巴病及治疗药物概述

阿米巴病又称阿米巴痢疾，是由溶组织阿米巴原虫引起的寄生虫病。溶组织内阿米巴原虫以活动性滋养体和包囊存在于体内，前者为致病因子，后者为传播因子。经口感染阿米巴包囊后，在肠腔内脱囊，成为小滋养体，在结肠与肠道菌群共生。当机体抵抗力下降时，小滋养体侵入肠壁成为大滋养体，破坏肠黏膜和黏膜下层组织，引起阿米巴痢疾或肠炎。大滋养体经血流至肝、肺、脑组织内引起继发性阿米巴炎症和脓肿，统称为肠外阿米巴病。当机体抵抗力强时，小滋养体在随宿主肠内容物下移过程中，逐渐转变成包囊，随粪便排出体外，此时机体并无症状，称为排包囊者，是重要的传染源。

抗阿米巴病药（amebicide）主要是治疗阿米巴原虫所感染的寄生虫病。根据药物的作用方式，可分为如下三类。

1. 抗肠内、外阿米巴病药 如甲硝唑。

2. 抗肠内阿米巴病药 如卤化喹啉。

3. 抗肠外阿米巴病药 如氯喹。

二、滴虫病及治疗药物概述

对人类致病的滴虫主要是阴道毛滴虫。滴虫可导致女性阴道炎症，也可导致男性尿道炎症。

治疗滴虫病首选药物是甲硝唑和替硝唑，但对该药的耐药现象亦在增多。对甲硝唑耐药的滴虫感染可用乙酰胂胺局部给药。

甲 硝 唑

甲硝唑（metronidazole）又名灭滴灵。

【体内过程】口服吸收迅速而完全。1～3h血浆药物浓度达峰值，半衰期约为7h，广泛分布于体内各组织和体液中，在阴道液、精液、唾液、乳汁和脑脊液中的浓度可以达到有效浓度。主要在肝中代谢，约70%的药物以原型从肾脏排泄。

【药理作用】甲硝唑在体内被还原成硝基咪唑化合物，具有细胞毒性，作用于病原体大分子物质，使DNA合成受阻或使已合成的DNA变性而导致病原体死亡。

1.抗阿米巴原虫　对肠内、外阿米巴大滋养体有强大的杀灭作用，但对肠腔内阿米巴原虫和包囊则无明显作用。

2.抗滴虫　能直接杀灭阴道滴虫。口服较小剂量可杀死阴道、精液中的阴道滴虫。

3.抗贾第鞭毛虫　是目前对贾第鞭毛虫病最有效的药物，治愈率在90%。

4.抗厌氧菌　对革兰氏阳性和阴性厌氧菌都有较强的作用，对脆弱杆菌的尤为敏感。至今未发现耐药菌株，长期应用不诱发二重感染。

5.抗幽门螺杆菌　对幽门螺杆菌有较强的作用，但单用易产生耐药。

【临床应用】

1.阿米巴病　为阿米巴病的首选药，治疗急性阿米巴痢疾和肠外阿米巴病效果最好，因其在肠内浓度偏低，对小滋养体和包囊作用较弱，故需联合使用杀灭小滋养体及包囊的抗阿米巴药，否则复发率高。在治疗阿米巴肝脓肿时，与氯喹等交替使用，效果更佳。对轻症阿米巴痢疾也有效，对无症状的排包囊者疗效差。

2.滴虫病　为阴道滴虫病的首选药，对女性和男性泌尿生殖道滴虫感染有明显疗效。

3.贾第鞭毛虫病　是目前治疗男女贾第鞭毛虫病最有效的药物。

4.厌氧菌感染性疾病　预防和治疗革兰氏阳性及阴性厌氧菌引起的口腔炎、盆腔炎、腹腔内感染、败血症、骨髓炎及气性坏疽等；也常与抗生素合用防止妇科手术、胃肠外科手术时的厌氧菌感染。

5.其他　配合如H_2受体阻断药等治疗胃十二指肠溃疡、胃炎。

【不良反应】较少而轻。以消化道反应为主，最常见者为恶心和口腔金属味。少数患者可出现荨麻疹、红斑、瘙痒及白细胞暂时性减少。如出现头昏、眩晕、脑病、共济失调等中枢神经中毒症状，应立即停药。哺乳期妇女、妊娠3个月内、有器质性中枢神经系统疾病及血液病者禁用。动物试验证明，长期大量口服有致癌作用。甲硝唑干扰乙醛代谢，服药期间饮酒易导致乙醛中毒，出现恶心、呕吐、腹泻、腹痛和头痛等症状。

替硝唑和奥硝唑

替硝唑（tinidazole）和奥硝唑（ornidazole）对阿米巴痢疾及肠外阿米巴病的疗效与甲硝唑相似，对阿米巴肝脓肿疗效更优于甲硝唑。也用于阴道滴虫病和厌氧菌感染。不良反应较少，但剂量大时有胃肠道不适、头痛、背痛及瘙痒等症状。

卤化喹啉类

卤化喹啉类包括喹碘方（chiniofon）、氯碘羟喹（clioquinol）、双碘喹啉（diiodohydroxyquinoline）。

【体内过程】口服吸收较少，肠腔内浓度高，绝大部分直接由粪便排出，进入血液中的药物大部分以原型经肾随尿排出。

【药理作用】对肠内的阿米巴有较强作用，可抑制滋养体的生长繁殖。由于杀灭了滋养体从而间接清除了包囊。本类药物在肠腔内能释放出碘，抑制阿米巴滋养体共生细菌的生长繁殖，或抑制阿米巴滋养体内酶的活性，而产生抗阿米巴作用。

【临床应用】治疗慢性阿米巴病，对于无症状带包囊者的作用更好，可起到根治和切断传染源的作用。对肠外阿米巴病无效。

【不良反应】毒性低，常见不良反应为腹泻，一般不影响治疗。极少数对碘过敏者可出现发热、皮疹、唾液腺肿胀。大剂量应用可引起亚急性脊髓-视神经病变。对碘过敏及甲状腺肿大者、严重肝肾功能不良者慎用。

氯 喹

氯喹（chloroquine）为抗疟药，亦有杀灭阿米巴滋养体的作用。氯喹在肝、肾、脾等组织药物浓度比血浆高数百倍，临床上氯喹主要用于甲硝唑无效或禁忌的肠外阿米巴病，如阿米巴肝脓肿、肺脓肿等。氯喹在肠壁组织浓度较低，故对阿米巴痢疾无效。在氯喹治疗同时，应用治疗肠阿米巴病的药物，可以减少复发。

乙酰胂胺

乙酰胂胺（acetarsol）为五价胂剂，用其片剂置于阴道穹隆部有直接杀滴虫的作用。阴道毛滴虫也可寄生于男性尿道，故患者夫妇应同时治疗，以保证疗效。该药有轻度局部刺激作用，使阴道分泌物增多。

第三节 抗血吸虫病药与抗丝虫病药

一、抗血吸虫病药

血吸虫病是一类危害人类健康的寄生虫病，寄生在人体的血吸虫有日本血吸虫、曼氏血吸虫、埃及血吸虫、间插血吸虫和湄公血吸虫等5种。我国仅有日本血吸虫病，流行在长江流域和长江以南的13个省、自治区、直辖市。

血吸虫生活史比较复杂。含虫卵人或畜的粪便排入水中后，在适当温度下孵化成毛蚴，钻入中间宿主钉螺体内，在其淋巴窦内逐渐发育成尾蚴，离开螺体进入水中。尾蚴具有传染性，被尾蚴污染的水称为疫水。当人、畜接触疫水后，尾蚴自皮肤迅速钻入体内，成为童虫，通过淋巴管进入血液循环，最后达门静脉发育为成虫。成虫雌雄异体，合抱后逆流至肠系膜下静脉及痔上静脉等处定居产卵。卵又随血液循环流到全身，到达肠壁小血管，可破坏肠壁组织，引起肠出血、坏死、脱落，卵随之落入肠腔，随粪便排出体外，可再次感染人或牲畜。人感染血吸虫后，因尾蚴侵入皮肤而出现红疹、奇痒等。急性血吸虫出现高热、寒战、盗汗、乏力、肝脾大、咳痰、咯血等。虫卵侵入脑内引起癫痫样发作。当反复多次感染后则转变为慢性血吸虫病。

酒石酸锑钾是治疗血吸虫病的主要特效药，但其毒性大、疗程长、必须静脉注射等缺点。20世纪70年代研制出高效、低毒、疗程短、可口服吡喹酮，现已完全取代了锑剂。

吡 喹 酮

吡喹酮（praziquantel），又名环吡异喹酮。

【体内过程】 口服吸收迅速而完全，1～2h血药浓度达峰值。分布广泛，以肝、肾含量高，脑脊液中药物浓度为血药浓度的14%～20%。主要在肝内羟化而失活，经肾排出。

【药理作用与作用机制】 对血吸虫成虫有良好杀灭作用，对未成熟的童虫无效。对其他吸虫，如华支睾吸虫、姜片吸虫、肺吸虫及各种绦虫（包括幼虫）都有不同程度疗效。

吡喹酮能选择性增加血吸虫体膜对Ca^{2+}的通透性，同时抑制血吸虫肌浆网对Ca^{2+}摄取，虫体内Ca^{2+}明显增多，从而产生痉挛性麻痹，使虫体不能附着于血管壁，而被血流冲入肝脏，即出现肝转移。另有人认为吡喹酮可激动虫体5-HT受体而致痉挛性麻痹。此外，吡喹酮还可具有使虫体表膜去极化，抑制虫体核酸和蛋白质合成等作用。

【临床应用】 为广谱抗血吸虫药，用于各型血吸虫病及血吸虫病各阶段。也可用于肝华支睾吸虫病、肠吸虫病（如姜片虫病、异形吸虫病）、肺吸虫病和各种绦虫病等。

【不良反应】 副作用多但短暂。主要为腹痛、恶心及头昏、头痛、嗜睡、肌束颤动等。少数出现心电图改变、心律失常。严重的心、肝、肾病患者及有精神病史的患者慎用。哺乳期妇女于服药期间，直至停药后 72h 内不宜哺乳。孕妇禁用。

二、抗丝虫病药

丝虫病为班氏丝虫和马来丝虫在人淋巴系统引起的慢性寄生虫病，由蚊虫传播，流行于我国南方各省。临床表现有淋巴管炎及淋巴结炎、丹毒样皮炎，同时伴有畏寒、发热等丝虫热症状。在后期由于炎症的反复发作，导致纤维组织增生及肉芽肿形成而堵塞淋巴管，引起橡皮样下肢肿、乳糜尿及阴囊、睾丸鞘膜积液等。临床上抗丝虫病的药物主要有乙胺嗪和伊维菌素。

乙 胺 嗪

【体内过程】 乙胺嗪（diethylcarbamazine）口服迅速吸收，1～2h 血药浓度达峰值。在体内广泛分布于除脂肪组织以外的各组织。代谢迅速，48h 后几乎全部从尿中排出，酸化尿液加速排泄。

【药理作用】 对班氏丝虫和马来丝虫的各期均有杀灭作用，可使微丝蚴迅速从患者血液中减少或被消灭，对淋巴系统中的成虫也有毒杀作用。其作用机制有两方面，一是其分子中的哌嗪部分使微丝蚴的肌肉组织发生超极化，产生弛缓性麻痹而脱离寄生部位；二是破坏微丝蚴表面的完整性，使其易于遭受宿主防卫机制的破坏。

【临床应用】 用于马来丝虫病和班氏丝虫病，为首选药，但需在数年内反复用药。

【不良反应】 毒性较低而短暂，可引起厌食、恶心、呕吐、头痛、无力等。用药期间因丝虫成虫和蚴虫死亡，释放出大量异性蛋白引起的过敏反应则较明显，表现为皮疹、淋巴结肿大、血管神经性水肿、畏寒、发热、哮喘及心率加快、胃肠功能紊乱等。对活动性肺结核、严重心脏病、肝脏病、肾脏病、急性传染病患者及孕妇、哺乳期妇女应暂缓治疗。

伊维菌素

伊维菌素（ivermectin）是广谱抗寄生虫药，其中对丝虫作用最强，可杀灭班氏丝虫和马来丝虫的微丝蚴，对成虫无效。对其他肠道线虫，如圆线虫、蛔虫、鞭虫和蛲虫作用强，对钩虫作用差。作用机制为可促进寄生虫神经末梢突触前的 GABA 的释放，与突触后膜的 GABA 受体结合，使 GABA 诱导的 Cl^- 内流增加，抑制性突触传递过程加强，引起虫体松弛性麻痹。还可影响尾丝蚴在雌虫子宫内正常发育，并抑制其从子宫内释放。临床用于治疗丝虫病，可用于类圆线虫病、蛔虫病、鞭虫病和蛲虫病。毒性较低，过敏反应则较明显。

第四节　抗肠蠕虫药

肠道寄生的蠕虫：①线虫类，如蛔虫、钩虫、蛲虫、鞭虫及粪类圆线虫等；②绦虫类，如猪肉绦虫、牛肉绦虫、短膜壳绦虫及阔节裂头绦虫等；③吸虫类，如姜片虫、肝吸虫等。抗肠蠕虫药是一类从胃肠道驱除蠕虫或杀灭侵入组织或器官的蠕虫的药物。不同蠕虫，对不同药物的敏感性不一样，故对不同的肠蠕虫感染，应选择不同的抗肠蠕虫药。

甲苯咪唑

【体内过程】 甲苯咪唑（mebendazole）口服在肠道吸收少，药物在肠腔中浓度很高，如同时进食脂肪类食物可增加药物吸收量。

【药理作用】 为高效、广谱驱肠蠕虫药，对蛔虫、蛲虫、鞭虫、钩虫、绦虫的幼虫和成虫均有杀灭作用，对蛔虫卵、钩虫卵和鞭虫卵有杀灭作用。可选择性地与肠蠕虫细胞内的 β-微管蛋白结合，抑制微管的组装，造成物质转运受阻，高尔基体内分泌颗粒积聚，使胞质内细胞器溶解，而致虫体死亡。也可抑制虫体对葡萄糖的摄取和利用，逐渐耗竭内生糖原，减少 ATP 生成，造成虫体能源断绝而死亡。另外还能控制虫卵发育，因而有控制肠蠕虫传播的作用。

【临床应用】 治疗蛔虫、蛲虫、鞭虫、钩虫、绦虫等肠蠕虫的感染及混合感染，并可有效控制蛔虫、钩虫和鞭虫传播。

【不良反应】 无明显不良反应。少数病例服后可见短暂腹痛、腹泻。大剂量时偶见过敏反应、脱发、粒细胞减少等。有明显的胚胎毒和致畸作用，故孕妇忌用。2 岁以下儿童和对该药过敏者不宜使用。肝肾功能不全者禁用。

案例解析

案例：

患者，男，42 岁，在莫桑比克工作一年。工作和居住环境多蚊虫。工作月余，突发寒战，继之高热达 40℃，次晨热退，大汗淋漓，身体虚弱。第三日晨起再次出现高热。在血涂片中查到疟原虫。经诊断患疟疾。嘱口服青蒿素片。寒战高热症状好转，停药。但半月后，疟疾复发。反复两三次后，感觉发病一次比一次重，口服青蒿素药效变差。再一次发生严重高热后，医生嘱其同时服用二氢青蒿素和哌喹。

问题：

1. 疟疾治疗药物有哪些？为何改用二氢青蒿素和哌喹？

2. 使用青蒿素类药物治疗的过程中，应注意什么问题？

解析：

1. 疟疾治疗药物有哪些？为何改用二氢青蒿素和磷酸哌喹？

治疗疟疾的药物主要包括以下几类。

（1）氯喹、奎宁、青蒿素和蒿甲醚等青蒿素类药物对各种疟原虫的红细胞内期裂殖体均有杀灭作用，可以直接抑制疟原虫裂解红细胞后产生的寒战高热等症状。

（2）伯氨喹对间日疟红细胞外期休眠子和各种疟原虫的配子体有较强的杀灭作用，为阻止复发、中断传播的有效药物。

（3）乙胺嘧啶、磺胺类和砜类的含药血液随配子体被按蚊吸入后，能抑制配子体在蚊体内发育，从而阻断传播。是用于预防的抗疟药。

其中青蒿素及其衍生物由于其高效低毒的特点是目前治疗疟疾的一线药。当前，WHO 对恶性疟原虫引起的无并发症疟疾治疗推荐青蒿素为基础的联合疗法（artemisinin combination therapy，ACT）。这种疗法是全球在控制疟疾方面取得巨大成功的关键。本案例中患者服用的二氢青蒿素抗疟作用比青蒿素强，而且另外增加哌喹，属于基于青蒿素的联合疗法，有助于疟疾治疗。

2. 使用青蒿素类药物治疗的过程中，应注意什么问题？

青蒿素类药物毒性低，使用安全，一般无明显不良反应。少数病例出现食欲减退、恶心、呕吐、腹泻等胃肠道反应，但不严重。在使用青蒿素类药物时，最重要的是要防止疟原虫耐药性的出现。

近年来在大湄公河次区域的国家如柬埔寨、泰国、越南、老挝和缅甸，已出现对青蒿素耐药的基因突变的疟原虫。确保青蒿素类药物的药效是当前的迫切任务。根据青蒿素联合疗法的群体性应用最优化，最近提出了多重一线药物治疗（multiple first-line treatments，MFT）方案（如蒿甲醚-本芴醇、青蒿琥酯-阿莫地喹和双氢青蒿素-哌喹的联用）。研究分析表明，多重一线药物治疗方案能改善群体性疗效，延迟耐药性出现，减缓耐药性发展；可使得各药的用量减少，使用药物越少，药物效用就越长；另外含有单一非青蒿素的联合疗法将会减轻青蒿素耐药进化带来的压力，能延迟青蒿素耐药的出现和播散。

本章小结

抗疟药分为三类：第一类是主要作用于控制症状的抗疟药，代表药物为青蒿素，其作用快而持久；第二类是控制复发与传播的药物，代表药物为伯氨喹；第三类是主要用于预防的药物，以乙胺嘧啶为代表。合理选择药物，严格掌握剂量、疗程和给药途径，以保证治疗效果和延缓抗药性的产生。

抗阿米巴病药根据其在肠道的浓度治疗不同的阿米巴病，包括对肠内、肠外阿米巴病都有效的甲硝唑；在肝、肺组织中浓度较高的氯喹，仅对肠外阿米巴病有效；主要用于治疗肠内阿米巴病的喹碘方。

多种抗阿米巴病药对阴道毛滴虫也有杀灭作用，其中以甲硝唑、替硝唑等咪唑衍生物类最为有效，是治疗阴道滴虫病的首选药。

吡喹酮口服疗程短、疗效高、毒性小，是较理想的抗血吸虫病药物。乙胺嗪具有疗效高、毒性低、口服有效的特点，是目前抗丝虫病药常用药物。

中药介绍

南　瓜　子

南瓜子，又名白瓜子，是葫芦科南瓜属植物南瓜 *Cucurbita moschata* Duch. 的种子。秋季采摘成熟果实，取出种子，洗净晒干。南瓜子性味甘温。可驱虫、止咳、催乳，其中，以驱虫应用最广，可驱绦虫、蛔虫、蛲虫等寄生虫，一般人群均可食用。

1. 驱蛔虫　南瓜子煎服或炒熟吃。儿童一般每次用50～100g，于早晨空腹时服。观察5～13岁粪检阳性患儿56例，服药后1～2日共51例排出蛔虫；第5～10日48例复查大便，有33例转为阴性。

2. 驱绦虫　40%南瓜子粉煮液和30%瓜子提取物在体外对牛肉绦虫或猪肉绦虫的中段及后段都有麻痹作用，使之变薄变宽，节片中部凹陷（中段节片尤其明显），而对其头及未成熟节片则无此作用。临床可与槟榔合用治疗绦虫病。具体用法：晨起空腹时，先将南瓜子肉60～120g炒香，嚼烂吞服，1～2h后，再服30～60g槟榔煎成的浓汁，小儿用量酌减。服下3～4h后将腹泻排虫。

3. 驱血吸虫　小鼠实验证明，口服南瓜子能抑制和杀灭体内日本血吸虫幼虫，对雌虫作用更强；但对血吸虫成虫作用弱。临床使用南瓜子仁治疗血吸虫病，具有一定疗效。治后大便复查，部分患者转为阴性。尤其对急性病例具有良好的退热作用。

（李艳蓉）

第八篇　抗肿瘤与免疫药理学

第四十八章　抗恶性肿瘤药物

能力要求

1. 掌握常用细胞毒类抗肿瘤药的药理作用、临床应用及不良反应。
2. 熟悉常用非细胞毒类抗肿瘤药的临床应用。
3. 了解抗肿瘤药物应用原则。

恶性肿瘤是严重威胁人类生命健康的常见病、多发病。目前治疗恶性肿瘤常用的三大手段：药物治疗、外科手术、放射治疗。抗肿瘤药物，是指通过细胞杀伤、免疫调控、内分泌调节等途径，在细胞、分子水平进行作用，达到抑制肿瘤生长或消除肿瘤的药物，一般包括化学治疗药物、分子靶向治疗药物、免疫治疗药物、内分泌治疗药物等。

目前临床应用的抗肿瘤药种类较多且发展迅速，其分类迄今尚不完全统一，其中较为合理的是分为细胞毒类和非细胞毒类抗肿瘤药物两大类。细胞毒类抗肿瘤药物即传统化疗药物，主要通过直接抑制肿瘤细胞增殖或诱导肿瘤细胞凋亡的药物，如抗代谢药和抗微管蛋白药等。非细胞毒类抗肿瘤药是一类发展迅速的具有新作用机制的药物，该类药物主要以肿瘤分子病理过程的关键调控分子为靶点，如调节体内激素平衡药物、分子靶向药物和肿瘤免疫治疗药物等。虽然传统细胞毒抗肿瘤药在目前的肿瘤化学治疗中仍起主导作用，而以分子靶向药物为代表的新型抗肿瘤药物已取得突破性进展，其重要性不断上升。

知识拓展

肿瘤免疫治疗药物近年来得到很大进展，主要是应用免疫学原理和方法，提高肿瘤细胞的免疫原性和对效应细胞杀伤的敏感性，应用免疫细胞及效应分子激发和增强机体抗肿瘤免疫应答，协同机体免疫系统高效杀伤肿瘤细胞。一种是针对免疫检查点的抗体，如细胞毒性T细胞相关抗原4（cytotoxic T lymphocyte-associated antigen 4，CTLA-4）、程序性细胞死亡蛋白1（programmed death-1，PD-1）及其配体（programmed death ligand 1，PD-Ll）等，通过激活患者自身免疫系统中的T细胞来消灭肿瘤细胞；另一种是表达嵌合抗原受体的自体T细胞疗法（chimeric antigen receptor T-cell herapy，CAR-T），是运用患者自体T细胞的个性化治疗方法。

第一节　细胞毒类抗肿瘤药

一、干扰核酸生物合成的药物

本类药物的化学结构大多与细胞生长繁殖所必需的代谢物质如叶酸、嘌呤碱、嘧啶碱等相似，它们能竞争性地与酶结合，从而以伪代谢物的形式干扰核酸中嘌呤、嘧啶及其他前体物的代谢。它们也可以与核酸结合，取代相应的正常核苷酸，从而干扰DNA的正常生物合成，阻止肿瘤细胞的分裂增殖，因此又称抗代谢药。这类药物一般作用于细胞周期中的S期，为周期特异性药物。根据作用机制的不同可分为如下几类。

（一）二氢叶酸还原酶抑制药

甲氨蝶呤

甲氨蝶呤（methotrexate，MTX）的化学结构与叶酸相似，对二氢叶酸还原酶具有较强的抑制作用。

【体内过程】 口服易吸收，常为静脉给药。血浆蛋白结合率约为50%，不易通过血脑屏障，半衰期约为2h。口服后1～5h血药浓度达到高峰。部分经肝细胞代谢转化为谷氨酸盐，另有部分通过胃肠道细菌代谢。主要经肾（40%～90%）排泄，大多以原型药排出体外；小于10%的药物通过胆汁排泄，少量可经胆管从粪便排出。在数次高剂量后，代谢物可积累。

【药理作用】 本品与二氢叶酸还原酶（DHFR）有高亲和力，可竞争性地与DHFR结合，阻断二氢叶酸还原为四氢叶酸，阻止一碳基团的转移，抑制嘌呤核苷酸和嘧啶核苷酸的合成，使脱氧胸苷酸（dTMP）合成受阻，从而使DNA和RNA的合成中断，主要作用于细胞周期S期，产生细胞毒作用。

【临床应用】 临床上用于急性白血病，尤其是急性淋巴细胞性白血病，与长春新碱、泼尼松、巯嘌呤合用，90%患者可以完全缓解，且部分可长期缓解。与氟尿嘧啶、放线菌素D合成治疗绒毛膜上皮癌可使部分患者长期缓解。对侵蚀性葡萄胎、头颈部肿瘤、乳腺癌、肺癌及盆腔肿瘤均有一定疗效。

【不良反应】 主要包括骨髓抑制和胃肠道毒性。骨髓抑制最为突出，主要表现为白细胞和血小板减少。严重时全血象下降，患者可有自发出血和危及生命的感染危险。胃肠道反应主要为口腔炎、胃炎、腹泻和便血等。妊娠早期应用可导致流产、畸胎、死胎等，故孕妇禁用。其他不良反应包括脱发、皮炎、间质性肺炎、肾毒性。为减轻甲氨蝶呤毒性，在用甲氨蝶呤后，加用甲酰四氢叶酸钙，可直接向细胞提供四氢叶酸辅酶，避开甲氨蝶呤的抑制作用，以减轻其细胞作用。

【禁忌证】 本品的致突变性，致畸性和致癌性较烷化剂为轻，但长期服用后，有潜在的导致继发性肿瘤的危险。对生殖功能的影响，虽较烷化剂类抗癌药轻，但确可导致闭经和精子减少或缺乏，尤其是长期应用较大剂量后。但一般不严重，有时呈不可逆性。全身极度衰竭、恶病质或并发感染及心肺肝肾功能不全时，禁用本品，周围血象如白细胞低于3500/mm^{3}或血小板低于50 000/mm^{3}时不宜用。有肾病史或发现肾功能异常时，禁用大剂量甲氨蝶呤疗法，未准备好解救药四氢叶酸钙（CF），未充分进行液体补充或碱化尿液时，也不能用大剂量甲氨蝶呤疗法。大剂量甲氨蝶呤疗法易导致严重副反应，须经住院并可能随时监测其血药浓度时才能谨慎使用。滴注时间不宜超过6h，太慢易增加肾脏毒性。大剂量注射本品2～6h后，可肌内注射甲酰四氢叶酸钙3～6mg，每6h 1次，注射1～4次，可减轻或预防副作用。

（二）干扰嘧啶核苷酸合成药

氟尿嘧啶

【体内过程】 本品口服吸收不完全，生物利用度低，需采用注射给药。静脉注射后迅速分布到全身各组织，在体内转化成活性核苷酸代谢产物而起作用。本药易进入脑脊液，80%在肝代谢灭活，半衰期为10～20min。代谢产物一部分转化为尿素从尿中排出，大部分转化为二氧化碳由肺排出。

【药理作用】 氟尿嘧啶（fluorouracil，5-FU，5-氟尿嘧啶）在细胞内经酶转变为5-氟尿嘧啶脱氧核苷酸（5F-dUMP）而竞争性抑制脱氧胸苷酸合成酶，阻止脱氧尿苷酸（dUMP）甲基化为脱氧胸苷酸（dTMP），从而影响DNA的合成。此外，氟尿嘧啶可在体内转化为5-氟尿嘧啶核苷，可结合到RNA上，从而干扰蛋白质的合成。

【临床应用】 氟尿嘧啶对多种肿瘤有效，主要用于治疗实体瘤，如消化道肿瘤、乳腺癌、卵巢癌、绒毛膜上皮癌、子宫颈癌、膀胱癌和头颈部肿瘤等。单独或与其他药物联合应用于乳腺癌和胃肠道肿瘤手术辅助治疗。也用于一些非手术恶性肿瘤的姑息治疗，尤其是胃肠道、乳腺、头颈部、肝脏、泌尿系统和胰腺的恶性肿瘤。采用局部涂抹可治疗皮肤癌和外阴白斑。

【不良反应】 主要是骨髓抑制和胃肠道毒性。其中胃肠道反应较为明显，主要表现为食欲缺乏、恶心、呕吐、腹痛及腹泻等，这些症状已是给药足量的可靠信号。全消化道黏膜溃疡可导致暴发性腹泻、消化道出血、休克和死亡。骨髓抑制可表现为白细胞减少和血小板下降，用药期间应严格检查血象。其他不良反应还有脱发、指甲变化、皮炎、皮肤色素沉着和萎缩、急性和慢性结膜炎、心肌缺血等。

【禁忌证】 过敏者禁用，妊娠及哺乳期妇女禁用，严重肝肾功能损害者禁用。

（三）干扰嘌呤核苷酸合成药

巯 嘌 呤

【体内过程】 吸收不完全，个体差异较大，在肝脏有首过效应，血浆蛋白结合率约 20%。给药后广泛分布于体液内，仅有较少量可渗入脑脊液。静脉注射后半衰期约为 90min，约 8% 以原型由尿排出。

【药理作用】 巯嘌呤（mercaptopurine，6-MP，6-巯基嘌呤）为嘌呤类阻断药，主要抑制复杂的嘌呤间的相互转变，它在体内受次黄嘌呤核苷焦磷酸酶（HGPRT）催化变成 6-巯基嘌呤苷酸（巯代肌苷酸，TIMP）后才有活性。TIMP 可竞争性抑制次黄嘌呤核苷酸转变为腺嘌呤核苷酸和鸟嘌呤核苷酸，从而干扰嘌呤代谢，阻碍核酸的合成。有明显的 S 期细胞周期特异性。

【临床应用】 主要用于治疗急性淋巴细胞白血病。单独使用时可使 25% 的儿童和 10% 的成人完全缓解。因起效慢，一般只用作维持治疗。大剂量对绒毛膜上皮癌、侵蚀性葡萄胎有一定疗效。同时可作为免疫抑制药用于肾病综合征、红斑狼疮等自身免疫性疾病及器官移植等。

【不良反应】 主要毒性为骨髓抑制，可有白细胞及血小板减少；胃肠道反应表现为恶心、呕吐、食欲减退、儿童的发生率较成人低。少数患者可出现黄疸和肝损害。偶见高尿酸血症。

【禁忌证】 已知对本品高度过敏的患者禁用，孕期禁用。

（四）核苷酸还原酶抑制药

羟 基 脲

【体内过程】 口服易吸收，血浆浓度达峰时间为 1～2h，然后迅速下降。血浆半衰期 1.5～5h。本品能通过血-脑脊液屏障，易透过红细胞膜。20% 在肝内代谢，80% 由尿排出，4h 内排出约 60%，12h 内可排出 80%。

【药理作用】 羟基脲（hydroxycarbamide，HU）能抑制核苷酸还原酶，阻止胞苷酸转变为脱氧胞苷酸，从而抑制 DNA 合成。为 S 期特异性药物，选择性杀伤 S 期细胞，并能使癌细胞集中于 G_1 期达到同步化，而 G_1 期细胞对放射线高度敏感，故与放疗合并应用可能起增敏作用。

【临床应用】 主要治疗慢性粒细胞白血病，疗效显著。对黑色素瘤有暂时缓解作用。对头颈部原发性鳞状细胞癌、复发性转移性卵巢癌、肾细胞癌等亦有一定的疗效。与放射治疗同时应用或作为放射的增敏剂，可增加治疗头颈部肿瘤的疗效。

【不良反应】 主要是骨髓抑制，表现为白细胞和血小板下降；可致畸胎。有轻度胃肠道反应、皮肤反应、肾功能受损、肺水肿、中枢神经系统紊乱等。

【禁忌证】 水痘、带状疱疹及各种严重感染禁用。

（五）DNA 多聚酶抑制药

阿糖胞苷

【药动学】 口服易被破坏，仅吸收 20%。通常注射给药，静注后，分布相为 10min，消除相半衰期为 2.5h。大多数在肝脏脱氨基成为无活性的阿糖尿苷。

【药理作用】 阿糖胞苷（cytarabine，Ara-C）为 S 期细胞周期特异性抗嘧啶类药物。本品在体内先转化为5-磷酸核苷酸（Ara-CMP），然后与合适的核苷酸激酶反应形成二磷酸和三磷酸核苷酸（Ara-CDP和Ara-CTP）。Ara-CTP的积聚可强力抑制许多细胞的DNA合成。过去认为这是Ara-CTP竞争性抑制DNA多聚酶的结果，然而当前研究表明Ara-C掺入DNA内有降低DNA作为模板的功能。

【临床应用】 为治疗非淋巴细胞性白血病和治疗急性髓细胞性白细胞首选药物，对成年人急性非淋巴细胞白血病特别有效；还可以用于治疗慢性粒细胞性白血病和头颈部癌。与其他药物联合应用时，效果更佳。本品亦联合应用于非霍奇金淋巴肉瘤，以及治疗急性淋巴细胞白血病的复发。

【不良反应】 限制剂量的不良反应为骨髓抑制，此外，胃肠道反应明显可出现恶心、呕吐、口腔溃疡、血栓静脉炎和肝功能受损等症状。

【禁忌证】 妊娠期及哺乳期妇女。

二、破坏DNA结构和功能的药物

（一）烷化剂

烷化剂（alkylating agent）又称烃化剂，本类药物化学活性高。它们具有活泼的烷化基团，可产生带正电的碳离子中间体，很快与细胞中许多具有亲核作用的物质形成共价键，即可使细胞中的核酸、蛋白质、酶上的氨基、羟基、巯基及嘌呤基等烷基化，从而改变其结构和功能、使细胞的分裂增殖受到抑制或引起细胞死亡。因此分裂增殖快的肿瘤细胞首先受到抑制。骨髓细胞和肠道上皮细胞增殖亦快，亦易受抑制，表现为毒性。本类药物对肿瘤细胞和正常细胞的选择性低，故而毒性大。烷化剂是细胞周期非特异性药物，能杀伤休息中和分裂中的细胞，但大多数药物对增殖细胞的活力更强。烷化剂主要分为五类：①氮芥类；②乙撑亚胺类；③烷基磺酸类；④亚硝基脲类；⑤三氮烯类（triazene）。

氮芥类

氮 芥

氮芥（chlormethine，HN_2）是最早用于临床并取得突出疗效的抗肿瘤药物，为双氯乙胺类烷化剂的代表。水溶性极不稳定，局部刺激性强，必须静脉注射。作用迅速而短暂（数分钟），在血中停留的时间只有0.5～1min，90%在1min内由血中消失，主要分布于肺、小肠、肾、肌肉，脑内最少。24h内10%～75%以代谢物形式排出。但对骨髓等的抑制却较久。

【药理作用】 本品化学性质活泼，在体内迅速生成有高度活性的季铵化合物，与鸟嘌呤残基中7位上的氮形成共价结合，完成烷基化过程，抑制细胞分裂，导致细胞死亡。G_1期及M期细胞对氮芥的细胞毒作用最为敏感，较大剂量时，对各周期细胞和非增殖细胞均有杀伤作用。

【临床应用】 主要用于恶性淋巴瘤（霍奇金病、非霍奇金淋巴瘤）。目前已很少应用于其他肿瘤；由于HN_2具有高速、速效的特点，适用于腔内注射控制癌性胸腹水的患者。与长春新碱、丙卡巴肼及泼尼松合用治疗霍奇金病有较高的疗效，对卵巢癌、乳腺癌、绒癌、前列腺癌、精原细胞癌等也有一定疗效。

【不良反应】 最常见的急性反应为消化道反应，严重的不良反应为骨髓抑制，引起显著的白细胞及血小板减少，严重者能使全血细胞减少，抑制程度与剂量相关。局部刺激性大，接触皮肤和黏膜可致组织发泡、糜烂和坏死，因此不能口服和肌内注射，只能静脉注射或腔内注射。

【禁忌证】 凡有骨髓抑制、感染、肿瘤细胞侵及骨髓、曾接受过多程化疗或放疗者应慎用。对本品过敏者禁用。

环磷酰胺

【药动学】 口服吸收良好，1h血药浓度达到峰值。肝和肿瘤组织内分布浓度较高。可通过血脑屏障。在肝内被氧化成4-羟基环磷酰胺。后者可被进一步氧化成无活性的羧磷酰胺和4-酮基环磷酰胺，此反应可使本药对肝脏毒性减至最小。而大量的4-羟基环磷酰胺经循环系统运至靶组织，可发生结构互变，成为醛磷酰胺，并可自发裂解为磷酰胺氮芥和丙烯醛，前者对DNA有烷化作用，是主要的抗癌物质，后者对泌尿系统有刺激作用。本品及其代谢物主要由尿排出，血浆半衰期为4～6.5h。

【药理作用】 环磷酰胺（cyclophosphamide，环磷氮芥，癌得星，癌得散，安道生，CTX），本品原无烷化活性，需在体内经代谢成有活性的磷酰胺氮芥后发挥烷化作用。磷酰胺氮芥性质活泼，能与DNA发生交叉联结，抑制DNA合成，干扰DNA和RNA功能。本品抗瘤谱较氮芥广，抑瘤作用明显而毒性较低，化疗指数比其他烷化剂高，因此临床应用广泛。

【临床应用】 环磷酰胺抗瘤谱较广，是临床应用最广泛的烷化剂之一。对恶性淋巴瘤疗效显著，对多发性骨髓瘤、急性淋巴细胞白血病、乳腺癌、卵巢癌疗效也较好，也用于治疗其他肿瘤：小细胞肺癌、神经母细胞瘤、视网膜母细胞瘤、尤文瘤、软组织肉瘤。目前环磷酰胺多与其他抗癌药联合化疗用于临床治疗。本药也作为免疫抑制药治疗非肿瘤疾病。

【不良反应】 较氮芥轻。胃肠道反应较轻，剂量限制的主要不良反应为骨髓抑制，导致粒细胞明显减少；膀胱炎是本品较特殊的不良反应，与丙烯醛的尿中排出有关，严重时有血尿，发生率可高达40%，大量饮水和使用美司钠可使发生率降低，症状减轻。约20%患者出现脱发，偶见肝功能损害，皮肤色素沉着，月经不调，精子无活力，肺纤维化，心肌损害及抗利尿激素分泌不足等。本品有致癌、致畸和致突变作用。

【禁忌证】 对环磷酰胺过敏者、妊娠及哺乳期妇女、严重肝肾损害、骨髓功能抑制者、感染患者、肝肾功能损害者。

乙撑亚胺类（氮丙啶类）

塞 替 派

【药动学】 药物进入人体后，在各组织中均有分布。静脉给药，在24～48h内大部分以原型在尿中排出，85%的药物经尿排泄。本品能透过血脑屏障。

【药理作用】 塞替派（thiotepa）在肝内迅速转变成三亚乙基磷酰胺（TEPA），可将含氮环质子化，打开氮丙啶环，成为活化分子，经亲核取代反应，形成DNA交叉连接，从而产生细胞毒作用，其抗瘤谱与氮芥相似。可用作各种实体瘤的姑息治疗。

【临床应用】 乳腺癌、卵巢癌、肝癌和恶性黑色素瘤等。

【不良反应】 主要毒性为骨髓抑制且毒性大，即使停药后30日尚可发生，有的可发生不可逆的再生障碍性贫血。

【禁忌证】 对塞替派过敏者、妊娠及哺乳期妇女、严重肝肾损害、骨髓功能抑制者、感染患者、肝肾功能损害者。

烷基磺酸类

白 消 安

白消安（busulfan，白血福恩，马利兰）具有磺酸类双功能烷化基团，能与细胞核中DNA的鸟嘌呤起烷化作用，将甲基结合到DNA上，破坏DNA的结构与功能，起到细胞毒作用。临床治疗慢性粒细胞白血病效果显著，首次疗程治疗后缓解率可达85%～90%，对其他骨髓增殖性疾病也有效。不良反应主要为骨髓抑制。

亚硝基脲类

卡莫司汀

【药动学】 本品口服吸收迅速，一般多为静脉给药，代谢十分迅速，血浆半衰期为

15～30min，但其代谢产物的半衰期较长。其代谢产物仍有抗癌作用，且与蛋白质结合后缓慢释放，作用持久，并产生延缓性毒性。本品能透过血脑屏障，在脑脊液中的浓度为血浆浓度的50%～70%。代谢产物主要由肾脏排出，24h 大约有 80% 的药物经尿排出。

【药理作用】 卡莫司汀（carmustine，卡氮芥）通过与 DNA 共价结合、抑制 DNA 聚合酶等方式，抑制 DNA、RNA 和蛋白质的合成，杀死处于所有细胞周期相的细胞。

【临床应用】 抗瘤谱较广，与其他烷化剂相似，有不完全的交叉耐药性。因本品能通过血脑屏障，易进入中枢神经系统，适用于治疗脑瘤和恶性肿瘤的脑转移，对霍奇金瘤疗效明显，但对其他淋巴肉瘤和骨髓瘤反应率较低，对黑色素瘤和胃肠道肿瘤亦有一定疗效。

【不良反应】 最常见、最严重的不良反应是延迟和累积性骨髓抑制，用药期间应检查血象。其他不良反应有肺纤维化、肝、肾损害、视神经炎、恶心、呕吐等胃肠道症状，皮肤色素沉着等。静注可引起静脉炎。

三氮烯类

达卡巴嗪

达卡巴嗪（dacarbazine，氮烯咪胺）在肝内经 CYP 通过 *N*-去甲基反应活化，然后在靶细胞裂解代谢物，产生 CH—N═NOH，再释放出甲基正碳离子（CH），使 DNA 的鸟嘌呤烷基化。临床用于联合用药方案中，治疗恶性黑色素瘤。霍奇金病和成人肉瘤。因本品对光和热极不稳定，遇光或热易变红，在水中不稳定，放置后溶液变浅红色，需临时配制，溶解后立即注射，并尽量避光。注射部位可有血管刺激反应。不良反应包括消化道反应、骨髓抑制、全身不适、发热、肌肉疼痛、面部麻木、脱发。

其他烷化剂

丙卡巴肼

【药动学】 口服吸收迅速，很快分布到各组织中，在肝、肾中浓度最高，能通过血-脑脊液屏障，人血浆半衰期为 10min。绝大部分在体内代谢，主要由尿排泄，约 30% 以二氧化碳形式从肺部排出。

【药理作用】 丙卡巴肼（procarbazine）又称甲基苄肼，为甲基化剂。在体内可释放甲基正离子与 DNA 结合，抑制蛋白质和核酸合成，抑制有丝分裂。

【临床应用】 主要用于治疗霍奇金病，还可用于恶性淋巴瘤、骨髓瘤、黑色素瘤、脑瘤、肺癌、卵巢癌、真性红细胞增多症、网状细胞肉瘤等。它与其他抗肿瘤药物之间无明显交叉耐药性。

【不良反应】 恶心、呕吐、食欲缺乏常见。有骨髓抑制毒性，可致白细胞及血小板减少，一般发生于用药后 4～6 周。偶有口腔炎、口干、腹泻、便秘、眩晕、嗜睡、精神错乱、脑电图异常等。肝损害、皮炎、皮肤色素沉着、脱发、外周神经炎等偶见。

（二）破坏 DNA 的抗生素类

丝裂霉素

【药动学】 本品多为静脉给药，静脉注射后迅速进入细胞内，肌肉、心、肺、肾的浓度较高，很少进入中枢神经系统，不能透过血脑屏障，主要在肝中代谢，由尿排出，24h 内排出约 35%。

【药理作用】 丝裂霉素（mitomycin，MMC，自力霉素 ）是 1956 年日本微生物学家从头状链霉菌 *Streptomyces caespitosus* 培养液中提取的一种广谱抗肿瘤抗生素。本品抗癌作用机制主要是烷化作用，与 DNA 的双螺旋形成交叉联结。它含有两个烷化中心，即氮丙啶基团和氨甲酰基团，和 DNA 碱基的鸟嘌呤 O_6 和 N_2 以及腺嘌呤 N_6 结合，抑制 DNA 的复制，同时还可引起 DNA 单链断裂，高浓度时对 RNA 亦有抑制作用。丝裂霉素为细胞周期非特异性药物，但对晚 G_1 期及早 S 期最敏感，对 G_2 期则为低敏感。

【临床应用】 丝裂霉素对细菌有抗菌作用，对革兰氏阳性菌的作用比对革兰氏阴性菌的作用强。有广谱的抗肿瘤作用，是一种细胞周期非特异性的药物，主要用于治疗各种实体瘤，与氟尿嘧啶、多柔比星联合应用可有效缓解胃腺癌和肺癌。与环磷酰胺、塞替哌合用，可增强治疗恶性淋巴瘤疗效。

【不良反应】 主要毒性为持久的骨髓抑制。恶心、呕吐、腹泻、胃炎、皮炎发热和不适等亦有发生。本品最危险的毒性表现为溶血性尿毒综合征，当总剂量高于 70mg/m^2 时，肾衰的发生率高达 28%。

【禁忌证】 对本品过敏者、凝血障碍或有其他原因的出血倾向者、水痘患者、带状疱疹患者、妊娠及哺乳妇女。

博来霉素

博来霉素（bleomycin，BLM）又名争光霉素，是含多种糖肽的复合抗生素。平阳霉素（pingyangmycin，PYM）为单一组分，是从我国浙江平阳县土壤中的放线菌培养液中分离得到的抗肿瘤抗生素，经研究与国外的博来霉素成分相近。博来霉素在体内可与铁或铁离子络合，使氧分子大量转化为氧自由基后嵌入 DNA，使 DNA 双链或单链断裂，阻碍 DNA 复制。为细胞周期非特异性药物，对鳞状上皮细胞癌、睾丸癌和恶性淋巴瘤有较好疗效。治疗睾丸癌时与长春碱、顺铂合用可使部分患者完全缓解。口服不能吸收，需要肌内注射或静脉注射。血中浓度在注射 0.5h 时达到高峰。对骨髓抑制很轻，有显著的皮肤毒性，肺毒性是本品的最严重的毒性。

（三）铂类配合物

顺　铂

顺铂（cisplatin）是以二价铂同两个氯原子和两个氨分子结合的重金属络合物，类似于双功能烷化剂，又称顺氯氨铂，是第一代铂类配合物。

【药动学】 本品仅能由静脉、动脉或腔内给药，给药后迅速分布于全身各组织，肾、肝、卵巢、子宫、皮肤、骨等含量较多。脾、胰、肠、心、肌肉、脑中较少，瘤组织无选择性分布，蛋白结合率约 90%，主要从尿中排出，排泄较慢，4 日内尿中排出仅 25%～44%。血浆半衰期为 58～73h。腹腔给药时腹腔器官的药物浓度较静脉给药时高 2.5～8 倍，对治疗卵巢癌有利。

【药理作用】 顺铂进入体内氯可被水解，然后在 DNA 分子中鸟嘌呤的 6 位和 7 位之间形成交叉联结，或与胞嘧啶及腺嘌呤结合形成 DNA 单链内两点的交叉联结，也可能形成双链间的交叉联结，从而破坏 DNA 的结构和功能。对 RNA 和蛋白质合成的抑制作用较弱。属于周期非特异性药物。

【临床应用】 抗癌谱较广、作用强，与多种抗肿瘤药物有协同作用，且无交叉耐药等特点，为当前联合化疗中最常用的药物之一。主要用于治疗转移睾丸癌和卵巢癌，是治疗睾丸肿瘤最有效的药物之一。与多柔比星的联合化疗可使 40% 以上的卵巢癌取得较好的疗效；与博来霉素、长春碱联合使用可以根治睾丸癌。对膀胱癌、宫颈癌、头颈部癌、骨髓瘤、非小细胞肺癌和胃癌也有一定疗效。

【不良反应】 主要是胃肠道反应、骨髓抑制和肾脏毒性等。本品是目前致吐性最强的化疗药物之一，可出现食欲减退、恶心、呕吐、腹泻等。一般于注射后 1～2h 发生，持续 4～6h 或更长，停药 2～3 日后消失，此反应与剂量有关。用药期间给予甲氧氯普胺、地塞米松或恩丹西酮等可抑制或减轻消化道反应。肾脏毒性是最严重的毒性反应，也是剂量限制性毒性。表现为血尿及肾功能损伤，血清肌酐升高及清除率降低，与用药剂量有关，常发生于给药后 7～14 日。骨髓抑制主要表现为白细胞减少。其他不良反应包括肝功能障碍、血清氨基转移酶增加、耳鸣、运动失调、肌痛、上下肢感觉异常等；少数患者可能出现大脑功能障碍，亦可出现癫痫、术后视神经炎等。

【禁忌证】 肾功能损害、严重骨髓抑制、对本品有过敏史者及孕妇禁用。

卡 铂

卡铂（carboplatin 碳铂，CBP）为第二代铂类化合物。其作用机制、适应证与顺铂相似，具有抗瘤活性较强，毒性较低的特点。主要用于治疗小细胞肺癌、卵巢癌、头颈部癌、生殖细胞肿瘤，也可用于甲状腺癌、宫颈癌、膀胱癌及非小细胞肺癌。主要不良反应为骨髓抑制。

（四）拓扑异构酶抑制药

喜 树 碱

【药动学】 本品静脉注射后大部分与血浆蛋白结合，半衰期长，血中可存留 6 日以上。动物实验显示，本药在胃肠道、肝脏、骨髓及肾脏中含量较高，其中胃肠道浓度最高，停留时间也长。本品主要以原型经尿排泄，48h 排出 17%。

【药理作用】 喜树碱（camptothecine，CPT）又名喜树素，本品系喜树 *Camptotheca acuminata* 的种子或根皮中提取的一种生物碱，主要是通过特异性抑制 DNA 拓扑异构酶Ⅰ，使 DNA 断裂，到最后肿瘤细胞死亡。此类药物特异性作用于 S 期。与其他常用抗癌药无交叉耐药性。

【临床应用】 临床用于消化道肿瘤近期疗效好，但缓解期短。主要用于胃癌、肠癌、直肠癌、肝癌、头颈部癌、膀胱癌、卵巢癌、肺癌及急性粒细胞白血病、慢性粒细胞白血病的治疗。

【不良反应】 不良反应主要为泌尿系统反应，多在用到 100～140mg 时出现。胃肠道反应重者可出现肠麻痹和电解质紊乱。骨髓抑制较轻。

依托泊苷

依托泊苷（etoposide，vepeside，鬼臼乙叉苷，VP-16）和替尼泊苷（teniposide，鬼臼噻吩苷，VM-26）为鬼臼毒素衍生物。替尼泊苷抗肿瘤作用与依托泊苷相似，前者作用是后者的 5～10 倍，对儿童白血病和脑瘤有较好疗效。

【药动学】 口服约 50% 被吸收，达峰时间为 1～2h。口服生物利用度 48%（25%～74%）。静脉注射后 97% 与血浆蛋白结合。主要分布在胆汁、腹水、尿、胸腔积液和肺组织，进入脑脊液很少，大多数患者脑脊液中药物浓度低于血浆浓度的 10%。

【药理作用】 具有抗有丝分裂和抗肿瘤作用，高浓度（＞ 10μg/ml）能使进入分裂周期的细胞溶解；低浓度可抑制细胞进入分裂前期。本品与 Topo Ⅱ和 DNA 可形成一种药物-酶-DNA 可裂性三元复合物，结果引起细胞剂量依赖性的单股和双股 DNA 断裂，导致细胞死亡。S 期和 Q 期的细胞对其最为敏感。

【临床应用】 依托泊苷抗癌谱较广，对小细胞肺癌有效率达 40%，如与环磷酰胺、多柔比星和长春新碱联合应用，可提高到 80%。亦可用于睾丸癌、霍奇金病、恶性淋巴瘤、膀胱癌、肝癌及急性非淋巴细胞白血病。

【不良反应】 ①骨骼抑制：主要是白细胞减少，是最常见的剂量限制原因，血小板下降少见。②胃肠道反应：恶心、呕吐、口腔炎、腹泻，一般较轻。③其他：脱发，头痛，静脉炎等。

【禁忌证】 有重症骨髓机能抑制的患者及对该品有重症过敏既往史的患者禁用；对肝肾功能损害的患者及合并感染的患者，水痘患者应慎用。

三、干扰转录影响 RNA 合成的药物

柔红霉素

柔红霉素（daunorubicin）是一种由 *Streptomyces peucetins* 培养液中提得的蒽环类化合物，我国河北省正定县土壤中获得的同类放线菌菌株培养液中亦可提得此物质，故又名正定霉素。

【药动学】 通常静脉给药，给药后迅速分布到全身，心、肾、肺、肝和脾较多，不易透过血脑屏障，可通过胎盘。半衰期为 30～55h。主要在肝脏代谢，其代谢物柔红霉素醇仍有抗癌活性，

代谢产物与原型缓慢由胆汁及尿中排出，尿液可呈红色。

【药理作用】 本品能以其分子结构中的平面部分，嵌入 DNA 的双键中形成稳定复合物，影响 DNA 的功能，阻止 DNA 复制和 RNA 的转录，抑制 Topo Ⅱ功能，抑制肿瘤细胞的分裂繁殖。本品为细胞周期非特异性药物，对 S 期细胞比较敏感。还有免疫抑制和抗菌作用。

【临床应用】 主要用于治疗急性粒细胞白血病，对儿童疗效好，缓解率高但缓解期较短。本品与长春新碱及泼尼松合用可提高疗效，与阿糖胞苷及硫鸟嘌呤合用可使完全缓解率超过 60%。此外，还可治疗神经母细胞瘤和淋巴瘤。

【不良反应】 本品毒性较大，限制剂量的不良反应为骨髓抑制，发生率达 90%。其他不良反应有厌食、恶心、呕吐、口炎、胃炎和脱发等。

【禁忌证】 对柔红霉素、多柔比星或表柔比星过敏者，可能对本药存在交叉过敏；周围血象中白细胞低于 3.5×10^9/L 或血小板低于 50×10^9/L 者；发热或伴明显感染者；恶病质者；水、电解质或酸碱平衡紊乱者；胃肠道梗阻者；肝肾功能、心肺功能不全者；既往用过足量多柔比星或表柔比星者；哺乳期妇女、孕妇（尤其在妊娠头 3 个月内）。

多柔比星

多柔比星（doxorubicin，ADM）又名阿霉素，由链霉菌属的发酵液中提取，化学结构与柔红霉素相似，差别仅在将柔红霉素 C 上的氢用羟基取代。本品亦可从柔红霉素化学转化或全部化学合成。药用其盐酸盐。

【药动学】 本品仅可静脉给药，血浆蛋白结合率很低，血浆半衰期为 43h。进入体内迅速分布于心、肾、肝、脾、肺组织中，但不能透过血脑屏障。主要在肝内代谢，经胆汁排泄，50% 以不变的原型药，23% 以具活性的多柔比星代谢物阿霉素醇排出，仅 5% ～ 10% 在 6h 内从尿液中排泄。

【药理作用】 多柔比星既含有脂溶性的蒽环配基，又有水溶性的柔红糖胺，并含有酸性酚羟基和碱性氨基，因此具有很强的抗癌药理活性。可直接作用于 DNA，插入 DNA 的双螺旋链，使后者解开，改变 DNA 的模板性质，抑制 DNA 聚合酶，从而抑制 DNA，也抑制 RNA 合成。此外，多柔比星具有形成超氧基自由基团（free radical）的功能，并有特殊的破坏细胞膜结构和功能的作用。本品为细胞周期非特异性药物，对癌细胞增殖各期均有杀伤作用，但对 S 期的早期最为敏感，M 期次之，而对 G_1 期最不敏感，对 G_1、S 和 G_2 期有延缓作用。

【临床应用】 本品临床抗瘤谱广，疗效高，对各种周期的肿瘤细胞都有杀灭作用。作为临床上最常用的抗肿瘤药物之一，主要用于急、慢性白血病及恶性淋巴瘤，还用于霍奇金病、神经母细胞瘤、横纹肌肉瘤、软组织肉瘤、肾母细胞瘤、乳腺癌、肺癌、胃癌、胰癌、膀胱癌、前列腺癌、卵巢癌、子宫内膜癌、宫颈癌、睾丸癌、头颈部鳞状细胞癌和肝细胞癌。常与其他抗肿瘤药物联合应用以提高疗效。

【不良反应】 骨髓抑制和心脏毒性是本品的两个主要不良反应。心脏毒性与总累积剂量密切相关，因此应限制总剂量不得超过 550mg/m^2。其他不良反应尚有恶心、呕吐、口炎、脱发、高热、出血性症状、静脉炎和皮肤色素沉着等。

【禁忌证】 骨髓功能抑制、心肺功能失代偿、严重心脏病、重症感染、电解质或酸碱平衡失调、胃肠道梗阻、肝功能损害、水痘或带状疱疹，以及妊娠及哺乳期妇女有心脏病史、严重感染及妊娠和哺乳期妇女。

表柔比星

表柔比星（epirubicin）又名表阿霉素，为多柔比星的同分异构体，且与多柔比星相同，为广谱抗肿瘤抗生素，临床常用于治疗乳腺癌、恶性淋巴瘤、急性白血病、卵巢癌、软组织肉瘤、肺癌和胃癌等。不良反应表现为局部反应、骨髓抑制、心脏毒性等。

阿柔比星

阿柔比星（aclarubicin，ACM）又名阿克拉霉素A，本品是从链霉菌属培养液中提取的一种抗肿瘤抗生素，其结构与多柔比星不同，它有三个糖基连到四环结构上，具有亲脂性，易进入细胞内，嵌入DNA链中抑制DNA合成。在抑制DNA浓度的1/10时也能抑制RNA的合成。治疗指数比多柔比星和柔红霉素高，毒性较小，对急性粒细胞性白血病有良好疗效，对急性淋巴细胞白血病、恶性淋巴瘤，对胃癌、肺癌、乳腺癌、卵巢癌也有效。全身毒性和心脏毒性比多柔比星低。

放线菌素D

放线菌素D（dactinomycin，DACT），又名更生霉素，本品为放线菌属种*Streptomyces* spp. 产生的抗癌抗生素。我国的产品称为更生霉素。

【药动学】 口服吸收差。静脉注射后迅速分布到全身组织。其中肝、肾浓度最高，浓集于有核细胞内，在白细胞内含量较高。本品不易透过血脑屏障，在体内代谢极少，50%～90%以原型经胆道排泄，10%～20%从尿排泄。半衰期约为36h。

【药理作用】 本品能与DNA双螺旋结合产生细胞毒性，嵌入DNA的鸟嘌呤和胞嘧啶（G-C）碱基对之间，与DNA结合为复合体，阻断了RNA多聚酶对DNA转录，阻止了RNA特别是mRNA的合成。DNA依赖的RNA多聚酶要比DNA多聚酶对本品的作用敏感得多。此外，本品亦可引起DNA单键断裂，可能通过游离基中介或通过Topo Ⅱ的作用。本品为细胞周期非特异性药物，为已知的最强的抗癌药之一。

【临床应用】 对霍奇金病、绒膜癌和肾母细胞瘤有较好疗效，对睾丸肿瘤、横纹肌肉瘤、骨肉瘤、卡波西（Kaposi）肉瘤、软组织肉瘤和其他肉瘤也有缓解作用。

【不良反应】 主要为骨髓抑制和胃肠道反应。骨髓抑制先出现血小板减少，后出现全血细胞减少。消化道反应如厌食、恶心和呕吐常发生在用药后几小时，在用药前给予止吐剂可减轻。其他不良反应有腹痛、腹泻、胃炎、舌炎、唇炎、口腔炎、直肠炎、脱发和皮肤脱屑等。静脉注射时外漏可致局部组织坏死。

四、干扰蛋白质合成的药物

（一）影响氨基酸供应的药物

L-门冬酰胺酶

【药动学】 本品口服在胃肠道内被破坏，口服无效。静脉注射血药浓度比肌内注射高10倍，在脑脊液中的浓度很低。血浆蛋白结合率约30%，静脉注射半衰期为8～24h，血药浓度可维持5～6日，肌内注射血浆半衰期为39～49h。

【药理作用】 *L*-门冬酰胺酶（asparaginase，左旋门冬酰胺酶，*L*-asparaginase）能催化门冬酰胺分解，使肿瘤细胞缺乏门冬酰胺供应，从而干扰其蛋白质合成，抑制细胞生长。*L*-门冬酰胺是重要的氨基酸，某些肿瘤细胞不能自己合成，需从细胞外摄取，正常细胞能合成门冬酰胺，受影响较少。最初认为有无门冬酰胺合成酶是正常细胞和肿瘤细胞间特有的生化差别。但目前发现多种正常细胞的门冬酰胺酶也是敏感的。

【临床应用】 对急性淋巴细胞白血病的缓解率可达50%以上。对急性粒细胞白血病及急性单核细胞白血病、恶性淋巴瘤也有一定疗效。人白血病细胞中亦含有门冬酰胺合成酶的细胞株，能较快地产生耐药性，因此，本品用于肿瘤治疗时应该与其他抗癌药联合应用。

【不良反应】 可出现荨麻疹、过敏性休克、低蛋白血症、外围组织水肿、高血糖症、凝血因子降低、精神症状和胃肠道反应等。

【禁忌证】 对本品有过敏史或皮肤阳性者、有胰腺炎病史或现患胰腺炎者、患水痘、广泛带状疱疹等严重感染者、妊娠期妇女。

（二）微管蛋白活性抑制药

长春碱类

长春碱（vinblastine，VLB）及长春新碱（vincristine，VCR）是一种由夹竹桃科长春花属植物长春花中提取的一种生物碱。它是一种有丝分裂抑制药，被广泛用于化学疗法。长春地辛（vindesine，VDS）和长春瑞滨（vinorelbine，NVB）为长春碱的半合成衍生物。

【药理作用】 细胞骨架和纺锤体等多种细胞结构均由微管构成。而长春碱类作用机制为与微管蛋白结合，抑制微管聚合，从而使纺锤丝不能形成，细胞的有丝分裂停止于中期，因此长春花属的生物碱能够有效影响各种高速分裂细胞的生长。对有丝分裂的抑制作用，长春碱的作用强于长春新碱，属于细胞周期特异性药物，主要作用于 M 期细胞。

【临床应用】 长春碱主要用于治疗急性白血病恶性淋巴瘤及绒毛膜上皮癌。长春新碱主要用于联合化疗 CHOP（环磷酰胺、多柔比星、长春新碱、泼尼松）治疗非霍奇金淋巴瘤；用于急性白血病、急性和慢性淋巴细胞白血病、恶性淋巴瘤、生殖细胞肿瘤、小细胞肺癌及肾母细胞瘤等。它还与地塞米松及左旋门冬酰胺酶一同用于晚期癌症的缓解。有时候长春新碱也被用作免疫抑制药。

【不良反应】 主要包括骨髓抑制、神经毒性、消化道反应、脱发及注射局部刺激等。长春新碱对骨髓毒性不明显，但对外周神经系统毒性较大。

【禁忌证】 白细胞计数减少者、细菌性感染者、妊娠及哺乳妇女。

长春地辛

长春地辛（vindesine，长春花碱酰胺，VDS）为长春碱的半合成衍生物，其抗瘤活性更似长春新碱。抗瘤谱较广，作用机制与长春碱和长春新碱相同，其作用强度为长春碱的 3～10 倍。与环磷酰胺、多柔比星联合应用治疗非小细胞肺癌，有效率可达 40% 左右；对霍奇金病及非霍奇金淋巴瘤疗效较好。与长春碱和长春新碱无完全的交叉耐药性。骨髓抑制较长春碱轻，但较长春新碱强。神经毒性为长春新碱的 1/2，也可为剂量限制性毒性。

紫 杉 醇

紫杉醇（paclitaxel，taxol）是从短叶紫杉 *Taxus brevifolia* Taxaceae 或红豆杉中提取分离的新的双萜烯成分。1994 年 7 月美国 FDA 批准入境。紫杉醇为具有重大突破的新一代肿瘤化疗药物。它是一种新型的抗微管药物，具有广谱抗癌作用。

【药动学】 静脉滴注给药，静脉滴注后药物呈双相消除。半衰期为 5.3～17.4h，血浆蛋白结合率为 89%～98%，不易透过血脑屏障，主要经肝脏代谢。

【药理作用】 本品与长春碱的作用不同，紫杉醇属有丝分裂中的微管抑制药，紫杉醇具有聚合和稳定细胞内微管的作用，致使快速分裂的肿瘤细胞在有丝分裂阶段被牢牢固定，使微管不再分开，可阻断细胞于细胞周期之 G_2 与 M 期，使癌细胞复制受阻断而死亡 。此外，紫杉醇尚可激活巨噬细胞起到杀灭肿瘤的作用。当其与干扰素合用时，对激活巨噬细胞溶解肿瘤有增强作用。

【临床应用】 现已成为治疗卵巢癌和乳腺癌的一线药物，对铂类等已有抗药性的顽固性卵巢癌亦有效。此外，紫杉醇对恶性黑色素瘤、结肠癌和 HIV 引起的卡波西肉瘤亦有效。

【不良反应】 主要为骨髓抑制、神经毒性及心脏毒性。用药后有白细胞减少，血小板减少及贫血发生；过敏反应主要体现在用药数分钟后出现麻疹、呼吸窘迫、支气管痉挛、低血压；消化系统出现恶心、呕吐、腹泻、口腔炎、胃炎等；神经系统出现手足麻木、感觉过敏、肌痉挛、关节痛；还可出现心动过速、室性心律不齐、心动过缓、房室传质阻滞。

【禁忌证】 对本品或聚氧乙基蓖麻油过敏者，中性粒细胞计数 $<1.5\times10^9/L$ 的实体瘤患者、中性粒细胞计数 $<1\times10^9/L$ 的艾滋病相关型卡波西肉瘤患者、妊娠期妇女。

（三）干扰核糖体功能的药物

三尖杉酯碱

三尖杉属植物中提取的酯碱主要有四种：三尖杉酯碱（harringtonine）、高三尖杉酯碱、异三尖杉酯碱和脱氧三尖杉酯碱，其中三尖杉酯碱和高三尖杉酯碱抗肿瘤疗效较好。

【药理作用】 三尖杉酯碱能抑制真核细胞蛋白质合成的开始阶段，使多聚核糖体分解，释放出新生肽链，抑制有丝分裂。它们为周期非特异性药物。

【临床应用】 用于各型白血病、恶性淋巴瘤、真性红细胞增多症、肺癌、绒癌和侵蚀性葡萄胎等。

【不良反应】 骨髓抑制明显，少数患者呈现心脏毒性。其他不良反应可有恶心、呕吐、口干、厌食等。不宜作静脉推注，滴注也须缓慢，以免引起血压下降。

第二节　非细胞毒类抗肿瘤药

一、影响激素功能的抗癌药物

某些肿瘤如乳腺癌、前列腺癌、宫颈癌、卵巢肿瘤和甲状腺癌等均与相应激素失调有关。因此，用激素或其阻断药调节体内激素平衡，可抑制这些激素依赖肿瘤的生长，而且无骨髓抑制等不良反应。但激素作用广泛，副作用较多，选用时需特别注意。这类药物可分类如下。

雄激素类药

对晚期乳癌、绝经期前后 5 年以内的患者，以及有骨转移者疗效较好。其原理：①通过负反馈，抑制 FSH 分泌，减少雌激素产生，从而阻断雌激素对乳癌生长的促进作。②通过负反馈抑制 LH 的分泌，使催乳素水平下降，引起肿瘤退化。常用药物为丙酸睾酮（testosterone propionate）、二甲基睾酮（methyltestosterone）和氟羟甲酮（fluoxymesterone）。

雌激素类药

雌激素类药主要用于前列腺癌，也适用于晚期乳腺癌有内脏或软组织、转移绝经期后 7 年以上的妇女。其原理：①抑制垂体，减少促间质细胞激素的分泌，从而减少睾丸间质细胞分泌睾酮，也可减少肾上腺皮质分泌雄激素。②直接对抗雄激素的促前列腺癌组织生长的作用。常用药物为己烯雌酚（diethylstilbestrol）。

孕 激 素

孕激素可使部分子宫内膜癌的症状得到改善，肿瘤缩小，生存期延长。亦可用于乳腺，适用于绝经期后不久的妇女，或雌激素无效的晚期乳腺而有软组织转移者或肾癌。作用原理：①黄体激素可促进子宫内膜分化成熟，从而使癌组织变性、坏死，抑制癌细胞组织核酸合成。②抑制垂体催乳素，或促进卵泡素的分泌而抑制肿瘤。

糖皮质激素类

糖皮质激素能作用于淋巴组织，诱导淋巴细胞溶解。对急性淋巴细胞白血病及恶性淋巴瘤的疗效较好，作用快，但不持久，易产生耐药性；对慢性淋巴细胞白血病，除降低淋巴细胞数目外，还可降低血液系统并发症（自身免疫性溶血性贫血和血小板减少症）的发生率或使其减轻。常与其他抗肿瘤药合用，治疗霍奇金病及非霍奇金淋巴瘤。对其他恶性肿瘤无效，而且可能因抑制机体免疫功能而助长恶性肿瘤的扩展。仅在恶性肿瘤引起发热不退、毒血症状明显时，可少量短期应用以改善症状等。用药时，应合用有效抗癌药与抗菌药。常用于恶性肿瘤治疗的药物是泼尼松

(prednisone)和泼尼松龙(prednisolone)等。

氨鲁米特

氨鲁米特(aminoglutethimide,氨基导眠能,AG)是镇静催眠药鲁米特的衍生物。主要有两个作用。一是肾上腺化学性切除作用;二是阻止雌激素产生作用。前者是由于本品能抑制胆固醇转变成孕烯醇酮,这个过程是皮质醇合成的第一步,从而使肾上腺皮质中甾体激素的合成受抑;后者是由于本品为芳香化酶的强抑制药,能使雄激素的前体雄烯二酮不能转变成雌激素。这样氨鲁米特可使绝经后妇女的雌激素主要来源被切断,从而对乳腺癌产生治疗作用。用于治疗转移性乳腺癌、前列腺癌,库欣综合征,对他莫昔芬无效者仍有效。

他莫昔芬

他莫昔芬(tamoxifen,三苯氧胺,TAM)是合成的抗雌激素药物,能与雌二醇竞争性地与雌激素受体结合,部分激动雌激素受体,强度仅为雌激素的1/2,与受体结合后诱导改变受体的三维空间形状,阻止受体与DNA上的雌激素反应成分相结合,使转录等过程不能进行,从而抑制激素依赖性乳腺肿瘤细胞的生长。用于治疗晚期播散性乳腺癌,是停经后晚期乳腺癌的首选药物。与雄激素疗效相同但无后者的男性化副作用。本品对晚期卵巢癌、宫体癌等实体瘤也有效。

案例解析

案例:

病历显示,一位58岁妇女3个月前发现自己左乳房有一个肿块,但因为她“讨厌看医生”,即使有疼痛、乳头溢液、体重减轻这些症状她也没有去医院就医。她最后一次乳房X光检查是在3年前,50岁绝经,没有其他病史和用药史。医生发现她很焦虑,但其常规检查正常。后来,在她的左乳房发现了一个2cm的坚硬肿块,几个小淋巴结在左侧腋窝上,并且进行细针穿刺,最终确诊为乳腺癌,进一步观察并没有发现转移。随后,医生给她做了改良根治术和淋巴结清扫术。肿瘤的病理研究发现雌激素受体阳性,她的淋巴结有微小转移灶。根据患者病情,建议使用哪类药物?

解析:

因该患者肿瘤病理检查显示雌激素受体阳性,可考虑用他莫昔芬进行治疗。

二、分子靶向抗肿瘤药物

分子靶向药物主要针对恶性肿瘤病理生理发生、发展的关键靶点进行治疗干预,一些分子靶向药物在相应的肿瘤治疗中已经表现出较佳疗效。尽管分子靶向药物对其所针对的某些肿瘤有较为突出的疗效,并且耐受性较好、毒性反应较轻,但一般认为在相当长的时间内还不能完全取代传统的细胞毒类抗肿瘤药。这些药物作用机制和不良反应类型与细胞毒类药物有所不同,与常规化疗、放疗合用可产生更好的疗效。此外,肿瘤细胞的药物靶标分子在治疗前、后的表达和突变状况往往决定分子靶向药物的疗效和疾病预后,对该类药物更强调个体化治疗。

靶向抗肿瘤药物按照化学结构可分为大分子单克隆抗体类和小分子化合物类。

(一)单克隆抗体类

利用基因工程技术所生产的单克隆抗体抗肿瘤药已有近千种。单克隆抗体的作用机制是药物在癌细胞膜外与生长因子竞争结合受体,阻断信号传递过程,从而阻止癌细胞的生长与扩散。单克隆抗体抗肿瘤药(简称单抗药)最突出的优点是选择性“杀灭”即只对癌细胞起作用,对正常体细胞几乎没有伤害。目前临床应用的单克隆抗体抗肿瘤药有西妥昔单抗、曲妥珠单抗、利妥昔单抗等。

西妥昔单抗

西妥昔单抗（cetuximab）又名爱必妥，是以表皮生长因子受体（EGFR）为靶点的人鼠嵌合型单克隆抗体，目前已被 FDA 批准用于治疗有远处转移的结直肠癌和头颈癌患者。本品可阻碍 EGFR 的配体与其结合，抑制细胞周期；可间接抑制肿瘤新生血管内皮细胞增殖，促进细胞凋亡，减少基质金属蛋白酶和血管内皮生长因子的产生。本品耐受性好，不良反应大多可耐受，最常见的是痤疮样皮疹、疲劳、腹泻、恶心、呕吐、腹痛、发热和便秘等。

曲妥珠单抗

曲妥珠单抗（trastuzumab）又名赫赛汀，为靶向人表皮生长因子-2（Her-2）蛋白的重组人源化单克隆抗体。1998 年 10 月在美国首次上市，主要用于治疗转移性乳腺癌。大量临床研究表明，本品可改变 Her-2 阳性乳腺癌的自然病程。目前，本品用于胃肠癌研究开发处于Ⅲ期临床研究阶段，用于非小细胞肺癌（NSCLC）、膀胱癌、肾细胞癌、胰腺癌和结直肠癌（CRC）等治疗处于Ⅱ期临床研究中。

利妥昔单抗

利妥昔单抗（rituximab，rituxan）是针对 B 细胞分化抗原（CD20）的人鼠嵌合型单克隆抗体。CD20 抗原位于前 B 和成熟 B 细胞的表面，但在造血干细胞、正常血细胞或其他正常组织中不存在。利妥昔单抗可与 CD20 特异性结合导致 B 细胞溶解，从而抑制 B 细胞增殖，诱导成熟 B 细胞凋亡。临床用于治疗非霍奇金淋巴瘤（non-Hodgkin lymphoma，NHL）；联合氟达拉滨和环磷酰胺用于初治复发性、难治性慢性淋巴细胞白血病的治疗。利妥昔单抗治疗后最常见的不良反应是输注相关反应，主要在首次输注时发生，症状可表现为恶心、瘙痒、发热、风疹/皮疹、畏寒、寒战、喷嚏、血管神经性水肿、咽喉刺激、咳嗽和支气管痉挛，同时伴有或不伴有与药物治疗相关的低血压或高血压。每次滴注利妥昔单抗前应预先使用抗过敏药物。如果所使用的治疗方案不包括糖皮质激素时，还应该预先使用糖皮质激素。

贝伐珠单抗

贝伐珠单抗（bevacizumab）为重组人源化单克隆抗体，可选择性地与人血管内皮生长因子（vascular endothelial growth factor，VEGF）结合，阻碍血管内皮生长因子与其位于肿瘤血管内皮细胞上的受体（KDR 和 Flt-I）结合，抑制肿瘤血管生成，从而抑制肿瘤生长。贝伐珠单抗联合以氟尿嘧啶为基础的化疗适用于转移性结直肠癌患者的治疗；联合阿替利珠单抗治疗既往未接受过全身系统性治疗的不可切除肝细胞癌患者；联合以铂类为基础的化疗适用于不可切除的晚期、转移性或复发性非鳞状细胞非小细胞肺癌患者的一线治疗。不良反应主要为高血压、心肌梗死、脑梗死、蛋白尿、胃肠穿孔及阻碍伤口愈合等。

（二）小分子化合物类

分子靶向药物中最具代表性的药物是一类针对表皮生长因子信号通路异常的酪氨酸激酶抑制药。酪氨酸激酶主要与信号通路的转导有关，是细胞信号转导机制的中心。蛋白激酶由于突变或重排，可引起信号转导过程障碍或出现异常，导致细胞生长、分化、代谢和生物学行为异常，引发肿瘤。研究表明，近 80% 的致癌基因都含有酪氨酸激酶编码。抑制酪氨酸激酶受体可以有效控制下游信号的磷酸化，从而抑制肿瘤细胞的生长。目前临床上最常用的针对 BCR-ABL 酪氨酸激酶的小分子抑制药包括吉非替尼、厄洛替尼、伊马替尼等。

吉非替尼

吉非替尼（gefitinib）又名易瑞沙（Iressa），是一种选择性 EGFR 酪氨酸激酶抑制药。2002 年

7月在日本首次上市，用于治疗非小细胞肺癌。本品也是首个获准上市的EGFR-TK抑制药，属于苯胺喹钠唑啉化合物（anilinoquinazoline），为小分子靶向抗肿瘤药物。本品最常见的不良反应是痤疮样皮疹和腹泻，最严重的不良反应是间质性肺病，发生率为3%～5%。目前，本品用于前列腺癌、食管癌、肝细胞癌（HCC）、胰腺癌、膀胱癌、肾细胞癌（RCC）、卵巢癌、头颈部癌、恶性黑色素瘤等多种治疗适应证处于Ⅱ期临床研究阶段。

本品经静脉给药后，迅速清除，分布广泛，平均清除半衰期为48h。癌症患者口服给药后，吸收较慢，平均终末半衰期为41h，达峰时间为3～7h。癌症患者的平均绝对生物利用度为59%。进食对其吸收影响不明显。

厄洛替尼

厄洛替尼（erlotinib）又名特罗凯，2004年11月在美国首次上市，用于治疗非小细胞肺癌。与吉非替尼相似，为小分子EGFR-TK抑制药，是目前世界上唯一已明确能提高非小细胞肺癌患者生存期的靶向药物。其最常见的不良反应为皮疹（75%）和腹泻（56%），最严重的为间质性肺病。目前，本品用于胰腺癌适应证已获批准，用于乳腺癌、头颈部癌、肺癌、膀胱癌和前列腺癌等适应证尚处于Ⅱ期临床研究阶段，用于脑癌、结肠直肠癌和卵巢癌等尚处于Ⅲ期临床研究。

伊马替尼

伊马替尼（imatinib，格列卫）于2001年5月在美国首次上市。本品是人类第一个分子靶向肿瘤生成机制的抗癌药，是abelson tyrosine kinase（ABL）抑制药，在细胞膜内与底物竞争，抑制费城染色体（Ber-Abl）酪氨酸激酶磷酸化，阻断肿瘤细胞信号转导，抑制肿瘤细胞生长，诱导其凋亡。除此之外，还有多个作用靶点。用于慢性骨髓性白血病（简称CML）成人患者的急变期、加速期和干扰素治疗失败后的慢性期。伊马替尼对胃肠道间质瘤治疗也有效，有效率在50%左右。口服易吸收，2～4h达到血浆高峰浓度。半衰期为18h，CYP3A4起主要代谢作用。大多以代谢产物形式从粪便排出。

常见不良反应为恶心、呕吐、水肿、肌肉肌痛、肌肉痛性痉挛、皮疹及水肿；最近报道在治疗时可能发生心力衰竭，因为伊马替尼抑制的酪氨酸激酶具有维持心脏的功能。

第三节　抗肿瘤药物的应用原则和不良反应

一、抗恶性肿瘤药应用原则

目前临床常用的抗恶性肿瘤药对肿瘤细胞的选择性差，对人体毒性大，且肿瘤细胞容易产生耐药性，应根据患者的机体状况、肿瘤的病理类型、侵犯范围（分期）和发展趋向，制订合理的用药方案，以提高疗效、降低毒性、延缓耐药性的发生。临床化疗时一般主张2～3种药物联合应用，主要原则如下。

1. 根据细胞增殖周期用药　增长缓慢的实体瘤，G_0期细胞较多，可先用细胞周期非特异性药物，杀灭增殖期及部分G_0期细胞，使瘤体缩小而驱动G_0期细胞进入增殖周期；再用细胞周期特异性药物杀灭。与此相反，对生长比率高的肿瘤，如急性白血病，则先使用杀灭S期或M期的周期特异性药物，然后再用周期非特异性药物杀灭其他各期细胞。待G_0期细胞进入增殖周期时，再重复上述疗程。此种给药方法称为序贯疗法。

2. 根据抗恶性肿瘤药的作用机制用药　不同作用机制的药物联合应用，一般都可增强疗效。①序贯阻断：用两种以上药物阻断同一代谢途径的不同环节或阶段，可提高疗效，如羟基脲与阿糖胞苷合用，前者抑制核苷酸还原酶，后者抑制DNA多聚酶，从而阻止DNA的生物合成。②同时阻断：即阻断同一代谢的不同途径，如阿糖胞苷和巯嘌呤，前者抑制DNA多聚酶，后者抑制嘌呤核苷酸合成，从而共同抑制 DNA 合成。③互补性阻断：将抑制核苷酸合成的药物与直接损伤生物大分子的药物合用，阻止 DNA 的修复，如多柔比星与环磷酰胺的合用。

3. 根据抗恶性肿瘤药的抗瘤谱用药　消化道癌症宜用氟尿嘧啶，也可用塞替派、环磷酰胺、丝裂霉素等；鳞癌宜用博来霉素、甲氨蝶呤等；肉瘤类宜用环磷酰胺、顺铂、多柔比星等。

4. 根据抗恶性肿瘤药的毒性用药　一般将毒性不同的药物合用，既可增强疗效，又减小毒性。多数抗肿瘤药可抑制骨髓，而长春新碱、博来霉素、激素类药则无明显的骨髓抑制作用，合用可降低毒性，增强疗效。

5. 选择合理给药方法　有些药物如环磷酰胺、甲氨蝶呤、多柔比星、喜树碱等一般采用大剂量间歇给药，比小剂量连续用药的效果好，因为前者既可发挥药物抗肿瘤的最大疗效，又有利于机体造血系统及免疫功能的恢复，减轻抗恶性肿瘤药的毒性反应，提高机体的抗恶性肿瘤能力及减少耐药性的产生。

二、抗恶性肿瘤药物毒性反应

抗恶性肿瘤药的毒性反应成为肿瘤化疗限制剂量使用的关键因素，同时也影响着肿瘤患者的生存质量。抗恶性肿瘤药的毒性作用可分为近期毒性和远期毒性两种。

（一）近期毒性

近期毒性又可分为共有毒性和特有毒性。

1. 抗恶性肿瘤药物的共有毒性反应

（1）骨髓抑制：这是肿瘤化疗的最大障碍。除激素类、博来霉素、*L*-门冬酰胺酶外，大多数抗恶性肿瘤药物均有不同程度的骨髓抑制。肿瘤化疗后通常先出现白细胞或血小板降低，一般不会引起严重贫血。

（2）消化道反应：这是抗恶性肿瘤药最常见的毒性反应，常表现为恶心、呕吐、食欲下降，这是药物刺激胃肠道和作用于延脑呕吐中枢、刺激催吐化学感受器而引起。临床可用 5-HT_3 受体阻断药昂丹司琼止吐。此外，抗癌药也可损害活跃的消化道黏膜，引起口腔炎、口腔溃疡、舌炎、食管炎等。

（3）脱发：多数抗恶性肿瘤药会引起不同程度的脱发，因为头发有 85%～90% 处于活跃生长状态。化疗时，给患者戴上冰帽，头皮冷却，局部血管痉挛，减少药物到达可减轻脱发。停止化疗后，头发仍可再生。

2. 抗恶性肿瘤药特有的毒性反应

（1）心脏毒性：多柔比星和柔红霉素心脏毒性最为严重，常会引起急性心脏毒性和进行性毒性。急性心脏毒性在用药数小时或数天内发生，表现为心电图异常、窦性心动过速、心律不齐，严重时可因室性心动过速而死亡，急性心脏毒性与剂量无关，但可恢复；进行性心脏毒性也称渐进性心肌病变，常导致心力衰竭，强心苷难以解救，死亡率高达 50% 以上，这一心脏毒性与剂量有关。临床可用表柔比星或吡柔比星替代之。

（2）呼吸系统毒性：博来霉素最严重的毒性反应是肺炎样病变及肺纤维化，且呈剂量依赖性，可能与肺内皮细胞缺少使博来霉素灭活的酶有关。

（3）肝毒性：部分抗恶性肿瘤药如 *L*-门冬酰胺酶、氟尿嘧啶、甲氨蝶呤等可引起肝损害，使转氨酶升高。

（4）肾、膀胱毒性：环磷酰胺对尿路有刺激性，可导致出血性膀胱炎，引起尿痛和尿频，可能与其产生大量代谢物丙烯醛经尿道排泄有关。用药期间补充足量液体或巯乙基磺酸钠可减轻。顺铂由肾小管分泌，可损害近曲小管和远曲小管，出现蛋白尿和管型尿等。

（5）神经毒性：长春新碱神经系统毒性大，表现为手指、足趾麻木、感觉异常、外周神经炎等外周神经病变。顺铂、甲氨蝶呤偶尔可引起神经毒性，应予注意。

（6）过敏反应：*L*-门冬酰胺酶容易引起过敏反应，轻者出现荨麻疹，重者可导致过敏性休克；博来霉素会引起少数患者皮肤反应和过敏反应，如皮肤色素沉着、皮炎等，个别患者可出现过敏性休克；紫杉醇的过敏反应可能与赋形剂聚氧乙基蓖麻油有关。

（二）远期毒性

烷化剂常引起远期毒性，表现为第二原发恶性肿瘤和不育、致畸。随着肿瘤化疗的科学发展，癌症患者长期生存者比率增加，所以，抗恶性肿瘤药物的远期毒性备受关注，特别是烷化剂具有致突变和致癌作用，又有免疫抑制作用，化疗后获得长期生存的患者，其中部分患者会发生可能与化疗相关的第二原发恶性肿瘤。另外，许多抗恶性肿瘤药物可影响生殖细胞的产生，影响内分泌功能，导致不育和致畸。化疗后，患者睾丸生精细胞数量显著减少，引起男性不育；女性产生永久性卵巢功能障碍、闭经；孕妇可引起流产或畸胎等。

本章小结

目前抗肿瘤药常分为如下两类。①细胞毒类抗肿瘤药，即传统化疗药如抗代谢药和抗微管蛋白药等。②非细胞毒类抗肿瘤药，如调节体内激素平衡的药物和分子靶向药物等。抗恶性肿瘤药根据药物抗肿瘤作用的生化机制分为6类：①干扰核酸生物合成的药物，如抗叶酸制剂甲氨蝶呤；②破坏DNA结构和功能的药物，如烷化剂环磷酰胺；③干扰转录过程阻止RNA合成的药物，如放线菌素D；④干扰蛋白质合成的药物，如长春碱类；⑤影响体内激素平衡药，如肾上腺皮质激素；⑥分子靶向药。抗肿瘤药物的主要不良反应有骨髓抑制、胃肠反应、脱发、肝及肾损害，免疫抑制等，应加以防治。

中药介绍

人参多糖注射液（GPS素）

【药理作用】

1. 增强机体免疫力、提高NK细胞活性及淋巴细胞转化率，抑制及杀伤肿瘤细胞，使瘤体消失或变小。

2. 保护骨髓造血功能，升高白细胞及血小板。

3. 提高肝脏解毒作用，保护肝脏的库普弗细胞吞噬功能，促进损伤肝组织的恢复。

【临床应用】

1. 可单独治疗各种中、晚期恶性肿瘤和恶病质患者。

2. 可与手术、放化疗配合治疗恶性肿瘤，增强疗效，减轻不良反应。

3. 治疗急慢性肝炎及肝损害疾病。

4. 治疗慢性支气管炎、喘息性支气管炎、肺结核、银屑病及系统性红斑狼疮等免疫性缺陷疾病。

（于春雷）

第四十九章　影响免疫功能的药物和生物制品

能力要求

1. 掌握环孢素、干扰素的药理作用、临床应用、不良反应。
2. 熟悉免疫抑制药、免疫增强剂的分类和作用特点。
3. 了解其他免疫抑制药、免疫增强剂的药理作用、临床应用、不良反应。

免疫系统是机体自我保护的防御系统，它由免疫器官（胸腺、脾脏、淋巴结、扁桃体、阑尾等）、免疫细胞（淋巴细胞、单核吞噬细胞、粒细胞、肥大细胞等）和免疫分子（免疫球蛋白、补体、细胞因子等）组成。按免疫反应类型，机体免疫可分为非特异性免疫（固有免疫）和特异性免疫（适应免疫），其中特异性免疫又分为体液免疫和细胞免疫。机体通过免疫反应识别异体物质和病原体，并将之清除。正常的免疫系统对于维持机体的生理功能具有重要意义，而免疫功能异常往往是疾病（如感染、肿瘤、器官移植后排斥反应）发生发展的重要因素，因此调节机体免疫功能是临床上常用的治疗策略。根据对免疫功能影响的不同，免疫调节剂可分为免疫抑制药和免疫增强剂。

第一节　免疫抑制药

免疫抑制药是一类能够抑制免疫细胞增殖、降低机体免疫功能的药物。临床上主要用于自身免疫性疾病和器官移植后的排斥反应。免疫抑制药主要有如下5类。①钙调磷酸酶抑制药：环孢素、他克莫司。②糖皮质激素类药：氢化可的松、泼尼松龙。③抗代谢药：硫唑嘌呤、麦考酚吗乙酯。④烷化剂：环磷酰胺。⑤抗体类：单克隆抗体（达珠单抗、CD3 单克隆抗体）、抗淋巴细胞球蛋白。

免疫抑制药具有以下作用特点。①免疫抑制药缺乏特异性，对异常免疫、正常免疫、细胞免疫、体液免疫都有抑制作用。②主要作用于免疫反应的感应期，抑制淋巴细胞增殖。③对初次免疫应答的抑制作用强，对再次免疫应答的抑制作用弱，故对排斥反应的抑制作用强于对自身免疫性疾病。④不同类型的免疫抑制药，产生最强效应的给药时间点不同。例如，糖皮质激素在抗原刺激前 24～48h 给药，产生的免疫抑制作用最强。⑤多数具有抗炎作用，但抗炎强度与免疫抑制效应无相关性。⑥长期、大剂量使用免疫抑制药，可能诱发感染、肿瘤、造成骨髓抑制。

环　孢　素

环孢素（ciclosporin，环孢素 A）是从真菌代谢产物中提取分离出的一种由 11 个氨基酸组成的环状多肽，现已可人工合成。

【体内过程】 环孢素可口服或静脉给药。口服吸收慢而不完全，生物利用度仅为 20%～50%。口服后 3～4h 血浆浓度达到峰值。环孢素在血液中约 50% 被红细胞摄取，30% 与血红蛋白结合，4%～9% 存在于淋巴细胞中，仅 5% 以游离型药物存在于血浆中。环孢素主要在肝代谢，随胆汁、粪便排泄，有明显的肝肠循环，其半衰期为 24h。另外，环孢素的体内药动学过程个体差异较大，用药时应剂量个体化，尤其是患者肝肾功能不全、有胃肠疾病和联合用药时。

【药理作用】 环孢素抑制 T 细胞介导的细胞免疫作用较强，但也抑制体液免疫。首先，本药与 T 细胞胞质中的受体-亲环蛋白结合形成复合物。随后，此复合物结合并抑制钙调磷酸酶，抑制 Ca^{2+} 介导的活化 T 细胞的核因子（nuclear factor of activated T cell，NFAT）胞内结构域的去磷酸化，使 NFAT 不能进入 T 细胞核内启动 T 细胞活化，并导致 IL-2 等淋巴因子和抗凋亡蛋白的表达减少。

另外，环孢素也增强转化生长因子（TGF-β）表达，而 TGF-β 可以抑制 IL-2 介导的 T 细胞增殖和细胞毒性 T 细胞产生。

【临床应用】

1. 器官移植 环孢素减少器官移植后的排斥反应，广泛用于肾、肝、心和其他器官移植。

2. 自身免疫性疾病 环孢素可用于自身免疫性疾病，如类风湿性关节炎、银屑病、系统性红斑狼疮、皮肌炎、哮喘。

【不良反应】不良反应发生率较高，但多为可逆性。不良反应的严重程度、持续时间与用药剂量、疗程呈正相关。

1. 肾毒性 最常见，发生率为 70%，可见患者血清肌酐和尿素氮升高。

2. 肝毒性 好发于用药早期，多为一过性肝损伤。

3. 感染 继发性感染，多为病毒感染。

4. 肿瘤 患者易生肿瘤，以淋巴瘤、皮肤癌为多见。

5. 其他 纳差、恶心、嗜睡、多毛症、震颤、感觉异常、高血压、过敏反应等。

他克莫司

他克莫司（tacrolimus，FK506）是从链霉菌属分离提取出的 23 元环的大环内酯类抗生素。由于其免疫抑制作用较强、并易于检测血药浓度，逐步成为广泛应用的钙调磷酸酶抑制药。

【体内过程】他克莫司可口服或静脉给药。口服吸收快但不完全，生物利用度为 25%，胃肠道食物影响吸收。口服后 1～2h 血浆浓度达到峰值，半衰期为 7h，血浆蛋白结合率为 75%～99%，主要在肝脏经 CYP3A 酶代谢，随粪便排泄。

【药理作用】他克莫司与 T 细胞内的受体——亲免素 FKBP-12（FK506-binding protein-12）结合。随后，他克莫司-FKBP-12 与钙调磷酸酶、Ca^{2+}、钙调蛋白形成复合物，并抑制钙调磷酸酶活性，导致 NFAT 去磷酸化和转入细胞核受阻，从而抑制 T 细胞活化。

【临床应用】

1. 器官移植 他克莫司可减少肝、肾等器官移植后的排斥反应，其疗效优于环孢素。

2. 自身免疫性疾病 他克莫司对多种自身免疫性疾病有一定疗效，如类风湿性关节炎、肾病综合征、1 型糖尿病、系统性红斑狼疮、皮肌炎、哮喘等。

【不良反应】不良反应与环孢素相似。主要是肾毒性和神经毒性，而多毛症少发。尚有胃肠道反应、代谢异常、血小板增多、高血脂等。

糖皮质激素类药

常用的糖皮质激素类药主要有氢化可的松、泼尼松龙、地塞米松等（见第三十章肾上腺皮质激素类药）。

硫唑嘌呤

硫唑嘌呤（azathioprine）是一种常用的抗代谢药物。本药口服吸收良好，口服后 1～2h 血浆浓度达到峰值。硫唑嘌呤半衰期为 10min，但其代谢产物巯嘌呤半衰期为 1h，其他代谢产物半衰期达 5h。硫唑嘌呤在体内转化为巯嘌呤，抑制嘌呤合成、DNA 合成，进而抑制淋巴细胞增殖及功能。主要用于器官（肾）移植后的排斥反应和类风湿性关节炎等自身免疫性疾病。硫唑嘌呤不良反应主要是骨髓抑制，表现为白细胞、血小板减少。另有易于感染水痘和疱疹病毒，肝损伤、脱发、消化道反应、诱发胰腺炎、肿瘤等不良反应。用药期间应注意检测血象和肝功能。

麦考酚吗乙酯

麦考酚吗乙酯（mycophenolate mofetil，MMF，麦考酚酸莫酯）又名霉酚酸酯，是一种霉菌抗生素的半合成衍生物。本药口服吸收良好，并在体内迅速转化为霉酚酸（MPA），其半衰期为16h，主要经尿液排泄。本药在体内水解生成有活性的MPA后，通过MPA选择性抑制次黄嘌呤核苷单磷酸脱氢酶（inosine monophosphate dehydrogenase，IMPDH），导致鸟嘌呤合成受阻，从而抑制B细胞、T细胞增殖和功能，包括抑制抗体生成、细胞黏附和迁移等。本药主要用于肾、心、肝等器官移植后排斥反应的预防，多与糖皮质激素类合用。本药不良反应主要有呕吐、腹泻等胃肠道反应，另外可造成中性粒细胞减少、单纯性红细胞发育不全等血液系统症状。本药还可引起流产、致畸，故孕妇禁用。

烷　化　剂

用于免疫抑制的烷化剂主要有环磷酰胺（cyclophosphamide，CTX）（见第四十四章抗恶性肿瘤药）。CTX在体内转化为醛磷酰胺，再分解出磷酰胺氮芥，从而使DNA烷化形成交叉联结，破坏DNA结构和功能。CTX通过杀伤增殖期淋巴细胞和影响某些静息期细胞而减少淋巴细胞数量。CTX选择性地抑制B细胞，大剂量也能抑制T细胞，并能抑制NK细胞活性。CTX主要用于排斥反应和糖皮质激素类药不能缓解的自身免疫性疾病。另用于治疗流行性出血热，以减少抗体生成。CTX不良反应主要有骨髓抑制、消化道反应、脱发等，大剂量可致出血性膀胱炎。

单克隆抗体

达利珠单抗（daclizumab）是IL-2受体（CD25）的人鼠嵌合型单克隆抗体。本药对抗原的亲和力一般，但半衰期长达20日。本药通过与活化T细胞表面的IL-2受体的α亚基结合，抑制T细胞功能，发挥免疫抑制作用。本药主要用于预防器官移植后的排斥反应。本药不良反应较少，主要是过敏反应。

CD3单抗早在1980年就被发现有良好的临床疗效。本药与T细胞受体的CD3ε链结合，能迅速减少血液和淋巴结、脾脏等淋巴器官的T细胞，并抑制T细胞功能。本药用于治疗急性器官移植排斥反应。不良反应有“细胞因子释放综合征”，可见体内TNF-α，IL-2，IL-6，IFN-γ等水平升高，另可引起发热、寒战、头痛、恶心、呕吐、腹泻等症状。本药目前临床应用较少。

抗淋巴细胞球蛋白

抗淋巴细胞球蛋白（antilymphocyte globulin，ALG）是采用人淋巴细胞、胸腺细胞、胸导管淋巴细胞或培养的淋巴母细胞免疫动物后获得抗淋巴细胞血清，再经提取、纯化得到的生物制品。抗淋巴细胞球蛋白可有效抑制各种抗原引起的初次免疫应答，但抑制再次免疫应答作用较弱。抗淋巴细胞球蛋白是一种细胞毒抗体，在补体参与下，能裂解外周血液中的T细胞和B细胞，但对T细胞作用较强。抗淋巴细胞球蛋白还能封闭淋巴细胞表面受体，阻止抗原识别。临床主要用于器官移植后的排斥反应，类风湿性关节炎、系统性红斑狼疮等自身免疫性疾病。不良反应主要有寒战、发热、血小板减少等。静脉注射可能引起血清病、过敏性休克、肾损害。注射用药前应做皮试，发生变态反应或过敏者禁用。

第二节　免疫增强剂

免疫增强剂是一类能够直接补充机体免疫活性物质或增强机体免疫（特异性免疫、非特异性免疫）应答的药物。临床主要用于免疫功能低下的疾病，如免疫缺陷性疾病、难治性感染、肿瘤的辅助治疗等。免疫增强剂的种类繁多，常用的药物有如下3类。①化学合成类：左旋咪唑、异丙肌苷。②人或动物免疫产物类：干扰素、IL-2、转移因子、胸腺素。③微生物来源类：卡介苗。

免疫增强剂具有以下作用特点：①增强巨噬细胞和NK细胞活性，提高非特异性免疫功能；

②促进T细胞增殖、提高T细胞活性，增强细胞免疫功能；③促进抗体产生、补体生成，增强体液免疫功能；④与传统药物的量效关系不完全相同，免疫增强剂往往具有双向调节作用。

左旋咪唑

左旋咪唑（levamisole，LMS）是噻唑类化合物的衍生物，除具有增强免疫功能作用外，还是一种广谱驱肠虫药，主要用于驱蛔虫及钩虫。

【体内过程】 左旋咪唑口服易吸收，主要在肝脏代谢，经肾排泄。该药及其代谢物的半衰期分别为4h和16h。单剂量药物的免疫增强作用可持续5～7日，故临床可采用每周口服1次的给药方案。

【药理作用】 左旋咪唑能够增强细胞免疫功能，促进T细胞增殖，使低下的T细胞功能恢复正常。增强体液免疫功能，促进免疫功能低下者的抗体生成，但对免疫功能正常者无此影响。增强非特异性免疫功能，提高单核细胞、巨噬细胞趋化、吞噬功能。该药增强免疫的分子机制尚不清楚，可能与其降低淋巴细胞的环腺苷酸（cAMP）水平、提高环鸟苷酸（cGMP）水平有关。

【临床应用】

1. 免疫缺陷性疾病 使免疫功能低下者恢复正常，增强机体抗病能力。

2. 难治性感染 该药对麻风杆菌、布鲁氏菌感染有效。

3. 肿瘤 与抗肿瘤药合用，减轻抗肿瘤药物引起的骨髓抑制、感染、出血，降低肿瘤复发率、死亡率。

【不良反应】 恶心、腹泻、头晕、过敏等。由于该药引起致命的粒细胞减少，2005年起在美国停用。

干扰素

干扰素（interferon，IFN）是一类由免疫系统产生的细胞因子，可分为α-干扰素（IFN-α）、β-干扰素（IFN-β）和γ-干扰素（IFN-γ）三种亚型。干扰素主要由淋巴细胞和单核细胞产生，现已可用基因重组技术人工合成。最初，干扰素被认为有抗病毒作用，后来发现干扰素还有免疫调节作用。

【体内过程】 干扰素易被蛋白酶水解破坏，故口服疗效差，可采用肌内注射或皮下注射。注射后4～8h血浆浓度达到峰值。干扰素在体内分布广泛，但不易通过血脑屏障。主要在肝肾转化，半衰期为2～4 h。

【药理作用】

1. 抗病毒 广谱抗病毒，对RNA病毒和DNA病毒都有效。IFN-α和IFN-β抗病毒作用强于IFN-γ。干扰素并不直接杀伤或抑制病毒，而是与宿主细胞表面的受体结合，诱导细胞产生多种活性酶，通过这些酶抑制病毒繁殖和活性。

2. 调节免疫 干扰素的免疫调节作用与其剂量有关，小剂量增强免疫，而大剂量抑制免疫。IFN-γ免疫调节作用强于IFN-α和IFN-β。干扰素可以提高巨噬细胞吞噬功能和NK细胞杀伤能力，增强淋巴细胞表面组织相容性抗原表达和T细胞的细胞毒作用。

3. 抗肿瘤 干扰素可抑制原癌基因（c-fos）表达和肿瘤细胞增殖，并通过增强机体免疫功能，发挥综合疗效。

【临床应用】

1. 病毒感染性疾病 临床可用于乙肝、带状疱疹、水痘、病毒性角膜炎、尖锐湿疣、重度流感等疾病。

2. 肿瘤 干扰素对成骨肉瘤疗效较好，对多发性骨髓瘤、乳腺癌、肝癌、黑色素瘤、白血病等具有一定的辅助疗效，可以改善患者的血象和全身症状。但干扰素对肺癌、胃肠道癌和某些淋巴瘤疗效较差。

【不良反应】可见嗜睡、精神紊乱、发热、流感样症状、皮疹、肝功能受损，大剂量导致可逆性白细胞和血小板减少等。

白细胞介素-2

IL-2 又称 T 细胞生长因子，是辅助性 T（Th）细胞产生的细胞因子。可用基因重组技术人工合成，称为重组人白细胞介素-2。

【药理作用】IL-2 与反应细胞的 IL-2 受体结合，促进 Th 细胞、Tc 细胞增殖，增强淋巴细胞介导的细胞毒作用，提高淋巴因子活化的杀伤（LAK）细胞和 IFN-γ 活性。在体内，IL-2 剂量依赖性地增强细胞免疫，增加淋巴细胞、嗜酸性粒细胞，促进细胞因子（TNF、IL-1、IFN-γ）释放。

【临床应用】临床用于治疗转移性肾细胞癌、黑色素瘤等，可抑制肿瘤增长，缩小肿瘤体积。

【不良反应】可见发热、寒战、恶心、腹泻、幻觉。因舒张血管可能导致毛细血管渗漏综合征、低血压和组织器官灌注不足。

卡　介　苗

卡介苗（bacillus calmette-guerin，BCG）是牛型结核杆菌的减毒活菌苗，为非特异性免疫增强剂。卡介苗具有免疫佐剂作用，能够增强合用抗原的免疫原性，促进免疫应答，增强细胞免疫和体液免疫。增强巨噬细胞吞噬功能，提高 T 细胞、B 细胞、NK 细胞活性，促进 IL-1 产生和抗体反应。临床用于治疗和预防膀胱癌、尿道切除后的乳头状瘤、黑色素瘤、白血病、肺癌等。不良反应主要是注射部位出现红斑、硬结或溃疡，超敏反应、休克、寒战、发热等。剂量过大反而降低机体免疫功能。

其他常用的免疫增强剂的作用特点、临床应用和不良反应见表 49-1。

表 49-1　其他免疫增强剂

药物	作用特点	主要临床应用	不良反应
异丙肌苷（isoprinosine）	诱导 T 细胞分化成熟，提高 T 细胞、巨噬细胞、NK 活性，促进 IL-1、IL-2 和干扰素产生，抗病毒	急性病毒性脑炎、带状疱疹、肿瘤、艾滋病	少，安全范围较大
转移因子（transfer factor，TF）	将细胞免疫信息转移给未致敏受体，产生细胞免疫。无抗原性，有免疫佐剂作用，不转移体液免疫，无抗体作用	胸腺发育不全、免疫性血小板减少性紫癜、严重病毒和真菌感染、肿瘤	较少，皮疹
胸腺素（thymosin）	促进 T 细胞分化成熟，调节成熟 T 细胞功能和胸腺依赖性免疫应答	胸腺依赖性免疫缺陷病（如艾滋病），肿瘤及某些自身免疫性疾病和病毒感染	发热，少数有过敏反应

本章小结

影响免疫功能的药物和生物制品主要通过调节机体免疫功能而治疗疾病。本类药物可分为免疫抑制药和免疫增强剂。

免疫抑制药可分为如下 5 类。①钙调磷酸酶抑制药：环孢素、他克莫司。②糖皮质激素类药：氢化可的松、泼尼松龙。③抗代谢药：硫唑嘌呤、麦考酚吗乙酯。④烷化剂：环磷酰胺。⑤抗体类：单克隆抗体（达珠单抗、CD3 单克隆抗体）、抗淋巴细胞球蛋白。

免疫增强剂可分为如下 3 类。①化学合成类：左旋咪唑、异丙肌苷。②人或动物免疫产物类：干扰素、IL-2、转移因子、胸腺素。③微生物来源类：卡介苗。

中药介绍

人　参

人参 *Ginseng Radix et* Rhizoma 为五加科植物人参 *Panax ginseng* C. A. Mey. 的干燥根和根茎。人参的主要有效成分为人参皂苷（ginsenoside），按苷元结构可将其分为人参二醇类、人参三醇类和齐墩果酸类。人参二醇类主要有 $Ra_{1\sim3}$、$Rb_{1\sim3}$、Rc、Rd、Rg_3，其中 Rb_1 活性较强。人参三醇类主要有 Re、Rf、Rg_1、Rg_2、Rh_1，其中 Rg_1 活性较强。齐墩果酸类有 Ro。人参还含有糖类（包括人参多糖、单糖、寡糖）、蛋白质、有机酸、生物碱、挥发油、微量元素等。

人参可以增强免疫功能，此作用的物质基础是人参皂苷和人参多糖。人参皂苷可增强单核巨噬细胞、NK 细胞、T 细胞的活性，诱生 IFN-γ 和 IL-2，提高补体水平。人参多糖也可增强单核巨噬细胞功能，并增加胸腺重量，促进抗体和补体形成。

（陈　妍）

第九篇　特殊条件药理学

第五十章　常用造影剂与解毒剂

能力要求

1. 能够明确判断造影剂和解毒剂的类别。
2. 能够基本理解各种解毒药物的解毒机制、不良反应及注意事项。
3. 能够简要叙述各种造影剂和解毒药物的应用方法。

第一节　造　影　剂

造影剂（又称对比剂，contrast media）是为增强影像观察效果而注入（或服用）到人体组织或器官的化学制品。这些制品的密度高于或低于周围组织，形成的对比用某些器械显示图像。如X线观察常用的碘制剂、硫酸钡等。造影剂是介入放射学操作中最常使用的药物之一，主要用于血管、体腔的显示。自1924年美国用50%的碘化钠成功完成第一例股动脉造影以来，与介入放射学的发展一样，造影剂产品不断更新换代。

一、X线造影剂

物质吸收X线的性能约与其原子顺序的三次方成正比，任何以生物相容形式存在的高原子顺序物质均可成为X线造影剂。X线造影剂分硫酸钡造影剂、水溶性经尿路排泄X线造影剂、胆系造影剂及油脂类X线造影剂。X线碘造影剂为影像医学中最常用的造影剂。

（一）水溶性碘造影剂

1. 水溶性碘造影剂的分类　根据其结构可分为以下四型：离子型单体（ionic monomer）造影剂、离子型二聚体（ionic dimer）造影剂、非离子型单体（nonionic monomer）造影剂、非离子型二聚体（nonionic dimer）造影剂。离子型单体的代表药物有泛影葡胺（可用于各种血管造影及静脉肾盂造影。用于不同器官时，其浓度亦不同）、碘他拉葡胺等。单酸二聚体的代表有碘克沙酸。非离子型如碘海醇（iohexol）、碘普胺（iopromide）及碘帕醇（iopamidol）等。离子型造影剂的副作用发生率高，机体的耐受性差。非离子型碘造影剂较离子型不良反应更小，可用于各种血管造影及经血管的造影检查。非离子型造影剂副反应发生率低，机体的耐受性好。

2. 水溶性碘造影剂的药动学　水溶性X线碘造影剂为水溶性细胞外无选择性小分子物质，这种分布于细胞外液的水溶性无选择性小分子物质（包括离子型和非离子型碘造影剂及顺性小分子MRI造影剂）的药动学特征均相似。除离子型造影剂由于高渗利尿，其肾排泄略快于非离子型造影剂外，各类造影剂的体内过程无显著差异。造影剂不参与机体代谢，一般不与大分子物质起作用，排泄迅速、完全。

此类造影剂主要供血管内注射，口服后在胃肠道基本不吸收，经皮下、肌内、关节腔、胸腹腔和支气管内给药都能良好吸收，但高浓度时有局部刺激。膀胱黏膜也能少量吸收。快速血管内注射后，造影剂的浓度在血浆中即刻达峰值，在5～10min内迅速下降，以后下降速度减慢。造影剂可顺利通过毛细血管壁，约5min即可分布到全身各组织的细胞外液，其浓度与血浆内浓度接近。造影剂的注射部位和注射速率可影响其注射后短时间内的局部血管内浓度，但对造影剂在人体组织内的分布特性和排泄速度均无明显影响。此类造影剂主要以原型从肾小球滤过排出。对于肾功能正常者，造影剂注入血管后5～20min为排泄高峰期，给药后40min约排出30%，80min约50%排出。

由于此类造影剂注射入血后可快速向血管外渗透，基本不进入细胞内，此类造影剂在局部组织的分布取决于该组织的血流量、血流速度、微血管通透性与细胞外液体积。本品不能通过正常的血脑屏障，脑脊液中浓度很低，约占血浓度的5%，但可通过病变的血脑屏障。在肾脏部位的排泄与肾小球滤过率相关，造影剂可以顺利穿透肾小球滤过膜，无肾小管分泌，无重吸收。

3. 临床常见的水溶性碘造影剂

（1）泛影葡胺（泛影酸葡甲胺，安其格拉芬，meglumine diatrizoate，cardiografin，angiografin，urografin）及泛影酸钠（泛影钠，sodium diatrizoate）均为离子型单体造影剂，浓度为60%～76%（相当于325～370mg/ml），渗透压为1.5～2.07mol/L。泛影葡胺和泛影酸钠相比，前者对细胞膜的通透性和对血脑屏障的损伤较小，故其毒性，特别是神经毒性较低，后者黏度较低，从而便于注射。临床上常根据不同的需要，配置成纯泛影葡胺或含有不同比率的溶液。泛影葡胺和泛影酸钠的药理作用大致相同。因水溶性较好，此类造影剂经尿路可很快从肾脏排出，哺乳期妇女做造影检查对哺乳及小孩均无影响。此类造影剂可通过胎盘并分布到胎儿组织中。

（2）碘他拉葡胺（碘酞葡胺，异泛影葡胺，碘拉葡胺，康瑞，meglumine iothalamate，conray）及碘拉酸钠（碘拉钠，异泛影酸钠，sodium iothalamate，angio-conray）均为离子型单体造影剂，两药的差异与泛影葡胺和泛影酸钠的差别相似，药理特性、用途、用法及注意事项基本同“泛影葡胺和泛影酸钠”。此外，本品注入冠状动脉容易诱发心室颤动，故不宜用作选择性冠状动脉造影。碘他拉葡胺黏度较高，不利于快速注射，而且注射剂浓度最高仅为60%。异泛影酸钠注入脑血管和其他神经系统血管内，较易引起神经组织的损害，故不宜用作选择性脑血管造影。这两种造影剂目前国内应用较少。

（3）离子型低渗显影葡胺（ioxaglate，hexabrix 320）是一种新造影剂，具有低渗透压，含生理浓度钠，适用于心血管造影和介入操作。一般认为其副作用总体介于离子型单聚体与非离子型单体造影剂。

（4）甲泛葡胺（metrizamide，amipaque，阿米培克）为第一代非离子型单体造影剂，是水溶性脑室、椎管造影剂中目前唯一可用于颈椎与胸椎的药物，适用于神经根鞘造影，椎管、脑池、脑室等造影。该类造影剂的优点是在大量快速推注时，其耐受性较其他造影剂为更好，故特别适用于危急患者。

（5）碘葡胺（iopromide，ultravist）为离子型双聚体碘造影剂。适应证为不适合口服造影的胆管和胆囊造影。常用于静脉缓慢推注，或者缓慢静脉滴注。

（二）硫酸钡混悬剂

硫酸钡（barium sulfate）用于胃肠道X线造影。由纯净的医用硫酸钡粉末加水调制成混悬液，硫酸钡的浓度通常以重量/体积（*W/V*）表示，根据检查的部位和目的不同，所用硫酸钡的浓度也不同。硫酸钡有较强的吸收X线能力，进入机体胃肠道（或支气管）后与周围组织结构在X线图像上形成密度对比，从而显示出腔道的位置、轮廓、形态、表面结构及功能活动（蠕动）情况。副作用较少，偶有排便困难（为了防止便秘，检查后应充分饮水，必要时可服缓泻药或用开塞露）。禁用于疑有消化道穿孔患者、肠梗阻患者、急性胃肠瘘患者和全身衰弱患者。慎用于肠瘘管形成及容易产生穿孔的某些肠道病，如阑尾炎、憩室、溃疡性肠炎、寄生虫感染等。

（三）油脂类X线造影剂

1. 碘化油（iodinated oil，lipiodol） 为含碘37%～41%的淡黄色黏稠油液，不溶于水，能溶于有机溶剂，遇光与空气能分解变色。碘化油目前主要用于子宫输卵管造影及肝肿瘤栓塞治疗，亦可用于支气管造影、腔道及瘘管造影。子宫输卵管造影用量5～20ml，注入子宫输卵管进入腹腔缓慢吸收。肝肿瘤栓塞治疗一般10ml左右，与抗癌药混合，选择性动脉插管注入。

2. 乙碘油（ethiodized oil，lipiodol ultrafluid） 为碘与植物性脂肪酸乙酯的合成物，含碘36%～40%。用于淋巴管、输卵管及窦道造影。由于本品油质太薄，不宜用于支气管造影。

3. 碘苯酯（pantopaque，iofendylate） 曾用于椎管造影和脑室造影等，因可引起慢性蛛网膜粘连，导致疼痛、活动不便、压迫腰骶神经根等症状，现已被水溶性等渗非离子型造影剂代替。

二、磁共振造影剂

传统X线和CT诊断造影所用造影剂的增强原理，为造影剂本身对X线的阻挡（或称吸收）作用直接造成。MRI所用的造影剂则不同，它本身不产生信号，信号来自氢原子核（即质子），MRI造影剂接近有关质子后，可缩短这些质子的弛豫时间，间接地改变这些质子所产生的信号强度。按造影中以缩短T1弛豫时间为主（使磁共振信号增强）或以缩短T2弛豫时间为主（使磁共振信号下降），可将磁共振造影剂分为T1弛豫增强造影剂和T2弛豫增强造影剂；另外一种造影方法为使用一些无质子的物质或抗磁性物质，目前应用于胃肠腔造影。

氢核是人体成像的首选核种，人体各种组织含有大量的水和碳氢化合物，所以氢核的磁共振灵活度高、信号强，这是人们首选氢核作为人体成像元素的原因。磁共振信号强度与样品中氢核密度有关，人体中各种组织间含水比例不同，即含氢核数的多少不同，则磁共振信号强度有差异，利用这种差异作为特征量，把各种组织分开，这就是氢核密度的磁共振图像。人体不同组织之间、正常组织与该组织中的病变组织之间氢核密度、弛豫时间T1、T2三个参数的差异，是MRI用于临床诊断最主要的物理基础。

（一）血管内磁共振造影剂

1. Gd-DTPA（Magnevist，磁显葡胺，马根维显） 由魏因曼（Weinmann）等于1982年制备成功，并在1983年底Berlin自由大学开始首次人体试验，1988年，Gd-DTPA被美国FDA批准成为首先进入临床应用的造影剂，也是目前应用最广泛的MRI造影剂。

Gd-DTPA在体内的药动学与一般X线碘造影剂相似，注射后10min，血浆中药物浓度仅为原来的20%，绝大部分以原型从肾小球排出，从乳汁等其他排泄率＜1%。经过大量的临床应用，证实Gd-DTPA安全有效。

Gd^{3+}具有7个不成对电子，为一顺磁性很强的金属离子，能显著缩短T1、T2的弛豫时间，尤以T1更为明显，在浓度0～1mmol/L的范围内弛豫时间呈直线下降，从而影响MRI的信号强度。本品为葡甲胺的螯合物，体内过程同葡甲胺有关。静脉给药后很快弥散到体内各组织的细胞外液内，然后经肾小球滤过以原型排出，有少量分泌于胃肠道后随粪便排出。本品可通过受损的血脑屏障进入病变组织，用于MRI增强，包括神经系统、心肌、肝脏、乳腺、骨骼、肾脏等器官和组织的增强检查。静脉注射（0.1mmol/kg）5min后即可增强成像，其增加效果可维持45min。本品不良反应显著低于碘造影剂。有轻微的一过性头痛（8.7%），其次为注射部位的冷感（4.8%）、恶心、呕吐、发麻、头昏（2%）；另有注射部位的局部水肿、乏力、胸闷、局部淋巴炎、低血压，腹痛、胸痛、流涎、焦虑、惊厥、喉痒、咳嗽、皮疹、口干、味觉异常、出汗、流泪等，其发生率低于1%。

2. Gd-DOTA（Dotarem） 为环状配位体，其理化性质、药理临床应用同Gd-DTPA。

3. Gd-DTPA-BMA（Omniscan） 属于非离子型造影剂，是DTPA的衍生物，其主要特点为渗透压是Gd-DTPA的一半。药动学及临床应用基本同Gd-DTPA。本品副作用少见，最常见者为恶心、头痛、头晕等。动物实验发现大剂量Gd-DTPA-BMA引起胚胎发育障碍，临床剂量的本品对人体胎儿的影响尚未明确，故其在孕妇及哺乳期妇女应慎用，哺乳期妇女应停止哺乳24h。

（二）胃肠道磁共振造影剂

MR胃肠道造影剂的基本用途与CT检查腹部时需将胃肠道充盈一样，腹部MRI检查时亦需做胃肠道造影。良好的MRI造影剂必须无毒性，对胃肠黏膜无刺激性，能抗胃肠腔中pH的变化和消化酶的作用，在500～1000ml胃肠分泌物的稀释下仍有良好的造影作用。

具有代表性的阴性造影剂如下。①超顺磁性氧化铁和全氟溴辛烷（Perfluorooctylbromide，PFOB）：1993年获FDA批准进入正式应用。为不含氢原子的8碳链化合物。在各种扫描序列上均呈低、黑信号。口服后快速通过小肠，30min后达结肠，3h后全部从结肠排出。主要不良反应为恶心、呕吐、腹痛，占 15%。②口服性顺磁氧化铁粒子：代表产品有 OMP 和 AMI-121。

阳性胃肠道造影剂如下。① Gd-DTPA：最佳浓度 1.0mmol/L。可口服或灌肠，十分安全有效。②枸橼酸铁铵 $(NH_4)_3Fe(C_6H_5O_7)_2$：简称 FAC，为一种广泛应用的补铁剂。1983 年 WebbeyGE 就曾成功地用于胃肠道造影，用法为 8ml FAC 稀释至 500ml 口服或灌肠，也可制成奶制品等用于胃肠道造影。

三、超声造影剂

（一）超声造影剂的种类

超声造影剂简称 UCA，是一类能显著增强超声背向散射强度的化学制剂。根据超声造影剂微气泡的种类及成分（造影剂包括微气泡的物质或作为核心吸附气体物质的种类）的不同，可以将超声造影剂分为以下 6 种。

1. 含二氧化碳气体超声造影剂 最早的超声造影剂是含二氧化碳的微气泡，最常用的方式是将 5% 碳酸氢钠溶液加酸性溶液，如维生素 C、1% 盐酸溶液或 2% 乙酸溶液，主要是通过手振生理盐水获得，仅能用于右心系统显像。

2. 含氧气超声造影剂 最常用的是过氧化氢溶液。当 3% 过氧化氢溶液进入血液后，在血液中过氧化氢酶的作用下释放出氧气。氧气微气泡的直径较大，只能用于右心造影。

3. 含空气超声造影剂 以空气作为造影剂的微气泡，目前常用的有声振白蛋白溶液、利声显（Levovist，是以半乳糖结晶为微颗粒），吸附空气，外有一层棕榈薄膜作为膜稳定剂，其作用就是减慢微气泡在血液中的弥散，增加造影的稳定性。以上两种造影剂可以用于左心腔及外周血管造影。这类造影剂用于心肌造影的是 Sonovist（SHU 563A），其微气泡直径小于 5μm，膜稳定剂是生物降解剂氰丙烯醛聚合物。

4. 含氟碳气体超声造影剂 以氟碳气体作为超声造影剂的微气泡，始于近 10 年。这类气体化合物具有气体溶解度高，且不溶于液体或溶解度低、分子量大、密度高、惰性大等特性，因此用作超声造影剂是理想的。这类超声造影剂有 Optison（FSO69）、BRI、RX115、AFO145 等。含氟碳气体的物质有人体白蛋白、脂质、聚合物等。含氟碳气体超声造影剂因微气泡直接小于 5μm，能用于心肌造影。

5. 人体白蛋白为基质的超声造影剂 将人体白蛋白作为包裹微气泡的薄膜，所包裹的微气泡可以是空气也可以是氟碳气体。例如，Albunex 是以人体白蛋白包裹空气的超声造影剂；FSO69 则是以人体白蛋白包裹氟碳气体的超声造影剂。

6. 糖类为基质的超声造影剂 糖类可作为超声造影剂的微颗粒，其外吸附微气泡，如以半乳糖微颗粒作为核心，吸附空气，配成溶液后通过机械振动使其含有微气泡。

（二）超声造影剂的临床应用

1. 心血管系统

（1）右心超声造影。用于观察右向左分流，如法洛三联征、五联征等心脏疾病的右向左分流。用于检出和鉴别其他先天性畸形，如动脉导管未闭、三尖瓣闭锁、肺动脉或静脉瘘、右室双出口、永存动脉干、单心室等疾病。用于改善多普勒信号：超声造影剂可使用回声增强 25dB，且持续数秒之久，可使低速血流的检出成为可能，并改善彩色多普勒成像质量，有利于疾病的检出和确诊，从而提高了诊断的可信度。

（2）左心超声造影。与右心超声造影有相对应之处。

（3）心肌超声造影。用于检测心肌缺血区和心肌梗死区，用于鉴别心肌存活与否，评价心肌梗死后疗效，测定冠状动脉血流储备。

2. 腹部及盆腔的器官 超声造影可以检查腹部及盆腔器官如肝、胆、胰、肾、前列腺、子宫、卵巢等的正常血液供应，在上述器官存在占位性病变时，对于病变的异常血流，超声造影检查的效果明显高于彩色多普勒、能量多普勒技术。

3. 外周血管 采用左心腔造影的方法可以加强任何部位的血流多普勒信号和血管管腔解剖形

态的显示，有利于血管疾病的诊断和鉴别诊断，如检测动脉狭窄、闭塞、动脉或静脉血栓形成等。当动脉管腔狭窄时则表现为相应的血管腔内超声造影剂回声呈现狭窄的条状；血管管腔闭塞时则无造影剂回声显示；当血栓形成时血管管腔内的造影剂呈现充盈缺损的表现。

4. 浅表器官 浅表器官如甲状腺、乳腺、腮腺等，由于这些器官位置表浅应用高频的彩色多普勒技术很容易检测这些器官的正常及异常的血供情况，因此很少采用超声造影。

四、核医学造影剂

核素显像的基本方法是动态显像和静态显像，而静态显像有局部平面和断层显像及全身显像。根据不同的检查目的，选择不同的显像方法。放射性核素显像剂可按不同的方法分类。按其放射性核素物理半衰期一般可分为长半衰期和短半衰期显像剂；按核素辐射类型可分为发射单光子和正电子放射性核素显像剂；按核素来源可分为加速器生产的药物和核反应堆生产的显像剂；按显像剂的性状或剂型，可分为注射液、口服液、胶囊、气体和气溶胶等。但最常见的是按用途进行分类，如肿瘤显像剂、心肌显像剂和脑显像剂等。

根据核素辐射的两种类型，以下简述各种核素显像剂的临床应用。

（一）发射单光子的放射性核素显像剂

1. 高锝 [^{99}Tc] 酸钠注射液（sodium pertechnetate injec，Na^{99m}TcO$_4$） 注射剂放射性浓度555MBq（15mCi）/ml，与碘化物一样，高锝酸根离子能被甲状腺摄取，故可进行甲状腺吸收 ^{99m}Tc 功能测定和甲状腺显像。^{99m}Tc 为 –1～+7 价，还原态 ^{99m}Tc 不稳定，与含 O、N、S 等的有机物、无机化合物作用，形成稳定的络合物，用于肝、骨、心、脑等各种脏器显像。

甲状腺功能显像、唾液腺显像：口服 185～370MBq（5～10mCi）、静脉注射 111～185MBq（3～5Ci）。甲状腺动态显像，静脉注射 370～555MBq（10～15mCi）。各类显像剂视患者的需要和数量增加，在 185～370MBq（5～10mCi）无不良反应。用于甲状腺显像及用于制备各种显像的高锝酸钠应新鲜配制，不能搁置过久。

2. 锝 [^{99m}Tc] 焦磷酸盐注射液（technetium [^{99m}Tc] pyrophosphate injection，^{99m}Tc-PYP） ^{99m}Tc-PYP 在血液内清除快，磷酸盐与羟基磷灰石晶体中的磷进行离子交换，能较多的浓集于骨骼组织，早期曾用作骨显像剂。本品也浓集于坏死的梗死心肌，故也作为心肌梗死显像剂。如将本品制成亚锡 PYP，注入血液后迅速进入红细胞，再注入 ^{99m}Tc 注射液，可得到 ^{99m}Tc 标记的红细胞，因而亚锡 PYP 作为血池显像剂，广泛用于肝血池和心血池显像。注射剂量：骨显像时，静脉注射 740～925MBq（20～25mCi）。心肌梗死显像时，静脉注射 740MBq（20mCi）；肝血池和心血池显像时，静脉注射亚锡 PYP 生理盐水溶液（200μg/10kg），20～30min 后再注射 ^{99m}Tc 注射液 740MBq（20mCi），15～20min 后显像，无不良反应。血池显像不理想时，检查亚锡 PYP 冻干液封口是否牢固，有无因松动漏氧而使亚锡被氧化而失效。

3. 锝 [^{99m}Tc] 亚甲基二磷酸盐注射液（technetium [^{99m}Tc] methylene diphosphonate injection，^{99m}Tc-MDP） 本品进入人体后，在血液中清除快，骨骼摄取率较高，经过 MDP 与羟基磷灰石晶体中的磷进行离子交换而被吸附到骨，3h 达 44.4%，余则经肾排出。作为最常用的骨显像剂，对转移性骨肿瘤的早期发现、原发性骨肿瘤、股骨头坏死、关节炎、微小骨折、移植骨血供判断、畸形性和代谢性骨病等病的诊断有价值。它是临床上应用最广泛的核显像技术。注射剂量：全身骨显像时，静脉注射 740～1110MBq(20～30mCi)，3h 后显像。

4. 锝 [^{99m}Tc] 羟亚甲基二磷酸盐注射液（technetium [^{99m}Tc] hydroxy methylene diphosphonate injection，^{99m}Tc-HMDP） 作用和用途参见 MDP。其血清除率、骨集聚率和骨显像清晰度均比 MDP 佳。目前已在美国常规使用。

5. 锝 [^{99m}Tc] 右旋糖酐注射液（technetium [^{99m}Tc] dextran injection，^{99m}Tc-Dx） 本品为非胶体、非颗粒的高分子化合物，分子量在 40 000 以上时不能透过毛细血管，仅由淋巴回流，故用于淋巴结显像。主要用于诊断宫颈癌、卵巢癌、睾丸癌的腹股沟淋巴转移，乳腺癌的乳内淋巴结转移及下肢淋巴水肿等。根据显像要求，手拇指、食指及两上肢、腋窝及锁骨区；足1～2趾及两下肢、腹股沟、髋外、腰干、乳糜池；两侧肋下腹直肌鞘及乳内淋巴。这些部位进行皮下、组织间隙或黏膜下注射，每点 ^{99m}Tc-Dx 37～74MBq(1～2mCi)/(0.1～0.4ml)，1h 后显像。

6. 锝 [^{99m}Tc] 二甲基苯酰甲基亚氨二乙酸注射液（technetium [^{99m}Tc] dimethyl phenyl carbamoy methyl iminodiacetic acid injection，^{99m}Tc-HIDA） 本品在体内血液中迅速消失，被肝脏实质细胞摄取，经胆管排到肠道，故用于肝脏、胆道、胆囊显像，早期也用于肾显像，主要用于诊断急性胆囊炎、胆管完全和不完全阻塞、胆管手术后观察胆管通畅和胃肠道反流等。本品可用于血胆红素小于 205.2μmol/L（12mg/dl）的黄疸患者血胆红素正常时，静脉注射剂量为 1.1MBq（0.03mCi）/kg。

（二）发射正电子的放射性核素显像剂

1. 碳 [^{11}C] 棕榈酸注射液（carbon [^{11}C] palmitic acid injection，^{11}C-PA） 棕榈酸为脂肪酸，进入人体后参与脂肪代谢。冠心病患者因缺血局部脂肪酸的 β 氧化减少，注射 [^{11}C] 标记的 PA 应用 PET 显像，可见局部脂肪酸减少和清除缓慢，出现放射性缺损。主要用于冠心病和心肌梗死的诊断。剂量为静脉注射 185MBq（5mCi）。

2. 氨 [$^{13}NH_3$] 注射液（ammonia [$^{13}NH_3$] injection，$^{13}NH_3$） $^{13}NH_3$ 进入人体后，富集在心肌进行代谢，PET 代谢显像均匀分布。冠心病缺血区示放射性减少或缺损。主要用于冠心病的诊断。剂量为静脉注射 $^{13}NH_3$ 185～370MBq（5～10mCi）。

3. 氟 [^{18}F] 脱氧葡萄糖注射液（fluorine [^{18}FDG] deoxyglucose injection，^{18}FDG） ^{18}F 为正电子放射性核素，用以标记脱氧葡萄糖后能用以研究人体内各组织的糖代谢。静脉注射人体后，在正常脑组织有较多摄取，肿瘤组织代谢活跃，摄取率增高，缺血心肌在心肌灌注显像呈现放射性的缺损区，对 ^{18}FDG 摄取增多不匹配，表示心肌细胞缺血但仍然存活，对 ^{18}FDG 摄取增多匹配，表示心肌细胞不再存活。^{18}FDG 主要用于心肌活力测定、脑肿瘤和精神神经疾病诊断，以及对各种肿瘤良恶性鉴别很有价值，并可进行局部葡萄糖代谢率定量测定。静脉注射 ^{18}FDG 185～296MBq（5～8mCi），30～50min 后全身扫描。

五、造影剂合理使用原则

1. 造影剂的使用应以能达到明确临床诊断为目的。在恰到好处地达到诊断所需的造影剂效果前提下，应尽量减少用药剂量。

2. 选择造影剂要有适应证，排除禁忌证。根据疾病的性质、部位及扫描方式衡量得失，决定是否需要增强扫描，以及拟定注射部位、方式、注射速率及延迟扫描时间。

3. 选择造影剂要因病而异，因人而异。本着对患者始终负责的态度，在用药前后严密观察病情变化及不良反应，不断总结和提高影像诊断水平，使造影剂的增强技术做到因病而异，因人而异，更趋合理。

第二节 解 毒 剂

中毒是指机体接触过量或大量有毒物质，引发代谢障碍、功能或组织结构受损而发生疾病或死亡。中毒的严重程度大多呈剂量-效应依赖性关系。按其发生发展过程，可分为急性、亚急性和慢性中毒。一次接触大量毒物所致的中毒为急性中毒；多次或长期接触少量毒物，经一定潜伏期而发生的中毒，称慢性中毒；介于两者之间的，为亚急性中毒。

解毒剂是指能解除或减轻有毒物质对机体的毒害作用的药物。特效解毒剂是指对某些中毒病的解救起特殊治疗效果的药物。解救中毒病时应采取综合措施，即包括毒物的清除、阻止吸收、促进排出及针对中毒症状而进行的对症治疗，而特效解毒剂主要是针对中毒的原因进行解毒的对因治疗药物。

根据解毒剂的机制不同可以分类如下。①药理性解毒药，如依地酸钠钙；②化学性解毒药，如维生素 C；③物理性解毒药，如药用碳等。在目前多种常见中毒病中，如有机磷酸酯、有机氟、重金属与类金属、亚硝酸盐及氢氰酸等中毒病的特效解毒药，其解毒机制的研究较为深入，对合理的选用解毒药物具有指导性意义。

一、金属中毒解毒剂

Hg、Ag、Pb、Cu、Mn、Zn、Ni 等金属，As、Ti、P、Bi 等类金属，均能引起人体中毒。其中，铅中毒居多。铅中毒是由于误服醋酸铅、碳酸铅、铬酸铅、四乙基铅，呼入其粉尘、烟尘、蒸气及皮肤或口服吸收而中毒。过量接触、吸入铅化合物或含铅中药，如樟丹、黑锡丹、羊癫疯丸等，使用含铅化妆品等也可引起中毒。急性铅中毒的中毒机制，主要是铅及其铅化合物进入细胞后可与酶的巯基结合，抑制酶的功能。铅中毒可引起造血、神经、消化、泌尿系统等一系列症状。

1. 急性铅中毒的临床表现

（1）消化系统表现如恶心、呕吐、食欲缺乏、口有金属味、流涎、腹胀、便秘、便血、腹绞痛，还可有肝大、黄疸和肝功能减退等。

（2）神经系统表现为头痛、眩晕、烦躁不安、失眠、嗜睡、易激动，重者可有谵妄、抽搐、惊厥、昏迷、脑水肿，周围神经炎也可出现。

（3）血液系统损害表现为面色苍白、心悸、气短等贫血症状。

（4）泌尿系统症状有腰痛、水肿、蛋白尿、血尿、管型尿，严重者还可出现肾衰竭。

2. 急性铅中毒的急救 口服中毒者，可立即给予大量浓茶或温水，刺激咽部以诱导催吐，然后给予牛奶、蛋清、豆浆以保护胃黏膜。对症急救：对腹痛者可用热敷或口服阿托品 0.5～1.0mg；对昏迷者应及时清除口腔内异物，保持呼吸道通畅，防止异物误入气管或呼吸道引起窒息。经上述现场急救后，应立即送医院抢救，以免耽误时间，危及患者生命。

二、有机磷中毒解毒剂

有机磷酸酯类化合物（简称为有机磷）按用途可分为民用杀虫剂（organophosphate，OPP）和军事神经性毒剂（nerve agent）。有机磷化合物很多广泛地应用于畜牧业生产中如敌百虫、敌敌畏、对硫磷、对氧磷、乐果等，是防止农业害虫及人类疫病媒介昆虫的常用药物，其中有些对家畜毒性较小的有机磷用于体内驱虫药、体表及环境卫生的杀虫药。军用神经毒剂多以气溶胶形式使用，对人类的毒害作用比一般有机磷农药致死性强、作用迅速而难以救治，常见的有塔崩（Tabum）、沙林（Sarin）、梭曼（Soman）和维爱克斯（VX）。

有机磷由于误用误服，可经皮肤、呼吸道或胃肠道吸收进入体内。此时有机磷与神经系统、肌肉、血浆及红细胞（RBC）中的胆碱酯酶结合，形成磷酰化胆碱酯酶，后者失去原来的胆碱酯酶水解 ACh 的活性，导致体内 ACh 蓄积过多而中毒，临床表现为胆碱能神经过度兴奋的症状：唾液腺、泪腺、鼻液、汗腺分泌增加，肠蠕动增强、腹泻，瞳孔收缩、肌肉震颤、呼吸加快，先是兴奋不安、狂躁、继而精神沉郁、离群独卧甚至昏迷，最后由于气管痉挛、呼吸肌麻痹及呼吸中枢抑制而死亡。

有机磷解毒剂的解毒机制，主要从生理功能对抗及恢复胆碱酯酶活性进行解毒。目前常用的特效解毒剂主要有两类。

1. 生理对抗解毒剂 用于解除因 ACh 蓄积所产生的中毒症状。主要是阿托品类的抗胆碱药，其解毒机制主要在于阻断 ACh 对 M 受体的激动作用，使之不出现胆碱能神经过度兴奋的临床症状。对有机磷中毒，主要的解毒措施是大剂量注射阿托品，但是阿托品不能解除 ACh 对横纹肌的作用，也不能恢复胆碱酯酶的活性，对轻度中毒的者可单用阿托品解毒，对严重中毒者应加用胆碱酯酶复活剂，两者需要反复应用，直至病情缓解为止。

在应用阿托品解有机磷中毒时，越早越好，剂量可适当加大或重复用药，至“阿托品化”，即表现为口腔干燥、瞳孔散大、呼吸平稳、心搏加快。

2. 胆碱酯酶复活剂 能使被抑制的胆碱酯酶迅速恢复正常的药物。目前临床广泛使用的是碘解磷定、氯解磷定、双解磷等。本类药在体内吸收迅速，较多地分布于肝、肾、脾、心等器官，其次是肺、肌肉、血液，主要由尿排出。

本类药因其结构中的醛肟基（—CH═NOH）或酮肟基（—CR═NOH）具有强大的亲磷酸酯作用，能将结合在酶上的磷-酰基解离下来，因此可使胆碱酯酶与结合物分离，恢复活性。

如果中毒时间过长，则磷酰化胆碱酯酶变成稳定的单烷基或单烷氧基磷酰化胆碱酯酶，这时即使应用胆碱酯酶复活剂也不能恢复酶的活性。所以，对于胆碱酯酶复活剂应早期应用。另外此类药物也能直接与机体内游离的有机磷化合物起作用，使有机磷化合物失去毒性，成为无毒物质而由尿排出。

胆碱酯酶复活剂的出现，使有机磷中毒的治疗获得了新发展，它不但使单独用阿托品不能控制的严重病例得到解救，并且显著缩短了病程，阿托品所不能对抗的肌肉震颤、抽搐等症状也迅速获得制止。

3. 常用胆碱酯酶复活剂

（1）碘解磷定（pyraloximi methiadidum）：化学名为吡啶-2-甲醛肟碘甲烷，又称解磷定或派姆。黄色结晶性粉末，微溶于水。在碱性溶液中不稳定，易水解成氰化物，有剧毒，故忌与碱性药物配伍使用。具有迅速复活胆碱酯酶的作用，对中毒不久的病例，显效很快，静脉注射后数分钟即可出现效果，但在体内很快被肝脏分解，从肾排出，作用仅维持约 1.5h，所以必须反复给药。

碘解磷定不能通过血脑屏障，对中枢神经症状几乎无效，对有机磷中毒的敌敌畏、乐果、敌百虫、马拉硫磷等中毒的疗效较差，应当与阿托品合用。碘解磷定是相当安全的药物，治疗剂量副作用甚少，不产生中毒现象，连续用药无蓄积性。但大剂量静脉注射可直接抑制呼吸中枢，注射过速会产生呕吐、心动过速、运动失调等。如果药液漏入皮下具有强烈刺激作用，应予注意。

（2）氯解磷定（pyraloximi，methylchloridum）：亦为吡啶肟类化合物，其是氯盐，药理作用同于碘解磷定，其对胆碱酯酶的复活能力更强，性质较稳定。水溶性较碘解磷定高，可静脉注射或肌内注射，使用方便，作用较快，肌内注射后几分钟即显效。

使用时亦应注意中毒后尽快使用解救药。另外本品对乐果中毒无效，内吸磷、对硫磷、敌百虫、敌敌畏中毒 48～72h 后，也无效。由于不能通过血脑屏障，应当与阿托品合用。

（3）双解磷（TMB4）：对胆碱酯酶的恢复作用比碘解磷定强 3.5～6 倍，作用持久，对缓解腹痛、呕吐等效果显著，不能通过血脑屏障。其水溶性较好，可配成 5% 溶液肌内注射或用葡萄糖生理盐水溶解后静脉注射。

（4）双复磷（DMO_4）：其作用比双解磷还强一倍，能通过血脑屏障，对缓解各种中毒症状效果均较好，水溶性高，可进行肌内注射或缓慢静注。副作用小。

案例解析

案例：

患者，女，年龄 24 岁。因为纠纷而服毒，毒物种类为敌敌畏，服毒量 50ml。就诊时间为服毒后 3h。临床表现为 M 样、N 样症状和中枢神经系统症状，血胆碱酯酶（ChE）活力测定采用军事医学科学院生产的全血 ChE 快速纸片测定法，患者全血 ChE ＜ 30%。其根据患者病情，建议使用哪类解毒药物？

解析：

有机磷农药是毒性强的化学毒物之一，服毒者短时经口进入大量毒物，毒剂大量吸收入血，抑制体内胆碱酯酶活性，致使 ACh 大量蓄积而产生中毒症状。合并使用阿托品和解磷定两种特效解毒剂，同时改善患者 M 样和中枢神经系统症状。解磷注射液为新型复合制剂，主要成分为双解磷、苯扎托品和丙环定。传统治疗中阿托品用药频繁，不易确切掌握，临床上常有阿托品剂量不足或阿托品中毒致死发生，而解磷注射液用法简便易于掌握，使用副作用较少，仅有头昏乏力、手足发麻，停药后症状自行消失。

三、氰化物中毒解毒剂

氢氰酸和氰化物是作用极速的毒物。农业上用的除草剂如石灰氮、熏蒸仓库用的杀虫剂如氰化钠、工业生产中用的氰化钾，均可引起氰化物中毒。另外某些植物果实如苦杏仁、桃仁、李子仁、枇杷仁、樱桃仁及木薯等都含有氰苷，分解后可产生氢氰酸。氰化物可经由口服、吸入及皮肤黏膜被吸收到体内。氰化物可以抑制多种酶，被吸收后和细胞中线粒体上细胞色素氧化酶（cytochrome oxidase）Fe^{3+} 络合，抑制细胞氧化磷酸化作用（oxidative phosphorylation），阻断 ATP 的生成，并使得细胞缺氧窒息。

1. 中毒症状　氰化物中毒初期症候为头晕、头痛、呼吸加快，后期为发绀（由于缺氧而血液呈暗紫色）和昏迷；暴露在高剂量下，在很短时间内可伤害脑及心脏，造成昏迷及死亡；如低剂量长期暴露，可导致呼吸困难、心口痛、呕吐、血液变化（血红蛋白、淋巴细胞数目上升），头痛和甲状腺肿大；如果食入大量氰化物可能有气短、昏厥、失去意识或死亡；皮肤接触后会有溃烂、皮肤刺激及红斑；眼睛接触后会有刺激、烧伤、视物模糊等，过量或延时性接触会造成眼睛永久性伤害。

2. 氰化物中毒解救机制　应用氧化剂（如亚硝酸盐或亚甲蓝），使部分低铁血红蛋白氧化为高铁血红蛋白，由于高铁血红蛋白的 Fe^{3+} 与氰化物有高度亲和力，结合成氰化高铁血红蛋白，可以阻止氰化物与组织的细胞色素氧化酶结合，又因所形成的高铁血红蛋白还能夺取已与细胞色素氧化酶结合的氰离子，恢复酶的活性，从而产生解毒作用，但因氰化高铁血红蛋白仍可部分解离出氢氰根（CN^-）产生毒性，所以还应进一步用硫代硫酸钠解毒。

3. 常用解救药物

（1）亚硝酸钠（sodium nitris）：白色或微带黄色斜方晶体或粉末，易潮解，易溶于水，其水溶液呈碱性，微溶于乙醇、甲醇、乙醚等有机溶剂。它使亚铁血红蛋白氧化为高铁血红蛋白，后者与氰化物具有高度亲和力，用于氰化物中毒。氰化物中毒时，静脉注射给药，注射后 2～3min，再注射硫代硫酸钠，临用前配成 3% 溶液，但剂量过大可因 Fe^{3+} 血红蛋白生成过多而引起亚硝酸盐中毒。

（2）硫代硫酸钠（大苏打、次硫酸钠）：无色透明或结晶性粉末，在湿空气中易潮解，极易溶于水，本品在体内酶（转硫酶）的参与下，和游离的氢氰根或氰化高铁血红蛋白的氰离子结合，变为无毒的硫氰酸盐（SCN^-）排出体外。因其和 Fe^{3+} 亲和力不强，结合速度极慢，来不及急救。本品还具有还原剂特性，在体内与多种金属、类金属形成无毒硫化物由尿排出，所以也用于 I、As、Hg、Pb、Bi 等中毒，但疗效不及二巯丙醇。

四、亚硝酸盐中毒解毒剂

内服大量亚硝酸盐或者硝酸盐在胃肠内转化为亚硝酸盐均能引起中毒。青菜中硝酸盐含量较高，但如果蔬菜储存、加工处理过程不当，如腌制咸菜、酸菜后硝酸盐转化为亚硝酸盐，易使人、畜中毒。此外，还有误食硝酸铵（钾）等化肥而中毒。

1. 亚硝酸盐中毒症状　轻者表现为头晕、头痛、乏力、胸闷、恶心、呕吐，口唇、耳廓、指甲和皮肤发绀；重者眼结膜、面部及全身皮肤发绀、心率快、嗜睡或烦躁不安、呼吸困难，血液中高铁血红蛋白含量往往超过 50%，甚至出现昏迷、惊厥、大小便失禁等，可因呼吸衰竭而死亡。

2. 亚硝酸盐中毒解救　迅速洗胃、灌肠。特效治疗可采用 1% 亚甲蓝（美蓝）小剂量口服，或用 25%～50% 的葡萄糖液 20ml 将亚甲蓝稀释后，静脉缓慢注射，1h 后如症状不见好转可重复注射一次。大剂量维生素 C 可直接将高铁血红蛋白还原，所以亚甲蓝、维生素 C、葡萄糖三者合用效果最好。

五、有机氟中毒解毒剂

常用的有机氟中毒的解毒剂有乙酰胺（acetamide，解氟灵）和单乙酰甘油酯等。有机氟中毒治疗首先通过催吐、洗胃、缓泻以减少毒物的吸收，同时立即肌内注射或静脉注射特效解毒药乙酰胺对症治疗。有机氟中毒常出现血钙降低，故采用葡萄糖酸钙或枸橼酸钙静脉注射以解除肌肉痉挛。采用巴比妥口服或氯丙嗪肌内注射以镇静，缓解中枢兴奋。采用山梗菜碱（洛贝林）、尼可刹米、可拉明以解除呼吸抑制。

六、中枢镇痛药急性中毒解毒剂

该类药物的主要作用是抑制中枢神经系统，在镇痛的同时还可引起欣快感，令使用药者有重复用药的需求，易导致成瘾。

1. 急性中毒表现 昏迷、针尖样瞳孔和呼吸极度抑制为吗啡中毒的三联症状。但致缺氧时，瞳孔可显著扩大。一般中毒症状为头痛、头晕、恶心、呕吐、兴奋或抑郁、口渴、呼出气有阿片味，肌张力先增强后弛缓、出汗、皮肤瘙痒、幻想、失去时间和空间感觉，或有便秘、尿潴留及血糖增高等。

在中毒患者因窒息而发生虚脱之前，其脊髓反射可以增强，常出现肌肉抽搐、惊厥、牙关紧闭和角弓反张等。摄入剂量过大时，患者先出现呼吸浅慢、肺水肿、发绀、瞳孔极度缩小、迅速进入昏迷状态；继之发生脉速弱而不规则、皮肤苍白、湿冷等休克现象及瞳孔扩大等，偶有发生蛛网膜下腔出血及过高热等。

急性吗啡中毒后，在 6～12h 内多死于呼吸麻痹；超过 12h 后，往往因呼吸道感染而死于肺炎，故应争取时间迅速治疗。

美沙酮超剂量用药，可出现头晕、呼吸表浅、频繁的阵发性抽搐、四肢厥冷和神志昏迷。在恢复过程中可能发生下肢运动障碍、双下肢瘫痪、失明等。

大剂量和快速静脉注射芬太尼，可出现颈、胸、腹壁等骨骼肌僵直，胸顺应性降低，并影响通气功能。偶尔出现心率减慢、血压下降、瞳孔极度缩小等。

2. 急性中毒解救 高锰酸钾溶液洗胃，以 50% 硫酸镁溶液 60ml 导泻，禁用阿扑吗啡催吐。静脉滴注葡萄糖生理盐水，促进排泄，防止脱水，注意保温。保持呼吸道畅通。有呼吸抑制时，可行人工呼吸，给予尼可刹米等呼吸兴奋剂。防止吸入性肺炎，可给予抗感染药物。尽早应用阿片碱类解毒药。纳洛酮和烯丙吗啡为阿片类药物中毒的首选阻断药，其化学结构与吗啡相似，但与阿片受体的亲和力大于其他阿片类药物，能阻止吗啡样物质与受体结合，从而消除吗啡等药物引起的呼吸和循环抑制等症状。

救治期间，禁用中枢兴奋剂（士的宁等），因其可与吗啡类对中枢神经的兴奋作用相加而诱发惊厥。

对芬太尼造成的肌肉僵直，可用肌松药和吗啡阻断药如纳洛酮、烯丙吗啡等对抗。

3. 慢性中毒表现 慢性中毒（即阿片瘾）有食欲缺乏、便秘、消瘦、贫血、早衰、阳痿等，如停用 8h 以上，即有戒断现象，精神萎靡、喊叫、打呵欠、涕泪交流、冷汗、呕吐、腹泻、失眠，以致虚脱或意识丧失。

知识拓展

蛇咬伤是所有热带疾病中最容易被忽视的疾病之一，每年大约有 500 万人被蛇咬伤，全球因毒蛇咬伤而死亡的人数相当多。据估计超过 75% 的蛇咬伤患者在尚未送往医院前就已经死亡，主要因为目前还不存在野外蛇咬伤的简单疗法。美国的研究小组在研发毒蛇咬伤的通用解药问题上取得了重要的进展，在被注射了高剂量印度眼镜蛇蛇毒的老鼠身上测试了通过鼻腔注入的抗麻痹药物的有效性，发现被注射致命剂量蛇毒的老鼠存活时间更长，在很多情况下，在抗麻痹药新斯的明的治疗下老鼠竟然存活。

研究小组最初进行的一项试验中展示了这种创新毒蛇咬伤疗法的潜力。在实验中，一名健康的志愿者被麻痹但仍保持清醒，医生使用了毒素来模拟眼镜蛇和其他蛇的毒液所产生的效应，后者一般会导致受害者麻痹。随后研究小组向志愿者喷射了这种新型抗麻痹喷鼻剂，后者在 20min 内逐渐恢复正常。

本章小结

一、造影剂

X线造影剂：分为水溶性碘造影剂、硫酸钡混悬剂、油脂类X线造影剂。

磁共振造影剂：分为T1弛豫增强造影剂和T2弛豫增强造影剂。

超声造影剂：分为含二氧化碳气体超声造影剂、含氧气超声造影剂、含空气超声造影、含氟碳气体超声造影剂、人体白蛋白为基质的超声造影剂、糖类为基质的超声造影剂。

二、解毒剂

中毒类型	中毒机制	中毒症状	救治措施及解毒药物
铅中毒	抑制多种酶的功能；损害中枢神经系统；干扰合成血红蛋白的酶，引起卟啉代谢异常	恶心、呕吐、口有金属味、流涎、腹胀、便秘、便血、头痛、眩晕、烦躁不安、失眠、易激动，重者可有谵妄、抽搐、惊厥、昏迷等	牛奶、蛋清等高蛋白物质保护胃黏膜；阿托品解除腹痛
有机磷农药中毒	抑制胆碱酯酶活性，造成ACh大量蓄积	头痛、头晕、恶心、呕吐、乏力、多汗、胸闷、视物障碍、神志昏迷、惊厥、抽搐、呼吸困难、瞳孔极度缩小、口唇发绀、脉搏细速、血压下降等	洗胃以清除毒物；使用阿托品和解磷定
氰化物中毒	抑制多种酶，被吸收后抑制细胞氧化磷酸化作用，阻断ATP生成，并使得细胞缺氧窒息	头晕、头痛、呼吸速率加快、后期为发绀和昏迷现象；暴露在高剂量下，在很短时间可伤害脑及心脏，造成昏迷及死亡	硫代硫酸钠（sodium thio-sulfate）注射剂，大剂量亚甲蓝可用于氰化物中毒的急救
亚硝酸盐中毒	使正铁血红蛋白氧化为高铁血红蛋白而失去携氧能力，致机体缺氧	头晕、头痛、乏力、胸闷、恶心、呕吐，口唇、耳廓、指甲和皮肤发绀，心率快，嗜睡或烦躁不安，呼吸困难，昏迷、惊厥、大小便失禁	亚甲蓝（methylthioninium-chloride）注射剂
有机氟中毒	破坏机体的三羧酸循环，造成机体的代谢障碍	皮肤黏膜损伤，可引起皮肤溃疡，急性支气管炎，肺水肿，肺出血，胃溃疡等	乙酰胺（acetamide，解氟灵）注射剂
中枢镇痛药急性中毒	抑制中枢神经系统	昏迷、针尖样瞳孔、呼吸极度抑制、心率减慢、血压下降等	高锰酸钾溶液洗胃、硫酸镁溶液导泻，静脉滴注葡萄糖生理盐水，促进排泄，防止脱水，再使用纳洛酮（naloxone）注射剂

中药介绍

最常用的中药解毒剂有甘草、绿豆、黄芩等。绿豆可用于解附子、巴豆毒；甘草对马钱子、洋金花、天仙子、乌头、附子等中毒有一定的解毒作用。黄芩亦可广泛用于砒霜、巴豆、斑蝥、番木鳖、天仙子、曼陀罗等中毒。

此外，在本草著作中，曾记载有药物的“相杀”，即一种药物能清除另一种药物的中毒反应，因此亦可作为特效解药，如防风杀砒霜毒，绿豆杀巴豆毒，葱解藜芦毒，生姜解半夏、天南星毒，以及藤黄中毒可用海蜇解毒，河鲀中毒可用鲜芦根解毒，巴豆中毒可用芭蕉叶或花生油解毒，大戟中毒可用鲜桔梗解毒，苍耳子中毒可用板蓝根解毒，雷公藤中毒可用凤尾草解毒，毒扁豆中毒可用洋金花解毒等。

（秦三海）

第五十一章 药物滥用及成瘾

能力要求

1. 掌握药物滥用、药物依赖性、戒断综合征等基本概念。
2. 熟悉致依赖性药物的分类和特征及药物滥用的危害。
3. 了解药物滥用的管制与防治。

第一节 概　述

药物滥用（drug abuse）是国际通用的术语，我国俗称“吸毒”，是指与医疗目的无关、反复、大量、自行地使用具有依赖性的药物的行为。药物滥用的主要原因是因为这类药物可导致机体产生很强的欣快感。在重复暴露于此类药物后可诱导脑的适应性改变，结果导致药物使用变得带有强迫性。这种滥用与我们平时所说的“滥用抗生素”“滥用激素”等滥用药物中的“滥用”概念不同。其特征：非医疗目的反复用药，用药者采用自身给药的方式导致精神依赖性和生理依赖性，造成精神紊乱或出现一系列异常行为，进而酿成严重的社会危害。例如，吸毒导致人体免疫功能下降，因注射毒品而感染病毒性肝炎、艾滋病等传染性疾病，毒品交易引起暴力犯罪等。因而引起了国际社会的广泛关注和高度重视。近些年来由于多方面原因，中国药物滥用问题呈现死灰复燃态势，需要引起足够的重视。

耐受性（drug tolerance）指连续多次用药后，机体对药物的反应性减弱，药物效应降低，必须增加剂量才能达到原有效应的现象。停药后耐受性可消失，再次连续用药又可发生。多数致依赖性药物在反复用药后，机体将对其产生耐受性，用药者必须加大剂量才能获得原有的欣快效应。有的药物在短时间内反复应用数次后，药效递减直至消失，这种现象称为快速耐受性。机体对一种药物产生耐受性后，在应用同一类药物时也会产生耐受性，称交叉耐受性。

第二节 致依赖性药物的概述

一、致依赖性药物的分类

国际禁毒公约将致依赖性的药物分为麻醉药品、精神药物两大类以进行管制，另将一些尚未列入国际管制的具有依赖性潜力的精神活性物质也纳入依赖性药物范畴。因此，致依赖性药物可分为如下三大类。

（一）麻醉药品

麻醉药品（narcotic）是指连续使用后易产生生理依赖性，能成瘾癖的药品，包括阿片类、可卡因类和大麻类。

1. 阿片类（opioid） 包括天然来源的阿片及其中所含的有效成分，如吗啡、可待因，也包括半合成或人工合成的化合物，如海洛因、哌替啶、美沙酮等。

2. 可卡因类（cocaine） 如古柯树叶中的生物碱可卡因及粗制品古柯叶、可卡因快克（crack）等。

3. 大麻类（cannabis） 如大麻烟、大麻脂、大麻油等。

（二）精神药物

精神药物（psychotropic substance）是指作用于中枢神经系统，能使之兴奋或抑制，反复应用能产生精神依赖性的药品。

1. 中枢抑制药（central inhibitor） 如巴比妥类、苯二氮䓬类等。

2. 中枢兴奋剂（central stimulant） 如苯丙胺类、哌甲酯和咖啡因等。

3. 致幻剂（hallucinogenic） 如麦角酸二乙基酰胺、苯环利定等。

（三）其他

其他致依赖性药物如乙醇和烟草、挥发性有机溶剂等。

二、药物的依赖性表现特征

不同类别的致依赖性药物所产生的致依赖性特征不同。

（一）阿片类

阿片，俗称鸦片，为罂粟果割开后流出的白色浆液的干燥物。滥用者初尝阿片类药品的临床表现为难受与快感并存，可见恶心、呕吐、头昏、乏力、嗜睡、视物不清，进而出现快感。海洛因即二乙酰吗啡，注射海洛因典型的表现为立即有强烈的快感，大约1min后出现似睡非睡的松弛状态，这时烦恼、忧愁、焦虑、紧张等一扫而空，觉得宁静、平安、快慰、温暖、愉悦、幻想驰骋，其后2～4h精神抖擞，自身感觉良好。形成躯体依赖性后，每3～6h需重复用药，才能维持身体的功能状态。停药8～12h就可出现阿片类戒断综合征。急性期戒断症状的最初表现为类似感冒的卡他症状、“冷火鸡”反应，可出现胃肠蠕动和肌张力增加，全身骨骼和肌肉酸痛，有蚁走感和叮咬感，并有钻骨的感觉，时而在身上乱抓，或用头撞墙，鼻涕、眼泪不断向外流，强烈渴求药物，身体极度虚弱，可出现发热和脱水症状。此时注射吗啡或海洛因，一切痛苦皆烟消云散。迁延期戒断症状多数发生在脱毒治疗后期，戒断后2～3日或2～3周出现，持续2～6个月，是导致复吸的重要原因。

（二）可卡因

可卡因能刺激人的中枢神经系统，是最强的天然兴奋剂，能使吸毒者产生欣快舒适感。滥用者中毒的临床表现是用药后发生一种“电击”般的愉悦感，夸夸其谈，警觉性增高，进而出现视物显小性幻视；中毒加重时可出现精神运动性激越、判断力受损、行为紊乱、抑郁和恐惧，有时有急性惊恐发作或幻觉症。躯体可见头痛、心悸、心律失常、瞳孔扩大、血压升高、出汗、寒战，以及恶心、呕吐等。大剂量使用可卡因后，突然停药或降低可卡因的使用量，会出现撤药综合征，表现为情绪障碍（如抑郁、易激惹、焦虑）、疲惫、失眠或过度睡眠、精神运动性激越。停止使用可卡因后，以上症状持续24h以上，可伴有偏执观念和自杀观念。

（三）大麻

大麻为一年生草本植物，大麻雌雄异株，雌株花叶含有丰富的大麻脂，人吸食后能产生致幻作用。大麻是全世界滥用最广泛的毒品之一，常用的是印度大麻，其制品中活性成分是四氢大麻酚。大麻能明显影响人的精神活动，一般剂量即可产生欣快感。长期大量滥用会使人表现淡漠、表情呆滞、判断力和记忆力损害、思维障碍等大麻中毒症状。

（四）中枢抑制药

巴比妥类和苯二氮䓬类药物是临床常用的镇静催眠药，尤其苯二氮䓬类药物应用广泛，在部分社会人群中造成滥用。中毒特征表现为看似酒醉、嗜睡、运动失调、说话迟缓、眼球震颤、定向障碍，也可有呼吸抑制现象。

（五）中枢兴奋剂

本类药物中滥用最严重的是苯丙胺类，如甲基苯丙胺。服用苯丙胺后会出现情绪高昂、精力充沛、食欲减退，并有明显欣快感。治疗量苯丙胺连续应用几个月即能产生躯体依赖性，停药可产生戒断症状，早期是极度紧张，继而出现抑郁，持久性睡眠比较特殊，一般可持续72h以上。苯丙胺急性中毒症状表现为不安、头昏、震颤、腱反射亢进、话多、易激惹、无力、失眠、欣快感，严重者可见精神错乱、焦虑、烦躁、谵妄、偏执性幻觉或惊恐状态。苯丙胺慢性中毒表现为体重减轻与精神异常，多为幻觉妄想状态，酷似精神分裂特征。

甲基苯丙胺，又称去氧麻黄碱，微带苦味，为透明结晶体，外观与冰极为相似，易溶于水，纯度高达98%或100%，俗称"冰毒"，是被滥用最广泛的兴奋剂。亚甲二氧基甲基苯丙胺，俗称"摇头丸"，是一种中枢神经兴奋剂，兼有致幻作用。服用后会使人极度亢奋，可引起幻觉、幻视、眩晕、空间定向力障碍，使人极度兴奋、摇头不止，可造成行为失控引发治安等一系列问题。

（六）致幻剂

本类药物包括麦角酸二乙基酰胺、苯环利定、赛洛西宾等，是一类天然或合成的精神活性物质，能引起意识改变，特征是知觉增强、生动的想象可发展到错觉和幻觉、情感改变、强烈的人格与现实解体体验。它们能改变个体对不存在的东西的感知，往往以一种不可预知的方式诱导感知症状，包括形状和颜色失真、精神病样表现（人格解体、幻觉、扭曲的时间知觉）。因此，这些药物也被归类为拟精神病药。它们还引起躯体症状（头晕、恶心、感觉异常及视物模糊）。有些使用者还报告存在强烈重新经历感知效果（闪回）。

第三节　运动兴奋药

一、兴奋剂概述

兴奋剂（dope）原指能刺激人体神经系统，使人产生兴奋从而提高功能状态的药物，后泛指能作用于人体功能，有助于运动员提高成绩的药物。体育比赛中涉及的"兴奋剂"不全是兴奋药，实际上也有抑制性质的药物。

使用兴奋剂的危害是多方面的：第一，破坏了体育比赛的公平和公正；第二，严重危害运动员的身心健康。科学研究证明使用兴奋剂对人的健康造成如下危害：①出现严重的性格改变；②产生药物依赖；③导致细胞和器官功能异常；④产生过敏反应，损害免疫力；⑤引起各种感染（如肝炎，艾滋病等）。使用兴奋剂最大危害来自激素类和刺激类药物，其造成的许多损害作用往往在多年之后表现出来。兴奋剂的危害对于人类来说，还有很多未知因素。20世纪90年代以来，运动兴奋剂又呈现出新的特点，如出现新的兴奋剂，包括EPO和人造激素等，这些都需要采用新的检测方法和技术。因此，反对使用兴奋剂是全世界的共同目标。

刺激性药物通常称为刺激剂，是最早使用，最早被禁用，也是最原始意义上的兴奋剂。它包括麻黄碱等能使运动员行为敏捷，不易疲劳，或者强化心血管功能的非处方药，以及苯丙胺、可卡因、致幻剂等改变情绪和精神状态的处方药，还包括一些非法药物。

二、运动兴奋剂的分类

世界反兴奋剂机构（World Anti–Doping Agency，WADA）每年更新禁用药物的清单。其中最重要的是那些被广泛使用的药物，如非处方药、处方药，以及非法药物等。很多兴奋剂是苯丙胺的衍生物，包括可能引起药物滥用的药物。大多数兴奋剂作用于单胺能神经系统，包括肾上腺素能神经系统、DA能神经系统，以及5-HT能神经系统等。某些化合物可以同时拟似多种单胺，从而获得多条通路的综合效应。

竞赛中禁止使用的兴奋剂类型主要包括如下。

1. 蛋白同化制剂　蛋白同化雄性激素类固醇，如甲睾酮等。蛋白同化制剂主要是合成类固醇如雄激素、苯丙酸诺龙、司坦唑醇等。本类药物不仅有雄激素活性，还有促进蛋白质合成作用（同化作用）。某些人工合成的睾酮衍生物雄激素活性明显降低，其蛋白质合成作用保留或增强，这些药物称为同化激素。由于该类药物增加蛋白质合成，促进肌肉发育，配合加强训练强度，短时间内可增加无脂肪肌肉重量和体积，提高运动能力，特别是女运动员，可明显增加体育成绩，应在各种体育比赛中禁止使用。

2. 肽类激素、生长因子及相关物质 如促红细胞生成素（EPO）、血小板衍生生长因子（PDGF）、成纤维细胞生长因子（FGF）、血管内皮生长因子及肝细胞生长因子等。促红细胞生成素是由肾脏和肝脏分泌的一种激素样物质，能够促进红细胞生成，具有促进红细胞增生及维持血中红细胞数稳定的作用，主要包括促红细胞生成素、生长激素、胰岛素样生长因子-1、生长因子素、促性腺激素和促皮质素等。

3. β_2 受体激动药 如沙丁胺醇、沙美特罗、克仑特罗。该类药物通过选择性作用于 β_2 受体发挥作用，为非儿茶酚胺类药物，对支气管、子宫和血管平滑肌 β_2 受体有较高的选择性激动作用，并能有效地解除支气管痉挛，在临床上已成为治疗哮喘的主要支气管舒张药。此外，β_2 受体激动药还具有对神经系统的兴奋作用和蛋白同化作用，因而可作为一种运动兴奋剂。1992 年国际奥委会开始将第一个 β_2 受体激动药——克仑特罗列入了禁用药物表，在以后的几年里又陆续新增了几种该类药物。近年来，运动员使用该类药物的频率呈上升趋势。另外，在畜牧业上，克仑特罗被用作瘦肉增长剂，国内称为“瘦肉精”，可以促进动物肌肉生长，降低脂肪含量。用此药喂养的动物会在体内（尤其是内脏）产生药物残留，运动员如果食用了这种肉食，其尿样就有可能在尿检中呈现阳性。

4. 利尿剂和其他掩蔽剂 利尿剂的临床效应是通过影响肾脏的尿液生成过程，来增加尿量排出，从而缓解或消除水肿等症状。目的是通过快速排除体内水分，减轻体重；增加尿量，尽快减少体液和排泄物中其他兴奋剂代谢产物，以此来造成药检的假阴性结果；加速其他兴奋剂及其他代谢产物的排泄过程，从而缓解某些副作用。

5. 激素阻断药与调节剂 芳香酶抑制药如氨鲁米特、选择性雄激素受体调节剂如雷洛昔芬、其他抗雌激素作用物质如氯米芬、调节肌抑素功能的制剂。

6. 刺激剂 非特定刺激剂如阿屈非尼、特定刺激剂麻黄碱、苯丙胺类。

7. 麻醉剂 如美沙酮。

8. 大麻（酚）类 如天然或合成屈大麻酚。

9. 糖皮质类固醇

由于刺激剂的作用只是暂时的，因此只在竞赛中禁用；另外，由于很多非处方药含刺激剂成分，加大了完全禁用刺激剂的难度。区分运动员血液或尿液中的刺激剂成分来源于处方药还是违禁刺激剂的方法很多，可以根据物质的特点确定，也可以根据物质或代谢产物的相对浓度来判断。对兴奋剂的控制是根据不同物质采取不同的要求，有些物质是禁用的，有些是限用的。限制使用的物质是在某些情况下可以允许使用的违禁药物。例如，有些化合物（去甲麻黄碱、麻黄碱、甲基麻黄碱等）只有在尿样中超出一定上限才视作违禁；肾上腺素在用作局麻或在鼻或眼部使用时不受限制，咪唑衍生物也允许在局部使用，如作为鼻黏膜充血消除药。使用这些药物时，运动员必须告知相关的医学专家，并由医师出具证明提交给反兴奋剂机构。

第四节 药物滥用的危害、管制和治疗

一、药物滥用的危害

药物滥用者身心健康遭受摧残，毒品对呼吸系统、消化系统、神经精神系统、造血系统、免疫系统、循环系统造成损伤，停药则出现戒断症状。孕妇滥用药物或毒品，药物或毒品可由血液进入胎盘而致胎儿脑缺氧死亡，停用或减量后产生的戒断症状也可使胎儿无法忍受而死亡。存活的胎儿可出现畸形、弱智等情况，出生后还必须喂毒品至 2～3 岁才可实行戒毒。药物滥用者常

因药物过量致中毒死亡。致依赖性药物的安全性不大，精神依赖性和躯体依赖性致药物滥用、过量，中毒死亡发生率高。并且毒品滥用者常伴有精神抑郁和自杀倾向。药物滥用者身体免疫力降低，容易发生呼吸系统疾病、肝炎、细菌性心内膜炎等感染并发症，多人共用注射器可以导致丙肝、乙肝及艾滋病等传染病的发生及传播。

药物滥用还会造成社会风气败坏、伦理道德沦丧，严重阻碍人类社会的进步与发展。同时，社会为打击制造、贩卖毒品的犯罪行为，开展禁毒戒毒工作也耗费了大量人力、物力和财力。

二、药物滥用的管制

药物滥用及由此造成的药物依赖性对个人、家庭和社会危害深重，因此成为全社会关注的严重社会问题。国际社会先后制定了《1961 年麻醉品单一公约》《1971 年精神药物公约》及 1981 年的“国际药物滥用管制战略”；我国作为公约的发起国之一，率先加入了 1988 年《联合国禁止非法贩运麻醉药品和精神药物公约》，对有依赖性的麻醉药品和精神药物进行管制。我国也有严格的管理制度，除了《麻醉药品管理办法》和《精神药品管理办法》外，我国政府还通过大规模的宣传教育工作，教育广大群众特别是有潜在可能的用药者认识到滥用毒品的危害性，自觉抵制使用毒品，并加强对吸毒者进行戒毒治疗。

三、药物依赖的治疗

戒毒治疗包括脱毒、预防复吸、回归社会三方面，脱毒只是消除其躯体依赖性；消除精神依赖性可有效预防复吸，但有一定难度；让患者回归正常社会生活，脱离吸毒人群，需要全社会共同关注和采取综合措施。

脱毒应根据患者滥用药物的种类及其特殊临床问题，实施个体化的脱毒治疗方案，一般安排在特殊环境下停用致依赖性药物，采用作用时间较长、依赖性较低的同类药物进行替代。阿片类药物依赖性是当前药物滥用中最突出的问题，治疗的关键是脱瘾，要在隔离环境中进行。常用的脱瘾方法如下。

1.“冷火鸡”法 硬性撤药，让戒断症状自然发展、自然消退，同时进行必要的对症处理和配合躯体、心理的支持。

2. 美沙酮替代疗法 美沙酮与阿片受体亲和力高，作用维持时间长，成瘾潜力小，是目前阿片类药物如海洛因依赖性患者替代递减治疗的主要药物。具体方法：1mg 美沙酮可代替 4mg 吗啡、2mg 海洛因或 20mg 哌替啶。①脱毒：先消除患者的躯体依赖性症状，确定中毒程度，再决定美沙酮用量，一般 3 周至 1 月为一疗程。②康复治疗：消除再次吸毒的心态和强迫性觅药行为。美沙酮替代治疗只能相对减轻戒断症状，而不是控制所有戒断症状，另有一些症状需心理治疗，有些患者主观戒断症状没有减少，脱失率很高。

3. 可乐定治疗 阿片类药物依赖性患者，其中枢蓝斑核亦受阿片类药物的抑制，一旦停药，蓝斑核神经元高度兴奋，自主神经系统功能紊乱，出现恶心、呕吐、肌肉痉挛、流汗、心动过速、血压升高等临床症状。可乐定为 α_2 受体激动药，可抑制蓝斑核肾上腺素能神经元的兴奋，减少戒断期间蓝斑核电活动，控制部分戒断症状。可乐定脱毒治疗剂量大于其抗高血压剂量。

知识拓展

氯胺酮（ketamine），作为全身麻醉剂被研发出来，又名 K 粉。氯胺酮的危害与剂量有关，剂量越大，危害越显著，轻者有做梦感和漂浮感，重者出现幻觉和谵妄或伴有异常行为。虽然氯胺酮不会造成依赖性和成瘾，长期吸食氯胺酮会对脑部造成永久性损害，可能会导致长期的近似精神分裂症样的精神病。即使服用低于麻醉剂量的氯胺酮也可对身体活动功能和记忆造成显著的损害。氯胺酮还可增加主动脉压、心率和心脏指数，增加颅内压及眼压。

乙醇在人类数千年的历史中占有重要地位，中等剂量的乙醇缓解焦虑、催生舒适感甚至快感，但乙醇也是世界上最广泛滥用的药物之一。酗酒是指无节制地过量饮酒，酗酒能引起全身各器官、系统的综合性功能紊乱，突发的乙醇撤退症状早期表现为战栗、焦虑、失眠，重者有幻觉和惊厥，撤退后 48～72h 会有谵妄、幻觉和自主活动不稳。这些症状通常在 1～2 日的时间内减弱。在某些患者，会发生更加严重的撤药反应，有出现幻觉的风险或是在撤药的前 1～3 日中出现疾病突发状况。乙醇撤药综合征是成年人中疾病突发最普遍的原因，几天后，个别患者会产生因乙醇中毒引起的震颤性谵妄，其特点是完全迷失方向、幻觉和生命迹象明显异常等。

案例解析

案例：

患者，男，25 岁。高中毕业后一直没有工作，自感心烦，一次偶然机会，朋友给他一些白粉，服几次后忘却烦恼，感觉轻松愉快，精力充沛，飘飘欲仙，产生不断摄取的渴望，若停用就会出现身体不适，表现为疲乏乏力。打哈欠、流鼻涕、流眼泪、失眠、心悸、全身疼痛、食欲下降、明显发冷、易激动、恶心、呕吐、腹泻与腹痛等，非常痛苦。曾想自杀、被家人送到戒毒所。

诊断：二醋吗啡依赖。

根据患者症状，建议使用何种方案及药物进行治疗？

解析：

①对症治疗：静脉滴注葡萄糖，补充电解质、维生素、能量，并服用镇静催眠药氯硝西泮等。②美沙酮替代治疗：美沙酮初始剂量 20mg，此后每日递减药量的 20% 左右，减至 10mg 左右时改为每 1～3 日减 1mg。可以在 15～20 日内停药。③纳曲酮防复吸：纳曲酮初始剂量 10mg，以后每日增加 5mg，增至每日约 30mg，连续用药半年以上。④进行康复治疗及回归社会辅导。

本章小结

依赖及成瘾治疗药物

药物	作用机制	作用与应用
纳洛酮 纳曲酮	阿片受体阻断药	翻转阿片作用；诱发戒断综合征
美沙酮	μ 受体激动药	吗啡样作用；阿片类成瘾替代治疗
丁丙诺啡	μ 受体部分激动药	弱阿片样作用；阿片类成瘾替代治疗
奥沙西泮	$GABA_A$ 受体激动药	减轻酒精戒断症状；震颤性谵妄
利莫那班	大麻素 CB_1 受体阻断药	抑制 GABA 能和谷氨酸能突触传递、戒烟

中药介绍

麻　黄

麻黄来源于麻黄科植物草麻黄 *Ephedra sinica* Stapf、中麻黄 *Ephedra intermedia* Schrenk et C.A.Mey. 或木贼麻黄 *Ephedra equisetina* Bge. 的干燥草质茎，其性味辛、微苦、温，归肺、膀胱经。具有发汗解表、宣肺平喘、利水消肿的功效，中医临床常用来治疗外感风寒表实证，以及胸闷咳喘、风水浮肿等证。现代药理研究表明，其具有发汗、平喘、利尿、抗炎、抗过敏、镇咳、祛痰、解热、抗菌、抗病毒等作用。

麻黄碱是麻黄的主要有效成分之一，具有明显的中枢兴奋作用，较大治疗量即能兴奋大脑皮质和皮质下中枢，引起失眠、神经过敏、不安、震颤等症状。研究报道麻黄碱可缩短戊巴比妥钠催眠时间，与阈下剂量戊四氮有协同作用，皮下注射麻黄碱可显著增加小鼠的自发活动。有人采用微渗析技术给大鼠注射麻黄碱后，发现能显著增加细胞外DA的水平，且麻黄碱能显著增强大鼠的自主活动能力，并与给药后观察时间和给药剂量有很大关系。

麻黄碱是拟交感神经药物，对α和β受体均有激动作用，其作用较温和，维持时间长，但长期应用会出现头晕、恶心、心悸、多汗、颤动等不良反应。麻黄碱口服可致中枢兴奋不安、失眠等。从药理学角度分析，是由于麻黄碱抑制MAO的活性，使肾上腺素和肾上腺素能神经的化学传导物质的破坏减慢，从而引起交感神经系统和中枢神经系统兴奋，对呼吸系统和血管运动中枢的影响尤为显著。

（秦三海）

第五十二章　基因治疗药物

能力要求

1. 掌握常见疾病的基因治疗策略。
2. 熟悉如何合理选择抗肿瘤靶向药物。
3. 了解基因治疗的方式和途径，存在的问题。

第一节　基因治疗概论

随着医疗科技的发展，人类对疾病的认识已深入到基因水平。“人类基因组计划”的顺利完成推动基因治疗越来越多地应用于临床，在取得较好效果的同时，也带来一系列理论技术、并发症和社会伦理问题，有待进一步发展成熟。

一、基因治疗的概念

基因治疗（gene therapy）：从狭义讲，是指使用具有正常功能的基因置换或者增补患者体内中有缺陷的基因，从而达到治疗疾病的目的；从广义看，是指将编码某种具有生物活性物质（一般是蛋白质或肽）的基因，通过载体或者直接转移到人体器官或组织细胞内，以纠正基因的缺陷或抑制、关闭表现异常的基因，使其在局部表达活性物质，从而达到治疗或者预防遗传疾病目的的生物医学技术。

二、基因治疗的原理与方法

基因治疗是把目的基因分离出来，转染到体内的某种细胞，连接到有关的载体中，使其稳定表达的过程。目的基因的转移分为体外体内两条途径，体外途径是分离出体内的某种体细胞（如白细胞），在体外培养条件下将目的基因转导进去，再将此带有外源性基因的细胞回输到体内，达到基因治疗的目的。体内途径则将目的基因同载体结合，输入体内，通过载体的作用将目的基因导入靶细胞内。体外途径的优点在于目的基因往往能够整合到靶细胞的染色体上，且可长期稳定表达，并随细胞分裂传递给子代细胞。体内途径转导的目的基因虽高效表达，但表达的时间较短。

目的基因导入细胞具体有下列方法。

1. 直接注射法　将目的基因直接注射到体内的某些部位（如肌肉），邻近细胞摄入DNA并表达。这种方法非常简单，但效率低。

2. 磷酸钙沉淀法　将氯化钙、磷酸盐缓冲液和DNA混合，会有磷酸钙微沉淀形成，在体外培养的细胞可以把沉淀吞入细胞内，将目的基因导入细胞内。这种方法的优点在于简单和通用性，但转化效率通常也很低。

3. 显微注射法　在显微镜下，直接将DNA用细胞玻璃针注入细胞核内，这样可以避免DNA的降解，但是要求具有熟练的操作技巧。

4. 脂质体介导法　将目的基因包裹在脂质体内，通过静脉注入体内，脂质体和细胞膜融合从而使目的基因进入到细胞内。脂质体介导的基因转移能够在活体内应用且较为简单，但转移效率较低，转移的目的基因不和染色体整合，只能短时间表达。

5. 受体介导的基因转移　将含有目的基因的重组质粒DNA共价连接到能和某种细胞受体结合的配体上，然后将这种复合物注入体内，配体和细胞受体特异性结合，发生正常的入胞作用，目的基因从而进入细胞内。这种方式转入的目的基因同样也不与染色体整合，只能短时间表达。

6. 逆转录病毒载体介导的基因转移 用带有外源性基因的重组病毒感染细胞，可将外源性基因序列导入到细胞内。逆转录病毒和腺病毒是目前主要使用的病毒载体。

三、基因治疗的应用

1. 预防和治疗疾病 遗传疾病是遗传物质发生变化而引起的疾病，分为单基因病、多基因病及染色体病。单基因病只需一个基因缺陷便可发生，而多基因病则较复杂且涉及多个基因，往往还和环境因素有关。理论上，人类所有的遗传疾病均可以采用基因治疗。目前，遗传性疾病的基因治疗临床试验已超过 10 多种，如血友病、地中海贫血、戈谢病等。基因治疗除了应用在遗传病外，逐步扩展到肿瘤、心血管、神经退行性及传染病等领域。

2. 提高和改善生活质量 随着现代医疗科学技术的不断发展，人类的生存斗争对象将从外界环境及病原微生物转向自身的健康缺陷，基因治疗将成为疾病治疗的重要手段，同时基因治疗也将不断向高效、完善化方向发展，人类的生活质量将得到改善和提高。

四、基因治疗的现状与存在问题

1. 现状 在基因治疗临床试验及产业化领域，美国处于领先地位。除美国外，世界多国亦投入大量人力、物力、财力用于基因治疗的研究与实践，主要涉及恶性肿瘤、心血管疾病、遗传病、艾滋病等，基因治疗的临床试验方案众多，但真正有效、具良好发展前景的不到 10%，处于Ⅰ期或Ⅱ期临床试验阶段，只有不到 5% 的方案达到临床Ⅲ期水平，且多数临床试验疗效有限。多国政府也注意到应加强基因治疗中关键基础问题的研究和对临床试验方案的监管力度，使基因治疗从一时的狂热转入理性化正常轨道。

2. 存在问题 理论上，基因治疗可从基因层次上彻底治疗遗传性疾病，改善人的体质，但目前基因治疗严格局限在体细胞，不允许对生殖细胞（卵细胞和精子）进行基因改造；针对正常人的基因治疗，如植入增高基因等也存在一定争议。此外，人体基因治疗还存在普遍意义上的伦理问题。

知识拓展

人类基因组计划（Human Genome Project，HGP）是由美国科学家于 1985 年率先提出，于 1990 年正式实施，美国、英国、法国、德国、日本和中国科学家共同参与了这一预算达 30 亿美元的人类基因组计划。其宗旨是测定组成人类染色体（指单倍体）中所包含的 30 亿个碱基对组成的核苷酸序列，绘制人类基因组图谱，且辨识其载有的基因和序列，达到破译人类遗传信息的最终目的。人类基因组计划与曼哈顿原子弹计划和阿波罗计划并称为三大科学计划，被誉为生命科学的“登月计划”，是一项规模宏大，跨国跨学科的科学探索工程。截至 2005 年，人类基因组计划的测序工作已经完成。其中，2001 年人类基因组工作草图的发表（由公共基金资助的国际人类基因组计划和私人企业各自独立完成，并分别公开发表）被认为是人类基因组计划成功的里程碑。

人类基因组计划的研究内容：选择人类的基因组进行研究是因为人类是在“进化”历程上最高级的生物，对它的研究有利于认识自身、了解生命的起源、掌握生老病死规律、疾病的诊断和治疗。测出人类基因组 DNA 的 30 亿个碱基对的序列，发现人类所有基因，找出它们在染色体上的位置，从而破译人类全部遗传信息。在人类基因组计划中，还包括对五种生物基因组的研究：大肠埃希菌、酵母、线虫、果蝇和小鼠，称之为人类的五种“模式生物”。HGP 的目的是了解生命的起源、解码生命、了解生命体生长发育的规律、认识疾病产生的机制及长寿与衰老等生命现象、认识种属之间和个体之间存在差异的起因、为疾病的诊治提供科学依据。

第二节 基因治疗的方式和途径

一、基因治疗的方式

基因治疗的技术和方式日趋多样性，基因治疗能否成功很大程度上取决于能否建立一套安全、有效、简便的基因转移方法。基因转移是指使用适当手段将外源目的基因导入体外或者体内细胞中的分子生物学技术。常用的基因转移方法大体分为非病毒介导和病毒介导两大类。前者包括脂质体介导法、裸DNA直接注射法、受体介导法及颗粒轰击技术等理化方法，而后者有以腺病毒为代表的非整合型载体，以及如慢病毒载体、逆转录病毒载体、腺相关病毒载体等整合型载体介导的生物方法。

逆转录病毒载体介导是目前应用最广泛、体外转基因效率最高的基因转移方法，而腺病毒载体和阳离子脂质体载体的应用也受到广泛重视。近年来，将上述两类方法结合起来，又发展了病毒-受体介导法，病毒-脂质体介导法等新方法。

（一）非病毒介导基因转移

1. 脂质体介导法 脂质体种类较多，其中阳离子脂质体（cationic liposome）最为常用。这类脂质体由表面带正电荷的双层脂质体分子组成，它和质粒DNA结合形成复合体，通过带负电荷（唾液酸残基）细胞膜融合或受体介导的内吞（endocytosis）作用将质粒DNA转移入细胞。在胞质中释放的质粒DNA转移入核内，一般以非整合方式（unintegrated form）存在。脂质体介导的基因转移方法简便、安全，适合的细胞类型较多。

2. 受体介导法 细胞表面受体和特异性配体结合后，发生内化或内吞，使配体转移入细胞。将外源基因与配体连接形成配体-DNA复合体，通过和相应受体结合，也同样可以达到向细胞转移基因的目的。一般用多聚赖氨酸（polylysine）作为配体和DNA的交联剂。受体介导的基因转移方法比较简便、安全，有些配体还有一定的细胞靶向性或者本身就具有一定的治疗作用，但一般持续时间较短。

3. 裸DNA直接注射法 将外源基因插入高效基因表达质粒中，然后选择合适的方法和部位将其直接注入宿主组织或者细胞中。这种质粒DNA是以非整合方式存在的，可在相当长一段时间内稳定地表达所编码的蛋白质。此方法只对具有特殊结构的肌细胞效果较好，其应用手段限制。如果通过经这种方法遗传修饰肌细胞后再行移植，可扩大其应用。最近电脉冲介导裸DNA技术的改进使许多基因例如分泌性蛋白的基因可导入肌肉，维持相当时间的高效表达。

（二）病毒介导基因转移

1. 逆转录病毒（retrovirus，RV）载体 逆转录病毒载体系统是最为常用的基因转移系统，包括重组逆转录病毒载体和包装细胞（packaging cell）两部分组成。这类载体的优点：①转染谱广，可以感染各种类型细胞；②一次可感染大量的细胞，转染率高达100%；③可以整合到宿主细胞的基因组中，使靶细胞成为稳定表达目的基因的转化细胞。

2. 腺病毒（adenovirus，AD）载体 腺病毒是引起上呼吸道感染的双链DNA病毒。腺病毒载体的优点：腺病毒在自然界中广泛存在，可从许多的物种中分离得到；和现有的其他载体相比，腺病毒载体可快速感染大多数人体细胞，产生高水平的基因转移；腺病毒载体对人体致病性低，只引起极低或者轻微的普通感冒相关症状；腺病毒载体可以携带较大的DNA片段（可达7.5kb左右）并且将其转染到非分裂细胞；腺病毒基因组很少发生重组，插入的外源基因通常会在随后的病毒复制过程中保持稳定；运用重组DNA技术对腺病毒载体进行操作比较容易。

3. 腺相关病毒（adeno-associated virus，AAV）载体 腺相关病毒是一种复制缺陷性的细小病毒，必须与腺病毒或者单纯疱疹病毒、痘苗病毒等辅助病毒共感染才可以进行有效的复制和产生溶细胞性感染。其特点：能特异地整合到人类第19对染色体的长臂中，减少重组AAV插入突变的危险性；AAV 基因组可以克隆到一个质粒中，载体构建简单；无致病性，安全性高；宿主范围广，可以感染多种细胞；稳定性好，便于浓缩、纯化及灭活辅助病毒。

4. 其他病毒载体 慢病毒（lentivirus）载体是以 HIV-1（人类免疫缺陷Ⅰ型病毒）为基础发展起来的基因治疗载体。区别于一般的逆转录病毒载体，它对分裂细胞和非分裂细胞都具有感染能力。单纯疱疹病毒具有神经细胞的嗜向性，其为外源基因转染到中枢神经细胞提供了一种独特方法。

二、基因治疗的途径

基因治疗有两种途径：一种是含目的基因表达载体借助体内（in vivo）直接转移即一步法，另一种是借助回体（ex vivo）转移途径实现基因转移。前者是将含有外源目的基因重组的病毒、裸露 DNA 或脂质体直接导入试验个体或者组织内；后者则是将试验对象的细胞取出在体外培养并导入外源目的基因，然后将这些遗传修饰的细胞（称基因工程化的细胞）经体外扩增，重新回输试验个体体内。

要将外源基因转入人体细胞，须通过适当的途径，从身体选择某一部位的人体组织细胞在体外培养、基因转移及选择后再植回到体内。目前基因治疗途径研究主要集中在骨髓细胞和皮肤细胞，也有人提出肝细胞也是一条有潜力的转移途径。

1. 骨髓细胞途径 骨髓细胞被认为是最理想的可将外源基因导入人体的载体。它的优点：有序且适合基因治疗遗传病的病原就在骨髓造血细胞系统，易于获得，可以一次性得到大量的细胞；其由各种不同的细胞组成，约 0.1% 的骨髓造血干细胞有不断分裂分化成各种血细胞的潜能。迄今为止，在人体骨髓细胞进行基因转移的报告并不多，且多存在外源基因表达水平低下的情况，用于临床还需进一步探索。

2. 皮肤成纤维细胞途径 利用皮肤成纤维细胞进行基因转移和表达的研究比骨髓细胞途径起步晚，但在短时内进展迅速。其优点：皮肤成纤维细胞容易获取和培养，且属于已经分化的细胞，能够影响外源基因表达的因素少，外源基因转入皮肤成纤维细胞后在体内外都有良好表达，以此途径实施基因治疗前景良好。

3. 肝细胞途径 肝脏是分泌血浆蛋白酶的主要脏器，也是多个代谢过程的场所。虽然肝细胞是不少代谢性疾病和血浆蛋白缺乏症基因治疗的靶细胞，但由于体外肝细胞培养和基因转移都有一定的困难，这方面的研究受到限制。

4. 其他途径 将外源基因转入其他组织细胞后，再通过血液传送到靶细胞。

基因治疗的上述途径仍处在不断改进和研究中。

第三节 基因治疗策略与应用

理想的基因治疗不仅需要治疗基因高水平表达，还要求治疗基因根据病变性质、病变程度在靶组织或器官内以适当的水平或方式表达。因此，至少涉及空间、时间和表达量 3 个层次的调控。运用特定的基因表达调控元件，或借助于体内外的物理、化学诱导因素，使治疗基因特异地在靶细胞表达，是实现基因治疗靶向调控的重要手段。

一、艾滋病的基因治疗

抗 HIV-1 基因治疗为治疗艾滋病开辟新途径：通过基因转移技术将人工合成的外源基因导入靶细胞中，依靠外源基因的表达产物使靶细胞抵抗 HIV-1 感染。

目前应用的抗 HIV-1 基因治疗主要如下。

1. 基于 RNA 的抑制药 ①反义 RNA：通过人工合成反义 RNA 靶向 HIV-1 蛋白和靶细胞受体等的基因，同靶基因配对而形成无功能的双链进而封闭或者调节靶基因功能和产物表达，有效阻断 HIV 在细胞中的复制；② RNA 干扰；③核酶；④ RNA 诱饵；⑤ RNA 适体。

2. 基于蛋白的抑制药 ①细胞内趋化因子、细胞内抗体；②显性阴性突变体；③锌指核酸酶；④融合抑制药。

3. 针对靶细胞受体 以 HIV-1 辅助受体 CCR5 作为靶标，通过破坏 CCR5 实现免疫系统抵抗 HIV 的目的。

4. 联合策略 联合多个抗 HIV-1 基因治疗，通过抑制病毒生命周期多个环节来保护靶细胞。相对于仅仅靶向细胞或病毒基因，靶向 CCR5 和病毒基因的联合体会是未来抗 HIV 基因治疗的重要方向。

二、心血管疾病的基因治疗

1993 年，美国利用 LDL-R 基因，成功治疗了家族性高胆固醇血症，开辟了心血管病基因治疗的里程碑。

1. 心肌和肢体缺血 一些血管生成因子，如血管内皮生长因子、成纤维细胞生长因子等能促进血管新生，已成为减轻或消除心肌和肢体缺血状态的一种治疗手段。利用合适的载体把上述生长因子的编码基因注入机体并表达，可增加侧支循环，防止或减轻缺血程度、加快和改善缺血后心肌恢复过程，这种血管生成疗法又被称为“分子搭桥”。

2. 防止血栓形成 将重组的组织型纤溶酶原激活物（t-PA）基因或者反义纤溶酶原激活物抑制物（PAI）基因导入到血管内皮，可有效防止血栓形成及血管再狭窄。

3. 动脉粥样硬化及高脂血症 载脂蛋白或者 LDL-R 基因异常可导致高脂血症或者动脉粥样硬化，应用转基因的方法，把正常载脂蛋白或者 LDL-R 基因通过合适的载体导入到靶细胞内，补充体内功能正常的载脂蛋白及 LDL-R，抑制动脉粥样硬化斑块形成和高脂血症。

4. 心力衰竭 将肌源决定基因（MyoD）导入到成纤维细胞中使其肌源化，增加有收缩功能的心肌细胞数量，从而达到治疗心力衰竭的目的。

5. 遗传性心血管病和先天性心脏病的预防 某些关键基因缺失、移位、突变可导致遗传性心血管病或先天性心脏病，可通过导入正常基因的方法进行纠正或预防。

三、恶性肿瘤的基因治疗

1. 基因沉默疗法 基因沉默即 RNA 干扰（RNA interference，RNAi），指在生物体细胞内，用与靶基因同源的外源性或者内源性双链 RNA 诱导转录后而引起的特异性基因沉默。传统反义 RNA 技术诱发的单一癌基因的阻断，不能完全抑制肿瘤的生长，而 RNA 干扰技术可以利用同一基因家族的多个基因具有一段同源性很高的保守序列的特性，设计针对这一区段序列的双链 RNA 分子，只使用一种双链 RNA 即可以产生多个基因同时剔除的表型，也可以同时使用多种双链 RNA 而将多个序列不相关的基因同时剔除，从而抑制肿瘤生长。

2. 自杀基因疗法 将某些病毒的基因转导入肿瘤细胞，这个基因编码的特异性酶可将对细胞无毒或者毒性极低的药物前体，在肿瘤细胞内代谢变成细胞的毒性产物，从而达到杀死肿瘤细胞的目的。研究发现，将少量的自杀基因转染的癌细胞和未转染的癌细胞按一定比例混合后进行培养，不仅使转染的癌细胞被杀灭，两者相互接触后相邻的未转染癌细胞也大量死亡，这被称为“旁观者效应”。在治疗中，旁观者效应是一个重要特征，即有毒代谢物通过缝隙连接或者凋亡小体从转染细胞移到邻近细胞，对其产生杀伤作用，大大提高自杀基因的杀伤效应。

3. 免疫基因疗法 机体免疫系统对肿瘤细胞处于免疫耐受状态，通过基因重组技术，增强机体的抗肿瘤免疫功能，从而达到治疗肿瘤的目的，主要包括如下。①增强免疫效应细胞功能的细胞因子基因疗法。例如，将某些细胞因子（IL-2、L-4、TNF、IFN-γ、GM-CSF）的基因转染到机体免疫细胞中，以提高机体免疫系统对肿瘤细胞的识别和反应能力。②调节增强抗原识别能力的主要组织相容性复合物的基因疗法和共刺激分子基因疗法。例如，将与免疫识别有关的基因

（HLA、B7 等）转染到体外培养的肿瘤细胞，经钴照射灭活其致瘤性后再植入肿瘤患者体内；或将表达 HLA-B7 的病毒载体或质粒 DNA 与脂质体复合物直接注射到瘤体内，以增强肿瘤细胞对机体免疫系统的免疫原性，诱导宿主的免疫反应。③调节增强抗原识别能力组织相容性复合物的基因疗法等。

4. 基因替代疗法 利用载体将缺失的抑癌基因转染到肿瘤细胞中，达到杀伤肿瘤细胞的目的。例如，肿瘤抑制基因 p53 是细胞内关键的看家基因，具有上调多种抗癌基因和下调多种癌基因的能力，但肿瘤细胞中的 p53 的野生型较少，多种肿瘤细胞中 p53 基因呈现为缺失或者突变，导致 p53 蛋白不表达或者不具有功能。通过腺病毒感染将 p53 基因导入肿瘤细胞，替代突变或者缺失的 p53 基因，表达有功能的 p53 蛋白，从而发挥抑制肿瘤细胞分裂、诱导肿瘤细胞凋亡的作用，而对正常细胞无损伤。重组人 p53 腺病毒（recombinant human Ad-p53，重组腺病毒-p53 基因，Gendicine）是我国批准上市也是世界上第一个获准上市的肿瘤基因治疗药物。

5. 与多药耐药相关的基因疗法 多药耐药（MDR）指在化疗药物治疗肿瘤时，由于 MDR1 基因扩增及过度表达导致的肿瘤细胞非特异普遍耐药性。通过实施与 MDR 相关的基因治疗，进而抑制肿瘤细胞 MDR1 基因表达，可增加常规化疗的效果。

6. 抗肿瘤新生血管形成疗法 同其他基因治疗相比，此疗法无须直接转染肿瘤靶基因，只需转染肿瘤四周，创造出抑制血管生成的环境即可达到抗肿瘤作用。

四、遗传病的基因治疗

人类遗传病有近四千种，但至少符合以下条件的才可考虑开展基因治疗：①在 DNA 水平上已明确发病机制；②相关的基因已被克隆；③该基因正常表达的组织可在体外进行遗传操作或能在其他允许体外操作的组织中表达；④只需低水平的基因表达，或表达水平无须严格调控就可改善的遗传病。

目前国际上已开展基因治疗研究的主要遗传疾病有地中海贫血、血友病、瓜氨酸血症、戈谢病等。

1. ADA 缺乏症 ADA 主要是在未成熟的造血细胞中表达，少量的 ADA 便可缓解症状，故 ADA 缺乏症被确认为适合基因治疗的首选遗传病，主要利用反转录病毒载体将 ADA 基因转移到骨髓造血细胞。

2. 地中海贫血和血红蛋白病 两者都是由于 β-珠蛋白基因缺陷或者突变所致，可通过外源性转入 β-珠蛋白基因的方法进行治疗。

3. 苯丙酮尿症及其他先天性代谢缺陷病 主要由于肝脏内某些代谢酶缺乏所致，若肝细胞缺乏苯丙氨酸羟化酶，则阻碍苯丙氨酸转变成酪氨酸，导致苯丙酮尿症。克隆的苯丙氨酸羟化酶基因可在各种培养细胞中表达，但合成的苯丙氨酸羟化酶则需要还原性蝶呤辅助因子才具有生物活性，因此肝细胞可成为苯丙氨酸羟化酶基因转移的靶细胞。

五、病毒感染性疾病的基因治疗

病毒感染性疾病的基因治疗研究已受到广泛重视，基本的策略可分为如下三个方面。

1. 将病毒抗原基因导入靶细胞，激活机体的免疫系统提高对病毒的免疫能力，如将乙肝病毒表面抗原基因等，导入机体，表达的抗原不仅可以诱导机体产生保护性抗体，还可以引发特异性的细胞免疫应答，产生对野生致病病毒攻击的防御作用。

2. 将细胞因子（如干扰素、白细胞介素等）的基因，导入机体免疫细胞，激活免疫细胞并促进其增殖分化，增强机体的细胞和体液免疫应答，促进机体清除病毒感染细胞和游离病毒。

3. 抗病毒复制：根据病毒在机体细胞中复制周期的各个环节来设计的，主要包括如下。①抑制病毒与宿主细胞结合：即阻断病毒表面抗原决定簇与宿主细胞受体间的特异性结合。②干扰病毒基因组的转录起始和调控。③抑制病毒基因组的复制和蛋白质合成。④采用反义 RNA 和

siRNA 抑制病毒复制。⑤应用抗病毒蛋白质。

第四节　基因治疗的问题与前景

一、基因治疗的问题

基因治疗是医药学领域的一次革命，是生物医学发展最重要的里程碑之一。随着现代分子生物学技术的发展，以及人类对疾病不断深入的认识，基因治疗也面临许多问题，主要包括基因治疗的安全性、有效性和伦理学争议。

1. 基因治疗的安全性　如果在宿主体内大量出现外源基因产物，且这又是体内原来不存在的产物，那么就有可能产生严重的免疫反应；另外，基因治疗由于涉及内、外源性基因的整合，有可能引起细胞基因突变、原癌基因激活或抑制基因关闭，从而导致细胞恶变。

2. 基因治疗的有效性　许多情况下，外源基因需要在体内长期稳定表达，基因治疗目的才能达到。然而，现有技术转入的外源基因在体内不能长期稳定表达。由于目的基因的丢失、细胞体内的生存期有限及体内的免疫排斥等原因，往往难以实现上述目标。

3. 基因治疗面临的伦理学问题　基因治疗的前提是遗传咨询与基因诊断，这涉及个人隐私的问题，而且，由其所产生的不利影响不仅仅在于咨询者本人。例如，如果泄漏任何一个某种致病基因携带者或者是被确诊为某种遗传病患者的有关遗传资料，则患者本人及其子女和亲属等在升学、就业、婚配、保险等就有可能受到不公正的对待甚至歧视。

在基因治疗中，至少需要两种基因资源。一是目的基因；二是靶基因。前者具有正常的功能，后者则作为治疗对象。发达国家有资金和技术来研制开发各种用于基因治疗的目的基因，而发展中国家，特别是人口大国则有丰富的靶基因资源。如何有效利用基因资源，分享研究成果及合理分配其产生的商业利益等，都是人类基因争夺所要涉及的问题。纵观历史，一旦科学研究进入商业开发阶段，必会伴随社会伦理学问题，基因治疗也是如此。例如，基因治疗及相关产品的知识产权问题，发展中国家被发达国家技术垄断，基因治疗的价格问题，等等。

二、基因治疗的前景

虽然基因治疗存在诸多问题有待解决，但是它仍然有光明的前景。

1. 政府政策不断完善　以我国为例，在肿瘤细胞免疫治疗领域，我国政府政策处于支持并持续完善的状态。1993 年，国家首次颁布《人的体细胞治疗及基因治疗临床研究质控要点》，明确提出制备体细胞治疗及基因治疗的质量控制要点；2009 年颁布《自体免疫细胞（T 细胞、NK 细胞）治疗技术管理规范》；2012 年《干细胞研究国家重大科学研究计划“十二五”专项规划》明确提出重点支持未来干细胞临床研究和转化的核心技术。

2. 基因载体研究新思路、新技术和新方法层出不穷　良好的基因载体是有效实施基因治疗的重要因素，目前基因治疗临床试验用的载体以病毒居多，其中腺病毒和逆转录病毒占了大部分。

2002 年，美国国立卫生研究院由于 1999 年 9 月美国宾夕法尼亚大学的一位鸟氨酸转甲酰酶缺乏症患者因基因治疗死亡事件，专门对腺病毒载体的安全性和毒性做了评估报告。检测表明腺病毒载体较稳定，可获得高滴度病毒颗粒，宿主细胞被感染范围较广，不整合于宿主细胞染色体，外源基因表达时间短，但是免疫原性强，毒性较大，机体易引发产生强烈的炎症反应和免疫反应。随后在灵长类身上的研究发现，通过肝门静脉输注后，作用于抗原递呈细胞的是腺病毒的外壳蛋白（而不是它所携带的基因产物），它导致了系统性细胞因子综合征，从而触发了一系列炎症反应。

研究人员采用了许多方法来减少腺病毒载体的毒性反应及提高其安全性。辅助依赖性腺病毒载体（helper dependent adenovirus vector，HD-Ad）的发展为完全剔除腺病毒基因的猜想提供了可能。HD-Ad 载体除了留下顺式作用元件，包括病毒复制所需的 ITR 序列和病毒基因装配到病毒外壳所需的包装序列，其他所有病毒编码基因都被剔除了。

3. 基因治疗有着广阔的市场 随着人们生活质量、卫生与健康水平的不断提高，医疗和预防中的主要问题已经是威胁婴幼儿、青少年健康或生命的遗传性疾病，以及恶性肿瘤、心脑血管疾病、糖尿病等严重疾病，上述疾病患者众多，迄今为止没有理想的防治手段；由于这些疾病的起因无外乎基因的突变、缺失或异常表达，因此，基因治疗将是疾病治疗的大势所趋。同时基因治疗也将不断向高效、安全、完善化方向发展。

传统的医药工业已经不再适应当今高技术发展的潮流，基因药物的研发和产业化将成为未来医药领域的主力军。

本章小结

“人类基因组计划”的顺利完成推动基因治疗越来越多地应用于临床，在取得较好效果的同时，也带来一系列理论技术和社会伦理问题，有待进一步发展成熟。

逆转录病毒载体介导是目前应用最广泛、体外转基因效率最高的基因转移方法，而腺病毒载体和阳离子脂质体载体的应用也受到广泛重视。

基因治疗有两种途径：一种是含目的基因表达载体借助体内（in vivo）直接转移即一步法；另一种是借助回体（ex vivo）转移途径实现基因转移。

基因治疗在艾滋病、心血管疾病、恶性肿瘤、遗传病及病毒感染性疾病等方面有所研究与应用。

中药介绍

砒 霜

砒霜自古为剧毒药，始载于宋《开宝本草》，具有去腐、蚀疮、杀虫、祛痰、截疟、定喘之效。因毒性难以控制，历代多外用。砒霜的主要成分是三氧化二砷（AS_2O_3），为致癌物质。随着对肿瘤干细胞的深入研究，学者发现 AS_2O_3 对肿瘤干细胞也有击杀和清除作用。陈竺院士领导的科研小组从急性早幼粒细胞白血病（APL）细胞株 NB4 中发现并克隆了两个受维 A 酸调控的新基因，并分别被命名为 RIG-E 和 RIG-G，其核苷酸顺序已被国际基因数据库接受并编码注册。基础研究亦从分子生物学及基因水平揭示了 AS_2O_3 诱导早幼粒白血病细胞凋亡的机制。日本和加拿大的专家共同研究得出白血病蛋白（PML）肿瘤抑制因子在造血干细胞中起到了关键作用，而 AS_2O_3 可以抑制 PML 基因，从而杀灭白血病干细胞。中药砒霜中提取的砷剂在临床上已经证明可治愈 APL，表明砷剂能杀灭白血病干细胞，这可以称为是肿瘤干细胞清除性治疗上的里程碑。砷剂作为一个通过现代临床和生物学机制研究而焕发活力的古老中药，对人类健康将产生深远的影响。

（陈 妍）